THOMAS MEYER / LUDWIG POLZER-HODITZ – EIN EUROPÄER

THOMAS MEYER

LUDWIG POLZER-HODITZ
EIN EUROPÄER

PERSEUS VERLAG BASEL

Aus technischen Gründen findet sich die korrekte tschechische und serbische Schreibweise gewisser Eigennamen nur im Personenregister. Das š wird wie deutsch sch gesprochen; das ć wie tsch; ñ wie ni.

Die Abbildungen von handschriftlichen Aufzeichnungen mußten verkleinert werden.

© Copyright Dezember 1994 by Thomas Meyer
Gestaltung: Marcel Jenni, Basel
Druck: Freiburger Graphische Betriebe
ISBN 3–907564–17–0

Wer nicht von dreitausend Jahren
sich weiß Rechenschaft zu geben,
bleib' im Dunkeln, unerfahren,
mag von Tag zu Tage leben.

Goethe, *West-östlicher Divan*

Je me suis assez vite aperçue
que j'écrivais la vie d'un grand homme.

Marguerite Yourcenar, *Mémoires d'Hadrien*

INHALT

Vorwort   13
Einleitung   16

I. IM STROM EINES REICHEN ERBES

1. In Habsburgnähe   31
2. Albert Graf von Hoditz (1706–1778)   32
3. Franziskus Josephus Philippus von Hoditz (1669–1727)   35
4. Ludwig Ritter von Polzer (1807–1874)   39
5. Julius Ritter von Polzer (1834–1912)   42
6. Geburt in der Schwellenstadt Praha   51

II. EINE JUGEND IN DER DONAUMONARCHIE

7. Von Prag nach Graz   59
8. «Österreich müßte geschaffen werden ...»   63
9. Die Gymnasialzeit   69
10. Abschiede und Besuche   77
11. «Österreich wird zugrunde gehen ...»   81
12. Eine Liebe im Mai   92

III. SCHICKSALSWEGE

13. Mit Arthur in Szombathely   99
14. «Wir wollen sehen, was zu machen ist»   106
15. Sorgenlose Zeiten   111
16. Intermezzi mit Kontrasten   116
17. Ernst des Lebens   119
18. Der 23. November 1908   121
19. Zeitenübergänge   125
20. Eine Sommertagung in München   133
21. Lehr- und Wanderjahre   139
22. Der Erste Weltkrieg   148
23. Das Jahr 1917   160

24. Die Kehrseite der Münze	181
25. Atempausen	188
26. Mit Rudolf Steiner in Tannbach, Prag und Karlstein	190
27. Dreigliederungsarbeit 1919–1921	197
28. Der West-Ost-Kongreß und 'Paneuropa'	215
29. «Sie sollten sich mit Hadrian beschäftigen»	225
30. Die zweite Gundsteinlegung	235

IV. WANDERJAHRE

31. Brückenschläge	253
32. Vom antiken Rom zur europäischen Mitte	265
33. Balkanimpressionen	285
34. Zwei Memoranden Polzers und die Folgen	292
35. «Sich dem eigenen Schicksal überlassen können»	300
36. Ein Gelübde in der Wenzelskapelle	309
37. Reisen, Wunder, Überraschungen	323
38. «Kennen Sie den Jesuiten?»	335
39. Zwischen England und Böhmen	351
40. Der Schatten des Konzils von 1869	360
41. Früchte einer alten Freundschaft	367
42. «Goethe in Marienbad»	394
43. Die letzte Reise nach Italien	411
44. Die letzten Jahre	422
45. Das Drama über Kronprinz Rudolf	430
46. Ita Wegmans Wandlung	456
47. Der Erdenabschied	460
48. Epilog	474

V. DAS TESTAMENT VON LUDWIG POLZER-HODITZ

1. Winston Churchill und die sogenannte Einigung Europas	481
2. Katholische Impulse auf dem europäischen Bauplatz	493
3. Der Kampf um die Ernte der 'Wende' 1989	504
4. Die Aktualität des Testaments Peters des Großen	513
5. Eine Pilgerreise nach Santiago de Compostela	527
6. Symptome aus der AAG-Geschichte und Ludwig Polzer-Hoditz	537
7. «Auf den Schultern von Riesen»	543
8. Ausblick in das 21. Jahrhundert	546

VI. ANHANG

Das Testament Peters des Großen (Text von 1797)	556
Aus Gesprächen mit Rudolf Steiner 1923–1925	560
Das politische Memorandum aus dem Jahre 1930	568
Der Hadrian-Aufsatz von 1930	574
Die Rede aus dem Jahre 1935	596
In Memoriam Ita Wegman (1943)	605
Anmerkungen und Hinweise	619
Nachweis der Abbildungen	648
Ortsregister	649
Personenregister	655

VORWORT

Am Zustandekommen dieses Buches haben viele Menschen mitgeholfen. In erster Linie möchte ich meinem Freund Kurt Berthold danken, der Ende der siebziger, Anfang der achtziger Jahre noch viele Spuren aus dem Leben Ludwig Polzers finden konnte. Gewöhnlich kam bei meinen Besuchen in der Ameisenbergstraße in Stuttgart bei Hilde und Kurt Berthold, die der Kindheitszeit und Jugend Rudolf Steiners durch Jahre nachgegangen waren, die Rede bald auf Ludwig Polzer, seine Gattin Berta, den Bauverein und viele andere mit Polzers Leben verbundene Ereignisse und Menschen. Mit Kurt Berthold über Polzer oder Marie Steiner oder Ita Wegman reden hieß, gemeinsam Forschungsräume zu betreten; Fragen aufzuwerfen, über unscheinbare Einzelheiten nachzusinnen. Man suchte die Beziehung zu ergründen, die Ludwig Polzer zu seinem Freund und Lehrer Steiner hatte und freute sich an der schönen Art, wie Polzer sich um die Geschwister Rudolf Steiners kümmerte. Polzer sah in Steiner nicht allein den Geistesforscher, sondern auch den Erdenmenschen mit verwandtschaftlichen Erdenbanden. Aus den oft sehr ausgedehnten Unterhaltungen im Hause Berthold erwuchs der erste Antrieb zum Schreiben dieses Buches. Kurt Berthold überließ mir viele Aufzeichnungen Polzers, vor allem die Konzepte seiner Vorträge nach Rudolf Steiners Tod. Wollte die Gestalt des noblen Grafen schon im Gespräch gelegentlich lebendig werden, so wirkte später die Betrachtung der harmonischen Züge seiner Schrift in gleicher Richtung in der Stille fort.

Bald zeigten sich auf den Wegen, die zu diesem Buche führten, viele weitere Helfer. Zunächst seien jene Menschen genannt, die Polzer selbst noch kannten und von ihm aus der Erinnerung berichten konnten.

Christward-Johannes Polzer, Ludwig Polzers Enkel, konnte wertvolles Bildmaterial zur Verfügung stellen, wie auch, noch in jüngster Zeit gefundene Aufzeichnungen aus Polzers letzten Lebensjahren, beispielsweise dessen 'Tagebuch der Träume'.

Elisabeth Polzer und Maria-Christine Koutny, zwei Töchter Arthur Polzers, erzählten in der Wiener Wohnung stundenlang in sehr lebendiger Art von ihrem Vater und von ihrem Onkel; sie zeigten Aquarelle und Gemälde ihres Vaters sowie dessen unveröffentlichte Aufzeichnungen, die voll von detailreichen Schilderungen des Werdeganges seiner eigenen Person wie der Familie Polzer-Hoditz sind und die auch eine große Anzahl einzigartiger photographischer Bildnisse enthalten. Maria-Christine Koutny hat die letzten Wochen im Leben ihres Vaters und ihres Onkels in dankenswerter Weise für mich aufgezeichnet.

Anna Polzer, die Schwiegertochter Ludwig Polzers (sie war mit Polzers Sohn Julius verheiratet) und heutige Besitzerin von Schloß Tannbach, führte mich im Schloß herum, das der wichtigste Wohnort im Leben der Familie Polzer war.

Rosa Gräfin Lerchenfeld (von den Angehörigen und Freunden 'Menny' Lerchenfeld genannt) hat in St. Johann, unweit des väterlichen Gutes Köfering bei Regensburg, wie auch in ihrer Münchner Wohnung bisher völlig Unbekanntes aus ihrer freundschaftlichen Beziehung zu Ludwig Polzer mitgeteilt. Die vielen Briefe, die Polzer ihr zwischen 1938 und 1943 schrieb, beleuchten eine Seite seines Lebens, die sonst im Dunkeln bleiben müßte.

Milos Brabinek jr. aus Karlsbad und Rudolf Herman aus Pardubitz konnten von mancher Einzelheit berichten, die von Bedeutung ist. Milos Brabineks Schwester Maña hatte eine wichtige Beziehung zu Graf Polzer, während Rudolf Herman von den 'Klassenstunden' zu erzählen wußte, die Polzer im Pardubitzer Zweig zu halten pflegte.

Julie Nováková-Klima aus Prag erinnerte sich ebenfalls sehr deutlich an den Grafen; sie durfte ihn mit ihren Eltern 1918 in der Gesellschaft von Marie und von Rudolf Steiner auf Schloß Karlstein mitbegleiten; aus den Tagebüchern ihrer Mutter waren aufschlußreiche Einzelheiten zu gewinnen.

Marta Lauer-Stefanovic, Polzers Mitarbeiterin bei der Herausgabe des *Österreichischen Boten*, schenkte mir ein Exemplar der raren Erstausgabe von Polzers 'Prager Aufzeichnungen' aus dem Jahre 1937; es war das Exemplar von ihrem Mann Hans-Erhard Lauer. Man nimmt es mit besonderem Respekt vor den oft rätselhaften Wegen, die das Schicksal geht, zur Hand, wenn man die erst freundliche, dann tragische Beziehung Lauers zu Ludwig Polzer überdenkt.

In Mariensee, für fast zwei Jahrzehnte eine Art Refugium für Ludwig Polzer, wo er von Dora Schenker stets gastlich aufgenommen wurde, fanden sich im Gästebuch seine oft sehr aufschlußreichen Eintragungen; Marianne Schenker, die Schwiegertochter Dora Schenkers, stellte mir auch weitere, im 'Refugium' verbliebene Aufzeichnungen Polzers zur Verfügung, wie auch den Novellenband von Polzers Großvater Ludwig Ritter von Polzer.

Mein englischer Verleger Sevak Gulbekian machte mich im September 1992 auf die neue Weltkarte aufmerksam, die 1990 im Wirtschaftsmagazin *The Economist* erschienen war (siehe S. 518) ; ich teilte diesen Hinweis manchen Freunden mit, und es ist erfreulich, daß die symptomatisch aufschlußreiche Karte schon bald darauf durch die Zeitschrift *Info-3* wie die Wochenschrift *Das Goetheanum* einem deutschsprachigen Leserkreis vermittelt werden konnte.

Branko Ljubic verdanke ich Hinweise auf manche Persönlichkeit, die in der Geschichte der Anthroposophischen Bewegung im ehemaligen Jugoslawien eine Rolle spielte.

*

Für das Korrekturenlesen danke ich einmal mehr meinem Bruder Urs Meyer-Hala; für die Überprüfung der Hinweise und Anmerkungen Hans-Jürgen Heitmann; für das Erstellen der Register Madlen Hauser, Salina Saner und Isabelle Sturm; Madlen Hauser hat zudem in den letzten Jahren mit Hinweisen bibliographischer und anderer Art an dieser Arbeit mitgewirkt. Marcel Jenni besorgte wiederum in freundschaftlicher Weise die Herstellung. Viele Abbildungen wurden in Wien von ihm selbst photographiert. Ohne seine hervorragende Organisation der Arbeitsabläufe hätte – wie schon die beiden Moltke-Bände des Jahres 1993 – auch dieses Buch nicht termingerecht erscheinen können.

Basel, den 26. Oktober 1994   Thomas Meyer

EINLEITUNG

Ludwig Graf Polzer Hoditz wurde am 23. April 1869 in Prag, dem deutsch-slawischen Herzen der Donaumonarchie, geboren. Wie ein Golf schiebt sich mit Böhmen der Osten in die Mitte von Europa vor; und vom deutschen wie vom slawischen Sprachelement durchtönt, liegt die Moldaustadt sogar westlicher als Wien.

'Praha' heißt Schwelle; zunächst zwischen Ost und West. Doch mehr als eine Raumesschwelle ist damit gemeint. Auch als Zeitenschwelle läßt sich Prag erleben: als Tor zu den in künftiger Zeit maßgeblichen Kulturimpulsen des Slawentums des Ostens, die sich heute, nach dem Abbruch des 'sozialistischen Experimentes', das man vor über hundert Jahren von westlicher Seite aus lancierte, wieder freier regen möchten. Nicht nur der Osten also, auch dessen Zukunft scheint sich in Böhmen golfartig in die europäische Mitte vorzuschieben.

Wird die Raumes- und die Zeitenschwelle Praha der Geburtsort Polzers, so bindet ihn das Geburtsjahr 1869 an die 'Ewige Stadt' Rom, die maßgebliche Wiege abendländisch-zivilisatorischer Vergangenheit. Am 8. Dezember 1869 hatte sich in Rom ein Ereignis abzuspielen angefangen, das von einschneidender Bedeutung war: das erste Vatikanische Konzil begann zu tagen, auf welchem Papst Pius IX. das Dogma von der künftigen Unfehlbarkeit der päpstlichen 'Ex-cathedra-Äußerungen' durchzusetzen wußte. Für Polzer war die katholische Kirche in erster Linie die Fortsetzerin der dekadent gewordenen Impulse des Imperium Romanum. Und er war im Laufe seines Lebens mehr und mehr bestrebt, die zum Teil subtilen, indirekten Einflüsse, die von dieser Weltströmung des Südens bis heute auf das geistige und politische Leben einwirken, klar als solche zu durchschauen.

Bringt ihn sein Geburtsjahr *nach seiner eigenen Auffassung* mit den fortwirkenden Impulsen des einstigen Imperium Romanum in Zusammenhang, so verknüpft ihn sein Geburtstag mit dem England Shakespeares, der am selben 23. April (des Jahres 1616) gestorben war. Auch wenn in Polzer niemand einen zweiten Shakespeare sehen wird und er außer einem allerdings bemerkenswerten Drama über Kronprinz Rudolf keine weiteren dramatischen Versuche unternehmen sollte, läßt doch auch diese Koinzidenz ein wichtiges Motiv anklingen: Polzers spätere Beschäftigung mit dem in der Gegenwart, neben dem germanisch-mitteleuropäischen Element, so tonangebenden Angelsachsentum.

So deutet die Regie des Schicksals mit der Wahl des Jahres, des Ortes und des Tages der Geburt von Ludwig Polzer wie nebenbei und unauffällig auf seine innere Verbundenheit mit den großen, maßgeblichen Kulturströmungen der Vergangenheit, der Gegenwart sowie der Zukunft hin.

*

Was die Gegenwarts- und Zukunftsströmungen im anglo-amerikanischen Westen und im slawischen Osten anbetrifft, so muß im Sinne Polzers für dieses Buch eine essentielle Unterscheidung vorgenommen werden: Die kulturell-politischen Elemente erweisen sich im Westen wie im Osten als im wesentlichen zweischichtig. Der Ausdruck 'Schicht' wird im folgenden nicht im engeren soziologischen Sinn verstanden, sondern im Sinne von zwei ganz verschiedenartigen Sphären oder 'Schichten' von kulturellen und politischen Impulsen; Repräsentanten einer im engeren Sinne soziologischen Schicht können sowohl der einen wie der andern hier gemeinten 'Schichten' angehören. Im anglo-amerikanischen Westen gibt es die vor allem in den europäischen und internationalen Angelegenheiten der letzten paar Jahrhunderte maßgeblich gewordene Strömung einer neuen Weltbeherrschungspolitik. Die wichtigste Stütze dieser Politik ist das moderne Wirtschaftswesen; auf diesem Felde weltweit dominant zu werden und zu bleiben ist ihr Ziel. Namen wie Cecil Rhodes, Winston Churchill, Averell Harriman oder George Bush deuten auf die Wirksamkeit dieser im heutigen Westen dominierenden Schichte hin. Darunter gibt es aber eine Unterschicht, die für die Weltangelegenheiten von heute weniger Gewicht besitzt, obwohl sie keineswegs von geringerer Bedeutung ist. Namen wie Wikliff, Shakespeare oder Emerson deuten auf die damit gemeinte Schicht des Westens hin. Ähnlich ist es mit dem Osten: über einer vielfach und von seiten der dominanten Oberschicht des Westens mit Absicht überdeckten Schicht des wahren Slawenelementes hat sich in den vergangenen Jahrhunderten ein 'westifiziertes' Slawentum herausgebildet. Namen wie Peter der Große, Lenin oder, in unserer eigenen Zeit, Boris Jelzin wären hier zu nennen. Die Haupttaten der hier Genannten verliefen und verlaufen im großen und ganzen nach den Intentionen maßgeblicher Persönlichkeiten der 'Oberschicht' des Westens. Daneben gibt es wiederum die essentielle Unterschicht, in der das Slawentum der Zukunft ruht. Ein Künder dieser Zukunftszeit war Demetrius; auch Tolstoi und Solowjeff wären hier zu nennen.

Und schließlich muß auch in Europa, insbesondere in dessen deutschsprachigem Teil, unterschieden werden: zwischen der kosmopolitisch orientierten Schicht des wahren Deutschtums, das, wo es sich wahrhaftig selbst versteht, nach universeller Erkenntnis und Ausbildung der freien Individualität streben wird, und dem 'anderen' Deutschtum, das, in Nachahmung der Oberschicht des Westens fallend, auf die Bahn geriet, die von Bismarck über

Wilhelm zu Hitler führte. In bezug auf die sehr viel bedeutendere deutsche Unterschichte wäre inmitten vieler anderer Goethe zu nennen, auch Kaspar Hauser (der nicht zufällig von der Machtschicht Englands und von Rom in eine welthistorisch einzigartige Gefangenschaft gezwungen wurde) – und Rudolf Steiner.

Während auf den äußerlich dominierenden oberen Schichten des Westens, der Mitte und des Ostens permanente Kämpfe und Konflikte toben, wird für eine wirkliche Friedensordnung der Zukunft in allen drei Bereichen auf die überdeckten Unterschichten einzugehen sein. Denn diese stehen in einer tief begründeten harmonischen Verbindung miteinander. Es ist daher ganz selbstverständlich, daß für die Brückenfunktion der europäischen Mitte zwischen West und Ost naturgemäß nur in der mitteleuropäischen Unterschicht solide Fundamente aufzubauen sind.

Wenn in diesem Buche immer wieder die in negativem Sinn grandiose Politik der 'Schicht der Macht' des Westens zur Sprache kommen muß und, sofern ihr die Tendenz zur Allmacht und zur Ausschaltung der tieferen Kulturimpulse des Ostens und der Mitte innewohnt, auch kritisiert wird, so wird damit also keineswegs einem undifferenzierten Antiamerikanismus das Wort geredet; und wer das Ganze nirgends aus dem Blick verliert, wird auch keinerlei pauschale antiwestliche Empfindungen und Vorstellungen zu nähren haben.

Ähnliche Unbefangenheit sollte in bezug auf einen anderen Punkt entwickelt werden. In der anglo-amerikanischen 'Schicht der Macht' spielt und formt mancherlei am Gang der Dinge mit, das gar nicht oder erst viel später, post factum, an die Öffentlichkeit kommt. Und daß sich dieses so verhalte, liegt im Interesse derer, die um Macht bemüht sind. Das ist von ihrem Standpunkt aus ganz selbstverständlich. Man wird nicht Macht anstreben – und es gehört zum Wesentlichen der anglo-amerikanischen Oberschicht, dieses eben anzustreben – und die Welt zugleich über seine Pläne und die Wege, sie zu verwirklichen, auf dem laufenden zu halten suchen. Wer Macht will, muß auch das Geheimnis wollen. Wer das Geheimnis will, muß für Mittel sorgen, daß es nicht verraten werde. Nur was nicht bekannt wird, kann machtaufbauend wirken.

Wer den Gang der wirtschaftlichen, kulturellen und politischen Ereignisse zu Machtzwecken lenken will, muß mehr hinter den Kulissen tätig sein als auf der Bühne des Geschehens selbst. Wo in solchem Sinn gestrebt wird, gibt es geheimgehaltene Vorbereitungen für ganz bestimmte Dinge, die geschehen sollen. In solcher Weise zu bestimmten Zielen auf den Gang der öffentlichen Dinge einzuwirken, könnte man 'Verschwörung' nennen. Der 'Schwur' betrifft die Forderung nach Geheimhaltung der Pläne und der Durchführung. Wer immer sich an einer solchen Art und Weise, auf den

Gang der Dinge einzuwirken, beteiligt, ist ein 'Verschwörer'. – Wem beim Versuch, gewisse historische und zeitgeschichtliche Vorgänge wirklichkeitsgemäß zu deuten, sofort das Schlagwort der 'Verschwörungstheorie' entgegentönt, sollte sich davon nicht ohne weiteres beirren lassen. Wie bei jeder anderen 'Theorie' kommt es auch bei der sogenannten Verschwörungstheorie einzig darauf an, ob sie jeweils in konkreten Fakten wurzelt oder nur in Hirngespinnsten. Gegen die Theorie als solche ist natürlich gar nichts einzuwenden. Ging der Ermordung Cäsars eine vor der Öffentlichkeit geheimgehaltene Agitation voraus? Oder der Ermordung John F. Kennedys oder Alfred Herrhausens, dem Vorstandssprecher der Deutschen Bank? Wenn ja, dann gibt es ganz bestimmte historische Geschehnisse, die gar nicht anders als im Zusammenhang mit dieser 'Theorie' zu klären sind. Ob es sich um die Ermordung eines einzelnen oder um die Herbeiführung eines ganzen Krieges handelt, macht keinen prinzipiellen Unterschied. In der 'Machtschichte' des Westens wird naturgemäß sehr vieles nach dem hier charakterisierten Prinzip der 'Verschwörung' angestrebt und von dem vielen noch genug auch wirklich durchgeführt. Auf keine andere Weise wird man die 'Verschwörungstheorie' wirklich überflüssig machen können als dadurch, daß die Macht *begrenzt* wird – was durch eine Dreigliederung des sozialen Organismus geschehen kann. Solange aber *unbegrenzte* Macht gesucht wird, so lange muß es auch 'Verschwörer' geben, muß mitten im Geschrei der Medien auch das Schweigen herrschen. Eine wirklichkeitsgemäße Zeitbetrachtung muß also auch auf 'Umtriebe des Schweigens' achten lernen.

*

In intimer Art mit großen Kulturströmungen verknüpft zu sein, wie Ludwig Polzer dieses war, heißt auch, mit den in ihrem Schoß befindlichen kulturvernichtenden Gegenströmungen vertraut zu werden, wie sie etwa in gewissen 'Clubs' der westlichen 'Oberschicht' oder der heutzutage dem Westen in die Hand arbeitenden Machtimpulsen Roms zutage treten. Der durch die (vor der Öffentlichkeit zunächst verschwiegene) 'Heilige Allianz' von Washington und Rom seit Beginn der achtziger Jahre durchgeführte Abbau des 'sozialistischen Experimentes' und der versuchte Aufbau einer 'neuen Weltordnung' sind das klassische Beispiel unseres ausgehenden Jahrhunderts für die hier angedeutete Zusammenarbeit dekadenter Weltströmungen. Diese Weltströmungen sind deshalb dekadent, weil sie letztlich alles auf dem alten römischen Machtgedanken errichten wollen und die reale Entwicklung der Menschheit in Richtung einer freien Geistigkeit der einzelnen menschlichen Individualität unterdrücken und verdrängen wollen, ja von ihrem eigenen Strömungs-Fahrwasser aus gesehen, sogar verdrängen *müssen*.

Mit dieser Allianz hat sich Ludwig Polzer jahrzehntelang beschäftigt. Und gerade aus der Erkenntnis der spezifischen Eigenart der weltgeschichtlichen Dekadenzströmungen konnte er die Kraft gewinnen, am Wachstum und an der Entfaltung wahrer Zukunftskeime mitzuwirken. Daß er dies nicht nur mit Mut und Energie zu tun verstand, sondern auch mit unerschütterlichem Bewußtsein des noch fernen Zieles, hat er der Geisteswissenschaft von Rudolf Steiner zu verdanken. Seit der entscheidenden Begegnung mit dem Begründer der anthroposophisch orientierten Geisteswissenschaft im Jahre 1908 bewegte sich das Leben Ludwig Polzers im Zeichen der notwendigen Ausbildung der aufbauenden Kulturimpulse, die der Vorherrschaft der Oberschicht des Westens (und des Südens) entgegenwirken müssen.

In ganz besonderer Weise mußte Polzer daher die Frage der europäischen Mitte am Herzen liegen. Denn nirgends sonst wie in dieser Mitte waren Keime eines wahren kulturellen Aufbaues in so reichem Maß vorhanden, wenn auch meist verschüttet und verdeckt. Und ein Entdecker und Entwickler dieser Keime war Polzers Freund und Lehrer Rudolf Steiner. Als Bewohner der Donaumonarchie mit ihrer exemplarischen Aufgabe, inmitten eines reichen Kultur- und Völkergemisches eine reale Harmonisierung der Völker und Nationen anzustreben, erlebte Polzer die zeitgeforderte Verwirklichung dieser Aufgabe wie eine Forderung des eigenen Schicksals. Mit unbegrenztem Erkenntnisenthusiasmus stellte er sich daher im Jahre 1917 mit ganzem Herzen in den Dienst der von Steiner entwickelten Idee einer Gliederung des sozialen Organismus in relativ autonome Bereiche der Wirtschaft, des Rechtes und des freien Geisteslebens. Diese aus der Wirklichkeit geschöpfte Idee hätte der zerfallenden Monarchie der Habsburger gangbare Wege zur Lösung ihrer für die Zukunft der europäischen Mitte lebenswichtigen Aufgabe weisen können. Polzer wurde Mittler zwischen diesem heilsamen Ideenimpuls und den von der Weltgeschichte ausersehenen Trägern äußerer Staatsmacht im Herzen von Europa: dem Hause Habsburgs. Die Wahlverwandtschaft hatte ihn an die Seite Rudolf Steiners hingeführt; durch sein Blut kam er in nächste Nähe zu dem Kaiserhaus, als sein Bruder Arthur 1916 zum Kabinettsdirektor von Kaiser Karl berufen wurde. So konnte Rudolf Steiner dem österreichischen Kaiser durch die Polzerbrüder den Gedanken der Dreigliederung wie eine große, mächtige Frage der Weltenstunde übermitteln. Es wird in diesem Buch zu zeigen sein, weshalb der damalige Versuch zunächst gescheitert ist. Der baldige Zerfall der Donaumonarchie hängt jedenfalls zweifellos auch mit der Nichtannahme dieses Ideenimpulses ursächlich zusammen.

Heute scheint sich ein vergleichbarer Zerfall in den Ländern der ehemaligen Sowjetunion wie auch im einstigen jugoslawischen 'Vielvölkerstaat' zu wiederholen. Doch es ist kein originärer Zerfallsprozeß, sondern nichts als ein Zerfall des damals eingeleiteten Zerfalls. Und es muß damit gerechnet werden, daß sich die atomisierenden, zerstörerischen Kräfte in Mittel- und Osteuropa, die mit blinder Macht alle umfassenderen Menschenzusammenhänge auf die kleinsten ethnisch-kulturellen, religiösen oder rassenartigen Elemente reduzieren wollen, so lange forterzeugen werden, bis sich in Mitteleuropa ein Bewußtsein von den gangbaren Wegen zu einer wirklichen Verständigung von Völkern und Nationen bilden wird.

Kaum hatte Steiner 1922 auf dem epochalen Wiener West-Ost-Kongreß zum letzten Mal ganz öffentlich auf diese Wege hingewiesen, setzten die Bemühungen von Richard Coudenhove Kalergi ein, vom selben Wien aus seine Paneuropavorstellung zu verwirklichen. Er fand in Rom und Washington bald treue Förderer, während Steiners öffentliches Wirken eine ungeheure Angriffswelle nach sich zog, die in der Jahreswende 1922/23 zur Zerstörung des ersten Goetheanumbaus in Dornach führte. Bis heute blieb die Linie, die von Coudenhove über Churchill, Monnet, Schuman bis zu Jacques Delors und den heutigen Euro-Architekten führt, für das Schicksal von Europa ausschlaggebend. Es ist die Linie, an deren Endpunkten sich Washington und Rom befinden; alle maßgeblichen Menschen, die seit Coudenhove auf dem europäischen Bauplatz Hand anlegten, waren entweder Bewunderer von Washington oder Pilger nach dem Süden, oft sogar beides gleichzeitig. Eine wirkliche *europäische* Politik für Europa fehlt bis heute, und sie wird erst kommen, wenn man die Keime aktivieren wird, die in der unteren, verschütteten Kulturschicht von Europas Mitte ruhen. Dazu gehört auch, daß die Bestrebungen, die von der westlichen 'Oberschicht' ausgehen, klar durchschaut und ernst genommen werden.

In dieser Hinsicht hat Ludwig Polzer essentielle Vorarbeit geleistet. Er legte die Impulse offen dar, die dem sogenannten Testament Peters des Grossen innewohnen. Das Schriftstück stammt zwar nicht von dem genannten Zaren, sondern von einem polnischen Visionär namens Sokolnicki, der es am Ende des 18. Jahrhunderts zirkulieren ließ. Dennoch ist es ein höchst präziser Ausdruck des westlichen Willens, unter Ausschaltung der Mitte von Europa einen großen Brückenschlag nach Osten zu vollziehen. Es zeigt die grandiose Langzeitplanung gewisser westlicher und südlicher Mächtegruppen, die bis heute wirksam bleiben.

Eine wirklichkeitsgemäße europäische Politik der Zukunft wird zur Harmonisierung zwischen dem deutschen und dem randslawischen Element beitragen, ohne daß der Vatikan (und hinter ihm das Weiße Haus) dabei die Hand im Spiele hat. Heute wird das exakte Gegenteil davon noch angestrebt, wie die gegenwärtige Tendenz zur Bildung eines Kerneuropas deutlich offenbart: Eine Achse Paris–Berlin–Warschau soll Europa in die Zukunft führen. Durch Polen soll der Katholizismus bei den Randslawen fest verankert werden. Würde es gelingen, dann würde die wirkliche Erneuerung Europas wiederum auf Jahrhunderte hinausgeschoben.

Im Jahre 1928 erschien Polzers Buch *Das Mysterium der europäischen Mitte;* es enthält wichtige Gedanken für eine solche Politik der Zukunft. Vor allem kann es das Unterscheidungsvermögen dafür schärfen, daß es nicht bloß darauf ankommt, ob von da und dort ein Ruf nach neuer 'Mitte' laut wird, sondern ob man, wenn man 'Mitte' sagt, alte Formen kulturellen, geistigen Lebens im Auge hat, die man einfach restaurieren will, oder aber Keime eines wirklich Neuen. «Der mitteleuropäische Raum», führte Ludwig Polzer 1928 in London aus, «in welchem von allen Weltrichtungen das Verschiedenste sich fand, in welchem die Menschenseelen aller Zeiten und Orte wiederverkörpert sind (...) ist der Raum, wo alle alten Kräfte, alle Gottesgnadenkräfte gleichsam vom Raum verschlungen werden, ihre Wirksamkeit verlieren, um Platz zu schaffen für ein ganz Neues, für das, was sich in der Zukunft (...) ausbreiten kann. Auf dem Rückweg der Kulturen vom Westen nach dem Osten kann durch diesen mitteleuropäischen Raum nichts hindurch, ohne ganz metamorphosiert zu werden. Alle alten Kräfte verlieren sich auf diesem Gange nach dem Osten, sie können durch diesen Raum, ohne sich aus dem Geiste zu erneuern, nicht weiterschreiten. *Wollen sie es doch tun, so werden sie zu Zerstörungskräften; Katastrophen gehen aus ihnen hervor.*»

Eine derartige Metamorphose aller alten Kultur- und Zivilisationskräfte wird nur denjenigen erstrebenswert erscheinen wie auch erträglich sein, die aus einem wirklich aktuellen, vom einzelnen in freier Art zu findenden Geistesleben schöpfen wollen und ihre Geistes-Krüge nicht mehr zu den längst versiegten Quellen bloß tradierter Geistigkeit hintragen. Solchen Mitgestaltern und künftigen Bewohnern des im Bau befindlichen Europahauses könnte Ludwig Polzer-Hoditz ein mahnender und ratender Begleiter werden.

*

Dieses Buch besteht aus vier Hauptteilen. Die Gliederung ergab sich aus dem Aufbau des allerersten Vortrags, den Polzer am 23. November 1908 in Wien von Rudolf Steiner hörte. Das Thema lautete: 'Was ist Selbsterkenntnis?' Steiner zeigte, daß sie sich im wesentlichen auf vier Stufen abzuspielen hat. Auf der ersten Stufe kommt in Betracht, wie die Einflüsse des 'Wann und Wo' auf den Menschen wirken: Wie anders würde sich ein Mensch entwickeln, wenn er statt in Paris in Bombay oder Peking geboren würde; wie anders wenn die Geburt nicht in das 20., sondern in das 18. Jahrhundert fiele. Dann lenkte Steiner den Blick der Hörer auf die Tatsache der vererbten Eigenschaften und Talente – die zweite Stufe der konkreten Selbsterkenntnis.

Auf der dritten Stufe gilt es, jene tiefer liegenden Fähigkeiten aufzusuchen, die weder aus dem Milieu ('Wann und Wo') noch aus dem Erbstrom zu erklären sind; sie führen auf vergangene Erdenleben der Individualität zurück.

Und auf der vierten Stufe ist die Selbsterkenntnis durch umfassendste Welterkenntnis zu erlangen: Erkenntnis der physischen, seelischen und der übersinnlich-geistigen Welttatsachen.

So tief und von so unerschöpflicher Fruchtbarkeit für Ludwig Polzers ganzes weiteres Leben war das Initialerlebnis vom 23. November 1908, daß es dem Verfasser dieses Lebensbildes objektiv begründet schien, die vier Stufen wahrer Selbsterkenntnis des Wiener Vortrages zum Bauprinzip auch dieser Lebensschilderung zu machen. Der Leser findet also dieses Buch entsprechend den vier Selbsterkenntnisstufen in vier Hauptteile gegliedert, wobei Teil I der zweiten Selbsterkenntnisstufe – der Erkenntnis der physisch-leiblichen Vorfahren und der von ihnen aufgenommenen physisch-seelischen Qualitäten –, Teil II der Selbsterkenntnis des jeweiligen Wann und Wo entspricht.

Natürlich kann es wie im Leben auch in der biographischen Schilderung eines individuellen Werdeganges keine starren Grenzen zwischen diesen Lebens- und Erkenntnisstufen geben; die eine spielt hinüber in die andere. Dies wird für die Teile III und IV naturgemäß noch stärker gelten. Diese aus dem Selbsterkenntnisvortrag von 1908 abgeleitete Gliederung des Buches ist also nirgendwo schematisch durchgeführt.

*

Teil V bildet den Versuch, die auf den Tod von Ludwig Polzer im Oktober 1945 folgenden Jahrzehnte in groben Zügen bis in unsere Zeit hinein zur Darstellung zu bringen. Wie entwickelten sich die Weltereignisse weiter, vor allem insofern sie mit Europa im Zusammenhange stehen? Wie entwickelte sich die Geistesströmung weiter, mit der sich Polzer besonders tief und stark verbunden hatte? Welche Perspektiven auf das Jahrhundertende und auf das 21. Jahrhundert ergeben sich aus diesen weiteren Entwicklungen?

In diesem letzten Teil wird dabei versucht, die Ereignisse in solcher Art zu charakterisieren, wie dies auch Polzer selbst stets praktizierte. Als symptomatologische Geschichtsbetrachtung kann sie bezeichnet werden. Der von Rudolf Steiner oft gebrauchte Ausdruck hat im wesentlichen Folgendes zum Inhalt. Statt nach möglichst lückenloser Sammlung und Betrachtung historischer Ereignisse und Abläufe zu suchen, geht eine symptomatologische Betrachtung davon aus, daß es gewichtigere und weniger gewichtige Ereignisse und Prozesse im historischen Geschehen gibt. Zu den wichtigen Ereignissen sind die zu zählen, die in besonders ausgeprägter Art mit bestimmten Langzeitimpulsen der historischen Entwicklung im Zusammenhange stehen. Dazu ein Beispiel: Wenn man weiß, daß Pius IX. am 8. Dezember 1854 das Dogma der 'Unbefleckten Empfängnis Mariä' verkündigte, am 8. Dezember 1869 das 'Unfehlbarkeits-Konzil' eröffnete, und wenn man dann entdeckt, daß das gegenwärtige Symbol Europas, die zwölf gelben Sterne auf blauem Grund, ebenfalls an einem 8. Dezember definitiv geboren worden war und in katholischen Kreisen als marianisches Symbol gilt – dann ist die Wahl des Tages für diesen Symbolbeschluß von symptomatischer Bedeutung. Oder, um ein anderes Beipiel zu nennen: Wenn Präsident Bush Boris Jelzin in den USA als einen 'neuen Peter den Großen' feierlich begrüßt, dann kommt in diesem einen Wort viel mehr zum Ausdruck als in tausend anderen; sie haben weltgeschichtliche Dimension, die dem Sprecher im übrigen nicht unbedingt bewußt sein muß.

Zu einer *umfassenden* geschichtlichen Symptomatologie gehört es ferner, daß der Betrachter auch Ideen kennt, die sich auf die Realität des Übersinnlichen beziehen lassen. Für wen 'Zeitgeist' oder 'Volksgeist' nichts als Wörter sind, dessen symptomatologischer Betrachtungsumkreis muß naturgemäß ein eingeschränkter bleiben: Vieles wird ihm unverständlich bleiben müssen, denn bei zahlreichen historischen Ereignissen spielen noch ganz andere Faktoren mit als solche, die aus der Sinneswelt allein und der im Menschen selbst vorhandenen Motivschicht zu erklären sind.

Bei der symptomatologischen Betrachtung stellt sich die methodische Frage: Wie findet man gerade die symptomatisch wichtigen Ereignisse aus der Vielzahl der verhältnismäßig weniger gewichtigen heraus? Da gibt die Geisteswissenschaft von Rudolf Steiner eine vielleicht überraschende Antwort: Indem man lernt, die Aufmerksamkeit in erhöhtem Maß auf das zu richten, was einem «der Strom der Welt zuträgt»; was auf symptomatologischem Gebiet gefunden oder nicht gefunden wird, ist also immer auch zugleich subtile Schicksalsangelegenheit. Einem jeden Menschen werden fortwährend bestimmte Dinge von symptomatischer Bedeutung zugetragen (nur bleiben sie natürlich oftmals unbeachtet, oder es mangelt das Unterscheidungsvermögen für das, was wirkliches Gewicht besitzt). Die symptomatologischen Betrachtungen verschiedener Menschen müssen sich deshalb ergänzen; dies ist die schicksalsmäßige, soziale Komponente einer so gearteten Betrachtungsweise geschichtlicher Ereignisse. Der Leser dieses Buches wird bald sehen, wie sehr Ludwig Polzer sich in seinen Forschungen immer wieder davon inspirieren ließ, was ihm die Welt durch andere Menschen zutrug.

Doch will man nicht nur die vergangenen, geschichtlichen Ereignisse in dieser Art betrachten, sondern zum Puls des jeweils gegenwärtigen Werdens und Entstehens dringen, aus dem die einzelnen konkreten Tatsachen und Geschehnisse gewissermaßen herausgerinnen, dann kommt man bald an eine Grenze des gewöhnlichen Bewußtseins. Dieses verarbeitet durch den Verstand die Eindrücke der Sinne, und diese können nur das Vorliegende, Geschehene erfassen (bei der Geschichtsbetrachtung in Form von Dokumenten oder anderen sinnlich wahrnehmbaren Spuren vergangener Ereignisse), niemals das Geschehen selbst. In diesem Sinne kommt der symptomatologische Geschichtsbetrachter, nicht anders als der akkumulative Sammler, stets und überall zu spät. Er kommt immer vor die *Faits accomplis* zu stehen. Die jeweils gegenwärtigen geschichtlichen Prozesse finden also zunächst keinen Eingang in das erkennende, normale Wachbewußtsein; sie werden in den tieferen Seelenschichten, parallel zu den Vorgängen im Wachbewußtsein, im exakten technischen Sinne dieses Ausdruckes 'verträumt'. Soweit der Traumzustand unter dem des Wachbewußtseins liegt, so weit kann er jedoch, durch eine systematische konzentrative und meditative Schulung des Bewußtseins über letzteren hinaufgehoben werden. Durch solche Schulung kann der überwache Zustand des Bewußtseins ausgebildet werden, den Steiner 'Inspiration' nennt; und erst auf der Grundlage eines solchen höheren Bewußtseinszustandes kann die eigentliche geisteswissenschaftliche Erforschung der historischen Realprozesse in statu nascendi aufgenommen werden. Doch gibt es Zwischenstufen auf dem Weg zu diesem Ziele. Es kann geschehen, daß gewöhnliche Träume einen ungewöhnlichen Wachheitsgrad erlangen und daß dadurch etwas von den sonst nur unfaßbar verträumten Vorgängen ins Wachbewußtsein dringt. Ludwig Polzer hatte immer wieder Erlebnisse von dieser Art. Bei aller Vorsicht, die bei deren Deutung aufzuwenden ist, können sie doch manches Licht auf Dinge werfen, die sich dem gewöhnlichen Sinnesbewußtsein erst hinterher und als Fait accompli klar darstellen. Entscheidend ist dabei, ob auch eine Konkordanz zu äußeren Ereignissen zu bemerken ist, wie das bei Polzer ebenfalls des öfteren der Fall ist. Nicht die Erlebnisse für sich allein genommen sind dabei das Bedeutsame, sondern der Einklang zwischen etwas, das im Innern aufsteigt, und einer Tatsache der Außenwelt. Der Weg zum höheren Bewußtsein der Inspiration führt auch durch das Feld von derartigen inneren Erlebnissen und ihren äußeren Entsprechungen. Es ist ein nicht zu unterschätzendes Arbeitsfeld, das kaum umgehen kann, wer nach den bewußtseinsmäßigen Voraussetzungen strebt, die alleine aus der symptomatologischen Geschichtsbetrachtung eine *Wissenschaft* des geschichtlichen *Werdeganges* machen werden.

*

Mancher Leser dieses Buches mag beim ersten Durchblättern vielleicht von leiser Furcht befallen werden, sich in den vielen Einzelheiten zu verlieren, und er könnte sich die Frage stellen: Wozu eine so weit gehende Ausführlichkeit in der Darstellung des Lebens dieses Menschen? Doch Ludwig Polzers Leben umspannt in derart einzigartiger Weise das Ende und den Untergang einer reichen alten Welt wie auch die ersten Anfänge und Keime einer 'neuen Weltordnung', daß, wer den weltgeschichtlichen Umbruch nicht bloß zur Kenntnis nehmen, sondern auch erleben möchte, dies gerade am Kontrast gewisser symptomatischer Einzelheiten zu tun vermag. Man stelle nur einmal das Bild der Umstände von Ludwig Polzers Geburt im Jahre 1869 der Art und Weise gegenüber, wie er 1945 aus dem Leben schied.

Außerdem gibt es einige, sogar verhältnismäßig wenige große Hauptgesichtspunkte, von denen aus die Einzelheiten leichter überblickbar sind. Zu ihnen zählt *erstens* die bereits erwähnte Tatsache, daß im anglo-amerikanischen Westen, unterstützt vom Süden Roms, eine bewundernswerte Langzeitpolitik betrieben wird, die gegen das Aufkommen der europäischen Mitte wirkt und auch die Zukunft des slawischen Ostens einseitig gestalten möchte; diese Politik spielt bis in die Einzelheiten des Lebensgangs von Polzer beispielhaft hinein.

Ein *zweiter* Gesichtspunkt ist: Auf dem Hintergrund aller äußerlichen Kämpfe oder Kriege wird um verschiedene Formen der realen Geistigkeit gekämpft; um eine Geistigkeit, die die individuelle Freiheit fördert oder auch bekämpft.

Eine reale individuelle Brückenbildung zur übersinnlichen Welt ist *drittens* die Voraussetzung für alle tragfähigen kulturell-politischen Brückenschläge zwischen West und Ost. Daher wurden in die Darstellung auch gewisse sehr subtile Vorgänge mit einbezogen, die im meist ganz unbewußt verlaufenden Verkehr der Lebenden mit jenen, die in den 'Nebenzimmern der Geschichte' weilen, oftmals eine große Rolle spielen, wie schon aufgrund rein symptomatologischer Betrachtungen zu konstatieren wäre. Auch in diesem Sinne ist Polzers Leben richtungweisend; der innere, regelmäßig wiederholte individuelle Brückenschlag in das Reich der sogenannten Toten ist etwas, was in einer nicht so fernen Zukunft so selbstverständlich werden dürfte wie das Atmen oder Essen.

Dann wäre *viertens* die Notwendigkeit der Ehe zwischen Deutschtum und Slawentum zu nennen.

Wer solche und noch weitere Gesichtspunkte und Hauptmotive dieses Buches aufgreift und im Sinn behält, wird sich in dem 'Pantheon' von Menschen und Ereignissen leicht umherbewegen können, ohne je die 'Kuppel' aus dem Auge zu verlieren.

Vielleicht wird man dem Verfasser da und dort den Vorwurf machen, der Gestalt von Ludwig Polzer hagiographische Züge verliehen zu haben. Darauf soll nur erwidert werden: Wer für die gedeihliche spirituell-soziale Entwicklung der Menschheit so fruchtbare Taten, Fähigkeiten und Bestrebungen antrifft, wie sie bei Ludwig Polzer-Hoditz tatsächlich zu finden waren, der hat genug damit zu tun, das Bedeutende und Fruchtbare im Wirken eines solchen Menschen zur Darstellung zu bringen. Sich außerdem um dessen weniger bedeutende Wesenszüge oder Taten zu bekümmern, um ein sogenantes Ganzes zu erhalten, konnte der Verfasser nicht als seine Aufgabe betrachten. In seinen Augen liegt das 'Ganze' im übrigen gar nicht in der *Summe* von aus Wesentlichem und Unwesentlichem zusammengesetzten Leiden und Taten eines solchen Lebens; es liegt vielmehr in dem, was von diesem Leben auch für die Zukunft fruchtbar und bedeutsam bleiben könnte.

Wenn trotz der symptomatologischen Grundtendenz die Darstellung im allgemeinen chronologisch vorging, so liegt dies an dem Umstand, daß die langsame und doch sehr stetige Entwicklung Ludwig Polzers nur auf diese Art im einzelnen konkret zum Ausdruck kommen konnte. Polzers innere Entwicklung scheint wirklich nach und nach wie einzig aus dem ruhigen Fluß der Zeit hervorzugehen. Diese Fähigkeit zu stetiger Entwicklung, die ihn bis ins Alter treu begleitete, scheint zu seinen tiefsten Wesenszügen zu gehören.

Auch zum Raume hatte Ludwig Polzer ein ganz besonderes Verhältnis. Räume waren für ihn nicht nur geographische Bereiche, sondern auch auf Schritt und Tritt erfüllt mit seelisch-geistiger, kulturgeschichtlicher Tinktur. Was bedeutete es nicht für ihn, sich in Tannbach, seinem eigentlichen Lebensort, auf einem Boden zu befinden, *der von den alten Römern nie betreten wurde!*

So wartet dieses Buch auf Leser mit viel Innenraum und Zeit. Doch auch jene, die mit raschen Schritten und mit bestimmter Blickrichtung das 'Pantheon' durchqueren möchten, sind gern gesehene Besucher.

I. IM STROM EINES REICHEN ERBES

Nichts entstellt den Menschen mehr,
als Mensch zu sein, ohne zu wissen,
was Menschsein heißt.

*Franziskus Josephus Philippus
von Hoditz und Wolframitz*

1. IN HABSBURGNÄHE

Ludwig Polzer-Hoditz stammt väterlicherseits aus einem schlesischen Geschlecht, das sich lückenlos bis in den Beginn des 17. Jahrhunderts zurückverfolgen läßt; nach einer Lücke bis zur heiligen Elisabeth von Thüringen. Die mütterliche Hoditz-Linie kann durch einen vollständigen Stammbaum sogar bis ins 12. Jahrhundert hinaufgeführt werden: auf ein Dynastengeschlecht von Grafen und Herren von Bieberstein aus dem heute schweizerischen, zwischen 1173 und 1415 habsburgischen Aargau[1]. Die gegenwärtig noch erhaltene Burg Bieberstein liegt kaum zwanzig Kilometer von der wahrscheinlich ältesten Stammburg der Habsburger entfernt – der gleichnamigen 'Habsburg' (Abb. 1).

Die Bieberstein sind bereits zu Beginn des 12. Jahrhunderts nach Polen und Schlesien ausgewandert. 1109 erhält ein Wolf von Bieberstein bei Raski von Herzog Boleslaus von Krzywousty von Polen zu seinem Wappen ein Büffelhorn, wodurch das Wappen 'Rogalla' begründet wurde (siehe Abb. 2). Nachkommen dieser ausgewanderten Rogalla-Bieberstein wandern ihrerseits nach Mähren aus und nennen sich von der Mitte des 13. Jahrhunderts an nach ihren Gütern und der im Iglauer Kreis gelegenen Familienburg 'von Hodicz'. Im 16. Jahrhundert wurde das Hoditzgeschlecht in den Grafenstand erhoben und erhielt vom Kaiser das Privilegium, sich nach allen gegenwärtigen und künftig erworbenen Gütern zu benennen. Die Hoditz machten davon aber nur insoweit Gebrauch, als sie sich fortan 'von Hoditz und Wolframitz' nannten.

Sieben Jahrhunderte lang strömte die ursprüngliche Habsburgnähe der Hoditz wie träumend durch die Generationen hinunter, um im 20. Jahrhundert in den Lebensschicksalen von Ludwig und vor allem von Arthur Polzer-Hoditz ganz plötzlich und bestimmend hervorzutreten: aus geographischer Nähe zum Ursprung des bedeutenden Dynastengeschlechtes war Schicksalsnähe zu dessen tragischem Untergang geworden.

Den langen Weg zu dieser (durch die Vereinigung der Hoditzschen mit der Polzerschen Linie bewirkten metamorphosierten) Schicksalsnachbarschaft säumen eine Reihe von zum Teil höchst bemerkenswerten Gelehrten- oder Künstlernaturen oder von Persönlichkeiten, die in rein menschlicher Hinsicht Beachtung verdienen. Manche von ihnen scheinen Ludwig Polzer-Hoditz und seinem Bruder Arthur über den Erbstrom so wertvolle Anlagen vermittelt zu haben, daß sie auch von einem nur relativ flüchtigen Blick in die reiche Ahnengalerie der Polzer-Hoditz nicht übersehen werden sollten.

2. ALBERT GRAF VON HODITZ (1706–1778) – FÖRDERER DER KÜNSTE UND FREUND FRIEDRICHS DES GROSSEN

Wenden wir uns zunächst einigen Repräsentanten aus dem Geschlecht der Hoditz zu. Nach Arthur Polzer-Hoditz waren die Hoditz «immer geistig ungemein regsam, oft exzentrisch, selten gemäßigt, nie nach der Schablone»[2]. Im 15. Jahrhundert ließ sich ein Ullrich von Hoditz foltern und von Pferden vierteilen, weil er seine Beziehungen zu einer hochgestellten Dame nicht gestehen wollte – und damit ihr Leben rettete. Zur Zeit der Reformation nahm ein Teil der Hoditz den lutherischen Glauben an, ließ sich hartnäckigen Sinnes ächten, verließ Burg und Scholle und kämpfte im Dreißigjährigen Krieg im Lager der Schweden mit. Dennoch bestanden in dieser bald aussterbenden 'ullrichschen' Linie über die Grafen von Kaunitz verwandtschaftliche Beziehungen zum Hause Wallenstein oder Waldstein, wie es ehemals genannt wurde – ein Name, der uns auf den Jugendwegen Ludwig Polzers wiederum begegnen wird. Die zweite, 'veitsche' Linie des Hauses Hoditz, aus der Ludwig und Arthurs Mutter stammte, war «zum Unterschied zu der ersten, deren Mitglieder sich fanatisch an Reformation und Rebellion beteiligten, ebenso fanatisch konservativ, katholisch und gut kaiserlich gesinnt».

Aus dieser Linie stammte der mit Friedrich dem Großen befreundete Albert Graf von Hoditz, der sein Schloß Roßwald in Schlesien zu einem damals weltberühmten Feensitz umwandelte.

Der galante und unternehmungslustige Hoditz genoß in jungen Jahren in der Gesellschaft Wiens, außer bei den Ehemännern schöner Frauen, allgemeine Beliebtheit. Doch das Leben am Hof behagte ihm nicht lange. Er ging auf Reisen, verschuldete sich und heiratete mit achtundzwanzig Jahren die um einiges ältere verwitwete Markgräfin von Brandenburg-Bayreuth. Im Jahre 1741 begründete der geistig regsame Graf die erste Wiener Freimaurerloge, 'Zu den drei Kanonen', deren erster Großmeister er wurde. 1742 übertrug ihm Friedrich der Große das Kommando eines Husarenregimentes; doch bereits im Jahr darauf ersuchte der Graf um Entlassung und begab sich auf sein Schloß Roßwald.

Der 'Wundergraf von Roßwald', wie er allgemein genannt wurde, war ein großer Kunstmäzen. Er liebte es aber auch, seinen erfinderischen Geist nach Möglichkeit selbst in künstlerischer Art wirken zu lassen. So erfreute er einmal seinen königlichen Freund, der ihm nach einem Treffen mit Kaiser Joseph im Jahre 1770 auf der Heimreise in Roßwald einen Besuch abstattete, durch die Aufführung eines antiken Schäferspiels im barocken Schloßpark.

1. Die Habsburg im Aargau. Stich von Matthaeus Merian, 1642

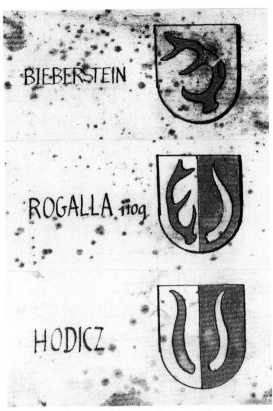
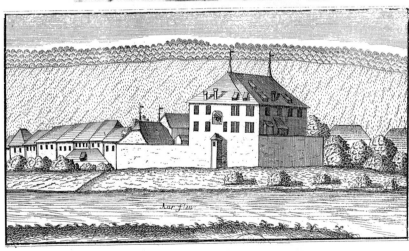

2. Stammwappen der Hoditz; Burg Bieberstein an der Aare

3. Albert Graf von Hoditz; Hoditz-Restaurant in Potsdam

4. Die Großeltern Anna und Friedrich von Hoditz

5. Die Großeltern Sefine und Ludwig Ritter von Polzer

6. Titelblatt des Novellenbandes 'In Mußestunden'

7. Julius Ritter von Polzer und Christine von Hoditz und Wolframitz

8. Christine und Julius Ritter von Polzer

9. Mathilde von Hoditz, Ludwig und Christine Polzer, um 1870

10. Arthur (links) und Ludwig Polzer, um 1872

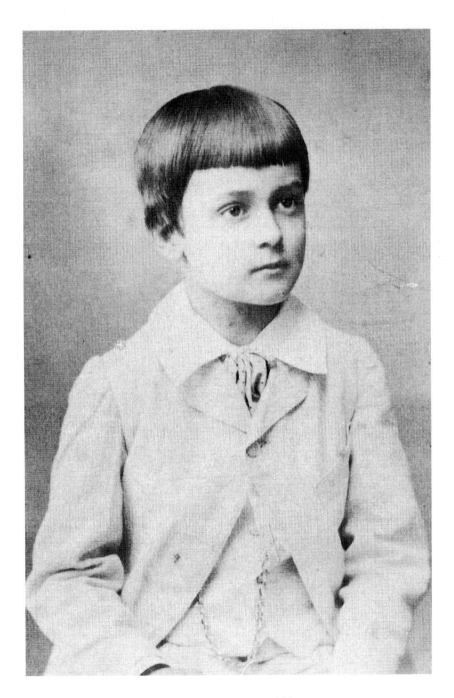

11. *Arthur Polzer, um 1881*

12. Ludwig Polzer, um 1881

13. Robert Hamerling; Fassade des Palais Saurau in Graz

14. Modern. Gemälde von Arthur Polzer

15. *Wilbraham Tollemache, Tante Mathilde, Blanche Tollemache, Arthur*

16. *Von l.n.r.: Unbekannt, Blanche Tollemache, Mathilde von Hoditz*

Das Spiel verteilte sich nach und nach über den ganzen Feensitz des Grafen, und die königlichen Zuschauer wurden von Szene zu Szene im Gelände herumgeführt. Man folgte einem der Wasserläufe, trat aus dem Eichenwald in den sonnigen «Garten der Hesperiden, bevölkert von Göttinnen und Göttern der Antike, die vor den Augen des Königs die pikantesten Szenen aufführten. An einem Bache lag der schöne Narziß, vertieft in den Anblick seines Bildes im klaren Wasserspiegel, während schäkernde Nymphen ihn mit einem perlenden Regenschauer überfluteten. Beim Austritt aus einem Gehölz lag die glatte Fläche eines entzückend schönen Sees vor den Augen der erstaunten Gäste. Man bestieg bunt beflaggte Gondeln, die von jungen Mädchen gerudert wurden. Die Fahrt ging an der hochaufbrausenden Skylla und der tosenden Charybdis vorbei. Es war der Höhepunkt der Revue. Schöne, junge Mädchen mit aufgelöstem Haar umschwammen als Nymphen und Najaden die Gondel des Königs und sangen in wechselvollen Chören die lieblichsten Lieder.»

Das kunstvoll inszenierte Spiel, an dem es auch nicht an Satyrn, Faunen und verführerischem arkadischem Flötenspiel fehlte, versetzte den König in helle Begeisterung. Arthur Polzer versichert von dieser Leistung seines Vorfahren: «Böcklin hätte seine Freude daran gehabt.» Wer wollte daran zweifeln?

Doch das sollte erst der Auftakt zu einem pompösen Festmahl sein. Die Wände des Speisesaals schmückten in Stein gemeißelte Gestalten des Olymps, während dem Eingang gegenüber eine marmorne Zweiergruppe, den Kaiser Joseph wie den königlichen Gast darstellend, die Blicke auf sich zog. Als der König den Saal betrat, wurde ein von Hoditz komponiertes Chorlied angestimmt, dessen Melodie Friedrich der Große später zu einem Marsch umarbeiten ließ. Er wurde als 'Hoditzmarsch' für lange Zeit ein Lieblingsstück des preußischen Regimentes.

Abends wurde eine Opernaufführung gegeben, die durch eine so geschickte Verwandlungstechnik von Kulissen und Bühnenbild bestach, daß der König ausrief, nicht einmal in seinem Berliner Theater so Vollkommenes gesehen zu haben. Während der drei Tage dauernden Festlichkeit fand auch jene berühmte Schachpartie statt, die Friedrich mit seinem Gastgeber auf einem kunstvoll angelegten Rasenplatz mit vierundsechzig Riesenfeldern wechselnder Farbe spielte. Nach Befehlen der beiden Spieler, die sich auf erhöhten Sitzen gegenübersaßen, bewegten sich zweiunddreißig Personen in den entsprechenden Kostümen über die Felder.

Hoditz konnte es nicht ertragen, von Menschen ohne Umgangsformen oder Bildung umgeben zu sein. So ließ er seinen Leibeigenen und Bediensteten eine regelrechte Erziehung angedeihen und brachte einem jedem eine seinen besonderen Fähigkeiten entsprechende Kunstfertigkeit bei. Und falls seine Bildungsarbeit nach einer gewissen Zeit den gewünschten Erfolg zeitigte, lud er seine Zöglinge an seine gräfliche Tafel. Mit einer gewissen Selbstlosigkeit entdeckte und förderte er auch künstlerische Talente. Ein späterer Tanzlehrer der Kinder Maria Theresias entstammte der von Hoditz geführten Roßwalder Tanztruppe.

Als Albert von Hoditz, der nie anders als mit vier oder sechs Pferden fuhr, durch den aufwendigen Lebensstil sein Vermögen schließlich erschöpft hatte, bot ihm Friedrich an, nach Potsdam zu übersiedeln, wo er ihm ein Haus zum Geschenk machte. Am 18. März 1778 ist Albert Reichsgraf von Hoditz daselbst verstorben. Die Leiche wurde, nach Wunsch des Wundergrafen, von einer königlichen Gardekompagnie nach Roßwald überführt. Friedrich ließ zum Gedenken des Freundes die Straße, die er bewohnt hatte, in Hoditzstraße umbenennen, die noch heute durch Potsdam führt. Von der Gedenktafel am Potsdamer Hoditzhaus erfahren wir, daß dieser «Förderer aller schönen Künste» auch als Wiederentdecker der modernen Feuerbestattung galt. Dennoch hatte er es vorgezogen, sich selbst und seine Gemahlin nach gewohnter Art in Särgen bestatten zu lassen.

*

Es ist nicht leicht, über diese vielschichtige Persönlichkeit ein wirklichkeitsgemäßes Urteil zu bilden. Gewiß weist Albert von Hoditz manche – für Arthur Polzer-Hoditz typisch Hoditzsche – exzentrische Züge auf und war, nicht nur in Fragen finanziellen Aufwandes, Kompromissen abgeneigt. Ebensosehr ist er jedoch auch von einer bemerkenswerten geistigen Regsamkeit gekennzeichnet.

Nicht nur Friedrich der Große hat dem Grafen ein Denkmal gesetzt; auch George Sand ließ ihn in ihrem bedeutenden Roman *Consuelo* als Grand Seigneur, allerdings mit etwas eitlen und dilettantenhaften Zügen, fortleben. «Doch geistig so unbedeutend, wie ihn die Französin sah, war er gewiß nicht», meint Arthur Polzer-Hoditz, obwohl er viele der Roßwalder Schöpfungen des Grafen als unkünstlerisch, ja kitschig beurteilte. «Friedrich der Große hätte ihn, wenn dies der Fall gewesen wäre, nicht so hoch geschätzt.» Immerhin sind 171 Briefe erhalten, die der König im Laufe einer zwanzigjährigen Korrespondenz an den Grafen richtete. – Gehen wir fehl, wenn wir bezüglich des historischen Wahrheitsgehaltes Arthur Polzers kritisch-abwägender Beurteilung seines Vorfahren gegenüber dessen literarischer Porträtierung durch George Sand den leichten Vorzug geben?

3. FRANZISKUS JOSEPHUS PHILIPPUS VON HODITZ UND WOLFRAMITZ (1669–1727) – EIN VERGESSENER DENKER

Treten wir nun in unserer Ahnengalerie vom lebensgewandt-geistreichen 'Wundergrafen' einen kleinen seitlichen Schritt in die Vergangenheit zurück, so kommen wir vor dessen Onkel zu stehen, eine hoheitsvolle, schweigsame Gestalt, die bei näherer Betrachtung sogleich bedeutende Denkerzüge gewinnt: es handelt sich um Franziskus Josephus Philippus Graf von Hoditz und Wolframitz, Ludwig und Arthur Polzers vierten Urgroßvater mütterlicherseits.

Der im Jahre 1669 geborene Franziskus Josephus – merkwürdigerweise dieselben Vornamen, wie sie später der Kaiser Franz Joseph tragen sollte – war Besitzer der heute zu den größten Sehenswürdigkeiten Mährens gehörenden Burg Busau. So viel uns aus dem Leben seines berühmt gewordenen Neffen überliefert ist, so wenig wissen wir im übrigen von den äußeren Lebensumständen dieser tief philosophisch veranlagten Denkerpersönlichkeit. Er war dreimal verheiratet und scheint ein nach außen hin ruhig verlaufendes Forscherdasein geführt zu haben. Im Jahre 1696 verkaufte er Burg und Herrschaft Busau gegen eine Leibrente dem Deutschen Ritterorden und zog nach Meltsch, später nach Venedig.

Um 1696, also um die Zeit des Burgverkaufes, verfaßte Franziskus Josephus eine Schrift mit dem Titel *Libellus de Hominis Convenientia* – auf deutsch etwa: (Büchlein) 'Von dem, was dem Menschen geziemt'. Er übergab das Manuskript seinem Schwager, einem Grafen von Sternberg, zur Begutachtung, ob es gedruckt werden solle. Sternberg, zu dessen Domäne auch die Burg Pürglitz gehörte, ließ es im Archiv der im Schloß untergebrachten Fürstenbergschen Bibliothek liegen. Dort führte es einen fast hunderfünfzigjährigen Dornröschenschlaf, bis es um die Mitte des letzten Jahrhunderts von Robert Zimmermann, dem Ästhetiker und Philosophen, entdeckt wurde. Zimmermann hielt die bis heute weder gedruckte noch ins Deutsche übersetzte Schrift für so bedeutend, daß er ihr in seinen *Studien und Kritiken zur Philosophie*[3] unter dem Titel 'Ein philosophischer Zeitgenosse Leibnizens in Böhmen' ein eigenes Kapitel widmete.

Franziskus Josephus wirft in seiner Abhandlung, deren Gedanken Schritt für Schritt in streng systematischer Art und größter Sorgfalt entwickelt werden, nichts Geringeres auf als die philosophische Zentralfrage nach dem Wesen und der Bestimmung des Menschen; mit dem Ziel, anzugeben, was diesem, seinem Wesen gemäß, in seinem Denken und Handeln wahrhaft gezieme (convenientia). Und er geht hierzu von einer geradezu radikalen Erkenntnis aus: «Nichts entstellt den Menschen mehr, als Mensch zu sein, ohne zu wissen, was Menschsein heißt.» Weder Aristoteles' Bestimmung, «ein vernünftiges Tier», noch jene von Descartes, «ein denkendes Wesen», hält der Verfasser des *Libellus* für befriedigend. «Keines von beiden genügt. Denn ich verlange von der Definition, daß sie den Menschen bestimme, sowohl in bezug auf das, was er *ist*, als was er *thut*. Die erste fehlt in bezug auf das, was er *ist*. Denn was heißt vernünftig sein? Die zweite in bezug auf das, was er *thut*, denn niemand weiß, wenn er hört, der Mensch sei da, um zu denken, schon *was* er denken soll, um zu denken, was einem Menschen geziemt.» Worauf baut nun Hoditz seine Untersuchung über das Wesen des Menschen? Er gründet sie auf die, allerdings zu erläuternde Bestimmung «der Mensch ist das Ebenbild Gottes». Denn diese schließe beides ein, «sowohl das, was er ist zu *sein*, als wozu er gemacht ist zu *thun*. Denn der Mensch soll nicht bloß sein, sondern auch thun nach der Ähnlichkeit und Ebenbildlichkeit mit Gott.»

Diese einst von Moses in göttlicher Inspiration empfangene Bestimmung des Wesens des Menschen stützt nun unser Philosoph mit ebenso vielen scharfsichtigen Gründen, wie er aus ihr für das dem Menschen «geziemende» Verhalten, vor allem auf den Gebieten des Rechtslebens und der Ethik, in klarster Weise die Konsequenzen zieht. Nach Zimmermann hätte Hoditz' Leistung auf rechtsphilosophischem Gebiet, nur etwas weiterentwickelt, die Leibnizsche Entdeckung des spezifischen Unterschieds zwischen Recht und Moral vorausgenommen.

Wohl durch Zimmermann auf den böhmischen Philosophen aufmerksam gemacht, betont eine andere Denkerpersönlichkeit, daß der böhmische Graf «für den, der in die Denkergeschichte der Menschheit hineinschauen kann, eine ungeheure Bedeutung hat». Es war dies *Rudolf Steiner*, der im Jahre 1909 einen beträchtlichen Teil eines öffentlichen Vortrags der Darstellung der Gedanken widmet, die Hoditz in seinem *Libellus* niedergeschrieben hatte.[4] Für Steiner ist vor allem bedeutsam, daß Hoditz, der weder selbst geistig-übersinnliche Erlebnisse kannte noch mit Menschen in Beziehung stand, die über solche Erfahrungen verfügten, durch eine vernunftgemäße Prüfung der philosophisch-religiösen Überlieferungen *in einsamer Denkerarbeit* zu einem rein spirituellen Bild des Menschenwesens vorgedrungen ist.

Daß er hierzu imstande war, liegt in seiner höchst vernünftigen Auffassung von der Leistungsfähigkeit des menschlichen Verstandes begründet. Der Verstand war Hoditz das durchaus taugliche Instrument, die früher bloß geoffenbarte «Ebenbildlichkeit Gottes» im Akte der philosophischen Selbsterkenntnis aus eigener Denkanstrengung einzusehen. Denn dieser menschliche Verstand ist seinem Wesen nach selbst schon ein übersinnliches Vermögen. «Wäre es wahr», heißt es im *Libellus*, «daß der Verstand nichts besitze, was nicht vorher in den Sinnen war», ein aristotelischer Satz, den auch Leibniz bestritt und um das bekannte «außer der Verstand selbst» erweiterte, «so würde der Mensch seiner Natur nach allein zur sinnlichen Lust hingezogen; es fehlte ihm jeder Maßstab; keine Handlung wäre gut, keine böse ... Nachdem der Verstand überlegt hat, fällt er seinen Ausspruch gemäß der Bestimmung des Menschen; dieser wird dem Gedächtnis überliefert; dieses erinnert sich seiner und führt ihn dem Menschen zu. Nun *weiß* er, was er zu tun hat; daß er es aber auch thue oder nicht thue, das hängt allein von seinem Willen ab.»

Für Hoditz vermag der *gesunde* Menschenverstand Göttlich-Übersinnliches und insbesondere die Göttlichkeit des Menschenwesens selbst einzusehen. Dadurch ist innerhalb der «Denkergeschichte der Menschheit» durch diese einsame Denkerpersönlichkeit in exemplarischer Art erwiesen worden, daß der Mensch auch in der Zeit des Überganges, wo die übersinnlichen Tatsachen *nicht mehr geglaubt und noch nicht geschaut werden können*, die Spiritualität seines Wesenskernes durch die vorurteilslose Entfaltung seiner Verstandeskraft erfassen kann – um zu denken und zu handeln, wie es diesem Kerne gemäß ist. «Spiritualisierung des Intellektes» – so sollte Rudolf Steiner die Betätigung der menschlichen Verstandeskraft in solcher Art zweihundert Jahre später nennen.[5] Und wer Steiners Schriften auch nur flüchtig kennt, wird bald bemerken, wieviel Wert er auf das Faktum legt, daß die geisteswissenschaftlich erforschten Tatsachen auch von demjenigen voll und ganz *verstanden* werden können, der sie noch nicht übersinnlich zu schauen vermag. Nur darf sich dazu der Verstand nicht ausschließlich in der Betrachtung der Sinneswelt erschöpfen – wodurch er letztlich dem Drachen des Materialismus erliegen müßte.

*

Nachdem Rudolf Steiner von der Verwandtschaftsbeziehung dieses Denkers zu Ludwig und Arthur Polzer-Hoditz erfahren hatte, machte er Ludwig Polzer gegenüber einmal die Bemerkung, die Schrift seines Vorfahren stelle in seinen Augen auch die erste nachweisbare Aufforderung zu einer Neugestaltung der sozialen Verhältnisse in Mitteleuropa dar.[6]

Die Persönlichkeit und die Anschauungen dieses Mannes schienen dazu bestimmt, in Ludwig Polzers Leben in mancher Hinsicht eine bedeutsame Rolle zu spielen. Bereits lange vor seiner Bekanntschaft mit Rudolf Steiner hatte Polzer eine Abschrift der Abhandlung seines Vorfahren anfertigen lassen. Seine erste Begegnung mit Steiner im Jahre 1908 sollte in bemerkenswerter Weise unter dem Stern der philosophischen Zentralfrage des alten Hoditz stehen, und noch im Jahre 1932 wird der vierte Urenkel dieses Denkers die unweit Prag in der Nachbarschaft des berühmteren Karlstein gelegene Burg Pürglitz (tschechisch Krivoklat) aufsuchen, um das dort verwahrte kostbare Manuskript einmal mit eigenen Augen zu sehen.

Als Erzherzog Eugen, der letzte Erneuerer und Großmeister des Deutschritterordens, vor hundert Jahren die Burg Busau, den einstigen Sitz von Franziskus Josephus von Hoditz, renovierte, ließ er im großen Ehrensaal des Schlosses dem deutschen Ordenswappen gegenüber das Hoditzsche Stammwappen anbringen, darunter das Bild eines drachentötenden Ritters sowie die Inschrift 'Ritter des Geistes'. Ludwig Polzer war mit Erzherzog Eugen persönlich bekannt; er lernte ihn in Basel kennen, wo der Erzherzog zwischen 1919 und 1934 als Habsburger in der politischen Verbannung lebte.

Und als im Dezember 1917, infolge seiner beruflichen Stellung von Arthur Polzer-Hoditz am Hofe, die Familie Polzer vom Ritterstand in den Grafenstand erhoben und damit den Hoditz gleichgestellt wurde, wählte Ludwig Graf Polzer-Hoditz das Wappen seines bedeutenden Ahnherrn zu seinem persönlichen Emblem.

4. LUDWIG RITTER VON POLZER (1807–1874)
HOMME DE LETTRE UND LEBENSKÜNSTLER

Fassen wir nun zur Abwechslung einmal die väterliche Seite der *Polzer* ins Auge. Die Familie stammt, wie erwähnt, aus Schlesien und kann bis ins 17. Jahrhundert zurückverfolgt werden. Damals war sie in Troppau ansässig und durfte den Namenszusatz 'nobilis' führen. Im Jahre 1756 wurde ein Polzer, dessen Vater Bürgermeister von Troppau war, infolge seiner Verdienste in den schlesischen Kriegen von der Kaiserin Maria Theresia in den Stand der 'edelgeborenen Ritter' erhoben.

Auffallend viele Mitglieder der Familie wandten sich dem geistlichen Stande zu. Ein Franziskus Ritter von Polzer wurde im 17. Jahrhundert Provinzial der mährischen Provinz der Minoriten; sein Bruder und sein Neffe Ignatius traten dem Orden der Gesellschaft Jesu bei; letztgenannter wurde später Theologieprofessor an der Universität von Olmütz. Daneben hat die Familie neben zwei Ärzten auch einen Offizier hervorgebracht, der in der kaiserlichen Armee die Napoleonischen Feldzüge mitmachte. Es handelt sich um einen Josef Ritter von Polzer, der später als Referent beim Generalkommando in Brünn diente, bis man ihn im Jahre 1834 eines Tages tot aus dem Büro tragen mußte, wo er einen Schlaganfall erlitten hatte.

Machen wir nun an dieser Stelle der Polzerseite unserer Galerie – die zwar etwas kürzer erscheint, deswegen aber an interessanten Persönlichkeiten keineswegs ärmer ist als die Hoditzseite – ein paar Schritte nach vorne, in Richtung Zukunft also, hinter deren vorläufig geschlossenen Flügeltüren bereits die ersten Vorbereitungen zur Geburt der Zentralgestalt dieser Biographie im Gang sein dürften: Wir mögen nun noch so sehr auf dieses zweifellos wichtige Ereignis zu eilen wollen – der Weg führt an einer Gestalt vorüber, die uns allein schon wegen der Konkretheit ihrer Gesichtszüge, wie sie uns auf einem photographischen Bildnis überliefert ist, für eine Weile aufhalten darf (Abb. 5, unten).

Ludwig Ritter von Polzer – denn von ihm ist nun die Rede –, einziger Sohn des Vorgenannten und Großvater von Ludwig und Arthur Polzer, war im Jahre 1807 in Brünn geboren worden, wo er Kindheit und Jugend verlebte. Nach seiner Studienzeit trat er beim Wiener Hofkriegsamt in Dienst.

Charakteristisch für die lebenskünstlerisch-galante Seite dieses Mannes ist die Art und Weise, wie er am Ende seiner Zwanzigerjahre die Bekanntschaft seiner späteren Gemahlin machte. Arthur Polzer, schildert die erste Begegnung seiner Großeltern mit dem prägnanten Satz: «Mein Großvater lernte seine künftige Frau durch einen Zufall, ein Unwetter und einen Regenschirm kennen.»² Nach Beendigung einer Theatervorstellung wollte Ludwig Ritter von Polzer gerade auf die Straße treten, glücklicherweise mit einem Schirm gerüstet – denn es goß in Strömen. Da fiel sein Blick auf einen älteren Herrn in Begleitung eines bildhübschen jungen Mädchens, die sich beide in einer gewissen Ratlosigkeit befanden. Der galante Theaterbesucher trat ohne zu zögern auf das verlegene Paar zu und bot ihm seine 'Beschirmung' an. So lakonisch wie befriedigt hält Arthur Polzer die Folgen dieser Galanterie fest: «Das Weitere entwickelte sich rasch in der Sonne der Jugend und gedieh sehr bald zur Verlobung.»

Ritter von Polzers Verlobte war außerordentlich musikalisch veranlagt; sie hatte bereits als junges Mädchen eine Gesangsausbildung genossen und sich gelegentlich von keinem Geringeren als Franz Schubert am Klavier begleiten lassen dürfen.

Josefine Hauer – so hieß unsere Braut – lebte bis dahin mit ihrem früh verwitweten Vater: die Mutter, eine geborene de Gabillet französischer Abstammung, hatte sich infolge einer unglückseligen Liaison erst fünfundzwanzigjährig während eines Kuraufenthaltes in die Donau gestürzt ...

Ein gutes Jahr nach der Trauung im September 1833 wurde dem Paar am 18. November 1834 ein erster Sohn geboren: Julius, der spätere Vater von Arthur und Ludwig Polzer.

In den Revolutionsjahren 1847/48 fielen Ludwig Ritter von Polzer zwei beträchtliche Erbschaften zu. Er verließ den Staatsdienst und siedelte mit der Gattin Josefine und den beiden Söhnen Julius und Alfred nach Graz über, wo er sich ein Haus erwarb. Man hielt eine große Dienerschaft, verfügte über Wagen und Pferde und hatte eine ständige Loge im Landestheater. Graz wurde in den politisch unruhigen Jahren eine Art 'Port der Ruhe' für viele bedrängte Adelsfamilien, mit welchen die Polzers in fleißigsten Verkehr traten.

Weit entfernt, der lockeren Lebensart eines Bohemiens zu verfallen, wußte Ludwig von Polzer freizügigen Lebensstil mit peinlichster Ordnungsliebe zu verbinden. Seine Tageseinteilung war stets dieselbe. Beim Frühstück, das er immer zur gleichen Stunde mit seiner Frau einzunehmen pflegte, las er die Zeitungen. Falls Briefe eingetroffen waren, wurden sie meist umgehend beantwortet. Nach einem Spaziergang und diversen Erledigungen setzte er sich um die Mittagsstunde an die Staffelei. Er blieb sich als malender Autodidakt jedoch der Grenzen seines Könnens bewußt und beschränkte sich zumeist auf das Kopieren alter Meister. (Die große Zahl hervorragender Kopien in Familienbesitz sind 1945, als die Russen in Wien einmarschierten, verschwunden.) Um drei Uhr wurde gespeist, dann folgten Besuche oder eine Spazierfahrt. Abend für Abend begleitete Ludwig von Polzer seine Frau ins Theater, wo er nebst den Aufführungen selbst auch die Logenbesuche während der Pausen überaus liebte. Das Nachtmahl, das er für gesundheitsschädigend erachtete, war ein ihm «unbekannter» Begriff.

Diese feste Lebensordnung wurde allerdings immer wieder von häufigen und langen Reisen durchbrochen, die vielleicht sein größtes Vergnügen waren. Er kam daher bei manchen Verwandten in den Ruf einer gewissen Unerreichbarkeit: sein Schwiegervater beantwortete die Briefe, die er von ihm erhielt, niemals direkt, sondern stets mit solchen an seine Tochter, mit der Begründung, daß man ja nie wisse, in welchem Lande sich 'Lui' gerade aufhalte und ob man die Briefe nach Konstantinopel, Genua oder Amerika zu adressieren habe ...

Die Erfahrungen seines reichen Lebens ließ Ludwig Ritter von Polzer in seinen späteren Grazer Jahren in eine Anzahl von geistreichen Novellen einfließen, die 1874, im Jahr seines Todes, unter dem Titel *In Mußestunden* bei Gerold in Wien erschienen. Wir werden ihnen noch begegnen.

5. JULIUS RITTER VON POLZER (1834–1912) UND DIE 'BEFESTIGUNG' DER K.U.K. DONAUMONARCHIE

Julius, der ältere Sohn dieses geistreichen Weltmannes und disziplinierten 'Müßiggängers', schien vom Vater die strenge Lebensart und den offenen Sinn für alle Verhältnisse des Lebens, von der Mutter die Liebe zur französischen Sprache und Kultur geerbt zu haben.

Letztere machte sich schon sehr früh bemerkbar. Julius Polzer war nach eigener Aussage bereits in Kindheitsjahren «ein zwar an Statur kleiner, aber doch großer Napoleonschwärmer»[7]. Mit neun Jahren erhielt er privaten Französischunterricht bei einer Freundin der Mutter in der Nachbarschaft. Gerne verband er mit dem Besuch bei seiner Lehrerin kleine Inspektionsreisen durch verschiedene Nachbarhäuser. «Ich ging oft vor oder nach dem Unterrichte», berichtet der Siebzigjährige in seinen autobiographischen Aufzeichnungen[7], «in die nahe liegenden Häuser, mich erkundigend, ob ein Dr. Nerer dort wohne, natürlich nur aus Neugierde, wie es in den verschiedenen Häusern aussieht.» Eines Tages gab er sich auf einem solchen Erkundungsgang in phantasievoller Erweiterung seines Konversationsunterrichts als leibhaftiger Franzose aus, «der nicht Deutsch versteht». Das Dienstmädchen der von ihm heimgesuchten Wohnung rief, da es kein Französisch verstand, die Frau des Hauses an die Tür, «die sich für den kleinen Franzosen sichtlich interessierte, sich die Gelegenheit nicht entgehen lassen wollte, ihre französischen Kenntnisse zu verwerten, mich einlud einzutreten und mit mir längere Zeit konversierte».

«Es ist mir heute nicht mehr erinnerlich und fast unverständlich», kommentiert Julius Polzer diesen beachtlichen Auftritt später, «wie ich die Rolle so gut spielen konnte; nur weiß ich, daß ich sehr befriedigt nach Hause kam.» Die Geschichte sollte aber ein kleines Nachspiel haben: Wenige Tage darauf ging er mit dem Kindermädchen, das einen Einkauf besorgte, in ein 'Gewölb', und als er dem Mädchen eine Frage stellte, sagte plötzlich eine Frau in der Nähe: «Da ist ja der kleine Franzose, der ganz gut Deutsch kann.» Da Julius bei den Dienstboten stets beliebt war, erfuhren die Eltern nichts von der Sache. «Bei meinen weiteren Wanderungen», fügt er allerdings hinzu, «trat ich aber wieder als Deutscher auf ...»

Wenn der Großvater mütterlicherseits – jener ältere schirmlose Herr, den wir zu Beginn des letzten Kapitels kennengelernt hatten – nach Wien kam, nahm er Julius und seinen Bruder Alfred regelmäßig ins Carl-Theater mit, wo sie des öfteren Possen von und mit Nestroy sehen konnten. Anschließend durften die beiden Knaben mit dem geliebten Großvater, der

5. JULIUS RITTER VON POLZER

auch außerhalb des Theaters derbe Späße liebte, in einem Gasthof soupieren. Auch Ferdinand Raimund und die Tänzerin Fanny Elstner konnten sie oftmals auf der Bühne erleben.

Es war in der Zeit des Vormärz, als Wien noch von Festungsmauern umgeben war und viele Tore und Basteien besaß. Jenseits des Karolinentores versammelte sich die Wiener Welt am Nachmittag zum Parkkonzert; die Frauen in weiten Reifröcken, aus denen die Oberkörper wie Lilienstengel herausragten, mit Schmachtlocken und kleinen Hütchen; die Männer in taubengrauen Hosen, mit hohen Vatermördern und bis ans Kinn reichenden Halsbinden.

Noch war die Welt des habsburgischen Kaiserreiches 'in Form' ...

Mit elf Jahren trat Julius Ritter von Polzer in das Gymnasium der berühmten Benediktinerabtei von Kremsmünster ein, wo er sich u. a. eine hervorragende Beherrschung der lateinischen Sprache erwarb.

Im steirischen Graz, wohin der Vater, wie im vorigen Kapitel erwähnt, mit der Familie nach dem Unruhejahr 48 gezogen war, besuchte Julius die Ingenieurakademie, eine Militärschule mit einem besonderen Ruf wegen ihres Unterrichts in Mathematik, für welches Fach er sich neben Chemie als besonders begabt erwies.

1854 wurde er als Leutnant nach Verona in Garnison geschickt. Nach Absolvierung eines höheren Geniekurses in Klosterbruck rückte er nach einigen Jahren wiederum in diese ihm sehr liebe Stadt ein. Vor der Abreise hatte er sein erstes und, wie es scheint, einziges Duell geliefert, bei welchem er selbst unversehrt blieb.

*

Die Habsburger begannen in diesen Jahren mit der Instandsetzung ihrer Festungen auf italienischem Boden. Nachdem am Neujahrstag 1859 aus einer Äußerung Napoleons III. an den österreichischen Botschafter Hübner deutlich wurde, daß mit einer kriegerischen Auseinandersetzung mit den Franzosen, die die italienischen Unabhängigkeitsbestrebungen unterstützten, zu rechnen sei, wurde Julius Polzer nach Piacenza entsandt, wo er drei Forts zu errichten hatte. Sie wurden allerdings umsonst gebaut, da nach der Schlacht von Magenta beschlossen wurde, die Festung zu räumen. Mit einer halben Kompagnie und einer großen Anzahl von Wagen und Pferden leitete er einen gefährlichen Rückzug an Cremona vorbei nach Mantua. Den Feldzug der Österreicher gegen die mit Sardinien verbündeten Franzosen, der bekanntlich 1859 mit der vernichtenden Niederlage der Habsburger bei Solferino endete, erlebte Julius Polzer nur aus dem fernen Wien mit, wohin er inzwischen beordert worden war, um in der dortigen Geniedirektion zu dienen. Sein Sohn Arthur sollte später über diese Schlacht schreiben: «Es war der erste Sieg feindlicher Mächte im Vernichtungskampf gegen Österreich.»

Der junge Genie-Ingenieur, wie die damaligen Baumeister von Befestigungsanlagen genannt wurden, war mit dem Zustand «der Garnison Wien sehr zufrieden». Tagsüber fleißig im Dienst, genoß er des Abends so viele Bälle und Vergnügungen, wie sie das bescheidene Gehalt zuließ.

Diese befriedigende Wiener Zeit sollte allerdings bald ein jähes Ende finden. Eines Tages mußte Polzer im Auftrag seines Kommandanten mit dessen Bruder in den Prater reiten. Die Reitallee war dicht mit Reitern besetzt. Nach der Erledigung ihres Auftrages ritten die beiden Boten in scharfem Galopp zurück, als plötzlich eine Dame aus der Menge hervorgeritten kam. Die beiden konnten gerade noch rechtzeitig ausweichen, während die Reiterin, vom lauten Ruf «Acht geben! Acht geben!» begleitet, zwischen ihnen hindurchgaloppierte. Nun handelte es sich aber leider nicht um irgendeine Dame, sondern um die Kaiserin, in persona! «Wie immer gleich alles entstellt und vergrößert wird», erzählt Julius Polzer in seinen Erinnerungen, «so hieß es, wir wären an die Kaiserin angeritten; kurz, die Sache machte unbegründetes Aufsehen im Prater.» Polzer, sogleich auf ungünstige Konsequenzen gefaßt, wurde infolge dieses majestätsverletzenden Formfehlers – sein Begleiter war protegiert genug, um ungeschoren zu bleiben – nach dem dalmatischen Zara strafversetzt. Wie haben sich die Zeiten geändert!

Höchst unwillig über sein Geschick und im Bewußtsein, daß er in keine schlechtere Garnison mehr kommen könne, war ihm fortan an weiterer Gunst oder Ungunst seiner Vorgesetzten nicht mehr das geringste gelegen. Gewissenhaft versah er zwar weiterhin seinen Dienst, doch in privater Hinsicht ließ er «alles außer acht, machte niemandem einen Besuch (...) und zeigte auffällig, daß mir alles in Zara mißfiel und zuwider war». Er scheute sich nicht, der Gouvernante seines Genie-Inspektors auf Spaziergängen absichtlich zu begegnen und, da die sich entwickelnde Sympathie gegenseitig zu sein schien, sie immer häufiger und immer länger zu begleiten. Nach kurzer Zeit wurde er aus sogenannten 'Dienstrücksichten' der Geniedirektion von Cattaro zugeteilt und damit an die südlichste Spitze der Monarchie versetzt.

*

Diese vielleicht unbedeutend erscheinenden Vorfälle und Begebenheiten gewinnen sofort erhöhtes Interesse, wenn wir sie als symptomatisch für den inneren Zustand der Monarchie zur damaligen Zeit betrachten. Wie sehr wurde, in Tracht und Verhalten, die Form und Etikette des Hofes beachtet. Wie entscheidend konnten Formfehler werden und ohne Rücksicht auf individuelle Eigenarten und Befähigungen in geradezu lähmender Art in menschliches Schicksal eingreifen! Wie äußerlich scheint alle Form bereits geworden zu sein, wie leer an substantiellem Gehalt. War die Monarchie nicht ebensosehr wie von äußeren Feinden vom inneren Feind des Formalismus und der Ideenlosigkeit bedroht? War der alte Reichsgedanke noch tragfähig und stark genug, die brennenden Probleme wie etwa die zunehmenden Nationalitätenkonflikte in fruchtbarer Weise zu lösen?

In einer seiner Novellen[8] läßt Julius' Vater Ludwig einen Grafen die Überzeugung aussprechen, die «morschen Formen» der Monarchie würden, mühsam zusammengehalten, nur noch bis zur nächsten Generation halten: «Die kräftige Sonne des zwanzigsten Jahrhunderts wird hier nur Trümmer bescheinen.» Wie recht sollte er leider bekommen!

Die Versetzung nach Cattaro gereichte indessen Julius Polzer in jeder Hinsicht zum Vorteil. Der über drei große und mehrere kleinere Meerbusen verteilte Riesenhafen, in welchem sämtliche Flotten Europas bequem hätten vor Anker gehen können, sowie die ausgezeichneten Befestigungsanlagen der Stadt beanspruchten sogleich sein größtes Interesse. Mit dem ihm vorgesetzten Geniedirektor Major Mossig bereiste er auf einem sechstägigen Maultierritt die längs der Grenze zu Montenegro liegenden Defensivkasernen.

Für die Küstenbefestigungen im Bezirk Castelnuovo verantwortlich, ließ sich der Siebenundzwanzigjährige Befestigungsoffizier auch immer wieder von der Schönheit der buchtenreichen Landschaft beeindrucken. Die freie Zeit verbrachte er meist im Haus von Mossig, der mit einer kultivierten Florentinerin verheiratet war.

Da erlebte er im Sommer 1860 das Attentat auf den montenegrinischen Fürsten Danilo mit, als dieser mit seiner Gemahlin Cattaro besuchte. Der Mörder, der persönliche Motive geltend machte, wurde in Cattaro gehenkt.

Zu Hause in Graz begann sich beim Vater, der vom Schuß in Cattaro zweifellos aus der Zeitung erfahren hatte, angesichts von Julius' nicht gerade aussichtsreicher Berufsperspektive in der im allgemeinen ereignisarmen Südspitze der Monarchie allmählich ein gewisser Unwille zu regen. Er schlug dem Sohn vor, sechsmonatigen Urlaub mit halber Gage zu beantragen – was Teilnehmern am Italienfeldzug von 1859 meistens gewährt wurde – und eine längere Auslandsreise zu unternehmen. Das nötige Geld wolle er gerne zur Verfügung stellen. Darauf unternahm Julius eine mehrmonatige Bildungsreise, die ihn zunächst über Prag und Dresden nach Berlin führte.

Er besichtigt Museen, besucht Theatervorstellungen, unterläßt aber nirgends, bedeutenden Festungsanlagen einen Besuch abzustatten. Über Köln und Aachen geht die Fahrt nach Brüssel, wo er die neunzehnjährige Adelina Patti in der Titelrolle von Donizettis *Lucia di Lammermoor* erlebt. Patti, deren Gesang sie weltberühmt machen sollte, war eben aus New York zurückgekehrt, wo sie als 'Lucia' in der Metropolitan Opera debütiert hatte.

Über Brüssel ging es dann in die Metropole des geliebten Frankreich, wo zahlreiche Empfehlungsschreiben unseren Reisenden zwei Monate beschäftigt hielten. Mit dem *Bädeker* in der Hand nimmt er alle wirklichen Sehenswürdigkeiten von Paris in Augenschein. Sein vortreffliches Französisch wie seine tadellosen Umgangsformen machen ihn zum gern gesehenen Gast zahlreicher Festlichkeiten. Die offenen Boulevardstraßen mit dem regen Verkehr setzen ihn en passant immer wieder in Erstaunen; war doch *Wien* damals noch ohne Ringstraße und von Festungsmauern umgeben.

Oft besucht er die Comédie Française, «wo reizende Lustspiele aufgeführt wurden». Doch auch inmitten dieser an Vergnügungen und Abwechslungen reichen Zeit versäumt er nicht, die von Louis Philippe in den dreißiger Jahren errichteten modernen Befestigungsanlagen der Stadt zu besichtigen und «den großen militärischen Gedanken», der ihnen zugrunde lag, zu studieren. Er macht sich klar, daß eine das befestigte Paris erobernde Armee eine Längenausdehnung von 12 Meilen haben müßte, und stellt im Rückblick auf diese Zeit fest, daß Frankreich im Deutsch-Französischen Krieg 1870/71 «ohne Paris vier Monate früher unterworfen gewesen» wäre. Julius Polzer wird noch in der späteren Schilderung seiner Pariser Erlebnisse so sehr von den damals inspizierten Festungsanlagen in Beschlag genommen, daß er in seinen Erinnerungen einige höchst interessante Aperçus über die Bedeutung der richtigen Wertschätzung resp. der – in der Monarchie – wachsenden *Unter*schätzung von Forts für die damalige Kriegsführung einflicht. So erwähnt er beispielsweise, wie unbegreiflich es ihm gewesen sei, daß Österreich 1859 im Besitze des Festungsvierecks Verona, Mantua, Peschiera und Legnago Frieden schließen konnte, und schreibt dies in erster Linie der österreichischen Artillerie zu, die seit den Napoleonischen Feldzügen nicht nur die kleineren Festungen, sondern auch die großen befestigten Lager an strategisch wichtigen Punkten beim Generalstab, in der Armee sowie im großen Publikum in zunehmenden Maße in Mißkredit gebracht hatte. Hätte man dem italienischen Festungsviereck mehr zugetraut, wären die Dinge nach seiner Auffassung anders gekommen: «Nie hätte die französisch-sardinische Armee dieses Festungsviereck genommen; sie hätte sich verblutet und nach großen Verlusten die Lombardei wieder räumen müssen.» Julius Polzers Sachkenntnis als Befestigungsingenieur läßt uns derlei Überlegungen nicht einfach von der Hand weisen ...

*

Nachdem Julius nach Cattaro zurückgekehrt war, dauerte es nicht lange, bis sich der Vater erneut aus Graz bemerkbar machte und den Sohn anfragte, ob er denn gedenke, den ganzen Rest seines Lebens in Dalmatien zu verbringen. Nicht erst eine Antwort abwartend, legte er ihm nahe, um eine Versetzung in ein ungarisches Infanterieregiment zu ersuchen. Julius, dem seines Vaters Wunsch «stets eine Art Befehl» war, reichte darauf sein Versetzungs-Gesuch beim Kriegsministerium ein. Es mußte aber den Dienstweg über die Generalinspektion nehmen, der damals Erzherzog Leopold vorstand. Leopold kann, ähnlich wie Erzherzog Albrecht, als Verkörperung der retardierend-konservativen Tendenzen in der Monarchie angesehen werden. Ihm war es zu verdanken gewesen, daß Julius Polzer seinerzeit in Cattaro gelandet war. Der Erzherzog ließ das Gesuch, statt es ans Kriegsministerium weiterzuleiten, selbstherrlich in seiner Kanzlei liegen. Nun platzte dem Vater der Kragen. «Sehr gewandt mit der Feder und mit allen Verhältnissen vertraut», sandte er an den Kriegsminister ein Promemoria, worin er sich darüber beschwerte, daß ein an das Kriegsministerium stilisiertes Schreiben dieser Behörde nicht einmal vorgelegt werde. Kurz darauf erfolgte die Versetzung von Julius nach Ungarn, was Erzherzog Leopold nach vergeblicher Einsprache – er war der Meinung, Polzer sei in Dalmatien besser aufgehoben; «da könne er nicht so viel spazierenreiten» – schließlich knurrend akzeptieren mußte. Trotz dieser an sich erfreulichen Veränderung fiel Julius der Abschied von der Geniewaffe nicht leicht. In seinen Erinnerungen schreibt er darüber: «Die Genieoffiziere waren gebildet, sehr kameradschaftlich, im Dienste pflichtgetreu, genau in allen ihren Arbeiten und den Vorgesetzten gegenüber unbedingt gehorsam ohne jeden Servilismus (...) Eine bessere Zusammengehörigkeit wie in dieser Waffe habe ich später nie mehr gefunden.»

Kaum im zirka hundert Kilometer nördlich von Budapest gelegenen Losoncz angekommen, lernt Julius fleißig ungarisch. Doch als ein Jahr darauf, 1866, zum Feldzug gegen die Preußen geblasen wird, finden wir ihn bereits wieder in Italien, wo er in Geneda einem Infanterieregiment zugeteilt wurde. Ohne eine gewisse Bewegungsfreudigkeit war in der k. u. k. Monarchie keine militärische Karriere zu machen ...

Eine herzliche Freundschaft sollte ihn hier bald mit seinem Hauptmann verbinden, einem so charmanten wie lebensgewandten Manne namens Bondi, bei Frauen und Mädchen sehr beliebt – «ein Hauptkürmacher». Bondi war zu diesem Zeitpunkt gerade im Begriff, in einer bemerkenswerten Weise befördert zu werden.

Bei Ausbruch des Krieges beschloß er, seiner vielen Schulden wegen auf sein anstehendes Avancement zum Major zu verzichten und um Pensionierung zu ersuchen. Da erfuhr er aus dem dienstlichen Verordnungsblatt, daß er soeben zum Major befördert worden war. Er besaß aber weder Pferd noch die nötige Ausrüstung für diesen Dienstrang. Nach vierzehntägiger Abwesenheit in Wien kehrte er zu seinem inzwischen in Neustadt stationierten Regiment zurück – und zwar zum großen Erstaunen aller Offiziere mit zwei Pferden und nach allen Regeln der Kunst kriegsmäßig gerüstet. Der frischgebackene Major erzählte, er habe in Wien bei Seiner Majestät um Audienz ersucht, dem Kaiser dann die mißliche Lage geschildert und um seine Hilfe gebeten. Seine Majestät habe höchst erstaunt die Frage an ihn gerichtet, wie es denn komme, daß er unter solchen Umständen überhaupt befördert worden sei, worauf er, schnell gefaßt, gleichfalls erstaunt geantwortet habe: «Wenn es Eure Majestät nicht wissen – *ich* weiß es nicht!»

Kaiser Franz Joseph, der bekanntlich viel Sinn für trockenen Humor besaß und dem gewiß die offene und heitere Gemütsart Bondis sehr sympathisch war, quittierte die Antwort mit einem Lächeln und ließ Bondi einen Geldbetrag anweisen.

Auch diese von Julius Polzer überlieferte 'Bagatelle' ist, wenn auch in ganz anderem Sinne als die Praterszene, für den inneren Zustand der Monarchie symptomatisch, zeigt sie doch, daß engherziger Formalismus nicht in jedem Falle das letzte Wort zu führen pflegte. Und da die Episode von Bondis unverdienter Beförderung ein ziemlich genaues Gegenstück zu Polzers kaum in höherem Maße verdienter Strafversetzung an den Südzipfel der Monarchie darstellt, glaubten wir, sie hier nicht übergehen zu sollen.

Polzers Brigade mußte die nahe der preußischen Grenze vorbeiführende Bahnlinie schützen und in der Gegend zwischen Trübau und Geyersburg hin und her marschieren. Infolge seiner relativ untergeordneten Stellung blieb ihm aber «der diesen Märschen zugrunde liegende Gedanke verschlossen, man teilte uns auch nie etwas mit». Einmal wurde er mit seiner Kompagnie bis nach Senftenberg vorgeschoben, aber wiederum ohne Weisung oder Auftrag. Als er dort mit einer Eskadron zusammentraf, ersuchte ihn deren Kommandant, anscheinend gleichfalls ohne Instruktionen, um Befehle. Austrias Ratschlüsse waren auch höheren Genieoffizieren nicht immer begreiflich – ein weiteres Symptom für den Zustand der Monarchie, die auch in kritischen Situationen in zunehmendem Maße an einem gewissen Orientierungsmangel zu leiden begann. Sosehr dieser Marsch nach Senftenberg ohne militärische Planung erfolgt zu sein scheint, so sehr sollte sich in Julius Polzers persönlichem Leben bald deutlich die Hand einer höheren Planung verraten ...

*

Nach der Niederlage der Österreicher bei Königgrätz am 3. Juli mußte Polzers Bataillon dazu beitragen, den Rückzug der österreichischen Armee zu decken. Während den Preußen eine teilweise Blockade der Rückzugslinie gelang, konnten sie dabei den Österreichern infolge der Überlegenheit ihrer modernen Zündnadelgewehre weitere Verluste beibringen.

Nach einem halbjährigen Urlaub in Wien und Graz rückte Julius in die Festung Theresienstadt ein. Auch Polzers Freund Bondi diente im selben Regiment und hatte in kürzester Zeit die gesamte Umgebung ausgekundschaftet, mit dem Ergebnis, daß er beschloß, gemeinsam mit Julius einer alten Baronin Karg, die mit zwei reizenden Enkelinnen – Comtessen Hoditz – vorübergehend am gegenüberliegenden Elbufer in Leitmeritz wohnte, bei nächster Gelegenheit die Aufwartung zu machen. Der gewöhnliche Wohnsitz der Baronin Karg und ihrer beiden Enkelinnen war der Palais Senftenberg in Prag.

«Die Ältere, Christine, die mußt du dir gut anschauen», riet Bondi Julius von vornherein. «Das wäre so ein liebes Frauerl für dich.» Und als ob dies noch nicht gereicht hätte, Julius zum Mitgehen zu motivieren, fügte er hinzu: «Ich habe auch schon vorgearbeitet, dich natürlich in den schönsten Farben geschildert und das Comtesserl ganz neugierig gemacht.» Bondi arrangierte einen Tagesausflug auf dem Dampfer durch das romantische Elbetal. Bei dieser Gelegenheit lernte Julius Polzer die damals zwanzigjährige Christine Gräfin von Hoditz und Wolframitz kennen. «Die ältere der zwei Comtessen», schreibt Polzer am Ende seines Lebens, «die Comtesse Christine, gefiel mir gleich. Im Laufe des Sommers machten wir viele Landpartien. Eines Abends, als ich mit meiner zukünftigen Frau allein voraus ging, tat ich den entscheidenden Schritt; ich stellte an sie die Frage, ob sie mir die Hand für's Leben geben wolle. Nachdem sie mir das Ja-Wort gegeben, sagte ich ihr, daß ich am folgenden Tage um ihre Hand bei der Großmama, der Baronin Karg, anhalten werde.» Letztere hatte über Julius' Vergangenheit und Lebenswandel bei alten Grazer Bekannten bereits die nötigen, sie offenbar zufriedenstellenden Erkundigungen eingeholt. Nachdem Julius die Zustimmung seiner Eltern erhalten hatte, fand die Verlobung statt. Und nach kürzester Zeit trafen bei Christine Hoditz, über die selbstverständlich auch Erkundigungen eingeholt worden waren, von seiten der künftigen Grazer Schwiegermutter Segens-, Rat- und Aufklärungsworte ein. «Meine geliebte Tochter», so schreibt diese einmal an die noch unerfahrene Braut, «Du verlangst unseren Segen (...) Mit aller Herzinnigkeit erteile ich ihn Dir, mit der Bitte, die Eigenarten in Julius' Charakter liebend und duldsam zu ertragen. Ich glaube Dir indes die Beruhigung geben zu können, daß er in allen Richtungen hin ein ehrenhafter braver Mann ist (...) Aber er ist heftig, sehr heftig und braucht deshalb eine sanfte und kluge Frau (...) Wende Dich nur immer in vollem Vertrauen an mich, mache unser Verhältnis zu einem schwesterlichen, von keiner Scheu zurückgehaltenen, und ich denke, wir werden mit dem jungen Herrn sehr, sehr gut auskommen ...»[2]

Bereits am 18. November 1867 – an Julius' dreiunddreißigstem Geburtstag – wurde in Prag die Hochzeit gefeiert. Die katholische Trauung fand in der Niklas-Kirche am Altstädter-Ring statt, am selben Platz, an dem auch das von der Familie Karg und den Comtessen Hoditz bewohnte Palais Senftenberg stand.

Damit war der 'Marsch' nach dem 'wahren' Senftenberg, der dem Genieoffizier während des Kriegs so plan- und ziellos vorgekommen war, an sein schicksalhaftes Ziel gelangt ... Denn warum sollte es der Schicksalslaune nicht gelegentlich gestattet sein, bedeutende Ereignisse in weniger bedeutsamen, ja sogar ganz sinnlos scheinenden Begebnissen gleichsam präludierend anzukünden?

Wenn Julius Polzer bisher allein für die Befestigung der Monarchie zu sorgen hatte, so galt nunmehr sein Sinnen in ebensolchem Maße der Fortifikation einer werdenden Familie, die alle Erschütterungen, welche das Kaiserreich bald treffen würden, unbeschadet überstehen sollte.

6. GEBURT IN DER SCHWELLENSTADT PRAHA

Als Christine von Hoditz und Wolframitz im November 1867 die Gattin von Julius Ritter von Polzer wurde, stand sie in ihrem einundzwanzigstes Lebensjahre. Trotz der so einschneidenden Veränderung in ihrem gegenwärtigen Leben, mochten ihre Gedanken in diesen Herbsttagen mehr als einmal in die eigene Kindheit zurückgewandert sein. Denn im selben Alter, in welchem sie selbst jetzt heiratete, hatte ihre Mutter Anna an einem Herbsttag des Jahres 1849 plötzlich und von jedermann ganz unerwartet die Pforte des Todes durchschritten. Zwar war die geborene Freiin Karg und Bebenburg von Geburt an mit einem Herzfehler belastet gewesen, doch war er für relativ harmlos erachtet worden, zumal sie als Kind und junges Mädchen ein äußerst lebhaftes, fröhliches Wesen zeigte.

In den drei kurzen Jahren ihrer früh geschlossenen Ehe hatte Christine Polzers Mutter mit innig-eifersüchtiger Liebe an ihrem Gatten gehangen, einem Friedrich von Hoditz und Wolframitz, der als Rittmeister im 12. Husarenregiment diente – weshalb man ihn in der Familie schlicht den 'Husaren' nannte. «Wenn ich tot bin, hole ich ihn mir in einem halben Jahre ab», hatte Anna von Hoditz einmal geäußert.[2] Und so kam es auch: Friedrich von Hoditz, eine originelle Persönlichkeit mit gewissen lebenslustig-leichtsinnigen Zügen, folgte seiner Frau fünf Monate darauf ins Grab; er starb im Frühjahr 1850 an den Folgen einer unausgeheilten Typhuserkrankung in demselben Verona, in welchem kurz darauf auch sein ihm unbekannt gebliebener künftiger Schwiegersohn Julius Polzer mehrmals sein Quartier beziehen sollte.

Zu früh hatte er sich eines Abends wieder in den Kreis der Kameraden vorgewagt. Am anderen Morgen wurde er völlig reglos aufgefunden, das Tuch im Munde, mit dem man seiner Gattin kurz zuvor den Todesschweiß abgewischt hatte.

So waren Christine Polzer und ihre zwei Jahre jüngere Schwester Mathilde (die uns ebenfalls noch näher treten wird) bereits im kindlichen Alter Vollwaisen geworden. Die Großmutter, Baronin Karg und Bebenburg, die von 1866 an das Prager Palais Senftenberg bewohnte, übernahm darauf die Rolle beider Elternteile. Kurz nachdem sie mit den Enkelinnen nach Prag gezogen war, fand sie dort jedoch höchst unerfreuliche Verhältnisse vor, denn in der Goldenen Stadt war seit dem Ausbruch des Krieges mit den Preußen im Sommer 1866 die Cholera am Wüten. Ununterbrochen hörte man das Sterbeglöcklein läuten. Einzelne Familien starben ganz aus. Andererseits veranlaßte dieselbe Cholera die Bildung zumindest *einer* neuen Familie, indem die

Baronin, nachdem auch eine Dienerin von der Seuche befallen worden war, mit ihren Enkelinnen vorübergehend in jenem selben Leitmeritz Zuflucht suchte, wohin der Major Bondi, wie im vorigen Kapitel dargestellt, seinen Freund und Nebenfreier Julius Polzer führte ...

*

Christine Polzer hatte nun keinen sehnlicheren Wunsch, als Mutter zu werden. Und während der gemütlichen Abende, an welchen Julius Polzer mit seiner Frau nach den wenig anstrengenden Diensttagen soupieren ging, «fiel manche Träne in das Bierglas (...), wenn sie ihre Bekümmernisse darüber aussprach, noch nicht in der Hoffnung zu sein».[7]

Sefine Polzer, die Grazer Schwiegermutter, der Christine ihr Leid eines Tages ebenfalls vertrauensvoll geklagt hatte, antwortete darauf mit einem so lebensklugen wie herzerfrischenden Brief: «Du wirst Dich noch wirklich mit dieser maßlosen Sehnsucht, die immer neue Aufregungen erzeugt, um Deine Hoffnungen bringen», warnt sie eindringlich. «Sei gescheit, mein braves liebes Töchterl, die so religiös ist und folglich auf Gottes Gnade und Güte hoffen muß (...) Heiter mache Deinen Mann, nicht mürrisch, Du schlechte Philosophin. Bedenke, Du kannst zwischen zwanzig und vierzig noch fünfundzwanzig Kinder bekommen.» Doch nicht nur zu größerer Geduld in der Hoffnung rät die Schwiegermutter; sie läßt auch erprobte und bewährte Leitgedanken für den Umgang mit den Männern ganz im allgemeinen und mit ihrem Sohne Julius im sehr besonderen folgen: «Du liebst und wirst wieder geliebt. Du bist fromm, gut und nachgiebig. Dich muß man liebbehalten. Darum gebe ich Dir den Rat: Bleibe, wie Du bist, und Du mußt beglücken und auch glücklich sein. Nur nimm die Zeit Deines Gatten nicht übermäßig in Anspruch. Laß ihn an Dich kommen. Er soll Dich suchen, und danke Gott, daß er viel beschäftigt ist, denn der beschäftigte Mann sehnt sich nach dem Haus, der unbeschäftigte *aus* dem Haus. Eine alte Regel, die man sich nicht oft genug vor Augen halten kann (...) Küsse den Julius in meinem Namen, es ist ja sein Namenstag. Heute darf er (...) Dir die Leviten lesen. Aber nur heute. Die anderen 364 Tage soll er ein untertäniger Ehemann sein und die Kaprizen seiner Gemahlin für Tugenden halten.»[2] Kann es eine köstlichere Art von 'Komplotten' geben als eine derartige Verständigung zwischen Schwiegermutter und Schwiegertochter?

*

Am 23. April 1869 ging Christine Polzers Wunsch nun in Erfüllung: ihr ältester Sohn, Ludwig, erblickt das Licht der Welt. Zur Taufe kam Julius' Vater, Ludwig Ritter von Polzer, nach Prag. Er übernahm nicht nur die Patenschaft, sondern durfte auch den eigenen Vornamen auf den Neugeborenen übertragen – eine glückliche Idee der Eltern, sollte sich doch, weit über die bloße

6. GEBURT IN DER SCHWELLENSTADT PRAHA

Blutsverwandtschaft hinaus, später auch eine gewisse Verwandtschaft der inneren Geistesart von Großvater und Enkel zeigen.

Das junge Paar bewohnte zur Zeit von Ludwigs Geburt die Krakauergasse, die in das höhere Ende des Wenzelsplatzes mündet. In ganz Prag hätte für das innere Wesen des kleinen Ludwig kein besserer 'Nachbar' gefunden werden können als der heilige Wenzel, der im 10. Jahrhundert Böhmen christianisierte, bevor er durch seinen machtdurstigen Bruder Boreslav ermordet wurde. Keinen von ihm öfter und mit umfassenderen Gedanken und tieferen Empfindungen aufgesuchten Ort sollte es später in ganz Prag für Ludwig Polzer geben als die mit herrlichen Edelsteinen geschmückte Wenzelskapelle im Veitsdom auf dem Hradschin.

*

Prag wird Ludwig Polzers liebste und bevorzugteste Stadt der Städte werden. Seine frei gewählten Schicksalsaufgaben werden ihn viele Jahre lang hierherführen, an diese 'Schwelle', an welcher die für die Zukunft so bedeutende Ehe zwischen Deutschtum und dem Slawentum stets von neuem zu besiegeln ist. Und es ist vielleicht kein bloßer Zufall, daß das persönlichste aller seiner späteren Bücher, seine *Erinnerungen an den großen Lehrer Dr. Rudolf Steiner*, das so viele soziale Zukunftskeime enthält, in dieser Stadt erschienen ist. Neben Prag werden in Polzers Leben nur noch zwei andere europäische Großstädte von vergleichbarer Bedeutung sein: Wien und Rom.[9] Während ihm Prag zeitlebens die Stätte der noch schlummernden Zukunftsmöglichkeiten bleibt und Wien ihm die tieferen Impulse der Gegenwart erschließt, erlebt er dagegen Rom gewissermaßen als Echo maßgeblicher Kulturimpulse der Vergangenheit. Und mit letzteren wird er sich in späteren Jahren sehr kritisch auseinanderzusetzen haben – sowohl hinsichtlich ihres metamorphosierten Fortwirkens innerhalb der römisch-katholischen Kirche als auch in bezug auf seine eigene Schicksalsvergangenheit.

Nun tagte gerade um die Zeit von Ludwig Polzers Geburt in den Jahren 1869/70 in Rom jenes fatale Konzil, auf welchem Pius IX. das Dogma der Unfehlbarkeit der päpstlichen Lehrmeinung durchzusetzen wußte. Ludwig Polzer, der darin eine anachronistische 'Renaissance' von dekadenten Machtimpulsen des einstigen Imperium Romanum erblicken mußte, fühlte sich im späteren Leben schon durch sein Geburtsjahr schicksalhaft mit diesem folgenschweren Konzil und seinen welthistorischen Auswirkungen verbunden. Wie merkwürdig kann es da berühren, wenn wir in einer Novelle von Ludwigs Taufpaten und Großvater, die wohl zu Beginn der siebziger Jahre entstand und den Titel *Reiseerinnerungen* trägt, lesen: «An einem der letzten Tage des Monats Oktober 1869, bei herrlichem Wetter, kam ich mit dem Mailänder Eilzuge in Genua an (...) Da ich mit dem nördlichen Italien schon früher als Soldat Bekanntschaft machte, so würde mein Weg nach Rom und Neapel geführt haben, aber leider war die Ewige Stadt mit den Vätern der Kirche aus allen Weltteilen überfüllt, die zu einem unheilvollen Consilium versammelt saßen. Wie entferntes Grabgeläute klangen die Nachrichten aus dieser Versammlung, und ich konnte es nicht über mich bringen, die Stadt in dem Augenblicke zu betreten, wo man den wahren christlichen Glauben so arg schädigte und dem Katholizismus selbst – dem auch ich angehörte – so schwere Wunden schlug, wie es seit dem Ablaßgroßverräter Leo X. kein späterer Papst mehr gewagt hatte. Unter diesen Verhältnissen wählte ich als Reiseziel die Riviera di Ponente, welche durch Naturschönheit und Milde des Klimas sich gleichmäßig empfiehlt.»[10]

Hat der reisefreudige Ludwig Ritter von Polzer ein halbes Jahr nach der Geburt seines Patensohnes vielleicht selber diese Reise unternommen? Es ist sehr wahrscheinlich. Jedenfalls hat der Novellenreisende ganz zweifellos in Übereinstimmung mit der späteren Auffassung des Enkels von deren Verfasser gehandelt, wenn er das römisch-katholische Rom im Jahre 1869 links liegen ließ ...

II. EINE JUGEND IN DER DONAUMONARCHIE

Nirgends wie in Österreich war dieses
Verschiedenvölkische in derselben feinen, geistigen Art
zu erleben; man war da nicht in dem philiströsen
Kerker einer geschlossenen einheitlichen Nationalität.

Ludwig Polzer-Hoditz, 1937

7. VON PRAG NACH GRAZ

«Ein glückliches Schicksal ließ mich in eine Umgebung hineingeboren werden, in welcher das deutsche Geistesleben des vorigen Jahrhunderts noch lebendig pulsierte, das Feuer der Begeisterung für dieses mich umwärmte. Goethe, Schiller, Anastasius Grün, Hamerling und Grillparzer, Beethoven, Mozart, Schumann und Schubert besonnten meine Jugend. Das macht die Seele empfindsam für das geistige Weben im Raume und in der Zeit. Das gibt den Impuls, nach den geistigen Hintergründen der Welt zu fragen und fordert (...) auf, nach dem Sinn des Lebens zu suchen.»[11]

Mit diesen Worten leitet Ludwig Graf Polzer-Hoditz in seinen 1937 in Prag erscheinenden *Erinnerungen* die knappe Darstellung der prägenden Eindrücke und Erlebnisse seiner Jugend ein. Wenn sich der Achtundfünfzigjährige in seiner Lebensrückschau dabei mit gutem Recht darauf beschränkt, in oft großen und raschen Zügen überall nur die *wesentlichen* Momente seines reichen Lebens zu skizzieren, so wird man von seinem Biographen mit nicht weniger Recht erwarten dürfen, gerade das konkrete Wann und Wo zu suchen und die besonderen Umstände zu schildern, unter denen Ludwig Polzer-Hoditz sich entwickelte.[12]

*

Bis zu Ludwigs siebtem Lebensjahr mußte die Familie Polzer, durch die Dienstversetzungen des Vaters bedingt, nicht weniger als viermal ihren Wohnort wechseln. Noch im Jahre der Geburt von Ludwig zog man nach Lemberg um, das damals noch dem österreichischen Kronland Galizien zugehörte und heute (als *Lwów*) auf dem Boden der Ukraine liegt. Hier kam am 2. August des Jahres 1870 Ludwigs Bruder Arthur auf die Welt. Daß er gerade in dieser, in seinen späteren Augen wenig wichtigen Stadt geboren werden mußte, empfand Arthur Polzer allerdings sein Leben lang «als einen Makel»; um so mehr Gewicht konnte er dafür dem *Zeitpunkt* seiner eigenen Geburt beilegen: es war der Tag, an dem die Besetzung von Saarbrücken durch französische Soldaten einsetzte. «So hat mein Leben», schreibt Arthur später in den unveröffentlichten Erinnerungen, «am gleichen Tag seinen Anfang genommen, wie der Krieg, der in seinen Folgen die letzte Möglichkeit einer Wiedererrichtung des alten deutschen Kaiserreiches unter Habsburgs Szepter zerstörte, aber auch die Grundfesten der österreichischen Monarchie erschütterte.»[2]

Bald nach Arthurs Geburt wurde der Vater in das kriegsgeschichtliche Büro nach Wien beordert, wo die Familie bis zum Frühjahr 1872 wohnte, erst in der Himmelpfortgasse, dann in der Elisabethstraße. Da wurde Julius Ritter von Polzer zum Generalstabschef eines in Pilsen stationierten Infanterieregiments ernannt – und so wurde diese böhmische Stadt zum nächsten Wohnsitz der Familie.

Aus dieser Zeit ist uns eine Photographie erhalten (Abb. 10), auf der Arthur und Ludwig zusammen abgebildet sind. Arthur, auf einer Chaiselongue plaziert, hält den traumvollen, von leichter Ängstlichkeit beschwerten Blick zum älteren Bruder hin gerichtet. Dieser, wie in selbstverständlicher Sicherheit, mit freier, selbstbewußter Kopfhaltung und unerschrockenem Blick fest auf dem Boden stehend, scheint im Begriffe, sogleich einen mutigen Schritt zu tun oder mit dem Stab in seiner Hand eine Aufführung zu dirigieren. So offenbart uns dieses Bild nicht nur den kleinen Altersunterschied, sondern verrät auch etwas von der unterschiedlichen Wesensart der beiden Brüder.

In diese Pilsener Jahre reichen auch die ersten Erinnerungen des Brüderpaars zurück. Arthur erinnert sich noch an den kleinen Hausgarten in der Martinsgasse, der zur Straßenseite hin durch eine Mauer abgeschlossen war. Als der Vater eines Abends eben auf das Haus zuritt, wurden unsere Brüder von dem Kindermädchen über die Mauerkante hochgehoben, so daß sie nun den «den schönen Brauen» sehen konnten, den der Vater ritt. Manchmal durften sie mit ihrem Kindermädchen Drachen steigen lassen. Als eines Tages auch die Mutter mit von der Partie war und sich die Brüder vor ihr produzieren wollten, gelang es ihnen, die Drachen unter Jubelrufen besonders hoch zu ziehen. Als sie wieder auf dem Boden landeten, waren sie mit Süßigkeiten vollgehängt, die die Mutter heimlich an den Fluggestellen befestigt hatte. Gewiß hätten die Engerl im Himmel die Dinger geschickt, meinte sie ganz natürlich zu den kleinen Drachenbändigern. Noch sechzig Jahre später konnte dieses Bild in größter Klarheit vor Arthurs Seele stehen.

Das Kindermädchen der beiden kam übrigens aus der Schweiz. Wollte der 'Zufall' Ludwig und Arthur Polzer schon in zartestem Kindheitsalter an die Ursprungsgegend des Dynastengeschlechtes 'erinnern', dem sie entstammten?

*

Im Frühjahr 1874 unternahm der Großvater von Arthur und von Ludwig, der große Reisende in der Familie, der diesbezüglich nur noch von seinem älteren Enkelsohn überflügelt werden sollte, seine letzte Fahrt nach der Lagunenstadt Venedig. Hier mußte er wegen eines alten Ohrenleidens einen Arzt aufsuchen; eine plötzliche Verschlimmerung des Leidens führte aber trotz aller Bemühungen nach seiner Rückkehr nach Graz am 14. Juni 1874 den Tod herbei.

Damit Ludwig Ritter von Polzer wenigstens in der Erinnerung noch kräftig weiterlebe, beschloß Sefine Polzer, darin von ihrem Sohne Julius bestärkt, die Erzählungen, die ihr Gatte in den letzten Lebensjahren aufgeschrieben hatte, zu veröffentlichen. Sie erschienen, wie bereits erwähnt, noch im Jahre seines Todes unter dem Titel *In Mußestunden* bei Gerold in Wien. Die Novellen Polzers, die noch heute lesenswert sind, tragen manche autobiographischen Züge. So verlieh Ritter von Polzer beispielsweise in einer 'Marie – eine Geschichte aus der Wiener Gesellschaft' betitelten Erzählung dem tragischen Lebensgang der ihm unbekannt gebliebenen Schwiegermutter, die sich mit fünfundzwanzig Jahren in die Donau stürzte, literarische Gestalt. Rudolf Steiner sagte, als er die Novellen Polzers im Juni 1918 las, «daß viel Schicksalsverständnis in ihnen liege».[13]

Das Vorwort zu dem kleinen Band stammte aus der Feder von Anastasius Grün, einem damals sehr bekannten österreichischen Dichter, der mit bürgerlichem Namen Anton Graf von Auersperg hieß. Grün zeichnet darin ein feines Miniaturporträt des verstorbenen Freundes. Werfen wir, durch die Augen Grüns, einen letzten Blick auf diesen interessanten Menschen, bevor wir uns erneut seinem Sohne Julius und dessen Söhnen widmen.

Ludwig Ritter von Polzer, schreibt Grün, war «in den geselligen Kreisen von Graz eine vielbekannte, oft und gern gesehene Persönlichkeit. Nie um den Gesprächsstoff verlegen, den er nach dem Bedarfe seiner Hörer geschickt zu individualisieren verstand, besaß er zudem alle Eigenschaften eines angenehmen und darum stets willkommenen Gesellschafters. Unerschöpflich in huldigenden Aufmerksamkeiten gegen die Frauenwelt, wußte er auch im ernsten Männergespräche durch Mannigfaltigkeit von Kenntnissen und Erfahrungen zu gelten und zu fesseln. Ein sinniger und zugleich scharfer Beobachter fremder Vorzüge und Mängel, verband er mit feinfühlendem Takte so viel Herzensgüte, daß selbst seine abfälligen Urteile sich nie zu verletzenden gestalteten. War auch das Parkett des Salons der eigentliche Boden, auf dem er sich mit Vorliebe und Gewandtheit bewegte, so blieb er zugleich nicht weniger heimisch auf den Gebieten der Kunst und Literatur, sowie der großen politischen und sozialen Fragen, welche eine in Gärung begriffene Zeit ihren Genossen zu lösen gibt. Ungleich dem Weltkinde gewöhnlichen Schlages, das sich an Äußerlichkeiten und Oberflächlichkeiten genügen läßt, wußte sein geübter Blick und gebildeter Geist selbst in den Erscheinungen des modernen Salonlebens das mitunter darin verborgene Körnlein Poesie, die tiefere menschenwürdige Bedeutung zu finden und festzuhalten. In diesem Sinne erklärt sich wohl auch das Interesse und die Aufmerksamkeit, die er sogar den kleinen Ereignissen und Erlebnissen, welche die gesellschaftliche Tageschronik zu verzeichnen hatte, zuzuwenden pflegte.»

Kaum war der Großvater dahingegangen, geriet das Leben seines Sohnes und der Enkel von neuem in Bewegung. Am Dreikönigstag 1875 wurde

Julius Ritter von Polzer und seiner Frau ein drittes Kind geschenkt; ein Mädchen, das den Namen Marie-Sefine erhielt und den Schlußstein der Familie bildete.

Im Herbst desselben Jahres wurde der Vater Polzer zum Major ernannt und nach Graz versetzt. Nach den mehrfachen Ortswechseln der vergangenen Jahre sollte die Familie in dieser schönen Steiermark-Hauptstadt ihr längstes und ihr wichtigstes Zuhause finden. Diese abermalige Beförderung des Vaters und die durch sie bedingte Übersiedelung nach Graz war für die Kinder eine besonderer Schicksalssegen. Denn dadurch konnten Ludwig, Arthur und Marie-Sefine die entscheidenden Jahre ihrer Kindheitszeit und Jugend unter dem fördernden Einfluß der Großmutter verbringen, die sich besonders um die Ausbildung der künstlerischen Anlagen ihrer Enkel kümmerte. Und gewiß war dieser Umzug in das steirische Graz, der im Winter 1875/76 stattfand, auch ganz im Sinne des verstorbenen Großvaters erfolgt. Denn warum sollte denn die Seele dieses weltgewandten Mannes, der für alles Schicksalsmäßige ein so lebendiges Interesse wie stilles Zartgefühl besaß, für das weitere Geschick der Angehörigen nach seinem Tode plötzlich blind geworden sein? Während seines Lebens war er einst dem Schicksalsweg von 'Marie' nachgegangen. Weshalb sollte er nun nach dem Tod nicht auch den weiteren Wegen der ihm verbundenen Lebenden zu folgen suchen? Und hatte er nicht schon einmal entscheidend und sehr fördernd in den Schicksalsgang des Sohnes eingegriffen, als er dessen dienstliche Versetzung aus dem aussichtslosen Cattaro am Ende selbst bewirkte?

8. «ÖSTEREICH MÜSSTE GESCHAFFEN WERDEN ...»

Das an der Mur liegende Graz, einstige Residenzstadt verschiedener Habsburger, in der sich Kaiser Ferdinand II. im 17. Jahrhundert ein mächtiges Mausoleum errichten ließ, wurde im 19. Jahrhundert von einer ziemlich internationalen Ambiance durchweht; waren doch nach Arthur Polzer in der Hauptstadt Steiermarks «nahezu alle Nationen Europas (...) vertreten».[2]

Der Name der Stadt leitet sich vom slowenischen 'gradec' her, was 'Burg' bedeutet und auf eine frühe Befestigung des das Stadtbild beherrschenden *Schloßbergs* weisen dürfte. Die vielen in Graz wohnenden Pensionisten (vor allem Offiziere aus allen Teilen der Monarchie) trugen der Stadt allerdings auch den Scherznamen 'Pensionistopolis' ein ...

Graz galt ferner als «Stadt der Vergangenheit und der Zukunft»: sie war voll von Menschen, die eine reiche Vergangenheit hinter sich oder eine reiche Zukunft vor sich hatten. Der Gegenwart dagegen schien sie «in gewissem Sinne entrückt». Zwar besaß die Stadt eine bedeutende Metallindustrie und dank der Südbahnlage zwischen Wien und Triest auch einen regen Handelsverkehr; doch die großen politischen Ereignisse der Zeit zogen nur wie leichtes oder schwereres Gewölk am fernen Horizont vorüber. Als 'Port der Ruhe' vor den Stürmen einer sehr bewegten Zeit hatte schon Anastasius Grün diesen Ort gepriesen. Um so mehr vermochten Bälle, Soireen, Theatervorstellungen und gesellschaftliche Anlässe aller Art die Gemüter der Bewohner zu beherrschen.

*

Die Polzers bezogen zu Beginn des Jahres 1876 in der Nachbarschaft des Schloßbergs ein Logis in der Zinzendorfgasse, um sich kurz darauf für die folgenden fünf Jahre in der benachbarten Beethovenstraße einzumieten – ein Straßenname, der für die musikalisch-künstlerische Familienatmosphäre, wie sie vor allem Sefine und Christine Polzer prägten, nicht hätte besser passen können.

Bald war das neue Ehepaar in der Murstadt nicht nur weiterum bekannt, sondern auch weiterum begehrt. Das natürliche, freundliche Wesen von Christine Polzer und die Geselligkeit liebende Natur ihres Gatten hatten binnen kurzer Zeit höchsten Stellenwert erlangt. Man bemühte sich um Einladung bei Polzers, und wenn anderswo eine Soiree gegeben wurde, so wurde gleich gefragt, ob auch Christine Polzer mit von der Partie sei. Auf intimen musikalischen Abenden, die man ihr zu Ehren arrangierte, wurde sie zum Singen aufgefordert, ein Begehren, dem sie gerne zu entsprechen suchte. In der Gesangskunst kaum weniger begabt als ihre Schwiegermutter, bildete sie sich fast täglich mit Hilfe guter Lehrer fort. Ihr Vortrag muß ergriffen haben. «Wenn sie Lieder von Schumann sang», erinnert Arthur sich, «meinte ich, er habe sie eigens für meine Mutter geschaffen. Den Liederzyklus *Frauenliebe und Leben* habe ich niemals mehr so seelenvoll mit solcher Innigkeit singen hören wie von ihr.» Und er beeilt sich hinzuzufügen: «Ich teilte meine Ansicht mit vielen Musikern vom Fach.»[2]

Diese warmherzige, kunstsinnige Frau, die auch über gewisse sensitiv-psychische Fähigkeiten verfügte und eine intuitive Menschenkenntnis hatte, die sie selten trog, entdeckte bald, welch unschätzbare Förderin ihrer künstlerischen wie auch familiären Anliegen ihre Schwiegermutter wurde. Jeden Donnerstag pflegten Christine und ihr Gatte Julius an der Radetzkystraße zum Essen zu erscheinen. Es war der 'jour fixe' der Familie, der für steten Austausch über alles sorgte, was im Hause Polzer wie in der Stadt vorfiel.

Fast täglich saß Sefine Polzer im Grazer Landestheater, in dem sie eine ständige Loge hatte. Auch bei zunehmender Sehschwäche, die nach zwei mißglückten Operationen zur völligen Erblindung führte, setzte sie die liebgewordene Gewohnheit fort. «Pünktlich einige Minuten vor Beginn der Vorstellung rollte in langsamem Trab ihre Equipage heran. Sie war schon etwas unmodern, alles daran alt geworden. Der Wagen, der Kutscher, die Pferde und der Diener, der einen Fußschemel in die Loge trug. In einem schwarzen oder violetten Seidenkleid mit einem Spitzenhäubchen über dem gescheitelten Haar, die schwarze Brille über den erblindeten Augen, ein feines Lächeln um den Mund, der Fächer in der Hand – so saß sie allabendlich im Theater.»[2] Und was wurde damals nicht noch alles aufgeführt! Wie schätzten die Besucher noch die großen Klassiker des europäischen Theaters! Und welche Schauspieler von wirklichem Charakter waren da noch auf der Bühne zu bewundern! Welch ein Fest, wenn etwa wieder einmal der unvergeßlich große Kainz in einer Gastrolle zu sehen war!

Schon als Primaner wurden unsere Brüder von Sefine Polzer ins Theater mitgenommen. Arthur erinnert sich an Aufführungen von *Julius Cäsar, Maria Stuart, Die Jungfrau von Orléans* sowie der *Wallenstein*Trilogie. Kein Wunder daher, daß die Polzersöhne sich bald auch zu den Laienspielern hingezogen fühlten, deren Gruppen damals auch in Graz in Blüte standen. Natürlich weilten sie auch gerne in den geschmackvoll eingerichteten Räumen der Radeczkystraße, wo sie oft zum Essen eingeladen waren und wo es so viel Neues zu erfahren gab.

Mit besonderer Sorgfalt suchte Sefine Polzer Arthurs Maltalent zu fördern. Denn die fruchtbarste Erziehung war und blieb in ihren Augen jene durch die sanfte Hand der Künste. Selbst durch fortwährenden Umgang mit denselben bis ins hohe Alter jung geblieben, bewahrte sie sich neben ihrem herzhaften Humor auch eine seltene Unerschrockenheit. Als einmal der Dachstuhl ihres Hauses brannte, ließ sie sich nicht aus der Ruhe bringen und betrachtete mit heimlicher Belustigung das furchterfüllte Durcheinander unter den Bediensteten.

*

Während sich die beiden Brüder bei der Großmutter aufhielten oder mit der Schwester bei den Vettern Karl und Lothar weilten, die nur ein paar Häuser weit vom ihrigen zu Hause waren, ging der Vater einem Dienst nach, der ihn täglich weniger befriedigte. «Welch großer Unterschied zwischen meiner dienstlichen Stellung in Lemberg und Pilsen und jener in Graz!» ruft er in seinen Aufzeichnungen mit Wehmut aus. In Pilsen hatte er noch einem hochgebildeten Vorgesetzten dienen dürfen, in Graz bekam er es mit einem sehr charakterschwachen Mann zu tun. «Nachdem er [sein vorgesetzter Divisionär] beim Rapport mit seinen kleinlichen Bedenken und Ausstellungen zu Ende gekommen, plagte er mich mit seinen Anschauungen über Kunst und zeigte mir selbst gemalte Bilder. Mich interessierte weder das eine noch das andere.» Und mit etwas zwiespältiger Befriedigung fügt Julius Polzer dann hinzu: «Die angenehmen gesellschaftlichen Verhältnisse entschädigten mich für die vielen dienstlichen Miseren.»[7]

Als Julius Polzer im Jahre 1877 erneut versetzt werden sollte – und zwar zum dritten Male binnen eines Jahres –, reifte der Entschluß in ihm, bei nächster sich ihm bietender Gelegenheit in Pension zu gehen. Er leistete der Versetzungsorder zunächst selbstverständlich Folge – hing er doch mit innerster Seele an seiner militärischen Tätigkeit – und rückte, zunächst ohne die Familie, anstandslos nach Wien ein. Dort suchte er den Regimentsarzt auf und ließ die Augen untersuchen; er litt an zunehmender, wahrscheinlich auch vererbter Schwäche seines Sehvermögens. Kurz darauf erfolgte die Versetzung in den Ruhestand, womit die militärische Laufbahn von Julius Ritter von Polzer ein für allemal beendet war. Polzer stand zu diesem Zeitpunkt in seinem fünfunddreißigsten Lebensjahr. Mit einem Mal war er aller Bande des Berufes ledig, und dank des noch vorhandenen Vermögens von der Seite seines Vaters konnte er sich seine neue Freiheit wirtschaftlich auch leisten.

Eine derartige, etwa um die Lebensmitte eintretende Befreiung von äußeren beruflichen Pflichten und von der Notwendigkeit eines äußeren Gelderwerbes scheint für viele männliche Vertreter der Familien Polzer/Hoditz in verschiedener Abwandlung etwas Typisches zu sein. Dieser Lebenssignatur sind wir schon bei Franziskus Josephus Philippus von Hoditz und Wolframitz begegnet, jenem solitären Denker aus dem 17. Jahrhundert; aber auch beim 'Wundergrafen von Roßwald' trat sie auf; später wiederum bei Julius Polzers erbendem und dann Novellen schreibendem Vater. Und auch im Lebensgang von *Ludwig* Polzer wird sie eine Rolle spielen.

In solcher Art von dem zur Last gewordenen Dienst befreit, konnte Julius Polzer sich nun mit ganzer Kraft den Aufgaben im Kreise der Familie widmen. Mit viel Umsicht richtete er die Erziehung seiner Söhne ein, die vom Herbst des Jahres 1876 an durch privaten Unterricht, den Julius teils selbst besorgte, auf den Eintritt ins Gymnasium vorbereitet werden mußten.

Der Tagesablauf war sehr streng geregelt. Um halb acht Uhr gab es Frühstück. Um neun Uhr hatten sich die Brüder im Vorzimmer des Hauses einzufinden. Hier gab der Vater seinen Söhnen bis zehn Uhr Unterricht im Exerzieren und trieb mit ihnen auch Gymnastik. Punkt zehn Uhr trat Herr Millwitsch in das Haus, der die Knaben bis um zwölf Uhr in den verschiedensten Materien unterrichtete. Über Gottfried Millwitschs Unterricht berichtet Arthur Polzer: «Mit dem Glockenschlag zehn Uhr betrat er unser Lernzimmer, in dem alles vorgerichtet sein mußte. Auf dem Tisch die Lehrbücher, Schiefertafeln und Hefte, Griffel, Tinte, Federn und Bleistifte. Die große Schultafel mußte gereinigt, die Kreide bereitgelegt, der Tafelschwamm angefeuchtet sein. Mein Bruder Ludwig und ich saßen einander gegenüber. Der Lehrer zwischen uns an der Schmalseite des Tisches. Die Lernstunde begann mit einem kurzen Gebet der Anrufung des heiligen Geistes.

Dann mußten wir unsere Aufgaben zeigen, die er rasch durchsah, korrigierte und klassifizierte. Herr Millwitsch, der immer mit einem langen, schwarzen Rock bekleidet war, dürfte etliche 40 Jahre alt gewesen sein, als er zum ersten Mal zu uns kam. Er hatte ein volles, stark gerötetes Gesicht, gütige Augen blickten durch die Brillengläser. Er war glatt rasiert und sah wie ein Geistlicher aus. Er muß eine vorzügliche Lehrmethode gehabt haben. Mit fast rhythmischer Gleichmäßigkeit brachte er uns täglich um ein kleines Stück Wissens vorwärts (...) Das größte Interesse hatte ich an der biblischen Geschichte. Da malte ich mir phantasiereiche Bilder aus, die mir haften blieben. – Gegen Ende der Stunde, eigentlich der Stunden, denn es waren zwei, schrieb Herr Millwitsch jeden Tag mit kalligraphischer Schrift in einen fein säuberlich rubrizierten Katalog die Klassifikation für Betragen, Fleiß und die einzelnen Gegenstände ein. Die Stunde wurde mit einem Dankgebet beendet. Den Katalog mußten wir unserem Vater vor dem Essen vorzeigen.»[2]

Ludwig und Arthur liebten diesen Lehrer sehr. Nicht zuletzt vielleicht, weil ihnen der geschickte Pädagoge das Gefühl vermitteln konnte, daß all das Wissen, das er ihnen gab, zuletzt zu jenem wirklichen, verehrungswürdigen Geist hinführen muß, der vor jedem Unterrichte angerufen wurde ...

Um ein Uhr wurde dann gespeist. Am Nachmittag folgte stets ein längerer Spaziergang mit der französischen Gouvernante und der kleinen

Schwester, der wenigstens bei Arthur nicht gerade sehr beliebt war. Die Brüder mußten dabei immer vor den andern gehen und durften auf dem ganzen Wege nur französisch sprechen. Die Ziele waren meist dieselben: Schloßberg, Stadtpark, Schloß Eggenberg usw. Die einzige erfreuliche Abwechslung für Arthur und wohl auch für Ludwig waren Käfer, Schmetterlinge sowie Mineralien, die sie fleißig sammelten.

Nach der Rückkehr vom Spaziergang gab es eine Jause. Dann waren Hausaufgaben an der Reihe. Ein im Kinderzimmer eingenommenes Nachtmahl beendete den Tag der beiden Brüder. Um halb neun Uhr lagen sie zumeist im Bett.

Im Frühjahr durften sie sich nachmittags im Garten aufhalten und im Gartenhaus die Schulaufgaben machen.

Dieses ziemlich monotone Leben erfuhr an Sonn- und Feiertagen sehr erwünschte Abwechslung. Nach dem Frühstück gingen beide Söhne mit der Mutter meist in die nahe gelegene gotische Leechkirche, die älteste Kirche von ganz Graz.[14] Arthur war dabei immer wieder von den Glasfenstern beeindruckt, die aus dem 14./15. Jahrhundert stammen. Diese Kirchenbesuche mit der Mutter – der Vater zog es vor, seine religiösen Neigungen im stillen Seeleninnern zu kultivieren – scheinen beiden Brüdern nicht weniger behagt zu haben als die sonntäglichen Spiele mit ihren Vettern Karl und Lothar oder auch mit andern Kindern aus der Nachbarschaft. Doch den größten Jubel löste es stets aus, wenn die Eltern eine Landpartie vorschlugen. Dann war der Sonntag des Sonntages angebrochen ... «Da wurde ein Wagen bestellt, ein sogenannter Landauer, der schließbar und so groß war, daß wir alle bequem darin Platz fanden. – Höchste Wonne war es, neben dem Kutscher auf dem Bock zu sitzen und zuweilen die Zügel zu führen ...»[2]

*

Im Herbst 1879 trat Ludwig in die erste Klasse des Grazer Staatsgymnasiums ein, das sich im Universitätsgebäude der alten Stadt befand. Auf seinen Schulgängen begegnete er zu Beginn der achziger Jahre oftmals dem hochverehrten Dichter Robert Hamerling. Polzer schreibt darüber später: «Ich schaute ihn immer mit Interesse an, wenn er an mir vorbeikam. Er machte einen so freundlichen Eindruck auf mich, daß mir sein Bild, obwohl ich ihn persönlich nicht kennenlernte, ich ihm nie irgendwie näher trat, unauslöschlich in der Seele stehen blieb.»[15]

Hamerling stand damals am Anfang seiner Fünfziger Jahre. Der unerwartet große Erfolg, den sein 1866 erschienenes Versepos *Ahasver in Rom* erfuhr, machte es ihm möglich, den Schuldienst aufzugeben und einzig seinen dichterischen Intentionen nachzugehen. Und keine Stadt schien ihm hierfür geeigneter als die 'Grazienstadt' an der schönen Mur, wo er bis zu seinem Tod im Sommer 1889 lebte.

Das damals überaus beliebte Ahasver-Epos spielt im Rom von Kaiser Nero und will der eigenen Zeit durch die Betrachtung des verfallenden antiken Kaiserreiches per contrastum zu neuem Geistesschwung verhelfen. Ludwig Polzer hat das Epos des von ihm verehrten Dichters gewiß in dieser Grazer Zeit gelesen. Damit nahm er den lebendigen Keim für alle seine späteren Studien und Betrachtungen über Nero und dessen Menschenumkreis in seine tief empfängliche Seele auf.

«Die letzten Heroen einer heute verklungenen Geistesepoche lebten sich wie Weckerufe zu geistigen Pflichten für eine neue beginnende Epoche in die Seele ein», schreibt Polzer später.[16] Gerade während der Lektüre von Hamerlings Ahasver-Epos wird er einen solchen Weckeruf empfunden haben.

Dieser «Weckeruf (...) kam anfänglich nur ganz still, kaum bemerkbar». Doch nicht nur den weckenden Einflüssen *deutschen* Geisteslebens, wie sie durch Goethe, Schiller, Grün, Grillparzer und eben Hamerling für ihn erlebbar wurden, konnte sich das Gemüt des Gymnasiasten hingeben: «In diese führende Stimmung deutscher Geistigkeit mischten andere Volksindividualitäten ihre völkischen Eigenschaften und Vorzüge, wie nach einer gegenseitigen Ergänzung zu einem Vollmenschentum suchend. Nirgends wie in Österreich war dieses Verschiedenvölkische in derselben feinen geistigen Art zu erleben; man war da nicht in dem philiströsen Kerker einer geschlossenen einheitlichen Nationalität, man verkehrte mit allen und paßte sich gegenseitig in Freiheit an. Als *Weltkind der Mitte* konnte man sich so richtig erleben, und seine Heimat fühlte man wie eine Stätte, mit der alle zufrieden waren. Man lernte Englisch und Französisch und konnte sich ebenso an den Dramen Shakespeares wie an den Romanen des Alexandre Dumas, der George Sand, Dostojewskis und Tolstois begeistern, man fühlte sich den westlichen und östlichen Menschen verwandt.»[16]

Das Erlebnis eines wahren, menschenverbindenden Kosmopolitismus muß als die beste Frucht der Grazer Jugendjahre angesehen werden. Im Rückblick auf die selbstverständlich-tolerante «Vielvölkerstimmung», die heute trotz der Internationalität der technischen Kommunikationshilfsmittel wiederum geschwunden ist, schreibt Ludwig Polzer: «Wenn es mir auch in der Jugend nicht bewußt wurde (...), man war eben ein Glied dieser vielseitig verschiedenen völkischen Geistnatur, die verband und harmonisierte; man erlebte, daß man geistig in etwas stand, was die Weltordnung selbst wollte. Das war die Umgebung, aus welcher heraus ich verstehen konnte, *daß Österreich geschaffen werden müßte, wenn es nicht schon bestünde.*»[16]

9. DIE GYMNASIALZEIT

Mitten durch die Grazer Jugendjahre von Ludwig und von Arthur Polzer läuft eine Wasserscheide seelisch-geistiger Natur. Hatten beide Brüder bis zum Eintritt ins Gymnasium die Kulturweite des Vielvölkerstaates in ungetrübtem Sonnenschein in sich aufgenommen, so kam es nun im Seelenleben beider Brüder, wenn auch bei jedem auf besondere Art, zur Bildung erster Schatten.

Arthur, der im Sommer 1881 seine erste Klasse als Primus absolvierte, wurde bald darauf von plötzlichen und unerklärlichen Empfindungen der Schwermut heimgesucht. Der Depressionszustand steigerte sich solcherart, daß der Hausarzt den damals in Graz wirkenden bekannten Psychologen und Psychiater Krafft-Ebing hinzuzog, der die Eltern dann beruhigen konnte. Diese faßten aber den Entschluß, Arthur eine Weile ausschließlich privaten Unterricht zu geben. Das mathematische Fach übernahm der Vater selbst, der die Brüder außerdem auch noch in darstellender Geometrie unterrichtete. Die Mathematik war für den früheren Genieingenieur die einzige exakte Wissenschaft, und so betrieb er diesen Unterricht so gründlich und umfassend, daß Arthur beim Wiedereintritt in die Schule fast den gesamten mathematischen Gymnasialstoff innehatte.

Bei Ludwig trat die innere Unzufriedenheit über manches, was der Schulalltag ihm brachte, weniger nach außen in Erscheinung; er empfand allmählich gegenüber der ganzen *Art* des gymnasialen Unterrichtes ein wachsendes Mißtrauen. «Schon in der Mittelschule», schreibt er in den Prager Erinnerungen, «fühlte ich an der Art, wie gelehrt wurde, daß die Weisheit der Welt so nicht an den Menschen herangebracht werden kann, daß sie auf andere Art und anderswo zu finden sein müsse. Ich konnte es nicht formulieren, aber die Gemütsstimmung war doch die, daß man die Weisheit der Welt absichtlich verbergen will.»[17]

Fühlte er sich vorher durch das Leben in dem Elternhaus und dann durch den Unterricht von Millwitsch und den Vater empfindungsmäßig auf dem Weg zu dieser «Weisheit», so erlebte Ludwig Polzer die Gymnasialjahre, die dann folgten, wie wenn man ihn um das bereits in Aussicht stehende Weisheitsgut nun prellen würde.[18] Welch ein Kontrast! Hatte er noch vor ganz kurzer Zeit unter Anrufung desselben Geistes, den die katholische Kirche auf dem achten ökumenischen Konzil von Konstantinopel im Jahre 869 – also exakt tausend Jahre vor seiner eigenen Geburt – «abzuschaffen» suchte, den täglichen privaten Unterricht begonnen, so erlebte er im Gymnasium, wieviel mechanischer Ungeist in das offizielle habsburgisch-österreichische Unterrichtswesen eingeflossen war. Es legte sich ihm «ein Alb auf die Seele, ein betäubender Schatten zog herauf, der Furcht erzeugte, der Lebensfreude tötete»[19]. Wie Balsam wirkte es deshalb für ihn, wenn er auf der Straße den verehrten Hamerling erblickte, strömte doch von diesem Mann noch ein warm pulsierendes Geistesleben gleichsam physisch aus.

Im Februar 1881, in Ludwigs zweitem Gymnasialjahr, machte die Familie einen neuen Umzug. In der Sporrgasse 25, am Rande der gut erhaltenen Altstadt, konnte die Beletage eines prächtigen Gebäudes gemietet werden. Das Haus lag in unmittelbarer Nähe zur Schule, zum Schloßberg und zur k. k. Hofbäckerei. Es handelt sich um das am Ende des 16. Jahrhunderts erbaute 'Palais Saurau', das in jedem besseren Steiermarkführer verzeichnet und beschrieben ist. Schon die Fassade bietet einen unverwechselbaren Anblick: Das monumentale Portal, über dem ein mächtiges Steinwappen sitzt, wird nach oben hin von einem prächtigen schmiedeeisernen Gitter abgeschlossen, während unter dem Dachgiebel der Oberkörper eines Türken in die Luft ragt, der einen Krummsäbel schwingt – zur lebendigen Erinnerung an eine Türkenbesetzung der Stadt Graz im Jahre 1532.

Fünf Jahre lang blieb dieses Haus das Domizil der Polzer und bot Ludwig und Arthur weit mehr als nur Ruhe und Erholung vom anstrengenden Gymnasialunterricht. «Wir glaubten in ein Märchenreich einzuziehen», schreibt Arthur. «Die Wohnung bedeutete uns Kindern die Erfüllung aller unserer Träume.»[20]

Die Inneneinrichtung stammte aus dem 18. Jahrhundert. Die Räume hatten goldverzierte Holzvertäfelungen, Kachelöfen, die von außen heizbar waren, bemalte, lederne Tapeten, bis zur Decke reichende Spiegel mit Konsolentischen. Aus dem Seitenflügel, in dem die Kinder wohnten, konnte man in einen herrlich angelegten Naturpark treten, in dem ein Serpentinenpfad an Obstbäumen vorbei zum Uhrturm auf dem Schloßberg führte – ein idealer Schauplatz für jugendliche Abenteuer ...

Vom Salon führte eine Glastür in den Hochgarten, auf dessen Kiesplatz, der von dichtem Strauchwerk abgeschirmt war, Gartenbänke, Tisch und Stühle standen. «Da saßen wir, wenn der Goldregen, die Glyzinien, der Flieder und später die Rosen blühten, am Abend gerne mit den Eltern», erinnert Arthur sich. «Aus der anstoßenden Pauluskirche drangen die Klänge der Orgel und des Chorgesangs herüber. Ein eigenartiger Zauber, eine fast weihevolle Stimmung (...) lag über dieses weltabgeschiedene Plätzchen gebreitet.» [2]

Die Beletage wird auf der Hinterseite von Säulen mit römisch stilisierten Kapitellen unterstützt. An einer der Innenhofmauern ist unweit dieser Säu-

9. DIE GYMNASIALZEIT

len eine Tafel mit lateinisch eingravierter Inschrift zu entziffern. – So kam dieses Domizil Ludwigs Empfindsamkeit «für das geistige Weben im Raume und in der Zeit»[21] entgegen, indem es in dem ganzen Stil und in vielen seiner Einzelheiten von manchen Schichten abgelaufener Epochen kündete. Und wenn Ludwig Polzers späteres Interesse für die geschichtliche Vergangenheit der Menschheit schon in seiner Jugendzeit erwacht ist, so hat der 'Palais Saurau' dabei eine Hauptrolle gespielt.

*

Die Grazer Gegend ist sehr reich an Spuren aus der Römerzeit. Bereits im Jahre 15 v. Chr. war die Steiermark zur Provinz *Noricum* erhoben worden. Etwa dreißig Kilometer südlich der Stadt Graz lag eine sehr bedeutende Provinzstadt: Flavia Solva. Die auf keltischem Boden erbaute Siedlung war ein Hauptdurchgangspunkt zum Balkan, nach Pannonien, Dalmatien oder Mösien, wie diese Balkanprovinzen damals hießen. Zahlreiche Münzfunde zeugen von einem regen Handelsverkehr, eine Marsbüste und ein Isis-Heiligtum von religiösen Kulten. Vermutlich hat Trajan, unter dem das Imperium Romanum bekanntlich seine größte Ausdehnung erlebte, die Stadt besucht, und nicht weniger wahrscheinlich ist, daß sich auch dessen Nachfolger Hadrian auf dem Wege nach Pannonien in Flavia Solva aufgehalten hat.

In Graz selbst gingen unsere Polzerbrüder auf dem Wege zum Theater oft an dem sonderbaren Bau vorbei, der zwar nicht selber aus der römischen Antike stammte, jedoch im römischen Stil erbaut ist und bis heute römischen Geist ausstrahlt: das Mausoleum Kaiser Ferdinands II. Obwohl der zu Beginn des 17. Jahrhunderts errichtete Bau als ein Hauptbeispiel manieristischer Architektur nördlich der Alpen gilt und ein Gemisch von Renaissance- und barocken Elementen zeigt, entsteht doch der Gesamteindruck, daß man einem Bauwerk aus der römischen Antike gegenübersteht, das zu Rom nicht schlechter paßte als zu Graz. Als ein Stück «Rom in der Steiermark» ist das Grazer Mausoleum nicht ohne Grund bezeichnet worden.[22]

So verkörperte das in Schrittweite zum Staatsgymnasium gelegene Kaisergrabmahl wiederum ein Stück lebendiger Geschichte. Seine wuchtige Fassade dürfte Ludwig Polzer mehr verraten haben als die Geschichtsbücher der Schule. Jedenfalls hat er es im Fach 'Geschichte' (wie auch in den meisten anderen Fächern – mit Ausnahme der 'Religionslehre', in der er von der ersten Klasse an 'vorzüglich' war) – bis zum vierten Schuljahr nur auf ein 'befriedigend' gebracht.

Doch nicht nur an verstorbene Kaiser konnte man in Graz erinnert werden: im Juli 1883 stattete Franz Joseph der Stadt zur Feier der 600jährigen Zugehörigkeit der Steiermark zum Hause Österreich einen höchst persönlichen Besuch ab. Das war für die Familie Polzer ein besonderer Anlaß. Der

Vater holte seine lange unbenützt gebliebene Paradeuniform hervor und nahm die Söhne mit zum Bahnhof, wo der Zug des österreichischen Monarchen beim sprichwörtlich gewordenen 'Kaiserwetter' – Sonnenschein bei wolkenlosem Himmel – ehrfürchtig erwartet wurde. Da entstieg die ehrwürdige Gestalt endlich einem Salonwagen und schritt den ausgelegten roten Teppich ab. Die sich dabei ereignende Begebenheit kann zeigen, wie sich dieser Kaiser über allzuviel an förmlicher Verehrung kurz hinwegzusetzen wußte. Franz Joseph schritt auf die Gemeinderäte zu, die in Reih und Glied posierten, worauf der Bürgermeister mit der Vorstellung begann. «Herr Gemeinderat N. N.», und mit der Handbewegung zum Kaiser: «Seine Majestät, der Kaiser.» Als sich der Bürgermeister zum dritten Herrn in dieser Reihe wenden wollte, sagte Franz Joseph lächelnd: «Ich glaube, lieber Herr Bürgermeister, jetzt dürften die Herren mich schon kennen.»

Unter den Honoratioren, die der Kaiser höchst persönlich grüßte, war auch Julius Ritter von Polzer. «Mit Stolz sah ich, wie er auch zu meinem Vater sprach», berichtet Arthur.[2] «Ich war in großer Aufregung, denn der Kaiser war kaum zwei Schritte von mir entfernt.» Sein Bruder Ludwig dürfte Ähnliches empfunden haben.

*

Im gleichen Sommer 1883 besuchte Ludwig Polzer Tante Mathilde in Modern (ung. Modor), einem alten Städtchen am Südhang der Kleinen Karpaten unweit von Preßburg. Die slowakische Hauptstadt lag damals noch im ungarischen Komitatsgebiet, dem auch Modern angehörte. Ludwig betrat damit zum ersten Mal im Leben ungarischen Boden. Er kehrte so begeistert wiederum nach Graz zurück, daß die Eltern das Versprechen gaben, die nächsten Sommerferien mit den Kindern an diesem schönen Orte zu verbringen. Modern war bereits durch viele Fäden mit dem Hoditzschen Geschlecht verbunden[23]; nun sollte es der Lieblingsferienort der Familie *Polzer-Hoditz* werden. Man mietete im ersten Jahr ein Haus 'am Sand', einer Holzhauersiedlung in Moderns Waldumgebung.

In Wien machte man für ein paar Tage Zwischenhalt. Wenn auch Ludwig diese Stadt schon im Jahr zuvor durchfahren hatte, so sorgte Julius Polzer nun dafür, daß dieser Aufenthalt auch für den Ältesten zum ersten wirklichen Besuch der Metropole wurde, kannte er doch alle wichtigen Sehenswürdigkeiten der eigenen Geburtsstadt wie den Inhalt seiner Rocktasche. Man besuchte die Gemäldegalerie im Belvedere, den Stephansdom, die Hofburg, weilte bei befreundeten und adligen Familien zu Besuch, bewunderte im alten Burgtheater Charlotte Wolter und Lewinsky und genoß Gefrorenes vom Zuckerbäcker Dehmel, der seinen Laden damals neben dem Theater hatte. Und selbstverständlich machte man auch eine Fahrt durch Praterauen und den 'Wurstlprater'.

Man nächtigte im Hotel Matschakerhof und frühstückte in einem Kaffeehaus am Graben, wo sich die Kinder unvergeßliche 'Blechkipferln' schmecken ließen.

Die Tage schienen wie im Flug vergangen, als die Familie in den Donaudampfer stieg. Bald war der Lärm der Stadt verklungen, und eine andere, neue Welt tat sich vor den Kindern auf. Sie wirkte um so nachhaltiger auf das Gemüt der beiden Brüder, als die faszinierenden Erlebnisse von Wien angesichts der neuen Welt der Donaulandschaft nach und nach verebbten. Der Anblick der ungarischen Tiefebene machte auf Arthur einen starken Eindruck. Er schreibt: «Ich hatte bisher den Horizont immer von Bergen begrenzt und in Tälern nur schmale schnelle Wasserläufe gesehen, und nun fuhr ich auf den trägen, grauen Fluten der Donau (...) durch die Auen einer weiten Ebene. Alles erschien mir bedeutender, schöner, größer als das, was ich bisher gesehen hatte. Ein eigenartiges, bisher nicht gekanntes Gefühl überkam mich, als das Marchfeld ausgebreitet vor uns lag. Was ich sah, glaubte ich zu kennen, vor langer Zeit gesehen zu haben. Bilder aus der Vergangenheit stiegen mir auf, ein dämmerndes Erinnern an ein weit zurückliegendes Erleben.» Und er fügt hinzu: «Ich will an dieses eigenartige Empfinden keine philosophischen Betrachtungen knüpfen, glaube aber, daß es sich da um geheimnisvolle Tiefen nicht nur unseres irdischen, sondern eines weit darüber hinausreichenden Seelenlebens, jedenfalls um ein Mehr handelt, als unsere Schulweisheit sich träumt.»[2]

In Preßburg stattete die reisende Familie nach einer kurzen Stadtbesichtigung einer recht exzentrischen Tante Hoditz einen noch viel kürzeren Besuch ab, bevor sie endlich, «mit ungemein viel Gepäck», in den Zug nach Modern stieg. Hier wurde die Familie von Mathilde Hoditz längst erwartet und auf das herzlichste begrüßt. Doch das letzte Ziel der Sommerwünsche, das Ferienhaus 'am Sand', war erst nach einer langen, holperigen Wagenfahrt erreicht.

Die Kleinheit der Behausung und die Primitivität der Einrichtung jagten Julius Polzer, der nie ein Freund der Abgeschiedenheit gewesen war, nicht geringen Schrecken ein. Doch als ein Nachbar aus der Stadt versicherte, daß die von Polzers engagierte Köchin für ihre Künste sehr bekannt sei, versöhnte er sich mit dem Schicksal. Und als er in der Wohnung dieses Nachbarn, dessen Cellokünste man bald kennenlernte, in dessen Gattin eine Schopenhauerkennerin vorfand, war Julius Polzer am neuen Ferienort schon angewärmt.

Die beiden Söhne brauchten auf die schönen Töchter dieses Nachbarn einzig einen scheuen Blick zu werfen, um zu wissen, daß *sie* am rechten Orte waren. Im übrigen schlossen sie rasch Freundschaft mit den Holzfällern der Gegend und entdeckten so die ihnen noch recht ungewohnte Schönheit der

Natur. Am Morgen nach dem Frühstück vertiefte sich der Vater in die *Grazer Tagespost,* die er sich nach Modern schicken ließ. Danach gab er Arthur eine Weile Mathematiknachhilfe. Dieser ließ sich später von einer der so schönen Nachbartöchter für das Griechische begeistern. Auch setzte er sich hin und wieder an die Staffelei und malte Landschaftsbilder.

Die Jungen durften auch an einer Jagdpartie teilnehmen, was ihnen großen Eindruck machte. So vergingen diese Sommermonate des Jahres 1884 für die Familie Polzer in höchst angenehmer Art und voller Abwechslung.

In dieser Ferienzeit wurde die erste städtische Villa 'am Sand' gebaut, und Julius Polzer zögerte nicht und sicherte den Seinen noch vor der Rückfahrt in die Steiermark die Miete des bequemen Hauses für den nächsten Sommer.

*

Im Jahre 1885 kam es zum letzten Umzug innerhalb von Graz. Die Wohnung an der Sporrgasse hatte sich trotz ihrer Exklusivität in mancher Hinsicht als zu unbequem erwiesen. Nun zog man wieder in das Leonhardsquartier, in dem sich schon die ersten beiden Wohnsitze befunden hatten. Die relativ bescheidene Wohnung lag in nächster Nähe zum Leonhardsfriedhof, auf dem außer dem im Jahre 1874 verstorbenen Großvater manche bekannte Persönlichkeit des öffentlichen Lebens Österreichs ruht.

Im Sommer weilte die Familie, wie schon im Vorjahre geplant, 'am Sand' bei Modern, wo sie nun in der bequemen Villa wohnte. Dieser Sommer war für Ludwig von entscheidender Bedeutung. «Mein Bruder», erinnert Arthur sich, «dem das Gymnasialstudium nicht mehr recht behagte und der mit einer großen Vorliebe für die Kavallerie erfaßt war, bereitete sich zum Eintritt in die Kavallerie-Kadettenschule in Mährisch-Weißkirchen vor.» Bereits im Winter und im Frühjahr dieses Jahres hatte er Reitunterricht genommen und bald begonnen, «immer nur von Pferden und von jungen Freunden zu sprechen, die sich den gleichen Beruf gewählt hatten». Mit einer beinah neidischen Bewunderung hatten Ludwig und Arthur ganz besonders zu zweien dieser Freunde hochgeblickt, zu Fritz und Cari Wurmbrand. Diese Brüder waren in Arthurs Augen «Musterbeispiele von élégance. Sie waren einige Jahre älter als wir, und als wir noch ins Gymnasium gingen, trugen sie niemals Schulbücher und fielen mit einer gewissen Beharrlichkeit durch. Wir fanden dies alles sehr fesch und bewunderten es ebenso wie ihre eleganten kurzen gelben Frühjahrsüberzieher und ihre schönen Krawatten.»

Wiederum verging der Feriensommer in harmonisch-schöner Abwechslung. Tante Mathilde hatte sich ihr Pianino aus der Modern-Wohnung bringen lassen, «und so hatten wir an Regentagen hübsche musikalische Nachmittage», an welchen der uns schon vom Vorjahr her bekannte Nachbar Cello spielte und Christine Polzer Lieder vortrug. Arthur erinnert sich noch Jahrzehnte später an die 'Akustik' dieser Abende, die für die Stimmung, die die Sommermonate durchzog, charakteristisch war: «Die schweren Schritte der von der Arbeit heimkehrenden Holzhauer (...), dann in der Stille das leere Rauschen des Waldes, die langgezogenen Rufe der Waldeule und oft noch spät abends die Klänge des Cellos, 'Du bist die Ruh' oder das 'Ave Maria' von Schubert.»

Gelegentlich kam ein Bekannter auf Besuch, der ungarische Weisen auf dem Pianino spielte.

Den Schluß der Ferien stellte eine Hochzeitsfeier dar, bei der Ludwig und Arthur als 'Kranzlherren', Marie-Sefine als 'Kranzljungfer' zu fungieren hatten.

Wie idyllisch konnte sich in diesen Jahren ein Familienleben in der Doppelmonarchie gestalten! Und wie wenig ahnte man doch noch, daß in den zauberhaften Glanz der milden Sommerabende schon eine andere Abenddämmerung, welche bald *die ganze Monarchie* in Finsternis und Schwärze tauchen sollte, ihre dunklen Schatten wob ...

Ein vergleichender Blick auf Ludwigs und auf Arthurs Schulzeugnisse dieser Zeit ist aufschlußreich. Arthur war – fast in allen Fächern – meist an der Klassenspitze, während Ludwig es in seinem wachsenden Verdacht, die «Weisheit der Welt» werde durch den Unterricht viel mehr verborgen als entdeckt, nicht über mittelmäßige Zensuren brachte, was ihn kaum bekümmert haben dürfte. Vergleicht man nun sein erstes Zeugnis aus dem Sommer 1880 mit den späteren und insbesondere mit dem letzten, das er am Ende seiner sechsten Klasse im Jahre 1885 ausgestellt bekam, so zeigt sich etwas sehr Erstaunliches: Es gibt Fächer, in denen er vom Anfang bis zum Ende nur Leistungen von mäßiger Art erbrachte; es sind die Sprachen Latein, Griechisch und Deutsch. In einem einzigen Fach, der 'Religionslehre', ist er mit einer 'lobenswerten' Ausnahme Jahr für Jahr 'vorzüglich'. In einem einzigen anderen Fach jedoch – und das ist im Zusammenhang von Ludwig Polzers Schulaustritt im Jahre 1885 von besonderem Interesse – verbessert sich die Leistung von einem Jahr zum andern: im Lehrfach 'Geographie und Geschichte', die damals noch, in Rücksicht auf die innere Verflochtenheit, als Doppelfach behandelt wurden. Hatte Ludwig hier mit einem unbefriedigenden 'befriedigend' begonnen, so brachte er es von der fünften Klasse an bis zum Schlußzeugnis dreimal auf ein wirkliches 'vorzüglich'. Zum Zeitpunkt seines Schulabgangs ist dieses Doppelfach somit am wichtigsten, *denn es ist das einzige, in dem eine Entwicklung seines Lerninteresses* festzustellen ist. Es darf daher erwartet werden, daß Ludwig Polzer auf diesem Lerngebiet auch *nach* dem Schulabgang lernwillig bleibt; ja vielleicht ist dieser Abgang selbst gar nicht allein durch seine allgemeine Schulverdrossenheit sowie das vordergründige Interesse für Pferde und Kavallerienovizen zu erklären, sondern wurde von der Sehnsucht mitbestimmt, gerade die ihm so wertvollen Erkenntnisse auf geographischem und auf geschichtlichem Gebiet im 'Praktikum des Lebens' zu erweitern – bevor auch sie beginnen könnten, Schulstaub anzusetzen.

Die nun folgende Entwicklung vermag ein solches 'Umsattlungsmotiv' des Sechzehnjährigen jedenfalls nicht auszuschließen. Bevor ihm auch auf diesem wichtigen Gebiet die Schule alle 'Weisheit' ganz verbergen sollte, ging er lieber selber auf Entdeckungsfahrt – wußte er doch, daß die Weisheit «auf andere Art und anderswo zu finden» wäre.

10. ABSCHIEDE UND BESUCHE

In dem Augenblick, wo der Entschluß gefaßt war, in die Kavallerie-Kadettenschule einzutreten, zog in Ludwigs Seele wieder Lebensfreude ein. Die Aussicht auf die lang ersehnte Lebensweite erfüllte ihn und hatte bald den Alb vertrieben, der ihn in der Schule zu bedrücken pflegte.

Als er im Sommer 1886 aufbrach, um in die große Welt zu treten, nahm Ludwig Polzer erstmals wirklich Abschied von den Eltern und Geschwistern. Mit diesem Schritt fängt für seine eigene Auffassung sein 'zweiter Lebensabschnitt' an[15], was zeigt, daß er den Umbruch dieses Sommers für wichtiger erachtete als etwa den Familienumzug von Pilsen in die Murstadt Graz oder seinen Eintritt ins Gymnasium.

Alles, was er bis zu diesem Tag erfahren hatte, war in harmonischer Art vom Elternhaus angeregt, getragen oder ausgeglichen worden. Das hatte nun ein Ende.

Auch für Arthur war der Weggang Ludwigs ein entscheidendes Ereignis. Er nahm es später zur Veranlassung, über die Beziehung nachzudenken, die ihn an den Bruder band und ihn noch ferner binden sollte: «Durch fünfzehn Jahre waren wir Brüder zusammen gewesen. Und dies hatte nun ein Ende. Es trennten sich unsere Lebenswege. Wir ergriffen verschiedene Berufe und hatten verschiedene Schicksale und in manchen Bereichen auch verschiedene Lebensauffassungen. Doch das brüderliche Band, das uns in unserer Kindheit im Elternhause eng umschlossen hatte, lockerte sich zeit unseres Lebens nicht.»

All dies werden wir des öfteren bestätigt finden.

Über das Verhältnis, das er in der frühen Jugend zu seinem Bruder Ludwig hatte, stellt Arthur fest: «Mein Bruder war in unserer Kinderzeit mein Hofmeister gewesen. Dazu hatte er eine ausgesprochene Veranlagung. Er hatte immer etwas an mir auszusetzen.»

Doch gerade das vermißte Arthur in der ersten Zeit der Trennung sehr. So schrieb er Ludwig im Herbst des Jahres 1886 in freundlich-kritischer Anhänglichkeit nach Mährisch-Weißkirchen: «Ich freue mich sehr auf Weihnachten, werde mich da schon im Reiten vor Dir provozieren können. Dabei wirst Du Dein vorzügliches Hofmeistertalent ganz entfalten können. Aber ich werde alles über mich ergehen lassen und freue mich sehr auf die Zeit, trotz aller zu erwartender Hofmeisterei, die Du nun einmal nicht lassen kannst.»

*

Kurze Zeit darauf gab es ein neues Abschiednehmen.

Am 4. März 1887 besuchte Arthur mit seiner mittlerweile blinden Großmutter im Theater eine Vorstellung. An diesem Abend wurde Bizets *Carmen* aufgeführt. Nach dem ersten Akt sagte Sefine Polzer plötzlich zu dem Enkel: «Ich werde mich nach rückwärts aufs Bankerl setzen und du setzt dich auf meinen Platz. Ich weiß gar nicht, warum ich überhaupt vorne sitze – eine dumme alte Gewohnheit.»[2]

Zum ersten Mal seit über dreißig Jahren nahm Sefine Polzer nicht den gewohnten Platz ein. Es war ihr letzter Abend im Theater. Kurz nach Beginn des zweiten Aktes wurde sie unruhig und sagte: «Mir ist nicht recht wohl, ich habe Schmerzen. Vielleicht sollte ich doch nach Hause fahren.» Die Betreuerin, die sie begleitete, stimmte sofort zu, und Arthur eilte zum Portier und ließ ihn einen Wagen rufen. Er geleitete die Großmutter noch aus dem Haus und half ihr in den Wagen. Dann kehrte er auf ihre ausdrückliche Bitte an seinen Platz zurück. Bei der Abfahrt hatte sie ihm noch gesagt: «Es wird bald vorüber sein.» Drei Tage später trat Sefine Polzer ohne großen Todeskampf mit neunundsiebzig Jahren von der Bühne dieses Lebens ab.

So spielte das Theater im Leben dieser für die seelische Entwicklung ihrer Enkel so bedeutsamen Persönlichkeit eine Schlüsselrolle: Vor über vierzig Jahren lernte sie nach einer Aufführung in Wien «durch einen Zufall, ein Unwetter und einen Regenschirm» ihren Gatten kennen, und nun nahm die einstige Sängerin von dem ereignisreichen Leben an der Seite dieses interessanten Mannes im Beisein ihres Enkels inmitten einer *Carmen*-Aufführung bescheiden Abschied. Ihr Lebenskreis hätte sich in keiner stimmigeren Weise in sich runden können. «Die Kunst aber», betonte die *Grazer Tagespost* am Ende eines schönen Nachrufs, «galt ihrem Herzen mehr als alles andere.» Selbst die Umstände des Todes haben es gezeigt.

Im Hause Polzer erlaubte man sich nie parteibeengte Diskussionen von politischen Fragen; und es war ganz selbstverständlich, daß die Kaisertreue über allem stand. So wurde der Besuch von Kronprinz Rudolf und seiner Gattin Stephanie im Oktober 1887 mit höchstem Interesse mitverfolgt und mitgemacht. Was hatte man nicht schon alles von Rudolfs unmäßiger Leidenschaft fürs Jagen oder seinen kritischen Äußerungen gegenüber Adel und Klerus nicht schon alles reden hören; was nicht alles auch von seinen Liebesabenteuern kolportiert, die sich zumindest Arthur «in seiner Phantasie gewiß romantischer ausmalte, als sie es in Wahrheit gewesen sein mögen». Bei den zwei Tage währenden Grazer Festlichkeiten, zu denen auch Christine und ihr Gatte Julius geladen waren, gelang es dem agilen Zaungast Arthur, das hohe Paar auf seinen Fahrten durch die Stadt mehrmals aus der Nähe zu betrachten. Wieviele Hoffnungen hatte man gerade in der jungen Generation auf diesen Thronfolger gesetzt, der inmitten der sich verschlimmernden Konflikte unter den Nationen neue Wege zu beschreiten strebte! So groß Arthurs Erwartungen gewesen waren, so groß war jedoch die Enttäuschung: «Der Kronprinz (...) machte auf mich den Eindruck eines müden, gelangweilten Mannes», stellt er nüchtern fest. «Er saß in sich gekauert im Wagen, grüßte sichtlich zerstreut und ohne aufzusehen, schien mir sehr blaß, fast grau auszusehen.»

Kronprinz Rudolfs physische und psychische Gesundheit war zu diesem Zeitpunkt in der Tat schon weitgehend zerrüttet; die Hoffnung, an der Seite seines Vaters in absehbarer Zeit politische Verantwortung zu übernehmen, war ihm fast ganz geschwunden, und immer öfter trug er sich daher mit selbstmörderischen Plänen.

So hatte dieser Thronfolgerbesuch auch etwas Abschiedshaftes an sich, indem er das schon nahe Ende Rudolfs gleichsam ahnen ließ.

Zweifellos hat Arthur die so eindrücklich-enttäuschende Visite in allen Einzelheiten seinem Bruder Ludwig dargestellt, während er zu Weihnachten in Graz auf Urlaub weilte.

In dieser Weihnachtszeit sorgte noch ein anderer Umstand für eine Atmosphäre der Beklemmung. Nach der Abdankung des Fürsten Alexander von Bulgarien drohte eine kriegerische Auseinandersetzung mit Rußland, mit dessen potentieller Aggressivität gegenüber Österreich jeder Klarblickende seit dem lavierenden Verhalten dieser Monarchie im türkisch-russischen Konflikt von 1853 rechnen mußte. Als die Familie Polzer am Heiligen Abend nach dem Festesmahl im Arbeitszimmer von Julius Polzer saß, «wurde fast ausschließlich besprochen, welche Auswirkungen ein Krieg mit Rußland nehmen wird und welche Folgen er nach sich ziehen würde», weiß Arthur zu berichten. «Mein Vater äußerte sich sehr pessimistisch, meine zwei Husarenonkel und mein Husarenbruder viel zuversichtlicher. Meine Mutter aber war nur besorgt, schwer besorgt um Ludwig. Der Abschied am Ende seines Weihnachtsurlaubes fiel ihr daher besonders schwer. Sie schrieb am 31. Dezember in ihr Tagebuch: 'Mit Bangen gehe ich in das Jahr 1888. Ist es ja noch ganz unbestimmt, ob Krieg, ob Friede uns bevorsteht. Wie ein Alp liegt der Gedanke, daß mein geliebtes Kind in so zartem Alter am Ende in den Krieg gezogen wird, auf meinem Herzen.'» Wie atmete man auf, als die Gefahr noch einmal abgewendet war ...

*

Im Juli 1888 legte Arthur seine Reifeprüfung ab und war «glücklich, das Gymnasium, über das ich mich längst hinausgewachsen fühlte, hinter mir zu haben». Kurz darauf verbrachte Ludwig wieder ein paar Tage Urlaub in der Murstadt. Er stand im letzten Jahrgang der Kadettenschule, in der er sich ganz offensichtlich wohl und munter fühlte. Unter mehr als sechzig Frequentanten war er – der im Gymnasium doch nie sonderlichen Leistungsglanz erbrachte – Klassenerster und hatte deshalb nach einer alten Sitte darauf Aussicht, als Leutnant ausgemustert zu werden, worüber Julius Polzer höchst erfreut war. Nach Arthurs eigener Erinnerung verbrachte Ludwig diese Grazer Tage «meist auf dem Kanapee und las einen französischen Roman». Hat er vielleicht George Sands *Consuelo* in die Hand genommen und sich dabei über das exzentrische Verhalten des darin geschilderten verwandten 'Wundergrafen' amüsiert?

11. «ÖSTERREICH WIRD ZUGRUNDE GEHEN ...»

Ludwig Polzer absolvierte am 18. August 1888 – am Geburtstag Seiner Majestät Kaiser Franz Josephs[24] – die Kavallerie-Kadettenschule von Mährisch-Weißkirchen als Jahrgangserster und wurde dem Husarenregiment 'Prinz zu Windisch-Grätz No 11' zugeteilt, welches damals in Wien stationiert war. – In diesem Regiment legte er seine ganze siebenjährige Dienstzeit straflos zurück.

Am 12. Oktober desselben Jahres sah Ludwig Polzer eine Iphigenie-Aufführung, die ihn stark beeindruckte und die ihm aufgrund gewisser Umstände als symptomatisch wichtig vorkam. Er schreibt darüber: «Ich sah zum ersten Mal die *Iphigenie* in der letzten Aufführung, die im alten Hofburgtheater in Wien vor seiner Demolierung abgehalten wurde. Schauspielerin Wolter gab die Iphigenie, das Gesamterlebnis des Abends war ein gewaltiges. Es war das erste und einzige Mal, daß ich in diesem an die österreichischen Hofverhältnisse angepaßten Schauspielhause von Weltruf war. Es war zu klein und zu intim, um den modernen Verhältnissen noch entsprechen zu können. Schade, daß man es ganz abriß. Ich empfand eine Art Trauer darüber. Es war der erste Stein, der ins Rollen kam, dachte aber damals doch nicht, daß das ganze Gebäude dieses Hofes so bald im Schutt liegen würde. Die Kunst entschwand damals aus der Hofburg und zog auf die Ringstraße!!»[15]

Das Erlebnis dieses Abends, das in gewissem Sinne mit der Thronfolger-Enttäuschung Arthurs zu vergleichen ist, erweckte in dem 19jährigen eine ganz bestimmte Lebensgrundstimmung, die bis dahin nur in ihm geschlummert hatte und die in zahlreichen und gerade vielen geistig regsamen Österreichern des 19. Jahrhunderts sehr stark lebte. Ludwig Polzer kleidete sie in die Worte: «Österreich wird zugrunde gehen ...» Es ist die exakte Komplementärstimmung zu jener anderen Stimmung, von welcher im Kapitel 9 die Rede war: «Österreich müßte geschaffen werden, wenn es nicht schon bestünde.» Jeder gefühlswache Bewohner der Donaumonarchie war mit diesen zwei polaren Stimmungen vertraut; und die Spannung zwischen ihnen vermochte Jahre und Jahrzehnte lang in vielen Menschen als 'schöpferische Unruhe' zu wirken und den Boden für so zahlreiche und wertvolle Kulturschöpfungen aufzulockern, wie sie Österreich der Welt zu schenken hatte. Dazu mußten sich die beiden Stimmungen jedoch in einem relativen Gleichgewichte halten. Und dieses Gleichgewicht schien nun gegen das Jahrhundertende zugunsten der allmählich schwerer wiegenden Stimmung eines allgemeinen Niederganges mehr und mehr bedroht.

Wenige Ereignisse der Zeit dürften zur Verbreitung *dieser* Stimmung mehr geleistet haben als der plötzliche Tod von Kronprinz Rudolf und seiner Freundin Mary Vetsera in den frühen Morgenstunden des 30. Januar 1889. Bis heute sind die Umstände des Doppelselbstmordes des Liebespaares nicht in allen Einzelheiten aufgeklärt, doch 'Mayerling' – das Jagdschloß Rudolfs unweit Wien, wo sich das Drama zugetragen hat – wurde in Österreich sofort als Realsymbol des drohenden Unterganges der gesamten Monarchie empfunden.

Man hatte ganz besonders in der jüngeren Generation, wie schon erwähnt, auf Rudolf große Hoffnungen gesetzt, wie Arthur Polzers Schilderung von dessen Grazbesuch bezeugen konnte. Der bei seinem Tod erst dreiunddreißigjährige Kronprinz wäre aufgeschlossen, liberal und genügend willensstark gewesen, um Österreich-Ungarn, das mit dem Ministerium Taafe beim beständigen «Fortwursteln» als höchster Maxime staatspolitischer Praxis angekommen war, weiterführende Impulse zu vermitteln, die die Lebensfähigkeit der Monarchie nicht nur erhöht, sondern auch verlängert hätten.

Rudolf machte das Problem der Slawenunterdrückung große Sorge, das sich seit dem 'Ausgleich' mit den Ungarn im Dezember 1867 – verhängnisvollerweise zugleich ein 'Unausgleich' mit den Slawenvölkern in der Monarchie – von Tag zu Tag verschärfte. Er übte scharf Kritik an der Politik des Vaters, konnte dies infolge seiner Stellung aber jahrelang nur auf anonyme Weise tun, in den Artikeln beispielsweise, die Moritz Szeps, sein Freund, in der von diesem redigierten *Neuen Wiener Tagblatt* druckte. Im Ministerium des Kaisers hatte Rudolf, der (wie die Kaiserin Elisabeth) die Ungarn durchaus liebte, nur deren Übermacht im Reiche nicht, daher bald antislawisch-ungarnfreundliche Erzfeinde. Auch den schädlichen Einfluß des katholischen Klerus gedachte er, wo nicht zu brechen, so doch wirksam einzudämmen. So schuf er sich auch innerhalb des Klerus Opponenten. Der konservativ-vorsichtige Franz Joseph war außerdem sorgsam darauf bedacht, den schwer berechenbaren Sohn so lange wie nur möglich von den Regierungsangelegenheiten fern zu halten. Kein Wunder, daß dem Erzherzog das Leben immer aussichtsloser vorgekommen ist!

Für manche Zeitgenossen war etwas von dem weltgeschichtlichen Gewicht von Rudolfs Tod erahnbar. So sprach Karl Julius Schröer, neben Herman Grimm der größte Goetheforscher seiner Zeit, auf die Nachricht vom Todesfall in Mayerling das schicksalsschwere Wort aus: «Nero!»[25]. An die Brandlegung von Rom erinnerte ihn Rudolfs Tod. Und als ersten Akt des offenbaren Untergangs der ganzen Monarchie erlebte er das Mayerlinger Drama.

Karl Kraus hat Österreich einmal als «Versuchsstation für den Weltuntergang» bezeichnet, und die mit dieser makaberen Wendung angedeutete

Lebensstimmung fand seit Rudolfs Tod in immer weitere Kreise der cisleithanischen k. u. k. Monarchie Eingang; besonders auch in Wissenschaftler- oder Künstlerkreise; bei Menschen also, die in ihrer Produktivität auch etwas von der polar entgegengesetzten «Welt*auf*gangsstimmung» in sich trugen, von der die Rede war. Man fühlte sich unmerklich in eine 'Welt von gestern' gleiten, das Heute schien den Blicken zu entschwinden; von einem Morgen wagte man nicht mehr mit Ernst und Zuversicht zu sprechen. Es ließe sich anhand von Zeitzeugnissen leicht nachweisen, wie jenes janushafte Lebensgrundgefühl langsam, aber sicher der einen oder andern Form von Untergangsempfindung wich.

Ein knappes halbes Jahr nach Rudolfs Tod verließ ein anderer Österreicher von Bedeutung diese Welt: der heute fast vergessene Dichter Robert Hamerling, den wir schon auf Ludwig Polzers Grazer Schulweg angetroffen haben. Hamerling war einst mit seiner Dichtung aus der Nero-Zeit, dem Ahasver-Epos, hervorgetreten und berühmt geworden, und Ludwig Polzer liebte diesen Dichter. Und während Polzer selber Vaterland und Kaiser diente, fuhr gleichsam stellvertretend für ihn und viele andere der junge Rudolf Steiner nach Graz zu Hamerlings Bestattung, um wenigstens noch den Verstorbenen zu grüßen, den er im Leben nur durch Briefe kannte. Mit Robert Hamerling war ein letzter Träger wahrhaft spirituellen Lebensstrebens in das Grab gegangen. Wie ein geistiger Sonnenuntergang konnte dieser Tod empfunden werden, nachdem mit Rudolfs Hingang schon eine Zukunftskraft der *Politik* erloschen war. Es war ein wichtiges Erlebnis für den jungen Steiner, der damals im Begriff stand, in Weimar auf dem Lebenswerk von Goethe fußend, einen neuen, auch die Lebens*praxis* stützenden Ideenrealismus zu entwickeln.

*

Kein Zweifel: am prekären Zustand der Doppelmonarchie war in politischer Hinsicht nicht zuletzt der seit dem 8. Dezember 1867 bestehende konstitutionelle Dualismus schuld: die Ungarn hatten nun das Privileg einer eigenen Verfassung, standen mit den Deutsch-Österreichern in dieser Hinsicht auf *der gleichen* Ebene, und das heißt (zugleich mit diesen) verfassungsmäßig *über* allen slawischen Nationen wie den Tschechen, Slowaken, Kroaten, Serben usw., denen ein eigenes Parlament beharrlich verweigert blieb. Angesichts der ihre Rechte fordernden slawischen Völkerschaften erwies sich der Dualismus daher mehr und mehr als staatspolitisches Patt. Erheblich verschärft wurde das Dilemma, als nach dem Russisch-Türkischen Krieg Österreich-Ungarn auf dem Berliner Kongreß von 1878 das Mandat erhielt, dreißig Jahre lang die Verwaltung von Bosnien-Herzegowina zu übernehmen.[26] Es ist bemerkenswert, von welcher Seite aus dies vorgeschlagen wurde: Es geschah durch den Vertreter Englands in Berlin, Lord Salisbury [27]. Und es ist des weiteren bemerkenswert, daß auf dem Kongreß *am selben Tag* auch die von Serbien proklamierte Unabhängigkeit durch die Großmächte Europas offiziell bestätigt wurde; es war zugleich der serbisch-nationale Feier- und Gedenktag der Schlacht auf dem Amselfeld im Jahre 1389. Die Serben, die zum Königreich gehörten, erfreuten sich von nun an ihrer Freiheit; ihre Brüder im zu okkupierenden Gebiet gerieten in die 'Knechtschaft'. So hatte man am 28. Juni 1878 eine diplomatisch-völkerrechtliche Zeitbombe gelegt. Am 28. Juni 1914 explodierte sie, als der österreichische Thronfolger Franz Ferdinand in dem von der Doppelmonarchie okkupierten und dann annektierten Sarajevo (der Hauptstadt Bosniens und der Herzegowina) getötet wurde. Die Drahtzieher des Mordes waren u.a. Mitglieder von großserbisch gesinnten paraoffiziellen Bünden.[28]

Durch die Übernahme des Mandats von 1878 und die darauf erfolgende Okkupation von Bosnien-Herzegowina wurde das Problem, den Slawen innerhalb der Monarchie gerecht zu werden, statt gelöst, nur ungeheuerlich verschärft. Die Südslawenfrage war damit zur eigentlichen Überlebensfrage der Monarchie in ihrer damaligen Form geworden – der österreichische Balkan zum Pulverfaß von Österreich-Ungarn. Hier hätte der Vielvölkerstaat das Völkerproblem durch übernationale Regelungen, die auch die Slawen mitbeachtet hätten, konkret lösen müssen. Doch dazu fehlte es an wirklich neuen Ideen. Rudolf hätte sie vielleicht gefunden. Und auch Franz Ferdinand, der nächste Thronanwärter, war entschlossen, die Slawenfrage statt durch fortwurstelnde Restriktion durch positive Politik zu lösen; ihm schwebte statt des Dualismus ein 'Trialismus' vor. Doch Sarajewo setzte seinem Streben ein wohlgeplantes Ende. Der Kaiser war zu alt und Ungarn zu verpflichtet. Und von der weltgeschichtlichen Chance seines Sohnes, des letzten Kaisers der Monarchie, wird noch die Rede sein. Sie wurde jedenfalls verpaßt.[29]

*

Doch waren solche monarchie-internen Schwächen oder Fehlentwicklungen die einzige Ursache für Österreichs baldigen Zerfall? Es gibt Symptome und Indizien, die dafür sprechen, daß Österreichs Niedergang nicht nur von innen her bedingt war, sondern *auch von außerhalb der Monarchie nichts weniger als von langer Hand geplant und intensiv gefördert wurde.* Dies geschah zwar hauptsächlich in *mittelbarer,* deshalb jedoch nicht weniger effektiver Weise.

In der Weihnachtsnummer 1890 der satirischen Wochenschrift *Truth* wurde eine Karte von Europa publiziert, die die Aufschrift trug 'The Kaiser's Dream'. Gemeint ist der deutsche Kaiser Wilhelm II., der kraft einer Fernhypnose dazu veranlaßt wird, der 'Truth' einen Traum zu erzählen, der ihm

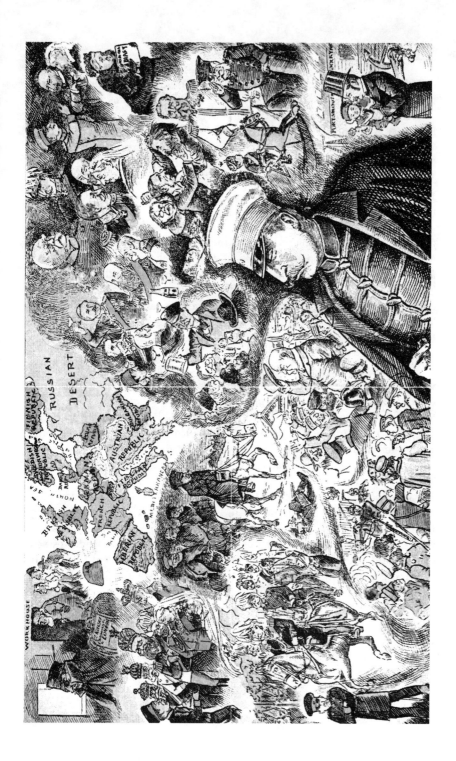

die politische und geographische Zukunftsform von ganz Europa eindringlich vor Augen führt. Und was erschaut der Zukunftsblick des Kaisers? Europas Monarchien sind allesamt verschwunden und haben Republiken Platz gemacht. Deutschland ist bemerkenswerterweise sogar in mehrere 'Republics' aufgeteilt. Rußland allerdings soll von dieser postmonarchischen Staatsform ungeschoren bleiben. Zwar ist auch hier die Monarchie gestürzt, doch an deren Stelle tritt zunächst bloß: 'Russian Desert' – russische Wüste. Was ist damit gemeint? Ganz gewiß nicht ein Entwässerungsprojekt des Territoriums von Rußland!

Mit 'Desert' kann im ganzen Kontext nur gemeint sein: an die Stelle des gestürzten Zarentums soll in Rußland nicht wie in den anderen ehemaligen Monarchien eine schon bestehende und historisch schon erprobte Staatsform treten wie die Republik; das Slawenreich im Osten soll vielmehr zum Testgebiet noch unerprobter Formen des sozialen Lebens und Zusammenlebens werden. Daß diese Deutung wirklich vorhandenen Intentionen innerhalb der Politik des anglo-amerikanischen Westens – die mittelbar auch Österreich betreffen – entspricht, soll im folgenden kurz nachgewiesen werden.

Vor hundert Jahren (1894) erschien in London die gedruckte Fassung von sechs Vorträgen, die der Engländer C. G. Harrison 1893 in London über *Okkulte Wissenschaft, Theosophie und den katholischen Glauben* [30] gehalten hatte. Harrisons Ausführungen zeigen in grundsätzlicher Hinsicht zunächst zweierlei: 1. daß im anglo-amerikanischen Westen traditionsgemäß auf lange Sicht internationale Politik getrieben wird – wie sonst nur von Rom –, und 2. daß dabei auch Tatsachen beachtet werden, die der gewöhnlichen materialistischen 'Wissenschaft' so gut wie nichts bedeuten. Dazu gehört etwa die Tatsache, daß nicht nur der einzelne Mensch, sondern auch ganze Völker eine reale Entwicklung durchmachen, von einer Art 'Geburt' bis zu ihrem Untergang. Es gibt 'alte' Völker, die ihre geschichtliche Zentralaufgabe schon vollbrachten; solche, die in der Gegenwart tonangebend sind oder es sein sollten, und schließlich Völker, die ihren Volksaufgaben erst entgegenwachsen und gegenwärtig noch auf einer Kindheitsstufe stehen. Für gewisse anglo-amerikanische Kreise war und ist schon lange 'klar', daß die englisch sprechenden Völker im heutigen Kulturzeitalter den Ton angeben müssen. Die romanischen Völker betrachtet man dagegen als in Dekadenz befindlich; die Völker mit erst künftiger Kulturaufgabe sind die Slawen. Man kann nun die aus westlichem tradiertem Okkultismus hervorgegangenen Grundlagen einer (bis heute geltenden!) anglo-amerikanischen Politik auf folgende vier Hauptmaximen reduzieren:

1. Die anglo-amerikanischen Völker sind *wie einst die Römer* zur Weltherrschaft prädestiniert.

2. In der neueren Menschheit zeigt sich die Notwendigkeit, auf sozialem Feld gewisse Experimente durchzuführen.
3. Solche Experimente lassen sich im großen Stil nur beim *slawischen* Volke machen.
4. Um die Zukunft der slawischen Völkerschaften bestimmend zu gestalten, muß in der Gegenwart der Einfluß Mitteleuropas, besonders derjenige von Österreich ausgeschaltet werden.

Die Ausschaltung der europäischen Mitte ist also *mittelbarer* Zweck zur Verwirklichung des Hauptziels von Punkt 3.

Während der erste Punkt bei Harrison nicht unverhüllt zutage tritt, so gilt dies um so klarer für den zweiten und vor allen Dingen für den dritten Punkt. Hören wir ihn selbst: «Mit Ausnahme der slawischen Völker, von denen gleich die Rede sein wird, sowie eines kleinen turanischen Volkselementes, das zu unbedeutend ist, um berücksichtigt zu werden» (die Ungarn, d. V.), «stellen die Nationen des heutigen Europa und ihr amerikanischer und kolonialer Anhang die fünfte Unterrasse der großen arischen Wurzelrasse dar (...) Wenden wir uns nun dem slawischen Volke zu, welches der sechsten arischen Unterrasse angehört, und was finden wir? Ein mächtiges Reich, welches unter einer despotischen Regierung eine Anzahl lokaler Gemeinden zusammenhält – Rußland; die Überreste eines Königreiches – Polen, das, einzig durch die Kraft der Religion zusammengehalten, letztlich trotzdem wieder in das Russische Reich aufgehen wird; eine Anzahl von Volksstämmen, die, durch die Türken bedrückt, das fremde Joch abgeschüttelt und sich auf künstliche Weise zu kleinen Staaten konsolidiert haben, *deren Unabhängigkeit so lange und nicht länger dauern wird als bis zum nächsten großen europäischen Krieg.*

Hat man es hier mit etwas anderem zu tun als mit den Charakteristika einer Unterrasse auf ihrer Kindheitsstufe?»

Und in bezug auf die künftige Bestimmung der slawischen Völkerschaften: »Sie sind dazu bestimmt, in der Zukunft eine eigene, höhere Zivilisation hervorzubringen.» Und gewissermaßen der erste Schritt hierzu besteht nach den von Harrison skizzierten Anschauungen und Intentionen in folgendem: «Das Russische Reich muß sterben, damit das russische Volk leben kann, und die Verwirklichung der Träume der Panslawisten wird zeigen, daß die sechste arische Unterrasse» (die *slawischen* Völkerschaften, d. V.) «angefangen hat, ein eigenes Geistesleben zu führen und aus ihrer Kindheitsphase herausgetreten ist.» Und knapp bevor Harrison das Thema wechselt und ganz andere Dinge zur Sprache bringt, folgt noch eine Schlußbemerkung, die den Schlüssel liefert zum wahren Hintergrund der russischen 'Wüste' und die zur Karte aus der *Truth* gewissermaßen die Legende bildet. «Wir brauchen das Thema hier nicht weiter zu verfolgen», sagt Harrison, «und begnügen uns mit der

Feststellung, *daß ihr Volkscharakter es erlauben wird, sozialistische, politische und ökonomische Experimente durchzuführen, die in Westeuropa auf unzählige Schwierigkeiten stoßen würden.*»

Nach den Intentionen bestimmter anglo-amerikanischer Kreise sollen in der russischen Wüste also u. a. 'sozialistische Experimente' durchgeführt werden. Man braucht nur auf die erzwungene Abdankung des letzten Zaren im März des Jahres 1917 und die einen Monat darauf (mit Hilfe der deutschen Obersten Heeresleitung!) erfolgende Einschleusung von Lenin nach Rußland hinzublicken, um sich darüber klar zu werden, welche Wirklichkeitskraft den genannten Intentionen innewohnte.

Die hiermit knapp skizzierten Pläne sind selbstverständlich nicht mit einem Male, gewissermaßen über Nacht geschaffen worden. Sie stellen das Ergebnis von Intentionen dar, die Jahrhunderte alt sind und die schon seit Jahrhunderten auf verschiedene Weise dafür zu sorgen suchen, den anglo-amerikanischen Völkern die Herrschaft über den slawischen Osten zuzuschanzen.

Diesem Ziele diente auch ein rätselhaftes, 1812 zum ersten Mal in Frankreich und 1876 in Riga neuerdings veröffentlichtes Dokument. Es rumorte in den heftigen Debatten, die im österreichischen Abgeordnetenhaus um die Bewilligung des riesigen Kredits für die Okkupation von Bosnien/Herzegowina entbrannten. Es handelt sich um das 'Testament Peters des Großen'.

Soviel ist gewiß: dieses 'Testament' stammt erwiesenermaßen *nicht* aus der Feder dieses Zaren. Und doch: die dreizehn Artikel, die es enthält, geben ein derart akkurates Bild der Hauptzüge der russischen Außenpolitik seit Peters Herrschaftszeit, daß es von der symptomatologischen Geschichsstbetrachtung nicht übergangen werden darf.

Peter der Große (1672–1725) war bekanntlich der entscheidende 'Verwestlicher' russischen Volkstums und slawischer Wesensart. Er bewunderte die technischen und politischen Errungenschaften des Westens und beeilte sich, beide, so gut es ging, in Rußland einzuführen. Auf seinen großen Auslandsreisen nach Den Haag und London kam er u. a. mit freimaurerischen Kreisen in Berührung, weshalb er auch als erster russischer Freimaurer angesehen wurde. Wie dem auch sei, es kann kein Zweifel herrschen: die von ihm verfolgte Politik stand, ob mehr bewußt, ob weniger, voll und ganz im Dienste westlicher Interessen. Ludwig Polzer, der sich später intensiv mit diesem Testament befassen sollte, hat es einmal folgendermaßen charakterisiert: «Der eigentliche Geist und Inhalt des Testamentes Peters des Großen ist, dem Imperialismus des Westens einen Imperialismus des Ostens gegenüberzustellen *und das Deutschtum zu vernichten.* Der Imperialismus der westlichen Produktion brauchte einen Imperialismus, der ihm willenlose Konsumenten entgegenführte und jede Wirtschaftskonkurrenz ausschloß.»[31] Durch die in diesem Schriftstück ausgedrückten Intentionen erhielt das junge, keimhaft-spirituelle Fähigkeiten in sich bergende Slawentum ein seiner innersten Natur vollkommen fremdes imperialistisches und militaristisches Streben eingeflößt, wovon es sich bis heute nicht erholen konnte.

In den österreichischen Okkupationsdebatten wurde von verschiedenen Gegnern dieser 1878 Österreich zugespielten zweifelhaften außenpolitischen 'Chance' auf das verhängnisvolle Testament verwiesen, besonders auf Artikel 5 desselben, der folgenden bemerkenswerten Passus hat: «Man muß Österreich in Kriege verwickeln, und wenn das nicht angeht, ihm ein Stück türkisches Land zuschanzen, das man ihm später wieder abnehmen kann.»[32] Mit der durchaus im Sinne dieses Testaments erfolgenden Okkupation von Bosnien/Herzegowina wurde nach Ludwig Polzers späterer Auffassung «der Grund zu Österreichs Untergang gelegt. Die Okkupation Bosniens (...) wurde die Falle, welche für Österreichs Untergang kunstvoll erbaut wurde und in der es sich 1914 tatsächlich auch fing.»[33] Und Rudolf Steiner, der als erster auf das fatale Schriftstück und seine weltgeschichtliche Bedeutung hingewiesen hat, stellte kurz und bündig fest: «Dieses Testament hat Österreich eigentlich zugrunde gerichtet.»[34]

Doch darf nicht übersehen werden: Wenn vieles in der österreichischen Politik zu deren Schaden im Sinne dieses Testaments verlief, so war *alles* in dem Schriftstück zum Schaden einer wahren slawischen Entwicklung *im Sinne westlicher Herrschaftsintentionen* angelegt. Der eigentliche Mittelpunktsartikel 7 zeigt klar, wonach die russische Politik gerichtet werden soll: «Man soll mit England ein enges Bündnis eingehen und mit Hilfe eines Handelsvertrages direkte Beziehungen unterhalten, ihm selbst erlauben, eine Art Monopol im Innern auszuüben (...) – ein Hauptpunkt, von dem das Gelingen dieses ganzen Planes abhängt.»[35]

Wer unbefangenen Sinnes dieses Testament mit der Karte aus *The Truth* sowie mit C. G. Harrisons Äußerungen zusammenhält, wird Steine eines Mosaikbilds vor sich finden, das, auch wenn in noch so unvollständiger Weise, im wesentlichen *eine* große Intention zum Ausdruck bringt: die Entwicklung der slawischen Völkerschaften, die ihrer weltgeschichtlichen Aufgabe erst entgegengehen, in der Gegenwart – und die umfaßt Jahrhunderte – *vom Westen* aus zu dirigieren. Und zu diesem Zwecke soll die Mitte von Europa ausgeschaltet werden.

*

«Österreich muß zugrunde gehen» – auf drei verschiedenen Schichten können wir den Ausspruch Polzers lesen lernen. Zum einen bringt er jenes allgemeine, in Österreich damals weit verbreitete Gefühl zum Ausdruck, an einer Geisteswende angelangt zu sein, an welcher viele alten Tragekräfte versagen werden und auf individuellem wie sozialem Felde auf tradierte Werte kein Verlaß mehr ist. Zum andern birgt er etwas von der Ahnung in sich, daß Österreich-Ungarn, wenn es sich nicht noch in allerletzter Stunde zu Ideen aufschwingt, die das obsolet gewordene Prinzip des Nationalstaats überwinden könnten und wahrhaft neu und praktisch wären, eben deshalb seinem sicheren Untergang entgegengeht. Und schließlich hat er auch noch eine dritte Schicht: Es lebt in ihr, wenn auch nur in dumpfer Weise, eine Ahnung von dem Faktum, daß Österreichs Untergang in westlichen wie auch dem Westen hörigen östlichen Kreisen seit langem schon *geplant*, mehr noch: beschlossen worden war.

Auf diese dritte Stufe wird bis heute kaum geachtet, weshalb wir sie auf diesen Seiten ganz besonders ins Visier zu fassen suchten. Inwiefern die Intentionen, die auf dieser dritten Schicht des Untergangsgefühles ihr Echo fanden, auch von der Kirche Roms getragen wurden, wird im letzten Teile dieses Buches noch zutage treten. So viel sei nur vorweggenommen: Während Mitteleuropa den Ostprojekten aus dem Westen mehr als autonome Wirtschaftsmacht im Wege war und ist, ist das mitteleuropäische Geistesleben, das die freie Geistigkeit des einzelnen zum wahren Grund und Ziele hat, der Kirche Roms der große Dorn im Auge. Und so verschieden auch die Gründe sind: die freiheitlichen Geistimpulse Zentraleuropas, auf die der slawisch dominierte Osten zu seiner gedeihlichen Entwicklung angewiesen bleibt, werden (abgesehen vom verwestlichten Osten selbst) aus dem Westen wie dem Süden ähnlich scharf bekämpft. Divide et impera, sagte einst der Römer: Teile und herrsche. Der österreichisch-ungarische Dualismus[36], der, statt die kulturellen, politischen und wirtschaftlichen Probleme des Vielvölkerstaates zu lösen, zu Zwiespalt, Slawenunterdrückung und nationalistischem Chauvinismus, kurz zur Aushöhlung der europäischen Mitte führen *mußte*, war daher beiden gegnerischen Mächten recht. Wie die weltgeschichtliche Fehlkonstruktion des Dualismus noch in allerletzter Minute zu einem dreigegliederten sozialen Organismus hätte umgebildet werden können, wird in einem späteren Kapitel darzustellen sein.

*

Damit sind wir scheinbar weit von unserem biographischen Wege abgekommen. Haben wir doch Ludwig Polzer im Herbst des Jahres 1888 nach jener *Iphigenie*-Aufführung in Wien verlassen, nach der das alte Hofburgtheater abgerissen wurde. Und doch: im Grunde sind wir bloß der Trauer nachgegangen, die der junge Polzer über diesen ersten Abbruchstein empfunden hatte, der ins Rollen kam und bald die ganze Monarchie in Trümmer legen sollte. Wir haben, während er mit wachen Sinnen dem Schauspiel auf der Bühne folgte, nur gewissen Stimmen zugehorcht, die aus einem andern

Schauspiel zu vernehmen waren (damals erst sehr leise), das sich *hinter* den Kulissen regte und das schon Ludwig Polzers ahnungsvollem Fühlen nicht ganz verborgen bleiben konnte.

12. EINE LIEBE IM MAI

Während sich im Hintergrund des Zeitgeschehens mit zerstörerischer Kraft die große europäische Krise vorbereitet, tritt auf Ludwig Polzers Lebensbühne um sein einundzwanzigstes Lebensjahr eine gänzlich andere, allem Dasein wohlgesinnte Macht hervor: die erste Liebe. Schon ihr Name deutet an, daß sie wie aus einem andern Weltkreis tritt: Blanche Tollemache, ein Name höchst wahrscheinlich aus dem Keltentum.

Blanche entstammte einem alten Adelshause Englands und war am Ende der achziger Jahre für eine Musik- und Gesangsausbildung nach Wien gekommen. Bald war sie mit der kunstsinnigen Mathilde Hoditz befreundet, und so dauerte es nicht lange, bis diese ihr den Neffen Ludwig vorstellte, der damals bei den Windischgrätz-Husaren in Wien den Dienst versah.

Blanche Tollemache war sechs Jahre älter als der junge Offizier. Belastende Familienverhältnisse ließen sie schon in verhältnismäßig jungen Jahren eine reife, in sich abgeschlossene Persönlichkeit entwickeln.

Als Arthur Polzer kurz nach Ostern 1890 auf dem Weg nach Modern in Wien die Reise unterbrach, um Ludwig zu besuchen, der in der Zwischenzeit zum Leutnant avanciert war, konnte ihm das Herz des Bruders nicht allzu lang verschlossen bleiben. «Die Abende», schreibt Arthur[2], «verbrachten wir bei Mansbergs in der Schützengasse. Dort ging es immer sehr lustig zu. Während des Winters schon wohnte eine junge Engländerin, Blanchy, Tochter des Lord Tollemache, als Paying Guest bei Mansbergs. Sie war sehr musikalisch, spielte gut Klavier und war nach Wien gekommen, um sich darin zu vervollkommnen. Ihre Genialität fand bei Mansbergs wenig Verständnis. Um so mehr bei Tante Mathilde, die sie sehr ins Herz schloß.» Es sollte eine Freundschaft für das Leben werden.

Etwas vom diskreten Charme, den Blanche Tollemache wie Mathilde Hoditz um sich verbreiteten, ist noch auf dem Photo anzutreffen (Abb. 16), auf dem die beiden Freundinnen neben einer Schwester Blanches zu sehen sind.

Ende April fuhren die zwei Freundinnen nach Modern, wo Mathilde 'am Sand' ein Ferienhaus gemietet hatte. Liebevoll wurde die 'städtische Villa' hergerichtet und mit Vorräten versorgt. Am 3. Mai folgten Arthur und sein Bruder Ludwig nach, «der zur jungen Engländerin in heftiger Liebe entbrannt war». Es hätten sich in der näheren und weiteren Umgebung von Wien wohl nur wenig Orte finden lassen, die dem inneren 'Lodern' Ludwig Polzers eine derart friedlich-milde Form verleihen konnten wie diese hüglig-

12. EINE LIEBE IM MAI

sanften Ausläufer der Kleinen Karpaten. Und auch die Jahreszeit trug das Ihre dazu bei, Wald und Landschaft in einer Weise zu verzaubern, als harrten sie in stillem Liebessehnen. «Der Wald prangte im Festesschmuck des Wonnemonats Mai. Seine Pracht läßt sich nicht beschreiben», kommt Arthur ganz ins Schwärmen. «Azurblauer Himmel. Zwischen dunklen, hohen Tannen wie ein hellgrüner Schleier das junge Laub der Buchen. Der Boden mit den weißen Sternen des Waldmeisters übersät. An den Ufern des Bachs Dotterblumen in Fülle, auch Vergißmeinnicht. Frische würzige Waldluft. Alle Vögel singen, der Kuckuck ruft. Es ist paradiesisch schön!»

Wir verdanken Arthur Polzer jedoch nicht nur eine Charakteristik des *Ortes* des Geschehens. Er hat mit kurzen Strichen auch ein Porträt der Hauptakteurin Blanche entworfen. Und sosehr sein Bruder von der Macht der Liebe ganz und gar ergriffen war, so sehr blieb Arthurs Blick auf Blanche bei aller Freundschaft ruhig und klar. «Blanchy war eine entzückende junge Dame», schreibt er. «Nicht schön, kaum hübsch, aber ungemein herzlich, geistreich, witzig und immer gut gelaunt. Auch war eine Eigenheit an ihr, die ich immer für einen Gradmesser von Vornehmheit hielt. Sie wußte sich überall zurecht zu finden, in der Bauernstube so gut wie im Salon. Und sie, die das luxuriöse Leben auf den englischen Schlössern gewohnt war, fühlte sich in der Einsamkeit, auf die man 'am Sand' angewiesen war, glücklich.» Und er fügt hinzu: «Was ich noch an ihr besonders schätzte, war ihr hoher Kunstsinn und ihr guter Geschmack.»

Auch ein Bruder Blanches, Wilbraham, der ausgezeichnet Violine spielte, gesellte sich nach einer Weile zu der kleinen Gruppe. Arthur charakterisiert ihn als den «Typus des schüchternen, vornehmen Engländers, gutmütig bis zur Naivität».

Während Ludwig sich die Woche über in Wien aufhält und nur an Wochenenden nach Modern fahren kann, verleben die drei Freunde unbeschwerte heitere Tage. Blanche zeigt für Arthurs Jägerleidenschaft Interesse und begleitet ihn auf manchen Streifzug, während Wilbraham den frühen Morgen lieber anderswo zubringt als auf Arthurs Lieblingspirsch bei Tagesanbruch. Die Zeit vergeht im Fluge. Nach dem Abendessen werden plaudernd Pläne für den nächsten Tag gemacht. «Die Fenster standen offen», notierte Arthur, «die Grillen zirpten, die Sterne blitzten in das Halbdunkel des Zimmers herein.»

Zum Abschluß dieses Aufenthalts 'am Sand' macht unsere Gesellschaft eine Fahrt nach Preßburg, wo man kulturelle Sehens- und kulinarische Schmeckenswürdigkeiten genießt.

Rein äußerlich betrachtet, schien Ludwigs Liebe zu Blanche Tollemache über die von der strengen Etikette vorgeschriebene Grenze keinen Zoll hinauszugehen. Dafür sorgte in geschickter Weise auch Mathilde Hoditz. Dadurch etwa, daß sie, wenn Ludwig, maßlos werdend, Blanche einmal mehr ins Theater führen wollte, geistesgegenwärtig und voller Charme selbst einlud – und kurzerhand *drei* Karten kaufte.

Bald führte allerdings das Leben Ludwigs erste Liebe wieder in die Ferne. Doch folgte ihr ein Stück des Herzens nach, das im geheimen, stillen nicht nur vorübergehend für sie schlagen sollte.

Blanche Tollemache war die einzige Persönlichkeit, die ganz von außerhalb der österreichisch-ungarischen Verhältnisse in Ludwig Polzers Jugend trat. Sie bildete den ersten Pfeiler einer Brücke, die Polzer später geistig oder physisch immer wieder nach dem Westen führen sollte. 1910 macht er sich nach ihren wiederholten Einladungen zur ersten Englandreise auf. Davon wird noch die Rede sein.

*

Durch die Liebe zu Blanche Tollemache wurde Ludwig Polzer in vollem Sinn erwachsen. Der Abschied von der Freundin war auch ein Abschied von der eigenen Jugend. Ein Blick auf das Bildnis aus der Zeit (Abb. 17) kann das Angedeutete bezeugen.

III. SCHICKSALSWEGE

Das größte und entscheidenste Ereignis meines Lebens
war die erste Begegnung mit Rudolf Steiner.

Ludwig Polzer-Hoditz, 1937

13. MIT ARTHUR IN SZOMBATHELY

Schon bald nach seinem Eintritt in das Husarenregiment machte Ludwig Polzer eine weitere Bekanntschaft, aus welcher eine Lebensfreundschaft wurde. Er lernte Adolf Waldstein kennen, auch er ein Regimentsleutnant. (siehe Abb. 19) Adolf stammte aus jenem alten böhmischen Geschlecht, aus dem auch der als 'Wallenstein' berühmt gewordene Feldherr des dreißigjährigjährigen Kriegs hervorgegangen ist. Ludwig wurde von den Eltern Adolfs als bester Freund des Sohnes auf die verschiedenen Schlösser, welche die Familie weit verstreut in Böhmen hatte, als Gast geladen und weilte oft im Prager 'Palais Waldstein', das vom alten Wallenstein erbaut ward. Im Rückblick schildert Ludwig seinen Freund als einen «sehr bescheidenen, anspruchslosen, lieben Menschen»[37].

Das Haus Wallenstein wurde ihm zur zweiten Heimat.

Polzer wurde in die exklusiven Prager Kreise eingeführt. Dabei erhielt er höchst lebendigen Einblick in die Geschichte Böhmens: «Viele Abende», schreibt er in den *Lebenserinnerungen*, «saßen Adolf und ich im Anfange der neunziger Jahre beim alten Exzellenzherrn» – Adolfs Vater –, «der damals schon über siebzig Jahre alt war und uns von seinen interessanten Erlebnissen erzählte, von den Ereignissen bis zurück in den Anfang des Jahrhunderts, die er selbst als Kind und junger Mensch von Augenzeugen noch hörte.»[38]

Auf Waldsteinschen Schlössern hatten sich nicht selten wichtige politische Ereignisse zugetragen. So fand zum Beispiel 1830 eine Zusammenkunft von Kaiser Franz I. von Österreich mit dem Zaren Nikolaus I. auf Schloß Münchengrätz statt. Der alte Waldstein war mit fast allen maßgeblichen Persönlichkeiten, die während seines Lebens eine Rolle spielten, selbst bekannt; er hatte 1848/49 in Ungarn mitgekämpft und 1866 den Krieg gegen die Preußen mitgemacht. So erhielt Ludwig Polzer im Hause Waldstein einen 'Geschichtsunterricht' von ganz besonderer Art, die seinem Wesen tief entsprach: er lernte ein sehr wichtiges Stück geschichtlicher Vergangenheit durch die noch lebenden Mitakteure kennen. «Und da ich schon als Kind gerne hinhorchte, wenn die älteren Menschen sprachen», besinnt er sich im Alter, «erstreckten sich manche Lebenserfahrungen über das eigene Leben hinaus in dasjenige der vor mir lebenden Menschen.»[39] Und wenn er auch nicht immer alle historischen Zusammenhänge im einzelnen verstehen konnte, blieb ihm doch «die Seelenstimmung der damaligen, lang vor meiner Geburt liegenden Zeit erhalten».[38]

Im Herbst 1890 nahm Ludwig Adolf für ein paar Urlaubstage mit nach Peggau, dem kleinen Landsitz, den Julius Polzer auf das Drängen seiner Frau im Januar des Jahres unweit Graz erworben hatte. Hier lernte nun auch Arthur den besten Freund des Bruders kennen. Und auch er schloß Adolf augenblicklich in sein Herz. «Adolf war ein ganz sympathischer Mensch», schreibt er [40]. «Doch was schreibe ich da, das Wort 'sympathisch' ist zu banal, läßt sich auf so viele Menschen anwenden. Und Adolf Waldstein war weit mehr als das, was man von vielen sagen könnte: Er war schlicht und einfach, ehrlich und treu, vornehm in seinem Äußeren und ganzen Wesen. Diese Eigenschaften besaß er alle in uneingeschränktem Wortsinn.»

Nachdem Ludwig und Adolf Peggau wiederum verlassen hatten, durchstreifte Arthur, der im Oktober seine Staatsprüfung bestanden hatte, durch die Wälder der Umgebung, die schon die Herbstesfarben trugen, und setzte sich des Abends oft stundenlang vor den Kamin – und kam ins Sinnen und innere Beschauen, wie um lang vergangenen Leben nachzuspüren, in denen solche Menschensympathien Grund und Wurzel haben mochten. «Mir zauberte das spielend flackernde Feuer Bilder in voller Deutlichkeit vor», schreibt er über solche Augenblicke. «Nicht aber solche einer aktiv arbeitenden Phantasie, vielmehr, die sich ganz von selbst ohne mein Zutun einstellten. Und darin lag ein ganz besonderer Reiz: Mir war, als blätterte ich in einem bunten Bilderbuch (...) Heute frage ich mich: Waren es etwa Bilder aus der Erinnerung an ein früheres Erdenleben?»

Aus solchen Erlebnissen heraus malte Arthur dann, wie seelisch neu befruchtet, manche seiner Bilder.

Am Ende dieses Jahres (1890) kehrte Ludwig zu einem Weihnachtsurlaub nach Graz zurück. Nach Arthur «fühlte er sich gar nicht wohl». Die Eltern konsultierten einen Arzt, der auf einen mehrmonatigen Aufenthalt in Lussin drang, einer etwa hundert Kilometer südlich von Triest gelegenen istrischen Insel, worauf Ludwig um entsprechenden Urlaub bat. War es die Trennung von Blanche Tollemache, die er, kaum gefunden, schon wieder in die Ferne fahren lassen mußte? Zog sein Herz ihn nach dem fernen England hin? Wehte ihm, aus diesem selben England, vielleicht ein Hauch von jenen Machenschaften in die Seele, die dem Untergang der alten Monarchien dienten? Zur gleichen Zeit, als Ludwig sich so unwohl fühlte, erschien in jener Weihnachtsnummer (in der *Truth*) 'Des Kaisers Traum', von dem die Rede war ...

In der Silvesternacht trat Ludwig seine Reise nach dem Süden an. Die Mutter war besorgt, wie eh und je. Schrecknis über Schrecknis malte sie sich aus – am Ende würde er, allein und hilflos, in der Fremde gar noch ernstlich krank! Er fuhr – traf liebe Menschen, insbesondere eine junge Witwe, die sich seiner annahm. Arthurs Gedächtnis hielt noch nach Jahrzehnten das Bildnis einer jungen Dame fest, das Ludwig nach der Rückkehr aus dem Süden auf dem Schreibtisch stehen hatte.

Die Krise war behoben; mit neuem Lebensmut konnte es dem zweiundzwanzigsten Lebensjahr entgegengehen.

*

Nicht nur in den böhmischen, auch in den ungarischen Teil der Monarchie nahm Ludwig durch das 'Buch der Freundschaft' Einblick. Im Jahre 1891 war das Husarenregiment in Steinamanger stationiert, das heute Ungarn zugehört und Szombathely heißt. Die Stadt war durch den römischen Kaiser Claudius gegründet worden; als Colonnia Savaria, später Hauptstadt von ganz Oberpannonien. Sie besaß ein Isis-Heiligtum, von dem noch heute Reste stehen.

Hier lernte Ludwig Polzer den um zehn Jahre älteren Grafen Emanuel Széchényi kennen, der mit seinen guten dreißig Jahren bereits auf eine reiche Welterfahrung blicken konnte: hatte er doch in Berlin, Petersburg, Konstantinopel und Athen schon als Botschafter fungiert. Ludwig weilte manchen Urlaub auf Széchényis ungarischen Gütern. Und wenn Széchényi im Ausland weilte, setzte sich der Austausch beider Freunde in langen Briefen fort.

Indem Ludwig Polzer durch Freundschaften wie der zu Adolf Waldstein und Széchényi in beide Hälften der Doppelmonarchie verständnisvoll hineinzublicken lernte, trat ihm erst eigentlich das Grundproblem vor Augen, an dem die Monarchie schon lange krankte. Er sagt darüber: «Ganz anders erlebte man in Ungarn die Gesinnung und Stimmung der maßgebenden Menschen als in Böhmen. Sosehr die auswärtige und innere Politik Österreichs durch Ungarn beeinflußt, ja sogar beherrscht wurde, konnte ich schon damals fühlen, daß dasjenige, was in Wirklichkeit Bedeutung für ein zukünftiges Österreich oder Mitteleuropa hätte haben können, doch in den *slawischen* Ländern lag.»[41]

*

Im Frühjahr 1891 suchte Arthur Polzer seinen Bruder Ludwig in Steinamanger auf, um die Stätte zu besichtigen, wo er im Herbst desselben Jahres seinen sehr unfreiwilligen einjährigen 'Freiwilligendienst' absolvieren wollte. Der 'große' Bruder stellte Arthur Oberst Wenzel Freiherr Kotz von Dobrz vor, dem Kommandanten des Husarenregimentes, der nicht nur Ludwigs Vorgesetzter war, sondern auch der Onkel seiner späteren Frau.

Wenzel Kotz stand dem Kaiserhaus sehr nahe. Durch ihn, wie auch durch seinen väterlichen Gönner Waldstein, kam Ludwig Polzer mit Franz Ferdinand, dem damaligen Thronfolger, in nähere Berührung und lernte auch dessen Bruder Otto kennen(den Vater des späteren Kaiser Karl), während beide Erzherzöge nacheinander über das in Ödenburg (Sopron) stationierte Nachbarregiment das Kommando führten. Auch der Herzogin von Hohenberg, der späteren Gattin von Franz Ferdinand, ist Ludwig Polzer, als sie noch ein Mädchen war, des öfteren begegnet. Den späteren Kaiser Karl sollte er im Jahre 1894 erstmals zu Gesicht bekommen, als dieser erst im siebten Lebensjahre stand.

Ludwig führte Arthur auch in die Familie Széchényi ein und stellte ihm Emanuels jüngere Schwester, die achzehnjährige hübsche Jenny vor, für die er sich nach Arthur «sehr zu interessieren schien».

Ende September wurde es für Arthur ernst. Er übersiedelte ein Jahr nach Steinamanger. Es war das erste Mal, daß er vom Elternhaus in Graz wirklich Abschied nahm. Ludwig holte seinen Bruder, der für ein Jahr sein dienstlich Untergebener wurde, am Bahnhof ab und quartierte ihn ein Stockwerk über sich in der Kavalleriekaserne ein. Arthur fühlte sich in der ungewohnten Dienstumgebung und der neuen Uniform zunächst höchst unbehaglich. «Ich wußte mich noch gar nicht richtig zu benehmen», gesteht er, «stolperte über den Säbel und konnte auch noch nicht vorschriftsmäßig salutieren.» Ludwig war nun Arthurs Instruktionsoffizier, und dies verlieh der Bruderbande eine besondere, pikante Würze, jedenfalls aus Arthurs Sicht: «Aus einem Bruder war plötzlich ein Vorgesetzter geworden, der mich im Dienste mit 'Sie, einjähriger Freiwilliger!'anschnauzte. Er imponierte mir gewaltig. Sein Hofmeistertalent, das er von Kindheit auf an mir geübt hatte, konnte sich nun voll ausleben. Und doch freute ich mich, wenn er die Reitschule betrat und zum Fußexerzieren antreten ließ oder uns in der Schulstube unterrichtete. Untertags im Dienst war er mein Vorgesetzter, vor dem ich Respekt haben mußte und auch hatte. Am Abend, wenn wir gemütlich, meist mit Adolf Waldstein, beim Tee saßen und Zigaretten rauchten, war er mein Bruder.»

Die zwei morgendlichen Stunden in der Reitschule, in denen sich Ludwig «unerbittlich» zeigte, waren für Arthur wortwörtlich eine harte Tortur, da sein «Sitzorgan (...) noch nicht die richtige kavalleristische Dickhäutigkeit besaß». Wer vor Schmerz den Rücken krümmte, wurde augenblicklich zurechtgeschrieen. Umso erholsamer und gemütlicher gestaltete sich meist die Zeit danach. Die 'Freiwilligen'überließen, während der Wachtmeister beide Augen zudrückte, den Stalldienst gegen ein entsprechendes Entgelt den Ordonnanzen, suchten ein Lokal auf und ließen sich Ham and Eggs oder ein Gulasch mit Bier servieren. «Noch nie hat uns ein Gabelfrühstück so gut geschmeckt wie nach überstandenem Reitunterricht», stellt Arthur fest. «Wir unterhielten uns prächtig, waren kreuzfidel; es ging dabei oft recht lärmend zu.» Eines Tages allerdings wurde das Vergnügen aufs Gefährlichste getrübt. Während die Gesellschaft fröhlich an der Tafel saß, wurde draußen plötzlich

13. MIT ARTHUR IN SZOMBATHELY

Pferdehufschlag laut. Die Freiwilligen stürzten an die Fenster und erkannten mit Entsetzen den Oberst Kotz, der eben in den Hof geritten war und vom Pferde stieg.

Arthurs Schilderung des nun folgenden Geschehens soll dem Leser nicht entzogen werden, enthält sie doch ein köstliches Porträt von Baron Kotz, der in Ludwigs Leben noch eine große Rolle spielen wird.

In der 'Tscharda', wie ungarische Eßlokale hießen, entstand ein panikartiges Durcheinander. «Jeder von uns gürtete sich in größter Eile den nächstbesten Säbel um, wir setzten unsere Mützen auf und stürzten hinaus. Wir standen nun da wie ertappte Diebe und müssen recht einfältige Gesichter gemacht haben. Denn der Oberst sah uns schmunzelnd an, als wir uns in Reih und Glied vor ihm aufstellten und stramm salutierten. Ergeben in unsere Schuldbeladenheit warteten wir auf das Donnerwetter, das nun über uns losbrechen sollte. Der Wachtmeister war aus dem Stall herbeigestürzt, hatte Giftblicke auf uns losgelassen und wollte eben seine Meldung vorbringen. Der Oberst aber ließ es gar nicht soweit kommen, sondern ließ sich zu uns gewendet, wie folgt vernehmen:'Also wie geht's euch denn da in der Tscharda? Ihr habt's jetzt wahrscheinlich gegabelfrühstückt. Sind die Pferde gut untergebracht?' Unsere Mienen verklärten sich, und mit verbindlichem 'Gewiss, Herr!' und unmilitärischem Lächeln antworteten wir im Chor: 'Danke gehorsamst!'. Das war so ziemlich das Dümmste, das wir antworten konnten. Es war aber merkwürdig, daß uns allen zugleich diese zwei Worte über die Lippen kamen. In ihnen lag eben alles, was wir empfanden: Dank für die gnädige Behandlung und für das Interesse an unseren Pferden. Unsere Gesichter fingen aber an zu strahlen, als der liebe Oberst folgende erfreuliche Worte zu uns sprach: 'Morgen ist Samstag, und Montag ist Allerseelen. Ihr könnt, wenn ihr wollt, für die zwei Tage nach Hause fahren.' Dann sprach er sehr gemütlich – 'außerdienstlich'nannte man das – mit uns allen. Frug nach unseren Eltern und trug diesem oder jenem Grüße an sie auf. Mit diesem Tage stiegen wir sehr in der Achtung unseres Wachtmeisters.»

Wenn uns Oberst Kotz schon so sympathisch, österreichisch-gemütlich entgegentrat, so wird man sich wohl freuen dürfen, auch in Genuß der näheren Bekanntschaft seiner Nichte zu gelangen ...

Der Dienst dauerte bis ungefähr vier Uhr nachmittags. Die Hauptmahlzeit fand daher erst gegen fünf Uhr statt und wurde im Offizierskasino eingenommen. Abends, wenn die Polzerbrüder unter anderen mit Adolf Waldstein in der Runde saßen, wurde neuester Kasernentratsch herumgereicht. Man erzählte sich Geschichten, sprach über Jagden oder Pferde. Um 9 Uhr abends wurde mit einem Trompetenredrett zur Nachtruhe geblasen.

Von größtem Interesse für die jungen Freiwilligen war der älteste Offizier in der Schwadron: Henri Baltazzi, der Onkel Mary Vetseras, der einstigen Geliebten von Kronprinz Rudolf. Henri Baltazzi galt als der 'eleganteste Herr der Monarchie'. Arthur kann die Zuneigung von Baltazzi gewinnen, was sich darin äußert, daß sich der Offizier in den Exerzierpausen oft dem jungen Polzer nähert und ihm «immer gute Zigaretten mit Goldmundstücken» offeriert – «für uns Freiwillige der Inbegriff von Eleganz». Es machte das Gerücht die Runde, Baltazzi habe den Kronprinzen mit einer Champagnerflasche erschlagen, was für Arthur «natürlich Unsinn» war. Doch hielt er es für nicht unmöglich, daß Baltazzi bei der Mayerlingtragödie eine Rolle spielte.

Ein besonderes Ereignis war es, als den 'Einjährigen' die Sporen ausgehändigt wurden und sie zum ersten Mal auf eigenen Pferden ausritten. Arthur, der sich kein solches leisten konnte, durfte eines von den Pferden Ludwigs reiten. Denn dieser hatte deren drei: einen wunderbaren Halbblut-Wallach namens Livius, der sehr schwer zu reiten und gefährlich launisch war; einen Vollblut-Etök sowie einen Rappen namens Bango, der die lästige Gewohnheit hatte, von Zeit zu Zeit rechtsumkehrt zu machen. Arthur entschied sich für den Etök, der einen wundervollen Gang besaß, doch durfte er das Pferd nur innerhalb der Reitschule besteigen.

Im Dezember 1891 wurde Arthur krank. Sein altes Magenübel machte sich bemerkbar. Elend und verlassen lag er in seinem Zimmer, bis der Arzt die Masern konstatierte, worauf der Freiwillige auf einer Bahre in den Isolierpavillon des Lazaretts getragen wurde. Kaum eine Stunde später wurde auf derselben Bahre auch Ludwig in den Raum getragen, auch er an Masern krank. «Es war gewiß keine Schadenfreude, doch eine Freude, daß ich nun wenigstens nicht allein war», gibt Arthur zu. Ludwig hatte – man stand kurz vor Weihnacht – ein lakonisches Telegramm nach Hause abgesandt, welches die stets besorgte Mutter in größte Unruhe versetzte.

Bereits am 4. Januar des neuen Jahres konnten unsere Brüder jedoch munter und geheilt in Graz im Kreise der Familie das Fest nachfeiern.

Im Frühjahr 1892 übergab Wenzel Kotz das Kommando des Husarenregimentes einem andern Offizier. Arthur, Ludwig und Adolf hatten nun oft freie Nachmittage, die sie zum Ausritt in die Nachbarorte Hegyfalu und Astad nutzten, wo sie oft Tennis spielten. Arthur mußte auf dem Weg dahin zu seinem Mißvergnügen stets den Bango reiten, der so gerne plötzlich in die Gegenrichtung aufbrach. Endlich erlaubte ihm sein Bruder eines Tages, den Etök auch auf freiem Feld zu reiten, und mit Staunen mußte Ludwig nun das ungeahnte Reittalent des brüderlichen Freiwilligen anerkennen. «Der Etök war in bester Verfassung», berichtet Arthur über diesen Jungfernritt. «Sprang

über alle Gräben und andere Hindernisse, mit jener Leichtigkeit und Weichheit, wie sie guten Vollblütern eigen ist. Und so führte ich eine Art Jagdritt, nur über kurze Strecken in Schritt fallend (...) Stolz ritt ich in Hegyfalu ein.»
In gnädiger Anerkennung meinte Ludwig nur: «Du hast Glück gehabt, heute war der Etök eben in guter Laune.»

Im Herbst des Jahres kehrte Arthur zum Jusstudium nach Graz zurück. Und damit tritt der wichtigste Kronzeuge auch für Ludwigs Leben in den neunziger Jahren wieder eine Weile in den Hintergrund. Wir erfahren noch, daß Arthur auf dem Faschingsball des nächsten Jahres, 1893, seine erste große Liebe trifft, während Ludwig im April des gleichen Jahres längere Zeit in Peggau weilt, jedoch in sehr bedrückter Stimmung ist.

Jenny Széchényi, für die er schon seit ungefähr zwei Jahren wärmstes Interesse hegte, war an einem Lungenleiden schwer erkrankt. Ludwig fuhr für ein paar Tage nach Hegyfalu, kehrte aber mit der trüben Botschaft heim, daß sich der Zustand der Erkrankten nur verschlimmert habe. Am 24. April, dem Tag nach Ludwigs vierundzwanzigstem Geburtstag, schrieb Jennys Mutter an Christine Polzer: «Liebste Christine, bitte bereite Ludwig auf alles vor. Meine arme Jenny ist sehr schlecht. Ich weiß, wie tief es ihm gehen wird. Es umarmt Dich Deine Felici.» Einige Tage darauf traf die Nachricht von Jennys Tod ein. Sie starb am 30. April in ihrem zwanzigsten Lebensjahr.

Im September kam Ludwig in Begleitung von Gräfin Felici Széchényi für ein paar Tage nach Peggau, wo auch Arthur weilte. «Die arme Frau, die ihr einziges Kind verloren hatte, tat uns schrecklich leid», schreibt Arthur. «Doch sie trug ihren Schmerz mit großer Ergebenheit. Sie blieb fortan in regem Briefwechsel mit meiner Mutter, in noch regerem mit Ludwig, den sie, so hatte es den Anschein, gern als Schwiegersohn gesehen hätte.»

Ende Oktober erhält Arthur das 'Ernennungsdekret zum Konzeptspraktikanten' und tritt kurz darauf in den politischen Verwaltungsdienst der Steiermark ein.

Die beruflichen Wege der beiden Brüder gehen wieder auseinander.

14. «WIR WOLLEN SEHEN, WAS ZU MACHEN IST»

Vielleicht ist es kein Zufall, daß über die zentralen Jahre von Ludwig Polzers Militärkarriere (1895–1902) weder von ihm selbst noch von Arthur zusammenhängende Aufzeichnungen zu bestehen scheinen. War doch die Militärlaufbahn für Ludwig kaum mehr als Notbehelf. Da er der abstrakten Art, wie man versuchte, die 'Weisheit der Welt' in der Schule an ihn heranzubringen, bereits in Graz energisch seinen Rücken kehrte, war eine akademische Laufbahn, wie sie Arthur einschlug, für Ludwig ausgeschlossen. Eine Militärlaufbahn verschonte ihn von dieser trockenen Schulweisheit und versprach dafür Berührung mit dem ganz realen Leben, mit realen menschlichen Persönlichkeiten, welche durch konkrete Lebenserfahrung viel eher an die 'Weisheit' in der Welt heranzuführen wußten, so wie diese Weisheit etwa in den verstandesmäßig nur schwer erklärlichen geschichtlichen Ereignissen walten mochte. Wir haben sehen können, welche Anregungen Ludwig Polzer in dieser Hinsicht von Persönlichkeiten wie dem alten Waldstein oder von Graf Széchényi empfangen hat.

Solches unverdorbenes Suchen nach der Weisheit dieser Welt, nicht Militärehrgeiz, ließ Ludwig Polzer seinen Weg zu Exerzierplatz und Kaserne wählen. Letztere war immerhin, verglichen mit der Universität, das Übel, welches kleiner schien. Dabei verfuhr das Schicksal milde, das ihn diese Militärlaufbahn in Österreich-Ungarn absolvieren ließ und nicht etwa in Preußen; nahm man doch in Österreich die Heeresangelegenheiten «glücklicherweise damals nicht so ernst»[42], wie Ludwig später schrieb und wie die Episode mit Wlasko Kotz und den 'einjährigen' Freiwilligen bezeugen konnte.

Einer Denkschrift aus dem Jahre 1939 entnehmen wir die wenigen Daten von Ludwig Polzers weiterer Militärlaufbahn der neunziger Jahre: 1895 wurde er in das Militär-Reitlehrer-Institut nach Wien abkommandiert, um es nach zwei Jahren als Reitlehrer für Brigade-Offiziersschulen wieder zu verlassen. Gleich am Anfang seiner Ausbildung zum Reitlehrer wurde er im Herbst 1895 als Odonnanzoffizier zur Manöverabteilung der Kaisermanöver in Banfy-Hunyad entsandt. Die Manöver machte er in der Suite S.M. des Kaisers Franz Joseph mit. Von 1897 bis 1900 war Ludwig Polzer während der Winter als Reitlehrer an den Brigade-Offiziersschulen von Szombathely und Warasdin (heute Varasdin in Kroatien) tätig. Während der Sommerzeit leistete er Truppendienst. Bereits als Oberleutnant kommandierte er bei Infanterie-Divisionsübungen eine selbständige Eskadron.

14. «WIR WOLLEN SEHEN, WAS ZU MACHEN IST ...»

So weit das spärliche Gerüst von Polzers Berufsdasein in der zweiten Hälfte der neunziger Jahre. Dazu kommen, von Arthur überliefert, die folgenden bemerkenswerten Einzelheiten: Weihnachten 1894 ist Ludwig mit Arthur bei einem festlichen Empfang zugegen, zu dem der Statthalter von Graz, Arthurs Vorgesetzter, eingeladen hatte.

1897 übersiedelt Arthur in die Metropole, wohin er dank der Vermittlung der mit seiner Mutter befreundeten Gräfin Latour ins Ministerium für Kultur und Unterricht berufen wurde. Ludwig kann ihm nach langem Suchen schließlich in der Josefstädterstraße eine Wohnung reservieren lassen.

Im Frühjahr 98 weilt Ludwig einmal mehr in Wien, nach Arthur «in höchst geselliger Gestimmtheit». Er besucht mit Arthur Pferderennen und soupiert mit ihm im Sachergarten. Die Wiener 'Jubelwoche' machen unsere Brüder im Fiaker mit.

Im September 1898 trifft die Schreckensnachricht von Kaiserin Elisabeths Ermordung ein. Sie wurde von einem sogenannten Anarchisten in Genf erstochen, mitten auf der Straße. Der Vorfall wird die beiden Brüder sehr beschäftigt haben. Ludwig jedenfalls sollte dreißig Jahre später über Kaiserin Elisabeth ausgedehnte Studien treiben, ja die Kaiserin in einem selbstverfaßten Drama zur Mitakteurin machen.

Weihnachten 1898 verbringen die beiden Brüder mit den Eltern und Tante Mathilde bei Arthur in der Metropole; es fehlt auch der Champagner nicht.

Im letzten Jahr des 19. Jahrhunderts erleidet Arthur einen rätselhaften Doppelunfall. Während einer Zugfahrt trifft ihn ein gegen das Waggonfenster geworfener Stein mitten ins Gesicht; kurz darauf erlebt er einen Zugzusammenstoß. Ludwig holt den schwer verletzten Bruder auf der Bahnstation von Peggau ab und ist über das Geschehene derart verzweifelt, daß Arthur *ihn*, «während wir so gingen, trösten mußte».

Wie weit verstreute Steine, die aus einem breiten Flusse ragen, mögen diese Einzelheiten manchem Leser dieses Buchs erscheinen; doch sollten sie nur dazu dienen, das feste Ufer unseres Jahrhunderts, wenn auch mit großen Schritten, so doch mit trockenen Füßen zu erreichen ...

*

Um die Jahrhundertwende lernte Ludwig Polzer den Menschen kennen, mit welchem er sein ganzes weiteres Leben teilen sollte: Berta Baronin Kotz von Dobrz. «Ludwig macht Baronesse Kotz den Hof, zur Freude Adolf Waldsteins», notiert Arthur im März des Jahres 1900. Auch Julius Polzer und seine Frau Christine halten die Partie «für passend und sehr wünschenswert». Die genauen zeitlichen und örtlichen Umstände der Begegnung Ludwig Polzers mit Baronin Kotz sind unbekannt. Doch hat wohl Baron Wenzel Kotz, Ludwigs Vorgesetzter aus seiner Anfangszeit in Szombathely, wenn auch ganz ahnungslos, gewiß die Hand dabei im Spiel gehabt. Jedenfalls lud er Ludwig Polzer nach seiner Übersiedelung nach Preßburg in seine Wohnung ein, in welcher damals auch die Nichte Berta weilte.

Berta Kotz war am 15. März 1879 auf Schloß Heiligenkreutz in Böhmen geboren worden. Schon früh verlor sie ihre Mutter. Der Vater war seit einer Lanzenstichverwundung, die er sich im Kriege gegen Preußen zugezogen hatte, auch seelisch hoffnungslos erkrankt und lebte in einem Wiener Sanatorium. So wurde die Erziehung Bertas von ihrer Großmutter, der Baronin Aglaia Kotz, besorgt. Mit dieser gütigen Frau verlebte sie die Jugend auf Schloß Heiligenkreutz in Böhmen, dem Familiensitz der Kotz, die zum Uradel von Böhmen zählten. Als Aglaia Kotz im Jahre 1899 starb, nahm sich Wlasko Kotz, Bertas Onkel, seiner Nichte an. Und kurz darauf wurde Berta Kotz von Dobrz in Preßburg ein gewisser Ludwig Ritter von Polzer vorgestellt ... Am 10. April 1900 teilte Ludwig der Familie telegraphisch mit, daß er sich mit Berta Kotz verloben werde. Schon tags darauf fuhr der Bräutigam in spe nach Wien, wo Arthur Zeuge der Glückseligkeit des Bruders wurde. Rasch beschafft der im Staatsdienst wohlversierte Arthur die nötigen Papiere, denn die Verlobung sollte schon am 15. April, am Ostersonntag, gefeiert werden. Das Fest fand in der Wohnung Onkel Wlaskos statt, im kleineren Freundes- und Familienkreis. Aus Peggau waren Ludwigs Eltern mit Marie-Sefine angereist. Auch Tante Mathilde war neben Arthur selbstverständlich mit von der Partie. Und auch Ludwigs liebster Freund Adolf Waldstein war mit seiner Gattin Sophie Waldstein-Hoyos hergefahren.

Es wurde ein sehr heiteres Fest. Am Nachmittag fuhr man ins Grüne, und die Gesellschaft faßte den Entschluß, am 18. eine Landpartie nach Modern zu veranstalten, und bestellte gleich drei Wagen. «Die Stimmung war von allem Anfang an sehr heiter», erinnert Arthur sich, «wozu der herrliche Frühlingstag, die Anwesenheit des glücklichen Paares und der sprühende feine Humor von Gräfin Sophie Waldstein wesentlich beitrug.» Arthurs Freude am Geschehen äußerte sich bei ihm selbst nach seinen eigenen Worten in einem wahren 'Photographier-Koller' ...

Über seine erste Zeit nach der Verlobung schrieb der glückliche Bräutigam im Rückblick: «Mit meiner Verlobung in Preßburg begann eine Zeit der Freuden in einer ganz besonders lieben Freundesumgebung. Sowohl Berta wie ich waren beide in der Preßburger Gesellschaft sehr beliebt, viele freuten sich mit uns und zeigten es uns durch die verschiedensten Freundschaftsbezeugungen. Dazu kam noch die Beliebtheit und Stellung des Hauses Kotz.»[15]

Im gleichen Frühjahr beendete der Bräutigam die Corpsschule, in der er bis knapp vor der Verlobung noch «sehr fleißig» war. Danach tat er «nicht mehr viel, zehrte vom alten Wissen, konnte aber deshalb doch die Schule sehr gut absolvieren».

Den Schluß der Schule bildete eine taktische Reise nach Kärnten, Krain, bis nach Triest, wo die Reise enden sollte. Sophie Waldstein schlug indessen vor, sich mit Berta und Adolf mit Ludwig in Triest zu treffen, um dann zu viert Venedig zu besuchen.

Noch während seiner Übungsreise absentierte sich der Bräutigam für einen Tag nach Wien, um in einer Audienz beim Kaiser um die – vorzeitige – Bewilligung zur Heirat anzusuchen. Es war das erste und das letzte Mal, daß Ludwig Polzer bei Franz Joseph in Audienz war. «Kaiser Franz Joseph sagte mir: 'Wir wollen sehen, was zu machen ist.' » Mit dieser aussichtsreichen Botschaft traf der Bräutigam dann in Triest ein.

*

Welche Signatur in Polzers Leben! Aufschlußreich für die Wesensart des Kaisers, aufschlußreich für Polzers eigenen Lebensgang: Ein Kaiser ist gewillt, mitten in einer taktischen Übungsreise einem seiner Untertanen dessen ganz persönlicher Veränderungsabsicht ein Ohr zu leihen! Und mit welcher österreichischen Milde wurde darauf in Triest ein gewisses militärisches 'Ende' von der Erneuerung freundschaftlich-persönlicher Verhältnisse sanft abgelöst! So verbrachte man zu viert in der Lagunenstadt, die Berta neu war, schönste Frühjahrstage.

Die Verlobten hielten sich im Sommer ein paar Wochen lang in Peggau auf. Dann fuhr das Paar am 18. August nach Heiligenkreutz. Ludwig sah die Heimat Bertas mit dem Schloß, das einst in Templerhand gewesen war, damit zum ersten Male. «Damals ging dahin noch keine Bahn», schreibt er. «Ich wurde in Plan abgeholt, man fuhr fast vier Stunden (...) Die Gegend trug für mich etwas Schicksalserfülltes in sich, das empfand ich schon damals. Sie hat einen eher traurigen Charakter, die ausgedehnten Waldungen stimmten mich ernst. Ich erinnerte mich an meinen in der ersten Jugend von George Sand gelesenen Roman *Consuelo*. Die Riesenburg stand ja in dieser Gegend bei Taus.» Tiefer Schicksalsernst erfaßt den Bräutigam in Bertas Heimat. Und Schicksalsernst wird auch der Grundton der viereinhalb Jahrzehnte währenden Verbindung der zwei Menschen bleiben.

«Berta freute sich, mir alles zu zeigen, mich mit allen bekannt zu machen», schreibt Ludwig, «mit den alten Leuten im Schloß, den Bediensteten in der Wirtschaft, den Förstern im Walde, dem Herrn Vikar im Dorf. Es lag eine schöne, etwas patriarchalische Stimmung über dem ganzen Ort. Alle Herzen waren Berta in Liebe zugeneigt. Damals in ihrer heimatlichen Umgebung lernte ich ihr tiefes, ernstes Gemüt erst kennen; es waren zwei schöne Tage, dieser erste Besuch in ihren böhmischen Gefilden.»[15]

In der Zwischenzeit war das Gesuch des Bräutigams, das sofort die sogenannte große Signatur erhalten hatte, bewilligt worden. Gleich nach Beendigung der Kavalleriemanöver bei Kis-Cell durfte mit höchster kaiserlicher Erlaubnis am 12. September 1900 in der Wiener Votivkirche der Ehebund besiegelt werden.

Am Abend vor der Hochzeit war sogenannte Brautsoirée; sie fand bei Wlasko Kotz statt, der damals im Haus des Erzherzogs Friedrich eine Wohnung hatte. Ludwigs Trauzeugen waren der Bruder seines Vaters, Onkel Alfred, sowie Adolf Waldstein; für Berta zeugte Onkel Wlasko und Graf Karl Nostitz, während Ludwigs Schwester Marie-Sefine und Bertas hübsche Kusinen als 'Kranzljungfern' wirkten. Nach der Trauung wurde eine große Schar von Gästen zur Hochzeitstafel ins Hotel Sacher eingeladen. Das neuvermählte Paar fuhr nach der Tafel auf den Semmering. Dann folgte noch die Hochzeitsreise. Sie führte über Innsbruck, Luzern, Mailand, München Ende September nach Heiligenkreutz zurück. Hier bereitete der Onkel Bertas dem neuvermählten Paar einen ganz besonders herzlichen Empfang.

Für den Winter hatte Ludwig Polzer in Szombathely ein Logis gemietet, in der Annahme, in dieser Stadt auch weiterhin als Reitlehrer zu wirken. Da traf in Heiligenkreutz die Nachricht ein, daß er schon im Oktober an der Offiziersbrigadeschule von *Warasdin* zu unterrichten habe. So mußte in der kleinen Stadt im heutigen Kroatien in aller Eile wieder ein Logis gefunden werden.

15. SORGENLOSE ZEITEN

Die Zeit in Warasdin, der ersten Garnison des jungen Paares, wird Ludwig Polzer später als Beginn des *dritten* Lebensabschnitts werten.[43] (Der zweite hatte mit dem Ende seiner Grazer Schulzeit und dem Eintritt in die Kavallerie-Kadettenschule begonnen.) Sie war dafür gewiß genug bedeutsam. Denn es zeigte sich von dieser Zeit an immer mehr, daß «Bertas und meine Lebensauffassungen (...) einer gewöhnlichen Militärlaufbahn nicht entsprachen». Eine Lockerung in Ludwig Polzers Einstellung zu seiner Tätigkeit macht sich bemerkbar. Noch unbefangener und noch offener für die Bevölkerung wie auch für die dienstlichen Verhältnisse scheint er am neuen Wirkensort zu werden. Das Paar fühlte sich in dieser Stadt sehr wohl, zeugten doch viele alte Gebäude «von einer gewissen geistigen Kultur».

In einem nah gelegenen eigenen Dorf wohnten die Zigeuner, welche regelmäßig auf die Märkte in die Stadt gezogen kamen. Und da das Ehepaar in der Nähe eines solchen wohnte, verfolgte es das Treiben und Gebahren dieser 'Fahrenden' mit steigendem Interesse.

Über die rein dienstlichen Verhältnisse hatte der neu bestellte Offiziers-Reitlehrer, soweit sie *ihn* betrafen, nicht zu klagen. Er mußte allerdings sehr bald erkennen, daß ihm der Kommandant der Schule gegenüber seinen Reitzöglingen kaum behilflich war. Denn Oberstleutnant Dondorf war ein Schöngeist, besaß viel künstlerischen Sinn und malte gern. Am liebsten widmete er sich während seines Dienstes der Dressur von Falken. «Den Militärdienst liebte er nicht», stellt Polzer fest. Das waren zweifelsohne nicht die günstigsten Voraussetzungen zur Führung junger Equitanten, zumal nicht wenige von ihnen recht schwierig zu behandeln waren. In einem Regiment wurde Hasard gespielt, was nicht immer nur Erfreuliches zur Folge hatte. Da sowohl Dondorf wie auch Polzer auch noch Ehefrauen hatten, blieben ihre Schüler außer Dienst zu sehr auf sich allein gestellt.

Und doch kann Ludwig Polzer im Rückblick auf diese Zeit in Warasdin insgesamt bekennen: «Wenn ich an diesen ersten Winter mit meiner lieben Berta denke, erscheint mir doch alles, auch das dienstlich Unangenehme, in eine schöne, liebe Atmosphäre getaucht.»

Als das Paar nach Beendigung von Polzers Pflicht in Warasdin im Frühjahr 1901 die Stadt verließ, um sich für die kommenden drei Monate in der 'Harmonie', ihrem Ferienhaus in Modern, einzumieten, stand Polzer schon im Range eines Rittmeisters. Das wird ihm allerdings weit weniger bedeutet haben als die nahende Geburt des ersten Kindes. Am 22. Juni 1901 erblickt

Josef Wlasko Ritter von Polzer in dem hübschen Ort am Fuße der Karpaten das Licht der Welt.

Tante Mathilde nahm sich sogleich mit rührender Fürsorglichkeit des Neffen an. Sie schmückte selbst die Villa 'Harmonie' zur Taufhandlung und legte großen Wert darauf, den Erstgeborenen so oft wie möglich in den Wald zu fahren, damit er dort die würzige Luft der alten Tannen atmen könne. Der jungen Mutter – sie stand im dreiundzwanzigsten Lebensjahr – sagte dieses Leben 'am Land', wie man in Österreich zu sagen pflegte, weit mehr zu als das Stadtdasein, war sie doch selbst am Lande aufgewachsen und im damals noch ganz abgeschiedenen Heiligenkreutz mit alten Bräuchen großgeworden, die sich im Volk erhalten hatten. Und ihre weite Bildung hatte sie sich mehr als auf der Schulbank durch die Tatsache erworben, daß sie an langen Winterabenden der erblindeten Großmutter Stund' um Stunde vorzulesen pflegte. – Sollten nicht auch ihre eigenen Kinder in ähnlicher Naturverbundenheit und Herzensbildung großgezogen werden? Dies war die Frage, die Josephs junges Dasein an die Eltern stellte.

So lag es nahe, «daß wir beide nun danach strebten, auch am Lande als freie Menschen zu leben und zu wirken».

Doch zunächst war noch geplant, in Steinamanger, wo noch eine Dienstwohnung bereitstand, «etwas stabil» zu werden. Als nun Ludwig Polzer wider alles Erwarten plötzlich ein weiteres Mal umkommandiert wurde, was in dieser Häufung selten vorkam, und auf die vierte Brigadeschule sollte, beschloß er, «abzublasen». Dies fiel ihm mittlerweile leicht, war er doch im Grunde seines Herzens nie gern Soldat gewesen und besaß zudem nach eigenen Worten «eher eine schwache Gesundheit». Außerdem hatte er sich durch einen Pferdesturz ein periodisch wiederkehrendes Kopfleiden zugezogen. Ferner gab es für Truppenoffiziere nur wenig Aussicht auf rasches Avancieren. Und schließlich war die Vermögenslage der Familie ausgesprochen gut. So ließ sich Ludwig Ritter von Polzer im Frühjahr 1902 nach vierzehnjähriger Militärkarriere in den Ruhestand versetzen.

*

Dieser Umschwung innerhalb von Polzers Lebensgang steht in bester Tradition des Hauses. Schon sein Vater Julius gab etwa im selben Alter den Offiziersdienst ab, nahm die Erziehung seiner Kinder in die Hand und widmete sich immer intensiver seinen philosophischen und geistigen Interessen. Der Großvater und Taufpate Ludwig Ritter von Polzer, jener liebenswerte Lebenskünstler und Novellist, machte in seinem vierzigsten Lebensjahr zwei Erbschaften, was ihm den Lebensstil ermöglichte, der ihm gemäß erschien. Und schließlich wäre auch noch jenes vierten Urgroßvaters mütterlicherseits zu gedenken, der mit siebenundzwanzig Jahren die Burg Busau gegen eine

17. *Ludwig Polzer-Hoditz, 1902*

18. Marie-Sefine Polzer

19. Oberste Reihe 1.v.l.: Ludwig Polzer; 4. v. l.: Adolf Waldstein; zweite Reihe, 3.v.l.: Christine Polzer, 5.v.l.: Sefine Polzer, dritte Reihe: Arthur Polzer, um 1892

20. Kaiser Franz Joseph

21. *Kronprinz Rudolf, um 1882*

22. Berta Polzer; Schloß Heiligenkreutz in Böhmen

23. Josef, Berta und Julius Polzer, um 1905

24. Schloß Peggau bei Graz; Schloß Tannbach bei Linz

25. Erzherzog Karl, der spätere Kaiser, um 1904

26. *Rudolf Steiner, 1907*

27. Julius Ritter von Polzer, 1906

28. Ludwig Polzer, um 1912

29. Berta Polzer, um 1912

30. *Rudolf Steiner, 1917*

31. Otto Graf Lerchenfeld, um 1930

32. Ludwig Polzer und Sophie Lerchenfeld; das erste Goetheanum

15. SORGENLOSE ZEITEN

Leibrente dem Deutschen Ritterorden überließ und dann ein freies Forscherleben führte.

Mit mehr oder weniger Zutun traten bei den Polzer-Hoditz immer wieder Lebenswenden ein, die materielle Ruhe schafften und die ungehinderte Entfaltung bestimmter Fähigkeiten, meist mehr geistiger Natur, begünstigten.

So wurden 1902 auch bei Ludwig Polzer neue Kräfte frei. Wie würde er sie nützen?

*

Zunächst kaufte Berta nach dem noch 1901 erfolgten Tode ihres Vaters Ludwigs Eltern das Haus in Peggau ab, worüber Julius sehr froh war, hatte ihm das Leben auf dem Lande doch nur wenig zugesagt. Im März des Jahres 1902 siedelte das Paar von Szombathely nach Peggau um. Und das erste große Peggauer Ereignis war die Geburt des zweiten Sohnes, Julius, am 4. Juni.

Zum Anwesen gehörte eine eigene Kapelle, für die auch eine Meßlizenz erworben wurde, und so konnte Julius' Taufe zu Hause vorgenommen werden.

Mit großem Enthusiasmus machte Ludwig Polzer sich an die Restaurierung dieses Hauses. Es gab einen Dachumbau, an den Nebengebäuden wurden Zubauten gemacht. Während der Durchführung der Hauptarbeiten verbrachte die Familie den Frühling 1903, wie schon den vergangenen Frühling, auf dem Semmering.

Nach Abschluß der kompletten Renovierung richtete man eine für den Hausbedarf bestimmte Landwirtschaft ein. An der Mur wurde etwas Land gepachtet, vom Verwalter des Stiftsgutes eine erste Kuh erworben. Noch zwanzig Jahre später stellt Polzer fest: «Diese erste war merkwürdigerweise die beste in bezug auf Milchleistung, die wir jemals hatten. Ohne besondere Fütterung gab sie durch fast anderthalb Jahre täglich durchschnittlich zirka 20 Liter Milch.»

Man nahm sich einen Wirtschafter, der mit seiner Frau das Nötige verrichtete; das Paar wohnte im aufgesetzten Dachgeschoß des Stallgebäudes. Der Viehbestand umfaßte bald drei Kühe, einen Ochsen, der Gespannarbeit verrichtete, drei bis vier Schweine und zirka fünfzig schöne, rassige Hühner. Die Murwiesen waren recht ergiebig; man baute Rüben und Karotten an.

Oft gab es Gäste, das Haus bot Platz genug, und auch genügend Dienerschaft war da. Den Herbst verbrachte man zumeist bei Onkel Wlasko in Heiligenkreutz, den Sommer zweimal in St. Moritz, für Ludwig Polzer «immer einer meiner Lieblingsplätze».

Im November 1904 fuhr die Familie in die Reisnerstraße 32 nach Wien, um am 18. den siebzigsten Geburtstag von Julius Polzer zu feiern, der nach dem Verkauf von Peggau mit seiner Frau in die Metropole umgezogen war.

Tags darauf wurde in der Hofoper *Die heilige Elisabeth* von List gegeben. Die Polzer führten ihr Geschlecht sogar bis auf diese Heilige von Thüringen zurück. Die Aufführung beeindruckte vor allem Berta stark. Und von diesem Jahr an wurde es Familientradition, die Geburtstage von Julius Polzer, wenn möglich, auch in Zukunft mit dem Besuch der oft gegebenen Listaufführung zu verbinden. «An diese Tage, die mit dem Andenken an meinen lieben Vater und den Eindrücken dieser Vorstellungen erfüllt waren, denke ich besonders gerne zurück», schreibt Ludwig Polzer 1924. «Ich glaube, daß diese Erlebnisse eine tiefere Bedeutung und Wirkung für uns hatten.»

Noch eine andere, scheinbar unbedeutende Begebenheit fällt in das gleiche Jahr: Tante Mathilde adoptierte ihren Neffen Ludwig. Laut Polzers eigenem Eintrag in dem vom jeweils Ältesten verwahrten Familienbuch «hatte diese Adoption keinen materiellen Grund, da meine Tante kein Vermögen besitzt (...), sondern passiert nur, damit ihr Name auf uns überginge, da das Geschlecht von Hoditz im Aussterben begriffen ist». Die unverheiratete Tante war bis zu dieser Adoption die letzte lebende Trägerin dieses Namens. «Von da an führen wir also den Namen 'Ritter von Polzer-Hoditz u. Wolframitz'.»[44] Von dieser Adoption wird später noch die Rede sein.

*

Die ruhige Zeit am Lande erlebte eine einzige Störung von Gewicht. Eines Nachmittags verabschiedete sich die Köchin, heiter wie gewöhnlich, für eine Fahrt nach Graz. Kurz darauf traf vom Bahnhof die Schreckensnachricht ein, daß sie dort tot umgefallen sei. Bei Berta Polzer löste dieser Schock in der Nacht darauf eine beängstigende Herzerregung aus. Man beschloß, den Arzt zu rufen, der den Zustand als «recht arg» bezeichnete. Es war das erste Mal, daß Berta Polzers Gesundheit ernstlich litt. Gewöhnlich war sie «immer etwas verschlossen, und nie eine Klagerin, aber diese Zustände des ungeheuer schnell schlagenden Herzens, die sie oft Tag und Nacht hatte», waren doch beunruhigend. «Lange Jahre hatte sie darunter zu leiden, mit einer ungeheuren Willensentfaltung kam sie schrittweise aber denn doch wieder zur vollen Genesung.»

Im allgemeinen jedoch verliefen diese Jahre sehr harmonisch und erfüllt von gern getaner Arbeit. So urteilt Ludwig Polzer im Rückblick auf die Zeit in Peggau: «So verlebten wir von 1902–5 dort schöne, angenehme, ruhige und sorgenlose Zeiten. Meine Eltern freuten sich über unser Glück und unsern Wohlstand, die Kinder gediehen gut und machten uns Freude.»

Und doch war dieses nur die Außenseite, wie er in denselben Aufzeichnungen gleich darauf gesteht: «Wenn diese Zeiten für mich und Berta äußer-

15. SORGENLOSE ZEITEN

lich zu keinerlei Sorge veranlaßten, so muß ich doch sagen, daß ich oft vieles, das mich umgab, sehr ernst beobachtete und daß mir aus diesen Betrachtungen doch Sorgen für die Zukunft in der Seele aufstiegen und mich bedrückten.» Das ging so weit, daß er von sich sagen muß: «Ich hatte fortwährend wie ein dumpfes Gefühl einer herannahenden Katastrophe.» Während das rein persönliche Dasein sehr befriedigend verlief, kündigte sich in einer tieferen Schichte des unpersönlichen – oder vielleicht besser überpersönlichen – Fühlens die europäische Katastrophe an. Gewiß hatten viele Menschen damals Empfindungen von dieser Art. Doch waren es wohl nur wenige, die die Botschaft solcher inneren Empfindungen, die mit dem rein persönlichen Leben, das ja in diesem Falle sehr befriedigend verlief, in keinem näheren Zusammenhange standen, zu enträtseln suchten, ja ihr Vorhandensein überhaupt beachteten.

Über solche ahnenden Empfindungen herannahenden Unheils besprach sich Ludwig Polzer oft und gerne mit dem Vater. Im Grunde seiner Seele fühlte Julius Polzer ähnlich, und doch versuchte er, den Sohn, wenn ihm dieser gar zu pessimistisch wurde, etwas zu beschwichtigen. «Du glaubst doch immer, daß gleich alles zugrunde gehen wird. So wird es doch nicht sein.» So suchte er ihn etwa zu besänftigen. Doch erinnert sich der Sohn auch ganz genau daran, *wie* solche Versuche der Beschwichtigung auf ihn wirkten: «Diese Abwehr war aber doch nicht sicher, man fühlte, daß er in seinem Alter das Denken daran gerne vermeiden möchte. Es wirkte aber doch stark in seine Seele hinein. Jetzt, zwanzig Jahre später, muß ich oft an diese Gespräche denken; an seine, wenn ich scheinbar übertrieb, abwehrende Handbewegung. Es ist jedenfalls viel ärger noch gekommen, als selbst ich es meinte.»

So sah es also in den Peggauer Jahren in den unteren Schichten von Ludwig Polzers Seelenleben aus; sie sandten Ahnungswellen an die Oberfläche des Bewußtseins, die zur Sorglosigkeit der äußeren Lebensverhältnisse seltsam kontrastierten.

Unterdessen hatten die Erfolge der kleinen selbstversorgerischen Landwirtschaft auf Pachtgebiet den Wunsch nach dem Besitze eines wirklich eigenen Landgutes erzeugt. Man beschloß, Peggau zu verkaufen und nach einem solchen Gute auszuschauen. Daß damit auch mancherlei Enttäuschungen in Kauf genommen würden, ahnte Ludwig Polzer damals kaum, denn «die Verhältnisse in Peggau waren so überaus günstige. Wir waren in der Lage, leicht Zuschüsse zu machen. Daß die Rechnung, die wir anstellten, indem wir uns die Erfolge noch vervielfacht dachten, natürlich gar nicht stimmen konnte» – sollte sich in naher Zukunft deutlich zeigen.

16. INTERMEZZI UND KONTRASTE

So schnell und leicht wollte sich ein akzeptabler Käufer allerdings nicht finden lassen. Und so begab sich Ludwig Polzer zur Abwechslung auf eine Reise in die Bukowina – zur Hirschenjagd, zu der ihn Vilmos Graf Pálffy, ein alter Freund, eingeladen hatte. Es war Septemberanfang des Jahres 1905.

Man reiste in der Uniform, Graf Pálffy, der um vieles älter war, im «Generalskostüm», Polzer in der etwas bescheideneren Uniform eines Rittmeisters a.D. So zu reisen machte Pálffy nicht nur mehr Vergnügen, sondern kostete auch weniger. Die Fahrt per Bahn ging bis Radautz im heutigen Rumänien: von dort aus wurden verschiedene von Pálffy eingerichtete Jagdhäuser abgewandert. Doch leider war das Wetter dem Unternehmen nicht gewogen. Es herrschte trockene Sommerhitze, so daß kein Hirsch zu sichten war. Das besserte sich erst nach Wochen. Polzer verbringt eine Nacht mit einem rumänischen Führer in einer Blockhütte mitten im Wald und hört sogar, wie sich in großer Nähe «in verschiedenen undurchdringlichen Dickungen fünf Hirsche melden»[43]. Doch das erste Tageslicht bringt sie zum Verstummen. Auf größere Entfernung sichtet er oft Hochwild, doch kommt er nicht 'zu Schuß'.

Am 27. September ereignete sich endlich etwas Nennenswertes: es kam ein Telegramm von Berta, das besagte, daß ein gewisser «Graf Harrach Peggau kaufen wolle, Eile hatte und einen guten Preis bot». So brach der nur mit dürftigem Erfolg Gesegnete die Hirschjagd ab und eilte dem mehr Erfolg versprechenden Gutsverkauf entgegen. Wenige Tage später war das Gut verkauft, und Mitte Oktober siedelte die Familie schon nach Preßburg um. Dort wohnte sie den Winter über am Franziskanerplatz Nr. 5, in einem hübschen Altstadthaus, das noch heute steht.

*

Die Winterszeit in Preßburg verlief in schöner Harmonie und Ruhe. Arthur kam des öfteren aus Wien, und die beiden Buben «begannen schon vernünftig zu werden», wie der Vater feststellt, und interessierten sich sehr lebhaft für das Nikolaus- und Christfest.

In scharfem Kontrast zum häuslichen Leben stand die russische Februarrevolution des Jahres 1906. Ludwig Polzer erlebte sie als «ernstes politisches Wetterleuchten aus dem Osten» und als Ereignis, das ihn «tief berührte und bekümmert machte» und das er als «Vorboten schwerer, ernster Zeiten» empfinden mußte. Eine Verunsicherung bezüglich der «kapitalistischen Geldgrundlagen unserer Existenz» trat auf. Und so wurde beschlossen, den Plan, ein Landgut zu erwerben, baldmöglichst zu verwirklichen.

16. INTERMEZZI UND KONTRASTE

Fast wäre es zum Kauf eines kleinen Schloßgutes am Wörther See gekommen. Damit hätte die Familie den Krieg in viel größerer Nähe zum Kriegsschauplatz erleben müssen, als es dann der Fall war.

Den Mai verbrachte man am Lido von Venedig. Und während die Kinder Sandburgen bauten oder sich im Meer vergnügten, plauderten die Eltern angeregt mit polnischen Bekannten. Dabei fiel Polzer etwas Sonderbares auf: die Polen, die sich um eine gewisse Fürstin Sangusko scharten, trafen oft mit ungarischen Adligen zusammen. Polzer spricht von regelrechten «politischen Konventikeln», die abgehalten wurden, zumal sich auch gelegentlich Prinz Saphizka, ein Nuntius beim Papst, einfand. Natürlich konnten diese Treffen nur gegen Österreichs Interessen ausgerichtet sein, das damals immerhin noch das Trentino und Triest besaß. Italien befand sich zwar seit 1882 mit Österreich und Deutschland in einem offiziellen 'Dreibund', den es im Ersten Weltkrieg jedoch bald verlassen sollte.

Was Polzer hier beobachtete, dürfte ein vielleicht nicht gänzlich unbedeutender Versuch gewesen sein, es durch gezielte Wühlarbeit dahin zu bringen, daß «Polen-Ungarn und Italiener sich gegen Österreich verstanden und konspirierten».

Da platzte mitten in die sonderbaren Konventikel «plump, ahnungslos und prahlerisch» der Besuch des deutschen Kaisers. Wilhelm II. fuhr auf seiner 'Hohenzollern' im Hafen von Venedig ein und eröffnete eine lärmige Begrüßungskanonade, «welche die alten Palazzos erzittern machte». Das «marktschreierische Auftreten kontrastierte ganz merkwürdig mit diesen stillen geheimen polnisch-ungarisch-italienischen Verständigungen auf klerikaler Basis», stellt Polzer fest. Für derartige Kontraste muß man allerdings ein Auge haben; Ludwig Polzer hat es sich schon früh erworben ... Zu diesem politischen Kontrastgeschehen bildete eine sehr markante Erscheinung, die am Lido wandelte, ihrerseits einen deutlichen Kontrast: der Schriftsteller Hermann Bahr, der mit seiner Frau, der Sängerin Mildenburg, unweit von Polzers seine Strandkabine hatte. «Er spazierte in sehr auffallendem, grell farbigen Badeanzug, der oft die Farbe wechselte (...) mit wallendem Haar und Bart einher» – zur Belustigung der Polzerbuben, die ihn «den Meergreis» nannten.

Von Modern aus, wo die Familie im Sommer einmal mehr harmonisch in der 'Harmonie' die Ferienzeit verbrachte, fuhren Ludwig und Berta Polzer am 10. Juli nach Oberösterreich, um in der Nähe von Gutau (zirka dreißig Kilometer nördlich von Linz) ein Schloßgut zu besichtigen, das von einem Maklerbüro angeboten wurde. So fuhren sie zum ersten Mal nach *Tannbach*, das für die folgenden Jahrzehnte das eigentliche Lebensdomizil der Familie wurde. Zwar war Ludwig Polzer über den sehr weiten, fast immer ansteigenden Weg, der von der Bahnstation in Kefermarkt nach Tannbach führte, «anfänglich sehr erschrocken». Doch Berta «gefiel die Gegend und das Gut so gut, daß wir (...) bald entschlossen waren, es zu kaufen». Am 18. August unterzeichnete das Paar den Kaufvertrag. Für 160'000 Kronen wurde Tannbach in Besitz genommen – für Polzer «eine schicksalsmäßige Fügung».

Tannbach gehört zum unteren Mühlviertel, so genannt wegen der vielen kleinen Mühlen der verstreuten Bauernwirtschaften, die die ganze Gegend damals aufzuweisen hatte. Die neue Heimatgegend der Familie, eine ausgesprochene Waldlandschaft, liegt nördlich von der Donau und gehört zum böhmischen Granitmassiv. Die Römer nannten den ausgedehnten Waldkomplex, den nie ein römischer Fuß betrat, den hercynischen Wald. So siedelte man sich ganz außerhalb der einstigen römischen Einflußsphäre an, in einem früher nach Süden, Westen und Norden von einem Wall von Wäldern abgeschlossenen Gebiet, das nur nach Osten offen stand. Wer Polzers lebenslange Verbundenheit mit dem slawischen Osten und seinen lebenslangen Kampf gegen alles dekadente Fortwirken alter römischer Impulse in der heutigen Zeit kennen und verstehen lernt, wird auch empfinden können, wie sehr er hier in Tannbach an seinem rechten Orte war. Auch solche völkermäßig-geographischen Gegebenheiten und Kontraste sind für Ludwig Polzers Lebensgang bezeichnend.

Die Übersiedelung nach Tannbach ging nicht ganz reibungslos vonstatten. Auf der Höhe Gutaus blieben die Möbelwagen teilweise im Boden stecken und mußten auf der Straße ausgeladen werden. Doch dank des treuen Dieners Stefan Vigh, den Polzer vom Husarenregiment her kannte und der seit 1901 im Hause war, fand auch dieser Umzug seinen guten Abschluß.

Die Familie weilte unterdessen einmal mehr in Heiligenkreutz, wohin auch Arthur kam und den noch jungen Erzherzog Karl – den späteren letzten Kaiser Habsburgs – zur Jagd mitbrachte.

Am 6. Oktober zog man, von Heiligenkreutz herkommend, in Tannbach ein.

17. ERNST DES LEBENS

«Mit diesem Kauf begann für uns erst der wirkliche Lebensernst», schreibt Polzer 1924.[43] «Ich war wirtschaftlich sorgenfrei durch die ersten siebenunddreißig Jahre meines Lebens gegangen, in der Stadt aufgewachsen, unter den geschütztesten Verhältnissen, durch einen abstrakten Unterricht und dann durch eine Militärlaufbahn gegangen, welche wieder nicht geeignet war, mir wirtschaftliches und soziales Verständnis beizubringen. So viele Offiziere glaubten, für den landwirtschaftlichen Beruf gerade deshalb geeignet zu sein, weil sie Militärs waren und kommandieren konnten. Jetzt weiß ich, daß sie gerade deswegen besonders ungeeignet sein mußten.»

So brachte Tannbach Polzer die Gelegenheit, manche Täuschung zu durchschauen und in der neuen Lebenswirklichkeit um so tiefer Fuß zu fassen.

Es begann mit einem regnerischen Herbst. Die Ernte wurde erst verspätet eingebracht. Das Anwesen befand sich in weit schlechterem Zustand, als es im ersten Augenblick den Anschein machte. Zum Glück erklärte sich der Wirtschafter des früheren Besitzers dazu bereit, auch weiterhin dem Gut zu dienen. Polzer spricht von diesem Mann, der Ignaz Reichl hieß, mit großer Dankbarkeit und nennt ihn «eine edle, der Sache und uns treu ergebene Menschenseele». Bis zu seinem frühen Tod vertrat er die Interessen seines neuen Herrn «in aufopferndster Weise».

Das ganze erste Jahr verging mit Bau- und Renovierungsarbeiten. Der alte Viehbestand mußte außerdem zum Teil erneuert werden. Zur Wahl der neuen Kühe fuhren Ludwig und Berta Polzer selbst ins Pinzgau. So wurden weitere 100'000 Kronen investiert, mehr als die Hälfte der Summe also, die der Erwerb von Tannbach kostete.

Auch den Sommer 1907 verbrachte die Familie in Heiligenkreutz bei Onkel Wlasko. Dann nahte für die Kinder die Zeit des ersten Unterrichts. Ein Lehrer namens Otto Wagner wurde engagiert, ein älterer Mann, der Schulleiter von Gutau war. Wagner war zwar «außerordentlich lieb und freundlich», erwies sich jedoch als pädagogisch unbegabt. Jedenfalls sträubte sich vor allem Julius von allem Anfang an gegen Wagners zu abstrakten Unterricht, «als wenn sich sein Inneres instinktiv davor schützen wollte», wie der Vater meint. Julius sollte diesen Widerstand gegen alles schulmäßige Lernen auch später beibehalten, was die Eltern manchmal etwas ratlos machte.

Im Frühjahr 1908 erlitt die ganze Familie einen schweren Schlag. Onkel Wlasko verlor ganz unerwartet seine Frau, Henriette Kotz, die erst im neunundvierzigsten Lebensjahr gestanden hatte. Ludwig Polzer kannte sie schon aus der ersten Zeit in Szombathely, als Wlasko Kotz noch sein Vorgesetzter war. Wie Wlasko selbst, der sich von diesem Verlust nie mehr recht erholen sollte, war auch Tante Henriette voller Lebenslust gewesen, stets dazu bereit, jemand eine Freude zu bereiten. Sie war nach Ludwig Polzer «das belebende Element im Kotzschen Hause». Sie hatte zwar keine besonderen geistigen Interessen, «hörte aber doch gerne zu, wenn man ihr etwas Neues, noch nicht Gehörtes sagte».

Kurze Zeit darauf vermählte sich Wlaskos Sohn Heinrich. Doch die Trauer des so liebenswerten Vaters war auch dadurch kaum zu mildern.

*

Die Erfahrungen von Tannbach führten Polzer allmählich zur Einsicht, «daß wir heute in einer Zeit leben, die, besonders am Lande, im höchsten Grade verlangt, geistig erzieherisch und hingebungsvoll zu wirken und die Natur in ihren geistigen Hintergründen und dynamischen Kräften verstehen zu lernen».

Ein besonderer Anlaß, solchen Fragen nachzugehen, war die Entdeckung einer radioaktiven Quelle auf Tannbachs Grund; sie wurde bei einer Untersuchung der Tannbacher Quellen durch einen Spezialisten gemacht.

Eine weitere Anregung zur vertieften Betrachtung der Naturkräfte dürfte Polzer aus manchen Gesprächen mit dem Vater zugeflossen sein. Dieser beschäftigte sich schon eine ganze Weile mit Theosophie, las theosophische Schriften und hörte 1907 in Wien einen Vortrag von Rudolf Steiner, dem damaligen Generalsekretär der deutschen Sektion der Theosophischen Gesellschaft. Und sicher ist es Julius Polzer zu verdanken, daß sich auch sein Sohn mit Theosophie zu beschäftigen begann. Ludwig Polzer besuchte jedenfalls in der Tannbacher Zeit gelegentlich theosophische Vorträge von Franz Hartmann und einem gewissen Herrn Böhme. Hartmann spielte damals in der theosophischen Bewegung Österreichs eine zentrale Rolle, vertrat das theosophische Geistesgut jedoch im Unterschied zu Steiner in oft trivialer, materialistischer Form. Und Polzer konnte daher auch «kein wirkliches Verhältnis zu ihren Ausführungen finden», wie er selber sagt. Die Eindrücke, die er von solchen Vorträgen oder durch die Bücher, die er las, gewann, waren dennoch stark und drängten zum Gespräch. Sein Interesse an Theosophie vertiefte sich allmählich, «und immer besprach ich dieses mit meinem lieben Vater».

Und so begleitete er diesen eines Tages zu einem Vortragsabend in den Wiener Räumen der Theosophischen Gesellschaft in der Mariahilferstraße. Rudolf Steiner sollte über Selbsterkenntnis sprechen.

Es war am 23. November 1908.

18. DER 23. NOVEMBER 1908

In den Erinnerungen an Rudolf Steiner stellt Polzer schon auf den allerersten Seiten fest: «Das größte und entscheidendste Ereignis meines Lebens war die erste Begegnung mit Rudolf Steiner.»[45] Von diesem Zeitpunkt an läßt er einen neuen, *vierten* Lebensabschnitt beginnen, der bis zu Steiners Todestag im März des Jahres 1925 reichte. Das zeigt klar, wie er die Bedeutung Rudolf Steiners für sein eigenes Leben wertete.

Rudolf Steiner sprach an diesem Abend in ungewohnter Weise über Selbsterkenntnis.[46] Er ging von Goethe aus, der sein Leben lang gegen jene Form von sogenannter Selbsterkenntnis eine starke Abneigung empfand, die auf die eine oder andere Art von unfruchtbarer Selbstbespiegelung hinausläuft und den Hang zu mystizistischer Nabelschau gedeihen läßt. Von dieser Art von 'Selbsterkenntnis' gedachte Steiner *nicht* zu sprechen. Statt dessen mutete er seiner Hörerschaft ganz anderes zu, indem er zeigte, daß der Mensch in geisteswissenschaftlicher Betrachtung ein viergliedriges Wesen sei und es deshalb auch vier Schichten oder Seiten wahrer Selbsterkenntnis gebe. Steiner ging vom Nächsten aus, von der physisch-sinnlichen Natur des Menschen, von seinem physischen Leib. Die erste Form der Selbsterkenntnis, welche diesem Wesensglied des Menschen entspricht, muß beachten lernen, wie stark die menschlichen Erlebnisse durch das Wann und Wo dieses physisch-sinnlichen Leibes mitbedingt sind. Würden nicht ganz andere Erlebnisse durch die Seele eines Menschen ziehen, wenn ihn sein Leib bei der Geburt und in der Kindheit nicht nach Paris versetzte, sondern beispielsweise nach Kalkutta? Nicht nur die geographische Umgebung wäre anders; das sprachlich-kulturelle Milieu, mit allem, was dazugehört (wie Volkstemperament usw.) wäre ganz verschiedenartig. Oder was änderte sich nicht alles für das menschliche Erleben, wenn man statt in einem Leib des 20. Jahrhunderts in einem solchen aus dem 13. Jahrhundert stecken würde! Die spezifischen Einflüsse des Wann und Wo des Leibes für die geistig-seelische Entwicklung zu beobachten und zu erkennen – dies führt zur ersten Form der wahren Selbsterkenntnis, die dem physischen Leib entspricht.

Doch damit ist der Mensch erst nach seiner äußerlichsten Hülle aufgefaßt. Denn niemand *ist* sein Leib; man *hat* ihn nur. Doch ist der Leib *lebendig*. In geisteswissenschaftlicher Betrachtung zeigt sich das Leben dieses Leibes als ein selbständiges Prinzip; es wird von einem eigentlichen 'Lebensleib' gesprochen. Ein solcher autonomer Lebensträger wird in der modernen Naturwissenschaft endlich da und dort vernunftgemäß gefordert. Für die Geisteswissenschaft ist er übersinnlich so konkret zu sehen, wie in der physischen Welt der physisch-sinnliche Leib zu sehen ist.

Dieses erste übersinnliche Wesensglied des Menschen ist unter anderem auch der Träger von ererbten Eigenschaften, Neigungen, von Talent und Temperament. Wer auf dieser Stufe Selbsterkenntnis treiben will, muß sich in objektiver Weise für seine Ahnen interessieren, um in seinen Anlagen das von ihnen Aufgenommene von demjenigen zu scheiden, was durch das Wann und Wo des Leibs bedingt ist. Das wäre eine zweite Stufe der konkreten Selbsterkenntnis.

Doch wird auch hiermit keineswegs der *ganze* Mensch umfaßt. Denn es gibt auch Eigenschaften eines Menschen, die weder aus der Umwelt, aus Erziehung oder aus dem 'Zeitgeist' abzuleiten sind, noch aus dem Strom vererbter Qualitäten. Solche Eigenschaften haben nun in einer dritten Wesensschicht des Menschen ihre Wurzeln. Sie sind, wie sehr leicht einzusehen ist, wesentlicher, individueller als alles, was sich auf den beiden früheren Stufen wahrer Selbsterkenntnis schon ergeben konnte; man mag auch sagen: sie sind innerlicher. Diese Eigenschaften werden aus vergangenen Erdenleben der Individualität von dieser selbst in einer Art von Selbstvererbung in das gegenwärtige Leben mitgebracht. Die Geisteswissenschaft spricht vom *Astralleib* als dem Träger solcher Eigenschaften. Das Feld des Schicksalswirkens *durch verschiedene Erdenleben* betreten wir damit. Die dritte Form der Selbsterkenntnis wird den Blick deshalb auf die im Zeitenstrom von Erdenleben zu Erdenleben wandelnde Menschenseele richten müssen, um zu sehen, wie sie sich aus eigener Vergangenheit den Charakter ihrer jetzigen Fähigkeiten selbst gewoben hat.

Doch auch damit ist der Mensch noch nicht erschöpft. Wohnt ihm doch im Innersten ein Etwas inne, welches über alles Werden und Vergehen innerhalb der Zeit erhaben ist – sein eigenes ewiges Wesen. Als 'Ich-Bin–Ich' war dieser einst als etwas Göttlich-Heiliges erlebte Wesenskern bezeichnet worden. Und wenn es heißt: «Werde, der du bist», so wird durch diesen Ausspruch auf die dritte und die vierte Schichte unseres Wesens zugleich verwiesen. Das «werde» kann nur heißen: bringe innerhalb des zeitlich-räumlichen Daseins zur Erscheinung, was du dem ewigen Wesen nach – jenseits von Entstehen und Vergehen – bist und bleibst.

Doch dieses Ich-Bin wahrhaft zu entdecken kann einer introspektiven Nabelschau, die Goethe so verhaßt war, nie gelingen. Hier heißt Selbsterkenntnis nichts anderes als vollständige, umfassende Welterkenntnis. Und eine solche muß, um wirklich weltenweit zu sein, auch die spirituelle Dimension der Schöpfung mitumschließen. Denn wie ein Tropfen aus dem Meer ist der Ich-Kern substantiell ein Teil der Geistigkeit der Welt. Und eins mit dieser

Geistigkeit der Welt ist das Ich-Bin, nicht etwa 'eines' mit dem winzig-kleinen Stück der Welt, das unser Leib heißt.

*

Ludwig Polzer war vom Vorgetragenen ebenso begeistert und berührt wie Julius, sein Vater. Durch diesen ersten Vortrag, den er von Rudolf Steiner hörte, wurde, so empfand er es, «ein Same für ein neues Leben in meine Seele gelegt». Es sollte noch drei Jahre dauern, bis der Same Wurzel schlug und langsam, aber sicher ein Erkenntnisbaum hervorwuchs, von welchem alle später noch dazuerworbenen geisteswissenschaftlichen Erkenntnisse gewissermaßen nur immer neue Früchte waren.

Am nächsten Tage sprach Steiner im Saal des Ingenieur- und Architektenvereins öffentlich über 'Das Wesen des Menschen als Schlüssel zu den Geheimnissen der Welt'.[47] Für Ludwig Polzer wurde nun der erste Vortrag im gewissen Sinn erweitert und ergänzt. Die Begeisterung vom Vortag hatte ihn veranlaßt, einen Reichsratstenographen zu engagieren und Steiner um die Erlaubnis anzusuchen, mitzuschreiben. Kein Wort von dieser neuen Geistesoffenbarung sollte ihm verlorengehen!

Die im ersten Vortrag dargestellte Wesensglieder-Vierheit wird in diesen öffentlichen Ausführungen in verschiedener Hinsicht präzisiert. Der geisteswissenschaftlichen Betrachtungsweise zeigt sich, daß ein 'niederes' Wesensglied jeweils als Verdichtung des nächst höheren entstanden ist. Es zeigt sich ferner, daß der physische Leib, nur von *einem* Gesichtspunkt angeschaut, das niederste, weil der Individualität *äußerlichste* Wesensglied des Menschen ist, in anderer Hinsicht jedoch den größten Grad an Vollkommenheit und Harmonie besitzt. Man stelle den vollendeten Bau eines Oberschenkelknochens – geringster Stoffaufwand für größte Tragfähigkeit – der relativen Unvollkommenheit des Trägers unseres Seelenlebens gegenüber, das heißt dem dritten Wesensglied. Der physische Leib erweist sich als das älteste, das Ich als jüngstes Wesensglied. Hinter dem physischen Leib liegen vier Evolutionsperioden, hinter dem Ätherleib drei, hinter dem Astralleib zwei, und das Ich ist beim heutigen Menschen in der ersten Phase seiner inneren Entwicklung. Steiner nennt es deshalb auch das 'Baby' aller Wesensglieder.

Dann stellt Steiner dar, daß der Mensch der Erstgeborene der Schöpfung ist und daß Tier, Pflanze und Mineral ursprünglich Substanz von seinem Wesen waren, in der Entwicklung zurückgeblieben sind (das heißt unfähig waren, gewisse höhere Wesensglieder in sich aufzunehmen) und aus der eigentlichen Menschensubstanz hinausgesetzt wurden, damit der Mensch die eigene Entwicklung ungehemmt fortführen konnte. So verdankt er den aus ihm herausgesetzten Naturreichen die Möglichkeit der eigenen Höherentwicklung. Ein Bild von dieser höheren Entwicklungsmöglichkeit des Menschen ist in Raffaels Sixtinischer Madonna zu erahnen, mit welcher Steiner seinen ganzen Vortrag eingeleitet hatte.

In dieser Art zeigte Rudolf Steiner in konkreten Einzelheiten, wie der Mensch gewissermaßen ein Extrakt der ganzen übrigen Welterscheinungen ist, der wahre Mikrokosmos des ganzen Makrokosmos und deshalb als der eigentliche 'Schlüssel zu den Geheimnissen der Welt' betrachtet werden kann.

«Gleich bei der ersten Begegnung wußte ich», schreibt Polzer 1936, «daß dieser Mann den Schlüssel für viele Weltgeheimnisse besaß; ich konnte aber noch nicht ahnen, welche ungeheuere Bedeutung diese Begegnung für mein weiteres Leben haben würde. Blitzartig aber erlebte ich doch, daß eine Wandlung sich in mir vorbereitete und vollziehen werde.»[48]

*

Die beiden ersten Vorträge, die er von Steiner hörte, scheinen mit der Zeit ein eigentümliches Verhältnis in Polzers Innenleben zu erhalten. Der erste Vortrag war Blitz und Donner zu vergleichen, was die plötzlich weckende Wirkung anbetrifft; der zweite glich dem mächtig einsetzenden Gewitterregen, der die neue Saat im Seelengrund zum Wachsen brachte.

19. ZEITENÜBERGÄNGE

Ludwig Polzer überstürzte nichts. Trotz des tiefen Eindrucks, den Steiners Ausführungen auf ihn machten, nahm die Tätigkeit in Heim und Hof zunächst in ganz gewohnter Weise ihren Fortgang. «Gut Ding will Weile haben», scheint auch in diesem Fall zu gelten. Oder wie sich Polzer selbst ausdrückt: «Es vergingen (...) noch drei Jahre, bis ich erkannte, daß es sich nicht allein um schöne Vorträge, sondern um eine Geistesrichtung handelte, die den ganzen Menschen in Anspruch nimmt.»[43]

In diesen Jahren arbeitete sich Polzer mit der Unterstützung seiner Frau immer zielbewußter in die Landwirtschaft hinein. Täglich hielt er nach getaner Arbeit mit Ignaz Reichl eine Wirtschaftssitzung ab. Die seriöse Art, sich am Lande eine Existenz zu bilden, machte auch dem Vater Eindruck, der in seinem ganzen Leben alles Landwirtschaftliche gemieden hatte. Auch gefiel es ihm, wie Julius und Josef zur Bedürfnislosigkeit und zu praktischer Lebensart erzogen wurden.

Ein Bild voll gleichnishafter Kraft hat sich Ludwig Polzer aus dieser Zeit in Tannbach eingeprägt: sein Vater Julius sah damals bereits sehr schlecht und vermochte sich in einer ungewohnten Umgebung nur recht zaghaft zu bewegen. «Eines Tages», so berichtet Ludwig Polzer, «führten ihn Josef und Julius, jeder ihn bei einer Hand haltend, bis an das Waldeck, von wo dann der Weg nach Gutau hinunter in den Graben an den Bach führt. Dort blieben beide stehen und sagten: 'Da hinunter kannst du nicht, Großpapa, da ist es für dich zu beschwerlich.' Die sorgende Art, mit der dieses gesagt war, empfand ich nicht nur für den Augenblick als etwas sehr Liebes, sondern mußte oft in einem weiteren Sinne diese Worte später verstehen. Der Anblick der beiden Knaben mit dem Großvater in ihrer Mitte, ihn wie vor einem Wagnis zurückhaltend, blieb mir wie ein Symbol vor der Seele stehen, als wenn damit eine Bündisversprechung geschehen wäre, die weit über den Augenblick reichen würde.»

Ein denkwürdiges Bild! Drei Generationen zusammen unterwegs; die dritte einer Zukunft entgegenschreitend, die abgründig sein würde und von der die erste Generation verschont blieb. Hatte Julius Polzer noch in einer Welt gelebt, in der Kultur und Form sehr viel bedeutet hatten, so würden seine Enkel bald deren gänzliche Zertrümmerung erleben müssen! Und in der Mitte, die Generation von Großvater und Enkeln überbrückend, Ludwig Polzer, der so viel des Alten in sich barg, wie er an notwendiger Zerstörung sehen und an Keimlegung des wahrhaft Neuen erfahren und erleben sollte. So verkörpert Ludwig Polzer diesen Zeitenübergang in seinem eigenen Dasein.

*

Im Frühjahr 1909 stattet die ganze Familie erstmals Bertas Tante Anna Westphalen, einer Tochter des jüngsten Bruders der beiden österreichischen Ministerpräsidenten Auersperg, im ungarischen Gyöngyös einen längeren Besuch ab. Tante Anna, die Berta Polzer innig liebte, war durch eine harte Lebensschule durchgegangen. Sie heiratete gegen den Willen ihrer Angehörigen, verlor jedoch schon kurz darauf den Gatten; ihr einziger Bruder wurde im Garten des Prager Palais Waldstein, in dem auch Ludwig Polzer oft mit Adolf Waldstein wandelte, in einem Duell erschossen. Ihre Mutter und ihre Schwester fingen, während sie sich für einen Ball ankleideten, in Preßburg Feuer und starben an den Brandwunden. Sie selbst war in jungen Jahren eine ausgezeichnete Reiterin gewesen und hatte wiederholt die Kaiserin Elisabeth auf Parforce-Jagden in Gödöllö begleitet. Als Polzers sie besuchten, hatte die bejahrte Tante noch immer «eine große Geschicklichkeit mit Pferden», stellt Ludwig Polzer fest. «Sie fuhr selbst meist in einem Korbwagen und nahm auf ihren Fahrten oft auch das eine oder andere der Kinder mit. Es lag damals noch das Geschickte, etwas Waghalsige einer Jagdreiterin in ihr – das kam in der Art ihres Fahrens deutlich zum Ausdruck» – es klingt beinah, als ob sich Ludwig Polzer selbst gelegentlich besonders kräftig festzuhalten suchte ...

Mit Tante Annas Tochter und deren Kindern – den vier 'A': Anna, Aja, Agi, Alexander – konnten Josef und Julius endlich einmal rechte Kinderfreundschaft schließen.

Doch Gyöngyös bot auch noch eine andere Möglichkeit der Anknüpfung. Hier war 1828 Ludwig Polzers Urgroßvater mütterlicherseits, Graf Friedrich Hoditz und Wolframitz als Kommandant der Palatinalhusaren gestorben. Bald war am Ortsfriedhof das Grab gefunden.

So bewegte Ludwig Polzer sich auf dieser Ungarnfahrt gewissermaßen auf der zweiten Schicht der wahren Selbsterkenntnis, indem er Anlaß fand, sich mit dem Erbstrom seiner Frau wie auch mit dem eigenen zu befassen.

Und auch die Anfänge von seiner Militärlaufbahn traten ihm hier vor das Auge; er traf im Haus von Tante Anna, in welchem viele Offiziere ein und aus zu gehen pflegten, seinen alten Reitlehrer aus Mährisch-Weißkirchen wieder.

Was wäre sonst noch zu berichten aus dieser Zeit der Übergänge?

Im Jahre 1909 heiratet Ludwig Polzers Schwester Marie-Sefine den um viele Jahre älteren Olivier Marquis Bacquehem, damals erster Präsident des Verwaltungsgerichtshofes. Bacquehem war in den neunziger Jahren Statthalter in Graz gewesen; Arthur Polzer hatte eine Weile unter ihm gedient und wohl auch die Bekanntschaft mit Marie-Sefine vermittelt.

*

Im Herbst des Jahres 1909 reist Polzer der dalmatischen Küste entlang, interessiert sich sehr für römische Ausgrabungen bei Pola, besucht dort einen Vetter und fährt dann nach Ragusa (heute Dubrovnik) weiter. Gerne hätte er auch Cattaro (heute Kotor) besucht, um die Stadt mit ihrer herrlichen Bucht, die sein Vater Julius, als er hier in Garnison gewesen war, oft durchschwommen hatte, mit eigenen Augen zu erleben. Doch rief ihn Tannbachs Landwirtschaft zurück.

Hier stellte er Versuche an mit einer zweiten Kuhart; neben den Pinzgauern wurden nun noch Montafoner eingestellt. Doch ließen die Nachzuchten nach einiger Zeit sehr zu wünschen übrig, «trotzdem wir immer schöne Tiere hatten», und so wurde die Montafonerzucht schließlich wieder aufgegeben.

Im Frühjahr 1910 ist eine weitere Ungarnreise zu verzeichnen. Die Fahrt ging jedoch nur ins nahe Steinamanger. Hier wollte Polzer seine alten Freunde, die Gräfin Felici Széchényi, mit deren Tochter ihn einst viel verband, und den Grafen Gabor Széchényi wiedersehen. Die Erfahrung, die er dabei machte, ist bemerkenswert. Er schreibt darüber:

«Dort hatte sich nichts verändert äußerlich, die beiden waren recht alt geworden; ich hatte die traurige Empfindung des Absterbenden, nicht nur dieser beiden, sondern einer ganzen Zeit mit allen ihren schönen Seiten und Mängeln. Gerade in Ungarn fand man damals noch im Adel und im Bauernstand die Reste eines einst wirklich starken Bauernvolkes, hohen Wohlstand u. brüderliche Gastfreundschaft. Die Széchényis dieser Generation sind alle noch sehr alt geworden, waren gesunde, starke Naturen. Schon bei der nächsten Generation brach es ab. *Nirgends vielleicht konnte ich das plötzliche Versagen der Natur der Menschenrasse so gut beobachten wir dort.* Die in der ersten Hälfte des [19.] Jahrhunderts Geborenen waren starke Naturen; ihre Söhne und Töchter ließen nach, und die Enkel waren meist schon dekadent und krank. Ich konnte das ganz besonders bei der Familie Széchényi und Pálffy beobachten.»

So erlebte Polzer am Beispiel ihm sehr nahestehender großer Adelsfamilien – mit Vilmos Pálffy hatte er vor ein paar Jahren in der Bukowina gejagt –, daß auf die Blutsimpulse der Vererbung immer weniger zu bauen ist.

Nach den Erfahrungen von Gyöngyös und der Erkenntnis, die ihm jetzt in Szombathely aufging, wurde ihm nicht nur die Verbundenheit mit dem eigenen Erbstrom noch bewußter; auch die Notwendigkeit, über die Vererbungsimpulse hinaus viel tiefer liegende Kräfte der Individualität zu mobilisieren, trat ihm deutlich vor die Augen.

Den Mai und einen Teil des Juni 1910 verbrachte die Familie mit den Kindern einmal mehr am Lido von Venedig. Auch die Enkel von Tante Westphalen – die vier 'A' – fuhren zur großen Freude von Julius und Josef mit. Diesmal wurde kein Hotel genommen, man mietete sich eine Wohnung in der Villa Tami. Köchin und Stubenmädchen wurden mitgebracht. Wenn auch Berta Polzer vor dem Schlafengehen Zimmer inklusive Decken auf Taranteln und Skorpione abzusuchen hatte, gestaltete sich auch dieser Aufenthalt sehr erfreulich. Umso mehr, als nach einer Weile auch Ludwig Polzers Eltern zu Besuch gefahren kamen. Man reservierte ihnen im Hotel Monaco, das noch heute nah beim Markusplatz über ein Stück Meer zum Lido schaut, ein Zimmer.

Tagsüber fuhren Julius und seine Frau Christine auf den Lido oder ließen sich vom Sohn und von den Enkeln zu Tee und Kuchen im Café Florian einladen. Julius Polzer liebte diese Stadt zutiefst, mehr noch als Verona. Venedig, das bis 1866 österreichisch war, besaß für ihn an vielen seiner Plätze und Fassaden noch den Anstrich Habsburgs. Und noch heute, achtzig Jahre später, wollen dem Besucher die Wiener Walzer, die auf dem Markusplatz zu hören sind, nicht fehl am Platz erscheinen ...

In Venedig dürfte sich der Vater mit dem Sohn auch über manches unterhalten haben, was er kürzlich aus der Geisteswissenschaft in sich aufgenommen hatte. Noch war der Eindruck tief und frisch, den vor zwei Monaten Steiners Wiener Vortragszyklus *Makrokosmos und Mikrokosmos*[49] bei ihm hinterlassen hatte. Davon sollte auch der Sohn erfahren, zumal es dieser sehr bedauerte, daß der Vater es versäumte, aus Rücksicht auf die Pflichten Tannbachs, ihn auf das Ereignis aufmerksam zu machen. Es war das letzte Mal, daß Julius Polzer in Venedig war. Er stand im sechsundsiebzigsten Lebensjahr. So gerne hätte er im Jahr darauf den Besuch noch einmal wiederholt, doch nur in der Begleitung seines Sohnes.

*

Im August bereitet Ludwig Polzer sich auf seine erste Englandreise vor. Auch dieser Reise wird ihm zeigen, wie brüchig alles alte Adeltum geworden ist. Schon öfter hatte ihn Blanche Tollemache, jene erste große Liebe Polzers, der wir in Teil II begegnet waren, zu einer solchen Reise aufgefordert. Mathilde Hoditz, die seit dem Wiener Aufenthalt von Blanche in stetem Briefwechsel mit ihr verblieben war, hatte sie jenseits des Kanals bereits einmal besucht. Und so entschloß sich auch ihr mittlerweile adoptierter Neffe, die Reise anzutreten, nachdem er seine Englischkenntnisse aufgebessert hatte, indem er mit der Gattin englische Lektüre trieb.

19. ZEITENÜBERGÄNGE

Auch von anderer Seite wurde Polzer zu der Reise aufgefordert: durch die frühere Erzieherin von Berta, Frl. Tarnocry, die einst im katholischen Adelshaus der Scropes in Yorkshire tätig war.

So traf der Reisende am 27. August 1910, über Hoek van Holland/Harwich/Ipswich kommend, etwa fünfzehn Kilometer nördlich Ipswich in Helmingham Castle ein, einem der Landsitze der Tollemaches in Suffolk, dessen Gartenanlage noch heute sehenswürdig ist. Der einstöckige Ziegelbau stammt aus dem 13. Jahrhundert und liegt inmitten eines großen Parks mit uralten Rieseneichen. Der Park war zugleich Weideland für Rinder, Schafe, Hoch- und Damwild.

Blanche stammte aus dem alten Haus der Somerset-Stuart und lebte selbst ganz im Vergangenen. Sprach schon das Schloß durch seine Bauart, seine Einrichtung mit den alten Ölgemälden von englischer Geschichte, so erhöhte sich der Eindruck noch durch einen ausgeprägten Mangel an Gegenwartskultur.

Polzer weilte eine Woche lang auf Schloß Helmingham. Er lernte mehrere von Blanches Brüdern kennen, die bis auf den jüngsten, der uns schon im Frühjahr 1890 in Modern kurz begegnet war, an einer Art von Wahnsinn litten.

Fast täglich fuhr man in die Nachbarschaft, um den Besucher auch befreundeten Familien vorzustellen. Am Abend sang Blanche vor den Gästen Volkslieder aus Schottland vor und beschwor mit ihrer schönen Stimme wiederum eine zauberhafte Stimmung von Vergangenheit herauf. Ludwig Polzer war jedoch nach eigenem Zeugnis «in diesem Hause oft nicht ganz gemütlich zu Mute; die Stimmung war doch auch eine solche, die Zurückbleiben ausdrückte, das große Haus war auch schwach bevölkert, wenig Dienstleute, die Stallungen waren leer; das alles drückte Vereinsamung aus. Ich hatte das Gefühl, wie wenn innerhalb dieses Parkes die Zeit stehengeblieben sei.»

Trotz der schottischen Ambiance erinnerte Helmingham Castle und sein Leben Polzer in mancher Hinsicht an den Hof Elisabeths.

Im Kontrast dazu erlebte er den folgenden Besuch bei der Familie Scrope in Yorkshire als mehr von einer Stuart-Atmosphäre durchwoben und umgeben. Die Scropes lebten etwa vierzig Kilometer nordwestlich der Stadt York auf Schloß Danbyhall, unweit von Bolton Castle, dem Schloß, auf dem Maria Stuart in Gefangenschaft gehalten wurde. Danbyhall war mehr burgartig aus festen Quadern in hügeligem Land erbaut, und Polzer fühlte sich in dieser Atmosphäre sichtlich wohler. Die Gegend hatte etwas Leichteres; im Hause gab es junge Menschen und auch Kinder, und die Familie Scrope behandelte ihn, lediglich dank der Empfehlung Frl. Tarnockys, wie einen alten Freund des Hauses. Zudem konnte er mit Henry Scrope, dem Hausherrn, jagen gehen, was ihn immer noch verlockte.

Nach diesem Aufenthalt im katholisch-protestantischen England alten Adels verbrachte Polzer noch eine Woche lang in London, um auch vom neuen England etwas in sich aufzunehmen; wiederum als Gast von Blanche, die an der Grosvenor Road eine Wohnung hatte. Auch hier in London bemühte sich die Freundin rührend, dem Freund und Gast «verständlich zu machen, wie es einst war», wie Polzer später schreibt. «In das Viertel der Armut, des Elends und des Verbrechens kam ich nicht.»

Dann hatte unser Reisender genug gesehen. Es drängte ihn nach Hause. Lange Reisen ohne Berta waren ihm noch völlig ungewohnt und recht beschwerlich. So gönnte er Paris nur einen halben Tag, obwohl er es noch nie gesehen hatte. Er besichtigte den Louvre, den Dome des Invalides, die Notre Dame und stellt nur fest, daß ihm Paris nach London «einen ganz ungepflegten, unsauberen Eindruck machte».

So führte auch die Englandreise neben allem Menschlich-Schönen zur Vertiefung der 'Széchényi-Erkenntnis': aus altem Adelselement allein ist, ohne neuen Einschlag aus modernster Geistigkeit, für die Menschheitszukunft nichts mehr zu erhoffen, was sich als tragfähig erweisen könnte. Die Zeit der Adelsdynastien begann am Horizonte zu verschwinden.

*

Ein Übergang ganz anderer Art zeigt sich in Ludwig Polzers Lebenstätigkeit, als er sich entschloß, die Obmannstelle der Landwirtschaftlichen Bezirksgenossenschaft Pragarten anzunehmen. Es war der erste Schritt in das Gebiet der Politik, den er damit unternahm. Denn nur allzubald sollte er bemerken, wieviel die landwirtschaftlichen Belange mit Parteienpolitik, wie wenig sie mit sachlichen Notwendigkeiten verbunden waren. Polzer übernahm eine Zeitlang die Geschäftsführung der aus dreizehn Gemeinden bestehenden Genossenschaft; er hielt Versammlungen ab, mußte jedoch bald erkennen, «daß diese doch sehr bürokratische Methode (...) die Landwirtschaft nicht weiterbringen könne, daß man mit allein materiellen Subventionen (...) nichts ausrichten könne. Ich konnte auch sehen, wie die Politik eine Rolle spielte, wie der Landwirtschaftsrat und die von ihm verwalteten Genossenschaften das Pachtobjekt der christlich-sozialen Partei waren.» Und da der Neuling Polzer politisch noch schwer einzuschätzen war und Nichtparteigänger prinzipiell ausgeschaltet wurden, konnte er trotz seiner Stellung keinen nennenswerten Einfluß geltend machen. Auch vermochte ihn die weitverbreitete «landwirtschaftliche Dogmatik» schon damals nicht zu überzeugen. «So sah ich nicht nur Übel durch die Verquickung mit der Politik, sondern auch durch den materialistischen Dogmatismus heraufziehen», stellt er 1924 fest.

19. ZEITENÜBERGÄNGE

Ludwig Polzer faßte deshalb den Entschluß, in Tannbach einen autonomen landwirtschaftlichen Unterrichtskurs einzurichten, wobei ihm Alois Reumüller, ein tüchtiger Schweizer Mitarbeiter, behilflich war. Das Unternehmen weckte, wie nicht anders zu erwarten, sogleich das Mißtrauen der maßgeblichen christlich-sozialen Parteienkreise.

Im Juni 1911 sollten in der Monarchie die ersten Reichsratswahlen aufgrund des allgemeinen gleichen Wahlrechts abgehalten werden. Doch die offiziellen Wahlvorbereitungen verletzten Polzers «Freiheitsauffassungen auf das tiefste». Er greift in nobler Auflehnung zur Feder und verfaßt eine 'Wahlbetrachtung', die er drucken und in ganz Oberösterreich verbreiten läßt. Das von einem parteilos-autonomen Menschen stammende Pamphlet veranlaßt den Verfasser, als selbständiger Kandidat bei den Wahlen aufzutreten. Polzer schreibt darüber: «Da der Landeshauptmann von Ober-Österreich, Prälat Johann Nep. Hauser, in diesem Wahlbezirke von der christlich-sozialen Partei aufgestellt war, gestaltete sich diese ganze Angelegenheit zu einer recht interessanten und beschäftigte die Öffentlichkeit sehr.» Trotz der pessimistischen Vorwarnungen fiel das Wahlergebnis für den unbekannten Kandidaten verhältnismäßig günstig aus. Im Bereich Pragarten erhielt er sogar eine starke Mehrheit und zog sich dadurch gleich die stärkste Feindschaft der christlich-sozialen Partei zu. Nun suchte man ihn zu 'erledigen'. Und dies wie folgt: Durch «künstlich inszenierte Abtrennungen einzelner Gemeinden von seiten des Landeskulturrates» wurde die ihm unterstehende Bezirksgenossenschaft, deren Obmann er bis dahin war, verkleinert. Unverzüglich ergriff er geistesgegenwärtig die einzige noch mögliche Gegenmaßnahme und «trennte dann selbst auch die drei Gemeinden Gutau, Erdmannsdorf und Hundsdorf (...), zu denen Tannbach gehörte, von dem noch restlichen Pragarten ab, um wenigstens selbst diese Verkleinerungsaktion, die sich gegen mich fortgesetzt hätte, zu vollenden.»

Seit dieser Zeit empfand nun Polzer in noch stark erhöhtem Maße das Ungewisse an der Existenzgrundlage Tannbachs; er trug sich sogar mit dem Plan, sich für den Posten eines landwirtschaftlichen Berichterstatters nach Nordamerika zu melden.

*

Ludwig Polzer hatte sich, im Gegensatz zur herrschenden Parteitendenz, für reale Menschenfreiheit eingesetzt und stieß dabei naturgemäß auf spärliches Verständnis. Ein paar damals neu erworbene Freunde wollten eine neue unabhängige Partei mit ihm begründen. Doch schon in der Programmrede muß Polzer eingestehen, daß diese im gewohnten Sinne niemals eine solche werden könne oder dürfe, sofern sie seine Intentionen realisieren wolle.

Polzer stößt mit dem politischen Wollen hier an eine Art von Grenze. Er formuliert es so: «Ich selbst konnte aber damals die Mittel, die dazu führen könnten, was ich als notwendig und menschenwürdig empfand, nicht im Konkreten finden und aussprechen. Ich war damals im Lande viel besprochen und recht bekannt; niemand wußte aber recht, was ich wollte. Um es selbst genau zu finden, zeigte mir das Schicksal den Weg zu Rudolf Steiner. Gerade in dieses Jahr, nach dieser politischen Episode, fällt der Beginn des ernsten Anschlusses an Dr. Rudolf Steiner. Die politische Betätigung erhielt dadurch eine Unterbrechung und erst später, im Jahre 1917, eine Fortsetzung in ganz neuer Form.»

So ist es dieser Wille zu öffentlich-politischer Betätigung, der, Klarheit seiner Ziele suchend, Polzer den bereits 'gefundenen' Steiner erst wirklich suchen läßt.

Den letzten Ausschlag für den «ernsten Anschluß» gab Steiners Vortragszyklus über *Das Johannesevangelium*[50], den Ludwig Polzer im Juli 1911 gemeinsam mit der Gattin las und welcher Berta Polzers religiös gestimmte Seele voll und tief ergriff. Bis dahin hatte er die schon erschienenen Vorträge und Werke Steiners stets allein studiert und nur mit seinem Vater Julius gelegentlich besprochen.

Die Weltbedeutung des Ereignisses von Golgatha schildert Steiner in den 1908 in Hamburg vorgetragenen Ausführungen. *Den Zeitenübergang der Zeitenübergänge* stellt er dar. Und Polzer wurde reif, am Aufbau wahrhaft neuer Zeitimpulse mitzuwirken.

20. EINE SOMMERTAGUNG IN MÜNCHEN

Der Sommer 1911 war für Ludwig und für Berta Polzers Einstellung zur Geisteswissenschaft von Rudolf Steiner somit von ausschlaggebender Bedeutung. Das Paar beschloß, im August nach München zu fahren, wo ein Zyklus von Vorträgen Steiners mit dem Titel *Weltenwunder, Seelenprüfungen und Geistesoffenbarungen* [51] angekündigt war.

Doch der Weg nach München führte über Wien, wo ein wichtiges Familienfest in Aussicht stand: Arthur Polzer, den das Schicksal lange ohne Ehepartner harren ließ, feierte am 14. August 1911 in der Marienkapelle der Votivkirche mit Elisabeth Magdalena Jäger seine Hochzeit. Die Eltern, die die Braut zum ersten Mal am Tage vor der Hochzeit sahen, waren überglücklich; Ludwig war Trauzeuge. Kurz vor der Trauung traf ein Telegramm von Erzherzog Karl, dem späteren Kaiser, ein, der Arthur seine «innigsten Glück- und Segenswünsche»[2] übersandte; in den Augen Julius Polzers ein für seinen Sohn in privater wie beruflicher Hinsicht sehr vielversprechendes Omen. Arthur war mittlerweile nach über zehnjähriger Tätigkeit im Innenministerium seit 1910 erster Schriftführer und Kanzleidirektor des Herrenhauses. Bei der Übernahme dieses Amtes verlieh man ihm den Hofratstitel.

Seit vielen Jahren schon durfte Arthur Polzer das freundschaftliche Vertrauen des achzehn Jahre jüngeren Erzherzogs genießen. Als Dr. iur. war er ihm beim Studium des vertrackten ungarischen Rechts behilflich und beriet ihn auch in anderen Studienangelegenheiten. Erzherzog Karl faßte schon in diesen frühen Jahren den Entschluß, den Freund und Rater später einmal zum Kabinettsdirektor zu ernennen. Wiederholte Male hatte Arthur als Karls Gast auf Schloß Miramare bei Triest geweilt. Und just am gleichen Tage, an dem er vor drei Jahren seine «Liesl» kennenlernte, hatte ihn der Erzherzog per Telegramm einmal mehr nach Miramare eingeladen. So schien dem künftigen Kaiser Karl in Arthur Polzers Lebensgang eine noch viel tiefer greifende Rolle zugedacht, als sie der gegenwärtige, Franz Joseph, im Leben Ludwigs spielte, als er dessen Ansuchen um vorzeitige Heirat die Bewilligung gegeben hatte ...

*

Seit dem Jahre 1907 wurden auf den theosophischen Sommertagungen in München Mysterienspiele aufgeführt; zunächst Edouard Schurés *Drama von Eleusis* und dessen *Kinder des Luzifer*; ab 1911 auch Rudolf Steiners eigene Mysteriendramen. Berta und Ludwig Polzer wohnten den Aufführungen von

1911 noch nicht selbst bei, «die Größe derselben damals noch nicht ahnend».[15.]

So fanden sie sich erst zum Vortrag ein, den Rudolf Steiner am 18. August zur Eröffnung des besagten Zyklus hielt. Steiner sprach über den Ursprung der dramatischen Kunst im Zusammenhang mit den Mysterien von Eleusis und stellte gleich in diesem ersten Vortrag zwei Hauptgestalten der aus Griechenland geborenen Kultur Europas hin: *Persephone* und *Iphigenie*. Die erste charakterisierte er als Trägerin einer noch auf altem Hellsehen beruhenden Kraft, die zweite als ein Mahnbild der Notwendigkeit, in der Zeit der reinen Intellektskultur dem religiösen Leben gewisse Opfer darzubringen, um diese Intellektskultur vor dem Verdorren zu bewahren. Das habe Goethe in seiner *Iphigenie*, an uralten europäischen Geist anknüpfend, als einen Gipfel seiner Kunst zum Ausdruck bringen wollen.

Die Ausführungen Steiners fielen bei Ludwig Polzer auf einen wohlbereiteten Seelengrund. Rund dreiundzwanzig Jahre waren nun vergangen, seit ihm im alten Hofburgtheater Wiens bei dessen letzter Aufführung die *Iphigenie* Goethes zum unvergeßlichen Erlebnis wurde. Doch ganz in Untergangs- und Abschiedsstimmung war es getaucht gewesen. Und nun zeigt Steiner, von Iphigenie seinen Ausgang nehmend, wie eine Erneuerung der antiken Mysteriendramatik im zeitgemäßen Sinne möglich wäre. Morgenrötestimmung darf Ludwig Polzer schon bei diesem ersten Vortrag von Steiners Münchner Zyklus in sich erweckt empfinden.

Im Rückblick auf die denkwürdigen Vorträge von München stellt Polzer fest: «Damals in München erinnerte ich mich an den ersten Vortrag, den ich von Rudolf Steiner im Jahre 1908 gehört hatte, in welchem die Frage nach dem Wesen des Menschen so weltenweit behandelt worden war, und fühlte nun auch die Frage nach dem Schicksal der Menschheit aus dem Schicksal der vielen in der anthroposophischen Gemeinschaft geistig verbundenen Menschen an mich herantreten.»[52] Diese Äußerung zeigt, wie stark Polzers erster Vortragseindruck aus dem Jahre 1908 prägend in ihm weiterlebte.

Im Laufe dieser Sommertagung wurden Ludwig und Berta Polzer durch Martha Reif, ein später vor allem in Dänemark sehr aktives Mitglied, auch persönlich Rudolf Steiner vorgestellt. Dieser kam sogleich auf Polzers Vater Julius zu sprechen, «den er fast immer bei seinen Vorträgen in Wien sah»[15].

Zwei weibliche Persönlichkeiten prägten sich dem 'Neuling' ganz besonders ein: zum einen Fräulein Stinde, die Vorsitzende des Münchner Zweigs der Theosophischen Gesellschaft, die auf Polzer «durch ihr klares, bestimmtes Auftreten, durch ihre unbedingte Ergebenheit der theosophischen Auffassung (...) gegenüber, ohne selbst für sich etwas zu beanspruchen oder sich einer okkulten Eitelkeit hinzugeben, den besten Eindruck»[15] machte.

20. EINE SOMMERTAGUNG IN MÜNCHEN

Sophie Stinde war bis zu ihrem frühen Tod im Jahre 1915 Vorsitzende des Bauvereins für ein zunächst für München vorgesehenes, dann in Dornach in der Schweiz nach Plänen Steiners ausgeführtes 'Haus des Wortes'.

Einen kaum geringeren Eindruck machte auf ihn Pauline Gräfin Kalkreuth, die früher Hofdame der Kaiserin gewesen war und nun ihre ganzen Kräfte in die theosophische Arbeit steckte.

Bei einer geselligen Zusammenkunft in den Luitpoldsälen, wo auch die Vorträge gehalten wurden, fand sich Ludwig Polzer an einen Tisch gewiesen, an welchem er Frau Geheimrat Röchling kennenlernte. Helene Röchling war wie Sophie Stinde aufs engste dem geplanten Bau verbunden; sie wurde für den Bau des ersten Goetheanums die großzügigste Spenderin.

Die Geheimrätin aus München war auch sehr befreundet mit Eliza Gräfin Moltke-Huitfeldt, der Gemahlin des Generalstabchefs der Armee von Kaiser Wilhelm; auch diese wichtige Persönlichkeit sollte Polzer in Berlin bald persönlich kennenlernen.

Berta Polzer wurde einer Gruppe von Nordländern zugeteilt, mit denen sie auch in späterer Zeit noch freundschaftlich verbunden blieb.

Berta und Ludwig Polzer wurden hier in München Mitglieder der Theosophischen Gesellschaft.

*

So bahnte sich durch diese Münchner Sommertagung für das Ehepaar nicht nur ein erkenntnismäßiger, sondern zugleich ein sozialer Umschwung an. «Wir hatten bis dahin», heißt es in den Prager Aufzeichnungen[53], «viele Verwandte und Freunde aus den Kreisen des österreichischen, böhmischen und ungarischen Adels, die wir besuchten und die zu uns zu Besuch kamen. Wir fuhren zu Jagdséjours auf verschiedene Schlösser, trafen dieselben Menschen im Winter wieder in den Städten und auf Reisen (...) Die Menschen, welche ich in der Jugend getroffen hatte, und diejenigen, die nach meiner Verheiratung an uns herantraten, kannten sich fast alle oder wußten wenigstens voneinander bis in frühere Generationen zurück. Man verkehrte in einem ziemlich abgeschlossenen Kreis von Menschen und fühlte sich wie selbstverständlich innerhalb desselben heimisch (...)

Nun wurde es ganz anders. Der Wandel unseres Bekanntenkreises nach 1911 war ein ungeheuer großer. Wenn wir auch mit den nächsten Verwandten und Freunden der früheren Zeit in guter Beziehung blieben, sie zeitweise noch besuchten, so mangelte es uns fernerhin an Zeit, die Verbindung mit ihnen so intensiv wie früher zu pflegen, und mit den uns weiterstehenden Kreisen und der jüngeren Generation hörte der Verkehr ganz auf. So blieb im Lauf der weiteren Ereignisse nur eine freundliche, treue Erinnerung an sie zurück. Gemeinsame (...) Interessen, besonders solche geistiger, lebendig wachsender Art, wie sie die Anthroposophie erweckt, verbinden stärker als

Verbindungen, die traditionell mehr äußerlich oder auf Grund einer Blutsgemeinschaft geschlossen werden.»

Und auch für den gemeinsamen Schicksalshintergrund dieser neuen Wahlverwandtschaften erwacht in Ludwig Polzer allmählich ein Organ: «Ich fühlte sehr bald, daß die Menschen, mit welchen ich durch die Anthroposophie zusammenkam, in früheren Leben so vorbereitet wurden, daß sie sich in einem (...) bestimmten Zeitpunkt um den (...) Lehrer sammeln mußten.»[53]

Ludwig Polzer – und in geringerem Maße gilt dies auch für Berta – entschloß sich also rasch, auch das Leben innerhalb der Theosophischen Gesellschaft mitzumachen, denn nach seiner Ansicht konnte man nur «schwerlich in vollem Sinne Anthroposoph werden» und «zu wahren Schicksalserkenntnissen vorschreiten (...), wenn man sich von Menschen des gleichen, großen geistigen Schicksals abschloß (...) Damals begann für mich das Interesse an der Schicksalslage anderer Menschen zu erwachen; ich sah auf Nebenmenschen anders als früher (...) In solchen Schicksalszusammenhängen steht man (...) auch den wirklichen Impulsen der Menschheitsentwicklung nahe.» Und wie stark das Bedürfnis gerade nach Verständnis solcher *wirklicher* Geschichtsimpulse bei Polzer war, haben wir schon früher sehen können. «Im gewöhnlichen Sinne bürgerlich kann ein solches Leben nicht verlaufen», fügt er noch hinzu.[53] Und in der Tat: So ist von diesem Zeitpunkt an zumindest *seines* nicht verlaufen!

*

Auch in wirtschaftlich-beruflicher Hinsicht war der «ernste Anschluß» von Berta und Ludwig Polzer an Steiners Geisteswissenschaft, wie er sich in München 1911 vollzog, von Bedeutung. Alle Pläne, auszuwandern, wurden aufgegeben. Polzer hatte Steiner diesbezüglich etwas angedeutet, denn er schrieb sich die Bemerkung auf, die dieser – sehr wahrscheinlich noch in München – darauf machte: «Daß unsere Familie zu sehr mit europäischen Ereignissen verbunden sei, um in einen anderen Kontinent auszuwandern.» Aus ernster Selbsterkenntnis scheint Polzers eigener Kommentar zu dieser Wendung seiner Pläne zu erfließen: «Ich freue mich heute über diese Schicksalsfügung, denn ich hätte die ungeheuren Einsichten in Menschheit und Leben versäumt, und mit meinen geringen wirtschaftlichen Kenntnissen, die ich damals hatte, doch auch gewiß nichts erreicht.»[15]

Reich beschenkt kehrte das Ehepaar, mit neuen Strebenszielen am weiten Lebenshorizont, nach Tannbach heim. Das Wiedersehen mit den Kindern dürfte ganz besonders freudevoll gewesen sein. Und zu der wohl noch viel größeren Freude der Familie hatten sich Arthur und seine junge Gattin zum Abschluß ihrer Hochzeitsreise aus Linz zu einem zweitägigen Besuch in Tannbach angemeldet.

20. EINE SOMMERTAGUNG IN MÜNCHEN

Das Wiedersehen beider Paare verlief jedoch nicht ohne Offenbarung einer starken Dissonanz zwischen ihrer Weltanschauung. «Ludwig und Berta zeigten uns Haus und Hof», berichtet Arthur, «führten uns durch die Stallungen auf die Felder und in den Wald. Die übrige Zeit verbrachten wir in Ludwigs Arbeitszimmer. Dort lasen sie [Berta und Ludwig] uns abwechselnd aus Schriften Rudolf Steiners vor.» Und wie wirkte das auf die Besucher? Arthur schreibt: «Die Schriften, die uns vorgelesen wurden, waren gewiß sehr geistvoll, aber uns, die wir Laien waren, mangelte das Verständnis.» Und nun tritt ein Zug in Arthurs Seelenart hervor, der nicht nur einen vollen Gegensatz zu Ludwigs Auffassung darstellt, sondern in gewissem Sinne auch seinen eigenen tieferen Seelenschichten zu widersprechen scheint. Arthur stellt im Anschluß an das oben Ausgesagte fest: «Ich bin und war stets der Meinung, daß es nicht gut sei, dem Unerforschlichen über die Grenzen hinaus nachzuforschen, die Gott dem Menschen gezogen hat.»[2]

Hier zeigt sich etwas von der geistig-konservativen Seite Arthurs, eine Seite jedoch, die, wie bereits gesagt, zu seinem Künstlertum und seiner spirituellen Seelenart in einem interessanten Widerspruch zu stehen scheint. Doch was vielleicht noch viel beachtenswerter ist: Diese Weltanschauungs-Dissonanz der Brüder kann sie einander seelisch nicht entfremden. Zu stark sind dazu beide von tiefer Toleranz durchdrungen.

*

Der Impetus von 1911 trägt Ludwig Polzer noch weit in das nun folgende Jahr hinein. Im Januar fährt er mit Berta wiederum nach München zu Vorträgen von Steiner. Am 12. Februar wurde in der Gegenwart von Rudolf Steiner in Graz ein Hamerling-Zweig eingeweiht. Tags darauf sprach Steiner öffentlich über diesen großen Dichter-Denker, dem der junge Polzer auf dem Schulweg oft begegnet war.

Bei diesem Anlaß dürfte es gewesen sein, daß zwischen Ludwig Polzer und Rudolf Steiner zum ersten Mal ein Privatgespräch stattfand. «Ich wußte mich damals noch gar nicht recht zu benehmen, bat auch nicht um persönliche Übungen», schreibt er in den Prager Erinnerungen. «Ich erinnere mich nur, daß er damals mit mir von meinem vierten mütterlichen Urgroßvater, Franziskus Josephus Graf Hoditz und Wolframitz, sprach.»[54]

Eine beachtenswerte Signatur: die Unterredung findet an dem Orte statt, wo Ludwig Polzer seine Jugendjahre verbracht und die prägenden Eindrücke aus dem 'Wann und Wo' in sich aufgenommen hatte; sie führt geradewegs zu jenem Vorfahren von ihm, von dem im Teil I des Buches ausführlich die Rede war. So stellt Steiner Polzer schon in dieser ersten Unterredung gleichsam eine ganz konkrete Selbsterkenntnisaufgabe, im Sinne der vier Stufen aller wahren Selbsterkenntnis, wie er sie im Wiener Initialvortrag von

1908 geschildert hatte: Er weist ihn auf die zweite Stufe hin, auf welcher die Erkenntnis der konkreten Einzelheiten, die im Erbstrom wirken, auszubilden ist. Und auch das folgende Wort, das Ludwig Polzer von Steiner noch berichtet, enthält eine Aufforderung zur Selbsterkenntnis, wenn auch in sehr verhüllter Art: «Er sagte mir damals, daß es ihm immer sehr eigentümlich schien, daß dieser den gleichen Vornamen wie Kaiser Franz Joseph trug.» Und Polzer fügt hinzu: «Ich konnte damals nicht viel davon verstehen, leider kam ich niemals mehr darauf zurück.»[54]

Mit diesem rätselhaften Wort von Steiner wurde Polzer in Wirklichkeit auf die *dritte* Stufe der Selbsterkenntnis hingewiesen, welcher sich allmählich der Schicksalsfaden, der durch die Erdenleben gewoben ist, enthüllen kann. Dies dürfte manchen Leser vielleicht noch rätselhafter dünken, als Polzer Steiners Ausspruch vorgekommen ist. An einer späteren Stelle dieses Buches kommen wir auf Steiners Wort zurück.

21. LEHR- UND WANDERJAHRE

Bald nach seiner Grazer Unterredung mit Rudolf Steiner fuhr Polzer mit der Gattin erneut zu Vorträgen des Geisteslehrers in das bayerische München. War Graz die Stadt, in welche ihn die Blutsverwandtschaft einst getragen hatte – München wurde ihm und Berta der gern besuchte Ort, an dem sich neue Wahlverwandtschaft bildete. Zeitweilig sorgte dies für ein gewisses Maß an Mißstimmung in der Familie. Man hielt es jedenfalls für wenig angebracht, daß Ludwig wie ein 'Fahrender' dem Verkünder neuer Geisteslehren nachzog, während Arthur, der von Kindheit auf an einem chronisch auftretenden Magenübel litt, nach einer Operation des Magenausganges in Wien darniederlag. Man fand zu Hause, «daß wir uns zuwenig um Arthur während dieser Zeit gekümmert hatten», stellt Ludwig Polzer fest.[15] Und freimütig fügt er hinzu: «Ich muß auch zugeben, daß dieses der Fall war; es lag aber daran, daß ich nicht recht wußte, um welche Operation es sich handelte und das Ganze also nicht so ernst einschätzte.»

Um die Zeit von Arthurs Operation hielt Ludwig am 3. März 1912 in Wels eine Programmrede[55] als Obmannstellvertreter der infolge seiner Wahlkampagne vom Juni 1911 begründeten 'Unabhängigen Landpartei'.

Gleich eingangs gibt er der Vertrauensmännerversammlung die Versicherung, daß sein damaliges «erstes Auftreten kein frivol-streberisches war», sondern «das endliche, in die äußere Betätigung und Erscheinung tretende Resultat einer langjährigen stillen, ehrlichen Beobachtung und der unter den verschiedenen Verhältnissen gemachten Lebenserfahrungen, fußend auf rein idealistischen Impulsen».

Er wendet sich daraufhin mit der ihm bei solchen Gelegenheiten eigenen unzimperlichen Deutlichkeit gegen die staatlich monopolisierte Wirtschaftspolitik, welche die wirtschaftliche Selbständigkeit des Einzelunternehmers in einem «sozialistischen» Staats- und Landunternehmertum mit einem stets wachsenden Beamtenheer zu ersticken drohe. «Ich will nicht im allgemeinen gegen das Beamtentum sprechen», führt Polzer aus, «ich wende mich nur gegen die fortwährende, sachlich nur scheinbar begründete Vermehrung von Beamten, die eine Folge des Staatsunternehmertums ist, gegen die Schaffung immer neuer, die persönliche Freiheit einschränkender Gesetze, welche wieder neue Beamte bedingen, die Selbständigkeit unnötigerweise gefährden und den Unternehmungsgeist töten.» Am Beispiel des nach der Verstaatlichung unrentabel gewordenen österreichischen Bahnwesens zeigt er die Unsinnigkeit einer solchen Politik auf.

Polzer prangert die unfruchtbare damalige Verwaltungsreform an, fordert bessere Erziehung und breite Volksaufklärung, damit «die unerschöpflichen Kräfte des Menschen erweckt» werden, «um mit ihnen ausgestattet in einen erfolgreichen Kampf treten zu können für Reformen, welche die Höherentwicklung des einzelnen Individuums und damit der ganzen Menschheit ermöglichen.» So spricht ein wahrer Individualist, der sich eine Besserung der sozialen Zustände nur über die Befreiung und Förderung der nach geistigen Gütern strebenden Einzelmenschen erhoffen kann.

Wie ein Echo aus der Wahlkampagne vom Sommer 1911 weht diese Rede noch ins nächste Jahr hinüber. Doch die 'Unabhängige Landpartei' versandet bald in Tatenlosigkeit. Und wo sollten auch die Menschen sein, die imstande wären, eine wirklich über- oder 'unparteiische Partei' zu bilden, wie es Polzer wollte? Noch war die Zeit nicht reif dazu.

Arthurs Krankheit war nur der Anfang einer ganzen Reihe von Krankheiten, die im Frühjahr 1912 in der Familie regelrecht die Runde machten und in zwei Fällen sogar zum Tode führten.

Im April erkrankt auch Julius Polzer ernstlich. Die Diagnose lautet auf verkalkte Herzarterien. Im Mai liegt Berta masernkrank darnieder. Im gleichen Monat erkrankt auch Onkel Wlasko plötzlich schwer an Blutzersetzung. Kurz darauf, am 11. Juni, stirbt er im Beisein von Berta und Ludwig Polzer auf seinem geliebten Schloß Heiligenkreutz in Böhmen.

Im Juli fahren Ludwig und Berta mit den Kindern erneut nach Gyöngyös zu Tante Anna. Doch mitten in die Ferien trifft ein Telegramm aus Wien ein, das die Verschlimmerung des Zustandes von Julius vermeldet. Die Familie packt sofort die Koffer und reist nach Wien. Kurz darauf stirbt Julius Polzer im achtundsiebzigsten Lebensjahr in seinem Wiener Heim. Es war der 25. Juli 1912, der Tag des heiligen Christophorus wie auch des Jakobus, der allen Geistespilgern Beistand spenden soll.

Ein Mitglied der Familie hatte die Idee – war es Ludwig? –, den Vater nicht in Wien, sondern in Modern zu bestatten, das für die Familie mit so vielen glücklichen Erinnerungen verbunden war und das auch Julius Polzer so gerne mochte. Sein Grab befindet sich noch heute auf dem Ortsfriedhof. Auf dem verwaschenen Grabstein steht:

Jahre kommen und vergehen.
In dem Webstuhl läuft geschäftig
Schnurrend hin und her die Spule.
Was er webt – das weiß kein Weber.

Es ist ein Vers von Heine.

«So wurde der liebe Vater am Friedhof von Modern begraben», schreibt der Erstgeborene. «Er liegt nun dort an dieser merkwürdigen Stelle, wo ich immer den Osten an den Westen grenzen fühlte. Sein Grab ist von Efeu überwachsen und mit Fichten umstellt.»[15]

An den sanften Ausläufern der Kleinen Karpaten, wo Ludwig Polzers erste Liebe zu einem Menschen aus dem Westen aufgeblüht, da ruhte nun die Erdenhülle seines Vaters, der eine *zweite* Liebe in ihm zu entflammen wußte, die sich als noch dauerhafter zeigen wird als jede Erdenliebe – die Liebe zur Erkenntnis der Wirklichkeit des Geistes. Und dank *dieser* Liebe sollte über die lebendige innere Beziehung zwischen Julius und Ludwig Polzer auch der Tod nicht Macht bekommen.

Schon im August finden wir Ludwig und Berta Polzer wiederum in München – auf der jährlichen theosophischen Sommertagung. Diesmal schauen sie sich auch Mysterienspiele an. Besonders Berta war von ihnen tief ergriffen.

Auch der Kreis der Wahlverwandten erweitert sich von neuem. Otto Graf Lerchenfeld ist hier in erster Linie zu erwähnen, der Neffe Hugo Lerchenfelds, des königlich-bayerischen Gesandten in Berlin. Zu Otto Lerchenfeld und auch zu zweien seiner Töchter werden sich in Zukunft engste Bande knüpfen. Auch zu Marie von Sivers, der späteren Gemahlin Steiners, wie zu Julius Breitenstein, dem Zweigleiter aus Wien, traten Berta und Ludwig Polzer in Beziehung.

Wie gewohnt ergänzte Rudolf Steiner die Aufführungen der Mysterienspiele durch einen Vortragszyklus.[56]

Kaum war die Münchner Tagung abgeschlossen, reiste Ludwig Polzer allein nach Basel in die Schweiz, um einem weiteren Vortragszyklus beizuwohnen, den Steiner dort über das Markusevangelium halten sollte.[57]

Im Basler Hotel traf er die Prinzessin Marie Rohan an, eine alte treue Freundin seines Vaters. Auch sie war zu dem Zyklus angereist. So gab es während dieser Basler Tage reichliche Gelegenheit, sich nicht nur über Steiners Ausführungen zu besprechen, sondern auch Erinnerungen über Polzers Vater auszutauschen.

Hatte Julius Polzer in den letzten Lebensjahren nicht immer häufiger Zusammenkünfte solcher Menschen aufgesucht, die durch ein gleiches spirituelles Strebensband vereinigt wurden? Nach dem Vortragszyklus *Makrokosmos und Mikrokosmos*, den er noch 1910 in Wien erleben durfte, sagte er zu Ludwig, «wie heimisch er sich damals in der (...) Gesellschaft gefühlt hatte, als er Abend für Abend diese Vorträge hörte»[58]. So hätte er am Basler Zyklus wie auch an den Hotelgesprächen zweier Menschen, die ebenso mit ihm wie der ihm heiligen Geistessache verbunden waren, im Grunde seiner Seele sicher Anteil nehmen wollen. Doch – wer könnte denn so ohne weiteres behaupten, daß Julius Polzer in den Tiefen seines Wesens dabei *nicht* teilgenommen hat?

Ludwig Polzer kannte damals noch keine Basler Theosophen. So bestieg er eines freien Nachmittags, wie aus einer unbestimmten Eingebung heraus, auf das Geratewohl eine elektrische Straßenbahn und fuhr bis an die Endstation. Dort betrachtete er «bei einem kleinen Kloster eine merkwürdige, unter Glas verschlossene Pyramide von Totenköpfen als Andenken an die Schlacht an der Birs».[59] Im Jahre 1499 war hier ein schwäbisches Heer von Schweizer Landsknechten geschlagen worden. «Die Aufschrift auf der Pyramide lautete: 'Die Herren müssen bei den Bauern liegen'». Ein merkwürdiger Spruch für ihn, war er selbst doch Herr und Bauer in seiner eigenen Person! Später erfuhr er dann, daß an diesem selben Tage Rudolf Steiner am selben Ort der Endstation das Baugelände besichtigte, das ihm der Schweizer Emil Grosheintz für den in München vorgesehenen Bau anbot. Nach *Dornach* also war Polzer zufällig gefahren! «Es zog mich also damals in einer Vorahnung an den Ort, wo sich bis zum Tode Rudolf Steiners das Bedeutendste für die anthroposophische Bewegung abgespielt hat»[60], schreibt er in den Prager Aufzeichnungen. Da das Münchner Bauvorhaben durch die Behörden schließlich eine Ablehnung erfuhr – wie Polzer meint, infolge kirchlichen Widerstandes –, kam es ein Jahr darauf tatsächlich hier in Dornach zur Grundsteinlegung des ersten Goetheanums.

So hatte Ludwig Polzer unbewußt als erster Schüler Steiners den Schweizer Wirkensort des Lehrers aufgesucht.

Es wird Oktober. Der erste Balkankrieg bricht aus. Polzer erlebte ihn sofort «als Auftakt zur folgenden europäischen Katastrophe». Und er betont: «Es war mir damals gleich vollständig klar, daß dieses der Anfang einer Menschheitskatastrophe sein werde, die ich schon immer erwartet hatte.»[15] Er zumindest zählte nicht zum Heer der Ahnungslosen, die bald aus ihrem Zeitenschlaf gerissen werden sollten.

Noch kurz zuvor hatte er den Bauplatz einer künftigen Kultur betreten – nun blickte er in Geisteswachheit der kommenden Zerstörung der unbrauchbar gewordenen Vergangenheitskultur entgegen ...

Blicken wir auf dieses Jahr zurück, so ragen neben den verschiedenen Vortragseindrücken, den Reisen und den neu geschlossenen Bekanntschaften zwei Ereignisse heraus, die für die kommenden Jahre von entscheidender Bedeutung werden sollten; ein scheinbar mehr persönliches und eines, das die ganze Welt betrifft. Wir meinen den soeben kurz erwähnten Balkankrieg sowie den Tod des Vaters. An beides sollte sich im Jahre 1913 für Ludwig Polzer durch Rudolf Steiner eine regelrechte Unterweisung knüpfen.

*

Doch zunächst ging es im Frühjahr 1913 wiederum ins Weite und ins Hohe. Im Mai fuhr unser Ehepaar nach Helsingfors, wie Helsinki damals hieß, wo Steiner über *Die Okkulten Grundlagen der Bhagavad Gita*[61] sprach. «Die Ereignisse waren noch nicht so ernst wie später», stellt Polzer fest, «und so konnte ich ohne große Störungen, ohne äußere Schwierigkeiten und Sorgen mich ganz der Geisteswissenschaft widmen und Rudolf Steiner in vielen Städten über die verschiedensten Themen des menschlichen Erdenlebens und der geistigen Welt sprechen hören.»[62]

Die Fahrt ging über Berlin, Saßnitz nach Stockholm, von wo aus mit Bekannten und Freunden eine Fahrt durch die Schären unternommen wurde. Von Abo ging es dann mit der Bahn nach Helsingfors. «Die Schönheiten des Nordens», schreibt Polzer, «machten besonders auf Berta einen großen Eindruck.»[15] Oft fuhr man in die Umgebung von Helsingfors hinaus und «ließ die Landschaft auf sich wirken». Ludwig Polzer wird von dem Naturerleben selbst so stark ergriffen, daß er, in diesem Handwerk weit weniger geübt als sein Bruder Arthur, ein Aquarell entwirft. Und auch in seinen Erinnerungskonzepten malt Polzer eine kleine Skizze dieses Aufenthaltes, wenn er schreibt: «Wir wohnten in einem Hotel gegenüber dem Hafen, mit russischer Bedienung. Vor unseren Fenstern war fast immer großer Brotmarkt; die Landleute kamen mit ihren vierrädigen Wagen hereingefahren, mit den verschiedensten Landprodukten, doch besonders Brot spielte eine große Rolle. Ganz besonders fiel uns der ausgezeichnete Pferdeschlag dort auf: stämmige kleine Pferde mit ungeheuren Gängen. Schon als wir vom Bahnhof zum Hotel fuhren, wurde uns ganz ängstlich in den kleinen Wägen und bei dem raschen Um-die-Straßenecken-Biegen.»[15] Ähnliche Fahrtempfindungen hatte das Ehepaar bisher wohl nur in Gyöngyös bei Tante Anna, ansatzweise, zu bestehen gehabt ...

«Es waren herrlich schöne Tage», heißt es abschließend, «die wir, den Vorträgen mit Begeisterung horchend und die Natur genießend, erlebten. – Solche gemeinsamen Reisen so vieler Freunde waren besonders gesellschaftsbildend, man fühlte sich wie zu einer großen geistigen Familie gehörend.»[15]

So begeisternd wirkten Steiners Ausführungen auf das Ehepaar, daß es, kaum vom Norden heimgekehrt, noch im Juni wiederum nach München fuhr, wie um das Erlebte der Stadt der Wahlverwandtschaft zur Reifung hinzugeben.

Als Tante Anna im August nach Tannbach kam, wurde ihr bestimmt berichtet, daß ihre etwas forsche Reitkunst im Norden massenhafte Konkurrenz besäße ... Es war das letzte Mal, daß Ludwig Polzer Tante Anna sah. Kurze Zeit darauf verschied sie. Noch zehn Jahre später schreibt er in den Erinnerungskonzepten: «Die Erinnerung an sie ist bei mir von einer ungeheueren Lebendigkeit; ich glaube sie dann neben mir zu fühlen.»[15]

In der zweiten Hälfte des August brachen Berta und Ludwig Polzer abermals nach München auf. Es war die dritte und die letzte Sommertagung vor dem Krieg. Wieder schauten sie sich die Mysterienspiele Rudolf Steiners an. Die Rollen wurden von Steiners Schülern selbst gespielt, die auch die Kulissen und Kostüme präparierten.

Wieder traten viele neue Menschen in den Freundeskreis des Paares. So zum Beispiel der zweiundzwanzigjährige Walter Johannes Stein aus Wien, «der damals als ganz junger Mann sich anfänglich sehr kritisch zur Geisteswissenschaft stellte»[63.] Auch mit Stein wird Polzer bald ein festes Freundschaftsband verknüpfen.

*

Noch in anderer Hinsicht war dieser Münchner Aufenthalt für Ludwig Polzer von besonderer Bedeutung. Rudolf Steiner begann nun nämlich 'regelrecht' damit, Polzer in zwei Richtungen gewissermaßen zu 'erziehen'. Die eigentlichen, ganz auf Ludwig Polzers Individualität bemessenen Lehrlektionen setzten ein. Sie fügten sich an jene beiden bereits erwähnten Vorfälle des letzten Jahres an, die in Polzers Seele besonders weite Kreise zogen: den Tod des Vaters und das Auflodern der ersten Kriegsereignisse auf dem Balkan.

Steiner sprach in diesem Jahr in München in Anknüpfung an die Mysteriendramen über *Die Geheimnisse der Schwelle* [64]. Während einer Vortragspause im Luitpoldsaale geschah es nun, wie Polzer schreibt, daß «Rudolf Steiner plötzlich hinter mir stand und mir auf die Schulter klopfend sagte: 'Ihr Vater ist uns in der geistigen Welt von großer Hilfe.' Diese Worte waren so ernst und mit solcher Liebe gesprochen, daß ich wie betäubt und bis ins Innerste erschüttert war.»[65] Zwar war das Weiterleben der Verstorbenen für Polzer *in Gedankenform* schon lange etwas Selbstverständliches. Doch daß sie dergestalt konkret erlebt und auch beschrieben werden konnten, wie wenn sie bloß *in Nebenzimmern* wandelten: das kann, wenn dies zum ersten Mal erlebt wird – wenn auch, wie in diesem Fall, nur mittelbar –, naturgemäß zunächst erschreckend wirken. Doch Steiner mußte Gründe haben, Ludwig Polzer, der 1912 auch in die Esoterische Schule aufgenommen worden war, in dieser Hinsicht nicht zu schonen. Es war, wie wenn er Polzer sagen wollte: 'Nimm deine Ideen-Überzeugung vom Weiterleben der Verstorbenen nach dem Tode nur restlos ernst; ein großer Mensch ist dir vorangeschritten. Er ist lebendiger als viele Lebende.' Dafür wollte Steiner Polzer im rechten Augenblick das Auge öffnen.

«Von dieser Zeit an», berichtet Polzer weiter, «verging kaum ein Privatgespräch mit ihm, ohne daß er mit mir von meinem Vater sprach.»[65]

Von dieser Münchner Stunde an wurde Ludwig Polzer mehr und mehr auf diese 'Nebenräume' der Geschichte aufmerksam, in denen unsere 'Toten' wandeln; auf die Metahistorie, ohne welche die in den 'Tageszimmern' agierenden geschichtlichen Gestalten nur leere, unverstandene Schemen bleiben. Denn mit tausend Fäden sind letztere mit jenen ganz realen 'zweiten Lebenden' verknüpft.

Noch ein anderer Aspekt von Steiners Wort ist zu berühren. Es scheint anzudeuten, daß Julius Polzers Seele sich nach dem Tode der geisteswissenschaftlichen Bestrebung noch inniger verbunden hatte.

Insoferne aber dürfte sie von ihrem 'Nebenzimmer' aus gerade jene durch die Geisteswissenschaft bedingten Lebensschritte des im Tageszimmer wandelnden Sohnes mit besonderem Interesse begleitet haben. Zum Beispiel auch an jenem freien Tage im September 1912, als es Ludwig Polzer in unbestimmter Eingebung nach Dornach trieb ...

*

Die andere Elementarlektion betraf die Hintergründe des politischen Geschehens. Auch sie bestand in einer beiläufigen Feststellung, welche Steiner im Laufe eines Gesprächs mit Polzer machte; sie lautete: «Solange Deutschland politisch so vorgehen wird, daß es sich mit Projekten wie die Bagdadbahn beschäftigt, wird es in Europa nicht vorwärtskommen können.»[66] Polzer macht dazu den folgenden Kommentar: «Ich verstand damals nichts davon, erkannte aber, daß ich von den wirklichen Notwendigkeiten des Menschen- und Völkerwerdens in Europa und den diesen Notwendigkeiten entgegenstehenden Gewalten noch gar nichts verstehe. Ich fragte mich, warum der Bau der Bagdadbahn für Deutschland etwas sein sollte, das dem Deutschtum widerspräche. Erst im Verlauf des Weltkrieges lernte ich es verstehen.» Was hatte Steiner mit der Bagdadbahn-Bemerkung in Polzer wecken wollen? Das Bewußtsein, daß nicht nur der einzelne, daß ganze Völker von ihrer Bahn abkommen können, wenn sie anfangen, *ihnen wesensfremde Ziele* zu verfolgen. Und so war es ja im Deutschland Kaiser Wilhelms auch geschehen. Statt nach geistig-kosmopolitischer Kulturentwicklung strebte man nach der Reichsgründung von 1870 mehr und mehr nach äusserer Machtstellung unter den Nationen. Die von Deutschland im Einverständnis mit der türkischen Regierung gebaute Bagdadbahn offenbart die imperialen Machtsehnsüchte des neuen Reichs und forderte in völlig überflüssiger Weise Englands Handelskonkurrenz heraus.

«Diese Bemerkung über die Bagdadbahn» sagt Polzer schließlich, «war die erste welthistorische Lehre, die ich empfing.»[66] Es sollten ihr noch viele weitere folgen.

*

Nun war die Zeit gekommen, daß Julius und Josef eine öffentliche Schule frequentierten. Zu diesem Zwecke mieteten die Eltern in Linz am Pfarrplatz 12 eine Wohnung, in welcher auch ein besonderer anthroposophischer Vortragsraum eingerichtet wurde. Das schöne geräumige Haus steht in der Nachbarschaft zum Geburts- und Jugendhaus von Marianne Willemer, der 'Suleika' aus Goethes *West-östlichem Divan*.

Kaum hatte man sich an dem neuen Wohnort eingewöhnt, traf ein Telegramm aus Basel ein, in dem Emil Grosheintz Polzer die Grundsteinlegung des 'Johannesbaues' avisierte, wie das 'Goetheanum' zunächst noch hieß.

Für Polzer, der schon im vergangenen Juli Mitglied des 'Johannesbauvereins' geworden war, gab es nichts zu zögern. Geistesgegenwärtig machte er sich reisefertig: er «hatte nur zwei Stunden Zeit, um den letzten möglichen Zug zu erreichen, kam kurz vor der Handlung per Auto in Dornach an»[15]. Es war der 20. September des Jahres 1913. Merkur stand als Abendstern im Zeichen der Waage, als die feierliche Handlung, bei der nur wenige Menschen zugegen waren, vollzogen wurde. Polzer schreibt über das bewegende Geschehen: «Am Abend dieses Tages versammelten sich einige wenige Mitglieder auf dem Dornacher Hügel. Für die Versenkung des Grundsteins war in den Lehmboden eine kreisförmige Grube gegraben, auf neun provisorischen Stufen erreichte man ihren Boden, wo der Grundstein untergebracht werden sollte. Der Ort war genau so berechnet, daß über diesem Grundstein nach vollendetem Bau das Rednerpult stehen werde. Der Grundstein selbst hatte die Form von zwei miteinander verbundenen Pentagondodekaedern, einem größeren und einem kleineren. Er war aus Kupfer gearbeitet. Die Urkunde, welche Rudolf Steiner zur Erinnerung an die Handlung der Grundsteinlegung verfaßte und welche die Bedeutung dieses Augenblicks und der Tatsache des Baues für alle Zeiten ausdrücken sollte, wurde in den Grundstein verschlossen. Vor Beginn der Handlung wurde ein Holzstoß angezündet, es regnete in Strömen. Einige von uns hielten brennende Fackeln. Wir standen dicht gedrängt im Kreise um die Grube, als Rudolf Steiner an sie herantrat. Zuerst rief er nacheinander alle geistigen Hierarchien an, in der darauffolgenden Ansprache gab er eine kurze geistesgeschichtliche Entwicklungsübersicht bis zu dem gegenwärtigen Zeitpunkt, dem 20. Tage des September 1880 nach dem Mysterium von Golgatha, das ist 1913 nach Christi Geburt (...) Auf den Grundstein wurden zwölf rote und eine weiße Rose gelegt, auf in Kreuzesform gespannten Gurten wurde er versenkt. Ich erinnere mich, wie ich die Fackel in meiner Hand etwas ängstlich hielt, einerseits aus Ergriffenheit und dann auch, weil Feuertropfen niederfielen und wir so gedrängt standen, manche aufgespannte Regenschirme hielten. Das Bild dieser Handlung, welches der brennende Holzstoß und das Feuer der Fackeln beleuchteten, hat sich tief eingeprägt in meine Seele; ich wußte, daß ich teilnehmen durfte an einer Handlung, die für Jahrhunderte entscheidend sein werde.»[67] Doch Polzer wußte auch: «Mit diesem Heraustreten der anthroposophischen Bewegung an die Öffentlichkeit (...) begannen die ernstlichen Gegnerschaften gegen Rudolf Steiner und die Bewegung.»

*

Gleich nach der Grundsteinlegung reisten Ludwig und Berta Polzer zum zweiten Mal in diesem Jahr nach Skandinavien. Steiner sprach Anfang Oktober in Oslo über das 'Das Fünfte Evangelium'[68], das heißt über jene Phasen im Leben Jesu, von denen die vier Evangelien schweigen und die nur aus der Akasha-Chronik, dem sich der übersinnlichen Erkenntniskraft erschließenden Weltgedächtnis, abgelesen werden können. Welch ein Erlebnis für das Ehepaar!

Berta Polzer erfährt eine ungeahnte Vertiefung ihres religiösen Strebens. Für ihren Gatten wird das 'Unerhörte' im Vordergrund gestanden haben, daß hier ein Mensch, ohne jede Stützung auf tradierte Sinnesdokumente, aus übersinnlicher Erkenntnis exakte, bisher völlig unbekannte Einzelheiten aus dem Leben Jesu vortrug!

«Das mitgemacht zu haben», lesen wir in den Erinnerungen, «bedeutete eine ungeheure Bereicherung unserer Lebenserfahrungen auf dem Wege einer allgemeinmenschlichen Wesenserkenntnis des Menschen. Es erscheint mir heute das damals Erlebte wie ein gewaltiger Auftakt alles dessen, was später an uns herantrat. Eine Bewußtseinserweiterung ließ mich weitere Horizonte schauen, und neue Lebens- und Wirkensfreude erfüllte mein Herz.»[69]

In solcher innerer Gestimmtheit lebte Ludwig Polzer dem schon entfachten Weltenbrand entgegen.

22. DER ERSTE WELTKRIEG

Während Ludwig Polzer im Herbst und Winter 1913/14 in seiner Linzer Wohnung Einführungskurse in die Geisteswissenschaft durchführt, schwelt das Feuer auf dem Balkan weiter. Seit der Annexion von Bosnien und der Herzegowina im Oktober 1908 war Österreich-Ungarn nicht nur bei den Türken, sondern ganz besonders auch im angrenzenden Königreich der südslawischen Serben höchst unbeliebt geworden. Und auch der Friede von Bukarest nach dem zweiten Balkankrieg im Sommer 1913 ließ insbesondere die Serben schwer enttäuscht zurück – da Österreich-Ungarn ihm den langersehnten Weg zur Adria versperrte.

Von einem «lange und gut vorbereiteten Krieg» spricht Renate Riemeck in ihrem Buch *Mitteleuropa – Bilanz eines Jahrhunderts*.[70] In dem Kapitel «Österreich muß zugrunde gehen» haben wir auf wesentliche Elemente dieser 'Vorbereitung' bereits ausführlich hingewiesen. Wir begnügen uns daher an dieser Stelle mit der Erinnerung an das früher Ausgeführte, da 1914 lediglich an die historische Oberfläche trat, was seit langer Zeit, von innen wie von außen, den Bestand der Doppelmonarchie gefährdete und untergrub und so den Weltenbrand von 1914 mit entfachte.

*

Im Januar des neuen Jahres machte Polzer die zweite Generalversammlung der ein Jahr zuvor begründeten Anthroposophischen Gesellschaft in Dornach mit und verband sich dadurch noch inniger und stärker dem Schicksal der von dieser Weltgesellschaft kultivierten Geistesströmung.

In dieser Zeit las Berta Polzer zu Hause ihren Söhnen oftmals deutsche oder europäische Dichtung vor und belebte damit deren «trockene, abstrakt eingetrichterte Studien»[15]. Auch Ludwig Polzer wohnte solchen Lesungen mit großem Interesse bei; Berta schien das 'Handwerk' meisterhaft zu üben. So suchte man, den unvermeidlichen Schuldefekten durch lebendige Gemüts- und Herzensbildung den schlimmsten Stachel abzubrechen.

Im April kam Steiner einmal mehr nach Wien, um über *Inneres Wesen des Menschen zwischen Tod und neuer Geburt*[71] zu sprechen. Auch Christine Polzer, Ludwigs Mutter, nahm an dem Vortragszyklus teil. Sie sagte ihrem Sohn, wie sehr sie sich gerade während dieser Ausführungen Steiners mit Julius, dem dahingegangenen Gatten, innerlich verbunden fühlte. Auch eine solche unscheinbare Äußerung kann auf das spirituelle Realgeschehen in den 'Nebenräumen' der Geschichte einen Lichtschein werfen ...

22. DER ERSTE WELTKRIEG

Im Anschluß an den Zyklus fuhr Ludwig Polzer zum ersten Mal *als Mitarbeiter* am entstehenden Johannesbau nach Dornach. Für den großen Saal des Doppelkuppelbaus waren Architrave vorgesehen, über Säulen, welche die Planeten zeigen sollten, die am kosmischen Entwicklungsgang der Erde in besonderer Art beteiligt waren. Die Erdentwicklung selbst zerfällt nach geisteswissenschaftlicher Erkenntnis in eine Mars- und eine Merkurphase.

Die Merkurphase begann mit dem Mysterium von Golgatha; sie markiert die vom Impuls von Golgatha durchdrungene Erdenzukunft; für die Menschheit heißt das: immer höhere Ichentwicklung, Individualisierung alles kulturellen, spirituellen Lebens. Die *Völker*, welche diese Ich-Entwicklung am meisten fördern könnten, sind die mitteleuropäischen Völker, die, wenn sie in ihrer Wesensbahn verbleiben, geradezu den Drang nach Individualität, nicht Nationalität begünstigen.[72] Zu ihnen gehören gleichermaßen Deutsche, Österreicher, Ungarn, die Randslawen wie die Tschechen, Polen und Slowaken, aber auch die skandinavischen Völker. Es sind dies alles, bei aller sonstigen Verschiedenheit, in gewissem Sinne Merkur-Völker. – Wie bewundernswert exakt verfährt das Schicksal nun, wenn es Ludwig Polzer im Frühjahr 1914 im Laufe von drei Wochen an dem aus Ulmenholz entstehenden Merkur-Architrav Schnitzarbeiten unternehmen läßt!

*

Die Nachricht vom Attentat im bosnischen Sarajevo erreichte die Familie Polzer im böhmischen Traun bei einem Volksfest. Es war der 28. Juni, der serbische Gedenktag der großen Schlacht auf dem Amselfeld, in der die Serben von den Türken vernichtend geschlagen worden waren; jedoch auch der Tag, an dem Serbien 1878 autonomes Königreich geworden war, während Bosnien und Herzegowina unter österreichische Okkupation gestellt wurden. Die Mörder von Franz Ferdinand und seiner Gattin, der Erzherzogin von Hohenberg, wurden unter anderem von der großserbischen Geheimorganisation 'Die Schwarze Hand' finanziert und instruiert. Die Fäden dieses Attentats führen über Belgrad nach Petersburg und London. Das erklärt auch, weshalb sich der zunächst rein monarchie-interne Zwischenfall nicht auf Österreich-Ungarn einerseits und Serbien andererseits beschränken lassen wollte. Im Sinn der Zielsetzungen des Testaments von Peter dem Großen war die Ausschaltung Mitteleuropas und insbesondere von Österreich aus der europäischen Politik längst beschlossene Sache.[73] Sarajevo lieferte dazu nur den nötigen Anlaß, wie es auch heute wiederum den Daueranlaß bietet, auf dem Balkan eine antimitteleuropäische Politik zu treiben.

Arthur Polzer liefert in seinen unveröffentlichten Aufzeichnungen einen interessanten Hinweis für diese bis zum heutigen Tage wenig untersuchten Hintergründe.

Einige Jahre vor Ausbruch des Weltkriegs , berichtet er [2], wurde «eines Tages in der Kabinettskanzlei des Kaisers ein verschlossenes Couvert größeren Formats abgegeben, das die Aufschrift trug: 'An Seine Majestät Kaiser Franz Joseph, Wien, Hofburg'. Der Absender war auf dem Umschlag nicht vermerkt. Im Couvert befand sich ein mehrfach gefaltetes großes Blatt mit kalligraphisch ausgeführten, eigentümlichen Schriftzeichen. Der Kanzlist der Kabinettskanzlei war in Verlegenheit, wie er dieses eigentümliche Schriftstück in das Einreichungsprotokoll eintragen sollte. Man half sich zunächst damit, es an die Militärkanzlei des Kaisers abzugeben; aber auch diese wußte nichts damit anzufangen. Die Schriftzeichen wurden mit den[en] aller lebenden Sprachen verglichen; es ergab sich, daß es sich nur um eine Geheimschrift handeln könne. Da man aber ein an den Kaiser gerichtetes Schriftstück nicht in den Papierkorb werfen wollte, wurde es an das Chiffre-Departement des Ministeriums des Äußeren geleitet. Dort saßen Gelehrte, die nach eigenen kunstvollen Methoden jede Chiffre zu enträtseln vermochten. Zunächst wendeten sie sich an zwei Papiersachverständige, die die Herkunft des offensichtlich ausländischen Papiers bestimmen sollten. Diese zwei Papierexperten erstatteten, ohne daß sie voneinander wußten, übereinstimmend ihr Gutachten dahin ‚daß das Papier amerikanischen Ursprungs sei. Nach monatelanger Arbeit gelang es dem Chiffre-Departement, die Schrift zu entziffern. Sie hatte beiläufig folgenden Inhalt: Der nicht genannte Schreiber des Briefes teilte mit, daß hochgraduierte Freimaurer in einer Geheimsitzung, der er selbst beiwohnte, beschlossen hätten, die Dynastie der Habsburger und jene der Hohenzollern zu stürzen, Österreich zu zertrümmern und zur Erreichung dieses Zieles einen Weltkrieg zu entzünden. Er sei zwar zur Geheimhaltung dieses Entschlusses verpflichtet, könne es aber bei der Ungeheuerlichkeit dieses Planes nicht über sich bringen, zu schweigen; er wolle die maßgebenden Stellen zumindest in dieser, vielleicht gar nicht verständlichen Form auf die drohende Gefahr aufmerksam machen. Die Papiersachverständigen erhielten im Chiffre-Departement Kenntnis von dem Inhalt und hielten nicht dicht. Sie erzählten da und dort von dem eigentümlichen Schreiben. Beide büßten dies mit dem Leben: sie fielen binnen kurzem anscheinend zufälligen Unfällen zum Opfer. Der eine wurde auf der Straße von herabfallenden Ziegeln erschlagen, der andere durch den Stoß eines nicht eruierbaren Passanten auf das Geleise der Straßenbahn geschleudert und überfahren.

Die Warnung blieb unbeachtet. Man glaubte nicht an den Ernst solcher geheimer Pläne von Freimaurern, ja man hielt solche Dinge für Ammenmärchen und lachte darüber.»[2]

Heute werden derlei Angelegenheiten gern mit dem Schlagwort 'Verschwörungstheorie' [74] abgetan. Doch es war schon immer ein probates Mittel von politisch zielbewußten Kreisen, sich mit einer in die Massen eingestreuten Theorie von lächerlichen 'Verschwörungen' den Rücken und die Hände frei zu halten ...

Seine diesbezügliche Aufzeichnung schließt Arthur Polzer mit den Worten: «Es gab also – durch die nachfolgenden schicksalsschweren Ereignisse wurde es offenbar – doch Wissende, die hin und wieder etwas durchblicken ließen von den drohenden Weltzerstörungsplänen (...)

Ebenso unbeachtet blieb die Warnung, die der bekannte Freimaurer Labouchère bereits im Jahre 1890 in der satirischen englischen Zeitschrift *Truth* gab.» [2]

Wir haben auf die Karte aus der *Truth* an früherer Stelle einen näheren Blick geworfen und werden 1928, anläßlich der Veröffentlichung von Arthur Polzers Buch über Kaiser Karl, auf die Sache abermals zu sprechen kommen, im Zusammenhang mit weiteren Indizien in bezug auf die hier aufgezeigten Hintergründe. Daß auch im Vorkriegsfrankreich von einer gewissen Madame de Thèbes wie prophetisch auf den kommenden Krieg gewiesen wurde, bringt Arthur Polzer im übrigen mit denselben, eben auch nach Frankreich hinüberreichenden politischen Hintergrundstendenzen in Verbindung.

«Ich wußte gleich», schreibt sein Bruder Ludwig über das Attentat in Sarajevo, «daß es den Anfang schwerer Zeiten bedeutete»[15]. Doch auch noch etwas anderes wußte Ludwig Polzer: «Der Helfer stand ja auch da – von den Menschen so wenig erkannt, als die Katastrophe hereinbrach.» Dieses Wissen gab ihm und Berta Kraft, und so beschlossen sie, gerade in der so kritischen Zeit die geisteswissenschaftliche Arbeit noch zu verstärken. Und wie eine leise, unaufdringliche Bestätigung für die Richtigkeit dieser inneren Einstellung dürfte Ludwig Polzer es empfunden haben, als ihm Marie von Sivers *am Tag des Attentats* von Sarajevo im Namen des Zentralvorstands der Anthroposophischen Gesellschaft mitteilte, daß die von ihm beantragte Bildung eines neuen Linzer Zweigs genehmigt worden sei. Und wie wollte Polzer diesen Zweig benennen? «Franziskus Josephus Philippus Graf von Hoditz und Wolframitz-Zweig der Anthroposophischen Gesellschaft». Während die Armeen von Europa bald mit der Mobilmachung beginnen, macht Ludwig Polzer auf dem Hauptkampfplatz des Geistes im inneren Anschluß an den großen Ahnen in ganz anderer Art 'mobil' ... Ob die Länge dieser Zweig-Benennung glücklich war, ist eine andere Frage.

Anfang Juli brach das Ehepaar zu seiner dritten Nordlandreise auf, um Rudolf Steiner nach Norrköpping in Schweden zu begleiten, wo er über *Christus und die menschliche Seele*[75] sprechen wollte. Am 17. Juli fuhr das Paar mit Steiner von Norrköpping nach Trelleborg zurück; von dort aus ging es mit dem Schiff nach Saßnitz. Auf dieser Überfahrt begegnete den Reisenden das Kriegsschiff «La France», auf welchem der französische Ministerpräsident Poincaré in Begleitung des Außenministers Viviani nach Petersburg fuhr, um Rußland für den Kriegsfall der unbedingten Bündnistreue zu versichern.

Erst nach der Abfahrt Poincarés nach Petersburg wurde am 23. Juli das auf 48 Stunden befristete gewagte österreichische Ultimatum an Serbien publiziert, nachdem Deutschland schon am 6. Juli Österreich-Ungarn für den Eventualfall einer Einmischung von Rußland *seiner* Bündnistreue versichert hatte. Am 28. Juli erklärte Österreich-Ungarn Serbien dann den Krieg, da das Königreich das Utimatum, das u.a. auch die Aufklärung der anti-monarchistischen Umtriebe in Serbien forderte, nicht vorbehaltlos akzeptierte. Tags darauf machte Rußland teilmobil, am 30. wurde die russische Generalmobilmachung bekanntgegeben. Hat Poincaré in Petersburg dazu geraten? War doch Rußland vom Konflikt zu diesem Zeitpunkt gar nicht selbst bedroht. Die russische Mobilmachung löst am 31. Juli und 1. August die entsprechenden Anordnungen in Österreich-Ungarn aus. Deutschland fordert noch am letzten Julitage die Einstellung der russischen Mobilmachung und in einem weiteren Ultimatum, für den Fall eines deutsch-russischen Konflikts, die Neutralität von Frankreich. Da Rußland keine Antwort depeschiert, erklärt das Reich am 1. August Rußland den Krieg und nimmt damit, rein äußerlich betrachtet, die Rolle des Kriegsausweiters des österreichisch-serbischen Konflikts auf sich. Und da sich Frankreich hinter seiner russischen Bündnistreue zu verschanzen sucht und England seinerseits noch am 1. August auf ausdrückliche Anfrage des deutschen Botschafters in London keinerlei Neutralitätserklärung abzugeben wünscht, erklärt die deutsche Reichsregierung am 3. August den Krieg auch seinem westlichen Nachbarn. Gemäß dem für den befürchteten Zweifrontenkrieg ausgearbeiteten Schlieffenplan marschierten deutsche Truppen dann durch Belgien. Dies lieferte Großbritannien den von ihm benötigten Vorwand seines Kriegsbeitritts.[76]

Es war bekanntlich der Generalstabschef Helmuth von Moltke, der das deutsche Heer nach Westen führte, nachdem der Kaiser noch am 1. August (!) die Meinung hatte, man müsse die ganze Armee lediglich im Osten aufmarschieren lassen. Es dürfte in der neueren Zeit nur wenige Menschen geben, die in gleichem Maße verunglimpft und verlästert worden sind wie dieser jüngere Moltke, der Neffe des gleichnamigen Siegers von Königgrätz und Sedan. Polzer nannte ihn einmal «den letzten ganzen Mann»[77], den Deutschland zu Beginn des Krieges noch besessen habe. Das Tragische war nur, daß ein solcher Mann der deutschen *Politik* seit Jahrzehnten fehlte...

Auf den Zerfall der österreichischen und deutschen Politik in jener Zeit ist in diesem Buch schon mehrfach hingewiesen worden. Sie soll hier also

22. DER ERSTE WELTKRIEG

keineswegs verteidigt werden. Doch viel größeren Wert als auf die Frage deutsch-österreichischer 'Kriegsschuld' werden die Historiker der Zukunft auf die folgenden Fragen legen müssen: 1) Weshalb hat Rußland als erste der am österreichisch-serbischen Konflikt unmittelbar nicht selbst beteiligten Großmächte Europas sofort nach Österreichs Kriegserklärung an Serbien die Generalmobilmachung angeordnet? 2) Weshalb ging England auf das deutsche Angebot, Frankreich im Falle einer englischen Neutralitätserklärung nicht anzugreifen, in keiner Weise ein?

Wer die westlichen Intentionen kennt, die die europäische Politik schon seit Jahrhunderten im Sinn des Testaments von Peter dem Großen in hohem Maße lenkten, wird jedenfalls nicht übersehen dürfen, daß diese Intentionen wie auch die Lancierung des sozialistischen Experimentes in der 'Wüste' Rußlands *ohne großen europäischen Krieg nicht verwirklicht werden konnten.*

*

Während das politisch-diplomatische Ränkespiel am Vorabend des Krieges das lange glimmende Feuer schürte, reiste Ludwig Polzer also aus dem Norden wieder in die Heimat. Und während er mit Steiner von Saßnitz nach Stralsund fuhr, erinnerte ihn dieser an den Ausspruch Wallensteins, er müsse diese Stadt – Stralsund – erobern, «und wäre sie mit Ketten an den Himmel gebunden». Der Friedländer hat die Stadt zu seinem großen Schmerz bekanntlich 1628 nicht erobern können; die mehrmonatige erfolglose Belagerung führte einen Wendepunkt im Krieg herbei, indem die Schweden stärker auf das Festland drängten. «Wallensteins Glück scheiterte vor dieser Stadt», schreibt Schiller im 2. Buch seiner *Geschichte des Dreißigjährigen Kriegs.*

Steiner machte die Bemerkung «mit einer gewissen Betonung», schreibt Polzer in den Erinnerungen[78], «so wie er es öfter tat, um uns weiter denken zu lassen». Was wollte Rudolf Steiner Polzer mit der Bemerkung sagen? Daß man vor Zeiten stehe, in denen ähnlich hochgesteckte kriegerische Ziele von ebenso geringem Enderfolg gekrönt sein würden? Daß ein zweiter dreißigjähriger Krieg beginnen würde, was ja dann, die sogenannte Friedenszeit zwischen den zwei Kriegen eingerechnet, tatsächlich auch geschehen ist? Polzer fuhr nach der Trennung von Steiner in Stralsund jedenfalls in sehr nachdenklicher Stimmung mit der Gattin nach Heiligenkreutz in Böhmen weiter. «Es kam mir nach diesem Ausspruch Rudolf Steiners», schreibt er, «schicksalsmäßig so merkwürdig vor, daß wir gerade den umgekehrten Weg fuhren, von Eger nach Pilsen, den der Friedländer vor seiner Ermordung von Pilsen nach Eger machte. Da ich außerdem in einem so nahen Verhältnis zur Familie Waldstein schon in meiner Jugend stand, ging mir dieser Ausspruch sehr nahe.» Und noch fünfundzwanzig Jahre später bedauert Polzer, daß er

Steiner gegenüber auf die Sache nie mehr zurückgekommen ist, «wie in so vielen Fällen».[78]

*

Wie viele Männer, die in Österreich-Ungarn und in Deutschland mit patriotischer Begeisterung an die Front aufbrachen, glaubten nicht, «Weihnachten wieder zu Hause zu sein». So auch Otto Wagner, der Lehrer von Josef und Julius Polzer, den die Buben nur mit größtem Schmerz in die Ferne ziehen ließen.

Sogleich nach Kriegsausbruch ersuchte Ludwig Polzer um seine militärische Reaktivierung an, während sein Bruder Arthur als Kanzleidirektor des Herrenhauses im verlassenen Parlamentsgebäude für verwundete und kranke Offiziere ein Hospital einrichtete. Dieser Krankenanstalt wurde Ludwig Polzer bald darauf als Inspektionsoffizier zugeteilt; er bekam im Parlament auch Wohnung. Die oberste militärische Aufsicht hatte Arthur Ludwigs altem Freund Graf Wallis übertragen, und so konnte Ludwig unter militärisch lockerem Zügel in der Dienstzeit Studien treiben und sich ohne weitere Umstände des öftern absentieren lassen. Mittags speiste er bei seiner Mutter in der nahen Bartensteingasse. Abends saß er meist im Speisesaal bei den Offizieren. So kam Ludwig Polzer, der einst Arthurs 'Vorgesetzter' war, nun selbst als 'Untergebener' seines Bruders ins Wiener Parlamentsgebäude und empfand es «ganz merkwürdig, eigentlich das Hauskommando dieses Gebäudes zu führen»[15]. Graf Wallis kommandierte nämlich kaum.

In dieser sehr bewegten Zeit wünschten Ludwig und Berta Polzer, daß Julius und Joseph – sie waren mittlerweile dreizehn und zwölf Jahre alt geworden – an die Bewegung Rudolf Steiners einen engeren Anschluß finden sollten.

Berta meldete sie vorübergehend von der Schule ab und verbrachte den Winter mit den Söhnen im neutralen Dornach. Hier bekamen sie zwar einen neuen Privatlehrer, doch ihre Hauptarbeit bestand im Schnitzen an den Holzskulpturen.

Die Weihnachtszeit des ersten Kriegsjahrs verbrachte Polzer im Familienkreis in Dornach. «Dieser erste Kriegswinter in Dornach», schreibt er, «wo Menschen aller Nationen friedlich an einem Werke mit Hingabe und Begeisterung arbeiteten, war für uns alle ein Erlebnis. Von den Vogesen her hörte man Tag und Nacht den Donner der Geschütze.»[15]

Polzer berichtet von einer schlichten Weihnachtsfeier am Heiligen Abend und von einer Ansprache von Steiner, der sich an diesem Abend alleine an die Kinder richtete und ihnen von der großen Armut sprach, in die das Jesuskind bei der Geburt versetzt ward. «Wir Erwachsenen wußten», meint Ludwig Polzer, «daß damit hingedeutet war auf die Armut, welche den Mitteleuropäern beschieden sein werde.»[79] Zu Polzer selbst bemerkte Steiner, daß ein wahrer Friede nur aus schöpferischen Gedanken kommen könnte, die zu einer gründlichen Neuordnung aller geistigen, staatlichen und ökonomischen Verhältnisse führen müßten.

Der Krieg zog sich in die Länge. Daran trug auf deutscher Seite nach der Entlassung Moltkes im September 1914 nicht zuletzt die den Stellungskrieg erzwingende Kriegsführung von dessen Nachfolger die Schuld. Im Hinterlande zeigten sich Versorgungsschwierigkeiten.

Auch Ostern 1915 feiert die Familie mit den Söhnen wiederum in Dornach.

Im Mai fuhr Steiner in die Donaumetropole, um dort zwei öffentliche Vorträge zu halten. Das Thema lautete: «Die übersinnliche Erkenntnis und ihr Wert für die Menschenseele – eine geisteswissenschaftliche Betrachtung im Hinblick auf unsere schicksaltragende Zeit.»[80] Polzer begleitete Steiner von Wien nach Prag und dann nach Linz. Hier sprach Steiner öffentlich am 17. Mai und am folgenden Tag für Mitglieder, und zwar im Vortragsraum der Polzerwohnung am Pfarrplatz 12. Dieser Vortrag war für Ludwig Polzer naturgemäß von ganz besonderer Bedeutung. Wir wollen deshalb einen kurzen Blick auf dessen Inhalt werfen.

Steiner spricht zunächst über die für den Johannesbau in Dornach vorgesehene große Holzplastik. Sie stellt den 'Menschheitsrepräsentanten' dar, der zwischen zwei Gestalten schreitet, die seine Gegenwart auf die Dauer nicht ertragen können. Sie heißen in der Geisteswissenschaft Luzifer und Ahriman; der eine wirkt mehr auflösend und erdenflüchtig, der andere verfestigend und an die Erde fesselnd. Steiner führt dann aus, wie der Christus ganz real seit Golgatha durch historische Persönlichkeiten in den Geschichtsverlauf eingreift. Als erstes Beispiel nennt er einen römischen Kaiser, den Kaiser Konstantin, der nach dem Sieg über seinen Gegenspieler Maxentius das Christentum zur Religion des Staats erhoben hat. In einem Traumbild wurde Konstantin bedeutet, daß er das viel stärkere Gegnerheer besiegen könne, wenn er im Kreuzeszeichen von Golgatha den Kampf antrete. Als weiteres Beispiel führt Steiner Jeanne d'Arc an, die durch ihr heldenmütiges Handeln dem Geschichtsverlauf Europas eine Wende brachte.

Die Dreiheit der erwähnten Holzskulptur spiegelt sich nicht nur im geschichtlichen Entwicklungsgang, sondern auch in der Affinität von ganzen Völkern zu bestimmten Erdgebieten. Während es die östlichen Völker vorzugsweise mehr mit luziferischen Impulsen, die westlichen mehr mit ahrimanischen zu tun bekommen, sind für die Verwirklichung des realen Christentums die Mitte-Völker ganz besonders gut geeignet. Steiner macht auf etwas sehr Beachtenswertes aufmerksam, wenn er auf den Zusammenhang des Wortes ICH mit den Initialen Jesus Christus hinweist. Schon in dieser Wortprägung des deutschen Sprachgeists tritt der urchristliche Charakter alles wahren Individualismus in Erscheinung, wie er gerade für die Mitte-Völker das ihnen Angemessene ist.

Für Polzer sicherlich von höchster Wichtigkeit werden auch Steiners Äußerungen über den physischen und geistigen Aspekt politischer 'Ententes' gewesen sein. Einem Bündnis zweier Staaten auf dem physischen Plan könne geistig betrachtet ein realer Widerstreit der verbündeten Völkerschaften zugrunde liegen. Das sei zum Beispiel im Verhältnis zwischen Frankreich und der russischen Nation der Fall, wie sich vor allem am Verhalten der ätherischen Leiber der gefallenen Soldaten deutlich zeige: Die russischen Ätherleiber der Gefallenen würden sich sehr rasch auflösen, während die französischen noch lange die durch den Volksgeist mitgeprägte Form behielten. Überhaupt kommt Steiner hier in Linz gerade auf die potentielle Bedeutung der Existenz so vieler unverbrauchter Ätherleiber früh Verstorbener zu sprechen: Wie schon im Physischen, so gehe auch im Übersinnlich-Geistigen keine Kraft verloren, und die infolge der unzähligen Schlachtentode immensen unverbrauchten Lebenskräfte können helfen, die Gesinnung und das Denken der kommenden Geschlechter *zu spiritualisieren*. Erst durch eine solche Spiritualisierung der gesamten Weltkultur können die ungeheuren Lebensopfer dieses Krieges, ja auch aller weiteren Kriege aufgewogen werden. Sonst wären diese Opfer absolut umsonst gewesen.

Auch auf Rußlands 'Schuld' am Kriege wirft Steiner einen Blick, um festzustellen, daß gerade diese Macht die Ausweitung des Krieges hat verhindern können. Die Frage bleibt, *welche Kräfte Rußlands* 1914 zur Mobilmachung getrieben haben: Hat das *wahre* Rußland oder das im Sinne des bewußten Testaments bereits verdorbene gehandelt?

Aus den Gedanken dieses Linzer Vortrags dürfte Ludwig Polzer wie aus einem spirituellen Verjüngungsbrunnen Kraft um Kraft entnommen haben. Sicher hat er ihn bei seiner bald darauf beginnenden Vortragstätigkeit in Prag beflügelt. Im Juni hält er in der Moldaustadt – im 'Künstlerinnenclub' – gewissermaßen einen Antrittsvortrag, um dann im Oktober zweimal pro Monat in der Hauptstadt Böhmens einen Anthroposophiekurs abzuhalten. «Die Arbeit in Prag wurde mir besonders lieb», schreibt er über diese neue Vortragstätigkeit in Prag. «Ich genoß dort Vertrauen und stand den anthroposophischen Freunden dort besonders nahe. Ich fühlte mich damit auf dem vom Karma vorgezeichneten Wege.»[15]

Zu den Prager Freunden dieser Zeit gehören Adolf Hauffen, der an der deutschen Universität Germanistik lehrte, und seine Frau Klothilde, Leiterin des Bolzano-Zweiges der Anthroposophischen Gesellschaft. Auch mit Ludek Prikryl und Ida Freund trat Ludwig Polzer in nähere Beziehung.

Polzer stieg in Prag gewöhnlich im Hotel 'Zum Blauen Stern' ab, einem altbekannten, heute abgerissenen Gasthof, in welchem nach dem Krieg von

22. DER ERSTE WELTKRIEG

1866 der preußisch-österreichische Friede ausgehandelt wurde. Das Hotel stand unweit des Pulverturmes in der Hybernskagasse. Auch Rudolf Steiner war des öfteren in diesem Haus zu Gast. Während eines dieser Aufenthalte Polzers im Jahre 1916 suchte ihn in diesem Gasthof Julie Klima auf, um geisteswissenschaftliche Fragen mit ihm zu besprechen. Sie war die Gattin von Jaroslav Klima, der in leitender Stellung bei der böhmischen, später der slowakischen Polizei den Dienst versah. Diese beiden Menschen werden vom Jahre 1917 an vor allem auch für Ludwig Polzers politische Betätigung eine ausschlaggebende Rolle spielen.

Zwischen Pfingsten 1915 und Sommer 1916 lebte die Familie Polzer wiederum in Linz und Tannbach. Im Herbst des Jahres trat Josef Polzer auf seinen eigenen Wunsch in die Marine-Akademie von Braunau ein, zum großen Abschiedsschmerz von Julius.

Weihnachten des Jahres 1915 feierte die Familie wiederum in Tannbach, doch alle «hatten Sehnsucht nach Dornach». Auch wurden die Kriegsereignisse «immer ernster. Nun kam die furchtbare Zwangswirtschaft zu allen Übeln noch dazu (...), die der Landwirtschaft unnötigerweise so furchtbaren Schaden brachte.»[15] Und wie mit einem Seufzer fährt er fort: «Alle diese Verkehrtheiten lasteten auf uns umso mehr, als wir durch die Anthroposophie doch tiefere Einsicht in die Ereignisse hatten.»

*

In Polzer reift der Wille, wieder in das Ruhestandsverhältnis zurückzutreten, weil er einsah, daß er innerhalb der anthroposophischen Bewegung sinnvollere Arbeit leisten konnte und weil ihn «auch der Hinterlandsdienst anwiderte»[15]. So wandte er sich vom Frühjahr 1916 an, neben den Aufgaben in Tannbach, vermehrt der anthroposophischen Arbeit zu. «Bisher war das Leben innerhalb der anthroposophischen Bewegung ein dankbar-freudiges Nehmen desjenigen, nach dem sich die Seelen der Menschen sehnten. Von nun an», schreibt er über die Wendezeit im Frühjahr 1916, «hieß es kämpfen und opfern.»[81]

Immer deutlicher wird ihm durch eigene Beobachtung und durch das geisteswissenschaftliche Studium, daß auf dem Hintergrund des äußeren Geschehens, von Staat und Kirche offiziell gefördert, ein Kampf *gegen den zeitgemäßen Geist* im Gange war, dem nur mit entsprechenden Geisteswaffen zu begegnen war.

Ende Juni reiste er mit Berta wieder in die Schweiz. Hatte man vor einem guten Jahr noch ohne Paß die Grenze überschreiten können, so waren nun diverse Formalitäten zu bestehen. «Wie aus einem Kerker entlassen», atmete das Paar in Buchs, der ersten Bahnstation auf Schweizer Boden, auf.

Und immer klarer wird es Polzer: «Dieser Kerker war der seit den achtziger Jahren des vorigen Jahrhunderts für Mitteleuropa geplante, dessen Aufsicht nach dem scheinbaren Kriegsende den Herrschenden der geschaffenen Kleinstaaten übertragen wurde.»[82]

So fuhr das Paar, mit Julius und Josef, nach Dornach, «um geistige Stärkung für den Kampf um geistige Erneuerung zurückzubringen»[82].

Kaum angekommen, machten sich die Eltern und die Söhne an die Arbeit an den Holzskulpturen. Zwei arbeitsame und erfüllte Monate vergingen so, bis Ludwig Polzer seine Söhne nach Linz begleitete, wo sie wieder in die Schule sollten.

Rudolf Steiner weilte erst ab Ende Juli selbst in Dornach, und erst ganz kurz vor Polzers Weggang einen Monat später kam es zu einem wichtigen Privatgespräch. Steiner hatte eben eine der bittersten und gefährlichsten persönlichen Attacken hinter sich, die er je erleben mußte. Edouard Schuré, für dessen Werk er und seine Frau sich so lange Jahre unermüdlich eingesetzt hatten, glaubte in einer chauvinistischen Verblendung, in seinem Freund und Lehrer Steiner plötzlich einen pangermanischen Ultrachauvinisten sehen zu müssen, und zwar aufgrund von Steiners Schrift *Gedanken während der Zeit des Krieges*, die den Untertitel trug «Für Deutsche und solche, die nicht glauben, sie hassen zu müssen»[83]. Die Hetzereien, die Schuré darauf in der französischen Presse losließ, hätten Steiner sehr gefährlich werden können, mußte sich ein österreichischer Staatsbürger auf Schweizer Boden doch damals absolut neutral verhalten. Leicht hätten die Behörden den Erbauer des Johannesbaus in Dornach aus der Schweiz verweisen können. «Durch meinen Willen werde ich sicher niemals mich von dem Bau trennen lassen; aber die Kräfte sind am Werk, die dies zustande bringen können.»[84] So äußerte sich Steiner selbst in der prekären Lage.

Aus der aktuellen Sorge um den Bau bringt Steiner im Gespräch mit Polzer die Rede auch auf Sophie Stinde, die im November 1915 verstorbene Vorsitzende des Johannesbau-Vereins. Polzer schreibt: «Rudolf Steiner klagte darüber, daß er so wenig Mitarbeiter habe und auch nicht recht sehe, wie die vakante Stelle im Johannesbau-Verein zu besetzen sei: *'Wenn Sie dieselbe nicht übernehmen wollen, weiß ich noch nicht, wie die zu besetzen wäre, aber Sie werden wohl für Österreich notwendiger sein.'*» Und Polzer setzt hinzu: «Ich mußte damals dem letzten Satze beistimmen.»[85]

Steiner hätte es gewiß mit Freude begrüßt, wenn Polzer auf das Angebot, Stindes Stelle zu ersetzen, eingegangen wäre. Daß Polzer sich im Rückblick selbst gefragt hat, ob sein Verhalten richtig war, scheint schon das Beiwort «damals» anzudeuten. Und in der Tat: es hätte vieles für den Bau bedeutet, wenn jener Mensch, der als der erste Schüler Steiners das Baugelände unbewußt betreten hatte, sich nun des Baues angenommen hätte. Trug er doch selbst aus seinem eigenen Schicksalshintergrund heraus ein Mysterienbaumotiv in seinem Innern, wie in einem späteren Kapitel deutlich werden wird.

Am 21. November 1916 verstarb in Wien nach achtundsechzigjähriger Regentschaft Kaiser Franz Joseph. «Er beschloß sein Leben in konsequentester Pflichterfüllung», schreibt Polzer 1936. «Man muß sagen, daß er, als letzter Repräsentant des habsburgischen Stammesgeistes, seine Herrscherpflichten mit größter Gewissenhaftigkeit ausübte. Es lag eine Art von Weisheit in ihm. Diese Weisheit war brauchbarer, um Menschen und Völker zu führen als der später immer abstrakter werdende Intellektualismus, der führen will, aber nur Elend über die Menschen bringt (...) Die Schicksalsschläge, denen während seiner langen Regierung Österreich ausgesetzt war, sein wirklich ehrliches Ringen mit den Völkerproblemen, das Unglück in der eigenen Familie umgaben Kaiser Franz Joseph mit einer Niedergangsstimmung, in welcher er immer mutig aushielt.»[86]

Nun wurde Erzherzog Karl mitten in der Weltkriegskrise auf den Thron gesetzt. Er bemühte sich von Anfang an um Frieden, doch allzu bald ließ er sich von den antislawischen Kräften in der Monarchie die Hände binden. Trotz des Rates seines alten Freundes Arthur Polzer ließ er sich, kaum hatte er den Kaiserthron bestiegen, weit früher als notwendig am 30. Dezember auch in Ungarn krönen. Da die ungarische Königskrönung eines habsburgischen Monarchen traditionsgemäß mit einem «Krönungseid» auf die ungarische Verfassung verbunden war, hatte Kaiser Karl damit von vornherein den Spielraum für verfassungsmäßige Reformen in der Doppelmonarchie selbst drastisch eingeschränkt.

*

Ende Dezember 1916 begann Steiner damit, «auf Wunsch einiger am Goetheanum arbeitender Freunde»[87] in einer großen Vortragsreihe in vielen Einzelheiten über die politischen und okkultistischen Hintergründe des Weltgeschehens rückhaltlos zu sprechen. Es ist, wie wenn Ludwig Polzers Seele von dieser kühnen Tat des Lehrers auch in der Ferne innerlich ergriffen worden wäre, denn am Jahresende setzt sich Polzer hin, um seine eigenen *Betrachtungen während der Zeit des Krieges* zu verfassen. Er wollte Zwischenernte halten. Er wollte seinen Beitrag leisten im großen Geisteskampf und fruchtbar machen, was er von seinem Geisteslehrer in bezug auf das Erfassen des realen Zeitgeschehens hatte lernen können. «Der Katastrophenhintergrund wurde uns durch ihn erhellt», schreibt er; «wir erwachten eigentlich durch alles dasjenige, was sich in diesen Jahren abspielte, erst zum wirklichen Leben aus einem illusorischen Lebenstraume, in dem wir früher befangen waren.»[15]

In dieser Stimmung ging er in die Weihnachtszeit.

23. DAS JAHR 1917

Das Jahr 1917 nimmt in der Weltgeschichte des 20. Jahrhunderts eine Schlüsselstellung ein. Nach den gescheiterten Friedensbemühungen der Mittelmächte im Dezember 1916 kommt es zur west-östlichen Kriegsausweitung und -verlängerung. Mitte März dankt Zar Nikolaus II. ab. Drei Wochen später beginnt Lenin, von der Obersten Heeresleitung Deutschlands im plombierten Waggon nach Rußland eingeschleust, mit der Einführung des 'sozialistischen Experiments' – in jener 'russischen Wüste', von der in westlichen Kreisen schon jahrzehntelang die Rede war. Im gleichen Monat betritt Amerika den Kriegsschauplatz. Das russisch-amerikanische Macht-Duopol, das bis zum Ende der achtziger Jahre das Gesicht des 20. Jahrhunderts prägen sollte, nimmt damit Gestalt an.

Die weltgeschichtliche Schlüsselstellung des Jahres 1917 spiegelt sich in Rudolf Steiners Tätigkeit wie auch im Lebensgang von Ludwig Polzer wider. Es kommt in diesem Jahr zu einer dauerhaften Konvergenz von Polzers Streben mit Steiners Wirkenszielen.

Im Januar 1917 setzte Steiner die im Dezember des vergangenen Jahres angefangenen zeitgeschichtlichen Betrachtungen in Dornach fort. Inzwischen hatte Polzer seine gleichfalls vor der Jahreswende zu Papier gebrachten Zeitbetrachtungen im Druck erscheinen lassen. Ein Exemplar schickte er sogleich nach Dornach. Und noch am Tag der Ankunft dieser Schrift kam Steiner in dem Abendvortrag am 8. Januar auf sie zu sprechen. Nachdem er im Zusammenhang mit Fichtes *Reden an die deutsche Nation* auf die 'Genialität' gewiesen hatte, mit der die wahre innere Bestimmung des Deutschtums gerade auch auf deutscher Seite verkannt und abgewiesen werde, macht Steiner seine Hörer auf die Polzersche Broschüre aufmerksam. Da seine Worte sowohl etwas Charakteristisches an Polzers Schrift als auch seine eigene Haltung gegenüber diesem ersten literarischen Kulturbeitrag eines seiner allernächsten Schüler zum Ausdruck bringen, wollen wir hier Rudolf Steiners Wortlaut folgen lassen: «Ich werde heute auf diese Sache geführt, weil wirklich die Tendenz besteht, einen andern Ton anzuschlagen im Zentrum als in der Peripherie. Und wenn unsere anthroposophische Sache etwas beteiligt ist an diesem andern Ton, dann darf das schon unter uns auch gesagt werden. Eben heute erhielt ich eine Broschüre von unserem Freunde Ludwig von Polzer, der ja hier gearbeitet hat; Ludwig von Polzer: *Betrachtungen während der Zeit des Krieges*. Sehen Sie, es ist ganz interessant – ob man nun im ein-

23. DAS JAHR 1917

zelnen übereinstimmt oder nicht mit dem, was unser Freund Polzer sagt –, daß er sich nicht viel damit beschäftigt, über die andern zu schimpfen und herzufallen, dafür aber seinen österreichischen Landsleuten recht sehr die Leviten liest. Er ist vor allen Dingen darauf bedacht, zu ihnen zu sprechen. Selbstverständlich ist er durch sein Karma Österreicher, aber er liest seinen österreichischen Landsleuten die Leviten. Da lesen wir nicht: Wir sind unschuldig, wir haben nie das oder jenes gemacht, wir sind ganz weiße Engel und alle andern sind schwarze Teufel – sondern da liest man: 'Warum haßt und zerfleischt sich die Menschheit? Sind es wirklich die äußeren politischen Meinungsverschiedenheiten, die so viel Leid notwendig machen? Die kämpfenden Parteien meinen zu wissen, um was es geht, und keine weiß es in Wirklichkeit.

Eine untergehende, dekadente Kultur kämpft ihren Todeskampf. – Die Zentralstaaten, die für die ersten Keime einer neuen kämpfen, kennen diese noch nicht, kämpfen für etwas, was ihnen noch unbekannt und sind selbst ganz durchsetzt von der Gesinnung, gegen welche ihre eigenen Soldaten im Kampfe bluten.

Es soll gleichsam ausgespieen werden das entartete Alte, und daher sieht man es auch mächtig ein letztes Mal ins Kraut schießen.

Begegnen wir sie nicht auch bei uns auf Schritt und Tritt, die Gesinnung der Entente, welche die alte dekadente Kultur trägt? Hat sie nicht auch uns durchseucht? – In den Moden wird sie auf der Gasse herumgetragen, im Baustil ist sie verkörpert, in der Reklame grinst sie uns an, im Geschäftsleben treibt sie ihre Orgien, im Organisationswahnsinn und Bürokratismus bläht sie sich auf, in einem verlogenen wichtigtuenden Humanismus belügt sie sich selbst, die Presse trachtet ihre Ententegenossin in Wahrheitsliebe zu überbieten, und so weiter.

Da haben wir sie, die Entente, wie sie im eigenen Lande wütet und rast und angibt, für die braven Soldaten und Landsleute, von denen schon fast alle den Opfertod erlitten, zu arbeiten. – Alles, was da so scheußlich auch bei uns ins Kraut schießt – ein letztesmal hoffentlich vor dem Untergang – ist nicht deutsch.'

Also dasjenige, was er im eigenen Lande zu tadeln hat, nennt er 'nicht deutsch'. Er will in erster Linie den eigenen Landsleuten ins Gewissen reden. Solcher Dinge stehen noch mehr in diesem Buche. Es ist gut, daß es einmal mit unseren Bestrebungen im Einklange hervorgebracht wird und im Zusammenhange damit. Wir brauchen ja nicht mit allem, Satz für Satz einverstanden zu sein, was unter uns hervortritt. Gerade das wird die schönste Errungenschaft sein, daß wir nichts auf eine Dogmatik oder Autorität hin annehmen (...) Gerade das verständige Verarbeiten der Zeitimpulse von unserem Gesichtspunkte aus ist es, was wir tun können, um dieser Zeit zu helfen (...)

Gerade in bezug auf die richtige Wertung und Schätzung desjenigen, was unter uns sich geltend macht, sollten wir uns, ich möchte sagen, gute Sitten aneignen.»[88]

Steiner hat hier zweierlei zugleich im Auge. Erstens, daß es wirklich wichtig ist, Selbsterkenntnis und -kritik auch als Volkheit zu betreiben; dann, daß seine Schüler lernen mögen, nicht allein auf seine – Steiners – Worte hinzuhören oder gar zu schwören, sondern auch anerkennen lernen, was gerade einzelne dieser Schüler selbst im Dienst der Geisteswissenschaft an Verarbeitung der Zeitimpulse zu leisten sich bemühten.

Es dürfte eine schöne und ermutigende Überraschung für ihn gewesen sein, als Polzer später von Steiners Kommentierung seiner Schrift erfuhr.

Daß seine Schrift keineswegs deutsch-nationaler Ungesinnung die Wege ebnen möchte, zeigen beispielsweise diese folgenden Worte: «Daß ich nicht an einen engen Nationalismus denke, der sich selbst abschließt, um den eigenen Egoismus und Hochmut zu pflegen, ist gerade das, was ich zum Ausdrucke bringen will mit diesen Zeilen. Das Deutschtum hat aufgenommen, hat sich verteidigt, nun kommt die Zeit des Gebens aus den verschütteten Tiefen seiner Eigenheit. Um das zu können, muß auch noch ein zweiter Kampf im Innern bestanden werden, denn tonangebend dürfen nicht die bleiben, die englisch oder romanisch denken, sondern diejenigen müssen es werden, welche deutsche Art (...) verstehen, sich zu deutschem Geben aufraffen können (...) Und um gleich jeden Schein einer engen nationalistischen Anschauung zu zerstören, sage ich, daß dieses Geben eine Art von Aufgehen im andern ist. Durch dieses Geben muß gerade der enge, heute nur noch am äußerlichsten haftende Nationalismus in Europa (...) überwunden werden.»[89]

Richtungweisend für Polzers eigene praktische Betätigung auf kulturpolitischem Felde in den kommenden Jahrzehnten sind die folgenden Worte aus seiner von Steiner angeführten Schrift: «Die Slawen dürfen vom Westen nicht so behandelt werden, wie seinerzeit behandelt worden sind die Germanen von den Römern. Damit dies nicht geschehe, dafür kämpfen die Deutschen, das müssen sie verhindern; darum stehen die Deutschen in der Mitte zwischen dem Osten und dem Westen. Das Deutschtum hat mit dem Osten eine Aufgabe, es darf sich von diesem nicht abschließen und dem dekadenten Westen zuwenden.»

Es ist für Ludwig Polzer sehr bezeichnend, daß der konkrete Ausgangspunkt seiner ganzen späteren politischen Betätigung gerade in der Richtung dieser Worte liegt. Worin bestand nun dieser Ausgangspunkt?

Im November 1915 ging in Böhmen der aufsehenerregende Prozeß gegen den tschechischen Abgeordneten Dr. Karel Kramár über die politische

23. DAS JAHR 1917

Bühne. Kramár wurde wegen monarchiebedrohender Aktivitäten des Hochverrats bezichtigt. Sachkundige Beurteiler des Prozeßverlaufes und vor allem des vorgelegten Belastungsmateriales waren sich jedoch bald darin einig, daß ein hochpolitischer Tendenzprozeß im Gange war, der die Opposition der unterdrückten Tschechen lähmen sollte. Ludwig Polzer, dem die ungelöste Slawenfrage spätestens seit seiner Zeit in Warasdin am Herzen lag, verfolgte das Prozeßgeschehen wachen Sinnes. Er schreibt: «Die so oft ungerechte Behandlung des tschechischen Volkes während der Kriegszeit, das geringe Verständnis der österreichischen Kreise für die slawische Volksseele empörten mich, auch fand ich es verhängnisvoll für das Kaiserreich. (...) Die Unterdrückung der slawischen Völker einerseits, die Förderung der Ungarn von 1867 an anderseits, die immer bestimmender für die Politik des Kaiserreiches wurden, war im Einklang mit dem gegen Mitteleuropa gerichteten Vernichtungswillen. So beschloß ich, etwas zur Harmonisierung des deutsch-slawischen Gegensatzes zu unternehmen. Ich möchte betonen, daß ich in diesem Zusammenhange nur von den Westslawen, den Polen, Tschechen und den Südslawen spreche. Zunächst war ich bestrebt, die größten Ungerechtigkeiten mildern zu lassen. Dr. Jaroslav Klima informierte mich über vieles, und ich reiste dann wiederholt zu meinem Bruder an das Hoflager, um ihm gewisse Tatsachen mitzuteilen. Der Hochverratsprozeß gegen Dr. Kramár war so geführt worden, daß eine Revision des Prozesses zur Beruhigung des tschechischen Volkes sowie auch mit Rücksicht auf die kritische Kriegslage mir notwendig schien. Auch die Verfolgung von anderen, zum Beispiel von Dr. Rasin und Dr. Preiß, forderte eine Revision. Kaiser Karl wollte Gerechtigkeit und fühlte, daß ohne die Slawen Österreich nicht weiter bestehen könne, und hoffte, durch Gerechtigkeit dem von ihm ersehnten Frieden zu dienen.»[90]

Am 2. Juli 1917 wurde dann die Amnestie von Kramár und über 2'500 anderen politischen Verfolgten angekündigt; das entsprechende Schreiben wurde von Arthur Polzer, der seit dem 1. Februar des Jahres als Kabinettschef Seiner Majestät fungierte, aufgesetzt und formuliert. Diese Amnestie erregte sogleich scharfen Widerstand gegen Ludwig Polzers Bruder, dessen Tätigkeit als neuer Kabinettsdirektor auch dem ungarischen Ministerpräsidenten Tisza bald ein Dorn im Auge war. Der ungarntreue Czernin, der damals das Ministerium des Äußeren leitete, gehörte von diesem Zeitpunkt an ebenfalls zu Arthur Polzers Feinden. Mit der Amnestierung war ja eine gewisse Autonomisierung der Slawen in der Monarchie eingeleitet worden – und das konnte keinesfalls im magyarischen Interesse liegen. Auch kein Geringerer als Thomas Masaryk, der spätere erste Präsident der Tschecho-Slowakischen Republik, war über die ungewöhnliche Maßnahme des Kaisers im ersten Augenblicke sehr erschrocken, drohte sie doch den tschechischen Widerstand im Ausland zu gefährden, ja überflüssig werden zu lassen!

So hatte die von Ludwig Polzer und Dr. Klima angeregte und von Ludwigs Bruder Arthur und dem Kaiser durchgeführte Amnestierung sogleich sehr wesentliche Konsequenzen. Leider sollte sie eine der ganz wenigen wirklichkeitsgemäßen Amtshandlungen bleiben, die der junge Kaiser, dem fast nach allen Seiten hin die Hand gebunden war, unternehmen konnte.

*

Gerade dieser Einsatz Ludwig Polzers für die Lage der Westslawen in der Monarchie führte ihn zur vollen Einsicht, daß politisch wirklich neue Wege zu beschreiten seien. «In diesen ersten Monaten des Jahres 1917», stellt er fest, «wußte ich, daß etwas geschehen müsse, wenn das Ärgste von Mitteleuropa abgewendet werden sollte.»[91] Mit dieser Einsicht fuhr er im Mai mit Berta einmal mehr zu Vorträgen von Steiner in das bayerische München.

Am 19. und 20. Mai sprach Rudolf Steiner vor den Mitgliedern der Gesellschaft über gewisse 'Gesetze der Menschheitsentwickelung'. Am 20. gab er einen Abriß über die Geschichte des 'Trichotomie-Bewußtseins' in der Menschheit – des Bewußtseins, daß der Mensch eine aus Leib, Seele und Geist bestehende dreigliederige Wesenheit sei. Er zeigte dann die Auswirkung der 'Abschaffung des Geistes' auf dem achten ökumenischen Konzil von Konstantinopel im Jahre 869 auf die moderne Wissenschaft und forderte die Wiederherstellung des verlorenen Bewußtseins dieser Dreiheit. Daß in der Neuzeit nach der Drei gesucht wird, zeigen die drei Ideale der Französischen Revolution – Freiheit, Gleichheit, Brüderlichkeit –, die, weil das wahre Wissen dieser Dreiheit nicht vorhanden war, in chaotischer Art und Weise alle *auf den Leib* bezogen wurden. In Wirklichkeit könne nur das Ideal der Brüderlichkeit auf dieses Wesensglied des Menschen angewendet werden; Freiheit sei die Forderung der Seele, Gleichheit das Gesetz des Geistes. «Diese Gliederung», so Steiner wörtlich, «ist eine Forderung unserer Zeit und der nächsten Zukunft.»[92] Doch dieser Forderung wirkten heute noch die alten unverchristlichten Impulse des einstigen Imperium Romanum stark entgegen, was Steiner in Anknüpfung an die erzwungenen Cäsaren-Einweihungen von Menschen wie Tiberius, Augustus und Caligula verdeutlichte.

Das kurz berührte Cäsaren-Motiv in Steiners zweitem Vortrag ist auffallend und mag, wie oft bei Steiners Vortragstätigkeit, durch die Präsenz eines oder mehrerer bestimmter Menschen mitbedingt gewesen sein.

Auch im ersten Vortrag hatte Steiner etwas Ungewohntes eingeflochten, wenn auch in ganz anderem Sinne: er teilte seinen Hörern mit, daß er in Zukunft keine Privatgespräche mehr führen werde, da sich an diese allzuviel verleumderische Gegnerschaften angeschlossen hätten. Um so auffallender ist nun, daß Polzer offenbar nicht mitgemeint war, denn in diesen Münchner

Tagen kam es zwischen ihm und Rudolf Steiner zu einem langen wichtigen
– Privatgespräch. Über dessen Inhalt berichtet letzterer in seinen Prager Aufzeichnungen: «Damals hatte ich auch eine längere private Besprechung mit Rudolf Steiner, in welcher er mir den Ernst der Weltlage vorstellte. Ich erzählte ihm, daß mein Bruder zum Kabinettsdirektor das Kaisers ernannt wurde und sein volles Vertrauen genieße; daß der Kaiser den Frieden sehnsüchtig wünsche und daß diese Umstände vielleicht ausgenützt werde könnten, um Wege zu weisen, auf denen ein wirklicher Friede erreicht werden könne. Ich erinnere mich, daß damals Rudolf Steiner sehr skeptisch und abfällig dem in dieser Zeit oft ventilierten Gedanken eines Separatfriedens Österreichs gegenüberstand, weil durch einen solchen die Kriegsziele der Ententestaaten, insbesondere die Absicht der Zertrümmerung des Habsburgerreiches, doch nicht verhindert worden wären. Er sagte mir, wie der Krieg das schwere Karma des Materialismus sei, der nicht von der Wissenschaft aus seinen Ausgangspunkt hatte, sondern dieser wissenschaftliche Materialismus eine Folge war des Materialismus, der in den letzten Jahrhunderten von den verschiedenen Kirchengemeinschaften ausging. Die Menschen, die immer geistverlassener wurden, konnten auch durch die religiösen Bekenntnisse, denen es gar nicht um wirkliche Religiosität zu tun war, die reale Verbindung mit der geistigen Welt nicht wieder bekommen. Der Humanismus strebte zwar von dem Heraufkommen der Naturwissenschaften an nach einer Brücke zwischen Wissenschaft und Religion, den Kirchen jedoch, die immer mehr zu äußeren Verwaltungsorganen wurden, bot dieser Dualismus die Möglichkeit, die Menschen besser zu beherrschen, sie wollten den Glauben nicht als Vorstufe einer geistigen Erkenntnis ansehen.

In diesem Gespräche fühlte ich das erste Mal die Weltenwende, welcher die Menschen ganz unvorbereitet gegenüberstanden (...) Ich ahnte damals nicht, daß der Geistzustand zwanzig Jahre später noch viel kränker und verirrter sein werde als damals. Ein solcher Gedanke wäre mir in dieser Zeit ganz unerträglich gewesen. Erst langsam kann man sich an das Versinken in Unternatur und Untermenschliches gewöhnen.»[93]

*

Noch ein anderer, sehr wichtiger Aspekt des Zeitgeschehens wurde in dem Münchener Gespräch berührt. Da Polzer Steiners *Zeitgeschichtliche Betrachtungen* nicht selbst miterleben konnte und sie erst in der zweiten Hälfte des Jahres 1917 in Typoskriptform zugeschickt bekam, erfuhr er «in diesem Privatgespräche erst einiges über die Tatsachen eines üblen Okkultismus, der hinter den äußeren Ereignissen wirkt».

Steiner dürfte Polzer in dem Münchener Privatgespräch vom Frühjahr 1917 zum ersten Mal auf das Testament Peters des Großen hingewiesen haben, nachdem er es gleich zu Beginn der *Zeitgeschichtlichen Betrachtungen* am 9. Dezember 1916 vor Mitgliedern besprochen hatte.

Und auch von den – bereits von Harrison beschriebenen – im Westen für den slawischen Osten vorbereiteten 'sozialistischen Experimenten', hat er ihn in München höchstwahrscheinlich informiert. So lernte Ludwig Polzer in diesem wichtigen Privatgespräch die Zeitereignisse noch auf tiefere Hintergründe hin zu 'buchstabieren', als er es bis dahin tat. Und wenn er feststellt, daß die Anthroposophen damals «noch viel zu sehr in ideologischen und mystischen Sphären befangen» waren, so gilt dies spätestens von diesem Zeitpunkt an, als Steiner ihm für gewisse okkultistische Hintergründe der Politik die Augen öffnete, zumindest nicht mehr für ihn selbst.

*

Während Ludwig und Berta Polzer nach dem Münchner Aufenthalt in Tannbach ihrer Pflicht nachgingen, spielte sich in einem anderen Schüler Steiners ein bemerkenswertes Seelendrama ab. Wir meinen Otto Graf Lerchenfeld, dem wir bereits im Lauf der Münchner Sommertagung des Jahres 1912 begegnet sind. Wer war Graf Lerchenfeld?

Am 12. Oktober 1868 auf dem Schloßgut Köfering bei Regensburg zur Welt gekommen, erlernte Otto Lerchenfeld das Schreinerhandwerk und wollte Landwirt werden. Den Grafen Lerchenfeld stand im Regensburger Dom ein 'Stuhl' zur dauernden Verfügung. Als Erbherr großer Ländereien hatte Otto Lerchenfeld auch im bayerischen Reichsrat Sitz und Stimme. Einer seiner Schul- und Studienfreunde war Richard von Kühlmann, der 1917 Staatssekretär des Äußeren wurde. Sein Onkel Hugo Lerchenfeld war lange Zeit Gesandter der bayerischen Krone in Berlin. Durch ihn kam Otto Lerchenfeld schon früh mit den politischen Verhältnissen des Bismarckreiches in Berührung. Der Dreiundzwanzigjährige wurde während der Berliner Studienzeit zu einer sommerlichen Gartenparty eingeladen, die Karl Heinrich von Bötticher, der damalige Staatssekretär des Reichsamtes des Inneren, veranstaltete. Der junge Lerchenfeld hat bei diesem Anlaß ein Erlebnis von entscheidend prägender Bedeutung. Bötticher ließ im Gespräch mit einem Gast en passant folgende Bemerkung fallen, die Lerchenfeld, der sich bereits zu langweilen begonnen hatte, plötzlich wach geworden, auffing: «Ja, das ist mir vollkommen klar», so ließ sich Bötticher vernehmen, «wenn nicht innerhalb der nächsten 25 bis 30 Jahre die soziale Frage gelöst wird, dann gehen wir in das Chaos. Die Art, wie die linksstehenden Parteien sie lösen wollen, ist unmöglich. Wie sie gelöst werden kann, weiß *ich* nicht. Ich kann nur hoffen, daß bis dahin der Mann kommen wird, der sie lösen kann.»[94]

Es war ein wahres Aufwachwort für Lerchenfeld, unvergeßlich, richtungsweisend.

23. DAS JAHR 1917

Sechsundzwanzig Jahre später, im Mai des Jahres 1917, hatte er erneuten Anlaß, sich dieser Worte zu erinnern. Lerchenfeld weilte zum Besuch bei seinem Onkel in Berlin und wohnte in demselben Zimmer der bayrischen Gesandtschaft wie schon damals. «Und wieder war es wie früher», schreibt Lerchenfeld. «Wie man ganz ungeniert vor dem jungen Menschen gesprochen hatte, so sprach man jetzt wiederum vor dem Manne. Aber wie anders sprach man! Wieviel versteckte Angst und Sorge klangen aus den Worten! (...) Und immer klingen die Worte nach aus jener warmen Juninacht, und wie eine schwarze Leere steht vor mir das Chaos.»

In seinem Tagebuch notierte er: «Es ist nicht mehr zum Mitansehen! Alles regiert durcheinander: Order – Contreordre! Kabinett – Reichskanzlei – Ministerium – Oberste Heeresleitung! In unserer Gesandtschaft geht es zu wie in einem Taubenschlag: Minister, Parlamentarier, der halbe Bundesrat, die paar noch vorhandenen Diplomaten. Onkel Hugo sieht man höchstens noch beim Frühstück. Er macht den Eindruck, als sei er wie vor den Kopf geschlagen, total abgearbeitet. Bei den meisten anderen, die kommen und gehen, sieht es nicht viel anders aus, aber alle tun, als ob – mit mehr oder weniger contenance. Was sollen sie auch anders machen (...) Von allen diesen Menschen hat man den Eindruck, als hinge ihnen die Zunge zum Hals heraus, wie übernächtig, abgehetzt, ruhelos sucht ein jeder in seinem Ressort oder Ressörtchen das All. Für Gedanken – keine Zeit. Von Ideen – keine Spur! Mit dem Krieg, mit dem Sieg wird gerechnet wie mit Zahlen. Um sich Mut zu machen, frägt man die Militärs. Die träumen ja immer nur: Sieg, Sieg, Sieg. Zu uns kommen sie selten (...) Überall Menschen, die sich ex officio mit Dingen beschäftigen müssen, von denen sie keinen blassen Dunst haben, im Kleinen wie im Großen. Das wird in unserem parlamentarischen System geradezu gezüchtet. Wie oft konnte ich das im Reichsrat erleben: Abstimmen über Sachen, von denen man noch nicht einmal die Anfangsgründe kennt (...) Vor ein paar Tagen begegnete ich V. Sprach lange mit ihm über diese Eindrücke, konnte ihn auch auf fünf Minuten aus sich herauslocken, dann aber schlüpfte er wieder hinein – zur Tagesordnung. So geht es fast immer, und das ist so deprimierend. Mehr als deprimiert bin ich auch selber, schon fast verzweifelt. Was kann uns noch herausholen aus der langsam, aber sicher mahlenden Schicksalsmühle? Eine große Idee, die auch zu den anderen hinüberwirken müßte. Aber wo ist sie? Bei allen denen, die bisher in die Ereignisse eingegriffen haben, gewiß nicht.»

Aus diesem Miterleben der allgemeinen Rat- und Mutlosigkeit steigert sich Lerchenfelds Seelenqual zur Frage: «Wer kann dem deutschen Volk den Weg aus dieser Sackgasse weisen? Wer – was kann helfen? Mir war klar, daß nur *einer* es könne.»

Und aus der Frage wird die Tat. «Rudolf Steiner war in Berlin. Ich suchte ihn auf und schilderte ihm die Lage so, wie ich sie sehen mußte, aber auch, was sich mir im Laufe der eigenen politischen Erfahrung als prinzipielle Schäden unseres öffentlichen Lebens ergeben hatte. Aufmerksam hörte er zu – nur ab und zu eine Zwischenfrage, eine Berichtigung. Und es wurde für den nächsten Nachmittag eine eingehende Unterredung ausgemacht. In dieser entwickelte er als Idee kurz umrissen das, was er dann die 'Dreigliederung des sozialen Organismus' genannt hat, als Antwort auf meine Fragen. Nun aber, meinte er, müsse die Idee erst im einzelnen ausgebaut werden, ehe sie vom Leben und den Menschen ergriffen werden könne. Auch die unmittelbar möglichen Folgen wurden schon an diesem Tage berührt, und was Rudolf Steiner in zwingender Logik dazu zu sagen hatte, war so, daß die Stimmung, in der ich zu ihm gekommen war, in ihr gerades Gegenteil umschlug.»

Dann schloß sich eine Art von Privatissimum in wirklichkeitsgemäßer Betrachtung sozialer und politischer Probleme an. Lerchenfeld schreibt: «Mehr als drei Wochen tagtäglicher, stundenlanger Arbeit folgten dieser ersten Unterredung. Wochen höchsten Erlebens, höchster Anspannung, intensivsten Lernens; Lernens, was in Wahrheit bedeutet Logik des Lebens (...), wie Logik hinübergreifen muß ins Künstlerische (...) Politik ist Kunst, nicht Wissenschaft allein (...) Und dann, eines schönen Tages, stand das fertige Gebäude da, Stein auf Stein bis in alle Einzelheiten hinein gefügt.»[94]

An einem der letzten Tage dieses einzigartigen Privatissimums erbat sich Lerchenfeld «eine Art von kurzem Memorandum über diese seine Idee». Kurz darauf – es dürfte gegen Ende Juni gewesen sein – übergab ihm Rudolf Steiner das erste handgeschriebene Memorandum über die Dreigliederung des sozialen Organismus.

Worin besteht nun die Idee der Dreigliederung im wesentlichen? Um es kurz vorwegzunehmen: Das *Geistesleben* muß in die Freiheit des einzelnen gestellt werden, in der *Rechtssphäre* soll Gleichheit walten, Brüderlichkeit ist das Ziel der von den national-politischen Interessen zu befreienden weltweit gewordenen *Wirtschaftssphäre*. In solcher Art müssen die fehlgeleiteten und chaotisch durcheinander wirkenden Ideale der Französischen Revolution auf die ihnen entsprechenden Sphären des sozialen Organismus bezogen werden, bevor sie wirksam werden können.

Um dieselbe Zeit, Anfang Juli 1917, zur Zeit der Amnestierung der tschechischen Politiker trug Kaiser Karl Arthur Polzer den Posten des österreichischen Ministerpräsidenten an. Er hoffte dadurch, den auch von ihm gewünschten Kurs einer zunehmenden Autonomisierung der verschiedenen Völker in der Monarchie wirksam durchzusetzen. Polzer lehnte ab, da Außenminister Czernin wie auch der ungarische Ministerpräsident Tisza erklärte Gegner des von ihm als Kabinettsdirektor bereits entworfenen Autonomieprogrammes waren. «Bei einer so vollständigen Kursänderung», begründet Polzer seine Ablehnung des näheren, «werde, wenn man um die scharfe Ecke komme, ein großer Sturm losbrechen; dem werde der österreichische Ministerpräsident allein nicht standhalten können, wenn nicht mit ihm der Minister des Äußeren und der ungarische Ministerpräsident eines Sinnes seien und gleichsam eine untrennbare und unerschütterliche Dreifaltigkeit bilden. Anders könnte ich für einen Erfolg nicht garantieren.»[95]

Arthur Polzer hat später an der Richtigkeit des damaligen Entschlusses Zweifel ausgesprochen. Zu seinem Bruder Ludwig machte er einmal die Bemerkung, daß er diesen Posten angenommen hätte, wenn die Idee der Dreigliederung des sozialen Organismus, von der er Ende Juli 1917 zum ersten Mal erfuhr, ihm schon im Monat Mai bekannt gewesen wäre. Sie hätte ihm zu wirklich neuen Initiativen die notwendige Kraft verliehen und ihn das Angebot des Kaisers akzeptieren lassen.

Doch wie kam Arthurs Bruder Ludwig auf diese revolutionierende Idee? Die Beantwortung der Frage führt uns zunächst in Ludwig Polzers Domizil nach Tannbach.

Am Nachmittag des 10. Juli trifft ein Telegramm in Tannbach ein. Es lautete: «Wäre Ihnen möglich, nächsten Freitag für einige Tage nach Berlin zu kommen? Gruß Rudolf Steiner.»[96] Zum ersten Mal war Ludwig Polzer in dieser Art von Rudolf Steiner zu einer persönlichen Besprechung aufgefordert worden. «Für einige Tage» – das deutete auf Wichtiges.

Der 10. Juli war ein Dienstag; am Freitag, dem 13., sollte Polzer also in Berlin sein.

Nachdem er sich dank der Hilfe eines Jugendfreundes schon am nächsten Tag in Wien das nötige Visum verschafft hatte, traf er am Freitag früh wie erwartet in Berlin ein. Rudolf Steiner empfing ihn an seinem Wohn- und Arbeitsort an der Motzstraße 17 mit den Worten: «Sie werden vielleicht nicht vermuten, warum ich sie gerufen habe.» Darauf antwortete Polzer «ungefähr so: 'Ich vermutete es aufgrund mancher Gespräche, welche ich über Zeitereignisse mit Ihnen führen durfte, schon zur Zeit des Balkankrieges und auch noch später.'»[97]

Dann erzählte Steiner Polzer, «daß Graf Lerchenfeld die Initiative ergriffen habe und mit der Bitte an ihn herangetreten sei, Ratschläge zu geben, wie Mitteleuropa aus dem Kriege auf ehrenvolle Art herausfinden könne». Lerchenfeld war Polzer, wie erwähnt, schon von der Münchner Sommertagung des Jahres 1913 her bekannt; er hatte ihn bei der Grundsteinlegung des Dornacher Johannesbaus im Herbst desselben Jahres erneut getroffen; nun, vier Jahre später, begann sich durch die unvermutete Verknüpfung beider Menschen mit Steiners Sozialideen ein festes, von der Erkenntnis der Notwendigkeit sozialer Heilimpulse getragenes Freundschaftsband zu bilden.

«Graf Lerchenfeld« fuhr Steiner fort, »wollte eine gemeinsame Besprechung einiger Herren mit mir veranstalten, diese haben sich aber aus verschiedenen Gründen bei mir entschuldigt.» Zu diesen Herren gehörten nach Polzer Felix Fürst von Lichnowsky, der letzte deutsche Botschafter in London, welcher kurz vor Kriegsausbruch die englische Regierung fragte, ob sie sich neutral verhalten würde, falls Deutschland nicht in Belgien einmarschierte; ferner Generaldirektor Ballin von der Hamburg-Amerika-Linie, Maximilian Harden, der Kaiserhasser und Chefredakteur der Zeitschrift *Die Zukunft*. Auch Walther Rathenau könnte laut Polzer zu den Geladenen gehört haben. Schließlich war noch Graf Bernstorff eingeladen worden, der letzte deutsche Botschafter in Washington, den Steiner wenige Tage später in München treffen sollte. Infolge der bedauernswerten Absagen der genannten Persönlichkeiten haben außer mit Graf Bernstorff keine Unterredungen mit ihnen stattgefunden. Ein Zeitsymptom: Im Augenblick, da wirklichkeitsgemäße Vorstellungen aufgenommen werden könnten, um die Not der Zeit zu wenden, haben die 'Besten' dieser Zeit – Besseres zu tun ...

So muß sich Steiner zunächst darauf beschränken, Lerchenfeld und den nun neu hinzugerufenen Polzer zu instruieren. «Gleich am Tage meiner Ankunft», schreibt Polzer, «begann Rudolf Steiner mich mit dem Gedanken einer Dreigliederung des sozialen Organismus vertraut zu machen, die aber, wie er sagte, nicht Literatur bleiben dürfe, sondern nur dann wirksam werden könne im Sinne eines Friedens, wenn sie von einer maßgebenden Stelle aus, auf welche die Welt hinblickt, verkündet würde.»[98] Polzer war, auf seine Weise, auf den Dreigliederungsgedanken wohl vorbereitet, hatte Steiner doch bereits in einem Münchner Vortrag im Mai durch seine Darstellung der Dreigliedrigkeit des Menschen und den Hinweis auf die drei großen Ideale der Französischen Revolution für Polzer das Bewußtseins-Terrain gewissermaßen vorgepflügt. «Die folgenden Tage vergingen mit persönlichen Instruktionen», berichtet Polzer weiter. Nun erhielt nach Lerchenfeld auch er sein Privatissimum. Dann übergab ihm Steiner das von Lerchenfeld erbetene, inzwischen maschinengeschriebene Memorandum[99] Werfen wir an dieser Stelle einen kurzen Blick auf diese Denkschrift.

Zunächst geht Steiner der von den Ententemächten so retuschiert behandelten Kriegsursachenfrage nach. Er zeigt, daß Deutschland im Sommer 1914 nicht bereit war, «die Initiative zu einem Krieg zu ergreifen». Ferner, daß Österreich-Ungarn durch seine Unfähigkeit, das südslawische Problem zu lösen, die explosive Situation im Okkupationsgebiet von Bosnien und Herzegowina selbst heraufbeschworen hatte. Eine rechtzeitige, von den Ver-

23. DAS JAHR 1917

hältnissen geforderte Föderalisierung und Autonomisierung des Volkslebens nach dem Modell des deutschen bundesstaatlichen Lebens wäre notwendig gewesen. Steiner fordert, daß die deutsche Regierung bekanntgebe, welche diplomatischen Schritte – durch Lichnowsky – von deutscher Seite noch in letzter Minute in London unternommen worden waren, um im Falle einer englischen Neutralitätserklärung vom Einmarsch in Belgien und dem Krieg gegen Frankreich abzusehen; daß sie «beweise, daß sie den Einmarsch in Belgien nicht unternommen hätte, wenn das entscheidende Telegramm des Königs von England anders gelautet hätte».

In dieser Art will Steiner durch Klärung der Ausgangslage vor dem Kriegsausbruch Deutschland den Weg zu wirklichkeitsgemäßen Friedensschritten ebnen – und darum war er ja von Lerchenfeld zunächst gebeten worden.

Steiner kommt dann auf das realpolitische Handelns Englands zu sprechen. «Das russische Reich wird zugrunde gehen» – so lautet eine Grundmaxime britischer Politik –, «damit das russische Volk leben könne. Und dieses Volk ist so geartet in seinen Verhältnissen, daß man dort werde sozialistische Experimente ausführen können, für die es in Westeuropa keine Möglichkeit gibt.» Diese Formulierung aus dem Memorandum Steiners stimmt fast wörtlich mit der entsprechenden Äußerung aus Harrisons *Transzendentalem Weltall* überein. Es ist also sehr wahrscheinlich, daß Steiner die Aufmerksamkeit von Lerchenfeld und Polzer im Zusammenhang mit den Dreigliederungs-Gesprächen auch auf diesen englischen Okkultisten lenkte.

Wie eine Zusammenfassung von vielem, worauf Steiner Polzer in den vergangenen Jahren hingewiesen hatte, dürfte letzterem die folgende Passage des Memorandums vorgekommen sein: «Man muß eben in Mitteleuropa ohne Illusion dem ins Auge schauen, was diejenigen Persönlichkeiten seit vielen Jahren als ihren Glauben haben, den sie von ihrem Gesichtspunkte aus als das Gesetz der Weltentwickelung betrachten: daß der anglo-amerikanischen Rasse die Zukunft der Weltentwickelung gehört und daß sie das Erbe der lateinisch-romanischen Rasse und die Erziehung des Russentumes zu übernehmen hat. Bei der Anführung dieser weltpolitischen Formel durch einen sich eingeweiht dünkenden Engländer oder Amerikaner wird stets bemerklich gemacht, daß das deutsche Element bei der Ordnung der Welt nicht mitzusprechen hat wegen seiner Unbedeutendheit in weltpolitischen Dingen, daß das romanische Element nicht berücksichtigt zu werden braucht, weil es ohnedies im Aussterben ist, und daß das russische Element derjenige hat, der sich zu seinem welthistorischen Erzieher macht. Man könnte von einem solchen Glaubensbekenntnis gering denken, wenn es im Kopfe einiger für politische Phantasien oder Utopien zugänglicher Menschen lebte, allein die englische Politik benützt unzählige Wege, um dieses Programm praktisch zum Inhalte seiner wirklichen Weltpolitik zu machen, und vom Gesichtspunkte Englands aus könnte die gegenwärtige Koalition, in der es sich befindet, nicht günstiger sein, als sie ist, wenn es sich um die Verwirklichung dieses Programms handelt.» Ein auf lange Fristen ausgerichtetes Programm![100]

Zum Schluß der Denkschrift skizziert Steiner das auf eine Dreigliederung des sozialen Organismus hinauslaufende «mitteleuropäische Programm», das zur Schaffung relativ autonomer Bereiche des Rechts-, Wirtschafts- und Geisteslebens führen müßte. In der Durchführung eines solchen Programms sah er die einzige Möglichkeit, den für Mitteleuropa unbrauchbaren Ideen Wilsons wie auch der Überlegenheit der englischen Diplomatie etwas Reales entgegenzusetzen. Durch ein solches Programm wäre es möglich, «das Nationale aus der Freiheit, nicht die Freiheit aus dem Nationalen» zu entbinden.

In mündlichen Erläuterungen führte Steiner Polzer gegenüber ferner aus, daß eine mit den eben dargestellten Zielen der Politik des Westens rechnende mitteleuropäische Außenpolitik sich an folgenden Maximen orientieren müsse:

1. Der französische Revanchegedanke muß in sich selbst versumpfen.
2. Die Slawenfrage muß durch positive Politik (Dreigliederung) gelöst werden.
3. Dem Wirtschaftskonkurrenzkampf muß man als einem dauernden Zustande entgegensehen; es muß (...) Mitteleuropa in einem richtigen wirtschaftlichen Konkurrenzverhältnis zu England bleiben und darf nicht in ein wirtschaftliches Abhängigkeitsverhältnis kommen.[101]

*

Am 16. Juli war Otto Lerchenfeld nach München abgereist, um für die Zusammenkunft von Steiner mit Graf Bernstorff das Nötige zu arrangieren. Am 18. Juli fuhr Steiner in Begleitung von Polzer zu der geplanten Unterredung ebenfalls nach München. Die Besprechung fand am Tag darauf im Edenhotel statt, verlief jedoch ergebnislos. Vor der Rückkehr nach Berlin machte Steiner während eines Münchner Spazierganges die folgende für Polzer unvergeßliche Bemerkung: «Er sagte, daß die Seele des Fürsten Bismarck sich gar nicht für die gegenwärtigen politischen Ereignisse auf der Erde interessiere.»[102] Eine weitere metahistorische Kurzlektion! Offenbar ist es möglich – denn die okkulte Forschung weist die entsprechende Tatsache eben nach! –, daß ein Mensch, der auf das intensivste im politischen Geschehen seiner Zeit gestanden hatte, nach dem Tod sich von dem Fortgang dieses Zeitgeschehens auf das intensivste abgewendet hält.

23. DAS JAHR 1917

Polzer fuhr mit Steiner am Abend des 20. Juli wieder in die Reichshauptstadt zurück. In der Nacht vom 21. auf den 22. verfaßte letzterer ein zweites Memorandum[103], das für Ludwig Polzers Bruder Arthur bestimmt sein sollte. Steiner geht in diesem zweiten Memorandum auf die am 9. Juni der Provisorischen Russischen Regierung übermittelte Note Wilsons ein, in der dieser mit dem schönen Schein des 'Selbstbestimmungsrechts der Völker' und der 'Völkerbefreiung' lediglich die Ententepolitik maskiert.

«Mit der Erreichung der Ententeziele in bezug auf die mitteleuropäischen Staatsgebilde», schreibt Steiner, «geht die wirkliche europäische Freiheit verloren. Denn diese Staatsgebilde können sie verwirklichen, weil sie im Interesse dieser Staatsgebilde selber liegt (...) Der Anglo-Amerikanismus kann diese Völkerfreiheit nicht verwirklichen, weil sie, sobald sie vorhanden ist, gegen das Interesse der anglo-amerikanischen Staatsgebilde ist, solange dies Interesse so ist, wie es jetzt ist und wie es diesem Kriege tatsächlich das Gepräge gegeben hat. Die anglo-amerikanischen Staaten müssen eben einsehen, daß sie das Interesse der mitteleuropäischen Staaten neben sich respektieren müssen.»[104]

«Dieser Krieg», schreibt Steiner ferner, «ist vom mitteleuropäischen Gesichtspunkte aus nach Osten hin ein Völkerkrieg, nach Westen – gegen England-Amerika – ein Wirtschaftskrieg (...) Die Völkerbefreiung ist möglich. Sie kann aber nur das *Ergebnis*, nicht die Grundlage der Menschenbefreiung sein. Sind die Menschen befreit, so werden es durch sie die Völker.» Nach Steiner wäre es nun gerade die Aufgabe der mitteleuropäischen Staatsgebilde, für die Völkerbefreiung durch die Menschenbefreiung dadurch zu wirken, daß jede «unnatürliche Vermischung von politischen, wirtschaftlichen und allgemein menschlichen Interessen» völlig aufgegeben werde. Und nun zeigt er, wozu die nötige 'Entmischung' führen würde. Der Kern der Dreigliederung war und bleibt die zu verwirklichende Freiheit des allgemein-menschlichen Geisteslebens. Steiner fordert im zweiten Memorandum: «Die allgemein-menschlichen Verhältnisse» (also alles, was über die rechtlich-politische sowie die wirtschaftliche Sphäre hinausgeht) «und die mit ihnen zusammenhängenden Völkerfreiheitsfragen fordern im Sinne der Gegenwart und Zukunft zu ihrer Grundlage die individuelle Freiheit des Menschen. In diesem Punkte wird man nicht einmal einen Anfang mit sachgemäßen Anschauungen machen, solange man glaubt, von einer Freiheit oder Befreiung der Völker könne gesprochen werden, ohne daß man diese auf die individuelle Freiheit des Einzelmenschen aufbaut (...) Der Mensch muß sich zu einem Volke, zu einer Religionsgemeinschaft, zu jedem Zusammenhang, der sich aus seinen allgemein-menschlichen Aspirationen ergibt, bekennen können, ohne daß er in diesem Bekenntnisse von seinem politischen oder wirtschaftlichen Zusammenhange durch die Staatsstruktur abgehalten wird.»[105]

Doch kehren wir zurück zum Sommer 1917.

Rudolf Steiner war der Ansicht, daß das für Ludwig Polzers Bruder Arthur zu Papier gebrachte Memorandum als Grundlage dienen könnte für eine wirklichkeitsgemäße österreichische Außenpolitik. Er war überdies der Meinung, Arthur Polzer solle zu diesem Zwecke den Posten des Ministers des Äußeren anstreben. In erster Linie dachte Steiner hierbei an eine Art 'Ideen-Offensive' (im Sinne eines freien Geisteslebens) nach dem Osten hin. «In Rußland», sagte er zu Ludwig Polzer bei der Übergabe dieses zweiten Memorandums, «sind viele kleine verstreute geistige Zentren. Die würden es verstehen, und das könnte ein wirksames Friedensmittel werden; denn auf mitteleuropäische Ideen hat der Osten immer gehört.»[106] Wie groß Steiners Hoffnung war, daß durch Arthur Polzer von Österreich aus in dieser Richtung friedenstiftend gehandelt werden könnte, zeigen seine folgenden Worte: «Wenn der Kaiser von Österreich solches verkünden ließe, dann könnte der Ausspruch des Fürsten Bismarck wieder wahr werden: 'Wenn der Kaiser von Österreich zu Pferde steigt, folgen ihm alle seine Völker.'» Ludwig Polzer realisiert mit einem Male, wie überlebenswichtig es nun war, die welthistorische Chance wahrzunehmen – und erschrickt im Innern über die Konsequenzen, falls dies nicht gelänge. Darüber schreibt er in den Prager Aufzeichnungen: «Als er sah, daß ich unter der Schwere der Verantwortung unruhig und ängstlich wurde, sagte er in der liebevollsten Art: 'Seien Sie nur ganz ruhig. Man muß auch zusehen können, wie Völker zugrunde gehen.'» Dies ist kein misanthropischer Zynismus, sondern der Ausspruch eines Mannes, der sieht, welches unendliche Leid, ja welch tragischer Untergang dem Vielvölkerstaat beschieden ist, falls nicht noch in letzter Minute wirklichkeitsgemäße Ideen dessen Dasein in andere Bahnen lenkte. Das geht aus den anschließenden Worten Steiners klar genug hervor: «Wenn das, was ich Ihnen als rettende Möglichkeit auseinandergesetzt habe, nicht zustande kommt, wird eine Reihe von Katastrophen folgen. Das, was sich aus der Vernunft nicht vollziehen kann, wird nach den größten Umwälzungen schließlich doch geschehen müssen, denn es wird vom Weltenwillen gefordert.»[106]

Nun wollte es der sogenannte Zufall, daß sich gerade in dem Zeitpunkt, als Polzer mit den beiden Memoranden zu seinem Bruder Arthur fahren sollte, ein weiterer Helfer auf dem Schauplatz in Erscheinung trat: der 1891 in Wien geborene Walter Johannes Stein, der mitten im aktiven Dienst nach Berlin gereist kam, um hier mit Steiner seine Doktorarbeit zu besprechen. Da es für Militärpersonen viel leichter war, schriftliche Dokumente über die Grenze zu bringen, anerbot sich Stein, der Polzer schon von den Münchner Sommerkursen her bekannt war, auf der Stelle, das maschinengeschriebene erste Memorandum nach Österreich mitzunehmen. «Im Notfall werde ich es verschlucken», scherzte er, an welchem ernstgemeinten Wort Rudolf Steiner wahre Freude hatte. So ist Stein neben Lerchenfeld und Polzer der dritte 'im Bunde' der ersten Kenner von Steiners Dreigliederungsidee geworden. Auch mit ihm wird Polzer fortan eine ungetrübte Freundschaft pflegen.

Am Abend des 22. Juli fuhr Polzer nach Wien zu seinem Bruder Arthur und begleitete den Kabinettsdirektor von dort nach Reichenau, der kaiserlichen Sommerresidenz. Ludwig übergab Arthur sowohl das maschinengeschriebene erste Memorandum wie auch das von ihm selbst eigenhändig abgeschriebene zweite Memorandum. Am26. Juli führte Ludwig Polzer eine Unterredung mit dem Ministerpräsidenten Ernst von Seidler.

Und der Kaiser? Würde der Kaiser von Österreich nun 'zu Pferde steigen'? Das hing zunächst natürlich davon ab, wie rasch und in welcher Art sein Kabinettsdirektor die Idee der Dreigliederung weiterleitete. Und Arthur Polzer – zögerte. Nicht zuletzt, weil gerade um diese Zeit im Zusammenhang mit der tschechischen Amnestie ein übles Kesseltreiben gegen ihn entbrannt war, bei welchem vor allem der skrupellose deutsch- und ungarnfreundliche Czernin gegen Polzer intrigierte. So glaubte Arthur Polzer, die Situation durch die Vorlage der Memoranden nicht noch zusätzlich belasten zu dürfen; und wartete zunächst. Er unterzog die Memoranden allerdings einem minuziösen Studium und kam zu einer sehr beachtenswerten Einschätzung des Wertes dieser Schriften. In seinem Buch *Kaiser Karl, aus der Geheimmappe seines Kabinettschefs*, schreibt er gut zehn Jahre später: «Ich gewann den Eindruck, daß es sich um einen Vorschlag handle, der – zum Unterschied von so vielen anderen – den *praktischen* Bedürfnissen der anbrechenden Zeit volle Rechnung trug. Der Gedanke beruht – so wie ich ihn verstehe – im wesentlichen auf folgendem: Das Zusammenhalten der Angelegenheiten des politischen Lebens mit jenen des Wirtschafts- und Geisteslebens, die Bewirtschaftung dieser drei durchaus heterogenen Lebensgebiete in einem einheitlichen System hat es mit sich gebracht, daß sich nicht nur die Zustände, sondern auch die Begriffe verwirrten und daß schließlich ein Chaos wurde, aus dem heraus die Weltkatastrophe entstand. Die drei Lebensgebiete dürfen nicht weiter als Einheit betrachtet und behandelt werden, sondern müssen, da sie nach verschiedenen Grundsätzen aufgefaßt sein wollen, getrennt bewirtschaftet werden. Die politischen Angelegenheiten im engern Sinn, also der Rechts- und politische Schutz, das Militärwesen und die auswärtige Vertretung erfordern ihrem Wesen nach die Behandlung nach dem Grundsatz des Konservatismus im Sinn der Erhaltung und des Ausbaus des historisch gewordenen. Die wirtschaftlichen Dinge müssen zu ihrem Gedeihen nach dem Grundsatz realer Zweckmäßigkeit verwaltet werden, während das geistige Leben der Menschen, deren kulturelle und geistige Angelegenheiten, in die Freiheit der Person gestellt werden sollen, und zwar in der Art, daß der Staat es frei sich bildenden Korporationen überläßt, sich ihr gesamtes Geistesleben, Gerichtswesen, Schule und Wohlfahrtseinrichtungen zu schaffen und zu verwalten. Auf kulturellem Gebiet hätte also die freie Korporation an Stelle staatlicher Ingerenz und Privilegierung zu treten.»[107]

Es gehört zu den unerwarteten Überraschungen für den Historiker, zu sehen, wie Arthur Polzer, der sich auf die Geisteswissenschaft von Steiner nicht einließ, dank seiner reichen politischen Erfahrung und seines Sinns für Wirklichkeiten dennoch mit sicherem Instinkt den potentiellen Nutzwert von Steiners Memoranden klar erfaßt. «Ich glaubte zu erkennen», fährt der Kabinettschef fort, «daß der dem System zugrunde liegende Gedanke im allgemeinen ein richtiger sei, und so schloß ich daraus, daß seine Realisierung – mag sie auch noch so schwierig sein – objektiv möglich sein müsse.» Allerdings schätzte Polzer den zu erwartenden Widerstand der alten Denkgewohnheiten gegen die Verwirklichung der Steinerschen Idee gewissermaßen turmhoch ein. Er schreibt: «Ich hatte aber von vornherein die Empfindung, daß die Idee der Dreigliederung, gerade weil sie aus der Geisteswelt hervorgeholt war und die endgültige Absage an die althergebrachten Zustände, Begriffe und Denkgewohnheiten bedeutete, nahezu allgemein abgelehnt worden wäre, zumal in einer Zeit, zu der man – wie dies im Jahr 1917 noch der Fall war – meinte, man werde von dem Gewohnten nicht allzu weit abrücken müssen.»[107]

Auch mit dieser Meinung hatte Arthur Polzer leider recht, wie der ungefähr zur gleichen Zeit in Deutschland unternommene Versuch, die Idee der Dreigliederung durch maßgebliche politische Stellen zu verwirklichen, zeigt. Ende Juli oder Anfang August kam es zu einer von Lerchenfeld vermittelten Unterredung Steiners mit dem deutschen Staatssekretär Richard von Kühlmann, dem Schul- und Studienfreund von Lerchenfeld. Auch Kühlmann waren die Memoranden zugestellt worden. Steiner sagte Kühlmann im Laufe dieser Unterredung: «Sie haben die Wahl, entweder jetzt Vernunft anzunehmen und auf das hinzuhorchen, was in der Entwicklung der Menschheit sich ankündigt, was geschehen soll, oder Sie gehen Revolutionen und Kataklysmen entgegen.» Vermutlich war es Kühlmann, der Steiner bezüglich seiner Forderung nach einer offenen Darstellung des Kriegsausbruchs entgegenhielt: «Ja, wenn man Ihren allerersten Punkt verwirklichen will, dann, so führt das ja notwendig zur Abdankung des Deutschen Kaisers!» Worauf Steiner kontern mußte: «Wenn das dazu führt, so wird es ja wohl notwendig sein!»[108] – Kühlmann hat nach Lerchenfeld, der bei der Unterredung mit zugegen war, «ausg'schaut wie ein Depp»; er führte dann im Frühjahr 1918 in völliger Verkennung der Zeitnotwendigkeiten den Gewaltfrieden von Brest-Litowsk herbei und half das bolschewistische Regime durch die Finanzierung der *Prawda* festigen.[109]

23. DAS JAHR 1917

In diese Zeit der Dreigliederungs-Besprechungen fielen auch zwei Friedensappelle durch den Vatikan. Benedikt XV. respektive sein päpstlicher Diplomat Eugenio Pacelli (der spätere Pius XII.) legten diese Anfang Juni und August vor. Damit suchte neben den USA im Westen und den im Osten tätig werden Bolschewisten als dritte Macht *des Südens* auch die Kirche Europas Schicksal in die *von ihr* für gut befundene Bahn zu lenken.

«Es wäre schlimm, wenn wir den Frieden aus der Hand des Papstes nehmen müßten», kommentierte Steiner den päpstlichen Augustappell.[110] Doch das Wort der Mitte verhallte echolos. So geriet das Unterfangen, über einflußreiche Persönlichkeiten der Donaumonarchie und des Deutschen Reiches durch die Dreigliederungsidee eine Wende der Verhältnisse zu bewirken, kaum begonnen, schon ins Stocken. Daran konnte auch der von Ludwig Polzer und Graf Lerchenfeld am 26. September gemeinsam unternommene Besuch bei Arthur Polzer in Reichenau nichts mehr ändern.

Die Katastrophen, vor denen Steiner für diesen Fall gewarnt hatte, ließen auch nicht lange auf sich warten. Die Oktoberrevolution befestigte die ganz im westlichen Interesse liegende bolschewistische Herrschaft, die das russische Volk, das so ganz anderes benötigt hätte, für siebzig Jahre in die Fesseln schlug.

*

Symptomatisch für die Schicksalssignatur des Jahres 1917 sind auch die Vorgänge, die sich als Intrigenspiel um Arthur Polzer woben und die sein zögerndes Verhalten gegenüber seinem Kaiser maßgeblich bedingten. Noch im Herbst 1917 hielt Arthur Polzers es «an sich für richtig», «daß wer die geheim wirkenden Kräfte des Westens aufdeckt, die den Weltkrieg entzündet haben und ihn in Permanenz erhielten, wer den Ostvölkern ein die Menschheit befreiendes Programm als Friedensvorschlag bringt und die Friedensfrage damit löst, dem würden die Völker Mitteleuropas keine Hindernisse für die Durchführung des Programms entgegenstellen.»[107] Doch Polzers Kräfte waren schon gelähmt. Da half auch nichts, daß er am 11. Oktober mitsamt seinen Geschwistern von Seiner Majestät in den Grafenstand erhoben wurde.

Durch die österreichischen Herbstsiege in Italien hatte der wetterwendische Czernin wieder angefangen, mit den Deutschen und den Ungarn auf die 'Siegkarte' zu setzen, und da konnten Friedens- und Autonomiebestrebungen innerhalb der Monarchie, wie sie von Polzer und vom Kaiser stark gefördert wurden, nur störend wirken: Polzer mußte fallen. Man inszenierte nun die Sache so, daß die Nachricht von der Demission des Kabinettsdirektors als Pressemitteilung bekanntgegeben wurde, noch bevor der von Czernin und dem Ministerpräsidenten unter Druck gesetzte Kaiser Polzer von dem in den Augen Seiner Majestät zur innenpolitischen Entspannung *nur vorübergehend* nötigen Schritt in Kenntnis setzen konnte.

Am 22. November 1917 war Arthur Polzer formell aus seinem Amt entlassen. «Also der Polzer ist erledigt», verkündete ein Czernin nahestehender Abgeordneter vor Journalisten triumphierend.[111] Kaiser Karl war über die Presse-Indiskretion empört und ordnete eine Untersuchung an. «Graf Polzer ist mir durch alle möglichen Intrigen entrissen worden», stellte er kurz nach dessen Rücktritt fest.[111] «Eilig hatten es die Todesmächte, die manche Enthüllungen fürchteten», schreibt Arthurs Bruder Ludwig über dessen Sturz. «Vom okkulten Gesichtspunkte sind diese Einzelheiten von großem Interesse.»[112]

Zu den groteskesten Beschuldigungen, die gegen Arthur Polzer durch seine Kontrahenten erhoben worden waren, gehört der Vorwurf, er hätte unter anderem «einmal behauptet, die Gefährlichkeit der Freimaurer sei eine eingebildete, es gäbe keine Freimaurer». Als der Kaiser Polzer diese Anschuldigung zur Kenntnis gab, lachte letzterer darüber «und meinte, daß es eigentümlich sei, gerade mir [Polzer], der auf Grund intensiver Studien der Freimaurerei über deren Gefährlichkeit besser unterrichtet sei wie mancher andere, eine solche irrige Meinung zu unterschieben und mit solchem Tratsch aufzufahren».[113] Hatte Arthur Polzer doch zum Beispiel die kodierte Warnung vor dem Untergang des Habsburgreiches vor dem Krieg sehr ernst genommen! Es ist im übrigen höchst aufschlußreich, daß diese eben angeführte Stelle aus Arthur Polzers Buch, nebst sämtlichen Hinweisen auf die Dreigliederung von Steiner und auf diesen selbst, in der englischen Übersetzung dieses Werkes ausgelassen wurde. Doch davon später.

Nun erst, bei seiner Abschiedsaudienz beim Kaiser, hielt Arthur Polzer, der sich in erstaunlicher Gelassenheit in sein Schicksal fügte, den Zeitpunkt für gekommen, Seine Majestät mit dem Gedanken einer Dreigliederung des sozialen Organismus bekannt zu machen. «Am Abend und am nächsten Tage hatte ich mehrstündige Audienzen», schreibt Polzer, «während welcher ich, nunmehr der Rücksicht ledig, die mir mein Amt auferlegt hatte, das System der Dreigliederung auseinandersetzte. Der Kaiser hörte mit gespannter Aufmerksamkeit zu. Er würdigte voll die Bedeutung des Gedankens.»[114] Selbstverständlich war und ist der Gedanke der Dreigliederung des sozialen Organismus manchem Mißverständnis ausgesetzt. Das war schon Ludwig Polzer klar. Er schreibt in seinen Aufzeichnungen: «Man glaubte zum Beispiel, daß das vorgeschlagene Wirtschaftsparlament auch Gesetze zu fabrizieren haben würde, während ja doch nur an Vereinbarungen zu Wirtschaftserleichterungen in einem ganz grenzfreien Verkehr eines großen, sich immer vergrößernden Raumes gedacht war, weil das Wirtschaftsleben keine hierarchische Gliederung und Gesetzgebung im politischen Sinne verträgt. Auch die kulturelle Vertretung war nicht so gemeint, daß sie Gesetze und Verordnungen erlassen und die Kulturfragen politisch organisieren sollte. Im Sinne der Dreigliederung hat sie die Aufgabe, geistig neue Anregungen zu geben. Während heute zum Beispiel die Schulreform sich vielfach nur um Schulorganisation dreht und von der Zentrale politische Richtlinien gegeben werden, denkt man wenig daran, zum Beispiel die Wissenschaft der Pädagogik selbst auf eine höhere Stufe zu führen. Es wird sich also im dreigliedrigen sozialen Organismus im freien Geistesleben um fortwährende geistige Konkurrenzierung – die im Wirtschaftsleben nicht sein darf – handeln, ohne die Menschen zu irgendeiner geistigen Gruppe staatlich oder kirchlich, auch nicht auf dem Umwege wirtschaftlichen Zwanges, zu erfassen. Es wird also jedem zum Beispiel ganz freigestellt sein, seine Kinder von demjenigen erziehen zu lassen, zu dem er Vertrauen hat. Am weitesten sind die Menschen heute davon entfernt, die Aufgaben des Staats als Rechtsvertretung zu verstehen.»[115]

Als Ludwig Polzer nach dem vergeblichen Versuch, seinen Bruder Arthur noch vor dessen Demission im November zur Weiterleitung der Memoranden an Kaiser Karl zu motivieren, Rudolf Steiner wiedersah, meinte dieser, als Minister des Äußeren hätte Arthur Polzer gewiß vollbringen können, «was wir von ihm hofften und was die Weltlage ganz verändert hätte»[116]. Dazu hätte sich Kaiser Karl jedoch statt von Polzer, von Czernin trennen müssen, und das vorzuschlagen hätte Polzer wohl noch weniger gewagt als dem Kaiser Steiners Memoranden vorzulegen.

*

Fragen wir uns im Rückblick auf diesen ersten Versuch, die Dreigliederung 'von oben' einzuführen, warum er so bedeutsam war und sein Scheitern deshalb so fatale Folgen haben *mußte*, so kann die Antwort ohne eine Einbeziehung bestimmter spiritueller Tatsachen kaum befriedigend gegeben werden. Eine solche liegt zum Beispiel einem Wort zugrunde, das Rudolf Steiner einmal Ludwig Polzer gegenüber äußerte. «Der habsburgische Stammesgeist war die zusammenhaltende Kraft der Völker Österreichs, er wirkte durch die einzelnen Persönlichkeiten der Habsburger. Dieser Stammesgeist stand hierarchisch im Range eines Volksgeists.»[117] Das heißt, man hat es, spirituell betrachtet, mit einer äußerst mächtigen geistigen Wesenheit zu tun. Andererseits kann Rudolf Steiner als ein Repräsentant des modernen wahren Zeitgeists angesehen werden, der gerade auch auf dem sozialen Felde wirklich zeitgemäße Anregungen zu geben in der Lage war. «Hätte durch die Persönlichkeit Kaiser Karls», schreibt Polzer, «der habsburgische Stammesgeist sich mit dem Zeitgeist (...) verständigen können, wäre der Übergang in die neue Zeit ohne wesentliche Katastrophen möglich gewesen. Es standen sich auf der Erde Rudolf Steiner und Kaiser Karl gegenüber.»[117] Damit haben wir auch auf den metahistorischen Hintergrund der einzigartigen welthistorischen Chance hingedeutet, welche sich im Jahre 1917 bot. Und *vor diesem Hintergrunde wird man einmal auch die ungeheuerlichen Widerstände untersuchen müssen, die diese Chance, man möchte sagen, im Nu, zunichte werden ließen;* um so mehr, als sich ein Ähnliches mitten in der deutschen 'Wendezeit' des Jahres 1989 wiederholte – doch davon später in Teil V.

«Die letzten Monate des Jahres 1917 waren also mit außerordentlich schmerzlichen Ereignissen und Enttäuschungen erfüllt»[116], schreibt Polzer in den Prager Aufzeichnungen. Dazu kam noch ein weiterer unerwarteter Schlag: Ignaz Reichl, der langjährige treue Bewirtschafter von Tannbach, verstarb ganz plötzlich in seinem neunundvierzigstenLebensjahr. Auch Ludwig Polzer selbst stand nun im neunundvierzigsten Lebensjahr. Auch für ihn bedeutete das Jahresende damit in mancher Hinsicht Abschied, Abschluß. Doch die Enttäuschungen vermochten Polzers weiteres Streben um keinen Zollbreit von den im Jahre 1917 neuen, ganz konkreten Zielsetzungen abzubringen. Dazu war er viel zu tief in die Gedankenart der Geisteswissenschaft gedrungen. Denn diese Wissenschaft besitzt auch eine Schichte, wo nicht nur 'Wissen', wenn auch noch so spirituelles, produziert wird, sondern wo auch Mut- und andere moralische Kräfte gewonnen werden können. «Arbeiten Sie niemals für den Erfolg», sagte Steiner einst zu Lerchenfeld[118], und dieser hat den Rat sein Leben lang befolgt. Erfolg darf für die Bemühung, einen als richtig erkannten Entschluß in die Tat umzusetzen, niemals ausschlaggebend sein. Auch Ludwig Polzer hat sich von diesem unumstößlichen Gesetz mehr und mehr in seinem Streben leiten lassen. Es verleiht den langen Atem wahrer Unbeirrbarkeit.

24. DIE KEHRSEITE DER MÜNZE

1917 ist im Wirken Rudolf Steiners nicht nur das Jahr der Keimlegung der Idee der Dreigegliedertheit des sozialen Organismus; er beginnt in diesem Jahr auch in systematischer Art und Weise mit der rückhaltlosen Aufdeckung und Darstellung der okkultistischen Hintergründe der Politik des englisch sprechenden Westens. Steiner unternimmt dies hauptsächlich in den erwähnten *Zeitgeschichtlichen Betrachtungen,* die er vom Dezember 1916 bis zum 30. Januar 1917 in Dornach vorträgt.[119] Im Mai macht er Polzer in der bayerischen Metropole erstmals auf «gewisse Tatsachen eines üblen Okkultismus»[120] aufmerksam und läßt ihm in der zweiten Jahreshälfte die Typoskripte der *Zeitgeschichtlichen Betrachtungen* zusenden. Steiner legte also offensichtlich großen Wert darauf, daß sich Polzer mit den in München angedeuteten Tatsachen im einzelnen befassen könne. Auch ein Vortrag Steiners vom November 1917, in dem er im Zusammenhang mit der Ermordung der Kaiserin Elisabeth auf gewisse okkultistische Bestrebungen zu sprechen kam, fand sich – mit markanten Lesespuren – als Typoskript in Polzers Nachlaß.

1917 fängt Ludwig Polzer also systematisch damit an, anhand von Steiners Ausführungen für gewisse okkultistische Vorgänge hinter den Kulissen der ephemeren Tagespolitik bewußt Verständnis aufzubauen. Manches, was in seiner Seele in der Jugend nur in Form von subjektiver, dumpfer seelischer Bedrückung lebte und rumorte, gewinnt nun auch gewisse objektive Züge. Erinnern wir uns einen Augenblick daran, wie Polzer es empfunden hatte, als im Jahre 1888 das alte Burgtheater abgerissen wurde. Symbolisch ging ihm damit eine alte Welt in Trümmer. Damals hatte er die Untergangstendenzen erst subjektiv *empfunden;* nun lernte er die objektiven Hintergründe seiner eigenen Gefühle kennen. So ist das Seelenleben noch in vielem anderen nur ein Spiegel objektiver Weltvorgänge.

Da Polzer 1917 auch in dieser Hinsicht wichtigste Verständnisschritte unternimmt, wollen wir ihn dabei gleichsam eine kurze Weile mitbegleiten und einen Blick auf ein paar große Grundmotive von Steiners Aufklärungen werfen.

Steiner charakterisiert in diesen Ausführungen immer wieder dasjenige, was Polzer in bezug auf die vergangenen Jahrhunderte einmal den «einzigen wirklich politischen, geistig wirksamen Gedanken in Europa»[121] nannte. Es ist die schon mehrfach angeführte, auch von Harrison skizzierte Auffassung gewisser anglo-amerikanischer Kreise, die englisch sprechenden Völker seien zur Fortsetzung der Weltherrschaft des Imperium Romanum aufgerufen und müßten sich zu diesem Zweck das Zukunftselement des Slawentumes gefügig machen, und zwar mit Hilfe des in die Dekadenz versinkenden Romanentums. Ein diese Auffassung zum Ausdruck bringender Ausspruch stammt vom britischen Staatsmann Lord Rosebery, dem besten Jugendfreund von Winston Churchills Vater und dem vielgeliebten Politikidol des jungen Churchill selbst. Lord Rosebery sagte im Jahre 1893 – vor hundert Jahren also: «Man sagt, daß unser Reich groß genug ist und daß wir genug Territorien besitzen (...) Wir dürfen aber nicht nur das ins Auge fassen, was wir heute nötig haben, sondern auch das, was wir in der Zukunft nötig haben werden (...) Wir müssen uns bewußt bleiben, daß es ein Teil unserer Pflicht und unseres Erbteils ist, dafür zu sorgen, daß die Welt den Stempel unseres Volkes trage und nicht den irgendeines anderen.»[122]

Dies war und bleibt – sofern man das amerikanische Element dazunimmt – die feste, auf okkulter Einsicht in die Gesetze der Entwicklung ganzer Völker beruhende politische Grundlehre des Westens; sie rechnet mit Jahrhundertzeiträumen und nicht bloß mit der Frist bis zu den nächsten Präsidentschaftswahlen ...

Der Impuls Peters des Großen diente dieser 'Lehre' schon seit der Zeit des 17. Jahrhunderts; die Lancierung des 'sozialistischen Experiments' im Osten war ein wichtiger Schritt zur praktischen Verwirklichung der Lehre, und auch die Demontage dieses 'Experiments' im Jahre 1989 muß im Lichte dieser Lehre angesehen werden. Und wie seit der berühmten 'Wende' von der anglo-amerikanischen Politik versucht wird, dieser 'Lehre' weiterhin zu dienen, soll im Teil V betrachtet werden.

Grundlegend für die Wirksamkeit okkulter Bruderschaften, wie sie vorzugsweise im anglo-amerikanischen Westen tätig sind, ist, daß sie sich nie darauf beschränken, ihre Wirksamkeit nur in *einer* Richtung zu entfalten. Das gilt zum Beispiel schon für das der westlichen 'Lehre' dienende Testament Peters des Großen, bei welchem wir nach Steiner «in einer (...) historisch genialen Weise zwei Dinge zu gleicher Zeit» am Wirken sehen: «Sympathie mit dem Testament Peters des Großen und Antipathie mit allem Westlichen – so durcheinanderwirkend, daß diese Durcheinanderwirkung eben außerordentlich wirksam werden kann.»[123]

*

Ein Wichtigstes in Steiners Bruderschaftsenthüllungen des Jahres 1917 ist der Hinweis auf gewisse Techniken, sich zu gruppenegoistischen Zielen der Kräfte mancher Toter zu bedienen. Am 30. Januar 1917[119] ging er ganz besonders auf dieses dunkle Thema ein.

Statt sich durch spirituelle Vorstellungen den sogenannten Toten innerlich aktiv entgegenzubewegen, statt zu erlernen, von ihnen ganz bewußte

24. DIE KEHRSEITE DER MÜNZE

Eingebungen zu empfangen und auch sachgemäß zu deuten, wird in manchen Logen durch ein äußerliches Zeremoniell und in durchaus materialistischer Gesinnung die Brücke zu gewissen Abgeschiedenen geschlagen. Daß der moderne Freiheitssinn *solche* Brücken unbedingt umgehen will, heißt nicht, daß sie von *jedermann* gemieden werden und nicht auch ihre Tragkraft haben.

Was ist der Zweck der 'Mitarbeit' von Toten, die auf solchen Wegen zu erreichen sind? Sie verleihen den mit ihnen – oft sogar nur indirekt, ohne das Bewußtsein solcher 'niedergraduierten' Menschen – in Verbindung Tretenden eine suggestive Wirksamkeit. Man müßte unterscheiden lernen, ob von zwei Politikern oder Journalisten, die im Prinzip denselben Sinn und Unsinn reden mögen, der eine *wirkungsvoll* auftritt, der andere nicht. Das Geheimnis dieses Unterschiedes steht des öfteren mit dem hier skizzierten Logenwirken im Zusammenhang.

Gibt es nun Indizien für die Existenz von Logen dieser Art? Es gibt noch mehr als das, es gibt Beweise.

Man denke – wir erlauben uns hier einen Kurzexkurs in spätere Betrachtungen – etwa an den heute nicht mehr gänzlich unbekannten, harmlos scheinenden 'Club' der Yale University mit dem Namen 'Skull & Bones', der seit 1832 existiert und bis in jüngste Zeit nur jährlich fünfzehn neue Mitglieder zu rekrutieren pflegte. Auf alten Photos von Zusammenkünften dieses Clubs kann man die Anwesenden um einen Totenschädel sitzen sehen. Das wird gewiß in vielen 'Clubs' gemacht. Die Frage ist jedoch, ob es ganz gleichbedeutend ist, ob solche Schädel den Versammelten bekannten Menschen, die selbst Mitglieder des Clubs gewesen waren, angehören oder nur symbolisch-anonym, gewissermaßen zu einem Hokuspokuszweck, verwendet werden. Welch ein Gegensatz, in jedem Falle, zu jenem inneren spirituellen Totenkultus, den Ludwig Polzer unter Steiners Anregung immer stärker pflegen wird! –

Was ist, in einem Wort, die Technik solcher Bruderschaften? Um die Neue Weltordnung 'endgültig' durchzusetzen, muß die Menschheit permanent – politisch, wirtschaftlich und kulturell – von Strömungen und Gegenströmungen durchdrungen werden, damit man Herr der Resultante solcher selbst geschaffenen Widersprüche werden kann und sich die Spur des eigenen Handelns im Hin- und Hergewoge des politischen Geschehens verwische.

Es ist ein Hauptverdienst von Anthony C. Sutton, nachgewiesen und belegt zu haben, wie gerade eine Bruderschaft wie der Skull & Bones-Club in dieser widersprüchlichen Art und Weise auf die Geschichte des 19. und vor allem die des 20. Jahrhunderts einwirkte und noch einwirkt.[124] Von Bones-Mitgliedern kontrollierte Mammutunternehmen wie die Guarantee Trust

Company oder die Großbank Brown Brothers & Harriman haben nachweislich sowohl beim Aufbau des ultralinken russischen Bolschewismus wie des ultrarechten deutschen Nationalsozialismus finanzielle Patenhilfe aufgebracht. Das sieht sehr widersprüchlich aus; doch ist der Widerspruch gewollt. Die vermittels dieser dialektischen Methode zunächst angestrebte geschichtliche 'Synthese' oder Resultante war nach Sutton die Errichtung der Vereinten Nationen zum Zweck der Etablierung der anglo-amerikanischen Weltherrschaft. Sutton stellt bezüglich dieser über den Parteiengegensatz von 'links' und 'rechts' hoch erhabenen Technik fest, sie verwirkliche auf dem politischen Feld im Grunde gar nichts anderes als Hegels Auffassung vom dialektischen Charakter alles Werdens in der Welt, das sich stets im Dreischritt von These, Antithese und Synthese vollziehen müsse. So wird ein Kerngedanke der Philosophie von Hegel zur Grundlage politisch-okkultistischen Verhaltens gewisser anglo-amerikanischer Kreise.

Kannte Rudolf Steiner diese Bruderschaft? wird wohl ein mancher Leser fragen. Die Frage scheint nur indirekt beantwortbar zu sein. Bereits im Jahre 1909 kam Steiner in einem öffentlichen Vortrag in Berlin auf den amerikanischen Multimillionär Edward Harriman zu sprechen, der seinen Reichtum mit sehr dubiosen Mitteln ramassierte und der die allem mitteleuropäischen Wesen höchst konträre Anschauung besaß, kein Mensch sei in seiner spezifischen Arbeitsleistung unersetzlich.[125] Harrimans Sohn Averell wurde 1913 in den Yale-Club aufgenommen und hat bis zu seinem Tod im Jahre 1986 in der amerikanischen Außenpolitik eine weit wichtigere Rolle gespielt als zahlreiche Außenminister der USA zusammen. Wenn auch Steiner den Namen dieses Yale-Clubs unseres Wissens nirgends nannte, so mußte er gerade Bruderschaften wie 'Skull & Bones' im Auge haben, als er am 4. Dezember 1920 einmal im Zusammenhang mit der Philosophie von Hegel das Folgende bemerkte: «Hegel redet in seiner Philosophie vom Gedanken und meint eigentlich den kosmischen Gedanken. Hegel sagt: Wenn wir irgendwohin sehen in der äußeren Welt, sei es, daß wir einen Stern in seiner Bahn, ein Tier, eine Pflanze, ein Mineral betrachten, sehen wir eigentlich überall Gedanken, nur daß diese Gedanken in der äußeren Welt eben in einer anderen Form als der Gedankenform vorhanden sind. Man kann nicht sagen, daß Hegel gerade bestrebt war, diese Lehre von den Gedanken der Welt esoterisch zu halten. Sie ist esoterisch geblieben, denn Hegels Werke wurden wenig gelesen; aber es war nicht Hegels Absicht (...) Aber es ist doch außerordentlich interessant, daß wenn man zu den Geheimgesellschaften des Westens kommt, dann in einer gewissen Beziehung es als eine Lehre der tiefsten Esoterik angesehen wird, daß die Welt eigentlich aus Gedanken gebildet wird. Man möchte sagen: Das, was Hegel so naiv hinsagte von der Welt, das betrachten die Geheimgesellschaften des Westens, der anglo-amerikanischen Mensch-

24. DIE KEHRSEITE DER MÜNZE

heit nun als den Inhalt ihrer Geheimlehre, und sie sind der Ansicht, daß man eigentlich diese Geheimlehre nicht popularisieren sollte. – So grotesk sich das auch zunächst ausnimmt: man könnte sagen: *Hegels Philosophie ist in einer gewissen Weise der Grundnerv der Geheimlehre des Westens.*»[126] Zu dieser Philosophie gehört auch Hegels Auffassung, daß die 'Gedanken' in der Welt dialektisch, das heißt durch reale Widersprüche wirken.

Die Konvergenz der Vortragsäußerung von Steiner mit Suttons Diagnose von der im Skull & Bones-Club praktizierten Hegelschen Dialektik ist beachtenswert; um so mehr, als Sutton weder als Philosoph noch als Okkultist spricht. Von diesem Yale-Club, dessen Spuren im 'American Century' heutzutage von einem jeden unbefangenen Betrachter wahrgenommen werden könnten, wird im fünften Teil des Buches nochmals die Rede sein.

So viel sei nur vorweggenommen: zu den 'Initiierten' *des Jahres 1917* gehörte auch der Vater von George Bush, und Bush selbst wie sein Nachfolger im amerikanischen Präsidentschaftsamt, Bill Clinton, stehen zu dieser manifesten Eisbergspitze des anglo-amerikanischen Okkultismus in deutlicher Beziehung.[127]

Damit haben wir weit vorgegriffen. Doch schien es uns am Platze, *da 1917 nicht nur in bezug auf die soziale Dreigliederung ein Jahrhundert-Keimjahr ist, sondern auch bezüglich des okkultistisch inspirierten Kampfes gegen diesen mitteleuropäischen Weltimpuls.* Die erzwungene Demission von Arthur Polzer – um nur auf *eines* hinzuweisen – im November 1917 spielte sich im Spannungsfeld dieses Kampfes ab. Damit ist natürlich nicht gesagt, daß 'Skull & Bones' bei seiner Demission mitwirkte; doch die letztere erfolgte sicherlich im Einklang mit den Zielen dieser Bruderschaft.

Die römisch-katholische Kirche muß in diesem Kampf dem Westen selbstverständlich sekundieren, denn während die erwähnten westlichen Interessenskreise aus dem ganzen Osten ein riesenhaftes Warenhaus zu machen wünschten, löst allein schon die Idee eines *freien* Geisteslebens bei der Kirche Todesängste aus. Während also 1917, aus einem übernationalen Okkultismus inspiriert, die Idee der Dreigliederung in Europa in Erscheinung tritt, ruft dies sogleich die schärfsten retardierenden Gewalten des englischsprachenden Westens wie des romanischen Südens auf den Plan. Noch rücksichtsloser wird seither vom Westen aus, mit Hilfe der katholischen Kirche, um die möglichst restlose Verwirklichung der großen 'Grundlehre' gekämpft. *Dreigliederung und ihre (westlich-südliche) Gegnerschaft – dies sind gewissermaßen nur die beiden Seiten einer Münze.* Und Steiner wollte, daß gerade Ludwig Polzer die *ganze* Münze kennenlerne.

*

Von dieser *Kehrseite* der Münze kommt auch im Zusammenhang mit Arthur Polzers Buch über Kaiser Karl ein bemerkenswertes Stück zum Vorschein, wenigstens den symptomatologischen Indizien nach. Die Übersetzung dieses Buches erschien schon im Oktober 1930 im renommierten Verlag Putnam & Sons in London und New York. Wir haben weiter oben schon erwähnt, daß in der englischen Fassung dieses Werks das Memorandum Steiners wie auch die übrigen Stellen, die sich auf die Dreigliederungsidee beziehen, ausgelassen wurden. Mit welcher Gründlichkeit man dabei vorging, sei im folgenden anhand von Textpassagen, die den Februar 1918 betreffen, demonstriert.

Polzer schildert eine Audienz mit Seiner Majestät am 14. Februar 1918. Der Kaiser sagt zu ihm: «Verzeihen Sie, wenn ich Sie nur für ganz kurze Zeit empfangen kann; ich habe schrecklich viel zu tun. Ich möchte Sie nur in einer politischen Sache kurz um Ihre Ansicht fragen. Graf Czernin braucht jetzt die nationale Autonomie. Damals, als Sie dafür eintraten, war's ein Verbrechen; jetzt ist es auf einmal notwendig und dringend. Es soll mittels Oktroi [Erlaß] gemacht werden. *Ich dachte an den Vorschlag, den Sie mir nach Ihrem Rücktritt gemacht haben. Leider habe ich das Promemoria nicht mehr zur Hand.*»[128]

Mit dem 'Promemoria' ist die auf Wunsch des Kaisers von Arthur Polzer im November 1917 verfaßte Denkschrift gemeint, die laut Polzer im wesentlichen den Inhalt von Steiners erstem Memorandum wiedergab. Die (kursiv gedruckten) letzten der soeben angeführten Sätze Kaiser Karls sind in der englischen Ausgabe von Polzers Buch fein säuberlich herausgeschnitten worden.

Bereits drei Tage später sandte Arthur Polzer die zweite Fassung seines 'Promemoria' in einem versiegelten Kuvert an Seine Majestät, der sie dem Ministerpräsidenten Seidler geben wollte. Am Abend desselben Tages begab sich Arthur Polzer zu Seidler, um ihn auf den Inhalt des Schriftstückes, das er in den nächsten Tagen erhalten würde, vorzubereiten. «Ich hätte», so Polzer gegenüber Seidler, «Seiner Majestät in einer mehrstündigen Audienz im November 1917, unmittelbar nach meinem Rücktritt, die Idee, um die es sich handelt, auseinandergesetzt, und nun sei der Kaiser darauf zurückgekommen. Ich hatte mich während meines Urlaubs mit dem Gedanken der Dreigliederung des sozialen Organismus befaßt und die Art der Durchführung überdacht, so daß ich in der Lage war, dem Ministerpräsidenten diesfalls sehr konkrete Vorschläge zu machen. Seidler hörte aufmerksam zu und besprach die Sache sehr eingehend mit mir.»[129] Auch diese Textpassage ist aus der englischen Fassung von Polzers Kaiserbuch kommentarlos ausgelassen worden. Die Übersetzung von Polzers Werk erschien im Oktober 1930. *Noch mehr als zwölf Jahre nach den in diesem Werke dargestellten historischen Ereignis-*

24. DIE KEHRSEITE DER MÜNZE

sen hatte man in gewissen anglo-amerikanischen Kreisen also Gründe, der Öffentlichkeit gegenüber Kaiser Karls und Seidlers Interesse für die Idee der Dreigliederung totzuschweigen. Das müßte jeden ernsteren Historiker zum Nachdenken bewegen ... Doch wer noch immer Zweifel daran hegen möchte, daß derlei Streichungen allzuviel besagen, der nehme auch die folgende zur Kenntnis. Sie betrifft die allererste Seite von Arthur Polzers Buch, genauer: die dieser Seite angefügte Fußnote mit der Nummer eins. Sie lautet: «Ich abstrahiere von der Tatsache, daß die Zertrümmerung der Habsburgermonarchie seit langer Zeit beschlossene Sache jener Politiker war, die – beiläufig gesprochen – nach dem Zusammenbruch der Mittelmächte die Hauptrollen der Weltpolitik unter sich verteilten. Es sei hierbei verwiesen auf die Karte über die Aufteilung Europas, welche der Engländer Labouchère in der von ihm herausgegebenen satirischen Wochenschrift *Truth* im Jahre 1890 – also vierundzwanzig Jahre vor Ausbruch des Weltkriegs – veröffentlichte. Sie ist nahezu identisch mit der heutigen Karte Europas: Österreich ist als Monarchie verschwunden und hat einer Völkerbundrepublik Platz gemacht, Böhmen ist in der beiläufigen Gestalt der Tschechoslowakei ein selbständiger Staat, Deutschland in seine heutigen engen Grenzen gezwängt und in republikanische Kleinstaaten aufgelöst. Über dem Raum Rußlands steht das Wort 'desert', Staaten für sozialistische Experimente. Das Programm hätte jedoch nicht, gewiß nicht so leicht verwirklicht werden können, wenn dessen Vorkämpfer nicht so willige, meist unbewußte Helfer unter den 'Staatsmännern' Mitteleuropas gefunden hätten.»[130]

Auch diese ganze erste Fußnote von Polzers Werk 'mußte' dem englischsprachigen Publikum vorenthalten werden, brachte sie doch die 'Gefahr' mit sich, daß sich auch in England und Amerika manche Leute wirklichkeitsgemäßere Gedanken über die Hintergründe des Ersten Weltkriegs hätten bilden können! Und das sollte in gewissen Kreisen ganz desselben Westens unterbunden werden.

Und wie verhält sich die katholische Kirche zu Polzers Werk und Kaiser Karl? Sie setzte Kaiser Karl trotz Polzers Buch auf die Liste der Seligsprechungskandidaten. Seit 1949 läuft der Prozeß zur Seligsprechung dieses Kaisers – trotz seines, selbstverständlich auch der Kurie genauestens bekannten Interesses für die Sozialideen Rudolf Steiners. Doch vielleicht ist es gerade diese 'Schwäche' Seiner Majestät, wie sie in Polzers Buch unverhüllt zutage tritt, die den Abschluß des Verfahrens so lange schon verzögert und ihn am Ende gar verhindern könnte.

25. ATEMPAUSEN

Nach den nach außen hin zunächst erfolglosen Bemühungen, für die Idee der Dreigliederung an maßgeblicher Stelle Gehör zu finden, setzt im Jahre 1918 im Leben Ludwig Polzers eine neue Phase der Verinnerlichung ein. Die bisherigen Erfahrungen und Erkenntnisse werden neu gesichtet und vertieft. Im Herbst 1917 war Polzer seit der entscheidenden Münchner Sommertagung in das zweite Jahrsiebt seines anthroposophisch orientierten Strebens und Wirkens eingetreten.

In denselben Februartagen 1918, als Arthur Polzer mit dem Kaiser und mit Seidler erneut auf die soziale Dreigliederung zu sprechen kam, fuhr sein Bruder Ludwig mit der Gattin einmal mehr nach München. Hier stellte Rudolf Steiner am 17. in einem Zweig-Vortrag ein für Ludwig Polzer zweifellos bemerkenswertes geschichtliches Gesetz dar: Steiner führte aus, wie sich frühere historische Ereignisse in späteren widerspiegeln, und zwar im symmetrischen Abstand zu einem ganz bestimmten Ausgangsjahr, das als Spiegelachse diene.[131] Steiner geht vom Jahre 1879 aus, in dem sich Wichtigstes vollzog, vor allen Dingen auf der Meta-Ebene der Geschichte: Ein neues Zeitgeistwirken setzte 1879 ein, nachdem jahrzehntelang ein spiritueller Kampf vorangegangen war. Als Kampf 'Michaels' mit dem 'Drachen' ist dieser innerhalb des Okkultismus wohlbekannte Geisteskampf in die Bildsprache des Volkes eingegangen. Auch C. G. Harrison spricht in seinem Buch von diesem Kampf; er setzte 1841 ein. Nimmt man 1879 als Spiegeljahr, so spiegelt sich der Anfang dieses Kampfes des neuen Zeitgeists mit den retardierenden Geistesmächten im Jahre 1917/18. Die raschen, scharfen Widerstände, die der Dreigliederungsimpuls im Jahre 1917 sogleich erfuhr, dürften Ludwig Polzer im Lichte dieses Spiegelungsgesetzes, wenn auch nicht weniger verhängnisvoll, so doch verständlicher erschienen sein. Der Widerstand lag in der 'Luft'. Das heißt natürlich nicht, daß er dominieren *mußte*.

Im Jahre 1993 bestand erneut ein Spiegelungsbezug zu 1841, wenn wir als Spiegeljahr 1917 wählen. Der Zusammenhang ist aufschlußreich: wie 1917 ist das Gebiet der alten Donaumonarchie Schauplatz ungelöster Völker-, Rassen-, Religions- und Nationalitätskonflikte. Nur mit dem schlimmen Unterschied, daß die Retardierungskräfte noch mehr am Werke sind und, was nur durch eine sachgemäße Gliederung des sozialen Organismus lösbar sein wird, durch das schon längst unbrauchbar gewordene Mittel ethnisch-territorialer Abgrenzung noch mehr verhärten. Und während 1917 mit der Amnestie in Böhmen immerhin ein erster Schritt in Richtung einer föderativen Umgestaltung der Monarchie geleistet wurde - hagelt es im Jahre 1993 nur Vorschläge, deren Gehalt weit *unter* dem Niveau des damals Angestrebten liegt.

*

Im März reiste das Ehepaar aus Tannbach nach Berlin, im April nach Stuttgart, Ulm und Heidenheim zu weiteren Vorträgen von Steiner und zu Dreigliederungsbesprechungen. «Immer großartiger, der leidvollen Zeit entsprechend, wurden öffentliche und andere Vorträge», schreibt Polzer über diese Zeit.[132] «Lerchenfeld war viel mit mir, wir versuchten gemeinsam immer besser, auch im einzelnen, den Dreigliederungsgedanken zu erfassen. Rudolf Steiner betonte immer, daß der Gedanke in der Ausführung erst allmählich im einzelnen seine Werde- und Wirkenskraft enthüllen werde. Dasjenige, was in den Memoranden von ihm niedergelegt wurde, sei nicht ein abstraktes Programm, sondern trage in sich Gestaltungskraft, wenn es sich auf den Weg der Verwirklichung begebe. Viel später erst verstand ich, daß man sich nur allmählich auch eine innere Fähigkeit erwerben könne, diese Gedanken innerhalb der wechselnden Ereignisse und Situationen so zu handhaben, daß man in jeder Situation den richtigen Ansatz finden kann.»

Wie sich Ludwig Polzer im Sinne der zuletzt geäußerten Erkenntnis selbst verhalten wird, wird im Zusammenhang mit einem von ihm selbst verfaßten Memorandum aus dem Jahre 1930 zu erörtern sein.

Durch die neuen Vorträge und die mündlichen Erörterungen zur Dreigliederungsfrage neu angeregt, intensivierte er im Lauf des Frühjahrs auch die anthroposophische Arbeit in Linz und Prag.

Ende Mai fuhr er nach Wien, wo Steiner zwei öffentliche Vorträge hielt. Rudolf Steiner hoffte, während dieses Wiener Aufenthaltes die Bekanntschaft von Polzers Bruder Arthur zu machen. «Leider kam eine Begegnung nicht zustande», vermerkt Ludwig Polzer ohne weitere Begründung.[133] Immerhin ist diese Intention von Steiner sehr beachtenswert. Für das symptomatisch eingestellte Forscherauge des Historikers hat sie Keimcharakter.

26. MIT RUDOLF STEINER IN TANNBACH, PRAG UND KARLSTEIN

Der Juni 1918 gehört zu den großen Festeszeiten im Leben Ludwig Polzers und seiner Frau. Am 7. Juni traf Rudolf Steiner in Begleitung von Marie Steiner in Tannbach ein, nachdem die Reise fast vereitelt worden wäre. Am selben Tage kam auch Otto Lerchenfeld in Tannbach an, auch er zum ersten Mal.

Für Zivilpersonen war das Reisen in den überfüllten Zügen oft ein unberechenbares Unternehmen. Und Steiner hatte sich die Fahrkarten nur dank eines günstigen Zufalls überhaupt verschaffen können, wie Polzer in den Prager Aufzeichnungen schreibt. «Diesen Umstand erzählte Rudolf Steiner mit einer gewissen Betonung, an der wir erkannten, daß er damit sagen wollte, daß sein Kommen zu uns durch diesen Umstand gleichsam schicksalsmäßig bejaht wurde.»[134] Die Gastgeber in Tannbach wußten also Steiners Kommen vom ersten Augenblick an richtig zu taxieren; sie erlagen nicht der Illusion, es als Zeichen einer nur persönlichen Wertschätzung auffassen zu sollen. So war die Aufmerksamkeit von vornherein erwartungsvoll auf tiefere Dimensionen dieses ungewöhnlichen Besuchs gerichtet.

Rudolf Steiner übernachtete im Hochparterre der Südostseite des Schlosses. Am folgenden Morgen erkundigte er sich beim Frühstück nach dem Raum, über welchem er geschlafen hatte. Ludwig Polzer sagte ihm, es sei ein Stapelraum für Feuerholz, und war nicht wenig überrascht, als Steiner wünschte, daß man an ihn räume. Es wurde gleich veranlaßt.

Die Gäste machten darauf eine Rundfahrt in die Schloßumgebung. Polzer führte sie zur 'Waldaist', einem lieblichen Gebirgsfluß, dessen Wasser an mancher ruhigen Stelle golden schimmerte. Der Fluß sei schon zur atlantischen Zeit geflossen, erfuhren die Begleiter staunend von Rudolf Steiner. Er führe kleine Mengen Goldes mit. Auch die stärkste mehrerer radioaktiver Quellen zeigt man Rudolf Steiner, worauf der Geistesforscher mitteilt, daß Radioaktivität erst seit dem Ereignis von Golgatha in der Erde sei.

Vielleicht hat Rudolf Steiner in den späten Abendstunden dieses Tages in dem kleinen Band *In Mußestunden* zu blättern und zu lesen angefangen, jenen von Polzers Großvater geschriebenen Novellen, von denen schon an früherer Stelle die Rede war. Rudolf Steiner fand, daß «viel Schicksalsverständnis in ihnen liege». Laut Polzer las sie Steiner jedenfalls im Juni 1918.

Der Tag darauf war Sonntag. Rudolf und Marie Steiner begleiteten die Gastgeber nach Gutau, um dort der Messe beizuwohnen. Wohl war dies Berta Polzers Wunsch gewesen, deren religiös gestimmte Seele den Messekultus auch noch schätzte, als sie die Geisteswissenschaft bereits seit langem kannte. Wie weit war solcher Kultus zeitgemäß? Wie kann dem Kultus die verlorene Geistsubstanz erneut verliehen werden? Über solche Fragen mochte man sich auf der Rückfahrt zum Schloß Tannbach unterhalten haben. Es war wie eine Vorbereitung auf das, was nun geschah: Rudolf Steiner hielt im ausgeräumten Raum eine Kulthandlung von unvergleichlich geist-realer Art. Er stellte sie unter das Zeichen des Rosenkreuzes; der neu entdeckte Schloßraum, so erzählte er in der feierlichen Ansprache, hatte nämlich einstmals als Versammlungsort von Rosenkreuzern und später auch von Brüdern des Gemeinsamen Lebens gedient.

In schlichter Art erweckt dann Steiner den rosenkreuzerischen Genius des Schlosses und spricht davon, wie die mitteleuropäische Menschheit schon zu Beginn des 17. Jahrhunderts zur Aufnahme eines spirituellen Impulses reif gewesen sei – eines Impulses überdies, der zu einer Umgestaltung des sozialen Lebens hätte führen können, Schritt für Schritt, evolutionär, nicht revolutionär. Steiner spricht von der *Chymischen Hochzeit des Christian Rosenkreutz*, jenem inspirierten Jugendwerk von Johann Valentin Andreä, das diesem selbst im Alter völlig unverständlich vorgekommen ist.

Schlicht wie die ganze Feier war nach Ludwig Polzer auch ihr Abschluß: «Zum Schlusse verglich er den sich zur Menschheit niedersenkenden Geist mit dem Schnee, der im Winter mit seiner Reinheit sich über die kahle Erddecke legt.»[135]

Die feierliche Ansprache ging allen Anwesenden – Marie Steiner, Graf Lerchenfeld, Berta und Ludwig Polzer mitsamt den beiden Söhnen – tief zu Herzen. «Wir fühlten», schreibt Polzer in der Rückschau, «daß diese Ansprache mit der damaligen Weltsituation übereinstimmte, weil die mit dem Weltkrieg einsetzende Menschheitskatastrophe das Herankommen der geistigen Welt an die Seelen insbesondere der mitteleuropäischen Menschen noch einmal trotz Rudolf Steiners Opferleben aufhalten wird.»[136]

«Tannbach ist ein Weiheort», sagte Rudolf Steiner wenige Tage später zu Julie Klima.[137] An diesem Sonntag hatte nun die Neueinweihung des Weiheortes stattgefunden.

An die feierliche Handlung schloß sich am Nachmittag ein Waldspaziergang an, auf welchem sich, von allen außer Rudolf Steiner unbemerkt, etwas Besonderes ereignete. Die Gruppe hatte einen fast erblindeten Polizeihund bei sich. «Bei einem verwitterten Baumstock gab er Laut», berichtet Polzer, «und wir unterhielten uns darüber, daß er in seiner Blindheit den Baumstock für einen Menschen halte. Als wir auf dem Rückweg wieder an derselben Stelle vorbeikamen, verbellte der Hund den Baumstock wieder. Rudolf Steiner sagte nichts dazu. Nach Jahren machten uns Anthroposophen darauf aufmerksam, daß Rudolf Steiner in einem Vortrag, ohne Namen zu nennen, diese Situation geschildert und gesagt habe, wie er und der Hund ein Elementarwesen gesehen hätten, welches auf dem Baumstock gesessen und sich ungeheuer über uns unterhalten habe. Er erzählte in diesem Vortrag, daß die Gegend noch nicht so durch die Zivilisation ihrer Naturkraft entkleidet sei und daß dadurch die Elementarwesen noch nicht vertrieben seien.»[136]

So konnte Steiner mitten in Gesellschaft mit seinesgleichen zugleich ganz vollbewußt auch noch in anderer Gesellschaft weilen, ohne daß die Menschen, mit denen er zusammen war, davon etwas zu ahnen brauchten.

Während dieses Tannbacher Besuches war naturgemäß oft auch von der Zeitlage die Rede. Steiner machte dabei einmal die Bemerkung, wie auffallend doch die Ähnlichkeit zwischen Reichskanzler Hertling, dem alternden Münchner Philosophieprofessor, und dem französischen Kardinal Mazarin, dem Nachfolger von Richelieu, sei. Georg Graf Hertling war nach dem Sturz von Michaelis im Herbst 1917 zum Reichskanzler ernannt worden und sollte im September 1918 wiederum entlassen werden. Sechs Jahre nach der Bemerkung Polzer gegenüber enthüllte Steiner in einem Vortrag vor Mitgliedern die spirituelle Identität der Persönlichkeiten von Mazarin und Hertling. War diese Identität bereits im Juni 1918 geisteswissenschaftlich untersucht? Oder stand zur Zeit, als Steiner diese Äußerung gemacht hat, die geisteswissenschaftliche Erforschung der besagten 'Ähnlichkeit' erst in ihrem Anfang?

Wie auch immer: Durch derlei Äußerungen konnte Polzer gleichsam einen Türspalt weit in gewisse Schicksalsfragen der Geisteswissenschaft einen ganz direkten Einblick nehmen.

In Dornach war die Lage nach wie vor prekär. Steiner rechnete sogar mit einem Einmarsch der Franzosen. Polzer anerbot sich auf der Stelle, in diesem Fall nach Dornach umzuziehen. Steiner wehrte ab. Was hätte dies im Ernstfall auch genützt?

In derselben Unterredung machte Steiner auch die folgende Bemerkung: die Gutauer Gegend würde einmal ganz an Deutschland fallen. Polzer faßte diese Äußerung wie folgt auf: «Bei diesem Ausspruch sah Rudolf Steiner in eine weite Zukunft; er sah hin auf ein Mitteleuropa, welches unter dem aus der Freiheit der Menschen anerkannten kulturellen Einfluß deutschen Geistes – im goetheschen spirituellen Sinne – stehen wird. Die Frage war nur, ob dieses erst nach schwersten Katastrophen und ungeheuersten Entvölkerungen oder aus einer moralischen Vernunft eintreten werde.»[138] Die Vernunft hat *nicht* gewaltet. Und ob die schwersten Katastrophen schon eingetreten sind, ist leider zu bezweifeln.

«Man fühlte sich», fährt Polzer fort, «am Vorabend einer Zeit, welche in einer noch viel radikaleren Art die Ereignisse des Dreißigjährigen Krieges wiederholen würde.» Auch *diese* Zeit scheint noch nicht vorbei zu sein.

26. IN TANNBACH, PRAG UND KARLSTEIN

Am 11. Juni – es war Dienstag – reisten Berta und Ludwig Polzer mit Marie und Rudolf Steiner nach Prag, während Graf Lerchenfeld nach Köfering zurückfuhr. Auf dem Prager Bahnhof wurden die Ankömmlinge von vielen anthroposophischen Freunden herzlich in Empfang genommen, obwohl der Zug mit dreistündiger Verspätung eintraf. Die beiden Paare stiegen im Hotel *Zum Blauen Stern* ab, demselben Gasthof, in welchem Julie Klima Polzer vor drei Jahren kurzentschlossen aufgesucht und um Rat gebeten hatte. Und für den nun folgenden neuntägigen Aufenthalt der Prager Gäste spielte diese Frau eine schöne und zentrale Rolle. Schon am Tage nach der Ankunft hielt Steiner einen öffentlichen Vortrag über 'Goethes persönliches Verhältnis zu seinem Faust'.[139] Auch für den übernächsten Tage wie auch für den Sonntag, den 16. Juni, waren Vorträge geplant. Danach wollte Steiner wieder nach Berlin zurück.

Wenn man nicht im Hause Hauffen zu Mittag speiste, dann sorgte Julie Klima mit umsichtiger Innigkeit für das leibliche Wohl der Gäste. Ihr Mann, der Prager Polizeidirektor war, stellte einen Wagen zur Verfügung, damals ein beachtenswerter Luxus. So waren die historischen Sehenswürdigkeiten der Moldaustadt mühelos erreichbar.

Am Sonntag fuhr man auf den Hradschin und besuchte außer dem Veitsdom mit der herrlichen Wenzelskapelle auch die Ratsstube im alten Teil der Burg. Hier war es zu dem weltbekannten 'Fenstersturz' gekommen, der den Dreißigjährigen Krieg auslöste. Kaum hatten die Teilnehmer der Kulthandlung von Tannbach von der geisttötenden Auswirkung dieses Kriegs gehört, und schon standen sie am *Ausgangspunkt* des furchtbaren Geschehens! «Rudolf Steiner schaute so sinnend auf Prag herab, daß wir in stiller Ehrfurcht schweigend hinter ihm standen», schreibt Polzer über diese Szene. «Wir fühlten, wie sein 'Sehen' tief in den Hintergründen der lang vergangenen Ereignisse lebte.»[140]

Auch das Kloster Strahov mit der wunderbaren Bibliothek besuchte unsere kleine Gruppe noch am selben Tag. Beim Durchwandern der altehrwürdigen Gänge dieser auserlesenen Bibliothek gestand Ludwig Polzer Rudolf Steiner, daß ihn an solchen Orten öfter «Minderwertigkeitsgefühle» befallen würden. «Warum?» bemerkte Rudolf Steiner unbekümmert. «Sie haben doch vieles davon in sich, ohne es im einzelnen zu wissen.»[140] Auch wenn man nicht alles, was geschrieben wurde, auch gelesen habe, sei man geistig-seelisch mit dem Extrakt des von der Vormenschheit Geleisteten eben doch verbunden.

Als den Besuchern unter Verschluß gehaltene Bücher gezeigt wurden, die auf dem Index standen, rief Rudolf Steiner «sehr fröhlich»: «Da hinein kommen in der Zukunft vielleicht auch meine Bücher!» Und Polzer kommentiert: «Das war gewiß ein Spaß, aber zugleich auch tiefer Ernst.»[141]

Julie Klima berichtet, daß sich Rudolf Steiner, als man ihn auf eine Handschrift von Johannes Hus hinwies, abgewendet habe. «Er sah absichtlich nicht hin.»[142] Ein merkwürdiges, nicht so leicht erklärliches Begebnis.

Doch auch an erfrischendem Humor ließ es Rudolf Steiner in Prag nicht fehlen. «Wir drei Frauen», berichtet Julie Klima und meint damit die Gräfin Polzer, Marie Steiner und sich selbst, «durften nicht mitgehen in dieses Heiligtum des Klosters» – die männlichen Besucher wurden nämlich in das für Frauen unzugängliche 'Refektorium' geführt. «Als die Herren zurückkamen, sagte Dr. Steiner mit seinem köstlichen Humor zu uns Frauen: 'Sie hätten ruhig mitgehen können, es war keine Gelegenheit zum Unfugtreiben.'»

Im Hause Klima spielte sich in dieser Zeit im übrigen ein bewegendes Beziehungsdrama ab. Jaroslav Klima hatte sich in eine attraktive Schauspielerin verliebt, die er in einem Verfahren wegen Majestätsbeleidigung zu verhören hatte. Julie Klima erzählt in ihren Erinnerungen, wie Rudolf Steiner die Verwicklung ansah und wozu er riet. «Ihr Fall ist eine Tragödie», sagte Rudolf Steiner zu Frau Klima. «Aber wollen Sie denn keine Tragödien erleben? Nur banale Menschen erleben keine Tragödien!» Und er fügte das klärende Wort hinzu: «Das Temperament Ihres Mannes brauchte das. Die Sache ist karmisch und hängt mit einem früheren Leben zusammen.» Ihrem Gatten, den Rudolf Steiner sehr liebte, riet er: «Solche Verhältnisse soll man nie plötzlich abbrechen. Sie müssen die Kraft aufbringen, daß die beiden Frauen Freundinnen werden.»[143] Daß dies zuletzt gelang, kann zu den anthroposophisch motivierten 'Wundern' im Privatleben von Geistesschülern gerechnet werden...

Jaroslav Klima hatte es nicht leicht mit der Geisteswissenschaft. Doch dies machte Rudolf Steiner keinen Kummer. «Die sind mir die liebsten, die so schwer herankommen», sagte er auf eine diesbezügliche Sorge von Frau Klima.[144]

Da Dr. Klima wegen seines charaktervollen Römerkopfes im Scherz oft mit Napoleon verglichen wurde, kam die Rede während eines Mittagessens einmal auf den korsischen Tyrannen. Da sagte Rudolf Steiner unvermittelt: «Ich konnte die Seele Napoleons in meinen Forschungen nirgends finden.»[145] Wieder eines dieser Worte, die jahrzehntelang zu denken geben mochten.

Am Sonntagabend hielt Steiner im Prager Zweig den dritten und den letzten Vortrag während dieses Aufenthaltes. Am andern Morgen gedachte er mit Marie Steiner abzureisen. Doch die schon vor ein paar Tagen innig vorgetragene Bitte Julie Klimas, Rudolf Steiner möge mit den Freunden noch Schloß Karlstein besichtigen, hatte Marie Steiner dazu bewogen, ihren Gatten zur Verschiebung seiner Abfahrt zu überreden. Welch ein Glücksumstand! Denn nun folgte für die kleine Reisegruppe der eigentliche Höhepunkt dieser ganzen Böhmenfahrt! Auch das damals dreizehnjährige Töchterchen von Klimas, das Rudolf Steiner mit charmanter Zuvorkommenheit zu behandeln liebte, durfte mit.

Am 17. Juni fuhr die Gruppe zu der von Karl IV. angelegten Burg. Der aus luxemburgisch-habsburgischem Stamm hervorgegangene Monarch war nach Steiner der letzte Eingeweihte auf dem Thron gewesen.[146] Und davon zeugen in der Tat auch ganz bestimmte Einzelheiten dieses Bauwerks. «Als wir die enge, steile Stiege zur Goldenen Kreuzkapelle emporstiegen», heißt es in den Prager Aufzeichnungen, «wo zu beiden Seiten dieser Stiege Fresken gemalt sind, welche auf der rechten Seite die Geschichte der heiligen Ludmilla, auf der anderen Seite diejenige des heiligen Wenzel darstellten, machte meine Frau Rudolf Steiner im Aufwärtssteigen auf ein Bild aufmerksam, welches Wenzel auf einem Thronsessel sitzend im kultischen Gewand darstellte. Rudolf Steiner sagte darauf nur: 'Chymische Hochzeit des Christian Rosenkreutz.'» Sicherlich eine überraschende Bemerkung für die Begleiter, doch gewiß auch eine Äußerung, die nachdenklich stimmen konnte. Denn damit trat auf dieser Böhmenfahrt auch das Komplementärmotiv zum Dreißigjährigen Krieg – das Rosenkreuzertum – wieder in Erscheinung und dürfte die Erinnerung an die Kultansprache in Schloß Tannbach wachgerufen haben.

In der Goldenen Kreuzkapelle angelangt, faßte abermals Erstaunen die Besucher. Die Wände sind von goldgefaßten Edelsteinen größter Buntheit überall bedeckt. Vom Kreuzrippengewölbe des sakralen Raumes leuchten aus tiefblauem Grund goldene Sterne auf den Betrachter herab.

Es entstand darauf eine ganz ähnliche Stimmung in der kleinen Gruppe wie am Vortag in der Ratsstube des Hradschin. «Rudolf Steiner stand sinnend, tief versunken gegen den Altar gewendet, und wir hielten uns, die Heiligkeit der Situation fühlend, still im Hintergrunde. Von der Goldenen Kreuzkapelle sagte er, daß sie eine bewußte Nachbildung der Gralsburg darstelle.»[147]

So war man nun von 'Weiheort' zu 'Weiheort' gelangt, von Tannbachs Kultraum in die Kreuzkapelle Karlsteins. Es war, wie wenn sich hier der Kreis geschlossen hätte.

*

Die Auswirkungen der Erlebnisse mit Rudolf Steiner auf die innere Entwicklung Ludwig Polzers können schwerlich überschätzt werden.

Er lernte seinen Wohnort Tannbach mit neuen Augen sehen. Er lernte die Geburtsstadt Prag erst richtig kennen. Es wurde hier der Keim gelegt für sein Studium der Geschichte Böhmens, das er anhand der Werke von Palacky unternehmen sollte. Oft stieg er später wiederum zur Prager Burg hinauf und ließ die Blicke in die Weite schweifen, und aus den Weiten stieg ihm die Erinnerung hoch an das ihm heilige Erlebte. Und wenn die ihm von jung auf eigene starke Fähigkeit des Sich-Erinnerns irgendwann und irgendwo 'geheiligt' und durch eine gleichsam kultische Komponente geläutert und bereichert worden ist – so lag der Ausgangspunkt hierzu in diesen Junitagen des Jahres 1918. *Aller Rückblick auf Vergangenes kann zur sakralen Seelenhandlung werden.* So lernte Polzer mehr und mehr empfinden.

Doch zugleich wurde hier in Prag für ihn so etwas wie der Goldgrund aller späteren Aktivitäten in der Moldaustadt, in Böhmen überhaupt, gelegt. Denn Rudolf Steiner hat durch seinen Prager Aufenthalt im Juni 1918 nicht nur weit in die Vergangenheit der Stadt geleuchtet. Bei einer anderen Gelegenheit leuchtete er auch weit in ihre Zukunft. Er machte eines Tages zu Ida Freund, einer frühen theosophischen Mitarbeiterin, bei welcher er in Sichtweite des Hradschin einlogiert war, die folgende Bemerkung: «Dort oben wird einmal die erste Flamme der sechsten nachatlantischen Kulturepoche entzündet werden.»[148] So wurde Prag, von der Vergangenheit wie von der Zukunft her, eine ganz besondere *Gegenwart* verliehen. Und in dieser Gegenwart schlug Ludwig Polzer immer fester Wurzel.

27. DREIGLIEDERUNGSARBEIT

Nach den bewegenden und so bedeutenden Tagen mit Rudolf Steiner setzte bald der zweite Akt der Arbeit für die Dreigliederung des sozialen Organismus ein.

Noch vor der Sommerpause machte Polzer an der Seite Lerchenfelds eine bayrische Kammersitzung mit. Otto Lerchenfeld hätte als Mitglied der bayrischen Kammer das Wort ergreifen können, um sich über Rudolf Steiners wirklich neue Sozialidee zu äußern. Er konnte sich dann jedoch trotz der Ermunterung seines Freundes Polzer nicht dazu entschließen. «Die Kammersitzung», schreibt letzterer, «hat mir den denkbar ungünstigsten Eindruck gemacht: Für die Wirklichkeit tief schlafende Menschen in so ernster Zeit! Ein Gefühl der Hoffnungslosigkeit kam über mich; ich sah hin auf eine untergehende, ganz dekadente Kultur. Menschen waren an maßgebenden Stellen, welche der Zeit ganz ideenlos gegenüberstanden.»[149]

Nach dieser Sitzung im Sommer 1918 begleitete Polzer Otto Lerchenfeld zum ersten Mal nach Köfering bei Regensburg und lernte die Familie seines Freundes kennen. Damit wob sich ein neuer Schicksalseinschlag in Ludwig Polzers Leben. Zu Sophie, der zweitältesten, damals achtzehnjährigen Tochter Lerchenfelds, und später auch zu deren zehnjähriger Schwester Rosa sollte er sehr feste anthroposophische Freundesbande knüpfen.

Noch ehe Polzer auf dem Landgut eintraf, machte Thaddäus Rychter, ein mit ihm und Berta schon seit langem eng befreundeter Maler, der sich damals ebenfalls in Köfering aufhielt, für den Neuankömmling bereits erfolgreich Propaganda. «Die wenigen Tage dort vergingen sehr schön und vertraulich», berichtet Polzer über diesen wichtigen Besuch befriedigt.[150]

Im August weilte Polzer mit seiner Frau in Berlin und hörte Vorträge von Steiner. Man machte eines Tages einen Ausflug nach dem nahen Potsdam und suchte in der damals noch vorhandenen 'Hoditzstraße' das Haus des 'Wundergrafen' Albert Graf von Hoditz auf. Eine Gedenktafel erinnerte an den bemerkenswerten Verwandten und Günstling Friedrichs des Großen. So gönnte Ludwig Polzer auch inmitten ernstester Bemühung um die Geisteswissenschaft diesem ausgefallenen Exponenten seines Erbstroms ein besinnliches Gedenken.

Nach der Rückkehr aus Berlin schrieb er in Tannbach eine Art von Zeitbetrachtung nieder, die zeigt, wie sehr ihm Steiners Ausführungen für die Zeitereignisse und vor allen Dingen für deren sonder-okkultistischen Hintergrund das Auge weit geöffnet hatten. Und es ist nicht bloß ein Echo von

Steiners Äußerungen, das uns aus diesen Aufzeichnungen entgegentönt, sondern individuell durchdrungene und empfundene Auffassung, wenn es zum Beispiel heißt: «Die Ereignisse der Zeit sind wahrlich deutlich genug, daß die Menschen endlich sehen könnten, daß die Macht einer geschulten verborgenen Geistigkeit waltet, gegen die man nicht mit Kanonen und Gasbomben aufkommen kann.»[151]

Die Ereignisse der Zeit sind seither zweifellos noch «deutlicher» geworden, und doch will man von einer solchen «geschulten verborgenen Geistigkeit» auch heute meist nur wenig wissen. Gerade dieser okkultistische Hintergrund der neuzeitlichen Politik vermochte Polzer, durch Steiners *offenbare* Geistigkeit geschult, immer deutlicher zu sehen.

Zwei Pfeiler des in alles Zeitgeschehen rücksichtslos einwirkenden Sonderokkultismus faßte Polzer fortan mehr und mehr ins Auge: die im angloamerikanischen Westen zentrierte Freimaurerei (FM), vor allem wenn sie als Hochgradmaurerei auftritt, und den Jesuitismus (SJ). Beide Geistesrichtungen verfolgen Sonderziele und keineswegs das Wohl der ganzen Menschheit, und insofern die Geisteswissenschaft von Steiner gerade letzteres im Auge hat, können sie sich miteinander durchaus gegen diese dritte Geistesströmung verbinden, auch wenn beide Sonderokkultismus-Gruppen, vom Gesichtspunkt ihrer unteren 'Grade' aus gesehen, Ziele haben, die scheinbar unvereinbar sind.

«Es ist also eine Doppelmacht, die uns bekämpft», schreibt Polzer: «1. Der vom untergehenden Romanentum übernommene imperialistische Weltbeherrschungswille der englisch sprechenden Völker, und 2. der in der römischen Kirche verkörperte Imperialismus.» Und weiter: «Es ist da eine geistige Kontinuität und dadurch natürlich gegenseitiges Verstehen [zwischen der FM und der SJ]; wenn auch die eine Macht gegen die andere sein muß, so verstehen sie sich doch sogleich gegen dasjenige, was eine neue geistige Form vorstellt, die nicht in dieser Kontinuität läuft, die erst im Deutschtum erwachen und in die Zukunft hinein werden soll.»[151]

Polzer war inzwischen klargeworden, daß die Widerstände, die sich der Verwirklichung der Idee der Dreigliederung so stark entgegenstellten und noch entgegenstellen sollten, mit dem Wirken dieser beiden Exponenten des Sonderokkultismus in Verbindung standen. Denn schon alleine die Errichtung eines *freien* Geisteslebens bedeutet für beide diese Mächte eine furchtbare Gefahr.

*

Die Tannbacher August-Aufzeichnungen belegen noch ein anderes bemerkenswertes Faktum: Polzer war zu diesem Zeitpunkt über die (schon im Kapitel 22 kurz angedeuteten) verwirrten, pitoyablen Vorgänge, die sich am Vorabend des Kriegsausbruchs im deutschen Hauptquartier zugetragen hatten, durch Rudolf Steiner auf das genaueste unterrichtet worden. Steiner kannte diese Vorfälle aus erster Hand: Helmuth von Moltke, der im Herbst des Jahres 1914 kaltgestellte Generalstabschef, hatte sie ihm detailliert geschildert. Erst im Frühjahr 1919 machte Steiner den Versuch, durch die Veröffentlichung der bis dahin geheimgehaltenen Memoiren Moltkes den Gang der Versailler Verhandlungen zu verändern, denn die Aufzeichnungen des im Juni 1916 verstorbenen Armeechefs zeigten klar und deutlich, wie verworren und naiv die in der Welt als Kriegsursache verschriene politische Führung Deutschlands in die tragischen Ereignisse hineingestolpert ist. Ludwig Polzer gehörte zweifellos zu den ganz wenigen, denen Steiner seine Kenntnis dieser symptomatisch wichtigen Ereignisse schon im Jahre 1918, wenn nicht früher, anvertraute. «Solche Augenblicke», schreibt Polzer, «wie der zwischen fünf Uhr nachmittags und zehn Uhr abends am 1. August 1914, wo aufgedeckt werden kann, wie rasch und sicher die eigentlichen verborgenen Drahtzieher durch die unwachsamen betäubten Gehirne der 'Dekorativen' eingreifen, können noch andere gefunden werden. Wenn man sie findet, sieht man auch, wie sich der geistige Plan zusammenstellt, der den Kampf leitet, der gegen den Menschheitsfortschritt tobt.»[151]

Die letzten Herbstnachrichten von den diversen Kriegsschauplätzen erfüllten Ludwig Polzer mit wachsender Beängstigung. Seine Nerven wurden «auf das höchste angespannt». Die stärkste Linderung in dieser äußeren und inneren Bedrängnis erfuhr er während mehrerer Besuche in Köfering durch das Zusammensein mit Lerchenfeld. Anfang Oktober warfen ihn die Sorgen um den Kriegsausgang aufs Krankenlager. Prinz Max von Baden hatte eben eine letzte Chance, in seiner Kanzlerantrittsrede auf den ihm bekannten Gedanken der Dreigliederung hinzuweisen, ungenützt verstreichen lassen. Am 3. Oktober unterbreitete die deutsche Reichsregierung ein Waffenstillstandsangebot *auf der Grundlage der 14 Punkte Wilsons*. Die letzte Hoffnung auf eine offizielle mitteleuropäische Geistesoffensive war dahin.

Eine schwere Grippe hielt Polzer eine Weile an das Bett gefesselt. Doch wurde er von seinen Gastgebern «auf das sorgsamste» gepflegt. – So stark und intensiv-persönlich war Polzers Miterleben der dramatischen Zeitereignisse, daß es sich in in einer heftigen Erkrankung niederschlug.

Nach dem militärischen Zusammenbruch der Mittelmächte und der geistigen Kapitulation vor den abstrakten Völkerbefreiungsphrasen Wilsons wurde Ludwig Polzer zum ersten und zum gründlichsten Mal in seinem Leben 'heimatlos'. Was von Österreich-Ungarn übrigblieb, hatte für ihn «keinen Sinn mehr»[152]. Hatte doch die Donaumonarchie ihr eigentlichstes Wesensziel – die auf ihrem Raume vereinigten verschiedenen Völkerschaften, ohne sie zu nivellieren, zu einem produktiven Einklang zu erheben – gänzlich eingebüßt. Die auf Österreich-Ungarns Territorium nach westlicher Schablone errichteten sogenannten Republiken waren ihm wie Hohn auf Österreichs wahres Wesensziel: «Der Vorsatz bestimmter Mächte war damit erreicht.»[152] Von den mitteleuropäischen Staatsmännern, die der westlich-südlichen «Doppelmacht» auf den Leim gegangen waren, konnte vorderhand nichts Ersprießliches erwartet werden.

In diesem Zeitpunkt konnte man sich nur noch für «einen allgemein menschlichen Zustand»[152] einsetzen. Und das tat Polzer nun mit aller Kraft.

Zunächst mußte er sich allerdings vermehrt dem Landgut Tannbach widmen, um die nötigen Nahrungsmittel für die eigenen Arbeiter zu produzieren.

Nun galt es, die Idee der Dreigliederung in das pseudorevolutionäre Chaos der sogenannten öffentlichen Meinung – sie besteht ja sowohl damals wie auch heute zunächst aus nicht viel anderem als der Summierung privater Gedankenlosigkeit – hineinzuleiten. Steiner begann im Winter 1919 in verschiedenen Städten Deutschlands und in der Schweiz darüber öffentliche Vorträge zu halten. Der sich in Mitteleuropa ausbreitenden bolschewistischen Welle mußten wirkliche Aufbaugedanken entgegengesetzt werden. Steiner verfaßte Anfang Februar einen 'Aufruf an das deutsche Volk und an die Kulturwelt'[153], mit welchem er den Dreigliederungsimpuls in die breiteste Öffentlichkeit tragen wollte. Um diesem Aufruf zur Wirksamkeit zu verhelfen, sollten Unterschriften namhafter Persönlichkeiten des öffentlichen Lebens gesammelt und zusammen mit dem Aufruf in den großen Tageszeitungen veröffentlicht werden. Zwischen dem 4. und dem 28. Februar sprach Steiner in Zürich öffentlich über 'Die Kernpunkte der sozialen Frage'[154]. Einen der Vorträge beendete er mit dem Verlesen seines Aufrufs.

Unter den anthroposophischen Zuhörern dieser Zürcher Vorträge war auch Walter Johannes Stein. Dieser sandte am 7. Februar ein Telegramm an Polzer und bat ihn, zu einer Besprechung politischer Natur nach Wien zu fahren. Bereits am Tag darauf reiste Polzer in die Donaumetropole. Dort machte er mit Stein zusammen per Auto eine Rundfahrt, um Unterschriften zu sammeln. Am 11. konnten die beiden nach Zürich melden, daß 93 Unterschriften beisammen waren. Auch in der Schweiz sowie in Deutschland waren durch andere Freunde in kurzer Zeit viele Unterschriften gesammelt worden. Am 5. und 6. März wurde der Aufruf dann mitsamt den Unterschriften in zahlreichen großen Tageszeitungen abgedruckt. Zu den österreichischen Unterschriften gehörte auch diejenige von Arthur Polzer-Hoditz.

Inzwischen war in Stuttgart aufgrund des 'Aufrufs' ein 'Bund für Dreigliederung des sozialen Organismus' im Entstehen. Nun sollte auch in Wien ein solcher Bund gegründet werden. Ludwig Polzer hielt am 20. März den Gründungsvortrag, mit dem Titel 'Die Notwendigkeit der Erhaltung und Weiterentwicklung des deutschen Geisteslebens für die europäische Kultur' und dem Untertitel 'Historische Voraussetzungen des Aufrufes Dr. Rudolf Steiners *An das Deutsche Volk und an die Kulturwelt*.

Es war der erste öffentliche Vortrag, den Ludwig Polzer jemals hielt. Und er hatte, seiner Strebensart entsprechend, nicht zufällig ein solches Thema. Polzer gibt in diesem Vortrag, den er auch im Druck erscheinen ließ, einen Überblick über die Entwicklungsgeschichte des Deutschtums in der neueren Zeit; er zeigt, wie dieses Deutschtum von seinen wahren, unpolitischen Erkenntnis-Wesenszielen abgekommen ist und deshalb auch ein Opfer werden mußte der westlichen, mit okkulten Tatsachen der Völkerentwicklung rechnenden Außenpolitik. Polzers Vortrag ist ein Appell an die tieferen Kräfte innerhalb des Deutschtums, «sich bewußt zu werden, was in Wirklichkeit hinter den sozialen Forderungen steht, wie den sozialen Instinkten entsprochen werden kann». Würde das wahre Deutschtum erwachen, dann käme auf der Grundlage der Dreigliederung auch eine wirkliche Verständigung mit dem Osten zustande und nicht nur eine Chimäre wie der Gewaltfriede von Brest-Litowsk. Dazu müßte aber erkannt werden, daß man sich in westlichen und südlichen Kreisen vor nichts *mehr* fürchtet, «als daß die Deutschen und die Ostvölker sich finden könnten, weil man wußte, daß dieser gemeinsamen Kraft nichts widerstehen könnte».[155]

Statt dessen sollte «das alte Imperium Romanum (...) durch ein Imperium der englisch sprechenden Völker wiederholt werden. *Das ist seit Jahrhunderten der einzig wirklich politische, geistig wirksame Gedanke in Europa.*» Diesem Gedanken mußte nun in voller Öffentlichkeit der Impuls der Dreigliederung entgegengestellt werden, sollte nicht der vom Westen aus lancierte Bolschewismus in das mitteleuropäische Kulturvakuum hineinströmen.

Polzers weitausgreifender reicher Vortrag ist ein beredtes Zeugnis für die Klarheit und die Tiefe, mit welcher die Erkenntnis von der Notwendigkeit der sozialen Dreigliederung zu diesem Zeitpunkt in ihm lebte.

Während Polzers Freund Stein die Arbeit durch viele Vorträge unterstützte, half der Holzhändler Josef van Leer mit großzügigen finanziellen Zuwendungen. Auch ein weiterer Freund von Polzer, Hugo Griebsch, Oberstleutnant des Geniekorps, war im Komitee des Wiener Bundes tätig. Griebsch war seinerseits mit dem polnischen General Pilsudski gut bekannt, und wahrscheinlich war die Anknüpfung des späteren Kontaktes zwischen letzterem und Otto Lerchenfeld Griebsch zu verdanken.

Im April des Jahres 1919 reisten Berta und Ludwig Polzer nach Stuttgart, wo der 'Bund' den Hauptsitz hatte. So konnten beide Steiners öffentliches

Auftreten für die Idee der Dreigliederung in Deutschland als Zeugen erster Stunde miterleben.

Doch die Reise sollte sich recht aufhaltsam und unberechenbar gestalten. Als das Paar am 12. April spätabends in München anlangte, wurde ihm im Hotel die Mitteilung gemacht, um fünf Uhr früh ginge der letzte Zug nach Stuttgart weiter. «Es war die Nacht vor dem kommunistischen Umsturz in Bayern», berichtet Polzer. «Schon in Gessertshausen mußten wir aussteigen, da der Zug nicht weiter geführt werden konnte, weil das Geleise zwischen Gessertshausen und Dinkelscherben aufgerissen war. Der 13. April war Palmsonntag. Ich konnte im Ort kein Fuhrwerk auftreiben, die Reisenden warteten alle auf die Weiterbeförderung in einem kleinen Wirtshaus. Um die Zeit zu vertreiben, machten wir einen Spaziergang auf der Straße und begegneten bald außerhalb des Ortes einem einspännigen Wagen, der von Dinkelscherben einen Reisenden nach Gessertshausen brachte. Den mieteten wir und kamen auf diese Weise nach einigen Stunden nach Dinkelscherben. Dort mußten wir wieder gegen den Abend zu warten. Im Bahnhofsrestaurant politisierten die wartenden Reisenden. Ich griff, von dem Dreigliederungsgedanken innerlich erfüllt, auch in diese wilde Diskussion ein, hielt sogar einen Vortrag. Gegen Mitternacht kamen wir nach Ulm. Dort mußten wir wieder übernachten, konnten aber zeitig morgens doch nach Stuttgart abreisen. In Stuttgart stiegen wir im Hotel Marquardt ab, welches durch die ganze schwierige Nachkriegszeit glänzend geführt wurde.»[156]

Polzer blieb mit seiner Frau zwischen dem 15. April und dem 6. Mai in Stuttgart. Die großen Säle im Gustav-Siegle-Haus oder in der Liederhalle waren stets randvoll, wenn Steiner sprach. Doch «die Diskussionen, die sich an die Vorträge anschlossen, zeigten, daß man gegen ungeheuer tief wurzelnde vorgefaßte Meinungen zu kämpfen hatte», stellt Polzer fest. Doch was Berta und ihn selbst betrifft, so waren sie «von dem großen geistigen Impuls, der versucht wurde, in die Öffentlichkeit zu tragen, ganz erfüllt»[157].

Das Echo aus den intellektuellen und bürgerlichen Kreisen war schon auf den 'Aufruf' unerwartet schwach gewesen; auf die Stuttgarter Vorträge war es nicht viel stärker.

So entschloß sich Steiner, sich hier in Stuttgart erstmals auch an die *Arbeiter* zu wenden. Damit begann die *dritte* Phase der Dreigliederungsarbeit. Zunächst sprach er vor Arbeitern der Bosch-Werke. Die ersten Vorträge dieser Art waren nach Polzer «sehr gut besucht, doch bald blieben die Arbeiter auf Weisung ihrer Führer aus (...) Es zeigte sich deutlich, wie die Führer den Arbeitern nicht wollten *wirkliche* Einsicht zukommen lassen; sie fürchteten sich vor Erweckung von wirklichen Erkenntnissen, ebenso wie diejenigen politischen Kreise, welche auf seiten des Zentrums standen. Man konnte das verborgene, aber doch gemeinsame Vorgehen der beiden großen Parteien [der Christlich-Sozialen und der Sozialisten. D. V.] deutlich erleben. Die maßgebenden Führer beider Parteien wollten sich die geistige Unorientiertheit und blinde Gefolgschaft ihrer Wähler erhalten.»[158]

Die Proletarierführer wollten im Grunde nichts anderes, als was man schon im Anfang des Jahrhunderts Steiner gegenüber geltend machte, als man ihn trotz starker Resonanz bei den Arbeitern aus der Berliner Arbeiterbildungsschule hinaussetzte: 'vernünftigen Zwang'.

Nach einer Sitzung des Arbeiterausschusses innerhalb des Bundes für Dreigliederung sagte Steiner zu Polzer «ungeheuer streng, daß es auf diese Art keinen Zweck haben könne, weiter zu arbeiten, wenn die Arbeiter sich nicht von ihren proletarischen Führern freimachen können». Und auf eine optimistischere Beurteilung von seiten Polzers sagte Steiner «ganz ernst und bestimmt: 'Wenn das so fortgeht, kann ich die Arbeiter nicht retten.'»[159]

Zwar zeigte die neue württembergische Regierung anfänglich Interesse für den in Stuttgart realisierten Gedanken einer 'Assoziation' verschiedener Wirtschaftszweige. Doch bald regte sich dagegen Widerstand von seiten der Berliner Regierung. Da nach Steiner alle politischen oder wirtschaftlichen Umwälzungen ohne eine «wirkliche geistige Revolution» zum Scheitern verurteilt sein müssen, versuchte er zusammen mit führenden Mitgliedern des Bundes im Juni mit Tübinger Professoren zu verhandeln, um die Bildung eines 'Kulturrates' anzuregen. Steiner bemerkte auf der Fahrt: «Wenn uns auf der geistigen Seite des sozialen Organismus nicht gelingt, etwas Ausschlaggebendes zu tun, dann müssen wir im Großen auch gleich mit den wirtschaftlichen Bemühungen aufhören.»[160] Der Versuch in Tübingen mißlang. Polzer hatte angesichts der nur auf die Erhaltung ihrer Stellungen bedachten «Professoren-Philister» dieselbe Hoffnungslosigkeit empfunden wie in der mit Lerchenfeld erlebten Kammersitzung im Sommer 1918.

Für seine Arbeit in Wien hatte Polzer sich von Steiner die Mitarbeit seines jüngeren Freundes Stein erbeten. Dieser hatte erst vor kurzem in Philosophie und Mathematik promoviert und war im Augenblick beruflich disponibel. Polzer berichtet von vergeblichen Besprechungen, die er zusammen mit Emil Hamburger, einem anderen guten Freund, der bei ihm in Tannbach wohnte, und Stein in Wiener Neustadt «mit einigen kommunistischen Führern» abhielt. Stein fuhr sogar ins ungarische Sopron (Ödenburg), wo bereits eine kommunistidsche Herrschaft eingerichtet war, kam aber gleich wieder «sehr deprimiert zurück»[161].

*

Im Juli 1919 erschien in Stuttgart die erste Nummer der vom Bund für Dreigliederung herausgegebenen Wochenschrift *Dreigliederung des sozialen Organismus*, für welche Polzer sogleich zu schreiben anfing. Die 1919 und

1920 von ihm verfaßten Aufsätze erschienen noch im Jahre 1920 unter dem Titel *Politische Betrachtungen* im Druck. Sie gehen mit geradem Schritt stets auf den Kern des Themas zu, ganz schnörkellos und unbefangen. Auch diese Aufsätze beweisen, wie viel Polzer von Steiner nicht nur passiv aufgenommen hatte, sondern auch in individueller Weise zu verarbeiten verstand. Darüber, was man aus dem lebendigen Umgang mit Steiner damals lernen konnte, sagt er: «Die Art, wie Rudolf Steiner sich immer nach den gegebenen Situationen richtete, ohne das Ziel aus dem Auge zu lassen und ohne geistige Kompromisse zu machen, wie er lehrte, beweglichen Geistes zu sein, war uns allen, die beteiligt waren, eine Schulung, die nirgends anders in der Welt zu finden war wie bei ihm.»[161]

So rasch die zweite und auch die dritte Phase der Dreigliederungsbewegung scheinbar wirkungslos verebbte, so blieb das Intendierte in den Seelen Polzers und vieler anderer Helfer aus der ersten Stunde doch als unverlierbares Ferment präsent und wirksam. Und insofern ist auch das äußerlich Gescheiterte voller Zukunft. Keiner der Beteiligten urteilte *nach* dem dreifachen Versuch, die Dreigliederung in die Öffentlichkeit einzuführen, über die politischen Verhältnisse wie vorher. Am allerwenigsten war dies der Fall bei Ludwig Polzer. Für ihn wurde das Miterleben der ungeheuren Schwierigkeiten, die sich der Verwirklichung der Dreigliederung entgegenstellten, zum Anlaß einer gewaltigen Vertiefung seiner Einsicht in die Hintergründe des realpolitischen Geschehens. Er schreibt: «Mit dem öffentlichen Auftreten für die geistigen Gedanken, welche geeignet waren, in die irdischen Angelegenheiten einzugreifen, wurden begreiflicher Weise alle in den verschiedenen politischen Lagern stehenden und wirkenden dunklen Mächte herausgefordert. An der sinngemäßen Beobachtung symptomatischer Geschehnisse erstarkte aber auch die aufleuchtende Erkenntnis. Der anfänglich nur innerlich wissende Glaube an gewisse geistige Hintergründe der Ereignisse verwandelte sich im Laufe der Lehrzeit in durchschauende Erkenntniskraft.»[162]

Etwas von dieser neuerworbenen Erkenntniskraft richtete Polzer im Jahre 1919 in besonders intensiver Weise auf das schon mehrfach angeführte Testament Peters des Großen. Seit gut zwei Jahren wußte er aus Steiners *Zeitgeschichtlichen Betrachtungen* um dieses rätselhafte Dokument, und auch mündlich hatte Rudolf Steiner Polzer danach immer wieder auf das Schriftstück hingewiesen. Es entstanden sieben Aufsätze, die 1921 in der Zeitschrift *Dreigliederung des sozialen Organismus* und 1922 als Buch erschienen. Wir haben auf den Inhalt dieses Schriftstücks im Kapitel «Österreich muß zugrunde gehen» ausführlich Bezug genommen und werden später wiederum auf es zu sprechen kommen, denn es ist auch heute innerhalb der Außenpolitik des Westens noch höchst wirksam.[163]

Im September 1919 finden wir die beiden Tannbacher erneut in Stuttgart. Die erste Waldorfschule wurde hier am 7. feierlich eröffnet. Die Initiative zu der Schulgründung ging vom Fabrikanten Emil Molt aus, der zunächst für die Kinder der Arbeiter seiner Waldorf-Astoria-Zigarettenfabrik eine geistgemäße Schule gründen wollte.

Die Pädagogik dieser Schule war nach Polzer «ganz auf der geisteswissenschaftlichen Kenntnis des Wesens des werdenden Menschen aufgebaut. Nichts war nur intellektualistisch oder abstrakt humanistisch erdacht. Es war kein Probieren, sondern ein Durchschauen werdender Seelenkräfte, aus welchem die Pädagogik hervorging; sie war nicht auf Hypothesen, sondern auf geistig erschauten Tatsachen aufgebaut.»[164]

Wie bei der Grundsteinlegung des ersten Goetheanums erlebte Polzer auch bei dieser Schulgründung die besondere Bedeutung des feierlichen Augenblicks.

In den Wochen vor der Schulgründung hielt Steiner einen Kurs für die künftigen Lehrer, zu welchen sich auch Polzers Freund Stein aus Wien gemeldet hatte. So mußte Polzer in Wien nun ohne Stein auskommen.

Als Steiner Polzer in Stuttgart wiedersah, sagte er zu ihm, «daß es ihn auch gefreut hätte, wenn *ich* hätte kommen können, um den Kurs mitzumachen – 'obwohl Sie natürlich keine Lehrerstelle anstreben'.» Und Polzer fügt hinzu: «Ich sah aus diesem Ausspruch, daß Rudolf Steiner gern hatte, daß ich bei allem anwesend sei, was er unternahm; denn im allgemeinen waren nur solche zugelassen, welche Lehrerstellen anstrebten.»[165]

Mit dieser Schulgründung setzte Steiner, nachdem die sonstigen Bemühungen um die Dreigliederung zunächst fruchtlos blieben, einen dauerhaften Eckstein für das freie Geistesleben. Bis heute wird auf diesen Stein in aller Welt gebaut.

Wie ein letzter Ausläufer von Polzers Beitrag, die Dreigliederung im Jahre 1919 in die Öffentlichkeit zu tragen, mutet der Besuch an, den er im November beim Herzog von Braunschweig in Gmunden unternahm. Die Frau des Herzogs war Prinzessin Viktoria Luise, die einzige Tochter Wilhelms II. «Ich sprach während dieses Besuches», berichtet Polzer, «ganz offen über Kriegsende, Anthroposophie und Dreigliederung. Es waren angenehme Stunden, die ich bei ihnen verbrachte, und es schien mir, daß beide mit viel Verständnis zuhörten, denn die Fragen und Einwendungen, welche sie machten, waren sinnvoll und freundlich.»[165]

*

Weihnachten und Silvester 1919 verbrachte Ludwig Polzer in der 'Dreigliederungsstadt' Stuttgart. Hier hielt Rudolf Steiner einen naturwissenschaftlichen Vortragskurs, den sich Polzer nicht entgehen lassen wollte. Alte

Freundesbande werden fester, neue bilden sich. So lernte er das Ehepaar del Monte kennen, bei welchem er Quartier hat. Auch Del Montes waren tief ergebene Schüler von Steiners Geisteswissenschaft, und Polzer wird auch bei späteren Stuttgarter Aufenthalten oft und gern bei ihnen wohnen.

Nach einem kurzen 'Abstecher' nach Tannbach finden wir den Grafen in Begleitung seiner Frau schon im Februar des neuen Jahres einmal mehr in Stuttgart und sehen ihn alsbald in Richtung Dornach fahren. 1917 hatte er das Goetheanum, wie der 'Johannesbau' seit 1918 hieß, zum letzten Mal gesehen. Wie hatte sich der Kuppelbau in der Zwischenzeit verändert! Er war an manchen Stellen fast vollendet. Wie schön und herrlich, in diesem Bau herumzugehen! Seine Formen waren so gebildet, daß die gewaltigen Gesetze von Reinkarnation und Karma gleichsam leise zum Empfinden eines jeden sprechen konnten, der diesen Bau betrat. Nicht jeder freilich, der in dem 'Haus des Wortes' weilte, vermochte die geheime Sprache seiner Formgebärden zu vernehmen. Polzer jedoch hat zu diesen hörenden Besuchern dazugehört. Er machte detaillierte Studien der geometrischen Verhältnisse des Baus und ihres inneren Zusammenhanges mit den vergangenen und künftigen Kulturepochen der gesamten Menschheit.

Von diesem Aufenthalt in Dornach an waren Ludwig sowie Berta Polzer oft Mittagsgäste in der 'Villa Hansi', in welcher Rudolf Steiner wohnte, wenn er in Dornach war.

«Während dieser Mittagsmahle war Rudolf Steiner oft sehr gesprächig», erinnert Polzer sich, «machte viele Späße, und meine Frau und ich unterhielten uns immer sehr und waren glücklich, in seiner Nähe sein zu können.»[166] Man hat den Eindruck: Auch Steiner fühlte sich in Polzers Nähe wohl.

Während dieser Tischgespräche wurden selbstverständlich oftmals auch Ereignisse der Politik berührt. Auch das Testament Peters des Großen wird gelegentlich erörtert worden sein. Mit ganz besonderer Liebe kam Steiner jedoch immer wieder auf Österreich zu sprechen. «Wenn Rudolf Steiner über Österreich sprach», erinnert Polzer sich, «glänzten seine Augen immer besonders; man fühlte, wie sein Herz warm für einen wahren österreichischen Gedanken schlug, den so wenige wirklich in seiner Reinheit und Freiheit von allem Römischen erkannten. Weil dieser Gedanke nicht verstanden wurde, oder weil man ihn nicht verstehen wollte und der Bevölkerung Falsches über ihn suggerierte, ist Österreich seiner Völkermission beraubt worden.»[167]

Steiner erzählte Polzer, was er als junger Mann auf der Galerie des österreichischen Abgeordnetenhauses erleben konnte, als er die Vertreter der verschiedenen Völkerschaften sprechen hörte. «Mitteleuropa war römisch und intellektualistisch geworden. Die Völker litten in Wirklichkeit unter dieser Form, die ihnen nicht wesensverwandt war, sondern aufgezwungen wurde (...) Osten, Westen, Norden, Süden sprachen durcheinander und konnten das verlorene Wort nicht finden. Die Lösung der Völkerprobleme forderte geist-historische Voraussetzungen, die nicht vorhanden waren.»[168]

Solche geist-historischen Voraussetzungen in Anknüpfung an Steiners Anregungen vollbewußt zu machen, war fortan Polzers ganz besonderes Bestreben. Damit trug er dazu bei, der Dreigliederungsarbeit die historisch-geistige Tiefendimension zu geben.

Am 23. Juni 1920 sprach Ludwig Polzer öffentlich in Stuttgart über europäische Außenpolitik. Und Rudolf Steiner gab im Anschluß an die Ausführungen Polzers eine Art von kommentierender Erweiterung, in der er auf die heftigen Debatten um die Okkupation von Bosnien/Herzegowina zu sprechen kam, und charakterisierte dann den Unterschied, der in bezug auf das politische Element zwischen West- und Mitteleuropa zu bemerken ist. Polzer schreibt: «Die englische Politik dachte eben gar nicht rationalistisch, ihre Praxis hatte spirituelle Hintergründe. In Mitteleuropa, von den rationalistisch liberalisierenden Politikern vorgebracht, bezogen sich dieselben Grundsätze auf nichts, da waren sie Abstraktionen.» Und an diese Differenz anknüpfend, macht Polzer die aufschlußreiche Feststellung: «Ich habe damals ungeheuer viel gelernt, worin der Unterschied liegt zwischen einer Realität und einer Phrase. Dieses Unterscheidungsvermögen sich zu erwerben ist außerordentlich wichtig. Rudolf Steiner lehrte mich erkennen, daß dieser Unterschied nicht im Wortlaute liegt, sondern daß er darin liegt, ob man in der Wirklichkeit steht oder nicht. Dieselben Dinge im Londoner, Berliner oder Wiener Parlament gesprochen, sind eben jedesmal etwas anderes.»[169]

Was Polzer hiermit lernte, war ihm nicht nur bei der Betrachtung der politischen Ereignisse seiner Zeit von Nutzen; auch die Vorgänge innerhalb der Anthroposophischen Gesellschaft sollte er nach Steiners Tod im Jahre 1925 mehr und mehr im Lichte dieses Unterschieds betrachten.

Schon im August reist Polzer wiederum nach Dornach. Er und Berta faßten den Entschluß, die beiden Söhne für einen Daueraufenthalt in das Schweizer Zentrum von Steiners Geisteswissenschaft zu bringen. Es war ein mutiger Entschluß, der nicht von allen Freunden des Grafenpaars gebilligt wurde, von den Verwandten ganz zu schweigen. «Wie also andere Eltern ihre Söhne an eine Hochschule schicken», schreibt der Vater, «so brachten wir sie ans Goetheanum»[170]. Josef und Julius wurden hauptsächlich für Schnitzarbeiten gebraucht; ferner kontrollierten sie bei den Veranstaltungen Eintrittskarten und waren auch beim Feuerwehrdienst tätig. Sie erhielten dafür ein kleines Taschengeld und konnten bis zum Ende ihres Aufenthaltes alle Vorträge, die Steiner damals in Dornach hielt, miterleben. Die Eltern waren offenbar der Ansicht, daß die Söhne in dieser Zeit des Umbruchs keine bessere Ausbildung erlangen konnten.

Der Firnis, den der Bau zunächst erhalten hatte, erwies sich als sehr ungeeignet und ließ das Holz verwittern. So mußte man die ganze Außenseite renovieren. Dies besorgten nun zum allergrößten Teil Julius und Josef Polzer, mit Hohleisen und Schlägel auf den Gerüsten stehend. Später schob Josef zusammen mit Josef Dubach, einem älteren Mitglied der Gesellschaft, täglich ein- bis zweimal Marie Steiner, die fußleidende Gattin Rudolf Steiners, im Rollstuhl von der Villa Hansi zum Bau hinauf. So bildet sich den Eltern auch ein mittelbares Band zu Marie Steiner, die unermüdlich für die Eurythmie-Ausbildung und die künstlerischen Aufführungen tätig war. – Die Kritik gewisser anthroposophischer Freunde an dieser ungewöhnlichen Erziehungsphase der Polzersöhne verstummte erst, als Rudolf Steiner anläßlich von Josefs Hochzeit im Jahre 1923 die Bemerkung machte, der Vater habe eine Tat vollbracht, die «sehr richtig» war.

Wie selten weit und groß die Gesichtspunkte der Eltern waren, die den Mut zu diesem ungewöhnlichen Erziehungsschritt aufbrachten, spricht Ludwig Polzer selbst aus, wenn er sagt: «Ich weiß, daß der Bewußtseinsinhalt, den sie in diesen Jahren im Goetheanum aufnahmen, ein bis in die späteren Leben dauernder sein wird, wenn sie auch dadurch in diesem Leben größeren Lebensschwierigkeiten ausgesetzt sein werden als andere junge Menschen, welche heute noch den gewöhnlichen Studienweg gehen.»[171]

So kann jemand sprechen, der sich durch das Wandeln in dem 'Haus des Wortes' dazu angeregt empfand, auch die Entwicklung seiner Söhne in langer Zeitenperspektive zu betrachten. Denn die vordergründigeren «Lebensschwierigkeiten» sollten in der Tat nicht allzulange auf sich warten lassen. –

Während Julius und Josef sich Tag für Tag an ihre neue Heimat mehr gewöhnten, hielt Ludwig Polzer am 23. August des Jahres 1920 seinen ersten öffentlichen Vortrag in einem Raum des Goetheanums. Er sprach über die Bedeutung und die Auswirkung des Testamentes Peters des Großen und konnte sich dabei auf seine sieben Aufsätze von 1919 stützen. Noch zur Zeit der Niederschrift der Prager Aufzeichnungen (1936) erschienen Polzer diese Aufsätze so wichtig, daß er sie den autobiographischen Aufzeichnungen einverleibte. Kein Wunder, behandelt er in ihnen doch gewissermaßen sein geist-historisches Urthema. Wer diese Aufsätze studiert, lernt nicht nur die seit James I. in England rasch erblühende spezifische politische Handlungsart erkennen, die mit langen Zeiträumen der historischen Entwicklungen zu rechnen weiß; er lernt auch die bis heute wirkenden retardierenden Mächte kennen, welche die Verwirklichung der Idee der Dreigliederung am radikalsten unterbinden wollen.

Wie schon nach Polzers Juni-Ausführungen in Stuttgart fügte Rudolf Steiner auch nach diesem Goetheanumvortrag Polzers längere ergänzende

33. Arthur Polzers Aufzeichnung der Freimaurer-Warnung (vgl. S. 150f.)

34. West-Ost-Kongreß. Von l.n.r.: Alfred Zeißig, Alexander Strakosch, Emil Leinhas, Ernst Uehli, Unbekannt, Carl Unger, Ludwig Polzer, W. J. Stein, Eugen Kolisko, Otto Graf Lerchenfeld, Unbekannt.

35. *Richard Coudenhove-Kalergi, 1931*

36. Ilona Bögel und Josef Polzer, Verlobungsbild, um 1922

37. Josef Polzer, Christward Polzer, Ludwig Polzer

I.

Aus den Aufschreibungen de
Hoditz nach Gesprächen mit

1.1.1923

Am Neujahrs-Mittag nach de
"Wie hat das geschehen könn
Die Differenziertheit der
Wohl wollen sie alles sehe
dabei sein, aber erwachen
So müssen sie an den Katas
Schmerzen wach werden. Wie

II.

11.11.1924

11. November 1924. Heute in D
Da Er erfahren hatte, daß ich
er mich rufen. Sein Atelier w
umgewandelt. Er saß damals ers
Lehnstuhl. Wir sprachen von
Dann über die Angelegenheit de
und des esoterischen Kreise
wie ich in Wien und Prag die

III.

3.3.1925

Am 3. März 1925 Graf Polze
Besuch. Krankenlager.
Nachdem über bestimmte Sc
der Gesellschaft gesproc
über den frühen Tod von S
frei gewordene Stelle ic
Verein hätte übernehmen s
gewisse Kontinuität hätte
den Ranslawen gegenüber.

38. Handschriftliche Datierung von Polzers Gesprächen mit R. Steiner

stellte, dass diese fast alle eine bedeutende
de Radioactivität aufwiesen. —
Im Spätherbst dieses Jahres am 21. Nov.
heiratete Bertas Vetter Heinrich Bar. Kotz
die Gräfin Gabrielle Trauttmansdorf, die
jüngste Tochter des Fürsten Carl Trauttmansdorf. Die Trauung fand in der
Schlosscapelle in Bischofsteinitz statt,
ich fungierte mit Carl Auersperg,
Sandor Pallavicini u. Louis Trauttmansdorf als Zeuge. —
Heute am 23. November 1924 komme
ich im Schreiben dieser Zeilen zu dem
Tage, der für mein weiteres Leben von
der allergrößten Bedeutung wurde
und es ist sicher kein Zufall, dass
wie
ich eben bemerke, dass dieser Tag
auch ein 23. November war,
der 23. Nov. des Jahres 1908, an dem
                    Räume der
ich in Wien in der theosophischen
Mit diesem Tage beginnt eigentlich mein
vierter Lebensabschnitt u. mit Rud. Steiners Tode
mein fünfter Lebensabschnitt. d.o. 30. März 1925.

39. *Aufzeichnung vom 23. November 1924 aus den 'Konzepten' (LPK)*

40. Günther Wachsmuth und Ita Wegman

41. Albert Steffen und Marie Steiner

42. Josef (oben) und Julius Polzer, um 1928

43. Sophie (oben) und Menny Lerchenfeld

44. Die Trajanssäule in Rom

45. Kaiser Hadrian (76–138)

46. Julie und Jaroslav Klima

47. Thomas Masaryk (oben) und Eduard Benesch

Topolčianky, 1/10 33.

Verehrter Herr Graf,

besten Dank für die freundl. Zeilen y Beigaben.

Alle Gedanken, die Sie vorbringen, beschäftigen auch mich. Heuer war bei mir Herr Lading y hat mir viele Fragen gestellt, noch mehr persönliches PA; immer, hin wird Sie das Buch interessieren. (dürfte im Herbst erscheinen.)

Ob vorm Japan i öfters denke ich darüber nach, wie weit die Expansion, von der Sie sprechen, durch die Übervölkerg verursacht wird? Dieselbe Frage stelle ich mir in Betreff des Hitlerismus — wichtiger als die Rassenmythologie ist der Ruf nach Boden — wo? Im Osten. Also Polen und Russland sind da viel wichtiger als die Deutschen

48. Anfang eines Briefs von Masaryk an Ludwig Polzer

Bemerkungen hinzu. Steiner betonte dabei sehr, daß man in der Geschichte nicht zurecht komme, wenn man immer nur in philologischer Weise nach dem Ursprung einer Sache frage. Denn das Testament sei dem Schreiben nach zwar eine Fälschung, in bezug auf den Gehalt jedoch wahrhaftig etwas höchst Reales. Der polnische Visionär Sokolnicki, der äußere Verfasser des Dokumentes, habe unter abgeschlossenen Verhältnissen meditiert, und dabei sei ihm in der Seele aufgegangen, was die wirklichen Impulse von Peter dem Großen waren. Als ein «grandioses Vorspiel, dessen, was gekommen ist», ist das Testament nach Steiner aufzufassen. Wörtlich sagte Steiner: «Wenn irgendein Geist dasjenige hätte erzeugen wollen, was dann später gekommen ist im 20. Jahrhundert, er hätte ja nicht besser die Verwirrung anrichten können als dadurch, daß er sich hätte den Peter kommen lassen nach Den Haag – wo ja immer Verschiedenes gebraut worden ist in bezug auf die Zusammenhänge der europäischen Politik – denn da gibt es einen kurzen Weg nach dem Anglo-Amerikanischen hinüber. Aber Peter der Große ist dann zurückgegangen nach Petersburg und hat dort dasjenige inauguriert, was fortwirkt als sein Testament, was in wunderbarer Weise gewirkt hat, so daß jene Zustände geschaffen wurden, die man brauchte, um das Spätere dann herbeizuführen.»[172] Es ist an mancher Wendung dieser Äußerung klar abzulesen, daß Steiner durchaus in der Lage war, auch das Negativ-Grandiose im geschichtlichen Geschehen voll zu würdigen ...

Steiner machte es im übrigen offensichtlich große Freude, in dieser Art mit Polzer geist-historische Erörterungen anzustellen. Als dieser tags darauf vor seiner Abreise nach Österreich Rudolf Steiner aufsuchte, um sich zu verabschieden, wurde er in dessen Atelier mit folgenden Worten , «in denen freundliche Genugtuung lag», begrüßt: 'Gestern haben wir also gemeinsam große Politik getrieben'.» Und Polzer kommentiert ganz ungeschmeichelt: «Natürlich war es nur Erkenntnisstreben, die Hintergründe der geschichtlichen Ereignisse zu verstehen.»[173]

*

Bald nach dem Jahreswechsel 1920/21 trifft Polzer wieder in der Metropole Schwabens ein. Der Bund für Dreigliederung des sozialen Organismus beschloß, im Winter 21 eine große Vortragspropaganda für die Dreigliederung in Deutschland zu lancieren. Dazu mußte eine größere Zahl von geeigneten Rednern gefunden sowie ausgebildet werden. Rudolf Steiner wurde angefragt, zu diesem Zweck einen 'Rednerkursus' abzuhalten. Der Kurs wurde für Anfang Februar angesagt.

Polzer, der den Rednerkurs natürlich auch mitmachen wollte, hatte bei seinem Stuttgarter Wiedersehen mit Steiner im Januar sein erstes rein privates Gespräch mit diesem, «in einer persönlichen Angelegenheit, die sich nicht auf den Schulungsweg bezog»[174]. Polzer teilt in seinen Prager Aufzeichnungen über den Charakter dieser Angelegenheit nichts Näheres mit. Er deutet aber an, daß sie mit gewissen Lebensschwierigkeiten zusammenhing, die einem Menschen gerade dann begegnen können, wenn er sich längere Zeit intensiv mit Geisteswissenschaft beschäftigt hat; und daß sich solche Lebensschwierigkeiten im Zusammenhang mit ungewohnten menschlichen Begegnungen bemerkbar machen können. Er sagt dazu nur kurz: «Man begegnet Menschen, die anders an einen herantreten, als es unter gewöhnlichen Umständen geschehen wäre.»

Bei der angedeuteten Angelegenheit handelt es sich höchst wahrscheinlich um seine Beziehungen zu Sophie Lerchenfeld, die er im Sommer 1918 in Köfering zum erstenmal gesehen hatte und die seit demselben Jahr ein Musikstudium in Stuttgart absolvierte.

Otto Lerchenfeld stand der Freundschaft, die sich zwischen seiner Tochter und Graf Polzer bildete, zunächst zurückhaltend, dann in Abwehr gegenüber. Obwohl sie einen noblen seelischen Charakter hatte, fürchtete Graf Lerchenfeld, daß Sophie sich zu stark an an seinen Freund anschließen könnte.

Von dieser Angelegenheit dürfte Polzer, Steiners Rat erbittend, im Privatgespräch gesprochen haben. Über den 'Effekt' von Steiners Haltung bei dieser und bei anderen Gelegenheiten ähnlichen Charakters schreibt Polzer: «Man fand heraus aus der üblichen Welt- und Lebensanschauung einer unberechtigten, das Leben lähmenden Gewissensbangigkeit, die einem durch eine verkehrte Erziehungsmethode, Furcht erzeugend, von Kindheit an schwächte. Es scheint übrigens mit der weisen Schicksalsführung zusammenzuhängen, daß solche größeren Schwierigkeiten oft gerade dann eintreten, wenn Aufgaben an einen herantreten.»[175]

Eine indirekte Bestätigung dafür, daß es sich um eine Komplizierung von Polzers inneren und äußeren Beziehung zum Hause Lerchenfeld gehandelt hat, erhellt aus einem Briefe, den er im Sommer 1921 an Marie Steiner schickte. Lerchenfeld war inzwischen über die innere Nähe seiner Tochter zu seinem Freund so ratlos, ja verzweifelt, daß er in einer finsteren Minute nicht davor zurückschreckte, seiner Tochter Polzers wirkliche Motive als sehr niedrig darzustellen, was auch Marie Steiner zu Gehör gekommen war. Und so hielt es der Verleumdete für angebracht, einiges zur Klärung des entstandenen Nebels beizutragen. Diese dunkle Episode in der Beziehung zwischen Lerchenfeld und Ludwig Polzer machte dann nach vielen Jahren wiederum dem alten Einvernehmen zwischen ihnen Platz. Und wir hätten sie hier nicht erwähnt, wenn sie nicht, und zwar von dem von Polzer selbst erwähnten Gesichtspunkt aus, auch von allgemeinem Interesse wäre; vom Gesichtspunkt nämlich, daß «solche größeren Schwierigkeiten oft gerade dann eintreten, wenn Aufgaben an einen herantreten». So ist es symptomatisch aufschlußreich, daß zwei Protagonisten der gesamten Dreigliederungsarbeit gerade in dem Augenblick in einen Konflikt von rein privater Art gerieten, als diese Arbeit vor einem neuen, wesentlichen Aufschwung stand. Auch solch ein Umstand kann indirekt für die Wichtigkeit einer solchen Arbeit zeugen.

*

Am 12. Februar fing Steiners 'Rednerkurs' an. Natürlich konnte es sich nicht im üblichen Sinne darum handeln, den künftigen Rednern rhetorische Techniken zu vermitteln, die die Wirksamkeit ihrer Ausführungen steigern würden. Als wichtigste Voraussetzung zum wirkungsvollen Reden über die Dreigliederung machte Steiner 1. die von Erkenntnissicherheit getragene 'Liebe zu der Sache' und 2. die Liebe zu den Menschen geltend, zu welchen man zu sprechen haben werde. Damit war zum einen die möglichst gründliche Vertrautheit mit Steiners Ideen zur Dreigliederung vorausgesetzt – eine Bedingung, die bei Polzer in höchstem Maß erfüllt war – und zum anderen die Fähigkeit, auf die Denkgewohnheiten und Gesinnungen der Hörer einzugehen, um nicht über deren Kopf hinweg zu reden. Damit das ganze Unternehmen ein einheitliches Gepräge trüge, bat man Steiner um bestimmte Themen, «die individuell zu behandeln waren». Sie lauteten:

1. Die großen Fragen der Gegenwart und die Dreigliederung des sozialen Organismus;

2. Das freie Erziehungs- und Unterrichtswesen in seinem Verhältnis zu Staat und Wirtschaft;

3. Die assoziative Wirtschaft in ihrem Verhältnis zu Staat und freiem Geistesleben.[176]

Statt rhetorischem Drill wurden somit ganz konkrete Inhalte als Übungsstoff gegeben. Denn Steiner war der Überzeugung, daß sich eine lebendig-wirksame Rhetorik «nur an geistigen Inhalten erschaffen» könne. Auch geist-historische Aperçus wurden im Lauf des Kurses eingestreut. So wies Steiner schon im zweiten Vortrag auf die Schlüsselstellung hin, welche zwei Ereignisse des 18. Jahrhunderts für die ganze spätere Konstellation des Geistes- und des Wirtschaftslebens in Europa hatten: den Frieden von Nystadt im Jahre 1721 und den Frieden von Paris vom Jahre 1763. Durch den ersteren war Rußlands Zugang zur ersehnten Ostsee abgesichert – ein Haupterfolg der Politik Peters des Großen (der ihm auch das Beiwort 'der Große' brachte), durch welchen russisches Geistesleben vermehrt in den europäischen Kulturraum einfloß. Der zweite Friedensschluß regelte den französisch-englischen Konflikt auf dem Boden Nordamerikas. Nordamerika wurde fortan angelsächsisch dominiert. So wollte Steiner, daß die Redner aus dem Strom real-historischer Ereignisse zu wirken lernten.

Schon am 21. Februar sprach Polzer vor etwa dreihundert Hörern über Thema eins. Er berichtet mit Genugtuung davon, daß sich in der Diskussion im Anschluß an den Vortrag ein kommunistischer Redner wunderte, «daß ich als Graf auch die geistigen Nöte der Proletarier kenne». Dann ging die Fahrt nach München, Anfang März nach Kiel, Bremen und Hamburg. In der Hansestadt sprach Polzer über das «mit Rudolf Steiner so oft durchbesprochene Thema 'Die Weltpolitik des letzten Jahrhunderts im Lichte der Geisteswissenschaft und der Dreigliederung des sozialen Organismus'. Tags darauf redete er in Hannover. In diesem Vortrag saßen ein paar 'Nationale', die Polzers Ausführungen als staatsfeindlich bezeichneten. «Diese Anschuldigung konnte aber dann von mir sachlich und energisch widerlegt werden», versichert er.[177] Polzer dürfte wohl auf dieser Vortragstournee, die sich bis in den April fortsetzte, sehr sachgemäß und ausgewogen für die Idee der Dreigliederung geredet haben. Und es besteht kaum Grund zur Annahme, daß Steiner über *seine* Vorträge Ungünstiges zu Ohren kam. Dies traf jedoch nicht für die Mehrzahl dieser Redner zu. Macht Steiner zwei Jahre später doch die bittere Bemerkung: «Da war dieser von mir gehaltene Rednerkurs, bevor eine Horde auf das deutsche Publikum losgelassen worden ist. Schauen Sie sich das Echo dessen an, was durch diesen Hordenzug angerichtet worden ist! Was da alles draußen verzapft worden ist. Das ist manchmal etwas gewesen, was an Groteskheit alles übertrifft.»[178]

Eine Folge dieser Vortragspropaganda war, daß sich auf seiten deutscher 'Nationaler' die Attacken gegen Rudolf Steiner steigerten. Man wird dies zweifellos gelegentlich auch auf das Konto des einen oder anderen der Redner zurückzuführen haben, der seine Sache vielleicht zu plakativ verfocht. So wäre Steiner am 15. Mai in der Liederhalle Stuttgart wahrscheinlich tätlich angegriffen worden, wenn er nicht von einem Schutzschild seiner Freunde umgeben worden wäre. Doch andererseits saß und sitzt der Widerstand gegen die Dreigliederung so stark in den Gemütern vieler Zeitgenossen fest, daß es in der Natur der Sache selbst lag und liegt, Gegnerschaft zu provozieren. Polzer sagt dazu: «Wenn man alle diese Bemühungen, die gemacht wurden, bedenkt und heute hinsieht auf die Ratlosigkeit in Europa, dann hat man Erfahrungen gesammelt über die ungeheure Macht der Geister der Finsternis, welche dem Durchbruche lebendig-geistiger Denkfähigkeiten gegenüberstehen.»[179]

*

Im Juli 1921 besuchte Ludwig Polzer seinen Freund Jaroslaw Klima in Kaschau. Klima war nach seiner politisch bedingten Kaltstellung im Zusammenhang mit der tschechischen Amnestie von 1917 zum Polizeidirektor ernannt und in diese ostslowakische Stadt beordert worden. Die beiden Freunde sprachen über die in der CSSR verbliebenen Möglichkeiten, für die Dreigliederung zu wirken. Aus Kaschau schrieb Polzer am 19. Juli einen Brief an Josef, in welchem er dem Sohn von den Gesprächen mit dem Freund berichtete: «Klima ist schließlich hier an dieser Stelle ein Mann, der etwas will und eine große Machtstellung hat», schreibt er. «Die ganze Ostslowakei steht unter ihm (...) Vielleicht ist hier eine Brücke zu bauen nach dem Osten.» Auch über seinen Bruder Arthur macht Polzer eine aufschlußreiche Feststellung: «O[nkel] Arthur will nun auch sich mit der Sache beschäftigen, Dreigliederungszeitung abonnieren. Freue mich sehr, daß ich ihn doch so weit brachte, obwohl er noch krankt an cons.[ervativen] Anschauungen.»

Im August bereitet Polzer, nach Tannbach heimgekehrt, seinen ersten Vortrag vor, den er im Kuppelraum des Goetheanum halten sollte. Das Thema lautete: 'Aufruf zu einem freien Geistesleben aus den Versäumnissen des alten Österreich'. «Es war das Bewußtsein, am Rednerpult über dem Grundstein zu stehen, sehr erhebend», schreibt er im Rückblick, «und ich fühlte die Verantwortung, die damit verbunden war, und hatte deshalb dieses Thema gewählt.»[180]

Kurz darauf machte er mit Berta eine Versammlung der Mitglieder der Anthroposophischen Gesellschaft in Stuttgart mit. «Er war eine stattliche Erscheinung mit dem Auftreten eines Offiziers», erinnerte sich Friedrich Hiebel viele Jahrzehnte später an Polzers Auftritt auf dieser Versammlung. Von Polzer als Redner hatte Hiebel allerdings eine wenig günstige Erinnerung: «Aber seine mühsam geformte, mit allzu starker Armgestik unterstützte Redeweise machte auf uns Jüngere keinen nachhaltigen Eindruck.»[181] Mehr beeindruckt war der junge Schüler Steiners von der Redeweise von Polzers Freund Walter Johannes Stein.

*

Auch das Jahr 1921 markiert in Polzers Lebensgang den Aufgang einer wichtigen neuen Freundschaft. Es handelt sich um Dora Schenker (geborene Hamburger). In den Prager Aufzeichnungen teilt Polzer mit, daß seiner Frau und ihm in diesem Jahr von Dora Schenker «ein großer Freundschaftsdienst erwiesen» worden sei. Frau Schenker lebte auf ihrem Gut Mariensee bei Aspang und war nicht unvermögend. Und es ist anzunehmen, daß dieser Freundschaftsdienst auch in einer materiellen Unterstützung des Grafenpaars bestanden hatte. Auch Rudolf Steiner nahm im übrigen an Polzers materiellen Sorgen Anteil. «Als ich in dieser Zeit einmal in Dornach ankam», berichtet der verarmte Graf, «fragte er [Steiner] mich liebevollst, ob ich überhaupt noch Geld habe, und wollte mir welches geben; denn er wußte ja, wie verarmt die österreichischen Menschen waren, welche nur Barvermögen und keine Güter besaßen. Ich konnte aber immer noch das Nötige aufbringen, besonders auch dadurch, daß meine Frau ihren Schmuck verkaufte. So dankte ich für sein liebes Anerbieten.»[182]

Schon Julius Polzer hatte kurz vor seinem Tod im Jahre 1912 geahnt, was dem österreichischen Besitzadel bevorstand. «Habt ihr noch zu essen?» hatte er des öfteren gefragt. «Alles werden sie euch nehmen», nicht einmal die Betten werden sie euch lassen.»[183] *So* weit war es zu diesem Zeitpunkt allerdings noch nicht gekommen.

Am letzten Oktobertag fuhren Berta und Ludwig Polzer zum ersten Mal zum Gut von Dora Schenker. Das Waldgut liegt am sogenannten Wechselgraben, am Fuß des Wechselberges, der sich auf der Grenze zwischen Niederösterreich, dem Burgenland und der Steiermark hinzieht. «Mariensee wurde mir immer mehr eine zweite Heimat», schreibt Polzer, «und Frau Schenker eine liebe Freundin, die manches Leid und manche Freude mit mir teilte.»[184] In den folgenden Jahren wird der Ort zu einer Art Refugium für ihn. Fast jeden Monat weilt er einmal in Mariensee, wovon die vielen Eintragungen im Gästebuch des Hauses zeugen.

Dora Schenker richtet ihm ein eigenes Zimmer ein.

Ludwig und Berta Polzer blieben bis zum 3. November in Mariensee. Berta schreibt ins Gästebuch: «Erhoffe mir ein Wiedersehn/ versprochenen Schmarrn/ noch nicht gesehen!»

*

Im Herbst des Jahres 1921 ließ Steiner in der Dreigliederungszeitung sein Interview mit Jules Sauerwein erscheinen, in welchem er aufgrund privater Mitteilungen Helmuth von Moltkes frank und frei von den Ereignissen berichtet, die sich am Abend vor dem Kriegsausbruch in Berliner Hauptquartier zutrugen. Neue Gegnerschaft wurde dadurch auf den Plan gerufen.

In denselben Zeitraum fiel auch die erste Stuttgarter Besprechung, die der Vorbereitung eines großen öffentlichen West-Ost-Kongresses diente, der im Frühjahr 1922 in Wien stattfinden sollte. Polzer sollte ein Kongreßprogramm entwerfen. «Menschen möglichst vieler Völker» hoffte man mit dieser großzügig geplanten Initiative anzusprechen. Polzer war vom Vorhaben begeistert. Entsprach es doch auch seinen eigenen in ihm tiefverwurzelten Strebenszielen. Mit großer Umsicht traf er nun die Vorbereitungen. Er übersiedelte zu diesem Zweck sogar nach Wien. An der Köstlergasse 6 unweit des Karlsplatzes bezog er in der Wohnung des Ehepaares Breitenstein, in welcher auch der Wiener Zweig zu Hause war, ein bescheidenes Logis.

28. DER WEST-OST-KONGRESS UND 'PANEUROPA'

Der West-Ost-Kongreß in Wien stellt den Höhepunkt von Rudolf Steiners öffentlichem Wirken nach dem Weltkrieg dar. Es war der zweite und der letzte «Internationale anthroposophische Kongreß», der zwischen dem 1. und dem 12. Juni im Musikvereinsgebäude abgehalten werden sollte. Während in Stuttgart vor allem Eugen Kolisko, ein Jugendfreund von Walter Johannes Stein, der wie dieser mittlerweile an der ersten Waldorfschule unterrichtete, an der Vorbereitung des Kongresses mitbeteiligt war, wurde Ludwig Polzer in Wien vom Industriellen Jo van Leer kräftig unterstützt.

Für Polzer war es jedoch mit einer äußerlichen Vorbereitung der Veranstaltung bei weitem nicht getan. Im März beginnt er mit der Niederschrift einer Arbeit über die Geschichte und die Wirksamkeit des Testamentes Peters des Großen.

In weitausholender Art zeigt er, wie das Schriftstück mit der West-Ost-Frage zusammenhängt. Die Hauptabsicht, die im Testament zum Ausdruck kommt, ist ja, den slawischen Osten dem Weltbeherrschungswillen des anglo-amerikanischen Westens langsam, aber sicher anzupassen und zu diesem Zweck die europäische Mitte auszuschalten, zumindest als politischen Weltfaktor. In vielen Einzelheiten weist Polzer nach, wie seit der Zeit Peters des Großen die allermeisten seiner Nachfolger auf dem Zarenthron, ja selbst noch Trotzki und Lenin im Sinne dieses Testamentes wirkten, wenn auch nur selten mit Bewußtsein. Er zeigt, wie der anglo-amerikanische Wirtschaftsimperialismus und der römische Geistesimperialismus die zwei zusammenwirkenden Gestalten sind, in welchen das einstige Imperium Romanum als welthistorisches Entwicklungshemmnis weiterwirkt. Und Polzer prophezeit auch, daß das Testament «gewiß noch weiter wirken wird»[185].

So zeichnet er ein eindrucksvolles Bild der während der vergangenen Jahrhunderte bewußt in *falsche* Bahnen manövrierten West-Ost-Entwicklung; 'falsche Bahnen': vom Gesichtspunkt eines Okkultismus aus gesehen, der das Wohl der *ganzen* Menschheit fördern will.

Für die bewußten Konzipierer der anglo-amerikanischen Weltbeherrschungspläne war die Frage immer drängender geworden: Wie soll die europäische Menschheit zu den zeitgemäßen Formen staatlichen Zusammenlebens kommen? Die Antwort lautete: durch 'Weltkrieg'. Polzer schreibt: «Aus der tiefen Erkenntnis, daß eine neue Kulturepoche hereinbricht, und aus der Überzeugung, daß durch ihre politisch-wirtschaftlichen Fähigkeiten die englischen Völker die Träger dieser neuen Kultur sein müssen, zog man die Konsequenzen und schmiedete einen großzügigen, mit den historischen und völkischen Kräften rechnenden Plan.»[186] Doch auch die weitere Frage wirft er auf: «War außer dem Weltkrieg keine andere Möglichkeit innerhalb Europas, *die neue Weltordnung* zu bringen?»[187] Die Antwort auf die Frage nach einer andersartigen 'neuen Weltordnung' hätte in der Donaumonarchie in einer Art gegeben werden müssen, die nach der Dreigliederung des sozialen Organismus hintendierte.

So verfaßte Polzer eine Schrift über die Hintergründe der zunächst verwirklichten und bis heute weiterwirkendend falschen 'neuen Weltordnung'; und bereitete damit den Weg für Steiner, der auf dem West-Ost-Kongreß auf die Fundamente deuten wollte, die zum Aufbau einer wahren, das heißt dem Wohl der ganzen Menschheit dienen wollenden 'neuen Weltordnung' benötigt werden.

Polzer gab der Schrift den Titel *Der Kampf gegen den Geist und das Testament Peters des Großen*. «Es sollte mein Beitrag zum Kongresse sein»[188], sagt der Autor schlicht. Schon im April erschien das kleine Buch im Druck. Es lag im Juni auf dem Büchertisch in Wien. Bis dahin war schon eine sehr beachtenswerte Rezension erschienen. Sie stammte aus der Feder des Lehrers der Chemie und Schularztes Kolisko, der zeitlebens auch sehr tiefschürfende historische Studien trieb. «So wird Geschichte lebendig», schreibt Kolisko. «Polzer hat angeknüpft an eine geschichtliche Einzelheit, er hat sie in das Licht der ganzen Weltgeschichte gestellt. In jedem der Bilder, die er hinstellt, muß man große Anregungen für weitere Darstellungen sehen (...) Was für Dokumentargeschichte wertlos ist, ist eine bedeutende Offenbarung für symptomatische Geschichtsforschung (...) *Man kann in dem Buche Polzers den Anfang sehen für eine zeitgemäße Betrachtung der Weltgeschichte.*»[189]

In diese Zeit der Vorbereitungen fiel auch der Tod des letzten habsburgischen Monarchen: Kaiser Karl I., der am 11. November 1918 zur Abdankung gezwungen wurde, war am 4. April auf Madeira im Exil verstorben. Damit war der wichtigste Hoffnungsträger für die Einführung der Dreigliederung 'von oben' von der historischen Tagesbühne abgetreten, um in den 'Nebenräumen' der Geschichte fortzuwandeln ...

Am 31. Mai traf Rudolf Steiner in der Donaumetropole ein. Man hatte ihm und seiner Frau im Hotel Imperial Quartier besorgt. Im dazugehörigen Café Imperial sollte übrigens Steiners Jugendfreund Friedrich Eckstein bald sein 'Domizil' errichten. Eckstein war bezüglich der Veröffentlichung des okkulten Wissens *der* große Opponent in Steiners Lebensgang gewesen. Er wollte weiterhin Geheimhaltung – und nun ging Steiner Tag für Tag vom Hotel Imperial am Kärntnerring die wenigen Schritte zu Fuß zum Musikvereinsgebäude, um mit einer letzten großen Geste bisher 'okkult' gebliebene, aber auch ganz neue, eigene Erkenntnisse zu offenbaren. Ob sich Steiner und Eckstein während der Kongreßtage im Juni begegnet sind, ist im übrigen nicht bekannt.

In der gedruckten Kongreßeinladung steht zu lesen: «Eine Kulturspannung hat sich durch zerstörende Gegensätze zwischen West und Ost gebildet. Weder durch wirtschaftliche noch durch völkerrechtliche Maßnahmen, sondern nur durch wirklich geistige Einsicht in die Volks-Seelenkräfte kann sich der Ausgleich dieser Spannung zwischen Ost und West in einer der Menschheitsentwicklung heilsamen Art vollziehen.»

Es war ein Festesaugenblick in Ludwig Polzers Leben, als er am Donnerstag, dem 1. Juni 1922, um halb elf Uhr vormittags den Kongreß eröffnete. Er schreibt: «Am 1. Juni durfte ich mit einigen Worten den Kongreß eröffnen und Rudolf Steiner und die zugereisten Redner und Gäste begrüßen. Von allen Ländern waren Anthroposophen gekommen, und auch viele außerhalb der Gesellschaft stehende Menschen nahmen an ihm teil. Während der ganzen Zeit vom 1. bis zum 12. Juni war schönstes Wetter. Jeden Abend sprach Rudolf Steiner vor zirka 1000 Menschen im großen Musikvereinssaal, die ihm nach jedem Vortrag zujubelten.»[190] Während bereits der erste Kongreß dieser Art – in Stuttgart im September 1921 – von 1700 Menschen besucht worden war, kamen zum West-Ost-Kongreß nicht 1000 Menschen, wie Polzer sagt, sondern nicht weniger als 2000.

In diesen Abendvorträgen entfaltete der Redner ein weites Panorama geisteswissenschaftlicher Betrachtungen. 'Anthroposophie und Wissenschaften' – so waren die ersten fünf Vorträge übertitelt; 'Anthroposophie und Soziologie' die nächsten fünf. Und in einem Schlußvortrag mit Lichtbildern sprach Steiner über den 'Baugedanken von Dornach'.

An den Vormittagen sprachen Schüler Steiners vom Gesichtspunkte der Geisteswissenschaft über sehr verschiedene Themen allgemeinen Interesses.

Unter diesen Rednern befanden sich die beiden wiengebürtigen Freunde Stein sowie Kolisko. Daneben gab es 'fachwissenschaftliche Veranstaltungen' für ein spezialisiertes Publikum.

An den Nachmittagen wurden in der Volksoper künstlerische Darbietungen vorgeführt. Marie Steiner sorgte für ein Rezitationsprogramm und zwei Aufführungen der eurythmischen Bewegungskunst, die Steiner neu entwickelt hatte. Auch eine große Brucknerfeier gehörte zum Programm.

Friedrich Hiebel teilt von seinen Eindrücken, die er als Kurzbesucher des Kongresses hatte, auch die folgende Impression mit: «Glücklich fügte es sich, daß ich gerade vor dem Abendvortrag beim rückwärtigen Ausgang des Musikvereinsgebäudes stand, wo der Weg durch einen ruhigen Hinterhof hinauf zum Künstlerzimmer führt. Da kam Rudolf Steiner vom gegenüberliegenden Hotel Imperial, wo er während des Kongresses wohnte, mit Schirm und Mantel, begleitet von Graf Ludwig Polzer-Hoditz, mit dem er in Gelassenheit zu plaudern schien, als wäre er eben von einem behäbigen Spaziergang zurückgekehrt.»[191]

Auch inmitten einer Phase stärkster Kräfteanspannung schien sich Steiner also gern mit Polzer 'auszuruhen' ...

«Rudolf Steiner sprach sich sehr befriedigt über den Verlauf des Kongresses aus», berichtet Polzer selbst. «Er beanstandete nur, daß wir offizielle Persönlichkeiten besonders einluden, weil das niemals bei uns der Brauch war. Da der Kongreß ein öffentlicher sei, so ist es natürlich, daß jeder, der kommt, ohne Unterschied als Mensch willkommen sei.»[190]

Das Thema von Steiners eigentlichem Schlußvortrag am 11. Juni – abgesehen vom Lichtbildervortrag über den Bau im Dornach am Tag darauf – ist bemerkenswert: Rudolf Steiner sprach an diesem Abend über 'Die 'Kernpunkte der sozialen Frage'. Nun drang der *Generalbaß,* der den Kongreß getragen hatte – die Sorge um die soziale Menschheitszukunft – kräftig in den Vordergrund. Steiner zeichnete noch ein letztes Mal in großen Strichen die Idee der Dreigliederung des sozialen Organismus, die das Prinzip des nationalen Einheitsstaates abzulösen habe.

Diese Schlußausführungen werden Ludwig Polzer tief beeindruckt haben. Behandelten sie doch die ihm ans Herz gewachsene Schicksalsfrage nach einer 'neuen Weltordnung'. Auch ein anderer Hörer dieses Vortrages wird an ein ihm Heiligstes erinnert worden sein: an seinen Einsatz für die erste Ausbreitung der Dreigliederungsidee im Jahre 1917. Wir meinen Otto Lerchenfeld.

Wir deuteten die heftige Entfremdung zwischen Lerchenfeld und Polzer an, die 1921 infolge Polzers Freundschaft mit Sophie Lerchenfeld eingetreten war. Daß beide Männer schon ein Jahr darauf zusammen für ein Gruppenbild posieren (siehe. Abb. 34), muß als eine Tat empfunden werden. Die Idee, mit der sie beide ursprünglich verbunden waren und der sie beide dienten, ließ sie nun einander, zumindest räumlich, wieder nähertreten ...

Die Veranstalter und Redner hielten während des Kongresses ein paar Sitzungen mit Steiner ab. Nach Polzer legte dabei Steiner ganz «besonderen Wert darauf, daß dieser so gelungene Kongreß die richtige Auswirkung in der Öffentlichkeit nach sich ziehen möge»[192]. Steiner wußte, was er wünschte: das zeigen seine Worte, die er ein paar Tage nach dem Ende des Kongresses in Stuttgart äußerte. «Der Kongreß war ein großer Erfolg, der größte, den wir gehabt haben», stellt er in der Lehrerkonferenz der Waldorfschule am 25. Juni fest, um fortzufahren: «Er ist so unternommen, daß er ganz entschieden

28. DER WEST-OST-KONGRESS UND 'PANEUROPA'

zum größten Schaden ausschlägt, wenn er nicht ausgemünzt wird (...) Und man darf sich keiner Illusion hingeben, daß er furchtbar viel Gegnerschaft auslösen wird.»[193] In letzterem sollte Steiner leider recht behalten.

Mit dieser Sorge reiste er am 15. Juni Richtung Stuttgart ab und wird sich Polzer gegenüber, der ihn bis Linz begleitete, gewiß in dieser Richtung ausgesprochen haben. Jedenfalls machte Polzer unterwegs nach Linz Steiner einen wesentlichen Vorschlag. Er schreibt: «Um doch eine kleine Auswirkung für alle Fälle möglich zu machen, bat ich Herrn Doctor, als ich (...) ihn bis Linz begleitete, einverstanden zu sein, wenn ich in Wien eine Art von Zeitung, die halbmonatlich erscheint, gründen werde.»[192]

*

Von Linz aus fuhr Polzer heim nach Tannbach. Er war dabei in heiterer Gesellschaft: Sein Sohn Josef sowie Ilona Bögel, eine sehr beliebte Eurythmistin, mit welcher er seit kurzer Zeit verlobt war; Ilona Bögels Mutter sowie Helene Röchling, deren Freundin, die Polzer schon von München her bekannt war – sie alle hatten den Kongreß in Wien tief beeindruckt miterlebt und fuhren nun, zum großen Teil zum ersten Mal, nach Tannbach mit.

«Dort verbrachten wir bei schönstem Wetter zusammen sehr angenehme Tage»[194], stellt Ludwig Polzer fest. Auch Dora Schenker wäre zweifellos sehr gerne mitgefahren; sie hatte den Kongreß auch mitgemacht und sich entschlossen, der Gesellschaft beizutreten.

Während dieser «angenehmen Tage» sann Polzer immer wieder über seine Zeitschrift nach. Rudolf Steiner hatte schon den Titel vorgeschlagen: 'Anthroposophie – Österreichischer Bote von Menschengeist zu Menschengeist' und die Erlaubnis ausgesprochen, Aufsätze von ihm zu drucken. Und während Polzer Einzelheiten projektierte und mit den Freunden und Familienangehörigen besprach, wurde es ihm klar, daß eine Übersiedelung nach Wien für eine Zeitlang unvermeidlich würde. So hielt es ihn nicht lange in der Stille Tannbachs, inmitten der so schönen Freundes- und Familienstimmung.

Er beschloß, in Wien eine geräumigere Wohnung zu belegen, und zog noch im Sommer in die Lothringerstraße 3 ein, wo er «ein sehr schönes Zimmer mit der Aussicht auf die Karlskirche und den Schwarzenbergpalais»[195] bezog. So führte ihn sein Engagement für die Fruchtbarwerdung des Kongresses zu einer schönen, neuen Aussicht, und dies nicht nur im äußerlichen Sinne. Blickte er zur Karlskirche hinüber mit ihren beiden mächtigen Säulen, so mochte das antike Rom der Kaiserzeit ganz leise vor dem innern Blick erstehen. Sind die beiden Säulen doch bewußte Nachbildungen der Marc Aurel- und der Trajanssäule des alten Rom. Unter Trajan, dem Vorgänger und Adoptivvater Kaiser Hadrians, kommt die 10. Legion für immer in das frühere Hilfslager 'Vindobona' und befestigt sich rund um den heutigen Hohen Markt; und Marc Aurel, der Philosoph auf dem Cäsarenthron, starb im Jahre 180 in der von ihm nach der Zerstörung durch die Markomannen wieder aufgebauten Stadt ...

Und noch ein anderer Umstand ist beachtenswert: Ludwig Polzer zog zum zweiten Mal in seinem Leben in dieses Haus ein: als kleines Kind schon hatte er vor der Übersiedelung nach Pilsen zwischen 1871 und 1872 darin gewohnt! Mit neuer Perspektive und innerlich verjüngt machte sich der 'junge' Redakteur beflügelt an die Arbeit.

*

Polzers Initiative fällt in eine Zeit, da Rudolf Steiner seinen öffentlichen Einsatz für die Dreigliederung beendete. Am 29. August sprach Steiner noch einmal (in Oxford) von der Notwendigkeit einer sozialen Umgestaltung im Sinne dieser Grundidee.[196] Am 19. Oktober machte er in Dornach deutlich, daß in seinen Augen der Akzent *im jetzigen Augenblick* vor allem auf eine wirklichkeitsgemäße Erziehung zu plazieren sei: «Es ist heute fast eine verlorene Zeit, wenn man sich mit all diesen Dingen beschäftigt, die da in der Welt als politische herumgehen. Es kommt nichts dabei heraus! Und wenn irgend etwas behandelt werden soll, ist es nur, daß wiederum tüchtige Kerle erzogen werden. Das ist das einzige, was man anstreben kann; denn es weiß eben niemand heute etwas (...) Vor zwei, drei Jahren mußte man immer sagen: Es muß etwas geschehen. Heute ist es nach dieser Richtung zu spät.»[197] Wie die gescheiterten Dreigliederungsversuche zeigten, fehlte es nicht oder nicht so sehr an dem Verstand, es fehlte an der 'Tüchtigkeit', die neuen Vorstellungen zu verwirklichen. So sollte einerseits in neuer Art erzogen, andererseits auch weiterhin versucht werden – und das war Polzers Hauptbestreben – , für die Wirklichkeiten *hinter* den tagespolitischen Fassaden den Blick zu schärfen.

Für den *Boten* konnte Polzer die Unterstützung von van Leer gewinnen, welcher schon die Hauptlast der Kongreßauslagen übernommen hatte. Als redaktioneller Mitarbeiter fand sich der damals dreiundzwanzigjährige Hans-Erhard Lauer, dem wir in den dreißigerer Jahren wiederum begegnen werden; Marta Stefanovic, die später Lauers Gattin wurde, regelte die Administration. Als umsichtiger Informant diente Polzer der Journalist Ernst Wettreich.

Bereits am 1. November 1922 erschien die erste Nummer, sechs Seiten stark, im Großformat. Werfen wir an dieser Stelle einen kurzen Blick auf Polzers Unternehmen. Das Geleitwort mit dem Titel 'Österreichs geistige Botschaft' gibt das Ziel des *Boten* an: «Der Kongreß West-Ost hat gezeigt», heißt es am Schluß, «daß ein dringendes Bedürfnis besteht nach einer geistigen Aussprache, wie sie die Geisteswissenschaft ermöglicht und welche der Menschheit neue gangbare Wege weisen kann. Diesem Bedürfnisse will der österreichische Bote dienen.»

Die erste Nummer bringt 'Ost-West-Aphorismen' von Rudolf Steiner. Eugen Kolisko schreibt über 'Goetheanismus'; Walter Johannes Stein über den Gang der Menschheit über die Schwelle zur geistigen Welt: Josef Polzer ist mit einem Aufsatz über Eurythmie vertreten; Berta Polzer mit einem ausdrucksvollen Gedicht.

Ludwig Polzer selbst eröffnet die Rubrik 'West-Ost' und führt sie folgendermaßen ein: «Unter dieser Aufschrift wird regelmäßig Stellung genommen werden zu den äußeren, politischen Weltereignissen, weil sie doch alle schließlich Beziehungen zu diesem Hauptproblem haben.»

Was von Österreich nach dem Krieg noch übrig blieb, nennt Polzer eine «ganz unmöglich abgegrenzte Staatsmißgeburt». Und über Mitteleuropa im weiteren stellt er fest: «Mitteleuropa ist in eine Anzahl von unmöglichen sogenannten Staatsgebilden zerlegt, welche die verbrauchten Staatsformen einer früheren Zeit großmannssüchtig, abstrakt-bureaukratisch nachahmen und die ungelösten sozialen und nationalen Probleme mitschleppen; es ist dem Verfalle preisgegeben, weil es keine neuen Ideen verwirklichen konnte.» Zu diesem Zwecke arbeiteten «Amerika und Rom (...) sehr verständnisvoll zusammen.»

Daß sich Polzer auch nicht scheut, klar und deutlich auf die Aktivitäten der Gegner des anthroposophischen Weltimpulses hinzuweisen, zeigt sein Bericht über den von ihm gehörten Vortrag, den ein Jesuitenpater am 6. Oktober in Linz gehalten hatte. Unter der Überschrift 'Zum Kampf gegen den Geist' macht er auf die verschwiegen-offenbare Geist-Verneinung des bewußten Vortrags aufmerksam.

Schon in der dritten Nummer (vom 1. Dezember) kommt er innerhalb der von ihm verfaßten West-Ost-Rubrik auf eine Zeittendenz zu sprechen, die gleichsam das genaue Gegenbild zu dem von der Vernunft geforderten 'neuen Weltordnung' darstellt. Und da es sich dabei um eine Gegenströmung handelt, die bis heute wirksam weiterfließt, müssen wir sie kurz ins Auge fassen. Polzer kennzeichnet zunächst die Politik Amerikas mit folgenden Worten: «Amerika läßt Europa noch eine Weile mit nationalen Fragen wie Kinder spielen, es hat doch Europa und besonders die sich so töricht benehmenden neu entstandenen Kleinstaaten wirtschaftlich in seiner Macht. Die Art, wie einst England mit Staaten Politik trieb, wiederholt nun Amerika mit Kontinenten. Bald wird der Augenblick kommen, wo es alle diese, unter den sattsam bekannten Phrasen, nach Wilsonschem Muster, oder vielleicht sogar für ein noch nicht bestehendes Christentum, gegen Asien militärisch einreihen wird. Alles Nationale wird dann von ihm mit dämonisch technischer Brutalität auf falsche Art weggelöscht und schablonisiert werden. *So wird das von Amerika erwartete Heil in Wirklichkeit aussehen.*»

Als einen Schrittmacher auf dem Weg zu diesem 'Heil' betrachtet Polzer Richard Coudenhove-Kalergi, der die 'Vereinigten Staaten von Europa' zum sogenannten 'Paneuropa' zusammenschweißen will. Polzer kommentiert in seinem *Boten* Coudenhoves Aufruf, der am 17. November in breiter Aufmachung unter dem Titel 'Pan-Europa – ein Vorschlag von R. N. Coudenhove-Kalergi' in der *Neuen Freien Presse* erschienen war. Urteilssicher stellt er sofort fest, daß es sich bei diesem Vorschlag um ungenießbar alten Wein in wenig neuen Schläuchen handelt. Er schreibt: «Der Vorschlag selbst ruft Paneuropa zur Selbstverteidigung auf *und schließt von diesem Paneuropa England und Rußland aus!* Paneuropa soll also gerade diese Völker vereinen, in welchen offen oder noch verborgen der Faschismus am schönsten blüht. Faschisten aller Länder, vereinigt euch also zu 'Paneuropa'.»

Statt Kulturbrücken zwischen Europa und Rußland zu erbauen, wird eine hermetische Abriegelung angestrebt, die es England/Amerika um so leichter machen wird, mit Rußland *seine* Politik zu treiben, ohne von Europa allzu stark gestört zu werden: ganz im Sinne des Testamentes Peters des Großen.

«Auch in diesem Vorschlag», findet Polzer, «hört man das alte, tönend langweilige und verlogene Lied vom Militarismus, Verfassungsausarbeitung, Hochverratsparagraphen, Massenbewegungen, Zwangsmaßnahmen, nur in größerem asiatisch-amerikanischen Stile. Die belanglose Frage, ob Republik oder Monarchie wird mit einem Kompliment für die Republik entschieden.»

Dann schreibt Polzer: «Der Inhalt dieses abstrakt konzipierten Vorschlages ist also nicht interessant, dasjenige jedoch, was hinter diesem Vorschlage in Wirklichkeit, dem Schreiber ganz unbewußt, steht, ist höchst bedeutsam, denn es benützt den Schreiber als Werkzeug, um vorzuarbeiten für das, was die englisch-amerikanischen Völker wollen und brauchen.

Der Schwerpunkt des ganzen Vorschlags liegt in einer paneuropäischen Militärorganisation mit einem Hauptverteidigungssystem gegen den Osten.

Richtig ist es prognostiziert und heute fast jedem erkennbar, daß, wenn Europa sich nicht besinnt, der Osten hereinfluten wird. Die Russen sind wohl nicht mehr so sehr zu fürchten, aber die Mongolen, diesen hat der aus westlichem, materialistisch-monistischem Denken hervorgegangene Bolschewismus die Tore geöffnet. Die Russen werden vorläufig unter der Eisdecke dieses Bolschewismus einen langen Schlaf tun, um später zu einer geistigen Kultur zu erwachen (...)

Durch den von Coudenhove vorgeschlagenen paneuropäischen Militarismus kann Europa sich und den anderen nicht helfen, *aber Amerika braucht den mitteleuropäischen Kriegsschauplatz* und die mitteleuropäischen Soldaten zu seinem Kampf gegen Asien, der jedoch ebensowenig eine Kulturentscheidung bringen wird wie der erste Weltkrieg.»

So folgert Polzer konsequenterweise: «Europa braucht anderes, als in diesem Vorschlag vorhanden ist, um sich und die Kultur zu erneuern, *daher kann dieser nicht als ein europäischer betrachtet werden.*»

*

Von Richard Coudenhove-Kalergi und der von ihm ins Leben gerufenen Paneuropabewegung ging eine starke suggestive Wirkung aus. Werfen wir deshalb einen kurzen Blick auf deren Gründer.[198]

Der 1894 in Japan geborene Richard Graf Coudenhove stammte väterlicherseits aus dem habsburgtreuen Uradel Brabants. Seine Mutter war Japanerin, und diese interessante «west-östliche» Mischung erklärt mancherlei in seinem Wirken, insoferne dieses aus der Vererbungssphäre mitbeeinflußt wurde. Coudenhove fühlte sich zeitlebens der christlich-europäischen Tradition verbunden, ohne sich jedoch zum wahren europäischen Individualismus durchzuringen. Sein östliches Erbe ließ die andere Wagschale seines Wesens zu einer alles Individuelle kaum betonenden asiatischen Geschmeidigkeit und zu einer echten, aber wurzellosen Hingabe an große, edle Ideale neigen. Coudenhove betrachtet die «katholische Kirche als die einzige Hüterin des europäischen Gedankens». Er war ganz ausgesprochener Bewunderer der '14 Punkte' Wilsons.

1923 erschien sein Buch *Paneuropa* und wurde sofort zum Erfolg. 1924 erfährt die Paneuropabewegung von Louis Rothschild und Max Warburg massive Unterstützung. Die österreichische Regierung stellt Coudenhove in der Hofburg Räumlichkeiten zur Verfügung.

Im Jahre 1925 streift er in seinem Buch *Praktischer Idealismus* auch das Schaffen Rudolf Steiners. Coudenhove spricht in diesem Werk (S. 149f.) von vier Hauptformen der 'Romantik'. Sie heißen: «Romantik der Vergangenheit», «Romantik der Ferne», «Romantik des Okkulten» und «Romantik der Zukunft». Er schreibt: «Spengler, Kayserling und Steiner kommen dieser modernen Romantik entgegen. Spengler erschließt uns die Kulturen der Vergangenheit – Kayserling die Kulturen der Ferne – Steiner das Reich des Okkulten. Die große Wirkung, die diese Männer auf das deutsche Geistesleben ausüben, ist teilweise zurückzuführen auf die romantische Sehnsucht des schwergeprüften deutschen Volkes, das in die Vergangenheit, in die Ferne und zum Himmel blickt, um dort Trost zu finden. In die Vergangenheit, in die Ferne und ins Jenseits führt die Phantasie – in die Zukunft die Tat. Daher wirkt weder Historismus noch Orientalismus noch Okkultismus als eigentlich treibende Kraft unserer Zeit – sondern die Romantik der Zukunft: sie hat

die Idee des Zukunftsstaates geboren und damit die Weltbewegung des Sozialismus; sie hat die Idee des Übermenschen gezeugt und damit die Umwertung der Werte eingeleitet.» Marx und Nietzsche sind für Richard Coudenhove deshalb die Repräsentanten dieser vierten, 'praktischen' Romantik.
– So hält der 'praktische Idealist' und 'Romantiker der Zukunft' Coudenhove Steiners Geisteswissenschaft, aus welcher u. a. die Idee einer Dreigliederung des sozialen Organismus geschöpft ist, für 'Romantik des Okkulten'...

1940 hält Coudenhove vor dem *Council on Foreign Relations* Vorträge. Und nach dem Krieg fordert Winston Churchill in seiner berühmten Zürcher Rede mit vielbeachtetem Nachdruck zur Bildung der 'Vereinigten Staaten von Europa' auf und hebt die diesbezüglichen Verdienste Coudenhoves stark hervor. Dabei darf nicht vergessen werden, daß Churchill schon im November 1919 im englischen Unterhaus energisch gegen eine jegliche Vereinigung des Deutschtums mit dem Slawentum gesprochen hatte.[199]

Robert Schuman, Adenauer, de Gasperi und andere europäische Staatsmänner stützen sich für den weiteren Ausbau des Europahauses in den späten vierziger Jahren in Dankbarkeit und Anerkennung auf Coudenhoves Fundamente. Die Errichtung des Europarates 1949 und des europäischen Marktes wurden durch Coudenhoves Bemühungen maßgeblich mitbewirkt.

Einen weiteren eifrigen Verehrer und Förderer der Panaeuropa-Ziele fand Coudenhove in Otto von Habsburg, dem ältesten Sohn des 1922 gestorbenen letzten österreichischen Monarchen.

Schon diese wenigen Andeutungen dürften zeigen: Sowohl für die katholisch-christlichen Kreise wie für die anglo-amerikanischen Bestrebungen zur Verwirklichung der 'neuen' Weltordnung war Coudenhove der rechte Mann zur rechten Zeit.

So wurde 1922 in das Wasser des historischen Prozesses gleichsam ein erster Stein geworfen, welcher für die europäische Politik der kommenden Jahrzehnte sehr bestimmende Wellen provozieren sollte. Halb symbolisch ausgedrückt ergibt sich uns das Bild einer sehr beachtenswerten real-historischen Ablösung: Kaum hat Rudolf Steiner nach dem letzten Aufruf zur Verwirklichung der Dreigliederung in Europa das Musikvereinsgebäude ein für allemal verlassen, zieht Richard Coudenhove mit seinem unheilvollen Paneuropawahn in die Wiener Hofburg ein. Und während Coudenhove rasch Lob und Unterstützung findet, erntet Steiner nicht zuletzt gerade durch sein letztes öffentliches Wiener Wirken allerschärfste Gegnerschaft. Wozu die letztere fähig war, sollte sich noch vor dem Ablauf des Jahres 1922 in fürchterlichster Weise zeigen.

29. «SIE SOLLTEN SICH MIT HADRIAN BESCHÄFTIGEN»

In der Silvesternacht des Jahres 1922 wurde das erste Goetheanum durch Brandstiftung zerstört. Ludwig und Berta Polzer, ihre beiden Söhne sowie viele Schüler und Freunde Rudolf Steiners lebten das tragische Geschehnis mit. Es war der Höhepunkt im gegnerischen Wirken, das die junge geisteswissenschaftliche Bewegung und ihren Gründer treffen sollte. Am späten Nachmittag des Sylvestertages war eine Eurythmieaufführung gegeben worden; darin kam auch der 'Prolog im Himmel' aus Goethes *Faust* zur Darstellung. Um acht Uhr abends sprach Rudolf Steiner über die 'geistige Kommunion der Menschheit'[200]. Nachdem die letzten Zuhörer den Vortragssaal verlassen hatten, wurde Rauch entdeckt und gleich die Feuerwehr benachrichtigt.

Polzer schildert den dramatischen Verlauf der nächsten Stunden: «Wir saßen beim Nachtessen, als dieser Alarmruf erscholl. Meine Söhne stürzten zum Goetheanum hinauf, wir folgten ihnen. Aus allen Häusern kamen die Freunde mit Wassereimern und sonstigen Geräten herausgestürzt. Man hörte rufen:'Rauch im weißen Saal'. Am Südflügel wurden gleich alle Räume untersucht. Aus einer Außenwand des Südflügels drang Rauch heraus, die Wand wurde durchschlagen. Die Konstruktion im Innern der Wand stand in Flammen. Gleich wurden sämtliche Hydranten in Tätigkeit gegen die Feuerstelle gesetzt, sehr bald kam auch die Feuerwehr von Dornach und die von Arlesheim, später auch die von Basel zur Brandstelle. – Es entrollten sich in diesen Stunden vor mir Bilder der größten Aufopferung und Hilfsbereitschaft vieler, besonders der jungen Anthroposophen. Das Feuer breitete sich trotz aller Anstrengungen hinter den Verschalungen gegen die Verbindungsstelle zwischen den beiden Kuppeln rasch aus und schlug gerade um Mitternacht in einer ungeheuren Flamme durch die beiden Kuppeln. – Rudolf Steiner beobachtete den Brand mit größter Ruhe, gab einige Weisungen. Besonders als er erkannte, daß der Bau nicht mehr zu retten war, gab er das Aviso:'Alle heraus aus dem Goetheanum!' Glücklicherweise war die Nacht ganz windstill, so konnten doch die angrenzenden Gebäude dadurch, daß man sie unter Wasser hielt, gerettet werden (...) Bei der Größe der Flammen wäre bei stärkerem Winde auch ein Teil der Ortschaften Dornach und Arlesheim niedergebrannt. Die ganze Nacht brannte es, am längsten blieben die großen Säulen und das Westportal aufrecht.»[201]

Doch die gegnerische Rechnung ging nicht auf. Schon in dieser Brandnacht selbst wurde aus dem Flammenmeer heraus das geistige Erkenntnisfeuer Rudolf Steiners abermals gesteigert. Im Hintergrund des Brandgeschehens schaute Steiner einen zweiten Brand: den Tempelbrand von Ephesos, den welthistorischen Präzedenzfall. Vom Neid der Götter sprach er schon am Tag darauf mit Bezug auf Ephesos; vom Neid der Menschen mit Bezug auf Dornach.

Nun lagen auch die 'Karma-Schauen erweckenden Formen'[202] des ersten Goetheanums eingeäschert. Doch nur, um den gewaltigen Karma-Offenbarungswillen Steiners durch diese Feuertaufe zum ungeahnten Höhepunkt zu bringen: Die Brandnacht bildete den Feuerkeim zu den überwältigenden Karma-Offenbarungen des Jahres 1924. Ohne Judastat keine Auferstehung; ohne Goetheanumbrand keine 'Weihnachtstagung' 1923, und nicht die 'esoterischen Betrachtungen karmischer Zusammenhänge' von 1924, in denen unzählige Menschenschicksale durch den Gang verschiedener Erdenleben verfolgt und hell und heller wurden.

Auch in Steiners allernächster Nähe wurde diese welthistorische, 'Karma-Schauen' mächtig weckende Dimension des Brandes miterlebt. Ita Wegman, die in Arlesheim seit 1920 eine Klinik führte und zu Steiners ersten, engsten Schülern zählte, dürfte in der Brandnacht ebenfalls an jenen andern Brand von Ephesos erinnert worden sein, wie eine Freundin Wegmans meint. Die Ahnung stieg ihr auf, daß Steiner «schon in alten Zeiten mein Lehrer war»[203]. Und es «entstand in ihr in dieser Nacht der Keim, der dann reifte zu ihrer Frage nach den neuen Mysterien»[204]. Wegman stellte sich von dieser Nacht an Steiner helfend, dienend restlos zur Verfügung.

Und Ludwig Polzer? Auch seine Seele wurde durch das Schmerzereignis dieser Nacht für tiefere Erkenntnisschichten aufgeschlossen. Dies zeigt sich indirekt an dem Gespräch, das er am nächsten Tag mit Rudolf Steiner führen durfte.

Steiner hatte in der Frühe des Neujahrstags mit Bestimmtheit mitgeteilt: «Wir fahren mit den angesagten Vorträgen fort, die Schreinerei soll bis zum Abend dafür in Stand gesetzt werden.» Und zu Ludwig Polzer sagte er: «Es bleibt dabei: Sie kommen mit Ihrer Frau zu Mittag zu uns zum Essen.»

Von den Äußerungen Steiners im Laufe oder nach dem Mittagessen in der 'Villa Hansi' machte Polzer detaillierte Aufzeichnungen. «Als wir dann bei ihm waren», schreibt er in den Prager Aufzeichnungen, «und er von der vernichteten zehnjährigen Arbeit sprach, wie die Säulen dem Feuer so lange standhielten, standen die Tränen in seinen Augen.»[205]

Die Unterhaltung[206] drehte sich zunächst naturgemäß um das Naheliegendste, die Katastrophe der vergangenen Nacht.

Polzer fragt: «Wie hat das geschehen können?»

Steiner gibt zur Antwort: «Die Differenziertheit der Seelen ist zu groß. Wohl wollen sie alles sehen und hören und bei allem dabei sein, aber erwachen wollen sie nicht. So müssen sie an den Katastrophen und persönlichen Schmerzen wach werden. Hier waltet nicht Karma, sondern allein das Nicht-Wach-Sein der Mitglieder und der eben bis ins Physische wirkende Neid der Menschen.

Die Möglichkeit war gegeben unter uns, den Raum des Wortes zu haben, aber der Raum des Wortes kann nur sein, wenn er seine Entsprechungen, sein lebendiges Abbild im Herzen, in der Wortgewissenhaftigkeit hat, das heißt, wenn der Mensch nicht allein zuhört, sondern Verantwortung tragen will und kann als ein sich verantwortender Mensch vor dem Wort der Welt. Das war der Sinn des Baues. Wort und Antwort, Logos und Mensch.»

Und dann entrollt der Geistesforscher die historische Tiefenperspektive: «In Ephesos hatten wir das Inkarnationsgeheimnis des Wortes vor uns. Es mußte zerstört werden, weil sonst die Widersachermächte dort ein bedeutendes Zentrum ihrer Wirksamkeit hätten entfalten können, denn der Neid der Götter war bis in das Atmosphärische hinein wirksam. Hier aber ist es eine Umkehrung. Die Götter schauten erwartungsvoll auf den Raum des Wortes herab, aber die Menschen waren nicht da, die den Bau zu schützen vermochten. Es war eine Möglichkeit gegeben, aber die Antwort der Menschen blieb aus, allein der Neid war nicht stumm.»

So empfing der erste Schüler Steiners, der 1912, wie innerlich geführt, das Gelände dieses Baus betreten hatte, eine erste Unterweisung über dessen Ende. Hätte diese Katastrophe abgewendet werden können, wenn ich den Posten Stindes angenommen hätte, den mir der Lehrer 1915 anbot? So mochte Polzers Seele am Neujahrstag 1923 im Innern stumm erwogen haben. Denn sie fühlte sich dem Bauimpuls tief verbunden und für das Schicksal dieses Baues in besonderer Weise mitverantwortlich.

Und es scheint, daß Steiner auch auf solches 'stummes' Sinnen Antwort geben wollte, als er fortfuhr: «Sehen Sie, auch Hadrian trug sich mit dem Gedanken eines Wort-Baues, aber er konnte nur wie eine Karikatur des Wortes sein, da er die alten Mysterien retten wollte. Er suchte ehrlich eine Erneuerung der Mysterien und kam auch nahe heran an den Christus. Darum zog er ja auch nach Ägypten, bis weit über Edfu hinaus den Nil aufwärts. Ägypten ließ wohl in seiner Seele Erinnerungen aufsteigen, aber sie blendeten ihn durch die Kraft der Empfindungsseelenbilderwelt. Wohl opferte sich Antinous, aber er konnte ihm von drüben keine Antwort mehr geben.»

Und dann folgt die ganz direkte Aufforderung an Ludwig Polzer: «*Sie sollten sich einmal mit Hadrian beschäftigen und dabei an Ägypten denken.*»

Letzteres wird Polzer tun, doch erst nach Jahren. Zunächst nahm er Steiners Äußerungen über Kaiser Hadrian interessiert und offen auf, wie alles, was ihm Steiner anvertraute. Doch mochte sich zugleich in ihm die leise

Frage regen: Weshalb spricht der Freund und Meister nach der Brandnacht vom Bauimpuls und von den Taten Hadrians zu mir? Unbeirrt durch *solches* Fragens fuhr Steiner fort, das Ägypten zu beschreiben, das Hadrian einst vorgefunden hatte: «Es gibt da [in Ägypten] den bedeutsamen Terrassentempel der Hatschepsut, wo Sie im Innersten ein Grottenheiligtum haben mit einer Darstellung der Isis und des Horusknaben, die wie ein Urbild der Jungfrau mit dem Jesuskinde wirkt. Auch Hadrian kam bis in diese Grotte, und zwar unmittelbar von On [aus]. Hier [im Isisheiligtum der Hatschepsut] wiederholte sich, was er vor mehr als tausend Jahren schon einmal erlebt hatte, als in der Zeit der Thutmosisse, in der Blütezeit der Raphael-Merkur-Hermes-Kultur der erste weibliche Pharao regierte und diesen wunderbaren Tempel baute. Er zog damals als ein Hohepriester des Amun-Re im Gefolge der Hatschepsut mit nach On, als diese sich den Baumeister aus der alten Orakelstätte der Sonnen-Eingeweihten holte.»

Nicht allein von Hadrian spricht Steiner also zu dem Freund und Geistesschüler, sondern auch von einer Vorinkarnation dieses sehr bemerkenswerten Kaisers im Ägypten Hatschepsuts. Das alles wird Polzer mehr und mehr verwundert haben.

Steiner wendet seine Ausführungen schließlich mehr von Hadrian hinweg zum Mysterienwesen jener Zeit hin.

*

«Den ganzen Neujahrstag und auch am nächstfolgenden wälzten sich Menschenmassen aus Basel und Umgebung neugierig zur Brandstätte hinauf», schreibt Polzer in den Prager Erinnerungen. «Die meisten hatten trotz der Nähe, in der sie lebten, das Goetheanum nicht gesehen, die Trümmerstätte interessierte sie aber. Das ist sehr symptomatisch für die der Todesseite zuneigende Seelenstimmung der gegenwärtigen Menschheit.»[207]

Um fünf Uhr nachmittags wurde in der unversehrten Schreinerei programmgemäß das 'Dreikönigsspiel' zur Aufführung gebracht.

*

Nach Wien zurückgekehrt, wandte Polzer sich sogleich der 1. Ausgabe des *Boten* in dem neuen Jahre zu. Doch die Katastrophe vom vergangenen Jahresende wirkte noch so stark und intensiv in seinem Innern nach, daß das neue Jahr im *Boten* noch keinen Platz bekommen wollte: Die Nummer 1 trug noch das Datum '15. Jänner *1922*'...

Der Schweizer Dichter Albert Steffen schilderte den Goetheanumbrand. Hans-Erhard Lauer, Polzers Wiener Mitarbeiter, schrieb über 'Das Goetheanum als Kunstwerk', während Polzer selbst die 'West-Ost'-Rubrik fortsetzte. Er besprach darin die Memoiren Moltkes, welche dessen Witwe im Dezember herausgegeben hatte, um dann seinerseits den Brand zu kommentieren. Seine Ausführungen schließend, schreibt er: «In diesen Aufsätzen wurde wiederholt angedeutet, wie ausgezeichnet gedeckt in Großzügigkeit diejenigen Mächte arbeiten, welche die Menschheit zugrunde richten wollen und dabei immer von einem Aufbau reden lassen, diese werden wohl in der Silvesternacht triumphiert haben über das, was in Dornach geschah.

Die Anthroposophen werden durch die Katastrophe von neuer Kraft, von neuem Opfermut beseelt beim Neuaufbau des Goetheanums Rudolf Steiner treu zur Seite stehen, sie werden mutvoll in die Zukunft sehen, und diesen Blicken wird dann die geistig-seelische Kraftgestalt des zu Asche gewordenen Goetheanums als Wegweiser dienen.»

Für Polzer war das erste Goetheanum ganz «Mysterienstätte» gewesen, eine Vertrauensgabe an die Menschheit, auch äußerlich «wehrlos gegenüber Hassern und Übeltätern. Die Menschheit hätte es durch die Anthroposophen schützen müssen. Die anthroposophische Bewegung hätte so stark sein sollen, es auch schützen zu können. Seine [Steiners] Gabe war ein Versuch, eine Prüfung, ob die Menschheit durch die Prüfungen des Krieges dafür reif sei.»[206]

Die ganz persönliche Konsequenz, die das Brandgeschehen für ihn hatte, schildert Polzer selbst wie folgt: «Ich fühlte die Notwendigkeit, noch stärker als früher mit der Wirksamkeit Dr. Steiners in Stuttgart und Dornach verbunden zu bleiben. Das erforderte wieder viele Reisen.»[207]

Außerdem erhielt er durch gewisse Andeutungen den Eindruck, daß Steiner nicht nur an Entwürfen für das neue Goetheanum arbeitete und sich seiner Vortragstätigkeit hingab, sondern «einen neuen starken Impuls vorbereitete»[208]. Er betraf die Zukunft der Gesellschaft, die sich als zu schwach erwiesen hatte und auch von Streitereien mehr und mehr zerklüftet wurde.

Für die erste Februarnummer des *Boten* richtete Polzer wiederum eine neue Rubrik ein: Unter dem Titel 'Welttendenzen, Ereignisse, Symptome und Bemerkungen' brachte er Meldungen aus aller Welt mit Kommentar zum Abdruck. So äußert er sich beispielsweise Anfang März ein zweites Mal zu einer Initiative von Graf Coudenhove-Kalergi, dem Propagierer Paneuropas. Coudenhove hatte einen offenen Brief an Mussolini publiziert, in welchem er den italienischen Staatschef angesichts der aus dem Osten drohenden Gefahr zur Bildung der 'Vereinigten Staaten von Europa' aufrief. Polzer billigt Coudenhove zwar zu, «im wohltuenden Unterschiede gegenüber der öden Ideenlosigkeit der Zeit einzelne Halbwahrheiten und Ideen» vorzubringen, gelangt aber zum Fazit: «Die Ideen sind jedoch weder europäisch noch christlich (...) Seine Abwehrmittel gegen das europäische Verhängnis sind von östlichem Illusionismus getragen. Statt Christentum steigt in Europa römischer Cäsarenwahn in amerikanisch-asiatischem Kontinentenstil herauf und wird es völlig zugrunde richten.»

Im März gönnt sich Polzer ein paar Tage Urlaub in Mariensee. Sophie Lerchenfeld begleitet ihn. Eine humoristische Eintragung im Gästebuch zeugt von dem Erfolg des Urlaubs. Polzer schreibt sich als «der Chef-Redacteur des Menschengeistes» ein, Sophie als «sehr wichtiger Gehilfe». Die beiden freundschaftlich verbundenen Menschen verstanden sich gewiß sehr gut, und vielleicht hat Polzer seiner Freundin in Mariensee von dem Privatgespräch erzählt, das er am Neujahrstag nach dem Brand mit Steiner führen durfte und das so viele Fragen in ihm aufgeworfen hatte ... War nicht einst auch Kaiser Hadrian von einem Freund und wichtigen 'Gehilfen' begleitet worden?

*

Zur Osterzeit finden wir den Grafen abermals in Dornach, in Begleitung seiner Frau. Das Paar ist am Ostersonntag wieder in der 'Villa Hansi' zum Mittagstisch geladen. Steiner macht im Lauf der Unterhaltung einen Ausspruch, der Polzer tief berührt: «Es standen Frühjahrsblumen auf dem Tisch. Auf diese hinweisend sagte er: 'Die Schönheit dieser Blumen macht einen traurig im Anblick der untergehenden Menschheit.'» Und Polzer fügt den Kommentar hinzu: «Wenn man solche Aussprüche richtig wertet, dann mußte man auch das, was Rudolf Steiner unternahm, um die [anthroposophische] Bewegung in einige Herzen zu verankern, mit tiefstem Ernste betrachten und esoterisch zu verstehen suchen. *Es ging mir immer mehr die Ahnung auf, daß Rudolf Steiner etwas vorbereitete, das den Mächten der Finsternis auf Erden unerreichbar sei.*»[209]

Steiners Wille, seine Schüler nun zu größerer spiritueller Wachheit aufzurufen, zeigte sich in eindrucksvoller Weise bei der durch Friedrich Doldinger vollzogenen Trauung von Ilona Bögel und Josef Polzer. Die Trauungsfeier fand am 4. Juni 1923 im Haus de Jaager in Dornach statt. Außer den Verwandten des jungen Paares waren zirka sechzig anthroposophische Gäste eingeladen. Als Trauzeugen fungierten Albert Steffen und Max Schurmann.

Rudolf Steiner hielt die Festansprache[210]. «In ganz bedeutsamer Weise», so wandte er sich an die Neuvermählten, «ist gerade Eure Gemeinschaft auf dem Boden des anthroposophischen Lebens entstanden.» Dann lenkte er den Blick auf den Großvater von Josef Polzer, den 1912 verstorbenen Julius Ritter von Polzer, und schilderte den tiefen Eindruck und die «besondere liebe, wohlwollende Art, die außerordentlich vornehme Haltung jener Persönlichkeit» und betonte: «Mit dem ganzen Geistesleben, dem meine Seele zugewandt ist, war der alte Herr von Polzer, euer Großvater, in tief innigster Seele verbunden (...) Es gehört dasjenige, was ich gerade mit jenem alten

Herrn, der nun bereits im geistigen Leben seit längerer Zeit weilt, erlebt habe, zu den schönsten Erinnerungen während des anthroposophischen Lebens für mich.» Und dann öffnet Steiner vor allen Anwesenden gewissermaßen eine Türe zu den gewöhnlich ignorierten 'Nebenräumen' der Geschichte, indem er sagt: «Ich habe das ja oftmals Eurem Vater und Eurer Mutter, die heute mit Euch hier zu Eurer Festlichkeit vereinigt sind, aussprechen können, möchte es heute bei dieser feierlichen Gelegenheit ganz besonders bekräftigen, *weil ich der Anschauung bin, weil ich der Gewißheit bin, mit welch inniger Liebe und welch innigem Wohlwollen heute gerade die Seele des alten Herrn herunterschaut auf den festlichen Akt, den wir eben begangen haben.*»[210]

Dies sind keine 'schönen' Worte, etwa um die allgemeine Festesstimmung der Versammelten in ganz besonderer Art zu heben. Es handelt sich um schlichte Mitteilung von seiten eines Augenzeugen, der auch die 'Nebenräume' der Geschichte zu betreten weiß.

Schon einmal hatte sich an die von Steiner miterlebte geistige Realpräsenz von Julius Polzer eine meta-historische Lektion für dessen Sohn geknüpft; in jenem Münchner Sommer des Jahres 1913. Nun erhielt die ganze Festgemeinde, wie nebenbei, eine meta-historische Gesamtlektion. Daß sich durch diese Mitteilung die Trauhandlung für die Versammelten in noch erhöhtem Maße als sinnlich-übersinnliches Geschehen offenbarte – wer könnte daran zweifeln? Und wie zur deutlichen Bekräftigung, daß es ihm mit dieser meta-historischen Bemerkung durchaus ernst war, wiederholte Steiner sie am Ende seiner Trauansprache, indem er zu den Neuvermählten sagte: «Das ist es, was ich (...) zu Euch habe sprechen wollen in der ganzen Liebe, die Euch immer war, solange Ihr innerhalb unserer Gemeinschaft gewandelt habt, die Euch war in Gemeinschaft mit Eurem *jetzt auf uns herabblickenden Großvater.*»[210]

Tags darauf speisten Ludwig und Berta Polzer einmal mehr in der Villa 'Hansi'. Im Anschluß an das Mittagessen unterhielt sich Ludwig Polzer im Atelier von Steiner über eine Stunde lang mit dem Geisteslehrer. Polzer teilt nicht mit, worüber man gesprochen hat. Doch Polzers Vater Julius wird bei dieser Unterhaltung gewiß nicht übergangen worden sein. Ludwig Polzer läßt uns jedoch wissen: «Zum Schlusse küßte er mich auf die Stirn.»[211] Wir dürfen darin eine zarte Geste des Behütens des geisterfüllten Strebens Polzers sehen und zugleich eine Art Besiegelung des im Lauf der Trauansprache spirituell-real Erlebten. So wird gerade dieser Schüler Steiners auf das geistreale Element, das am Jahresende im Mittelpunkt der zweiten Grundsteinlegung stehen sollte, in besonderer Weise vorbereitet.

*

Nach Wien zurückgekehrt, weist Polzer die am 3. Juni im *Neuen Wiener Journal* erschienene verleumderische Unterstellung ab, er habe 1917 bei Kaiser Karl Audienz gehabt und Anthroposophen hätten dem Monarchen eine Denkschrift unterbreitet.[212] Der ungenannte Schreiber fabelte auch vom angeblich geplanten 'Anthroposophenstaat' usw. Auch in diesem Falle kann Polzers Mut bewundert werden, ohne diplomatische Rücksicht eine gegnerisch gewundene Attacke durch Richtigstellung abzuweisen. Polzer schreibt im *Boten*: «Wenn Ungeist im Kampfe ums Dasein gegen den Geist steht, dann tritt das Hauptgesetz der Gescheiten, daß Wahrheit und Moral nur für die Dummen sei, mit dem ganzen routinierten Rüstzeug auf und schildert so, daß der gut präparierte Leserkreis die Lüge glaubt und dadurch von dem ferngehalten wird, nach dem er sich in Wirklichkeit sehnt.» Man sieht: zu Ludwig Polzers Auffassung von Esoterik gehörte es durchaus, wenn nötig Menschen kräftig auf den Fuß zu treten, mit welchem sie der Geisteswissenschaft nur – Tritte zu versetzen suchen.

Im Lauf des Jahres 1923 kam es zur Begründung der verschiedenen Landesgesellschaften der Anthroposophischen Gesellschaft. Steiner hatte dies zur Konsolidierung der anthroposophischen Arbeit vorgeschlagen; auch hoffte er, die Arbeit in der Peripherie würde dadurch selbständiger, selbstverantwortlicher und unabhängiger von Dornach oder Stuttgart werden. Er war selbst nicht Mitglied der Gesellschaft, sondern einzig deren Lehrer und Berater. Er erwog auch, sich von der Gesellschaft ganz zurückzuziehen, zumal die von ihm erhofften Schritte unterblieben oder nur sehr zögernd unternommen wurden.

Zur Michaelizeit kam er nach Wien. Er sprach in drei internen Vorträgen über den Zeitgeist Michael.[213] In derselben Zeit sollte die österreichische Landesgesellschaft gegründet werden. Den Vorsitz der Versammlung führte der Zahnarzt Alfred Zeißig, in dessen Haus Ludwig Polzer noch viel verkehren wird. Letzterer berichtet: «Die Versammlung verlief sehr unbefriedigend. Es wurde viel herumgeredet, so daß bis zum letzten Augenblick kein Beschluß gefaßt werden konnte. Dr. Steiner mußte in einigen Minuten weggehen, schaute immer schon auf die Uhr, die Versammlung drohte ergebnislos zu verlaufen.» Da greift Polzer ein: «Nun stand ich auf, stellte einen kurzen Antrag zur Gründung der Gesellschaft, bezüglich der Zusammensetzung des Vorstandes und zum Verzicht der weiteren Debatte, forderte diejenigen auf, die damit einverstanden sind, sich zu erheben. Der Antrag hatte die Majorität, und die Gesellschaft war gegründet.»[211]

Zu den bisherigen Vorstandsmitgliedern des Wiener Zweiges, Zeißig, Polzer und Julius Breitenstein, wurden nun Franz Halla, Hans-Erhard Lauer und Norbert Glas (später durch Ludwig Thieben ersetzt) hinzugewählt.

29. «SIE SOLLTEN SICH MIT HADRIAN BESCHÄFTIGEN»

Vor der Rückreise nach Dornach besuchte Steiner in Begleitung von Graf Polzer seine zwei Geschwister, die in Horn in Niederösterreich lebten. «Sie waren beide kränklich behindert», schreibt Friedrich Hiebel, «und lebten in ländlicher Zurückgezogenheit. Rudolf Steiner vergaß niemals, sie dauernd tatkräftig zu unterstützen. Als wir über diese Fahrt Kunde bekamen, ließ uns dies ahnend noch in einer unmittelbareren Art in die Tiefen des Gemütes blicken, als uns dies vorher durch die vielfältige Vortragsfolge zum Erlebnis geworden war.»[214] Polzer dürfte Ähnliches empfunden haben. Er vermittelte fortan Geldsendungen nach Horn, und er besorgte nach dem Tod von Steiner die Hinterlassenschaftsverhandlung. Es hätte kaum ein zweiter Schüler Steiners gefunden werden können, der nebst dem Sinn für tiefste Esoterik auch ähnlich tiefen Sinn für den Vererbungs- und Verwandtschaftsstrom besaß wie er.

Ende November zieht sich Polzer einmal mehr nach Mariensee zurück. Es ist wie ein Atemholen vor dem gewaltigen Geschehen der zweiten Grundsteinlegung, das er ahnend schon vorausempfand.

Es lag schon Schnee in diesen «gastlichen Wintertagen». Polzer macht eine längere Eintragung ins Gästebuch, die folgendermaßen beginnt: «Alljährlich wird der Mensch durch den niederfallenden reinen Schnee an Tod und Geburt gemahnt.» Er besinnt sich auf das Verhältnis von Natur und Mensch und schreibt: «Den Wald und die ganze Natur gebraucht der Mensch; sie muß ihm, dem Geistbewußtsein Tragenden, dienen. Er wirkt hinein in Stoff und Geist; söhnt beide aus und muß das Leben der ganzen Natur durch das Sterben des Stoffes zur Geistgeburt führen. So rein macht er sie, wie Schnee, der ihn jährlich mahnt, in ihm das Licht des Geistes zu schauen.»

Polzers 'Geist-Besinnen' wird so innig-innerlich, daß der Schluß der Eintragung poetische Gestalt annimmt:

Leuchtender Schnee,
Dunkelnde Fichte,
Es lichtet die Buche
Ihr Kuppeldach;
Es mahnet die Helle
Strebende Menschen:
'Leuchtet ins Dunkle,
Erlöset Natur!'

In solcher Stimmung ruhigen, andachtsvollen und gedankengetragenen Geist-Besinnens lebt Ludwig Polzer nun der Weihnachtszeit entgegen.

Am 15. Dezember eröffnet er den Lesern seines *Boten*, daß das Erscheinen dieser Zeitschrift mangels wirtschaftlicher Mittel am Jahresende eingestellt werden müsse, jedoch in Form der *Österreichischen Blätter für Freies Geistesleben* durch Hans-Erhard Lauer eine Fortsetzung erfahren werde. So war auch diese wichtige Etappe in Polzers Wirken abgeschlossen. Um so unbelasteter konnte er nach Dornach fahren.

Steiner bereitete die Weihnachtstagung durch breit angelegte Darstellungen über das Mysterienwesen des Altertums sowie des Mittelalters vor. Polzer hat zumindest den letzten Teil dieser Ausführungen Rudolf Steiners miterlebt. Er dürfte um den 20. Dezember in Dornach eingetroffen sein.

30. DIE ZWEITE GRUNDSTEINLEGUNG

Mit drei Schlägen eines kleinen Zeremonienhammers eröffnete der Geistesforscher am 25. Dezember 1923 um 10 Uhr vormittags die feierliche Grundsteinlegung der Allgemeinen Anthroposophischen Gesellschaft. Die Schläge hatten den Rhythmus lang-kurz-lang und bildeten damit die Verschränkung eines Trochäus (– ˘) mit einem Jambus (˘ –), eines 'fallenden' mit einem 'steigenden' Versfuß.[215] Damit war die Tagung von Anfang an in das Zeichen der gesamten Menschheits-Evolution gestellt. Das fallende Versmaß, das auch dem Hexameter (– ˘ ˘) zugrunde liegt, versinnbildlicht das Heruntersteigen des Menschen aus Geisteshöhen in die Erdentiefen, wo er sich als selbstbewußtes Wesen finden sollte; das steigende Versmaß spricht vom Wiederaufstieg des selbstbewußt gewordenen, freien Menschen-Ichs zu jenen alten Geisteshöhen. *Von den drei Grundphasen der ganzen Menschheitsevolution kündeten somit die drei Hammerschläge.*

Dann sprach Rudolf Steiner den 'Grundstein-Spruch', ein dreiteiliges mantrisches Gebilde, das den Menschen auffordert, sich seiner dreifachen Verwobenheit mit der Welt – als leibliches, seelisches und geistiges Wesen – bewußt zu werden und ihm den Weg zum 'Geist-Erinnern', 'Geist-Besinnen' und 'Geist-Erschauen' weist.

So bestand der zweite Grundstein nicht in einem physischen Stein, sondern in einem Wort- und Gedankengefüge, welches *in die Herzen der aufbauwilligen Anwesenden versenkt* wurde. Und so war dieser Grundstein auch nicht in erster Linie für den geplanten zweiten Goetheanumbau gedacht; Steiner betonte sogar, «daß durch den geistigen Grundstein, den er legte, ein geistiges Goetheanum bestehe, ob nun der äußere Bau vollendet sei oder nicht»[216].

An eine Wiederaufrichtung des ersten Baues dachte er nicht einen Augenblick. Der zweite Bau trug daher von vornherein einen ganz anderen Charakter als der abgebrannte Holzbau; er sollte «der Welt die Schande vorhalten (...), welche sie auf sich lud durch die Vernichtung des ersten Goetheanums»[216], schreibt Ludwig Polzer. Eine äußerliche Grundsteinlegung nahm Steiner dieses Mal nicht vor.

Viele Anwesende erlebten etwas von der 'Welten-Zeiten-Wende', die das kultische Geschehen in Wirklichkeit bedeutete. Ja auch hinter den Kulissen, die die 'Tageszimmer' des physischen Geschehens zu begrenzen scheinen, wurde diese Tagung in gewissen meta-historischen 'Nebenräumen' miterlebt. Auf einen Zeugen dieser Art hat Rudolf Steiner in indirekter Art selbst hingewiesen. Wir meinen Helmuth von Moltke, den 1916 verstorbenen Generalstabschef des deutschen Heeres. In privaten Aufzeichnungen für die Witwe schrieb Steiner die Post-mortem-Äußerungen des Verstorbenen nieder. Am 13. Januar 1924 hielt er folgende Moltke-Worte fest: «Ja, würde das erlebt: 'Übe Geist-Erinnern', 'Übe Geist-Besinnen', 'Übe Geist-Erschauen'. Aber das wird von Menschen erst erhört werden, wenn es dem Michaelgeist gelingt, im Astrallichte die Spuren zu finden, die zu dem Geistaltar führen, auf dem die Astralflamme brennt, die Ahriman fürchtet. Wohl wird es damit noch bis zum Ende des Jahrhunderts gehen. Denn noch sind die Augen nicht da, die den im Ätherlichte wandelnden Christus schauen können. Augen, die von dem Trennenden in der Menschheit erfüllt sind, werden zu solchem Schauen nicht kommen können.»[217]

So wurde mit Jahrhundertperspektive aus einem 'Nebenraum' der Weltgeschichte von einer Steiners Geisteswissenschaft zutiefst verbundenen Seele über das Geschehen in der Schreinerei gesprochen. Es ist kaum anzunehmen, daß dies der einzige okkulte Kommentar zur Grundsteinlegung gewesen ist. Sollte Julius Polzer, der seinen Sohn am Tag von Steiners erstem Dornacher Besuch im Jahre 1912 zum künftigen Goetheanum-Bauplatz hingeleitet hatte und den Steiner Ludwig Polzer gegenüber stets von neuem in Erinnerung rief, zur Weihnachtszeit des Jahres 1923 geist-stumm geblieben sein? Nur okkultes Forschen könnte darauf Antwort geben. Doch wer die bisher dargestellten Lebenswege und Geistesziele von Julius und Ludwig Polzer aufmerksam verfolgt und zu verstehen sucht, der wird schon durch *die ganz gewöhnliche Vernunft* dazu geführt, eine solche *Frage* aufzuwerfen.

*

Am Tage vor der Grundsteinlegung hatte Steiner den Mitgliedern den von ihm selbst gebildeten Vorstand der Gesellschaft vorgestellt, das heißt den Anwesenden bekanntgegeben, mit welchen Menschen er innerhalb der Leitung der Gesellschaft kooperieren wollte. In der seit 1913 existierenden Gesellschaft hatte er, wie bereits erwähnt, nicht einmal eine Mitgliedskarte. Nun übernahm er in der von ihm gebildeten Allgemeinen Anthroposophischen Gesellschaft sogar selbst den Vorsitz. Durch diesen Akt vereinte er die anthroposophische Bewegung, das heißt die reale Geistesströmung, deren Repräsentant er war, mit einer irdischen Gesellschaft. Er ging damit ein spirituelles Risiko allerersten Ranges ein – wußte er doch nicht von vornherein, was sein Entschluß, Geistesforschung mit exoterischer Gesellschaftsführung zu verbinden, für die erstere zur Folge haben würde.

Mit Ludwig Polzer führte er noch während dieser Tagung ein Privatgespräch im Atelier, wie Steiners Arbeitsstätte damals hieß [heute 'Schreinerei']. Polzer schreibt: «Rudolf Steiner sagte mir, als er mich in seinem Atelier empfing: 'Ich hätte ebenso auch andere Persönlichkeiten berufen können, mußte aber solche wählen, die *hier* mit mir arbeiten können; die Vorstände der Landesgesellschaften werden aber immer von mir berücksichtigt werden. Es soll ein enger Kontakt eintreten zwischen Dornach und den Ländern.»[216] Was können wir aus dieser Mitteilung entnehmen? Daß es Steiner wichtig war, Polzer bei der ersten sich ihm bietenden Gelegenheit darauf aufmerksam zu machen, daß die konkrete Zusammensetzung des von ihm gebildeten Vorstandes nicht als etwas *Absolutes* aufzufassen sei, in dem Sinne etwa, daß die von ihm berufenen Persönlichkeiten – neben den bereits genannten Albert Steffen, Marie Steiner, Ita Wegman wurden Günther Wachsmuth sowie Elisabeth Vreede in den Vorstand berufen – unbedingt die damals fähigsten oder würdigsten Vertreter der anthroposophischen Sache wären. Zwischen den Zeilen dieser Feststellung teilt Steiner Polzer mit: «Wenn *Sie* nicht so fest an Österreich gebunden wären, hätte ich auch *Sie* berufen können.» Schon aus Rudolf Steiners Abendvorträgen wurde klar, daß er von nun an auf eine «ernste esoterische Karmabetrachtung das größte Gewicht legte»[216], wie Polzer schreibt. In weitausgreifender Art sprach Steiner während der gesamten Tagung über 'Weltgeschichte in anthroposophischer Beleuchtung'[218]. Im Hinblick auf das Freundespaar Aristoteles und Alexander machte er auf wichtigste historisch-karmische Zusammenhänge aufmerksam. *Mit den intensiven Karma-Ausführungen, die er dann bis zur Erkrankung im Herbst des Jahres 1924 fortsetzte und stetig steigerte, schuf Steiner nun den Hauptausgleich zum Verlust der 'Karma-Schauen erweckenden Formen' des ersten Goetheanums!*

Schon 1902 hatte er in größerem Umfang karmische Betrachtungen unternehmen wollen – mußte aber den Versuch angesichts der seelischen Widerstände innerhalb der theosophischen Hörerschaft schon nach der Ankündigung der entsprechenden Absicht fallen lassen. 1910 nahm er diesbezüglich einen neuen 'Anlauf' und hielt in Stuttgart einen Vortragszyklus über *Okkulte Geschichte*[219], in welchem unter anderem auch, wie in den Vorträgen von 1923/24, das Gestaltenpaar von Aristoteles und Alexander eine wesentliche Rolle spielte. Doch auch dieser Zyklus fand nicht die von ihm erhoffte adäquate Resonanz. Steiner kannte daher all die Schwierigkeiten, die mit der Veröffentlichung karmischer Erkenntnisse verbunden sind, aus eigener Erfahrung.

Doch nun, nach dem skrupellos erfolgten Unterfangen, den anthroposophischen Impuls durch die Vernichtung des Goetheanums zum mindesten zu lähmen, wenn nicht gänzlich auszuschalten, mußten jegliche Bedenken aufgegeben werden. Nun stand Gewichtigeres auf dem Spiel. Ludwig Polzer schreibt: «Sein Seherblick sah den Ernst der Zukunft in fürchterlichster Form kommen und mußte daher geistig die Möglichkeiten schaffen für das Durchschauen einer Geistgeschichte von seiten einiger Anthroposophen. Er mußte auch dafür sorgen, daß nicht so leicht eine andere Macht Unfug treiben konnte mit konkreten Fällen der wiederholten Erdenleben innerhalb einer Geschichtsbetrachtung.»[216] Und so sehen wir Steiner 1924 die «leuchtende feurige Wahrheit»[220] von Reinkarnation und Karma anhand von sehr zahlreichen historischen Beispielen verkünden; in Dornach, Stuttgart, London, Paris, Arnheim, Prag, Breslau usw. – kurz, wohin er kommt.

Die Geisteszunge war ihm durch das angedeutete 'Risiko' nicht etwa gebunden worden; im Gegenteil: in noch viel größerer Freiheit und auch Fülle als je zuvor konnte er die einzigartigen Forschungsresultate nun zur Sprache bringen. Er schreckte nicht davor zurück, auch einiges zum Karma der anthroposophischen Bewegung selber auszuführen, und skizzierte unter anderem die Möglichkeit, daß gerade Anthroposophenseelen bereits am Ende des Jahrhunderts – also heute – wiederum verkörpert würden, um zu verhindern, daß die gesamte moderne Zivilisation vollends in den Abgrund rolle, der ihr von allen Seiten droht. Polzer schreibt dazu: «So wurde durch ihn für solche, die guten Willens sind, auch das nachtodliche Leben besonders vorbereitet, damit sie bald wiederkommen können, falls das große Werk durch die Geister der Finsternis auf Erden zeitweise unterbrochen werden sollte.»[216] Wir werden später sehen, wie konkret solche Worte auch auf Ludwig Polzer selber angewendet werden müssen.

*

So brachte Rudolf Steiner mit der Weihnachtstagung gleichsam wie in einem Ruck einen intensiv gesteigerten esoterischen Zug in sein ganzes letztes Wirken innerhalb der von ihm begründeten Allgemeinen Anthroposophischen Gesellschaft.

Bereits im Februar richtete er auf Bitten Ita Wegmans, seiner ärztlichen Mitarbeiterin, die nun die medizinische Sektion zu leiten hatte, innerhalb der 'Hochschule' von drei geplanten 'Klassen' die erste 'Klasse' ein. Sie sollte die auch in der Öffentlichkeit tätig sein wollenden Mitglieder der Gesellschaft in besonderer Art erkenntnismäßig und moralisch schulen. Die Aufnahme in diese Schule – sie hieß auch 'Michaelschule' – geschah durch Rudolf Steiner selbst; während Ita Wegman von ihm als seine 'Mitleiterin' in dieser Schule bezeichnet wurde.

Neben dieser ungeheuren Ausweitung aller karmisch- esoterischen Perspektiven der Geisteswissenschaft gab Steiner nach der Weihnachtstagung auch auf vielen anderen Gebieten Impulse gründlicher Erneuerung. Es gab im Frühjahr Ärztekurse und pädagogische Vorträge; um Pfingsten einen 'Landwirtschaftlichen Kurs', einen Sommerkurs im englischen Torquay; im September schließlich einen 'Dramatischen Kurs' und einen 'Pastoral-medizinischen Kurs': all dies neben der insgesamt 82 Karmavorträge, zahllosen Einzelbesprechungen und einer unermüdlichen schriftstellerischen Arbeit.

30. DIE ZWEITE GRUNDSTEINLEGUNG

Man kann sich wohl den Wind, der seit der Weihnachtstagung durch die Seelen der allermeisten Schüler Steiners wehte, nicht frisch genug vorstellen. Ludwig Polzer jedenfalls war einmal mehr wie neu beseelt. Von den Veranstaltungen und Vortragskursen des neuen Jahres machte er so viel wie möglich mit. Ende März trifft er den Lehrer wiederum in Prag, wo die tschechische Landesgesellschaft begründet wird, während Steiner öffentliche Vorträge und solche für Mitglieder hält.

Etwas besorgt berichtet Steiner Polzer beim Prager Wiedersehen vom Gesundheitszustand des neugeborenen Enkels Christward, der am 3. März als erstes und einziges Kind von Josef und Ilona Polzer geboren worden war.

Wie stark zu diesem Zeitpunkt Steiners eigene Gesundheit angegriffen war, bezeugt ein Wort von Julie Klima: «Tiefernst, beinah traurig war seine ganze Haltung. Er war bereits schwer krank, und wir sahen es nicht, wollten es nicht sehen.»[221] Offenbar verlief die Rezeption der neuen spirituellen Impulse, die Steiner seit der Weihnachtstagung in die Gesellschaft trug, nicht allerorten so, wie es erforderlich gewesen wäre. Immerhin war von seiner Seite aus ganz bestimmten geistigen Mächten gegenüber ein 'Versprechen' abgegeben worden, das nach seinen eigenen Worten «in unverbrüchlicher Weise»[222] in Erfüllung gehen sollte.

Was seit der Weihnachtstagung auf dem Spiel stand, war, so will es scheinen, nichts Geringeres als dies: Entweder die Mitglieder der von ihm begründeten Gesellschaft werden die neuen Geist-Impulse mehr und mehr verstehen, vor allem die tiefgreifenden Karma-Offenbarungen mit dem nötigen Respekt und Seelenernst aufzunehmen suchen – oder er, Steiner, wird für das Wagnis der Verbindung seiner eigenen Person mit der Gesellschaft mit Gesundheitskräften, schlimmstenfalls gar mit dem Leben zu bezahlen haben ...

Zu Ita Wegman machte er kurze Zeit vor seinem Tode die Bemerkung, seine Krankheit sei 'peripherischer Natur'[223], das heißt: sie lag im seelisch-geistigen Verhalten der Mitglieder begründet, an die er sich durch die Gesellschaftsgründung so eng gebunden hatte wie nie zuvor. –

Im Anschluß an die Tagung machte Polzer auf dem Weg nach Tannbach einen Abstecher nach Horn. Hier besuchte er Rudolf Steiners Schwester Leopoldine, die ein Augenleiden hatte und die den seelenpflegebedürftigen Bruder Gustav in liebevoller Art betreute. Vermutlich brachte Polzer auch einen Geldbetrag von ihrem Bruder Rudolf mit. Schon am 9. April berichtet er an Steiner brieflich: «Das Auge Ihrer Schwester ist nicht schlechter geworden, und sie schreibt diesen Stillstand Ihrem Medikament zu (...) Mit Ihrem Bruder ist sie zufrieden, es geht ihm gesundheitlich gut, ist ruhig und leicht zu behandeln. Als ich ihr erzählte, daß Sie im *Goetheanum* Ihren Lebensgang schreiben, sprach sie den Wunsch aus, dieses zu erhalten; ich werde es ihr durch hier schicken lassen (...) Nachdem mir Ihre Schwester einen guten Café gab, fuhr ich am Nachmittag wieder nach Wien zurück.»

So nahm sich Polzer in menschlich schlichter, schöner Art der Geschwister Rudolf Steiners an.

Zur Taufe ihres Enkels reisten Ludwig und Berta Polzer im Mai nach Dornach. Rudolf Steiner nahm mit fast allen Vorstandsmitgliedern an dieser Feier teil. Albert Steffen und Helene Röchling fungierten als Taufzeugen. Friedrich Rittelmeyer, Priester der neu begründeten 'Christengemeinschaft', vollzog die Taufhandlung. «Während der Handlung ging ein Gewitter nieder», erfahren wir, «und als wir aus dem Hause traten, stand ein Regenbogen am Himmel.»[224] Steiner zeigte für den Knaben, für den er selbst den Namen Christward Johannes vorgeschlagen hatte, stets besonderes Interesse. Es freute ihn, zu hören, daß Christwards Taufzeug schon von dessen zweitem Urgroßvater, dem Grazer 'homme de lettres' Ludwig Ritter von Polzer, getragen worden war!

Mittags speisten die Großeltern aus Tannbach einmal mehr bei Steiner, «der in bester Stimmung war».[224]

*

Selbstverständlich reiste Ludwig Polzer zur landwirtschaftlichen Tagung, die um Pfingsten in Koberwitz bei Breslau stattfand. Den zahlreich erschienenen Landwirten enthüllte Steiner «wertvollste und nützlichste Geheimnisse der Natur»[225]. Auch gab er Anweisungen, wie Kunstdünger zu vermeiden und wie die durch ihn entstandenen Schäden wieder zu beheben seien. Während der Mittagstafel wurden auch die Zeitereignisse besprochen. Polzer erinnert sich an folgende bemerkenswerte Äußerung von Steiner: «Mit furchtbarem Ernste sprach Rudolf Steiner von der großen Katastrophe, der die Menschheit entgegen geht und daß in Mitteleuropa die Schornsteine fallen werden und nur eine primitive Landwirtschaft übrig bleiben wird.»[225] Und Polzer wie auch andere Freunde stellten fest, daß Steiner von dieser Zeit an «körperlich und seelisch ungeheuer litt, und wie ihn aber doch das Leiden der Menschheit zu unermüdlicher Tätigkeit trieb»[225]. Besondere Hoffnung setzte er damals in die Arbeit in England, die dort vom Industriellen, Weltmann und Menschenfreund D. N. Dunlop so energisch und erfolgreich unternommen und gefördert wurde.

Nach der Rückkehr aus Koberwitz sah Polzer sein Gut in Tannbach und dessen Bewirtschaftung in völlig neuem Lichte. Zwar schwelten hier schon lange manche Schwierigkeiten; doch nun wurden sie akut. Schon 1919 hatte er versucht, das Gut gemäß der Idee der Dreigliederung bewirtschaften zu lassen, vor allen Dingen, was die wirtschaftliche Seite im engeren Sinne anbetrifft. Der damals eingestellte Hugo Flatz hätte hier ordnend und erneuernd wirken sollen. Doch zeigte sich an Ort und Stelle ein immer größer werdendes Hindernis zu solchem Wirken: *Bertas* Auffassung von sachgemäßer Arbeit auf dem Landgut. Da Ludwig Polzer wiederholt und oft für längere Zeit auf Reisen war, ging die praktische Wirtschaftsführung naturgemäß mehr und mehr in Bertas Hände über.

Aus Koberwitz zurückgekehrt erschien der Widerspruch zwischen den landwirtschaftlichen Zielen und der Tannbacher Realität für Polzer derart eklatant geworden, daß er sich entschloß, seine Sorge Rudolf Steiner mitzuteilen. Am 25. August 1924 wandte er sich mit folgende Worten an den Lehrer: «In einer schweren Lebenskrise, der ich mich oft nicht mehr gewachsen fühle und welche mich so sehr lähmt, daß ich immer weniger fähig bin, klaren Kopf zu bewahren, wende ich mich an Sie.» Und dann schildert er, wie zur «Wirtschaftskrisis» Tannbachs noch «hinzukommt, daß ich wachsende Sorge habe um meine Frau und Herrn Flatz (...) Meine Frau will alles selbst u. allein machen, isoliert sich dadurch immer mehr, so daß mir auch manches Mal ganz bange wird, es könnte, wenn die Wirtschaft zusammenbricht, zu einer Seelenkatastrophe kommen. Viele ihrer Anordnungen und ihre Menschenbehandlung sind, leider muß ich es sagen, doch oft vom wirtschaftlichen Standpunkt nicht einwandfrei und müssen das wirtschaftliche Ende beschleunigen (...) Herr Flatz findet nun keine Möglichkeit mehr, gehört zu werden. Ich weiß, wie oft mir das selbst schwer war, ich ging darüber hinweg, weil früher manches Wirtschaftliche geringfügig war, was heute lebensnotwendig ist. – Es scheint also schweres Karma vorzuliegen, und nur Sie können helfen, nur auf Sie würde meine Frau hören.» Polzer teilt Steiner dann die Überlegung mit, Berta öfter als bisher auf Reisen mitzunehmen – was nicht ohne finanzielle Unterstützung von Freunden ginge – und Hugo Flatz in Tannbach mehr Kompetenzen einzuräumen. «Oft sehe ich die Zukunft so schwarz», schreibt er weiter, «es zeigt sich mir dann kein Ausweg, dann denke ich an Sie.» Polzer teilt dem Lehrer schließlich mit, daß er im September nach Dornach kommen wolle, «um Sie in meiner Seelennot um Rat und Hilfe in dieser Lage zu fragen».

Am 12. September traf er in Dornach ein. Steiner hielt zu dieser Zeit einen pastoral-medizinischen Kurs, einen solchen für Sprachgestaltung und dramatische Kunst und sprach in Abendvorträgen vor den Mitgliedern über das Schicksal der anthroposophischen Bewegung sowie einzelner historischer Persönlichkeiten. Auch mehrere 'Wiederholungsstunden' für Mitglieder der 'ersten Klasse' wurden abgehalten, und es ist kaum anzunehmen, daß Polzer diese Stunden nicht mitmachte.

Wann die von Polzer erbetene persönliche Unterredung mit Steiner stattfand, ist nicht bekannt. Er schrieb in seinen Prager Aufzeichnungen darüber selbstverständlich nichts.

Am 17. September wurde eine Aufführung der Goetheschen *Iphigenie* gegeben, welche Polzer an jene andere Aufführung erinnerte, die er am Ende der achziger Jahre im Wiener Hofburgtheater – kurz vor dessen Abbruch – gesehen hatte. Der Dornacher Schauspielabend weckte in ihm das Bedürfnis, mit den 'Concepten' [226] «für später zu schreibende Erinnerungen» fortzufahren. Schon am Tage nach der Aufführung machte er sich an die Niederschrift. Und im Verlauf der folgenden zwei Monate füllte er ein ganzes Heft mit Erinnerungsskizzen, die von jener Wiener Zeit bis 1924 reichen.

Da traf am 24. September ein Telegramm aus Baden ein. Arthur teilte mit, daß die kranke Mutter im Sterben liege. Ludwig Polzer entschloß sich, am anderen Tag nach Wien zu fahren. Vor der Abfahrt empfing ihn Rudolf Steiner einmal mehr im Atelier. Vielleicht kam es erst jetzt zu der gewünschten Aussprache über die Tannbacher Verhältnisse. Wie auch immer: Es sollte um viel Wichtigeres gehen. Polzer schreibt: «Niemals hat mir Rudolf Steiner eine so bedeutsame Mitteilung gemacht wie damals bei dieser Unterredung.»[227] Eine bemerkenswerte Feststellung, angesichts der vielen hochbedeutsamen Mitteilungen, die im Lauf der vielen Jahre schon geäußert worden waren, wie auch angesichts der Tatsache, daß sich diese Mitteilung auf Polzers Tannbach-Sorgen *nicht* bezog. Was betraf sie also?

Es handelte sich, wie schon so oft, um Polzers Vater. Steiner eröffnete dem Schüler: «Ich konnte im geistigen Schauen vor mir eine große Tafel sehen, auf welche Ihr Vater in klarster Weise eine Art von kosmischer Geometrie gezeichnet hatte. Dann aber löschte er das Gezeichnete wie mit einem großen Schwamm aus und schrieb über die Tafel uns einen kurzen Satz, der wie eine Mahnung war.»

«Uns» könnte sich auf die anthroposophische Bewegung respektive Gesellschaft beziehen. Doch könnte dieser Satz auch nur an Steiner und den Sohn gerichtet worden sein. Polzer schreibt dazu: «Ich kann diesen Satz einigen Freunden nur mündlich mitteilen, weil er leicht, in die Öffentlichkeit getragen, mißdeutet werden könnte.»[227] Leider ist der Inhalt dieses zweifellos sehr wichtigen Satzes von keinem dieser Freunde überliefert worden.

Durch die miterlebten Klassenstunden trotz persönlicher Belastungen in seinem spirituellen Streben neu bestärkt, bat Polzer Steiner im Verlauf der Unterredung auch darum, in Wien die Klassenstunde halten zu dürfen, was ihm Steiner ohne weiteres gewährte.

Trotz der für Polzer höchst bedeutsamen Mitteilung Rudolf Steiners über seinen Vater Julius machte ihm der Freund und Lehrer einen «müden» und «enttäuschten» Eindruck. Vielleicht um Steiner seine Dankbarkeit zu zeigen, machte er die Bemerkung, «daß nun durch den von ihm eingesetzten Vorstand der Bestand der Gesellschaft gesichert sei». Doch da machte Steiner «eine Handbewegung, die mir seine Unzufriedenheit verriet, als wenn er anderes erwartet hätte und er mit verschiedenen Widerständen zu rechnen hätte.»[227] Das waren trübe Aussichten für die «unverbrüchliche Erfüllung» des erwähnten abgegebenen Versprechens ...

Auch die Weltverhältnisse wurden noch berührt, wobei sich Steiner «für die im Gange befindliche waffenmäßige Bekämpfung des Bolschewismus» durch die Polen und die Weiße Armee aussprach, allerdings die Befürchtung äußerte, es könnte ihnen in den Rücken gefallen werden.

Kaum war Polzer am Krankenlager seiner Mutter angelangt, als aus Dornach ein Brief von Josef eintraf, der die Erkrankung Rudolf Steiners mitteilte. Da Rudolf Steiner erstmals Vorträge absagte, mußte es sich gewiß um etwas Ernstes handeln! Für Polzer war es eine merkwürdige, ihn sehr beklemmende Lage, zwei ihm – wenn auch auf ganz verschiedene Weise – so nahestehende Persönlichkeiten zur gleichen Zeit in schwerer Krankheit zu erleben.

Doch er läßt in Wien auch die anthroposophischen Bestrebungen nicht ruhen. Am 29. September, dem Michaelstage, hält er seine erste Klassenstunde. In einem Brief an Albert Steffen, den Taufzeugen des Enkels Christward, berichtet er: «Wir waren einundzwanzig; es herrschte eine sehr gute Michaelstimmung.» Und aus einem weiteren Brief an Steffen erfahren wir nur zwei Tage später, daß er sich in diesen Tagen viel mit Julian Apostata beschäftigte, besonders im Hinblick darauf, wo er «in die böhmischen Verhältnisse hereinspielt».

Christine Polzer erlag am 11. Oktober in Baden bei Wien einem Darmkrebsleiden. Sie war nach dem Tode ihres Mannes Julius, nicht zuletzt aus Pietät zu ihm, selbst Mitglied der Anthroposophischen Gesellschaft geworden und hatte sich in den folgenden Jahren auch mit der Mutter von Walter Johannes Stein befreundet, mit der sie gelegentlich anthroposophische Fragen besprach.

Der Tod der Mutter bot Ludwig Polzer erneuten Anlaß zu weitausgreifender Lebensrückschau. In solcher ernster Rückschaustimmung fuhr er im November in die Schweiz, um nun auch Rudolf Steiner, den andern ihm so nahestehenden Kranken, zu besuchen. Dieser ließ ihn am 11. sogleich rufen, als er erfuhr, daß Polzer angekommen sei. Das Atelier war nun zum Krankenzimmer umgestaltet. Steiner empfing den Freund im Lehnstuhl sitzend. Wiederum kam es zu einer langen wichtigen Unterredung. Und wiederum stand der metahistorisch lebende Vater Julius am Ausgang des Gespräches. Doch dieses Mal lag es an Ludwig Polzer selbst: Polzer richtete, was er nach eigener späterer Auffassung viel zu selten unternommen hatte, an Rudolf

Steiner «ganz schüchtern» eine ganz bestimmte Frage über den geschichtlich-spirituellen Hintergrund von Julius Polzer. Steiner hatte 1924 über den mittelalterlichen Platonismus vorgetragen, zuletzt noch im September, insbesondere über die grandiose, weitausstrahlende 'Schule von Chartres'. Diese Ausführungen regten Polzer nun zur Frage an, ob zwischen dieser Schule und seinem Vater ein Zusammenhang bestünde, und Rudolf Steiner gab zur Antwort: «Ihr Vater hat wohl auch Impulse aus Chartres empfangen.»[228]

Über den weiteren Fortgang des Gespräches notierte Ludwig Polzer: «Wir sprachen (...) dann über die Angelegenheit der Michael-Schule und des esoterischen Kreises. Auf meine Frage, wie ich in Wien und Prag die Klasse halten sollte, antwortete er liebevoll: 'Machen Sie es, wie Sie wollen'.»[229] Und Polzer kommentiert[230]: «Damit übernehme ich eine sehr verantwortungsvolle Aufgabe. Die Kontinuität der M[ystica] E[terna] ist gewahrt und der Zeit entsprechend umgewandelt. Nach längerem Schweigen fragte ich R. Steiner, ob er im Sinne der alten Esoterik auch eine Meisterklasse einzurichten gedenke.» Polzer hatte bei der Frage die drei Hauptgrade der Freimaurerei im Auge – den Lehrlings-, den Gesellen- und den Meistergrad. «Er gab mir ungefähr folgende Antwort: 'Die Klasse für die Mitglieder der Allgemeinen Anthroposophischen Gesellschaft soll nach der Einrichtung [der Meisterklasse] in die Hand der Frau Ita Wegman gegeben werden. Eine Klasse II für Sektionsleiter und Sektionsmitglieder sowie für Vortragende, Landesleiter, initiativ tätige Mitglieder, welche also noch einzurichten sein wird, werde ich durch Frau Doktor [Steiner] leiten lassen. Dann endlich als Abschlußklasse eine Klasse III, die ich persönlich als eine Art Meisterklasse einrichten und leiten werde.» Steiner sprach dann über Einzelheiten dieser Einrichtungen. «Dann schwieg er wieder längere Zeit in tiefem Sinnen. Dann wurde plötzlich sein Antlitz von tiefer Sorge überschattet, und Rudolf Steiner seufzte schwer atmend. Wir sprachen über die Weihnachtstagung und die Konstitution der Hochschule. Ferner sprach er über die Aufgabe von Albert Steffen, Frl. Dr. Vreede und Dr. Wachsmuth, deren Aufgaben im rein Verwaltungsmäßigen liegen: 'Sie haben innerhalb der Sektionen den ihrem Schicksal gemäßen Platz.' Dann sprachen wir über seine Geschwister. Zum Abschied küßte er mir wieder die Stirn.»

Aus dem ganzen Gang und Duktus dieser Unterredung wird offenbar: das künftige Schicksal der von ihm begründeten Gesellschaft bereitete dem kranken Steiner schwere Sorge!

Einen zweiten und letzten Besuch an Steiners Krankenlager machte Polzer am 3. März des Jahres 1925, dem Geburtstag seines Enkels Christward. Auch diesmal hatte Steiner Polzer rufen lassen. Nun empfing er ihn

«schon im Bette und sprach etwas schwer»[231]. Polzers Tagebucheintragung von dieser letzten Unterredung mit dem Freund und Meister beginnt wie folgt:
«Nachdem über bestimmte Schwierigkeiten innerhalb der Gesellschaft gesprochen worden war – so u.a. über den frühen Tod von Sophie Stinde, deren frei gewordene Stelle im Johannes-Bauverein ich hätte übernehmen sollen, damit eine gewisse Kontinuität hätte gewahrt werden können den Randslawen gegenüber, im Zusammenhang der Wirksamkeit Joh.[ann] Sobieskis – kam das Gespräch über Nero-Kronprinz Rudolf, Agrippina und Seneca auf den Kronprinzen Rudolf und die Kaiserin Elisabeth. Auch über Hadrian und seine Mittlerrolle zwischen den Wahnsinn-Cäsaren wurde wieder gesprochen. Als ich Herrn Doktor fragte, warum er immer wieder auf diese Zusammenhänge mich verweise, antwortete er: *'Weil es Sie so unmittelbar angeht. Aber Sie haben ja nichts wissen wollen.'*»[230]

Es wäre sicherlich verfehlt, sich diese Worte Steiners im Tone eines Vorwurfs vorzustellen; sie dürften vielmehr den Charakter eines freundlich ausgesprochenen Hinweises auf einen, in den Augen seines Lehrers noch bestehenden Wachheitsmangel Polzers getragen haben. Gerade diese Worte Steiners bewirkten jedoch durch den Inhalt wie durch ihre Form, daß Polzer die in ihnen angesprochenen Fragen und Persönlichkeiten von diesem Zeitpunkt an sehr ernst nahm. Das wird sich in bezug auf seine ganz bewußte Auseinandersetzung mit der römischen Cäsarenzeit, mit Kronprinz Rudolf und insbesondere mit Kaiser Hadrian noch sehr deutlich offenbaren. So trägt die letzte Unterredung Steiners mit diesem seinem Schüler von allem Anfang an den ganz besonderen Stempel eines Weckgespräches. Auch die folgenden Worte Rudolf Steiners – sie schließen unmittelbar an die zuletzt zitierten an – zeigen dies: «Tragen Sie es aber stets im Bewußtsein: Die Jesuiten haben die Religiosität, die Frömmigkeit den Menschen genommen, sind ganz identisch mit der römischen Staatsgewalt. Der Kampf, d.h. die Sünde gegen den Geist ist ihr Herrschafts-Gewaltmittel – die einzige Sünde, von der die Schrift sagt, daß sie nicht vergeben wird. Und doch kann der Geist nicht ganz ausgerottet werden. Aber nur wenige werden ihn hinübertragen in die Zukunft.» Aus diesen Worten Steiners wird Polzer einen großen Hauptgesichtspunkt zur Betrachtung der historischen wie der zeitgeschichtlichen Ereignisse aufbauen. Und wenn ihm diese Kennzeichnung des geistverneinenden Jesuitismus nicht völlig neu gewesen ist, so dürfte es ihn doch etwas überrascht haben, als Steiner fortfuhr: «Diese [jesuitische] Strömung sei auch innerhalb der Gesellschaft zu verspüren, und er hoffe, durch die Weihnachtstagung sie paralysiert zu haben, denn ohne Grund habe er nicht eine gewisse Parität, den weiblichen und männlichen Geist innerhalb des Vorstandes zu wahren gesucht, da die Tendenzen doch wahrnehmbar seien, wie aus alten Zusammenhängen heraus der weibliche Geist ausgeschaltet werden soll. 'Das habe ich schon in den Anfängen betont, als ich über die Tempellegende gesprochen habe. Aber es wurde wohl nicht verstanden, und dennoch ist es ein bedeutsamer Unterstrom in der Gesellschaft. Der Kampf gegen den Geist lag immer und liegt weiter im Hintergrund allen äußeren Geschehens.'»

Rudolf Steiner machte dann gewisse schwer zu deutende Bemerkungen über die Individualitäten der Maler Fra Bartolomeo und Giotto. Im Zusammenhang mit den «Bestrebungen römischer und westlicher Logen» betonte Steiner ferner «mit großem Ernst», daß drei Aufgaben von ganz besonderer Bedeutung zu lösen seien:

«1. die Frage nach den beiden Johannessen (Johannes der Täufer und Johannes der Evangelist). 2. Wer war Demetrius? 3. Woher kam Caspar Hauser?» Und er präzisierte: «Nicht wer Demetrius war, wer Caspar Hauser war, ist wichtig, sondern: Was wurde durch sie gewollt?»

Der Schluß des denkwürdigen Gesprächs führt aus solchen geistesgeschichtlichen Weiten über einen Hinweis zur Bedeutung einer *Fragestellung* wiederum in den unmittelbaren Horizont von Ludwig Polzers Gegenwartsaufgaben zurück: «Achten Sie auf das, was als Frage an Sie herankommt und wie eine Frage formuliert wird, darin offenbart sich mehr vom Wesen einer Persönlichkeit als in allen anderen äußeren Gesten und Taten und Worten. Auf die Fragestellung kommt es an. Das ist ein altes Mysterium. Darin liegt auch die so entscheidende Bedeutung der Frage von Frau Dr. Wegman, als sie mich nach der neuen Esoterik fragte. Sie wollte nicht nur anknüpfen an das Alte, sondern sie stellte an mich die entscheidende Parzivalfrage nach der neuen Esoterik. Allein durch diese so gestellte Frage wurde es ermöglicht, die Michaelschule auf Erden einzurichten. In dieser Schule liegt der Kern des Zukünftigen als Möglichkeit.» Und beim folgenden Satze kann man Steiner noch heute gleichsam leise flehen hören: «Wenn dieses doch nur von den Mitgliedern verstanden werde würde: als Möglichkeit.» Das heißt: nicht als etwas von Steiner schon für sie Verwirklichtes! Polzers Aufzeichnung der ausgedehnten Unterredung schließt mit dem Ratschlag Steiners für seine Arbeit mit den Klassentexten: «Wenn Sie die Klassenstunden und wo immer auch halten werden, bedenken Sie jederzeit, daß Sie während der Klassenstunde ja keinen lehrhaften Vortrag zur Verlesung zu bringen haben, sondern in einer Handlung stehen, eine Handlung zu vollziehen haben, die uns in Verbindung setzen kann mit dem Mysterienstrom aller Zeiten.»

Am 21. März schreibt Polzer aus Wien, österreichische Freunde hätten sich – angesichts der eingetretenen Verschlimmerung von Leopoldines Augenleiden – dazu entschlossen, «abwechselnd jede Woche einmal in Horn nachzusehen, damit immer gleich aus dem Augenschein das Notwendige veranlaßt werden kann». Und er betont: «Es soll aber auch einheitlich geschehen und gemeinsam besprochen werden. Wir erwarten auch Ihre besonderen Anweisungen.»

Rudolf Steiners prompte Antwort vom 25. März lautet wie folgt:

«Mein lieber Freund Graf Polzer,

es tut mir leid, daß ich nicht, als Sie das letzte Mal bei mir waren, von dem Zustand meiner Schwester zu Ihnen sprach. Ich war ja immer in Gedanken, daß jetzt die Zeit ist, in der so etwas, wie gekommen ist, bei meiner Schwester eintreten muß. Die Sache ist bei ihr besonders hartnäckig, und war daher, was bei minderer Hartnäckigkeit geht, nicht zu bekämpfen.

Ich danke Ihnen ganz herzlich für die liebevolle und energische Art, in der Sie die Sache, in der Eile nötig war, in die Hand genommen haben. Mit der Wahl der Frau Barth, die ich gut kenne, bin ich einverstanden. Für alles, was Sie, mein Lieber, in der Sache noch tun werden, werde ich Ihnen von tiefstem Herzen dankbar sein. Ich bitte Sie darum, zu tun, was Sie für notwendig halten.

Die Honorierung für Frau Barth ordnen Sie ja wohl; ich bitte, mir zu sagen, wann weitere Geldmittel nötig sind.

Herzlichsten Dank für alles
ganz Ihr
Rudolf Steiner.»

Der Brief von Steiner wurde nach Prag gesandt, wo Polzer Ende März Vorträge hielt. Am 30. März, um 10 Uhr vormittags, gelangte das Schreiben in seine Hand. «Ich freute mich über die Art, wie der Brief geschrieben war», sagt er in den Prager Aufzeichnungen. «Er war vom 25. datiert und mit sicherer Hand geschrieben.» Sophie Lerchenfeld, die ebenfalls in Prag war, suchte nachmittags den Freund auf und teilte ihm in Tränen mit, was sie soeben von Dr. Eiselt am Telefon erfahren habe: «Rudolf Steiner *ist um 10 Uhr vormittags in seinem Atelier gestorben.*»[232]

Zur selben Stunde, als sich Polzer über jene letzten Zeilen seines Freundes freute, schritt dieser selbst, von vielen wurde es befürchtet und doch von niemandem erwartet, still und plötzlich durch die Todespforte – um in der metahistorischen Sphäre ein nun völlig unbehindert Gegenwärtiger zu werden ...

Der 30. fiel auf einen Mittwoch; Tag des Merkur, dessen Name auch mit der zweiten Erdentwicklungsphase eng zusammenhängt. Und diese zweite Phase unserer Erdentwicklung entspricht zugleich der dritten Phase der gesamten Weltentwicklung – der Aufstiegsphase zum Geistursprung von allem, was geworden ist.

Mit drei Hammerschlägen, die nie verklingen können, weil sie ewig tönen, hatte Rudolf Steiner einst die 'Grundsteinlegung' feierlich eröffnet. Beim dritten Schlage mit dem jambischen Charakter beschloß er nun sein Erdenwirken. Er hatte keinen Nachfolger ernannt, keine Anweisungen hinterlassen, welche Konsequenzen seine Schüler aus dem Weggang ihres Lehrers ziehen sollten. Nach der temporären Bindung an die von ihm begründete Gesellschaft überließ er sie den Intentionen dieser Schüler. Zu viele hatten sich an ihren Lehrer angelehnt. Nun mußte es sich zeigen, wie weit sie selber stehen konnten. Das einzige Vermächtnis Rudolf Steiners war der 'Grundstein'. Den Herzen hatte er ihn anvertrauen wollen. Würden ihn die Herzen hegen?

*

Ludwig Polzer war es sofort klar, daß Steiners Tod für die von ihm begründete Gesellschaft eine mächtige Zäsur bedeutete. «Der Universalimpuls, der von ihm ausging, kann von keinem jetzt lebenden Menschen fortgesetzt werden», schreibt er in den Erinnerungen.[232] Und im Rückblick auf das letzte Erdenwirken Steiners sagt er: «Als Rudolf Steiner sah, daß die Gesellschaft nur weiterbestehen könne, wenn er das Opfer bringt, selbst ihre Führung zu übernehmen, was er bei der Tagung zu Weihnachten 1923/24 tat, verband er sein Erdenschicksal mit dem Schicksal einer *Erden*gesellschaft. Als ihm das Weiterwirken auf der Erde dann kurz darauf unmöglich gemacht wurde, starb er. *Mit einer Erdenorganisation kann er in der geistigen Welt nicht verbunden bleiben.* Die (...) einzelnen Menschenseelen kann er erreichen (...) wenn sie guten Willens sind in seinem Sinne (...) Eine unmittelbare Fortführung dessen, was nur er vereint halten konnte, muß schon sinngemäß als unmöglich erkannt werden.»[233]

So vernünftig und im Grunde selbstverständlich diese Auffassung dem historischen Blick erscheinen muß, so wenig wurde sie von 1925 bis heute für die Arbeit innerhalb der Schülerschaft von Steiner zur allgemeinen Richtschnur. Davon wird noch die Rede sein.

IV. WANDERJAHRE

Seit dem Tode Rudolf Steiners war mein größtes anthroposophisches Interesse Menschen und ihren Schicksalen zugewandt. Die Erde ist eben der Schauplatz, auf dem sich Menschenseelen entwicklen, um sich reif zu machen, einmal in anderen planetarischen Zuständen leben zu können.

Ludwig Polzer-Hoditz, 1939

1. BRÜCKENSCHLÄGE

Ludwig Polzer kam am Morgen des 1. April des Jahres 1925 in Dornach an. Berta war bereits vor ihm hingefahren. Auf die Bitte seiner Frau begab sich Polzer unverzüglich zu Albert Steffen. Steiner hatte Polzer gegenüber einmal ausgesprochen, er wolle nicht kremiert, sondern begraben werden, und zwar auf dem Gelände des Goetheanumbaues. Doch man hatte schon in anderer Richtung disponiert. Es war, wie wenn dadurch die Loslösung von Steiner von der durch ihn begründeten Gesellschaft – nicht *vom einzelnen*, der in seinem Sinne weiter strebte – noch beschleunigt werden sollte.

Über zweitausend Menschen kamen zu der Trauerfeier. Nicht alle Anwesenden waren schon bereit, sich mit der Todestatsache des großen Lehrers abzufinden und die Konsequenzen für die künftige Gestaltung der hinterlassenen Gesellschaft zu erwägen.

Schon auf der Rückfahrt vom Krematorium nach Dornach kam es im Vorstandsauto zwischen Marie Steiner und Ita Wegman zum sogenannten Urnenstreit: darüber, ob die Urne Rudolf Steiners im Atelier oder in der Villa Hansi zu plazieren sei. Gewisse Divergenzen zwischen diesen beiden Frauen lagen schon seit der Weihnachtstagung in der Luft, was «Rudolf Steiner schwere Sorgen machte»[228]; nun kamen sie zum Ausbruch. Marie Steiner schrieb bereits am Tag darauf in einem Brief an den Wiener Arzt und Chemiker Kolisko, «daß unser Vorstand (...) ein Nichts ist»[234]; sie wollte ihre Vorstandstätigkeit aufgeben und bat Kolisko, die Stelle des ersten Vorsitzenden einzunehmen. Wie Polzer war auch sie bereit, aus dem Tode Rudolf Steiners die Konsequenz zu ziehen. Konnte nun in Vorstand und Gesellschaft irgend etwas bleiben, wie es bisher gewesen war? Konnte ein von Steiner eingesetzter Vorstand, in welchem es bereits am Tag der Kremation zu einem Eklat kam, noch einen weiteren Augenblick als 'esoterisch' gelten wollen? Ihr Brief allein war ein klares Nein auf diese Frage. Um Zerfall und Spaltung der Gesellschaft zu verhindern, baten die Kollegen Marie Steiners im Gesellschaftsvorstand diese, von ihrem Schritte abzusehen, was sie auch tat.

Ita Wegman andererseits begann bald nach Steiners Tod mit der Veröffentlichung von 'Leitsätzen' für die Mitglieder und schien damit die schon von Rudolf Steiner so genannten und von ihm im *Goetheanum*, der 1921 begründeten 'Wochenschrift für Anthroposophie', erschienenen Aufsätze fortzusetzen. Sie wirkte dadurch als die Wegbereiterin für eine andere Auffassung über das Verhältnis Rudolf Steiners zu der von ihm verlassenen Gesellschaft: die Auffassung, der Eingeweihte könnte sich post mortem nicht allein dem individuellen Streben einzelner einverleiben oder besser einvergeisten, sondern nach wie vor dem ganzen Vorstand und mittelbar dem gesamten 'Körper' der Gesellschaft.

Schon in diesem Frühstadium der Schwierigkeiten innerhalb des Vorstands suchte Polzer durch Gespräche mit den verschiedenen Vorstandsmitgliedern zu vermitteln. Er fühlte sich dazu recht eigentlich verpflichtet, durch den Umstand, daß er «von Rudolf Steiner immer alle Vollmachten erhalten» hatte, um die er ihn im Laufe seiner Arbeit bat, insbesondere «die Erlaubnis, innerhalb der Michaelschule in Österreich und Böhmen Classenstunden zu halten, wie ich es für notwendig hielt und wie ich wollte. Diese Erlaubnis legte mir die Verantwortung auf, auch etwas zu tun, damit der Vorstand in Dornach sich nicht spalte.»[228]

Die psychologischen Voraussetzungen dazu waren in gewisser Hinsicht nicht die günstigsten, wie Polzer in seinen letzten, unveröffentlichten autobiographischen Aufzeichnungen schreibt: «Der Freundschaft, welche zwischen uns und Rudolf Steiner herrschte, stand Frau Marie Steiner immer kühl gegenüber. Wie sie mir später einmal sagte, konnte sie zu Berta keine Beziehung finden.» Dies war für einen Geistesschüler wie Polzer höchstens Grund, die Bemühung um Vermittlung von allen Sympathien und Antipathien völlig zu befreien: «Ich wollte sachlich bleiben und versuchte zunächst, Frau Marie Steiner zu unterstützen, da sie ja durch so lange Zeit helfend und mitarbeitend bei Rudolf Steiner stand, sie als Künstlerin so Bedeutendes für die Eurythmie, für die dramatische Kunst und die Sprachgestaltung leistete.» Doch auch von einer hemmenden, charakterlichen Eigenart dieser zweifellos bedeutenden Persönlichkeit weiß Polzer zu berichten: «Ihr herrisches aristokratisches Temperament brach immer wieder durch und verursachte R. Steiner besonders in der letzten Zeit oft Schwierigkeiten.»[228]

So fuhr Ludwig Polzer nach Steiners Tod wiederholt nach Dornach, wo er sich mit Marie Steiner auch bezüglich der anstehenden Verlassenschaftshandlung besprach. Während dieser Aufenthalte führte er auch mit einzelnen anderen Vorstandsmitgliedern verschiedene Gespräche, hoffte allerdings vergeblich, daß es auch einmal zu einer Unterredung mit dem ganzen Vorstand kommen würde. «Der Vorstand als ganzer ignorierte mich», stellt er fest. «Ich hoffte, er würde mich einmal rufen lassen, um zu hören, was Rudolf Steiner in der letzten Zeit mit mir sprach und welche Befugnisse er mir gab. Es zeigte sich später deutlich, daß alle Vorstandsmitglieder darüber ganz uninformiert waren. Man hatte eine Art von Scheu vor mir, weil man ahnte, daß Rudolf Steiner mit mir viel besprach, auch über einzelne Vorstandsmitglieder gesprochen hatte.»[235]

Sosehr der ganze Vorstand ihm mißtraute, so sehr genoß Graf Polzer damals das Vertrauen einzelner Mitglieder desselben.

31. BRÜCKENSCHLÄGE

Von Albert Steffen erfuhr er noch im Jahr von Steiners Tod, daß er «nur mit Marie Steiner und nicht mit Frau Dr. Wegman arbeiten könne». Doch auch Marie Steiner sowie Ita Wegman machten ihm sehr vertrauliche Eröffnungen. Polzer schreibt[235]: «Beide Frauen wollten sich (...) einzeln mit mir aussprechen, um mir ihre Berechtigung zu beweisen, mit der sie sich des Vertrauens Rudolf Steiners für die Fortsetzung seiner Arbeit bewußt waren. Ich bezweifelte diese Berechtigung auf ihrem Sektionsgebiete keineswegs. Frau Marie Steiner zeigte mir eines Tages den letzten Brief, den ihr Rudolf Steiner schrieb. Ich las ihn vor ihr ganz durch. Dann rief mich Frau Dr. Wegman. Sie hatte eine ganze Anzahl von Schriftstücken vor sich, vielleicht waren auch alte Dokumente dabei. Ich war etwas befangen. Sie nahm zwei Blätter heraus und gab sie mir. Ich las – es war die Schrift Rudolf Steiners. Der Inhalt war großartig, etwas schwer, um schnell verstanden zu werden, ich könnte ihn nicht wiedergeben. Eine schöne, vielfach verschlungene Zeichnung als Kopf über den geschriebenen Zeilen. Ich war in einer Art erschüttert, es blieb mir ein großer Eindruck zurück. Der Brief, den mir Frau Marie Steiner vorlas, war sehr lieb verfaßt, enthielt aber keinerlei esoterische Wendungen. Es kam in ihm zum Ausdruck, wie Rudolf Steiner liebevoll gerungen hat, ihr etwas zu sagen, von dem er doch wußte, daß sie es nicht verstehen könne: 'Du hast mich immer verstanden.' Er bat gleichsam zwischen den Zeilen, auch das zu verstehen, daß seine Aufgabe auf Erden zu vielseitig sei, um sich esoterisch nur mit ihr zu verbinden. Eine solche Exklusivität war für ihn nicht möglich. Er konnte sich in seiner Erdenmission nicht 'bürgerlich' binden.»

Polzer sah die «vielleicht bedeutendste Ursache des Streites» darin, «daß verschiedene Schriften und Dokumente aus Dr. Steiners Aufschreibungen und seinem Besitz von Frau Dr. Wegman in Verwahrung genommen wurden. Frau Dr. Steiner betrachtete alles als ihren Nachlaß, sie meinte, allein darüber verfügen zu dürfen. Es ist aber sicher, daß Frau Dr. Wegman nur das zu sich nahm, was ihr Dr. Steiner persönlich übergab. So wie er es auch mit seinem Brustkreuz tat, wird es auch mit noch anderem gewesen sein. Rudolf Steiner ließ sich gewiß sein Recht nicht nehmen, aus seinem Besitz gewisse Dinge herauszusondern und seiner treuen Mitarbeiterin zu schenken.»[235]

Auf eine vielleicht noch tiefere Schicht der damaligen und späteren Konflikte weist eine Begebenheit, die sich zwischen Marie Steiner und Ita Wegman abspielte und die letztere Ludwig Polzer selbst erzählte: «Bald nach dem Tode Rudolf Steiners kam Frau Marie Steiner zu ihr und wollte wissen, ob Rudolf Steiner ihr etwas über Inkarnationen sagte, die Frau Ita Wegman betreffen. Sie zögerte etwas, da meinte Marie Steiner, daß dieses doch unter Esoterikern möglich sein müsse, sich darüber zu verständigen. Als Frau Wegman dann sprach, erhob sich Marie Steiner und entfernte sich ohne Gruß.»[235]

So trug ihn das Vertrauen, das Ludwig Polzer in erster Linie bei den drei genannten Mitgliedern des Vorstandes genoß, mitten in das Feld der Fronten und Konflikte. Und das sollte erst der Anfang schlimmer Kämpfe sein! Zwar suchte er, damals wie auch später, zur Überbrückung aller Gegensätze anzuregen. Doch es reicht nicht aus, daß jemand Brücken schlägt; sie müssen auch begangen werden.

Den vermittelnden Bemühungen von Polzer sollte – wie die folgenden Jahre deutlich zeigen werden – nur geringe Fruchtbarkeit beschieden sein. Darüber sagt er selbst: «Ich mußte sehr bald bemerken, daß ich nichts erreichen kann, weil der Vorstand mir eine gewisse Reserve zeigte, vielleicht gerade, weil mir Rudolf Steiner so viel Vertrauen zeigte und die einzelnen für ihre Positionen besorgt waren und meinten, ich könnte versuchen, in den Vorstand zu kommen und dort aggressiv werden, was mir in Wirklichkeit jedoch vollkommen ferne lag.»[228] Er hat gewiß nicht *nichts* erreicht; doch um die sich anbahnende Gesellschaftskatastrophe abzuwenden, wäre innerhalb des ganzen Vorstands eben wirkliches Vertrauen in die Lauterkeit von Polzers Mittler-Intentionen erforderlich gewesen.

*

Während sich am Horizont der Anthroposophischen Gesellschaft erste schwere Wolken bildeten, fuhr Ludwig Polzer Mitte Mai mit Sophie Lerchenfeld zur Erholung nach Venedig. Berta blieb in Dornach, wo sie einen sehr geschwürigen Finger pflegen lassen mußte.

Die beiden Freunde wohnten in der Villa Tami auf dem Lido. Hier hatte die Familie Polzer schon im Sommer 1910 gewohnt. Auch der Vater Julius war damals mit seiner Frau Christine nach Venedig mitgekommen und logierte mit der Gattin im mondänen 'Monaco'. Es war das letzte Mal gewesen, daß Julius die Stadt vor seinem Tode sah. Was hatte er dem Sohn und auch den Enkeln nicht alles von der Lagunenstadt berichten können! Und auch Ludwig Ritter von Polzer, Ludwig Polzers Großvater, suchte diese Stadt regelmäßig wieder auf. So war der Lido wie die Stadt und insbesondere der Markusplatz voll von Erinnerungen für Ludwig Polzer, und mittelbar auch für die Freundin, die für alles Interesse hatte, was ihren Freund betraf.

Hatte Rudolf Steiner nicht sehr Bedeutendes von Julius Polzer ausgesagt?

Hier in Venedig, inmitten der Erinnerungen an lang vergangene schöne Tage und in der herzbelebenden Gemeinsamkeit mit Sophie Lerchenfeld, faßte Ludwig Polzer den Entschluß, nach dem Hingang seines großen Lehrers die Verbindung mit dem Vater in den 'Nebenräumen' der Geschichte aufzunehmen und ganz bewußt zu kultivieren. Jeden Abend verband er sich im 'Geist-Erinnern' und im 'Geist-Besinnen' mit Julius. Es wird ihm zur Gewohnheit, und noch fünfzehn Jahre später stellt er fest, daß er dies seither mit Konsequenz allabendlich vollzogen habe.

Werfen wir an dieser Stelle mit den Augen Polzers nochmals einen Blick auf Julius Polzer, den unsichtbaren 'Dritten' im Bund der zwei Venedigreisenden. In den letzten autobiographischen Aufzeichnungen Ludwig Polzers lesen wir:

«Mein Vater war ein scharfer Denker. Mathematik und Geometrie waren in seiner Jugend die Fächer, für die er besondere Vorliebe und Fähigkeiten zeigte. In der ehemaligen österreichischen Ingenieurakademie waren das auch die einzigen für den Fortgang der Zöglinge maßgebenden Gegenstände. Auch noch im Ruhestande beschäftigte er sich eine Zeit mit Mathematik und unterrichtete mich während meines Vorbereitungsjahres für Weißkirchen in diesen Fächern. – Später wandte er sich mehr der Philosophie und in den letzten Lebensjahren der Geisteswissenschaft zu.

Die markantesten Eigenschaften meines Vaters waren seine große Gerechtigkeit, seine Genauigkeit und sein mathematisch-logisches Denken. – Die Denkgenauigkeit ging ihm vor allen persönlichen anderen Neigungen. Ob es sich um ein Familienglied oder einen wenig bekannten, ihm fernstehenden Menschen handelte, war ihm bei Rechts- oder Denkfragen ganz gleichgültig. Er litt sichtlich unter falschen Schlüssen, die vor ihm ausgesprochen wurden, und unter logischen Fehlern. – Diese Eigenschaften sah man ihm an, und diese sind auch gewiß vielfach mitbestimmend gewesen, warum Rudolf Steiner sich für ihn so interessierte und ihn schätzte. – Manches Seelenleid kam über ihn, in der allerletzten Zeit; er empfand die herannahende Katastrophe und setzte diese Ahnung um in Sorgen bezüglich seiner Vermögensverwaltung. Seine Gewissenhaftigkeit war ungeheuer. Tagelang konnte er über seinem Steuerbekenntnis sitzen, in dem Bestreben, dieses mit seiner Genauigkeit und den gerechten Anforderungen in Einklang zu bringen. Meine Mutter, welcher es an Logik etwas fehlte, die mehr aus Gefühlen heraus handelte, mischte sich niemals in irgendeine finanzielle oder wissenschaftliche Frage. So lebten sie trotz ihrer großen Verschiedenheit immer in schönstem Einklang. – Mein Vater war aber nicht nur gerecht, sondern auch herzensgut, hatte nur eine Art militärischer, etwas polternder Strenge, durch welche ich in meiner ersten Jugend zuweilen recht eingeschüchtert wurde. – Einen wirklichen Mißton gab es zwischen uns niemals. – Er liebte es sehr, von seiner Jugend zu erzählen, von der Strenge seines Vaters, von der Ordnung, an die er gewöhnt wurde (...) Er war eine sehr gesellige Natur und gar kein Freund ländlicher Einsamkeit. Das schöne Landhaus in Peggau bei Graz, welches er nur meiner Mutter zuliebe kaufte und 1901 an uns verkaufte, machte ihm nur Sorgen, obwohl diese Sorgen sachlich unbegründet waren, und er war glücklich, es wieder abgeben zu können. Mit der praktischen

Erziehung unserer Kinder war er sehr einverstanden, denn er ahnte, daß schwere Zeiten herankommen. – Wien liebte er über alles, erzählte gern, wie er in seiner Kindheit in der inneren Stadt jedes Durchtrans kannte. Seine Bedürfnislosigkeit war groß, nur aus einer Art von gesellschaftlicher Eitelkeit war er schließlich damit einverstanden, sich in etwas herrschaftlicher Art einzurichten. Es machte ihm aber manche Sorge, wenn er bei seinen Kindern bemerkte, wie diese sich zeitweise über die gegebenen Verhältnisse hinaus einrichteten oder lebten. Die letzten Erinnerungen an ihn sind für mich mit Gesprächen über Rudolf Steiners Geisteswissenschaft erfüllt.»[228]

So zog Ludwig Polzer in seinem individuellen Streben *eine* Konsequenz aus Rudolf Steiners Weggang: Er verband sich um so stärker der Seele seines geistverwandten Vaters. Die schönen Tage von Venedig hoben dieses ganz konkrete 'Geist-Erinnern' aus der Taufe. Auch dies ein Brückenschlag, gewissermaßen in der Vertikale.

*

Im Anschluß an den Aufenthalt in der Lagunenstadt machte Polzer, selbst wie verjüngt, eine Pfingst-Jugend-Tagung in Dornach mit. Im Juni fuhr er daraufhin in das geliebte Prag. Die Arbeit in der Moldaustadt war ihm von jeher Herzensangelegenheit gewesen; nun wurde sie allmählich regelmäßiger sowie intensiver. Auch wurde sie vermehrt begleitet von Besuchen bei maßgeblichen Persönlichkeiten. So suchte Polzer bei diesem Pragbesuch Dr. Samal auf, den Kabinettsdirektor des Präsidenten Thomas Masaryk. Er «sprach ihm von der Notwendigkeit der Dreigliederung», jedoch «ohne viel Erfolg»[228]. Doch dadurch ließ sich Polzer keineswegs beirren; eisern setzte er sich weiterhin für die Idee der Dreigliederung ein, wo immer er dazu eine geeignete Gelegenheit erblickte. «Arbeiten Sie niemals für den Erfolg!» Dieses Wort von Rudolf Steiner zu Otto Lerchenfeld war auch für Polzers Handeln richtungweisend.

Kurze Zeit darauf besuchte Polzer Sophie Lerchenfeld in Sestre Levante, wo sie sich zur Kur aufhielt. Sie litt von Kindheit auf an Rheumatismus der Gelenke. Auch Otto Lerchenfeld besuchte seine Tochter. Zweifellos hat Polzer Lerchenfeld von seiner Unterredung mit Samal erzählt. Doch auch über die Entwicklungen in Dornach wird man sich besprochen haben.

*

Der Herbst nahte heran, die gute Zeit tiefgreifender Entschlüsse. In aller Stille feierte Graf Polzer mit der Gattin das Jubiläum ihrer silbernen Hochzeit. «Im Glück hatte unsere Gemeinschaft begonnen», schrieb er, «in steten Sorgen leben wir jetzt.» Und fast mit leiser Wehmut setzte er hinzu: «Ich dachte damals viel an die silberne Hochzeit meiner Eltern im sorgenfreien Dasein. Wie hat sich in dieser kurzen Zeit alles geändert!» [228]

31. BRÜCKENSCHLÄGE

Die größte aller Sorgen war die Bewirtschaftung von Tannbach. Man beschloß, Julius aus Dornach herzuholen, nachdem er, wie auch sein Bruder Josef, durch Rudolf Steiners Tod dort heimatlos geworden war. Der Entschluß fiel Polzer schwer. Am 29. September, dem Tage Michaels, schrieb er einen längeren Brief an Ita Wegman, in dem er ihr vertrauensvoll die Tannbachsorge schildert.

Es war der Jahrestag der ersten Klassenstunde, die Polzer 1924 in Wien gehalten hatte. Und so nimmt der Brief zunächst auf eine Klassenangelegenheit Bezug. «Ich bin (...) ganz derselben Meinung wie Sie, verehrte Frau Doctor», schreibt er nach Arlesheim, «daß man besonders bei der Aufnahme junger Menschen sie doch wenigstens etwas kennen sollte, sie müßten doch wenigstens denjenigen bekannt sein, welche die Stunden halten.»

Dann schildert er, wie sein Entschluß, Julius zu bitten, nach Tannbach heimzukommen, «nach harten Seelenkämpfen» zustande kam und wie er «die Hilfe und Führung unseres lieben Herrn Dr. Steiner gerade in der letzten Zeit außerordentlich stark erleben» durfte. «Noch am 3. März versprach mir Herr Dr. eine Antwort auf die mich so sehr drückende Frage, daß ich mich zwischen meiner anthroposophischen Arbeit, die auch immer besonders mit den historisch-politischen Ereignissen verbunden war (und gerade diese Dinge besprach H. Dr. Steiner mit mir) und meinem finanziell kaum zu haltenden Gute wie zerrissen fühle. *Die erste Antwort, die ich von ihm erhielt, war, daß ich mich entschloß, meinen Sohn Julius zu bitten, Dornach zu verlassen und hierher zu kommen.*» Das heißt mit anderen Worten: Die Antwort Rudolf Steiners auf seine Frage, die auf dem physischen Plane nicht mehr hat vermittelt werden können, erlebt nun Polzer in spiritueller Art gegeben. Im Hintergrund des schweren Tannbacher Entschlusses stand ein *inspirierter* Ratschlag. So hat Polzer es erlebt.

In dieser Art kam er «zur Einsicht, daß ich mich mit meinen an Seite des Herrn Doctor erworbenen Erfahrungen meiner anthroposophischen Arbeit hier in der Einsamkeit nicht begraben dürfe». Wäre Julius nicht gekommen, hätte er zum Verkauf des Gutes raten müssen. Nun legte er die Verwaltung Tannbachs in die Hände dieses Sohnes, der es «im Einverständnis mit seiner Mutter führen» sollte. Über das Verhältnis Bertas zu dem Landgut schreibt er: «Meiner Frau, die so stark mit dem Elementaren in der Natur verbunden ist, fehlen aber ganz die wirtschaftlichen Fähigkeiten. Sie *und* Julius, dem sie immer besonders nahe stand, sollen es, da sie es wollen, versuchen. Sie sollen mit Tannbach machen, was sie wollen. *Ich habe aber dann freien Kopf und freie Bahn für meine anthroposophische Arbeit und kann den vielen, an mich immer ergehenden Rufen nachkommen und meine politischen Verbindungen weiterpflegen. Besonders will ich mich um Böhmen kümmern.*»[236]

«Es war ein recht schwerer Entschluß», schreibt er schließlich; «seitdem ich den faßte, fühle ich mich sehr von Vertrauen erfüllt. Nun will ich recht energisch meinen alten, neuen (!) Weg fortsetzen.
In meinem Alter ist es etwas riskant, noch etwas zu wollen. Wenn man aber weiß, daß Herr Doctor einem beisteht, besonders, wenn man für seine Sache zu wirken versucht, dann muß man das Vertrauen auch schon aufbringen, daß man sich auch noch das Wenige, was man zum Leben braucht, erwerben wird, man hat ja so viele Freunde.»

Dieser Brief an Ita Wegman dokumentiert nicht nur in schöner Art das Vertrauen, das zwischen diesen beiden Menschen bereits in der sehr kurzen Zeit, in der sie sich persönlich nähertraten, gewachsen war; er klärt uns über einen wichtigen Lebensumbruch auf und zeigt uns ferner etwas von Polzers liebevoller Klarsicht gegenüber seiner Frau. Und vor allen Dingen: er zeigt, wie Polzer sich in individueller Weise auch weiterhin mit Rudolf Steiners Wesenheit verbunden fühlte. Die innere Verbindung, die er mit dem Vater pflegte, dürfte ihm in dieser Hinsicht zusätzlich den Geistesweg geebnet haben ...

*

Von der neugeschenkten Freiheit machte Polzer unverzüglichen Gebrauch. Er reiste im Oktober über Dornach nach Locarno, wo eine europäische Sicherheits- und Friedenskonferenz stattfand.

Der 'Locarno-Pakt' sollte durch ein Schiedsabkommen primär die deutsch-französischen Beziehungen entspannen. Er ist als «der Wendepunkt der europäischen Nachkriegspolitik»[237] bezeichnet worden. «Ich sprach mit vielen dort versammelten 'Staatsmännern'», berichtet Polzer, «unter anderem auch länger mit Benes und mit Jules Sauerwein. Von letzterem erwartete ich mir etwas, weil er ja auch mit Rudolf Steiner verbunden war.»[228] Sauerwein war nach der Jahrhundertwende von Steiners Jugendfreund Eckstein auf seinen späteren Lehrer hingewiesen worden; er wurde Korrespondent des *Matin* in Paris, in der er 1922 das Moltke-Interview mit Steiner publizierte. Für die spirituelle Seite der Vermittlung zwischen Frankreich und dem Deutschtum war Sauerwein durch sein Verständnis der Kultur des letzteren wie berufen.[238]

So interessant und anregend die Gespräche in Locarno auch verliefen; Polzers Fazit klingt sehr pessimistisch: «Die Konferenz machte auf mich einen phrasenhaften Eindruck; ich wußte, daß trotz aller gegenseitigen Lobhudeleien nichts herauskommen könne, was den inneren Frieden der europäischen Menschheit bringen kann.»[228] Für die von Lauer publizierten *Österreichischen Blätter für freies Geistesleben* schrieb er einen Aufsatz, den er schlicht 'Locarno' nannte.[239] Darin heißt es: «Die Konferenz hatte also den Zweck, aus anglo-amerikanischen Notwendigkeiten heraus Europa zu einigen (...) Deutschland, welches früher mit Brutalität behandelt wurde, soll von nun an mit 'Liebe' nicht aus der Klemme gelassen werden, es soll in eine schwerere Situation und in eine noch größere Abhängigkeit gebracht werden, und man muß alles tun, um zu verhindern, daß es ein moralisches Argument der Welt gegenüber geltend machen könnte (...) Alles dieses hörte man in Locarno zwar nicht aussprechen, aber es stand doch im Hintergrund; sprach man es aus, so fühlte man am zuckenden Protest, daß man das große Weltübel berührte (...) Die schon einmal ad absurdum geführte Parole 'Si vis pacem para bellum' ging als kriegbringendes Phantom in Locarno um.»

Polzers Aufsatz gipfelt ein einer von ihm natürlich nicht gehaltenen Ansprache, die «im Sinne des Zeitgeistes» an die englische Delegation hätte gerichtet werden müssen. Unter anderem hält Polzer ihr das folgende entgegen: «Sie haben sich in Locarno versammelt, um den Frieden zu erhalten. Mit *den* Mitteln, mit denen Sie beraten, geht es nicht. Verträge sind nie stark genug gewesen, die Weltgeschichte zu lenken, wenn sie nicht aus dem Geiste der Entwicklung, aus einem instinktmäßigen Erkennen der Werdekräfte heraus gestaltet wurden. Das wußten Ihre Diplomaten aus der Mitte des vorigen Jahrhunderts noch (...) Diejenigen Kräfte, welche die Weltentwicklung jetzt einsetzt, sind von einer ungeheuren apokalyptischen Kraft, welche alle nach alter Art geschlossenen Verträge versengen werden (...) Die Größe der bevorstehenden Katastrophe wird davon abhängen, wie groß die Umwege sein werden, auf welchen man das Werdenwollende finden wird.» Und im Positiven weist Polzer darauf hin, daß der wahre Friedensbeitrag Englands darin bestehen müßte, der Weltwirtschaft den Weg zu bahnen.

Derart lebte Polzer mit dem Zeitgeschehen mit, daß er sich mit gewissen Hauptakteuren auf dessen Bühne auch aus der Ferne zu besprechen suchte!

*

Mitte November verbrachte Polzer mit Sophie Lerchenfeld eine Woche in Mariensee bei Dora Schenker, «welche Sophie auch sehr ins Herz geschlossen hatte»[228]. Laut der Eintragung ins Gästebuch fuhr man eines Tages zum Schloß Bernstein im nahen Burgenland. «Wieviel verdanke ich Frau Schenker an Hilfe und Beistand in den immer schwerer werdenden Jahren, die nun folgten», schrieb er.[228] Dora Schenkers Hilfe war nicht zuletzt auch finanzieller Art. «Man hat ja so viele Freunde», hatte Polzer im September Ita Wegman anvertraut. Von diesen «vielen» war Dora Schenker eine Hauptgestalt.

Weihnachten verbrachte Ludwig Polzer mit der Gattin im vertrauten Dornach. Im Januar des neuen Jahres (1926) traf auch Frau Schenker ein, um die landwirtschaftliche Tagung mitzumachen. Das gemeinsame Interesse für die praktische Seite der Geisteswissenschaft konnte die Freundesbande nur verstärken.

Sein schönes Wiener Zimmer in der Lothringerstraße beim Karlsplatz hatte Polzer im Sommer 1925 aufgegeben. Vom neuen Jahre an logierte er bei seinen Wiener Aufenthalten stets bei der Familie Alfred Zeißigs. Für viele Jahre wurde das Haus Zeißig in der Viaduktstraße für Polzer «eine Art anthroposophischer Heimat». Er nahm auch «herzlichen Anteil und Interesse an dem schönen, harmonischen Familienleben und dem Heranwachsen der lieben Töchter»[228]. Vor allem zu Theodora sollten sich sehr feste Seelenbande knüpfen.

Im Frühjahr besuchten Ludwig und Berta Polzer ihre alten Freunde Klima in Preßburg, wo Jaroslav Klima inzwischen Polizeidirektor geworden war. Auch im Hause Klima sollte Polzer in den folgenden Jahren noch oft verkehren. Auch hier fand er «eine anthroposophische Heimat, in welcher ich mich in meinem Wanderleben wohl und geborgen fühlte»[228]. Von Preßburg aus fuhr er eines Tages nach dem nahen Modern, zum Grab von Julius; auch diesen Grabbesuch wird er noch öfter wiederholen. Noch im selben Monat März besuchte er mit Sophie Lerchenfeld zum ersten Mal den Kurort Pistyan, der unweit Modern liegt. Polzer begann an Ischias zu leiden und begleitete Klima auf einer Dienstreise dahin, um sich zu orientieren. Auch hierher wird er, allein oder in Gesellschaft, noch oft zurückkehren. Mit dem Kurarzt Dr. Reichart sollte er sich sehr befreunden, und auch zu Reicharts Frau und Töchtern wird sich eine schöne Freundschaft bilden.

*

«Ein positiver richtiger Schritt im Sinne der Möglichkeiten nach seinem [Steiners] Tode war die Schaffung der Rudolf Steiner Hall in London», schrieb Polzer 1936.[240]

Das Gebäude wurde errichtet, um der anthroposophischen Arbeit in England eine würdige Stätte zu verleihen, wo auch öffentliche Veranstaltungen wie Vorträge oder Eurythmieaufführungen gegeben werden konnten. Es war das erste anthroposophische Zentrum in der Welt, das den Namen Rudolf Steiners trug. Dies stand gewiß in vollem Einklang mit der Hoffnung, die Steiner in den letzten Lebensjahren auf England setzten konnte, wo durch die von D. N. Dunlop organisierten Sommerschulen von Penmaenmawr und Torquay die anthroposophische Arbeit in besonders kräftiger Art zum Blühen kam. Am 1. Juni 1926 wurde die Rudolf Steiner Hall feierlich eröffnet.

Auch Ludwig Polzer war zur Feier eingeladen worden. Er fuhr erst nach Paris zu einer Eurythmie-Aufführung, und machte darauf einen Abstecher nach Chartres, «über welches Rudolf Steiner uns so viel erzählt hatte». Tief beeindruckt war er von der Kathedrale. Sie war und blieb für ihn «die schönste, die er sah»[228]. Vor einem Monat hatte er in Modern das Grab von Julius besucht; nun stand er vor der Kathedrale jenes Ortes, von dessen Spiritualität auch Julius Polzer manches in sich aufgenommen hatte.

In London wohnte Polzer bei Harry Collison, dem damaligen Generalsekretär der englischen Gesellschaft. Am Tage der Eröffnungsfeierlichkeiten hielt er eine Ansprache in deutscher Sprache. Er fügte sie den Prager Aufzeichnungen bei. Er gedenkt darin des ersten Englandaufenthaltes vom Jahre 1910, welcher durch Blanche Tollemache veranlaßt worden war. Er schildert, wie er damals die Gelegenheit bekam, «auf intimste Art in historische Verhältnisse zu blicken. Ich konnte wie bisher nirgends erleben und sehen nahe nebeneinander liegend Mittelalter und Gegenwart. Ich sah auf das positive Darinnenstehen in Notwendigkeiten der Gegenwart, sah das Walten von Fähigkeiten, welche die jetzige Kulturperiode braucht, und konnte auch alles dasjenige erleben, was noch nachwirkte aus den Kämpfen der so wichtigen Zeit, als die Stuarts der Elisabeth gegenüberstanden.» Er spricht von eigentümlich heimatlichen Empfindungen, die ihm dann durch Rudolf Steiners Geisteswissenschaft gedeutet werden konnten. Und er spricht vor allen Dingen von der geistigen Verbindungslinie zwischen England als dem Hauptinaugurator der Kulturepoche der Bewußtseinsseele und Böhmen als dem Herzen von Zentraleuropa. «Ich hatte die geistige Atmosphäre des Beginnes der 5. Kulturperiode im Süden und Norden Englands aufgenommen, wie sie ein Österreicher aufnehmen kann, ich hatte die nahen geistigen Beziehungen der englischen Volkswesenheit mit derjenigen des Zentrums in Liebe empfunden, hatte die Wiege der Botschaft Wikliffs kennengelernt, der Botschaft, die zu uns in das Zentrum Europas fand und welche einleitete die erste große Emanzipation dieser 5. Kulturperiode gegen das mit römischen Gewalten ausgestattete, aus noch älteren Zeiten stammende theokratisch-hierarchische Element.»[241] Das Feuer geistiger Unabhängigkeit, das Wikliff in England entzündete, trug Johannes Hus hundert Jahre vor der Wirksamkeit von Luther nach Böhmen, wo Hus für die Verbreitung von Wikliffs Schriften sorgte. Diese Brücke zwischen England und Zentraleuropa ist das Gegenstück zu jener anderen Brücke, die von Mitteleuropa in das unverdorbene Slawentum zu schlagen war und ist. Nach Rudolf Steiner waren Bacon, Shakespeare *und der Mitteleuropäer Jakob Böhme* von derselben Quelle inspiriert; doch auch der «gigantische Geist Jakob I.»[241] bildet gleichsam einen Pfeiler für den Brückenbau zwischen England und Zentraleuropa.

«Geistig gefaßt lieben sich heute keine Erdenseelen mehr als die Erdenseelen Mitteleuropas und die Erdenseelen der britischen Inseln», hatte Rudolf Steiner am 15. November 1914 festgestellt[242] – in ungeheurem Kontrast zum äußeren Kriegsverhältnis dieser beiden Völkerschaften! «Geistig gefaßt...»! Nicht nur dem Brückenschlag ins Slawentum; auch dieser geistigen Verbindungslinie zwischen England und Zentraleuropa und ihrer Harmonisierungskraft wollte Polzer dienen. Davon legte er in der Rudolf Steiner Hall ein schönes Zeugnis ab. Und dieses Zeugnis machte ihn, noch mehr als seine offene Persönlichkeit, nicht zuletzt zum Freund von D. N. Dunlop, der für ebendiese Brückenbildung, vom anderen Ende her, zu wirken suchte.

So scheint auch diese zweite Englandreise und insbesondere die Rede Polzers in der Rudolf Steiner Hall in geheimnisvoller Art mit Blanche Tollemache im Zusammenhang zu stehen. Im Jahre 1890 hatte Ludwig Polzer im Kreise der Familie mit dieser Freundin in Modern schöne Maientage zugebracht. Nun reiste er, *von Pistyan und Modern kommend*, zum zweiten Mal nach England. War nicht *Blanche* es einst gewesen, die dem jungen Offizier seine erste Liebe, auch zum Westen inspirierte? Der Schicksalskreis schloß sich in schöner Weise: Am 5. Juni brachte Miss Balley, eine Freundin Blanches, Polzer in einem kleinen Auto nach Aldeburgh bei Ipswich an die Nordsee, wo er «bei Blanche Tollemache nach langen Jahren einen sehr schönen Tag mit alten Erinnerungen verbrachte»[228].

*

So wirkte Ludwig Polzer im Jahr nach Rudolf Steiners Tod in mannigfacher Art als Brückenbauer. Er vermittelte in Dornach zwischen den Persönlichkeiten des von Steiner eingesetzten Vorstands. Er begann die innere Beziehung zu seinem Vater Julius bewußt zu kultivieren. Er suchte im geübten 'Geist-Besinnen' die Verbindung zum dahingegangenen Lehrer. Er trat an Staatsmänner heran, zunächst in Böhmen, um für die Idee der Dreigliederung zu wirken. Und schließlich setzte seine Arbeit auf der geistigen Verbindungslinie England–Böhmen ein. Alle diese Brückenschläge werden auch in den noch folgenden neunzehn Lebensjahren Polzers von Bedeutung bleiben.

32. VOM ALTEN ROM ZUR EUROPÄISCHEN MITTE

Polzer fuhr am 17. Juni 1926 mit Sophie Lerchenfeld nach Pistyan, zum Ausgangspunkt der Englandreise. Eine Schlammkur sowie Schwefelbäder sollten seiner Ischias zumindest Linderung verschaffen. Dr. Reichart stellte ihm in seiner Wohnung einen Gastraum zur Verfügung. Mit einer Unterbrechung von einer Woche wurde diese Kur bis zum 30. Juli fortgesetzt. Tags darauf besuchte Polzer mit der Freundin Prag, wo ihm von Jaroslav Klima zu seinem nicht geringen Staunen eröffnet wurde, daß er um ein Haar in ernste politische Schwierigkeiten geraten wäre, vor denen ihn Klimas hohe Polizeistellung gerade noch bewahren konnte. Wir erfahren leider nicht, worum genau es sich gehandelt hat, doch sehr wahrscheinlich stand die Sache im Zusammenhang mit Polzers Unterredung mit Dr. Samal, dem Kabinettschef Masaryks, die im Juni 1925 stattgefunden hatte. Wie auch immer: Polzer kam in den Genuß der seltenen Erleichterung, die sich im Anblick einer schon beseitigten Gefahr einstellt, *von welcher man nichts ahnte*.

Im August finden wir den Grafen in der Schweiz, wo er in Dornach eine Musiktagung mitmacht. Es herrscht sehr heißes Wetter, das dem aus der Kur Entlassenen zu schaffen macht. Er erkrankt an Grippe und bekommt ein böses Fieber. Er zieht vom 'Haus Vacano' in die von Ita Wegman eingerichtete Arlesheimer Klinik um. Hier erhält er Silberinjektionen. Daß die Krankheit ernst ist, bezeugen die Besuche Bertas, Sophies sowie des Prager Freundes Eiselt. Am 6. Oktober ist Polzer erstmals wieder fieberfrei. Zur «vollständigen Wiederherstellung» fährt er mit Sophie Lerchenfeld für eine Woche nach Rigi-Kaltbad. «Die gute Luft tat mir sehr wohl», stellt er im Rückblick fest.[228]

Diese schwere Krankheit war wie ein radikales Atemholen vor der nächsten Strecke auf dem Wanderweg. Denn diese sollte ganz besonders tiefe Einsichten in eigene, aber auch in Menschheits-Schicksalshintergründe bringen. 'Welterkenntnis durch vertiefte Schicksalseinsicht' – so könnte über der nun folgenden Zeit geschrieben stehen. Wie ein Auftakt hierzu kann die Zweigeinweihung empfunden werden, die Polzer nach der vollständigen Genesung am 13. November 1926 in Preßburg vornahm. Nach eifriger Vorarbeit durch Julie Klima wurde hier ein anthroposophischer Zweig gegründet, der den Namen 'Karl-Julius-Schröer-Zweig' erhielt. Schröer war der große Lehrer Rudolf Steiners in dessen Wiener Frühzeit. Er stammte selbst aus Preßburg, wo er deutsche Literatur dozierte. Steiner hatte noch in einer seiner allerletzten Ansprachen in Dornach über Schröers frühere Erdenleben Forschungsresultate mitgeteilt [243], und Polzer kannte diese Mitteilungen.

Auch Hans Eiselt sowie Ludwig Thieben erschienen zu der Einweihung des Schröer-Zweiges.

*

Wir erfahren von einer zweiten Chartresfahrt, die Polzer im Dezember nach drei Ruhetagen in Mariensee mit Sophie unternahm, bevor er abermals nach Dornach zu der Weihnachtstagung fuhr.

Auch berichtet er von mehrfachen Besuchen, die er im Jahre 1926 bei seinem Bruder Arthur und bei Mathilde, seiner Tante, in Baden machte. Letzterer wird er besonders von der Englandreise und dem Wiedersehen mit Blanche Tollemache Bericht erstattet haben.

*

Mit einem gänzlich unerwarteten Eklat begann das neue Jahr: Am 1. Januar 1927 störte Roman Boos, ein Schüler Steiners, in Dornach eine von Ita Wegman gelesene 'Klassenstunde'. Boos warf Wegman unbefugte Machtergreifung in esoterischer Hinsicht vor, verletzte jedoch durch die rücksichtslose Störung selbst ganz offensichtlich gewisse Grundgesetze spirituellen Strebens, von den gewöhnlichen Regeln äußeren Anstands ganz zu schweigen. Polzer war ein Zeuge dieses Eingriffs. Er schreibt: «Frau Dr. Ita Wegmann [sic] hielt Klassenstunde. Wie durch Zufall saß ich an diesem Tage ganz vorne und konnte alles gut beobachten. Frau Wegmann [sic] hatte eben begonnen. Da kam Dr. Boos von rückwärts auf das Podium gestürzt mit blassem, verstörtem Antlitz und begann in beleidigenden Worten auf Frau Dr. Wegmann [sic] loszureden. Es war ein Überfall in übelstem Sinne, die Störung einer kultischen Handlung. Von diesem Ereignisse an, bei dem sich andere Vorstandsmitglieder schwächlich benahmen, wußte ich, wo mein Platz war.» [235]

In diesem finsteren Augenblick in der Geschichte der anthroposophischen Gesellschaft nach Steiners Tod wurde Ludwig Polzer zum künftigen Beschützer Ita Wegmans.

*

Um diese Zeit begann sich Polzer intensiv mit römischer Geschichte zu befassen. Vor drei Jahren hatte Rudolf Steiner auf den Zusammenhang gedeutet, der zwischen Kronprinz Rudolf und dem Kaiser Nero waltete.

Für Rudolf hegte Polzer seit der Jugendzeit Interesse. Und aus Hamerlings *Ahasver*-Epos trat ihm bereits zur Grazer Schulzeit auch ein sehr lebendiges Bild von Nero vor die Seele. Dann zeigte Steiner jene überraschende Verbindung zwischen diesen beiden Menschen auf. Und nun, im Jahre 1927, wurde dieser Schicksalshinweis Steiners in Polzers Seele fruchtbar. Er beginnt, den Schicksals- und Gestaltenumkreis von Nero und von Rudolf zu studieren. «Gemeinsame Arbeit», schreibt er am 16. Februar 1927 ins Gästebuch von Dora Schenker. Und im April erfahren wir aus derselben Quelle schon konkreter: «Fünf schöne Tage mit Agrippina und Elisabeth.» Gemeint sind Neros Mutter und die Mutter Rudolfs, die Kaiserin Elisabeth.

In diese Arbeit Polzers fällt ein schmerzliches Ereignis. Am 11. Mai erreicht ihn durch Frau Zeißig die Nachricht von dem Tode Dr. Klimas. Jaroslav Klima war am 5. Mai an den Folgen einer Grippe in Mentone bei Genua gestorben. Der Tod, der Polzer unlängst selbst bedrohte, hatte einen lieben Freund getroffen. Julie Klima las dem Verstorbenen noch am Todestage alle Klassenmantren Rudolf Steiners vor – eine kräftigere Wegzehrung hätte sie den Toten kaum bereiten können.

Durch Klima war einst Polzer zum Eingreifen in die politischen Verhältnisse veranlaßt worden, indem er seinen Bruder Arthur von den Ungerechtigkeiten in den Prozessen gegen böhmische Politiker aufklärte, was zur überraschenden Amnestie vom Juli 1917 führte. Unzählige Unterredungen über die politischen Verhältnisse fanden in den folgenden zehn Jahren zwischen Polzer und dem böhmischen Freunde statt. Die reiche, menschlich schöne Zeit, die Polzer mit ihm teils in Prag verlebte, teils in Preßburg war nun zu Ende.

Polzer nimmt im Innern Abschied von dem Freund, indem er ein bewußtes Wiedersehen in der Zukunft in das Seelenauge faßt. «Wir Anthroposophen», schreibt er in Zusammenhang mit Klimas Tod, «wollen uns (...) bemühen, daß wir die vielen Freunde, die wir verlieren, nicht nur in der geistigen Welt, *sondern auch im nächsten Leben als solche bewußt wiedererkennen.*»[228]

«Dr. Klima wird stets als schöne Seele in meinen dauernden Erinnerungen stehen», schreibt Polzer noch zwölf Jahre später, für dieses spätere Erkennen damit am Fundamente bauend. «Auch Rudolf Steiner liebte ihn in seiner slawischen Originalität.»[228]

Klima hatte einen römischen Charakterkopf, und Rudolf Steiner hatte ihn in einer schweren Lebenskrise einmal auf die Lektüre von Boethius verwiesen, der als römischer Gefangener von Theoderich seine *Tröstungen der Philosophie* verfaßte. Und so mochte Klimas Tod auch Polzers Studium Roms in subtiler Art befruchtet haben. – Nicht ohne inneren Zusammenhang mit Polzers Romarbeit stand ein Besuch im Lainzer Tiergarten, den er noch im selben Monat unternahm. In diesem schönen Wiener Park steht die 'Hermesvilla', das Refugium der Kaiserin Elisabeth. Von nicht geringem symptomatischem Interesse ist die Tatsache, daß in der 'Hermesvilla' eine Nerobüste steht, was Polzer, als er dies erfuhr, wie eine Art Bestätigung dafür erlebte, daß er sich mit seinem Sinnen in der rechten Bahn bewegte.[244]

In den ersten beiden Juniwochen werden erste Früchte der intensiven Romforschungen festgehalten. «Gemeinsame Arbeit, Schreibmaschinen-

Geklapper», heißt es im Marienseer Gästebuch: Dora Schenker tippte sieben Aufsätze, die nicht erhalten sind. Sie bildeten die Grundlage für Vorträge am Jahresende und waren auch der Kern des Buches *Das Mysterium der europäischen Mitte – eine welthistorische Schicksalsbetrachtung*.

*

Wie gewöhnlich reich an äußerer Abwechslung gestaltet sich die zweite Jahreshälfte. In der ersten Juliwoche hält Polzer erstmals Vorträge in Belgrad, bei ähnlich großer Hitze, wie sie ein Jahr zuvor in Dornach herrschte. Er wohnt bei Vitomar Korac, dem ehemaligen 'Minister für soziale Politik'. Auch Dusan Letica, den späteren Finanzminister Jugoslawiens, lernt er bei diesem Aufenthalte kennen. Über Agram (heute Zagreb), wo er ebenfalls Vorträge hält, kehrt er dann nach Wien zurück. Ein unerwarteter Zwischenfall treibt ihn jedoch wiederum sehr rasch buchstäblich stromabwärts. Jemand steckte den Justizpalast in Brand, die Eisenbahnen wurden allesamt blockiert. Auf einem Motorboot wich Polzer wie ein Flüchtling nach Preßburg aus, wo er sich mit Stanislaus Benda, dem Stellvertreter Dr. Klimas, über diese und auch andere, mehr politische Vorgänge besprach. Auch Rat hat Polzer hier zu geben: Benda kann in Kaschau Polizeidirektor werden oder einen höheren Posten in der Polizeidirektion Prags erlangen. Wie soll er sich entscheiden? Polzer rät zu letzterem. Bald darauf wird Benda zum Polizeidirektor Prags ernannt.

Ein neues Freundschaftsband entsteht. Bei seinen Pragbesuchen sucht Polzer Benda regelmäßig auf. Und für seinen inneren Blick ist bei seinen Unterredungen mit Benda oft auch noch ein Dritter mit dabei: die Seele des Verstorbenen Freundes Klima.

Von Josef, seinem Sohn, erreichen ihn indessen wenig gute Nachrichten. Josef machte psychisch schwere Zeiten durch. Nach der Trennung von der Gattin Ilona und dem Sohn Christward Johannes sollte er einen wirtschaftlichen Beruf ergreifen, während Heinrich Kotz, ein Vetter Bertas, materielle Hilfe leistete. Josef mußte jedoch bald darauf nach Buchenbach begleitet werden, wo Dr. Husemann eine anthroposophisch orientierte Klinik leitete. Noch oftmals werden Polzers Schritte, schwerer werdend, hierher führen.

Nach einem Pontresinaaufenthalt mit Sophie reist er im September zu einer von Frau Nagy initiierten Budapester Tagung; auch Julie Klima reiste mit. Es folgt ein weiterer Aufenthalt bei Dora Schenker in Mariensee; die beiden machen Ausflüge ins Burgenland.

In Prag hält Polzer Vorträge und Klassenstunden. Doch im November finden wir ihn wiederum in Mariensee, wo er seine Romvorträge vorbereitet, die er Weihnachten in Dornach halten sollte.

*

Bei oberflächlicher Betrachtung könnte es erscheinen, als würde Polzer in diesem und in folgenden Jahren nach Lust und Laune leben, als sinnlich-übersinnlicher Genießer, bloß machen, was ihm paßt und meiden, was ihn drückt. Doch wäre dieses Urteil eben oberflächlich. Wie hat er selbst auf diese Jahre nach dem Tode Rudolf Steiners später hingeblickt? Im Jahre 1939 schreibt er diesbezüglich: «Wenn ich gegenwärtig diese fortlaufenden Jahresereignisse niederschreibe, sich diese dem Leser wie Bilder abrollen, so könnte es scheinen, wie wenn sich mein Leben nur in freudiger, abwechslungsreicher Art abgespielt hätte, als wenn die anthroposophische Arbeit nur eine Reihe von freudigen Festtagen gewesen wäre. Gewiß hatte ich immer Freude an dieser Arbeit selbst, weil sie mich in die verschiedensten Situationen mit Menschen brachte und eine gemeinsame Tätigkeit mit und an Menschen war.» Und es folgt ein sehr bemerkenswerter Satz: «*Nur eine Arbeit, die freudig getan wird, ist menschenwürdig und auch fördernd für die Entwicklung der Menschenseelen.* Nicht die Pflicht stand im Vordergrund, sondern die Freude. Aber im Hintergrund standen auch immer viel Leid und sorgenvolle Gedanken. Man arbeitet so innerhalb einer verantwortungsvollen großen Menschheitsangelegenheit, und viele Menschen kommen zu einem mit ihren eigenen Seelennöten. Im Hintergrund stehen auch die eigenen schweren Sorgen um die Nächsten und Liebsten, und deren hatte ich genug. Die geistige Arbeit für andere wirkt auch befreiend die eigene Seele. Dieses sollte hinzugefügt werden zu den abrollenden Bildern.»[228]

Auch über die Art und Weise seiner Forschung auf historischem Feld gibt Polzer an der gleichen Stelle beachtenswerten Aufschluß. Er schreibt: «Dazu kommt noch, daß ich von Rudolf Steiner in die Hintergründe der gegenwärtigen historischen Weltereignisse schauen lernte, und diese sind ernst genug, und nur Anthroposophie ermöglicht dabei, das Gleichgewicht und den Mut nicht zu verlieren. Zu diesen Hintergründen kann man, wenn man will und sich von der Begriffslogik erhebt zu einer Tatsachenlogik, aus vielen symptomatischen Ereignissen gelangen. *Man muß sich aber auch dem eigenen Schicksal überlassen können. Dieses wird einem verständlich machen können in der Lebensrückschau, wie man tatsächlich im Leben steht.*

Diese symptomatischen Ereignisse, welche man dann für seine Aufgabe braucht, trägt einem, wie Rudolf Steiner sagte, der Strom der Welt zu, und dann muß man sie zur Erfassung der Wirklichkeit zusammenstellen können, wenn sie auch oft weit in der Zeit auseinanderliegen.»[245]

Schon Polzers Romforschung, die 1927 beginnt, kann uns in manchen Einzelheiten ganz konkret vor Augen führen, wie er eigene Schritte mit Dingen, die von außen 'zufallen', innerlich verbindet oder konstelliert. Ein Beispiel ist die Nerostatue in der Hermesvilla, von deren Existenz er just zu einem Zeitpunkt hört, in dem er mit dem karmischen Hintergrund von Kronprinz Rudolf und Elisabeth beschäftigt ist.

Und damit sei der Hauptfaden des gegenwärtigen Kapitels allmählich wieder aufgenommen. Doch ohne kleine 'Umwege' wird es auch weiterhin nicht gehen; wir beschränken uns jedoch auf solche, die mit der 'Romschicht' in einem offensichtlichen oder auch geheimeren Zusammenhange stehen.

'Das Mysterium der europäischen Mitte in karmisch-historischer Beleuchtung' – so betitelte Graf Polzer drei Vorträge, die er in der Weihnachtszeit in Dornach hielt. Sie waren, wie gesagt, aus jenen sieben Aufsätzen hervorgegangen, die im Frühjahr in Mariensee entstanden waren, und sollten kurz darauf, ausgearbeitet und auch erweitert, als Buch erscheinen.

Da Polzer sich auf Äußerungen Rudolf Steiners stützte, die bis dahin unveröffentlicht geblieben waren, mußte er um die Erlaubnis Marie Steiners bitten – sie verwaltete nach Steiners Tod den literarischen Nachlaß ihres Gatten–, die entsprechenden Passagen zu benützen. Dies dürfte er anläßlich seines Dornachaufenthaltes im Dezember 1927 auch wirklich unternommen haben.

*

Am 15. März des neuen Jahres (1928) feierte Ludwig Polzer-Hoditz zusammen mit dem Bruder Arthur und der Schwester Marie-Sefine in Baden den achtzigsten Geburtstag von Mathilde Gräfin Hoditz und Wolframitz. Erinnern wir uns hier daran, daß Mathilde Ludwig Polzer im Jahre 1904 adoptierte und damit der Name 'Hoditz und Wolframitz' auf die Polzer übergehen konnte. Durch seine Tante Mathilde wird das Leben Ludwig Polzers also mit einem Adoptionsmotiv verknüpft. Halten wir dies fest.

Im Anschluß an die Feier fuhr Polzer mit Sophie und mit Dora Schenker nach Graz und Peggau und zeigte seinen Freundinnen die Örtlichkeiten seiner Jugend. Man spazierte zum imposanten Palais Saurau an der Sporrgasse, zum Mausoleum Kaiser Friedrichs, von dem der Wahlspruch stammt: AEIOU – Austria erit in orbe ultimo, auf deutsch: Bis an das Ende der Welt wird Österreich bestehen. «So habe ich in lieber Gesellschaft schöne Erinnerungen aufgefrischt»[228], stellt Polzer 1939 fest.

Nach diesem Grazbesuch fuhr er mit Frau Schenker einmal mehr ins gastliche Refugium von Mariensee. Der Eintrag in das Gästebuch ist aufschlußreich: «Ernste, gemeinsame Arbeit mit der europäischen Mitte und den Volksseelen, Buch-Correcturen.» Das Buch *Das Mysterium der europäischen Mitte – eine welthistorische Schicksalsbetrachtung* naht sich also der Vollendung. Die «Arbeit mit (...) den Volksseelen» bezieht sich auf Äußerungen, die Rudolf Steiner in dem Vortragszyklus *Die Mission einzelner Volksseelen im Zusammenhange mit der germanisch-nordischen Mythologie*[246] machte. Insbesondere, was Steiner darin über den römischen Volksgeist ausführte, werden die beiden Freunde intensiv studiert haben, aber auch die Angaben des Lehrers über den griechischen Volksgeist, der nach dem Mysterium von Golgatha zum Inspirator des exoterischen Christentums geworden ist.

Baden, Graz, Mariensee – die Erlebnisse, die Polzer mit ihm eng verbundenen Menschen zu Beginn des Jahres 1928 an diesen Orten hatte, wirken wie Präludien zum spirituellen Haupterlebnis dieses Jahres. Dieses trat in Tannbach ein. Auch das ist von Bedeutung. Denn während die drei erstgenannten Orte einst von römischen Soldaten bewohnt oder zum mindesten durchwandert worden waren, liegt Tannbach knapp, doch völlig außerhalb der alten Einflußsphäre Roms.

Am 8. April des Jahres 1928 hat Ludwig Polzer-Hoditz hier in Tannbach das folgende Erlebnis:

«Am 8. April hatte ich in Tannbach im Aufwachen nachstehendes Erlebnis: 'Es war wie ein Nebelbild. Ich sah mich sitzen in einem Stuhle unbestimmter Art, gebückt und in Sorgen um das Reich, so empfand ich es; zwei andere Menschen waren da, sie hoben zeitweise die Hände wie zum Gruße oder zur Zustimmung, im Vergehen des Bildes hörte ich eine Donnerstimme rufen 'Hadrian'.'

Ich hatte niemals vorher an Hadrian gedacht, daher war mir diese Stimme mit diesem Ruf so merkwürdig.»[228]

Schauen wir uns das Erlebnis, wie es von Polzer festgehalten wurde, etwas näher an. Es tritt zu einem Zeitpunkt ein, da Ludwig Polzers vergleichende Vertiefung in die Rudolf- und die Nerozeit ihren Abschluß fand. Das aus dieser Arbeit hervorgewachsene Buch war fertig, wenn auch noch ungedruckt. Vor einem Jahre hatte Polzer zwischen dem 6. und dem 11. April in Mariensee «fünf schöne Tage mit Agrippina und Elisabeth» verlebt. Und nun, exakt ein Jahr danach, dies Hadrian-Traumbild, begleitet von dem mächtigen Ruf, der wie ein Weckruf wirkte.

Wenn Polzer «niemals vorher» an Hadrian gedacht, so heißt das selbstverständlich nicht, daß er den Namen dieses Kaisers zum ersten Mal in diesem Traumerlebnis hörte. Er wird ihm schon zur Grazer Gymnasialzeit bekannt gewesen sein, und auch Rudolf Steiner hatte ihn in Privatgesprächen mit ihm mehrfach ausgesprochen, ja auf Polzers Frage, warum er ihn stets von neuem auf diese römische Zeit verweise, sogar betont: «Weil es Sie so unmittelbar angeht!» Das war im März des Jahres 1925 gewesen. Nun erst, durch das Tannbacher Erlebnis, fühlte Polzer sich veranlaßt, 'der Sache nachzugehen'.

Was zauberte dies Bild vor Polzers Seele? Woher drang der Ruf? Wurde aus einem 'Nebenzimmer' der wirklichen Geschichte in Polzers Traumbewußtsein hineingerufen, damit der Träumende erwache für den eigenen Schicksalshintergrund, nachdem er für den Schicksalshintergrund von anderen zu erwachen suchte? Fragen bleiben, die nur durch übersinnliches Erkennen zu erklären wären.

Träumen wir nicht alle in bezug auf unseren Schicksalshintergrund? Ja, Träumen ist zuviel gesagt. Tiefschlaf herrscht zumeist in dieser Sphäre. So mochte Polzer oftmals innerlich gesonnen haben. Vom dumpfen Schlafe war nun mit einem Mal zum Schicksalsträumen aufgestiegen; und jetzt entschloß er sich sogar, aus diesem Träumen aufzuwachen.

Er schreibt: «In der folgenden Zeit beschäftigte ich mich viel mit Hadrian, las das, was Gregorovius über ihn schrieb.»[228]

Der vor allem für seine *Geschichte der Stadt Rom* bekannte Historiker schrieb in jüngeren Jahren ein 1851 erschienenes 'Gemälde der römisch-hellenischen Welt zur Zeit des Kaisers Hadrian'[247]. Erst danach reiste Gregorovius zum ersten Male selbst in die beschriebene Ewige Stadt, um zu deren klassischem Geschichtsschreiber zu werden. Sein Hadriansbuch wurde ihm nach eigenen Worten «der Wegweiser nach Rom». Nun wurde Gregorovius' Werk für Ludwig Polzer der historische Wegweiser zu Hadrian. Ein merkwürdiges Phänomen, von symptomatischem Interesse.

Nicht nur äußere historische Tatsachen will Polzer durch die Gregoroviuslektüre kennen lernen; er sucht nach äußeren Entsprechungen zum Schau- und Hörerlebnis, das er in Tannbach hatte: «Bei einer Stelle«, schreibt er, «war es mir so, als wenn sie mit der im Nebelbild geschauten eine Beziehung hätte.» Für den Kenner dieses Werkes über Hadrian kann kaum ein Zweifel walten, welche von ihm unerwähnte Stelle Polzer hier im Sinne hatte. Sie findet sich in folgender Passage über die letzten Lebensjahre des am 10. Juli des Jahres 138 n. Chr. verstorbenen Kaisers:

«Nachdem der Kaiser sein Reich durchwandert hatte, fand er sich im Cäsarenpalast wieder, ermüdet, alternd und freudlos. Er baute an seiner Villa in Tibur; er baute an seinem eigenen Grabmal in Rom. Seine Lebensaufgabe war vollendet. Zunehmende Krankheit verbitterte sein Dasein. *Die Sorge, dem Reich einen Nachfolger zu geben, trat an ihn heran*; denn wie alle Kaiser vor ihm, den einen Vespasian ausgenommen, hatte auch Hadrian keinen leiblichen Erben.»[247]

Die Frage der kaiserlichen Nachfolge bereitete dem Kaiser wirklich schwere Sorge; er adoptierte schließlich Antoninus Pius und verlangte außerdem, daß dieser seinerseits den damals sechzehnjährigen Jüngling Marc Aurel (samt dessen Bruder) zu Nachfolgern bestimme. Zwei seiner allerbesten Kaiser hat er Rom damit geschenkt, und Hadrian verlängerte sein segensreiches Wirken dadurch gleichsam über seinen eigenen Tod hinaus. «Von seinen zahllosen Wohltaten war diese die größte», urteilt Gregorovius.[247]

Eine Adoptionsaufgabe stand sorgenschwer am Ende der Regentschaft dieses Kaisers; durch eine Adoption von seiten seines Vorgängers und Onkels

Trajan war er an die Macht gelangt. Es ist daher von schicksals-symptomatischem Interesse, wenn wir auch im Lebensgang von Ludwig Polzer-Hoditz ein mit seiner Tante im Zusammenhange stehendes Adoptionsmotiv antreffen, auch wenn die nur von äußerlicher Wichtigkeit erscheinen mag.

So wurde durch die Gregoroviuslektüre das innerlich Erschaute mit historisch Überliefertem verknüpft. Das Tor zum Wirken Hadrians befand sich in der Alterszeit des Kaisers, der seine Lebensaufgabe bereits vollendet hatte. So trägt auch Polzers einsetzende Beschäftigung mit Hadrian von vornherein den Charakter einer abgeklärten Untersuchung eines Stücks *Vergangenheit*. Mit großer innerer Gelassenheit schritt er von der Betrachtung Neros oder Agrippinas zu der von Hadrian. Daß das Hadrianerlebnis außerhalb der alten Grenzen Roms auftrat, ist wie ein real-symbolisches Indiz dafür, daß die Individualität, die einst so stark mit Rom verbunden war, in ihrer weiteren Entwicklung von allem Römischen ganz frei geworden war, und daher auch den Innenstandort hatte, auf die römische Vergangenheit *in Freiheit* hinzublicken. Und einiges von dem, was Ludwig Polzers freier Blick auf Kaiser Hadrian erfaßte, wird noch zur Sprache kommen.

Kurz nach dem Tannbacher Erlebnis weilt Polzer eine Woche in Mariensee. Es ist anzunehmen, daß er Dora Schenker von dem Aufwachtraum erzählte; warum denn nicht – bezog er sich doch mittelbar auf das römische Arbeitsfeld, das beide Freunde seit einem guten Jahr beackert hatten. «Wachsendes Verständnis für altes Mysterienwesen», steht im Gästebuch unter dem 22. April geschrieben. War das Tannbacher Erlebnis die Anregung gewesen, sich diesem Thema zuzuwenden? Rudolf Steiner hatte unter den Cäsaren Roms, die sich in die Mysterien Griechenlands einweihen ließen, auch Hadrian genannt.[248] Und sicher ist, daß Hadrian zu diesem Zwecke in Eleusis weilte.

*

Das äußere Leben Polzers verläuft auch weiterhin in routinierter Abwechslung. Im Mai fährt er nach Stuttgart, um mit dem Orient-Occident-Verlag zu verhandeln, in welchem *Das Mysterium der europäischen Mitte* erscheinen soll. Er geht mit Menny Lerchenfeld ins Theater, sieht Theodora Zeißig und die Töchter Dr. Reicharts aus Pistyan, die mittlerweile hier zur Waldorfschule gehen. Von Josef treffen beruhigendere Nachrichten aus Prag ein, wo er in einem anthroposophischen Betrieb arbeitet.

Noch im gleichen Monat reist Polzer mit Dora Schenker und deren Tochter Sabine nach Belgrad, wo er auf Einladung der Freunde um Dr. Koracs sieben Vorträge zu halten hat.

Man beschloß, den Donauweg zu nehmen, was Polzer einerseits als eine «gute Vorbereitung» für die Vortragsarbeit ansieht, und weil er «andererseits auf der zweieinhalb Tage dauernden Rückreise unter dem Eindruck der wechselnden Donaulandschaft die gewonnenen Erlebnisse in Belgrad vertiefen wollte».[249]

Belgrad hieß zur Zeit der Römer *Singidunum* und lag in der Provinz Mösien, nebst Pannonien und Dacien eine Lieblingsprovinz Hadrians. Seine Einweihung hatte diesem Friedenskaiser den Blick dafür geöffnet, daß sich die Kultur der Zukunft dereinst im Nordostgebiet von Rhein und Donau wird entfalten müssen. Und so war er auf seinen wiederholten Wanderungen durch sein Reich, auf denen er sich mehrmals und für längere Zeit in Griechenland und in Ägypten aufgehalten hatte, immer wieder in die zukunftsträchtigen Ostprovinzen heimgekehrt.

Und umwehte nicht auch jetzt auf dieser Donaufahrt der Geist des Ostens mächtig und zugleich so zart die kleine Reisegruppe?

Doch nicht nur Zukunftsgeist des Ostens weht den Reisenden entgegen; auch der Schatten des in Form der römischen Kirche mächtig fortlebenden Imperium Romanum zeigt sich wuchtig: Auf dem Wasserweg nach Budapest gleitet, schon aus weiter Ferne sichtbar, die Stadt Gran heran. «Das befestigte römische Christentum tritt einem in mächtiger Lage im Kuppelbau der Kathedrale [Grans] entgegen», heißt es in den Reiseaufzeichnungen Polzers. «Sie ist eine monumentale Bestätigung des römisch-katholischen Sieges über den Westen.»[249]

Polzer liest auf dieser Fahrt nach Budapest das Drama *Tököly* von Tobias Gottfried Schröer, der für diese römischen Schatten ebenfalls sehr wache Augen hatte, wie seine Dichtung zeigt. Und schon Schröers Vater hatte einst «aus tiefster Seele heraus» ausgesprochen: «Mitteleuropa darf nicht römisch sein»; und nun, auf dieser Donaufahrt schien dieser Ausspruch wie aus *Polzers* tiefster Seele aufzusteigen, denn diese Wahrheit lebte in ihm selbst nicht minder tief verankert als in den beiden Schröer. «Noch weniger darf dies für Osteuropa gelten» – hätte er den Schröerspruch ergänzen können.

In dem zu dieser Zeit im Druck befindlichen *Mysterium der europäischen Mitte* schreibt Polzer von den Entwicklungsforderungen des Mitteraumes sowie von den sie schwer bedrohenden Gefahren, und seine Worte weisen über die von ihm vorausgeschaute zweite Weltkriegskatastrophe weit hinaus, in unsere Gegenwart hinein und sogar in eine noch nicht angebrochene Zukunft:

«Während und unmittelbar nach dieser Zeit [des zweiten Krieges] wird versucht werden, in klösterlichen Lehrstätten den radikalen Intellektualismus religiös-wissenschaftlich, ja sogar mit okkulten Mitteln der westlichen Jugend einzuhämmern, um sie zu Organen eines europäischen machtmäßigen Überstaates heranzubilden. Die Herrlichkeit dieses 'heiligen' römischen Reiches[250] wird nicht von langer Dauer sein können. Dann wird aber doch eine Zeit kommen, in der sich die Menschen besinnen werden; sie werden sich Rat holen dort, wo sich in verläßlichen, dauerhaften Herzen die Mysterienweisheit der Zukunft über Tod und Geburt hinaus erhalten haben wird (...) In Mysterienstätten werden Menschen Situationen beherrschen lernen und Möglichkeiten erhalten, neue, lebensfähige, wirklich soziale Gestaltungen zu begründen. Geistige Wesenheiten werden in diesen Mysterienstätten schöpferisch mitarbeiten mit Menschenwesen.»[251]

Damit sich die auf Individualisierung veranlagten Menschen Mitteleuropas – zu welchen unter anderen die Deutschen, Österreicher, Schweizer, Tschechen, Slowaken, Serben und Ungarn oder Polen gleichermaßen zu zählen sind – frei entfalten können, muß die europäische Mitte von aller Geistes- oder Wirtschaftsknechtschaft freigehalten werden. Über die spezifischen Entwicklungsaufgaben dieses Mitteraumes zwischen Ost und West schreibt Polzer: «Die Mitte Europas ist ein Mysterienraum. Er verlangt von der Menschheit, daß sie sich dementsprechend verhalte. Der Weg der Kulturperiode, in welcher wir leben, führt, von Westen kommend nach dem Osten sich wendend, über diesen Raum. *Da muß sich Altes metamorphosieren (...) Alle alten Kräfte verlieren sich auf diesem Gange nach dem Osten, sie können durch diesen Raum, ohne sich aus dem Geiste zu erneuern, nicht weiterschreiten.* Wollen sie es doch tun, so werden sie zu Zerstörungskräften; Katastrophen gehen aus ihnen hervor. In diesem Raum muß aus Menschenerkenntnis, Menschenliebe und Menschenmut das erst werden, was heilsam weiterschreiten darf nach dem Osten hin.»[252]

Von diesen seinen eigenen Gedanken, die bald ans Licht der Öffentlichkeit treten sollten, stumm und treu begleitet, fährt Polzer auf der Donau wie auf den 'Wassern der Erneuerung' dem Reiseziel entgegen.

*

Am 23. Juni enthüllte Ludwig Polzer in Neudörfl inmitten offizieller Vertreter der burgenländischen Regierung sowie vieler Freunde eine Gedenktafel für seinen Lehrer Rudolf Steiner. Steiner hatte im Stationsgebäude des kleinen Ortes seine Kindheits- und die frühen Jugendjahre zugebracht. Von hier aus ging er täglich nach Wiener Neustadt in die dortige Realschule, täglich die Leitha überschreitend, die Schwelle zwischen Trans- und Cisleithanien. Die warme und zugleich tiefgründige Ansprache, die Polzer bei diesem feierlichen Anlaß hielt, ist in seinen Prager Aufzeichnungen abgedruckt. Es ist bemerkenswert, daß die Aufforderung, eine solche Tafel anzubringen, von der Regierung ausgegangen war!

Nach einer Ruhezeit im nicht allzufernen Mariensee, wo vermutlich der Aufsatz über die jüngste Donaureise entstand, fuhr Polzer mit seiner Gönnerin und mit Margrit Schön, einer Anthroposophin, die er auf der Budapester Tagung im August des Vorjahres getroffen hatte, nach Dornach. Darauf fuhren Polzer, Margrit Schön und Sophie Lerchenfeld nach London, wo auf Initiative D. N. Dunlops eine World Conference abgehalten wurde.

Viele bekannte und manches unbekannte Gesicht sieht Polzer hier in London. Vom Kontinent reisten sein Freund Stein, Eugen Kolisko und Friedrich Rittelmeyer an, um nur ein paar der eingeladenen Redner zu erwähnen. Am 27. Juli hält Polzer in deutscher Sprache seinen schriftlich ausgearbeiteten Vortrag; er trägt den Titel 'Mitteleuropa, geisteswissenschaftlich betrachtet'. Der Vortrag ist ein diamantener Extrakt aus Polzers geistigen Bemühungen um Verständnis der Gegenwarts- und Zukunftsaufgaben der europäischen Mitte wie auch aus seiner 1928 in intensivster Art vertieften Lebensrückschau.

Polzer bettet seine Londoner Betrachtungen der europäischen Mitte in einen weitgespannten Überblick über die nachatlantische Kulturentwicklung ein. In kräftigen, markanten Strichen charakterisiert er dabei auch die vierte, griechisch-römische Epoche. Und er flicht hier ein Stück objektiver Selbsterkenntnis ein, wenn er sagt: «Blicken wir zum Beispiel auf den rätselhaften römischen Kaiser Hadrian, der mehr Grieche und Orientale als Römer war. Wie versuchte er, hellenische Schönheit, ägyptische Großartigkeit wieder aufzurichten! In seiner Seele lag vielfach Entsetzen vor der römischen Nüchternheit und Phantasielosigkeit, von der er wußte, sie müsse schließlich doch in finstere, rauhe kulturlose Zeit einmünden. Ohne Einsicht in das kosmische Ereignis auf Golgatha war das auch die richtige, von berechtigter Tragik erfüllte Zukunftsperspektive. Sorge um die Zukunft lebte in ihm am Ende seines Lebens, um die Zukunft einstiger Schönheit und Weisheit der Welt. Dieses Untergehen und Verdämmern geistiger Wesenheiten im Menschenbewußtsein konnte nicht aufgehalten werden, es war eine Entwicklungsnotwendigkeit. Jetzt ist die Zeit aber gekommen, in der wieder hingesehen werden muß auf den geistigen Hintergrund der Welt, der sich dem hellseherischen Bewußtsein als eine Fülle von Wesenhaftem zeigen wird.»[253]

So wurde Hadrian für Polzer zum besonderen Okular für das Verständnis der gesamten griechisch-römischen Kulturepoche und der bereits in ihr latent sich vorbereitenden neuen künftigen Mysterienzeit in der europäischen Mitte.

Diese europäische Mitte hat nach seiner Auffassung in erster Linie das große Völkerproblem sachgemäß zu lösen, und zwar nicht durch territoriale Abgrenzung, wie sie bis zum heutigen Tage praktiziert wird, sondern aufgrund von geisteswissenschaftlicher Erkenntnis von Volks- und Zeitgeistwesenheit. Denn es «zeigt uns das mitteleuropäische Bild, wie wenn die Volksgeister gleichsam Rat halten würden in der geistigen Welt, um die in Völker differenzierte Menschheit auf eine höhere Stufe zu bringen, sie der Führung höherer Wesenheiten anzuvertrauen, die sie zu einer Harmonisierung führen können. *Man stellt sich dem Weltenwillen entgegen, will man in Mitteleuropa nationale Abgrenzungen durchführen.*[254] Man wird es niemals erreichen und damit nur Verwirrung stiften. Es gibt aber auch Mächte, die diese Verwirrung wollen, die sie in ihren Dienst stellen für ihre Ziele. Aus der ungeheuren Not, welche aus solchen götterwidrigen Versuchen kommen muß, werden die Menschen aufgerüttelt werden müssen für das, was notwendig ist.»

Ergänzend heißt es im *Mysterium der europäischen Mitte*: «Jeder einzelne Mensch steht für sich heute vor der Schwelle der geistigen Welt; an viele wird die Aufforderung herantreten, sie rechtmäßig, nicht aus üblen Okkultismen heraus, zu überschreiten. Seelische Vorgänge im Menschen zeigen sich immer auch äußerlich in den Ereignissen des geschichtlichen Lebens. *In der Mitte Europas liegt ein Raum, der ein Schwellenproblem enthält in der Form, daß ihm tatsächlich die Aufgabe gestellt wird, das Völkerproblem aus geistigen Einsichten zu lösen. Dieser mittlere Raum Europas wird der gesamten Kulturmenschheit noch viele Sorgen bereiten, weil bisher so wenig Geneigtheit herrscht, auf das zu hören, was die Weltentwicklung verlangt.»*[255]

Die seit damals eingetretenen Ereignisse scheinen diesen Worten Polzers ein noch größeres Gewicht zu geben.

*

Zu seiner freudigen Überraschung erblickte Polzer während seines Vortrages in London in der Hörerschaft das Gesicht Blanche Tollemaches! Sie war vom Lande hergefahren, nur um ihn zu hören. «Solche Freundschaftsbezeugungen aus alten Zeiten», schreibt er noch im Jahre 1939, «gehen mir sehr tief zu Herzen, und auch gegenwärtig mich daran erinnernd, erfüllt es mich mit Dankbarkeit und einer eigentümlichen Wehmut.»[228]

Die englischen Erfahrungen werden im August in Pistyan verarbeitet, wohin auch Sophie mitreist. Wie gewöhnlich wird das Grab des Vaters in Modern aufgesucht, auch der 'Harmonie' und deren Verwalterin, Frau Nerad, ein Besuch gegönnt. Außerdem bereitet Polzer sich in Pistyan auf seinen Vortrag vor, den er bei der Eröffnungsfeier des zweiten Goetheanums zu Michaeli halten soll.

Aus Pistyan schickt er dem ersten Vorsitzenden der Anthroposophischen Gesellschaft, Albert Steffen, eine Inhaltsskizze seines Michaelivortrags zu. Unter der Überschrift 'Mysterien, exoterisches und esoterisches Christentum' heißt es einleitend: «Die anthroposophische Betrachtung der Vergangenheit muß dazu dienen, Gegenwartssituationen geistig zu beherrschen und zu ermöglichen, uns dem Weltenwillen entsprechend in die Zukunft zu finden.» Weitere stichwortartige Angaben lauten: «Betrachtung des Überganges vorchristlicher Mysterien zum exoterischen Christentum.» – «Hadrian und die Übernahme des exoterischen Christentums durch den griechischen Volksgeist.» – «Die Vorbereitung des mitteleuropäischen Raumes» usw..

Noch im August weilte Polzer zu einer Zweigeinweihung in St. Veit, wo durch Hemma und Sigrid Wurzer ein 'Tobias-Schröer-Zweig' gegründet worden war. Kurz darauf finden wir ihn am Septemberanfang in Stuttgart. Er liest im Orient-Occident-Verlag letzte Korrekturen seines Buches. Außerdem kommt es zu einer wichtigen Begegnung mit Menny Lerchenfeld, wie aus einem Brief hervorgeht, den Polzer am 9. September aus Tannbach an sie schreibt. Er empfiehlt der Achzehnjährigen, die eine Pianistenlaufbahn vor sich hat, George Sands *Consuelo* zur Lektüre, ein Buch, das in seinem eigenem Leben eine große Rolle spielte und das er jetzt «nach vierzig Jahren» selbst wieder lesen will. Dann teilt er Menny mit: «Nächste Tage fahre ich nach Mariensee. Dort habe ich die meiste Ruhe für die Vorbereitungsarbeit [für den Michaelivortrag in Dornach], gute Luft und bin in nicht zu engem Kontakt mit den täglichen Sorgen. *Denn als Vortrag für die Michaelitagung soll man etwas ganz Neues bringen, und das bekommt man nur, wenn die Seele ruhig ist.*»[256]

Vierzehn Tage hält er sich dann in Mariensee auf. Er schreibt hier seinen Vortrag mit dem Titel 'Mysterien, exoterisches und esoterisches Christentum' nieder oder diktiert ihn Dora Schenker in die Schreibmaschine. In von letzterer getippter Form und mit einigen Ergänzungen von Polzers Hand hat er sich zum Glück erhalten. Und so können wir uns auch von diesem Vortrag Polzers auf der Michaelitagung Dornachs sehr genaue Vorstellungen bilden, auch wenn er ihn nicht wortwörtlich abgelesen haben sollte. Diesen Vortrag hat Polzer 1929 überarbeitet und unter dem Titel 'Exoterisches und esoterisches Christentum' in der Februarnummer (1930) der Zeitschrift *Die Drei* erscheinen lassen. Er findet sich in dieser Form im Anhang dieses Buches abgedruckt.

Polzer kommt in seiner Vortragseinleitung auf die Veränderung zu sprechen, die der Tod von Rudolf Steiner im Leben seiner Schüler hervorgerufen hatte, und stellt die Konsequenzen dieses Todes für sein eigenes Streben dar. «Auf die Schicksalsfrage sah ich mich (...) in erster Linie verwiesen», stellt er fest. «Ich mußte mich nun in gewissenhafter bildhafter Rückschau in der Zeit und Umschau im Raume besinnen.» Sind in dieser Äußerung nicht die drei ersten Stufen wahrer Selbsterkenntnis zu erkennen, oder wenigstens die erste und die dritte Stufe? Zu einem Zeitpunkt überdies, da Polzer längst begonnen hat, seine Lebenswanderung auch auf die vierte Stufe zu erheben – auf welcher Selbsterkenntnis wahre allumfassende Welterkenntnis wird.

Zwei Stützen sind es, die Polzers Arbeit tragen: eiserne Treue zu der Geisterkenntnis und unerschütterliches Vertrauen in die Geistgestalt des Lehrers. So kann er zu sich selber sagen: «Laß jede Philisterei beiseite, vertraue, daß mit Hilfe von Rudolf Steiners Anweisungen die Schwächen allmählich überwunden werden können. Laß dich nicht durch die Bequemlichkeit und [die] furchtschwangere Frage 'Bin ich auch würdig?' lähmen und aufhalten, dasjenige weiterzuführen, was du dir als Aufgabe mit Wissen und Hilfe Rudolf Steiners stelltest.»

Und was sagt die orientierende Umschau? Polzer formuliert es so:

«Im Raume sah ich in diesen schweren Jahren die äußere Hülle des neuen Goetheanums (...) wachsen, und das wurde zu einer Quelle des Vertrauens. In der Rückschau sah ich Rudolf Steiner arbeitend an der Mysterienstätte des ersten Goetheanums und an der Gruppe des Menschheitsrepräsentanten.» In bezug auf wahre Raumerkenntnis wurde folgender Ausspruch seines Lehrers maßgeblich für Polzer: «Die Erde ist auch geographisch voller Geheimnisse.» Das bedeutet für den Schüler: «Das zeigen alle bisherigen Kulturperioden und werden die folgenden innerhalb der nachatlantischen Zeit auch wieder zeigen.»

Sein umfassendes Thema behandelt Polzer so, daß er Rudolf Steiners Aussagen über exoterisches und esoterisches Christentum im Zusammenhang mit dem griechischen, dem römischen sowie dem keltischen Volksgeist anhand eines ganz konkreten historischen Beispiels zu veranschaulichen sucht; mit dem Ziel, «die Situation der Gegenwart etwas überschaubarer zu machen und um anthroposophisches Tun danach einzurichten, andererseits die Zukunft gedankenmäßig vorzubereiten.» Er macht dabei den Versuch, «aus der Vertiefung in den Übergang von den Mysterien zum exoterischen Christentum einen Wegweiser für die Zeiten der wiederkehrenden Mysterien zu gewinnen». Und er fügt hinzu: «Dazu kam mir zu Hilfe, daß sich mir geistig eine historische Persönlichkeit vor die Seele stellte; ein flüchtiges Situationsbild hist.[orischer] Persönlichkeit nannte sich.» Damit ist auf das Tannbacher Erlebnis vom 8. April gedeutet.

In groben Zügen zeichnet Polzer dann den Gang der nachatlantischen Kulturperioden nach. Er zeigt, wie die dritte, die ägyptische, auf höherer Stufe wiederholt, was zur lemurischen Zeit geschah – die Spaltung der Geschlechter. Das Ägyptertum repräsentiert dabei den männlichen Geistpol, der sich deshalb durch die mehr weibliche Geistigkeit der Kulturen von Chaldäa und von Babylon mit ihrer Sternenweisheit ergänzen und befruchten lassen muß.

Was ist mit männlicher und weiblicher Geistigkeit gemeint? Was Polzer vor allem im *Mysterium der Mitte* ausführlich behandelt, läßt sich an dieser Stelle kurz wie folgt umreißen: Während die männliche Geistigkeit in relativer geistiger Passivität zur Eroberung des Erdenplanes strebt und Kunst und Wissenschaft entstehen läßt, ist die aktive weibliche Geistigkeit mehr dazu geeignet, sich mehr intuitiv mit dem Göttlich-Geistigen zu verbinden, woraus die alte Priesterweisheit hervorgegangen ist. Es handelt sich also um eine in der dritten Kulturepoche einsetzende *geistige* Differenzierung innerhalb der Menschheit, die nicht mit der schon zur lemurischen Zeit entstandenen physischen Geschlechtlichkeit gleichzusetzen ist, sondern deren geistige Metamorphose darstellt. In der Bibel tritt uns dieser Gegensatz in der Kains- und Abelströmung vor das Auge. Auch die das Maurertum begründende 'Tempellegende' geht von diesem Gegensatze aus, der in der Zukunft wieder überwunden werden wird.

Diese geistige Zweiheit zeigt sich auch in der griechisch-römischen Epoche, in der der weibliche Geistpol mehr das geistig produktive Griechentum bestimmte, der männliche im Römertum vorherrschte, das zu philiströser Nüchternheit und äußerer Welteroberung tendierte. «Rom wurde zur Hauptstadt der Macht, Athen war die Hauptstadt des Geistes.»

In diesem Römertum steht nun im sogenannten römisch-hellenischen Mittelalter die Gestalt des Kaisers Hadrian vor uns, der mit seiner Seele beide Pole zu umfassen suchte. Hadrian verkörpert somit «ganz real die griechisch-römische Kulturepoche (...) in der Zeit (...), in welcher sich der Übergang von dem alten Mysterienwesen zum exoterischen Christentum vollzieht. Er steht gespalten zwischen Stoa und Gnosis, will daher auch immer Rom und Hellas vereinen, was unmittelbar unmöglich war. So steht er innerlich zerrissen zwischen zwei Welten, einer untergehenden und einer aufgehenden, und kann sich nur dadurch halten, daß er etwas aus den Mysterien weiß, daß er eine zukünftige mögliche Vereinigung ahnt: Er sucht den 'Sohn', der harmonisieren kann, und kann ihn doch nicht finden (...) Er ist aber doch eine derjenigen Persönlichkeiten, in welcher Weltenkräfte wirken.»

Zweimal bricht Tragik in das Leben Hadrians herein: als er im Jahre 130 seinen geliebten Freund und treuen Begleiter Antinous verliert, der unter mysteriösen Umständen im Nil ertrank; und dann, in noch viel größerem Maße, als er, der Friedenskaiser zum blutigen Vernichtungskrieg gegen die aufständischen Juden unter Bar Kocheba gezwungen wird. Doch davon abgesehen ist die zwanzigjährige Regentschaft dieses Kaisers von Kraft und Harmonie geprägt.

*

Unter Trajan hatte das römische Reich die größte Ausdehnung erreicht. Hadrian, schlägt, kaum zur Macht gekommen, einen gänzlich anderen Kurs ein als sein großer Vorgänger: er gibt gleich die Eroberungen im Partherreiche (heute Iran) auf und «will sein Reich beglücken und konsolidieren». Noch stärker als der Sinn für Schönheit und für Kunst war die Friedensliebe, die ihm innewohnte. «Hadrian wirkt kosmopolitisch, er ist der erste, der über die Differenzierung der Völker hinauskommt, Rom und die Provinzen gleichstellt (...) Es spricht sich deutlich auch die Ahnung aus einer späteren Zukunft im Norden», also in den von römischem Fuß ganz frei gebliebenen germanischen Gebieten, zu welchen auch das spätere Böhmen zählt, das Herzstück von Europas Mitte. «Er sieht die Aufgabe der Zukunft weniger im Orient, dem doch seine ganze Liebe gehört, die Pflicht sieht er in Europa. *Er ist dadurch der Kaiser, der als erster die Bedeutung der europäischen Mitte erkennt und diese Mitte vorbereitet.*»[256]

Genau in dieser Richtung setzt Ludwig Polzer-Hoditz in einzigartiger geist-historischer Art das Wirken dieses Kaisers fort. Im Jahre 1928 kommt ihm diese Kontinuität, in dem sein eigenes Streben steht, zum vollen Wachbewußtsein.

*

So kommt dem Jahre 1928 im Leben Polzers eine Schlüsselrolle zu. Es ist das Jahr, in dem sein Lebenshauptmotiv der europäischen Mitte in schönster Art erblüht und zugleich die Wurzel sichtbar macht, die es in der römischen Vergangenheit besitzt.

Wie zur Krönung alles dessen, was in diesem Jahre schon passierte, erscheint am 17. Dezember endlich *Das Mysterium der europäischen Mitte* als Buch.

Und merkwürdig: Nur wenige Wochen vorher war im Amalthea-Verlag in Wien ein anderes gewichtiges Buch erschienen. Auch dieses Buch beschäftigt sich mit Europas Mitte und mit einem Kaiser. Wir meinen *Arthur* Polzers Werk *Kaiser Karl – Aus der Geheimmappe seines Kabinettschefs*.

Für Ludwig Polzer war es jedenfalls «bedeutungsvoll, daß gleichzeitig mit meinem Buch auch das Buch meines Bruders (...) erschien, welches im Anhang das Memorandum publizierte, welches ich ihm im Juli 1917 von Dr. Steiner brachte».[228]

So endete das Jahr, das zwischen 1911, dem Jahre, in dem für Ludwig Polzer der «ernste Anschluß an Dr. Rudolf Steiner» stattfand, und 1945, seinem Todesjahr, die genaue Mitte hält, mit der Veröffentlichung der Hauptwerke der beiden ungleich-gleichen Brüder.

So ungleich beide Brüder, so ungleich war das Schicksal, das ihren Büchern widerfuhr. Arthurs Werk fand in der Presse rasch ein starkes, weites Echo. Vor zirka fünfzehn Jahren wurde es vom Amalthea-Verlag neu aufgelegt; und noch heute figuriert es in der Bibliographie der meisten Werke über das Ende der Donaumonarchie. Im allgemeinen wurde Arthurs Buch sehr positiv beurteilt, abgesehen von gewissen kritischen Stimmen in der Presse Ungarns. Auch außerhalb Europas fand das Buch Beachtung. Die *New York*

Times Book Review brachte schon am 30. Dezember 1928 eine lange Würdigung, die allerdings den tendenziösen Titel trug 'Even a Hapsburg Can Be Human' – 'Sogar ein Habsburger kann menschlich sein'. Zu einem Zeitpunkt, da der Plan gewisser anglo-amerikanischer Kreise, die Donau- und die Hohenzollernmonarchie restlos zu zertrümmern, mit Hilfe der versagenden europäischen Mitte längst Wirklichkeit geworden war, konnte man sich ein gewisses süffisant-historisches Interesse an der Gestalt des letzten Kaisers Habsburgs gerade hier im Westen gönnen. Eine eigenständige mitteleuropäische Politik stellte vorerst keine diesen Westen drohende Realgefahr mehr dar – einfach, weil es eine solche Politik schon lange nicht mehr gab. Die ausführliche Rezension hat sehr wahrscheinlich dazu beigetragen, daß das umfangreiche Buch schon im Oktober 1930 in englischer Version erscheinen konnte; in gediegener Aufmachung, doch mit ganz gezielten, tendenziösen Auslassungen. Im Kapitel 24 des dritten Teiles war davon bereits die Rede.

Ganz anders ist es *Ludwig* Polzers Buch ergangen.

Nach einem Aufenthalt in Belgrad, wo er zwischen dem 27. Dezember des alten und dem 8. Januar des neuen Jahres 1929 im Hause Korac Vorträge und Klassenstunden hielt, und nach einer Reise nach Venedig, die er im Anschluß an die Vortragsarbeit in Belgrad mit Sophie unternahm, traf er am 15. Januar in Mariensee ein. Über die nun folgenden Ereignisse berichtet er: «Bald nach meiner Ankunft in Mariensee bekam ich einen sehr unfreundlichen Brief von Marie Steiner wegen meines Buches, sie verlangte die Zurückziehung. Da aber schon etwa 600 Exemplare in die Öffentlichkeit gegangen waren, war es doch ein Schlag ins Wasser. Es schloß sich daran eine sehr unangenehme Correspondenz, weil ich vor der Herausgabe des Buches ihr alles gesagt hatte, was ich mit diesem Buche beabsichtigte; sie behauptete dann, es vergessen zu haben.»[228] Vor allem dürfte es die durch Polzer vorgenommene Veröffentlichung der bis dahin unveröffentlichten Ausführungen Rudolf Steiners vom 23. Juni und 23. August 1920 gewesen sein, die Marie Steiners Unwillen erregte; ferner das Kapitel IV von Polzers Buch, in welchem er die karmische Beziehung Nero–Kronprinz Rudolf untersucht, ebenfalls aufgrund eines damals anderweitig noch unveröffentlichten Vortrages von Steiner. – «Außer den herausgekommenen Büchern», berichtet Polzer weiter, «waren auch 200 in meinem Besitz, die ich allmählich persönlich an Freunde verschickte. Es hatten sich damals förmlich zwei Parteien gebildet, die einen für das Buch, die andere gegen das Buch. Frau Marie Steiner wurde von einer bestimmten Seite beeinflußt, das zu tun; leider wurde dieser Umstand auch später noch durch andere Mißverständnisse der Anfang weiterer Entfremdung.»[228] Zu den Menschen, die Marie Steiners Mißbilligung des Buches billigten, gehörte auch die Prager Freundin Polzers: Julie Klima, wie aus einem unveröffentlichten Tagebuch von ihr hervorgeht. Wen Polzer mit der «bestimmten Seite» meinte, verschweigt er noch elf Jahre später, zum Zeitpunkt der hier zitierten Aufzeichnung.

Im Februar 1929 trat sibirische Kälte ein. Die Donau fror in Österreich zu, was zu Polzers Lebenszeit nie vorgekommen war. Welch klimatische Entsprechung zur eisigen Aufnahme, die Polzers Buch bei manchen Schülern Steiners fand, sowie zur Abkühlung, welche die Beziehung zwischen ihm und Marie Steiner nun erfuhr! Angesichts der offensichtlich mißverständlichen Besprechungen entschloß sich Polzer, Marie Steiners Willen nachzugeben, um ein Eskalieren des im Grunde rein privaten Mißverständnisses zu einem Konflikt der Anthroposophischen Gesellschaft zu vermeiden. So fuhr er noch im Februar nach Stuttgart und verhandelte mit dem Verlag. Und es scheint, daß von diesem Zeitpunkt an in der Tat keine weiteren Exemplare ausgeliefert wurden. Die Abende verbrachte er mit Sophie und mit Menny Lerchenfeld; zusammen ging man mehrmals ins Theater.

So lenkte Polzer in einer diffizilen, schmerzlichen Affäre ein – und fuhr mit seiner Vortragsarbeit in Wien und Prag ganz regelmäßig weiter.

Am 15. März feiert er in Tannbach mit Berta deren fünfzigsten Geburtstag, am 19. erscheint er wieder in Mariensee. Mit Sophie macht er sich hier eifrig an die Vorbereitung einer lang ersehnten Reise, auf der sie ihn begleiten sollte: Anfang April ging es nach *Rom*.

«Es war das erste Mal, daß ich diese so großartig historische Stadt betrat», erfahren wir aus seinen unveröffentlichten Aufzeichnungen. «Wir blieben sechs Tage und besichtigten vom Morgen bis zum Abend die alten Herrlichkeiten», berichtet er.[228] Zu diesen 'Herrlichkeiten' gehörten zweifellos das alte römische Forum mit der alles überragenden Trajanssäule. Vom Fenster seines Zimmers an der Wiener Lothringerstraße konnte Polzer 1922 direkt zu den der Karlskirche vorangestellten Nachbildern dieser römischen Säule blicken. Jetzt stand er vor dem Original! Das einzigartige Bau- und Kunstwerk war im Jahre 113 errichtet worden. Auf dem mehr als zweihundert Meter langen, sich um die Säule hinaufwindenden Reliefband sind Trajans Heldentaten in den Dakerkriegen (im heutigen Rumänien) dargestellt.

Zweifellos betrat das Paar das herrliche Pantheon, eines der bedeutendsten Bauwerke des antiken Rom, die den Stempel Hadrians tragen. Nicht zuletzt war es den Gottheiten der sieben Wandelsterne zugedacht; später diente es als Vorbild für den Kuppelbau des Petersdoms.

Die Engelsburg – das Mausoleum dieses Kaisers, dessen Spitze heute eine Statue Michaels krönt und in dessen Innerem sich so viel Weltgeschichte zugetragen hat ... Und wie lange mochten unsere Wanderer inmitten der Ruinen des einst prächtigen Doppeltempels 'Venus und Roma' an der Via Sacra gestanden haben? Amor-Roma – für die weiblich-männliche Geistigkeit von Hadrian war dieses erst das *ganze* Rom ...

In der Sixtinischen Kapelle traf das Freundespaar Hans Voith, einen anthroposophischen Industriellen aus Heidenheim, und dessen Frau. Voith anerbot sich, Sophie Lerchenfeld und Polzer im Auto nach Tivoli und zur Villa Hadriana zu chauffieren.

Tivoli! Hier hatte Hadrian in architektonischer Form seine tiefsten Reiseeindrücke bewahren wollen. Und diese Eindrücke waren mit den Motiven der von ihm besuchten Mysterienstätten eng verknüpft. So finden wir einen ägyptischen Serapistempel wie ein Stück Tempetal im orphischen Thessalien, das athenische Lykeion, die Akademie sowie das 'Teatro Maritimo', den Wohnbezirk des Kaisers, der von einem Wasserkreis umschlossen ist.

«Auch Hadrian trug sich mit dem Gedanken eines Wortbaus» hatte Rudolf Steiner Polzer nach der Brandnacht mitgeteilt. In der 'Villa Hadriana' mochten Polzer diese Worte in neuer Art erschienen sein, mehr noch vielleicht im Inneren des Pantheongewölbes.

Nach sieben Tagen nahmen unsere Reisenden Abschied von der 'Ewigen Stadt', wie Hadrian als erster Rom bezeichnet hat. Über all die mächtigen Eindrücke ragte die gewaltige Trajanssäule empor, die ganz oben statt der ursprünglichen Trajansgfigur eine Statue des Petrus trug, mitsamt dem Schein der Heiligkeit. Papst Sixtus V. ließ den Heiligen 1587 diese Säule krönen. *So setzte sich die römische Kirche zur Zeit der Gegenreformation ganz konkret auf die gloriosen Überreste des Imperium Romanum. Dieses ist seit dieser Zeit ihr wahrer Unterbau* ... Vor der Rückreise besuchten unsere Freunde noch für einige Tage Neapel sowie Bari und kehrten über Venedig wiederum nach Wien zurück. Wie neugestärkt zum Wirken für Europas Mitte trifft Polzer in der Donaumetropole ein.

Erstrebe des Gedankens Ersterben im All.
Erstrebe des Schicksals Auferstehung im Ich.

Dieses Wort, das er schon seit langem meditierte: Nun war es in besonderer Weise Wirklichkeit geworden. Viel Gedachtes war auf dieser Fahrt nach Rom «erstorben», auch die eigenen Gedanken über das *Mysterium der europäischen Mitte*, das in dieser Mitte auf so starken Widerstand gestoßen war. Auch daran war kaum mehr zu denken.

Was gilt ein Buch, wenn der Verfasser im eigenen Ich im Buch des Schicksals liest?

33. BALKANIMPRESSIONEN

Seinen sechzigsten Geburtstag feierte Graf Polzer mit Julius und Berta auf Schloß Tannbach. Am 23. April traf auch Dora Schenker ein. Am 30. fuhr Polzer nach Mariensee zu seiner Gönnerin. Hier bereiteten die beiden Freunde eine neue Donaureise vor. Mit dem Express-Schiff 'Saturnus' fuhren sie um Mitte Mai bis Ruschtschuk, und von dort per Bahn nach Sofia. Die Reise ging durch Pannonien, Mösien sowie Thrakien, die von Hadrian bevorzugten Provinzen. – «Diese Donaufahrt und der Aufenthalt in Sofia», stellt Polzer fest[257], «gehören zu meinen schönsten Reiseerinnerungen. Die Landschaft an der unteren Donau hat schon ganz asiatischen Charakter.»

Auf der Rückfahrt machte man in Belgrad halt. Polzer wohnte dieses Mal bei Oberst Leo Knispel, der Herrn Koracs Wohnung übernommen hatte. Eine neue Freundschaft knüpft sich an. Polzer wird in den nun folgenden Jahren Knispel und dessen Frau Lou oft für Tage oder Wochen auf ihrem 'Kastell' bei Split besuchen.

Ende Mai machte Polzer wie gewöhnlich die jährliche Generalversammlung der österreichischen Landesgesellschaft in Wien mit. In diesen Tagen trafen wenig günstige Nachrichten über den Gemütszustand von Josef ein, der sich in Prag aufhielt. Über Linz, wo er Klassenstunden hielt, fuhr er dann im Juni wiederum nach Tannbach.

Kurz nach seiner Ankunft wurde die gesamte Gegend von einem ungewöhnlichen Zyklon erfaßt. «Er entwurzelte Bäume, legte die große Scheune am Zaunerhaus nieder, auch ein Teil des Waldes wurde niedergelegt. Man hörte ihn vorher mit einem unheimlichen Brausen kommen (...) Die Ziegel flogen von den Dächern und Finsternis trat ein. Julius hatte große Sorge und dann viel Arbeit mit der Wiederherstellung der Schäden.» Es war wie ein Realsymbol des finsteren Geistessturmes, der bald durch ganz Europa fegen sollte ...

Inzwischen hatte er eine längere Besprechung des Buches seines Bruders Arthur abgeschlossen. Sie erschien im Juliheft der von Lauer publizierten *Österreichischen Blätter für freies Geistesleben*. Polzer hebt darin die Wichtigkeit der Tatsache hervor, daß sein Bruder sich entschlossen hatte, das ihm überlassene Memorandum von 1917 abzudrucken. Er schreibt am Schluß der Rezension: «Ich möchte noch als Anthroposoph dem Verfasser des Buches danken, daß er in sein wahres, historisches Tatsachendokument einer so wichtigen Zeitspanne, wie es das Jahr 1917 für Mitteleuropa war, *die Perle der Zukunft* [256] einfügte. Sie geht dadurch mit dem stark gelesenen Buche in die Kulturwelt hinaus und erreicht wertvolle Menschenkreise, die sonst, so paradox es klingt, wegen der Wachsamkeit der retardierenden Mächte in der Welt niemals erreicht worden wären.» Wie diese 'retardierenden Mächte' dafür zu sorgen wußten, daß gerade dieser Teil des Buches, diese 'Perle der Zukunft' und alles, was mit ihm zusammenhängt, bei der englischen Übersetzung ausgelassen wurde, haben wir bereits mehrfach dargestellt.

Die unabsichtlich simultane Veröffentlichung der Bücher der zwei Brüder brachte sie erneut in regen Austausch miteinander. Arthur war am 22./23. März zum ersten Mal in Mariensee zu Gast, was ein Indiz für diese neue Nähe ist.

Die zweite Donaureise dieses Jahres (1929) machte Polzer im September. Diesmal nahm er Berta mit. Die beiden fuhren «bei wunderschönem heißem Sommerwetter» bis nach Belgrad. Da keine Schiffskabinen mehr zu haben waren, nächtigte das Ehepaar auf dem vom vollen Mond beschienenen Deck. In Belgrad wohnten die sommerlichen Donaufahrer bei Leo Knispel und dessen Frau.

Knispel brachte Polzer wiederum mit Dusan Letica zusammen, dem späteren Finanzminister Jugoslawiens. Zur Zeit von Polzers Belgradaufenthalt stand Letica gerade im Begriff, eine mehrtägige Inspektionsreise durch ganz Jugoslawien anzutreten. Er forderte Polzer auf, ihn dabei zu begleiten. Und während Berta wiederum nach Tannbach fuhr, brach ihr Gatte frohen Herzens zu dieser ungeplanten Reise auf. Sie fand im «schwergebauten Buick» mit Chauffeur statt. «Die Straßen um Belgrad waren damals noch sehr schlecht», erinnert Polzer sich, «und außerdem angefüllt von Bauernwagen, die ihre Produkte in die Stadt brachten. Erst als wir von Serbien nach Bosnien kamen, wurden die Straßen im gebirgigen Teil gut.»

Noch am ersten Reisetag traf man in *Sarajevo* ein. Der türkische Markt der Stadt sah damals «noch nahezu wie in alten Zeiten» aus.

Zum ersten Mal in seinem Leben erblickte Polzer verschleierte Moslemfrauen und türkische Moscheen. Er suchte jene Stelle auf, an der Erzherzog Franz Ferdinand und seine Gattin am 28. Juni 1914 ermordet worden waren. «Diese Stelle ist wirklich ein Engpaß», schreibt er. Auch dieser Engpaß hat real-symbolischen Charakter. War nicht die ganze Menschheit durch diesen Mord in einen molochartigen, bis heute ungezählte Opfer fordernden Weltenengpaß hineingerissen worden? Franz Ferdinand hatte wirkliches Verständnis für die Slawenfrage in der Monarchie. Wäre er als Nachfolger von Franz Joseph auf den Thron gekommen, so wäre die Nationalitätenfrage in der Monarchie anders als durch 'territoriale' Scheinlösungen behandelt worden, und es hätte am Ende des Jahrhunderts vielleicht kein 'zweites Sarajevo' geben müssen ...

Am Tag darauf ging es bei großer Hitze nach *Mostar* weiter, wo die Reisenden die zunehmenden Holzdevastationen auffielen, durch die nur neuer Karst geschaffen wurde.

Dann fuhr die kleine Reisegruppe am dritten Tag nach *Dubrovnik*. «Der Abstieg zum Meer zu der alten Patrizierstadt gehört zu dem landschaftlich Schönsten in Europa», findet Polzer noch zehn Jahre später. Da die Stadt völlig überfüllt war, nächtigte die Buick-Gesellschaft im nahen, hauptsächlich von Tschechen aufgesuchten Strandbadort Kupary.

Beim Abendessen erkannte Polzer in einem anderen 'Badegast' Norbert Glas, einen jüngeren anthroposophischen Arzt und früheren Kollegen aus dem Wiener Vorstand, der sich ebenfalls auf 'Inspektionsreise' befand. Glas suchte gerade einen geeigneten Ort für eine neue Klinik.

Am 13. September brach die Gruppe nach *Kotor* auf. Polzer kam in eine ganz besondere Erinnerungs-Erwartungsstimmung. «Auf dieser Fahrt», schreibt er, «stiegen in mir alle Erzählungen in der Erinnerung auf, die ich von meinem lieben Vater hörte. Mein Vater war ja Anfang der sechziger Jahre des vorigen Jahrhunderts selbst in Cattaro in Garnison und liebte diesen Ort sehr. Er hatte die kleinen befestigten Objekte gegen Montenegro unter seiner Aufsicht.» Ludwig Polzer vergegenwärtigte sich die von Julius erzählte Ermordung des montenegrinischen Fürsten Danilo im Jahre 1860 und vieles andere, wie wenn es seine eigenen Erlebnisse gewesen wären. Die ganze Liebe, die Julius zu der romantischen Landschaft einst empfunden hatte, wurde in ihm rege. Ja Polzers Fahrt nach Cattaro hat seinen Vater Julius vielleicht aus seinem 'Nebenzimmer der Geschichte' herausgelockt und ihn zum unsichtbaren Vierten der kleinen Reisegruppe werden lassen ...

Doch was ergab der Blick auf das Cattaro von 1929? Polzer schreibt: «Heute ist Cattaro ein recht verlassener Ort, viele schöne palastähnliche Häuser an den Ufern der Umgebung stehen leer. Einst ein Handelsort reicher Leute mit einer großen Handelsflotte, heute verschwundene Pracht.»

Auch seine Eindrücke von der Bevölkerung und den Beamten, mit denen man zusammenkam, sind beachtenswert: «Die verschiedenen Steuerinspektoren, die uns von einer Stadt zur nächsten begleiteten, waren recht liebe freundliche Menschen, mit denen man sehr vernünftig sprechen konnte. Sie waren großenteils selbst in Nöten und Sorgen.» Und über die Bevölkerung bemerkt er: «Auf der Fahrt hielten wir zeitweise in kleinen Orten, da konnte ich die große Armut der ländlichen Bevölkerung beobachten, ich möchte fast sagen, das Sterben einer Landkultur durch die übertriebenen Städtegründungen, die vielfach nur parasitär wirken. – Dalmatien, besonders der südliche Teil, hat ein gutes warmes Klima, welches die Verarmung nicht so spüren läßt.»

Noch am selben Nachmittag fuhr man nach Cetinje, der einstigen Hauptstadt Montenegros, weiter. Bei einem Zusammenstoß mit einem Lastauto auf einer kurvenreichen Bergstraße brach sich Polzer den rechten Zeigefinger. Man beschloß, den Finger in Cetinje zu richten. Im Hinblick auf die Weiterfahrt macht der Verletzte die erstaunliche Bemerkung: «Die herrliche Aussicht, die man von der Lovcen-Straße hat, konnte ich trotz des gebrochenen Fingers genießen» – gewiß nicht eine Selbstverständlichkeit, für Polzers Lebensauffassung aber charakteristisch.

In Cetinje wurde der Finger ohne Narkose wieder eingerichtet. Polzer übernachtete in der Stadt und wurde am anderen Morgen so «angenehm und gut» rasiert wie kaum zuvor. «Es war ein junger bräunlicher Montenegriner», schreibt er noch im Rückblick voll Bewunderung. «Das Messer war tadellos scharf, und seine sehnige Hand von einer merkwürdigen Leichtigkeit. Wie schwer und grob sind oft die Hände solcher in unseren Gegenden, besonders, wenn sie sportlich sind.»

Über Herceg-Novi und Sarajevo fuhr Polzer dann per Bahn zurück nach Belgrad, während Letica die Reise ohne ihn fortsetzte. Sophie Lerchenfeld, die mittlerweile als Eurythmielehrerin in Belgrad lebte, holte ihn am Bahnhof ab und begleitete ihn zu Knispels, wo er die folgenden vier Wochen bis zum 15. Oktober in «sorgsamer Pflege» verbrachte. Er «hielt auch viele Vorträge» und «genoß den schönen Herbst». Besonders gern sah er «vom Kalemegdan [älteste Burganlage der Stadt] herab auf die Stadt und die Mündung der Save in die Donau, hinüber in die ungarische Tiefebene, wo dann am Abend der Sonnenball oft glutrot unterging».

Auf der Rückreise nach Tannbach machte er im tirolischen Hall Station, wo Josef mittlerweile in der Obhut von Norbert Glas in dessen Heilanstalt tätig war. «Ich traf ihn in annähernd gutem Gesundheitszustand», schreibt der besorgte Vater in sein Tagebuch.

*

Mit Vorträgen in Wien, Brünn, Prag, St. Veit und Linz sind die beiden letzten Monate des Jahres 1929 ausgefüllt. Auch ein Stuttgartaufenthalt mit dem Besuch einer Tristanaufführung, zu der er Menny Lerchenfeld einlud, fällt in diese Zeit.

Doch schon am letzten Tag des alten Jahres traf Polzer einmal mehr in Belgrad, dem mösischen Singidunum, ein, wo er von Sophie Lerchenfeld erwartet wurde. Im Hause Knispel hielt er vor vielen Gästen bei brennendem Christbaum den Silvestervortrag. Auch Sophie war dabei, die in einem Nebenhause ihr Logis besaß.

Nicht nur das alte Jahr ging nun zu Ende; auch eine liebgewordene Freundschaft mußte in der alten Form beendet werden. Sophie hatte sich in Belgrad in Alexander Raceta, einen jungen, dichterisch begabten Anthroposophen aus Montenegro, verliebt. Der Bruch des Zeigefingers auf der Fahrt in ebendieses Montenegro mutet wie ein Vorspiel des Seelenumbruchs an, der nun gefordert wurde ...

Der väterliche Freund begriff sofort, was Sophies Begegnung mit dem romantischen Montenegriner bedeutete: «Ich empfand, daß dieses eine schicksalsmäßige Begegnung war, welche der Gemeinschaft mit mir ein Ende bereiten würde.»

Der Christbaum wurde nach dem Vortrag Polzers in Sophies Raum gebracht, und hier feierte das Freundespaar «zusammen das letzte Mal Weihnachten und die letzten Tage unserer schönen zwölfjährigen Gemeinschaft», wie Polzer 1939 schreibt. «Es waren für mich und auch für Sophie schwere Tage.»

Doch das schmerzliche Erleben wandelt sich in eine Rückschau auf die reichen Jahre dieser Freundschaft um. «So lange hat sie mir treu beigestanden, trotz wiederholter Schwierigkeiten mit den Eltern», stellt Polzer dankbar fest. «Sie schrieb für mich, half mir bei den Reisen, liebte alle jene, die mir nahestanden, fühlte sich auch meinem verstorbenen Vater so nahe. Meine Mutter und auch Tante Mathilde liebten sie; Berta lud sie immer wieder ein, und so verbrachte sie auch ohne mich oft lange Zeiten mit ihr. *Rudolf Steiner freute sich auch, uns zusammen zu sehen, wenn ich nach Dornach kam.*[256] Niemals war ein Schatten über unsere Gemeinschaft gekommen.»

Als Polzer sah, daß seine Herzensfreundin, die ihn vielleicht tiefer zu verstehen wußte als irgendeine andere Persönlichkeit in seiner damaligen Umgebung, wirklich einen Menschen liebte, mit dem sie sich vielleicht auch lebensmäßig ganz verbinden wollte, resignierte er mit aller Kraft, um Sophie seelisch-geistig freizugeben. «*Es ist mir die Freiheit des anderen wirklich das Heiligste, was ich kenne, und ganz besonders auf geistigem Boden*»[256,] hatte er ein Jahr zuvor an Sophies Schwester Menny in einem Brief geschrieben.

Ohne viele Worte trugen Knispels dazu bei, die schweren Tage Polzers zu erleichtern. Am 14. Januar 1930 nahm er «schweren Herzens Abschied» von Sophie und fuhr nach Budapest, wo er Vorträge und Klassenstunden zu halten hatte. Und es war selbstverständlich für den Geistesschüler und Meditanten: «Trotz der schweren Seelenstimmung durfte die anthroposophische Arbeit nicht leiden. Gerade in solchen Zeiten muß man zeigen, daß die anthroposophische Arbeit das Wichtigste ist und daß man durch sie über schwere Stunden, Tage und Wochen wieder Gleichmut findet.»

Bei diesem Budapester Aufenthalt besuchte Polzer auch den Exminister Nagy, doch erzählt er über den Verlauf der Unterredung nichts.

Margrit Schön, die für sein äußeres Wohlergehen sorgte, brachte ihn in einem Hotel mit dem Namen 'Pannonia' unter. Sollte es überraschen, wenn Ludwig Polzer im Zimmer dieses Hotels zwischen den Zeilen seiner Vorbereitungsarbeit über sein Schicksalsband mit Sophie nachsann? 'Pannonia' – der Name weckte die Erinnerung an «alte, unnennbare Tage» ...

So schlossen Polzers 'Balkanimpressionen' mit einem wahren Seelenumbruch, der kaum zu deuten ist, wenn man nur die Oberfläche der, rein äußerlich betrachtet, auch im Leben anderer Menschen eintretenden Ereignisse ins Auge faßt. Daß hier tiefer Liegendes zum Vorschein drängt, zeigt der weitere Verlauf, den dieser Abschied nahm. Polzer fuhr von Budapest nach Prag, wo wieder Vorträge zu halten waren. In Prag erhielt er einen Brief von Sophie, in welchem sie ihm «Andeutungen machte, daß sie Alexander Raceta heiraten wolle».

Polzer schreibt: «Nun ereignete sich etwas schicksalsmäßig ganz Frappantes. Der Brief war zu Frau Professor Hauffen adressiert, wo ich gewöhnlich wohnte; diesmal wohnte ich im 'Hotel zum Blauen Stern'. Ich hatte Frau Prof. Hauffen besucht und den Brief übernommen. Auf dem Wege zum Hotel eröffnete ich ihn und las ihn im Gehen. Er war so lieb geschrieben, daß er mir doppelt schwer ans Herz griff, ich taumelte fast auf der Straße, es wurde mir trüb vor den Augen, ging aber gebückten Hauptes weiter. Plötzlich mußte ich stehen bleiben und hob den Kopf, sah in die Auslage einer Kunsthandlung und direkt auf eine große Reproduktion des Antinouskopfes.»

Genau 1800 Jahre waren nun verflossen, seit Antinous, der von Hadrian geliebte Jüngling, der ihn stets begleitete, im Oktober 130 im Nil ertrank – und nun auf einmal, mit Sophies eigentlichem Abschiedsbrief in Händen, stellte sich, Geist-Erinnern weckend, sein Bildnis vor die Seele Polzers hin. Im selben Augenblick, da Sophie endgültig in die Peripherie von Polzers Leben zieht, naht sich ihm, wie aus dem Weltenumkreis hergezaubert – Antinous ...

Ludwig Polzer kommentiert die Szene mit keinem weiteren Wort. Und so wollen auch wir selbst die unbefangene Betrachtung keines Lesers mit weiteren Kommentaren stören. Nur auf eines sei noch hingewiesen: Wie das Tannbacher Erlebnis vom 8. April des Jahres 1928, so spielte sich auch dieses sinnlich-übersinnliche Erlebnis auf einem Boden ab, den römischer Fuß niemals betreten hatte.

*

Polzer atmete in Prag bei Julie Klima seelisch auf. Dann fuhr er nach Mariensee, wo Dora Schenker ihn mit großer Liebe pflegte. Denn er «lag zumeist zu Bett, weil das Herz zuweilen etwas versagte». Briefe werden zwischen Belgrad und Mariensee gewechselt, die sich nicht erhalten haben.

Am 29. Januar 1930 verlobte Sophie sich, und betrat damit ihr neues, völlig eigenes Leben. Man wird sich selbstverständlich wiedersehen, doch erst jenseits dieses tief begründeten zweiten Abschiednehmens.

34. ZWEI MEMORANDEN POLZERS UND DIE FOLGEN

Die von Richard Coudenhove-Kalergi aufgegriffene und propagierte Idee der Vereinigten Staaten von Europa erhielt im Jahre 1929 erneuten Auftrieb. Coudenhove hatte sich persönlich bei den Staatsmännern Europas jahrelang für die von ihm verfolgte Sache eingesetzt, bisher vergeblich, wie es scheinen wollte. Nun gab der französische Außenminister Aristide Briand im Juli 1929 öffentlich bekannt, daß er sich bemühen werde, in der Richtung dieser einenden Idee zu wirken. Das Fernziel der Paneuropabewegung war mit einem Schlage weltweit aktuell.

Im September 1929 fand im Rahmen einer Völkerbundversammlung in Genf die erste inoffizielle Paneuropa-Konferenz von 27 Regierungsvertretern statt. Die Paneuropaidee fand allgemeine Anerkennung unter den Staatsmännern Europas, so zum Beispiel bei Deutschlands Außenminister Stresemann wie auch bei seinem tschechischen Kollegen Beneš. Nur England verhielt sich ablehnend, Italien skeptisch. Briand wurde beauftragt, ein Memorandum auszuarbeiten.

Man vergegenwärtige sich, daß ein integraler Teil der Coudenhov'schen Initiative der Ausschluß Rußlands sowie Englands von Paneuropa war und blieb – was angesichts der in diesem Buche aufgezeigten welthistorischen Notwendigkeit einer europäischen Brückenbildung zwischen Ost und West schon allein in dieser Hinsicht ein Fehlziel darstellt. England machte übrigens ganz von selbst kein Hehl daraus, daß es an einer europäischen Vereinigung lieber von außen als von innen mitarbeiten wollte.

Am 15. Februar 1930 ließ sich Winston Churchill in einem Artikel über 'Die Vereinigten Staaten von Europa' wie folgt vernehmen: «Die Auferstehung der Paneuropaidee wird allgemein mit Graf Coudenhove identifiziert (...) Lassen wir Rußland, wie Graf Kalergi vorschlägt, nach Asien zurücksinken, und lassen wir das Britische Reich, das von seinem Plan ausgeschlossen ist, sein eigenes weltweites Ideal erfüllen (...) *Aber wir haben unseren eigenen Traum und unsere eigene Aufgabe. Wir sind mit Europa, aber nicht in Europa.*»[258]

Nach alter Tradition zieht es auch *dieser* Brite vor, gegenüber dem kontinentalen Spiel des Kräftegleichgewichts als Zünglein an der Waage zu fungieren.

*

Um diese Zeit fuhr Ludwig Polzer von Mariensee mit Berta nach Heiligenkreuz, wo am 9. März der fünfzigste Geburtstag von Bertas Vetter Heinrich Kotz gefeiert wurde. Polzer hat die neue Paneuropawelle mit Sicherheit

34. ZWEI MEMORANDEN POLZERS

bemerkt und mit wachsendem Interesse mitverfolgt. Schon im September 1929 war in der Zeitschrift *Anthroposophie* ein kritischer Artikel über Paneuropa erschienen, und Polzer hatten dessen Anfänge im Wien des Jahres 1922 noch in lebendiger Erinnerung. Er sprach vielleicht mit Adolf Waldstein, seinem lieben Jugendfreund, über Paneuropa, als er ihn im März besuchte und gemeinsame Erinnerungen auffrischte; und sehr wahrscheinlich auch mit Dusan Letica, den er am Monatsende in Wien zufällig auf der Straße traf. Doch ganz gewiß wurden unter anderem politische Fragen erörtert, als Polzer zwei Maienwochen lang in der Villa Gambi in Kambelovac bei Knispels weilte. Er traf am 15. Mai in Split ein, Leo Knispel holte ihn dort ab und brachte ihn zur Villa, die in etwas exponierter Lage ans Meer gebaut war.

Am 17. Mai, dem Paneuropatag, erschien das Memorandum Briands in der internationalen Presse und löste weltweit Reaktionen aus. Es forderte die *rein politische* Einigung Europas und dessen Einbindung in den Völkerbund; es postulierte den Primat der Politik über die Wirtschaft. Das Prinzip des Nationalstaats wollte Briands Memorandum völlig unverändert fortbestehen lassen. Selbst Coudenhove war von seinem Förderer enttäuscht, wie er in seinen Erinnerungen schreibt.[259]

Während Polzer mit Leo Knispel, der vor kurzem seine Stellung als Skodavertreter in Jugoslawien aufgegeben hatte, Ausflüge in die Umgebung unternahm, so zum Beispiel in die Römerstadt Salone, wo eben Ausgrabungen im Gange waren, begann er selbst «über ein politisches Memorandum nachzudenken, weil doch noch einmal höhere Stellen der verschiedenen Staaten auf die Dreigliederung des sozialen Organismus aufmerksam gemacht werden sollten»[260].

Das war *seine* Reaktion auf das Briand-Memorandum, das viele Menschen unbefriedigt ließ und doch das Thema 'europäische Vereinigung' neuerdings zum Tagesthema machte.

Unter dem 8. Juli 1930 notierte Polzer folgendes über dieses Memorandum: «Das Memorandum(...) entsprang aus einem tiefen Drang, noch einmal bei leitenden Persönlichkeiten etwas zu versuchen, ihnen den Mahner Rudolf Steiner in Erinnerung zu bringen. – Es ist mir so zu Mute, als wenn apokalyptische Zeiten beginnen würden.»[260]

Nach der Generalversammlung in Wien traf Polzer am 10. Juni in Mariensee ein. Hier wurde die in der Villa Gambi abgefaßte Schrift von Dora Schenker abgetippt und wohl in die Schlußfassung gebracht. «Kanzlei in höchstem Betrieb in Verbindung mit ganz Europa», schrieb er ins Marienseer Gästebuch. Dora Schenker half bei der Beschaffung der Adressen von zirka achtzig prominenten Staatsmännern Europas, an die Polzer seine Denkschrift mit persönlichen Begleitbriefen verschickte.

Die großformatige, vierseitige Denkschrift trug den Titel:

Memorandum
I. Die Ratlosigkeit in Europa und die unbrauchbaren Rettungsversuche
II. Die von der Menschheitsentwicklung geforderte, notwendige Neugestaltung
III. Durchführungsmöglichkeiten.

Das Titelblatt trägt den Vermerk: «Dieses Memorandum ergeht an einzelne führende Persönlichkeiten, insbesondere Mitteleuropas zur vertraulichen Mitteilung.»

Den ersten Teil des Memorandums leitet Polzer mit den Worten ein: «Es wird in Europa viel vom Untergange der abendländischen Kultur gesprochen. Die Lebensschwierigkeiten steigern sich, zunächst besonders in Mitteleuropa, ins Ungemessene. Die angewendeten Mittel, sie zu erleichtern, vergrößern sie noch. Der Ausweg, welcher durch die Anleihen[261] gesucht wird, wirkt wie todbringendes Rauschgift im sozialen Organismus. Lebensprobleme werden nur als finanzielle und juristische Probleme betrachtet. Die führenden Denkgewohnheiten, welche den Weltkrieg zum Schaden der Völker, nur zum Nutzen einiger schemenhafter Staatsmechanismen entfesselten, haben sich nicht geändert, man hat nichts gelernt. – Dasselbe Denken operiert heute mit Kontinenten, wie es früher mit Staaten operierte. Daher der Ruf nach einem überstaatlichen Mechanismus, der jedoch die Staatskräfte noch lebensvernichtender machen würde.

Europa steht zwischen Amerika und Asien heute so, wie vor 1914 Mitteleuropa zwischen den Weststaaten und Rußland. England pendelt unentschlossen zwischen Amerika und Europa (...)

Paneuropa, wie es konzipiert ist, kann im besten Falle ein überstaatliches Gebilde, ein organisierter Kriegsschauplatz für eine gewaltmäßige Auseinandersetzung zwischen Amerika und Asien werden.[256] Es bleibt an Amerika verschuldet und wird dadurch zum Organ amerikanischer Willensrichtung. Die Lebensmöglichkeiten der nicht beamteten mitteleuropäischen Bevölkerung müssen sich dadurch noch verringern, die europäischen Völker werden verkauft und geopfert.

Alle Hoffnungen der europäischen Völker auf Amerika sind ebensolche Illusionen wie viele derjenigen, welche während des Weltkrieges in Mitteleuropa gehört wurden. Es ist alles Entgegenkommen und Buhlen um die Gunst Amerikas nutzlos, wenn man sich nicht in die Sklavenrolle fügen will.»[256]

Schon allein die große ideile und materielle Unterstützung der Paneuropabewegung respektive Coudenhoves selbst in den dreißiger und vierziger

Jahren durch führende Kreise der amerikanischen Politik und Wirtschaft – einschließlich des Council on Foreign Relations und der Carnegie-Stiftung – zeigt, wessen Interessen durch diese Bewegung in Europa in Wirklichkeit vertreten werden sollten. Coudenhove selbst kann ein gewisser nobler Idealismus nicht abgesprochen werden, doch handelte der Bewunderer von Wilsons 14 Punkten durchaus als Instrument antieuropäischer Interessen, während es Briand vorzugsweise um Frankreichs Führungsrolle im vereinigten Europa ging.

«Die Rettung der europäischen Kultur (...) ist unmöglich», heißt es im zweiten Teil von Polzers Denkschrift weiter, «wenn nicht einerseits der Wille zu einem freien, staatlich nicht privilegierten Geistesleben und anderseits zu einer von politisch-staatlichem Leben unabhängigen Weltwirtschaft zur Tat werden kann.»

Nach einer klaren, knappen Charakterisierung der drei Glieder des gegliederten sozialen Organismus betont Polzer im Schlußteil noch einmal die völlige Vergeblichkeit, von den alten Staatseinrichtungen kulturerneuernde Impulse zu erhoffen:

«Niemals kann die Rettung der europäischen Kultur und Zivilisation durch die überlebten, alten sozialen Einrichtungen geschehen (...) Niemals dürften aber auch die Vorbereitungen für das Neue gleich in die öffentliche Diskussion geworfen werden.

Der Anfang für diese Neuordnung der Verhältnisse, also die letzte Möglichkeit, die Kultur Europas und damit der Menschheit ohne ungeheuerste Katastrophen zu retten, könnte nur so geschehen, daß einige wenige führende Persönlichkeiten aller mitteleuropäischen Staaten, unoffiziell, aus einer höheren Einsicht der dringendsten Notwendigkeit, zusammenkämen und sich außerhalb aller staatlichen, diplomatischen und bürokratischen Formalitäten zu einem freien, gemeinsamen Willensimpuls vereinen und besprechen würden. Diese müßten dann innerhalb ihrer Staaten diesem Ziele gemäß wirken.

Finden sich diese nicht, so werden die in diesem Memorandum niedergelegten Gedanken erst nach den furchtbarsten Katastrophen, denen der größte Teil der europäischen Bevölkerung zum Opfer fallen wird, in späterer Zeit dennoch sich durchsetzen.»

*

Dieses Memorandum Polzers ist bis heute unseres Wissens der einzige Versuch geblieben, nach Steiners Tod bei führenden Persönlichkeiten für die zeitgeforderte Dreigliederung des sozialen Organismus Verständnis zu erwecken. Es wurde deshalb in vollem Wortlaut in den Anhang aufgenommen.

In der Wochenschrift *Anthroposophie* schrieb Hans-Erhard Lauer, Polzers früherer Mitarbeiter beim *Österreichischen Boten* und sein Vorstandskollege im österreichischen Landesvorstand der Anthroposophischen Gesellschaft, im Juli 1930: «Als ein zweiter Wilson tritt heute Briand vor Europa hin (...) Aber wer tritt heute in die Fußstapfen Rudolf Steiners?»

Bereits drei Wochen vor Erscheinen dieser Worte Lauers befand sich Ludwig Polzer auf dem Weg nach Brünn, wo er am 18. Juni T. G. Masaryk, den Präsidenten der tschechoslowakischen Republik, dieser «Karikatur des österreichisch-ungarischen Dualismus»[262], aufsuchte. Auch Masaryk hatte Polzers Memorandum zugeschickt bekommen und offenbar sogleich reagiert. Er war in mancher Hinsicht einer der geistig selbständigsten Staatsmänner des damaligen Europa, wenn man von seiner ursprünglichen Liaison mit Wilsons 14 Punkten absieht. Polzer sprach mit ihm «nahezu zwei Stunden», und er präzisiert: «Es war das eines der schönsten und geistig bedeutendsten Gespräche, die ich mit politischen Persönlichkeiten geführt habe.»[228] Es war der Anfang weiterer Gespräche, teils mündlicher, teils brieflicher und zuletzt noch ganz anderer Art.

Das Echo, das Polzers Memorandum bei den sechzig bis siebzig Persönlichkeiten, die es zugeschickt bekommen hatte, auslöste, war immerhin erstaunlich: «Antworten bekam ich von fast allen», stellt er fest. «Die beste Antwort schrieb mir der Präsident der Nationalbank in Deutschland, Dr. Schacht; auch von Mussolini kam eine kurze Bestätigung des Erhaltes. Die Antwort des Ministers Herriot war auf sehr einfachem Papier geschrieben und zeugte von der französischen Sparsamkeit.»[228]

Am 9. Juli schrieb Polzer sich ins Tagebuch: «Es ist doch sehr interessant, daß man durch das Memorandum eventuell erfahren kann, ob in irgendeinem mitteleuropäischen Staat ein wirklich für die Zukunft Befähigter ist. Wird *einer* blitzartig erkennen, daß diese Gedanken diejenigen sind, welche in die Tat überführt werden müssen?» Und zwei Tage später schreibt er: «Die Ehrfurcht vor dem komplizierten, in Wirklichkeit chaotischen Verwaltungsapparat ist einfach eine Geisteskrankheit – diese muß geheilt werden, wenn man nicht daran sterben will.»[260]

*

Am Tag nach dem Besuch bei Masaryk fand Ludwig Polzer bei seiner Rückkehr in die Donaumetropole, wo er meist bei Zeißigs abstieg, die telegraphische Nachricht vom Tode seines Freundes Adolf Waldstein vor. Vor zwei Monaten hatte er ihn noch besucht, ohne im entferntesten zu ahnen, daß es das letzte Wiedersehen bleiben sollte. Eine merkwürdige Verkettung: Durch Adolf Waldstein und durch dessen Vater hatte Polzer einst eine Art Lebensprivatissimum in wirklichem Geschichtsverständnis durchgemacht. Und nun stirbt sein bester Jugendfreund im Augenblick, da er durch sein Memorandum erneut politisch wirksam wird.

34. ZWEI MEMORANDEN POLZERS

Polzer fuhr nach Hirschberg zum Begräbnis. Viele Freunde und Bekannte aus alten Zeiten traf er an; so auch den alten Prinz von Thurn und Taxis, den Besitzer von Duino, der mit Polzer gern auch anthroposophische Fragen erörterte.

Im Juli traf er zum ersten Male seit dem Abschied in Belgrad mit Sophie und ihrem Mann in Wien zusammen. Man verbrachte einen Nachmittag im Prater, besuchte am Abend ein Orgelkonzert in der Stefanskirche, tags darauf die Hofburg und Schönbrunn. «Im Drange des vielen Geschehens und der vielen Arbeit war der erste Schmerz vergangen», schreibt Polzer 1939, «und mir eine liebe Erinnerung geblieben.» Am 18. Juli trafen die drei Freunde in Linz mit Berta zusammen, die sich über das Wiedersehen mit Sophie und die Bekanntschaft mit ihrem Gatten freute. «Dann fuhren wieder alle auseinander.»[228]

Im Anschluß an die 800-Jahresfeier der Gründung Gutaus, bei der Polzer eine Rede hielt, fuhr er wiederum nach Wien. Am 13. August war er bei Bundeskanzler Schober, «der mich sehr freundlich empfing und mit mir mein Memorandum besprach»[228]. Kurz darauf hatte er in Karlsbad eine Unterredung mit dem rumänischen Minister Popovici, der in Kur war und dem er seine Denkschrift überreichte. Doch der Eindruck, den der Minister auf ihn machte, «war sehr wenig freudig»[228].

Das waren vorläufig die letzten Schritte, die Polzer im Zusammenhang mit seiner Denkschrift unternahm. Die von ihm erhoffte inoffizielle Zusammenkunft von einsichtigen Staatsmännern Europas kam nicht zustande. Im September 1930 flaute die Europadiskussion in der Öffentlichkeit merklich ab, nachdem Adolf Hitlers NSDAP bei den Reichstagswahlen starken Stimmenzuwachs buchen konnte.

Der Herbst verlief mit kleineren Reisen nach Mariensee, St. Veit und Prag, die meist mit Vorträgen verbunden waren. Über seine Prager Arbeit stellt er fest: «Die Arbeit in Prag und Böhmen lag meinem Schicksal viel näher als diejenige an anderen Orten, das zeigte sich im Laufe der Jahre immer deutlicher.»

Im November weilte er in Tannbach, um sich um Julius zu kümmern, der nach einem schweren Sturz von einem Apfelbaum intensive Pflege brauchte. So machten beide Söhne Sorge, denn auch Josefs seelische Verfassung hatte sich verschlechtert; man hatte ihn, wie schon erwähnt, nach Buchenbach bei Freiburg im Breisgau bringen müssen.

*

Auch die Entwicklung innerhalb der Anthroposophischen Gesellschaft nahm 1930 Formen an, die Polzer schwere Sorge machte. Insbesondere galt sie der Frage einer zeitgemäßen Führung der Gesellschaft. «Ich sah», stellt er 1939 fest, «wie nach dem Tode Rudolf Steiners von der Gesellschaft und dem Goetheanum anderes verlangt wurde als dasjenige, was sich doch etwas automatisch gegen das große Schicksal durchzusetzen versuchte.»

Polzer arbeitete erneut ein kurzes Memorandum aus, das er auf der außerordentlichen Generalversammlung zu Weihnachten zur Verlesung bringen wollte. Ein paar Tage vor der diese Tagung vorbereitenden Sitzung der Generalsekretäre mit dem Vorstand am 29. November traf er in Dornach ein.

Er suchte Albert Steffen auf, der seit Weihnachten 1925 erster Vorsitzender der Gesellschaft war. Und auch mit Marie Steiner hatte er im Vorfeld der Novembersitzung ein Gespräch. Besonders diese zwei Persönlichkeiten wollte er mit dem Inhalt seines kurzen Memorandums von vornherein bekannt machen. Warum? Wohl weil er glaubte, daß bei ihnen mit eventuellen Einwendungen gerechnet werden müsse.

Was hat Polzer in der Denkschrift vorgeschlagen? Er selbst faßt es wie folgt zusammen: «Ich (...) sagte, daß die einzelnen Leiter der Sektionen sich ganz auf ihre Sektionen beschränken und vorläufig die Sektion für Allgemeine Anthroposophie»– der zu Rudolf Steiners Zeit die von ihm selber wahrgenommene Regelung der Zugehörigkeit zur esoterischen Schulung durch die sogenannte Klasse vorbehalten blieb – «unbesetzt lassen sollten. Die allgemeinen Angelegenheiten der Gesellschaft sollten in einer Kanzlei nur verwaltungsmäßig erledigt werden. Kein Sektionsleiter dürfe sich über andere Sektionen stellen wollen. Kein autoritärer Ton dürfe zwischen den einzelnen Sektionsleitern herrschen. Wenn so gearbeitet werden könne, dann würde gewiß aus der geistigen Welt in absehbarer Zeit Hilfe kommen. Die Prätention, die Arbeit so weiterzuführen, daß sich der erste Vorsitzende oder ein anderes Vorstandsmitglied als Stellvertreter Rudolf Steiners betrachten würde, müßte beiseite gelassen werden. Sie wäre eine Anmaßung, weil doch niemand aus einer solchen Universalität der Erkenntnisse handeln könne. Das war ungefähr der Inhalt meines Vorschlages.»[235] Und um nicht unvermittelt mit ihm auf der Generalversammlung aufzutreten, besprach er ihn zuerst mit Albert Steffen und mit Marie Steiner. Über den Erfolg davon sagt er: «Sowohl Albert Steffen wie Frau Marie Steiner waren sehr zurückhaltend, Albert Steffen tief beleidigt. So erkannte ich, daß Albert Steffen wirklich meinte, als erster Vorsitzender für eine früher so bedeutend geführte Gesellschaft repräsentativ sein zu können.»[228] Polzer mußte zunächst resignieren und ließ je ein Exemplar der Denkschrift in den Händen der genannten zwei Persönlichkeiten. Er spürte augenblicklich, «daß er von diesem Zeitpunkt an noch mehr gemieden und gescheut wurde vom Dornacher Vorstand als bisher»[228]. Doch

34. ZWEI MEMORANDEN POLZERS

vielleicht würde man sich vor der Weihnachtstagung mit seinen Vorschlägen noch einmal in aller Ruhe auseinandersetzen?

Während der zwölfstündigen Sitzung der Generalsekretäre trat er nicht auf. Und auf der am 29. Dezember 1930 beginnenden außerordentlichen Generalversammlung sprach er ebenfalls kein Wort. Sie machte auf ihn außerdem «einen so verirrten hoffnungslosen Eindruck»[228], daß er bis zum Frühjahr 1935 keine weitere Generalversammlung in Dornach mehr besuchte!

Auch in bezug auf die Regelung der Klassenfrage hatte Polzer klare Vorstellungen: «Eine Regelung der Klassenangelegenheiten halte ich nach dem Tode Rudolf Steiners nur so für möglich», schrieb er 1935[263], «daß die Persönlichkeit, welche die Verantwortung der geistigen Welt und Rudolf Steiner gegenüber übernehmen will und die durch den Willen einer Anzahl von Persönlichkeiten getragen ist, dieses den Leitern der Sektionen mitteilt und sich mit ihnen darüber bespricht. Dadurch glaube ich, daß dann die Kontinuität mit Rudolf Steiner, welche Bedingung ist, gewahrt wäre.» Eine zentralistische Verleihung der Befugnis, die Klasse zu lesen, lehnte Polzer daher selbstverständlich ab. «Eine Verleihung der Befugnisse für fleißige Leistungen, Vielwisserei wäre für mich unannehmbar, dadurch würden wir sehr bald auf eine ganz äußerliche autoritäre Bahn kommen.»

Auf eine solche ganz äuerliche, autoritär-katholische Bahn sollte man leider in sehr kurzer Zeit dann wirklich kommen.

Um die Zeit, als Polzer seine Denkschrift für die Anthroposophische Gesellschaft schrieb, machte er ins Tagebuch die folgende Bemerkung:

«Der Platz, den R. St. einnahm, ist verlassen; er braucht nicht besetzt zu werden, weil R. St. unter uns ist, wenn wir uns erinnerungsmäßig mit ihm verbinden. Er führt uns weiter zum 'O Mensch, erkenne dich selbst!'»[260]

Polzer baute auf die Überbrückungskraft des *individuell gepflegten* Geist-Erinnerns. Andere wollten statt dessen oder außerdem - auf Amt und Würden bauen ...

Im Rückblick auf die in seinem zweiten Memorandum aus dem Jahre 1930 ausgedrückten in ihren essentiellen Punkten bis heute übergangenen anthroposophischen Bemühungen schreibt Polzer später: «Ich erinnerte mich an die Worte Rudolf Steiners im Jahre 1917 in Berlin: 'Was nicht durch Vernunft sich durchsetzen kann, setzt sich dann durch Katastrophen durch, wenn es der Weltenwille verlangt.' – Die Katastrophe kam dann im Jahre 1935 und eröffnete eine Reihe anderer.»[228]

35. «SICH DEM EIGENEN SCHICKSAL ÜBERLASSEN KÖNNEN ...»

Auf Flut muß Ebbe folgen. Was als Taten in die Welt hinausdringt, kann in der Ebbephase zur Vertiefung der Erkenntnis dienen. Schon zwischen 1917 und 1922 konnten wir im Lebensgang von Polzer das Walten dieses rhythmischen Wechsels konstatieren. Auf die Erkenntnis von der Notwendigkeit der Dreigliederung folgte eine jahrelange Tatenflut; als dann die äußeren Bemühungen zunächst am Widerstand der alten Denkgewohnheiten aufgehalten wurden, trat die Phase der erkenntnismäßigen Vertiefung auf: Polzer ging von der konkreten Dreigliederungsarbeit dazu über, deren welthistorische Notwendigkeit durch die Betrachtung des Testamentes Peters des Großen tiefer zu verstehen und zu begründen.

Ähnliches vollzieht sich nun im Jahre 1931. Polzer wendet sich in diesem Jahr, nach dem Versuch, durch das politische Memorandum etwas zu bewirken, und nach ersten wichtigen Gesprächen mit Masaryk und Benes, dem intensiven Studium der Geschichte Böhmens zu. Warum gerade Böhmen? Weil nirgendwo wie hier Randslawentum und Deutschtum sich so stark durchdringen; Böhmen wäre also idealer Ausgangspunkt zur übernationalen Lösung der Völkerdivergenzen im Sinne der sozialen Dreigliederung. Polzer studiert die fünfbändige *Geschichte Böhmens* von Palacky. Doch wäre es verfehlt, sich vorzustellen, er würde dabei nur in 'akademischer Art' zu Werke gehen. Gerade für den jeweiligen Gegenstand der historischen Betrachtung spielt die Konkordanz von äußeren Ereignissen mit inneren Erlebnissen bei ihm eine wichtige, wegweisende oder auch bekräftigende Rolle. Und diese äußeren und inneren Ereignisse selbst stehen wiederum mit den vielen Menschen in Zusammenhang, mit denen er verkehrt. So spielen immer wieder ganz konkrete Menschen die Rolle von Katalysatoren, die in Polzers Forschen etwas ganz Bestimmtes in Fluß zu bringen haben. Eine solche Rolle übernimmt im Jahre 1931, ganz abgesehen von der rein menschlichen Komponente des Verhältnisses, die Familie Zeißig oder etwas später die Familie Brabinek, um nur zwei Beispiele zu nennen. «Ich glaube, daß es notwendig ist», schreibt Polzer 1939[264], «die Erinnerungen dieser Jahre so tagebuchartig zu schreiben, damit die Beziehungen, welche wir mit so vielen Menschen anknüpfen, richtig im Verlaufe der so gewaltigen historischen und traurigen Ereignisse hineingestellt erscheinen, auch soll niemand vergessen werden. *Es ist nicht gleichgültig, unter welchen Umständen und Geschehnissen man Menschen begegnet.*»[256]

Gerade auch für das zu wichtigen historischen Studien führende Zusammenspiel von äußeren Erlebnissen und inneren Bestrebungen ist dies nicht gleichgültig, könnten wir ergänzen. Deshalb wird den vielen Menschen, zu denen Polzer alte freundschaftliche Bande pflegt oder neue knüpft, auch im Fortgang dieses Buches manches Wort gegönnt.

Doch kehren wir ins Jahr 1931 zurück!

Polzer verkehrte im Januar des neuen Jahres viel mit Zeißigs, mit Ernst Wettreich, dem Journalisten, mit dem er seit der Arbeit an dem *Boten* in Verbindung stand, sowie mit Klimas Nachfolger Stanislaus Benda. Sein Prager Freund Hans Eiselt bat ihn im Februar zur Gründung eines neuen 'Plato-Zweiges' nach Mährisch-Ostrau mitzufahren, was Polzer gerne tat.

Es folgen eine Totenfeier für Rudolf Steiner Ende März in Wien, Anfang April in Prag eine Gedenkfeier zur Erinnerung an Rudolf Steiners letzte Anwesenheit in der Moldaustadt. Polzer sprach bei diesem Anlaß über 'Rudolf Steiner als Mensch und Lehrer'. Im Anschluß an die Tagung besuchte er mit Freunden einmal mehr Schloß Karlstein.

Dorli Zeißig, mit der er zu Beginn des Jahres eine *Aida*vorstellung in Wien besuchte, durfte den väterlichen Freund des Hauses am Abend seines zweiundsechzigsten Geburtstages am 23. April erneut begleiten, diesmal in die Aufführung des Stücks *Haus Rothschild* von Saßmann, das im Burgtheater gegeben wurde.

Zwei Tage später fuhr Ludwig Polzer mit Alfred und mit Dorli Zeißig nach Budapest.

Es war Osterzeit, und alles stand in voller Blüte. Man besichtigte die Stadt zusammen. Am Ostersonntag schlenderte die kleine Reisegruppe nach dem Frühstück zur Mathias-Corvinus-Kirche. Es war gerade Hochamt. Vom Chor her tönten den Eintretenden die feierlichen Klänge der *Missa Solemnis* entgegen. Dorli Zeißig wurde vom Geschehen überwältigt. Polzer schreibt: «Sie stand unbeweglich, wie mir schien, ganz in die Handlung und Musik vertieft, und ich erlebte eine Kraft, die uns in irgendeiner Art verband. Beim Verlassen der Kirche sprachen wir wenig. Von der Fischerbastei sahen wir herab auf das Donauband, welches von Stadt und Gebirgszug schön umrandet ist. Die historische Stimmung erfüllte mich.» Ähnlich sinnend hatte Polzers Freund und Lehrer einst auf *Prag* hinabgeschaut ...

Diese Budapester Szene wird im August desselben Jahres noch eine überraschende Fortsetzung und Krönung finden. Zunächst bewirkt sie, daß sich Polzer in der Folgezeit anhand von Palacky mit Mathias Corvinus, dem König Ungarns, und mit dessen Schwiegervater Georg Podiebrad, dem Wahlkönig der Tschechen, zu befassen anfing. Beide Herrscher nahmen wiederholt den Kampf mit Rom auf und ließen sich von demselben Rom auch wiederum entzweien. Sie waren Vorläufergestalten einer von Roms Macht unabhängigen Entwicklung im slawisch-ungarischen Randbereich Europas.

Der 1443 geborene Mathias Corvinus kam nach dem Tod des Vaters Johann Hunyadi als Gefangener nach Prag. Als er hier 1458 zum König Ungarns ausgerufen wurde, ließ ihn Georg Podiebrad, der im selben Jahr Wahlkönig der Tschechen wurde, unter der Bedingung ziehen, daß Mathias seine Tochter eheliche, was Corvinus akzeptierte. Doch die ungarische Gegenpartei bot die Krone Ungarns Friedrich III. an, der sie 1459 – im Jahr der 'Chymischen Hochzeit des Christian Rosenkreutz' – annahm. Corvinus kämpfte um sein Recht, und Friedrich leistete 1462 in Ungarn Thronverzicht. So wurde Mathias Corvinus im Jahre 1464 unbestrittener König Ungarns. Er bekämpfte siegreich die Türken und ließ sich nach dem frühen Tod der ersten Gattin, der Tochter Podiebrads, auch zur Beteiligung an Kreuzzügen gegen seinen einstigen Förderer und Schwiegervater Podiebrad anstacheln, der schon 1471 starb. Mathias siegte über die Polen und zog erneut gegen Friedrich in den Kampf, als dieser Polen beistand. Corvinus eroberte einen großen Teil Österreichs und auch Wien, und Friedrich, von dem der Wahlspruch stammt 'Austriae Est Imperare Orbi Universo', mußte sich bis zu seinem eigenen Tod im Jahre 1493 mit einer Residenz in Linz begnügen. Im Frühjahr 1490 starb Mathias Corvinus in Wien eines plötzlichen Todes. Er soll auf Anstiftung der Kirche vergiftet worden sein. Seine Gelehrtenbibliothek wurde zerstört. Man sagt, einer der an seinem Totenbett gestanden habe, sei Christian Rosenkreutz gewesen ...

Polzer sieht in dem durch den kirchenhörigen Kaiser Friedrich angestachelten Konflikten zwischen Corvinus und Podiebrad mehr und mehr ein Paradigma für die bis heute anhaltende kirchliche Bekämpfung wahrer mitteleuropäischer Geistigkeit. Er schreibt: «Es beginnt ein teuflisches politisches Spiel deutlich zu werden, welches die römische Kirche mit Hilfe ihres Werkzeuges Friedrich III. spielt. Bald kämpft der Kaiser mit Podiebrad gegen Mathias, bald mit Mathias gegen Podiebrad. Diese beiden werden immer gegeneinander ausgespielt, so hofft sich die römische Herrschaft zu erhalten. *Mitteleuropa darf nicht zur Ruhe kommen. Dieses ist bis heute Methode, denn die Geistkeime, die in den mitteleuropäischen Menschen liegen, dürfen nicht zur Entwickelung kommen.*»[256]

Bald nach diesem österlichen Budapestbesuch fing Polzer an, sich auch in Zweigvorträgen zu diesen für die behinderte Entwicklung Mitteleuropas so symptomatischen Geschehnissen zu äußern.

*

Schon Anfang Mai ist Polzer neuerdings auf Reise. Er fährt mit Dr. Eiselt nach Olmütz, wo er am 3. einen Vortrag hält. Auch Dora Schenker kann ihn in diese mährische Stadt begleiten. Oberst Dohnal, einer der Olmützer Freunde, hatte Polzer dazu aufgefordert, während seines Aufenthaltes einen Ausflug zu der nahen *Burg Busau* mitzumachen. So kommt er in dem Vortrag auch auf den ehemaligen Besitzer dieser gut erhaltenen Burg, Franziskus Josephus Philippus von Hoditz und Wolframitz, seinen vierten Urgroßvater mütterlicherseits, zu sprechen. Polzer wird also von außen aufgefordert, sich mit diesem bedeutenden Repräsentanten seines eigenen Erbstromes von neuem zu befassen. Er nimmt dies zum konkreten Anlaß, in seinem Vortrag einiges Persönliches über sein Verhältnis zur Geschichte einzuflechten. «Geschichte war mir zunächst immer etwas Totes», bekennt er offen, «mit dem ich mich innerlich nicht verbinden konnte, und so stellte mich das Schicksal lebendig in die Geschichte hinein, durch dasjenige, was mich im Leben traf.»[260] So ging es auch bei seinem Olmützer Besuch.

Rechts und links vom Eingang in den Kapitelsaal des schönen Schlosses ließ Erzherzog Eugen, der damalige Besitzer, zwei Wandgemälde anbringen. «Das eine, rechts vom Beschauer», schreibt Polzer, «zeigt das Wappen der deutschen Herrn [des deutschen Herrenordens] und unter ihm zwei kämpfende Ritter zu Pferde. Die Inschrift dieses Bildes heißt: 'Die weltlichen Ritter'. Das Bild vom Beschauer links zeigt das Hoditzwappen mit den Büffelhörnern, darunter einen Schimmelreiter, der einen Drachen tötet. Die Inschrift lautet: 'Der geistliche Ritter.'»

*

Wenige Tage später fuhr der Nachkomme dieses 'geistlichen Ritters' zum ersten Mal in seinem Leben zu Vorträgen und Klassenstunden nach Pardubitz in Böhmen. Das kleine Städtchen, das rund achtzig Kilometer östlich von Prag und fünfundzwanzig Kilometer südlich von Königgrätz liegt, besitzt eine gut erhaltene Altstadt mit zahlreichen hübschen Häusern im Renaissancestil. Für Polzer begann damit in Pardubitz eine neue anthroposophische Arbeit, die zu den ihm «liebsten, schönsten und auch erfolgreichsten» der folgenden Jahre gehören wird. «In den sieben Jahren bis März 1938» – als die Arbeit in Böhmen durch die politische Lage plötzlich unterbunden wurde – «habe ich dort niemals etwas Unangenehmes, niemals ein Mißverständnis erlebt», kann er im Rückblick sagen. Wiederum findet er eine neue anthroposophisch-menschliche 'Heimat' im Haus von Anton Geryser, dem Zweigleiter und seiner liebenswürdigen Familie. Geryser war Polzer «der verständigste Zweigleiter, den man finden kann».

Der Tag von seiner Ankunft in Pardubitz ist beachtenswert. Es war der 8. Mai, der Todestag von Helena Petrowna Blavatsky, der mutigen Begründerin der Theosophischen Gesellschaft, die außerdem genau vor hundert Jahren,

1831, geboren worden war. Doch was hat Blavatsky mit dem Geisteswirken Polzers in Pardubitz zu tun? Vor allem dies: nirgends sonst wie hier pflegte dieser Schüler Steiners in Gemeinsamkeit mit seiner esoterischen 'Gehilfin' Maña Brabinek, der er im Dezember 1932 zum ersten Mal begegnen wird, das Element des *weiblichen* Geistes. Es war gewiß kein Zufall, daß die moderne Zivilisation im letzten Drittel des vorigen Jahrhunderts den so nötigen ersten Geisteinschlag durch einen weiblichen Geist erhielt. H. P. Blavatsky handelte als unerschrockene Vorkämpferin für die künftige Entfaltung auch der *weiblichen* Geisteskomponente, die für eine Wiederspiritualisierung der modernen Zivilisation unabdingbar ist. Und angesichts von Ludwig Polzers esoterischem Bestreben, gerade im Zusammenhang mit seiner Pardubitzer Arbeit für die Harmonisierung von männlichem mit weiblichem Geist zu wirken, hat sein Ankunftsdatum den Charakter eines hoffnungsvollen Omens. Es war wie eine leise Aufforderung, Blavatskys Kampf um die Anerkennung auch der weiblichen Spiritualität, die sowohl vom traditionellen Maurertum wie auch durch die Kirche scharf bekämpft zu werden pflegte, mit anderen Mitteln fortzusetzen. Hier in Pardubitz wird Polzer im Dezember 1932 in einer feierlichen Handlung dem schon bestehenden Zweig eine esoterische Doppelpatenschaft verleihen, die dieses Streben in schönster Art zum Ausdruck bringt: Er nennt den Zweig 'Herzog Woiwoda Václav [Wenzel] und Jungfrau von Orléans-Zweig', um dasjenige zu fördern, «was männliche und weibliche Geistesströmung zusammenführen soll».

Im Zusammenhang mit diesem ganz besonderen Element von Polzers esoterischem Bemühen sei uns an dieser Stelle auch eine generelle Feststellung gestattet: Ludwig Polzers bisheriges Interesse für Sophie und für Menny Lerchenfeld, für Dorli Zeißig, sein künftiges Interesse für Maña Brabinek und manche andere weibliche Persönlichkeit ist, abgesehen vom allgemeinmenschlichen Gepräge dieser Freundschaftsbande, im Lichte ebendieses Kampfes für die Harmonisierung von männlicher mit weiblicher Geistigkeit zu sehen. Wer dieses nicht beachtet, wird sich in bezug auf seine Frauenfreundschaften leicht Mißverständnis über Mißverständnis schaffen können.

*

Im Anschluß an den ersten Pardubitz-Besuch fuhr Polzer mit dem älteren Sohn, Julius, für vierzehn Tage zu Knispels nach Kambelovac. Tagsüber machte man Ausflüge zur Insel Lissa, die Abende gehörten meist gemeinsamer anthroposophischer Lektüre.

Im Juni treffen wir Polzer in Prag. In Hradec besuchte er mit Julie Klima das Grab ihres Gatten Jaroslav, in Modern, gemeinsam mit Frau Schenker, das Grab des Vaters und die 'Harmonie'.

Mitte Juli brach er mit der Familie Zeißig nach Venedig auf. Zeißigs sahen die Lagunenstadt zum ersten Mal. Sie wohnten im 'Monaco'. Am 17. unternahm man einen Kurzausflug nach Torcello mit der romanischen Kirche und fuhr dann über Triest zur Insel Lussin weiter. Hier hatte Polzer schon einmal geweilt: zur Jahreswende 1890/91, als er nach der Rückkehr Blanches nach England kränkelte und sich elend fühlte. Zeißigs mieteten sich für die folgenden vier Wochen auf Lussin Grande ein, während Polzer nach einigen Tagen von Lussin aus abermals zu Knispels fuhr. Täglich las er hier mit seinen lieben Freunden Vorträge, doch fehlte auch die heitere Stimmung nicht; war man doch auch «sehr vergnügt».

Polzer wollte auf der Heimfahrt noch ein paar Tage mit Zeißigs verbringen. So fuhr er am 20. August mit dem Schiff nach Lussin Grande. Zeißigs hatten ihm ganz in der Nähe ein Zimmer reservieren lassen.

In diesem Zimmer setzte sich nun fort, was im April in der Corvinus-Kirche von Budapest begonnen hatte. Seit dem Budapestbesuch beschäftigte sich Polzer, wie bereits erwähnt, sehr intensiv mit Palackys böhmischer Geschichte, insbesondere mit Georg von Podiebrad und Mathias Corvinus. So hatte er bei seinem Lussinaufenthalt auch jenen Band Palacky im Gepäck, «der von den Kämpfen Podiebrads mit den Päpsten und mit Mathias Corvinus handelte». Was nun geschah, ist für Polzers Art, in seinem Schaffen auf den Zusammenklang von innerem Bestreben mit äußeren Geschehnissen zu achten, höchst charakteristisch. Was sich bei diesem Aufenthalt ereignete, schildert Polzers selbst wie folgt: «Das Haus, in welchem ich wohnte, war sehr geräumig, einst als Lussin Grande noch sehr besucht war, eine gut gehende Pension. Ich war damals der einzige Gast, alle anderen Zimmer bis auf diejenigen der Eigentümer, waren leer. – Wir verbrachten wieder schöne Tage zusammen. – An manchem Nachmittag kam Frau Zeißig mit Dorli zu mir. Ich las mit ihnen bei diesen Besuchen einen Vortrag über karmische Zusammenhänge einzelner Persönlichkeiten (...) Frau Zeißig und Dorli waren eines Nachmittags nach einer Vorlesung bei mir fortgegangen; ich nahm den Band Palacky zur Hand und begann zu lesen, wurde bald etwas müde und schlummerte leicht ein. Plötzlich fuhr ich aus dem Schlaf und hörte eine innere Stimme, die mir sagte: 'Schau auf zur Wand in die Ecke.' Das Zimmer war nicht sehr hell, und die Ecke lag ganz im Schatten, der Waschtisch stand dort, ich hatte die Tage vorher nichts Besonderes erlebt. Nun war ich jedoch aufmerksam und sah über dem Waschtisch einen eingerahmten Druck hängen. – Es war so finster, daß ich mit meinen schlechten Augen das Bild nicht unterscheiden konnte. Ich nahm es von der Wand und besah es. Unter der Darstellung des Bildes stand nachstehende ungarische Aufschrift (...): 'In Prag bringen sie 1458 dem Mathias Hunyady die Nachricht, daß er zum König von Ungarn gewählt wurde'. Der junge Mathias (Corvinus) steht in der

Mitte vor den großen Magistraten Ungarns, die ihm die Insignien des Reiches bringen. Hinter ihm Podiebrad und seine Gemahlin mit einem kleinen Mädchen oder Knaben. In einer frommen Ergriffenheit befestigte ich das Bild an seinem alten Platz. Durch Vermittlung wurde mir das Bild dann nach Tannbach geschickt, wo es heute in meinem Zimmer hängt. – Daß ich gerade in diesem Zimmer wie zufällig wohnte und aus meiner Lektüre heraus aufgerufen wurde, das Bild zu besehen, daß dieses in Einklang mit demjenigen war, was ich eben las, [machte mir] dieses Erlebnis von besonderer Bedeutung. Es ergänzte sich das Erleben in der Mathiaskirche in Budapest mit dem in Lussin.»

Dieses Erlebnis wirft mehr als eine Frage auf; in erster Linie wohl die Frage: Was steht hinter diesem 'Ruf', der an Polzers inneres Geistgehör gedrungen ist? Das Erlebnis gab auch Polzer viel zu sinnen und zu denken. Es wurde richtungweisend für seine immer souveräner ausgebildete Methode historischer Betrachtung wie auch für die Art und Weise, wie er zu seinen Vortragsthemen kam. Acht Jahre später schreibt er im Zusammenhang mit dem zweiteiligen 'Corvinus-Erlebnis' aus dem Jahre 1931: «Seit dem Tode Rudolf Steiners führten mich immer Erlebnisse des eigenen Lebens zu meinen historischen Vorträgen (...) Ich nahm mir ohne inneren Impuls niemals vor, über ein historisches Thema zu sprechen, aber immer ergab es sich, daß ich rechtzeitig ein Vortragsthema bekam. Erst in zweiter Linie suchte ich dann die äußeren Einzelheiten in der Geschichte auf. – Oft glaubte ich für die nächste Zeit kein Thema zu haben, und doch stellte sich immer wieder rechtzeitig ein passendes ein. Das gibt Vertrauen in die geistige Führung. Ich begann so dumpf eine wirkliche Führung Rudolf Steiners aus der geistigen Welt zu erleben. – Träume waren niemals die Veranlassung zu Vortragsthemen, immer nur die Aufmerksamkeit auf ein äußeres Geschehen, das sich mit einem inneren Willensimpuls verband. – Manches mußte auch in der konkreten Auslegung korrigiert werden. Manches ringt noch heute in der Seele um die richtige Deutung.»

Doch dies ist noch nicht alles. Wer bestrebt ist, im Wust der Tatsachen zu denjenigen vorzudringen, die von symptomatischem Gewicht sind, der muß noch eine ganz andere Fähigkeit ausbilden, die mit historischer Forschung scheinbar, aber doch nur scheinbar, nichts zu tun hat. Polzer formuliert dies so: «Man muß sich aber auch dem eigenen Schicksal überlassen können. Dieses wird einem verständlich machen können in der Lebensrückschau, wie man tatsächlich im Leben steht. Diese symptomatischen Ereignisse, welche man dann für seine Aufgabe braucht, trägt einem, wie Rudolf Steiner sagt, der Strom der Welt zu[265], und dann muß man sie zur Erfassung der Wirklichkeit zusammenstellen können, wenn sie auch oft in der Zeit auseinander liegen.»

35. «SICH DEM EIGENEN SCHICKSAL ÜBERLASSEN KÖNNEN»

Wer nur pragmatisch-chronologische Geschichtsbetrachtung pflegen will, mit dem unerreichbaren fernen 'Ideal', eines Tages *alle* Tatsachen des historischen Geschehens vor das Forscherauge zu bekommen, der wird natürlich glauben, ohne Beachtung des Zusammenhangs von äußeren 'Zufällen' und inneren Erlebnissen auszukommen. Doch wer geschichtlich Wesentliches sucht, der muß dem eigenen Schicksal folgen lernen, denn nur dieses, und nicht sein abstraktes Denken, wird sein Augenmerk auf Dinge lenken können, die für die nähere Betrachtung ihr zunächst vielleicht verborgenes symptomatisches Gewicht enthüllen.

Nach dem ihn tief ergreifenden historisch-symptomatischen Erlebnis reiste Polzer ein paar Tage nach Italien. Dorli Zeißig, die in das Erlebte mitverwoben schien, wenigstens zu seiner äußeren Veranlassung mit beigetragen hatte, durfte ihn begleiten. Von Lussin ging es nach Ancona und von dort für zwei Tage nach Ravenna, der Stadt Theoderichs. Über Venedig reiste das Paar, das wohl für Vater und für Tochter gehalten werden mochte, nach Padua und nach Triest. Eine Autofahrt nach Fiume beendete die kleine Reise. Dorli kehrte nach Lussin zurück, Polzer fuhr nach Wien. Als ihn Alfred Zeißig, der schon früher an seinen Arbeitsort zurückgekehrt war, am Bahnhof in Empfang nahm, begann ihm Polzer Dorlis und die eigenen Reiseeindrücke zu schildern. Den tiefsten Eindruck hatte das Grabmal der Galla Placida in Ravenna bei Dorli hinterlassen.

Im September weilte Polzer zu einer kurzen Kur in Pistyan. Dora Schenker kam ihn hier besuchen. Dann fuhr er mit den beiden Reichart-Töchtern nach Tannbach, wo sie vierzehn Tage blieben. Über Prag reiste er im Oktober nach Mariensee. Hier wollte er in aller Ruhe das Wichtigste, was ihm in diesem Jahre 'der Strom der Welt' historisch-schicksalsmäßig zugetragen hatte, vertiefen und erweitern. «Schöne Tage – Palacky-Lektüre. König Podiebrad und Mathias», heißt es diesmal schlicht im Gästebuch.

Am Monatsende folgt ein 'Abstecher' nach Dornach, wo Polzer seinen Enkel Christward sah und auf der Rückfahrt Josef in Wiesneck besuchte. Doch schon am 6. November finden wir ihn einmal mehr im Refugium von Dora Schenker. Wiederum vertieft er sich in die Geschichte von Podiebrad und Mathias Corvinus. Eine längere gedichtartige Eintragung im Gästebuch zeugt davon. Sie lautet:

Ein Schicksalsband
will Donau- und den Moldaustrand umschließen,
wollt' einen drei,
die sich im Geist erlebt.

*Da wittert Geist
das Ungetüm in Rom,
entzweit in Streit
Corvinus, Podiebrad und Friedrich
und pflegt die Drachenbrut,
daß immer neuer Streit die Völker trenne.
Doch unserer Zeiten größter Erdensohn,
er läßt bei geistestreuen Seelen
Erinnerung tauchen aus dem Dämmerlicht.
Es rollt die Zeit –
Und Schicksal führt –
Es steigen Bilder auf,
die Kräfte für die Zukunft lösen
und überwinden werden
Drachenplan.*

Während Polzer in Mariensee in solcher Art mit der böhmisch-ungarischen Geschichte des 15. Jahrhunderts beschäftigt war, traf von Zeißigs eine Schreckensnachricht ein. Dorli war auf eine Schülertagung nach Stuttgart gefahren und hatte «dort einen schweren Herzenskummer erlebt und war geistig erkrankt». Man brachte sie nach Gnadenwald, in die Hand von Norbert Glas. Sie mußte eine Wächterin bekommen.

Hatte Dorli Zeißig an der Seite ihres väterlichen Freundes zu schnell zuviel erlebt, dem sie nicht gewachsen war? Mußte sich ihr zartes Seelenleben Luft verschaffen? Versuchte sie, zum Ausgleich für die geist-historischen Höhenflüge in der Erdenliebe einen neuen Halt? Wir wissen nichts Genaues. Polzer ging die Krankheit seiner jungen Freundin sehr zu Herzen, hing sie doch mit dem, was ihn in diesem Herbst beschäftigte, aufs innigste zusammen.

So drang er im Spätherbst 1931 auf neue, wichtige Erkenntnishöhen, um zu erfahren, daß ein ihm eng verbundener junger Mensch in tiefste Seelenschmerzen stürzte. In diesem herben Moll-Akkord «ründet sich der Kreis», der in Budapest zur Osterzeit eröffnet worden war. 'Sich dem eigenen Schicksal überlassen können', auch wenn es schmerzlich wird – das hatte Polzer in der finsteren Novemberzeit in besonderer Art zu üben.

36. EIN GELÜBDE IN DER WENZELSKAPELLE

Zwischen dem 4. und 10. Dezember 1931 fand in Prag eine größere anthroposophische Tagung statt. Der Ingenieur Milos Brabinek senior stellte Ludwig Polzer bei diesem Anlaß seine zwanzigjährige Tochter Maña (Maria Magdalena) vor, von welcher im Zusammenhang mit Polzers erstem Pardubitz-Besuch am 8. Mai des Vorjahres schon die Rede war. Brabinek bat Polzer, Maña in die Michaelschule aufzunehmen, was dieser sogleich tat. «Ich wußte», stellt er später fest, «wie Brabinek seine Kinder im Geiste der Anthroposophie erzogen hatte. Maña war nach ihrer Matura auch ein Jahr in Dornach gewesen. – So konnte ich sie gleich aufnehmen und erlaubte ihr gleich am 6. Dezember zu kommen.»[257]

Im Sinne seines anthroposophischen Memorandums vom November 1930 hielt Polzer es für angebracht, autonom und dezentral zu handeln und als von Rudolf Steiner für die Arbeit mit den Klassenmantren beauftragte Persönlichkeit über die Neuaufnahme weiterer Mitglieder selber zu entscheiden. Daß dies in Dornach, wo sein Memorandum bei zwei maßgeblichen Mitgliedern des Vorstands auf Ablehnung gestoßen war, nicht zu gern gesehen wurde, ist selbstverständlich.

Schon am 10. Dezember begleitete Maña Polzer zu einem Vortrag, den er auf Bitten Brabineks vor einem kleinen Kreise über die Idee der Dreigliederung zu halten hatte. Zu den geladenen Gästen gehörte auch Dr. Schiszl, damals Kabinettsdirektor Masaryks. Diese Einladung war nach Polzer «vielleicht eine Art von Ausforschung», und auch Stanislaus Benda zeigte sich besorgt, als er die Liste der Geladenen durchging. Doch Polzer sprach ganz akademisch und beantwortete alle Fragen so, «daß niemand politisch besorgt sein konnte». So unbefriedigend der Vortrag für die anthroposophischen Freunde unter seinen Hörern gewesen sein mochte, Polzer gewann durch ihn die Freundschaft Schiszls, der ihm die weiteren Audienzen bei Masaryk vermittelte. Maña Brabinek saß während dieses ganzen Vortrags «wie ein Schutzengel neben mir», stellt Polzer fest, und damit ist das nun beginnende Wirken dieser ungewöhnlichen Frau an seiner Seite im Grunde schon gekennzeichnet.

*

Nach dem Weihnachtsabend, den Polzer mit Berta und mit Julius in Tannbach feierte, brach er nach Gnadenwald auf, um Dorli Zeißig zu besuchen. In Begleitung der Arlesheimer Schwester Rosa machte er mit Dorli einen Waldspaziergang. Doch das sonst so freundlich-fröhliche Mädchen sprach kein Wort und «war sehr verändert und scheu».

Von Gnadenwald fuhr er nach Mariensee. «Die Abende mit der *Geschichte der Stadt Rom* schön verbracht», heißt es im Gästebuch von Dora Schenker. Es ist der Klassiker von Gregorovius damit gemeint. Auch Alfred Zeißig kam zwei Tage zu Besuch. Gewiß wird man sich zu dritt auch über Dorlis Zustand ausgesprochen haben.

Von Mariensee reiste Ludwig Polzer nach Bad Saarow zu Dr. Erhard Bartsch, der im nahen Marienhöhe ein biologisch-dynamisch bewirtschaftetes Landgut führte. Auch Hemma Wurzer aus St. Veit sah er hier wieder, die Bartsch tatkräftig zur Seite stand und bald darauf mit ihm den Ehebund einging. – «Der Jänner dieses Jahres ist auffallend milde», notierte unser Reisender ins Tagebuch.

Im Februar besuchte Polzer Leopold Thun, einen alten Freund der großmütterlichen Familie Karg, in Choltice. Graf Thuns Onkel war Rittmeister in Polzers Husarenregiment in Ödenburg gewesen. Er stand im einundsechzigsten Lebensjahr und interessierte sich für Anthroposophie.

Ein schwerer Schlag traf die Familie Polzer-Hoditz, als am 13. März 1932 die teure, liebe Tante Mathilde in ihrem vierundachtzigsten Lebensjahr in Baden starb. Sie wurde in dem gleichen Grab wie ihre 1924 verstorbene Schwester Christine beigesetzt.

Zum hunderjährigen Todestag von Goethe wurde in Dornach eine Tagung arrangiert. Polzer fuhr am 20. März mit Hans Eiselt hin. Als erstes machte er dem Enkel Christward seine Aufwartung. Die Tagung mit den Eurythmie-, Faust- und Musikaufführungen verlief «sehr schön».

Im Goetheanum stieß er auf Herta Reichart, die in Basel Medizin studierte. «Die einsame, traurige Stimmung hat sie mir erheitert.» Denn wie eine unsichtbare schwere Hand lastete auf seinen Schultern neben den bereits vorhandenen Bekümmernissen das Rätselschicksal Dorli Zeißigs. Aus Gnadenwald traf schlechte Nachricht ein. Dorli mußte in die Irrenanstalt Hall im Tirol eingewiesen werden.

Ende März hielt Polzer wie gewöhnlich in Wien die Rudolf-Steiner-Gedenkansprache. Einen Monat später machte er nach einer 'Retablierungswoche' in Mariensee eine große anthroposophische Tagung in der Moldaustadt mit. Nach der Tagung begleitete er Albert Steffen, der ebenfalls nach Prag gefahren war, nach Karlstein, und dann Günther Wachsmuth, den Schatzmeister der Gesellschaft, zu einer weiteren Tagung, die in Wien stattfand. Polzer dürfte Steffen, wenn er dies nicht schon vorher auf schriftlichem Weg erledigt hatte, von der Aufnahme Maña Brabineks und eventuell auch anderer Menschen in die Michaelschule berichtet haben. Aufschlußreich ist eine Beobachtung, die er damals in bezug auf Steffen machte: «Ich hatte die Empfindung, daß sich Steffen außerhalb der Schweiz unsicher und entwurzelt fühlte, keine wirkliche Beziehung zu diesen Volkstümern findet.»

Noch im Mai traf Polzer abermals in Dornach ein, wo er mit Schwester Rosa, die Dorli Zeißig in Gnadenwald betreute, eine Unterredung hatte. Nach einem Ausflug nach Selisberg mit Herta Reichart fuhr er nach Wiesneck und nahm Josef mit nach Tannbach. Kurz darauf brachte er den Sorgensohn nach Pilgramshain und gab ihn in die Obhut von Karl König. Hier in Pilgramshain begann sich Josefs Zustand zusehends zu bessern.

*

Es folgten Vorträge und Klassenstunden in der Moldaustadt. Am 17. Juni wurde Polzer von Brabineks erstmals zum Essen eingeladen. Damit betrat er den Familienkreis nicht mehr nur als Vortragender und Lehrer, sondern als von Brabineks geschätzter Mensch. Zu Maña, «diesem ganz besonders spirituellen Mädchen», hatte er sogleich «eine ganz besondere Schicksalsbeziehung» empfunden. Doch er wollte nichts forcieren: «Erst als ich den Besuch nicht mehr vermeiden konnte, entschloß ich mich dazu.» – Nach dem Mittagessen machte man in der nahe Dejvice – dem Stadtteil Prags, den Brabineks bewohnten – gelegenen 'Sarka' einen längeren Spaziergang. Die 'Sarka' ist ein romantisches Felsental, an das sich zahlreiche Legenden knüpften. Im November 1620 hatte sich am 'Weißen Berg', der an die Sarka grenzt, jene schicksalhafte Schlacht ereignet, die den Widerstand der böhmischen Hussiten gegen die Rekatholisierung fast völlig brach. «Es war ein herrlich schöner Junitag», schreibt Polzer. «Die wilden Rosen blühten. Maña pflückte eine Rose und gab sie mir, sagte dazu: 'Wenn man jemandem eine Rose gibt, dann gibt man damit zugleich den Schlüssel zu seiner Seele, wenn die Gabe wahr sein soll, denn die Rose ist eine heilige Blume.'» – Und Polzer setzt hinzu: «Das war in religiöser, bescheidener Art wie aus einer Inspiration heraus gesagt. Sie gab mir die Rose und ihr Seelenvertrauen als [ihrem] geistigen Führer.» Und noch etwas sagte Polzer Mañas Ausspruch: *«Ich hörte daraus die slawische Seele sprechen, welche das Verständnis eines deutschen Menschen für diese Seele erkannte.»*[256] An diesem Junitag «begann die kurze Zeit meines schönsten Schicksalserlebnisses, das aber im geistigen Gebiet fortbesteht und immer fortbestehen wird, weil es aus alten Zeiten stammt und eine neue Weihe erhielt mit einer Aufgabe für die zukünftige Zeit». Diese «alten Zeiten» und die «neue Weihe» werden gleich zur Sprache kommen.

Mit dem Keim dieses schönen Junitages in der Seele fuhr Polzer eine Woche später gemeinsam mit Frau Schenker «wie jedes Jahr» nach Kambelovac. Von hier aus reiste er mit Dora Schenker Anfang Juli nach Cattaro, um Alexander und Sophie Raceta zu sehen. Wie eigenartig, daß sich das Paar in dieser Stadt, die an Montenegro grenzt, niederlassen sollte. Alexander war dadurch seiner eigenen Heimat nahe, Sophie dem Geist von Polzers Vater Julius, dem sie sich schon immer stark verbunden fühlte.

Der weitere Sommer verlief in ruhiger Abwechslung in Tannbach, wo verschiedene Besucher weilten. Mitte August brach Polzer seinen Tannbachaufenthalt jedoch wieder ab, um seine Freunde Zeißigs, wie ein Jahr zuvor in Lussin, so nun in St. Jacob am Arlberg zu besuchen, allerdings ohne Dorli vorzufinden. Auch bei diesem Besuch von Polzer wird Dorlis Schicksal Gegenstand von sorgender Erörterung gewesen sein.

Kurz darauf bestieg er von Mariensee aus den Hochwechsel. Er «hatte am Morgen eine wundervolle Aussicht, der Neusiedler-See war von der aufgehenden Sonne bestrahlt und spiegelte die Sonne rot zurück», schreibt er sich ins Tagebuch. Der lichtvolle Weitenblick war für seine Seele Balsam.

Wie fast jedes Jahr machte er im September seine Pistyan-Kur. Mit Reicharts las er hier die Michaelvorträge, die Rudolf Steiner im September 1923 in Wien gehalten hatte. Wie jedes Jahr besuchte er von Pistyan das Grab des Vaters und Marie Nerad, die Verwalterin der Villa 'Harmonie'. «Allen lieben Menschen, mit denen ich einst dort war, fühlte ich mich dann so nahe», schreibt er über seine Modernaufenthalte. Während dieser Kur in Pistyan setzte eine schöne, Polzers Seele neue Weiten schenkende Korrespondenz mit Maña Brabinek ein.

Von Pistyan ging es nach Prag und Pardubitz. Am 25. September wurde er von Brabinek am Pardubitzer Bahnhof abgeholt und nach Slatinany, dem Hauptwohnsitz von Brabineks, gebracht. Milos Brabinek arbeitete hier als technischer Leiter der Düngemittelfabrik des Fürsten Franz Josef Auersperg und wohnte mit der Familie neben dem Fabrikgebäude beim Bahnhof. Da Fürst Auersperg der Bruder von Bertas Tante Gabriele Windisch-Graetz war, betrat Polzer im für ihn neuen Slatinany zugleich auch verwandtschaftlich gefärbtes Terrain.

Er weilte acht Tage lang im Hause Brabinek. Tagsüber fuhr man nach Pardubitz zu Vorträgen und Klassenstunden. Abends kehrte man nach Slatinany zurück und machte noch gemeinsame Spaziergänge in der bewaldeten Umgebung. Mit Maña suchte Polzer oft den Auerspergischen Tiergarten auf. «Sie erzählte mir von ihren Träumen, die sich die meisten auf eine alte Zeit in Theben im alten Ägypten bezogen oder auf eine Burg und immer dieselbe im späten Mittelalter», schreibt er im Rückblick auf die schönen Tage Slatinanys. Und er fährt fort: «Ein so reines, geistiges Sein strahlte von ihr aus, mit einer liebevollen hingebenden Begeisterung für die Anthroposophie.»

Sosehr Sophie Lerchenfeld mit der 'Romschicht' von Polzers Individualität verbunden schien, so sehr brachte Maňa Brabinek die ägyptische und spätmittelalterliche Schichte seines Wesens zum Erklingen. In bezug auf seine innere Affinität zu Maňas Mittelalterträumen ist folgende Begebenheit von symptomatischem Interesse. Polzer schreibt: «Ich weiß nicht, wieso es kam, daß mir schon früher in Dejvice plötzlich der Roman von Frau Wiegand *Der Kampf mit dem Tarnhelm – Erlebnisse aus der Geschichte des Königs Jakob I. von England und seiner Mutter Maria Stuart und ihres Vetters Francis Stuart* [266] in ihrer Nähe einfiel. Es war das erste Buch, welches ich ihr schenkte.»

Maňa hatte zu dem Freund und Seelenführer unbegrenzt Vertrauen; schön und frei sprach sie von dem, was sie erlebte. «Als wir einmal auf der Waldeshöhe auf den Felsen zusammensaßen und heruntersahen zur Ebene, sagte sie plötzlich: 'Ich weiß, daß wir uns schon früher trafen in längst vergangener Zeit, diese Erinnerung ist mit einer Art von Schuld verbunden.' » Und Polzer kommentiert: «Die Art, wie das gesagt war, ganz schlicht, einfach und ruhig, erfaßte die Tiefen meiner Seele.» Darauf eröffnete sie ihrem Freund, daß sie sich schon vor längerer Zeit einem jungen Mann versprochen hatte, den sie nach dem Abschluß ihres Studiums zu heiraten gedenke; daß sie Kinder haben wolle; daß sie die Beziehungen zu Polzer als geistiger Natur betrachte und «sie höher stelle als nur persönliche Erdenverbindungen». Damit sagte sie zugleich: nicht *alle* ihre Kräfte würde sie dem Freund und Geistesführer zur Verfügung stellen können. Für Polzer waren diese Mitteilungen zur Michaelizeit «der Anfang einer geistigen Gemeinschaft (...) und der Impuls für eine gemeinsame Arbeit und die Übernahme einer Aufgabe, der ich von da an anthroposophisch diente und dienen werde.» So stellt er noch im Jahre 1939 fest.

Die tiefgreifenden Gespräche mit Maňa beflügelten die Arbeit Polzers in Pardubitz und Prag in höchstem Maße. In Pardubitz half außerdem der Umstand, daß Anton Geryser, der Zweigleiter, mit ungeheurer Gewandtheit Polzers Ausführungen im Stehgreif in die tschechische Sprache übersetzte. Er sprach daher gewöhnlich in drei Abschnitten, so daß Geryser in den Pausen übersetzen konnte. «Ihm habe ich es zu verdanken», stellt Polzer fest, «daß meine Arbeit mit den tschechischen Freunden so guten Erfolg hatte.» Dieser Erfolg übertrug sich später auch auf die große Prager Gruppe. In dieser Michaelizeit des Jahres 1932 sprang für den übermüdeten Geryser einmal auch Maňa ein «und machte es sehr gut».

Am 18. Oktober sandte Maňa Polzer einen Spruch, der das unbegrenzte Vertrauen zeigt, das zwischen beiden Menschen herrschte, aber auch die spirituelle Zielbewußtheit deutlich macht, von welcher Maňa beseelt war:

Dir, Freund meiner Seele,
Sende ich meine geistige Liebe –
Die rein ist durch das Christus-Wort.
Das Wort der Liebe möchte dir helfen,
Wenn das Gute mit dem Bösen kämpft.
Das Licht der Sterne möchte dein Herz durchleuchten
Und alles Dunkle zum Lichte machen.
Ich sende Dir – die heilige Geisteskraft,
Die den Tod zum Leben wandeln kann.
Ich will Dich nie verlassen im Schweren.
Wir treten vor die großen Meister hin.
ER möchte uns seinen Segen geben
Dir und mir –
Daß unsere große Sehnsucht
Die Harmonie zu bilden,
In der Wirklichkeit zum Siege werde!
Im Dienste Michaels – mit SEINER Hilfe.
Amen.

Die Freundschaft zwischen Ludwig Polzer und Maña Brabinek erlebte in den letzten Tagen des Oktober einen ersten Höhepunkt durch eine vollbewußt-gemeinsam vorgenommene Zielsetzung. «Der 26. Oktober», so berichtet Polzer, «wurde für mich und meine Arbeit in Prag ein weihevoller Schicksalstag. *Um 11 Uhr Vormittag schlossen wir in der Kapelle des heiligen Wenzel im Veitsdom am Hradschin unsere Gemeinschaft mit dem Versprechen und dem Willen, die Aufgabe zu übernehmen, deutsche und slawische Seelen zu harmonisieren, für eine deutsch-tschechische Verständigung zu kämpfen und diese Aufgabe bis in spätere Zeitenläufe zu repräsentieren.*»[256]

Zur kultisch-feierlichen Bekräftigung des 'Versprechens' hängte Polzer Maña Brabinek ein Rosenkreuz um den Hals. Noch sieben Jahre später machte er die Feststellung: «Diese Handlung, bei welcher ich Maña in der Kapelle ein Rosenkreuz umgehängt habe, hatte ihre Wirkung in die geistige Welt hinein.»

Ein wichtigstes Geschehen – zumindest in den Augen Polzers und Mañas – trug sich an diesem Tage also zu. Die Gewichtigkeit der Handlung wurde durch den Ort, an dem sie stattfand, noch zusätzlich erhöht. Die mit wunderbaren Edelsteinen ausgeschmückte Wenzelskapelle ist dem gleichnamigen ersten Böhmenkönig geweiht, der zugleich der Schutzpatron des Landes ist. Der aus dem Geschlecht der Premysliden stammende Regent strebte schon im 10. Jahrhundert mehr nach dem Zusammenwirken mit dem Brudervolk der Deutschen (insbesondere den Sachsen) als mit dem Papsttum

Roms – und starb deshalb von römischer Hand im Jahre 929. Polzer schreibt dazu: «Herzog Václav (...) ließ sein Leben für Christus *und deutsche Freundschaft*.²⁵⁶ Sein Bruder Boleslav, der ihn mordet, war (...) der Ausführer eines römischen Willens, der gegen das esoterische Christentum Wenzels und seiner Großmutter Ludmilla kämpfte. Als Wenzel von Boleslav zu Tode getroffen in die nahestehende Kirche [Veitsdom] flüchten will, wird diese verschlossen. Die Legende erzählt, daß Wenzels Blut von dieser Kirchentüre nicht wegzuwaschen war. Das heißt, daß die Schuld, welche das römische Christentum auf sich nahm, weiterwirkt. – Wie ein ständiger Wächter steht seine Kapelle im Veitsdom.»

So war der Ort der feierlichen Handlung mit Bedacht gewählt. Die Wahl zeigt damit auch Polzers Intention, für das Gelübde mit Maňa Brabinek in geist-realer Kontinuitätsgesinnung an das Wirken jenes Menschen anzuknüpfen, der am historischen Ausgangspunkt des germanisch-slawischen Zusammenwirkens auf dem Boden Böhmens stand.

In einem Vortrag vor anthroposophischen Freunden sprach Polzer um diese Zeit in Prag über «das Wesen der Anthroposophie in der Geschichte der Gegenwart» und forderte darin u. a. dazu auf, die «okkulten Faktoren der Zeitereignisse aufzusuchen» und betont dabei, daß «in Böhmen noch etwas lebe, was gepflegt werden muß, damit die unzertrennliche deutsch-slawische Ehe Seelen harmonisiere».²⁶⁷ Stellvertretend für die wohl ganz wenigen damals schon vorhandenen 'Paare' dieser Art von Ehe und für die vielen, die es in Zukunft geben müssen wird, schloß er selber eine solche Ehe ganz real-symbolisch mit Maňa Brabinek.

In den Tagen und den Wochen, die dem feierlichen Akt in der Wenzelskapelle folgten, waren Maňa und Ludwig Polzer oft in Dejvice zusammen, wenn sie nicht in Waldsteingarten oder auf dem Hradschin weilten. Im Veitsdom suchten sie die Königsgräber auf, unter welchen sich auch das von Podiebrad befindet.

Anfang November fuhr Polzer mit Maňa und Herta Reichart zum Schloß Karlstein. Dann reiste er mit Berta nach Scheifling zu Wurzers und hielt in St. Veit einen weiteren Zweigvortrag.

In dieser Zeit schrieb Maňa Briefe, die dem Freund als wahre «Kunstwerke» erschienen, obwohl sie die deutsche Sprache nicht ganz fehlerfrei beherrschte. Seine eigenen Briefe, gesteht er frei, kamen ihm indessen «immer etwas philiströs vor, obwohl ich ein solcher Feind bürgerlichen Verstandes-Philisteriums bin».

Zurückgekehrt nach Prag, suchte er mit Maňa die 'Sarka' auf und fuhr am 20. November mit ihr erneut zu einem Schloß. Doch diesmal ging die

Fahrt nach Pürglitz (Krivoklat). Hier lag das Manuskript des *Libellus de hominis convenientia* seines vierten Urgroßvaters mütterlicherseits. Maña machte es im Bibliothekverzeichnis ausfindig. Es handelte sich zwar um eine Abschrift im Oktavformat; doch stammte immerhin die Unterschrift von Franziskus Josephus Philippus von Hoditz und Wolframitz. So konnte Ludwig Polzer, dank Mañas Entdeckung, im Betrachten dieses Schriftzuges dem Wesen seines Vorfahren gleichsam ein Stück nähertreten. Denn die Seele ist es doch, die die Handschrift eines Menschen prägt. Und wer sie reinen Sinnes auffaßt, dem wird sie, in vielleicht sehr zarter Art, den Weg zu dieser Seele weisen können, selbst wenn sie sich schon längst im 'Nebenzimmer' der Geschichte aufhält ... Wo mag sie weilen, die Seele dieses einsamen und scharfdenkenden 'Ritters des Geistes', der einst Besitzer Busaus war, bevor er diese mährische Burg dem Ritterorden überließ? So mochten die Besucher still gerätselt haben.

«Es war ein wunderschöner Herbsttag», erinnert Polzer sich, «die Bäume schon teilweise entblättert, der Boden von ihrem Gold bedeckt. Wir saßen dann lange der Burg gegenüber mit historischen Gedanken und Empfindungen, die uns einten.»

Bald nach diesem sinnenden Verweilen auf Schloß Pürglitz spannte unser Paar den Bogen der Erinnerung in noch fernere Vergangenheiten. Am 3. Dezember sahen sie im Prager Opernhaus eine *Aida*aufführung. Hatte Maña dem Freund nicht auch vom Theben einer längst vergangenen altägyptischen Zeit gesprochen, das ihr im Traum erschienen war?

*

Bei allen folgenden *politischen* Bemühungen, die Polzer in der Heimat Böhmen unternahm, wirkt die 'Ehe' mit Maña Brabinek wie inspirierend, richtungsweisend mit. Dies gilt schon für die zweite Masaryk-Audienz, die er dank der Vermittlung von Sektionschef Schiszl am Morgen des 16. Dezember haben konnte. Er suchte den damals dreiundachtzigjährigen Präsidenten der jüngsten Karikatur der zerschlagenen Donaumonarchie in seiner Bibliothek auf dem Hradschin auf und berichtet vom Gesprächsverlauf: «Er sprach viel über das unnötig lange Universitätsstudium der Jugend und sagte: 'Wenn sie dann fertig sind, können sie keinen Bleistift spitzen'; sprach gegen das Wirklichkeitsfremde der Professoren und die Notwendigkeit einer neuen pädagogischen Methode, wobei ich ihm von der Pädagogik Rudolf Steiners erzählte. Ich hatte den Eindruck eines einsamen Menschen, der etwas anderes möchte, als seine Umgebung tat. – Hatte auch das Gefühl, daß er mit mir anders sprach als mit anderen Menschen, daß er zu mir Vertrauen empfand.»

Daß Polzer Masaryk bei dieser Unterredung nicht auch auf die Notwendigkeit der von Rom ganz unabhängigen 'Ehe' zwischen Deutschtum und

36. EIN GELÜBDE IN DER WENZELSKAPELLE

Slawentum hinwies, lag an den politischen Zeitumständen: Angesichts des alles wahre Deutschtum in Hohn und Spott und Haß verzehrenden Aufstieges des Hitlerismus würde dieses Thema die Gefahr fürchterlicher Mißverständnisse heraufbeschworen haben. Dennoch ging der erste und direkteste Schritt zur äußeren Verwirklichung des Gelübdes zu deutsch-slawischer Verständigung von der Kapelle Wenzels zur Bibliothek von Masaryk. Und dahin folgten Polzer auch die Gedanken Mañas.

In anderer Art suchte er zu diesem Zeitpunkt auch in seiner anthroposophischen Arbeit innerhalb von Böhmen an das Wirken Wenzels anzuknüpfen. Als er von den Pardubitzer Freunden aufgefordert wurde, dem dortigen Zweig einen esoterischen Namen zu verleihen, vollzog er am 29. Dezember 1932 eine zweite Zweigeinweihung und hielt dabei die folgende Ansprache: «Ich stelle mich in Deinen Dienst, großer Lehrer in den Sphären, im Zeichen des Rosenkreuzes:

    E. D. N.
    J. CH. M.
    P. S. S. R.

Wir leben, meine Freunde, in der geistigen Führung, welche dem Kreuze ein neues Lebensreis zufügt, aus dem die Rosen (der Auferstehung) erblühen. Das ist dasjenige, das männliche und weibliche Geistesströmung zusammenführen soll, und so rufe ich zwei große reine Seelen auf und bitte sie, sie mögen die Doppelpatenschaft über diesen Zweig der anthroposophischen Bewegung übernehmen:

    Dich, den Mann: Herzog (Woiwoda) Václav. –
    Dich, das Weib: Jungfrau von Orléans. –

Ihr, die ein reines Leben gelebt, ihr, die Vollbringer mutiger Taten. Ihr, deren Leben Opfer war, rufe ich und bitte ich, daß ihr wachen möget: daß Weisheit diesen Zweig leite, daß ihn Schönheit ziere, daß Stärke sein Tun sei. 'Herzog Woiwoda Václav- und Jungfrau von Orléans'-Zweig in Pardubice.»

So macht Polzer die Gestalt des Herzogs Václav in doppelter Beziehung fruchtbar: zum einen für die Brückenbildung zwischen slawischen und deutschen Menschen; zum andern für die Versöhnung zwischen dem Geistesgegensatz von Mann und Frau. Bei näherer Betrachtung zeigt sich nun, daß beide Aufgaben auf das innigste zusammenhängen. Ist nicht die Geistigkeit im Slawentum mehr 'weiblichen' Charakters? Wir müssen dabei selbstverständlich das *wahre* Slawentum ins Auge fassen, im Gegensatz zu der im Sinne des Testamentes Peters des Großen korrumpierten Slawenströmung; wenn slawische Menschen dieser zweiten Strömung mehr kainitisch-männlicher Geistesart zuneigen, dann kann das indirekt gerade den mehr abelitisch-weiblichen Charakter alles wahren Slawentums erweisen.

Nicht nur für die tschechisch-deutsche Völkerehe haben also Maňa Brabinek und Ludwig Polzer ein Gelübde abgelegt; denn auch für die zweite, mit der ersten eng verbundenen 'Ehe' zwischen weiblichem und männlichem Menschengeist haben sie in Pardubitz gleichsam Modell gestanden.

Im Anschluß an die neue Zweigeinweihung hielt Polzer nebst einer Klassenstunde eine 'esoterische Handlung'. Während er die Klassenstundentexte nach einem Ohrenzeugen, wenigstens in Pardubitz, stets wörtlich vorzulesen pflegte, wissen wir nicht mit Bestimmtheit, worin die 'esoterische Handlung' bestanden haben mochte. Vermutlich machte Polzer dabei von gewissen Mantren Gebrauch, die Rudolf Steiner in den von ihm im Rahmen der Theosophischen Gesellschaft gehaltenen 'esoterischen Stunden' verwendet hatte.[268]

Polzer blieb die ersten Tage des neuen Jahres 1933 bei Brabineks in Slatinany. Mit Maňa las er viel. Tagsüber gingen sie im Wald spazieren, abends saß man vor dem Christbaum, und ein Vortrag wurde vorgelesen. Am 6. Januar, nach der letzten 'heiligen' Nacht, feierte man den Geburtstag von Jeanne d'Arc, dem weiblichen Schutzpatron des neugeweihten Zweiges. Damit war der Weihebogen, der im Oktober des vergangenen Jahres in der Kapelle Wenzels seinen Ausgangspunkt genommen hatte, bei seiner zweiten Tragesäule angelangt.

Nach den gewichtigen Erlebnissen und Handlungen in Prag und Pardubitz gönnte Polzer sich im Januar eine Ruhewoche in Mariensee. Auch Knispels fuhren zum ersten Mal an diesen Ort. Man verbrachte schöne, heitere Tage, gefolgt von einem fröhlichen Abend in Wien, wo die Freunde in Patackys Weinkeller Zigeunermusik lauschten. Auch das populäre Singspiel *Sissy* über das Leben der Kaiserin Elisabeth, das allabendlich gegeben wurde, sahen sie sich an.

Bei seinen monatlichen Pragbesuchen versäumte Polzer nie, mit Maňa den Veitsdom und die Wenzelskapelle aufzusuchen. Bei den Vorträgen, die er in der von Julie Klima betreuten anthroposophischen Prager Gruppe hielt, fungierte Maňa als Übersetzerin. Auch ihr Bräutigam erschien manchmal; doch war sein Interesse für geisteswissenschaftliche Fragen damals erst gering. – Von einem dieser Prager Vorträge (im März) liegt eine Vortragsskizze vor, wie sie Polzer in der Regel auf A5-formatigen Einzelblättern aufzuschreiben pflegte. Er sprach bei diesem Anlaß über die Pathologie der menschlichen Seele im Zusammenhang mit den verschiedenen Wesensgliedern, aufgrund von Darstellungen Rudolf Steiners vom Januar 1917.[269] Sicher hat sich Polzer nicht ohne inneren Hinblick auf den Zustand Dorli Zeißigs in diese geisteswissenschaftlichen Forschungsresultate vertiefen können und vertiefen wollen. Doch am Schluß der Ausführungen bricht das Hauptmotiv des vergangenen Jahres durch, wenn er von der notwendigen «Harmonisierung zwischen dem gestörten Zusammenleben der germanischen und westslawischen Völker» spricht und hinzufügt: «Dieser michaelische Impuls muß laut in die Welt gerufen werden!»

*

Ein 'Traumbuch' Polzers im Oktavformat gibt Einblick in das rege Traumesseelenleben Polzers zwischen 1933 und 1940. Über hundert Träume finden sich verzeichnet, die meist von großer Deutlichkeit und Klarheit sind. Lebende wie Tote treten darin auf, mit denen Polzer in innerer Beziehung stand. Manche dieser Träume beziehen sich wie kommentierend, manchmal auch prophetisch auf zeitgeschichtliche Ereignisse, wie wir noch sehen werden.

Polzer spricht im Traum mit seinem Vater und mit Berta, mit Otto Lerchenfeld, mit Albert Steffen oder Masaryk. Doch am häufigsten tritt Rudolf Steiner darin auf. Bevor er Ende April 1933 zu einer weiteren, dritten Audienz bei Masaryk bestellt war, notierte er am 24. April in diesem Tagebuch: «Dr. Steiner sagte mir: 'Machen Sie es gut!'» Polzer bezog den Traum auf die bevorstehende Unterredung mit dem Präsidenten wie auch auf die unmittelbar darauf erfolgende Audienz bei Benes.

Auch Maña nahm bis ins Traumbewußtsein Anteil an den Vermittlungsschritten Polzers, die ja duchaus auf das Ziel des deutsch-slawischen Gelübdes ausgerichtet waren. So träumte sie vor der Masaryk-Audienz, sie wäre in Gefangenschaft von Mussolini. Und sie sah «ein großes Antlitz am Himmel und darüber das Hakenkreuz». Es war wenige Wochen, nachdem Hitler seine frevlerische Macht ergriffen hatte. Polzer schenkte Mañas Erlebnis von vornherein Beachtung und wurde gleichsam ein paar Grade wacher, als ihm Masaryk in der «ganz intimen» Unterredung die Frage stellte: «Was meinen Sie: ich wollte Mussolini schreiben, daß der Faschismus für uns nicht annehmbar und nicht anwendbar ist.» Darauf sagte Polzer, «daß Mussolini dieses selbst gesagt hat und daß die Wirkungen dieses italienischen Faschismus *doch* als Imperialismus durch die römische Kirche zu uns gelangen, daß aber Mitteleuropa auch der Methode nach nicht römisch sein dürfe. – Weiters sagte ich, daß in Mussolini ein 'Wille' wirkt, gegen den man mit Argumenten nichts ausrichten könne.» Polzer ging in dem vertraulichen Gespräch sogar noch weiter: «Wir sprachen über die schädliche Wirkung der jesuitisch geführten römischen Kirche, welche bewußt durch geheime Methoden antichristliche Tendenzen verfolge. Deutlicher durfte ich nicht werden; er verstand aber doch nicht, was ich bezüglich Mussolinis wirklich meinte. Und doch wirkte, was ich sagte, in ihm.»

Leider war dies das letzte Mal, daß Polzer zum Präsidentenzimmer vorgelassen wurde. «Seine Umgebung wollte nicht, daß ich weiter mit ihm zusammenkommen sollte», stellt er fest, «und Sektionschef Schiszl begründete dieses mir gegenüber damit, daß er sagte: 'Der Herr Präsident ist nach den Besprechungen mit Ihnen immer etwas erregt, und dies schadet seiner Gesundheit.'» Man hielt es also für gesünder, daß Masaryk bis zum Ende auf den alten ausgeleierten Geleisen weiterfahre ...

Doch konnte Masaryk immerhin bewirken, daß sein Besucher kurz darauf von Eduard Benes empfangen wurde. Dies geschah bereits am 28. April. Polzer schreibt: «Masaryk war (...) zu alt und ein Gefangener. Nun versuchte ich noch, Benes zu einem Verständnis zu bringen. Auch bei ihm fand ich schnell Vertrauen, sprach mit ihm gar nicht akademisch, sondern ganz an die jeweilig momentane Situation angepaßt. Er schrieb sich vieles auf, was ich ihm sagte. Es spielten damals die Schwierigkeiten mit Ungarn. Der Rat, den ich ihm damals gab, gefiel ihm zwar, doch das Streben nach dem Präsidentenstuhl machte ihn zu vorsichtig, diesen Mut, den ich verlangte, hatte er doch nicht, obwohl er ihm besser angeschlagen hätte als seine Furcht. Schon lange hatte ich bei aller Liebe zu manchen alten Ungarn und lieben ungarischen Freunden erkannt, daß Ungarn als mitteleuropäisches Staatsgebilde nur ein Werkzeug der dunklen jesuitisch-jüdisch-freimaurerischen Mächte sei.»

Es ist fraglich, ob Polzer das Adjektiv «jüdisch» auch eingeschlossen hätte, wenn ihm das Ausmaß der bevorstehenden Verfolgung und Ermordung der Angehörigen dieses Volkes klar gewesen wäre. Wer sich über diese Negativ-bewertung gewisser jüdischer Kreise wundert, der könnte im Kapitel 'Vom antiken Rom zur europäischen Mitte' im Zusammenhang mit Polzers eigener Romvergangenheit einen Schlüssel dazu finden.

Diese Unterredung mit Benes fand am 8. Juni eine Fortsetzung. «Zum Schlusse dieses Besuches», schreibt Polzer, «sagte er mir: 'Ich gebe Ihnen das Versprechen, nicht nach Rom zu fahren.' Damals war es üblich, daß sogenannte Staatsmänner nach Rom zu Mussolini pilgerten (...) Benes hat das Versprechen gehalten.»

Doch auch der Weg zu Benes sollte ihm bald abgeschnitten werden. Dies geschah, wie Polzer selber feststellt, infolge einer 'Unvorsichtigkeit' von seiner Seite. Die Verbindung mit Maña hatte er «wie eine Inspiration» empfunden. «Die – vielleicht nur vorübergehend – durch sie wirkende reine und esoterisch gebliebene tschechische Volksseele gab ein Versprechen für die Zukunft», schreibt er im Rückblick. Aus diesem Erleben heraus verfaßte er zwei Aufsätze über Prag und die Königsgräber im Veitsdom, wo unter anderen auch Georg Podiebrad bestattet liegt. Sie waren ganz im Sinne des 'Versprechens' abgefaßt. Und Polzer schrieb sie «nur dazu, um Menschen zu suchen, bei denen sich die tschechisch-slawische Volksseele rein und sich selbst verstehend erhalten hat». Dennoch war es doch wohl unvorsichtig, sie der *Prager Presse* anzubieten. Man wies die Aufsätze aus Platzmangel zurück.

Polzer erzählte dies – wohl 1935, denn bis dahin hatte er noch weitere Audienzen bei Minister Benes, über die er allerdings im einzelnen nichts berichtet – dem Sekretär von Benes, indem er sie auch diesem Manne übergab. Die Folge war, daß er danach nicht einmal mehr zu diesem Sekretär von Benes vorgelassen wurde! Polzer hatte die Vermutung, daß der von ihm so genannte «Professoren-Philister Krofta», den Benes als seinen Stellvertreter als Minister des Äußeren ins Ministerium berief, seine weiteren Unterredungen mit Benes unterband. Ab diesem Zeitpunkt trat nach Polzer «eine vollkommene Veränderung in der internen Führung der Außenpolitik ein, welche auch Masaryk durch römisch-vatikanische Gewalten lahmlegte und alles vorbereitete, was später geschah. Masaryk und später Benes» – der Masaryk 1935 auf dem Präsidentenstuhl ablöste – «waren nur mehr geschobene Persönlichkeiten. – Das geistige Erwachen der Volksseele wurde verhindert, und alle segelten ganz allein im westlichen f.m. [freimaurerischem] und vatikanischem Willen. Ohne diese Gemeinschaft in Zielen und Methoden zu durchschauen, können die ahrimanischen Gewalten nicht in ihren Grenzen gehalten werden.»

Polzers Wirksamkeit für die romfreie Vermittlung zwischen Tschechentum und Deutschtum begann somit im Sommer 1933 wieder zu verebben; das heißt, sie mußte sich eine Weile wiederum mehr auf dem inneren Seelen-Arbeitsfeld fortsetzen. Es wäre aber kurz gedacht, angesichts dieser seiner äußeren Bemühungen von absolutem Mißerfolg zu sprechen. Er selber nahm in diesen Dingen stets folgenden Gesichtspunkt ein: «*Ich weiß, daß das Mißlingen geistiger Bemühungen im Sinne michaelischer Geisteswissenschaft kein Beweis ist gegen ihre Richtigkeit. Die Bemühungen müssen immer fortgesetzt werden. Alles, was man auf diesem Wege mit Bewußtsein tut, wirkt doch im Verborgenen weiter und verstärkt die esoterisch-michaelische Kraft in der Menschheit als Ganzes.*»[256]

*

Mitte Juni 1933 kam Polzer mit Berta einmal mehr nach Prag. Man tafelte bei Brabineks in Dejvice, und Berta lernte Maňa kennen. Auch Julie Klima fuhr aus Hradec her. Am 17. Juni, dem Tag, an welchem Maňa Polzer exakt vor einem Jahr eine Rose anvertraute, spazierte er mit Berta und der Freundin zum Visehrad, dem sagenhaften Ursprungsort von Prag. Abends hielt er im Hause Brabinek eine Klassenstunde, bei welcher Maňa neben Berta saß. Zwei Tage später weilten Ludwig Polzer und Maňa Brabinek zum letzten Male in der Wenzelskapelle auf dem Hradschin. Darauf suchten sie noch einmal das Sarka-Tal zusammen auf. Es blühten wiederum die wilden Rosen. Im Zeichen der Rose wurde dieser Freundschaftsbund geschlossen; im Zeichen der Rose gingen beide Freunde von nun an wiederum vermehrt getrennte Wege. «Das allmähliche äußere Zurückziehen meiner esoterischen Helferin Maňa», schreibt Polzer 1939, «durfte die gemeinsam aufgenommene Arbeit nicht unterbrechen. Gerade die Seelenschmerzen waren Helfer. Die Arbeit litt dadurch in keiner Weise, im Gegenteil, sie wurde bei den Tschechen immer erfolgreicher und stärkte mich auch in meiner Selbständigkeit dem verfallenden Vorstand in Dornach gegenüber. Ich mußte lernen, allein zu stehen, wenn das Schicksal es verlangte.»

Den ersten Aufsatz über die Königsgräber im Veitsdom hatte Polzer mit den folgenden Worten abgeschlossen. Sie zeigen auch in schöner Weise die Verbindung des Wenzelmotives mit dem im letzten Kapitel betrachteten Schicksalsmotiv, wie es für die symptomatische Geschichtsbetrachtung von Bedeutung ist:

«Ein alter und ein junger Mensch hatten an den Gräbern im Veitsdom geweilt. Sie verließen den Dom, die letzten Strahlen der untergehenden Herbstsonne lagen über Prag. Sie sahen hin zum Visehrad, der Geburtsstätte dieser Schwellenstadt. Die liebliche Sage von Libusa und Premysl lebte in ihren Seelen. Der jüngere fragte: 'Was kann man tun, damit das Versprechen in dieser Sage sich erfülle, die Größe der Aufgabe überwältigt mich?' Darauf antwortete der alte Mensch: 'Wer ernstlich erkennen will, was das Schicksal von der Menschheit fordert und sich diesem Schicksal überläßt, dem trägt der Strom der Welt die Gedanken und Symptome zu, die er braucht, um seine esoterische Arbeit für die Entwicklung der Menschheit richtig einzugliedern in das Menschheitswerden.'»

37. REISEN, WUNDER, ÜBERRASCHUNGEN

Im Juni 1933 brach Polzer mit der älteren Tochter seines Bruders Arthur zu einer Reise nach Venedig und Dalmatien auf. 'Christl' (Maria Christine) sah Venedig und das Meer zum ersten Mal. Es herrschte wunderbares Wetter, und so fuhren Onkel Ludwig und die Nichte auch zum Lido und verbrachten heitere Nachmittage zu Wasser und zu Land. Sie besichtigten Venedigs Kirchen, die Gemäldesammlung in der Academia, und sicherlich werden sie auch angenehm getafelt haben. Auch nach Torcello unternahm man einen kurzen Ausflug. «Es waren schöne Tage», schreibt der Onkel, «Christl ist eine angenehme Reisebegleiterin, genießt alles sehr und ist für alles so dankbar.»[228]

Ende Juli fuhren sie nach Dubrovnik, das damals noch Ragusa hieß. Das Meer war derart ruhig, daß Polzer von der Seekrankheit verschont blieb und die Fahrt sogar genießen konnte. Von Ragusa ging es per Bus bei unverändert schönem Wetter nach Kotor, und über den Lovcen nach Cetinje in Montenegro weiter. Dann leisteten die beiden Reisenden der Einladung von Knispels Folge und verbrachten schöne Tage in Kambelovac. Auch Frau Schenker und ihre Tochter Sabine waren Knispels Gäste. Ein Foto zeigt die kleine Gruppe von Freunden und Bekannten in heiterer Gestimmtheit (Abb. 49). Nach ein paar Tagen reiste Polzer mit der Nichte in das liebe Graz und zeigte ihr die Stätten, wo ihr Vater und er selbst die Jugendzeit verbrachten. Man bestieg den Schloßberg, stand vor dem Renaissancehaus an der Sporrgasse, besuchte das Grab von Onkel Alfred, dem Bruder von Christls Großvater Julius.

Als das Paar am 25. August nach dieser langen Reise ohne einen einzigen Regentag mit dem Zug in Baden einfuhr, wurde es von der Familie Arthurs jubelnd in Empfang genommen. Vor allem Marie-Sefine war überglücklich, ihre Nichte heil zurückzuhaben. Man verbrachte einen Festesabend im Familienkreise. Christl, der die Reise auch gesundheitlich geholfen hatte, tanzte etwas vor.

Die ungleich-gleichen Brüder kamen sich durch diese Reise wieder näher. Ludwig schreibt, daß sich durch sie «unser altes schönes brüderliches Verhältnis, welches durch die Verschiedenheit der Schicksale etwas gelitten hatte, in seiner ursprünglichen ungetrübten Art wieder herstellte und sich seither so erhalten hat.» Die Brüder faßten den Entschluß, zwei Tage Modern zu besuchen. Am 25. September suchten sie das Grab des Vaters auf, dann die alte Klostermühle, der einstige Tummelplatz der Polzerkinder, den Arthur sich erworben hatte. Sie gingen zum 'Sand', zum Holzhauer-Friedhof und besuchten eine Cousine, die sie zum Essen einlud. «Wie schön fühlte ich in diesen zwei Tagen unsere alte brüderliche Verbindung», schreibt der ältere der Brüder über diesen Modernaufenthalt.

Seit dieser Zeit tauschten Arthur und Ludwig wiederum vermehrt auch politische Erlebnisse und Erinnerungen aus. So las Arthur Ludwig eines Tages aus Aufschreibungen vor, die von der Kaiserin Zita stammten, aus denen hervorgeht, daß Kaiser Karl den Befehl gegeben hatte, Außenminister Czernin vor dessen Demission zu verhaften, daß die Polizeidirektion sich jedoch weigerte, ihn auszuführen. Ludwig Polzer sagt dazu: «Daraus sieht man, daß eine gut gedeckte Konspiration gegen Kaiser Karl bestand, der sich Czernin zur Verfügung gestellt hatte in Brest-Litowsk (...) Die Kaiserin war meinem Bruder auch gar nicht gewogen – ich kann das gut verstehen – und doch kämpfte sie wie mein Bruder gegen Czernin (...) Die Kaiserin war damals ein Werkzeug der römisch-kirchlichen Herrschaftsgewalten, Czernin das Werkzeug deutsch-militärischer Mächte.»

*

Ende September fuhr Ludwig Polzer zur Michaelitagung nach Dornach. Rudolf Steiners viertes Mysteriendrama wurde aufgeführt. Zum Mittagessen suchte er das Haus von Erna Bögel auf, der Mutter seiner Schwiegertochter Ilona, bei der sein Enkel Christward in ruhiger, wohlumsorgter Weise aufwuchs.

Im Anschluß an die Tagung reiste er nach Genf, der Völkerbundshauptstadt. Er wollte Benes sprechen, traf ihn aber nicht. Dafür wurde ihm am 5. Oktober ein Brief von Masaryk nachgeschickt. Er trug das Datum vom 1. Oktober 1933 und war in Topolcianky, wo Masaryk regelmäßig zur Erholung weilte, geschrieben worden.

Masaryk hatte Polzer in der letzten Audienz im April dazu aufgefordert, ihm zu schreiben, was Polzer bald darauf auch tat. Nun schrieb der greise Präsident zurück:

«Verehrter Herr Graf,
besten Dank für die freundl. Zeilen u. Beigaben.

Alle Gedanken, die Sie vorbringen, beschäftigen auch mich (...) Öfters denke ich darüber nach, wie weit die Expansion, von der Sie sprechen, durch die Überbevölkerung verursacht ist. Dieselbe Frage stelle ich mir in Betreff des Hitlerismus – wichtiger als die Rassenmythologie ist der Ruf nach Boden – wo? Im Osten. Also Polen und Rußland sind da viel wichtiger als die Deutschen in den Nachbarstaaten. Stimmt auch zur Geschichte des Dranges nach Osten, von etwa Hamburg angefangen. – Ich werde mit Dr. Benes über einige weitere Anregungen Ihrer Geschichtsphilosophie sprechen.

Mit besten Grüßen: T. G. Masaryk»

Polzer hatte offenbar das 'Lebensraumproblem' mit Masaryk besprochen, die große Illusion, durch territoriale Erweiterungen innenpolitische Konflikte lösen zu können. Der greise Präsident unterschätzte allerdings, nebst der 'Rassenmythologie', die Expansionsgefahr der Deutschen «in den Nachbarstaaten»: Am gleichen Tag, als er den Antwortbrief an Polzer schrieb, kam es zur Bildung der 'Sudetendeutschen Heimatfront', deren Führung Konrad Henlein übernahm. Genau fünf Jahre später, am 1. Oktober 1938, sollten nach dem 'Münchner Abkommen' deutsche Truppen die sudetendeutsche Gebiete der Tschechoslowakei mit dem 'Segen' u.a. von Frankreich und von England okkupieren. In gewisser Hinsicht gleicht das unglückselig-raffinierte Münchner Abkommen dem Berliner Kongreßbeschluß vom 28. Juni 1878, als auf den Antrag von Lord Salisbury den Österreichern die Okkupation von Bosnien-Herzegowina geraten und gestattet wurde, mit ähnlich üblen Folgen.

Doch kehren wir zum Herbst des Jahres 1933 zurück. Masaryk erkrankte kurz darauf, und Polzer wartete mit seiner Antwort bis zu dessen Tod im Oktober 1937. Wir werden diese 'Antwort' Polzers an gegebenem Ort zur Sprache bringen.

Als Polzer Masaryks Brief erhielt, war er gerade im Begriff, nach Zermatt zu fahren, nicht zuletzt, weil ihm dieser Teil der Schweiz noch unbekannt war. Er bestieg am 6. Oktober von Zermatt die Riffl-Alm und kehrte tags darauf über Basel nach Österreich zurück.

Noch im Oktober kam es zu einem Wiedersehen mit Theodora Zeißig, deren psychische Erkrankung Polzer, wie berichtet, sehr zu Herzen ging. «Wie durch ein Wunder» war sie erst vor kurzem durch eine magnetopathische Behandlung geheilt worden. «Ich sah sie im Oktober nach längerer Zeit wieder. Sie ist ein starkes, gesundes Mädchen geworden.» Und tief bezeichnend für seine Auffassung von Rudolf Steiners Möglichkeit, auch aus den 'Nebenräumen' der Geschichte den Schicksalsgang der ihm Verbundenen helfend zu begleiten, sind Polzers folgende Worte: «Ich bin sicher, daß Rudolf Steiner diesem Schicksal zur Erfüllung verhalf.» Polzers eigene Beschäftigung mit den von Rudolf Steiner charakterisierten drei Grundtypen psychischer Erkrankung dürfte diesen günstigen Verlauf der Dinge zumindest nicht behindert haben ...

Polzer fiel ein Schicksalstein vom Herzen. Sein Gewicht kann aus der Erleichterung ermessen werden, die aus seinen Worten spricht: «Eine reine, lichte Freude brachte mir dieses in mancher Beziehung auch schwere Jahr. Theodora Zeißig, die scheinbar ganz irrsinnig in der Landesheilanstalt in Hall bei Innsbruck war, ist wie durch ein Wunder durch eine magnetopathische Behandlung ganz geheilt worden.» Und noch sechs Jahre später kann er konstatieren: «Diese Gesundheit hat angehalten, seit dieser Gesundung sind heute sechs Jahre verflossen, und seither zeigte sich nicht das geringste Zeichen einer Erkrankung.»

Kurz nach diesem Aufatmungserlebnis brach er abermals zu einer kleinen Reise auf. Margrit Schön hatte ihn zu Vorträgen nach Budapest geladen. Wieder nahm er eine Nichte mit, dieses Mal die jüngste Tochter Arthurs: 'Hannerl'.

Am 15. November sprach er im 'Hotel Bristol' halböffentlich über 'Das 15. Jahrhundert und die Gegenwart in anthroposophischer Beleuchtung'. Mit Hannerl besuchte er die Tochter seines alten Jagdfreundes Vilmos Pálffy, die vor ihrer Verheiratung Hofdame bei Zita war. Aimée Pálffy kam auch zu Polzers Budapester Vorträgen.

An einem Nachmittag war er zu der kranken Gräfin Andrassy bestellt, der Frau von Géza Andrassy, die von ihm über Anthroposophie aufgeklärt zu werden wünschte.

Tags darauf besuchte er mit Hannerl eine *Tristan*aufführung.

Auch Géza Andrássy saß neben Aimée Pálffy und einem Herrn aus der österreichischen Gesandtschaft im Auditorium, als Polzer am 19. November über die beiden Elisabeth vortrug, die Heilige aus Thüringen (auf die die Polzer sich zurückführen) und die in Ungarn so beliebte Kaiserin des gleichen Namens. «Dieses Thema hat für Ungarn immer Anziehungskraft», konnte er beobachten. Auf der Heimreise nach Baden machte man in Preßburg halt, wo er vor den Zweigmitgliedern sprach.

*

«Meine Gesundheit beginnt mir größere Schwierigkeiten zu machen, und die politischen und wirtschaftlichen Ereignisse erfüllen mich mit Sorge.» Mit dieser Feststellung leitet Polzer seine Aufzeichnungen zum Jahre 1934 ein. Dennoch geht die Vortragsarbeit auch in diesem Jahr unvermindert weiter.

In Prag verkehrte er im Januar und Februar viel mit seinen Freunden Lou und Leo Knispel, die sich in der Moldaustadt einen längeren Urlaub gönnten. Sie logierten im 'Hotel Hybernia', wo auch Polzer in den nächsten Jahren wohnen sollte, nachdem das altvertraute Hotel 'Zum Blauen Stern' abgerissen worden war.

Am 12. Februar kam es in Wien zu Straßenkämpfen, nachdem Bundeskanzler Dollfuß im Vorjahr die 'Nationalistische Partei' hatte verbieten lassen. Polzer notierte sich im Tagebuch: «Schwere düstere Stimmung liegt über Österreich. Ich halte dafür, daß es in diesem Zustand unhaltbar ist, nur Beuteobjekt werden kann.» Vier Jahre später war es dann so weit.

In Prag sprach er Ende Februar wiederum über die beiden Elisabeth, über die er schon in Budapest gesprochen hatte. Maña Brabinek, die sich am 12. Februar mit Zdenek Kalva ehelich verbunden hatte, kam nach Möglichkeit erneut zu Polzers Vorträgen und Klassenstunden in Prag und Pardubitz. «Heute wird wieder wie in der 4. Kulterepoche versucht», so mahnte er in einem dieser Februarvorträge, den er außer in Pardubitz auch noch in Prag und Wien hielt, «ein Universalreich mit strengem geistig-mechanisiertem Zentralismus, ärgster Machtentfaltung und blinder Unterwerfung einzurichten. Durch die ganze zivilisierte Welt geht der Ruf nach einem Diktator, weil die Menschheit den Sinn des Lebens, die Würde und Bestimmung des Menschen verloren hat.» Polzer weist auch auf Steiners Warnung (in der siebten Klassenstunde[270]) vor der Intention gewisser Kreise hin, das alte 'Heilige Römische Reich Deutscher Nation' wieder aufleben zu lassen, «um gerade diejenigen Völker und Menschen unter seine Herrschaft zu bringen, welche die geistigen Keime einer späteren Kultur in sich tragen». Dann macht er Ausführungen über Dostojewskijs *Großinquisitor*, aus dem die Haltung der Kirchenherrschaft gegenüber einer neuen Christusoffenbarung deutlich wird, auch wenn Dostojewskij diese neue Offenbarung durchaus physisch darstellt. 'Cäsar oder Christus' nannte Polzer diesen Vortrag, in dem er sich auf Steiners Vortragszyklus über das 'Fünfte Evangelium' bezog.

*

Im Februar und März des Jahres sind zwei kürzere Besuche in Mariensee erfolgt. «Ludwig Polzer als kranker Invalide», heißt es nach dem Februarbesuch. «Ludwig Polzer wieder activiert», lautet Polzers Gästebucheintrag vom 9. März. Zum guten Glück, denn die neugewonnenen Kräfte sollten gleich für eine neue Aufgabe gebraucht werden: Eine neue regelmäßige Vortragsarbeit setzte noch im gleichen Monat ein. Polzer reiste von diesem Zeitpunkt an monatlich einmal nach Graz, wo er bei Frau Neumann in der Heinrichstraße wohnte. Diese Arbeit führte er bis zur fatalen Generalversammlung der Anthroposophischen Gesellschaft im Frühjahr 1935 fort. Er sprach in diesem Jahre, einer Mahnung Rudolf Steiners folgend, oft über geschichtliche Persönlichkeiten aus der Zeit der Abendröte der vierten und des Überganges in die fünfte Kulturepoche. Cola di Rienzi, Dante, Karl IV., Jeanne d'Arc – sind mehrfach dargestellte historische Persönlichkeiten. Aber auch der Kampf zwischen Päpsten und den Kaisern, zwischen Guelfen und den Gibellinen ist ein Grundthema aus dieser Zeit.

Am 30. März hielt er im Zweig von Pardubitz die Gedächtnisfeier für seinen Freund und Lehrer Rudolf Steiner.

Kaum hatte er sich bei seinen Freunden Knispel in Kambelovac eingerichtet und zu entspannen angefangen, als ihn ein Telegramm nach Baden rief. Marie-Sefine lag im Sterben. Als Ludwig Polzer am 14. April in Baden eintraf, mußte er erfahren, daß seine Schwester tags zuvor an Karzinom verstorben war.

Schon wenige Tage später finden wir den Reisenden wiederum in Prag. Am 20. April besuchte er mit Herta Reichart eine Aufführung von *Boris Godunov*. Vielleicht gab dies den Anstoß, das Demetriusproblem, auf welches Rudolf Steiner ihn schon 1924 hingewiesen hatte, aufzugreifen?

Nach einem weiteren Autoausflug mit Herta nach dem lieben Karlstein sprach er am 8. Mai in Wien vor Mitgliedern der Anthroposophischen Gesellschaft, im darauffolgenden Monat erneut in Prag. Die Skizze dieses Prager Junivortrags enthält einen sehr bemerkenswerten Kerngedanken, der auch für Polzers eigene Sicht der zunehmenden Probleme innerhalb der Allgemeinen Anthroposophischen Gesellschaft immer mehr Gewicht erhalten sollte: «*Auf dem Schutt Roms hat die Kirche ihre exoterische Macht und Herrschaft aufgebaut. – Prinzip der Macht-Zentralisation.*

Auf dem Schutt der bürgerlichen Welt wird das esoterische Christentum eine allgemein-menschliche Welt aufbauen mit [dem] Prinzip Freiheit-Dezentralisation.»[256] Und er setzt in Stichworten hinzu: «Rudolf Steiner sagte mir, hinzugehen und einigen zu sagen. Das Nicht-Durchführen-Können zeigte sich.» Diese Bemerkung darf wohl auf die im vierten Kapitel skizzierten Dezentralisierungsschritte Polzers in der Öffentlichkeit wie auch innerhalb der AAG bezogen werden, deren Generalversammlungen er, wie berichtet, seit dem Jahre 1929 ferngeblieben war.

Ende Juni machte er die letzte Kur in Pistyan. Mit den Eltern Reichart las er wie gewöhnlich Vorträge von Rudolf Steiner; auch hielt er selber Vorträge im kleinen Kreise.

Mit neuen Kräften setzte er nach ein paar Wochen seinen abgebrochenen Aufenthalt in Kambelovac fort. Mit Leo Knispel fuhr er zur Insel Korcula, wo Dora Schenker Urlaub machte. Auch ein jugoslawischer Beamter im auswärtigen Dienst namens Alfieri fand sich ein. Die kleine Gruppe studierte Vorträge von Rudolf Steiner aus dem Jahre 1917.

So wurde das Prinzip von dezentraler Freiheit innerhalb der anthroposophischen Arbeit konkret praktiziert.

Erst im August hielt sich Polzer wieder einmal mehrere Wochen ohne Unterbruch in Tannbach auf. Aus dieser Zeit stammt eine Tagebuchaufzeichnung, aus der sein ungebrochen-inniges Verhältnis zu Berta spricht:

«Berta, Du liebe, treue Lebensgefährtin, Du Schicksalsgenossin in schönen und schweren Tagen! So stark und mutig ist Deine große Seele, fühle sie aber auch in hartem Kampfe. Ich weiß und habe auch schweigen gelernt. –

Und Du bist ein Segen für Kinder, zuerst für die eigenen und dann für alle, denen Du begegnest (...) Was Dein Einfluß auf Kinder vermag, erlebe ich an einer lieben Kinderseele, die nun schon durch einige Jahre in Tannbach zu Gast ist, ein gütiges Schicksal führte sie zu Dir.»

Es ist nicht klar, wen Polzer mit der «lieben Kinderseele» meint. Um so deutlicher tritt die tiefe Wertschätzung für Bertas Wesensart zutage, wenn es weiter heißt: «Nehme ich eines der Gedichte meiner lieben Berta zur Hand, dann wirken sie so befreiend in allen schweren Lebenslagen; ich fühle durch sie auch die Wirksamkeit Rudolf Steiners in einer mir schicksalsmäßig so nahestehenden Art individualisiert wirken.»

Auch in ein Buch, das Maña Brabinek ihm geschenkt hatte, vertiefte Polzer sich in Tannbach: In den Roman von Agnes Günther *Die Heilige und ihr Narr.* «Wenn es mir recht schwer ums Herz ist, wenn eine Art von Furcht mich erfaßt, dann nehme ich in diesen Tagen das Buch zur Hand (...), und dann löst sich etwas in der Seele.»

So spielen in dieser Tannbachzeit auch zwei von ihm nahestehenden Persönlichkeiten – wenn auch in ganz verschiedenem Sinne – herrührende Bücher eine wesentliche Rolle.

*

Während eines vierzehntägigen Aufenthaltes in Mariensee bestieg der unentwegte Wanderer manche Bergeshöhe. «Mit wiedererwachter Wanderlust den schönen Herbst genossen», schrieb er am 26. September ins Gästebuch. Doch auch ein sehr gravierendes Ereignis fiel in diese Zeit. Es handelt sich um einen Aufwachtraum. Polzer schreibt: «Am 21. September erlebte ich in Mariensee des Morgens so, als wenn mir jemand sagen würde, daß der König Alexander I. von Serbien in Gefahr wäre, ermordet zu werden.» Wir wollen es auch hier dem Leser überlassen, der Frage nach der Herkunft der 'Stimme' dieses Traumes nachzugehen; folgen wir statt dessen Polzers Aufzeichnung noch weiter:

«König Alexander hatte durch einen seiner militärischen Adjutanten von Anthroposophie gehört und hatte auch *Die Geheimwissenschaft im Umriß* gelesen.»[271] Bei diesem Adjutanten handelte es sich um Branko Naumovic, der später gegen Tito kämpfte und in die USA auswanderte. Alexander «strebte nach einem Balkanbund aus den Kräften des Balkans und seiner Völker und Menschen selbst. Er repräsentierte die echte, noch ursprüngliche Slawenseele im Gegensatz zu der westlich korrumpierten.» Für Polzer war er daher eine der ganz wenigen Persönlichkeiten im randslawischen Bereich, die zu der im Sinne des 'Testamentes' korrumpierten Slawenströmung ein Gegengewicht bilden konnten.

Für den Oktoberanfang war eine Staatsvisite Alexanders in Marseille projektiert. Dort sollte er mit dem französischen Außenminister Barthou über eine von diesem vorgesehenen französischen 'Ostpakt' mit den Balkanländern unterhandeln.

Polzer, der sich seit vielen Jahren anhand sehr vieler ähnlicher Erlebnisse das Vermögen anerzogen hatte, auch auf den Gebieten innerer Erfahrung zwischen Illusion und Wahrheit klar zu unterscheiden, handelte, wie immer in entscheidenden Momenten, rasch entschlossen. Er schrieb sofort an Leo Knispel, bei dem gerade Oberst Vujic weilte, der auf der Abbildung zu erkennen ist. Vujic war mit Naumovic bekannt, und so hoffte Polzer, sein Rat, die geplante Frankreichreise abzusagen, würde durch Vujics Vermittlung noch zur rechten Zeit befolgt. Doch leider nahm man seinen Brief «nicht ernst genug». Am 9. Oktober 1934 wurde Alexander I. in Marseille auf Anstiftung der kroatischen Ustasa-Bewegung ermordet. Polzer schreibt: «Als bald darauf die Ermordung geschah, war ich selbst sehr bestürzt und nicht minder Oberst Knispel.» Und er macht weitere Bemerkungen zum Hintergrunde dieses Mordes: «Alexander war allen herrschenden politischen Machtfaktoren, auch denen im eigenen Lande, im Wege. Es waren dieselben Mächte im Hintergrunde wirksam wie bei der Ermordung des Michael Obrenovic im Jahre 1868 und bei der Ermordung Franz Ferdinands und anderer.» Zu diesen 'anderen' gehört auch der letzte Obrenovic, König Alexander Obrenovic, der 1903 in Belgrad zusammen mit seiner Gattin Draga Maschin ermordet wurde.

Diese Schicksalsvorgänger Alexanders I. strebten in verschiedener Weise nach einer von westlichen und römischen Interessen unabhängigen Lösung der serbischen Frage. In noch erhöhtem Maße gilt dies vom 1934 ermordeten König Alexander selbst: «Alexander wollte sich von den Einflüssen des Westens und der romanischen Länder frei machen» – wozu seine Marseillereise in gewissem Gegensatze stand –, «war nicht einverstanden mit dem Eintritt Sovjet-Rußlands in den Völkerbund, war auch nicht für irgendeine Balkanföderation unter dem Einfluß einer Großmacht, und doch durchschaute er die Hintergründe des Kampfes gegen ihn nicht und konnte dann auch wirksame Wege und Möglichkeiten nicht erkennen, seinem Schicksal zu entgehen.» Auf ein Grundproblem der Aufklärung derartiger politischer Morde weist Polzer mit dem Satze hin: «Die wirklichen Urheber dieses Attentates sind gut gedeckt durch die allgemeine Verdunkelung der menschlichen Seelen für geistige Einsichten.»

Die realen zeitgeschichtlichen Vorgänge werden vom Menschen gewöhnlich nicht wacher miterlebt, als es die Träume werden. Man könnte ebensogut sagen: als es die Gefühle werden. Denn auch die Wirklichkeit des Fühlens erfassen wir gewöhnlich nur wie träumend. Daß wir in bezug auf unsere *Vorstellungen* über Träume und Gefühle und zeitgeschichtliche Prozesse wach sind, ist eine andere Sache und sollte nicht darüber täuschen, daß wir die von unseren Vorstellungen unabhängige reale Wirksamkeit der in Rede stehenden Phänomene, was den Bewußtseinsgrad betrifft, mit dem wir sie erfassen, eben doch *verträumen*.[272]

Nun kann eine spirituelle Schulung unter anderem eben dazu führen, aus dem Verträumen realhistorischer Impulse *aufzuwachen* und gewisse Geschehnisse nicht erst als fait accompli (post factum) zu erfassen, sondern in statu nascendi. Genau das können wir an diesem Punkt in der Entwicklung Ludwig Polzers konstatieren: ein Erwachen für die sonst, wenn nicht verschlafenen, so doch verträumten realen Werdekräfte ganz bestimmter äußerer Ereignisse.

Polzer fühlte sich durch dieses Traumerlebnis so erschüttert wie darin bestärkt, daß seine Fähigkeit der wirklichkeitsgemäßen Erkenntnis real-historischer Werdekräfte in gedeihlicher Entwicklung sei – auch wenn sie ihm zunächst nur Einblick in höchst Ungedeihliches zu bieten schien. So markiert es trotz des ihn erschütternden Charakters einen Meilenstein auf dem Wege seiner inneren Entwicklung. Und nur wenn die geschichtebildenden Realimpulse – zu denen eben auch die schlimmsten Retardierungskräfte zählen – mehr und mehr in solcher höherer Bewußtheit aufgenommen werden, kann die philiströse 'Geschichtswissenschaft' mit ihren untauglichen Erkenntnismitteln, *die immer und überall zu spät kommt,* Schritt für Schritt in eine höhere Form geschichtlicher und zeitgeschichtlicher Forschung umgewandelt werden.

*

Polzer sinnt im Anschluß an den Mord in Marseille einmal mehr über Äußerungen Rudolf Steiners nach, die zu dem in Rede stehenden Erwachen durchaus hätten beitragen können. Er schreibt: «Wie oft mahnte Rudolf Steiner, daß wenn der lebendige Geist die Gedanken maßgebender mitteleuropäischer Menschen nicht beleben kann, in Mitteleuropa Verrohung, Barbarisierung, höchste Grausamkeit und Zerstörung Platz greifen werden, wie sie die Menschengeschichte niemals gekannt hat. – Wie deutlich erkennbar ist dieses Geschehen schon! Niemand soll jedoch sagen dürfen, daß nicht genügend getan wurde, um auch die Öffentlichkeit noch rechtzeitig aufmerksam zu machen. Der Seelenschlaf war aber so tief, daß selbst die grausamen Dinge des ersten Weltkrieges die Menschen zur tätigen Anerkennung der geistigen Welt in Kunst, Wissenschaft und Religion nicht bringen konnte.» Und in wach-träumender Vorwegnahme nicht nur eines einzelnen Mordes, sondern des ganzen den Impulsen nach bereits vorhandenen kommenden Völkermordens warnt er im Augenblick der Niederschrift dieser Aufzeichnungen (LPE; im Frühjahr 1939): «Die unsinnige Phrase von der Völker-Befreiung, die während des Ersten Weltkrieges von Westen die Berechtigung des Krieges beweisen wollte, ertönt jetzt aus der Mitte wieder. Wie kann man etwas unmittelbar auf der Erde befreien wollen, was es heute auf der Erde nur als nominalistischer Begriff und der Realität nach in Europa nicht gibt. – Man kann nur Menschen auf Erden befreien und dadurch die Völker erfassen. – *Auf der Erde ist das Höchste der individuelle Mensch, seine Befreiung kann nur eine geistige Tat sein. Alle Kriege, Gewalttaten und äußeren Revolutionen können das nicht vollbringen. Eine Revolutionierung des Geistes ist notwendig.*[256] Geistbequemlichkeit, Mutlosigkeit im Geiste, Furcht und Haß gegen den Geist müssen überwunden werden. *Die Menschheit hat den Initiator verschlafen und wird die Folgen tragen müssen*[256,] bis eine neue Gelegenheit sich ergeben wird. Verschlungen sind die Wege des einzelnen und des großen Schicksals. Die Orientierung in dieser Verschlungenheit muß gelernt werden. Heute hilft alle wirtschafts-politische, um dieses Wortungetüm zu gebrauchen – Geschicklichkeit und das Jonglieren mit der Lüge letzten Endes doch nicht.»

*

Im gleichen Herbst, da Polzer durch den von ihm prophetisch miterlebten Mord von Marseille gleichsam eine Schichte tiefer in den noch flüssigen Realgrund des historischen Geschehens eingedrungen war, kehrte der neunundsechzigjährige Erzherzog Eugen aus dem Exil in Basel wiederum nach Wien zurück.

Der letzte Großmeister des 'Deutschen Ritterordens' hatte, wie in einem früheren Kapitel schon berichtet, zwischen 1895 und 1905 die Ordensburg Busau renovieren lassen, den einstigen Besitz von Polzers viertem Urgroßvater mütterlicherseits. Bei dieser Gelegenheit ließ er, wie ebenfalls berichtet, in der Vorhalle des Rittersaales die Gemälde der 'weltlichen Ritter' und das des 'Ritters des Geistes' anbringen. Polzer machte dem Erzherzog, den er seit dessen Basler Exilzeit auch persönlich kannte, sogleich seine Aufwartung. Der Erzherzog kannte Rudolf Steiner und hatte wiederholt Veranstaltungen am Goetheanum mitgemacht. Wie Masaryk und König Alexander war auch Erzherzog Eugen mit seinen liberalen Auffassungen und seinen spirituellen Interessen für Polzer ein politischer Hoffnungsträger. «Ich setzte etwas Hoffnung in ihn», schreibt dieser selbst. «Nicht im legitimistischen, sondern im geistigen Sinne. Anknüpfend an das Gespräch, welches ich mit ihm führte, schrieb ich ihm einen sehr langen Brief, in welchem ich ihm einige durch Rudolf Steiner gewonnene Einblicke mit Bezug auf die gegenwärtige konkrete Situation mitteilte. Prompt kam von ihm ein sehr lieber persönlicher Brief, der mich sehr freute. Er war politisch und geistig *doch* ein Gefangener und zu alt, um sich diesen Fesseln zu entwinden.» Trotzdem glaubt Polzer von ihm sagen zu dürfen: «Er war einer der Habsburger, der sich doch eine geistige Selbständigkeit erhalten hatte, wie es im Laufe der Jahrhunderte immer einzelne gab.» Erzherzog Eugens abwechslungsreiches, interessantes Leben harrt noch eines Biographen.

*

Im Oktober 1932 fuhr Polzer nach Karlsbad, um seinen Freund Hans Eiselt zu besuchen, der ein schweres Magen- und Leberleiden hatte. Die Freunde verbrachten zwei schöne Tage miteinander, ohne zu erahnen, daß Eiselt nur mehr zwei Jahre leben würde. In Polzers Augen war Hans Eiselt 'die Seele' der deutschsprachigen anthroposophischen Arbeit in Böhmen.

Bald darauf hielt unser Reisender am 1. November einen Zweigvortrag in Prag. Auch Maña saß im Auditorium. In diesem Vortrag gab er einen Überblick über die Geschichte Serbiens, von Michael Obrenovic bis zu König Alexander I. Polzer brachte auch 'das Testament' zur Sprache und betonte, daß auch Alexander die «Südslawen zusammenfassen» wollte, wie dies vor ihm schon Michael Obrenovic und Erzherzog Franz Ferdinand anstrebten. Gerade deshalb hatte er «die ganze Welt gegen sich».

So machte er die Erlebnisse, die er im Zusammenhang mit dem ermordeten König hatte, fruchtbar, indem er diesen Mord in die jüngere Geschichte Serbiens, ja der ganzen europäischen Politik einfügte.

Tags darauf fuhr der Vortragsredner mit den Reichart-Töchtern einmal mehr nach Karlstein. Wie oft hatte er den Ort nicht schon besucht, zu dem ihn erstmals Rudolf Steiner mitgenommen hatte. «Ohne ihn wären wir vielleicht niemals dahin gekommen», heißt es in den Aufzeichnungen aus dem Jahre 1939, und weiter lesen wir in ihnen: «Es war mir oft so zu Mute, als wenn er mich in eine eigene frühere Schicksalsphase geführt hätte.»

Erinnern wir uns an Mañas Träume von Karlstein und von einer ganz bestimmten spätmittelalterlichen Burg, in denen auch ihr Freund und Lehrer eine Rolle spielte, so kann verständlich werden, warum sich Polzer immer wiederum nach Karlstein hingezogen fühlte. Nicht daß er eine eigene frühere Verkörperung mit diesem Ort verknüpft empfand; *zur Zeit* der anbrechenden Neuzeit aber ließ Karlstein ihn stets eine ganz besondere Affinität erleben ...

Kurz nach diesem Karlsteinausflug erreichte Polzer, der mit Berta nach Heiligenkreutz gefahren war, die Nachricht von dem Tode seines Wiener Freundes Jo van Leer, ohne den der West-Ost-Kongreß von 1922 nicht durchführbar gewesen wäre. Van Leer war am 3. November in der Kaukasusstadt Baku an den Folgen einer Angina pectoris verstorben.

Es folgte im Dezember eine von Oberst Dohnal in Chocen arrangierte Tagung. Polzer sprach über 'Weltgeschichte in anthroposophischer Beleuchtung' und konzentrierte sich einmal mehr auf die Übergangszeit von der vierten in die fünfte. nachatlantische Kulturepoche und auf gewisse repräsentative Persönlichkeiten aus dieser Zeit.

Die Weihnachtszeit verbrachte er bis zum 4. Januar des neuen Jahres im Familienkreis in Tannbach. Es waren letzte ruhige Tage vor den schweren Stürmen, die 1935 bringen sollte.

38. «KENNEN SIE DEN JESUITEN?»

Um den Jahreswechsel 1934/35 setzte Ludwig Polzer erneut ein für mitteleuropäische Staatsmänner bestimmtes neunseitiges Memorandum auf. Auch wenn in diesem Falle nicht bekannt ist, an wen er es gesandt hat und wie es aufgenommen wurde, darf es innerhalb der biographischen Betrachtung nicht unbeachtet bleiben; um so weniger, als im Sinne Polzers auch unverwirklichte Gedankentaten im historischen Werden wirksam sind, vielleicht für spätere Zeiten.

«Die gesamte europäische Menschheit steht vor großen Ereignissen und Entscheidungen»[228], so leitet Polzer seine Denkschrift ein, um dann einen Kernfaktor der neueren internationalen Politik zu charakterisieren:

«Durch Jahrhunderte arbeitete der Imperialismus, der in seiner heutigen Form aus der Mentalität des alten römischen Reiches stammt und durch die römische Kirche fortgesetzt und weitergetragen wurde, so, daß er, um sich zu erhalten, systematisch und ganz bewußt die deutschen und die slawischen Völker gegeneinander ausspielt. Dieses tat er zu seinem Vorteil und zum Schaden der mitteleuropäischen Kulturentwicklung. Er bediente sich der verschiedensten, auch geheimer Mittel, so auch historischer Ressentiments, welche durch die Tragik der mitteleuropäischen Geschichte auch wieder von denen hervorgerufen wurden, denen sie dienten. *Dieser zentrale römisch-imperialistische Gedanke, welcher sich, von den Mittelmeervölkern ausgehend auch im nördlichen Europa immer wieder festzusetzen versuchte, hat sich seit dem letzten Jahrhunderte auf die wirtschaftlichen Fähigkeiten und Möglichkeiten der englisch sprechenden Völker gestützt und hat diese Fähigkeiten politisch-machtmäßig beeinflußt. Dadurch haben die wirtschaftlichen Fähigkeiten dieser Völker nicht einem allgemein-menschlichen Wohlstand und Fortschritt, sondern nur der egoistischen Machtentfaltung einer staatlichen Gruppe gedient, welche glaubte, daß von ihr allein die für die Zukunft brauchbare Kultur hervorgehen könne; während in Wirklichkeit nur wirtschafts- und machtegoistische Motive walteten.*

Für die katholische Kirche wurde das englisch-amerikanische Imperium die wirtschaftliche Stütze ihrer eigenen Herrschaft, die sie mit geistigen Mitteln immer weniger erhalten konnte. Da sich in der römischen Kirche das alte Cäsarentum in pseudo-demokratischer Form konservierte, stellte sie sich immer gegen die geistig-seelische Entwicklung in der Menschheit und betonte die Unveränderlichkeit der menschlichen Seelen.»[256]

Eine Folge dieser römisch-anglo-amerikanischen Politik war, daß sich im Slawentum die schon mehrfach erwähnten *zwei* Strömungen bildeten, eine westlich korrumpierte und 'westgefügige' und die noch unverdorbene, aber weithin überdeckte zweite Strömung wahren Slawentums. Diese zweite «Slawenströmung darf nicht ganz vernichtet werden, sie wartet auf ihre Erlösung».

Eine solche Erlösungsarbeit müßte von der Harmonisierung der deutschen mit den randslawischen Bereichen – ganz im Sinne des 'Gelübdes' in der Wenzelkapelle – ihren Ausgang nehmen. «Die Menschheit kann nur dann einer menschenwürdigen Zukunft entgegengehen und einen wirklichen europäischen Aufbau beginnen – um dieses so viel mißbrauchte Wort zu gebrauchen –, wenn eine (...) geistig-kulturelle Ehe zwischen Deutschtum und Randslawentum geschlossen wird. Aus ihr allein kann der Anfang einer allgemein-menschlichen, wahrhaft sozialen, neuen Ordnung hervorgehen, welche dem Fortschritt der Kultur der Gesamtmenschheit dienen wird.

Das Russentum gehört einer viel späteren Kulturentwicklung an, für welche Mitteleuropa, nicht England die Voraussetzungen erst schaffen muß. Die kulturellen Gemeinschaften dürfen also nicht so aufgefaßt werden, wie die westlichen Mächte es beabsichtigen, daß nämlich zwischen Deutschland und Slawentum eine Grenze in Europa gelegt wird (...) Die Grenze mitteleuropäischer kultureller Gemeinschaft müßte also zwischen den Randslawen und Russen verlaufen.»

Dieser dem allgemein-menschlichen Kulturfortschritt dienende Gedanke wurde von anglo-amerikanischer Seite bekämpft und in einen gigantischen Gegengedanken umgewandelt: den der Vorherrschaft der anglo-amerikanischen Völkerschaften, die auch berufen seien, die Erziehung der slawischen Völkerschaften in die Hand zu nehmen. In grandiosem Stile kommt der anglo-amerikanische Imperialismusgedanke, wie schon einmal erwähnt, zum Beispiel bei Lord Rosebery zum Ausdruck, dem britischen Premierminister des ausgehenden 19. Jahrhunderts, der dem Kreis um Cecil Rhodes nahestand. Rosebery war ein enger Freund von Winston Churchills Vater, und auch Churchill jr. bewunderte ihn sehr und setzte ihm in seinen *Great Contemporaries* ein Denkmal.[273]

Mehr und mehr richtete sich die mehr und mehr mit der römischen Kirche kooperierende «englisch-amerikanische Politik nach folgender Weisung: Das Romanentum ist in der Dekadenz; auf den Trümmern desselben wollen wir das Wirtschaftsimperium der englisch sprechenden Völker und der vatikanischen Macht aufbauen. Wir wollen das Universalreich des alten Rom mit wirtschaftlichen Machtmitteln als ein Universalreich der Wirtschaft, der Politik und *der den Geist bekämpfenden* formal kirchlichen Kultur aufrichten, die Menschen mechanisieren und so den Materialismus auch im Leben wahr machen.»

38. «KENNEN SIE DEN JESUITEN»

«Eine wirklich symptomatologische Betrachtung der Geschichte der letzten Jahrhunderte und ihrer geistig verborgenen Hintergründe», sagt Polzer gegen Ende seiner Ausführungen, «könnte die notwendigen Wege und Möglichkeiten zeigen, durch welche die mitteleuropäischen Völker gerettet werden können. Die Rettung ist nur möglich, wenn man sich von dem Grundsatz leiten läßt: 'Mitteleuropa darf niemals römisch werden!'» Und das heißt im ganzen Kontext: niemals anglo-amerikanisch-römisch.

Mit den Gedanken dieses Memorandums hatte Polzer das Augenmerk auf zwei Mächte hingelenkt, die allen wahren Menschenfortschritt – die eine mehr auf wirtschaftlichem Feld, die andere mehr auf geistigem Gebiete – hemmen. Er hatte sich Anfang 1935 zunächst auf das Wirken dieser Doppelmacht im Großen eingestellt und war dadurch auch dazu vorbereitet, die nun ihren Höhepunkt erreichende zerstörerische Wirksamkeit vorwiegend *einer* Seite dieser Doppelmacht innerhalb der Geistesströmung, der er selber sich verbunden fühlte, zu durchschauen. Daß beide Hemmungsmächte stets nur mittelbar, durch im übertragenen Sinne schlafende und träumende Bewußtseine zu wirken in der Lage sind und letztlich die Erkenntnisschläfrigkeit des einzelnen ihnen selbst die Türe öffnet, braucht nicht betont zu werden ...

In den Skizzenbättern für einen Prager Vortrag vom Januar 1935 steht an einer Stelle: «Mein Bestreben: Aufwachen aus kleinen persönlichen Angelegenheiten zum großen Ernste der Zeit. Anthroposophie: nicht für die Kinderstube, auch nicht für Philister. Menschheit in größtem geistigem Kampf, [der] jemals war.» Von diesem Kampf blieb auch die Allgemeine Anthroposophische Gesellschaft nicht verschont.

In seinen Aufzeichnungen aus dem Jahre 1939 leitet Ludwig Polzer die Schilderung der Spaltung der AAG und des Zerfalls von deren Vorstand mit den schlichten Worten ein: «Dieses Jahr war für mein Verhältnis zum Vorstand am Goetheanum und zu einem Teil der anthroposophischen Gesellschaft entscheidend.» Was ist entschieden worden?

Erzählen wir der Reihe nach.

In der Nacht vom 18. auf den 19. Februar 1935 hatte Ludwig Polzer einen sonderbaren Traum. Er schreibt (LPE): «Ich träumte, daß ich in einer Versammlung in einem Vortragssaale war, in welchem einige leere Stühle auseinander standen. Dr. Steiner stand am Podium und richtete an mich die Frage: 'Kennen Sie den Jesuiten, der die jesuitischen Methoden in die Gesellschaft tragen will?' Ich antwortete etwas verwirrt: 'Nein, Herr Doktor.' Es herrschte dann Aufregung im Saale. Damit erwachte ich und konnte nicht verstehen, was damit gemeint sein könnte.»

Am 6. März traf ein vertraulicher Brief beim Wiener Vorstand der Gesellschaft ein. Er war zu Händen von Hans-Erhard Lauer adressiert, Polzers Vorstandskollege und Mitarbeiter aus der Zeit des *Österreichischen Boten*. Lauer las den Brief aus Dornach vor. Er enthielt die Mitteilung der Anträge, die ein Teil des Dornacher Vorstandes anläßlich der Ostergeneralversammlung den versammelten Mitgliedern präsentieren wollte. «Diese [Anträge] gingen dahin, Frau Dr. Wegman, Frl. Dr. Vreede [aus dem Vorstand] und eine Reihe alter, von Dr. Steiner sehr geschätzter Mitglieder [aus der AAG] auszuschließen, weil sie sich dem Willen eines Teils des Vorstandes nicht unterwerfen wollten. Die schon zu Lebzeiten Dr. R. Steiners bestandene Gegnerschaft zu Frau Dr. Wegman, welcher Rudolf Steiner die medizinische Sektion übertragen hatte und welche er zur Schriftführerin im Vorstand bestimmt hatte, brach deutlich hervor.»

Zu den von Rudolf Steiner geschätzten übrigen Ausschlußkandidaten gehörten u. a. Jürgen von Grone, der sich wie kein zweiter um die objektive Darstellung des Lebens und Wirkens Helmuth von Moltkes bemühte; Eugen Kolisko, Willem Zeylmans van Emmichoven, der Generalsekretär der holländischen Landesgesellschaft, D. N. Dunlop, der Generalsekretär der englischen Landesgesellschaft.

Die Verlesung dieser Mitteilung aus Dornach wirkte innerhalb des Wiener Vorstandes wie ein zerstörerisches Elementarereignis. Polzer schreibt: «Wir hatten seit der Gesellschaftsgründung im Jahre 1923 einträchtig zusammengearbeitet. In dieser Sitzung spaltete sich der Vorstand wie durch einen Blitz.»

Und im Jahre 1943 schrieb er im Rückblick auf diese Sitzung des Wiener Vorstandes vom 6. März: «Ich hatte seelisch den Eindruck einer Elementarkatastrophe durch die ungeheure Aufregung, die sich zeigte. Man war bisher 'in Österreich' gewesen, und nun wurde man von Gewalten ergriffen, die zerstörten. Für den Antrag äußerten sich Dr. Lauer, Dr. Thieben und Herr Breitenstein, gegen den Antrag Herr Alfred Zeißig, Prof. Halla und ich.»[235]

Der gleiche Blitz, der den Wiener Vorstand an diesem Tag in zwei Teile spaltete, warf in Ludwig Polzers Seele auch plötzlich Licht auf den so sonderbaren Traum vom Februar. Nun wußte er, worauf er durch das Nachterlebnis vorbereitet worden war! Er verstand das Traumerlebnis jedoch nicht im Sinne einer Aufforderung, nun innerhalb der AAG einen ganz bestimmten Menschen als 'Jesuiten' zu erkennen, sondern als einen Weckruf, auf den durch verschiedene Persönlichkeiten wirkenden *jesuitischen Geist* zu achten: «Jesuitischer Geist war es also! Dieser Hinweis wurde mir zum Leitfaden meiner späteren Beobachtungen innerhalb der anthroposophischen Gesellschaft; Kampf gegen den Geist lag immer und liegt weiter im Hintergrunde alles äußeren und inneren Geschehens, besonders seit dem Dreißigjährigen Krieg.»

Und Polzer fügt hinzu: «Dieses im einzelnen zu durchschauen, war seither mein Bemühen. Das Nachterlebnis vor der Generalversammlung zeigte mir den Weg, wie ich arbeiten sollte, um die Verbindung mit dem großen Lehrer nicht zu verlieren.»[235]

Will man diesen 'jesuitischen Geist' in knappen Worten kennzeichnen, dann kann man etwa sagen: er strebt nach Etablierung einer zentralistischen Geistesmacht, nach Papsttum nicht nur in der Kirche, sondern auch in jeder anderen spirituellen Geistesströmung. Mit dem vom 'jesuitischen Geist' geforderten Papstprinzip geht das der Gläubigkeit an die zentrale Autorität einher. Schon allein diese beiden 'jesuitischen' Prinzipien sprechen nun dem 'ethischen Individualismus' der Geisteswissenschaft – der *einzelne* kann die Prinzipien seines Denkens und Handelns selbst auffinden – blanken Hohn. Ein drittes Attribut des 'jesuitischen Geistes' liegt im Prinzip des 'teile und herrsche' (divide et impera), das schon das vorkatholische Imperium Romanum praktizierte.

Wie durch einen gebrochenen Damm machte sich im Jahre 1935 innerhalb der AAG solcher 'jesuitischer Geist' epidemisch breit. Man sprach von der 'richtigen Methode' und begann die 'einzig' richtige zu meinen. Man pochte auf die Autorität eines Teiles des Vorstandes von Dornach und vor allem auf die Befugnisse des ersten Vorsitzenden.

Hatte Polzer mit Hans-Erhard Lauer bis in die dreißiger Jahre kollegialfreundschaftlich verkehrt, so riß der Brief aus Dornach plötzlich einen Graben zwischen ihnen auf. Dasselbe leisteten die Anträge in allen Vorständen der AAG, und aus den Vorständen fraß der Graben sich wie eine Feuerlohe durch die ganze Mitgliedschaft.

*

Polzer war sofort entschlossen, die verheerenden Auswirkungen der 'Elementarkatastrophe' der Ausschlußanträge so rasch wie möglich einzudämmen.

Nachdem er noch am 8. März in Linz an der Kremation von Dorothea Teutschmann, einer Tochter Dora Schenkers, teilgenommen hatte, fuhr er am 11. März nach Dornach.

Hier wollte er vor allem Albert Steffen sprechen, den Taufzeugen seines Enkels Christward-Johannes, um «ihn zu bitten, von seiner Absicht abzusehen und diese Anträge nicht im Mitteilungsblatt des *Goetheanum* abdrucken zu lassen».

Wie reagierte Albert Steffen auf diese Bitte?

Polzer schreibt: «Herr Steffen war sehr erstaunt über mein Kommen. Ich hielt nicht zurück zu erklären, daß dieses [die beantragten Ausschlüsse] eine verhängnisvolle Spaltung in der ganzen Gesellschaft bewirken würde und ich bei der Generalversammlung keineswegs dafür stimmen könnte. Steffen schien mir recht hilflos, sagte, daß er mit der Stimmung eines Arbeitsausschusses, der sich zu diesem Zwecke gebildet hatte und der eine *Denkschrift* herausgibt, rechnen müsse. Er riet mir, mit anderen Herren, das heißt mit solchen der Denkschrift-Verfasser zu reden, was ich gleich ganz energisch ablehnte.»

Bei der erwähnten *Denkschrift* handelt es sich um eine Kampfschrift, die erst drei Wochen vor der Generalversammlung erschien und mit einer Mischung aus Wahrheit, Halbwahrheit und Unwahrheit für die beantragten Ausschlüsse Stimmung machte.

Es ist nicht unsere Absicht, eine umfassende Analyse der komplexen Vorgänge, die zur Gesellschaftsspaltung führten, vorzunehmen. Der interessierte Leser sei auf die bereits vorhandene Literatur verwiesen. Nur an einen uns ganz wesentlich erscheinenden Aspekt sei hier nochmals erinnert (vgl. dazu auch das Kapitel 'Brückenschläge'): auf den Impuls der Karma-Offenbarung, der sich nach dem Goetheanumbrand von 1922/23 zwischen Rudolf Steiner und Ita Wegman in ganz bewußter Weise ausgestaltete und der auch für die Weihnachtstagung 1923 sowie für Rudolf Steiners Karma-Offenbarungen aus dem Jahre 1924 von entscheidender Bedeutung war. Alle Schwierigkeiten, Divergenzen und die Spaltungsvorgänge innerhalb der AAG standen direkt oder indirekt mit diesem Kernaspekt der Weihnachtstagung in Zusammenhang. Wenn man die tiefgehende Qualität von karmischen Betrachtungen bedenkt, dann kann es kaum verwundern, daß sie – vor allem, wenn sie ins Konkrete gehen und zugleich auf 'hartes' Seelenterrain fallen – leicht zu Streit und Zwiepalt führen können. Denn nichts fordert die niedere, ungeläuterte Natur des Menschen wohl mehr heraus als Betrachtungen, die seinen wahren Wesenskern betreffen, der durch die verschiedenen Verkörperungen führt. Das an die jeweilige Leiblichkeit *einer* Verkörperung gebundene 'Ego' hat durch seine Erdnatur den Impetus in sich, den über-irdischen Charakter der wahren Individualität und deren *wiederholte* Erdenleben zu fürchten, zu bezweifeln oder zu verspotten.

Die *Denkschrift* aus dem Frühjahr 1935 bringt unter anderem auch alle diese Schwierigkeiten in einer Art zum Ausdruck, die so lehrreich wie erschreckend ist. Obwohl zum Beispiel kein Verfasser dieser Kampfschrift Anspruch darauf machte, den karmischen Hintergrund von Ita Wegman und ihrer Freunde *aus eigener Erkenntnis* untersucht zu haben, finden sich in dieser Schrift Sätze wie die folgenden:

«Einige Mitglieder waren, teils durch ihr Studium der Vorträge Dr. Steiners, teils aber auch, wie sie vorgaben, auf Grund eigener Karmaforschungen zu einer Überzeugung gekommen, die auch auf einige andere einen tiefen Eindruck machte. Die Überzeugung bestand darin, daß die von Dr. Steiner mehrfach und besonders bei der Weihnachtstagung 1923 geschilderte Individualität Alexanders des Großen sich unter den Mitgliedern der Gesellschaft verkörpert habe. Aber nicht nur das sollte der Fall sein, sondern auch das ganze Gefolge Alexanders sei wieder erschienen, und zwar in den karmaforschenden Mitgliedern selbst. Alle diese Größen scharten sich nun um Frau Dr. Wegman selbst. Und damit war für diesen Kreis die Frage der weiteren Leitung der Anthroposophischen Gesellschaft gelöst (...) Da außerdem Dr. Steiner die Bedeutung der betreffenden historischen Individualität für das geistige Leben besprochen hatte, glaubten jene Kreise, sich dem tröstenden Gedanken hingeben zu können, daß auch nach Dr. Steiners Tod ein zweiter Führer der anthroposophischen Bewegung im Erdenleben wirke. Aus der Verquickung der *angeblichen* Wiederverkörperung so vieler einstmaliger Heerführer mit den sogenannten 'esoterischen Einsetzungen' (...) entstand eine Seelenhaltung, die einerseits für Frau Dr. Wegman und einige ihrer Mitarbeiter eine Unfehlbarkeit in allen Taten und Worten proklamierte, andererseits von den Mitgliedern eher das Gefolgschaftleisten und den Gehorsam als *das Urteilen aus eigener Vernunft* verlangte.»[274]

Man beachte den unterschwelligen Spott, ja die Verhöhnung, die aus mancher Wendung spricht. So wie hier in Ton und Stil gesprochen wurde, könnte in seriöser Weise höchstenfalls gesprochen werden, wenn man diese 'angeblichen', a priori mit einer Spott-Aura versehenen karmischen Erkenntnisse oder auch nur karmischen Vermutungen objektiv auf ihren Wahrheitswert hätte prüfen wollen und auch prüfen können, und wenn bei solcher Prüfung deren absoluter Nullwert herausgekommen wäre. Von einer solchen Prüfung oder mindestens von einer Prüfungs*absicht* dieser 'angeblichen' Wiederverkörperungen ist jedoch in der ganzen Schrift nirgendswo die Rede. Allein schon dieses Faktum gibt der *Denkschrift* den Charakter tiefster unseriöser 'Oberflächlichkeit' und zeigt, im krassen Widerspruch zu der von den Denkschriftschreibern selbst erhobenen Forderung, einen erschreckenden Mangel an «Urteilen aus eigener Vernunft». Damit ist natürlich nicht gesagt, daß auf Seiten derer, die sich ehrlich um Verständnis und Erkenntnis ganz bestimmter karmischer Zusammenhänge bemühten, zumindest in bezug auf die Frage nach dem rechten 'Ort' und der rechten 'Zeit' für gewisse Mitteilungen nicht auch Fehler oder Unvorsichtigkeiten begangen worden sind.

Nach der ergebnislosen Unterredung mit Albert Steffen vom 11. März suchte Polzer Ita Wegman auf, um sich auch mit ihr vertraulich zu besprechen und ihr seinen eigenen Standpunkt in der Sache mitzuteilen. Darauf kehrte er «unverrichteter Dinge» nach Wien zurück.

Am 17. März erschienen die unseligen Anträge im 'Nachrichtenblatt'[275]. Sie können – nebst des ungekürzten Neuabdrucks der *Denkschrift* – im dritten Band des Werkes *Wer war Ita Wegman* von Emanuel Zeylmans van Emmichoven gefunden werden.[276] Der erste Antrag gilt dem Ausschluß der beiden Vorstandsmitglieder Wegman und Vreede; der zweite dem der schon genannten prominenten Mitglieder; der dritte der Nichtanerkennung der 'Vereinigten Freien Gruppen', die sich infolge der erschwerten Zusammenarbeit im Vorstand zunächst in Deutschland gebildet hatten. Darauf folgt eine 'Erläuterung und Begründung'. In dieser heißt es: «Seit Jahren hat sich die Unmöglichkeit eines Zusammenwirkens im Vorstande an der tatsächlichen und offenkundigen Opposition zweier Vorstandsmitglieder [Wegman und Vreede] erwiesen. Diese Opposition führte zu unlösbaren Problemen der Gesellschaft, weil es sich nicht nur um Meinungsverschiedenheiten handelte, sondern darum, daß Mitglieder des Vorstandes durch ihr unaufrichtiges Verhalten bzw. dauernde Obstruktion den Vorstand als Leitung der Gesellschaft ad absurdum führten.»

Aus Polzers Sicht sahen die Dinge etwas anders aus. Er schreibt: «In den letzten Jahren wurde dieser Schritt [die Ausschlußanträge] von Seiten Marie Steiners, des Herrn Albert Steffen und Dr. Wachsmuths vorbereitet, indem fortwährend Feindseligkeiten gegen die zwei anderen Vorstandsmitglieder und gegen Dr. Kolisko, Dr. Walter Johannes Stein, gegen die holländischen und englischen Freunde unternommen wurde. Es wurde insbesondere das ehrliche Arbeiten der englischen Freunde erschwert, *weil man nur auf das Zentrum Dornach und gar nicht auf das Arbeiten in der Peripherie Rücksicht nahm*. Die Folge davon war, daß von der ablehnenden Seite nur ganz wenige nach Dornach kamen, die anderen dem so zerfallenen Vorstande die esoterische Berechtigung, solche Anträge zu stellen, nicht zuerkannten. Die mitteleuropäischen Landesgesellschaften, besonders die Österreichs und der Slowakei, waren gespalten. In Österreich neigten sie sich mehr zu Frau Marie Steiner, in Böhmen zu Frau Dr. Wegman, besonders, wo es sich um das slawische Element handelte.»

Im Sinne Polzers hatte also eine *zentralistische Gesinnung* mehr und mehr die Oberhand gewonnen – man könnte auch sagen: eine jesuitische Gesinnung. Diese läßt sich bis in eine in dem ersten Antrag ausgesprochene ganz bestimmte Formulierung konstatieren: es wird von «Handlungen» von seiten beider Vorstandsmitglieder gesprochen, «die den Charakter eines Selbstausschlusses tragen». Emanuel Zeylmans bemerkt dazu: «Steffens Handhabung des Begriffes 'Selbstausschluß' ist gewissermaßen das anthroposophische Gegenstück zur 'excommunicatio ipso facto' der katholischen Kirche: wer definierte Dogmen der Kirche leugnet, schließt sich dadurch selbst aus.»[277]

Polzer handelte bei der Verteidigung von Ita Wegman (und Elisabeth Vreede) nicht aus persönlichen Motiven, sondern fühlte sich aus ganz bestimmten objektiven Gründen dazu verpflichtet; und zwar aus den gleichen

Gründen, aus denen er schon 1925 zwischen den verschiedenen Vorstandsmitgliedern zu vermitteln suchte. Er schreibt: «Es mußte (...) bei der Generalversammlung (...) für Frau Dr. Wegman eingetreten werden. Da ich von Dr. Steiner die Berechtigung erhielt, die Klasse in der Michaelschule zu halten und Rudolf Steiner die Michael-Schule in engster Verbindung mit Frau Dr. Wegman bezeichnete, so sah ich es als meine Aufgabe an, Frau Dr. Wegman zu verteidigen und ihr beizustehen.»

Aus einem Brief, den Ita Wegman am 2. April an den Kunsthändler (und durch seine Frau Ingeborg mit der Heilpädagogik verbundenen) Wilhelm Goyert in Köln schrieb, geht hervor, daß Polzer möglichst viele Mitglieder mobilisieren wollte, die auf der Generalversammlung am 14. April gegen die geplanten Anträge stimmen würden, und daß er zwar in Holland und in England diesbezüglich Erfolg zu haben schien, nicht jedoch in Deutschland. Außerdem bringt Wegmans Brief ihre innere Gelassenheit angesichts der abgründigen Lage in bemerkenswerter Art zum Ausdruck. Sie schreibt:

«Lieber Herr Goyert!

Vor einiger Zeit war Graf Polzer aus Wien hier, um mit mir über Gesellschafts-Angelegenheiten zu sprechen. Er erzählte mir, daß er sich geistig von Dr. Steiner aufgerufen fühlt – er erzählte mir dann einen Traum, den er gehabt hatte –, etwas zu tun für die Gesellschaft, um zu verhüten, daß diese Gesellschaft durch bestimmte Machinationen von solchen Geistern, die Rudolf Steiners Werk zerstören wollen und sich dafür ahnungslose Menschen als Werkzeuge genommen haben, kaputt gemacht wird. Er hat, sich im Vorstand der österreichischen Landesgesellschaft befindend, mit noch zwei anderen Vorstandsmitgliedern verweigert, die Anträge für den Ausschluß der beiden Vorstandsmitglieder und der sechs anderen Persönlichkeiten zu unterschreiben. Und er will jetzt solche Menschen sammeln, die sich wehren wollen gegen dieses Vorgehen, weil er dieses als eine Schmach der Anthroposophischen Gesellschaft empfindet, als in Widerstreit stehend zu den Prinzipien Rudolf Steiners. Er hat mich auch gefragt, was ich davon halte, und ich habe ihm geantwortet, daß ich, wenn ich an seiner Stelle gewesen wäre, das Gleiche tun würde, aber natürlich jetzt als Vorstandsmitglied nicht viel anderes machen kann, als in Ruhe abwarten, was die Mitglieder selber wollen.

Graf Polzer hat auch die Meinung, daß man, wenn man selber nicht zur Generalversammlung kommen kann, man doch Protest erheben und seine Stimme einschicken kann, und obgleich wir nicht glauben, daß es nützen wird, so wie die Stimmung allgemein ist, so wird es doch *für die Geschichte der Anthroposophie* wertvoll sein, Stimmen des Protestes zu haben (...)»

Polzer formulierte zu diesem Zweck ein kurzes Protestformular, doch entweder verhallten die Stimmen des Protestes aus der Peripherie sehr rasch oder, was wahrscheinlicher ist, man wollte in Dornach nur die Stimmen der tatsächlich anwesenden Mitglieder anerkennen und keine Stimmzusendungen. Jedenfalls wird in der formellen Abstimmung vom 14. April von solchen eingesandten Stimmen keine Rede sein.

Gegen Ende ihres Briefs an Goyert zeigt sich Wegmans überlegen-unpersönliche Haltung in der bedrohlichen Situation einmal mehr sehr deutlich, wenn sie schreibt: «Wenn Sie mich jetzt fragen, was ich persönlich von der ganzen Sache denke, dann kann ich Ihnen sagen: Persönlich für mich würde es mir gar nichts machen, wenn die Anthroposophische Gesellschaft mich mit den verschiedenen anderen Persönlichkeiten aus dem Vorstand bzw. aus der Gesellschaft heraussetzen würde. *Ich empfinde alle solche Dinge wie eine Maja.* Es sieht eigentlich anders aus in der geistigen Welt, und es kann auch sein, daß die Zerstörung einer Form in der gleichen Art aufgefaßt werden muß, wie auch der Brand des Goetheanums aufgefaßt werden sollte: es ist traurig, aber es ist eine Erdensache, die abgebrannt wurde; *an den Geist kann man nicht heran, und er wird umso kräftiger wirken können,* ja man kann sogar sprechen von einer symbolischen Grablegung, der eine Auferstehung wohl folgen könnte.»[256]

Während Ita Wegman sich also entschloß, nichts zu tun und alles Kommende in Seelenruhe abzuwarten, entschied sich Polzer gleichsam für das Gegenstück: alles zu tun, daß niemand von den Folgen eines erst geplanten Tuns getroffen werde. Aristotelisch gesprochen: Wegman 'handelte' nach der Kategorie des 'Leidens' (d.h. des passiven Erduldens von Taten anderer), Polzer nach der des 'Tuns'; jeder nach der 'Lage' – eine weitere von Aristoteles' Kategorien –, in der *er* sich befand. Das 'Verhalten' beider (um eine vierte Kategorie von Aristoteles zu nennen) richtete sich also sachgemäß nach der jeweiligen 'Lage' , in der sie sich befanden.

Diese Komplementarität im handelnden und 'leidenden' Verhalten Ludwig Polzers und Ita Wegmans steht innerhalb der Abgrundskrise der AAG im Jahre 1935 einzigartig da.

Polzer traf nach Vortragsaufenthalten in Preßburg, Prag und Pardubitz am 30. März in Mariensee bei Dora Schenker ein. Hier hatte er am 3. April erneut ein Nachterlebnis. Er schreibt: «Es sagte mir eine Stimme: 'Melde dich in Dornach zu Wort, sonst wirst du nicht sprechen können.' Das tat ich gleich nach dem Aufwachen.»

Nun bereitete er eine Rede für die Generalversammlung vor. Dora Schenker tippte sie für ihn. Sie ist im Anhang abgedruckt. Am 9. April fuhr er dann nach Wien, um an der dortigen «Mitglieder-Kampf-Versammlung teilzunehmen, die sehr turbulent verlief. Es wurde viel Unsachliches gehässig vorgebracht von Seiten zweier Gesellschaftszerstörer. Ich konnte ganz lebendig jesuitische Gesinnung bei zwei Hauptagitatoren gegen den Teil des [Wiener] Vorstandes erleben, welcher sich gegen die Ausschlußanträge stellte.»

Schon am 12. April reiste er in Begleitung von Franz Halla und einigen Prager Freunden, darunter Milos Brabinek sen., erneut nach Dornach. Er hatte fünfzig Unterschriften von Menschen bei sich, die die Ausschlußanträge ablehnten. Daß ihn Hans Eiselt nicht begleitete, da er in der Ausschlussfrage anderer Ansicht war, bedeutete einen großen Schmerz für Polzer. Die Freundschaft zwischen beiden Menschen hat jedoch nach Polzers Zeugnis deshalb nicht gelitten.

Dadurch, daß die Antragsgegner zu der Generalversammlung mit ganz wenigen Ausnahmen *nicht* erschienen und da Polzers Vorschlag einer Stimmzusendung offenbar auf Ablehnung gestoßen war, hatten die Antragsinitianten leichtes Spiel, an Ort und Stelle eine Majorität von Befürwortern zusammenzubekommen. Ein 'Offener Brief' der Engländer, von D. N. Dunlop aufgesetzt, zwei Wochen vor der Abstimmung nach Dornach abgesandt, wurde im *Nachrichtenblatt* für die Mitglieder nicht veröffentlicht. Auf diese Weise konnte man erreichen, «alle besonders in der Nähe liegenden Mitglieder und diejenigen, welche in Dornach selbst wohnten, vollzählig zu versammeln und zu beeinflussen». Auch aus Stuttgart war ein verhältnismäßig großer Teil von Befürwortern der Anträge erschienen. Eine gewisse Tendenz zu dogmatisch-fundamentalistischer Gesinnung hatte Rudolf Steiner immer wieder gerade in dieser Stadt, in der für die anthroposophische Bewegung zugleich so viel Bedeutendes geschehen ist, konstatieren müssen. Er prägte deswegen das Wort von dem 'Stuttgarter System'. Polzer war im übrigen der Ansicht, daß es die Wirksamkeit dieser Stuttgarter Tendenz war, «wegen welcher er [Steiner] in Stuttgart keine Stunde der Michaelschule halten konnte, obwohl Stuttgart nahe lag».

Am Sonntag, dem 14. April, waren rund 1800 Mitglieder im großen Saal des zweiten Goetheanums anwesend, als die Generalversammlung um 10 Uhr früh eröffnet wurde. Die Befürworter der Anträge waren praktisch ausnahmslos vertreten und machten etwa 95 % der Versammlung aus, bildeten aber gegenüber der Gesamtzahl aller Mitglieder – etwa 20'000 – ihrerseits eine kleine Minorität von 8,5%. So konnte diese Generalversammlung von vornherein wohl kaum die Haltung *aller* Mitglieder der Gesellschaft in adäquater Art zum Ausdruck bringen!

Ludwig Polzer hatte also eine starke Pro-Antrags-Stimmung um und gegen sich, als er gegen 11 Uhr morgens das Rednerpult bestieg, um seine

Pflicht zu tun. Und hätte er sich nicht im voraus schriftlich angemeldet, so wäre er, wenn überhaupt, nur kurz zu Wort gekommen. Denn er sah sofort, daß «alles bis auf das Letzte so eingerichtet war, die Gegenseite nicht aufkommen zu lassen». Wer immer dieses Mal hinter der Marienseer 'Stimme' stand, die 'Stimme' hatte recht geraten ...

Am Vorstandstisch saßen Albert Steffen und Günther Wachsmuth; Marie Steiner hörte hinter den Kulissen des voll besetzten Bühnenraumes auf einem Liegestuhl zu, da ihre Beinbeschwerden Schonung forderten.

«Wenn ich in den Streit und in die Ereignisse in der Gesellschaft zu diesem Zeitpunkt aktiv eingreife», begann Polzer seine Rede[278], «so geschieht dieses, weil ich mich aufgrund meiner langjährigen Erfahrungen und Beobachtungen dazu nicht nur berechtigt, sondern auch verpflichtet fühle. Ich weiß, daß ich einer Majorität gegenüberstehe, die sich besonders in Dornach nach einer bestimmten Richtung durch Jahre hindurch ein Urteil gebildet hat, das in der *Denkschrift* zum Ausdruck kommt. So bin ich mir der Schwierigkeiten bewußt, die ich auf mich nehme, wenn ich dieser Urteilsbildung *meine* Urteilsbildung gegenüberstelle und aus diesem Grunde 'Nein' sagen muß zu dem, was jetzt in Dornach eine Majorität der Gesellschaft tun will. Ich vertraue aber der Kraft der mich bestimmenden Tatsachen, die mir seit vielen Jahren zur Kenntnis kamen, weil ich mich ihnen immer ohne Sympathie und Antipathie gegenüberstellte und beiden streitenden Seiten gegenüber offen und aufrichtig blieb.» Polzer verhehlt im folgenden keineswegs, daß auf beiden Seiten Fehler vorgekommen sind, vor allem was die Frage der Leitung der sogenannten 'Hochschule' betrifft. Er konstatiert, daß diesbezüglich «unmögliche Prätentionen, zuerst von der einen, und dann, etwas weniger betont, später von der anderen Seite» aufgetreten sind. Deswegen «konnte aus der Vernunft heraus eine neue, das Fehlen eines geistigen Führers berücksichtigende, freiere und großzügigere Gesellschaftsbasis nicht gefunden werden». Und was, so führte er weiter aus, nicht aus Vernunft vollzogen wird, das vollziehe sich dann später doch, jedoch durch Katastrophen. Seine eigene Auffassung bezüglich der Gesellschaftsleitung skizzierte er wie folgt: «Für mich ist Rudolf Steiner auch heute noch der einzige Leiter der Hochschule, wenn diese ihren esoterischen Charakter noch hat. Die Sektion für allgemeine Anthroposophie kann doch durch niemanden besetzt und aus ernster, wirklicher Verantwortung übernommen werden. Die Möglichkeit des esoterischen Zusammenfindens der Sektionsleiter scheint mir aber deswegen heute noch keine Illusion zu sein, *wenn nicht eine dieser Persönlichkeiten die Leitung durch irgendeine Sukzession, die in diesem Falle gar nicht besteht*» – Rudolf Steiner hat keinen Nachfolger ernannt – «*in Anspruch nimmt*. Daß dieses nach dem Tode Rudolf Steiners *doch* geschah, habe ich immer als einen Fehler angesehen und damals auch zum Ausdrucke gebracht.» Die hier genannte Sektion «für allgemeine Anthroposophie» ist unter anderem für die Regelung der Klassenangelegenheiten zuständig; nach Polzers Ansicht konnten diese nach Steiners Tod nicht mehr zentralistisch – jesuitisch-zentralistisch – gehandhabt werden, sondern nur noch schicksalsmäßig-dezentral, weshalb er vorschlug, keinen Leiter dieser allgemeinen Sektion zu nominieren, was Albert Steffen schon im Jahre 1929 als beleidigend empfunden hatte und was er und seine Anhänger mittlerweile de facto für sich in Anspruch nahmen. «Eine Regelung der Klassenangelegenheiten», fuhr er fort, «halte ich nach dem Tode Rudolf Steiners nur so für möglich, daß die Persönlichkeit, welche die Verantwortung der geistigen Welt und Rudolf Steiner gegenüber übernehmen will und die durch den Willen einer Anzahl von Persönlichkeiten getragen ist, dieses den Leitern der Sektionen mitteilt, und sich mit ihnen darüber bespricht.» Polzer hält es also für unsachgemäß und schädlich, daß «die Klassenleser von der berechtigterweise gar nicht mehr vorhandenen 'zentralen Leitung' der allgemeinen Sektion ernannt werden, und betont, daß es sich um eine *Verantwortung gegenüber der geistigen Welt und Rudolf Steiner* handelt, nicht gegenüber einem irdischen Verwaltungszentrum! «Eine Verleihung der Befugnisse [die Klasse lesen zu dürfen] für fleißige 'Leistungen', Vielwisserei wäre für mich unannehmbar, dadurch würden wir sehr bald auf eine ganz nur äußerliche autoritäre Bahn kommen.»[256]

Polzer verteidigt dann die «unerhörten moralischen Verleumdungen», die besonders gegen Ita Wegman ausgesprochen worden sind, und weist sie «als gegen den Willen Rudolf Steiners gerichtet zurück». Er spricht von einem zumeist wohl unterbewußt gebliebenen 'Groll' gegen die letzten Jahre Rudolf Steiners» – in denen eben Ita Wegman im Zusammenhang mit der Weihnachtstagung ganz neue esoterische Befugnisse erhielt und damit außer Marie Steiner als *zweite* bedeutende Persönlichkeit neben Rudolf Steiner stand. In objektiver Unparteilichkeit betont er dann zugleich, «daß Frau Dr. Steiner, die so lange mit Rudolf Steiner arbeitete» – auch auf kultisch-esoterischem Gebiet – «die geistig Vorgeschrittene ist». Allerdings mangelte ihr nach Polzer zeitweise der «freundliche Verständigungswille» in bezug auf Ita Wegman.

Klar und unzimperlich, frei von allem jesuitisch-diplomatischen Lavieren, zieht Polzer die Summe aus dem von ihm Gesagten: «Es ist mir eine Unmöglichkeit, einem Teil des zerfallenden Vorstandes das Recht einzuräumen, alle Schuld auf den anderen Teil zu schieben und immer wieder aufgrund von schon lange zu Schlagworten gewordenen Begriffen wie 'Methode', 'Unmethode', 'Urteilsbildung', 'Leistungen' hochmütig zum Ausdruck zu bringen: 'Wir sind die einzigen Berechtigten und Fähigen, das Werk Rudolf Steiners fortzuführen.'»

Schließlich bringt er in seiner Rede sehr bemerkenswerte Gedanken über das Verhältnis des ersten zu dem zweiten Goetheanum vor. Er sagt: «Das erste Goetheanum wurde als Mysterienstätte gebaut, es wurde uns genommen, weil von uns rein intellektualistisch darinnen gesprochen wurde. Es war niemand da, der es hätte schützen können. *Rudolf Steiner durfte es nicht schützen, denn er schenkte es der Menschheit als Prüfstein ihrer Reife.* Dann hat Rudolf Steiner [auf der Weihnachtstagung 1923] den 'Grundstein' [die Grundstein-Meditation] in die Herzen gelegt. *Die Grundsteine, die in starken Herzen ruhen, sind nicht mehr an einen Ort und an einen einzigen Bau gebunden. Sie müssen die Grundsteine für die Mysterienstätten der Zukunft an verschiedenen Orten werden. Diejenigen, welche die Keime zu diesen Mysterienstätten legen werden, können nur unmittelbar von der geistigen Welt durch ihr Schicksal dazu berufen werden. Dazu gehört aber vor allem esoterischer Mut, nicht Bevormundung und Einengung.*

Das zweite Goetheanum ist ganz für die Öffentlichkeit errichtet. Für die Wirksamkeit des 'Büchleins' von außen, wie es im vierten apokalyptischen Siegel heißt. Die Fortführung der Mysterien aber wird von dem 'Büchlein' kommen, das von innen wirkt. Die wichtigste Forderung der anthroposophischen Bewegung und Gesellschaft ist deshalb Vertrauen zu den Menschen, nicht Groll auf sie. Vertrauen, das von Dornach zuerst gegeben wird, nicht Vertrauen, welches zuerst beansprucht wird.»[256]

Polzer schließt die etwa vierzig Minuten dauernde Rede mit dem Satz: «Ich denke, daß auch die finanzielle Katastrophe des Goetheanums nicht abzuwenden ist, wenn der Forderung nach größerer Freiheit aus der Vernunft heraus nicht entsprochen wird.»

Acht Jahre später schreibt er im Rückblick auf die Schicksalsstunde: «Ich war ganz ruhig und wurde im Sprechen von der Zuhörerschaft doch getragen. Ich empfand eine innere Befriedigung darüber, trotz der großen Pro-Majorität trat wiederholt Applaus ein. Nach der ersten Viertelstunde wurde es mir im Munde so trocken, daß ich um ein Glas Wasser bat, die Unterbrechung war ganz kurz. Dr. Wachsmuth, der mir das Glas reichte, leistete sich einen unpassenden Scherz, indem er lächelnd zu den Umstehenden die Flasche unter das Rednerpult stellte. An der Stelle, an der ich sagte, daß Steffen mir bald nach dem Tode Rudolf Steiners andeutete, er könne doch nur mit Marie Steiner arbeiten, sprang er auf und wollte das Datum dieses Tages wissen. Ich konnte nur sagen, daß ich den Tag mir nicht notiert hatte, es sei auch ganz unwichtig, da sich die Tatsache doch gleich nach dem Tode Rudolf Steiners zeigte. Sprach dann ruhig weiter und konnte in fast vierzig Minuten alles sagen, was ich mir vornahm. Danach sprachen kurz noch einige, die sich ganz persönlich gegen mich wandten. Bald nach 12 Uhr wurde die Generalversammlung bis nachmittags drei Uhr unterbrochen. Während der Mittagspause rüstete man sich und besprach, was gegen mich unternommen werde sollte.»[235]

Zweifellos bedauerten es viele Anwesende, daß nicht auch Polzers Name auf der Ausschlußliste stand. Ließ sich dies noch nachholen?

In der Nachmittagssession trat als Hauptredner Polzers Wiener Mitarbeiter und Kollege Hans-Erhard Lauer auf, der sich mit verleumderischen Äußerungen Polzer gegenüber profilierte. Selbst Befürworter der Anträge kritisierten Lauers Auftreten. «Die Jesuiten unter den Mitgliedern schwiegen.» Da Polzer eine zentrale Mitgliederaufnahmestelle zum damaligen Zeitpunkt nicht mehr für sachgemäß ansah, sondern für eine dezentrale Aufnahme durch die Landesgesellschaften plädierte, wobei dem Dornacher Verwaltungszentrum alle Neuaufnahmen gemeldet werden sollten, habe er, so Lauer, den Boden der Weihnachtstagung verlassen: «Graf Polzer hat darum kein Recht mehr, sich auf Rudolf Steiner zu berufen (...) Graf Polzer hat durch die Art, wie er selbst jahrelang sich auf esoterischem Gebiet betätigt hat, das Recht verloren, sich als Richter aufzuspielen in Angelegenheiten der Esoterik.» Des weiteren betonte Lauer: «Wir werden demnächst auf unserer Wiener Generalversammlung zu einer Neugestaltung kommen müssen, und wir werden dann genötigt sein, die Konsequenzen aus dem zu ziehen, was Graf Polzer über seine Auffassung von der Gesellschaft ausgesprochen hat. Ich will jetzt nur das zum Ausdruck bringen, daß ich es nicht für möglich halte, daß Graf Polzer weiterhin Funktionen ausübt in der Gesellschaft (...) Es wird uns, wie Sie verstehen werden, auch nicht mehr möglich sein, Graf Polzer nach der Auffassung, die er über die hiesige Leitung des Goetheanums hat, dasjenige Vertrauen entgegenzubringen, das nötig ist gegenüber einer Persönlichkeit, von der man die Klassenstunden entgegennehmen soll.»[279]

Die Angriffswaffe Lauers hat Polzer später als «hölzernes Michaelschwert»[235] bezeichnet – eine treffende Bezeichnung, weist sie doch auf die 'jesuitische' Illusion hin, im Zeichen einer hohen Geistesmacht für die 'einzige richtige Methode' kämpfen zu sollen – der Zweck der Gesundung der Gesellschaft 'heiligt' die Ausschlüsse – und dabei doch nur spirituelle Ohnmacht zu beweisen.

Nach einigen weiteren Voten wurde die Ortsbehörde eingelasssen und zur Abstimmung geschritten. 1691 Mitglieder stimmten für, 76 (!!) gegen Annahme der Anträge. 53 Mitglieder enthielten sich der Stimme. Um 5 Uhr nachmittags wurde die Versammlung geschlossen. Damit war für Ludwig Polzer «der esoterische Charakter des Vorstandes verwirkt. Dreiunddreißig Jahre seit dem Beginn der anthroposophischen Tätigkeit Rudolf Steiners wurde die letzte Einrichtung seines Lebens [die Anthroposophische Gesellschaft mit dem von Steiner eingesetzten esoterischen Vorstand], auf die er so große Hoffnung setzte, begraben (...) Die Hoffnung, mit diesem Ausschluß der zwei Vorstandsmitglieder der anthroposophischen Gesellschaft gedient zu haben, erfüllte sich nicht. Der Kampf in Dornach kam nicht zur Ruhe, die Gesellschaft war in zwei Teile geteilt, man konnte wohl noch von einer anthroposophischen Bewegung, aber nicht mehr von einer 'Gesellschaft' sprechen.»[235] So Polzers Kommentar zum Abstimmungsergebnis. 'Hölzerne Michaelschwerter' hatten 'jesuitische Gesinnung' an die Macht gebracht. Die letztere zeigte sich auch in der weitgehenden Ausschaltung des 'weiblichen Geistes' aus dem Vorstand.

*

Den Abend brachte Polzer mit Ita Wegman und mit Freunden «sehr angenehm» in der Klinik zu. Wahrscheinlich hat er Wegman, die der Generalversammlung ferngeblieben war, bei diesem Anlaß ein Exemplar seiner vervielfältigten Rede übergeben. Eine Äußerung Rudolf Steiners stieg aus der Erinnerung in ihm auf: «Aus Majoritätsbeschlüssen wird selbstverständlich nichts Wirkliches, sondern nur *eine herrschende Phrase*.»[280]

In der Nacht darauf hatte Polzer einen Traum. Er hat ihn in dem 'Tagebuch' der Nachterlebnisse wie folgt festgehalten: «Ich träumte, daß viele auf einem hohen Turm waren, Sturm kam, und der Turm schwankte. – Wir stiegen einige herunter. Da öffnete sich unten ein Bild: ich sah kultisch versammelte Männer. Es wurden einige Namen genannt, die aufgenommen wurden. Zum Schluß wurde mein Name genannt, ich wurde als Mitglied des inneren Kreises oder Ausschusses aufgenommen. – Ich hatte ein Gefühl – ein Gefühl ging durch den Körper, als hätte ich eine Weihe bekommen.»[281]

Ein Nachterlebnis hatte Polzer auf den Geistessturm, der die Gesellschaft spalten wollte, aufmerksam gemacht; ein anderes Nachterlebnis regte ihn zur raschen Wortmeldung in Dornach an; ein drittes Nachterlebnis schenkte ihm Bejahung seines esoterischen, das heißt aus spiritueller Einsicht unternommenen Tuns, von seiten eines höheren 'Vorstandes'. Im selben Augenblick, da er aus dem Bau, der nur noch Goethes *Namen* trug, hinausgestoßen wurde, fühlt er sich in eine höhere Gesellschaft aufgenommen. Gekräftigt und wie neu belebt setzt er seine Wanderung durch Welt und Leben fort. Spätestens von dieser Nacht an fühlt er sich dem inneren Kreise einer wahren Turmgesellschaft angehörig, wie wir sie aus Goethes *Wilhelm Meister* kennen, einer Gemeinde tätiger und freier Geister, die am sozialen Menschheitsbau der Zukunft bauen.

39. ZWISCHEN ENGLAND UND BÖHMEN

In der Karwoche nach der Generalversammlung machte Polzer eine kleine Reise mit seinem Enkel Christward. Sie fuhren nach Luzern und Selisberg und freuten sich an Stadt und Land und aneinander. Der Ausflug war für Polzer wie ein Hoffnungszeichen, daß ihn der Enkel «einmal in späterer Zeit rechtfertigen» werde.

In Tannbach bahnten sich Veränderungen an. Hugo Flatz, der langjährige treue Berater von Julius und Berta, suchte eine Grundbesitzbürgschaft, da sein Bruder ein gut gehendes Salzgeschäft erweitern wollte. Die Familie Polzer ging auf den Vorschlag ein, und Julius erhielt fortan eine Bürgschaftsprovision, was ihm sehr willkommen war. Flatz war ein großer Kenner von Heilkräutern und von völkerkundlichen Zusammenhängen. Das Band zwischen ihm und den Tannbachern wurde in der Folgezeit immer enger.

Im Mai begann Polzer von Pardubitz aus mit der Neuorganisation der anthroposophischen Arbeit in Böhmen. Die von ihm betreuten tschechischen Gruppen arbeiteten von nun an von Dornach völlig unabhängig. Auch die große Prager Gruppe 'Studium' schloß sich an und erhielt eine neues Zweigstatut. Ludek Prikryl und Method Bauer, zwei langjährige Anthroposophen, waren Polzer bei dieser Arbeit sehr behilflich.

Schon am 14. Mai hielt er im neuen 'Studium-Zweig' seinen ersten Vortrag. Damit war auch die Verbindung mit der tschechischen Landesgesellschaft, die sich nach Polzer «immer sehr antitschechisch zeigte (...) und sich ganz Albert Steffen unterwarf», faktisch aufgehoben. Zu den persönlich schmerzlichen Erlebnissen, die mit diesem Schritt verbunden waren, gehörte es, daß nebst Hans Eiselt auch Julie Klima innerhalb der anthroposophischen Arbeit andere Wege ging als Polzer. Doch Rücksicht auf persönliche Verhältnisse ließ er niemals walten, wenn es darum ging, aus geistigen Erkenntnissen die Konsequenz zu ziehen. «Seit Rudolf Steiners Tode», schreibt er, «wird von seinen Schülern, je nach ihren Anlagen, Möglichkeiten und karmischen Verhältnissen, Verschiedenes verlangt. Daß dieses vom Vorstand in Dornach nicht verstanden wurde, brachte eine notwendige Spaltung.

Seit dem Tode Rudolf Steiners wurden die in der Peripherie arbeitenden Anthroposophen gar nicht verstanden und nicht so berücksichtigt und unterstützt, wie es notwendig gewesen wäre. *Der in der Menschheit wirkende Gedanke des Zentralismus griff auch hier stark und verständnislos ein.*[256] Ich mußte die Konsequenzen meiner Erkenntnis ziehen, wenn ich mich nicht ganz ausschalten wollte. Der gute Fortschritt meiner Arbeit einerseits und die sich steigernde Staatenabgrenzung andererseits gaben mir in der Zukunft recht.»

Wenige Tage nach der Neueinweihung des 'Studium'-Zweiges fuhr Polzer zu seinen Freunden Knispel nach Kambelovac und teilte ihnen den Entschluß mit, in Zukunft von Dornach unabhängig zu arbeiten, wofür die beiden Freunde gleich Verständnis hatten.

Um diese Zeit traf aus Dornach ein Schreiben ein, in welchem der Restvorstand Polzer aufforderte, die Texte der Klassenstunden zurückzugeben und das Lesen der Klasse einzustellen. Man wird sich denken können, wie Polzer reagierte. Er antwortete «nur kurz», daß «ich dem gegenwärtigen dreiteiligen Vorstande den esoterischen Charakter nicht zubilligen könne und daß er nicht berechtigt sei, mir ein Befugnis zu nehmen, welches nicht von ihm, sondern von Dr. Steiner direkt stammte»[235]. Darauf verständigte er sich mit Ita Wegman und vereinbarte mit ihr, daß er ihr fortan alle an ihn gerichteten Aufnahmegesuche zur Kenntnisnahme zusenden werde.

Es dürfte um dieselbe Zeit gewesen sein, als er an einem schönen Frühlingssonntag des Jahres 1935 in Preßburg ankam, wo ihn deutsche Freunde zu einem Vortrag eingeladen hatten. Zdena Smidova berichtet in ihren Erinnerungen von dem Eindruck, den Polzer damals machte. «Ich erinnere mich», schreibt sie, «wie er an einem Frühlingssonntag im Jahre 1935 unter unseren regelmäßigen Gästen erschienen war – ein hoher, schlanker, grauhaariger Herr mit funkelnden Augen, der jeden lebendig begrüßte. Nach seinem Abgang hat jemand gesagt, daß man sich so J. W. Goethe vorstellen könnte.»[282] Dieser Ausspruch ist bemerkenswert. Es ist, wie wenn das 'Weiheerlebnis' in der Nacht nach der Generalversammlung in Polzers Ausstrahlung noch nachgeklungen hätte ... Wie wenn die neue Goetheanum-Ferne als *Goethe*-Nähe, als Nähe zur geheimnisvollen Turmgesellschaft hat empfunden werden können. Noch einmal wird in überraschender Art von der Empfindung solcher Goethe-Nähe gesprochen werden.

Zu Pfingsten wollte Polzer eigentlich nach London fahren. Er war von anthroposophischen Freunden zu einer internen Tagung eingeladen worden und hatte sich bereits in Split die Fahrkarte zusammenstellen lassen. Da erreichte ihn das Telegramm, daß Daniel Nicol Dunlop, der seit der Dornacher Generalversammlung ausgeschlossene Generalsekretär der englischen Landesgesellschaft – die wie die holländische mittlerweile auch von Dornach losgelöst war –, am 30. Mai, dem Tag der Himmelfahrt, verstorben war. Die Londoner Zusammenkunft wurde abgesagt. George Adams-Kaufmann, einer dieser englischen Freunde, hatte Polzers Rede auf der Generalversammlung übersetzt, und Dunlop hatte sie noch lesen können. Doch dieser große umfassende Geist, den Rudolf Steiner einmal 'Bruder' nannte, antwortete auf die Selbstamputation innerhalb der anthroposophischen Gesellschaft mit seinem frühen, unerwarteten Tod.

Dunlop hatte zu Polzer «großes Vertrauen gefaßt», und die beiden Menschen hätten, wenn ihnen eine weitere Kooperation vergönnt gewesen wäre, für den gedeihlichen Fortgang der anthroposophischen Sache gerade auf der so wichtigen spirituellen Verbindungslinie England–Böhmen mit Energie und Weitblick zweifellos Bedeutendes geleistet.

So blieb Polzer etwas länger als geplant bei Knispels und reiste dann nach Prag und Pardubitz, um die böhmische Arbeit fortzusetzen. Im Juni trug er in Hohenmauth bei Pardubitz in Anknüpfung an Steiners Vorträge über Psychoanalyse aus dem Jahre 1917 über dieses Thema vor. Er sprach auch über die 'Brüder der Linken', die sich altes spirituelles Wissen für ihr Machtstreben zunutze machen; er schilderte den Kampf dieser dunklen Bruderschaften gegen das neue Christusereignis und betonte die Notwendigkeit des Kampfes gegen das Böse im fünften nachatlantischen Kulturzeitraum. Er sprach auch von den mehr und mehr vorhandenen 'Toten', die infolge ihrer früheren materialistischen Gesinnung in der Erdsphäre als zerstörerische Zentren wirkten und sich von den genannten Bruderschaften benutzen ließen. Er sprach von Irland, wo die luziferischen Kräfte wenig wirksam werden konnten.

So teilte Polzer geisteswissenschaftliche Wahrheiten mit und handelte gemäß der Einsicht Rudolf Steiners, daß heute das Wichtigste *im Mitteilen* von spirituellem Wissen liege, da man im Zeitalter der Freiheit niemals unvermittelt auf den menschlichen Willen wirken dürfe.[283] Die Menschen können dann aus den in ideeller Form aufgenommenen Wahrheiten selbst die freien Willenskonsequenzen ziehen.

Im Anschluß an die kleine Tagung traf Polzer Ende Juni in Wien seine Gattin Berta. Bei schönem Wetter fuhren sie zusammen auf den Kobenzl, wanderten auf den Kahlenberg und kehrten gegen Abend durch die Weingärten nach Grinzing zurück. Später traf das Ehepaar noch Herta Reichart, und dann ging es zu den 'Wiener Sängern'. Gemeinsame Ausflüge dieser Art mit Berta waren selten geworden. Um so mehr konnte Polzer sagen: «Ich habe diesen Tag mit Berta ungeheuer genossen.» Er fuhr mit ihr noch nach Mariensee, und mit Dora Schenker unternahm man eine schöne Autotour ins Burgenland. Zu den Empfängern der von diesem Ausflug abgeschickten Kartengrüße gehörte auch Ita Wegman in Arlesheim.

Am 9. Juli schrieb Wegman einen schönen Antwortbrief an Polzer, zugleich auf frühere noch unbeantwortete Briefe, der ihre Sicht der Lage nach der Generalversammlung zeigt und auch von dem Vertrauen zeugt, das zwischen ihr und Polzer mehr und mehr gewachsen war. Sie schreibt:

«Lieber Graf Polzer!

Ich danke Ihnen herzlich für all die lieben Briefe und Kartengrüße, die Sie mir geschickt haben. Weil ich selber so unglaublich viel zu tun habe, kam ich nicht gleich zum Schreiben, obgleich ich Ihnen gern geschrieben hätte. Die Krankheit und der darauffolgende Tod Mr. Dunlop's kam so unerwartet, daß man recht viel zu tun hatte, um mit dem, was da an einen herankam, fertig zu werden. Es ist schon sehr traurig, daß wir einen solchen Verlust erleiden mußten. Aber die Arbeit wird in England weiter so fortgesetzt, wie sie bisher gegangen ist. Ich freue mich, daß Sie sich auch entschlossen haben, zur Summer School in Harrogate zu gehen. Wir werden dann dort Möglichkeiten haben, miteinander zu sprechen und über die Zukunft zu reden.

Es tut mir leid, daß man Sie so angegriffen hat, nachdem Sie doch das Richtige und Rechte tun wollten, und es ist schon merkwürdig, wie immer alles, was Sinn hat oder haben sollte für eine bestimmte Zeit, dann ausgenützt wird für eine spätere Zeit auf eine falsche Art. Das tut die jetzige Verwaltung des Goetheanums kolossal gern, immer verwirrende Dinge in die Welt zu setzen und es dann so zu tun, als ob sie im größten Recht sind. Hoffentlich kommt für Sie auch wieder eine ruhigere Zeit. Es war gut und schön, was Sie auf der Generalversammlung taten!

Wir können hier in der Klinik ganz gut und schön weiter arbeiten, und bis zu einem gewissen Grade bin ich ja eigentlich innerlich erleichtert, daß ich nicht mehr die schweren Aufgaben habe, die mit einer Sektion zusammenhängen. Ich kann jetzt mehr in aller Ruhe die Arbeit vertiefen, was mich sehr befriedigt. Diese Arbeit kann ganz ungestört weiter fortgesetzt werden. Wir haben gerade wie in früheren Zeiten unsere Kurse, unsere Patienten und im Sonnenhof unser öffentliches heilpädagogisches Seminar. So wollen wir doch in aller Ruhe abwarten, was die Zeit uns bringt, und intensiv arbeiten.

Mit freundlichen Grüßen auch an Ihre Frau und an Frau Schenk[er], die eine Karte, die Sie aus Burgenland geschickt haben, unterschrieben haben. Herzlichen Dank!

In der Hoffnung, daß eine Zusammenarbeit recht schön sich gestalten wird, verbleibe ich Ihre I. Wegman Dr. med.»

Vor der Abreise nach Harrogate in Yorkshire verbrachte Polzer ein paar Tage mit seiner Nichte Christl in Modern in der 'Harmonie'. Bei der Cousine von Megyesy speisten sie zu Mittag und unterhielten sich mit ihr ganz ausgezeichnet. Hier in Modern erreichte Polzer die Nachricht vom unerwartet frühen Tod einer anderen Cousine, Marianne Stürgk, die am 14. Juli verstorben war.

Vielleicht hat dieser Todesfall, vielleicht auch Wegmans Brief mit dazu beigetragen, daß er noch vor seiner Englandreise einen anderen 'Tod' besiegeln wollte: sein untergrabenes Verhältnis zur österreichischen Landesgesellschaft, in deren Vorstand er sich zwölf Jahre lang betätigt hatte.

Am 24. Juli 1935, am Vortag des Geburtstags seines Vaters Julius, trat Ludwig Polzer-Hoditz aus der österreichischen Landesgesellschaft aus.

Nun galt es, für die Englandreise Vorbereitungen zu treffen. Die Summer School in Harrogate, zu der er eingeladen worden war, fand vom 12. bis zum 25. August statt. Am 5. August fuhr Polzer nach Paris, wo er zwei Tage blieb. Dann reiste er nach Calais weiter, wo er, wie auch in Dover, eine Nacht verbringen wollte, «um einen Eindruck von diesen Hafenstädten zu gewinnen». Und wie war der Eindruck? «Calais machte auf mich einen öden, unangenehmen Kommunisten-Eindruck. Ganz anders Dover.»

Sieben Jahre nach dem letzten Aufenthalt in London traf Polzer dann im neuen 'Rom des Westens' ein. Doch dieser vierte Englandaufenthalt stand unter einem neuen Zeichen. Polzer schreibt: «Die alte Verbindung mit Blanche Tollemache und Tante Mathilde war zu Grabe gegangen.» Denn auch Blanche Tollemache war in der Zwischenzeit verstorben, und zwar zwei Tage nach D. N. Dunlops Tod, wie er erst während seines Londonaufenthalts erfuhr, als er sich bei ihr zum Besuch anmelden wollte.

Drei Freunde hatte Polzer nun in kurzer Zeit verloren, und drei verschiedenen Lebenssphären hatten diese Freunde angehört: der Blutsverwandtschaft die zuletzt Verstorbene Cousine, der persönlichen Herzenssphäre Blanche Tollemache und der reinen Wahlverwandtschaft D. N. Dunlop. Doch trotz des Schmerzes, den sie brachten, wurden diese Todesfälle von Polzer weit stärker noch als Vorverkündigung von neuen Freundschaftsbanden empfunden und erlebt.

In London wohnte er als Gast in Kent Terrace, einer von Ita Wegman für die englische medizinische Arbeit erworbenen Liegenschaft. Im Regent's Park sah der Gast vom Kontinent eine Aufführung von Shakespeares *Sommernachtstraum*. Wie gesundend und gemütserweiternd wirkte die dramatisch-humoristische Stimmung dieses Stücks auf ihn ein! Tags darauf besichtigte er Schloß Hampton Court, das ihm einen großen Eindruck machte.

Am 12. August fuhr er mit vielen Freunden nach Harrogate, damals einer der bedeutendsten Badeorte Englands. Er sah viele alte Freunde wieder, allen voran Walter Johannes Stein, der mittlerweile in London lebte, und lernte viele neue kennen. In seinen Aufzeichnungen aus dem Jahre 1939 hat er jeden dieser neuen Freunde mit Namen und Adresse eingetragen. Drei Namen seien hier genannt für viele: Mr. Wheeler, Eleanor C. Merry und Dorothy Osmond. Durch diese Menschen lernte Polzer auch noch den verstorbenen Dunlop besser kennen, mit dem sie alle drei befreundet waren.

Die Abbildung 57 zeigt Polzer an der Seite von George Adams. Seine humoristisch-ernste Geste scheint zu sagen: «Wenn ihr Jesuiten uns durch die Ausschlüsse erledigt glaubt, dann irrt ihr euch!»

Und in den Erinnerungen schreibt er: «Selten habe ich so viel aufrichtiges Vertrauen und so viele Freundschaftsbezeugungen erfahren wie in diesem Monate in England.»

Am ersten Abend gab es mehrere Begrüßungsansprachen. Auch Polzer sprach – nachdem ihm Kaufmann dabei geholfen hatte, einen Brouillon aufzusetzen – zum ersten Mal auf englisch. In warmer Weise gedachte er des verstorbenen Dunlop, als er sagte:

«Before coming to this Summer-School in the North of England out of the midst of Europe, there often has stood before my soul the picture of our dear friend Mr. Dunlop. Only lately through Mr. Kaufmann and through what Dr. W. J. Stein wrote in memoriam of Mr. Dunlop in the *Mitteilungen* I learnt something more about his active and successful life.[284] This combined with my own remembrance of personal meetings and gave me the impression of a most lovable and beautiful human soul.»

Polzer sah in seiner noch durch Dunlop veranlaßten Einladung nach England die spirituelle Führung Rudolf Steiners aus den 'Nebenräumen der Geschichte' mit am Werke: «I think that Rudolf Steiner has guided the threads of fate so that we can find each other to tie nearer relations between Anthroposophs here and Anthroposophs living in the Eastern part of the heart of Europe.» Und er sah in der Zusammenkunft in Harrogate eine Möglichkeit, das angelsächsische Element durch mitteleuropäische Vermittlung mit dem zukunftsträchtigen Slawentum zu verbinden: «Anglosaxon souls led by Rudolf Steiner, living in full light and activity of nowaday's life – and over there, in the East of Central Europe, souls of Slavs, bearing germs to prepare mankind for further evolution; they try to meet one another.»

Ganz im Zeichen dieser Begrüßungsworte hielt Polzer am Donnerstag, dem 15. August, einen Abendvortrag in deutscher Sprache, mit dem Titel 'England und Böhmen im Zeitalter der Spiritualität – eine welthistorische Schicksalsstudie'.

Er zeigte darin, wie man von der 'Gespenstergeschichte' zur symptomatologischen Geschichtsbetrachtung komme, dadurch, daß man lerne, sich dem Schicksal zu überlassen und äußere Geschehnisse mit innerlich Erlebtem zu ergänzen. Dazu hatte er gerade in der jüngsten Zeit der Gesellschaftsspaltung ja reichliche Gelegenheit gehabt, wie wir gesehen haben. Er betonte dann, daß es kein Zufall sei, daß Rudolf Steiner die beiden Pole England–Böhmen gerade in der letzten Lebenszeit so stark pflegte und erinnerte daran, daß ihn die Tschechen schon im Jahre 1905 zu sich gerufen hatten.

Im Hauptteil seines Vortrags sprach er über die «verborgene harmonische Verbindung zwischen England und der Mitte Europas» (Bacon – Shakespeare – Jakob Böhme – Wikliff – Hus) einerseits und den Westslawen und Mitteleuropa andererseits.

Er charakterisierte die Aufgabe der Anthroposophen folgendermaßen: Sie hätten «*zu durchschauen und vorzubereiten einerseits die Zeit um die Jahrhundertwende, andererseits die 6. Kulturepoche*», und sie müßten lernen, «*über größere Zeiträume hinwegzuschauen, wie [es] einst aus den alten Mysterien geschah*».[256] – Zwischen den Vortragsveranstaltungen, an denen rund 250 Menschen teilnahmen, wurden Ausflüge in die Umgebung arrangiert. Man fuhr nach Bolton Castle, das Polzer schon von seinem ersten Englandaufenthalt im Jahre 1910 bekannt war; an einem anderen Tag suchte man die Ruinen von Fountains Abbey auf, der bedeutenden ehemaligen Zisterzienser-abtei. «Ich habe niemals in meinem Leben solches gesehen», berichtet Polzer voll Bewunderung. «Die wunderbare Lage, die herrlichen Überreste und Ausdehnung hat mich und viele überwältigt.»

Am 22. August sprach auch Polzer ein paar Abschiedsworte, die in mancher Richtung aufschlußreich sind. Er sagte: «When one has been active in the anthroposophical movement for nearly 30 years and at the end of this time has to go through the painful experiences which have resulted from recent events in Dornach and when one is called upon to play an active part therein, then one is deeply thankful for the days which we have been able to spend together at this anthroposophical Summer-School .

I have found again the friendly atmosphere that there was in former times, when Rudolf Steiner was still among us. I have found so many old friends of mine who worked together with Rudolf Steiner. All this has been a great help to me for what we have to do in the future.

So I should like to thank all those who have struggled with the difficulties of the time and have brought about the possibility of this anthroposophical Summer-School in such a wonderfull way.

Above all I will give my thanks to our dear friend Mr. Dunlop whose spiritual presence is certainly with us.[256] Next to our chairman Mr. Wheeler, Mr. Kaufmann and all the speakers and those who have helped in the organisation here. I must take what I have experienced back again to the East.

There I will tell again how important it seems to me for the position of the anthroposophical movement and for the world that the Englisch anthroposophical society is becoming so strong that from here strength may stream out to the threshhold of Europe where German and Slavs meet together.

I should like to close with these words which Rudolf Steiner often spoke to us at the end of a gathering: 'Auf Wiedersehen' – we shall be still together, though separated by space.»

So schloß Polzer mit warm empfundenem Dank für eine Tagung, die für ihn in der Geistpräsenz von Rudolf Steiner und, vielleicht noch deutlicher zu spüren, in der von D. N. Dunlop stattgefunden hatte.

*

Im Anschluß an die Tagung besuchte Polzer seine Freunde Scrope, um auch diese alte Freundschaft zu erneuern, und reiste dann für ein paar Tage nach Clent-Grove bei Birmingham, wo Michael Wilson und Fried Geuter eine heilpädagogische Landsiedlung betreuten. Auch eine biologisch bewirtschaftete Farm gehörte zu dem Anwesen. Es «waren in diesen Tagen viele Gäste versammelt», schreibt er, «einige erzählten an den Abenden ihre erste Begegnung mit Rudolf Steiner».

Dann machte Polzer noch einmal Station in London und verkehrte viel mit Stein und Ita Wegman. Stein erzählte ihm vom Grafen von St. Germain, mit dem er sich gerade intensiv beschäftigte, und Polzer nahm die Anregung dankbar mit nach Hause. Mit Ita Wegman und mit Mien Viehoff verbrachte er darauf noch zwei Tage in Paris, bevor es dann nach Hause ging.

*

Zum ersten Mal seit Jahren weilte im September Josef vierzehn Tage lang in Tannbach. Sein Zustand hatte sich dank der Bemühungen von Albrecht Strohschein und Karl König sehr wesentlich gebessert.

Am 18. September fuhr Polzer nach Mariensee zu Dora Schenker und berichtete auch ihr von seiner Englandreise. «Ich lese jetzt das Buch über St. Germain», schrieb er am 23. an Stein nach London, «es enthält viele interessante Mitteilungen, habe aber selten ein so schlecht geschriebenes Buch gelesen.» Es handelt sich um das Werk *Der Graf von St. Germain* von L. A. Langveld, zu dem Stein eine Einleitung geschrieben hatte.[285]

Stein hatte Polzer offenbar auch auf das Buch der Theosophin Isabel Cooper-Oakley über St. Germain[286] verwiesen. Denn Polzer schreibt im selben Brief: «Das Buch von Cooper-Oakley liest vorläufig für mich hier Frau Schenker, ich will es dann nachher lesen, zwei lesen immer besser als einer.»

Polzer legte diesem Brief an Stein ein Exemplar des politischen Memorandums aus dem Jahre 1930 bei. Er hatte sich mit Stein, dem er ja seit der Geburtsstunde der Dreigliederung tief freundschaftlich verbunden war und blieb, in England also auch über politische Vorgänge unterhalten. Auch von den zwei Johannessen, vom Jüngling von Nain, von Mathias Corvinus und von Christian Rosenkreuz war, teils in einem Café von Harrogate, teils in London, gesprochen worden. Doch noch in anderer Hinsicht sollte sich die Erneuerung der Freundschaftsbande beider Menschen bald als produktiv erweisen.

39. ZWISCHEN ENGLAND UND BÖHMEN

Von einem Vortrag, den Polzer im gleichen Monat in Pardubitz und Prag hielt, liegen wiederum Notizen vor. Es geht daraus hervor, daß er sich immer noch als Mitglied der zu Weihnachten 1923 begründeten Gesellschaft ansah, auch wenn sie seit der Ostergeneralversammlung entzweigespalten war. «Die Mitgliedskarten sind das historische Dokument, daß wir ihr angehören.» Er hatte noch die Hoffnung, daß das Goetheanum auch den Mitgliedern der freien Gruppen noch geöffnet bleibe. Sie sollte nicht von langer Dauer sein. In der neuen Lage, so führte er weiter aus, müsse er jedoch danach trachten, «für so viel Klarheit wie möglich zu sorgen über die Verhältnisse der anthroposophischen Bewegung und der Weltlage». Dabei könne «man leicht mißverstanden werden, gerade weil gegenwärtig die Weltverhältnisse so sind, daß die Seelen so geneigt sind, aus Sympathie und Antipathie Partei zu ergreifen, und man so leicht meint, wenn man Tatsachen vorbringt, daß man politisch Partei ergreifen will.» Und in bezug auf seine Englandreise fügte er hinzu: «Ich bin nicht nach England gefahren, weil ich Partei für England nehmen will, [sondern] nur weil es dort jetzt ganz besonders notwendig ist, daß Anthroposophie stark werde.»

In Preßburg hatte Polzer in Julius Valenta eine starke Stütze, in dessen Haus die Vorträge und Klassenstunden abgehalten wurden. Valenta war bei der Eisenbahndirektion von Preßburg tätig. Zusammen mit dem Bankbeamten Hüttl bildete Valenta den Grundstock des tschechischen Zweiges dieser Stadt. Die früher im Kapitel angeführte Zdena Smidova, von der das schöne Zeugnis über Polzer stammt, war Hüttls Tochter. Befriedigt konnte Polzer über diese Zweigarbeit in Preßburg sagen: «Sie arbeiteten auch für sich sehr fleißig, (...) mit dem Fleiß und der Hingabe, welche slawischen Menschen eigentümlich ist.»

So war das erste Hauptergebnis der Ausschlüsse für Polzers Arbeit, daß er den Schwerpunkt seines Wirkens auf die Verbindungslinie England–Böhmen legte. Es war dies eine Art Erweiterung des 'Gelübdes in der Wenzelskapelle': in die Hauptaufgabe der Harmonisierung von Deutschtum und Slawentum wurde nun verstärkt auch der germanophile Teil von England einbezogen.

40. DER SCHATTEN DES KONZILS VON 1869

Am 1. November 1935 wurde die Anthroposophische Gesellschaft Deutschlands durch die Gestapo verboten. Polzer empfand dies sofort als einen «Vorboten schwerer kulturloser Zeiten», und er war der Ansicht, daß dieses Verbot «wohl auch durch die Haltung des nun nur dreigliedrigen Vorstandes am Goetheanum gefördert wurde. Rudolf Steiner sagte uns solche amtlichen Maßnahmen voraus, wenn es nicht gelingt, weitere Kreise zu erfassen und uns selbst einheitlicher zu konsolidieren.» Es war nicht gelungen, und die zeitgeschichtlichen Auswirkungen begannen sich zu zeigen: in einer vehementen Zunahme der anti-anthroposophischen Kräfte innerhalb des Deutschtums.

Im selben Monat begann sich Polzer mit dem ersten vatikanischen Konzil zu beschäftigen, das 1869/70 in Rom stattfand. Sein Freund Ernst Wettreich, der Journalist, den er aus der Zeit des *Boten* kannte, hatte ihn auf ein Buch von Wolfgang Menzel aufmerksam gemacht[287], das die Zeit nach 1866 behandelt und auch Einzelheiten des vatikanischen Konzils darstellt. Es war für Polzer von symptomatischem Interesse, gerade in dem Zeitpunkt des Verbots auf Wenzels Werk zu stoßen: Er empfand Wettreichs Hinweis «wie eine Botschaft aus der geistigen Welt, um mich in meinem Vorgehen bei der Generalversammlung in Dornach zu bestätigen.» Die Äußerung mag zunächst erstaunen. Was ist mit ihr gemeint?

Polzer machte die Entdeckung, daß jenes Konzil in Rom, auf dem die 'Unfehlbarkeit' des Papstes verkündet wurde, 66 Jahre vor den Dornacher Ereignissen im Frühjahr 1935 stattgefunden hatte. 33 Jahre nach dem Konzil von Rom hatte Rudolf Steiner mit der Übernahme des Postens des Generalsekretärs der deutschen Sektion der Theosophischen Gesellschaft seine öffentliche Wirksamkeit begonnen, im Jahre 1902. Wieder 33 Jahre später kam es zum Zerfall des von ihm gebildeten Vorstands der Anthroposophischen Gesellschaft. Die historische Bedeutung des 33-Jahre-Zyklus war Polzer aus Rudolf Steiners Lehre[288] wohlbekannt: Jedes Jahr feiert nach 33 Jahren im Geschichtsverlauf gewissermaßen Auferstehung. Die Impulse eines ganz bestimmten Jahres gehen 33 und auch noch 66 Jahre später wie Früchte auf, im Guten wie im Schlimmen. Steiner sprach von 'Weihnachtsjahr' und 'Osterjahr'. 1935 war in diesem Sinne das zweite, mittelbare Osterjahr von 1869. Verbunden mit dem Gesetz der historischen Spiegelung (vgl. dazu auch das Kapitel 'Die Kehrseite der Münze') ergibt sich für das Jahr 1935 die folgende Signatur: Gespiegelt am Jahre 1902, in welchem Rudolf Steiner den ethi-

40. DER SCHATTEN DES KONZILS VON 1869

schen Individualismus in der Veröffentlichung konkreter Geisterkenntnis zu praktizieren anfing, kommen 1935 die Geistimpulse des Jahres 1869/70 erneut zur Wirksamkeit, aber auch diejenigen aus dem Jahre 1902. Da die Geistimpulse, die im Jahre 1869 – exakt 1000 Jahre nach jenem anderen Konzil, auf dem die 'Abschaffung' des Geistes beschlossen worden war – in die Welt gesetzt wurden, von außerordentlichem welthistorischem Gewicht gewesen sind, stellt sich für 1935 die Frage: Werden die unfreiheitlichen, mächtigen Geistimpulse von 1869 oder die noch zarten Keime freier Geistigkeit aus dem Jahre 1902 – dem Spiegeljahr – größeres Gewicht bekommen? Daß in der breiten Öffentlichkeit das erstere der Fall sein würde, war leicht vorauszusehen. Innerhalb der anthroposophischen Bewegung hätte allerdings das Gegenteil erwartet werden dürfen.

Doch gehen wir von Polzers eigenem, erstem Ausgangspunkt der Untersuchung der hier zur Rede stehenden Zusammenhänge aus. «Kennen Sie den Jesuiten, der die jesuitischen Methoden in die Gesellschaft tragen will?» Mit dieser in ein Nachterlebnis hineingestellten Frage war er im Februar 1935 auf einen Hauptaspekt der raschen Spaltung in der Anthroposophischen Gesellschaft hingewiesen worden – auf jesuitische Gesinnung innerhalb der AAG. Nun trug ihm im November 'der Strom der Welt' einen Anlaß zu, diese Frage in historischer Richtung zu vertiefen und zu diesem Zweck das Konzil von 1869/70 zu studieren. Sehen wir uns diese folgenreiche Versammlung im Petersdom also etwas näher an.

Das erste Vatikanische Konzil wurde am 8. Dezember 1869 durch Papst Pius IX. in einem Seitenarm der Peterskirche in Anwesenheit von 719 Bischöfen feierlich eröffnet. Das Eröffnungsdatum war kein Zufall. Es war der Tag der 'unbefleckten Empfängnis Mariä', welche am 8. Dezember 1854 vom selben Papst ohne konziliare Beratung zum kirchlichen Dogma erhoben worden war. Mit diesem Dogma hatte Pius seine 'Unfehlbarkeit' schon faktisch demonstriert, bevor auch sie zum Dogma werden sollte. Zwischen 1854 und 1869 erließ der Papst im Jahre 1864, und zwar ebenfalls an einem 8. Dezember, außerdem den sogenannten *Syllabus errorum*, ein Verzeichnis von 80 'Irrtümern' der Moderne, über welches sich alle auch nur halbvernünftigen Persönlichkeiten innerhalb der katholisch-europäischen Kulturwelt nur entsetzen konnten.

Der Kirchenstaat drohte sich um diese Zeit innerhalb der italienischen Freiheitsbewegung aufzulösen und erhielt sich nur noch dank einer französischen Garnison am Leben. In dieser sehr prekären Lage wollte Pius nun ein Zeichen der Unumstößlichkeit der Macht der Kirche setzen. Doch war er klug genug, das intendierte Dogma von der Unfehlbarkeit des Papstes *nicht direkt* zu lancieren, sondern von anderer Seite, gewissermaßen als 'objektive' Forderung, als ein von außen kommendes Begehren, in die Diskussion zu werfen. Er bediente sich der 1850 begründeten Jesuitenzeitschrift *Cività Cattolica*, eines halbamtlichen Organs des Vatikans. 1865 bildete er eine 96köpfige Kommission zur Vorbereitung des Konzils; sie bestand aus 'ultramontanen', das heißt erzkonservativen, ihm treu ergebenen Konsultatoren, die außerdem mehrheitlich an der römischen Kurie tätig waren. Durch die Kommission und die Jesuitenzeitschrift ließ er nun seine Absicht, die Infallibilität zum Dogma zu erheben, durchsickern und verbreiten. Als sich vor allem in Deutschland und Frankreich heftiger Protest erhob, blieb Pius ungerührt. Er, der in der Jugend unter epileptischen Anfällen gelitten hatte und selbst eine Vision der Mutter Gottes gehabt zu haben wähnte, meinte in abgrundtieffrivoler Weise, die Mutter Gottes ganz «auf seiner Seite zu haben»[289].

Als das Eröffnungsjahr des Konzils noch unklar war: Für Pius stand a priori fest, daß es an einem 8. Dezember eröffnet werden würde. Und so geschah es dann im Jahre 1869.

«Es war den Infallibilisten klar», schreibt August Bernhard Hasler, «daß eine Dogmatisierung der päpstlichen Unfehlbarkeit nur dann zustande kommt, wenn sie im Konzil die wichtigsten Schaltstellen der Macht innehatten.»[290] Lange bevor sich die Gegner des neuen Dogmas zu organisieren begannen, hatten die Befürworter dies bereits getan.

Auf dem Konzil selbst wurde die Diskussion des neuen Dogmas vermittels einer strengen Reglementierung erheblich eingeschränkt: «Es konnte nicht in kleineren Gruppen diskutiert, die Konzilsreden durften nicht gedruckt werden, und die Bischöfe waren unter Androhung einer Todsünde gehalten, über die Geschehnisse in der Konzilsaula Schweigen zu bewahren», schreibt Hasler.[291]

Im Februar 1870 wurde die Geschäftsordnung verschärft: auf Antrag von nur 10 Konzilsvätern konnte Schluß der Debatte beantragt werden. Der kroatische Bischof Joseph Georg Stroßmeyer, neben dem Kirchenrechtler Ignaz Döllinger einer der gewichtigsten Opponenten des propagierten Dogmas nannte diese Bestimmung den «Grabhügel des Konzils»[291]. «Wichtige Vertreter der Minderheit wurden in der Folge wiederholt unterbrochen und am Weiterreden gehindert.»[292]

Das einzige, was von dieser nach und nach majorisierten Minderheit erreicht werden konnte war die Einschränkung des Dogmas der Unfehlbarkeit auf 'Ex-cathedra-Verkündigungen': Das neue Dogma garantiere nicht «die Unfehlbarkeit des römischen Pontifex» sondern lediglich «das unfehlbare Lehramt des römischen Pontifex».[293]

Als am 18. Juli 1870 die noch anwesenden 535 Konzilsteilnehmer – die übrigen waren aus Protest oder Krankheitsgründen abgereist – mit nur noch zwei Gegenstimmen das neue Dogma annahmen, ging über der Ewigen Stadt ein krachendes Gewitter nieder. Hasler schreibt: «Tief dröhnend rollte der Donner, und die hell zuckenden Blitze warfen ein gespenstisches Licht über die plötzlich hereingebrochene Dunkelheit.»[294]

Wahrhaftig eine welthistorische Gewitterszene! Die Dogmatisierung der vielleicht ungeheuerlichsten Blasphemie der abendländischen Geschichte stellte eine Art von höherer, oder vielmehr tieferer Oktave zum Konzilsbeschluß der Geistabschaffung von 869 dar. Sie war die Konsequenz von letzterer: Nach 1000jähriger Ablähmung der individuellen Geistestätigkeit durch die römische Kirche konnte man nun dazu übergehen, das 'Denken' eines einzelnen als 'unfehlbar' zu postulieren. Insofern war das vatikanische Konzil von 1869 die Negativ-Vollendung des Konzils von 869.

*

Polzer ließ sich in der Wiener Hof- und Staatskanzlei die Akten geben, die über das Konzil von Rom vorhanden waren. Er studierte fleißig unter anderem die Berichte des österreichischen Botschafters am päpstlichen Stuhl, des Grafen Trautmannsdorf, die dieser an den Staatsminister Beust gerichtet hatte. So ergab sich ihm allmählich aus dem Buch von Menzel und aus Trautmansdorfs Berichten ein durch seine Nachterlebnisse ergänztes symptomatisches Gesamtbild der inneren Zusammenhänge zwischen den Ereignissen von Rom im Jahre 1869 und den Dornacher Beschlüssen des Jahres 1935. Er zieht aus seinen Untersuchungen wie folgt Bilanz: «Die Majoritätsbildung damals in Rom war doch zu ähnlich derjenigen in Dornach. Damals wurden die Kirchenfürsten mit den großen kirchlichen Diözesen an der Peripherie nicht berücksichtigt, aber auch nicht die tiefere religiöse Stimmung und Anlage der nördlichen Völker gegenüber dem mehr äußerlichen Christentum der imperialistisch gesinnten romanischen Mittelmeervölker. Die Majoritätsbildung wurde durch die Heranziehung so vieler Kirchenautoritäten ohne Diözesen und der vielen um das römische Zentrum liegenden Bischöfe gebildet und diese durch geistigen und materiellen Zwang vorher präpariert. *Das war bei der Generalversammlung am Goetheanum ganz ähnlich.*»[256]

Man könnte auch noch weitere Parallelen ziehen. Erinnern wir uns beispielsweise nur daran, was Polzer widerfuhr, als er am 11. März des Jahres 1935 nach Dornach kam, um Albert Steffen zu ersuchen, die Ausschlußanträge nicht zu publizieren. Steffen stellte sie als etwas hin, das nicht vom ihm ausgehe, auf das er aber gleichwohl Rücksicht nehmen müsse, und riet Polzer allen Ernstes, mit den Verfassern der sogenannten *Denkschrift* ins Gespräch zu treten. In ähnlicher, wenn auch sehr viel gröberer Art verschanzte sich, wann immer nötig, auch Papst Pius IX. hinter jenen, die in seinem Sinne seine Intentionen scheinbar selbständig zum Ausdruck brachten ...

«Ich konnte die Mahnung Rudolf Steiners in der Nacht sechs Wochen vor der Generalversammlung immer besser verstehen», fährt Polzer fort.

«*Deswegen glaube ich, daß seither Rudolf Steiner die Gesellschaft nicht mehr als geeignete Form für die anthroposophische Bewegung erkannte.*[256] Dieses hat gewiß mit der Möglichkeit ihrer Zerstörung durch das Verbot zu tun.»

Es sind dies zweifellos gewichtige Ergebnisse von Polzers Untersuchung.

Fragt man sich nun noch, ob die fatale Dornacher Versammlung vom Frühjahr 1935 außer ihren Ausschlußresultaten nicht vielleicht auch ein dem Infallibilitätsdogma vergleichbares Ergebnis gezeitigt habe, so ist die Frage durchaus zu bejahen: Es bestand in der dogmatischen, immer weiter um sich greifenden Überzeugung, Rudolf Steiner sei trotz allem nach wie vor mit der Anthroposophischen *Gesellschaft* schicksalsmäßig verbunden, diese selbst sei daher nach wie vor mit der anthroposophischen *Bewegung* eins, und diese 'Einheit' werde nach wie vor von einem 'esoterischen' Vorstand präsidiert.

Vom Gesichtspunkt Polzers aus gesehen sind solche Überzeugungen nichts als römisch-zentralistische Dogmen ohne jeden Wahrheitswert, ja sie kommen einer Art Verhöhnung der wahren Sachverhalte gleich.

*

Daß Ludwig Polzer 1935 seine einzigartige Tiefendeutung der Geschehnisse in der von Steiner selbst begründeten Gesellschaft unternehmen konnte, dürfte nicht zuletzt in seiner eigenen römischen Vergangenheit begründet liegen. Sie hat ihm für das Weiterwirken alter römischer Impulse in späterer historischer Zeit den Blick geschärft. Er fühlte sich aus diesem Grunde so tief mit den Ereignissen von 1869 verknüpft, daß er sogar sagen konnte: «Daß meine Geburt in das Jahr 1869 fällt, brachte mich gewiß in karmische Beziehung zu diesem Geisteskampf.» Aus der schicksalsmäßig tief begründeten Beziehung zum Imperium Romanum und seinen dekadenten Nachwirkungen wurde es gerade Polzer klar, wie sehr man in der Anthroposophischen Gesellschaft 1935 im entscheidenden Augenblick viel mehr auf römisch-jesuitische Gesinnung baute als auf den Geist der Anthroposophie.

Erinnern wir uns jenes andern Reisenden, der in der Erzählung von Ludwig Polzers Großvater Rom zu meiden sich entschloß, da «die ewige Stadt leider mit den Vätern der Kirche aus allen Weltteilen überfüllt war, die zu einem unheilvollen Consilium versammelt waren. Wie entferntes Grabgeläute klangen mir die Nachrichten aus dieser Versammlung, und ich konnte es nicht über mich gewinnen, die Stadt in dem Augenblicke zu betreten, wo man den wahren christlichen Glauben so arg schädigte.»[10]

Ganz ähnlich war dem Enkel dieses Novellisten vom Jahre 1935 an bezüglich eines andern Ortes mehr und mehr zumute, mit dem Unterschiede, daß er das Grabgeläute eines andern 'unheilvollen Consiliums' aus größter

Nähe hatte mitanhören müssen und es durch kein vernünftiges Wort hat zum Verstummen bringen können ...

Im November und Dezember 1935 sprach Polzer in Wien, Prag, Budapest, Preßburg, Pardubitz sowie auch in der Arlesheimer Klinik «über das Konzil von 1869 und die Verhältnisse in der Anthroposophischen Gesellschaft und über die Hoffnungen der anthroposophischen Bewegung». Leider liegt von seinen Ausführungen keine Nachschrift vor; doch zeigt allein die Reihe dieser Orte, an denen er innerhalb von wenigen Wochen seine geistsymptomatische Entdeckung vortrug, wie sehr sie unseren Wanderer in Bewegung brachte.

*

Am 1. Dezember 1935 verfaßte Polzer eine 'Mitteilung' für Angehörige der sogenannten 'Klasse'.[295] Er fühlte sich verpflichtet, dadurch gewissen «Agitationen» entgegenzutreten, «die mit der Klassenangelegenheit von einzelnen getrieben» wurden. Man hatte Polzer vorgeworfen, die 'Klasse' nicht *so* zu halten, wie sie Rudolf Steiner selbst gehalten hatte. Vor und manchmal nach der Stunde sprach er gewisse mantrische Worte, die von Steiner stammten. Dieser selbst hatte Polzer auf die Frage, wie er die 'Klasse' halten sollte, schon am 11. November 1924 schlicht geantwortet: «Machen Sie es, wie Sie wollen.» Und Polzer begründet seine Art des Klassenlesens außerdem wie folgt: «Daß (...) das Halten der Klasse möglichst lebendig gestaltet werden sollte und nicht äußerlich dogmatisch festgelegt werden darf, müßte jedem Esoteriker klar sein, der nicht will, daß das Michaelsmysterium den Weg gehe, welchen die römische Kirche betrat und der zu den dogmatischen Streitigkeiten bei den Konzilien führte.»[295]

Nach dem Zeugnis von Rudolf Herman ließ Polzer in Pardubitz für die feierliche Handlung stets ein Rosenkreuz aufstellen und drei Kerzen anzünden. Er wollte damit gewiß keine eigenen esoterischen Prätentionen geltend machen, im Sinne einer Etablierung einer 'zweiten Klasse', wie man dies sehr viel später in der Tat versuchen sollte. Gerade ihm war schon lange illusionslos klar, daß «die Mysterien (...) seit dem Tode Rudolf Steiners nicht weiter enthüllt werden können in der Gegenwart». Doch ebensosehr war ihm klar: «Aber es muß doch die lebendige, *nicht allein die vestandesmäßige, sondern auch kultische Kontinuität* [256] mit dem von ihm gegebenen Mysterieninhalt weiter gepflegt werden, um diesen auch solchen Menschen mitzuteilen, welche Rudolf Steiner nicht mehr gekannt haben und doch den esoterischen, nicht nur intellektuellen Anschluß an ihn suchen.»[295]

In solcher Art wies Polzer die gegen ihn erhobenen Vorwürfe zurück, mit denen man auch weiterhin versuchte, ihm das Recht zu nehmen, diese feierlichen Stunden selbst zu halten. Als man erkennen mußte, daß er unbeirrt in seiner Art zu wirken fortfuhr, versuchte man die böhmischen Klassenmitglieder dadurch gegeneinander auszuspielen, daß man erklärte, es sei unmöglich, die 'Klasse' zugleich in der Landesgesellschaft und bei Polzer mitzumachen; worauf dieser fordern mußte, daß dieses zu entscheiden einem jeden einzelnen Mitglied selber überlassen bleiben müsse. Für Polzer waren diese gegen ihn, als einen letzten 'ethischen Individualisten' innerhalb der AAG gerichteten Attacken vom selben 'jesuitischen Geist' beseelt, von dem es auch die Frühjahrskatastrophe Dornachs gewesen war. Er schreibt: «Der immer wieder auftauchende Einwand, daß ich die Klasse nicht so halte wie Rudolf Steiner» – der sie im übrigen selber nicht stets in der gleichen Art gehalten hatte –, «ist also dem geistigen Sinne nach unwahr, nur formal teilweise richtig. Diese formale Richtigkeit ist ganz im Einklange mit dem nur formalen, juristischen Gesetzen entsprechenden Majoritätsbeschluß, durch welchen in der letzten Generalversammlung an Ostern zu Dornach die Absetzungen und Ausschlüsse ausgesprochen wurden, und wodurch diese Allgemeine Anthroposophische Gesellschaft eine andere wurde, als die von Rudolf Steiner gegründete war.»

Mit dieser schriftlichen 'Mitteilung' war Polzers öffentliche Auseinandersetzung mit den Funktionären der veränderten AAG und deren Anhängern beendet. Auch sie vollzog sich ganz im Lichte seiner geist-historischen Entdeckung vom November.

Als das Jahr zu Ende ging, hatte Polzer nicht nur die Konflikte und Zerfallsprozesse innerhalb der AAG überstanden; auch die tieferen Hintergründe des Zerfalls des Vorstandes und seiner Folgen waren ihm *im wesentlichen* klar geworden.

Wie so oft schon früher, so war auch dieses Lebensjahr von Ludwig Polzer weit mehr als bloß ein Abschluß der Kalendertage.

41. FRÜCHTE EINER ALTEN FREUNDSCHAFT

Auf Polzers öffentliche Wirksamkeit im Jahre 1935 folgte einmal mehr eine Ebbephase der Vertiefung und Verinnerlichung. Auch wenn die anthroposophische Arbeit unverändert ihren Fortgang nahm, so machte sich von 1936 an doch zugleich eine starke Rückblicksstimmung geltend. Es ist der Intuition von Walter Johannes Stein zu danken, bei dem zweiundzwanzig Jahre älteren Freunde an diese Stimmung angeknüpft und dafür gesorgt zu haben, daß sie Früchte trage, wie wir bald sehen werden. Johannes Tautz hat das Wirken dieses Freundes Polzers in seinem Buch *Walter Johannes Stein – Eine Biographie* (Dornach 1989) gewürdigt.

In Tannbach wurden die wirtschaftlichen Schwierigkeiten unterdessen immer größer. Die Steuerforderungen und die Leistungsmöglichkeiten gerieten ganz besonders in Gebieten mit kargen Boden- und rauheren klimatischen Verhältnissen mehr und mehr in ein reales Mißverhältnis. Julius, der sich im Januar des neuen Jahres einer Blinddarmoperation unterziehen mußte, litt unter der Belastung sehr, Berta «arbeitet mutig weiter». Polzer selbst konnte nur durch seine anthroposophische Arbeit und die sich daraus ergebenden Kontakte indirekte Hilfe leisten, so wie es etwa durch die Freundschaft mit Hugo Flatz bereits geschehen war. «Nur durch Schmerzen und Leiden kann die Menschheit genesen», schrieb er angesichts auch dieser mehr privaten Nöte im eigenen Familienumkreis in sein Tagebuch.

Ende Januar fuhr er wieder eine Woche nach Mariensee. «Der diesmalige Abschied», schrieb er am 28. Januar ins Gästebuch, «bedeutet den Abschluß eines schönen Lebensabschnittes, für den ich der lieben Hausfrau aus aufrichtigem Herzen dankbar bleibe.» Dora Schenker siedelte auf einen anderen Familiensitz um, nach Linsberg bei Erlach, wo sie die verwahrloste Landwirtschaft zu sanieren hoffte.

Vor nicht allzulanger Zeit hatte Polzer die Bekanntschaft einer russischen Familie Makarov gemacht. Frau Makarov war 1920 mit einem österreichischen Gefangenen nach Wien geflohen. Sie hatte zwei hübsche Töchter, die beide nach dem Schulaustritt mit erwerben mußten und «geschickte Tänzerinnen» wurden. Polzer neigte sich mit ganz besonderem Interesse der jüngeren, Tamara, zu. Und es entspann sich einmal mehr eine kleine Schicksalsnovelle. Er schreibt darüber: «Ich hatte Interesse für dieses Schicksal und konnte mit Gesprächen und Büchern ihnen seelisch helfen. Die ganze Familie faßte Vertrauen zu mir. Auch in solchen Kreisen kann man wertvolle Menschenanlagen finden. Die russische Seelenart zeigte sich auch so deutlich. So lag diese Bekanntschaft in der Richtung meines Interesses für das Slawentum und meiner Aufgabe, deutsche und slawische Seelen durch anthroposophisches Denken, Fühlen und Handeln zu harmonisieren. – Als mich Tamara bat, ihr Trauzeuge zu sein, willigte ich gern ein.» Die Hochzeit von Tamara und ihrem Bräutigam fand in der Kirche Gutaus statt.

Am Tag nach dieser Trauung fuhr Polzer zum ersten Mal nach Linsberg zu Frau Schenker, wo ihm von nun an «ein besonders schönes Zimmer» zur Verfügung stand. «Die Gegend ist sehr schön», notierte er, «das Klima mild und windgeschützt. Die Gebäudeanlagen zeugen in ihrer gediegenen Solidität von einstigem Reichtum. Frau Schenker wird gewiß mit wenig Mitteln die Ordnung wieder herstellen können.»

Von Tannbachs materiellen Sorgen hatte Polzer offenbar auch seinem Freunde Stein nach London Mitteilung gemacht. Dieser sandte in der Karwoche einen Brief «mit Einlage», für die sich Polzer am 14. April sehr bedankte. Er schrieb nach London:

«Mein lieber Freund!
Weißt Du, daß ich Freudentränen weinte, als ich Deinen lieben Brief mit Einlage heute erhielt. So selten ist es in unserer Zeit, daß man aus der Ferne tätige Freundschaft erlebt. Es ist aber für die wunde Seele ein Balsam, so liebe Beweise einer anthrop. Freundschaft und anthrop. Gesinnung zu erleben. – In dieser Charfreitags-Todesstimmung, die über Europa liegt, für das die Osterglocken noch lange nicht läuten werden, fühlte ich hoffnungsvoll voraus, daß doch Osterglocken läuten werden und daß Anthroposophie lebt u. wirkt. Dein Brief u. der Gedanke an Deine Arbeit dort, wo es so sehr notwendig ist, sind mir dieses Jahr die Osterglocken.»

Stein arbeitete zu diesem Zeitpunkt hauptsächlich als Herausgeber der Zeitschrift *The Present Age*, die er auf Wunsch von D. N. Dunlop im Dezember 1935 begründet hatte. *The Present Age* war eine einzigartige Monatsschrift. Sie beschäftigte sich u. a. mit Weltereignissen, Geschichte, Naturwissenschaft und rückte alles immer wieder in zurückhaltender, doch deutlicher Art und Weise in das Licht der Geisteswissenschaft. Es war der Weitblick und der Mut des Unternehmens, die Polzer überzeugten: «Ja, mein lieber Freund, Berta u. ich denken oft an Dich u. freuen uns über die Zeitschrift *als Beweis richtig verstandener a.[nthroposophischer] Arbeit.*»[256]

Aus der Fortsetzung des Briefes geht hervor, daß die englischen Gespräche mit dem Freund bei Polzer lange Nachwirkungen hatten und ihn zu mancher Forschung anregten. So ging er den Todesumständen von Mathias Corvinus näher nach und ließ sich im Budapester Nationalmuseum diesbe-

49. Oberst Vuijc, Lou Knispel Ludwig Polzer, Christl Polzer, Leo Knispel, ?, 1933

50. *Hintere Reihe v.l.n.r.: Rudolf Herman, Anton Geryser, Oberst Dohnal (6.), Milos Brabinek (8.); mittlere Reihe: Karolina Geryser, Maria Brabinek (3.); vordere Reihe: Marie Brabinek (2.), Ludwig Polzer. Pardubitz 1933.*

51. Ludwig Polzer, Karolina Geryser, Maňa Brabinek; Burg Karlstein

52. Theodora Zeißig; Ludwig Polzer (um 1936)

53. Ludwig Polzer, um 1935

54. *D. N. Dunlop, 1925*

55. W. J. Stein, um 1931

56. Dora Schenker; Teil des Gutshauses in Mariensee

57. George Adams und Ludwig Polzer; Traumaufzeichnung (siehe S. 335)

Traumgesicht vom 13. auf den 14. I. 1939.
wahrscheinlich vor Mitternacht. –

Ich fand mich wie in einer Kirche
oder der Sakristei einer solchen.
Ich trat einem Cardinal gegenüber
mit dem ich mich in ein Gespräch
einließ. Wir sprachen nicht mit Worten
sondern mit Augen u. Gesichtsausdrücken.
Das Antlitz des Cardinal wurde unendlich freundlich u. verständnisvoll.
Dann kam ein zweiter Cardinal hinzu. Es wurde mir gesagt es sei der von
Sant Jago di Compostella. Dieser hatte
ein finsteres u. böses Angesicht u.
begann auf den ersten drohtbar
loszuwettern in höchster Aufregung. Den Inhalt des Gespräche

58. Aufzeichnung des Santiago-Traums aus dem Jahre 1939

V.

Mein letzter Lebensabschnitt.
Die Zeit nach dem Tode Dr Rudolf Steiners
1925 –

Nach dem Tode R. Steiners empfand ich zunächst das Bedürfnis Frau Marie Steiner bei der Abwicklung der Verlassenschafts Geschäfte zu helfen und übernahm die Vertretung der hinterbliebenen Verwandten. In Wien wurde ich dabei auch von meinem Vetter Lothar unterstützt der Sections-Chef im Justizministerium war. –

In der weiteren Folge der Ereignisse innerhalb der anthroposophischen Gesellschaft versuchte ich anfänglich vermittelnd in den Streit einzugreifen, der im Dornacher Vorstand zwischen Frau Marie Steiner u. Frau Dr Wegman latent schon seit der Tagung zu Weihnachten 1923/24 herrschte u. welcher Rudolf Steiner schwere Sorgen machte. – Der Freundschaft welche zwischen uns und Rudolf Steiner herrschte stand Frau Marie Steiner immer kühl gegenüber. Wie sie mir später einmal sagte, konnte sie zu Berta keine Beziehung finden.

Ich wollte aber sachlich bleiben und versuchte zunächst Frau Marie Steiner zu unterstützen, da

59. Erste Seite der Aufzeichnungen von 1939 (LPE)

60. *Paul Michaelis, um 1965*

61. Arthur Polzer, um 1940

62. Ludwig Polzer, um 1937

63. *Berta Polzer, 1937*

64. Ludwig Polzer, um 1930

zügliche Quellentexte aus dem Lateinischen übersetzen. «Es hat mir damals in London so leid getan», fügt er hinzu, «daß wir nicht nochmals zusammenkommen konnten, hätte Dir noch gerne einiges erzählt.»

Und in bezug auf Tannbach schreibt er: «Die furchtbare Armut u. die würgenden Anforderungen, die gerade in den armen Gegenden ohne Rücksicht auf die Möglichkeiten gestellt werden, müssen schließlich epidemischen Wahnsinn bringen.» Man mag sich hier an Ludwig Polzers Vater Julius erinnert fühlen, der einmal sagte: «Habt ihr noch zu essen? Alles werden sie euch nehmen, nicht einmal die Betten werden sie euch lassen.» Nun war man nicht mehr weit von dem von Julius Befürchteten entfernt ... Doch auch solche Kümmernisse taucht Ludwig Polzer in ein höheres Licht, wenn er fortfährt: «Ja, die Treuen werden alle Ähnliches durchmachen u. erleben müssen wie Rud. Steiner, als ihn der Tod erreichte, gerade in dem Augenblick, als er den Ansatz nahm für so Großes. – Diese 'Unterbrechung' ist so symptomatisch für die Zeit.»

Aus dem Schluß des Briefes erfahren wir: «So lange ich kann, nehme ich immer wieder Abschied, oft schweren Abschied von hier, wo ich doch nicht helfen kann, denn beide sind seelisch stärker als ich, u. gehe meiner Arbeit nach u. es geht immer wieder, nur die Gebrechen u. die Müdigkeit der 67 Jahre sind oft sehr hinderlich.»

Weniges wird im Jahre 1936 mehr geholfen haben, die hier angedeutete Müdigkeit von Polzer wirksam zu überwinden als die neu erstandene Freundesbande mit dem fünfundvierzigjährigen Stein.

Nach Ostern hielt Polzer in der Moldaustadt einen spirituell sehr gewichtigen und in die Tiefe gehenden Vortrag. Wie immer gedachte er auch diesmal keinen 'Lehrvortrag' zu halten. Er sprach vom Ernst der Weltlage, von der Tatsache der Auferstehung, von der Notwendigkeit, die Bewußtseinskraft des Denkens zur 'Imagination' zu steigern. «Das größte historische Mysterien-Geschehen», heißt es in den vorhandenen Notizen, «das Mysterium von Golgatha, ist ja der Ausgangspunkt für die Überwindung des Todes durch das Leben, also die Auferstehung. – Sechs Jahrhunderte vor dem Mysterium von Golgatha lehrte Buddha, der aus [dem] Königspalast kam und das 'Leben' findet. Er lehrt die Abkehr von dem Drange nach Dasein. Sechs Jahrhunderte nach dem Mysterium von Golgatha blicken Menschen anders zum Kreuze auf den Leichnam, sehen in ihm die Hoffnung. Erkennen imaginativ in diesem Leichnam das neue Reis, aus dem die Rosen blühen können. Der Leichnam [ist] das Erinnerungszeichen der Auferstehung des Lebens aus dem Tode. Wenn eine solche Wesenheit wie der Christus, der größte Avatar, heruntersteigt u. auf die Erde sich verkörpert, dann geschieht etwas Geheimnisvolles.» Polzer schildert dann, wie 'Abbilder' des Ich, des

Astral- und Ätherleibes des Jesus von Nazareth entstanden sind und sich den entsprechenden Wesensgliedern von historischen Persönlichkeiten wie der heiligen Elisabeth und Jeanne d'Arc und vielen anderen einverwoben haben. «Je tiefer die Menschen heruntersteigen, um zur Freiheit zu kommen, desto stärker die Veranstaltungen, um die wirkende Kraft des Mysteriums von Golgatha zu erleben.» Dies führt er dann aufgrund von Steiners Forschungen[296] näher aus. Am Ende seiner Ausführungen betont er einmal mehr, wie wichtig es in unserer Zeit sei, eine spirituelle Beziehung zu den sogenannten Toten aufzunehmen und zu kultivieren. Dies müsse «durch erkraftetes Denken, welches zur Imagination fähig wird», und nicht durch «raffinierten Intellekt und Vielwisserei» angestrebt werden. Dazu gehöre aber «guter Wille». Wieso ist dieses wichtig?

Weil die Toten «die Erde umwandeln wollen, wie sie sie für [die] nächste Verkörperung brauchen. Wir müssen uns bestreben, die Erde richtig umzuwandeln» und uns als «irdische Vertreter der Toten» fühlen lernen.

Aus solcher tätig erarbeiteter Osterstimmung schreibt Polzer schon am 30. April einen neuen Brief an Stein. Er teilt ihm mit, daß ihm eine Stelle aus dem Brief des Freundes vom September 1935 noch immer unverständlich sei, und bittet um Erläuterung; ferner, daß er sich im Augenblick mit Paulus beschäftige, und zwar im Zusammenhang mit Steiners Vortragszyklus *Christus und die geistige Welt.*[297] Er bittet Stein um *seine* Ansicht in dieser und in anderen Fragen geisteswissenschaftlicher Natur. Dann macht er die bemerkenswerte Feststellung: «Was die Weltlage betrifft, verstehen wir uns sicher gut, da braucht es nicht schriftliche Verständigung. – *Im allgemeinen sind die Anthroposophen auch sehr naiv, und ahnungslos im einzelnen.*[256] – Auf fast allen Seiten Charfreitagsstimmung.»

Im Postskriptum dieses Briefes fügte Polzer noch hinzu: «Ich hatte Freude mit dem neuen Roman von Frau Krück von Poturzyn *Antoninus und der Grieche.*»[298] Antoninus Pius war einst von Kaiser Hadrian adoptiert und zu seinem Nachfolger ersehen worden. Stein und Polzer dürften in den mündlichen Gesprächen also auch die Zeit von Hadrian erörtert haben. Aus einem späteren Ereignis kann dies mit noch größerer Wahrscheinlichkeit erschlossen werden.

Anfang Mai fuhr Polzer nach Dalmatien zu seinen Freunden Lou und Leo Knispel. Von Kambelovac schreibt er gegen Ende seines Aufenthaltes am 21. Mai erneut an Stein nach London: «Es tut mir leid, daß Du wegen Deiner Frau Sorgen hattest, hoffe, daß die Besserung rasch vorschreitet. – Aber! Soll ich mit 67 Jahren Dir, dem Vierziger, sagen, daß man mit der Gebärde des Altwerdens, wie Du schreibst, so lange man kriechen kann, nichts zu tun haben soll. Ich kann Dich versichern, daß ich es nach allen Seiten hin oft schwer habe, und doch fühle ich mich oft wieder so jung, daß ich unter den heutigen Weltverhältnissen am liebsten noch in den Krieg zöge. So empörend sind diese.»

Polzer scheint sich in Kambelovac also gut 'erholt' zu haben! Und in der Tat: «Seit einem Jahr ist es jetzt das erste Mal», fährt er im gleichen Briefe fort, «daß ich drei Wochen an einem Ort blieb. Die ganze frühere Zeit kaum acht Tage ab und zu.» – Doch Polzer schöpfte seine Kraft auch diesmal nicht aus inaktivem Müßiggang: «Hier sind wir jetzt fünf Menschen, die täglich viele Stunden zusammen Anthroposophie studieren.» Vielleicht sind Dora Schenker und Oberst Vujic mit von der Partie gewesen?

«Du weißt», schreibt er weiter, «daß ich seit dem Tode des Herrn Dr. St. mit ganzer Aufmerksamkeit alles, was sich vollzog auf dem Boden der politischen Verhältnisse, gut verfolgte und auch die verschiedenen Situationen entsprechend auszunützen suchte nach einer Weisung, die mir Herr Dr. noch zu allerletzt gab; hatte dazu auch jeden Monat eine Besprechung mit einem Journalisten, mit dem ich mich seit der Herausgabe des *Österreichischen Boten* befreundete[299] und ihn wirklich anthroposophisch erzog (...) Ich will Dir (...) in einigen Tagen ein Ereignis beleuchten u. von dem aus Schlüsse auf die übrige Weltlage ziehen. – Es stellt sich alles so schön zusammen und jedes von Dr. St. gesprochene Wort hat sich Schritt für Schritt bewahrheitet.»

Auch ein 'Geheimnis' seiner symptomatologischen Forschungsart teilt Polzer Stein noch mit: «Ich bekomme auch oft in der Nacht Mitteilungen, so wußte ich 14 Tage vorher, daß König Alexander I. aus Jugoslawien ermordet werden würde auf seiner Reise nach Frankreich.»

So woben sich auch in der räumlichen Distanz immer feinere Vertrauensfäden zwischen beiden Freunden.

Nach dem dreiwöchigen Aufenthalt in der liebgewonnenen Umgebung reiste Polzer am 25. Mai nach Graz ab, wo er sich mit Julius traf. Er wollte ihm die Stätten zeigen, an denen er, der Vater, mit den Eltern einst die Jugendzeit verbrachte, und auch Julius' Geburtsort Peggau einen Erinnerungsbesuch abstatten. Julius, der mittlerweile vierunddreißig Jahre zählte, hatte diesen Ort, den die Familie 1905 verließ, zum letzten mal als Dreijähriger gesehen. Polzer schreibt: «Es war mir eine so große Freude, dem lieben Sohn alle Stätten zu zeigen, wo ich in meiner Jugend mit meinen Eltern lebte. Wir fuhren auch nach Peggau. In Julius' Geburtshaus, dem ehemaligen Mensdorf-Schlössel, wurden wir vom Besitzer Dr. Stefan Dolinar und seinem Schwiegersohn General v. Trauttenweiler-Strumberg sehr freundlich empfangen. Es war mir etwas wehmütig zu Mute. Fast alle die lieben Menschen, die mich damals, als der Besitz noch meinen Eltern gehörte, umgaben, sind gestorben. Ich zeigte

Julius das Zimmer, in welchem er zur Welt kam, dann saßen wir alle vor dem Hause unter dem Balkon. Es war mir ganz eigentümlich zumute, Julius hier mit den gegenwärtigen Besitzern sitzen zu sehen, wo ich mit Eltern und Geschwistern und später mit meiner Frau und den Kindern so oft saß. Alle diese lebenden und verstorbenen Menschen waren für mich in der Erinnerung ja noch da, *und ich hatte das Gefühl, daß sie sich freuten, Julius mit mir hier zu sehen.*»[256] An diesen Grazer Lebensstätten schlug Polzers Rückblicksstimmung tiefe Wurzeln; aus den zuletzt zitierten Worten kann ersichtlich werden, daß die Erinnerungskraft bei ihm in derart intensiver Weise wirkte, daß sie wie Fenster zu den 'Nebenräumen der Geschichte' aufzustoßen anfing, in denen unter anderem die sogenannten 'Toten' wandeln ...

Aus dieser geist-realen Rückblicksstimmung faßte Polzer einen langsam in ihm reif gewordenen Entschluß. Am 24. Juli 1935 war er aus der österreichischen Landesgesellschaft der Anthroposophischen Gesellschaft ausgetreten. Noch war er danach vorerst individuelles Mitglied der Allgemeinen Anthroposophischen Gesellschaft mit Sitz in Dornach geblieben.

Nach den Dornacher Angriffen auf seine Klassenarbeit, zu denen er im Dezember 1935 Stellung nahm, schien ihm nun der Zeitpunkt eingetroffen, auch aus der internationalen Anthroposophischen Gesellschaft auszutreten. So erklärte er am 30. Mai 1935 seinen Austritt aus der AAG. Doch weshalb gerade jetzt in dieser Frühlingszeit? Ein Blick auf eine Liste Polzers mit den Todesdaten von ihm nahestehenden Persönlichkeiten kann das Rätsel lösen. Unter dem Datum des 30. Mai 1935 findet sich der Todestag von Daniel Nicol Dunlop eingetragen. Dunlop war der Mensch, den Polzer an dem anderen Ende der Verbindungslinie Böhmen–England wie kaum eine andere Persönlichkeit verehrte und deren weitgespannten Lebensziele er voll zu würdigen verstand. So verband er durch die Wahl des Datums seines Austritts aus der AAG mit dem vollzogenen 'negativen' Schritt eine viel bedeutendere positive Geste: Sie besagt, daß er seine künftige Arbeit auf der Linie Böhmen–England mit der in den 'Nebenräumen der Geschichte' weilenden Individualität von Dunlop in Verbindung bringen wollte. Welch ein dauernder Verlust war Polzers Austritt für die bereits darniederliegende AAG! Nachdem sie durch die aberwitzigen Ausschlüsse von 1935 schon einen großen Teil ihrer allerbesten Geister vertrieben und verloren hatte, wurde sie nun auch von einem Individualisten bester Art verlassen. Sollte sie sich je davon erholen können?

Am 10. Juni hielt Polzer einen weiteren Vortrag in der Moldaustadt, und zwar «in Räumen, die für die anthroposophische Bewegung in der CSR historisch bedeutsam» seien. Die Prager Gruppe Polzers hatte die ehemaligen Räumlichkeiten der Prager Freimaurerloge 'Comenius' bezogen. Das gab Polzer Anlaß, einerseits über das Freimaurertum, andererseits über Comeni-

41. FRÜCHTE EINER ALTEN FREUNDSCHAFT

us zu sprechen. Von allen Banden zur AAG restlos freigeworden, schloß er diesen Vortrag mit großen, hoffnungsvollen Ziel- und Zukunftsworten, die sich bis in unsere eigene Zeit erstrecken:

«Wir – da das Lebenswerk Rudolf Steiners unterbrochen wurde – werden immer mehr im Stillen, Intimen sein Werk durchtragen müssen durch den Tod und uns für eine äußere Tätigkeit vorbereiten müssen für die Wirksamkeit in der Jahrhundertwende. Für die Gegenwart haben sich unsere Seelen zu schwach gezeigt, um äußerlich zu kämpfen für soziale Neuordnung. Spirituelle Weisheit wollen wir pflegen, damit sie sich bald mit dem Feuer der Leidenschaft verbinden kann. Damit sie verschmelze einmal zu wirklichem michaelischem Mut im Dienste der Wahrheit (...) Verbunden in diesem Schaffen müssen wir uns fühlen mit allen denen, die gewirkt und gelitten haben dafür, daß die Kontinuität während der mysterienlosen Zeit nicht abreiße. In dieser esoterischen Gesinnung wollen wir diese Räume beziehen und in ihnen wirken.»

*

Noch im selben Monat Juni wurde Polzer von seinem Freunde Stein dazu aufgefordert, seine Lebenserinnerungen abzufassen. Stein schrieb in einem Brief, daß seine Bitte auf eine spirituelle Anregung durch Rudolf Steiner hin erfolge, der ihn darauf hingewiesen habe, daß Polzer wichtige Dinge «weiß und schreiben soll».

Dieser machte sich – wie immer nach erfolgter Einsicht zu rascher Tat bereit – alsbald an die Niederschrift seiner reichen, weitgefächerten Erinnerungen. Schon im Oktober sollten sie beendet sein, und vom November an erschienen sie in Steins *Present Age* in London, am anderen Ende der 'Böhmen–England-Achse'.

Sein chronisch wiederkehrendes Ischiasleiden führte Polzer eine Juliwoche lang nach Baden, wo er Schwefelbäder nahm. Als gern gesehener Gast in Arthurs Heim hatte er willkommene Gelegenheit, sich mit dem Bruder auf geruhsamen Spaziergängen über manches auszutauschen. Sicher hat er Arthur auch von dem Besuch mit Julius in Peggau und in Graz berichtet. So werden diese Kurtage in Baden nicht nur der Gesundheit Polzers, sondern auch der für die Memoirenarbeit unabdingbaren Rückblicksstimmung förderlich gewesen sein.

Am 4. August schrieb Polzer mitten aus der Arbeit von Linsberg an den Freund in London: «Als Du mir schriebst, daß Du Dr. St. sehr deutlich erlebtest u. er Dir sagte, daß ich Dinge weiß u. schreiben soll, so war mir eben dieses bestimmend für mein Tun.

Im Verlaufe des Schreibens wußte ich auch immer besser, was R. St. damit wollte. – Dieses stimmt auch mit dem, was ich in der Nacht nach der Gen. Vers. in Dornach April 1935 in Arlesheim in der Klinik erlebte.

Ich betrachte das, was ich schreibe, in einer Art auch als die Fortsetzung meiner Aufforderung, die ich vor der Gen.Vers. in Dornach von ihm erhielt.» [256]

Dies also waren die Motive für Ludwig Polzers Tun; nicht die sonst so weit verbreitete persönliche Eitelkeit so zahlreicher Memoirenschreiber ...

Mitte August setzte Polzer seine Ischiaskur an einem anderen Orte fort. Er fuhr auf eine Woche nach Bad Heviz am Plattensee. Über Ödenburg ging die Fahrt per Autobus durch eine Gegend, welche ihm «vor fünfundvierzig-Jahren drei Jahre eine liebe Heimat war». Der Bus fuhr durch Zinkendorf, wo sich die Familiengruft der Széchényis befand. «Alte, vernarbte Herzwunden wurden wieder fühlbar», schrieb er in sein Tagebuch. Am 2. Mai 1893 war auch er dabeigewesen, als man seine Jugendliebe Jenny Széchényi hier zu Grabe trug.

Dann ging es nach Hégyfalu, und wie ein Seufzer weht es wehmütig aus Polzers Feder: «Du lieber Ort, du schöne Zeit!»

Heviz war für seine warmen Schlammteiche bekannt, auf welchen Lotosblumen wuchsen. Zu seiner freudigen Überraschung traf Polzer, der in Heviz täglich badete, Pali Pronay an, mit dem er einst im 11. Husarenregiment im Dienst gestanden hatte. Pali hatte später die Tochter eines anderen Jugendfreundes, Vilmos Pálffy, zum Altar geführt. So war auch diese Zeit in Heviz voller Abwechslung und alt-neuer Erinnerungen.

Dem Plattensee entlang reiste er dann nach der Kur nach Budapest und weilte weitere acht Tage bei Margrit Schön zu Gast. Den dritten Teil der Sommerkur machte er im Bad von Lukasfürdö.

Einen wichtigen, ereignisreichen Tag verbrachte er mit Berta im September in Ausee im Salzkammergut. Das Paar besuchte Lili und Eugen Kolisko, die dort Urlaub machten. «Wir verbrachten einen ganzen Tag mit ihnen», berichtet Polzer, «mit interessanten Gesprächen vom Morgen bis zum Abend.» Durch diese beiden Freunde, die auch eng mit Stein befreundet waren, erfuhr das Ehepaar aus Tannbach Neuestes von dessen Londoner Aktivitäten. So hatte er auf einem internationalen 'Congress of Faiths' kürzlich einen interessanten Vortrag halten können. Polzer brachte die englischen Aktivitäten Steins in seinem nächsten Pardubitzer Vortrag voller Anerkennung zur Sprache, um dann hinzuzufügen: «*Rudolf Steiner wendet sich nicht an [die] Gesellschaft, sondern an einzelne Anthroposophen, die etwas vermögen zu tun.*»[256] Im gleichen Vortrag suchte er die Voraussetzungen zum 'Verständnis der heranbrechenden Katastrophe' darzustellen. Um dieselbe Zeit schreibt er am 22. September in einem Brief an Stein: «Immer mehr befestigt sich in mir das Bewußtsein, daß diese sogenannte Spaltung 1935 [innerhalb der AAG] notwendig war. Es gibt eben jetzt verschiedene Aufgaben. Die Arbeit R. Steiners im letzten Jahre in England u. Holland hatte eben einen anderen Sinn, als die in Dornach heute meinen. Die Weihnachtstagung wurde auch so wenig verstanden.» Und über die politische Situation innerhalb des British Empire meint er: «Den Engländern muß ein neues Verständnis für Indien beigebracht werden. Das wird ohne Kampf nicht gehen. Der Kampf des Geistes wird vielleicht bald nur von Indien geführt werden können.»

Über die Zeitlage notierte Polzer sich in sein Tagebuch: «Die geistige Knebelung durch wirtschaftlichen Zwang und Verelendung wird doch weitergehen! Faschismus, Nationalsozialismus, Ständestaatsgedanken sind nur der Bolschewismus der Intellektuellen, die Gedanken sind dieselben wie die, welche sich in den Köpfen der Arbeiter festgesetzt haben, welche die soziale Ordnung mit dem heutigen naturwissenschaftlichen Denken einrichten wollen. So begeben sich die Menschen, die ihr geistiges Wesen nicht mehr verstehen, in das Gebiet der Unternatur und verwandeln das Christentum in Antichristentum» Und an anderer Stelle schreibt er: «Europa ist in Agonie – das nennt man die 'neue Zeit'. Die neue Zeit wird erst kommen, bis [wenn] diejenigen, welche heute die Völker führen, ihr Todeswerk werden beendet haben.»

Auch in einem Templervortrag, den Polzer im November in Prag hielt, kam er auf die herannahende Katastrophe zu sprechen, deren 'Absicht' darin bestehe, «die Seelen müde zu machen», weshalb «das Feuer des Enthusiasmus, wie es [die] Templer entfalteten, notwendig» sei.

Mit solchem neuentfachten Enthusiasmusfeuer suchte er am 14. November 1936 den tschechoslowakischen Ministerpräsidenten Milan Hodza im Kollowrat Palais auf. Polzer überreichte Hodza die zwei kleinen Aufsätze, die von der Prager Presse abgewiesen worden waren. Ob sie bei Hodza wohlwollendere Aufnahme gefunden haben? Der Ministerpräsident forderte den Besucher zu weiteren Audienzen sowie zu schriftlichen Äußerungen auf, über welche uns nichts Näheres bekannt ist.

Von Prager Freunden wurde Polzer darum gebeten, auch die deutsche Vorlage seiner *Present Age*-Erinnerungen herauszugeben. Ludek Prikryl besorgte die Vervielfältigung in 200 Exemplaren, die zu Beginn des Jahres 1937 rasch verbreitet waren. So kam auch diese deutsche Fassung der in diesem Buche meist als 'Prager Erinnerungen' bezeichneten Memoiren nur *auf äußeren Wunsch* in Umlauf. Der deutsche Titel lautete: *Erinnerungen an den großen Lehrer Dr. Rudolf Steiner – Lebensrückschau eines Österreichers.*

Polzer, der stets einen offenen Blick für Menschen hatte, lernte gegen Jahresende einen Holländer namens Buyn aus Java kennen, der fast ein Jahr in Österreich blieb und sich intensiv der anthroposophischen Arbeit in Wien anschloß. Buyn schien außerordentliche spirituelle Fähigkeiten zu besitzen, wie Polzer, der gewiß nicht leichtgläubig zu nennen ist, gegenüber Stein bemerkt. Im weiteren ist aus der Dezemberkorrespondenz der Freunde zu entnehmen, daß sie sich über den reinkarnatorischen Hintergrund des Duke of Windsor unterhalten hatten, der im Dezember 1936 auf den englischen Thron verzichtete. Polzer sollte mit dem Duke, der sich nach der Abdankung auf Schloß Enzesfeld bei Wien begab, Kontakt aufnehmen. Im Jahre 1924 hatte schon D. N. Dunlop den Duke of Windsor dazu gewinnen können, die von ihm ins Leben gerufene World Power Conference in London zu eröffnen. Nun hofften Stein und Polzer, ihn zu ähnlichen Schritten im Zusammenhang mit der Verwirklichung der Dreigliederung veranlassen zu können. Polzer ließ sich aus Baden von der Villa seines Bruders aus telefonisch mit dem Sekretär des Duke verbinden, doch schon am 16. Januar erhielt er eine abschlägige Briefantwort. 'His Royal Highness' könne sich derzeit leider nicht gestatten, Privatbesuche zu empfangen. In einem Brief an Stein vom 27. Januar 1937 machte Polzer dazu die Bemerkung: «Aus einigen Mitteilungen und Erfahrungen dachte ich mir schon, daß er doch in einer Art von Gefangenschaft [ist]. Auch das ist karmisch interessant, da doch R.L. auch in Dürnstein gefangen saß.» Mit 'R. L.' kann nur Richard Löwenherz gemeint sein, der nach dem dritten Kreuzzug 'gekidnappt' wurde und eine Weile auf Schloß Dürnstein unweit Wien eingekerkert war. Im gleichen Januar 1937 ließ Stein in seiner Zeitschrift einen Aufsatz über Richard Löwenherz erscheinen. Was auch immer von der hier angedeuteten reinkarnatorischen Vorstellung gehalten werden mag, sie zeigt, daß Stein und Polzer auch solche Fragen ernst und offen miteinander zu besprechen pflegten.

Ende Januar fuhr Polzer nach Schloß Ostrau bei Halle an der Saale, um seinen Freund Hans Hanno von Veltheim aufzusuchen, der ebenfalls im *Present Age* veröffentlichte. Ein paar Tage später besuchte er Hildegard Wiegand, die Verfasserin des historischen Romanes über Jakob I., der Polzer so beeindruckt hatte. Sie führte in Bad Berka bei Weimar ein kleines Gästehaus. Die zwei Tage, die er dort verbrachte, waren für ihn «außerordentlich anregend». Er durfte ein noch ungedrucktes Manuskript durchlesen; es handelte sich um den Roman *Götter und Könige*, der das Leben der ägyptischen Königin Hatschepsut erzählt, die um 1500 v. Chr. in Theben wirkte. Dieses Buch war um dieselbe Zeit geschrieben worden, als Polzer intensiv mit Maña Brabinek verkehrte, die selbst, wie schon berichtet, «deutliche Erlebnisse aus derselben Zeit» in Theben hatte. Das erste Buch, das Polzer Maña schenkte, war Wiegands Jakob-Buch gewesen. Und nun erinnerte ihn «manche Stelle dieses Manuskriptes» an den Stil von Mañas Briefen! So schloß sich hier für Polzer ein zarter Kreis von Hinweisen auf gewisse Schicksalshintergründe. «Als ich den Roman las – und wiederlas», schrieb er später – «auch Frau Schenker las ihn mir einmal so schön vor – wußte ich, was die wirkliche Ursache meiner Reise nach Deutschland war.»

*

Nachdem Polzer im März seinen Sohn Josef im Heim von Pilgramshain besucht und am 30. auch vor den Kindern eine Ansprache gehalten hatte, setzte er nach seiner Rückkehr erneut ein politisches Memorandum auf. Es trägt den Titel 'Böhmen hat gegenwärtig in Europa die Schlüsselstellung'. Polzer zeichnet darin in groben Strichen die Kooperation von FM und SJ bezüglich einer wirtschaftlich-geistigen Knebelung von Mitteleuropa und kommt ausführlich auf die in diesen Kreisen konzipierte 'Balkan-Föderation' zu sprechen. Eine Frucht seiner gründlichen Beschäftigung mit dem Konzil von 1869 ist die Erkenntnis, daß «das Kartenprogramm der achtziger Jahre, welches wahrscheinlich schon viel früher vorbereitet wurde, und das Ereignis des Konzils von 1869 zwei Ereignisse [sind], die in vieler Beziehung gemeinsam fortwirken in den späteren politischen Geschehnissen Europas und bis in die Gegenwart.» Er zeigt in dieser Denkschrift ferner auf, wie sich Rom für das Veto rächte, das Kaiser Franz Joseph 1903 gegen die Wahl des deutschfeindlichen Kardinals Rampolla zum Papst einlegte.[300] «Die Rache Rampollas gegen Österreich war die von ihm unterstützte, gegen alle Kirchenfürsten Österreichs gerichtete Lueger-Bewegung und die Schaffung der christlich-sozialen Partei. Lueger trat nicht für Arbeiter und Bauern ein, sondern rottete das alleregoistischste Großstadtproletariat zusammen, katholisierte es mit Subventionen und durchsetzte mit diesen Elementen die jüngere Offiziersgeneration der Armee und das Beamtentum. Seine zweimalige Nichtbestätigung durch den Kaiser war von diesem aus weiser Einsicht entsprungen. *Diese Partei arbeitete systematisch gegen die von Rom für das Imperium so gefürchteten deutsch-slawischen Zukunftsfähigkeiten*[256], erniedrigte das Kulturniveau, man nannte diese Partei die des dummen Kerl von Wien.»

So sieht sich Polzer einmal mehr veranlaßt, in schärfster Art vor römischen Umtrieben zu warnen: «Die Staatsmänner Mitteleuropas sollten durchschauen, daß seit Jahrhunderten römische Gewalten in Staat und Kirche auch innerhalb der deutschen und slawischen Länder die wirksame politische Führung in der Hand haben und daß alles bisherige Auflehnen dagegen mit unbrauchbaren Mitteln geschah. Durch Jahrhunderte wurden, um römische imperialistische Mächte zu erhalten, die beiden Brudervölker, Deutsche und Westslawen, gegeneinander planmäßig ganz bewußt ausgespielt (...) Dieses Übel am richtigen Orte zu bekämpfen, gehört zur ersten und wichtigsten Aufgabe, das ist die wichtigste Frage, die gelöst werden muß.»

Die von Österreich-Ungarn nicht ergriffene und noch weniger gelöste Völkeraufgabe sah Polzer zum damaligen Zeitpunkt an die Tschechoslowakische Republik gestellt: «In einer ähnlichen Lage, wie einst Österreich war, ist heute die C.S.R. Deshalb hat sie, wenn sie erkennt die Aufgabe, die ihr gestellt ist, wie einst Österreich den Schlüssel für eine wahre Kultur und Menschenordnung der Zukunft. Ihre äußere Isolierung zeigt das gerade an. Sie ist mit Deutschland durch die Isolierung verbunden.»

Polzer überreichte die fünfseitige Denkschrift am 30. April 1937 Dr. Roda, dem Sekretär von Hodza. Schon zwei Jahre später sollte er auf seinem Original neben den programmatischen Titel 'Böhmen hat gegenwärtig die Schlüsselstellung' die Worte setzen: «hat sie nicht erkannt und nicht benutzt. –Versäumnis!!»

*

Während Polzer sich in solcher Art unter anderem einmal mehr mit den dekadenten Impulsen des Imperium Romanum beschäftigte, suchte sein Freund Stein im April ein paar Wochen lang jene Stätten auf, an denen Polzers diesbezügliche Klarsicht ihre Schicksalswurzeln hatte: er fuhr nach Rom und Tivoli. Stein war von Freunden aufgefordert worden, sich von seiner pausenlosen Vortragstätigkeit – von seiner *Present Age*-Arbeit zu schweigen – einmal zu erholen. «Ich hatte Gelegenheit, eine Reise durch Italien zu unternehmen, die mir die Güte einiger Freunde ermöglichte, die plötzlich fanden, ich müsse Erholung haben und einmal einen Monat komplett schweigen», schreibt er in dem Bericht über diese italienische Reise.

Seine Eindrücke von der Villa Hadriana schildert er wie folgt[301]: «Dieser Komplex von ausgedehnten Baulichkeiten, Gärten, Theatern, Plätzen und Schulen ist die ganze damalige Welt noch einmal. Hadrian muß eine Persönlichkeit gewesen sein, der es Bedürfnis war, was andere in Büchern lesen, anschaulich vor den sehenden Augen entstehen zu lassen. Wir lesen über die antiken Kulturen, über Indien oder Persien oder Ägypten. Hadrian baute jeder der ihm bekannten Kulturepochen ein enormes Denkmal, indem er ganze Szenen z. B. Ägyptens samt Gebäuden und sogar samt der dazugehörigen Landschaft, samt dem Fluß, den er einfach künstlich anlegen ließ, repetierte. Wie wir eine Ansichtskarte an einen Freund senden und dazu schreiben: 'Sieh mal, so sieht das aus, wovon ich Dir erzähle', *so baute Hadrian seine in die Landschaft gestellten Erinnerungen*[256], damit die Schüler der Philosophenschule, nachdem sie die Tore ihrer Bildungsanstalt verlassen haben, wo sie von den Ideen der Antike das Wertvollste aufnehmen konnten, gleich im anschaulichen Bilde vor sich haben konnten, wovon die Rede war. Und er baute die Landschaft so, daß sie ihn zugleich umgab als seine persönliche Rückschau über sein Leben. Andere müssen warten, bis im Todesaugenblick ihr ganzes Leben in lebendigen Bildern sie umgibt. Dann erblickt ja der Mensch in einer Art plastischem Panorama zeitlos oder gleichzeitig, was während des Lebens an ihm vorübergezogen ist (...) Als Lebender wandelte *er* in seiner eigenen Biographie. Und dieses Leben war so umfassend, so weltbedeutend, daß andere als Schüler der großen Philosophen und Weltanschauungen in dieser objektivierten Biographie noch so viel Menschheitsweites und Erdumfassendes finden konnten, daß es Schulung für sie wurde.»

Nachdem Stein seinem Freunde die Erinnerungen an sein jüngstes Erdenleben abgewonnen hatte, betrat er in der Villa Hadriana eine tiefere und ganz andersartige 'Memoirenschicht' des Freundes. Nachdem er durch die in Druckbuchstaben dargestellten Erinnerungen Polzers durchgewandert war, durchwanderte er in Italien die «*in die Landschaft gestellten Erinnerungen*» Hadrians.

So wie Walter Johannes Stein, durch eigene Rückerinnerungserlebnisse wach geworden, den Schicksalshintergrund von Rudolf Steiner, Ita Wegman, von Eliza und Helmuth von Moltke tief innerlich 'nachvollzogen' hatte, so durfte er es nun bei seinem Freunde Polzer tun. Viel Worte werden diesbezüglich zwischen Stein und Polzer nicht gewechselt worden sein. Denn Stein war hellhörig, feinsinnig – und mehr und mehr geübt, tiefere okkulte Wahrheiten mit der entwicklungsfördernden Schutzschicht festen Schweigens zu umgeben ...

*

Zur Pfingstzeit ging auch Polzer selbst auf Reise. Mit Anneliese Freudenthaler fuhr er nach Venedig und Triest. Anneliese war die siebzehnjährige Tochter des ehemaligen Chefs der Bahnstation von Kefermarkt unweit von Gutau, mit dessen Familie Berta Polzer sehr befreundet wurde. Von Triest fuhr Anneliese, deren erste große Reise dies wohl war, allein nach Hause, Polzer über die Insel Rab, wo er ein paar Tage blieb und die herrliche Bucht von Miotica aufsuchte, zu Knispels nach Kambelovac weiter. Hier bereitete er sich auf eine Tagung vor, die die Pardubitzer Freunde für die Feiertage vom 4. bis zum 7. Juli arrangierten und die in Lomnice und Eisenbrod abgehalten werden sollte. An diesen aufeinanderfolgenden Tagen wurden vier für das tschechisch-slawische Geistesleben bedeutende Persönlichkeiten geehrt: der 4. Juli war der Tag des Prokop[302], des heldenhaften Mönches und großen Heerführers der Hussiten, der nach vielen Siegen über die katholischen Heere Österreichs und Deutschlands am 30. Mai 1434 bei Böhmisch-Brod den Tod gefunden hatte.

Am 5. Juli wurde der beiden Slawenapostel Cyrill und Method feierlich gedacht, die Photios, der Patriarch von Konstantinopel, im Jahre 863 in das Großmährische Reich entsandte und die dadurch den Grund zur Christianisierung der westslawischen Völker legten. Photios war der große Gegenspieler von Papst Nikolaus I. gewesen, und so trug die Christianisierung durch die beiden Brüder von Anfang an das Gepräge von Byzanz, nicht Roms.

Am 6. Juli schließlich feierte man den Gedenktag von Johannes Hus, der fünf Jahrhunderte nach Cyrill und Method den Kampf gegen den Geist von Rom mit den Waffen Wikliffs neu entfachte und dafür am 6. Juli 1415 auf dem Scheiterhaufen des Konzils von Konstanz sterben mußte.

Diese vier Persönlichkeiten wirkten also alle für ein von Rom befreites Slawenchristentum und standen deshalb Polzers Aufgaben- und Wirkenskreis besonders nahe. Dies sollte sich im Ablauf dieser Tage auch sehr deutlich zeigen.

Die rund sechzig Teilnehmer der kleinen Reisetagung fuhren am Vormittag des 4. Juli per Zug von Königgrätz nach Lomnice, wo Polzer über Prokop und tags darauf über Cyrill und Method sprechen sollte. Die Fahrt ging an den Schlachtfeldern der für Österreich unglückseligen Schlacht vorüber, die am 3. Juli 1866, also einen Tag vor dem Prokop-Tag, mit einem Sieg der Preußen endete.

Polzer schreibt: «Die Überfüllung aller Bahnen an diesen drei tschechischen Feiertagen war ungeheuer. Ich bekam trotz Gedränge doch noch einen Platz und saß zufällig neben Major Snitil, der in Königgrätz stationiert war und daher den Kriegsschauplatz gut kannte. Er erklärte mir die verschiedenen Situationen während der Fahrt, zeigte mir die Richtung und das Dorf, von wo der Kronprinz von Preußen mit seiner Armee herankam und die Schlacht entschied. Dann sagte er wie nebenbei – es war ja Prokop-Tag –: 'Und dort ist auch das Dorf, wo vor 400 Jahren [vor Königgrätz] Prokop das von Wartenberg geführte Heer der Katholischen besiegte.' Er ahnte nicht, daß diese Worte in mir eine Erkenntnis auslösen würden.»

Und Polzer fährt nun fort: «Wie ein Blitz fuhren von irgendwo in mich, nicht durch das Ohr, die Worte herein: 'Also nicht allein das Zündnadelgewehr war die Ursache der österreichischen Niederlage'.» Der Geist des Widerstandes gegen das nicht mehr zeitgemäße römisch-theokratische Element war der eigentliche, tiefere Faktor gewesen, der den auch technisch überlegenen Preußen bei Königgrätz zum Sieg verhalf. So könnte man den Inhalt dieser blitzartigen Erkenntnis Polzers kurz umreißen. Und die Form, in der sie auftrat, müßten wir als 'inspiriert' bezeichnen, wobei auch dieses Mal die Frage nach der Wesenheit des Inspirierenden offen bleiben mag. Ist es jedoch unvernünftig, hier an einen sehr lebendigen 'Toten' aus den 'Nebenzimmern der Geschichte' zu erinnern, mit dem sich Ludwig Polzer seit vielen Jahren allabendlich meditierend zu verbinden suchte und der am 4. Juli 1866, dem Prokop-Tag, in Leitomischl, wo er stationiert war, mit seinem Korps von der Königgrätzer Niederlage Bericht erhielt? Wir meinen Julius Ritter von Polzer, Ludwig Polzers Vater.

Ludwig Polzer kommentiert die blitzartige Königgrätz-Erkenntnis inhaltlich wie folgt: «Prokop, der Hussitenführer, der Kämpfer für den ersten Einschlag der Bewußtseinsseelen-Zeit durch michaelische Inspiration des Jan Hus, schlägt Wartenberg, welcher für das Verbleiben in der katholisch-christlich veralteten Form kämpfte. – Der Kronprinz von Preußen kämpfte gegen diejenigen, welche noch im Dienste des alten römischen Imperiums kämpften, und nicht für ihre wirklich christliche Mission. – Weder Prokop noch der Kronprinz von Preußen haben in ihrem Bewußtsein etwas von dem, was tatsächlich in Wirklichkeit als Zeitenwende in der Menschheit bestimmend und entwicklungsmäßig waltet. Auch Wartenberg und Benedek [der Heerführer der österreichischen Armee bei Königgrätz] ahnen nichts davon. Man kann von keiner Schuld eines der führenden Menschen im allgemeinen sprechen. Die einzelnen Menschen handeln äußerlich aus Überzeugung und aus Pflicht. Vor 400 Jahren aus religiöser Überzeugung, nach 400 Jahren aus staatlicher Pflicht. – Das Schicksal hat die österreichische Armee in den Raum geführt, in welchem sie niemals siegen konnte. Das Zündnadelgewehr und mancher militärische Fortschritt der Preußen waren nur die Folge des freieren Geistes, der auf dieser Seite waltete. Christlich war dieser Geist so wenig wie der auf österreichischer Seite.»

Den Dualismus Österreich/Preußen brachte Polzer daraufhin in eine geisteswissenschaftliche Dreierperspektive, so daß an diesem Staatengegensatz die jeweils dominante Wirksamkeit bestimmter geistiger Wesenheiten sichtbar werden konnte. Er schreibt: «Um nicht falsch zu schließen, muß das Unterscheidungsvermögen für die geistigen Wesen einsetzen. Zwischen Österreich (luziferisches Tun) und Preußen (ahrimanisches Tun) kann in der Mitte das Bewußtsein des Christlichen erst erwachen. – Es waren damals vor 400 Jahren und im Jahre 1866 nur die Mahnungen, für die Katholischen wie für die Hussitisch-Protestantischen, die wirkliche Mission der Menschheit auf Erden und besonders der mitteleuropäischen Menschheit zu erkennen. Nebensächlich war es, ob Habsburg oder Hohenzollern ihre 'Herrschaft' erweitern; Hauptsache war: 'Mitteleuropa darf nicht römisch werden', weder in der kirchlichen noch in der staatlichen Form. Weder kirchlich-jesuitisch noch staats-jesuitisch. – In diesem Sinne waren dann meine Vorträge in den nächsten Tagen gehalten.»

So wurde diese Tagungsreise für Polzer zum Erkenntnisfreudenfest in bestem Sinne. Er schreibt: «Zu mir sprachen erkenntnisweckend der Zusammenklang von Raum und Zeit. Es war das Zusammenfallen der [Gedenk-] Tage dieser Ereignisse, und ich fuhr in diesen Tagen in dem Raum, in welchem sie sich abspielten, mit einer anthroposophischen Aufgabe, die sich darauf bezog.»

So kongruierten einmal mehr äußere Ereignisse mit Polzers inneren Bestrebungen. «Es geschah also wieder so, daß die Aufmerksamkeit auf das von außen mir Zukommende, unmittelbar bevor ich zu sprechen hatte, sich mit dem Gedanklichen zu einer Bestätigung der Erkenntnis ergänzte.»

Von Lomnice (deutsch Lomnitz), wo Polzer am 4. Juli über Prokop und am 5. über Cyrill und Method sprach, besuchte man den mit dem Wirken Prokops eng verbundenen Berg Tabor, und auch den Kozakov, den Berg, von dem die Halbedelsteine stammen, die auf Schloß Karlstein wie auch in der Wenzelskapelle auf dem Hradschin verwendet worden waren. Dann ging die Fahrt nach Eisenbrod weiter, wo sich am folgenden Tage, dem Hus-Tag, wiederum «etwas sehr eigentümlich Symptomatisches ereignete». Schon um 7 Uhr früh hielt er am 6. Juli eine Klassenstunde, um nach einer Pause, um 9 Uhr seinen Hus-Vortrag zu halten. Er hatte sich dabei auf eine Darstellung für Mitglieder eingestellt. Doch in rätselhafter Schnelligkeit hatte sich in Eisenbrod die Kunde von dem Hus-Vortrag herumgesprochen. Polzer schreibt: «Nun verbreitete sich die Nachricht in Eisenbrod, daß ich über Hus sprechen würde, ich weiß nicht, wie das kam. Der recht große Vortragssaal füllte sich bis auf den letzten Stehplatz immer mehr. Die Menschen konnten nicht zurückgehalten werden. Ich mußte während des Sprechens meinen Vortrag, den ich natürlich nicht niedergeschrieben hatte, etwas auf die Öffentlichkeit umstellen. Niemals sprach ich vielleicht so leicht wie damals, ich fühlte mich von den Zuhörern getragen. Nachher brach Jubel im Saale aus.»

Es kann kein Zweifel sein: Diese Tage waren Höhepunkte im Vortragsschaffen Ludwig Polzers; und sie standen voll und ganz im Zeichen jenes hohen Zieles, für das er seit dem feierlichen Gelübde in der Kapelle Wenzels unbeirrbar wirkte.

*

Als Polzer nach dieser Folge denkwürdiger und ereignisreicher Tage in Linsberg eintraf, um sich zu erholen, wartete schon ein Brief von Stein auf ihn. Der Freund aus London fragte an, ob Polzer im August zur anthroposophischen Sommerschule in The Hayes in Derbyshire kommen wolle. Dieser schrieb zurück, daß er gerne kommen würde, sofern man ihm die Reisekosten rückerstatten könnte und er überdies auch 'freie Station' bekäme, und meint: «Dann wäre es sehr schön. Daß karmische Zusammenhänge zwischen uns, aber auch solche zwischen mir und dem engl. Volke sind, ist mir sicher. – Diese zu pflegen ist immer mein Wunsch.» Polzer wurde daraufhin von Stein zur kostenfreien Teilnahme geladen.

Obwohl des letzteren eigene Briefe an den älteren Freund leider nicht mehr vorzuliegen scheinen, muß Stein ihm auch von einer anderen Sache Mitteilung gemacht haben: Nach einem ersten Treffen mit dem belgischen

König Leopold Ende Juni 1937 war es Stein gelungen, den Monarchen zur Unterstützung eines außerordentlichen Planes zu gewinnen: Es sollte in Brüssel ein Wirtschaftsinstitut errichtet werden, das für die übernationalen weltwirtschaftlichen Aktivitäten koordinierend wirken würde. Im Juli erschien in Steins Zeitschrift ein 'offener Brief' des Königs an seinen Premierminister van Zeeland, in welchem er die Errichtung eines permanenten 'Weltwirtschaftsrates' vorschlug. Hinter diesem ungewöhnlichen Schritt von Leopold standen Steins Gespräche mit dem ungewöhnlichen Monarchen.

Polzer schrieb am 29. Juli an den Freund: «Natürlich werde ich tun, was ich kann in dieser Sache, es handelt sich doch, wie ich sehr gut verstehe, um eine Möglichkeit von allergrößter Bedeutung, die so innig mit meiner eigenen Lebensaufgabe, die ich seinerzeit von Hr. Dr. erhielt, zusammenhängt.» Polzer wollte sich für die Bekanntwerdung und Finanzierung dieses Institutes einsetzen und zu diesem Zweck den Journalisten Wettreich wie auch die Familien Hamburger und Schenker einschalten. Auch wollte er sich an den Bruder wenden, obwohl er mit ihm allerdings in solchen Dingen «niemals Glück gehabt» habe. Er selbst mußte sich im Hintergrunde halten: «In Österreich bin ich als Anthroposoph so bekannt und gemieden, daß ich direkt mit öffentlichen Stellen nicht verhandeln kann, auch gar nicht gehört würde.» Er wollte jedoch in der C.S.R. und in Ungarn persönlich Schritte unternehmen, da er «im Ausland als A. nicht so bekannt sei».

Polzer konnte jedoch kaum etwas erreichen, und das Brüsseler Institut sowie auch das mit ihm auf Anregung von Stein verknüpfte 'Statistische Institut' in Den Haag stellten ihre vielversprechenden Aktivitäten noch vor Beginn des Krieges wieder ein. Dennoch dürfen wir in diesen Schritten Steins und König Leopolds, die Polzer mit größter Anteilnahme mitverfolgte, bedeutungsvolle Samen von wahren Einrichtungen einer künftigen Weltwirtschaft erblicken.

Nach einem Aufenthalt des Enkels Christward in Tannbach machte Polzer sich in der zweiten Woche des August über Arlesheim auf den Weg nach England. In Ostende gab er am 17. ein Ankunftstelegramm nach London auf, um gleich darauf ganz unerwartet seinen Freund Stein in Begleitung von Frau Lungen auf dem Schiff nach Dover anzutreffen. «Es war ein schönes Treffen», schrieb er später, «lernte da erst Frau Lungen kennen.» Sie wurde später Steins zweite Gattin. «Die Freundschaft war schnell geschlossen, wie bei Menschen, die sich im Leben eben treffen sollen.» In London wohnte er bei Miss Osmond, die er, wie auch die meisten anderen Teilnehmer dieser Sommerschule, von Harrogate her kannte; mit Ausnahme eines «sehr lieben, lebendigen, für die Anthroposophie ganz ergebenen» indischen Arztes namens Pranananda.

Polzer verbrachte vor der Rückkehr auf den Kontinent in London viele Stunden mit Walter Stein und 'Yopie' Lungen. Dann fuhr er zur Pariser Weltausstellung. Es herrschte schönstes Sommerwetter, als er die verschiedenen Pavillons besah.

Kaum in Tannbach angekommen, schrieb er am 10. September einen Brief nach London. Und während er im einzelnen nur weniges über seinen Englandaufenthalt verzeichnete, gibt dieser Brief ein um so deutlicheres Bild seiner damaligen inneren Verfassung. Er lautet:

«Lieber Freund!
Ich traf gestern hier ein, und so ist es das erste, daß ich Dir schreibe. Die Zeit in England, die ich Dir verdanke, ist mir in der Erinnerung wie ein schöner Hoffnungstraum inmitten eines sorgenreichen, schweren Erdenlebens. – Ich empfand die freundschaftlich-anthropos. Wärme mit größter Dankbarkeit. – Ist man einige Zeit herausgestellt aus der hierörtlichen Gegenwart, u. sind leise Hoffnungen erwacht, so wird man immer wieder dann bei der Rückkehr belehrt: 'Man muß auch zusehen können, wie Völker zugrunde gehen.' Das sind ja die Worte, die ER mir sagte beim Abschied von Berlin 1917. – Und seit dieser Zeit ist es ja ein fortwährendes Stürzen und wieder Sich-Erheben. Letzteres ist mit 68 Jahren recht, recht schwer. – Wir in Österreich sind doch traditionell noch stark gebunden an so Vieles, das ja einmal schön u. wertvoll war. Man lebt in einem Haus mit allen Lebenserinnerungen, wir hier auch noch mit den Erinnerungen an Rudolf Steiners Anwesenheit u. wissen nicht, was damit in der nächsten Zeit geschehen soll. Ich weiß, daß das kleine Standpunkte sind, und doch sind sie nicht ganz überwunden. Wenn ich aber dann an die großen Aufgaben u. weiten Horizonte denke, die ich mit euch besprach u. erlebte, hinübersehe über die nächsten 50 Jahre, dann werde ich ruhig, sicher u. hoffnungsvoll, trotz der drohenden unmittelbaren Zukunft. – Jedenfalls sind meine Gedanken seit unserem Wiedersehen ganz besonders stark mit allem verbunden, d. h. mit Deinen Bestrebungen u. Aufgaben (...)

Alles Liebe von uns allen
Dein getreuer Ludwig Polzer.»

Aus einem weiteren Brief von Polzer, den er am 14. September aus Linsberg schreibt, geht hervor, daß er Stein sein Böhmen-Memorandum inklusive Karte schickte. «Die Schrift mit der Karte charakterisiert wirklich unseren m.e. [mitteleuropäischen] Zustand», heißt es in dem Brief, «ich muß es immer wieder so erleben, übersehe allmählich das ganze Spinnengewebe, aus welchem man mit den kurzen Gedanken der Gegenwart nicht mehr herausfindet. – Das Streben, den Ausgleich zu finden zwischen Stadt u. Land hat eben die richtigen u. möglichen Wege nicht gefunden, d. h. nicht angenommen.» Und über sein Verhältnis zum Gut Tannbach schreibt er Stein: «Ich bin mit so starken Schicksalsbanden mit den beiden lieben Menschen zu Hause verbunden, u. doch kann ich es dort so schwer aushalten, so bin ich jetzt hier, um etwas auszuruhen u. zu arbeiten. – Das ist eben Herzleid!»

Was die Beurteilung der Zeitlage betrifft, so finden sich im Tagebuch von Polzer ebenfalls sehr ernste Äußerungen. So schreibt er damals beispielsweise: «Man organisiert den Bolschewismus, um an seiner bolschewistischen Bekämpfung die Existenzberechtigung von Kirche und Staat in ihren heutigen Formen zu begründen, weil man an Ideensterilität leidet und sich geistig nicht behaupten kann. Das Übelste daran ist, daß man diese Sterilität nicht bemerkt und fanatisch handelt. – Brutalität und Barbarisierung mit technischen Mitteln schreitet vorwärts und redet von Kultur!!»

Einen unerhörten Kontrast zu dieser scharf erfaßten Zeitlage bildet der Erlebniskreis, den Polzer kurze Zeit darauf, am 26. September, im altvertrauten Schloß Heiligenkreutz betrat. Hier feierte man Hochzeit wie in längst vergangenen Zeiten. Gabriele Kotz, Bertas Cousine und Patenkind, heiratete Baron Adolf Harnier. Berta Polzer wagte selbst nicht mitzufahren, da sie keine einem solchen Anlaß angepaßte Garderobe hatte. Gar zu selten waren solche Festlichkeiten in der Nachkriegszeit geworden! So mußte Berta sich von ihrem Gatten Ludwig stellvertreten lassen. «Der Tag verging sehr angenehm», schreibt dieser über den Beginn der Hochzeitsfeier. Doch nicht allein die Heiterkeit des Anlaßes hatte ihn hierhergezogen. Wie bei jedem früheren Besuch in Heiligenkreutz lenkte er die Schritte erst zum Ortsfriedhof, «wo so viele liebe Verwandte liegen». Vor mehr als fünfunddreißig Jahren war er einst zum ersten Male in die Heimat Bertas eingekehrt. Ernst gestimmt war er damals hierhergekommen; ernst gestimmt kehrte er im Grunde seiner Seele heute wieder.

Am Abend war dann großer Rout, in großen Toiletten, mit dem obligaten Schmuck. Die Gäste kamen teils von weiter her und übernachteten bei benachbarten Familien. Da gab es unter ihnen Namen wie Czernin, Lobkowitz, Trautmannsdorf, Thun, Kollowrat oder Coudenhove. Ob der Letztgenannte mit der Familie des früher schon erwähnten Paneuropapropagators in Beziehung stand?

«Man hatte noch die Empfindung, als wäre man in alten Zeiten. Die Welle der Zerstörung hatte noch manche Menschen nicht erreicht», stellt Polzer fest. «Ich freute mich, daß es so war.»

Während des Rout im Festsaal versammelten sich allerlei Deputationen aus den umliegenden Dörfern, von der Feuerwehr wie vom örtlichen Gesangsverein vor dem Schloß – wie in alten Zeiten. Es gab Ansprachen und Fackelzüge. Erst am übernächsten Tage fand dann in der Dorfkirche die Trauung statt. Man hatte keine Eile. Bei der großen Hochzeitstafel überbrachte Polzer die Glückwünsche der Taufpatin und sprach die Hoffnung aus, daß sich ein solches Fest bald wiederholen möge.

Wie ein letztes Stück Vergangenheit ragte diese Hochzeitsfeier in den sich verdüsternden Horizont der Gegenwart herein, die bald wie ein Moloch die alte Zeit mit Haut und Haar verschlingen sollte. So hat Polzer nach dem Englandaufenthalt diese Hochzeitsepisode auf Schloß Heiligenkreutz erlebt.

Er fuhr am 29. September in die Moldaustadt zurück, um hier und dann in Pardubice die anthroposophische Arbeit fortzusetzen. «So trat ich aus der alten Zeit wieder in eine neue Zeit ein.»

Ein ganz ähnliches Zeit-Kontrast-Erleben hatte er kurz darauf in einem anderen Zusammenhange. Am 11. September, einen Tag nach seiner Rückkehr aus Paris und England, war Thomas Garrigue Masaryk, der erste Präsident der tschechoslowakischen Republik, gestorben.

Die Prager Beisetzungsfeierlichkeiten im Oktober erlebte Polzer als ein in höchstem Maße symptomatisches Geschehen, das auf vergangene Jahrhunderte, aber auch auf eine Zukunft von Jahrhunderten ein helles Licht warf. Diese Symptomatik zu erfassen, war er seit langem gründlich vorbereitet. Er schreibt: «Ich hatte mich in der ganzen Zeit meiner anthroposophischen Tätigkeit u. ganz besonders seit dem Tode Dr. Steiners so intensiv mit der böhmischen Leidensgeschichte beschäftigt, daß mir die ganz eigenartigen Beisetzungsfeierlichkeiten des Präsidenten Masaryk manche geist-historischen Erkenntnisse brachten. Es war auch nicht zufällig, daß ich in den letzten Jahren besonders oft in England war u. dort geisteswissenschaftliche Beziehungen anknüpfte u. darüber auch mit Walter Johannes Stein sprach. – Ich lebte auf der esoterischen Verbindung, welche England mit dem Herzen Mitteleuropas verbindet mit dem höchsten Interesse und mitfühlendem Herzen. Wenn ich dieses niederschreibe, dann meine ich gewiß nicht dasjenige, was sich als Politik in diesen Ländern äußerlich abspielte, sondern eine Verbindung im tiefen geistig-seelischen Entwicklungssinn, welcher vom materialistischen Zeitalter ganz verschüttet ist.»

Dann geht Polzer dazu über, die Feierlichkeit selbst zu schildern: «Die ganz spontane, gar nicht gewaltsam-staatlich gemachte Volkskundgebung bei der Beisetzung war in ihrer immensen Aufrichtigkeit und Wahrheit gewaltig und erschütternd. Es war ein ehrlich gemeinter Dank, eine Sympathiekundgebung der gesamten Bevölkerung. Ganz anders als die römische, menschenunwürdige Gesinnung des 'panem et circenses', welche gegenwärtig in Österreich u. Deutschland, in ersterem von der Kirche, in letzterem vom Staate betrieben wird. Es sprachen die Herzen, nicht die Köpfe. Ich sah in diesen Tagen Masaryk als Repräsentanten der ganzen Zeit von der Städtegründung bis heute, in welcher sich diese selbst schon ad absurdum führt. Es war ein symptomatischer Abschluß dieser Zeit des bürgerlichen Städte- und Märktewesens. – Aber symptomatisches Geschehen können die seelisch verfinsterten Intellektuellen nicht lesen. In der Art dieser Beisetzung lag auch Masaryks Wahrheitssinn. Sie sprach in der Kultlosigkeit den wirklichen Seelenzustand der Menschheit aus. Die Seelenverfassung, wenn sie sich ehrlich gibt, wie sie wirklich ist, zeigt, daß die Menschenseelen den in der Materie tätigen Geist und das Streben nach der Materie im Geist nicht mehr empfanden. Die sinnliche Vereinigung im Abendmahle durch den Christus konnte nicht mehr als eine geistige empfunden werden. Alles ist nur abstrakter Gedanke. Der geistige Realismus wurde vom Nominalismus, vom Unglauben an erlebbare geistige Wesenhaftigkeit abgelöst.

Es war mir in diesen Tagen so zu Mute, als wenn die vielen herbeigeströmten Menschen von etwas geführt wurden, was in ihren früheren Erdenleben lag. Sie nahmen unbewußt nicht nur von Masaryk, sondern von einer Zeitepoche Abschied, die abgelaufen war, *ohne daß die Fähigkeit da wäre, die neue zu gestalten*: Gegenwärtig will man die alte Zeit des bürgerlichen Städtewesens gewaltsam fanatisch erhalten und schafft Chaos und Zerstörung. Es wird immer vom Lebensraum der Völker gesprochen, nur versteht [man] nicht, den Raum zum Leben zu verwenden. Die Zentren werden zu Todesbeulen vergrößert und der Raum von Menschen entleert; Chaos und Wahnsinn marschieren heran (...) Staatskoller kann man auch die Todeskrankheit des Städte- und Märktekarzinoms nennen. – *Die Beisetzungsfeierlichkeiten waren die Apotheose einer abgelaufenen Zeit und Masaryk der Inaugurator und Beender derselben*.»[256]

Aus einem im Zusammenhang mit dieser Beisetzung von Masaryk entstandenen längeren Aufsatz Polzers geht hervor, daß der Ausdruck 'Masaryk der Inaugurator' (der Städtekultur) ganz konkret gemeint ist. Polzer schreibt: «Man wird in das 10. Jahrhundert nach England zu König Eduard, dem Städtegründer, geführt. Die Städte, die einerseits zur Verteidigung gebaut wurden, dienten auch der Entwicklung von Handel und Gewerbe, ermöglichten die Gründung der Universitäten und waren mittelbar die Schöpfer der materialistischen Wirtschaftsordnung und Naturwissenschaft. Mit der Gründung der Städte begann allmählich die bürgerliche Gesellschaftsordnung. Die hierarchische Ordnung wurde immer mehr nur zum Symbol und schließlich zur Phrase. Das Heilige Römische Reich Deutscher Nation war der letzte nur symbolische Ausläufer von einst berechtigten hierarchischen Impulsen. Am Anfang dieser bürgerlichen Zeitepoche stand Kampf, und nur im fortwährenden Kampf konnte sie errungen werden, bis sie dann selbst immer mehr in Dekadenz kam; die Städte aber ihre moralische Berechtigung verloren (...) Betrachtet man heute die Städte, so muß man tatsachengemäß sagen, Großstädte vergrößern sich immer, ganze Landteile werden von ihnen bedeckt, Kleinstädte werden Großstädte, Märkte Städte, Dörfer Märkte, und alle ziehen seit einem Jahrhundert die Kräfte aus dem Lande an sich, wo die eigentliche Urproduktion sich vollzieht. Im sozialen Organismus wirkt das derzeit nicht mehr Menschen fördernd, sondern Krankheit erzeugend. Es ist das ähnlich wie das Karzinom im menschlichen Körper (...) Diese einseitige Städtekultur bringt ein Absterben hervor, sie muß einer harmonisierten Stadt- und Landkultur Platz machen (...) Eine Stadt- und Landkultur, die in Eines verschmelzen muß, wird dann auch verbunden sein mit einer allgemein-menschlichen Gesellschaftsordnung, die niemals nur äußerlich staatlich organisatorisch eingerichtet werden kann.»[303]

Wie sehr bezüglich Masaryks die geist-historische Erkenntnis Polzers mit seiner wiederum aktuell gewordenen Beziehung zu England und insbesondere zu seinem Freunde Stein zusammenhängen muß, kann daraus entnommen werden, daß W. J. Stein, der eine *Weltgeschichte im Lichte des Heiligen Gral*[304] geschrieben hatte, die das 9. Jahrhundert behandelte, *auch den Plan hatte, das 10. Jahrhundert in diesem Lichte zu betrachten*. In vorhandenen Skizzen behandelt er den Impuls der Städtegründungen von König Eduard auf dem Hintergrund der Lohengrinlegende. Stein hat sich mit Polzer zweifellos über den von Eduard, dem Sohn Alfred des Großen, der zwischen 901 und 925 herrschte, ausgehenden Impuls der Städtegründung unterhalten.

Am 7. November 1937 notierte Polzer auf dem letzten Brief, den er von Masaryk im Oktober 1933 erhalten hatte: «Wegen seiner Erkrankung konnte ich auf seine Frage [nach dem Raumproblem der Menschheit] keine geisteswissenschaftliche Antwort an ihn richten. – Unmittelbar nach seinem Tode bekam ich, durch verschiedene geistreale Umstände veranlaßt, aus der geistigen Welt eine Mitteilung über seine historische Persönlichkeit. Dadurch war es mir möglich, ihm nach seinem Tode die Antwort zu geben. Ich habe auch die Empfindung, daß sie freundlich aufgenommen wurde.»

An Polzers geist-historisch-karmische Erkenntnis über die Individualität von Masaryk nach dessen Tod knüpfte sich also ein Geistgespräch an, das er mit dem in den 'Nebenzimmern der Geschichte' weilenden Verstorbenen zu führen suchte.

Wie sieht nun diese spirituelle Antwort aus, die er Masaryk nach dessen Tode gab? Auf die leerstehenden Seiten des letzten Briefs von Masaryk, notierte er sich auch die Hauptmomente seiner Antwort. Da lesen wir: «Nicht die Bodenfrage steht im Mittelpunkt des Weltgeschehens, sondern das Erwachen zum Geistproblem. Eine Tatsachenlogik müßte das an vielen Einzelheiten des Geschehens erkennen. Es werden z. B. während man nach Boden und Rohstoffen ruft, fortwährend Naturprodukte vernichtet; Boden, Pflanzen, Tiere und Menschen durch die für 'Lebendiges' chemische Unwissenschaft langsam oder schnell getötet. – Man macht neue Gebiete urbar u. verhindert die gesunde Bearbeitung der bereits urbaren Gebiete durch ganz verkehrte soziale Hilfen, die aus einer abstrakten Städte- und Märktegesinnung hervorgehen. – Wenn die soziale Frage allgemein-menschlich, seelisch-geistig gelöst werden kann, dann gibt es keine Bodenfrage aus dem Expansions-Problem. *Es muß eben erkannt werden, daß – ob man es gerne hört oder nicht – die Zeit der 'Territorial-Herrschaften' im alten Sinne zu Ende ist.*»[256]

Die geist-historische Erkenntnis im Zusammenhang mit Masaryk und dem Raum- und Stadtproblem gehört zu den gewichtigeren Früchten, die 1937 am Baum der Freundschaft zwischen Stein und Polzer reif geworden sind.

*

Am 15. Oktober teilte Ludwig Polzer seinem Bruder Arthur brieflich mit, daß Julius am 25. in der Pfarrkirche von Linz heiraten werde. So nahte nach der nostalgisch-glänzenden Festlichkeit auf Heiligenkreutz ein zweites Hochzeitsfest heran, das sich in Stil und Form vom ersten jedoch deutlich unterschied. Julius heiratete Anna Stollenberger, ein Mädchen aus dem Bauernstande. «Wenn es uns auch schwer kommt, Konsequenzen aus der tatsächlichen Schicksalslage zu ziehen, so habe ich doch Freude, daß der treue, edle Julius das so moralisch tut.» So kommentierte der Vater Arthur gegenüber die Entscheidung seines Sohnes.

Am Abend des 24. Oktober kam die Ortsmusik und Feuerwehr aus Gutau nach Tannbach, um das Brautpaar zu begrüßen. Ludwig Polzer hielt zu diesem feierlichen Anlaß eine schöne Rede.

«Mehr als 30 Jahre», so begann er, «haben wir hier unter euch gelebt in diesem Bauernlande. Wir kennen alle Sorgen und Mühen dieses wichtigsten Standes an unseren eigenen. Dieser Stand ist wie das Urbild des Ständischen. Es ist eine alte Weisheit, die wahr bleiben wird, daß wenn der Bauer leben und arbeiten kann, auch alle anderen leben können. Dazu ist nicht einmal ein Gesetz notwendig (...) Wer den Bauern durch Ausbeutung zugrunde richtet, richtet den Staat zugrunde.»

Und zum Verhältnis zwischen Bauerntum und Adel sagt der Redner: «Morgen wird ein Ehebund geschlossen in sehr ernster Zeit zwischen Adel und Bauerntum. Der Adel ist in alter Zeit aus dem Bauerntum hervorgegangen. Er ehrt sich selbst, wenn er den Bauernstand ehrt. Aus dieser Erkenntnis finden sich zwei junge Menschen, es findet sich der Adel mit seinem Ursprung (...) Es wird viel von Gemeinschaft gesprochen. Die Gemeinschaften werden erstehen, wenn moralisches Denken und Tun herrschen werden. Es wird Auflösung und Zersplitterung, Kampf aller gegen alle eintreten, wenn kein moralisches Denken platzgreifen kann. – Der Bauer, der so nahe den Naturreichen steht, will immer der Arbeit und dem Frieden dienen, dazu braucht er nicht die Ratschläge aus der Stadt und den Ministerien, das liegt in seinem naturverbundenen Wesen. So danke ich euch, daß ihr gekommen seid, diesen Ehebund zu ehren.» Und Polzer schloß die Rede mit dem feierlichen Aufruf: «Es lebe die Bevölkerung dieser Bauerngegend!»

Julius wollte in Erinnerung an die Knabenzeit in der Pfarrkirche am Pfarrplatz getraut werden, wo die Familie ein paar Jahre lang gewohnt hatte und von wo aus er mit Josef zur Linzer Schule ging.

Nach der Trauung, die um 9 Uhr früh stattfand, nahm der Kreis der zwölf Personen im Gasthof an demselben Platz ein Frühstück ein. Neben einigen Verwandten gehörte auch der alte Hausfreund Hugo Flatz zur bescheidenen Festgemeinde.

So zeigte sich auch in den beiden Hochzeitsfeiern dieses Herbstes der große Zeitenwandel: Hatte man auf Schloß Heiligenkreutz noch etwas von dem Glanze alter Adelszeit empfinden können, so sprach das zweite Hochzeitsfest in seiner ernsten Schlichtheit von der Notwendigkeit, daß sich die Adelsschicht an ihrem 'Ursprungsquell', dem Bauernstand, erneuere.

*

Neben solchen naheliegenden Verpflichtungen sann Polzer immer wieder über ein bestimmtes Übel der Moderne nach. Das zeigt zum Beispiel seine Eintragung ins Tagebuch vom 17. Dezember 1937:

«Das Wesen des Jesuitismus ist 'Tod'. Sein Denken ist kosmische Borniertheit. Sein Fühlen ist Menschenhaß. Sein Tun ist Sünde wider den Geist. Wer sich auf ihn einläßt, muß als seelisch-geistiges Wesen sich aufgeben. Der einzelne wie die Gemeinschaft müssen sterben ohne Auferstehung.»

Eine weitere Eintragung vom Dezember zeigt, daß er sich in dieser Zeit vermehrt über die von den «geistfeindlich vereinigten Gesellschaften» der FM und SJ gemeinsam propagierte südeuropäische Donauföderation Gedanken machte.

*

Zum Weihnachtsfest schenkte Berta Polzer ihrem Gatten ein Buch über 'Rákoczy', den mit dem Grafen von St. Germain zusammenhängenden ungarischen Prinzen. Polzer las es gleich mit großer Spannung, und es dürfte ihm auch manche Unterhaltung mit seinem Freund in London in Erinnerung gerufen haben. Von den Pardubitzer Freunden bekam er ein Buch über Masaryk geschenkt; und so wurde kurz vor Jahresende auch auf seine Masaryk-Erlebnisse des vergangenen Herbstes ein Akzent gesetzt.

Es trafen viele Weihnachts- und Neujahrswünsche von Freunden und Bekannten ein. Dennoch sah sich der Beglückwünschte zur Feststellung genötigt: «Mit schweren Gedanken und Sorgen in das neue Jahr gegangen.»

*

Das Jahr 1938 fing mit einer geistigen Erfrischung an. Polzer war nach Arlesheim zu einer Tagung eingeladen worden, die zwischen dem 7. und dem 10. Januar stattfand. Ita Wegman wollte einen Kreis von Persönlichkeiten zusammenführen, die innerhalb der freien anthroposophischen Arbeit führend tätig waren. Man kam viermal am Tag zusammen und studierte Rudolf Steiners Kasseler Vortragszyklus *Das Johannesevangelium*.[305] «Es herrschte ein hohes geisteswissenschaftliches Niveau und ein freundliches Zusammensein», stellte Polzer sehr befriedigt fest.

So gestärkt und von neuem Geistelan erfüllt, fuhr er kurz darauf nach Prag und Pardubitz zu Vorträgen und Klassenstunden.

Im Februar beschäftigte sich Polzer einmal mehr mit Masaryk. Er faßte den Entschluß, dem in den 'Nebenräumen der Geschichte' Weilenden die *Kernpunkte der sozialen Frage*[306] von Rudolf Steiner meditierend 'vorzulesen'. So setzte er die wichtigen Gespräche, die er mit Masaryk auf Erden hatte, auch nach dessen Tode fort.

Am 23. Februar schrieb er an Stein nach London, daß er sich bald eine mündliche Besprechung wünsche, zusammen mit dem bemerkenswerten jüngeren Mann, von dem er Stein bereits geschrieben hatte. «Das, was durch Dich dort geschieht, muß doch eine Ergänzung in M. E. [Mitteleuropa] haben. Das einfachste wäre, wenn Du herkämest, denn wir könnten uns die Reise nach England nicht leisten und wissen auch niemanden, der sie finanzieren würde. Irgendwo auf halbem Wege könnten wir uns vielleicht treffen, das wäre billiger, aber selbst das für uns schwer aufzubringen. Die Sache in Br.[üssel] scheint mir doch etwas langsam zu gehen, das Kleben an kleinstaatl. Verhältnissen ist eben schwer zu überwinden(...)» Aus dem gewünschten Treffen wurde infolge der bald eintretenden politischen Veränderungen nichts.

Anfang März fuhr Polzer wiederum nach Prag. Er ahnte nicht, daß es zum letzten Male war. Abermals übergab er dem Sekretär von Hodza eine kurze Denkschrift, die schon im Januar entstanden war. Scharf diagnostiziert er darin zuerst den Krankheitszustand der damaligen Führungskräfte in Europa: «Die führenden Menschen in Europa verlieren sich in juristischem Streit um Definitionen und abstrakte Begriffe, die jedes Leben und jede Wirklichkeit töten (...) Man ergeht sich in dogmatischen Definitionen über Volk, Staat, Heimat, in einer Art, die mit der Wirklichkeit der Tatsachen in keinerlei Verbindung steht, über die das tatsächliche Weltgeschehen hinausgegangen ist. Man (...) bewegt sich in einer seelisch-geistigen Leere, ohne diese Leere zu merken.» Energisch mahnt und warnt er daher einmal mehr: «Wenn nicht aus der Vernunft erkannt wird, daß die einzig mögliche Rettung der Kultur in Europa darin besteht, daß ein freies, weder durch Staat noch durch Kirche autoritär privilegiertes Geistesleben und eine Staaten- also grenzfreie Wirtschaft eingerichtet wird, was mit dem Ende der Territorialherrschaften gleichbedeutend ist, dann müssen unfehlbar Katastrophen kommen, die eine vollständige Anarchie bedeuten.» Und in bezug auf die Realmöglichkeit, die drängenden Konflikte wirklichkeitsgemäß zu lösen, heißt es: *«Dasjenige, was die nächsten Jahrhunderte brauchen, ist aus der geistigen Welt bereits herunter inspiriert worden und ist in der geistigen Substanz der Gesamtmenschheit da. Das kann nicht verbessert, sondern nur entwickelt werden.»*[256]

Es war die letzte derartige Bemühung von Ludwig Polzer. Und auch diesmal rechnete er nicht mit einem äußeren Erfolg. Er schrieb zwei Jahre später: «Wie sollte ich gehört werden, wenn der große Lehrer nicht gehört wurde, und doch weiß ich durch die Anthroposophie, daß alle Bemühungen auf diesem Wege nicht vergeblich sind, sondern weiterwirken. Ein Mißerfolg ist niemals ausschlaggebend für die Wahrheit eines geistigen Impulses.»

*

Während Ludwig Polzer am 11. März in Wien eine Klassenstunde hielt, vollzog sich der politische Umsturz. Er berichtet: «Als ich zur Klassenstunde über den Graben ging, wurde noch 'Österreich' gerufen, als ich herunterkam im Fortgehen, rief man 'Sieg-Heil', und überall kamen die Hakenkreuzfahnen und -binden zum Vorschein.» Polzer fuhr mit Dora Schenker im Auto in die Kreuzgasse zu deren Wiener Wohnung, in der er während seiner Aufenthalte in der Donaumetropole seit ein paar Jahren zu logieren pflegte. «Ich war schweigsam», schreibt er 1939, «freute mich, daß die kirchlich-jesuitische Richtung wenigstens scheinbar eine Niederlage erhielt, konnte aber doch im Tiefsten der Seele nicht froh werden – und schwieg! Wie viele getäuschten Hoffnungen und Illusionen zeigten sich doch so bald!»

An Frau Lungen schrieb er zwei Wochen nach dem Umsturz: «Ich bin mit Wachsamkeit beschäftigt, den Gang der Ereignisse innerlich zu verstehen.»

Und schon wenige Monate nach dem 'Anschluß' schrieb er in sein Tagebuch: «Derjenige, der gegenwärtig nicht erkennt, daß die Methoden und

Wirkungen bei Jesuiten, F. M. u. Nationalsozialisten dieselben sind, der weiß überhaupt nicht, um was es sich in der Menschheitsentwicklung handelt. Diese sind doch nur Filialen einer und derselben ahrimanischen Firma. – Was derzeit geschieht, ist immer wieder Zerstörung der gegenwärtigen Menschheit. – Wie recht hatte Nietzsche, als er sagte: 'Die Gründung des deutschen Reiches ist die Extirpation des deutschen Geistes'.»[307]

Der Weg nach Böhmen war versperrt, und auch nach England sollte Polzer nicht mehr fahren können. «Das Stabilisiertsein ist schmerzlich», schrieb er am 2. April nach London. «Die lieben Bekannten in Böhmen sind sehr traurig. Man muß eben auch resignieren können.» Wenn Polzer hier von 'resignieren' spricht, so ist das Wort im Sinne Goethes aufzufassen, im Sinne des Verzichts als eines Aktes der Befreiung schöpferischer Kräfte; im Sinne auch des Titels, den Goethe dem zweiten Teile seines Meister-Romans gab: 'Wilhelm Meisters Wanderjahre oder *die Entsagenden*'. Zu solcher positiver Resignation sollte Polzer in den folgenden Jahren noch reichliche Gelegenheit bekommen.

42. «GOETHE IN MARIENBAD»

Zur Feier seines neunundsechzig Geburtstages reiste Ludwig Polzer mit seiner Frau nach Salzburg. Anderntags fuhr Berta wiederum nach Tannbach, während ihr Gemahl eine Deutschlandreise antrat, die vier Wochen dauerte. In Regensburg machte er den ersten Halt und verbrachte einen schönen Nachmittag mit Sophie und mit Menny Lerchenfeld. Während er die erstere auch nach deren Heirat mit Alexander Raceta von Zeit zu Zeit noch wiedertraf, hatte er «das einst so geliebte schöne Mädchen»[228], wie er Menny nannte, vor genau zehn Jahren zum letzten Mal gesehen.

Menny Lerchenfeld hatte sich nach ihrem Studium und einem längeren Aufenthalt in Paris eine 'Musikpraxis' in München aufgebaut. Sie unterrichtete Klavier, Harmonielehre, Musikgeschichte und ging mit ausländischen Studenten in die Oper. Sie hatte einen großen Freundeskreis und genoß das Leben in der Münchner Boheme.

In ihrem Tagebuch schildert Menny das Wiedersehen mit dem älteren Freund wie folgt: «Gestern abend mit Sophie in Regensburg. L. P. kam hin. Ein schönes Wiedersehen nach langer, langer Zeit. Er ganz unverändert. Saßen zusammen im 'Maximilian'. Er sprach viel über die Zeit, und ich glaube sehr richtig. Er sprach über das Zerrbild, was die Kirche (Jesuiten) über den Christus machen, und daher die heftige Ablehnung der Menschen. Er brachte diese ganzen Fragen in Zusammenhang mit dem falschen Demetrius.»[308] Mitten aus der Herzverbundenheit mit Sophie und mit Menny Lerchenfeld wußte Polzer derart ungezwungen das Gespräch 'in medias res' zu führen.

Während es in erster Linie Walter Johannes Stein gewesen war, der in den vergangenen Jahren Polzers Lebensschritte, wenn auch meist von ferne, in tätiger Freundschaft gefördert und begleitet hatte, so wurde Menny Lerchenfeld in der nun folgenden Zeit, bis in den Krieg hinein, seine nächste, liebste Weggefährtin. Wir werden der begabten Pianistin, die damals am Ende ihrer Zwanziger Jahre stand, daher im Spiegel vieler noch erhaltener Briefe Ludwig Polzers an das erneut «geliebte schöne Mädchen» auf den folgenden Seiten noch des öfteren begegnen.

*

Von Regensburg fuhr Polzer für zwei Tage nach Berlin. Er hatte eine Reisebekanntschaft avisiert, Frau Anneliese Krüger, die ihm Berlin und Potsdam zeigte. Man begab sich in die Hoditzstraße und nach Sans-Souci. «Es war schönstes Wetter, im Park von Mon-Repos alles in Blüte.»

42. «GOETHE IN MARIENBAD»

Vom Fenster des Berliner Hotels, in dem er abgestiegen war, sah Polzer Hitler vor der Abfahrt nach Italien seine Arme schwenken. Er schrieb an Reichsbankdirektor Schacht und an Göring, konnte jedoch einzig deren Stellvertreter sprechen. An beiden Abenden war er bei Anneliese Krüger und ihrem Mann zum Essen eingeladen.

Dann ging die Reise nach Saarow und Marienhöhe weiter, wo Polzer Dr. Bartsch und seine Frau besuchte. Schon tags darauf fuhr er nach Pilgramshain und traf hier Josef «in recht guter Verfassung». Drei Tage später reiste er am 8. Mai nach Dresden weiter.

Zum ersten Mal in seinem Leben stand er vor der Sixtinischen Madonna. Der Anblick des Gemäldes weckte die Erinnerung an die beiden ersten Vorträge, die er im November 1908 von Rudolf Steiner hörte. Im zweiten dieser Vorträge war Steiner von einer Betrachtung der Sixtinischen Madonna ausgegangen. So stand Polzer mit einem durch die Erinnerung gekräftigten Bewußtsein vor dem weltbekannten Kunstwerk. «Es wurde mir dabei so deutlich bewußt», schreibt er, « daß sich der Mensch die Kunst aus den Himmeln holt (...) Wenn das nicht eintritt, dann bleibt nur Technik zurück und Nachahmung der Natur. Der Mensch ist nur dann ein wahrer Künstler, wenn er mit dem physisch-seelisch-geistigen Weltall erleben kann, welches sich ihm in großartigen Imaginationen ergibt.»

*

Von Dresden reiste Polzer dann nach Köln. Wilhelm Goyert und dessen Frau hatten ihn in diese einst von Agrippina, der Mutter Neros, gegründete Rheinstadt eingeladen. Goyert war im April 1935 durch Ita Wegman von Polzers Plänen im Zusammenhang mit den bevorstehenden Ausschlüssen unterrichtet worden, und so wird man sich in Köln im vertraulichen Gespräch auch über die Dornacher Majoritätsbeschlüsse unterhalten haben. Goyerts luden Freunde ein, und Polzer las aus seinen Prager Aufzeichnungen vor. Der Rest der Zeit gehörte Kunst- und Stadtbesichtigungen. Der Gastgeber und Kunsthändler wird sich dabei sicherlich als ein sehr sachkundiger Führer erwiesen haben. Zum ersten Mal erlebte Polzer den mächtigen Dom mit seiner die Jahrhunderte durchziehenden Baugeschichte.

Ob Polzer *Goethes* Kölner Aufenthalt vom Jahre 1815 und seine Freundschaft mit dem Kölner Kunsthistoriker Sulpiz Boisserée bekannt war? Wie dem auch sei: Goethes Dombesuch Ende Juli 1815 und sein herzlicher Verkehr mit Boisserée entlockte ihm eine scherzhaft-leichte Äußerung über sein Verhältnis zur Geschichte, insbesondere zu der von Rom. «Goethe sprach von seiner Vorliebe für das Römische und fügte plötzlich hinzu, *er habe gewiß schon einmal unter Hadrian gelebt.*»[309] Daß hinter dieser Äußerung mehr stecken mag, als Goethe selbst damals voll bewußt war und als sein Freund Boisserée zu fassen mochte, zeigt der hervorragende Stellenwert, den dieser Kaiser im dritten Buch der *Wanderjahre* einnimmt. Im Lauf der 'Wanderer-Rede' des Lenardo, in welcher er die Regeln des 'Weltbundes' erklärt, finden wir die folgende Passage: «Haben wir uns nun bisher auf jeden Schritt zu ehren gewußt, indem wir die vorzüglichste Masse tätiger Menschen als unsere Gesellen und Schicksalsgenossen angesprochen, so stehet euch, teure Freunde, zum Abschluß noch die höchste Gunst bevor, indem ihr euch mit Kaisern, Königen und Fürsten verbrüdert findet. *Denken wir zuerst segnend jenes edlen kaiserlichen Wanderers Hadrian, welcher zu Fuß, an der Spitze seines Heers, den bewohnten, ihm unterworfenen Erdkreis durchschritt und ihn so erst vollkommen in Besitz nahm.*»[256]

*

Begleiten wir unseren «edlen kaiserlichen Wanderer» nun ein Stück weiter. Am 16. Mai traf er in Stuttgart ein. War Köln für ihn neu und erinnerungsarm gewesen, so galt für Stuttgart das gerade Gegenteil. Was hatte er in dieser Stadt nicht alles, zum Teil mit Berta, mitgemacht und durchgelebt!

Doch angesichts der späteren Entwicklung innerhalb der AAG war nun vieles von dem an diesem Orte einst Erlebten von einer leisen Wehmut überzogen. Ein Glück, daß Menny Lerchenfeld ihm «in diesen Tagen das Herzweh überwinden» helfen konnte. Auch Menny war, von Regensburg herkommend, am selben Tag wie Polzer in Stuttgart eingetroffen. Voll Dankbarkeit schrieb sie in ihr Tagebuch: «Traf bald mit Polzer zusammen. Hatten reizende Tage. Wieviel gab mir dieser Mensch, und wie jung ist er geblieben! Goethe in Marienbad!»

«Goethe in Marienbad!» – wie viel sagt dieses Wort aus dem Munde Menny Lerchenfelds! Charakterisiert es doch nicht nur den älteren, verehrten Freund in seiner inneren Spannkraft und seelisch-geistigen Frische, sondern bringt auch das Motiv zum Klingen, das in Polzers zarter Zuneigung zur jungen Frau den Ton angibt – es heißt 'Entsagung'. Was sich schon in den Beziehungen zu Sophie Lerchenfeld und Maňa Brabinek abzeichnete, nimmt im Verhältnis zu Menny Lerchenfeld vollendete Gestalt an. Der Wanderer hatte es gelernt, ein immer neu Entsagender zu werden.

«Wie treu und ehrlich zieht er seine Bahn», schreibt die Freundin. Und sie berichtet: «Wir sprachen viel miteinander; er kam herauf den alten Trauberg und erzählte von seiner Arbeit in Böhmen, über seine Hoffnungen und Sorgen. Einmal aß ich mit ihm bei Herrn von Grone, einmal waren wir bei Blume, mir lauter unbekannte Menschen.» Jürgen von Grone gehörte zu den Ausgeschlossenen von 1935, Hellmuth Blume war Redakteur der *Stuttgarter Nachrichten*. Polzer sah viele alte treue Freunde wieder, die von Grone zu sich einlud. Menny stellte ihm die Schauspielerin Margarete Melzer vor, die den Freunden Theaterkarten besorgte.

An den freien Abenden aß man im 'Marquardt' und spazierte nach dem Essen durch den Hofgarten mit den alten Bäumen. «Es war so warm und mild – und alle Leute waren in friedlicher Stimmung, saßen auf den Bänken und sahen uns an, die Vögel sangen.» So erinnerte sich Menny.

In der Frühe des 22. Mai begleitete sie Polzer auf die Bahn nach München und winkte ihm erfüllt und dankbar nach. Im Rückblick auf die schönen Tage schrieb sie: «Die Begegnung mit Ludwig Polzer brachte mich auf weite, große Gedanken. Alles, was von ihm ausgeht, hat große Bedeutung. Aus tiefen romantischen Bildern lebt seine Seele – die unendlich befruchtend weiterleben.»

In München, wo Polzer Heinrich Kotz, den Vetter Bertas, anzutreffen hoffte, endete die vierwöchige Deutschlandreise. «Diese Besuchsreise zu den anthroposophischen Freunden, um die alten Beziehungen zu erneuern, war mir wie eine Abschiedsreise», stellt er 1939 fest.

*

Im Juni wurde Julius und seiner Frau ein Kind geschenkt, ein Mädchen, das man am 28., dem Vidartag, auf den Namen Berta-Beata taufte.

In denselben Tagen schrieb Polzer an den Freund in London: «Mein Gesundheitszustand ist sehr schwankend, im Alter sind die Erschütterungen angreifend.» Und bezüglich seiner Arbeit teilt er mit: «In dieser Zeit beschäftige ich mich in Gedanken viel mit dem Problem des falschen Demetrius, man kann auch sagen, mit dem falschen Jesus-Bild (...) Das scheint mir das Problem der gegenwärtigen Ereignisse: Slawen in M.E. [Mitteleuropa] – Städte-Karzinom, Demokratie u.s.w.» Und was die Veränderung in Böhmen anbetrifft, erfahren wir: «Die Arbeit in Böhmen ist jetzt unterbrochen. Das greift mich recht an u. schmerzt mich. Es sind doch so wenig michaelische Seelen, die wirklich die Weltereignisse durchschauen u. auch genügend Unterscheidungsvermögen besitzen, Menschen und Programme zu scheiden. Mit dem Warten ist es in meinem Alter recht schwierig u. doch muß man es lernen.»

In seinem Tagebuch notierte Polzer um dieselbe Zeit: «Ich beschäftige mich derzeit mit dem Problem des falschen Demetrius in Verbindung mit dem falschen Jesusbilde, aus dem die Christuswesenheit ausgelöscht wurde (...) Die Hüter des Jesus-ICH sind heute noch in den Katakomben. Die S. J. [Societas Jesu – Jesuiten] usurpierte es sich und verleugnet die kreative Kraft des Christus-Wesens, aus Furcht vor einer geistigen Menschheitsentwicklung. – Der verlästerte Feudalismus war für das Mittelalter die angemessene Verwaltungsform. Die Demokratie und das Städtewesen waren die Übergangsformen in eine neue Zeit, sie sind unbrauchbar geworden. Die neuen Formen hat Dr. R. Steiner gegeben. – Der jesuitisch-bolschewistische Imperialismus, welcher unter der Führung der antichristlich-römisch-juristischen Herrschaft heraufzieht, ist der Ausdruck einer Dämonie und bereitet die fürchterlichste Anarchie vor. Diese Anarchie werden schließlich doch die wirklich michaelischen Menschen überwinden. Ihre geistigen Anlagen, welche heute gefangen und gelähmt sind, werden dann frei werden und wirken können.»

Schon im nächsten Monat finden wir den Wanderer erneut auf Reisen. Am 9. Juli fuhr er nach Dalmatien und hielt sich eine Weile ganz allein auf der Insel Korcula auf, bevor er auf der Rückfahrt seine Freunde Knispel aufsuchte. Am 27. Juli traf er auf dem Schiff Alexander Raceta, den Gatten Sophies, und fuhr mit ihm bis Zagreb.

Kaum zu Hause angekommen, besuchte Polzer im August in Ebense die Familie von Hugo Flatz, seinem Wirtschaftsberater, der ihm die Dalamatienreise ermöglicht hatte.

*

Ein dramatisches Ereignis brachte dann der Herbst des Jahres: die Sudetenkrise. Hitler hatte schon im Mai erklärt, die Tschechoslowakei auf den 1. Oktober hin zu zerschlagen. Die 'Befreiung' der Sudetendeutschen war ihm lediglich das Mittel zu diesem Zwecke; im sudetendeutschen Gebiet lagen die militärisch wichtigen Festungen der Tschechoslowakei. Am 12. September hielt Hitler auf dem Reichsparteitag eine flammende Rede, in der er den Sudetendeutschen in der Tschechoslowakei seine unbedingte Unterstützung ihres Unabhängigkeitsbestrebens zusicherte. Am Abend desselben Tages brachen im Sudetengebiet Unruhen aus, die von der tschechischen Regierung zwar unter Kontrolle gebracht werden konnten; doch die sudetendeutschen Unterhändler forderten nun von der Regierung ultimativ eine Räumung des Sudetengebietes. Die tschechische Regierung lehnt das Ultimatum ab. Wird Hitler die Tschechoslowakei angreifen und damit einen neuen Krieg entfesseln?

In dieser Zeit des drohenden Kriegsausbruchs setzte Ludwig Polzer ein 'Gesuch um Versetzung aus dem Ruhestandsverhältnis in die Aktivität' auf, um trotz seines hohen Alters als Offizier «etwas beizutragen bei dem großen Ringen um den deutschen Lebensraum und um mitteleuropäische Notwendigkeiten». Daß Polzer den in gewissen westlichen und südlichen Kreisen auch weiterhin bestehenden Vernichtungswillen gegenüber Mitteleuropa klar erkannte, der den Ersten Weltkrieg in einen für Deutschland unannehmbaren 'Frieden' auslaufen ließ, darüber kann kein Zweifel walten. Ob er jedoch die volksvernichtende Dämonie, die hinter Hitlers Territorialansprüchen lauerte, *zu diesem Zeitpunkt* mit ebensolcher Klarheit sah, das ist eine andere Frage.

42. «GOETHE IN MARIENBAD»

Sein Gesuch um Reaktivierung wurde allerdings gleich hinfällig, und er hat in den nun folgenden Jahren kein weiteres mehr eingereicht.

Die drohende Kriegsgefahr wurde kurz darauf bekanntlich durch das 'Münchner Abkommen' (zwischen Deutschland, Frankreich, England und Italien) abgewendet. Am 29. September wurde die tschechoslowakische Regierung zur Abtretung der sudetendeutschen Gebiete an das Deutsche Reich gezwungen. Die Parallele zum Berliner Kongreß von 1878 ist evident: damals gestattete man Österreich-Ungarn Bosnien-Herzegowina zu okkupieren, jetzt dem Deutschen Reich, tschechoslowakisches Terrain zu annektieren. Ob auf seiten der englischen Delegation (damals ging der Okkupationsvorschlag von Lord Salisbury aus, diesmal von Lord Runciman) nur reiner guter Wille herrschte, durch ein Entgegenkommen gegenüber Hitlers Territorialansprüchen den drohenden Kriegsausbruch zu vermeiden, oder ob nicht auch die Berechnung eine Rolle spielte, den unaufhaltsamen Diktator gewähren zu lassen, um ihn zu weiteren Raubzügen zu animieren – dazu hat die anerkannte Geschichtsforschung noch nicht einmal die unbefangene Fragestellung ausgearbeitet. Renate Riemeck gibt in ihrem Mitteleuropabuch einen diesbezüglich sehr beachtenswerten Hinweis: «Der Oxforder Historiker *Taylor* läßt uns beiläufig wissen, daß nach München geistreiche Beobachter Hitlers nächsten Schachzug Richtung *Ukraine* erwarteten – ein Schachzug, dem die westlichen Staatsmänner mit einigem Vergnügen entgegensahen, die sowjetischen dagegen mit Furcht.»[310]

*

Ein weiteres wichtiges Ereignis, das im Herbst des Jahres 1938 in Polzers Leben spielte, lag auf mehr privatem Felde. Menny Lerchenfeld schrieb ihm im September von einer schweren Operation, der sich ihr Vater in Salzburg hatte unterziehen müssen. Polzer reiste gleich nach Salzburg ab, konnte jedoch seinen alten Freund Otto Graf Lerchenfeld nicht mehr lebend wiedersehen. Dieser war in der Nacht vom 4. auf den 5. Oktober in die 'Nebenzimmer der Geschichte' eingegangen. «So wird man auf der Erde immer einsamer», rief Polzer voller Wehmut aus. «Wie verschlungen die Schicksale doch sind, das konnte ich besonders deutlich in meinem Verhältnis zu Otto Lerchenfeld erleben!»

Werfen wir noch einen kurzen Blick auf die letzten Tage und Stunden dieses Mannes, der wie sein Freund Polzer demselben großen 'Bund' der Wanderer angehörte. Am 2. Oktober hatte er noch seinen neunundsechzigsten Geburtstag feiern können. «Viele von uns waren um ihn versammelt», schreibt seine Tochter Menny, «brachten Blumen und Tränen an sein Bett. Er freute sich auf seine Art, war aber müde. In dieser Zeit frug er nochmals den Arzt, mit wievielen Tagen er noch rechnen könne – die Antwort wurde klar gegeben.»[311] Und vom Todestag berichtet sie: «Dann fängt er an zu sprechen von seiner großen Reise, die ihm bevorsteht. Ernst und doch mit einem unendlich feinen 'göttlichen Humor', langsam kommt jedes Wort – es ist ganz still im Zimmer: 'So, Kinder, jetzt geh' ich in ein besseres Jenseits. Halt's alle zamm', laßt's euch gut gehen, so weit's eben geht auf dieser Welt. Wir finden uns ja wieder.' Da plötzlich schaute er nach oben und machte gleichzeitig eine Geste nach oben, als wollte er sagen: 'Kommt mir nur nach.', mit einem wundervollen Ausdruck der Ergebung, der Freude. Es war wie ein Segen, der von dieser Stunde uns alle traf.»

Etwas von diesem Segen schien sich in der darauffolgenden Zeit auch der Freundschaft zwischen Menny Lerchenfeld und Ludwig Polzer mitzuteilen. Ein Strom von Briefen Polzers an die junge Pianistin bricht hervor, und fast könnte es erscheinen, als ob Otto Lerchenfeld, der der Freundschaft zwischen seiner älteren Tochter und Graf Polzer einst so vehementen Widerstand geleistet hatte, nun – in den 'Nebenzimmern der Geschichte' über seines Freundes Wesen allmählich eines Besseren belehrt – die Beziehung Polzers zu der jüngeren Tochter mit um so größerem Wohlwollen begleiten wollte ...

In Linsberg, wo Polzer noch im Oktober hinfuhr, vertiefte er sich in Novalis. Er las *Die Lehrlinge zu Sais*. Zu seiner alt-neuen Beziehung zu Menny Lerchenfeld, der Pianistin, wollte ihm nur Novalis' musikalische Poesie wirklich passend scheinen. «Die Wiederbegegnung mit Dir ist mir wie die Zusammenfassung meines ganzen Lebens, wie der musikalische Akkord», schreibt er am 21. Oktober von Linsberg an die Freundin. Polzers Seele wurde zeitenweit. Er schreibt im selben Brief: «Wenn ich meinen Gedanken den Lauf ins Romantische frei gebe, dann wird die Seele weit und befreit sich von den Sorgen und überwindet die Enge der Gegenwart. Dann lebt auch die Phantasie auf und baut an Zukunftsgestaltungen und Zukunftsschicksalen. Es ist fast so, als wenn die Gegenwart sich einen würde mit Vergangenheit und Zukunft. Novalis regt zu solchen Erlebnissen und Bewußtseins-Inhalten an. – Und dann bist auch Du immer nahe, ohne irgend etwas Konkretes erschauen zu können, besonders weil das Nacht- und Traumerleben mit dem Aufwachen so schnell verschwindet.»

Und in einem weiteren Brief vom selben Tage heißt es: «Und gerade er [Novalis] kann Dir doch Antwort geben auf Deine Frage nach der 'Liebe', der Erdenmission, und er, welcher das Weibliche so versteht und sucht, bleibt doch dabei ein richtiger Mann.»

Polzer beschäftigte sich in Linsberg auch mit einem frühen Vortrag Rudolf Steiners über die Freimaurerei, die männliche und weibliche Weisheit sowie die große Aufgabe der theosophischen Bewegung, den physischen wie seelischen Geschlechtergegensatz zu überwinden, statt ihn, wie der Jesuitismus es erstrebt, weiter zu befestigen. «Die Arbeit ist schwer», so Steiner in diesem Vortrag in Berlin, «aber sie muß getan werden. Sie besteht darin: zur Erkenntnis des höheren übergeschlechtlichen Menschen zu gelangen, aber es ist möglich, und es wird gelingen, es wird zur Wirklichkeit werden.» Es sind Zielgedanken, die Polzer in allen näheren Beziehungen zu Persönlichkeiten weiblichen Geschlechts im Auge hatte. Das galt auch für das innige Verhältnis, das sich nun zwischen ihm und Menny Lerchenfeld entwickelte.

Polzer war am Vortage gerade im Begriff gewesen, diesen Vortrag Steiners Dora Schenker zu diktieren, um Menny dann die Abschrift zuzuschikken, als er die Entdeckung machte, daß es auf den Tag genau vor 33 Jahren war, daß Steiner ihn am 23. Oktober 1905 gehalten hatte! Er faßte diesen kleinen 'Zufall' als bestätigendes äußeres 'Echo' seiner Absicht auf: «So bekommt man Bestätigungen, die wirklich aus der geistigen Welt kommen. – Es wäre dann ein Versäumnis, wenn man nicht glauben würde. So reiht sich eines an das andere. Es ist keine Illusion, keine Phantasterei, sondern Wirklichkeit, die man niemals intellektualistisch suchen kann, sondern etwas, was mit Sicherheit herankommt, heraus kam, *ehe* man daran dachte, daß diese Möglichkeit eintreten werde.»

Am Rande dieses Briefes fügte Polzer noch einen «unbescheidenen» Wunsch hinzu: «Der Mensch ist ein recht unbescheidenes Wesen – so denke ich eben, wie schön es wäre, könnte ich noch vor Ende meines Lebens mit Dir auf die Akropolis oder auf eine Pyramide steigen.» Räumliche und zeitliche Weitensehnsucht wird in ihm geboren, und das Bedürfnis, sie mit einem ganz bestimmten Menschen zu befriedigen.

Diesen, wie auch eine Reihe weiterer Briefe, unterzeichnete der ältere Freund mit einem schlichten 'H'. Warum sollte Sophie Lerchenfeld der jüngeren Schwester die Gespräche und Erlebnisse verschwiegen haben, die sie selbst mit Polzer haben durfte, in Rom und Tivoli zum Beispiel?

Wollte Polzer 'Geist-Erinnern' in der jungen Freundin wecken, als er ihr das Gedicht 'Rappelle-Toi' von de Musset schickte?

Diese selbst notiert um diese Zeit: «Alle lieben Zeilen von L. verschließ' ich tief in mir. Sie sind bedeutungsvoll aus einer andern Welt – für mein schweres Leben. Liebe Grüße und Winke.» Mennys Künstlerlaufbahn war noch ungewiß – sie hatte auch sehr starke malerische Fähigkeiten –, und auch den Tod des Vaters hatte sie noch nicht verwunden.

Für die erste Novemberwoche wollten sich die beiden Freunde in der bayerischen Metropole treffen. Doch wie lange war die Zeit bis dahin noch! Und Menny säumte mit der Angabe des endgültigen Zeitpunkts. Das gab

Polzer die Gelegenheit zu einem weiteren Brief, in dem er schilderte, was er an 'Allerheiligen' und 'Allerseelen' innerlich erlebte. Er schreibt: «Das erste Mal, daß ich diese zwei Tage wirklich in der äußeren und inneren Todesstimmung mit Hinblick auf die geistige Auferstehung in Verbindung mit den vielen, mir so lieben Toten erlebte. Äußerlich waren es schwere Tage, darüber mündlich, innerlich kam Beruhigung, und ich fühlte die Hilfe derjenigen, die drüben sind und Verbindung mit uns suchen. Es war gar nicht phänomenal, ganz zart und still.» Mit dem Ausdruck 'phänomenal' spielt er auf die physisch-derben Jenseitsvorstellungen gewisser Spiritisten an, die es deswegen versäumen, die Aufmerksamkeit auf subtile Geisterlebnisse zu richten, «ganz zart und still».

«Allerseelen deutet hin auf den 'Kommenden', den Christus im Äther, auf die Auferstehung im Geiste», fährt Polzer fort. «Das Materielle im Denken, Fühlen und Wollen wird doch immer mehr erlahmen durch die Liebe und Kraft des Christus. Der Christus richtet nicht (trotz des Bildes von Michelangelo), die Menschen richten sich selbst. So müssen wir in Gedanken zu Allerseelen besonders der Sphärenmenschen gedenken, daß sie sich ihr nächstes Erdenschicksal so wählen, daß sie sich selbst richten können. Und dazu brauchen sie die Hilfe der Erdenmenschen (...) Durch den Christus können wir möglich machen, unsere lieben Verstorbenen zu erreichen.»

Und in bezug auf die ernste Zeit fügte er hinzu: «Es muß sich doch alles, Gesellschaftsformen, Wissenschaft, Kunst, Religion, Wirtschaft u.s.w. in der kürzesten Zeit ändern. – 4 x 12 werden die von IHM berufenen Führer sein, und alle ehrlichen Anthroposophen werden frei unter diesen wirken können.»

Von 4 x 12 vom Geist der Anthroposophie durchdrungenen Menschen hatte Rudolf Steiner in seiner letzten Ansprache als der notwendigen Voraussetzung für die Breitenwirksamkeit der Geisteswissenschaft gesprochen; deren Wirken am jetzigen Jahrhundertende faßte Polzer in dem Brief an seine Freundin hier ins Auge. Doch er war sich auch bewußt: «Von der Größe der Umwälzung machen sich nur sehr, sehr wenige Anthroposophen eine richtige Vorstellung, weil doch nur bürgerlich-amtlich der Stadt und dem Markt entgegengestrebt wird; auch die, welche am Lande sind. Man zieht Vergleiche mit alten Zeiten, die nicht stimmen. Deswegen nehmen auch Anthroposophen ihre kleinen Bemühungen im alten Sinne wichtiger. *Aber zunächst ist das Verstehen notwendig.*»[256] So wandte er sich an das Herzverstehen dieser Freundin.

Am 6. November kam das Wiedersehen, das zwei Tage dauerte. Schon öfter hatte Polzer sich besorgt gefragt, wer einst sein geistiges Vermächtnis übernehmen könnte, auch die Klassenmantren, Sprüche und diversen Aufzeichnungen. Nun gab es keinen Zweifel mehr: Menny Lerchenfeld! Im Zeichen dieser Hoffnung Polzers standen die zwei Münchner Tage.

«War bei L. im Hotel», schrieb Menny in ihr Tagebuch, «Sonntag Morgen. Er gab mir großartige Dinge. Las mir den Grundsteinlegungs-Vortrag vor und ich einen anderen. Ganz gewaltiger Eindruck. Und ich weiß, daß ich all das nicht umsonst erhielt. Mit einer Art Ehrfurcht hörte ich und las. Ich habe das Lebensideal, das Heiligste eines alten Mannes übergeben bekommen (...) und werde ihm einmal darüber Rechenschaft geben. Es ist mir sehr ernst zumute.»

Nach diesen ernsten, feierlichen Stunden verbrachte man den Abend dann in heiterer Art zu dritt, mit Jura Gabritschewsky, einem emigrierten russischen Maler, der zu Mennys engem Freundeskreis gehörte. Als Menny später zu dem älteren Freund bemerkte, sie bräuchte einen Menschen von einem Format, wie er [Polzer] es hätte, sagte dieser halb im Scherz: «Selber etwas sein, nicht abschieben wollen auf andere!» Und damit sprach er seiner Freundin, die einen ausgeprägten Sinn für Unabhängigkeit besaß, im Grunde aus der Seele.

Dieses Unabhängigkeitsbestreben zeigte sich bei ihr trotz aller Verehrung für den älteren Freund auch in der inneren Beziehung zur Anthroposophie. Sie schreibt: «Er kann sagen:'Nur Anthroposophie kann weiterführen.' Ich fühle Wahrheit dahinter, weiß aber auch, daß *ich es noch nicht sagen kann*. In meinem Munde *wäre es Lüge!!*»

Am andern Tage traf man sich erneut im Hotel. «Es war schön und weihevoll», schrieb Menny in ihr Tagebuch. «Gab mir wieder viel und Schönes, und ein guter Geist war unter uns.»

Dann machte Polzer Menny ein Geschenk, das in realsymbolischer Art zum Ausdruck brachte, daß er gleichsam den Extrakt der von ihm erlebten alten Zeit *durch sie* in die neue Zeit hinüberleiten wollte: Er schenkte ihr zwei kleine rote Manschettenknöpfe, auf deren rotem Grund ein kleiner Diamant saß. Er hatte sie von seinen liebsten Jugendfreunden Sophie und Adolf Waldstein einst geschenkt bekommen und sie ein Leben lang getragen. Vertrauen öffnete Vertrauen: Menny erzählte Polzer darauf einen Traum, den sie nach der Wiederbegegnung mit ihm im Frühjahr gehabt hatte. Sie träumte von einem Berg, in den das Licht der Sonne von rechts hineinstrahlte – ringsum war alles finster –, und in dem Licht wollte sie mit zwei Begleitern zu dessen Spitze steigen. Oben angekommen, lag eine Wunderwelt von Bergen hell erleuchtet vor den dreien ausgebreitet. Und in den Bergen zeigten «tiefe, herrliche Tempel» sich. «Tief hinein konnte man sehen durch Säulen und Kuppeln hindurch. Das Licht und die Farben wogten darin. Der Anblick war unaussprechlich.» Mit einem nie gekannten Glücksgefühl war sie erwacht. Es herrschte eine Weile tiefes Schweigen zwischen beiden Freunden. Dann bat Polzer Menny, in der Stunde seines Todes bei ihm zu sein.

Im nächsten Brief an sie (vom 9. November 1938) deutet Polzer Menny das gewichtige Traumerleben: «Unter der geistigen Sonne wird der Erdenleib durchsichtig, und man sieht in ihm alle Metalle und die differenzierten Farben. Und die Metalle in der Erde sind die Erinnerungen an die Planeten, die einst in ganz anderem Zustand mit der Erde verbunden waren (...) Und der durchsichtige Erdenleib unter den Strahlen der geistigen Sonne ist ja nichts anderes als die Krönung des Werkes des Hiram (...) Du hast das 'eherne Meer' makrokosmisch gesehen.» [Das 'eherne Meer' ist ein symbolisches Bild für die künftige Umarbeitung des Mineralreiches durch die spirituelle Menschenarbeit.] «So wurde mir wieder und neuerdings bestätigt, daß ich Dir den 23. Oktober zu Recht gegeben habe.» In diesem schon erwähnten Vortrag vom 23. Oktober 1905 findet sich auch eine Darstellung und Deutung der sogenannten 'Tempellegende', in der vom Bau des salomonischen Tempels durch Hiram, den Repräsentanten des 'männlichen Geistes', die Rede ist. Und Polzer setzt hinzu: «Und im mikrokosmischen Menschen wird dann der Leib auch geistig seinem Schicksal nach durchsichtig werden, und das war das Erlebnis (...)»

So heilig ist dem älteren Freund die Blüte dieser Liebe, daß er leise fürchtet, die Blütezeit könnte ungenutzt oder nur mangelhaft genutzt vorübergehen. So fleht er die Geliebte am Schluß des Briefes innig an: «Liebe, teuere Menny, versäume nicht, es drängt die Zeit, laß mich mit Dir im Winter eine kurze Zeit an einem stillen schönen Ort verbringen, es wird das letzte Tun in meinem Leben sein. Dir bleibt dann noch Zeit genug für alles andere. Es soll ein Anfang sein, damit unser Bund, der auf der Erde geschlossen werden muß, an dem Werke des ehernen Meeres in der Zukunft mitarbeiten kann. ER führte uns wieder zusammen, machen wir ein etwas längeres Zusammensein möglich und legen wir so das Fundament für die Zukunft. Ich umarme Dich innigst. H.»

In ihrem Tagebuch aus dieser Zeit hält Menny Polzers Deutung ihres Traumes fest. Sein Wunsch nach einem längeren Zusammensein bleibt unerwähnt. Sie lebte damals in zwei Welten. In der weihevollen Sphäre dieser Freundschaft – und in ihrem Künstlertum innerhalb der Münchner Boheme, an die sie hundert Fäden banden. Und beide Welten waren nicht so ohne weiteres in Einklang zu versetzen. Ob Polzer diese objektive Schwierigkeit in Mennys Lebenslage, über die sie kaum gesprochen haben wird, auch selbst empfunden hat?

Schon tags darauf schreibt er einen neuen Brief, in dem er zunächst seine eigene Lage schildert: «Wenn ich auch weiß, daß viele Menschen an mich denken und mir dankbar sind, so leide ich doch sehr von dem Alleinsein. Ich sagte Dir doch, daß eigentlich niemand Zeit hat für mich, das bringen ja auch die Umstände mit sich, weil die wenigen Menschen hier so viel zu tun haben (...) Und da meine Augen auch schwach geworden sind, bin ich viele Stunden angewiesen, zu denken, zu erinnern, mich zu sorgen und Möglichkeiten zu erwägen.» Durch die Begegnung mit der Freundin fällt ihm dies nun alles leichter: «So viel Inhalt bekam ich durch Dich, und Freude ist wieder eingezogen, und so vergehen die Tage leichter und trotz der Einsamkeit so schnell (...) In der Natur ist es jetzt so still und grau, die Bäume verlieren doch schon stark ihre Blätter, die heuer so lange Stand hielten, nur die Eichen trotzen noch und stehen noch glutrot da. Die Schafe auf der Weide geben der Landschaft einen friedlichen Charakter. Es fehlt leider der Flöte blasende Hirte. Ich muß da oft an den dritten Akt im *Tristan* denken, an das ruhige Flötenmotiv, welches in die leidenschaftliche Unruhe des verwundeten wartenden Tristan beruhigend wirkt.»

In Fortsetzung des Briefs schreibt er am andern Tag: «Du bist jetzt wirklich das einzige Wesen, dem ich *alles* sagen kann, ohne Rückhalt und ohne Scheu. Es ist eben so! So durchsichtig klar, wie Du die Berge sahst (...), so glaube ich das Schicksal der allernächsten Zeit und seiner Notwendigkeiten zu sehen (...) *Eine Kontinuität zur Jugend hinüber soll sein, und bis jetzt hat immer etwas gefehlt.*»[256] Dann teilt er Menny mit, daß er ihr seine Schriften und Aufschreibungen zurücklassen werde, wovon nur zwei Menschen wissen werden, Berta und Frau Schenker. «Mache damit dann ganz, was Du willst, mein Vertrauen auch noch von drüben wird Dich begleiten, ohne Dich zu sehr zu belasten, auch dafür will ich versuchen, Dir zu helfen. Wie Du es immer erfüllst, soll es mir recht sein, es kann auch auf ganz andere Art geschehen, als ich es mir derzeit vorstelle. Du sagtest mir schon so viel von Dir, und ich empfand so viel, was Du gar nicht aussprachest. – So schön wird dann mein Hinübergehen sein (...), in Deinen lieben Armen und innerlich mit dem letzten Blick auf Dich.» So sann und sorgte und hoffte Ludwig Polzer in diesen stillen Herbstestagen.

Nachdem er einen «lieben, schönen Brief» erhalten hatte, schrieb er am 15. November aus Wien: «Ich weiß gar nicht, was mich dieser Freude würdig machte, die ich jetzt erleben darf. Ich fühle mich so eins mit Dir, so nahe, und das Herz, das alte, verwundete, klopft so stark, und der Atem geht. Wenn die Meditation gut geht, geht der Atem auch so stark.»

Tags darauf schreibt Polzer einen weiteren Brief. Menny hatte ihm in ihrem Antwortbrief geschrieben: «*(...) bis auch ich es in andere Hände legen kann*».[256] Daraus konnte er ersehen, daß sie bereit war, die Kontinuität seiner

Arbeit zu bewahren. Und er rief aus: «Danke! Danke! für diese Worte, auf dieses Verständnis hin darf ich Dir nun alles geben. Ja, Du wirst die Gruppe einmal führen können, ganz auf Deine Art.»

Und nun gab er ihr zunächst Extrakte aus dem reichen Schatz seiner Erfahrungen innerhalb der anthroposophischen Arbeit und teilte ihr «etwas ganz Einschneidendes» mit: «Dadurch, daß Berta und ich auch alle Gesellschafts-Schwierigkeiten mitgemacht und miterlebt haben, haben wir fast mehr gelernt als durch Lesen und Studieren. – Die Erfahrungen sind aber nun da und wurden zu einer Fähigkeit. Das bezieht sich auch auf die Möglichkeiten der Arbeitsmethoden, ganz abgesehen vom geistigen Inhalt. Was hat man im Laufe der vielen Jahre an den verschiedenen Orten durch Fehler diesbezüglich alles gelernt! Wie Menschen und Menschengruppen, die mit der Geisteswissenschaft bekannt wurden, zu behandeln sind (...) Bei der Arbeit muß ganz scharf unterschieden werden: Interessierte, dann Anfänger, dann schon Verstehende mit inhaltlichen Voraussetzungen; dann esoterische Arbeit, Vorbereitung und Klasse, das heißt Michaelschule. Das ist ein langer Weg, besonders für solche, die noch keine direkte Beziehung zu R. St. hatten. Durch wie viele Fehler und Illusionen bin ich selbst anfänglich mit Gruppen gegangen! Wieviel mußte ich im Laufe der Jahre gegen Irrtümer kämpfen, voraussehend, daß meist der Schluß ein Debattier-Klub wurde und dann ein baldiges Ende. – Erst nach Seinem Tode erkannte ich die für mich gegebene Möglichkeit, gestützt auf historisches Karma und Seine Vollmachten für Es[oterik], die Er mir gab. Auf diesem Boden begann erst der Erfolg, der sich in den letzten drei Jahren in Böhmen deutlich zeigte. Und jetzt sind so viele untrügliche Zeichen da, daß es eine Aufgabe bedeutet, wenn wir uns schicksalsmäßig fanden, die wir zusammen haben, die möglich noch ist, aber nicht verschoben werden kann.»

Polzer hatte Menny im Hinblick auf die Realisierung dieser Aufgabe vorgeschlagen, gemeinsam *Die Philosophie der Freiheit* [312] durchzuarbeiten, «weil ich diese gemeinsame Gedankenarbeit als gute Begleitung für Anthroposophie und Esoterik ansah». Dieses Buch könne sie im Prinzip allerdings mit jedem «ernsten, gescheiten Menschen» durcharbeiten, «nicht aber die Hierarchienlehre und die karmischen Geschichtsmethoden (...) Das, was er nach der Neubildung der Gesellschaft und Bewegung gab, ist gerade das, an dem die meisten scheiterten. Und das ist auch die Voraussetzung für das Verständnis dessen, was notwendige Kontinuität ist.»

Nachdem Polzer diese neueste Entwicklung überschlafen hatte, teilte er Menny am anderen Tage mit, daß er sich entschlossen habe, sie sogleich in die erste Klasse aufzunehmen, so daß er ihr nun geben könne, «was ich niemals glaubte, jemandem als esoterisches Vermächtnis geben zu können».

42. «GOETHE IN MARIENBAD»

Er ergänzte den Inhalt einer kleinen Pappkassette, die Dora Schenker in Linsberg in Verwahrung hielt und die nach seinem Tode an Menny übergehen sollte. «Da ich kein Testament zu machen brauche», fügt er noch hinzu, «wird darüber natürlich keine Aufzeichnung sein.»

Polzer fuhr in diesen Tagen stärkster Abschiedsstimmung mit Berta zwei Tage lang nach Wien, wo sie Alfred Zeißig als Zahnarzt konsultieren mußte. «In Wien ist es jetzt fürchterlich», schreibt er. In einem früheren Brief hatte er geschrieben (10.11.38): «Die Lebenden werden von so vielem Abschied nehmen müssen, von Menschen, von Heimat (die wird ja allen ruiniert), von liebgewordenen Sachen, die einen begleiteten, an denen man Freude hatte.» Berta hatte die Empfindung, die Stadt zum letzten Mal zu sehen. Sie trug sich auch mit dem Gedanken, Tannbach zu verlassen und bei Freunden mitzuhelfen. Und Arthur Polzer dachte daran, einen Antiquitätenladen zu eröffnen.

Am 20. November schreibt Polzer nochmals mahnend-bittend an die Freundin: «Glaube mir, lb. Menny, daß wir alle vor einem ungeheuren Abgrunde stehen, äußerlich und innerlich gemeint. Ich empfinde und sehe das, es ist Wirklichkeit. Über diesen Abgrund kann man mit dem gegenwärtigen Denken, Fühlen und Wollen nicht hinüber. Da nützen alle interessanten Betrachtungen nichts, wenn man nicht an den Seelenflügeln arbeitet, die einem ermöglichen, über diesen Abgrund hinüber und wieder herüber zu gelangen. Mit den physischen Beinen allein kann man nicht hinüber. Verschiebe es nicht, die Möglichkeit, gemeinsam an diesen Flügeln zu arbeiten, ist gewiß da, weil das Schicksal es schon ermöglichte, damit anzufangen. Wir haben begonnen und sind beide vorbereitet!»

*

Viel steht für Polzer auf dem Spiel. Das Schicksal scheint in dieser Lebensstunde gleichsam seinen Atem anzuhalten. Wird die Freundin handeln, wird sie «verschieben»? Das ist die bange Frage.

Polzer nutzt die Zeit des Wartens und vertieft sich in einen ihm bis dahin unbekannten Vortrag Steiners über Goethe.

Warum mußten zehn Jahre lang scheinbar ungenützt verstreichen, bis sich die Lebenswege von ihm und Menny wieder kreuzten? Diese Frage hatte ihn in letzter Zeit bewegt. Nun wurde sie ihm indirekt beantwortet.

Steiner zeigt in seinem Vortrag, daß sich Goethe nach dem *Faust*anfang seelisch-innerlich hätte verbrennen müssen, wenn er geraden Weges fortgeschritten wäre. Der Herzog holte ihn nach Weimar und sorgte so dafür, daß Goethe zehn Jahre lang ganz anderes erlebte und erfuhr und sich in bezug auf spirituelle Wirklichkeiten dem relativen 'Schlafe' überlassen durfte. Erst die Begegnung mit Schiller ließ ihn am *Faust* mit neuen Kräften weiterdichten.

Dieser Vortrag half dem Wanderer, das Rätsel, das in seiner Freundschaft zu Menny Lerchenfeld verborgen lag, zu lösen. Er schreibt am 21. November an die Freundin: «Ohne uns in irgendeine Linie der Größe nach mit Goethe zu stellen – es ist eine andere Zeit, es sind andere Schicksalsumstände –, so zeigt doch bei uns diese nahezu zehnjährige Unterbrechung auch eine Notwendigkeit an, damit nun zwischen uns etwas geschehen könne, was damals nicht heilsam gewesen wäre. Es mußte sich bei uns beiden, in persönlich-individueller Art etwas abspielen, damit sich das vollziehen könne, was hoffentlich sich noch vollziehen wird.»

Polzer hofft – und wartet. Am 25. November schreibt er: «Wir stehen doch gegenwärtig in allen Dingen am Anfange einer Entwicklung, die durch eine wirkliche Beziehung zu den geistigen Wesen der höheren Welten allein heilsam kommen kann. Es müssen ganz *konkrete* Vorstellungen erfaßt werden.»

Doch je konkreter Polzer in bezug auf die gemeinsame esoterische Arbeit wurde, je mehr schien Menny Lerchenfeld zu zögern. Zehn Jahre waren *für sie* vielleicht noch nicht genug ...

Ende November fuhr er zu Josef nach Pilgramshain – noch immer ohne Antwort von der Freundin. «Ich weiß gar nicht, ob Du meine letzten Briefe erhalten hast», schreibt er in einem Postskriptum vom 1. Dezember. «So muß ich besorgt warten.»

Darauf schweigt er gut zwei Wochen lang, um dann am 18. Dezember aus Wien zu schreiben: «Meine liebe Menny! Weihnachten steht vor der Thür, und daher will ich Dir doch einen lieben, herzlichen Gruß senden. *Frauenseelen sind so schwer zu ergründen, und gerade die schönsten sind so.*[256] Alles Schöne muß mit Schmerzen ausgeglichen werden. Die letzten fünf Wochen waren schwer. – Sei versichert, daß von mir aus alles unverändert so ist, wie ich es sagte. Ich habe wirklich nicht den geringsten Groll im Herzen, daß es anders kam; ich habe gelernt zu verstehen, was ich auch im Augenblick nicht durchschauen kann.» Dann teilte er der Freundin mit, daß er hoffe, Mitte Januar mit seinem Bruder in den Süden fahren zu können, «um die kälteste Zeit zu überdauern».

Kein Wort mehr von der 'Aufgabe' oder einer gemeinsamen Winterreise. Er hatte innerlich verstanden: die Freundin fühlte sich der Aufgabe noch nicht gewachsen, obgleich sie eingewilligt hatte, dereinst das 'Kästchen' zu verwahren, «bis auch ich es in andere Hände legen kann»...

Ein weiterer Brief, den er am Heiligen Abend schreibt, gibt Aufschluß über seinen Tannbachalltag. Er schreibt: «Seelisch leide ich sehr, daß man immer mehr anthroposophisch isoliert wird und ich keine Möglichkeit habe, nach Böhmen zu fahren, denn die Korrespondenz ist ja notwendiger Weise sehr wenig sagend. – Da wir kein elektrisches Licht haben und nur wenig Petroleum, bin ich äußerlich wegen meiner Augen noch mehr verdunkelt als andere. Da lege ich mich der Kälte wegen oft schon vor 8 Uhr abends ins Bett. Dafür mache ich schon von 6 Uhr früh an Hausarbeit und Botengänge nach Gutau, alle notwendigen Einkäufe u.s.w. – Ich mache das alles ganz gerne, und es wird mir warm dabei. Seit einer Woche sind Schnee und besonders eisige Wege auch darin ein Hindernis, das überwunden werden muß. So kann auch kein falscher geistiger Hochmut aufkommen. Das ist sehr gut. Wenn ich dann ab und zu für wenige Tage unterbreche und nach Wien oder Baden fahre, genieße ich es umsomehr. Dieser Genuß wird aber auch immer primitiver. Das macht alles nichts. Dieses Leben ist doch nicht mehr von langer Dauer, und für das weitere bin ich ganz beruhigt und freue mich darauf.»

*

Am Stephanstag hatte Julius eine Herzembolie, während dessen Frau von Gallenkrämpfen befallen wurde. «Zieht sich seine Krankheit hin», schreibt Polzer am 27. Dezember an Menny, «dann ist es wahrscheinlich zu Ende mit Tannbach, denn Großknecht kann ich mit 70 Jahren nicht mehr sein.»

Und auf einen letzten Brief von Menny gibt er klärende Antwort: «Es tut mir so leid, daß Du es schwer hast. Du hast mich ganz mißverstanden, wenn Du glaubst, ich sei vielleicht böse. Auch ungeduldig bin ich nicht. Ich weiß das Schicksal zu prüfen (...) Ich denke sehr viel an Dich mit den wärmsten Wünschen für Dein Wohlergehen. – Ja, die Seelenprüfungen sind wahrscheinlich notwendig. In alten Zeiten waren sie anderer Art, bevor man in die Mysterien aufgenommen wurde. Jetzt zeigt sich eben der Ernst der Anthroposophie, und der ist wohl viel größer, als ich selbst dachte. – Jedes seiner Worte wird eben sich erfüllen. – Du schriebst unlängst, daß Dir vieles fremd sei, was ich schrieb. Ja, Menny, wir werden immer mehr vor uns Fremdem stehen, das uns dann vertraut erst werden muß. Wir alle müssen gründlich umdenken lernen, sonst können wir die spätere Aufgabe nicht einmal im ersten Stadium erfüllen. – Aber Du weißt das ja alles ohnehin selbst, und doch muß ich es schreiben. – Eines darfst Du aber nicht vergessen, sonst wirst Du mit der Anthroposophie immer Enttäuschungen erleben: Das steht schon im ersten Leitsatz, daß Anthroposophen nur solche werden können, die in der Seele die Anthroposophie so verlangen, wie man Hunger und Durst empfindet (...) Es ist die Kraft der antichristlichen Anstrengungen und kultischen Veranstaltungen der S. J. und F. M., die das erste Goetheanum vernichteten, ungeheuer groß, man kann nur schwer durch, kann eigentlich nur Ansätze machen (...) Ich leide sehr, habe aber auf die weitere Zukunft unbedingtes Vertrauen, je toller es wird. Ich erhielt viele liebe Zeichen der Dankbarkeit in diesen Tagen, die stärken, wenn die Seele schon glaubt, nicht mehr weiter zu können. – Meine Gedanken sind in Treue bei Dir (...) Schließlich werden wir uns doch wiedersehen, das überlasse ich ganz dem Schicksal, ich will und darf es nicht pressen. Dein L.»

*

«Ein schweres Jahr geht zu Ende, ein noch schwereres beginnt», heißt es in den Aufzeichnungen von 1939.

Immerhin konnte Julius sich recht gut erholen, so daß Polzer bald zu anthroposophischer Arbeit nach Wien und Linsberg würde fahren können. Bis dahin beschäftigte er sich mit Hausarbeit und Postgängen und las Rudolf Steiners Einleitungen zu den Werken Schopenhauers und Jean Pauls.

Am 12. Januar schreibt er noch aus Tannbach an die Freundin: «Ich will jetzt zu den Erinnerungen an Dr. Steiner noch meine ganz skizzierten Erinnerungen der Zeit vorher und besonders der nach dem Tode Dr. St. schreiben. Das wird wohl meine letzte Aufgabe sein. Wenn ich nicht so viel und intim mit Dr. St. verkehrt hätte, würde ich das nicht tun. Denn mein Leben ist nur durch ihn interessant.»

Im April wird er mit der Niederschrift dieser Aufzeichnungen beginnen, denen er den Titel gab: 'Mein letzter Lebensabschnitt – die Zeit nach dem Tode Dr. Rudolf Steiners, 1925 – '. Sie stellen die Hauptquelle für diesen vierten Teil unseres Buches dar.

Polzer sah, ins neue Jahr hineinempfindend, die Zeitenkatastrophe nahen. Er schreibt im selben Brief an Menny: «Jetzt aber stehen schon so viele Menschen vor der Todesschwelle, daß man sich und die Liebsten wie vor einer Massenhinrichtung empfindet.»

43. DIE LETZTE REISE NACH ITALIEN

In der Nacht vom 13. auf den 14. Januar 1939 hatte Ludwig Polzer einen sonderbaren Traum, «wahrscheinlich vor Mitternacht», wie er selber sagt. Er träumte folgendes: «Ich fand mich wie in einer Kirche oder Sakristei einer solchen. Ich trat einem Kardinal gegenüber, mit dem ich mich in ein Gespräch einließ. Wir sprachen nicht mit Worten, sondern mit Augen und Gesichtsausdrücken. Das Antlitz des Kardinals wurde unendlich freundlich und verständnisvoll. Dann kam ein zweiter Kardinal hinzu. Es wurde mir gesagt, es sei der von Santiago de Compostela. Dieser hatte ein finsteres Gesicht und begann auf den ersten furchtbar loszuwettern in höchster Aufregung. Den Inhalt der Gespräche konnte ich in keinem Falle verstehen. Der eine war mir freundlich gesinnt, der zweite feindlich und feindlich auch dem ersten. Ich selbst war ganz ruhig und hatte die Empfindung, stärker zu sein als beide.»[313]

Polzer hatte sogleich das Gefühl, der Traum hinge mit einem Ereignis innerhalb der Anthroposophischen Gesellschaft zusammen. Doch mit welchem, war ihm unklar. Sein Freund Stein, dem er diesen Traum erzählte, wartete mit einer anderen Deutung auf. Stein schrieb am 30. Januar aus London:

«Lieber Polzer,
Der von Compostella [sic] war so böse, weil damals am Ende des 15. Jhd. die christlichen Schriften, die sich im eroberten Granada vorfanden, nicht nach St. Jago [sic] gebracht, sondern an Stefan Rauter übergeben wurden, der später unter dem Namen Basilius Valentinus berühmt wurde; aber es war schon wichtig, daß es geschah, denn dadurch konnte Thomas Malory das VII. Buch seines *Morthe d'Arthur* schreiben. Auch der Kaiser Maximilian war froh darüber, und so kam es, daß er anordnete, die Statue des Königs Artus solle sein Grab schmücken.
Ich finde es schön, daß Du solche Träume hast.
Mit vielen herzlichen Grüßen Dein Stein»

Diese spezifische Deutung Steins bezieht sich also auf einen *historischen* Streit im Zusammenhang mit Santiago; während Polzer einen Bezug zur Gegenwart im Auge hatte. Noch im Jahre 1943 meinte letzterer[235], daß der Traum «in irgendeinem Zusammenhang mit dem tragischen Kampfe im Vorstande» stehen müsse, und er paraphrasierte den Kommentar von Stein wie folgt: «Es wurde mir einst erzählt, daß dem Kloster Sankt Jago wichtige Dokumente von den Arabern entwendet wurden, die ihnen nach der Schlacht von Granada wieder entrissen werden konnten; sie kamen aber nicht in das Kloster zurück. Die esoterische Lage verlangte, daß sie in andere Verwahrung kommen sollten. Es soll sich um Schriften des Aristoteles gehandelt haben. Dieses schreibe ich mit allem Vorbehalt nieder, will es aber doch erwähnen, weil es von außen und innen an mich herantrat. Nur langsam in stetem Bemühen um die Wirklichkeit kommt man zu tieferen Einsichten in die historischen Schicksalsfragen.»

Im Hintergrunde dieses Traumes mag auch der Testamentskonflikt nach dem Tode Rudolf Steiners gestanden haben, doch vielleicht auch Polzers eigentlich noch näher liegende Sorge um das Schicksal seines eigenen esoterischen Nachlasses.

Zwar hatte Menny Lerchenfeld eingewilligt, das 'Kästchen' einst zu übernehmen, doch nur in äußerer, nicht in spiritueller Hinsicht.

Solche Träume sind wahrhaftig schwer zu deuten, doch wer diese Schwierigkeit bedenkt, wird im vorliegenden Falle sogar noch eine weitere Deutung erwägen können, die sich auf *die Zukunft* beziehen würde.

Dieser klare, deutlich sprechende Traum von Ludwig Polzer scheint in jedem Falle symptomatisches Gewicht zu haben. Wir werden im letzten Teil des Buches nochmals auf ihn zu sprechen kommen, im Zusammenhang mit den anthroposophischen wie auch mit den kirchlichen Anstrengungen, die Physiognomie des heutigen Europa mitzuprägen.

*

Stein lieferte dem Freund nicht nur eine interessante Traumdeutung, sondern vermittelte ihm auch eine Einladung nach Rom. Die Reise war für März geplant. Bis dahin kümmerte sich Polzer um sein Landgut, besuchte seine Schwiegertochter Anna nach deren Gallenoperation in Linz, schrieb Briefe. An Milos Brabinek schrieb er um diese Zeit: «Ich vergesse niemals des Morgens, wenn ich erwache, an das Versprechen vom 26. Oktober 1932 [mit Maňa in der Wenzelskapelle] zu denken (...) Bald werden es sieben Jahre werden.» Brabinek und seine Tochter wollten nun in Böhmen, wohin Polzer nicht mehr regelmäßig fahren konnte, die esoterische Arbeit selbst fortsetzen. Dazu schreibt er: «Ich will Ihnen nochmals sagen, daß ich mich freue über Ihre Initiative, weil ich weiß, daß es in treuen Händen liegt und auch Ihre liebe Maňa mir dafür Bürgschaft ist (...) Vielleicht ist mein Lebenspensum für diesmal erfüllt. Alles, was ich mit Ihnen allen in Pardubice erlebte, kann in seiner Lebendigkeit durch kein Ereignis geschwächt werden.» Es bestand also gute Hoffnung, daß die Arbeit in Böhmen nun auch ohne Polzers physische Präsenz gedeihlich weitergehen konnte.

43. DIE LETZTE REISE NACH ITALIEN

Im März brach Polzer nach Italien auf. Er fuhr direkt nach Rom und war, dank Steins Vermittlung, drei Tage lang in der Via Chechini bei Signora Carmen Tornaghi ein gern gesehener Gast. «Das alte Rom ist schön», schreibt er, «und künstlerisch in das neue eingegliedert. Vom Palatin sah ich gerne gegen Sonnenuntergang auf Rom herab und empfand, wie in dieser Seele des Volkes der alte Imperialismus wirklich noch lebt. Die ganz entseelte und entgeisterte römische Kirche lebt nur noch als geistloser Fanatismus.» Und über die von ihm besichtigten Kirchen macht er die Bemerkung: «Die Monumente der Kirchen leben in den Seelen nur noch als Erinnerungen und als interessante Bauwerke, aber ganz irreligiös. In einzelnen kleineren Kirchen wie z. B. in Maria in Cosmedin empfindet man noch religiös.» Am Portal der letztgenannten Kirche ist nicht umsonst das 'Boca de la verita' genannte Bronzemedaillon zu sehen ...

Von Rom fuhr Polzer in einem Stück nach Taormina und stieg in der Pension Victoria ab. Zum ersten Mal in diesem Leben betrat er damit sizilianischen Boden.

In der Nacht vom 17. auf den 18. März träumte er von Rudolf Steiner «über Josef – Julius und Lebenslänge». Die Sorge um die Söhne begleitete ihn auch in den Süden; das war selbstverständlich. Doch sollte denn sein Leben noch eine 'Länge' haben? Fühlte er sich nicht an dessen Ende angekommen, so wie er nun am Ende von Italien war? Sollte es, nach der geplanten Niederschrift der Erinnerungen noch etwas anderes zu wirken geben? War sein «Lebenspensum für diesmal nicht erfüllt»?

Auch in der folgenden Nacht hatte Polzer einen Traum. Drei Wörter sind dazu in seinem 'Tagebuch' der Nachterlebnisse vermerkt: «Traum von H.» Wer ist mit 'H.' gemeint? Ist es dasselbe 'H.', mit dem er manchen Brief an Menny Lerchenfeld signierte?

Trotz des kalten, unfreundlichen Wetters machte Polzer eine Bergtour auf den Monte Zivetto. Er freundete sich auf dieser Tour mit Ungarn an, mit denen er auf besseres Wetter hoffte. Doch das Erhoffte trat nicht ein, und so entschloß sich unser Wanderer, nach neun Tagen Taormina zu verlassen. Er fuhr zwei Tage nach Palermo, und von dort aus nach Neapel und zur Insel Ischia. Dort ließ er sich in Porto d'Ischia nieder.

Der Schiffsweg zur vulkanischen Insel passierte auf der Nordseite des Golfes von Neapel auch das im Altertum berühmte Baia. Der schon von den Griechen angelegte Ort war zur römischen Zeit ein berühmtes Luxusbad mit den bedeutendsten Thermalanlagen des gesamten Reichs gewesen. Der Adel und die Kaiser besaßen Villen in der Stadt, so auch Kaiser Hadrian, der hier am 10. Juli des Jahres 138 verstorben war. Hadrian, der in den letzten Lebensjahren an Wassersucht zu leiden hatte, suchte im heißen Sommer jenes Jahres «in der balsamischen Luft» von Baia Linderung von seinen Leiden, nachdem er Antoninus Pius die Regierung übergeben hatte, berichtet Gregorovius.[314] «Doch bald ließ er ihn, im Vorgefühle seines nahen Todes, zu sich rufen.» Sterbend sprach er die berühmten Verse, die später im Mausoleum Roms an eine Wand gemeißelt wurden:

Animula, vagula, blandula,
Hospes comesque corporis,
Quae nunc abibis in loca
Pallidula, rigida, nudula,
Nec, ut soles, dabis iocos ...

Gregorovius gibt davon die freie, schöne Übersetzung:

Schmeichelseele, rastlos wandernd,
Als du noch des Leibs Genoss' warst:
In welches Land wirst du jetzt reisen,
Starr und nackt, voll Todesblässe?
Nun hat all dein Scherz ein Ende.

Und über Hadrians Tod schreibt dessen Biograph: «Am 10. Juli 138 hat Hadrian das Glück gehabt, in den Armen eines der edelsten Menschen zu streben, den er selbst zu seinem Nachfolger erwählt hatte. Antoninus ließ die Leiche des Kaisers in der Villa Ciceros zu Puteoli feierlich verbrennen.»[315]

Zunehmende Todesstimmung hatte Ludwig Polzer in den vergangenen Monaten erfaßt. Und die einzige Hoffnung schien ihm Menny Lerchenfeld zu sein, die einst sein esoterisches Erbe weitertragen würde. «So schön wird dann mein Hinübergehen sein (...) in Deinen lieben Armen», hatte er vor vier Monaten an die geliebte Frau geschrieben. Dann kam es anders als erhofft. Polzer suchte zu verstehen, schwieg und mußte nun die letzte Strecke seines Weges «rastlos wandernd» ohne sie begehen.

Und nun fuhr er, auf das Jahr genau 1800 Jahre nach dem Tode Hadrians, «in der balsamischen Luft» von Baia und von Ischia Linderung der Seelenleiden suchend, erneut «im Vorgefühl des nahen Todes» am alten Todesort vorbei.

Die Todesahnung begann sich in das Geist-Erinnern des eigenen *früheren* Todes zu verwandeln. Hatte ihn der «Traum von H.» in Taormina vielleicht darauf vorbereitet? Das erwachende Bewußtsein eines alten Todes scheint ihn neu belebt zu haben. Hier im Golfe von Neapel, unweit der Sibyllenstätte Cuma, liegt der geheime Quell von Polzers letzter Lebenszeit.

Selbst seelisch an der Todesschwelle stehend, schenkte ihm die ahnende Begegnung mit einem längst gestorbenen Tod noch sieben Lebensjahre. Das ist das offenbare Geheimnis von Polzers letzter langer Reise nach Italien.

*

Am Ostende der Inselhauptstadt, Ischia Porto, befindet sich das historisch interessante Castello, von welchem allerdings nur noch Ruinen stehen. Eine tapfere Frau hatte hier im 16. Jahrhundert die Franzosen abgewehrt: Constance d'Avalo, die Schwester des berühmten Feldherrn Francesco d'Avalo alias *Pescara*, dem Conrad Ferdinand Meyer ein novellistisches Denkmal setzte. Der berühmte Condottiere und Kämpfer gegen die Franzosen heiratete auf der Burg von Ischia Vittoria Colonna «und wurde von ihr bis zu seinem Tod gepflegt», wie Polzer schreibt. Vittoria Colonna verfaßte nach dem Tode ihres Mannes zahlreiche bedeutende Sonette und wurde Freundin und Vertraute Michelangelos.

Polzer machte auf der verfallenen Burg die Bekanntschaft eines deutschsprachigen Reiseführers namens Kupfer, der ihm nebst der Burg die Reste einer Kathedrale sowie die Katakomben eines Klarissinenklosters zeigte, ihn zu sich einlud und ihn «als Anthroposophen feierte».

Auf der Rückfahrt nach Neapel mochten Polzers Blicke zur linken Hand des Schiffes noch einmal Baia und Puteoli gesucht und mehr geahnt als klar gesichtet haben – sein äußeres Sehvermögen war nicht mehr das beste. Ob er auch der unglückseligen Agrippina still gedacht hat, der Mutter Neros, die im Jahre 59 im selben Baia auf Anstiftung des Sohnes in ihrer Villa ermordet worden war? Polzer schweigt darüber. Wie dem auch sei: Agrippina wird im Zusammenhang mit einer letzten Lebensaufgabe, dem Drama über Kronprinz Rudolf, das er 1942 schreiben sollte, noch eine Rolle spielen.

Auf dem Rückweg machte er erneut in Rom Station. Er logierte wieder ein paar Tage bei Signora Tornaghi und befreundete sich mit deren «jungem, intelligenten Neffen», der damals gerade sein Abitur zu machen hatte.

In der Nacht auf den 1. April träumte er «von Dr. Steiner» und von einer «Aufgabe, kurze Zeit noch.» Es dürfte hier in Rom gewesen sein.

Den Schluß der Reise bildete ein Aufenthalt in der Lagunenstadt Venedig. Polzer blieb acht Tage lang und «fühlte sich sehr wohl». Inzwischen war es nun auch endlich warm geworden. Er besichtigte die alten venezianischen Herrlichkeiten, die mit so vielen Erinnerungen aus seinem jetzigen Leben verbunden waren. Wie oft war er hierhergekommen! Mit den Eltern, mit Berta und mit Sophie sowie Adolf Waldstein, mit den eigenen Kindern, mit der Nichte Maria-Christine, mit Sophie Lerchenfeld und Dorli Zeißig. Immer in Begleitung – und nun war er allein gekommen. Doch der Stadtgeist schien es nicht zu dulden, daß der Wanderer hier zum ersten Male ohne heitere Begleitung bliebe. Als Polzer eine Fahrt nach Torcello machte, lernte er eine «liebe, junge Finnländerin» aus Abo kennen, die in umgekehrter Richtung unterwegs war und nach Rom fuhr. Polzer verbrachte nun «drei angenehme Tage» als Cicerone mit der jungen Frau, die nur wenig Deutsch verstand. An einem Abend gab es eine große fahrende Gondel-Serenade, die sie beide mitmachten. Sie dauerte drei Stunden lang bis elf Uhr nachts. «Unter schönstem Gesang» umfuhr man die Giudecca.

Damit endete die letzte große Lebensreise Ludwig Polzers.

*

Nach rund fünf Wochen kam unser Wanderer um Mitte April herum in Tannbach an. Er begann sogleich mit der Niederschrift der letzten Lebenserinnerungen, die mit dem Tode Rudolf Steiners anfangen und mit dem deutschen Überfall auf Polen im September 1939 schließen. Zwischen April und September 1939 brachte er die Ereignisse dieser vierzehn Lebensjahre auf rund 250 Seiten zu Papier.

Die Verhältnisse in Tannbach wurden immer schwieriger. Die Sorge um Julius «steigerte sich», der «Leutemangel nimmt ungeheure Dimensionen an». Obwohl Polzer zum siebzigsten Geburtstag am 23. April viele Glückwünsche erhielt, fühlte er sich «traurig und müde».

Stetig schreibt er an den Memoiren fort und beschäftigt sich daneben auch mit Kunst und Kunsterkenntnis; auch dieses eine Frucht der Reise nach Italien. Beachtenswert und ungewöhnlich ist der Zusammenhang, den er zwischen dem verworrenen politischen Denken seiner Zeit und dem mangelnden Kunstverständnis sieht. Er schreibt dazu: «Die Kunst wird in der Gegenwart gar nicht mehr verstanden; es ist ganz verschwunden, daß einmal Kunst als Interpretin geheimnisvoller Naturgesetze erlebt wurde. Das muß wiederkommen (...) Weil so wenig künstlerischer Geist herrscht, der immer vereinfacht, herrschen auch so verworrene soziale Verwaltungsmethoden und politische Dämonien.»

Und über das Gebiet des sogenannten Glaubens schreibt er nach der Rückkehr aus Italien: «Das, was gegenwärtig christlich-römischer Glaube ist, drückt nur die Furcht vor der geistigen Welt aus, die mit Haß und Spott verbunden ist. So zeigen sich Denken, Fühlen und Wollen als die drei üblen Gesellen der alten Freimaurerei in der einzelnen Menschenseele.» Und um die weitere Entwicklung des Mangels an Verständnis für Kunst und wahre Geistigkeit besorgt, fragt er: «Wie muß es in Menschenseelen aussehen, die ganz ernst Kinovorstellungen zur Kunst rechnen? Die untermenschlichen Kräfte des Mechanischen ziehen die Menschen in einen seelenleeren Raum.»

43. DIE LETZTE REISE NACH ITALIEN

Im Mai begleitete Polzer Berta nach Wien, wo sie sich bei Alfred Zeißig einer weiteren Zahnbehandlung unterzog. Anschließend fuhr das Paar nach Baden. Seit dem Tode ihrer Schwiegermutter im Jahre 1924 war Berta nicht mehr hier gewesen. Dann fuhr das Ehepaar, wie schon vor ein paar Jahren, auf den Kahlenberg und wanderte von dort nach Grinzing. Abends speiste man bei Balalaika-Musik im altrussischen Restaurant 'Bojar'. Berta wohnte im 'König von Ungarn', in dem das Paar einst öfter abgestiegen war, Ludwig Polzer an der Kreuzgasse, wo er in der Wohnung Dora Schenkers ein Zimmer hatte. «So selten ist es jetzt», schreibt er über diesen Ausflug, «daß ich mit Berta etwas unternehmen kann (...) Ich freue mich, wenn ich auf diese Art mit Berta zusammen sein kann.»

Nach einem einwöchigen Aufenthalt in Heiligenkreuz besuchte Polzer in der Zeit nach Pfingsten Hans Voith in Heidenheim. Gewiß erzählte er ihm von der Italienreise. Voith war es gewesen, der ihn und Sophie Lerchenfeld im Jahre 1930 nach Tivoli gefahren hatte. Er war zwei Tage in Voiths Familie Gast. Er bewunderte den biologisch bewirtschafteten wunderbaren Garten und ließ sich die von Voith betriebene große Maschinenfabrik zeigen, die 500 Ingenieure beschäftigte und die größten Turbinen Deutschlands herstellte.

Von Heidenheim fuhr er nach Stuttgart. Jürgen von Grone hatte ihn gebeten, die hiesigen Freunde wieder zu besuchen. So verbrachte er zwei schöne Abende im Freundeskreis.

In der Pension, in der er wohnte, erreichte ihn ein Brief von Menny Lerchenfeld. Sie bat ihn, während der Wiener Reichstheaterwoche, zu der sie mit Margarete Melzer fahren wollte, ein Wiedersehen zu ermöglichen. Polzer fuhr für ein paar Tage nach Wien und sah Menny nun nach einem halben Jahre erstmals wieder. Wie viel war in der Zwischenzeit geschehen! Doch das tat der Wiedersehensfreude keinen Abbruch! Polzer fuhr mit Menny eines schönen Nachmittags zu seinem Bruder Arthur nach Baden, und «Menny spielte märchenhaft schön Klavier», wie er berichtet. «Die ganze Familie war von ihr begeistert, und auch sie fühlte sich sehr wohl.»

Im Anschluß an das Wiener Wiedersehen entspann sich wiederum ein kleiner Briefwechsel. Polzer schrieb am 11. Juni an die Freundin: «Wenn man sich in einer solchen Festeszeit (...) nach längerer Zeit wieder trifft und in der Zwischenzeit sich so vieles, auch Persönliches, ereignet hat, dann weißt Du aus eigener Erfahrung, daß man meist sich anderes sagt und spricht als das, was man wollte und dachte. Hat man sich wieder verlassen, dann merke ich, daß ich Vieles vergaß oder mich scheute zu sagen, weil es vielleicht zu persönlich scheinen könnte. Ich weiß aber, daß Du so gut, so ehrlich und so lieb bist, daß ich nicht zu fürchten brauche, Dein Vertrauen zu verlieren.»

Dann macht er einen aufschlußreichen Vergleich über sein Verhältnis zu Rudolf Steiner: «Er sagte mir (...), wie nahe schicksalsverbunden ich mit ihm sei (...) Ich glaube *ungefähr* so neben ihm gestanden zu haben – ich bedenke jedes Wort – wie z. B. Hieronymus von Prag zu Hus in Böhmen. H. v. P. stand etwas ängstlich neben H., hielt aber bis zuletzt doch durch.»

Hieronymus von Prag war nicht nur ein treuer Freund von Hus und ein großer Gelehrter und Weltmann; er liebte auch mit Leidenschaft das Reisen und besuchte u. a. England, Rußland und Palästina. Auf dem Konstanzer Konzil schwor er erst den Lehren von Hus und Wikliff ab, um hinterher zu widerrufen. Er wurde am 30. Mai 1416 auf einem weiteren Scheiterhaufen lebendigen Leibes verbrannt.

Dann berichtet Polzer von Verkaufsverhandlungen in Tannbach, an dem er trotz der Schwere der Verhältnisse mit ganzer Seele hängt. «Wie oft und oft bin ich nach Hause gekommen mit Sorgen und bangem Herzen. Und doch ist mir dieser Ort so lieb geworden. Das Wichtigste in meinem Leben hat sich hier abgespielt, gerade weil es schwer und auch so schön war, ist es mir so schwer, dieses Stück Erde abzugeben.» Und am Schluß des Briefes gibt er seiner Freude über das Zusammensein mit Menny offenherzig Ausdruck: «So schön war das Zusammensein mit Dir! Im hohen Alter in dieser Zeit der seelischen Kälte darf man schon etwas sentimental sein, es ist ja doch reine Liebe zu anderen Wesen, in diesen erstrahlt der Seele Göttlichkeit.»

Auch in einem nächsten Brief vom 18. Juni kommt er wiederum auf Tannbach zu sprechen. Man dachte daran, das Gut so zu verkaufen, daß Julius und Berta unter dem neuen Besitzer in Pacht stehen würden und man also bleiben könnte. «Das, was man gewöhnlich einen Verkauf nennt», schreibt er, «wollen wir vermeiden, denn T. ist nicht allein ein Wirtschaftsobjekt für uns, sondern auch ein esoterisches Schicksalsproblem, denn Er hielt hier ja eine rosenkreuzerische Handlung, und damit haben wir doch eine Verantwortung noch anderer als wirtschaftlicher Art, und ich will, so lange ich kann, versuchen, einen gewöhnlichen Verkauf an Schicksalsfremde zu vermeiden.»

Auch Geisteswissenschaftliches erörtert er; er kommt auf Rudolf Steiners Rosenkreuzervorträge vom Januar 1924 und auf dessen Ausführungen über die Johanni-Imagination zu sprechen.

Polzer teilt der Freundin im selben Briefe das Ergebnis seiner Erkundigungen für eine eventuelle weitere Musikausbildung in der Donaumetropole mit und kann ihr unter anderen einen Leschetitzky-Schüler namens Sauer «ernster empfehlen».

In einem letzten Brief aus dieser Zeit spricht er wieder von der Abschiedsstimmung Tannbachs: «Du verstehst, daß es nicht leicht ist, einen lieben Ort, der fast zur Heimat wurde, zu verlassen, wenn man nicht einmal weiß, wo man sein müdes Haupt hinlegen wird (...) Vielleicht werden wir noch einige Zeit hier wohnen können – dadurch wird aber der Abschied nur in die Länge gezogen.» Doch neben diesem Abschiedsschmerz bekennt er auch: «Ich hänge doch sehr noch an der schönen Erde, es ist ja doch der Schauplatz, auf welchem sich Menschen-Seelen entwickeln müssen, um einmal eines anderen Schauplatzes würdig zu werden.»

Im Rückblick auf die neuerliche Begegnung mit Menny und ihrer Freundin Margarete fügt er im Hinblick auf die zeitgeforderte spirituelle Entwicklung Bemerkungen von grundsätzlicher Bedeutung an: «Es lebt auch in jeder wertvollen Seele ein Sehnen und Suchen und doch nicht Finden-Können. Die äußeren Widerstände sind so stark und verwirren und lenken ab. Der Mut ist nicht stark genug und die Körper zu schwer und zu sehr auf das Bürgerliche abgestimmt, durch Generationen, durch ein Jahrtausend; seit der Städtegründung. Und das alles schießt noch einmal gewaltig ins Kraut. So wenig Früchte reifen, um durch die Metamorphose zu gehen.»

Mit Hinblick auf die Gegenwart schreibt er weiter: «Nun kommt bald der verhängnisvolle 28. Juni wieder. Ich bin immer aufmerksam, was er wieder bringen wird.» Es war der Tag, als im Jahre 1878 auf Antrag von Lord Salisbury die Okkupation von Bosnien und Herzegowina beschlossen worden war; der Tag des Attentats von Sarajevo 1914, der Tag des 'Friedensschlusses' von Versailles im Jahre 1919. «In dieser Zeit ist es nicht gut, alt zu werden. Seitdem meine Arbeit in B. zu Ende ist, fühle ich mich doch meist überflüssig. – Und dabei wird man für andere so ängstlich, jeder Streit und jede Unwahrheit schmerzen so sehr.»

Welche Aufgabe sollte er noch haben? Es ist noch unklar. Doch wird sie auf der Linie liegen müssen, die durch die Worte angegeben sind, mit denen er den Brief beendet: «*Die Tatsache der wiederholten Erdenleben und die Schicksalsfrage stehen in den Seelenbedürfnissen oben an. An der wirklichen Selbstserkenntnis werden die Menschen innerlich und äußerlich zu Ruhe, Frieden und richtigem Schaffen kommen.*»[256]

Hatte ihm nicht die Italienreise Gelegenheit gegeben, die Tatsache der wiederholten Erdenleben, erneut an seinem Seelengeistgefüge formend, bauend ihre Wirkung tun zu lassen?

Doch zunächst sollte sich die Katastrophe, die Polzer unerbittlich nahen fühlte, wie eine schwarze Wolkenwand vor die noch wenig konturierte Aufgabe hintürmen. Unter dem Stichwort 'Weltsymptome' skizzierte er im Sommeranfang die Weltlage wie folgt:

«1. Die Beisetzung des Präsidenten Masaryk: die Apotheose des Städtewesens und Bürgertums.

2. Selbstvernichtung Spaniens.

3. Hegemonie-Ergreifung Japans über Asien, Raillierung zum Kampf gegen Amerika auf europäischem Boden.

4. Wahnsinnsausbruch in Mitteleuropa als Folge okkulter Mächte durch europäische Medien. – Staatskoller politischer Parvenus, Städte- und Märktekarzinom. Vorbereitung des Unterganges von 100 Millionen Menschen in Europa.–

Dann Durchbruch des Bewußtseins in die geistige Welt und Inkarnationen der großen Seelen und dann durch sie geistig-seelischer Wiederaufbau.»

*

Der Sommer verging unter Leiden und Sorgen und Schwierigkeiten. Julius und seine kleine Tochter erkrankten an einem bösen Keuchhusten. Bei Ludwig Polzer traten im linken Oberschenkelgelenk verstärkte Ischiasschmerzen auf. So fuhr er im August zwölf Tage nach Baden, wo er Schwefelbäder nahm und bei seinem Bruder Arthur wohnte. «Die Zeit verging sehr angenehm.»

Am 1. September erfolgte der deutsche Überfall auf Polen. Wird sich der Krieg noch einmal lokalisieren lassen? So war die bange Frage.

Schon am 9. September sah sich Polzer zu den folgenden Bemerkungen genötigt: «Es war eine Gedankenlosigkeit, den sogenannten Krieg, der 1914 begann, einen 'Krieg' zu nennen. Es war die ernste Mahnung an die Kulturmenschheit als ganzes, daß eine Weltenwende eingetreten war. – Es wurde der Menschheit gesagt, ihren Sinn in die geistige Welt zu lenken. Die Mahnung war vergeblich. Das Gegenwärtige mußte kommen. – Im ersten Mysteriendrama läßt Rudolf Steiner den Geist der Elemente so sprechen:

Es müssen Geister Welten brechen,
soll euer Zeitenschaffen
Vernichtung nicht und Tod
den Ewigkeiten bringen.

Dieses Weltenbrechen geschieht jetzt. Es ist ein apokalyptisches Geschehen, ein auf dem offenen Plan der Weltgeschichte sich abspielendes Mysterium, welches durchschaut werden muß.»

Und am 24. September schreibt er:

«Auf geist-ehernen Tafeln stehen die Worte des Michael-Boten:

1. Staatsmänner, deren letzte Weisheit der Krieg ist, sind keine Kulturmenschen.

2. Krieg kann nicht durch Krieg, Bolschewismus nicht durch Bolschewismus bekämpft werden.
3. Völker und Menschen führen keine Kriege, Staaten führen Kriege. – Daher müssen einzelne Menschen durch wirkliche Ideen die Wirksamkeit der Staaten begrenzen.»

Damit schloß Ludwig Polzer-Hoditz die nach der Italienreise im April begonnene Niederschrift der Erinnerungen ab. Er fügte den testamentarischen Wunsch an, daß sie einst seinem Enkel Christward zugeleitet würden, und sprach die Hoffnung aus, daß sie sein Bruder Arthur auch noch lesen werde. Er stellte außerdem in Aussicht, den Erinnerungen noch ein 'Kriegstagebuch' folgen zu lassen, das enthalten werde, «was ich während des zweiten Weltkrieges geistig erlebte und seelisch durchmachte».

44. DIE LETZTEN JAHRE

In der Finsternis der Weltkriegskatastrophe verliert sich uns die Spur von Ludwig Polzers Lebensweg. Vom stummen Schnee der Unkenntnis bleibt er auf weite Strecken zugedeckt. Wie Inseln nur werden da und dort gewisse Stücke dieses Weges sichtbar, dank weniger erhaltener Briefe, die Polzer schrieb, und noch wenigeren, die er selbst erhielt. Das 'Kriegstagebuch', das er zu schreiben vorhatte, dürfte tatsächlich entstanden sein. Doch muß es als verschollen gelten. Von dem, was Ludwig Polzer während des Krieges «geistig erlebte und seelisch durchmachte», geben dafür, die verschollenen Aufzeichnungen gleichsam stellvertretend, manche Träume Aufschluß, die Polzer zwischen 1939 und 1941 hatte und auch verzeichnete.

Wie erratische Blöcke ragen außerdem aus der Lebenslandschaft dieser späten Jahre zwei in sich vollendete literarische Zeugnisse heraus: das im Herbst des Jahres 1942 entstandene und in Reinschrift erhaltene Drama *Rudolf – Kronprinz von Österreich* und die kleine Schrift *In memoriam Frau Dr. Ita Wegman*, die er im Frühjahr 1943 niederschrieb. Dieses letztgenannte Zeugnis von Polzers Schaffen entstand in der anthroposophisch geführten Heilanstalt Wiesneck, wo Polzer sich oft und lange, und von Ende 1943 bis zum Frühjahr 1944 fast permanent aufhielt, um Berta nah zu sein, die von 1940 an mehr und mehr in eine seelische Verfinsterung geriet. In Wiesneck machte Polzer die Bekanntschaft von Paul Michaelis, dem wichtigsten Begleiter der letzten Strecke seines Weges.

So muß vieles dieser zweifellos ereignis- und erlebnisreichen letzten Lebenszeit im Dunkeln bleiben. Dennoch läßt sich aus den beleuchteten Fragmenten seiner letzten Lebensjahre ein Bild der inneren Entwicklung Polzers in der Zeit von 1939 bis zum Lebensende zeichnen. Dies sei nun in den folgenden Kapiteln unternommen.

*

In der zweiten Jahreshälfte 1939 hatte Polzer viele Träume, die darüber Aufschluß geben können, wie er die Geschehnisse im persönlichen Lebensumkreis, aber auch die Weltereignisse durchlebte.

Ende Juli träumte er, er zöge mit der ganzen Pardubitzer Gruppe wieder in den Zweigraum ein. Er unterhielt sich mit Anton Geryser und Oberst Dohnal. «Es war sehr feierlich.» Seit dem 16. März 1939 waren jegliche anthroposophischen Aktivitäten im 'Reichsprotektorat Böhmen und Mähren' strengstens untersagt. Doch Polzers Ätherleib hatte sich der liebgewordenen Betätigung noch nicht entwöhnt ...

Wenige Tage später träumte er von Rudolf Steiner, vor dem er einen Vortrag hielt. «[Ich] fand eine Übereinstimmung heraus zweier Themen. Die Verbindung war schwer zu erkennen», heißt es im 'Tagebuch' der Nachterlebnisse.

In der Nacht vom 3. auf den 4. September träumte er von Hitler, mit dem er sich in einem Raume unterhielt. Es war zwei Tage nach dem Überfall auf Polen.

Zwei Wochen später erzählte er im Traume Mussolini, «wie lange ich mich um die Dreigliederung bemüht habe».

Spiegeln diese letzten beiden Träume mehr sein Miterleben mit den großen Weltereignissen wieder, so ist der folgende ein beredtes Zeugnis für Polzers seelisch-geistige Situation in einer Zeit, die ihm die spirituelle Arbeit *mit anderen Menschen* verbot oder zumindest stark behinderte. In der Nacht auf den 26. September träumte er: «Ich ging in einem Ort, glaube Pardubitz, mit Knispel, wir kamen an einem langen Gebäude vorbei. Ich sagte:'Das war einst ein Gebäude, in welchem Menschen sich unterhielten. Jetzt ist es verfallen.' Es regnete, und wir hatten keine Mäntel.

Dann veränderte sich das Bild. Ich trat bescheiden in einen Raum, in welchem Maßgebende warteten, es sollte im Nebenraum ein Vortrag sein. Ich stand, die anderen saßen. Dann gingen die Menschen in den Nebenraum. Eine freundliche Frau, die des Höchsten unter ihnen, trat an mich heran. Ich sagte ihr im Eintreten:'Das ist eigentlich seit mehr als zwanzig Jahren mein freiwilliger, selbständiger Beruf. Darauf sagte sie, daß sie immer auf jemanden warte, der mit ihr geistig arbeiten wollte. Darauf frug ich:'Wollen Sie?' Damit verging der Traum.»

Zwei Tage später hatte Polzer wieder einen Traum: Er träumte von Marie-Sefine, seiner Schwester, und von seinen Eltern: «An einem fremden Ort, dann in einer Wohnung, mein Vater zog die Vorhänge zu, und ich sagte:'Bei uns sind die Vorhänge noch dichter.' Als wenn man in den Sarg gelegt würde. – Dann verwandelte sich das Bild. Ich ging mit einem Freunde, wie als wenn es Dr. Eiselt wäre. Dieser erzählte von einem Hoditz, ich sagte:'Das kann nur Max Hoditz, mein Onkel, sein.' Wir gingen bergan wie zum Goetheanum. Es kam uns ein Herr entgegen, den ich als M. Hoditz zu erkennen glaubte. (Ich sah sein Antlitz genau, u. [es] ist mir deutlich in Erinnerung geblieben.) Ich sprach ihn an u. sagte:'Nun sehen wir uns das erste Mal im Leben.' Er sagte:' Man sollte doch hinter die Ereignisse sehen können.' Ich:'Ja, da oben lernt man das.' Er zögerte, dann verging das Bild.»

Gewichtige Motive werden, wie es scheint, vom Träumenden gestaltet: das Motiv des 'Vorhangs', der 'Grablegung' und dann, nach einer 'Verwandlung', das Motiv des 'Durchschauens' durch den 'Vorhang der Ereignisse ... Und dieses alles mit dem *geistigen* Goetheanum verbunden, das für Polzer vom physischen ganz unabhängig weiter existierte.

Ende Oktober träumte er von seinem «lieben Freund Stanislaus Benda», den er «in Uniform und sehr fröhlich» sah. Im November erschien ihm Alfred Meebold, ein anthroposophischer Freund aus Heidenheim, im Traume.

Schon diese kleine Auswahl von Träumen oder Traumfragmenten zeigt, wie weit der innere Erlebnishorizont von Polzers Traumbewußtsein war: der Träumende kennt die Schwelle zwischen sinnlicher und geistiger Welt nicht. Für die Personen, die auf dem Schauplatz seiner Träume in Erscheinung treten, spielt es keine Rolle, ob sie leben, ob sie gestorben sind; mit andern Worten, ob sie in den Haupt- oder in den 'Nebenzimmern' der Geschichte wandeln. Mit gleicher Leichtigkeit treten in das Traumbewußtsein aus beiden Arten von Gemächern die Traumprotagonisten auf.

Durch ihre Klarheit und die oft dramatische Struktur des Ablaufs laden Polzers Träume zur näheren Betrachtung ein. «Ich finde es schön, daß Du solche Träume hast», hatte Stein dem Freund im Januar 1939 in bezug auf Polzers 'Santiago-Traum' geschrieben. Bei aller Vorsicht, die bei deren Deutung aufzubieten ist, wird man Steins Ausspruch auch auf viele andere Träume Ludwig Polzers übertragen mögen. Denn sie wirken oftmals 'schön', noch ehe man sich fragt, wie weit sie außerdem noch 'wahr' sind.

So offenbaren Polzers Träume auch etwas von dem 'Schönheitswillen', der in seiner Seele lebte. Sie sind nicht selten gleichsam künstlerisch gestaltet. Und gerade solches künstlerisch Gestaltenwollen gehört zum Wichtigsten, was in seinen letzten Lebensjahren unter jenem stillen Schnee, der die äußeren Lebensfakten weitgehend verdeckt, immer stärker regsam wird.

*

Am 21. Dezember 1939 schrieb Josef Polzer einen Weihnachtsbrief nach Hause. Er spricht im Hinblick auf das Fest den Eltern dafür seinen Dank aus, «daß ihr mir, ihr lieben Eltern, einen so schönen Ort ausgesucht habt, erst zur Gesundung und später auch zur Wirkensstätte». Josef berichtet von der Aufführung der Oberuferer Weihnachtsspiele in Pilgramshain, die ihm «ein immerwährender Quell» sind. Die Eltern schickten ihrem Sohn ein Buch über Albert Graf von Hoditz, den 'Wundergrafen' von Roßwald. Josef schreibt nach der Lektüre am 6. Januar des neuen Jahres (1940): «Das Buch über den Graf Albert Hoditz habe ich heute ausgelesen (...) Vieles von dem

Erzählten habe ich noch gar nicht gekannt, und bei anderem hab' ich mich wieder an Erzähltes erinnert. Wenn es auch alles schon vergangen ist, regt es doch wieder die Gegenwartsfreudigkeit an. Es ist eine weitherzige Lebensanschauung darin zu finden.»

Auch vom Bruder Arthur traf ein schöner Weihnachtsbrief in Tannbach ein. Er teilte unter anderem mit, daß auch er derzeit mit der Niederschrift seiner Lebenserinnerungen beschäftigt sei. «Ich bin froh darüber, daß ich mich zu dieser Arbeit entschlossen habe», schreibt er. «Nicht nur, weil es die Schilderung eines Lebens ist, das sich im Wechsel einer alten in eine neue Zeit abspielte und daher vielleicht einmal wegen der heute noch gewiß ganz nebensächlichen, sogar banal erscheinenden Einzelheiten, die ich in meine Schilderung aufnehme, von kulturhistorischem Interesse werden kann, sondern auch als Gedenkbuch für meine Kinder.» Die beiden ungleich-gleichen Brüder waren also 1939, elf Jahre nach dem Erscheinen ihrer Bücher im Jahre 1928 wiederum in einer parallelen Tätigkeit begriffen, indem sie weitere Memoiren niederschrieben. Für Arthur war es insbesondere eine Dankesschuld an die Menschen, die ihn im Leben begleitet und gefördert hatten, die er dadurch abzutragen hoffte. «Wenn ich mir alles ins Gedächtnis zurückrufe», schreibt er, «und wenn die vielen Menschen, denen ich im Leben begegnete und die mir so viel Liebes erwiesen, an mir wieder vorbeiziehen, dann habe ich die Empfindung, daß ich ihnen vielen, vielen Dank schulde. Und so glaube ich eine Dankespflicht, wenn auch nur innerlich, gedanklich zu erfüllen; eine Dankespflicht, die man im Gedränge des Lebens nur allzu leicht vergißt. *Und zu diesen Menschen gehörst auch Du und gehört auch die liebe Berta.* [256] Nicht zuletzt läßt mich meine Arbeit auch, wenigstens für Stunden, den oft getrübten Alltag der Gegenwart vergessen.» Arthur hatte schon über 1000 Seiten geschrieben und befand sich gerade im Jahre 1904. Insgesamt entstanden fünf großformatige Bände in seiner Handschrift, mit zahlreichen wertvollen Fotos sowie von ihm selbst gezeichneten und gemalten Illustrationen. Diese ebenfalls unveröffentlichten Aufzeichnungen bilden die Hauptquelle für den ersten Teil dieses Buches, während Ludwig Polzers Erinnerungen aus dem Jahre 1939, wie bereits erwähnt, die wichtigste Quelle für den vierten Teil desselben darstellten.

In schönem Zusammenklang mit der Rückblicksstimmung Arthur Polzers wollen auch seine Kinder, «daß der heilige Abend nicht anders gefeiert werde als in früheren Jahren», was mit dem Bezugskartensystem für die rationierten Lebensmittel nicht leicht durchzuführen war. Arthur schildert die jahrzehntealten gleichen 'Accessoires' des Festes, um dann zu bemerken: «So sind die Weihnachtsabende wie Sprossen einer Erinnerungsleiter, die für die Kinder bis zum ersten Erinnern zurückführt.»

Sehr Dramatisches ereignete sich nach dem ersten Kriegswinter im März des Jahres 1940. Infolge permanenter Überanstrengung machte es die psychische und physische Verfassung Bertas notwendig, sie in eine Nervenheilanstalt zu überweisen. In Begleitung eines Arztes brachte Ludwig Polzer seine Gattin nach Wiesneck, in das von Friedrich Husemann anthroposophisch geführte Sanatorium in Buchenbach bei Freiburg im Breisgau. Es war der schärfste Einschnitt in den letzten Lebensjahren des Ehepaares.

In einem Brief an Menny Lerchenfeld schildert Polzer sechs Wochen später die Zäsur wie folgt:

«Liebe Menny! Wie schwer ist doch das Schicksal. Ich konnte mir nicht anders helfen, als Berta in Begleitung eines Arztes hierherzubringen. – Hier glaubt man noch an die Möglichkeit einer Heilung solcher Kranken. Die letzten sechs Wochen – Tag u. Nacht Pflege u. Ringen – waren so schwer u. doch auch wieder so schön, für sie noch etwas tun zu können. Zwischen den Wahnideen hat sie doch auch ganz helles Bewußtsein, beim Abschied sagte sie schluchzend: 'Ich werde niemals mehr für dich etwas tun können.' 40 Jahre stand sie mutig und mit heiliger Tatkraft neben mir, u. jetzt fühle ich mich ganz erschöpft u. verlassen. Fürchte mich vor der Rückreise allein, muß mich einige Tage in Gnadenwald ausruhen. Sie sagte auch plötzlich gestern unter vielen Reden: 'Auch an Menny werde ich nicht mehr schreiben können.' Die schrecklichsten Momente waren die, in denen sie weinen konnte. Dein unglücklicher alter Ludwig.»

Ludwig Polzer besuchte die Gemahlin oft in Buchenbach. Dr. Husemann wies ihm ein Zimmer zu, in dem er gastfrei wohnen durfte. Bertas Behandlungskosten übernahm ihr Vetter Heinrich Kotz.

Dr. Husemann behandelte den Grafen mit dem abgeschabten schwarzen Anzug stets mit Hochachtung, und auch die Klinikmitarbeiter empfanden eine Art von Ehrfurcht vor dem Gast, der immer gütig und bescheiden wirkte. Berta hatte manchmal Anfälle von Tobsucht, die mit ruhigeren Phasen wechselten. Und «wenn sie wieder eine gute Stunde hatte», erinnert sich Erika Warnke, die damalige Sekretärin Husemanns, «ging er mit ihr im Park spazieren, ihr kavalliermäßig den Arm bietend. Sie war noch immer eine reizende Erscheinung.»[316]

In Wiesneck lernte Polzer, wie eingangs erwähnt, Paul Michaelis kennen. Der ausgebildete Krankenpfleger war erst seit kurzem in die Heilanstalt gekommen, wo er bald auch Büroarbeiten übernahm. Sein Zimmer wurde in den folgenden Jahren zu einer Art Kulturoase in Wiesneck. Er verfügte außerdem stets über Kaffee, was damals eine Leistung war. Polzer hielt sich gern und oft in der 'Oase' auf. Michaelis stand im Frühjahr 1940 am Beginn des

44. DIE LETZTEN JAHRE

achtunddreißigsten Lebensjahres; er durchschritt den zweiten Mondknoten und war für neue spirituelle Einschläge tief aufgeschlossen. Und ein solcher Einschlag war für ihn die Gestalt des einundsiebzigjährigen welterfahrenen Besuchers.

Michaelis bildete zu Polzers seelischer Belastung durch die Krankheit seiner Frau mit seinem aufgeschlossenen Enthusiasmus ein Gegengewicht, das kräftigte.

*

Berta konnte Wiesneck zeitweise verlassen. Vielleicht war sie im Sommer 1940 in Tannbach, als Julius am 6. August eine zweite Tochter, Irmgard-Mathilde, geboren wurde. Abgesehen von diesem freudigen Ereignis war seine Arbeit infolge der Erkrankung seiner Mutter allerdings noch schwieriger geworden.

Doch auch sein Onkel Arthur machte mit seiner Familie wirtschaftlich schwere Zeiten durch. Um die Lage zu verbessern, begann er Bild auf Bild zu malen und zu verkaufen.

Ludwig Polzer bezog nach der Erkrankung Bertas ein Zimmer mit Kabinett an der Breitnerstraße 6 in Baden. Gelegentlich fuhr er nach Wien. Hier kam es im November 1940 erneut zu einem Treffen mit Menny Lerchenfeld. Er verbrachte einen Nachmittag mit ihr. Offenbar ging es dabei sehr heiter zu. Am 7. November schrieb er an die Freundin: «Ich denke gerne an den schönen Nachmittag mit Dir. Wir haben da so richtig in dynamischem Optimismus geschwelgt. Und wenn ich auch weiß, daß Du den meinen nicht ganz verstanden hast, so tut das natürlich gar keinen Abbruch an der Schönheit meiner Empfindung für unser Zusammensein.»

Das Gespräch scheint sich dabei auch um die 'Christengemeinschaft' gedreht zu haben, die aus der Geisteswissenschaft heraus entstandene Bewegung für religiöse Erneuerung. Polzer schreibt: «Die Christengemeinschaft ist gewiß ein schöner u. notwendiger Übergang in Bezug auf das Fühlen, zur neuen Zeit einer geistigen Wissenschaft, welche Kunst, Wissenschaft u. Religion zu einer Einheit verbinden wird.» Daß *er* in dieser Geistes*wissenschaft* das Wesentliche sieht, zeigt der Schluß des kurzen Briefes: «Ohne diese Geisteswissenschaft würden die Menschen doch alle wieder in das Alte, Erstorbene zurück müssen, u. die Kultur würde der Barbarei Platz machen. – Denken, Fühlen u. Wollen müssen sich eben gänzlich wandeln, anders ist der Abgrund zwischen dem Alten u. Neuen im Bewußtsein nicht zu überfliegen. Herzlichst Ludwig»

*

Und was sagen Polzers Träume in der Zeit von 1940/41 über seine inneren Erlebnisse? Nach der Erkrankung Bertas im März 1940 träumte er von einer «kultischen Handlung», bei welcher ihm «ein goldener Krönungsmantel umgehängt» wurde. In der folgenden Zeit trat im Traume öfter Berta auf, im Juni Lerchenfeld und Eiselt; im Juli 1940 Ita Wegman und Marie Steiner; und im August folgte ein Traum von Steffen, von dem Polzer folgende Einzelheiten wiedergibt: «Erklärte etwas über Steffens Vorgehen. Ich dachte, es sei Herr Dr. Steiner. Hatte Schwierigkeit, es zu formulieren. Dann fragte mich jemand, ob Dr. Steiner da sei. Darauf antwortete ich, daß dann *er* sprechen würde und nicht ich.»

Dann folgt in seinen Traumaufzeichnungen eine große Lücke. Die nächsten Träume sind aus dem Sommer 1941. In der Nacht vom 29. auf den 30. Juli träumte Polzer: «Zuerst freundliche Begegnung und Gespräch mit Otto Lerchenfeld und seiner Frau. – Dann Teilnahme an einer kultischen Handlung in ägyptischer Art. Stand mit gekreuzten Armen als Lichtträger dabei. – Inhalt im Sinne eines Shakespeare-Drama. – Wahrscheinlich eine Beziehung Shakespeares mit Ägypten andeutend.»

Mit diesem eindrucksvollen Traum – Polzer war im übrigen am gleichen Tag geboren worden, an welchem der englische Dramatiker gestorben und wahrscheinlich auch geboren worden war – brechen die Aufzeichnungen in Polzers 'Tagebuch' der Nachterlebnisse plötzlich ab.

*

Im Frühjahr 1941 wurde Josef Polzer in den Wehrdienst eingezogen. Berta konnte Wiesneck eine Zeit verlassen. Doch im Frühling 1942 trat ein Krankheitsrückfall ein. Bis zum Mai des folgenden Jahres 1943 war sie ohne Unterbruch in Buchenbach.

Es war zu dieser Zeit gefährlich, in Wiesneck zu leben. Die private Klinik hatte etwas 80 bis 90 Patienten, darunter auch Soldaten mit einer Kriegspsychose, und galt als überbelegt. Erika Warnke erinnert sich an nicht weniger als fünf Besuche der Gestapo.

Die Sekretärin Dr. Husemanns wurde inquiriert, ob und wohin Briefe in das Ausland gingen. Einmal wollte man sich an die Bücher machen, und nur ein paar Geldscheine von Husemann haben deren Abtransport verhindern können. Doch das Schlimmste war: Die Patienten mußten vorgeführt werden, zur Begutachtung für eine eventuelle 'Verlegung'. Husemann wie den Mitarbeitern war es, klar was dies bedeuten würde: den Tod in einer Gaskammer, wonach den Angehörigen dann vielleicht gemeldet werden würde, der Patient X, dessen Blinddarm längst entfernt war, wäre unterwegs an einer Blinddarmentzündung gestorben ... Sobald sich die Gestapo näherte, verabreichte das Personal in aller Eile Beruhigungsinjektionen, damit kein Tobender zur 'Verlegung' ausgemustert würde. Und dies blieb der Klinik Husemanns in der Tat in dieser schlimmen Zeit erspart. Erst nach der Schlacht um Stalingrad ließ der Druck der Gestapo in Wiesneck etwas nach.

Ludwig Polzer weilt in dieser Zeit selbst oft und lang im Sanatorium, um Berta nah zu sein, die dergestalt von innen wie von außen gefährdet und bedroht war. Aus der Beziehung zu Paul Michaelis wurde Freundschaft. Die Freunde duzten sich. Gleichzeitig wurde Michaelis ein persönlicher Geistesschüler Polzers. Dieser küßte ihn beim Abschied manchmal auf die Stirn; so hatte Rudolf Steiner einst bei ihm getan. Michaelis wurde nun *der* Mensch, der das Vertrauen Polzers hatte.

Auf dem Boden dieser letzten Lebensfreundschaft entstanden eine Anzahl von Dichtungen und Dramen, die Paul Michaelis schrieb: im Jahre 1941 erschienen 'Hymnen', dann schrieb er über Kaspar Hauser und Libussa, die sagenhafte Gründerin von Prag (im Sommer und im Herbst 1943), über Demetrius (1956) und Gilgamesch (1961). Schon die Dramenthemen zeigen, daß sie den Gesprächen zwischen beiden Freunden ihren Ursprung danken dürften. Denn es waren alte Polzer-Themen. In den dreißiger Jahren hatte dieser sich zum Beispiel viel mit dem Demetrius, beschäftigt, wie seine Briefe zeigen. Wie ein spiritueller Gegenspieler zu Peter dem Großen muß ihm Demetrius mehr und mehr erschienen sein; wie ein wahrer Wegbereiter der noch unverdorbenen Slawenart.

Auch Polzer selbst fühlte sich durch seinen jungen Freund zu neuem Schaffen angeregt. Im September 1942 schrieb er «eine Art von Drama» über Kronprinz Rudolf nieder. «Ich wurde eines Tages innerlich aufgefordert», stellt er fest, «es zu schreiben; es ergänzt mein Buch *Das Mysterium der europäischen Mitte*[317], das 1928 erschienen ist» – also vierzehn Jahre früher. Daß Polzer diesem innerlichen 'Rufe' nachkam und ihn auch verwirklichte, ist zweifellos der Anregung, die von der dichterischen Schaffensfreude von Michaelis ausging, mit zu danken. So schrieb er in der Herbstzeit des Jahres 1942, wie aus einer verborgenen Oase seines schicksalsschweren Lebensendes schöpfend, das ganze Rudolf-Drama in einem Zuge nieder. Er nannte es: *Rudolf – Kronprinz von Österreich – Geistreale Seelenbilder des Schicksalsknotens 'Österreich' aus den Jahren 1882 bis 1889.*

Werfen wir nun einen näheren Blick auf dieses Schaffenswunder aus Polzers letzten Jahren.

45. DAS DRAMA ÜBER KRONPRINZ RUDOLF

Als Ludwig Polzer-Hoditz im Herbst des Jahres 1942 sein Rudolf-Drama schrieb, so tat er dies aufgrund rein innerlich erfolgter 'Anregung' dazu. Schon als er 1928 das Zentralkapitel seines Buches *Das Mysterium der europäischen Mitte* [318] über Kronprinz Rudolf im Zusammenhang mit Nero ausarbeitete, unternahm er dies in dem Bewußtsein, damit «aus der Erkenntnis gewisser Ereignisse» eine Art «Pflicht den Toten gegenüber zu erfüllen». Rudolf Steiners Ausführungen über den karmischen Zusammenhang von Nero mit dem Kronprinzen von Österreich war der erkenntnismäßige Ausgangspunkt dazu gewesen. In Polzers *Leben* liegen allerdings die ersten Keime seines Interesses für Nero wie für Rudolf sehr viel früher. Hamerlings Ahasver-Epos richtete den jugendlichen Blick schon in den frühen achziger Jahren auf das neronische Rom; der Grazbesuch von Kronprinz Rudolf und seiner Gattin Stephanie wurde im Oktober 1887 von Ludwig Polzers Bruder Arthur miterlebt; und die Tragödie Mayerlings vom 30. Januar 1889 – Rudolf schied mit der Geliebten Mary Vetsera freiwillig aus dem Leben – hatte auch die Polzersöhne stark bewegt.

In seinem Buch von 1928 versuchte Polzer Rudolf Steiners Angaben über Kronprinz Rudolf und seinen Schicksalshintergrund auszuarbeiten. Er beleuchtete, was Steiner innerhalb eines einzigen Vortrages ganz unmöglich war, das soziale Umfeld von Rudolf wie von Nero. Er vergleicht Seneca, den Förderer des römischen Prinzipats, mit Franz Joseph, Rudolfs Vater; er zieht Parallelen zwischen Agrippina, der Vertreterin des Dominats, und Kaiserin Elisabeth, der Mutter Rudolfs, sowie zwischen Pallas, dem Vertrauten Agrippinas, und Andrássy, dem ungarischen Minister, mit dem Elisabeth befreundet war. Und er macht geltend, daß die betreffenden Persönlichkeiten aus der Römerzeit, die wahrscheinlich zumeist – wie Nero selber – eine weitere Inkarnation im Mittelalter durchmachten, deshalb am Ende des 19. Jahrhunderts wiederum im gleichen Geschlecht wie in der römischen Epoche erscheinen konnten. Doch er beschränkt sich ganz bewußt dabei, was den karmischen Aspekt im Nero- und im Rudolf-Umkreis anbetrifft, auf die Erörterung von bedenkenswerten Parallelen, von «Möglichkeiten», höchstenfalls «Wahrscheinlichkeiten»[319]. Dies geschieht mit solcher Sorgfalt und historischer Sachkenntnis, daß Polzer damit ein schönes Beispiel lieferte, wie man Steiners karmische Erkenntnisresultate ausarbeiten und verfolgen kann, statt sie einfach 'tel quel' zu übernehmen oder sie zu ignorieren. Daß Polzers Beitrag zur Ausarbeitung von Steiners Karmaforschung mit der Ablehnung des ganzen Buches durch Marie Steiner bis heute kaum beachtet wurde, gehört zu den symptomatisch-wichtigen Tatsachen innerhalb der Entwicklung der anthroposophischen Bewegung; symptomatisch nämlich für die Schwierigkeit, mit karmischen Erkenntnissen der Geistesforschung nicht nur umzugehen, sondern fruchtbar umzugehen. Noch weniger Beachtung fand bis zum heutigen Tag die Fortentwicklung von Polzers Rudolf-Arbeit in seinem Drama; aus dem schlichten Grunde, weil es nie das 'Licht' des Drucks erblickte – es grenzt schon an ein Wunder, daß es überhaupt erhalten blieb.

Schon ein Blick auf das Verzeichnis der Personen von Polzers Rudolf-Drama läßt erahnen, in welcher Art sich in den vierzehn Jahren seit 1928 der 'Stoff' in ihm gewandelt hat und reif geworden ist. Neben den bekannten österreichisch-ungarischen Persönlichkeiten, die in der Zeit von 1882 bis 1889, in der das Drama spielt, auf der historischen Bühne agieren oder reagieren, finden sich «Verstorbene, nur als Seelen wirksam», und zwar die Seelen von Rudolf von Habsburg, dem Stammvater der Dynastie; von Kardinal Rauscher, dem Erzbischof von Wien, sowie von Ignatius von Loyola, dem Begründer des Jesuitenordens. Ferner treten als «Wesen der Geistwelt» 'Luzifer' und 'Ahriman' auf, die wie folgt charakterisiert werden: «Luzifer, der die Menschen in Hochmut loslösen will von der Erde und den Erdenaufgaben entführen», und «Ahriman, der die Menschen ganz an die Erde fesseln und sie in Kälte von dem Urquell abschneiden will». Immer wieder tritt im Lauf des Dramas außerdem eine «Stimme aus der geistigen Welt» auf, die aus einer höheren Sphäre herzutönen scheint.

Polzers Drama ist somit im wesentlichen zweischichtig: auf der vordergründigen Ereignisschicht läuft das Geschehen ab, wie es sich nach damaligem Kenntnisstand historisch zugetragen hat; im Hintergrunde zeigt sich auf einer zweiten, in die erste integrierten Schicht, die spirituelle Dimension des szenischen Geschehens. Auf diese zweite Schicht weist auch der Untertitel 'Geistreale Seelenbilder...' hin; sie ist das eigentlich Besondere an diesem Drama Polzers, wiewohl nicht zu verkennen ist, mit welchem künstlerischem Können die Ereignisse der ersten Schicht miteinander verbunden worden sind.

Über siebzehn 'Bilder' entrollt sich dieses Drama. Die erste Szene spielt im Budapester Parlament, dem der ungarische Ministerpräsident Tisza im Sommer 1882 vorschlägt, Kronprinz Rudolf die Krone Ungarns anzutragen. Es folgen dann verschiedene Dialoge, zwischen Rudolf und dem erzkonservativen und von klerikalen Kreisen abhängigen Erzherzog Albrecht, der in indiskreter Art Rudolf von der Krönung abzuhalten sucht (2. Bild), mit dem Journalisten Moritz Szeps, welchen Rudolf nachts heimlich in die Hofburg kommen läßt (3. Bild). Rudolf spricht zu Szeps von den Umtrieben der (ursprünglich aus einer einzigen Quelle stammenden) Kirche wie der politischen Freimaurerei, die er im schlimmen Bunde miteinander und auch gegen seine eigenen Intentionen weiß und deren dekadente Spiritualität er wohl durchschaut:

Aus der Einheit wurden zwei,
Dekadenz, in die sie fielen,
entzweite sie.
Die Gottheit zog sich auch zurück.
Die Gottesweisheit
muß nun anders
zu den Menschen kommen.

Über die Krönung zum Könige von Ungarn hätte Rudolf den ihm durch seinen eigenen Vater verwehrten politischen Einfluß zumindest indirekt zur Geltung bringen können, und er trug sich mit der Hoffnung, durch die liberalen Elemente Ungarns zur 'fortwurstelnden' reaktionären Politik des österreichischen Ministerpräsidenten Taafe ein Gegengewicht zu bilden, was von seinem Vater Franz Joseph und noch mehr von kirchlicher Seite nur *befürchtet* werden konnte. Von einer Krönung Rudolfs zum ungarischen König war offiziell bald keine Rede mehr.

Meine Gedanken sind
dem Balkan und dem Osten zugewandt.
Dort müßte Österreichs Zukunft einmal liegen.
Den Westen kenn' ich wenig,
sie denken doch ganz anders,
als wir selbst.

So spricht Rudolf gegenüber Szeps, der eine stärkere Frankreichbindung vorschlug, von seinen Intentionen. Und nach dem Abgang dieses Freundes, der ihn mit Nachrichten versieht und seine anonymen Aufsätze abdruckt, kann Rudolf sagen:

Wenn er mir spricht,
dann ist mir so,
als wenn ergänzende Gedanken
mir aus dem Innern stiegen,
daß ich mir sagen muß:
Er zeigt den Weg,
ich aber sehe weiter.

Wie hier zum ersten Mal am Schluß des dritten Bildes, so zeigt Polzer auch in weiteren Szenen, wie die verschiedenen Persönlichkeiten, mit denen Rudolf spricht, auf diesen wirken, meist in solchen Monologen nach deren Abgang von der Bühne. Es ist, wie wenn der Kronprinz einen 'Nachgeschmack' oder auch ein 'Nachbild' der Personen suchte und in sich sprechen lassen wollte, die eben vor ihm standen.

Nach Rudolfs Worten über Szeps gerät er in ein Sinnen und «fällt in traumähnlichen Zustand». In diesem Zustand spricht «eine Stimme aus der geistigen Welt» folgendes zu ihm:

Es steigen deine Gedanken
zu uns in Geisteswelten.
Verbinde Vergangenheit und Gegenwart
zu einem Ganzen mit der Zukunft,
dann wirst du zum Osten
und zu den Balkanslawen
sprechen können.
Dein Denken hat Formkraft,
steht dem Westen nahe,
dein Herz gehört dem Osten.
Luzifers Kampf,
vergebens wird er sein,
weil du strebst,
und deine Kräfte werden
im Zeitenlaufe frei sich machen.
Kämpfend wird Luzifer
den Göttern dienen.

Polzer zeichnet Kronprinz Rudolf durch diese Stimme aus der geistigen Welt, von der offen bleibt, ob sie der Kronprinz selber hört, als einen Menschen, in dem starkes spirituelles Streben sowie das Herzverständnis für die Slawen lebte.

Folgerichtig finden wir ihn daraufhin im 4. Bild in Prag, wo Rudolf fünf Jahre lang auf dem Hradschin residierte und sich bei den Tschechen beträchtliche Popularität erwarb. Und auch Rudolf liebte dieses Volk:

Der Freiheitsdrang der Menschen
spricht aus diesem Volke hier.
Es wird jedoch mißbraucht
von Kirche und dem hohen Adel.

Nach einem Gespräch mit dem österreichischen Minister Ernst von Plener, der das ganze Reich nach westlicher Schablone führen will und für Rudolfs Slawenliebe kein Verständnis hat, zeigt dieser, wie sehr es ihm bewußt ist, daß die Aufgabe im Osten nur durch eine innere Selbstbesinnung und Neuorientierung gelöst werden kann, nicht mehr aus den alten, gabrielischen Bluts- und Stammeskräften:

Es mindern sich auf diesem Wege
die angestammten Kräfte.
Man steht entblößt
und muß sich
auf sich selbst besinnen.

Während sich Rudolfs Gedanken «in dieser Meditation verlieren», erscheint die Seele Rudolf von Habsburgs, des Stammvaters der Dynastie (mit welchem Rudolf sich zuzeiten stark verbunden fühlte), und sagt, in Worten, welche Rudolf «nicht vernehmbar» sind:

Du wirst dich wandeln
und auch läutern müssen, Rudolf.
Dann wirst befreit
von schwerem Schicksalsjoch
du sein.
Das Ziel wird dann erst
für dich freigegeben.

Die folgenden 'Bilder' zeigen Rudolf meist in Wien, wohin ihn Franz Joseph Ende 1883 zurückbeorderte, nachdem er seinen Sohn zum Kommandanten einer Infanterie-Truppendivision ernannt hatte. Der Abschied vom geliebten Prag fiel Rudolf schwer. Wird er sich in Wien nun wandeln oder läutern können?

In der Hofburg empfängt der Kronprinz den Naturforscher Brehm (6. Bild), mit welchem er verschiedene Reisen unternommen hatte. Auch diese Begegnung regt ihn zu tiefem Sinnen an, über die noch allzu 'stumpfen Denkerwaffen' in Wissenschaft und Philosophie:

Die lieben Professoren,
sie leben in des Wissens Finsternis
und merken's nicht.

Ein ähnliches 'Nachbild' erhält er von Professor Menger, bei dem Rudolf Unterricht in Ökonomie genoß, ohne je zu akzeptieren, daß diese 'national' bestimmt sein müsse. Rudolf spricht zu Menger, der ihm die Freundschaft mit dem Journalisten Szeps vermittelt hatte, von jenem «Geistes-Ritter-Orden», der ihm seit seiner Jugend vorgeschwebt hatte und der die Freiheitlichen aller Länder vereinen könne, und weist auf die Notwendigkeit, die Wirksamkeit des nationalen Staates im Sinne Humboldts einzugrenzen. Und nach dem Abgang Mengers, der auf den klerikalen Widerstand der Kirche gegen einen solchen Orden deutet, sagt Rudolf:

Wissenschaftler und Professoren,
auch sie entfernen sich
von meiner Geistesart,
die Einsamkeit, sie wächst.

Darauf erscheint die «Seele des Kardinal Rauscher», des Fürsterzbischofs von Wien, der bei Rudolfs Taufe im August des Jahres 1858 von der Notwendigkeit der engen Verbindung von Staat und Kirche sprach, und warnt vor Rudolfs Ordensplan:

Rudolf,
dein Gedankenflug
ist Hoffart.
Bekämpfe ihn!

Es erscheint eine zweite Seele: die des Ignatius von Loyola, des Begründers eines anderen, berühmt gewordenen Ordens. Loyolas Seele sagt:

Einen Orden schuf ich einst
in Treue zu der Kirche Jesu.
Es war mein Sinn
auf Kampf gerichtet
in edler Art.
In Geisteswelten lebt' ich dann nur kurz;
kam zu der Erde wieder,
mit neuem Geist erfüllt.
Der Orden Jesu lebte
fort auf Erden,
verfiel in Geistestod,
weil führerlos er war
aus Geisteswelten.

ich mußte ihn verlassen.
Du wirst mich bald
im Geiste finden,
dann werden wir vereint
für Christum auf Erden
weiterwirken.

Darauf sagt Rudolf:

Ich hörte Stimme,
und konnt' den Sinn nicht fassen.
Kardinal Rauscher
und ein Mönch
erschienen mir im Bilde.
So qualvoll ist das Leben
in der Finsternis.
Doch in der Finsternis
verbirgt sich wahres Licht,
so spricht mein Sehnen mir.

Eine beachtenswerte Eingebung von Polzer, den metamorphosierten Geist Loyoals mit dem von Rudolf angestrebten Geistes-Ritter-Orden in Zusammenhang zu bringen! Doch er wollte eben «geist-reale» Bilder geben, nicht bloß eine 'fable convenue' aufgrund historischer Dokumente ...

Der sich an diese Szene anschließende Dialog zwischen Kronprinz Rudolf und seiner Mutter zeigt, wie auch in ihr viel spirituelles Streben lebte – was schon die äußere Geschichte wissen könnte – , doch, wie beim Sohn, liegt es in tiefe Finsternis getaucht. Sie sagt:

Ich weiß, daß du in Seelennot,
wir sind verwandt
durch Seelenleiden,
die Schicksalsmächte wollen's so.
Des Hauses Habsburg
Schicksalsknoten,
des letzten Hauses,
den ein Volksgeist führte,
von großer Tragik ist er,
doch kann den Sinn
ich nicht verstehen.

45. DAS DRAMA ÜBER KRONPRINZ RUDOLF

Und Sinn liegt doch in allem,
was uns von außen
als Natur umgibt,
auch unser Suchen
zeigt von Sinn (...)

Rudolf spricht auch zur Mutter von dem «Geistes-Ritter-Orden»:

Seit früher Jugend
muß ich an einen Bund
von Geistesrittern denken.
Stammt dieses Denken
aus früherem Leben?
So ernst ist mir die Frage.
Jetzt sehe ich mich umgeben
von Philistern.
Von Furcht sind sie erfüllt
und jeder geistigen Heldentat abhold.
In Spott und wildem Haß
verbirgt sich diese Furcht
ganz unversöhnlich.
So wird ein Reich regiert,
das anderes fordert (...)
Götterwesen haben
den Geistesschatz gelegt
in jede Menschenseele.
Ihn verfallen lassen
scheint des Lebens
größte Sünde mir (...)
Doch wenn ich mich
ihm nähern will,
mit meinem Denken,
fühl' ich zusammenbrechen alles,
was bisher im Leben mich umgab.
Dann flieh' ich
und such' in Jagen und Genüssen
dem Leben so den Sinn zu geben.

Mehr und mehr zeigt sich im Lauf des Dramas Rudolfs *Faustnatur* und sein individueller wie auch der überindividuell-österreichische Schicksalsknoten *als ein bewußtseinsmäßiges Schwellenproblem.*

Angesichts des serbisch-bulgarischen Kriegs von 1885 wird im österreichischen Ministerrat die Frage aufgeworfen, ob Österreich der vom siegreichen Bulgarien angestrebten 'Union mit Ostrumelien' auf Kosten Serbiens zuzustimmen habe oder nicht (7. Bild). Außenminister Kálnoky rät mit den Worten ab:

> *Eintreten zum Vorteil der Bulgaren*
> *wär' sicherer Bruch mit Rußland (...)*
> *Sich scharf für Bulgarien einzusetzen,*
> *wär' in dieser Lage*
> *sehr gefährlich.*
> *England allein ist für Union (...)*
> *Von England ist für uns*
> *wenig zu erhoffen,*
> *ob Salisbury, ob Gladestone.*
> *Es will das Gleichgewicht am Balkan,*
> *nicht Vorherrschaft nur einer Macht.*
> *Das nützt den Briten mehr.*
> *Sie stehen dann immer*
> *als Zünglein an der Waage.*

Österreich beschließt, sich in der Angelegenheit zurückzuhalten, doch angesichts von kommenden Gefahren auf dem Balkan die österreichisch-ungarische Armee rüstungsmäßig zu verstärken. Im Gegensatz zu Rudolf glaubt Kriegsminister Bylandt, daß die Monarchie noch durch ein gutes Heer erhalten werden könne und daß «der Stammesgeist von Habsburg noch Haltekraft» besitze.

Im folgenden 8. Bild des Dramas sehen wir Rudolf im Gespräch mit Graf Latour, dem verständigsten von seinen zahlreichen Erziehern. Man bespricht die gegenwärtige politische Lage, Rudolf kritisiert die vom Vatikan mit Logenhilfe mitgelenkte Politik in Österreich. Und Latour ermutigt Rudolfs geistes-freiheitliches Streben mit den Worten:

> *Immer ist der Gedanke*
> *der Anfang späteren Werdens*
> *durch viele Mißerfolge.*
> *Doch niemals ist ein Mißerfolg*
> *Beweis gegen geistigen Impuls,*
> *wenn er wirklich aus dem Geiste stammt*
> *und aus der Menschenliebe kommt.*
> *Mit Menschen, die das Sein nur lieben,*

nicht das Werden –
das Weltgeschehen rechnet nicht
mit ihnen.

Aus diesen Worten Latours spricht zugleich Polzers eigenste vieljährige Erfahrung und Gesinnung in bezug auf die *von ihm* erstrebte Umsetzung von «geistigen Impulsen». Sie enthalten daher eine Art Extrakt von Polzers eigener, eisern durchgeführter spiritueller Lebenshaltung.

Auch nach dem Gespräch mit Latour stellt sich bei Rudolf wiederum ein 'Nachbild' ein. Er sagt:

Sprech' ich mit Latour,
dann steigen Gedanken
in der Seele auf,
die mir wie Freunde sind,
doch weiß ich nicht,
woher sie kommen.

Nach diesen Worten verfällt Rudolf «in Sinnen», und eine Stimme aus der geistigen Welt, «im Geistgebiet nur hörbar», spricht die Worte:

Die Weltenwesen
sprechen
dem Suchenden
seit Urbeginn:
In langen Zeitenläufen
erstarken Geisteskräfte
durch Irren
und durch Schmerzen.

Es folgt nun ein Gespräch mit Kálnoky, von welchem Rudolf Einblick in den jüngsten Stand der außenpolitischen Lage wünscht. Es ergibt sich ein für Rudolf wenig aussichtsreiches Fazit. Er sieht, daß alles in der Richtung läuft, wie sie im «Testament des großen Peter» für Österreich vorgezeichnet ist. So folgert er:

Das alles zeigt,
daß Österreich nur kann bestehen,
wenn geistig neue Wege
es finden kann
und dann zu sprechen lernt

*zum Feuersinn des Ostens
mit neu gewonnenen Erkenntnissen.*

Und nach dem Abgang Kálnokys sagt er düster:

*Es verfinstern sich
die Wege immer mehr,
offen steht ein Abgrund
für Österreich,
unausweichlich –
und muß doch glauben,
daß eine Möglichkeit besteht,
zu überfliegen ihn.*

Äußerlich mochte er noch an die ungarische Krönung denken, innerlich steht er vor dem Problem, den Bewußtseinsabgrund «zu überfliegen».

Das nächste, neunte Bild zeigt Kaiserin Elisabeth in böser Ahnung und in Sorge um den Sohn; dann auch den Kaiser, der ihre Sorge teilt und resigniert gestehen muß:

*Ich habe ihn zum Inspector
der Infanterie gemacht,
ihn zu beschäftigen;
doch scheint auch das vergeblich,
die Unruh' seines Geistes
zu bannen.*

Der Kaiser, Opfer seines geistigen Konservatismus – Geist ist 'Unruhe' für ihn – hofft wie Bylandt noch immer auf die Stammeskraft von Habsburg und sieht die Notwendigkeit einer radikalen Geisterneuerung nicht ein.

Die allein gelassene Kaiserin schlummert nach einem Gespräch mit ihrer Freundin Ferenczy leicht ein, worauf «Luzifer in rotem Gewand in weiblicher Gestalt» erscheint und spricht:

*Ich führte dich
durch lange Zeitenläufe.
Du folgtest mir.
Doch du erkennst mich nicht.
Nun suchst du dich
und findest mich.*

45. DAS DRAMA ÜBER KRONPRINZ RUDOLF

Das Volk, das du liebst,
ist mir auch untertan.
Erkenne dich in ihm,
dann bleibst du
mir verbunden.

Dann erscheint der «Doppelgänger» des (noch lebenden) Grafen Andrássy, und erstmals scheinen in dem Drama karmische Perspektiven aus vergangenen Erdenleben auf.

Ich bleibe nahe dir,
wenn Sorgen dich bedrücken.
Mein Volk, es bleibt dir treu,
weil es dir wesensnahe ist.
Es geht jedoch
in die Verwandlung ein.
Sein Lebensfaden ist erschöpft.
Es wird in neuer Art erstehen,
du wirst sein Schicksal teilen.
In alter Zeit trat ich dir nahe schon,
ein anderes Volk umgab uns damals.
Zu schützen war das Recht
der Weiblichkeit
vor roher Mannesherrschaft.
Ich teilte damals schon
mit dir das Schicksal.
Der Mann, der feindlich
dir gegenüberstand,
er trübt dir auch
die gegenwärtigen Tage.
Aus tiefster Seele leidet er mit dir.

Darauf die Kaiserin, «zu sich kommend»:

Was war das?
Es sprach ein Wesen,
das mir fremd,
und auch der Freund zu mir.
Wie kann die Rede
ich verstehen?

Im 10. Bild werden wir Zeugen des wachsenden Zerwürfnisses zwischen Rudolf und der Gattin Stephanie, die mehr und mehr unter seiner Mißachtung und seinen Jagd- und Liebesabenteuern leidet. Dann wird gemeldet, daß der Kaiser ihn «in wichtiger Sache» zu sprechen wünsche, worauf Rudolf aufspringt und laut ausruft:

Was ist wichtig hier!
Nur Form und Schein!
Wie gern hätt' ich
im alten Rom gelebt!
Die Herrscher dieser Zeiten,
sie waren nicht Gefangene
einer Etikette,
Zeremoniell genannt (...)

Es ist bemerkenswert, wie Polzer Rudolf *aus der Emotion heraus* den Weg ins alte Rom ertasten läßt. Dies gibt schon halbe Antwort auf die Frage: Wie weit hat sich der Kronprinz seit seiner Wiener Zeit zu wandeln und zu läutern angefangen?

So hatte ja die Seele des Rudolf von Habsburg ihm geraten, in einer Art jedoch, die dem gewöhnlichen Bewußtsein des Kronprinzen «unwahrnehmbar» blieb ...

Auch die schicksalshafte Bindung an die Mutter ahnt Rudolf mehr und mehr:

Ich liebe sie,
doch trennt mich etwas
auch von ihr.
Ist's Seelenschuld
aus früherer Zeit?
So ist man stets von Schuldenlast umgeben.

Und nun zeigt Rudolf durch das Folgende, daß er den Weg der Wandlung noch nicht weit genug beschritten hat und dadurch zeitweise zur Beute einer zweiten geistigen Hemmungsmacht werden muß. Er sagt unmittelbar nach dem Worte von der Schuldenlast:

Wie wär's, die Schuldscheine
zu zerreißen?

45. DAS DRAMA ÜBER KRONPRINZ RUDOLF

Ermattet schlummert Rudolf darauf ein, und es erscheint «Ahriman in weißem Gewand, tiaraähnliche Kopfbedeckung, geierähnlich, knöchernes Antlitz» und spricht:

Ich habe dich
durch deinen Wahn.
Ich täusche dich
und gebe dich nicht frei.
Es wird auch Bruder Luzifer
mir dienstbar sein,
um dich zu halten.

Der Dienst, den «Bruder Luzifer» dem Ahriman bald leisten wird, besteht in der Verstrickung Rudolfs in die ungarische Politik, zur Zeit der Wehrvorlage von 1888, in Zusammenhang mit seiner Leidenschaft für Mary Vetsera.

Und wiederum erscheint, nach dem Auftritt Ahrimans, die Seele Rudolf von Habsburgs und sagt:

Ich schaue, wie das Reich vergeht.
Der Stammesgeist,
einem Volksgeist ebenbürtig,
stand bei mir,
weil die Kirche, der ich diente,
noch Christentum vertrat.
Sie verfiel den Mächten,
die Weltenkälte leben (...)
Das Blut, es trägt nicht mehr.

Und wiederum erfolgt die Mahnung, nun aber nicht mehr unmittelbar an Rudolf:

Du mußt dich wandeln,
eh' du neu erstehen kannst,
du Österreich.

Im 11. Bild unterhält sich Kaiserin Elisabeth mit ihrer Freundin Ida Ferenczy im Salon der von ihr geliebten Hermesvilla im Lainzer Tiergarten einmal mehr über die Verdüsterung von Rudolf und über die verschiedenen Ärgernisse, die sein Verhalten mancherorts, ja bis nach Rom hinab, erregt. Dann erzählt die Kaiserin der Vertrauten einen Traum:

*Ich träumte kürzlich,
daß im alten Rom ich war,
vom Kapitol
herabsah auf die Stadt.
Es wurde spät,
um mich war Einsamkeit,
meine Herz war leer,
und eine fürchterliche Stille
lag bleiern über Rom.
Die schwere Luft
nahm mir den Atem.
Dann plötzlich sah ich
einen roten Schein,
der bald zur Flamme wurde.
Verzweifelt schreien
hörte man die Menschen (...)
Es löste sich aus dem Getöse
eine Stimme,
die rief den Namen 'Nero'!
Dann schrie ich auf,
das Bild verwandelt sich.
Ich sehe mich
in meiner ungarischen Heimat (...)
Erwachte dann,
als wenn ein lieblich Kind mich riefe.
Warum wohl träumte ich
von diesem Brand in Rom,
an den ich gar nicht dachte?*

Kurz darauf wird der Kronprinz gemeldet. Er spricht zur Mutter sorgenvoll:

*Untergang und Flammenbrand
umgeben meine Träume (...)
Den Tod, den fürcht' ich nicht,
doch das Leben,
das uns den Sinn verbirgt.
Der Sinn liegt jenseits
dieses Abgrunds.
Wie sollen wir hinüber kommen?*

*Das mut'ge Sterben
möchte ich erleben.*

Eine Stimme aus der geistigen Welt beschließt die Szene:

*Die Flügel werden wachsen,
wenn ihr strebt.
Der Abgrund fordert sie.
Aus Finsternis
wird Licht erstrahlen.
Menschen steigen zu der Erde
mit diesem Licht.
Es lebt in euch,
das Licht, das noch verborgen.
Die Kräfte bleiben.
Sie wandeln sich in diesem Licht
zum Guten.*

So deutet Polzer (im Einklang mit den Ausführungen Rudolf Steiners vom April des Jahres 1924) an, wie die Kräfte des Bösen aus der Nerozeit in solche des Guten umgewandelt werden können, wobei er diese Möglichkeit auch für Elisabeth, die einstige Mutter Neros, in Betracht zieht.

Nun tritt (im 12. Bild) das Rom-Motiv noch deutlicher hervor, und zwar in einer Unterhaltung zwischen Rudolf und dem Historiker Arneth. Rudolf eröffnet das Gespräch wie folgt:

*Das julisch-claudische Herrscherhaus
im alten Rom,
es stand im Weltenkampf
von Dominat und Prinzipat.
Der Princeps unter Gleichen,
von Seneca vertreten,
dem Lehrer Neros;
für Dominat,
aus Mutterrecht hervorgegangen,
trat Agrippina ein.
Die Frau allein
konnte dem Cäsar
Macht und Würde geben;
das Blut noch trug*

> *die Fähigkeit zu herrschen.*
> *Doch Nero wollte Herrschgewalt*
> *dem eigenen Gottessein verdanken.*
> *An Agrippinas Seite*
> *stand der Grieche Pallas,*
> *die alte Weisheit*
> *kam aus Griechenland (...)*
> *Unser Recht, es stammt von dort,*
> *und auch das Beispiel der großen Staatsmaschine,*
> *die alles Leben tötet.*
> *Christentum ist gegenwärtig*
> *so verfolgt wie damals.*

Arneth möchte Rudolfs Ausführungen über römische Geschichte mit der Bemerkung dämpfen:

> *Wir Wissenschafter*
> *müssen notwendig*
> *uns halten an Dokumente,*
> *deren Echtheit wir erkannt,*
> *der Kirche überlassen wir*
> *den Glauben.*

Rudolf findet das nur «sehr bequem» und fordert selbst die Mitarbeit der Phantasie in der historischen Forschung:

> *Phantasie ist Morgenrot der Seelen,*
> *die Vorschau eines Lichts,*
> *die Zukunftswissenschaft uns bringen wird (...)*
> *Einblick in den Sinn des Schicksals*
> *der Völker und der Menschen,*
> *er muß möglich*
> *zu erkennen sein*
> *durch Entwicklung*
> *menschlichen Gedankenlebens.*

Dann deutet Rudolf die 'pragmatische Sanktion', die dem Hause Habsburg im Generationenstrom die Herrschaft dadurch sicherte, daß auch Frauen die Krone weitertragen konnten, als Weiterwirken römischen Dominats. Darin aber liegt für Rudolf auch ein unzeitgemäß gewordenes Zerfallsmoment.

45. DAS DRAMA ÜBER KRONPRINZ RUDOLF

Besonders eindrücklich und ausführlich ist das 'Nachbild', das der Kronprinz von den Reden Arneths erhält. Es schaudert ihn derart vor dessen geistlos-öder 'Wissenschaftlichkeit', daß er, weil er den Bewußtseinsabgrund nicht mit Bewußtsein überfliegen kann, innerlich die Flucht ergreift:

Dann suche ich Zerstreuung
in Abenteuern und Genüssen.
Ein Mordgelüste steigt herauf
aus meiner Seele,
das ich durch Jagen
nur bezwingen kann.
Stephanie versteht das nicht.
Die Mary hat ein Aug' auf mich,
die könnt' es besser.

Es erscheint dann Gräfin Larisch, eine Cousine und Vertraute Rudolfs, der er unter dem Sigel höchster Diskretion eine 'Kassette' übergibt, die sie verwahren soll.

In der wachsenden Verzweiflung Rudolfs bleibt ihm nur noch *eine* Hoffnung:

Mit Ungarns Krone
könnt' ich's noch versuchen.
Ich kenne Männer aus Ungarns Osten,
die dafür zu haben sind,
Europas Umgestaltung
von dort aus zu versuchen.
Und mit Mary könnt'
ein neues Leben ich beginnen.

In dem Moment erscheint der 'Luzifer' genannte Geist und spricht:

Du fühlst mich,
doch du kennst mich nicht.
Geschlossen sollen
deine Augen bleiben.
Deine Seele wird mir dann
gewonnen sein.

*

Doch eine Stimme aus der geistigen Welt widerspricht sogleich:

Luzifers Kampf,
vergebens wird er sein,
weil du strebst.
Die Kräfte wandeln sich
im Zeitenlaufe.

Im 13. Bild tritt der Kaiser auf, der zwischen der Forderung aus Deutschland, Rudolf seines Heeresamtes zu entheben, und der Nachsicht für den Sohn, der sich gegen das Begehren aus Berlin heftig auflehnt, hin und her schwankt.

Das nächste Bild bringt ein Gespräch zwischen Rudolf und Baronin Vetsera, das wieder Rudolfs Geistesstreben zeigt:

Ich suche Licht
aus Finsternis zu holen.
Wenn bei den Menschen
immer mehr
die Geistesfähigkeiten stiegen,
Regieren wäre nicht
so bequem wie jetzt
mit den mechanisch
ablaufenden Gedanken.
Man hilft sich jetzt
und stellt sich sehr gescheit,
indem man sagt,
daß nur mit Täuschung
und mit Lüge
die Menschen zu regieren sind;
wenn das nicht reicht,
dann mit Gewalt (...)
Du kennst meine Sehnsucht (...)
nach einem Geistes-Ritter-Orden,
der sicher schon besteht
in Welten, zu denen
noch nicht dringen kann
gewöhnliches Bewußtsein.
Doch ist die Zeit noch ferne (...)
Kämpfe von ungeheurer Art müssen
erwecken und erschüttern

*unsere Seelen,
um das wahre Licht zu sehen.*

Dann spricht Rudolf zur Geliebten eindringlich von dem bevorstehenden Wagnis:

*Gelingt es, wirst du meine Frau
und Kampfgenossin auch,
gelingt es nicht, dann ...
(Mary:)
Werd' ich bei dir bleiben
auch im Tode.*

Worin bestand dies 'Wagnis'? Polzer rührt an dieses Rätsel in seinem Drama nur ganz leise. Die Rudolfforschung hat es bis heute nicht eindeutig geklärt, und man hat den Eindruck, sie hat dazu je länger, um so weniger zu sagen. Im Jahre 1941 erschien bereits ein Buch von Werner Richter über Rudolf, das darüber einigen Aufschluß bietet.[320] Fest steht, daß das 'Wagnis' mit der neuen Wehrvorlage zusammenhängt, die der ungarische Ministerpräsident Tisza im Dezember 1888 in Ungarn vorschlug und die die Forderung enthielt, mit ungarischen Reserveoffiziersaspiranten künftig nach einem Dienstjahr eine Deutschprüfung zu machen, was einen ungeheuren magyarisch-nationalen Entrüstungssturm auslöste. Richter schreibt dazu: «Wenn man nach dem sehr kärglichen Material, das heute noch verfügbar ist – in der systematischen Urkundenvernichtung nach Rudolfs Tod ist dem Staat Franz Josephs ein wahres Meisterstück gelungen –, überhaupt eine vorsichtige Rekonstruktion der Zusammenhänge versucht, so ist sie am ehesten immer noch folgendermaßen denkbar: Es lag ein Versprechen Rudolfs vor, vielleicht sogar schriftlich fixiert, wonach er, falls die Auseinandersetzungen über die ungarische Wehrvorlage gewaltsame Formen annehmen sollten, auf der Seite der nationalen Opposition offen hervorzutreten gehabt hätte – worauf sie ihm ihrerseits den Weg zur Stephanskrone bahnen wollte. Es war das eine Abrede, die zur Not möglich und denkbar war, solange sie, in Augenblicken aufwallenden Unmuts getroffen, Theorie blieb. Näherte sie sich aber der Praxis, so mußte sie dem Thronerben sofort die erschreckende Fratze des Verrats am bestehenden Staat und am eigenen Vater zeigen. Hielt er die Abrede aber nicht ein, entzog er sich ihr irgendwie – und vielleicht war die Reise nach Mayerling schon der Anfang eines solchen Sich-Entziehens –, so war das treuloser Abfall von den Mitverschworenen. Ein Treubruch, entweder nach der einen oder nach der anderen Seite wurde damit unvermeidlich. Immer wieder ergeben die Spuren dieser Tage, daß Rudolf glaubte, ein Ehrendelikt sühnen zu müssen – 'kein Recht mehr zu leben', schreibt er, und der 'gute Name', den 'nur der Tod noch retten kann'.»[321]

Doch damit haben wir dem Lauf von Polzers Drama etwas vorgegriffen. Es ist im übrigen sehr wohl möglich, daß dieser Richters Buch, in dem auch Arthur Polzer mehrfach erwähnt und angeführt wird, kannte und nicht zuletzt aus dessen Lektüre den Impuls zu einer andersartigen Beschäftigung mit dem rätselhaften Kronprinzen empfing.

Es folgt im 15. Bild des Dramas der Rout beim deutschen Botschafter in Wien, wenige Tage vor Mayerling, bei welchem auch Karl Julius Schröer zugegen war, welchem das sonderbare Betragen des Kronprinzen starken Eindruck machte. Im nächsten Bild sehen wir Rudolf auf ein Telegramm aus Ungarn warten, das die entscheidende Nachricht bringen soll, und zwar von seinem Freund Szögyenyi, dem Vertrauten seiner letzten Jahre, dem er auch seine privaten Papiere übergab. Es entspricht dies der aus der äußeren Historie bekannten Wirklichkeit vom 28. Januar 1889. Im Warten sagt Rudolf:

Ich bat Szögyenyi,
mit den Herren zu sprechen,
mir nicht Bedingungen zu stellen,
die zu erfüllen
mir nicht möglich sind.
Er sollt' auch forschen,
ob an die Feinde
etwas verraten wurde,
um zu entstellen meine Absicht.
Der Antwort Aufschub
macht mir Sorge.

Als die Antwort eintrifft und er das Telegramm eröffnet hat, sagt er einzig:

Das Leben ist verwirkt.
Ich komme, Mary,
mutiges Kind!

Daraufhin verfällt er in ein Sinnen, und eine «Stimme aus der geistigen Welt», sagt, und zwar «*ihm nicht vernehmbar, doch aber wirksam*»:

Wie Agrippina
durch Nero fiel,

45. DAS DRAMA ÜBER KRONPRINZ RUDOLF

*so fällst du jetzt
durch Ungarn.
Elisabeth,
sie gab den Anlaß.
Was einst gegen die Welt
du tatst als Nero,
du hast es abgetragen.
Schicksal ist ausgeglichen.*

Die letzten Worte Rudolfs in dem Drama lauten:

*Ich fühle Götterlicht
erstehen aus dem
verwüsteten Europa.*

Das Drama endet mit einer 'Apotheose' (17. Bild) und zeigt die Kaiserin Elisabeth allein am Grabe Rudolfs in der Kapuzinergruft. Sie sagt:

*Rudolf!
Du Schwergeprüfter!
Martyrium war dein Leben,
selbstgewolltes.
Des Schicksals schwere Last
ist abgetragen.
Deine Sehnsucht,
die Freiheit, wird erreicht.
Ich muß in Seeleneinsamkeit
noch weiter leiden (...)
Das Schweigen der Einsamkeit,
von mir wird es gewollt,
um Einsicht
den Dämonen zu verwehren,
daß Mißbrauch nicht
getrieben werde
mit dem Götterwollen.*[322]
*Von Einsamkeit
werd' weiter ich
umgeben sein in Geisteswelten,
bis wieder wir herab
zur Erde steigen werden.
Dann wird die Erde in Freiheit*

*wieder grünen
und Kampfplatz werden
für den Geistesbau.
Wir werden dann gerüstet sein.
Große Menschenseelen, sie werden
einen sich mit uns (...)*

Zuletzt im ganzen Drama spricht eine «Stimme aus der geistigen Welt, Elisabeth hörbar»:

*Was Rudolf gegen die Welt
als Nero tat,
ist ausgeglichen.
Sein Tod spricht Weltensprache.
Dem Suchenden öffnet er
über Jahrtausende das Geistesauge.
Der Kampf des römischen Dominats
mit Prinzipat,
ist ausgekämpft
mit Habsburgs nahem Ende.
Pragmatische Sanktion
war nur von kurzer Dauer.
Was jetzt noch folgt, ist Ausklang nur.
Dämonen kommen dann zur Macht,
doch kämpfend werden sie
den Göttern dienen.*

*

Dieses Drama Polzers ist ein wahrhaftiges Vermächtnis. Es zieht gleichsam die Summe aus seinem ganzen Geistesstreben: von dem Geistverständnis zur Geisterkenntnis aufzusteigen, die den Blick auch in die 'Nebenzimmer' der Geschichte weitet und zu konkreten Geistgesprächen führen kann.

Und es zeigt auch eine wichtige Wende in der Entwicklung Polzers selbst: Es ist das erste Mal, daß er sich in solcher Art *der künstlerischen Ausdrucksform* bedient.

Drei Aussprüche von Rudolf Steiner gibt es, die für Ludwig Polzer wie immer wiederkehrende Wegweiser durch die Jahre seiner anthroposophisch orientierten Arbeit waren. Der erste lautet: «Wir müssen dazu kommen, mit innerem Anteil über die gewöhnliche Geschichte hinaus Sehnsucht nach derjenigen Geschichte zu bekommen, die im Geiste gelesen werden muß und gelesen werden kann. Diese Geschichte, sie soll immer mehr und mehr in der anthroposophischen Bewegung gepflegt werden.»[323] Der zweite Ausspruch lautet: «Es ist nicht ein richtiges Prinzip, in nebuloser Weise allerlei abnorm visionäre Zustände entwickeln zu wollen. Aber es ist ungeheuer wichtig, sich zu befassen mit dem, was intimer in den Schicksalszusammenhängen, die man beobachten kann, vorgeht.»[324] Und der dritte lautet: «Denn die erste Aufgabe und Verpflichtung für den spirituell strebenden Menschen ist, den Gang der Menschheitsentwicklung auch bis in die Gegenwart herein zu begreifen und die wahrscheinliche Entwickelung in die Zukunft hinein, nach spirituellen Richtungen.»[325]

Hatte Polzer sich auf seiner Lebenswanderung stets von neuem nach diesen wegweisenden Worten umgesehen, in seinem Drama aus dem Jahre 1942 erreichen sie in seiner Seele in schönster künstlerischer Art die höchste Fruchtbarkeit. Es ist, wie wenn sie ihn zu seinem Rudolfdrama hingeleitet hätten.

Die Arbeit an dem Drama, die er im Sommer 1942 anfing, liegt in der genauen Mitte zwischen der Italienreise im Frühjahr 1939 und Polzers Tod im Herbst des Jahres 1945. Wir haben bereits angedeutet, daß diese Reise nach Italien mit den Aufenthalten in Rom, in Taormina und auf der Insel Ischia wahrscheinlich die Entstehung dieses Dramas mit anregte. In innerer Lebensabschiedsstimmung war Polzer zweimal an dem Todesort von Baia vorbeigefahren. An dem Orte, an dem auch Agrippina durch Neros Häscher ihren Tod gefunden hatte. Das hat in ihm vielleicht gewisse Bilder der Erinnerung, wenn nicht in sein Bewußtsein, so doch in seelische Bewegung bringen mögen. Bilder aus der Hadrianszeit ... Es gab im Leben Hadrians nämlich eine eigentümliche, scheinbar nur äußerliche Beziehung zu Kaiser Nero. Wenige Jahre nachdem er den Kaiserthron bestiegen hatte, ging Hadrian daran, in der Nähe des flavischen Amphitheaters am Ostausgang der Kaiserforen einen riesenhaften Venus-Roma-Tempel zu erbauen. Dazu benötigte er auch den Platz, den bis dahin die über dreißig Meter hohe Riesenstatue Neros vor dessen 'Domus Aurea' einnahm. Hadrian ließ den «Colossus Neronis» von vierundzwanzig Elefanten vor das Amphitheater rücken, das daher bald das 'Colosseum' hieß, und ließ den Kopf des Nero durch ein Strahlenhaupt des Sonnengottes 'Helios' ersetzen.[326] So gab er dem Koloß des Nero etwas Sonnenhaftes ...

Ganz ähnlich, wenn auch 'nur' auf dem inneren Schauplatz seines Weltbewußtseins, lieh Ludwig Polzer-Hoditz der Gestalt von Kronprinz Rudolf, der er in seinem Drama ein besonderes Denkmal setzte, ein faustisch-sonnenhaftes Antlitz. Und wer geltend machen wollte, Polzers Rudolfbild sei nicht ganz 'realistisch', dem wäre zu erwidern: Was ist 'wahrer', was geworden ist oder was aus dem Gewordenen noch werden kann? Wie sagte Graf Latour zu Rudolf einst?

Mit Menschen, die das Sein nur lieben,
nicht das Werden –
das Weltgeschehen rechnet nicht
mit ihnen.

*

Polzer las das Drama eines Abends in Wiesneck im Zimmer Dr. Husemanns einem kleinen Freundeskreise vor. Paul Michaelis übersandte ihm darauf das folgende Gedicht:

Dir war es nicht ein Träumen leerer Stunden,
nicht der Gedanken aufgebautes Spiel;
was dich aus ihrem Leben überfiel,
war Schicksal, dem Du selber stark verbunden.

Du aber hast die Klippen überwunden.
Ach, der Gefahren, Stürme waren viel,
doch jene glaubten sich an einem Ziel
und haben nur den Tod als Tor gefunden.

Nun lernten sie als Blinde in den Welten,
wo nur Erkenntnis unsern Pfad erhellt
und Liebestaten als Erfüllung gelten –
bis sich dein Werk in ihre Nacht gestellt;
Da stieg ein Wärmendes in Geisteswelten
und Licht der Liebe, vor dem Blindheit fällt.

Durch die Vorlesung des Rudolfdramas und das Dankgedicht von Michaelis war die Freundschaft zwischen beiden Menschen in neuer Art bekräftigt worden. Polzer fühlte sich, wie selten in den letzten Jahren, tief innerlich verstanden und Michaelis zu schöpferischem Schaffen angefeuert. Im Sommer 1943 vollendete der letztere sein Kaspar-Hauser-Drama.

So sind wir wiederum beim äußeren Verlauf von Polzers Leben angelangt. Und wieder wird es hier auf Monate und Wochen hin ganz stumm und still.

*

45. DAS DRAMA ÜBER KRONPRINZ RUDOLF

In ganz anderem Sinne, als es Kronprinz Rudolf einst erhoffte – «mit neu gewonnenen Erkenntnissen» – bewegten sich deutsch-mitteleuropäische Menschenmassen nach dem Osten. Im Spätherbst begann die Einkreisung der Reichsarmee in Stalingrad. Ende Januar kam es dann zur deutschen Kapitulation des 'Süd-' und kurz darauf des 'Nordkessels' der Stadt.

Bald darauf kam Josef Polzer «nach dreimonatlicher Bewährung in Rußland» in die Offiziersschule nach Bukarest. «Er ist sehr gerne beim Militär, und ich freue mich darüber», schreibt der Vater im Frühjahr 1943 in die Familienchronik. Im März desselben Jahres bestand der Enkel Polzers, Christward Johannes, in Basel die 'Matura' mit Auszeichnung. Auch das hielt Polzer in der Chronik fest.

Zu Beginn des gleichen Monats erreichte ihn die Trauernachricht vom Ableben von Ita Wegman. Sie war am 4. März des Jahres 1943 in Arlesheim gestorben. Von dem Ereignis stark ergriffen, entschloß er sich, sich auch diesem Menschen, mit dem er sich so tief verbunden hatte, innerlich noch einmal zuzuwenden.

46. ITA WEGMANS WANDLUNG

Im Sommer und im Herbst des Jahres 1942 beschäftigte sich Ludwig Polzer in intensivster Weise mit einer der markantesten Gestalten des ausgehenden 19. Jahrhunderts – mit Kronprinz Rudolf. Durch Rudolf Steiners geisteswissenschaftliche Erhellung von Rudolfs Schicksalshintergrund wurde Österreichs Kronprinz für ihn ein wahrer Schlüssel zum Verständnis des Zusammenhangs der neueren Geschichte von Europa mit römischen Impulsen. Ein halbes Jahr darauf gibt ihm der Tod von Ita Wegman Anlaß, sich im Rückblick auch mit dieser, die anthroposophische Bewegung und Gesellschaft stark mitprägenden Persönlichkeit näher zu befassen. Und auch hierin konnte er sich durch Rudolf Steiners Karmaoffenbarungen befeuern lassen: So wie hinter Rudolf das Rom von Nero stand, so scheint hinter Ita Wegman das Griechenland von Alexander auf.[327] Vom karmischen Gesichtspunkt aus betrachtet kann es kaum ein Zufall sein, daß Kronprinz Rudolf und Ita Wegman die zwei Individualitäten sind, denen Polzers Sinnen, wenn auch aus ganz verschiedenem Anlaß, 1942/43 in intensivster Weise zugewendet ist. Aus der Hingabe an das tiefere Wesen dieser zwei Persönlichkeiten ergab sich ihm eine höchst lebendige Anschauung davon, wie aus der griechisch-römischen Kulturepoche ganz konkrete menschliche Impulse und Bestrebungen extrakthaft weiterwirken und sich in Neues metamorphosieren müssen. Wie Hadrian einst gleichermaßen Rom und Griechenland bereiste und beherrschte, so stellten sich an Ludwig Polzers Lebensende zwei Gestalten vor sein inneres Auge hin, die ihm als repräsentative 'Quintessenzen' aus beiden Sphären – der griechischen und römischen – der vierten nachatlantischen Kulturperiode erscheinen konnten.

Da er Ita Wegman im Zusammenhang mit seinen anthroposophischen Bestrebungen nähertrat, so zeigt sie sich im Rückblick Polzers naturgemäß mit den Geschicken und Ereignissen ebendieser Geistesströmung eng verbunden.

Zunächst hat Polzer jedoch *Marie Steiner* nah gestanden. Auch noch nach dem Tode Rudolf Steiners, als er der Witwe anerbot, die Verlassenschaftshandlung für sie zu übernehmen. Als Ita Wegman um dieselbe Zeit 'Leitsätze' erscheinen ließ, wie es Steiner früher tat, stand Polzer auf der Seite derer, die das mißbilligten. 1943 erkennt er nun, daß es «wahrscheinlich besser gewesen wäre, ihr Zeit zu lassen und sie durch Vertrauen zu stützen»[235]. Dann wurde er von beiden Frauen ins Vertrauen gezogen und suchte zwischen ihnen – und auch zwischen ihnen beiden und Albert Steffen – zu vermitteln. Wir haben im Kapitel «Brückenschläge» von seinen diesbezüglichen Bemühungen berichtet. Es folgte darauf jener finstere Tag, an welchem Roman Boos eine 'Klassenstunde' Ita Wegmans mit Gewalt und ohne Hemmung störte – und Polzer wußte, daß Wegman einen ritterlichen Schützer brauchte. Die Ereignisse von 1935 traten ein, und Ludwig Polzer 'handelte', während Ita Wegman 'litt'. Hinter diesem 'Leiden' – aristotelisch aufgefaßt – stand ein Erlebnis, das sie schon im Jahre 1934 während einer schweren Krankheit durchmachte und von dem sie (in ihrem herzerfrischend niemals ganz korrekten Deutsch) am 16. Januar 1935 an Walter Johannes Stein berichtete: «Es war mir vergönnt, einen Blick in die geistige Welt zu werfen, habe den Christus und Rudolf Steiner begegnet, die mich zur Erde zurückschickten und von mir erwarteten, daß ich etwas tue, anders als bis jetzt.» Sie hatte sich nach ihrer schweren Krankheit auf eine Palästinareise aufgemacht und sich auf der Rückreise in Rom «brennend für das Treiben der römischen Cäsaren» interessiert.

Etwas von der tiefen Wesenswandlung Wegmans war für Polzer spürbar, als er sich im März des folgenden Jahres 1935 in Arlesheim mit ihr unterredete und die Gelassenheit wahrnahm, mit der sie den Ereignissen entgegenging. Nachdem dann seine Rede auf der Generalversammlung vor Ostern 1935 an den harten Vorstellungen und noch härteren Herzen der versammelten Majorität verhallt war, hatte er in Wegmans Klinik einen wunderbaren Traum und fühlte sich gekräftigt und befreit und geistbejaht. Er hielt die Klasse nach wie vor und verständigte sich mit Ita Wegman über die von ihm gemachten Neuaufnahmen. In tiefer Dankbarkeit blieb er ihr auch nach seinem Austritt aus der AAG am 30. Mai des Jahres 1936 in seinem esoterischen Tun verbunden – war *sie* es doch gewesen, die Rudolf Steiner nach der Weihnachtstagung darum gebeten hatte, «doch wieder etwas Esoterisches einzurichten», worauf Steiner dann «die Michaelschule auf Erden gründete, von der er sagte, sie sei eine Himmelseinrichtung». Rudolf Steiner nannte Ita Wegman fortan seine «Mitarbeiterin und Stellvertreterin auf diesem esoterischen Gebiet». Und wenn Polzer am Michaelstage 1924 mit Erlaubnis Steiners seine erste 'Klassenstunde' hielt, so hatte er dies indirekt der Initialfrage von Wegman zu verdanken.

Bis dahin war Marie Steiner die «Gehilfin bei esoterischen Handlungen» gewesen. «Seit der Einrichtung der Michaelschule wurde Frau Dr. Ita Wegman seine Gehilfin. Die Zeit erforderte, daß die Frau zu den Mysterien zugelassen werden mußte. Das war in der okkulten Entwicklung die große Schwierigkeit, die überwunden werden mußte. Das forderte Opfer und Schmerzen. In diesen stehen wir gegenwärtig.»[235] So Polzer 1943.

Doch nicht nur mit der Michaelschule war Ita Wegman im Innersten verbunden; auch mit der Weihnachtstagung war sie dies. War doch ihr Bewußtwerden des Zusammenhanges, den sie durch Jahrtausende mit Rudolf Steiner hatte, eine spirituelle *conditio sine qua non* dieser Tagung. «Es ist doch wirklich der Zusammenhang zwischen Rudolf Steiner und mir ein wesentlicher Bestandteil der Weihnachtstagung», schrieb sie an Stein. «Das wissen viele Menschen, deshalb auch der Haß gegen mich.» Und als Essenz dieses Hasses sieht sie die Tendenz, «die Menschen nicht zum Karmaerleben zu bringen»[328]. Wir haben von dem Haß auf Karma-Offenbarungen und der Furcht vor konkretem Karma-Erleben im Kapitel «Kennen Sie den Jesuiten?» ausführlich gesprochen.

Kurz vor ihrem Tode hatte Ita Wegman ein paar Zeilen Marie Steiner zugeschickt; es war eine Geste des Verzeihens und In-die-Zukunft-Blickens. Eines ihrer letzten Worte in bezug auf Marie Steiner war: «Es steht nichts mehr zwischen uns, was einem zukünftigen gemeinsamen Arbeiten für Rudolf Steiner im Wege stehen würde.» Polzer kannte diese Worte Wegmans nicht, doch sie hätten ihn nicht überraschen können. Und ein anderes Wort ganz kurz vor ihrem Tode lautete: «Wenn ich sterbe, müßt ihr alle mitgehen!»

Und nun war sie plötzlich aufgebrochen und gegangen – in die 'Nebenräume der Geschichte', und Ludwig Polzer gehörte zu den ersten, die versuchten, geistig «mitzugehen» ...

So trat Ita Wegman am 4. März 1943 zum zweiten Mal die Reise an die Orte der 'Verwandlung' an, die sie vor neun Jahre nur ganz kurz, wie erst zum flüchtigen Besuch betreten durfte ... Um für ein neues Wirken am Jahrtausendende gerüstet und geweiht zu werden.

Dann wird die Erde
in Freiheit wieder grünen
und Kampfplatz werden
für den Geistesbau –

so sagte Kaiserin Elisabeth in Polzers Drama nach dem Tod des Sohnes.

Und weiter:

Große Menschenseelen,
sie werden einen sich mit uns,
zu Götterdiensten aufgerufen sein,
um wieder herzustellen
Menschenwürde.

Zu solchen großen Menschenseelen zählt gewiß auch jene Seele, die bis zum Frühjahr 1943 als 'Ita Wegman' lebte.

*

Schon Ende März schrieb Polzer seine Erinnerungen und Erlebnisse an diese geistesstarke Kämpferin für eine neue Esoterik und für wahre «Menschenwürde» nieder. «Erschüttert durch den unerwartet raschen Tod von Frau Dr. Ita Wegman ergreife ich die Feder.» So leitet er die Gedächtnisskizze ein, mit der er zugleich «einen Beitrag zur Geschichte der anthroposophischen Gesellschaft» geben wollte. Und am Schluß schreibt er: «Nun nahm Rudolf Steiner seine liebe Mitarbeiterin mit zu sich in die geistige Welt. In treuer, hingebungsvoller Arbeit verbrachte sie die Jahre nach seinem Tode unermüdlich im Dienste ihrer medizinischen Sektion und der von ihr ins Leben gerufenen Anstalten und Einrichtungen, verehrt von ihren Mitarbeitern. Mutig ist sie trotz aller ungerechter Verfolgungen durch das Leben geschritten. Die tiefe und nahe Schicksalsverbindung mit Rudolf Steiner ist für Menschen, die esoterisch guten Willens sind, eine Gewissheit.»[235]

Polzer diktierte seine Skizze in Wiesneck Erika Warnke, der Sekretärin Friedrich Husemanns und Kollegin von Paul Michaelis, in die Schreibmaschine.[329] Wir haben die Gedanken dieser Schrift, die Polzer nicht veröffentlichte, an früherer Stelle mehrfach angeführt und begnügen uns deshalb mit einem Hinweis auf den Anhang, wo sie ganz nachgelesen werden kann.

47. DER ERDENABSCHIED

Im Mai 1943 konnte Berta Polzer aus der Klinik Dr. Husemanns entlassen werden. «Hoffentlich ganz geheilt», trägt Polzer noch im selben Monat als eine seiner letzten Äußerungen in die Familienchronik ein.

Der allerletzte Satz von seiner Hand in dieser Chronik, die stets vom jeweiligen Familienältesten fortzusetzen war, lautet: «Meine Zuversicht zu unserem geistig geführten Schicksal ist trotz seiner Schwere unerschütterlich.» Das 'Geist-Besinnen» auf die Persönlichkeit von Ita Wegman dürfte diese Unerschütterlichkeit noch gesteigert haben.

Paul Michaelis vollendete im Sommer dieses Jahres sein Kaspar-Hauserdrama. Es ist schon wegen seiner ersten Szene sehr bemerkenswert. Sie spielt im Januar des Jahres 1802 und führt den Leser in eine geheime Sitzung einer «Loge des Westens». Beunruhigt über das mit der deutschen Klassik und der Französischen Revolution einsetzende geistige Erwachen in Europa, beschließt man, diese Entwicklung durch die Stützung Bonapartes abzubiegen. Ein Bote aus dem Vatikan erscheint und teilt den Logenbrüdern mit, es sei erforscht, daß eine Rosenkreuzerindividualität im Hause Baden geboren werden würde und daß sie die gabrielischen Impulse Frankreichs mit den Michaelimpulsen Deutschlands einen könne. Man entschließt sich zur okkulten Gefangensetzung dieser Individualität, und zwar derart, daß sie in der Kindheit weder richtig leben noch auch wieder sterben könne, um sie in der entscheidenden Zeitspanne in einem Zwischenreich zu halten, damit sie sich nicht anderswo von neuem inkarniere. Aus der Zusammenarbeit von FM und SJ wird die vielleicht größte und aufwendigste okkultistische Attacke der Neuzeit auf die freie Individualität eines Menschen unternommen.

Es kann kein Zweifel sein, daß Polzer an der Entstehung dieses Dramas innig Anteil nahm, ja daß gewisse Elemente wie diese erste Szene, in der auch vom Testament Peters des Großen die Rede ist, geradezu auf seine Anregung zurückzuführen sind.

Zur gleichen Zeit gibt Michaelis sein Libussa-Drama in den Druck. Den Anteil, den der ältere Freund an *dieser* Dichtung nahm, erhellt aus einem Dankgedicht, das Polzer schrieb. Da lesen wir am Ende:

> *Auf den Sinn des Ostens und des Westens,*
> *die Kräfte, aus denen Harmonie ersteht,*
> *wies hin Dein Werk.*

Du verstandest Premyslaw;
die Griechen nannten ihn Prometheus,
und Stephanus-Wenzeslaw,
'die Gekrönten', dem Sinn des Wortes nach.
Mit ihnen warst Du Zukunftsdenker
und Michaelsschüler auch zugleich.

*

Während Berta, wie es scheint, schon im Lauf des Sommers wiederum nach Buchenbach zurückkam, weilte Ludwig Polzer bis zum Spätherbst dieses Jahres meist in Tannbach oder Baden. Am Michaelstag erlebte er in Tannbach «das fast leere Haus, wo mich alles an Berta erinnert, wo die Knaben aufwuchsen, wo auch der große Künder unserer Tage war und eine Handlung hielt», wie er im Oktober 1943 an seine Freundin Menny schrieb. «Bertas Zimmer sind unverändert geblieben, wie sie sie vor vier Jahren plötzlich verließ (...) Eine Todesahnung erfaßte mich.»

Darauf fuhr er eine Woche nach Heiligenkreutz zu Bertas Vetter Heinrich Kotz, «in den mir so nahen Böhmerwald, wo ich vor 43 Jahren in der einstigen Templerburg Berta fand mit ihrer tief religiösen natur- und kunstverbundenen Seele, der ich so viel verdanke. Heinrich war ihr immer ein Bruder und Onkel Wlasko wie ein sorgsamer Vater. Die Stimmung bei diesen Besuchen war nicht sentimental, aber ernst und traurig.»[330]

In der zweiten Woche des Oktober reiste er – nach Regensburg. Er hatte Sophie Lerchenfeld geschrieben, die mittlerweile mit dem Gatten und der Tochter auf das elterliche Gut von Köfering zurückgekehrt war. Und er hatte Sophie in dem Brief gebeten, ihn in Regensburg zu treffen. Es sei jedoch «nicht nur das weltwichtige Drama» gewesen, «das mich veranlaßte, Sophie zu rufen», schrieb er an deren Schwester Menny [330]. Mit diesem «Drama» meinte er wahrscheinlich die sich häufenden Gegenoffensiven der Sowjetarmee, die mehr und mehr nach Westen drang und im September bereits Smolensk zurückerobert hatte. So wälzte sich der Osten auf die Mitte zu und drohte Österreich und Deutschland zu ersticken; denn auch vom Westen her drangen die Armeen der Alliierten in den Raum der Mitte ein. Und niemand wußte, wie das enden mochte. So wünschte er auf seiner 'Abschiedsreise' noch einmal Sophie Lerchenfeld zu sehen, mit der er sich so tief verbunden fühlte. Doch hatte er die leise Hoffnung, auch Menny noch einmal zu treffen. Nur durfte er von sich aus dazu selbst nicht Anlaß bieten – so hatte er sich nach den bisherigen Erfahrungen streng vorgenommen. Und doch war dieser Wunsch nur allzu sehr verständlich, ja vernünftig, hatte er die jüngere Schwester Sophies doch vor wenigen Jahren zur Erbin seines esoterischen Nachlasses ersehen. In Linsberg wartete schon die Kassette auf die künftige

Verwahrerin. Oder hatte das zu diesem Zeitpunkt alles keine Geltung mehr? Hatte Polzer bereits anderweitig disponiert? Es ist mit Sicherheit nicht zu behaupten, doch schwerlich anzunehmen, wie auch das Folgende zu zeigen scheint.

«Auf der Fahrt nach Regensburg frug ich mich immer: Wird sie kommen?!», schreibt Polzer in dem Brief an Menny. Und dann «war es eine sonnige Überraschung, ein innerer Jubelton in mir, wieder auflebende Freundschaft und Liebe» – auch Menny war gekommen.[330]

Man verbrachte einen Nachmittag und Abend in der Stadt – unklar ist, wie weit zu zweit, wie weit zu dritt – und wanderte bei Mondenschein zur Kirche Emerans. Es war im wörtlichen und übertragenen Sinne eine wahre Sternenstunde in Polzers letzter Lebenszeit.

Tief bewegt und wie verjüngt hält der Vierundsiebzigjährige kurz darauf in seinem Brief an Menny vom 15. Oktober auf dieses Treffen Rückschau: «Diesen Abend mit Dir fühlte ich in tiefer Verbundenheit so, als wenn unser Zusammensein noch lebenslange Berechtigung hätte, noch nicht zu Ende sein dürfe. Ich fühlte eine noch nicht zu Ende gekommene, in menschlich-geistiger Liebe verwurzelte Verpflichtung, die noch nicht erfüllt ist in der Lebenspilgerschaft. – Als wir am Abend durch die Stadt wanderten auf meine Initiative zur Emeran-Kirche und Du dann die Führung übernahmst zu allen den Stein gewordenen Wahrzeichen einer einst gewaltigen religiös-kulturellen Vergangenheit, da fühlte ich aus den Gesprächen wie ein Versäumnis, Deinem ernsten Suchen nicht genügend Rechnung getragen zu haben. Die Tatsachen sprachen *doch* immer dafür, daß das Schicksal uns miteinander verbunden hat. – Im Dämmerdunkel und Mondenschein wanderten wir der Schwelle zu im Gespräch. Und Sehnsucht stieg auf, Dir geistig noch zu helfen, bevor ich sterbe, damit Du durchfändest durch das so verworrene Denken, Fühlen und Wollen der Gegenwart, wie es doch Deine Sehnsucht ist. Wie ruhig würde ich dann in Deinen Armen sterben können (...) Wenn man im 75. Jahre seines Lebens steht, dann sagt man als Geistesschüler nichts, was man nicht verantworten kann. Ich glaube sicher, Du bist der Zukunft Mitteleuropas verpflichtet, denn da wird für uns im nächsten Leben die Werkstätte sein. Daß wir da einmal zusammen wirksam sein können, das würde ich so gerne noch in diesem Leben vorbereiten. – Vieles wäre noch zu sagen über unsere Begegnung, doch darf ich es nicht so ohne weiteres.» Diesen Zeilen und besonders dem letzten Satze kann entnommen werden, daß Polzer es auch jetzt noch offen lassen wollte, ob Menny Lerchenfeld nach jenen Dingen, die er nicht «so ohne weiteres sagen» durfte, nicht doch noch *von sich aus* fragen werde. Ludwig Polzers Brief an Menny Lerchenfeld schließt mit den Worten:

«In der letzten Zeit hatte ich öfter Todesahnungen, es ist auch nicht ganz gleich, wo man stirbt, man ist mit seinem Schicksal einem bestimmten Orte der Erde auch als Geistesmensch verbunden und bleibt es nach dem Tode. – Europa bleibt das Herz der Erde zwischen West und Ost. – Ich will Dich begleiten im Geiste oder Zusammensein in wahrer menschlicher und geistiger Liebe, mit diesen Gedanken umarme ich Dich von ganzem Herzen und sage 'Auf Wiedersehen'!
Dein alter Ludwig»

Es blieb der letzte Brief, den er vor seinem Tod an den geliebten Menschen schrieb.

*

Am Tag nachdem er diesen Brief geschrieben hatte, bedankte Polzer sich aus Baden bei Ulrich Schenker, Dora Schenkers Sohn, für «zwei Kisten», die eben angekommen waren, «eine Hilfe, die für mich sehr wertvoll ist». Vermutlich waren darin Nahrungsmittel.

*

Der britische Premierminister Churchill hatte Stalin schon im Frühjahr 1942 die Errichtung einer zweiten Front in Westeuropa zugesagt; trugen doch die Russen bis dahin die Hauptlast dieses Krieges. Er wußte sie jedoch immer wieder zu verzögern und schlug statt dessen den Amerikanern mehrfach eine Invasion im Balkan vor, also eine zweite Front in Südosteuropa. Auf der Konferenz der 'Großen Drei' in Teheran (Ende November) sprach Churchill offen von einer 'Donauföderation' unter anglo-amerikanischer Führung. Später schlug er Stalin eine Aufteilung des Balkans in eine britische und eine sowjetische Einflußsphäre vor – in Fortsetzung der Politik, wie sie das 'Testament Peters des Großen' zum Ausdruck brachte, das heißt einer Politik, die den Einfluß der europäischen Mitte auf dem von Slawen bewohnten Balkan auszuschalten sich bemühte.

Renate Riemeck bemerkt zu Churchills diesbezüglichen Bestrebungen: «Seine intensiven Bemühungen um Südosteuropa, und die Zähigkeit, mit der er die Errichtung der Balkanfront erzwingen wollte, lassen vermuten, daß Churchill viel weiter gesteckte Ziele verfolgte, als er zu erkennen gab. Jedenfalls hatten seine Vorstellungen über die Bildung einer Balkanföderation eine bemerkenswerte Ähnlichkeit mit dem Bild, das man sich in den achtziger Jahren des 19. Jahrhunderts in England von der künftigen Gestalt Europas gemacht und in Geheimkarten verzeichnet hatte.»[331]

Im selben November, als Churchill, Roosevelt und Stalin in Teheran verhandelten, kehrte Ludwig Polzer nach Wiesneck zurück. Mit Ausnahme des

Monats Mai hält er sich bis zum Dezember 1944 in der Nähe seiner Gattin auf. Auch er selber wird nun zeitenweise krank und braucht körperliche Pflege.

So ist er wieder viel mit seinem jungen Freund zusammen, liest, erinnert sich und meditiert und wandelt ab und zu mit Berta durch den Park.

Wo er den Mai des Jahres 1944 verbrachte, ist ungewiß. Wahrscheinlich noch einmal in Tannbach, Baden oder Linsberg. Anfang Juli schreibt Emil Hamburger an Ulrich Schenker, er habe eben von Arthur Polzers Frau erfahren, daß Josef Polzer an der rumänischen Front gefallen sei. Kurz vorher wird die Nachricht nach Wiesneck gekommen sein. Josef Wenzel von Polzer hatte am 11. Juni 1944, elf Tage vor dem dreiundvierzigsten Geburtstag, in Konstanza an der rumänischen Schwarzmeer-Küste im Laufe einer russischen Offensive den Tod gefunden. Einem Briefe aus Konstanza an die Mutter legte er das folgende Gedicht bei:

Habt ihr gekämpft, gestritten,
und in wilden Kampfesmitten
durch die Schmerzen, Leidensqualen
euch erhoben aus den Schatten
der Verkrustung durch Entsagen;
und im Dulden und Ertragen
Idealen nachgelebt –
seid von oben ihr gesegnet.
teilet ihr die Gnadengaben,
die zu euch herabgetragen
Himmelswesen, die da sagen:
Euer ist der Schöpfung Krone,
nehmet nun zu Euerem Lohne
unser Wesen in Euch auf.

Die Mutter konnte nur mit einem «Nachruf dem lieben Wesen ihres Sohnes» antworten:

Im Reich der Gedanken
im strömenden Leben
im Reiche des Fühlens
im flutenden Licht
im Reiche des Wollens
in zündender Wärme,
wo Taten erquellen
dort finden sich Wesen,

die einen sich wollen,
der Menschheit zu dienen,
wenn Wünsche erstorben,
die Selbstsucht geboren.

Ist es nicht bemerkenswert, wie sich das Gedicht des Sohnes an die Mutter und den Vater wendet, während Bertas Nachruf sich wie Wasserrringe weitet und der Sohn darin nur schwer zu finden ist?

Wie es dem Vater um diese Zeit erging, zeigt ein Brief, den er im November 1944 an Albrecht Strohschein schrieb. Strohschein hatte in Pilgramshain sehr wesentlich zur Gesundung Josefs beigetragen. Und vielleicht ist dieser seit der schweren seelischen Erkrankung, die zu Beginn der dreißiger Jahre ausbrach, niemals so gesund gewesen, wie in der Stunde, da ihn der Tod ereilte ... Polzer schreibt am 20. November aus Wiesneck an Strohschein:

«Lieber, verehrter Freund!

Es war mir eine große Freude, von Dir zu hören, daß Du gut aus Rumänien herauskamst. Schwester Anna übergab mir das Päckchen vom lieben Joseph, welches Deine Frau für ihn verwahrte. – Meine Frau, die mit Unterbrechungen schon mehr als 4 Jahre hier ist, leidet immer wieder an Rückfällen ihrer Krankheit, und so bin auch ich oft hier gewesen in dieser Zeit. Seit Ende 43 bin auch ich viel krank und nur mit kurzer Unterbrechung im Monat Mai ständig hier. – *Habe hier auch schöne Arbeit. Es entstehen unter meinen Augen mit meiner Assistenz wichtige Dramen. So fühle ich mich seelisch und geistig wohl trotz des kranken und geschwächten 76jährigen Körpers.*[256] Wir sind also mehr oder weniger an hier gebunden trotz mancher Gefahren, die drohen so nahe der Front. Bin aber im allgemeinen recht zuversichtlich.

Nun wünsche ich Dir weiteren Schutz des Schicksals u. grüße Dich, auch von meiner Frau, herzlichst

Dein Ludwig Polzer-H.»

Die kursiv gesetzten Sätze dieses Briefes zeigen einmal mehr, nicht nur die fixsternhafte Unerschütterlichkeit von Polzers Seelenkern, sondern auch den Schaffensdrang sowie die Schaffensfreude, deren er noch fähig ist und die sich in befeuernden und orientierenden Ratschlägen an den jüngeren Freund ausleben, in dem das schöpferische Feuer geradezu am Lodern ist.

Gegen Jahresende kommt eine Schreckensnachricht nach Wiesneck: Julius ist aufgeboten worden und muß ab Januar 1945 Heeresdienste leisten! Das bedeutet: Tannbach hat nun keinen Wächter mehr, und Julius' Frau und die drei Kinder brauchen dringend Schutz und Hilfe. Ludwig Polzer beschließt, noch vor Weihnachten Wiesneck mit Berta zu verlassen und nach Tannbach heimzukehren. Polzer nimmt am 20. Dezember 1944 feierlichen Abschied von seinem Freunde Michaelis. Er übergibt ihm dabei «seine Tagebücher, Aufzeichnungen und einen Teil seiner Klassentexte».[332] Daraus wird ersichtlich, daß er zu diesem Zeitpunkt nicht mehr an Menny Lerchenfeld als an die Hüterin der 'esoterischen Texte' dachte, denn mindestens die 'Klassentexte' wären unter letztere Rubrik gefallen. Seit dem Oktober vorigen Jahres hat er von Menny wohl nichts mehr gehört, und so sah er sich genötigt, seinen Letzten Wunsch zu ändern. Vielleicht hat er schon im Mai des Jahres 1944 die entsprechenden Schriften, Aufzeichnungen und Tagebücher nach Wiesneck gebracht, um sie zum rechten Zeitpunkt seinem Freund zu übergeben. Die Klassentexte überließ der letztere dann Dr. Husemann, da er sich «nicht berechtigt fühlte, die Kontinuität der geistigen Arbeit des Grafen Polzer fortzuführen».[332] Über das Schicksal dieser Tagebücher und der 'Aufzeichnungen', die Polzer Michaelis überlassen hatte, werden wir im letzten Teil, soweit dies möglich ist, weiteren Aufschluß geben.

*

Ob Polzer auf dem Weg nach Gutau der elenden Gefangenen wohl gedachte, die in *Mauthausen* in den Tod getrieben wurden? Das nach dem 'Anschluß' errichtete 'Konzentrationslager' lag etwa fünfzehn Kilometer westlich von Linz und zwanzig Kilometer südlich von Gutau an der Donau. Und es ist kaum anzunehmen, daß Polzer von der Existenz des Lagers keine Kenntnis hatte. Was mochte wohl in seinen Seelentiefen vorgegangen sein angesichts der kalten Blutes angestrebten 'Endlösung' im Dritten Reich? Die Schreckensnachrichten aus solchen Lagern dürften von Zeit zu Zeit auf jene Seelenschicht in ihm gestoßen sein, die die Erinnerung an das einzig wirklich düstere Kapitel im Leben Hadrians umschlossen hielt – die Erinnerung an den bitteren Krieg, den dieser Kaiser in den letzten Jahren seiner Herrschaft gegen Barkocheba führen 'mußte' ...

*

Am 7. Januar wurde Julius eingezogen.

Im Februar berichteten die Zeitungen von der nächsten Konferenz der 'Großen Drei': Churchill Roosevelt und Stalin trafen sich zwischen dem 4. und 11. Februar auf der Halbinsel Krim in Jalta, um unter anderem über das Nachkriegsschicksal Deutschlands zu bestimmen: Die Forderung nach 'bedingungsloser Kapitulation' wurde erneuert; an die Stelle der politischen Führung Deutschlands wird ein 'alliierter Kontrollrat' treten; Deutschland wird in Besatzungszonen aufgeteilt. In Jalta konnte die schon lange angestrebte West-Ost-Teilung der Welt unter Ausschaltung der europäischen Mitte, die nach dem Ersten Weltkrieg schon Gestalt gewann, vollends angesteuert werden. Hitlers totaler Krieg war der 'Vorwand' für die Durchführung dieses alten Planes, der schon auf der Karte aus der Zeitschrift *Truth* aus dem Jahre 1890 in Erscheinung trat. Wenn man nicht allein das Schreckensregime Hitlers in Betracht zieht, sondern das Augenmerk auch darauf richtet, wie sehr die maßgeblichen Staatsmänner des Westens Hitler in der Frühzeit seiner Terrorherrschaft gewähren ließen – etwa im März des Jahres 1936, als seine Truppen in das entmilitarisierte Rheinland drangen, oder im Herbst 1938, als das Münchner Abkommen ihn zur Annexion des Sudetenlandes ermächtigte – dann kann auch deutlich werden, wieweit der Ausdruck 'Vorwand' tatsächlich berechtigt ist. Zur vollen Realisierung der politischen Aufteilung der Welt in Ost und West, 'mußte' die europäische Mitte noch gründlicher zerschlagen werden, als es im Ersten Weltkrieg – unter Mithilfe sehr vieler Menschen aus Europas Mitte selbst – schon geschehen war. Und dazu bot die Politik des deutschen 'Führers' den makabren, notwendigen Anlaß. Der Welt mußte man indessen glaubhaft machen, daß man von der 'Vorsehung' dazu bestimmt sei, die Erde von dem verheerenden Naziterror – der ja in der Tat verheerend war – zu befreien. Daß dieser Terror, ganz abgesehen von der Appeasement-Rückendeckung, *ohne finanzielle Unterstützung aus dem Westen* nie so weit hätte gedeihen können, wie er es dann tat, das wußten wenige. Doch auf diese wenigen kam und kommt es in der großen Politik, wenigstens in der neueren Zeit, alleine an. Von 'originellen Clubs' hatte Disraeli einst gesprochen, in denen Politik in Wirklichkeit geboren werde. Ein Vertreter solcher 'Clubs', der über die Verbindung der Thyssen-Bank – um nur ein Beispiel anzugeben – mit dem amerikanischen Guarantee-Trust-Unternehmen, mit dem er affiliiert war, genau Bescheid wußte, war Averell Harriman.[333] Harriman gehörte wie sein Vater Edward dem Skull-and-Bones-Club Yales an, über dessen gruppenegoistische, weltpolitische Ziele wir bereits im Kapitel 24 berichtet haben. Dieser versierte Geschäftsmann und (seit 1941) Botschafter der USA in Moskau hat die amerikanische Außenpolitik nachhaltig beeinflußt und bildete zugleich die Brücke zum britischen 'Establishment'; er heiratete später Pamela Hayward, die frühere Ehefrau von Churchills Sohn Randolph. Und im Gefolge der amerikanischen Diplomaten, die nach Jalta flogen, befand sich wiederum auch Averell Harriman, der Roosevelt schon nach Teheran begleitet hatte.

So ergibt sich schon aus der Konstellation der Hauptakteure dieser Konferenz ein aufschlußreiches real-symbolisches Bild: der anglo-amerikanische Westen dominiert, der Osten kooperiert, die Mitte – fehlt.

*

Immer wahnwitziger wurde unterdessen die deutsche Politik des 'totalen Sieges'. Und von welch erschreckendem Befremden dürfte Ludwig Polzer ergriffen worden sein, als er vom 'Nero-Befehl' des 'Führers' las, durch welchen dieser am 19. März 1945 «die Zerstörung aller militärischen, Verkehrs-, Nachrichten-, Industrie- und Versorgungsanlagen» anordnete.

Am 8. April fiel Julius Polzer nach viermonatigem Kriegseinsatz in Böhmen. Eine Woche später marschierten die Russen in die Donaumetropole. Im Mai drangen russische Soldaten auch in Tannbach ein. Anna Polzer verließ mit ihren Kindern das Schloßgut und begab sich auf eine siebenmonatige Flucht. Ludwig Polzer dürfte seine Frau nach Baden mitgenommen haben.

*

Nach der Kapitulation des deutschen Heers am 8. Mai folgte am 5. Juni die formelle Übernahme der Regierung im ehemaligen Reichsgebiet durch die drei Siegermächte. Am 17. Juli traten diese dann in Potsdam – dem Symbol für preußischen Militarismus – zu einer weiteren Konferenz zusammen. Die Beschlüsse von Jalta konnten nun verwirklicht werden. Polens Grenzen wurden 'vorläufig' nach Westen ausgedehnt, bis zur definitiven Friedensregelung mit Deutschland, die nie vorgenommen wurde. Damit war Deutschland – unter selbstmordähnlicher deutscher Mithilfe – in eine (britisch, französisch und amerikanisch besetzte) westliche und eine zunächst unter sowjetischer und polnischer Verwaltung stehende östliche Einflußsphäre aufgestückelt. Die 'German Republics' auf der Karte aus dem Jahre 1890 waren äußere Wirklichkeit geworden. Doch ohne die Erkenntnisschläfrigkeit der Mitteleuropäer, die weniger und weniger bemerkten, wie ihre Staatsmänner in eine dem wahren deutschen Wesen immer fremdere Macht- und Rassenpolitk hineingetrieben wurden, hätte die Verwirklichung dieses Planes selbstverständlich nicht gelingen können. Die Menschen Mitteleuropas, vor allem jene deutscher Zunge, wurden vom Weltenschicksal vor die Wahl gestellt, entweder die Geisteswissenschaft Rudolf Steiners aufzunehmen und daraus im Sinne der Idee der Dreigliederung des sozialen Organismus Konsequenzen der Vernunft zu ziehen – oder dem Wahnwitz Hitlers zu verfallen. Im Westen hat man – natürlich nicht im englischen oder im amerikanischen Volk als ganzem, sondern in gewissen maßgeblichen 'originellen Clubs' – auf das letztere gesetzt – und zunächst recht bekommen ... «Die Menschheit hat den Initiator verschlafen und wird die Folgen tragen müssen», hatte Ludwig Polzer schon im Frühjahr 1939 festgestellt.

Im Juli wagten Ludwig und Berta Polzer sich nach Tannbach. Das Schloß war verlassen, die Räume ausgeplündert. Ludwig Polzer richtete sich mit Berta provisorisch ein. Mit welchen Empfindungen sie dies taten, läßt sich unschwer denken. Die beiden Söhne waren gefallen, Anna Polzer war noch mit den Kindern auf der Flucht. Das Schicksal Tannbachs, das wie Wien und Baden[334] in der russischen Besatzungszone lag, war noch ungewiß. Polzer, der jahrzehntelang um die wahre slawische Seelenart tief bemüht gewesen war, mußte nun erleben, wie die meist unbewußten Werkzeuge der *korrumpierten* Slawenströmung Tannbach okkupierten! Die einstigen Besitzer waren vorläufig enteignet worden! Hierher war einst «der große Künder unserer Tage» gekommen und hatte eine Kulthandlung gehalten. So hatte Polzer noch im Oktober 1943 an Menny Lerchenfeld geschrieben.

Vom äußeren Chaos und inneren Grauen überwältigt und getrieben stürzte Berta Polzer sich am 23. Juli vom Dachboden des Schlosses in die Tiefe. Schwer verletzt – Berta brach sich einen Fuß – wurde sie ins Spital nach Freistatt gebracht.[335] Sie starb am 24. Juli 1945 an den Folgen der Verletzungen. Ludwig Polzer war am 27. Juli beim Begräbnis seiner Frau in Gutau der einzige Hinterbliebene der eigenen Familie.

Als er ein paar Tage später in Wien eintraf, erfuhr er, daß auch sein Bruder Arthur am selben Tag wie Berta diese Welt verlassen hatte![336] Er war mit der Familie nach der Besetzung seines Heimes durch die Russen in ein 'Ausweichquartier' in der Breitnerstraße umgesiedelt, unweit des letzten Domiziles seines Bruders Ludwig.[337]

So verlor er am 24. Juli zugleich die Gattin und den Bruder, die beiden Menschen also, die ihm aus dem Kreis der Wahlverwandtschaft wie der Blutsverwandtschaft am allernächsten standen. Diese beiden Todesfälle, die zur gleichen Zeit eintraten, stehen wie zwei Lettern, in denen Schicksalssinn zu liegen scheint, vor dem Betrachter dieses Lebens. Am Tag darauf war der 25. Juli, der Todestag des Vaters von Arthur und von Ludwig Polzer. Ihm verdankte letzterer nicht nur sein Leben, sondern auch die dieses Leben prägende Entdeckung Rudolf Steiners. Daß der Todestag der beiden nächsten Menschen derart in jenen andern Todestag des Vaters Julius mündete, ist eine weitere Schicksalsletter, die zu lesen wäre ...

*

Nach dem Tode seiner Frau und seines Bruders bietet Emil Hamburger dem Freund an, die Wohnung in der Kreuzgasse in Wien mit ihm zu teilen. Gegen Ende August fährt Polzer in das besetzte Baden, um sich auch sein Zimmer in der Breitnerstraße wieder etwas einzurichten. Aus Tannbach hatte er das von Haß in München gemalte Bildnis Bertas (Abb. 29) mitgenommen. Er hängt es nebst Bildern seiner Söhne an die Wand. Ob *Julius* noch lebte? Stark sucht er hier in Baden die innere Verbindung mit der Gattin. Er denkt und trachtet; er wendet sich rein innerlich an Berta und schreibt am 29. August einen 'Brief' an die Dahingegangene:

«Meine liebe, teuere Berta, erreiche ich Dich besser, wenn ich Dir auch schreibe, als wenn ich nur denke? Ich bin jetzt zwei Tage in Baden, habe mir das Zimmer wieder etwas eingerichtet. Es fehlt aber viel, was macht es? – Dein großes Bild von Maler Haß hängt wieder an der Wand und auch die zwei Bilder unserer Söhne, nebst anderen Erinnerungen. Frau Leschanowski ist lieb, freundlich und tätig. Die Russen und die Ernährung machen viel Mühe – Lebensmittel fehlen u. nur eine primitive Kochgelegenheit. Am Abend besuche ich Schwägerin Lisl und Hannerl. Letzterer habe ich Dein Amethystkreuz gegeben. Dein anderes, das Du immer trugst, gab ich Christl. Ich hoffe, es ist Dir so recht.

Dr. Steiners Bild steht vor mir (...) Das sind zwar äußere Dinge u. doch durch Ihn mit Geistigem verbunden. Ich bin traurig, Dir nicht mehr dienen zu können, und freue mich auf ein baldiges Wiedersehen. Du wirst mir in der geistigen Welt sicher einen lieben Empfang vorbereiten. – Von Julius höre ich nichts, vielleicht ist er auch schon bei Dir wie der liebe Josef. Ihr Lieben, ich denke an Euch! Morgen fahre ich nach Wien. Emil ist so lieb, war auch sehr krank, ist jetzt wieder in der Kreuzgasse, fand dort alle Sachen wieder, die ich vor 1 1/2 Jahren zurückließ.

In der Einsamkeit wird die Liebe groß u. die Dankbarkeit für alles im langen Leben ist stets wach.

Dankbar bin ich aus tiefstem Herzen, daß ich Dich im Leben traf; für alles auch, was Du mir gabst. Vieles danke ich Dir. Mit Deinem Weggang ist ja doch auch mein Leben abgeschlossen.

Ich liebe Dich und danke Dir. Dein alter Ludwig.»

In Wien angekommen, setzte Polzer das Briefgespräch mit Berta fort. Am 31. August schreibt er die Zeilen nieder:

«Meine teuere Seelenhüterin, als ich Dich mit gebrochenem Fuß liegen sah, war mir der Anblick so furchtbar, daß ich ihn nicht losbekomme in der Erinnerung. Heute denke ich dazu: So stark u. ausdauernd war Dein Gehen immer. Und jetzt hier in Wien gehe ich auch so viel und ermüde wenig. Vielleicht gabst Du mir von Deinem Ätherleib Deiner ausdauernden Beine. Wir bleiben verbunden in Liebe, ich mit Dir und Du mit mir. – Ich kam nach Wien, dachte, daß ich hier früher verhungern würde u. wollte die Freunde sehen. Aber diese helfen mir, u. ich kann auch wieder neu Hinzukommenden helfen u. ihnen erzählen aus früheren Jahren, besonders 1917.»

Und am 2. September fügte er noch die folgenden Worte hinzu: «So stark warst Du im Geiste gestanden, daß die Gegenmächte Dich verfinstern wollten. Nun können sie nicht mehr an Dich heran. – Es wird der geistige Weg von mir zu Dir gangbar werden, und Du wirst mir den richtigen Übergang in die geistige Welt ermöglichen.»

Ein paar Tage später trat plötzlich eine Blinddarmentzündung ein. Polzer wurde in die Klinik Oenk an der Spitalgasse gebracht und am 13. September gerade noch zur rechten Zeit operiert. Die Operation war sehr schwer gewesen, und so mußte er noch wochenlang in der Klinik bleiben, obwohl er sich, was die Pflege anbetraf, in miserablen Händen fühlte. Am 25. September schrieb er aus der Klinik die letzten beiden Briefe, die erhalten sind; einen an Emil Hamburger, den zweiten – als Beilage zum ersten Brief – an die Freunde in der Arlesheimer Klinik.

In klaren, schönen Schriftzügen schrieb er an den Freund in Wien:

«Lieber Emil!

Bitte sende diesen [beigelegten] Brief auf dem Wege, von dem Du mir gesagt hast, dringend. Herr Dr. Salzer sagte mir heute, daß die Operation sehr schwer war und daß ich zufrieden sein soll mit dem Verlauf der Heilung. Die Pflege hier spottet jeder Beschreibung, aber der Doktor scheint ganz machtlos zu sein gegen das herrschende Gesindel, und auch sein Ärzte-Anhang hat kein weiteres Interesse für die Pflege und wahrscheinlich auch nicht das geringste Verständnis. Ich habe schon Dr. Wantschura[338] geschrieben, der jetzt Einfluß im Gesundheits- und Ernährungsamt haben soll, das läuft aber scheint's auch leer, wie alles im Staate.

In meinem größeren Koffer unter dem Schreibtisch ist ein Einsatz, der vollgepackt ist mit Sachen meiner Frau. Der soll in Wien bleiben. Dafür sollen die Kleider im Schrank darin eingepackt werden und mitgehen mit mir: d. h. vier Handkoffer und ein Jutepack, der noch von Baden b. Wien kommen wird. Unter einem [österr. für 'zugleich'] schreibe ich nach Baden, daß man die wenige Wäsche, die ich dort noch habe und einige Kleinigkeiten wie Seife und Bürste dort einpackt. Mit etwas Willen und Energie halte ich die Sache für möglich. Die rote Tasche im Schreibtisch mit einigen Dokumenten etc. soll aus den Schreibtischfächern noch ergänzt werden, so viel hineingeht. Alles andere habe ich Dir ohnehin schon gesagt. Ich bin derzeit noch recht hilflos und auf Hilfe angewiesen. Fr. Bittrich hilft mir, wo sie kann. Bin ihr sehr dankbar dafür.

Herzlichst Dein alter Ludwig

P.S. Es gäbe noch sehr viel zu sagen – intimster Art –, ich hoffe, es gibt noch ein Wiedersehen vor meiner Abreise.»

Polzer rüstete sich also noch einmal für eine neue, letzte Reise. Im Vorgefühl des Todes wollte er den Ort aufsuchen, an dem er würdig sterben könne und welcher seine letzten Reste bergen möge. «Es ist nicht gleichgültig, wo man stirbt», hatte er vor zwei Jahren an Menny Lerchenfeld geschrieben.

«Man ist mit seinem Schicksal einem bestimmten Orte der Erde auch als Geistesmensch verbunden und bleibt es nach dem Tode.»

Der zweite, beigelegte Brief enthüllt, wo dieser Ort des Sterbens lag. In dem 'An das klinisch-therapeutische Institut (ehemals Frau Dr. Wegmann)' adressierten Brief schreibt er:

«Liebe Freunde!
Ich liege nach einer Blinddarmoperation schwerster Art seit 3 Wochen in der Klinik. Ich habe meine Frau vor 8 Wochen verloren, meine beiden Söhne sind gefallen[339], mein Gut wurde vollständig ausgeplündert, das Schloß enteignet und vor kurzem von den Russen amtlich versiegelt. Dr. Hamburger hat mich in liebevoller Freundschaft zu sich aufgenommen. Dann bekam ich plötzlich die Blinddarmentzündung. Wie durch ein Wunder wurde ich durch die Geschicklichkeit eines Arztes operativ gerettet. Hätte ich nicht einige Freunde, so ließe mich das Personal verkommen.

Nun hätt' ich nur einen Wunsch: in Ihrer Klinik oder einer Dépendance in Brissago oder Locarno meine letzten Wochen oder Monate zu verbringen. Da ich 77 Jahre alt werde, gehöre ich eigentlich niemandem mehr und hängt es nach meiner Meinung nach nur von der Schweizer Einreisebewilligung ab. Die Möglichkeit hängt nur von einem starken Willen ab, der sonst nicht viel frägt, sondern handelt. Da Amerika und England jetzt souverän sind, wäre ein Autotransport sicher möglich. Man muß nur die Menschen vor Tatsachen stellen. Mein Enkel, Christward Johannes, lebt seit seiner Geburt in Dornach bei Basel und studiert auf der Hochschule in Basel Medizin. Die Sache halte ich durchaus für möglich, um eine prompte Antwort bitte ich herzlich.

Mit herzlichsten Grüßen
und hoffentlich auf Wiedersehen
Ihr Ludwig Polzer-Hoditz»

An einer Wirkensstätte Ita Wegmans wollte Polzer diese Welt verlassen! So zog es ihn vor der Todesschwelle zur Lebenssphäre jenes von ihm hochgeschätzten Menschen hin, der ihm *als einem esoterischen Schüler Rudolf Steiners* von allen dessen andern Schülern mit der Zeit am nächsten stand.

Hamburger hat diesen Brief, der sich in *seinem* Nachlaß fand, offenbar nicht mehr weitergeleitet. Kaum hatte Polzer, der schon auf dem Wege der Genesung war, diese letzte Reise vorbereitet, trat Ende September plötzlich eine Kreislaufschwäche ein. Seine Nichte Christl und Emil Hamburger gehörten zu den ganz wenigen ihm nahen Menschen, die von ihm Abschied nehmen konnten. In den Morgenstunden des 13. Oktober 1945 starb Ludwig

Polzer-Hoditz in der Klinik Dr. Oenks in Wien an Herzversagen.[340] Sein «Geistesmensch» sollte, im Gegensatz zu seinem letzten Wunsche, doch der Stadt verbunden bleiben, in welcher er am 23. November 1908 den ersten Vortrag Rudolf Steiners hörte ...

Es war ein Samstag oder Saturn-Tag. Sein Genius vermochte ihm den Tod in den vergangenen Jahren immer wieder, wenn auch oftmals nur auf Armeslänge, vom Leib zu halten; nun brachte er die volle, schwere, reiche Ernte dieses Lebens ein.

Bis zum letzten Atemzug blieb Ludwig Polzer vollbewußt, und die letzten Stunden seines Lebens verbrachte er in dauernder Meditation.[341]

Als er über die Todesschwelle in die 'Nebenzimmer' der Geschichte einging, dürfte ihn ein Wort von Rudolf Steiner treu begleitet haben, ohne dessen Geistgehalt er nie zu meditieren suchte und das uns in der Schrift von seiner eigenen Hand erhalten blieb:

«Im Geiste der Menschheit fühle ich mich mit allen Esoterikern der ganzen Welt vereint.»

48. EPILOG

Vom Jahr des ersten vatikanischen Konzils bis zur äußeren Verwüstung und inneren Selbstzertrümmerung Europas spannte sich der Bogen dieses Lebens. In Schicksalsnähe zur Dynastie der Habsburger und zur Geisteswissenschaft von Rudolf Steiner spielte es sich ab. Unweit der 'Habsburg' nahm das Geschlecht der späteren Familie 'Hoditz' seinen Ausgang. Im Jahrhundertjahre 1917 befanden Arthur und sein Bruder Ludwig Polzer-Hoditz sich in welthistorischer Relation zu Kaiser Karl und Rudolf Steiner. Ein neues ideelles Reis hätte sich dem 'Stammbaum' Habsburgs in diesem Schicksalsjahre einverpflanzen lassen – durch die Aufnahme des Impulses der sozialen Dreigliederung. Die Österreich-Ungarn von der Weltgeschichte gestellte Völkeraufgabe wäre dadurch in den Bereich der Lösbarkeit gekommen. Allein um dieser Aufgabe und der Möglichkeit der Lösung willen hätte Österreich 'geschaffen werden' müssen, wenn es nicht schon bestanden hätte. Die Chance wurde im Inneren der Monarchie verschlafen und verpaßt, von außen her verdeckt und hintertrieben. Daher mußte Österreich 'zugrunde gehen'.

«Ist es aber zu wundern», fragte Ludwig Polzers Großvater in einer seiner Novellen, «daß da, wo ein großer Gedanke fehlt, der Mensch Egoist wird und die Idee des Staates darüber verloren geht, dessen morsche Formen, mühsam zusammengehalten, doch nur für die nächste Generation ausreichen können? Gewiß, die kräftige Sonne des zwanzigsten Jahrhunderts wird hier nur Trümmer bescheinen.»

Der «große Gedanke», der «die Idee des Staates» in zeitgemäßer Art zur Idee der Dreigliederung des sozialen Organismus hätte metamorphosieren können, war sogar gekommen, doch wurde er von der 'Finsternis' der sich aufgeklärt wähnenden führenden Köpfe Mitteleuropas abgewiesen. Der Mensch wurde durch das Festhalten an überlebten «morschen Formen» des geistigen, des sozialen und des wirtschaftlichen Lebens in einem Maße «Egoist», wie es die Weltgeschichte kaum zuvor erlebte.

«Die kräftige Sonne des zwanzigsten Jahrhunderts» fand nur noch Trümmer zum Bescheinen vor.

Auf der mehr individuellen Ebene war Polzers Leben nicht nur der Freundschaft, der Erkenntnis und der Tat gewidmet, sondern auch ein Leben wiederholter Rückschau. Am Abend hielt er Rückschau auf den Tag, am Jahresende auf das Jahr, im Höhepunkt des Lebens auf ein verflossenes anderes Leben im Rom des 2. nachchristlichen Jahrhunderts.

48. EPILOG

Vom symptomatischen Gesichtspunkt aus betrachtet, ist es sehr bemerkenswert, daß noch zu Polzers Lebzeiten eine Biographie über Kaiser Hadrian entstand, die das Motiv der Rückschau schon in ihrem Titel trägt: wir meinen die *Mémoires d'Hadrien* von Marguerite Yourcenar.[342] Es handelt sich um die auf großer historischer Sachkenntnis fußenden fiktiven Memoiren dieses Kaisers, der zwar Memoiren schrieb, die aber nicht erhalten blieben. Yourcenar begann zwischen 1924 und 1929 an diesem Werk zu schreiben; in der Zeit also, die zwischen Rudolf Steiners Ersterwähnung dieses Kaisers Polzer gegenüber und der Romreise verfloß, die dieser 1929 mit Sophie unternahm. Die Dichterin vernichtete die ersten Aufzeichnungen wieder, da sie die Notwendigkeit empfand, am 'Sujet' erst heranzureifen. Sie griff dann das Projekt zwischen 1934 und 1937 von neuem auf, um es von neuem aufzugeben. 1945 – im Todesjahr von Polzer – taucht das Bild des ertrunkenen Antinous mit Macht vor ihrem Dichterauge auf; es entsteht der noch unveröffentlichte Essay *Cantique de l'âme libre*. 1958 endlich ist das Werk vollendet und wird in viele Sprachen übersetzt. Aus den Notizen zu den *Mémoires d'Hadrien* ist Aufschlußreiches zu erfahren. Yourcenar schreibt zum Beispiel: «Dieses 2. Jahrhundert interessiert mich, weil es, für sehr lange Zeit, *das der letzten freien Menschen war*. Was uns betrifft, so haben wir uns von jener Zeit vielleicht schon sehr, sehr weit entfernt.»[343] Und an anderer Stelle nennt sie ihr Buch: «Porträt einer Stimme».[344] Wer Yourcenars Hadrianbuch liest, macht in der Tat Bekanntschaft mit einer wunderbaren 'Stimme', die in epischer Ausführlichkeit vom reichen Leben ihres Trägers spricht. Und wer dann Polzers Prager Aufzeichnungen liest, wird, vielleicht mit leisem Schrecken, feststellen, daß diese andere Stimme irgendwie *denselben Klang* zu haben scheint ... Etwas von dem Klang zu finden, der auch in Polzers Stimme mitzuschwingen scheint, sollte offenbar der Intuitionskraft eines 'weiblichen Geistes' vorbehalten sein ...

Doch bleiben wir bei Ludwig Polzer selbst: Im Laufe seines Lebens wurde er ein wahrer Meister jener rätselhaften Kraft, die wir 'Erinnerung' nennen. Und hin und wieder ist es ihm sogar gelungen, die Grenzen der Erinnerung zu durchbrechen und zu geistigem Erleben durchzustoßen. Denn die Erinnerungskraft kann, bei entsprechender Entwicklung, zu spiritueller Sehkraft werden.[345] Dann aber wird sie auch befreit vom Hinblick auf Vergangenes allein; im erinnerten Vergangenen können Keime künftiger Entwicklung sichtbar werden. Manche Traumerlebnisse von Polzer mit prophetischem Charakter scheinen diesen Hintergrund zu haben. Das in der Rückschau Angeschaute vermag die Fähigkeit der 'Vorschau' und den Enthusiasmus für das Bauen an der Zukunft zu erwecken. Und aus den dreitausend Jahren der Vergangenheit, von denen Goethe forderte, daß sie ein jeder Mensch, der nicht «von Tag zu Tage leben» möchte, zu überschauen lerne, werden einst dreitausend Jahre Vorschau auf die Zukunft werden ...

*

Fragen wir uns nun einmal: Wie würde denn ein Geist wie Polzer, zunächst von den 'Nebenzimmern' der Geschichte aus, nach 1945 den Gang der Erden-Zeitereignisse betrachtet und gewertet haben, und wie würde er ihn auf dem Hintergrund der Zukunft der Jahrtausendwende und der ihr folgenden Jahrzehnte sehen?

Daß die Frage hier nicht leichten Sinnes aufgeworfen wird, sondern im Hinblick auf die schon vernunftgeforderte reale Existenz der in den 'Nebenzimmern' der Geschichte wandelnden Individualitäten als *Hypothese der Vernunft* gebildet werden kann, ergibt sich schon aus zahlreichen Betrachtungen in vergangenen Kapiteln dieses Buches. Wer ein solches 'Abenteuer der Vernunft' für unausführbar hält, der mag von seinem individuellen Standpunkt aus ganz recht behalten; daß es *generell* nicht zu bestehen wäre, kann von niemandem behauptet werden. Um es aber *glücklich* zu bestehen, dazu gehören allerdings gewisse Vorbedingungen. Auf eine dieser Vorbedingungen hat Menny Lerchenfeld mit schlichten Worten nach dem Tode ihres Vaters hingewiesen: «Jeder Tote lebt in jedem von uns sein eigenes Leben weiter. Um dieses Leben aber zu vernehmen, dazu müssen wir bereit sein.»

Wer sich in solcher innerer 'Bereitschaft' der Individualität zuneigt, die am 13. Oktober 1945 durch die Pforte des Todes für eine Weile in die Nebenzimmer der Geschichte trat, der könnte, schon als Hypothese der Vernunft, Fragen zu «vernehmen» suchen, die dieser wahre *Über*lebende an alle jene richtet, die sich in den Tageszimmern der Geschichte fortbewegen. Fragen etwa wie die folgenden:

Wie gründlich wird man nun nach 1945 zuerst die Trümmer aus dem Wege räumen, um feste Fundamente neuer Einrichtungen zu erbauen? Wie werden diese neuen Fundamente selbst beschaffen sein und wie, auf geistigem, sozialem und wirtschaftlichem Feld, die neuen Einrichtungen für die zweite Hälfte des Jahrhunderts? Wird man, nachdem der Sieg des deutschen 'Reiches' über deutschen 'Geist', nachdem die 'neue' Weltordnung des Wilsonianismus und die sogenannte Friedensregelung von Versailles als Wegbereiter in den Abgrund von 1933 bis 1945 dienten, eine wahre 'neue' Weltordnung erbauen wollen oder nochmals eine, wenn möglich noch viel schlimmere Karikatur derselben etablieren? Wird die Menschheit am Ende des Jahrhunderts ein drittes Mal auf Trümmern unbrauchbarer 'neuer' Weltordnungen stehen wollen? Was wird der Beitrag jener Menschen zu dieser Aufbauarbeit sein, die der anthroposophischen Geistesströmung angehören, und *welche Rolle wird die gleichnamige Weltgesellschaft beim Aufbau einer 'neuen'*

48. EPILOG

Weltordnung noch spielen können? Wird man erkennen, daß die europäische Mitte der Raum der künftigen Mysterienoffenbarungen wird werden müssen, der Wurzelraum des wahren Individualismus? Werden die längst notwendigen Brücken zwischen wahrem Deutschtum und dem Slawentum gebaut und auch begangen werden? Wie wird sich der Impuls des Testamentes Peters des Großen im weiteren gestalten wollen? Und wie die immer enger werdende Zusammenarbeit von Logentum und jesuitischen Bestrebungen?

Im Schlußteil dieses Buches wird der Versuch gemacht, vom Gesichtspunkt solcher Fragen aus die weitere Entwicklung der Jahrzehnte nach 1945 in Hauptumrissen zu betrachten. Wir beschränken uns dabei auf die Ereignisse und Tatsachen, die im Rahmen dieser Fragestellungen von symptomatischer Bedeutung sind.

Ludwig Polzer-Hoditz hat kein schriftliches, persönliches Testament im gewohnten Sinne dieses Wortes hinterlassen. Doch die ganze Stärke seines geisteswissenschaftlich orientierten Strebens, in erster Linie auf sozial-politischem Gebiet, sowie die Unerfülltheit dieses Strebens; schließlich der tiefe Ernst, mit dem er die unter dem Begriff des 'Testamentes Peters des Großen' subsummierten Gegenbestrebungen klar durchschaute, welche die Erfüllung der wahren Aufgabe Europas, den erkenntnismäßigen und den ethischen Individualismus auszubilden, nach wie vor verhindern wollen – all dies rechtfertigt es in unseren Augen, von einem 'Testament von Ludwig Polzer-Hoditz', dem die oben angeführten Fragestellungen entstammen könnten, zu reden und zu schreiben. In diesem Sinne ist der Titel des letzten Teils des Buches zu verstehen.

V. DAS TESTAMENT VON LUDWIG POLZER-HODITZ

Auf der Erde ist das Höchste der individuelle Mensch;
seine Befreiung kann nur eine geistige Tat sein.
Alle Kriege, Gewalttaten und äußeren Revolutionen
können das nicht vollbringen.
Eine Revolutionierung des Geistes ist notwendig.

Ludwig Polzer-Hoditz

1. WINSTON CHURCHILL UND DIE 'EINIGUNG' EUROPAS

Am 17. April 1945 fand im Opernhaus von San Francisco die Gründungssitzung der UNO statt. Diese Neuauflage des 'Völkerbundes' hatte das erklärte Ziel, für die Sicherung des Weltfriedens zu wirken. Von allem Anfang an wurden jedoch die Russen nur sehr ungleichwertig in den UNO-Rahmen integriert. Der im letzten Augenblick noch eingefügte Artikel 52 der UNO-Satzung über «Regionalabkommen» diente in Wirklichkeit zur Isolierung Rußlands, wie L. L. Matthias klar gezeigt hat.[346] Die UNO wurde innert kurzer Zeit ein Instrument zur Initiierung des Kalten Krieges und zur Verwirklichung der in Jalta und in Potsdam proklamierten West-Ost-Spaltung der Welt.

Der Abwurf der ersten Atombombe auf Hiroshima am 6. August 1945 erfolgte ohne Absprache mit Stalin und obwohl sich dieser bereit erklärt hatte, an der Niederwerfung des asiatischen Verbündeten von Hitler-Deutschland mitzuwirken und Truppen in die Mandschurei marschieren ließ. So makaber dieses Faktum ist: die auf Japan abgeworfenen Bomben hatten *in erster Linie* die Funktion, den Russen klarzumachen, wer nach Beendigung des Krieges den internationalen Ton angeben wird. Stalin hatte seine Schuldigkeit getan – nun konnte man ihn fallenlassen; was natürlich nicht die Untaten verschönert, die der ausgebootete Staatsmann nun in seinem eigenen Land beging.

Am 5. März 1946 hielt Winston Churchill seine berühmte Fulton-Rede in Missouri, dem Heimatstaat von Präsident Truman. Er sprach vom «eisernen Vorhang», der mitten durch Europa niedergegangen sei, und betonte die Notwendigkeit, ein Bollwerk gegen Rußland zu errichten, mit dem man kurze Zeit zuvor noch verbündet gewesen war. Obwohl Churchill in Amerika als Privatmann auftrat – er wurde 1945 als Premierminister abgewählt –, bestimmte diese Rede nach Auffassung von Matthias «die Nachkriegspolitik vielleicht für Jahrzehnte oder länger».[347] Derselbe Autor meint von Churchill: «Einen Anspruch auf die Freiheit besaßen für ihn nur die 'englischsprechenden' Völker; alle übrigen gehörten zur zweiten, dritten und vierten Klasse.»[348] Oder wie Churchill selbst am 1. Dezember 1949 sagte: «Wenn es irgendeine Rasse in der Welt gibt, welche eines ungebrochenen Strebens fähig ist, dann ist es unsere britische Rasse.»

Ein halbes Jahr darauf hielt Churchill auch in Zürich eine folgenreiche Rede.[349] Es war am 19. September 1946. Ein paar Tage vorher war Graf Coudenhove in Bursinel am Genfersee bei ihm zu Gast. Churchill eröffnete dem

Grafen, daß er in Zürich für die Einigung Europas sprechen werde, und führte den Besucher dann an seine Staffelei. Er malte gerade an einer großen Landschaft des Genfersees mit einer uralten Zeder im Vordergrund. «Großzügig wie er selbst und sein Stil sind seine Bilder», schreibt Coudenhove voll Bewunderung.[350] Was waren nun die ideellen 'Bilder', die er in großen Zügen in der Aula der Zürcher Universität vor einem jungen akademischen Publikum skizzierte?

Nachdem der Redner, der als wichtiger Befreier vom Naziterror galt, die Schuld der *beiden* Kriege pauschal «den teutonischen Nationen in ihrem Machtstreben» angelastet hatte – das zumindest ebenbürtige Machtstreben innerhalb der 'englischsprechenden' Nationen dadurch überdeckend –, forderte er kurz und schlicht: «Wir müssen eine Art Vereinigte Staaten von Europa errichten.»

Wo dieser Staatsmann in Europa 'wir' sagt, sollte, nebenbei bemerkt, nicht vergessen werden, was er am 15. Februar 1930 in der englischen Presse geschrieben hatte: «Wir sind *mit* Europa, aber nicht *in* Europa.»[351] Im Anschluß an diese Aufforderung zu europäischer Vereinigung lobte Churchill Coudenhove, der in dieser Richtung gute Vorarbeit geleistet habe: «Viel Arbeit, meine Damen und Herren, wurde für diese Aufgabe durch die Anstrengungen der paneuropäischen Union getan, welche Graf Coudenhove so viel zu verdanken hat und welche dem Wirken des berühmten französischen Staatsmannes Aristide Briand seine Richtung gab.» Churchill forderte als Kern der europäischen Vereinigung eine neue Partnerschaft zwischen Frankreich und Deutschland; wobei er die «moralische und kulturelle Führerrolle» Frankreich übertragen wissen wollte. Er stellte den Europäern die vier Freiheiten der 'Atlantik-Charta' in Aussicht – «Freiheit von Rede und Meinung, des Glaubens und Freiheit von Not und von Furcht» – und meint, wenn es der Wunsch der Europäer sei, nach diesen Freiheiten zu leben, «müssen sie es nur sagen, und es können sicher Mittel gefunden und Einrichtungen geschaffen werden, damit dieser Wunsch voll in Erfüllung geht». Doch auch das nicht zuletzt von Churchill selbst hervorgerufene Gespenst der neuen russischen Gefahr malt er seinen Schweizer Hörern vor die Seele: «Aber ich muß Sie warnen. Vielleicht bleibt wenig Zeit. Gegenwärtig gibt es eine Atempause. Die Kanonen sind verstummt. Die Kampfhandlungen haben aufgehört; aber die Gefahren haben nicht aufgehört. Wenn wir die Vereinigten Staaten von Europa, oder welchen Namen sie haben werden, bilden wollen, müssen wir jetzt anfangen.» Als ersten praktischen Schritt in diese Richtung forderte der Gast aus England die Bildung eines 'Europarates'.

Wie 1930 durch die Initiative Briands war damit der Paneuropagedanke durch Churchills Zürcher Rede wiederum mit einem Mal in aller Munde. Daß die so schön und großzügig skizzierte Einheit von Europa in den Augen

1. CHURCHILL UND DIE 'EINIGUNGUNG' EUROPAS

Churchills nur das unverzichtbare Mittel zu einem ganz anderen, höheren Zweck war, nämlich der Errichtung einer Weltzentralregierung unter der Regie der englischsprechenden Völkerschaften – das offenbarte er nicht 'in' Europa, sondern, wiederum ein halbes Jahr darauf, in England. Am 14. Mai 1947 sagte Churchill in seiner Rede in der *Albert Hall* in London[352] – das 'Wir', das der britische Staatsmann hier zu Hause ausspricht, ist nun in ganz anderem, eigentlichem Sinne aufzufassen –: «Wir geben uns natürlich nicht der Täuschung hin, daß das Vereinigte Europa die letzte und vollständige Lösung aller Probleme internationaler Beziehungen darstelle. *Die Schaffung einer autoritativen, allmächtigen Weltordnung ist das Endziel, das wir anzustreben haben. Wenn nicht eine wirksame Welt-Superregierung errichtet* und rasch handlungsfähig werden kann, bleiben die Aussichten auf Frieden und menschlichen Fortschritt düster und zweifelhaft. Doch wollen wir uns in bezug auf den Hauptpunkt keiner Illusion hingeben: *Ohne ein Vereinigtes Europa keine sichere Aussicht auf eine Weltregierung.* Sie [die Vereinigung Europas] ist der unverzichtbare erste Schritt zur Verwirklichung dieses Zieles.»[256] Churchill deutet selber auf die große Ähnlichkeit der Machtbestrebungen innerhalb gewisser englischsprechender Kreise mit jenen hin, die im alten Rom zu finden waren, wenn er außerdem hinzufügt: «Wir ['wir!] hoffen, wieder ein Europa zu bekommen, das von der Sklaverei des Altertums gereinigt ist, in welchem die Menschen mit gleichem Stolze sagen werden: 'Ich bin ein Europäer', wie sie einst sagten: 'Civis Romanus sum' [Ich bin ein Bürger Roms].» Im Klartext kann dies nach den von Churchill selbst gegebenen Voraussetzungen nur heißen: «Ich bin ein Bürger *der Provinz Europa* innerhalb des englisch-amerikanischen Weltreiches.»

Auch die katholische Kirche ist im übrigen an einem Wiederaufleben des Romgedankens in Europa interessiert, wenn auch im Sinne einer *spirituellen* Machtausübung. Davon wird in Kapitel 2 die Rede sein.

Im Zuge der in Zürich propagierten Einigung Europas wurde Coudenhove ungeheuer aktiv. Er mobilisierte die Parlamentarier von Europa und bildete als Vorschritt für die Schaffung des Europarates eine europäische Parlamentarierunion. Noch während dieser Arbeit wurde er jedoch von Churchill respektive von dessen Schwiegersohn Duncan Sandys in gewissem Sinne ausgebootet.[353] Nichts lag den Engländern nämlich ferner als ein föderalistischer europäischer Bundesstaat mit einem starken Parlamentarismus. Dieser Teil von Coudenhoves Bemühungen wurde einfach sabotiert. Als dann im Mai des Jahres 1949 der Europarat begründet wurde, hatte dieser, entgegen Coudenhoves Hoffnung, nur eine unbedeutende beratende Funktion erhalten. – Schon im Mai des Vorjahres hatte Churchill in Den Haag einen Europakongreß arrangiert, auf dem als Dachverband verschiedener Europaorganisationen die 'Europäische Bewegung' begründet wurde, deren erster Präsident Duncan Sandys hieß. Es kam durch Churchills und durch Sandys' Initiativen im März 1949 zur Bildung eines 'American Committe on an United Europe' (ACUE), in dessen Vorstand unter anderen Allan Dulles saß, der Chef des neugegründeten CIA; außerdem George Franklin, der damalige Direktor des Council on Foreign Relations. Wer sich etwas mit der letztgenannten Organisation befaßt hat, weiß, daß sie (bis heute) ein einflußreiches Gremium der amerikanischen Außenpolitik darstellt; sie weist Querverbindungen zum 'Skull & Bones'-Club auf, zum Beispiel durch die Persönlichkeit von George Bush. Noch im Jahre 1949 begannen aus Geheimfonds des *State Department* über das amerikanische Europakomitee Gelder in die Brüsseler Zentrale der Europäischen Bewegung einzufließen. Ein Hauptziel dieser Bewegung bestand nach Auffassung eines Kenners der Zusammenhänge im Zeitraum zwischen 1949 und 1953 «in der Kampagne zur Wiederaufrüstung von Deutschland und in der Unterstützung für eine europäische Verteidigungsgemeinschaft».[354] Ersteres stand in eklatantem Widerspruch zu Jalta, wo von den 'Großen Drei' die Entmilitarisierung Deutschlands beschlossen worden war, aber auch zum 'Gesetz gegen Wiederaufrüstung', das die Adenauerregierung der seit dem Mai 1949 bestehenden Bundesrepublik Deutschland 1950 erlassen sollte.

Und hiermit wären wir beim zweiten Aspekt der anglo-amerikanischen Bemühungen um eine europäische Nachkriegseinheit angelangt: er ist wirtschaftlicher (oder militärisch-wirtschaftlicher) Art. Die von den Russen Ende März 1948 initiierte Lebensmittelblockade von Berlin wurde durch die Amerikaner absichtlich hinausgezogen (bis Ende Mai 1949), um der Welt die Gefährlichkeit der Sowjetunion zu demonstrieren und die Europäer von der Notwendigkeit zu überzeugen, daß dieser Gefahr nur durch eine neue europäische Aufrüstung zu begegnen sei.[355] Im Winter 1948/49 wurden in Washington unterdessen Verhandlungen geführt, die die Wiederaufrüstung der künftigen Bundesrepublik zum Thema hatten. «Man hatte die deutschen Generale gefragt, ob sie die Aufstellung einer deutschen Armee für möglich hielten», schreibt Matthias, «und ob eine solche Armee unter amerikanisches Kommando gestellt werden könnte. Die deutschen Generale hatten beide Fragen bejaht.»[356] Dies war kurz bevor am 4. April 1949 unter Benützung des Artikels 52 der UNO-Charta über die Möglichkeit der Bildung gewisser 'Regionalabkommen' innerhalb der UNO die NATO gegründet wurde. Vor der Gründung dieser Regionalorganisation innerhalb der UNO war also Deutschlands Aufrüstung beschlossenes Fait accompli. Und zwar war sie «unter Zustimmung der deutschen Generale *auf Befehl Washingtons*[256] erfolgt». Ein besonderes Merkmal dieser erpresserischen Politik war die Koppelung der Marshallhilfe an Deutschland mit der geforderten Wiederaufrüstung. Matthias schreibt diesbezüglich: «Es gibt sogar Unterlagen dafür, daß für den Fall der Nichterfüllung der militärischen Forderungen mit Sanktionen gedroht worden ist. Man drohte mit einer Einstellung der Marshallplanhilfe.»[356]

Unter dem herbeigelogenen Vorwand[355] der russischen Gefahr ließen sich mit dem aufzurüstenden Europa, insbesondere mit der Bundesrepublik, in den folgenden Jahren Geschäfte machen, natürlich nicht allein auf militärischem Gebiet. So standen hinter der anglo-amerikanischen Förderung der Einigung Europas handfeste wirtschaftliche Interessen.

Dies zeigt sich auch am amerikanischen Interesse für den später so genannten Schumanplan, dem Ausgangspunkt der Europäischen Wirtschaftsgemeinschaft (EWG) von 1957. Er wurde als 'Montanunion' geboren, als Vereinigung der Kohle- und Stahlindustrien der Beneluxländer, der Bundesrepublik Deutschland, Frankreichs und Italiens, die im Juli 1952 in Kraft trat. Die Idee dazu stammte vom französischen Geschäftsmann Jean Monnet, der während des Krieges Wirtschaftsberater der amerikanischen Regierung gewesen war. Das gemeinsame Exekutivorgan war die Luxemburger 'Hohe Behörde', deren erster Präsident Jean Monnet war. Dieses wirtschaftliche Erstgebilde der 'Vereinigten Staaten von Europa' wurde in Amerika lebhaft begrüßt. «Die 'Hohe Behörde' wurde von den Vereinigten Staaten als staatsähnliches Gebilde angesprochen, das aufgrund seiner 'Souveränität' befugt war, Entscheidungen zu treffen, die für alle Mitgliedstaaten der Union verbindlich waren. Man hoffte (...) mit der 'Hohen Behörde' über ein Instrument zu verfügen, das es gestattete, über die Köpfe der europäischen Regierungen hinweg eine europäische Union den eigenen Bedürfnissen entsprechend zu schaffen.»[357] Zu den begeisterten Befürwortern der Montanunion gehörten Averell Harriman wie auch der damalige amerikanische Außenminister Dean Acheson. Matthias meint sogar: «Monnet hätte diesen Plan auch unter dem Namen des amerikanischen Außenministers Dean Acheson herausbringen können, der in höherem Maße als viele Europäer an diesem Plan interessiert war, aber das Projekt sollte als ein europäisches vorgelegt werden.»[358] Das ist dann auch geschehen. Der französische Außenminister Robert Schuman wurde sein energischer Vertreter in Frankreich und Europa, und so hieß er später Schumanplan.

Um Mißverständnisse zu meiden: Das Problem ist nicht, daß in Europa eine an sich sinnvolle Vereinigung auf wirtschaftlichem Felde eingeleitet wurde, *sondern daß diese Vereinigung von vornherein von anglo-amerikanischen nationalen Wirtschaftsinteressen dominiert und modelliert wurde.* Amerikanisches Kapital *beherrschte* mehr und mehr die werdenden Vereinigten Staaten von Europa; das heißt, es floß stets im Zusammenhang mit politischen Auflagen und spezifisch amerikanischen Interessen. Das änderte sich auch durch die

Gründung der Europäischen Wirtschaftsgemeinschaft im Jahre 1957 nicht. Nach Abschluß der *Römischen Verträge* nahmen die amerikanischen Investitionen in Europa sturzbachartig zu. Ein Beispiel für die dominante Wirtschaftspolitik Amerikas innerhalb des EWG-Gebietes war der 'Hähnchenkrieg' von 1964: Die USA wollten den Export von Hühnern in das EWG-Gebiet erzwingen und drohten mit hohen Zöllen für den Import von Volkswagen, falls ihren Forderungen nicht entsprochen würde.

Im Sinne einer zeitgeforderten Weltwirtschaft dürften nun gerade auf dem wirtschaftlichen Felde keine national-egoistischen Faktoren eine ausschlaggebende Rolle spielen. Anstelle einer übernationalen Weltwirtschaft wütet jedoch seit der Nachkriegszeit ein vom Westen aus geführter *Wirtschaftskrieg*, und ein wichtiger Schauplatz dieses Krieges ist das sich vereinende Europa.

So trug das anglo-amerikanische Interesse an Europas Einigung nach dem Zweiten Weltkrieg zunächst im wesentlichen zwei Gesichter: ein politisches, das auf die Etablierung einer autoritativen, allmächtigen Super-Weltregierung ausgerichtet ist, die nur durch ein vereinigtes Europa verwirklicht werden kann, und 2. ein militärisch-wirtschaftliches, das durch das Mittel des provozierten kalten Krieges aus der weltweit spielenden Wirtschaft ein von westlichen Interessen bestimmtes Weltgeschehen machen will. Daran hat sich bis heute im wesentlichen nichts geändert.

Zum Teil dieselben Menschen, die die Teilung Deutschlands provozierten und den kalten Krieg heraufbeschworen, sprachen von der Vereinigung Europas und vom internationalen Frieden – und rüsteten den deutschen Westen und Westeuropa wieder auf ... Allen voran: Sir Winston Churchill. Widersprüche dieser Art sind ein Indiz dafür, daß hinter solcher Politik jene Art von 'Dialektik' steckt, wie sie in Clubs wie 'Skull & Bones' verwirklicht wurde und noch heute wird. Wenn sich bestimmte Dinge in der Welt nur durch die Strategie des Widerspruchs erreichen lassen, so lernt man in gewissen 'Clubs' einsehen – dann darf man eben keine Skrupel haben, eine Politik des Widerspruchs zu treiben ... Das wußten Acheson[359], Harriman und Churchill gleichermaßen, von jenen sehr, sehr wenigen zu schweigen, die *hinter* den Kulissen stehen und von welchen kein Geringerer als der britische Staatsmann Benjamin Disraeli einmal sagte: «Die Welt wird von ganz anderen Persönlichkeiten regiert, als sich jene vorstellen, die nicht hinter den Kulissen sind.»[360]

Nur wenige Politiker in Europas Mitte durchschauten in der materiellen Nachkriegsnot die unheilvollen Tendenzen, die den westlichen (Danaer-) 'Geschenken' innewohnten und die Europa daran hindern mußten, zwischen West und Ost seine Brückenfunktion wahrzunehmen. Konrad Adenauer, der seit Februar 1946 Vorsitzender der CDU in der britischen Verwaltungszone Deutschlands war, hatte einen Gegenspieler namens Jakob Kaiser, der als Vorsitzender der CDU Berlins und der sowjetischen Besatzungszone auf die Möglichkeit ebendieser Brückenfunktion Deutschlands hingewiesen hatte. Adenauer votierte für die Westintegration von Deutschland und reihte sich dadurch in die lang gewordene Kolonne der Untergräber einer mitteleuropäischen Aufgabe ein.[361]

Die Stadt Aachen stiftete ein paar Jahre nach dem Krieg den Internationalen Karlspreis, «für Persönlichkeiten, die sich besondere Verdienste um die Einigung Europas erworben»[362] hatten. Der erste Träger dieses Preises war 1950 Richard Coudenhove-Kalergi; unter den ihm folgenden Preisträgern befanden sich George Marshall und Sir Winston Churchill. Das Talent der Europäer, jene, die Europas Brückenfunktion zwischen West und Ost zerstören wollen, für ihre zweifelhaften Verdienste um die sogenannte Einigung Europas mit hohen Auszeichnungen zu beehren, ist erstaunlich.

*

Verfolgen wir in großen Schritten den Gang der weiteren Entwicklung der europäischen Vereinigung, sofern sie unter westlichen Impulsen vor sich ging. Wir beschränken uns im wesentlichen auf symptomatische Ereignisse der achtziger Jahre, weil die westlichen Bemühungen zur Einigung Europas in diesem Zeitraum mit neuer Kraft zutage treten. Wenn Churchill klar war, daß es ohne einiges Europa keine Weltregierung geben könne, so war im Westen mittlerweile gleichfalls klargeworden, daß die Einigung Europas auf die Dauer ohne Einigung in Deutschland kaum zustande kommen kann; aber auch nicht ohne einen Umbau des gesamten sozialistischen Systems.

Vorbereitet oder 'vorausgedacht' wurde die deutsche Wiedervereinigung in den USA allerdings bereits im Jahre 1955. Laut einem 1990 publik gemachten amerikanischen 'Intelligence Report' vom 12. Juli 1955 beschäftigten sich Washingtoner Deutschlandexperten mit «Politik und Problemen eines wiedervereinigten Deutschland» und gingen dabei in ihrer Geheimstudie von der «Voraussetzung» aus, daß die Vereinigung von Deutschland «dann zustande kommen wird, wenn die CDU/CSU in der Bonner Regierung die Führung ausübt». Der Historiker Alfred Schickel, der diesen 'Intelligence Report' in der Zeitschrift *Geschichte* darstellte, schreibt dazu: «Einem konservativen Regierungschef trauten sie am ehesten zu, mit den Schwierigkeiten einer Wiedervereinigung fertig zu werden. Zu diesen Problemen zählten sie die Notwendigkeit der Anerkennung der Oder-Neiße-Linie als Westgrenze Polens ebenso wie die komplizierten Wirtschafts-, Verwaltungs- und Rechtsangleichungen zwischen West- und Ostdeutschland.»[363]

Es verstrich geraume Zeit, bis die realen Verhältnisse die Durchführung dieses Zieles erlaubten oder wünschbar machten. Im September 1981 war es dann so weit: Richard Allen, der Chef des US-Sicherheitsrates, und wichtigste Berater von Präsident Reagan trafen in Bonn zu Besprechungen mit der CDU-Parteispitze um Helmuth Kohl zusammen; zu einem Zeitpunkt also, als die CDU noch *Oppositionspartei* war.

Die *Frankfurter Allgemeine Zeitung* berichtet über dieses Treffen am 10. September 1981 bereits auf der Titelseite unter der beachtenswerten Schlagzeile 'Die Deutschen in einem Zustand der Hilflosigkeit angetroffen' unter anderem: «Fast verdutzt waren die Deutschen, *als ihnen die Freunde von drüben einen guten Schuß Nationalismus empfahlen.*[256] Nicht aus demagogischen Gründen, sondern weil das etwas Positives sei.»

Weiter bekamen die verdutzten Freunde «auch die Forderung zu hören, Jalta müsse revidiert werden. Man einigte sich, daß es um ein wiederherzustellendes positives deutsches Geschichtsbewußtsein gehe, und *die amerikanische Forderung nach deutschem Nationalismus*[364] wurde verdeutlicht in der Behauptung: wer dieses Geschichtsbewußtsein nicht habe, sei kein guter Alliierter.» Der Berichterstatter, den man vor Verdutztheit seelisch förmlich um Atem ringen hört, macht an dieser Stelle den Kommentar: «Nachdem man drei Jahrzehnte lang sich bemüht hat, die Deutschen durch übernationale Bindungen, die Einbindung in Europa vor allem, von ihrem gefürchteten Nationalismus abzubringen, bekommen sie nun zu hören: Es gebe kein Land mit einer Außenpolitik, das nicht auch seinen Nationalismus habe.»

Weiter wurde den CDU-Politikern, die man für einen solchen deutschen Kurswechsel als geeigneter erachtete als die damalige Regierungspartei[365], offenbart: «Die Wiedervereinigung könne zwar etwas sein, das die Länder des Westens nicht schere oder ihnen sogar zuwider sei, aber da müßten sich die Deutschen drum kümmern.» Der neue Nationalismus wird den Deutschen dann wie folgt erläutert: Er soll «antikommunistisch sein, die Destabilisierung der Sowjetunion im Auge behalten, eine Vorwärtsstrategie betreiben». Und schließlich wird ihnen für den Fall, daß sie es vorzögen, den oktroyierten Kurswechsel nicht mitzumachen, schlicht und einfach gedroht: «Nähmen die deutschen einen anderen Weg, so drohe amerikanisches Ressentiment. Die Warnung wurde mehrfach deutlich ausgesprochen.»

Die Drohung sollte deutlich machen, daß dieses Startsignal für den gewünschten Kurswechsel in der deutschen Politik ernst zu nehmen sei. Sie erinnert an jene andere Drohung, die Ende vierziger Jahre mit der Gewährung der Marshallhilfe verbunden worden war.

Die amerikanische Demarche ist kein isoliertes Phänomen, sondern muß in einem größeren Zusammenhang betrachtet werden. Die nach einem ersten Abflauen des kalten Krieges bis in die Mitte der siebziger Jahre betriebene Entspannungspolitik wurde in Amerika als gescheitert angesehen oder ausgegeben. Danach sollten nach amerikanischer Auffassung die Verteidigungsanstrengungen der Europäer, allen voran der Westdeutschen, gesteigert werden, und zwar mit modernisierten Mittelstreckenatomwaffen. Wenn die Rüstungslobby stärkere Verkäufe wünscht, lassen sich auch die politischen Verbrämungen dazu erfinden. Eine solche war der zweite Teil des 'NATO-Doppelbeschlusses': mit den Russen in Verhandlungen über Mittelstreckensysteme einzutreten. Um dieses zu erreichen, mußte man sie erst in eine angeblich *für sie* bedrohlichere Lage bringen. Richard Allen sagte dies mit den Worten: «Wir müssen einen Anreiz für die Sowjets schaffen, ernsthaft zu verhandeln.»[366] Dieser Anreiz sollte durch den *ersten* Teil des Doppelbeschlusses geschaffen werden: durch Aufstellen von Mittelstreckenraketen in Deutschland!

Bereits vier Monate nachdem im deutschen Bundestag im Dezember 1983 nach zahllosen Beteuerungen über die sowjetische militärisch-atomare Überlegenheit als 'Nachrüstung' die Stationierung von Mittelstreckenatomwaffen beschlossen worden war, konnte man in einer Studie, welche interessanterweise von der *Bundeszentrale für politische Bildung in Bonn (!)* herausgegeben wurde, weitgehende Relativierungen der angeblichen Überlegenheit der Sowjets zur Kenntnis nehmen. Da hieß es etwa: «Vergleiche durch die Gegenüberstellung von Zahlen über militärische Verbände, Mannschaftsstärken und Waffensysteme sind aus der Berichterstattung der Nachrichtenmedien sattsam bekannt. Die Selbstverständlichkeit, mit der solche Gegenüberstellungen der Öffentlichkeit als zuverlässige Aussagen über die militärischen Fähigkeiten des potentiellen Gegners vorgesetzt werden und von dieser weithin akzeptiert zu werden scheinen, steht in einem deutlichen Mißverhältnis zu deren methodischer Dürftigkeit. Allein diese Methode der rein numerischen Gegenüberstellungen ohne Berücksichtigung jeglicher weiterer Faktoren wie Qualitätsmerkmale der Waffen, Zusammensetzung der Gesamtpotentiale, Unterschiede in militärischer Strategie und Taktik, geostrategische Ausgangsbedingungen, ganz zu schweigen von Faktoren wie Bevölkerungszahl, Wirtschaftskraft und technologischem Entwicklungsstand, öffnen der *Vergleichswillkür* Tür und Tor (...) Die Frage der nuklearen Bedrohung durch die Sowjetunion ist durch (...) Gegenüberstellungen von Kernwaffensystemen nicht zu beantworten.»

Die Studie kommt unter anderem zu folgendem erstaunlichem Ergebnis: «*Es kann festgehalten werden, daß der Schluß auf einen sowjetischen 'Grand Design' zur militärischen Expansion nach und Unterwerfung von Westeuropa empirisch nicht plausibel begründet werden kann.*»[367]

Kann es außer wirtschaftlichen Interessen noch andere Gründe für die mit zugegebenermaßen fadenscheinigen Begründungen betriebene deutsch-amerikanische 'Nachrüstung' gegeben haben? Die Frage führt uns auf ein Parallelereignis zum Bonnbesuch der 'Reaganiten' im September 1981.

Im März des Jahres 1981 hatte Richard Pipes, ein anderes Mitglied des Nationalen Sicherheitsrates der USA, ein zum späteren Bonner Auftritt im Herbst des Jahres paralleles Start- und Warnsignal an die Adresse Moskaus abgegeben, das *die Forderung nach einem radikalen Kurswechsel der russischen Politik* beinhaltete. Pipes verlangte: «Die sowjetischen Führer müssen wählen zwischen der friedlichen Umwandlung des kommunistischen Systems in Richtung auf das westliche Modell *oder in den Krieg ziehen.*»[368]

Die beiden offiziösen US-Weisungen des Jahres 1981 an die Adresse Bonns und Moskaus müssen im Zusammenhang betrachtet werden. Denn sie sind ein deutliches Indiz dafür, *daß in maßgeblichen westlichen Kreisen zu diesem Zeitpunkt beschlossen wurde, einen wohl schon Jahre vorher ausgearbeiteten Entscheid nun zu verwirklichen: das 'sozialistische Experiment' im Osten abzublasen.* Und da nicht anzunehmen war, daß der Osten dies so ohne weiteres in friedlicher Art tun würde, wurde ihm mit Krieg gedroht. Um dieser 'Drohung' den entsprechenden Nachdruck zu verleihen, 'mußte' in Europa 'nachgerüstet' werden. Dies ist der mehr *politische* Hintergrund dieser von Amerika verlangten 'Nachrüstung'.

Die in Bonn geäußerte amerikanische Forderung nach der deutschen Wiedervereinigung wie auch die Nachrüstung von Deutschland muß also letztlich im Zusammenhang mit diesem weltpolitischen Ziel der USA gesehen werden, das 'sozialistische Experiment' zu stoppen. Die Zielstufenleiter der US-Außenpolitik der frühen achtziger Jahre läßt sich grob wie folgt umreißen: *Erstes* und höchstes Ziel, dem alle anderen untergeordnet sind: die Errichtung einer 'effektiven Welt-Superregierung', wie sie schon Churchill vorschwebte. Dazu muß *zweitens* das 'sozialistische Experiment' im Osten abgebrochen werden. Um den Russen zu beweisen, wie ernst es dem Westen mit dieser politischen Forderung war, 'mußte' *drittens* im Westen nachgerüstet werden. Unter der Voraussetzung der gleichzeitigen Verwirklichung des zweiten und des dritten Zieles ließ sich *viertens* eine deutsche Wiedervereinigung durchführen. Diese wird *fünftens* die steckengebliebene Vereinigung Europas vollenden helfen. Erst dadurch ist der nach Churchill unverzichtbare Schritt vollzogen, der *sechstens* die umfassende Etablierung einer 'notwendigen' Welt-Superregierung ermöglicht; oder wie C.S. Gray in seinen 1982 in London erscheinenden *Strategic Studies* sagte: «Zu behaupten, daß die Vereinigten Staaten der Hüter der Weltordnung seien, heißt eigentlich kaum mehr, als das Offensichtliche und Notwendige aussprechen.»

Die achtziger Jahre sollten der Verwirklichung der vier ersten Punkte des Programmes dienen.

1. CHURCHILL UND DIE 'EINIGUNGUNG' EUROPAS 491

Kaum war im Herbst des Jahres 1981 der *künftigen* Bonner Mannschaft ein Schuß 'gesunder Nationalismus' verordnet worden, der natürlich auch die Bejahung der 'Nachrüstung' implizierte, so waren aus den USA bereits besorgte Töne über eine künftige Wiedervereinigung von Deutschland zu vernehmen, die man als «destabilisierend»[369] bezeichnete. Daß diese Besorgnisse *aus denselben Kreisen* stammen müssen, die die Deutschen soeben zur Wiedervereinigung ermuntert hatten, geht schon daraus hervor, daß diese zum damaligen Zeitpunkt noch gar kein ernstes öffentliches Thema war. Übersetzt man derlei widersprüchliche Äußerungen – sie gehören zur politischen 'Dialektik' –, die wiederum in einem inneren Zusammenhang zu sehen sind, in den Klartext des politischen Handelns der USA, dann heißt dies: von jetzt an wird, zugleich mit dem Abbau des sozialistischen Systems, auf die deutsche Wiedervereinigung hingearbeitet; doch zu stabil soll dieses neue Deutschland auch nicht werden; sonst bestünde die 'Gefahr', daß ein Vereinigtes Europa mit einem starken und stabilen Deutschland in der Mitte sich einer Lenkbarkeit durch die globale 'Weltordnung' entziehen könnte ...

Bereits wenige Monate nach dem Regierungsantritt der CDU verkündet der neue Kanzler Kohl im Juli 1983, mit vom Rückenwind aus Washington geblähter Pose, vor dem Parlament: «Wir Deutsche finden uns mit der Teilung unseres Vaterlandes nicht ab. Aus geschichtlicher Erfahrung sind wir uns bewußt, daß die Wiederherstellung der Einheit Deutschlands in Frieden und Freiheit nur im Rahmen einer gesamteuropäischen Friedensordnung zu verwirklichen ist.»[370] Im September attackierte der amerikanische Vizepräsident Bush in Wien die sowjetische Herrschaft über Osteuropa und betonte, daß Amerika die Vorstellung eines geteilten Europa ablehne.[371] – Genug: die angeführten Stimmen konnten jedem Unbefangenen vor Augen führen, daß die achtziger Jahre ein Jahrzehnt des weltpolitischen Umbaus waren und noch weiter werden würden.

Im Jahre 1989 erschien noch vor der 'Wende' das Buch *The Grand Failure – The Birth and Death of Communism in the Twentieth Century* von Zbigniew Brzezinski[372], das «den Zusammenbruch des Kommunismus in Osteuropa und Rußland vorhersagte», wie die Verlagsankündigung der zweiten Auflage betont. Das Buch war schon im August 1988 vollendet und hatte laut des ersten Satzes der Einleitung «die Todeskrise des Kommunismus» zu seinem Gegenstand. Brzezinski gibt einen kurzen Überblick über den historischen Weg, den «das marxistische Experiment» in Rußland nahm, und sagt: «Es war ein seltsames Wachstum, diese Transplantation einer im wesentlichen westeuropäischen Doktrin, welche im öffentlichen Leseraum des *British Museum* von einem emigrierten deutsch-jüdischen Intellektuellen [Marx] konzipiert wurde, auf die quasi orientalische, despotische Tradition eines etwas fern gelegenen eurasischen Reiches, bei welcher ein russischer Revolutionär [Lenin] als Chirurg der Geschichte handelte.» Nun war offenbar eine neue *Operation* fällig geworden – und deshalb mußte das 'marxistische Experiment' abgebrochen werden. Brzezinski schrieb sein Buch nicht als Prophet der kommenden Ereignisse, von denen die meisten Europäer überrascht wurden; er war, während der Carter-Ära Direktor desselben Nationalen Sicherheitsrates, dem auch Allen und Pipes angehörten, das heißt, er hatte Einblick in die außenpolitischen Langzeitplanungen der USA. Und *wie* lange in der Tat in Washington vorausgeplant wird, dürfte aus dem bisher Dargestellten klar geworden sein.

In seiner dritten Rede zur amerikanischen Ost- und Sicherheitspolitik erklärte der US-Präsident Bush laut einem Bericht der FAZ vom 26. Mai 1989: «Wir leben in einer Zeit, die Zeuge des Endes einer Idee ist, des letzten Kapitels des kommunistischen Experiments.» Die Verwendung des Ausdrucks marxistisches respektive kommunistisches *Experiment* durch Brzezinski und durch Bush ist auffallend. Es ist der Ausdruck, der 1893 von Harrison verwendet wurde, als er von «experiments in socialism» sprach. Der Kreislauf hatte sich geschlossen: das 1917 in den Osten 'transplantierte' Experiment *wurde innerhalb derselben anglo-amerikanischen Strömung durch die Nachfolger derjenigen Persönlichkeiten abgebrochen, die es vor hundert Jahren eingeleitet hatten.*

*

Ein symbolischer Ausdruck der Verwestlichung von West- und Mitteleuropa in der Nachkriegszeit ist das bereits am 8. Dezember 1955 – demselben Jahr, in dem auch Deutschlands künftige Wiedervereinigung konzipiert wurde – vom Ministerkomitee des Europarates angenommene Emblem: zwölf im Kreise angeordnete gelbe Sterne auf blauem Grund. Es wurde folgendermaßen erklärt: «Vor dem blauen Himmel *der westlichen Welt* symbolisieren die Sterne die Völker Europas in Form eines Kreises, des Zeichens der Einheit.»[373]

Das Europaratsemblem wurde später allerdings auch ganz anders ausgelegt – als christlich-marianisches Symbol. Und damit sind wir beim Hauptthema des folgenden Kapitels angelangt: dem Einfluß der römisch-katholischen Kirche auf die europäische Entwicklung in der Nachkriegszeit. Auch dazu soll eine symptomatisch-aphoristische Skizze folgen.

2. KATHOLISCHE IMPULSE
AUF DEM EUROPÄISCHEN BAUPLATZ

Der Einfluß der katholischen Kirche auf die sogenannte Einigung Europas ist in den vergangenen fünf Jahrzehnten kaum weniger stark gewesen als jener aus dem Westen. Das 1955 angenommene Europaratsemblem, das seit 1986 als EG-Symbol auf unzähligen Fahnen, Aufklebern und Plakaten Verbreitung sucht, verrät nicht nur westliches, sondern auch katholisches Interesse an einer Einflußnahme auf den Gang der Dinge in Europa. Im Dezember 1989 war in der Zeitschrift *Forum*, einer offiziellen Europaratspublikation, über die Beschlußfassung im Zusammenhang mit dem Europaratsemblem im Jahre 1955 unter der Überschrift 'Ein gewisser 8. Dezember' das folgende zu lesen: «Ein letztes lustiges Detail schließt die spannende Geschichte der Europafahne ab: Die offiziellen Dokumente halten verschiedene Daten über den endgültigen Beschluß fest. Im Dezember 1955 kommen die Stellvertreter der Minister in Paris zusammen und haben unter anderen Themen auch den letzten Beschluß über die Fahne zu fassen. Für die Arbeiten sind drei Tage vorgesehen, und wie es üblich ist, tragen vorbereitete Texte das Datum des letzten Tages (9. Dezember). Ausnahmsweise ist diese Zusammenkunft aber schon nach 48 Stunden beendet, und über die Fahne wurde also am 8. Dezember beschlossen. In einigen Dokumenten findet man aber irrtümlich das Datum des 9. Dezember 1955.»

Offenbar wird auf die Koinzidenz dieser Beschlußfassung mit dem 8. Dezember ein gewisser Wert gelegt. Doch weshalb?

Folgen wir dem Bericht noch etwas weiter: «Es brauchte kaum einige Monate, bis die Fahne zum ersten Mal auf einem öffentlichen Gebäude zu sehen war. Seit dem 21. Oktober 1956 ziert sie das Marienbild in der Straßburger Kathedrale. Die Glasfenster der Apsis waren 1944 durch einen Bombenangriff zerstört worden. Der Europarat beschloß, Frankreich eine Komposition von Max Ingrand für die Wiederherstellung zu schenken. Sie stellt die Vision aus dem 12. Kapitel der *Offenbarung* dar: *'Und es erschien ein großes Zeichen im Himmel; ein Weib, mit der Sonne bekleidet und der Mond unter ihren Füßen, und auf ihrem Haupt eine Krone von zwölf Sternen.'*»[256]

Die offizielle Berichterstattung legt also erstens großen Wert auf einen gewissen 8. Dezember und zweitens auf die Assoziation des Europaratsymbols mit dem die Straßburger Kathedrale schmückenden Bild der von zwölf Sternen umkränzten Jungfrau aus der Apokalypse. Ist diese Assoziation nur nebensächlich? Oder weht uns auf dem europäischen Sternenbanner ein bewußt gewähltes *marianisches* Symbol entgegen?

Bruno Bernhard Ziegler, Verfasser des Büchleins *Klaus von Flüe – der Heilige für unsere Zeit* [374], schreibt in bezug auf das Symbol von Europarat und EG: «Christliche Staatsmänner wie de Gasperi (Italien), Schuman (Frankreich) und Adenauer (Deutschland) waren es, die den ersten Schritt zur Aussöhnung und Freundschaft getan haben. Adenauer hat sich wiederholt am Grab des heiligen Bruder Klaus zu dessen Politik bekannt. Seitdem ist die jahrhundertelange Selbstzerfleischung Europas dem Willen zur Einigung gewichen. Wenn sich der hoffnungsvolle Anfang auch verflachte und sich fast nur noch auf technische und wirtschaftliche Zusammenarbeit beschränkte, wenn auch der kollektive Egoismus der verschiedenen europäischen Staaten der politischen Einheit entgegenstand und entgegensteht, so braucht es nur einen zündenden Funken, um der Idee zum Durchbruch zu verhelfen, die in der vom Europarat gewählten Flagge mit ihren zwölf Sternen auf blauem Grund zum Ausdruck kommt. Ein biblisch-marianisches Symbol (auch von den Türken angenommen!) weht über Europa. Das will sagen, 'daß auf diesem Bauplatz der Zukunft von den Christen erwartet wird, daß sie sich völlig einsetzen', so erklärten als erste die belgischen Bischöfe am 23. November 1976 in ihren 'Neuen Impulsen für Europa'.»

Damit treten die Bezüge zwischen dem EG-Symbol (dem aber mittlerweile der Anstrich eines *allgemeinen Europasymboles* gegeben worden ist) und gewissen «neuen Impulsen für Europa» (die so neu jedoch nicht sind!) schon etwas deutlicher zutage.

Doch der 8. Dezember? Hat auch dieses so auffällig betonte *Datum* etwas mit den sogenannten «neuen Impulsen für Europa» zu tun? In der Tat: Der 8. Dezember ist der kirchliche Festtag der 'Unbefleckten Empfängnis Mariä'. Wie der Leser sich vielleicht erinnern wird, erhob Pius IX., im Glauben, Maria ganz «auf seiner Seite»[289] zu haben, deren Empfängnis im Jahre 1854 als eine 'unbefleckte' zum katholisch-kirchlichen Dogma. Es war dies ein Vorspiel zur Infallibilitätserklärung desselben Papstes, die er dann auf dem ersten Vatikanischen Konzil verkündigte, welches er am 8. Dezember 1869 – dem Geburtsjahr Ludwig Polzers – in Rom eröffnete. Dies also ist die Perspektive, die sich vom Zwölf-Sterne-Zeichen *in Richtung Süden* öffnet ...

Es ist im übrigen bemerkenswert, daß im Bericht über die Symbol-Beschlußfassung der Hintergrund dieses bedeutenden Kirchenfestes unerwähnt blieb. Man wollte jenen, die sich lieber an die weltlich-westliche Seite oder Kehrseite der Münze halten, nicht allzu nahe treten ...

Daß wir es nun in der Tat, nicht nur beim EG-Symbol, sondern auch in der ganz realen Wirklichkeit der westlichen und kirchlichen Europapolitik mit zwei Seiten *einer* Münze zu tun haben, kann an zahlreichen Geschehnissen zwischen 1948 und 1989 abgelesen werden. Und so wenig, wie zwei Seiten einer Münze in verschiedene Richtungen zu rollen pflegen, sind bei die-

2. KATHOLISCHE IMPULSE

sen nun kurz aufgeführten symptomatischen Geschehnissen westliche und kirchliche Impulse für sich allein und voneinander unabhängig mit im Spiel.

*

Während zu Beginn des Jahres 1948 Richard Coudenhove in Amerika mit Truman und mit Marshall freundliche Besprechungen abhielt, suchte sein neuer Gegenspieler Duncan Sandys, der Schwiegersohn von Churchill, den Rat und Beistand des apostolischen Stuhls. Ende Januar hatte er in Rom eine Privataudienz mit Pius XII. Der Pontifex zeigte ein lebhaftes Interesse für die europäische Sache und versprach, «sein Möglichstes zu tun, um den Bemühungen der Europabewegungen in den verschiedenen Ländern die wohlwollende Unterstützung der katholischen Kirche zu garantieren»[375]. Einige Monate später sandte Pius einen persönlichen Sonderbeauftragten zum Haager Europakongreß, der im Mai stattfand. Dieser hatte eine Papsterklärung zu verlesen, die das friedenstiftende europäische Vereinigunsgbestreben lobend anerkannte.

Im Oktober dieses gleichen Jahres weilte übrigens auch General Marshall zu Besuch in Rom, um sich im Zusammenhang mit der Berliner Krise Rat zu holen. Es wurde eine vatikanische Vermittlung in Betracht gezogen.

Es darf hier vielleicht daran erinnert werden, daß dieser Pontifex als Staatssekretär Pacelli auch schon bei früherer Gelegenheit in Deutschland zu vermitteln wünschte: Er unterzeichnete am 20. Juli 1933 das *Reichskonkordat* mit Hitler. Nach W. L. Shirer hatte dies den folgenden Effekt gehabt: Da «es zu einer Zeit zustande kam, in der die ersten Ausschreitungen des neuen Regimes weltweite Empörung hervorriefen, versah das Konkordat die Hitlerregierung fraglos mit einer dringend benötigten Prestigekrücke»[376].

Pius XI., unter dem Eugenio Pacelli damals diente, hatte schon am 13. März, zwei Wochen nach der Machtergreifung, «in einem offenen Konsistorium in Anwesenheit der Vertreter anderer Nationen Hitler als ersten Staatsmann gelobt, der ihm in der offenen Verwerfung des Bolschewismus Beistand leiste». Die deutschen Bischöfe erinnerten Hitler später daran, daß Pius XI. «der erste Souverän gewesen war, der Hitler die Hand des Vertrauens reichte».

*

Mit «tiefer Freude» begrüßte Pius XII. im März des Jahres 1957 katholische Staatsmänner – unter ihnen Konrad Adenauer – und Delegierte der verschiedenen europäischen Regierungen, die ihn am Tage vor der Unterzeichnung der *Römer Verträge* im Vatikan aufsuchten. Das EWG-Vertragswerk konnte also tags darauf mit gesegneten Unterschriften abgeschlossen werden ... Der Vatikan wertete den Abschluß der EWG-Verträge laut dem *Osser-*

vatore Romano jedenfalls als «das wichtigste und bedeutsamste politische Ereignis innerhalb der neueren Geschichte der Ewigen Stadt».[377]. Und als Robert Schuman, damals Präsident der 'Europäischen Bewegung', kurz darauf einen Europakongreß in Rom abhielt, betonte der Papst vor der Versammlung, daß «die neue Gemeinschaft» über die ökonomische Sphäre hinaus, «auch auf Bereiche übergreifen könne, welche die geistigen und moralischen Werte pflege» [377]. Damit ist zugleich das Kerninteresse Roms an der «neuen Gemeinschaft» ausgesprochen: ihr die Spiritualität zu geben, die allein vermögend sei, eine ökonomische oder auch politisch-ökonomische Gemeinschaft auf ein wirklich dauerhaftes Fundament zu stellen. Die Kirche soll die europäische Gemeinschaft mit ihrer Geistigkeit durchsetzen. Das kann natürlich auf dem Hintergrund des '8. Dezember' 1854, 1869 und 1955 nur eine dogmatisch-autoritative Art der Glaubensspiritualität sein, also eine solche, die a priori, solange sie sich selbst am Leben halten will, eine jegliche Form von individueller Geistigkeit auf *erkenntnismäßiger* Grundlage bekämpfen muß. Obwohl diese Form der Bevormundungsspiritualität das Bedürfnis nach wahrer Autonomie des erkennen wollenden modernen Menschen nie befriedigen kann, wird ihr von allen Eurokatholiken von Schuman bis zum Sohn des letzten österreichischen Kaisers in einem fort gehuldigt. So verkündet Otto von Habsburg, seit dem Tod von Coudenhove-Kalergi im Jahre 1972 Präsident der Paneuropa-Union, in seinem 1991 publizierten Buch *Zurück zur Mitte*: «Wenn wir nicht zurück zum Glauben finden, wird Europa nicht überleben. Papst Johannes Paul II. richtete bei der Europafeier in Santiago de Compostela [von 1989] an unseren Kontinent den Appell: 'Finde wieder zu dir selbst!'»[378] Auf deutsch: Zurück in den Schoß der Kirche – dann wird alles gut gehen ... Diese Europafeier hatte übrigens schon in dem für die vatikanische Politik so wichtigen Jahr 1982 ein Vorspiel, als Johannes Paul II. von Santiago aus zur Evangelisierung von Europa aufrief.

Doch der Vatikan begnügte sich natürlich nicht mit frommen Wünschen oder wohlwollenden Empfehlungen. Er bewegte sich nicht nur auf der spirituellen Ebene, sondern trieb, wie seit eh und je, handfeste Politik. Auf der politischen Ebene lag auch das Forum, wo er sich bezüglich der Gestalt des kommenden Europa am besten mit den wirtschaftsorientierten Staatsmännern des Westens einig werden konnte. Etwa zu Beginn der achtziger Jahre, welcher Zeitraum sich bereits im vorigen Kapitel als entscheidend offenbart hat. Sieben Jahre vor der 'Wende' empfing der polnische Papst Johannes Paul II. an einem Junitag des Jahres 1982 in der Bibliothek des Vatikans zum ersten Mal den amerikanischen Präsidenten Ronald Reagan. Beide hatten Attentate auf ihr Leben hinter sich und waren sich darüber einig, daß der Kommunismus eine wahre Menschheitsplage sei. 'Jalta' und die resultierende Auftei-

2. KATHOLISCHE IMPULSE

lung Europas sowie die Dominierung Osteuropas durch den Kommunismus waren, nach Ronald Reagan etwas, was «wir beide als einen großen Fehler empfanden»[379]. Zu den ersten Amtshandlungen Reagans hatte es gehört, den Vatikan als Staat anzuerkennen und «ihn zu einem Verbündeten zu machen»[379]. Im Dezember 1981 war in Polen unter Druck aus Moskau das Kriegsrecht ausgerufen worden; im Oktober 1982 sollte das Verbot der Solidarnosc-Bewegung folgen.

Die knapp eine Stunde dauernde Zusammenkunft fand am 7. Juni, einem Montag, statt und sollte nicht nur eine neue Woche, sondern ein neues weltpolitisches Jahrsiebt einleiten.

Zwei Jahre nach dem Fait accompli der 'Wende' konnte man sich über dieses Treffen, dessen Zielsetzungen und Ergebnisse bis dahin offiziell verschwiegen wurden, gründlich informieren. Reagan war unter anderem von Staatssekretär Haig und vom nationalen Sicherheitsberater William Clark begleitet. Im Vordergrund der verschiedenen Besprechungen, an denen sich auch Kardinal Casaroli und Erzbischof Silvestrini beteiligten, stand die israelische Invasion des Libanon. Doch im Hintergrund, und den Medien damals nicht bekanntgeworden, ging es um viel schwerer wiegende Dinge. Carl Bernstein brachte im *Time* unter dem Titel 'Die Heilige Allianz' einen wichtigen Bericht, der mit den Worten eingeleitet wird: «Angesichts eines militärischen Durchgreifens in Polen schlossen sich Ronald Reagan und Johannes Paul II. insgeheim zusammen, um die Solidaritätsvereinigung am Leben zu erhalten. Sie hofften damit nicht nur Warschau unter Druck zu setzen, sondern ganz Osteuropa zu befreien.»[379] Reagan und der Papst beschlossen, «eine Geheimkampagne zur Beschleunigung des Endes des kommunistischen Empires durchzuführen». Nichts weniger als das. Richard Allen, Reagans erster Sicherheitsberater, der uns schon von seinem forschen Bonner Auftritt im September des vorangegangenen Jahres 1981 her bekannt ist, meinte: «Dies war eines der großen Geheimabkommen aller Zeiten.»

Es ist beachtenswert, daß die meisten wichtigen Drahtzieher oder Mittelsmänner dieser Geheimkampagne nach Bernstein «ergebene Katholiken» waren: Der CIA-Chef William Casey, Richard Allen, William Clark, Haig sowie auch Vernon Walters, der US-Botschafter am Heiligen Stuhl, der als Hauptnachrichtenträger zwischen Rom und Washington fungierte, wobei seine jeweilige Anwesenheit in Rom «nicht bekannt zu werden brauchte». Unter jenen, die eine wichtige Beraterrolle in der Sache spielten, war ferner der gebürtige Pole und gleichfalls ergebener Katholik Zbigniew Brzezinski, von dem im vorigen Kapitel ebenfalls die Rede war. Und schließlich war, natürlich neben vielen anderen hier nicht erwähnten Menschen – auch Richard Pipes im Spiele, durch welchen Moskau im März 1981 das Signal zum radikalen Kurswechsel gegeben worden war. Auch Pipes stammte aus Polen und stand damals der Osteuropa- und Rußlandabteilung des Nationalen Sicherheitsrates vor. Diese weitgehenden Konvergenzen von physischen und geistigen Heimatländern (Polen respektive die katholische Kirche) hat die ungewöhnliche Kooperationskampagne zur Beendigung des 'sozialistischen Experimentes' zweifellos erleichtert

Es sei an dieser Stelle auf eine Äußerung von Rudolf Steiner aufmerksam gemacht, die im Zusammenhang mit dem bisher Dargestellten von beachtenswerter Aktualität ist. Steiner sagte am 20. Januar 1921 [GA 338]: «Die Kirche fühlt sich heute gegenüber den Weltereignissen so, daß sie meint, ihre Macht noch wesentlich vergrößern zu können. Sie wußte ganz gut, daß ein Bauen auf die Dynastien ihr nicht mehr viel helfen kann (...) Dagegen wird die katholische Kirche gerade das Aufstreben der breiten Masse benützen, um ihre Macht zu erhöhen. Und die katholische Kirche benützt alles, was ihr zur Verfügung stehen kann, benützt also jetzt auch in ihrer großen Weltpolitik, die manchmal einen genialen Zug hat – genial in die Richtung gehend, daß die Menschheit immer mehr und mehr in die Fesseln Roms geschlagen werden soll – sie benützt so etwas wie die Nationalisierung des polnischen Klerus; *und Polen wird in dem Spiele, welches die katholische Kirche treibt, ein Wesentliches sein.*»[256]

Bereits drei Wochen vor dem Papsttreffen in Rom unterzeichnete Reagan ein geheimes Entscheidungsdokument des Nationalen Sicherheitsrates. Die Hauptzielsetzung dieses Dokumentes bestand darin, «die polnische Regierung durch verdeckte Operationen zu destabilisieren, welche Propaganda und organisatorische Hilfe an die Solidarnosc-Bewegung einschlossen; die Menschenrechte zu fördern, vor allem jene, die das Recht auf das Religionsbekenntnis und die Kirche betreffen; ökonomischen Druck auszuüben; ferner diplomatische Isolierung vom Sowjetregime.» Es wurde danach eine fünfteilige Strategie zur Erreichung dieser Ziele ausgearbeitet, um «den Kollaps der sowjetischen Wirtschaft herbeizuführen» und «die Bande zwischen der UdSSR und ihren Klientenstaaten im Warschauer Pakt auszufransen und Reformen innerhalb des Sowjetreichs zu erzwingen». Dazu gehörte unter anderem die Sabotierung des transsibirischen Pipelineprojektes, auf welches die Russen große wirtschaftliche Hoffnungen gesetzt hatten; ferner die wahnwitzige Ankurbelung des 'Star-War-Rüstungsprogrammes', durch welches die Sowjets zum ruinösen wirklichen Nachrüsten gezwungen werden sollten.

Polen wurde in den darauf folgenden Jahren mit technologischer Hardware wie Computern, Faxgeräten, Kameras, Druckerpressen etc. etc. förmlich unterirdisch überschwemmt, während die verbotene Solidarnosc-Gewerkschaft durch CIA-Gelder und vatikanische Geheimkonten finanziell gestützt wurde. Diese Operationen wurden so geschickt verdeckt, daß nicht einmal führende Solidarnosc-Mitglieder über den wahren Umfang ihrer Unterstützung durch den Vatikan und Washington im Bilde waren ...

Nach Bernstein wurde auch «von außerhalb von Polen in den anderen kommunistischen Ländern Osteuropas dieselbe Art von Widerstand organisiert».

Erzbischof Pio Laghi, apostolischer Delegierter in Washington, der die Besuche von Vernon Walters beim Papst zu arrangieren pflegte, bekennt über die schwierigen Manöver dieser Zeit: «Es war eine sehr komplexe Situation: einerseits auf den Menschenrechten zu bestehen, auf der Religionsfreiheit, die Solidarnosc am Leben zu erhalten, ohne andererseits die kommunistischen Staatsbehörden noch mehr zu provozieren.» Doch im unerschütterlichen Vertrauen auf die langjährige Erfahrung seiner Kirche konnte er Walters ganz gelassen raten: «*Hören Sie auf den Heiligen Vater. Wir haben darin 2000 Jahre Erfahrung.*»[256]

*

Wenn man bedenkt, daß für die Durchführung des Abbruches des 'sozialistischen Experiments' im Osten der polnische Papst für Washington *der* ideale Helfer war; daß dieser 'Abbruch' höchst wahrscheinlich schon zur Carter-Ära beschlossene Sache war: daß als dessen Sicherheitsberater ferner der «ergebene Katholik» und Pole Zbigniew Brzezinski waltete – dann kommt man kaum darum herum, eine ganz bestimmte Frage aufzuwerfen: Steht der Mord am Vorgänger von Johannes Paul II. im September 1978 vielleicht auch im Zusammenhang mit dem geplanten Umbau des sozialistischen Ostens? Denn *wenn* dieser Umbau schon zur Zeit der Carter-Brzezinski-Ära auf dem politischen Programm der USA stand, dann war dessen Planern nach der Wahl von Papst Johannes Paul I. sehr rasch unzweideutig klar geworden: dies war *nicht* der Mann, sich in Absprache mit Washington und über vatikanische Geheimkonten an verdeckten politischen Operationen in Osteuropa zu beteiligen ...

*

Den Umbauplänen Washingtons und Roms im Osten kam ab 1985 der neue Mann in Rußland, Michail Gorbatschow, mit erstaunlich schnellem Schritt entgegen. Noch vor seiner Wahl zum neuen Generalsekretär im März 1985 machte er einen Antrittsbesuch im Westen und besuchte das England Thatchers. Diese lernte ihn als einen Mann kennen, dessen «Charakter mit dem des durchschnittlichen sowjetischen Apparatschiks nichts gemein hatte», wie die britische Premierministerin in ihren Memoiren schreibt. «Dieser Mann lächelte, unterstrich seine Rede mit Gesten, modulierte die Stimme, argumentierte konsequent und war ein geistreicher Diskussionspartner.»[380]

Gorbatschow wußte über den Westen sehr genau Bescheid. Er kannte Churchills Fulton-Rede, in der dieser erstmals vom 'Eisernen Vorhang' gesprochen hatte, und war mit den anglo-amerikanischen World-Order-Intentionen wohl vertraut. Zwar gab es in Chequers, dem Landsitz der britischen Regierungschefin, harte Auseinandersetzungen über das amerikanische SDI-Rüstungsprogramm, das Gorbatschow heftig kritisierte, doch als er wieder wegfuhr, konnte Thatcher konstatieren: «Das war ein Mann, mit dem ich verhandeln konnte.» [381]

Nachdem sich gleich bei seinem ersten Treffen mit Präsident Reagan im November 1985 in Genf zwischen den beiden Staatsmännern trotz politischer Differenzen gleich «eine gute persönliche Beziehung entwickelt» hatte, verkündete Gorbatschow auf dem 27. Parteitag den neuen Kurs der 'Perestroika' und von 'Glasnost'.

Wie weit hatte Gorbatschow nun Einblick in die sich über Polen ganz real im Gang befindlichen westlichen Abbrucharbeiten am Gebäude des Sozialismus wie auch in die Vereinigungsabsichten von Deutschland und Europa? Die Frage läßt sich nicht so leicht beantworten. Falls er in die westliche Gesamtplanung Einblick hatte, war er jedenfalls nicht mit jedem Teil derselben einverstanden, denn noch im September 1989 erklärte er, die Sowjetunion wünsche keine deutsche Wiedervereinigung. Als Gorbatschow im Mai 1988 im Laufe eines Interviews für die *Washington Post* gefragt wurde, warum er denn so überzeugt davon sei, daß sein Reformprogramm von Erfolg gekrönt sein müsse, während die Reformvorschläge seiner Vorgänger stets im Fiasko endeten, gab er eine interessante Antwort:

«Hm, Sie haben wohl die allerwichtigste Frage gestellt, auf die sowohl unsere sowjetischen Menschen eine Antwort haben wollen als auch, wie ich glaube, die Amerikaner, da das Schicksal unserer beiden Völker und Länder es so und nicht anders gelenkt hat, daß wir, ob wir es wollen oder nicht, zusammenarbeiten und lernen müssen, zusammenzuleben. *Das aber setzt natürlich voraus, daß wir einander kennen, vor allem daß wir unsere Pläne kennen. Sie sind tatsächlich grandios.*» [382]

Diese Äußerung ist ein Hinweis darauf, daß auch Gorbatschow zu diesem Zeitpunkt in den vollen Umfang der Abbruchplanungen und -tätigkeiten Washingtons und Roms im sozialistischen Osten eingeweiht war und sie zur Hauptsache bejahte, auch wenn er noch 'bei sich zu Hause' aus Rücksicht auf die Apparatschiks den Sozialismus in der bisher etablierten Art nicht gleich fallenlassen konnte. So wird er einen Teil der Siegeszuversicht für seine Perestroika aus der damals noch weitgehend verdeckten amerikanisch-römischen Unterwühlarbeit im Osten abgeleitet haben. Für Reagan war Michail Gorbatschow trotz aller Rüstungsdiskrepanzen in bezug auf die Abbruchpläne neben Johannes Paul II. naturgemäß die wichtigste Persön-

2. KATHOLISCHE IMPULSE

lichkeit. Im Dezember 1987 erwog der Präsident der USA, Gorbatschow bei einem nächsten Treffen vorzuschlagen, «einander künftig mit Vornamen anzusprechen» [383] ...

*

Der französische Präsident François Mitterand, vom Reformwillen Gorbatschows fest überzeugt, machte im Frühjahr 1987 Margaret Thatcher gegenüber die Bemerkung, Gorbatschow habe die Auffassung: «*Wenn man die Form verändert, dann ändert sich in der Folge auch die Substanz.*»[384] Diese Äußerung könnte als Bekenntnis zu zwei Grundprinzipien der aristotelischen Philosophie auf dem Felde der politischen Praxis angesehen werden: Form und Materie (oder Substanz), wobei 'Materie' keineswegs nur auf physisch-mineralische Materie einzuschränken ist. In jedem Ding der Wirklichkeit sind sie am Werke, wobei die 'Form' jeweils die ausschlaggebende Rolle spielt.

War die Gedanken- und Gefühlssubstanz der Menschen im Sowjetimperium siebzig Jahre lang von der 'Form' der sozialistisch-leninistischen Ideologie gestaltet und beherrscht gewesen, so sollte nun ein Form-Wechsel eintreten. 'Perestroika' heißt Umgestaltung, Umformung: Die Gefühls und Denksubstanz des Ostens wurde innerhalb von ein paar Jahren unter die neue Herrschaft der wiederum aus dem Westen stammenden Ideologie-Form von Marktwirtschaft und Demokratie gebracht.

Präsident Truman hätte sich im Jahre 1989 in großer Nähe seines klaren Fernzieles gesehen, das er einmal wie folgt umschrieben hat: «Die ganze Welt sollte das amerikanische System übernehmen. Denn das amerikanische System kann (selbst in Amerika) nur überleben, wenn es das System der ganzen Welt wird.»[385] Ob *diese* nun verwirklichte Umgestaltung des Ostens durch die Ideologie des Westens genau das war, was Gorbatschow anstrebte, darf bezweifelt werden; ob diese Ideologie eine wahrhaft 'höhere' Form als die des Sozialismus darstellt, *muß* bezweifelt werden. Denn selbstverständlich hätte während der De-Formierung der sozialistischen Länder auch eine ganz andere 'Form' an Stelle des unbrauchbar gewordenen Sozialismus treten können als die von westlicher Marktwirtschaft und südlich-spirituellem Dogmatismus: die Form der Dreigliederung des sozialen Organismus. Wie im Wendejahr 1989 die Chance einer wirklich neuen, zeitgemäßen Sozialgestalt kurz aufblitzte, da und dort einleuchtete, um alsbald wieder zu verschwinden oder überdeckt zu werden, davon wird im folgenden Kapitel noch die Rede sein. Wer die heutigen Verhältnisse im einstigen Sowjetimperium überblickt, wird sich jedenfalls doch fragen müssen, ob sich die Gedanken-, Willens- und Gefühlssubstanz der im einstmals sozialistischen Osten lebenden Menschen unter der mittlerweile importierten westlichen 'Form' zu ihrer Förderung entwickelt hat oder einzig und allein der Erhaltung eines Weltsystemes dienen soll, das nur überleben kann, *wenn es das der ganzen Welt wird.*

Doch damit haben wir leicht vorgegriffen. Werfen wir zum Schluß noch einen kurzen Blick auf die Entscheidungszeit des Jahres 1989, die zur eigentlichen Wende in der zweiten Jahreshälfte führte. Sind auch hier *die Spuren Roms* zu finden, denen wir im gegenwärtigen Kapitel die Hauptaufmerksamkeit zu schenken suchten? In der Tat.

Otto von Habsburg, der Sohn von Kaiser Karl, der der Überzeugung ist, Europa könne seine Aufgabe nur mit Hilfe einer Neuerstarkung des katholischen Elementes lösen, betont in dem bereits erwähnten Buch *Zurück zur Mitte* ausdrücklich, daß die Öffnung des Eisernen Vorhanges – das Vorspiel zur sogenannten Vereinigung von Deutschland und diese ihrerseits das Vorspiel zur sogenannten Vereinigung Europas – in nicht geringem Maße mit der Aktivität der von ihm selbst präsidierten Paneuropa-Union verknüpft ist. «Wer heute die Wiedergeburt Mitteleuropas oder die Einheit Deutschlands feiert, sollte nicht vergessen, daß am Anfang das Paneuropa-Picknick vom 19. August 1989 an der österreichisch-ungarischen Grenze bei Sopron/ Ödenburg stand», schreibt der Freund und Nachfolger von Graf Coudenhove. Der damalige ungarische Oppositionspolitiker Lukács Szabo hatte nach Habsburg vorgeschlagen, «ein grenzüberschreitendes Fest zur Überwindung des Eisernen Vorhangs zu veranstalten (...) Der entsprechende Akt sollte mit Hilfe der Paneuropa-Union und des Demokratischen Forums durchgeführt werden.»[386] Die Folgen dieses Picknicks haben Geschichte gemacht: 661 Mitteldeutsche sind nach Durchschneiden des Stacheldrahtes durch das offene Tor nach Österreich geflohen. Der Rest ist bekannt ... Und was bei den nun folgenden Vorgängen im Verlauf der 'samtenen Revolution' die Rolle von 'Form' und von 'Substanz' betrifft: die Befreiungssehnsuchte im Osten haben die Ereignisse weit weniger geformt, als oft angenommen wird; sie waren in viel höherem Maße die notwendige Substanz, die nach den Wünschen der *maßgeblichen* Strategen des europäischen Umbaus eine neue 'Form' der Knechtschaft in sich aufzunehmen hatte ...

*

Angesichts des vielfach nachweisbaren, zumindest mitentscheidenden Einflusses katholischer Kreise auf die Umgestaltung der europäischen und damit auch der internationalen Verhältnisse muß in der eingangs dargestellten katholischen Prägung oder wenigstens Usurpierung des EG-Symboles weit mehr gesehen werden als nur eine äußerliche Spielerei mit Daten und mit biblischen Motiven. Symptomatische Ereignisse und Tatsachen, wie sie hier in skizzenhafter Art zur Sprache kamen, könnten jedem wachen Zeitgenossen zeigen, wie stark auf dem europäischen «Bauplatz der Zukunft» schon seit geraumer Zeit Gruppierungen am Werke sind, die dem werdenden Gesamteuropa den Stempel ihrer katholisch-zentralistischen Geistigkeit aufzuprägen wünschen. Wie gut sich diese Intentionen mit gewissen Langzeitplänen aus dem Westen in Einklang bringen lassen, dürfte gleichfalls klar geworden sein.

3. KAMPF UM DIE ERNTE DER 'WENDE'

Wie wenig man in Deutschland noch im Jahre 1987 ahnte, was seit der 'Heiligen Allianz' von 1982 längst in vollem Gange war – Abbruch des sozialistischen Experimentes und Wiedervereinigung von Deutschland usw. –, zeigt die Bemerkung eines Leitartiklers aus der *Zeit*. Theo Sommer warnte noch im Mai des Jahres allzu patriotische Landsleute vor Illusionen über eine baldige Wiedervereinigung der beiden Deutschland: «Niemand kann die Wahrscheinlichkeit einer Wiedervereinigung in überschaubarer Zeit sehr hoch veranschlagen; auch wäre, was für uns ein Traum ist, für die meisten unserer Nachbarn ein Alptraum (...) Wichtiger als die Schaffung der Einheit muß es sein, die Folgen der Teilung zu mildern (...) Mit borniertem Alleingängen werden wir nicht einmal *dahin* gelangen, geschweige denn zur Wiedervereinigung.»[387] Niemand? So hätte man in informierten Kreisen Washingtons und Roms zu diesem Zeitpunkt nicht geredet ...

Während Präsident Bush im Mai 1989 vom «letzten Kapitel des kommunistischen Experimentes»[388] sprach, das er höchst persönlich mitaufschlug, wurden im noch solitären Westdeutschland die Thesen eines Buches aus der DDR erörtert, das im deutschen Osten nicht erscheinen durfte: Es trug den ketzerischen Titel *Der vormundschaftliche Staat* und den vielleicht noch kühneren Untertitel 'Vom Versagen des real existierenden Sozialismus'.[389] Rolf Henrich, dessen Autor, wünschte, daß sein Buch «zu Diskussionen Anstoß gibt»[390,] und hat dieses Ziel für eine Weile auch erreicht. Sogar *Der Spiegel* schenkte Henrichs Werk ungewöhnlich interessierte Aufmerksamkeit.[391] Der damals fünfundvierzigjährige Anwalt war langjähriges SED-Mitglied und von der prinzipiellen Überlegenheit des sozialistischen Systems gegenüber dem des Westens überzeugt. Den Mauerbau von 1962 hielt er für eine absolute ideologische Notwendigkeit, und erst beim Einmarsch russischer Truppen in die Tschechoslowakei im Jahre 1968 regten sich in ihm die ersten Zweifel an der Vollkommenheit des Sozialismus. Mit der Veröffentlichung dieses Buches im 'freien' Westen bewies der Autor Mut, da von seiten seines Heimatstaates Repressalien zu befürchten waren. Henrich macht den Leser darauf aufmerksam, daß er sich vor allem «drei zeitgenössischen Denkern gegenüber zu besonderem Dank verpflichtet» fühle: Rudolf Steiner, Jürgen Habermas und Rudolf Bahro. Sein Buch mündet nach der schonungslosen Analyse des Versagens des sozialistischen Systems in die Forderung nach einem radikalen Umbau der Gesellschaft ein, und zwar gemäß der Idee der sozialen Dreigliederung, wie sie Rudolf Steiner in Grundzügen schon 1917 entwickelt hatte. Henrich schreibt: «Wird der sozialistische Staat in dieser Weise aus dem Geistesleben und der Wirtschaft als eine diesen Verhältnissen wesensfremde Kraft zurückgenommen, so kann der soziale Organismus in diesen beiden Gliedern Zug um Zug eigene Selbstverwaltungen ausbilden. Im Ergebnis wird eine Dreigliederung in die gegeneinander verselbständigten Bereiche Geistesleben – Wirtschaft – Staat entstehen. Auf diese Idee der Dreigliederung weist bereits im Denken der Aufklärung wie des Marxismus vieles hin. Ihre konsequenteste Ausformung hat sie zu Beginn dieses Jahrhunderts durch Rudolf Steiner erfahren.»[392]

Ein beachtenswertes Symptom: In der Frühlingsluft des 'Wendejahres', als die 'Sommers' der Nation eine deutsche Wiedervereinigung noch für eine Utopie des kommenden Jahrtausends hielten und nur der 'Heiligen Allianz' bewußt war, wie bald der Eiserne Vorhang hochgezogen werden sollte – in dieser Zeit, als der geplante Umbau gleichsam in der Luft lag, wird der Ruf von 1917 laut. Doch ganz gleich wie 1917: Die Ereignisse überstürzen sich derart, daß dieser Ruf bald von den nach Osten exportierten Kohl-Parolen so kräftig übertönt wird, daß er nach kurzer Zeit wirkungslos verhallt. Zwar wurde in der ersten Phase der deutschen 'Wende', etwa in den Oktobermärschen Leipzigs, nach einem dritten Weg gerufen, der zwischen Sozialismus und Kapitalismus eine Alternative bilde, wurde weiterhin nach 'Dreigliederung' verlangt, als es noch hieß: 'Wir sind das Volk'.

Sobald dann in der zweiten Phase der neue Ruf ertönte: 'Wir sind *ein* Volk', war die Wende in der Wende eingeleitet, und die Chancen einer wahren Wende zu etwas wirklich Neuem nahmen ab und sollten binnen eines Jahres ganz verspielt sein.

Als am 9. November 1989 zum sprachlosen Erstaunen der gesamten Welt das Unfaßbare eintrat und die Mauer fiel, wurde Deutschland und der ganzen Menschheit ein großes 'Weihnachtsfest' beschert. Und während Tausende sich ehrlich über die Bescherung freuten, hasteten die Vereinigungsstrategen bereits weiter. Nun gab es keine Zeit, zu säumen. Der Freiraum, der sich auftat und Millionen sich umschlingen ließ, mußte schnell betreten werden, um den Bau der deutschen und der europäischen Einheit aufzurichten. Es gab noch immer Augenblicke der Gefahr. Manche Mitglieder der 'Heiligen Allianz' waren mit ihr wohlvertraut: sie hieß noch immer 'Dreigliederung' des sozialen Organismus. Johannes Paul II. etwa hatte von Steiners Anthroposophie genug erfahren[393], um zu wissen, was zu fürchten war, vom kirchlichen Gesichtspunkt aus gesehen. Henrich, manche Spruchbänder in Leipzig und zahlreiche Diskussionen im 'Neuen Forum' und dann am 'runden Tisch' zeigten klar und deutlich, daß die Sozialideen Steiners im neuen Werte-Vakuum da und dort auf starkes Interesse stießen. Wenn etwas alle Anstrengungen der letzten sieben Jahre mit einem Schlag zunichte machen konnte, so war es *die Idee von 1917*. Damals hatte man das Experiment im Osten als unheilvolle Alternative zu ihr eingeleitet. Sollte man sich nun beim Abbruch des 'Versuchs' von ihr verdrängen lassen! Freies Geistesleben: der Todeskeim der Katholizität; von Nationalinteressen losgelöste Weltwirtschaft: die Kampfansage an den Westen. Und Rechtsleben im Sinne Steiners? Das lief auf die Zerstörung der Schalthebel politischer Macht hinaus. Sollte man denn während sieben Jahren mit komplexen und kaschierten Operationen einem Ziel zustreben, um dann, am Ziele angelangt, zuzuschauen, wie man von andern um den 'Sieg' gebracht wird? Deutschland durfte keine Luft bekommen, an der Idee von 1917 Gefallen zu entwickeln. Und wie hätte es sich diesen Freiraum in so kurzer Zeit erobern und auch wahren können? Aus welcher revolutionären Antriebskraft? 'Die geschenkte Revolution', wird man vielleicht einmal sagen; sie war so 'sanft', weil man erlaubte, daß sie stattfand.[394]

So wurde 1989 ein zweites 1917, nur mit umgekehrten Vorzeichen: damals wurde das 'Experiment' im Osten aufgebaut, jetzt abgebaut; damals wurden die Nationen in Europa zerstückelt und zerrissen; jetzt sollten sie in einer 'Einheit' aufgehen, die sie leichter lenkbar machte, innerhalb des einigen Europa, innerhalb der großen, allumfassenden 'neuen' Weltordnung ... Rund sechsundsechzig Jahre nach dem Abklingen der Dreigliederungsaktivitäten Rudolf Steiners und dem sie überwuchernden Paneuropawahn von Coudenhove.

Beim Amtsantritt des Reagan-Nachfolgers George Bush, der die eigentliche Schlußphase des 'Experimentabbruches' übernahm, lag eine Information sowjetischer Seite vor, «man würde bei (...) reformerischen Veränderungen in Osteuropa nicht eingreifen.»[395] Und schon im Sommer 1989, also noch bevor der Eiserne Vorhang bei Sopron sein erstes großes Loch erhalten sollte, «gab es einen Befehl aus Moskau, daß die Rote Armee, egal, was in der DDR geschieht, in den Kasernen bleibt», wie Gorbatschow bestätigt hat.[396]

Wie hätte er auch anders handeln können? Er tat das Human-Vernünftige, das ihn ewig ehren wird: er schonte Leib und Leben vieler; das war human; einzugreifen hätte Opfertode provoziert, die überflüssig waren, denn es wäre doch gekommen, was gekommen ist, wenn auch nicht mehr ganz so 'sanft': das war vernünftig. Gorbatschow kannte den Allianzplan und hatte ihm weitgehend zugestimmt.

Daher kamen alle Dreigliederer aus dem Westen, die noch vor kurzer Zeit wie die meisten andern Zeitgenossen zu den 'Sommers' zählten, die kaum für möglich hielten, was schon seit 1982 *wirklich* wurde, allesamt zu spät. Es genügt nicht, mit einer an sich richtigen Idee auf einem Terrain aufzutreten, welches von den Opponenten dieser an sich richtigen Idee schon

3. KAMPF UM DIE ERNTE DER 'WENDE'

seit Jahren vorbereitet wurde. Man muß den Boden kennen, auf dem man wirken will. Und das kann nur, wer es nicht verschmäht, sich mit den Langzeitplanungen bekannt zu machen, die zur Politik des Südens und des Westens dazugehören wie das Eis zur Kälte. Nichts sonst wird solches Eis zum Schmelzen bringen können als die Sonne der Erkenntnis.

Nicht jedermann mußte schon ein vollbewußter Gegner der Idee von 1917 sein, der von anderen Bestrebungen mitgetragen wurde; von Strömungen, die schon seit viel längerer Zeit vorhanden waren und die bereits ein wohlgeformtes Flußbett hatten, in welchem sie sich fortbewegten. War nicht schon längst ein Geistesleben da, von dem umfassendsten Charakter – 'katholisch' heißt schlicht: 'allgemein' – , in der großen 'Wende' aller Zeiten in Palästina seinen Ausgang nehmend? In der Form, die es seit der Gegenreformation endgültig angenommen hatte, wogte dieses Geistesleben im Wendejahr 1989 so mächtig durch das Brandenburger Tor hin und wider, daß mitgerissen wurde, wer nicht wußte, wo sonst er einen Geistesstand besaß; und nur die wenigen, von aller Geistsehnsucht Verlassenen, die Geist-Gleichgültigen konnten auf der Ebene des Nützlichen und Machbaren verhältnismäßig festen Stand bewahren. Wozu ein 'freies' Geistesleben, wenn man sich von den so warmen Wogen des Ost und West vereinigenden Glaubens Roms so sanft auf neue Seelenhöhen heben lassen konnte ...

Jedenfalls machte Rom sich in den achtziger Jahren, im Bewußtsein, was an deren Ende oder wenigstens am Ende des Jahrhunderts kommen sollte, nicht nur an die 'Erneuerung' des deutschen, sondern des gesamten europäischen Geisteslebens. Auf Anregung des *Europarates* wurden in Sizilien und auf Malta 'Barockstraßen' instandgesetzt, die zu besonders wichtigen Denkmälern aus der Zeit der Gegenreformation hinführten. Das werdende vereinigte Europa sollte fest ins Geistesleben eingebunden werden, das schon so lange und so mächtig dahingeflossen war ... 1988 lancierte der Europarat das 'Projekt eines Kulturweges mit Barockschnörkeln'. Domenico Ronconi, der für das 'Projekt Kulturwege' des Europarats zu zeichnen hatte, teilt in der Zeitschrift *Forum* im Dezember 1989 mit: «Wir hielten Ausschau nach einem Thema, mit dem sich die fünfundzwanzig Staaten des Rats für kulturelle Zusammenarbeit (CDCC) in irgendeiner Form identifizieren könnten, *und wir wollten uns dabei auf ein kulturelles Phänomen stützen, das zu seiner Zeit, lange bevor es um eine Einheit Europas ging, schon so etwas wie eine europäische Einheit war.*»[397] Man wird gespannt, welches Phänomen Ronconi hier im Auge hatte. Er sagt: «Das erste Projekt, das wir beschlossen, betraf die Wiederbelebung der Wege des heiligen Jakob von Compostella (sic). Es ist heute auf gutem Wege.» Schon am 9. November 1982 hatte Papst Johannes Paul II. in Santiago de Compostela zur Einigung Europas unter dem Schirm der christlich-katholischen Werte aufgerufen, sieben Jahre vor der Öffnung der Berliner Mauer, die vom Vatikan, wie wir gesehen haben, nicht unmaßgeblich mitvorbereitet wurde. Und im Wendejahr 1989 fand in Santiago de Compostela eine weitere kirchlich arrangierte Europafeier statt, auf welcher Johannes Paul II. erneut zur «neuen Evangelisierung des heidnischen Europa»[398] aufrief. Santiago wurde im Mittelalter, ganz besonders in der Zeit der Kreuzzüge, als die Pilgerfahrten nach Jerusalem mehr und mehr gefährdet wurden, neben Canterbury das bedeutendste Pilgerziel für damals zeitgemäße, wahre christliche Erneuerung.

In einem ungezeichneten Artikel aus der gleichen *Forum*-Nummer erfahren wir über die Santiago-Anstrengung der Eurokatholiken noch das folgende: «Der Europarat will mit der Wiederbelebung der Sankt-Jakobs-Wege nach Compostela vor allem deren kulturelle Bedeutung hervorheben, ohne damit den religiösen Gehalt beeinträchtigen zu wollen. Diese Pilgerfahrt, die in vergangenen Jahrhunderten Millionen von Pilgern aus ganz Europa unternahmen, um sich am Grab des Märtyrerapostels wieder zu sammeln, wird als einer der ersten wichtigen Schritte auf dem Wege zur europäischen Identität betrachtet. Bei dieser Wanderung ergab sich zugleich eine Völkermischung und eine ganz besondere Art architektonischer Infrastruktur: Es entstanden Hospize, Altersheime, Krankenhäuser, Klöster usw., und alle hatten die Muschel des heiligen Jakobus als Wahrzeichen. Viele Spuren davon gibt es auch heute noch, sie müssen nur miteinander verbunden werden, um sie zu neuem Leben zu erwecken. Das Projekt, das heute so erfolgreich von den Mitgliedstaaten unterstützt wird, besteht darin, die Spuren wiederzufinden, sie mit einem speziellen Kennzeichen zu markieren, einen Plan zur Restaurierung dieses Erbes zu erstellen und dazu touristische und kulturelle Anregungen und Hinweise.»[399]

So wurde vor und in der Wendezeit auf altes Geistesleben aus der Zeit des Glaubens und der spirituellen Autorität zurückgegriffen, um es für die *geistige* Vereinigung des werdenden Gesamteuropa zu verwenden. Dadurch standen die Bemühungen jener wahren Zeitgenossen, die für eine *Erkenntnis*-Spiritualität und *individuelles freies* Geistesleben kämpften, mit diesem festen Fundament der *Idee von 1917* von vornherein gleichsam unter Wasser und wurden immer wieder überspült. Doch was heute unter Wasser steht, wird sich, wenn es wirklich zeitgefordert ist, mit der Zeit auch aus den Wogen dekadenter Strömungen erheben können.

*

Nach den Symptomkomplexen des Auftauchens der Idee von 1917 im Jahre 1989 und der 'Erneuerung' des europäischen Geisteslebens durch die

3. KAMPF UM DIE ERNTE DER 'WENDE'

Ecclesia Romana soll zum Schluß ein dritter Tatsachenzusammenhang in Betracht gezogen werden: der Mord an Alfred Herrhausen, dem Chef der Deutschen Bank, am 30. November 1989. Wir sagen Tatsachenzusammenhang, weil dieses Attentat, das man der RAF zu unterschieben suchte, in der Tat mit den zentralen Elementen der gegenwärtigen internationalen Politik der USA zusammenhängt. Inwiefern diese Politik auf einer schnurgeraden Linie der Hauptimpulse des Testamentes Peters des Großen weiterläuft, wird im folgenden Kapitel darzustellen sein.

Herrhausen, der 1985 Co-Sprecher der Deutschen Bank geworden war, hatte für sein Bankhaus ein hohes, weites Ziel im Blick: Die Deutsche Bank sollte den Aufstieg Westdeutschlands zu einem 'Global Player' anführen. Und alles schien sich in den nun folgenden Jahren auf dieses Ziel hin zu entwickeln. Außerdem schlug Herrhausen seinen internationalen, vor allem amerikanischen Konkurrenten vor, die ungeheure Verschuldung der Entwicklungsländer durch massive 'Entschuldung' dieser Länder zu bewältigen. Das war für die amerikanischen Banken eine offene Provokation.[400] Denn während die Deutsche Bank über siebzig Prozent ihrer Kredite durch Rückstellungen abgesichert hatte, war das bei den amerikanischen Krediten nur bis zu etwa dreißig Prozent der Fall. Daß die amerikanisch dominierten Kreditinstitute des Internationalen Währungsfonds und der Weltbank über Herrhausens Vorstoß in Sachen Schuldenkrise nicht erbaut sein konnten, war verständlich. Nach der 'Wende' hegte Herrhausen für den Osten von Europa *europäische* Pläne. IWF und Weltbank sollten sich nach seiner Auffassung fern vom Osten halten. «Dem Chef der Deutschen Bank schwebte für die Aufgaben im Osten vielmehr ein eigenes europäisches Instrument vor, das aus den maroden Volkswirtschaften Polens, Rußlands und anderer allmählich stabile Wirtschaftssysteme machen sollte», schreibt Gerhard Wisnewski, einer der drei Autoren des Buchs *Das RAF-Phantom*.[401] Außerdem dachte er an den Aufbau einer europäischen, vielleicht polnischen Entwicklungsbank in Osteuropa. Und als er im November 1989 den Kaufvertrag des englischen Großbankhauses *Morgan Grenfell* unterzeichnet hatte, war Herrhausen ein auch diesbezüglich ernstzunehmender Konkurrent geworden.

Auf dem Hintergrund des bisher Dargestellten wird leicht verständlich sein, daß Alfred Herrhausen damit gewisse Langzeitplanungen durchkreuzte, die im Westen für die 'Nach-Wende-Zeit' im einst sozialistischen Osten vorlagen. In den Kreisen, die den Abbruch des sozialistischen Experiments planten und durchführten, hatte man schon eine eigene Auffassung von dem, was nach der Wende nun im Osten zu geschehen hatte. Der amerikanische CIA-Direktor William Webster erklärte beispielsweise am 19. September 1989 vor dem World Affair Council in Los Angeles: «Als der Präsident im Frühjahr Europa besuchte, hat er darauf hingewiesen, daß sich ein historischer Wandel vollziehe. Die Tendenz gehe weg von der Ost-West-Militärkonfrontation hin zu einer globalen Betonung wirtschaftlicher Fragen. Wirtschaftsfragen sind bereits ein Schlüsselbereich unserer Außenpolitik und unserer Aufgaben bezüglich der nationalen Sicherheit. Es gibt eine Vielzahl wirtschaftlicher Fragen, die unsere Sicherheit unmittelbar betreffen (...) Dazu gehören die Schulden der dritten Welt, Handelsgleichgewichte und rasante technologische Entwicklungen.»[402]

Die Autoren des Buches *Das RAF-Phantom* machen zu diesen Feststellungen Websters den Kommentar: «Diese Sätze bedeuten nichts anderes, als daß die USA nach dem Ende des kalten Krieges verstärkt ihre wirtschaftlichen Konkurrenten als Feinde anzusehen beginnen. Nicht zufällig benutzt Webster mehrmals explizit die Formel, daß durch wirtschaftliche Fragen die 'nationale Sicherheit' betroffen sein könne. Dies ist nicht irgendeine Formulierung, sondern die Feststellung des – militärischen – Verteidigungsfalles. Daß die nationale Sicherheit betroffen sei, ist überdies die Schlüsselfeststellung zum Einsatz der CIA.»[402]

Herrhausens Alternative zur amerikanisch orientierten Kredit-Zinspolitk gegenüber den Entwicklungsländern war von diesem Standpunkt aus gesehen eine Frage 'nationaler Sicherheit' der USA geworden! Und aus einem Pentagon Paper, das 1992 bekanntgegeben wurde, ist zu ersehen, wie ernstgemeint die amerikanischen Direktiven waren. Nach diesem Papier müsse es das erste Ziel sein, «das Wiedererstehen eines neuen Rivalen zu verhindern. Wir müssen versuchen, zu verhindern, daß irgendeine feindliche Macht eine Region dominiert, deren Ressourcen für die Schaffung einer globalen Machtposition ausreichend wären. Bei den in Frage kommenden Regionen handelt es sich um Westeuropa, Ostasien, das Gebiet der früheren Sowjetunion und Südwestasien. Unsere Strategie muß erneut darauf hinzielen, das Entstehen eines jedweden künftigen Konkurrenten auf globaler Ebene auszuschließen.»[403]

Und die Zeitschrift *konkret* zitierte US-Altstrategen Henry Kissinger: «Auch wenn sich heute noch keine europäische Macht gegenüber den USA feindlich zeige, *würde doch bereits der Beginn eines irgendwie gearteten hegemonialen Verhaltens in jener Region von den USA unverzüglich wahrgenommen werden.*»[403] Ein solcher 'Beginn' lag im Herbst 1989 vor, und er ist 'wahrgenommen' worden, durch Herrhausens Ermordung.

Fletcher Prouty, der Berater Oliver Stones für dessen Kennedy Film, der in den sechziger Jahren als Air-Force-Colonel für 'Special Operations' zuständig war und beachtenswerte Hintergründe des Attentats von Dallas aufzudecken half, äußerte sich über die Ermordung Herrhausens im Sommer 1992 wie folgt: «Sein Tod zu dieser Zeit (...) und die bestürzenden Umstände seines Todes (...) ähnln der Ermordung Präsident Kennedys 1963. Betrachtet man die enormen Ereignisse in der Sowjetunion, in Osteuropa und besonders in Deutschland (...), dann hat der Mord an Herrhausen eine enorme Bedeutung. Er darf nicht als einer von vielen Terroranschlägen unter den Teppich gekehrt werden (...) Wirkliche Terroristen ermorden einen Bankpräsidenten nicht ohne besonderen Grund. Die meisten Terroristen sind bezahlte Strohmänner und Werkzeuge großer Machtzentren. *Irgendwelche großen Machtzentren wollten den Vorstandssprecher der Deutschen Bank an diesem Tag auf diese Weise aus irgendeinem Grund aus dem Weg räumen und anderen eine Lehre erteilen. In der Art und Weise seines Todes lag eine Botschaft.*»[404] Die US-'Botschaft' an die Mitteleuropäer kann man wie folgt umreißen: Wer nicht gesät hat, hat bei der Ernte nichts zu suchen.

Herrhausens Tod war mit höchster Präzision geplant und dann verwirklicht worden. Doch die Vorbereitungen des Attentats konnten sozusagen vor den Augen der Schutztrupps vor sich gehen, die über Leib und Leben des Bankiers zu wachen hatten, und die 'Beweisführung' in bezug auf eine angebliche Täterschaft der 'RAF' von seiten des Bundeskriminalamts war derart dilettantisch und voll von Widersprüchen, daß jedem unbefangenen Betrachter der Umstände, der Vorgeschichte und der Einzelheiten dieses Attentats nicht nur am Können, sondern fast noch mehr am Wollen der Ermittler Zweifel kommen mußten. Je mehr Mühe aufgewendet wurde, den Mord an Deutschlands größtem Bankier zur Zeit der 'Wende' als RAF-Mord auszugeben[405], je mehr Indizien zeigten sich, die dafür sprachen, daß der Chef der *Deutschen Bank* nicht irgendwelchen 'anti-kapitalistischen' Terroristen zum Opfer fiel, sondern seinem eigenen, in bezug auf die bestehenden US-Interessen «hegemonialen, feindlichen Verhalten», um mit Kissinger zu sprechen.

Die Politik des Nachfolgers von Herrhausen in der Deutschen Bank bestand in einer vollständigen Abkehr von den Zielen des Ermordeten. Weder die Ent-Schuldung der Entwicklungsländer noch eine maßgebliche Mitbeteiligung am Wirtschaftsaufbau in Osteuropa gehörten fortan zu den Interessen dieser Bank. Die 'Botschaft' war verstanden worden.

*

So zeigten sich gerade in dem Wendejahr 1989 manche Hintergrundstendenzen jener Mächtekreise mit besonderer Deutlichkeit, die am Abbruch des 'sozialistischen Experiments' maßgeblich mitbeteiligt waren: Die katholische Kirche erlebte 1989 einen derart mächtigen Aufschwung ihres Impetus, wie er vielleicht nur mit der 'Evangelisierungswelle' zur Zeit der Gegenreformation verglichen werden kann.

Von jedem Punkt Europas aus würden bald Pilgerwege nach Santiago führen ...

Die internationalen Wirtschaftsplaner aus dem Westen konnten nach der 'Wende' kaum mehr warten, bis sie das von ihresgleichen abgesteckte marktwirtschaftliche Neuland unter ihren Füßen spürten. Da sollten einem keine 'Herrhausens' das Terrain streitig machen.

Gesät wurde in heimlicher Allianz, bei der Ernte zeigte man ganz offen, was man am Abend in der eigenen Scheune haben wollte.

Und die Idee von 1917? Sie wird wohl erst zum zweiten Male auferstehen, wenn genügend Menschen da sein werden, die in ihr nicht nur etwas Richtiges erblicken, sondern auch durchschauen können, wie dieses Richtige bekämpft wird. Und dieser Kampf, in dem sich 'Washington' und 'Rom' – als Inbegriffe der Widerstände gegen alles wahrhaft Zeitnotwendige gemeint – die Hände reichen, vollzieht sich bis zum heutigen Tage auf der Angriffslinie, die durch das Testament Peters des Großen vorgezeichnet wurde.

4. DIE AKTUALITÄT DES TESTAMENTS PETERS DES GROSSEN

Werfen wir an dieser Stelle also nochmals einen Blick auf einige Aspekte der dreizehn Paragraphen dieses Testamentes, das wir als Ausdruck weltpolitischer Intentionen gewisser anglo-amerikanischer Bestrebungen kennenlernen konnten. Es bringt ja, wie in früheren Kapiteln dargestellt, eine Langzeitplanung klar zum Ausdruck, die im wesentlichen darauf ausgerichtet ist, unter Ausschaltung des mitteleuropäischen Kultur- und Wirtschaftsraumes einen *unvermittelten* West-Ost-Brückenschlag zu bilden. Dies wird jedoch vom Westen aus nicht *direkt* angestrebt, sondern *indirekt*, dadurch, daß das russische Volkselement so beeinflußt wird, daß die russische Politik in der Richtung weiterläuft, die Peter der Große als erster planmäßig verfolgte.

Im 'Hauptpunkt' 7, «von dem das Gelingen dieses ganzen Planes abhängt», wird betont: «Man soll *mit England* [256] ein enges Bündnis eingehen und mit Hilfe eines Handelsvertrages direkte Beziehungen unterhalten, ihm selbst erlauben, eine Art Monopol im Inneren auszuüben.» Wir brauchen bloß, wo 'England' steht, Amerika hinzuzufügen und erhalten ein politisches Prinzip, das noch heute wirksam ist, ja welches im und nach dem 'Wendejahr' sein Wirken unverhüllt zu offenbaren anfing. Der Tod von Alfred Herrhausen erfolgte, weil er gegen diesen siebten Paragraphen des Testaments verstieß ...

Gegen diesen selben Paragraphen versuchte nach der 'Wende' auch noch eine andere Persönlichkeit zu wirken: Detlev Karsten Rohwedder, nach der Auflösung der DDR der Chef der deutschen Treuhandanstalt. Rohwedder votierte für eine allmähliche Sanierung der ostdeutschen Unternehmen. In amerikanischen Wirtschaftskreisen fand er damit keinen Anklang. Hier zog man eine rasche Privatisierung bei weitem vor. «Die Kritik reichte von Zeitverschwendung bei der Rettung der ostdeutschen Unternehmen über zuviel Bürokratie bei der Privatisierung bis hin zur Übernahme ökologischer Altlasten», stellt Wisnewski fest.[406] «In den USA keimte der böse Verdacht, die Treuhand wolle ausländische Unternehmer ganz bewußt von einem neuen deutschen Wirtschaftswunder ausschließen, in Großbritannien war die Rede von 'brutalem finanziellem Eigeninteresse'.» Die Amerikaner gaben Rohwedder nach einem Besuch in den USA im November 1990 den Rat mit, der im Grunde den Charakter einer Warnung hatte, «doch lieber internationale Investmentbanken mit der Abwicklung der Privatisierung im deutschen Osten zu beauftragen»[406]. Detlev Karsten Rohwedder wurde am 1. April 1991 ermordet. Der Mord, der wiederum die Qualität einer geheimdienstlichen

Operation aufwies, wurde wiederum der RAF zugeschoben, wiederum mit dilettantischen 'Beweismitteln'. Wie dem auch sei: Rohwedders Nachfolgerin Birgit Breuel schlug sofort einen neuen Kurs ein, «der die Kritik an ihrem Vorgänger bis aufs i-Tüpfelchen berücksichtigte». Seit Mitte 1991 beauftragte die Treuhandanstalt Bankhäuser wie Goldman, Sachs & Co, First Boston Corporation, J. P. Morgan, Merrill Lynch und andere mit Großaufträgen im Rahmen der Privatisierung im deutschen Osten. Diese internationalen Investmentbanken boten im Auftrag der Treuhand ganze Unternehmenspakete an. Das von Herrhausen noch kurz vor seinem Tod erworbene Großbankhaus Morgan Grenfell erhielt bezeichnenderweise keinen solchen Auftrag. Auch in der Chefetage der deutschen Treuhandanstalt hatte man die 'Botschaft' wohl verstanden: 'Wer beim Säen nicht dabei war, hat sich beim Ernten hinten anzustellen.' Auch Rohwedder war im Begriff gewesen, gegen die Wirksamkeit des siebten Paragraphen zu verstoßen ...

Im Paragraphen 11 des Testamentes wird betont, daß man «sich des Einflusses der Religion bei den (...) Katholiken (...) zu bedienen»[407] habe. Wir haben im Zusammenhang des Abbruches des 'sozialistischen Experimentes' gesehen, wie entscheidend das katholische Element dabei gewesen ist; ohne 'Heilige Allianz' keine Aussicht auf ein absehbares Ende des in den Osten transplantierten Sozialismus. Wenn man nun bedenkt, daß das Ende des Sozialismus u.a. die zeitliche Voraussetzung zur deutschen Wiedervereinigung gewesen war und diese ihrerseits die Voraussetzung zur Vereinigung Europas, damit das 'einige' Europa das präzise gehende Rädchen im Getriebe der amerikanischen 'Weltordnung' werden könne – dann wird deutlich, daß die Anwendung dieses Paragraphen auch weiterhin als Mittel zur Zertrümmerung der europäischen Mitte dienen kann. Während der siebte Paragraph vor allem in Washington Beachtung findet, ist der elfte mehr die Sache Roms: Rom schafft Nahrung für den Seelenhunger; Washington kümmert sich um die Bedürfnisse des Leibes. So wird *der Geist* bekämpft.

Der darauffolgende Paragraph 12 enthält eine weitere machiavellistische Maxime von höchst aktueller Wichtigkeit. Da heißt es gleich zu Anfang: «Von da an wird jeder Augenblick wertvoll sein: Man muß im verborgenen alles vorbereiten, um den großen Schlag zu führen, man muß es durch eine Ordnung, eine Voraussicht, eine Raschheit in Tätigkeit setzen, *welche Europa nicht die Zeit gibt, sich zu besinnen.*»[256]

Nach diesem Muster wurde die europäische 'Wende' samt der 'sanften Revolution' «im verborgenen vorbereitet». Und auch «die Raschheit, welche Europa nicht die Zeit gibt, sich zu besinnen», gehört mit zu den stärksten Signaturen der gesamten Wendezeit. Ja sie scheint sich nachher noch erhöht

4. DIE AKTUALITÄT DES 'PETRINISCHEN' TESTAMENTES   515

zu haben. Werden nicht die europäischen Nationen seit der Wiedervereinigung von Deutschland eine um die andere in den EU-Moloch *gehetzt*? Insofern die Raschheit die Besonnenheit des ruhigen Überlegens tötet, die gerade bei den Mitteleuropäern als Fähigkeit veranlagt ist, richtet sich auch dieser Paragraph des Testamentes gegen ein Spezifikum des Europäers.

Auch Paragraph 9 ist weiter relevant; wir brauchen nur, wo 'Österreich' steht, 'Mitteleuropa' hinzusetzen. Er beginnt: «Man soll immer *scheinbar* der Verbündete Österreichs sein (...)»

*

Dies sind nur Beispiele, die zeigen können, daß sich Entscheidendes in den großen Zeitereignissen bis in die jüngste Zeitgeschichte genau so abspielt, wie es diesem Testament entspricht. Es besteht somit bis heute eine Konkordanz zwischen gewissen politischen Geschehnissen und Intentionen und diesem sonderbaren Schriftstück. Das heißt natürlich nicht, daß ein jeder, der am Weltgeschehen mitbaut, von dieser Konkordanz bewußte Kenntnis haben muß. Das Testament Peters des Großen ist zwar ursprünglich der Ausdruck einer mächtigen politisch-okkultistischen Weltströmung des Westens, die sich die 'Westströmung' im Slawentum zu ihren Zwecken nutzbar macht. Doch mittlerweile hat sich diese Weltströmung des Westens mit der dekadenten Weltströmung des Südens, die als deren wichtigste Unterströmung zu betrachten ist, zu einer festen 'Heiligen Allianz' verbunden. Wer sich in dieser Strömung fortbewegt, handelt selbstverständlich auch dann im Sinne ihrer 'Flußrichtung', wenn er von dieser Richtung keine Ahnung haben sollte. Der Impetus des Testamentes Peters des Großen ist also nach wie vor am Wirken, wobei die einflußreichsten Testamentsvollstrecker heutzutage im Zentrum und im Umkreis der 'Heiligen Allianz' zu suchen sind.

*

Betrachten wir noch ein paar weitere Symptome der jüngsten Zeitgeschichte, die das bisher Gewonnene ergänzen und erhärten können.

Noch während des Prozesses der deutschen Wiedervereinigung erschien im Januar 1990 ein sehr beachtenswerter Hinweis in der *Times* von London. Da wurde prophezeit: «Die Desintegration der Sowjetunion ist jetzt irreversibel, und die Geschwindigkeit wird wahrscheinlich nach Gorbatschows Rückkehr aus Wilna zunehmen. Aus den baltischen Republiken werden wahrscheinlich arbeitsfähige Demokratien und in einiger Zeit Mitglieder der Europäischen Gemeinschaft werden (...) Die Desintegration wird ein unordentlicher und schmerzhafter Prozeß sein. In jeder der potentiell unabhängigen Republiken gibt es bedeutende ethnische Minoritäten. Es ist wahrscheinlich, daß diese auswandern oder vertrieben werden. *Die neunziger Jahre werden in Europa eine Situation sehen, die der der neunziger Jahre des ver-*

gangenen Jahrhunderts ähnelt.[256] Ein vereinigtes und mächtiges Deutschland wird in Richtung Osten in eine große Zone der Instabilität, aber auch der wirtschaftlichen und politischen Chancen schauen.»[408]

Zu Beginn der neunziger Jahre des letzten Jahrhunderts wurden von England aus die entscheidenden Vorbereitungen für die Ausführung des nach der Stoßrichtung des Testamentes ausgerichteten Langzeitplanes für das 20. Jahrhundert getroffen; zu diesen Vorbereitungen gehörte auch die Präparierung des Pulverfasses 'Balkan'. Das Wort vom 'sozialistischen Experiment' drang aus den 'originellen Clubs' von Disraeli bis in jedermann zugängliche Publikationen: Harrisons *Transzendentales Weltall* sprach davon; die Karte aus der Zeitschrift *Truth* gab eine anschaulich-satirische Version des politischen Programms.

Nach diesem Hinweis aus der *Times* wäre zu erwarten, daß hundert Jahre später Ähnliches ansteht, das heißt, daß da und dort verlautbart wird, wie man sich in politisch maßgeblichen anglo-amerikanischen Kreisen die großen Linien der weltpolitischen Entwicklung *für das 21. Jahrhundert* vorstellt. Und in der Tat. Die höhere Oktave der Karte aus der Zeitschrift *Truth* erscheint exakte hundert Jahre später im englischen Wirtschaftsmagazin *The Economist*[409]; und der Kommentar dazu ist nicht, wie damals, etwas abgelegen davon aufzufinden, sondern wird diesmal gleich als ein erläuternder Essay mitgeliefert. 'The old order passes' (Die alte Weltordnung verschwindet) heißt es auf dem Titelbild, das einen Araber mit einem Falken auf der Hand zeigt. Es war zur Zeit des von amerikanischer Seite u. a. durch ein geschicktes Täuschungsmanöver der irakischen Regierung entfesselte, und später durch ein unvergleichliches Belügen der amerikanischen Öffentlichkeit zum militärischen 'Show Down' eskalierten Golfkriegs.[409] Dieser Krieg hatte, weltpolitisch gesehen, die Hauptfunktion, die 'neue Weltordnung' der USA ein für alle Mal zu etablieren, so 'irreversibel', wie nach Ansicht gewisser westlicher Kreise die Desintegration der ehemaligen Sowjetunion verlaufen würde.

Wir beschränken uns auf einige Besonderheiten der auf S. 518 abgebildeten «neuen und genauen Karte der Welt». Neben den fünf Hauptkontinenten Euro-Amerika, Euro-Asia, Islamistan, Confuziana und Hinduland ist ein eigenständiges Europa nicht mehr vorgesehen. Mitten durch den Osten von Europa geht ein Wassergraben, der die orthodoxe von der katholisch-protestantischen europäischen Christenheit unüberbrückbar trennen soll. Im Kommentar von Brian Beedham wird dafür die historische 'Rechtfertigung' konstruiert, die Hauptbewegungen der letzten europäischen Jahrhunderte – die Renaissance, die Reformation und die Aufklärung – seien alle ohne Mitwirkung des orthodoxen Teils der Christenheit entstanden und deren Träger müßten sich nun stärker auf die nur ihnen zugehörigen kulturellen Wurzeln

4. DIE AKTUALITÄT DES 'PETRINISCHEN' TESTAMENTES 517

stellen, ungestört vom christlich-orthodoxen Element. Während das westliche Euro-Asien von einem orthodoxen Würdenträger dominiert wird, zeigt sich im ostasiatischen Bereich eine Menschengruppe, die zum Teil in kultisch-asiatischem Tanz begriffen scheint. Ungefähr auf Washington kniet ein ganz dem sonnenbeschienen Westen zugewandter Pilgervater (?); doch dürfte man sich nicht verwundern, wenn auf der abgewandten Seite seines Hutes eine Jakobsmuschel [410] steckte ...

Diese Karte soll nach Beedham nicht etwa 'Landklumpen' darstellen, sondern ideelle 'Körper', Geisteslandschaften und ideelle Kontinente also. Und dem Betrachter wird empfohlen, sich auf eine «nützliche Geistesübung' einzulassen, die ebendiese ideellen, der 'neuen' Weltordnung entsprechenden Kontinente sichtbar werden läßt. Fragen wir uns, wie das politische Programm, das hinter dieser Karte steckt, beschaffen ist – wir brauchen, um darauf zu kommen, nur die «nützliche Geistesübung» wirklich durchzuführen –, dann läßt sich sagen: 1. Europa als eigenständige Mitte- und Vermittlungssphäre zwischen West und Ost hat *völlig* zu verschwinden. 2. Die vor tausend Jahren Wirklichkeit gewordene Polarisierung zwischen Rom und Byzanz darf nicht aufgehoben werden, sondern muß in eine möglichst 'irreversible' absolute Kluft verwandelt werden. 3. Nicht nur die zwei Hauptausformungen des Christentums sind für sich zu stärken und voneinander absolut zu isolieren; dasselbe gilt auch für die drei übrigen großen Religionen in der Welt, Islam, Buddhismus, Hinduismus. Das 'teile und herrsche' muß im kommenden Jahrtausend besonders auf die weltanschaulichen Gegensätze angewendet werden.

Der erste Punkt des Beedhamschen Programms liegt auf der Fortsetzung der Linie, die vom siebten Paragraphen des Testaments gezogen werden kann, der die Vermittlungsstellung Österreichs untergraben soll. (Wir müssen nur statt Österreich Europa setzen.) Wir begnügen uns an dieser Stelle mit dieser Parallele zum Testament, da sie für die nächste Zukunft von Europa am meisten ins Gewicht zu fallen scheint. Daß die Europäische Union selbstverständlich Teil des euro-amerikanischen 'Kontinentes' sein soll, zeigt Beedham durch eine seinen ganzen Essay auf jeder Seite neu durchwehende symbolische Flagge, auf der die zwölf marianischen Europasterne in das US-Banner integriert erscheinen ...

Ein genauerer Blick auf diese 'neue' Karte zeigt im übrigen, daß Sankt Petersburg gerade noch zum euro-amerikanischen 'Kontinent' gehört. Wie könnte es im Sinne des grandiosen 'Testamentes' anders sein?

Die Karte trägt links unten noch den lateinischen Vermerk: 'Haec tabula mundi vix seria est', auf deutsch: 'Diese Weltkarte ist kaum ernst zu nehmen.' Gute anglo-amerikanische Tradition: auch die tiefere Oktave dieser

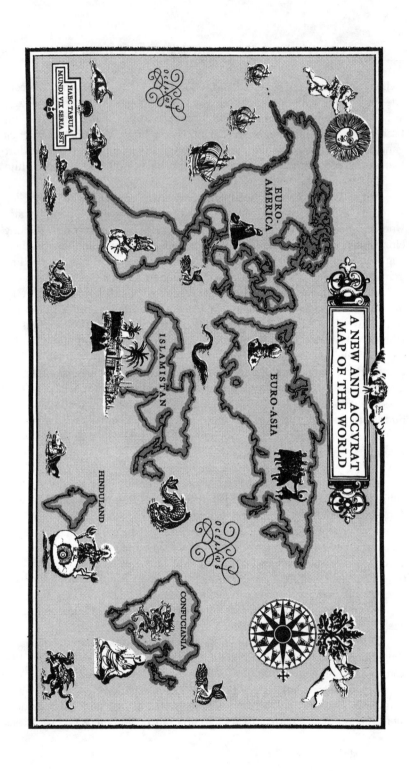

4. DIE AKTUALITÄT DES 'PETRINISCHEN' TESTAMENTES 519

neuen Karte erschien vor hundert Jahren in einem satirischen Magazin. Es schadet nichts – so mag man sich in jeweils maßgeblichen 'Clubs' gelassen sagen –, wenn *die vielen* die phantastisch scheinenden Programme *der wenigen* belächeln; sie werden einem bei der Umsetzung von Plänen, die nicht ernstgenommen werden, um so weniger ins Handwerk pfuschen ...

Zwei Jahre später folgte in der Zeitschrift *Foreign Affairs*, dem offiziellen Organ des Council on Foreign Relations, eine bekräftigende Bestätigung dafür, daß Beedhams Karte und das entsprechende politische Programm kein Einzelphänomen darstellt. Samuel Huntington bewegte sich in seinem großen Essay 'Im Kampf der Kulturen' ('Clash of Civilisations'), der weltweit Aufsehen erregte (was nicht heißen muß, daß er weltweit wirklich ernst genommen wird), im wesentlichen auf derselben Linie.[411] Auch Huntington steckt die neuen Frontlinien nach dem Ende des kalten Krieges vornehmlich auf kulturellem, religiösen Terrain ab. «Die Fronten zwischen den Kulturen», stellt er fest, «ersetzen die ideologischen Grenzlinien des kalten Krieges als Brennpunkte für Krisen und Blutvergießen. Der kalte Krieg begann, als der Eiserne Vorhang Europa politisch und ideologisch teilte. Nun, nach dem Ende der ideologischen Spaltung Europas, taucht die kulturelle Teilung Europas zwischen westlichem Christentum einerseits und orthodoxem Christentum und Islam andererseits wieder auf. *Der samtene Vorhang*[256] der Kulturen hat den Eisernen Vorhang der Ideologien abgelöst als bedeutsamste Scheidelinie in Europa.»[412] Vom 'Eisernen Vorhang' also zum 'samtenen Vorhang' – Winston Churchill hätte sehr wahrscheinlich Freude an dem Sukzessionsausdruck gehabt ...

Auch Huntington illustriert die Hauptgedanken seines Essays mit einer kleinen Karte; sie verdeutlicht, daß der 'samtene Vorhang' exakt entlang der 1054 entstandenen Grenzziehung zwischen orthodoxer und römischer Christenheit gezogen werden soll; mitten durch das einstige Jugoslawien.[413]

*

Während an der westlichen Front der 'Heiligen Allianz' konkrete Zukunftsplanung solcher Art getrieben wird, ist Rom, wenigstens nach außen hin, mehr damit beschäftigt, die Umwälzung von 1989 für sich zu buchen. Aus Anlaß des 100. Jahrestages der 1891 von Leo XIII. erlassenen Enzyklika *Rerum novarum* verfaßt Johannes Paul II. seinerseits ein päpstliches Rundschreiben von symptomatischer Bedeutung, mit dem Titel *Centesimus Annus* ('Das hundertste Jahr').[414] Nicht nur im Westen also, auch in Rom denkt man etwa gleichzeitig in Jahrhundertträumen ...

Der Papst will in der neuen Enzyklika u.a. auch eine «Analyse einiger Ereignisse der jüngsten Geschichte vorlegen»[415], die ja zum Teil maßgeblich von Rom mitgestaltet worden waren. Dem Jahre 1989 ist der dritte Teil der insgesamt sechsteiligen Enzyklika gewidmet. Das erste Kapitel dieses Teiles heißt 'Der Beitrag der Kirche zur Wende'. Doch man wird nun nicht erwarten dürfen, darin etwa eine detailreiche Referierung des wichtigen Gesprächs zu finden, das Johannes Paul II. im Juni 1982 in der vatikanischen Bibliothek mit Ronald Reagan führte. Statt dessen erfahren wir bereits im ersten Satz: «Von der eben geschilderten und in der Enzyklika *Sollicitudo rei socialis* bereits ausführlich dargestellten Weltlage her begreift man die *unerwartete*[256] und vielversprechende Tragweite der Geschehnisse der letzten Jahre.»[416]

Vielleicht wäre die Enzyklika-Unwahrheit, daß die Umwälzungen, auf die der Vatikan an der Seite Washingtons nachweislich seit 1982 mit größter Energie hinarbeitete, 'unerwartet' eingetreten seien, nicht so offensichtlich ausgesprochen worden, wenn die Enthüllungen von Bernstein im amerikanischen *Time* etwas zeitiger erfolgt wären ...

«Der Kampf, der zu den Veränderungen von 1989 führte», heißt es weiter «(...) ist in gewissem Sinne aus dem Gebet entstanden und wäre ohne ein grenzenloses Vertrauen in Gott, den Herrn der Geschichte, der das Herz der Menschen in seinen Händen hält, undenkbar gewesen.»[417] Noch undenkbarer wäre das 'unerwartete' Wunder von 1989 allerdings ohne «grenzenloses Vertrauen' zu Washington und zu gewissen Vatikankonten gewesen.

Die Enzyklika verbreitet sich mit ganz besonderer Akzentsetzung auch über Fragen der katholischen Soziallehre wie 'Kirche und Arbeiterbewegung', 'Boden und Arbeit', 'Ausgrenzung und Ausbeutung', 'Entfremdung' und vieles andere. Schon aus den angeführten Kapiteltiteln kann ersichtlich werden, daß die Kirche nach der 'Wende' auch in verstärktem Maß als Testamentsvollstreckerin des gescheiterten Marxismus wirken wird; dieser hat, wo nicht den Intellekt, so doch die Gesinnungen von Abermillionen von Menschen gestaltet und geprägt, auch in der dritten Welt, und deshalb muß auch in der postmarxistischen Ära an diesen ideologischen Seelenuntergrund angeschlossen werden. Der Kampf gegen die Verwirklichung der Dreigliederung des sozialen Organismus wird *auch in dieser Linie* fortgesetzt.

«Auch im dritten Jahrtausend wird die Kirche *treu den Weg des Menschen zu ihrem eigenen machen*», heißt es am Ende der Enzyklika, die «am 1. Mai – Gedächtnis des heiligen Josef des Arbeiters – 1991»[418] gegeben wurde.

Auf der katholischen Seite der 'Europamünze' macht sich etwa seit dem Zeitpunkt des Erscheinens der päpstlichen Enzyklika ein wahres Fieber breit, die politisch-wirtschaftliche Argumentation für das 'Vereinigte' Europa mit Hinweisen auf das zu erneuernde 'Heilige Römische Reich Deutscher Nation' zu stützen und zu krönen.

Insbesondere war vor der Schweizer Abstimmung im Dezember 1992 über den Beitritt zum damaligen EU-Vorzimmer 'EWR' diesbezüglich recht

4. DIE AKTUALITÄT DES 'PETRINISCHEN' TESTAMENTES 521

Erstaunliches zu hören. So äußerte der Schweizer Staatssekretär Blankart beispielsweise: «Ein Beitritt zur Europäischen Gemeinschaft wäre die Wende unserer Geschichte überhaupt und zugleich die Wiedereingliederung ins Heilige Römische Reich, diesmal Europäischer Nation. Diese Wende ist in vollem Gang.»[419]

Und im Wochenbericht eines Zürcher Bankhauses war zu lesen: «Man hat vom kommenden Europa als vom Erben des Imperium Romanum gesprochen, zumindest aber des Reiches Karls des Großen, des 'Heiligen Römischen Reiches Deutscher Nation' im 8. Jahrhundert.»[420]

In Deutschland kam es etwa um dieselbe Zeit zur Bildung eines Deutschen Komitees für die vom Papst angekündigte Seligsprechung Robert Schumans, des «Vaters von Europa», das auch von Kanzler Kohl wohlwollend gefördert wird. «Der Heilige Vater läßt uns wissen», teilte der ehemalige Vizepräsident des Europäischen Parlamentes, Hans August Lücker, im Dezember 1992 mit, «daß er daran interessiert ist, die Seligsprechung schon im Jahre 1994 feierlich zu verkünden, um mit Schuman der heutigen Zeit und insbesondere ihren politischen Verantwortlichen eine zur Orientierung einladende große Persönlichkeit zu präsentieren.»[421]

Im geistesnahen Washington fand die Enzyklika aus Rom ein ganz direktes Echo. Zbigniew Brzezinski spricht in seinem neuen Buch *Macht und Moral – Neue Werte für die Weltpolitik* von den «überzeugenden Äußerungen von Papst Johannes Paul II. (...) in seiner Enzyklika *Centesimus Annus*».[422] Brzezinski betont in diesem Buch, daß Amerika, das fraglos dazu auserwählt sei, die neue Weltordnung zu etablieren, diese Rolle nur dann richtig spielen könne, wenn es sich zu einem Bewußtsein ethischer und kultureller Wertesetzungen aufschwinge. Welche Art von Ethik Brzezinski dabei im Auge hat, zeigt der zweitletzte Satz seines Buches: «In einer unkalkulierbaren Welt werden *moralische Imperative*[256] zur zentralen, ja einzigen Form der Gewißheit.»[423] Und im letzten Satz postuliert er die «politische Notwendigkeit eines gemeinsam getragenen moralischen Konsenses in der zunehmend überbevölkerten und engen Welt des 21. Jahrhunderts». Wo 'Imperative' auftreten, muß es einen 'Imperator' geben. Nach der ungeschminkten Anerkennung der päpstlichen Enzyklika ist klar, wo diese für Brzezinski nötigen moralischen *Imperative* zu holen sind – in Rom. Statt ethischem Individualismus, der zu einem wirklich freien Geistesleben führen könnte, autoritative Normethik. Statt Dreigliederung des sozialen Organismus: Fortleben des Einheitsstaates. Dazu sagt Brzezinski[424]: «In unserer Zeit sind die wichtigsten Probleme (...) zu groß geworden, als daß der Nationalstaat, die traditionelle Einheit in der internationalen Politik, damit fertig werden könnte. Das bedeutet nicht, daß der Nationalstaat sich überlebt hat (...) Der Nationalstaat wird noch eine ganze Weile den Dreh- und Angelpunkt für die Loyalität seiner Bürger, die Grundlage aller historischen und kulturellen Vielfalt und das Hauptmotiv für das Engagement des einzelnen bilden. Trotzdem braucht die Welt heute mehr als den Nationalstaat, um weltweit Frieden zu schaffen.» Man wird gespannt, worin dieses 'mehr' besteht: Die Nationalstaaten sollen «dazu ermutigt werden, im Rahmen einer größeren Gemeinschaft zusammenzuarbeiten». Das heißt konkret: «Um die (...) Entstehung einer solchen Weltgemeinschaft zu sichern, müssen sich auf zwei wichtigen Achsen neue Formen der verstärkten Zusammenarbeit entwickeln: *die trilateralen Beziehungen* zwischen den reichsten Demokratien, Europa, Amerika und Ostasien (vor allem Japan), und die Vereinten Nationen als umfassender und repräsentativer Rahmen der Weltpolitik.» Dazu muß die politische Rolle der Vereinten Nationen «gezielt gestärkt werden». Und dann ist noch von der «allmählichen Neuverteilung von Aufgaben innerhalb der trilateralen Beziehungen»[424] die Rede ... Wie eine unbewußte oder auch bewußte Verhöhnung der zeitgemäßen Forderung nach einem dreigegliederten Sozialgebilde kann es einem vorkommen, wie hier vom *Fortleben* des nationalen Einheitsstaats und zugleich von *trilateralen* Beziehungen geredet wird.

Und welches ist die Vorstellung, die dieses repräsentative Mitglied der 'Heiligen Allianz' von der Zukunftsaufgabe Europas hat? Brzezinski sagt darüber: «Möglicherweise wäre die Botschaft, die Europa der Welt vermitteln könnte – was natürlich vom Fortgang des europäischen Einigungsprozesses und der weiteren Entwicklung abhängt –, ein Extrakt der guten Seiten des amerikanischen *way of life* ohne seine schlechten.»[425] Europa als 'Vorzeige-Amerika'! Möglicherweise! Mit anderen Worten: Ausschaltung der europäischen Mitte als Pflegeraum des erkenntnismäßigen und des ethischen Individualismus.

Die künftige Brückenbildung zwischen Mitteleuropa und dem slawischen Osten zu verhindern, spricht auch aus den Worten, die Henry Kissinger, ein anderer amerikanischer politischer Stratege, in jüngster Zeit wie ein Dekret geäußert hat: «Es liegt im Interesse keines Landes, daß sich Deutschland und Rußland entweder als Partner oder als Gegner aufeinander fixieren. Wenn sie sich zu nahe kommen, erregen sie die Furcht eines Kondominiums; wenn sie streiten, ziehen sie Europa in Krisen hinein.»[426]

Genug der Nachweise, die zeigen sollten, daß die Stoßrichtung der Langzeitplanungen der Verwirklicher der 'neuen Weltordnung' im wesentlichen nach wie vor in der Wirkungslinie des Testamentes Peters des Großen verläuft.

Wenden wir uns nun zum Schluß nochmals der Frage zu: Gibt es Hinweise dafür, daß nicht nur weiterhin im Sinne dieses Testaments gewirkt wird, sondern daß die anti-europäische Politik der Architekten der 'neuen

4. DIE AKTUALITÄT DES 'PETRINISCHEN' TESTAMENTES   523

Weltordnung' sich auch *auf eine ganz bewußte Anknüpfung* an den (seinerseits von Westen aus gelenkten) russischen Zaren und die durch und nach ihm wirkenden Impulse stützt? Dazu gibt es folgende Indizien.

*

Im Jahre 1980 erschien in New York ein neues Werk über Peter den Großen, das in unserem Zusammenhang aus mehreren Gründen beachtenswert ist.[427] Das Werk, das mit dem Pulitzerpreis ausgezeichnet wurde und ziemliche Verbreitung fand, ist sehr gelehrt und zugleich gut und leicht lesbar geschrieben. Robert K. Massie, sein amerikanischer Verfasser, ging nach einem Studium der amerikanischen Geschichte an der Yale-Universität als 'Rhodes-Scholar' nach Oxford, um hier europäische Geschichte zu studieren. Wer als Rhodes-Stipendiat nach Oxford kommt, betritt den Dunstkreis des Empire- und Commonwealth-Gedankens. Drei große 'R's' hatten hier gewirkt und ihre Spuren hinterlassen. John Ruskin, der Kunsthistoriker und Literat, der 1870 als Wegbereiter des Empire-Gedankens seine jungen Hörer zu entflammen wußte; Cecil Rhodes, der das Manuskript von Ruskins Empire-Vorlesung sein Leben lang auf sich trug, und Lord Rosebery – der beste Freund von Churchills Vater –, der 1883 den Begriff des 'Commonwealth of Nations' prägte. Wer ein Rhodes-Stipendium bezieht, wozu sehr strenge Vorbedingungen erfüllt sein müssen, tritt in die Kraft- und Wirkenssphäre, die vom anglo-amerikanischen Neoimperialismus durchzogen und geprägt ist. Die Fäden, die vom Rhodes-House Oxfords über das 'Royal Institute of International Affairs' und dessen amerikanischen Ableger 'Council on Foreign Relations' nach Washington verlaufen und von hier in alle Welt gesponnen werden, sind vom Lehrer von Bill Clinton, Caroll Quigley, verfolgt und festgehalten worden.[428]

Massie stützt sich in seinem Zarenbuch unter anderem auch auf die Vorarbeit von Richard Pipes, der 1982 jene Umbauweisung in Richtung Moskau abgab, von der die Rede war (S. 490).

Symptomatologisch ergibt sich so zunächst das Bild: um die Zeit des westlichen Beschlusses, das sozialistische Experiment im Osten abzubrechen, erscheint eine vielbeachtete Biographie über Peter den Großen, von einem Mann geschrieben, der mit dem Oxford Rhodes' und auch mit Yale verbunden ist und der zu einem Mitstrategen dieses Ost-Umbaus wie Pipes zumindest akademische Beziehungen genießen dürfte. Ob das markante westliche Interesse an dem Zaren Rußlands *zu diesem Zeitpunkt* ein bloßer Zufall ist oder im Zusammenhang mit den in Aussicht stehenden weltpolitischen Umwälzungen zu betrachten ist, läßt sich aus dem bisher Angeführten vielleicht noch nicht ableiten.

Schwerer jedoch wiegt der folgende Symptomkomplex.

Obwohl Michail Gorbatschow Rußland für die Marktwirtschaft des Westens mit Entschiedenheit geöffnet hatte, begann er den US-Planern offensichtlich unbequem zu werden. Statt Rußlands Perestroika weiterhin zu stützen, begünstigte Amerika die Wirtschaft Chinas, ließ die ehemalige Sowjetunion in Seelenruhe 'irreversibel' desintegrieren und hielt nach einem neuen Mann in Moskau Ausschau, der auch nach der Wende im gewünschten Sinne lenkbar wäre. Dieser Mann hieß Boris Jelzin. Wie einer Mitteilung im *Spiegel* zu entnehmen ist, leitete George Bush (der einst CIA-Chef war) im August 1991 «den Inhalt von Telefongesprächen an Jelzin weiter, die Putschistenführer in Moskau mit sowjetischen Generalen geführt hatten. *Auf diese Weise erfuhr Jelzin, daß sich die meisten Militäreinheiten weigerten, die Gegner des damaligen KP-Chefs Michail Gorbatschow zu unterstützen.* Darüber hinaus schickte Bush einen Kommunikationsexperten in Jelzins Hauptquartier, damit der russische Präsident seinerseits mit den Generalen reden konnte – ohne Angst vor Lauschern. Den Amerikanern war es offenbar gelungen, die sichersten Kommunikationsstränge zu knacken, über welche die Sowjetunion damals verfügte.»[429]

Ein paar Monate vor dem Putsch, der den Machtwechsel in Moskau zum Ergebnis hatte, hob Jelzin in einer Rede vor dem Straßburger Parlament «Rußlands Stellung in Europa und sein vom Westen geprägtes geistiges Erbe hervor»[430]. Nach seinem Biographen Morrison, der sich gleichfalls wiederholt auf Pipes' Arbeiten stützt, ordnete sich Jelzin damit eindeutig «den 'Westlern' und nicht den Slawophilen zu». «Vielleicht kam Jelzin dreihundert Jahre zu spät auf die Welt», meint Morrison nach der Darstellung von Jelzins nicht gerade zimperlichen Jugendstreichen. «Er wäre der ideale Partner für einen anderen jungen Giganten gewesen – für Peter den Großen, der als junger Bursche eine ähnliche Vorliebe für handfeste Auseinandersetzungen, Skandale und (...) ohrenbetäubende Explosionen an den Tag gelegt hatte.»[431] Auch ein starkes Interesse für den Schiffsbau verbindet Jelzin, der Bauwesen studierte, mit dem Zaren.

Bei Jelzins nächstem Aufenthalt in den USA (es war der dritte insgesamt und der erste nach dem Putsch) wurde ihm in Washington ein großer Empfang bereitet, indem man ihn mit dem für Staatsvisiten reservierten farbenprächtigen Zeremoniell vor dem Weißen Haus erwartete. «Präsident Bush» heißt es in einem Washington-Bericht über den Besuch von Jelzin, «griff in seiner Begrüßungsansprache für den russischen Gast auf dem Rasen vor dem Südportal des Weißen Hauses weit in die Geschichte zurück. *Er verglich Boris Jelzin mit keinem Geringeren als Peter dem Großen, der Rußlands Rolle in der Welt neu definiert habe.*[256] Wie zur Beschwichtigung möglicher Vorbehalte gegen den kühnen Vergleich betonte Bush aber ebenso, daß Jelzin das erste frei und

4. DIE AKTUALITÄT DES 'PETRINISCHEN' TESTAMENTES

demokratisch gewählte Staatsoberhaupt in der russischen Geschichte ist. Die demokratische Umgestaltung in Rußland müsse ebenso ein Erfolg werden wie die vor zweihundert Jahren eingeleitete amerikanische Revolution.»[432]

Bedenkt man, daß George Bush Mitglied eines politisch-okkultistischen 'Clubs' von Yale[433] ist, der seit 1833 existiert, so wird man dieser öffentlichen Bezugnahme auf Peter den Großen nicht nur anekdotenhaften Wert beilegen dürfen. Wir sollten sie vielmehr als ein Symptom dafür bewerten, daß Bush als Exponent von Kreisen spricht, die sich der korrumpierten 'Weststsrömung' im Slawentum schon seit langem und bewußt bedienten und die auch zweifellos bestrebt sind, dies in Zukunft fortzusetzen.[434] Bill Clinton jedenfalls hat die geeigneten Voraussetzungen zur Fortsetzung der Impulse des Testamentes. Er wurde auf der renommierten Washingtoner Diplomatenschule von Georgetown ausgebildet, die unter jesuitischer Leitung steht[435]; von dort ging er als Rhodes-Scholar nach Oxford, um den Abschluß seines Rechtsstudiums in Yale zu machen. Und sollte er vorzeitig den 'falschen' Kurs einschlagen, wird sich ein Geeigneterer finden lassen ...

*

Aus alledem, was in den letzten vier Kapiteln skizzenhaft nachgewiesen und entwickelt wurde, sollte sich natürlich nicht die Konsequenz ergeben, in England und Amerika, von Rom hier ganz zu schweigen, pauschal die Ausgeburt von allem Schlechten in der Welt zu sehen; Länder und Kulturen, die Menschen wie Shakespeare und Ralph Waldo Emerson (oder Dante) hervorbrachten, haben noch ganz andere Seiten ihres Wesens; nur sind sie bis zum heutigen Tage für das politische, vor allem für das außenpolitische Handeln Englands und danach der USA nicht maßgeblich geworden. Denn das maßgebliche anglo-amerikanische politische Verhalten bewegt sich – in England seit dem Beginn des 17. Jahrhunderts, in Amerika spätestens seit der Mitte des 19. Jahrhunderts – durchaus auf der Linie der Impulse des Testamentes Peters des Großen.

Der Europäer könnte daraus zweierlei entnehmen. Er könnte sich vermehrt um tieferes Verständnis der im Sinne eines allgemeinen Menschheitsfortschrittes *bedeutenden* Impulse der englischsprechenden Völker kümmern[436] und gleichzeitig an den ungeheuerlichen Schattenseiten, wie sie etwa in der anglo-amerikanischen Außenpolitik der letzten zwei Jahrhunderte zutage treten, bewußtseinsmäßig zum Erwachen kommen. Denn letztlich haben es die Europäer ihrer eigenen Schläfrigkeit zuzuschreiben, wenn sie immer wiederum das Opfer von Tendenzen werden, die von jenen ausgebildet und gefördert werden – auch auf europäischem Boden, unterstützt durch viele Europäer selbst –, die 'mit' Europa sind, um hier zu herrschen, ohne wirklich 'in' Europa sein zu wollen, um Churchills Formel zu verwenden. Doch um wahrhaft 'in' Europa sein zu können, ist ein tieferes Verständnis für die eigentlichen Fähigkeiten sowie die Aufgaben Europas nötig, als es bis heute allgemein verbreitet ist.

5. EINE PILGERREISE NACH SANTIAGO DE COMPOSTELA

So haben wir die allgemeine weltpolitische Entwicklung nach Polzers Tod in groben Zügen nachgezeichnet, soweit sie mit der Gegenwart und Zukunft von Europa im Zusammenhange steht.

Bevor wir nun versuchen werden, *die Perspektiven des Kontrastes* zu skizzieren, die sich aus dem Leben und, in vielleicht noch höherem Maße, aus den Leben*sintentionen* von Ludwig Polzer zu ergeben scheinen, müssen wir vom Zeitpunkt seines Todes an auch noch die weitere Entwicklung jener Geistesströmung kurz ins Auge fassen, mit welcher Polzer sich so stark verbunden hatte. Drei Fragen stellen sich: 1. Wie hat sich nach dem Zweiten Weltkrieg die *anthroposophische Bewegung* fortentwickelt? Und 2. wie die *Allgemeine Anthroposophische Gesellschaft* (AAG), die deren äußeres Gefäß sein sollte? Und wie lebten 3. Polzers Schaffen und seine Intentionen in der 'Bewegung' und wie vor allen Dingen in der 'Gesellschaft' fort?

Über die unabhängig von der AAG verlaufende Entwicklung der anthroposophischen Bewegung nach Polzers Tod konkrete Aussagen zu machen ist nur in sehr beschränktem Maße möglich, da außerhalb der AAG höchstens ganz sporadische Bezugnahmen auf die Geisteswissenschaft von Steiner aufgetreten sind. Das heißt nicht, daß nicht viele Menschen in dieser Geisteswissenschaft etwas Vernünftiges und daher auch Berechtigtes erblikken. Da und dort tauchte sie sogar an Universitäten auf. Die enorme Ausbreitung der Waldorfpädagogik seit den siebziger Jahren, die heute auch in den ehemaligen Gebieten des Sozialismus Fuß gefaßt hat, machte den Begründer der Anthroposophie zweifellos weit über den Kreis der Mitglieder der AAG hinaus bekannt. Die Camphill-Bewegung, die 'Christengemeinschaft' und die wachsende Anerkennung der nach anthroposophischer Erkenntnis hergestellten Heilmittel sowie bestimmter Therapieverfahren haben dazu ebenfalls das Ihre beigetragen. Dennoch kann nicht behauptet werden, daß die von Rudolf Steiner initiierte anthroposophische Bewegung bis heute ein Kulturfaktor geworden ist, der in der breiten Öffentlichkeit maßgebliche Anerkennung findet. Es gibt vielmehr Symptome dafür, daß die Geisteswissenschaft durch die medienstarke Publizistik noch Angriffe erfahren dürfte, die alles übertreffen werden, was diesbezüglich in den zwanziger und dreißiger Jahren geleistet worden ist. In gewissen Kreisen Frankreichs etwa, in denen der alte, schon im petrinischen Testament veranlagte Revanchegedanke[437] gegenüber Deutschland noch immer nicht erloschen ist, gilt Steiner seit geraumer Weile als 'philosophe nazi'; das makabere Vorurteil wird sogar von manchen Angehörigen der anthroposophischen Bewegung noch zusätzlich genährt, welche glauben, den Nazismus mit Retuschen ausstatten zu müssen, weil ihnen manche ungeheuerlichen Verlogenheiten der amerikanischen Außenpolitik klar geworden sind. Zieht man die durchaus auf oberflächliches Zur-Kenntnis-Nehmen bestimmter geisteswissenschaftlicher Hinweise zurückführbaren Äußerungen mancher Gegner in Betracht, die ihm Rassismus, Chauvinismus und Schlimmeres vorwerfen, dann ist zu konstatieren, daß die schon in den zwanziger Jahren vorgebrachten Angriffe von dieser Art neuerdings im Zunehmen begriffen sind. Und es ist auch abzusehen, daß sie in der medienorientierten öffentlichen Meinung – die sich auf die private Urteilslosigkeit aller Denkunwilligen abstützt – auch in Zukunft eine Rolle spielen werden, die immer größer wird. Es gehört kaum Phantasie dazu, sich vorzustellen, mit wie wenig Aufwand sich mit dem politischen Abgang eines indirekt mit der anthroposophischen Bewegung verknüpften Mannes wie Silvio Berlusconi eine medienwirksame Frontalattacke gegen Rudolf Steiner verbinden lassen wird – die die 'öffentliche Meinung' der vielen Meinungslosen nachhaltig bestimmen dürfte.

Es ist kaum anzunehmen, daß solchen Angriffen in Zukunft aus den Reihen der im allgemeinen 'stillen' Anthroposophen innerhalb der anthroposophischen Gesamtbewegung vermehrte Abwehr widerfahren wird, als dies in der Vergangenheit der Fall gewesen ist. Werden um so mehr die Mitglieder der Anthroposophischen *Gesellschaft* solchen gegnerischen Angriffen gewachsen sein? Herrscht in dieser AAG genügend Wachheit für die reale Gegnerschaft, die die Geisteswissenschaft heute hat und in der Zukunft noch erfahren muß? Vielleicht wird schon die allernächste Zukunft diese Frage klar beantworten. Daß hier jedenfalls eine ganz besondere Schwierigkeit vorliegt, ergibt sich aus gewissen Elementen der Geschichte dieser 'Weltgesellschaft' nach Steiners Tod bis heute.

Seit dem Oktober 1935 trägt die Wochenschrift *Das Goetheanum* nicht mehr den Untertitel 'Wochenschrift für Anthroposophie *und Dreigliederung*', sondern nennt sich (nachdem im Frühjahr 1933 bereits das erste Untertitelwort 'Internationale' entfallen war) nur noch eine 'Wochenschrift für Anthroposophie'. Diese Weglassung erklärt sich aus den Zeitumständen; im November 1935 wurde die AAG in Deutschland offiziell verboten; sie ist verständlich.

Doch daß es in den folgenden Jahrzehnten dabei geblieben ist, kann als Symptom dafür gewertet werden, daß sich das Bemühen, zeitgeschichtliche Vorgänge erkenntnismäßig zu durchschauen, aus den Mitgliedskreisen der AAG mehr und mehr zurückgezogen hat.[438] Zwar ist es selbstverständlich nie die Aufgabe der AAG gewesen, 'Politik' im heute üblichen Stil zu treiben, daß heißt für diese oder jene politische Fraktion Partei zu nehmen und 'Farbe zu bekennen'. Doch *die erkenntnismäßige Durchleuchtung* von politischen Vorgängen gehört mit zu den wichtigsten Bemühungen eines jeden Menschen, der im Ernste einen Weg der Geist-Erkenntnis gehen will. Schon allein ein Blick auf Steiners *Zeitgeschichtliche Betrachtungen* könnte jeden Zweifelnden von der Richtigkeit des Gesagten *im Sinne Rudolf Steiners* überzeugen.

Ohne ein in solcher Art verstandenes 'politisches Bewußtsein' wird man der äußeren Gegnerschaft der Anthroposophie in Zukunft noch viel weniger gewachsen sein als in den vergangenen Jahrzehnten. In besonderem Maße müßte sich ein solcher Mangel in bezug auf die Durchschaubarkeit gewisser sich *im Inneren der AAG selbst* vollziehender Bestrebungen bemerkbar machen, die dem Freiheitsgeist der Anthroposophie zuwiderlaufen. Die negativ-grandiosen Langzeitplanungen, wie sie im Testament Peters des Großen zum Ausdruck kommen, umgreifen selbstverständlich neben dem politischen zumindest indirekt auch das spirituelle Element in der Menschheitsentwicklung. Der Paragraph über die Benützung des katholischen Elementes wie auch jener über die Beschleunigung gewisser Vorgänge, die Europa nicht zur Besinnung kommen lassen sollen, zeigen dies aufs deutlichste. Wie könnte eine Geistesströmung, die auf wahre Individualisierung, auf Vernunft und Freiheit, auf besonnenes Handeln aus Erkenntnis Wert legt, von diesen Planungen verschont und ausgenommen bleiben? Dies dürfte um so weniger der Fall sein, wenn es sich um eine Strömung handelt, die wie die anthroposophische auch modifizierend oder metamorphosierend in das politische Geschehen einzugreifen in der Lage wäre, wie dies auf die Dauer auch wird vermehrt geschehen müssen.

Fragt man sich, woher es kommt, daß seit der Mitte der dreißiger Jahre eine Abnahme dieses 'politischen Bewußtseins' innerhalb der AAG zu konstatieren ist, so wird man unter anderem die weitere Frage stellen müssen, ob dies vielleicht mit der *Zunahme* ganz anderer Akzentsetzungen innerhalb des Vorstands und der Mitgliedschaft zusammenhängt. Zwar hatte Albert Steffen, der 1. Vorsitzende der AAG nach Steiners Tod, in mancher Hinsicht für die Kultivierung des 'politischen Bewußtseins' in der Mitgliedschaft gesorgt, durch manche seiner Dramen etwa, oder auch durch den von ihm verfaßten 'Aufruf an das Schweizervolk', der die Schweizer an den bedeutenden Impuls von Henri Dunant neu erinnerte. Der 'Aufruf' wurde mit zahlreichen Unterschriften von Persönlichkeiten des öffentlichen Lebens im Juli 1946, kurze Zeit vor Churchills Zürcher Rede in der Zeitschrift *Gewerbliche Wirtschaft* publiziert. Doch der gleiche 1. Vorsitzende hat andererseits, im Gegensatz zu Ludwig Polzers Hoffnungen und Vorschlägen aus dem Jahre 1930 (siehe dazu S. 298ff.) , auch dafür gesorgt, daß sich innerhalb der Leitung der

Gesellschaft ein gewisser spiritueller Zentralismus etablieren konnte. Auch nach dem Tode Steffens im Jahre 1963 und den Wiederanschlüssen der von Dornach 1935 ausgeschiedenen Landesgesellschaften von England und der Niederlande ebbte diese zentralistische Tendenz höchstens scheinbar ab. Neue Nahrung erhielt sie in den siebziger Jahren jedenfalls durch Fragen über die 'Weihnachtstagung', den 'esoterischen Vorstand' und Rudolf Steiners schicksalsmäßige Verbundenheit mit der AAG. Diese Fragen wurden damals – und im allgemeinen bis zum heutigen Tage – so beantwortet, daß daraus ersichtlich wird, wie stark in dieser aus dem Prinzip der *Erkenntnis* hervorgegangenen Gesellschaft mittlerweile *auf Beteuerungen und Versicherungen* aller Art gebaut wurde.[439] Versicherungen beispielsweise über die unaufhebbare Einheit von AAG und anthroposophischer Bewegung, über die Schicksalseinheit Steiners mit dieser (mit der anthroposophischen Bewegung für eins erklärten) AAG, über den 'esoterischen Charakter' auch späterer Vorstände, der in der spirituellen Sukzession zum Weihnachtstagungsvorstand von 1923 begründet liege etc. In den dogmatischen Feststellungen, die diesen Fragestellungen gegenüber laut geworden sind, zeigt sich ein konkretes Fortwirken desjenigen Elementes innerhalb der AAG, das Polzer 1935 'jesuitisch' nannte. Es könnte auch von einer Einwirkung derjenigen suggestiven Teile des Testamentes Peters des Großen auf die AAG nach Steiners Tod gesprochen werden, die mit der Benützung des katholischen Elementes in Verbindung stehen. Obwohl kein vernünftiger Grund angegeben werden konnte, weshalb Rudolf Steiner nach dem Scheitern des 'Experiments' der Weihnachtstagung[440], nach seinem vorzeitigen Tod nicht nur mit einzelnen, spirituell wahrhaftig strebenden Persönlichkeiten, sondern mit der Erdengesellschaft AAG als ganzer schicksalsmäßig verknüpft sein 'muß', wird dieses Dogma bis zum heutigen Tage immer wieder als eine Wahrheit ausgegeben und auch anerkannt.

In Wirklichkeit ist es nichts anderes als das gewichtigste Äquivalent zum Infallibilitätsdogma der römisch-katholischen Kirche innerhalb der AAG. Dieses Dogma und seine Unter-Dogmen ('esoterischer Vorstand', 'Weihnachtstagungsgesellschaft') bestimmten auch die äußere Praxis der Gesellschaftsführung von den siebziger und achtziger Jahren an in erneut verstärktem Maße. Ohne dieses Dogma wäre beispielsweise eine zentralistische Regelung des 'Lektorentums' ganz undenkbar gewesen. Ohne dieses Dogma wäre ein jahrzehntelanger vatikanisch-'esoterischer Schutz' gewisser Aufzeichnungen und Dokumente in einem wohlbehüteten Archiv (nebst mehreren Privatarchiven) nicht nur überflüssig gewesen, sondern auch ohne 'Legitimation' geblieben. Ganz abgesehen davon, daß sich eine jahrzehntelange Sekretierung von Dokumenten allgemeinen Interesses nicht mit dem Prinzip der Wissenschaftlichkeit, sondern allenfalls mit dem der Machtausübung in

Einklang bringen läßt. In der katholischen Kirche hat dieses Sekretionsverfahren altbewährte Tradition.

Dem bisher Ausgeführten wird man vielleicht da und dort entgegenhalten, daß doch seit dem Ende der siebziger oder dem Anfang der achtziger Jahre in der AAG, sogar von maßgeblicher Stelle aus, vieles unternommen wurde, um dem geschwundenen politischen Bewußtsein der Mitglieder neue Anregungen zu vermitteln.

Wie solche Anstrengungen von seiten einer einflußreichen Persönlichkeit damals ausgesehen haben, wollen wir an einem symptomatischen Beispiel demonstrieren.

'Anthroposophie und die Aufgabe Europas' hieß das Thema eines öffentlichen Vortrags, der im Jahre 1979 im Laufe eines Goetheanumkongresses in Wien gehalten wurde. (Er wurde in der Märznummer 1980 von der Zeitschrift *Die Drei* in vom Referenten durchgesehener Fassung abgedruckt.) Der Redner geht von Spenglers *Untergang des Abendlandes* aus und stellt ihm einen möglichen Neuaufgang innerhalb Europas gegenüber. Er skizziert darauf die Komplexität der modernen Weltsituation auf dem Hintergrund der internationalen Politik und verweist auf das «Gefühl»: «Was da geschieht, es bleibt in seiner Wirklichkeit weitgehend undurchschaubar.» Dann ist von einer dreifachen Furcht des modernen Menschen die Rede: sie beziehe sich auf «das Undurchschaubare der Welt, das Übermächtige, das Hoffnungslose».

Im unmittelbaren Anschluß an diese einleitenden Darlegungen heißt es weiter: «Man schaut auf Bemühungen, wie sie sich formieren im Europäischen Parlament in Straßburg. Die Besten dort fragen: Welche Stellung soll Europa in dieser so ganz und gar veränderten Weltgeschichte in Zukunft einnehmen? *Als Antwort kann ja zunächst nur auf Keime eines neuen Grundgefühles des Europäers geblickt werden.*»[256] Läßt sich aus der Geisteswissenschaft von Rudolf Steiner zur Europafrage nicht *mehr* beisteuern als 'Keime eines neuen Grundgefühles'?

Dann wird – nach einem Einschub über Rudolf Steiners Studienzeit in Wien – die Frage nach der spezifischen Aufgabe von Europa aufgeworfen: «Wie wäre die Aufgabe Europas anzuschauen, wenn Europa als ein mittleres Glied zwischen dem westlichen Amerika und einem östlichen Asien einen spezifischen Ort hätte?» Kurz darauf wird die Aufmerksamkeit auf die Tatsache gelenkt, daß man «nicht nur in Kreisen von Anthroposophen» Europa «das 'Herzorgan der Menschheit' genannt» habe, und dann heißt es: «Im Juni 1977 erschien eine Erklärung der Europäischen Bischofskonferenz[441], 'Wort für Europa'. Darin hieß es: Ob Europa durch weltumspannende Dienste nicht seinen Lebenswillen, seine Schöpferkraft und den Adel seiner Seele wieder finden und stärken könne.»

Der Hörer respektive Leser dieser Ausführungen soll also, im Bestreben, die dreifache Furcht zu überwinden 1. auf die Bemühungen der 'Besten' Straßburgs blicken und 2. sich, als Antwort auf die Frage nach der Aufgabe Europas, zunächst einmal durch die Worte einer Bischofskonferenz u. a. an den 'Adel seiner Seele' erinnern lassen.

«Europa möge Institutionen schaffen», wird daran anschließend diese (in den Augen unseres Redners offenbar sehr bedeutende) Konferenz der Bischöfe des weiteren referiert, «mit deren Hilfe es der gesamten Menschheitsfamilie besonders wirksame Dienste leisten kann». Unmittelbar darauf kommt wiederum einer der 'Besten' aus Straßburg (oder Brüssel) zu Wort: «Aus anderer Quelle äußerte schon vorher Ortoli, der Präsident der Kommission der Europäischen Gemeinschaft, im Jahre 1973 vor dem Europaparlament: 'Wir müssen ein menschliches Europa schaffen, das im Dienste des Menschen und der Menschheit steht.' – *Nicht von ungefähr klingen solche Stimmen auf, weil die Besten Europas darüber sinnen, welche Stellung Europa im Weltganzen einnehmen soll.*»[256]

Es ist klargeworden: die Teilnehmer der genannten Bischofskonferenz sowie der französische Präsident der EG-Kommission, F. X. Ortoli, gehören gleichermaßen zu den 'Besten' von Europa. Noch einmal ist von diesen 'Besten' dann die Rede und zweimal noch von Europas 'Adel seiner Seele'. Dreimal insgesamt kommen im gesamten Vortrag der 'Seelenadel' und die 'Besten' von Europa dezidiert zur Sprache, im Zusammenhang mit einer Bischofskonferenz und EG-Bestrebungen.

Was die «Keime eines neuen Grundgefühles des Europäers», die auf *solchem* Territorium Wurzel schlagen sollen, zu einer *anthroposophischen* Lösung der so brennenden Europafrage beizutragen in der Lage sind, möge sich der Leser selbst beantworten ... Im ganzen Vortrag kein Wort von Steiners letzten Dreigliederungsbemühungen im Wiener Musikvereinssaal oder von den kurz darauf einsetzenden Gegenbemühungen des dem Redner wohlbekannten Grafen Coudenhove, der aus dem katholischen Uradel von Brabant abstammt und den der Gastredner in Wien zwei Jahre später (1981) in einem Schweizer Vortrag für seine Anstrengungen um die Einigung Europas mit Anerkennung ehrt. [442]

«'Untergang des Abendlandes', wenn man hinschaut auf das bisher im Abendlande Bestimmende», heißt es in dem Wiener Vortrag aus dem Jahre 1979 auf das Ende zu, «(...) 'Aufgang des Abendlandes' – wenn man *hinlauscht* auf die Besten in einem neuerwachenden Europa, die *erahnen*, daß sich eine neue Geistigkeit bildet, über Völker, über Grenzen, über Rassen hinweg.»[256]

Neuerweckung des anthroposophisch-politischen Bewußtseins? Solche Ausführungen dürften eher dazu beigetragen haben, durch ihre Unbestimmtheit und die wiederholten Bücklinge vor den trivialen, aber wohlklingend-verführerischen Worten, die gewisse 'Beste' von Europa von sich geben[443], das in weiten Kreisen der AAG geschwundene 'politische Bewußtsein' vom Schlaf zum Tiefschlaf zu befördern.

Der Wiener Referent zeichnete sich auch später wiederholt durch ähnliche Verneigungen vor den Bestrebungen von Europas 'Besten' aus. Im Jahre 1992 warb er in einem öffentlichen Vortrag im Basler Bernoullianum[444] durch die Blume, aber für den Aufmerksamen klar vernehmbar, für einen EWR-Beitritt der Schweiz. Und noch in diesem Jahre (1994) fand er vor der Jahresversammlung der Generalsekretäre der AAG für die Europäische Union Worte 'bester' Anerkennung.[445]

Und in bezug auf die katholische Seite der Europamünze erfahren wir von ihm im Herbst des Jahres 1991[446], daß die katholische Kirche das (für sie seit jeher selbstverständliche) Ziel verfolge, Europa auf das Jahrhundertende hin vollständig zu katholisieren; gleichzeitig betont der Redner: «Wir meinen ja nicht, daß Europa anthroposophisch sein soll. Das wäre ja ganz unsinnig.»[447] Zu den Aufgaben der Anthroposophie gehört nach seiner Ansicht jedoch das Folgende: «Anthroposophie möchte helfen, daß alles, was es in Europa an Lebensbereichen gibt, sich selbst spirituell neu erfaßt (...) Auch die katholische Kirche *soll*[256] sich in ihren Tiefen spirituell neu erfassen.»[447] Es gehört demnach zur Aufgabe der Anthroposophie, auch der katholischen Kirche eine Aufgabe zu stellen. Sollte man es nicht viel lieber dieser Kirche selber überlassen, sich ihre Aufträge zu geben, und sich als 'Anthroposoph' darauf beschränken, die Anthroposophie in ihrer Einzigartigkeit in die Welt zu stellen und abzuwarten, in welchen 'Lebensbereichen' wirklich das Bedürfnis wach wird, «sich in ihren Tiefen spirituell neu zu erfassen»? Daß letzteres aber gerade in der katholischen Kirche in Wirklichkeit gar nicht angestrebt werden *kann* – jedenfalls nicht im Sinne eines plötzlich anthroposophisch werdenden 'Selbsterfassens' –, darüber sollte man sich keiner Täuschung hingeben.

Die Worte Rudolf Steiners über das Verhältnis der katholischen Kirche zu anderen spirituellen Gemeinschaften sind auch heute noch aktuell. Er sagte diesbezüglich am 2. Januar 1921: «Die katholische Kirche wird eine andere Gemeinschaft in dem Maße mehr hassen, indem sie Ähnlichkeit findet mit derselben, oder indem sie überhaupt findet, daß die christliche Wahrheit gesucht wird. Denn die katholische Kirche hat das Ziel, die christliche Wahrheit sorgfältig zu vermeiden und die Macht der Kirche so groß wie möglich zu machen. Das ist das Ziel der katholischen Kirche. Sie werden sie nicht rühren, dadurch, daß Sie immer 'christlicher' und 'christlicher' werden. Sie können sie nur versöhnen, indem Sie einfach ein Mensch sind, auf den die katholische Kirche als auf einen zu Rom gehörigen Menschen schwören kann. Nicht anders können Sie sie versöhnen.»[448]

Wie weit der im Jahre 1984 zu einer sehr maßgeblichen Persönlichkeit innerhalb der AAG-Leitung gewordene Wiener Referent schon große Teile der Gesellschaft auf den vom Europarat neu angelegten 'Pilgerwegen nach Santiago' bis heute mindestens im Geiste führen konnte, zeigt die letzte Michaelikonferenz vom Herbst des Jahres 1993 – vierzehn Jahre nach den Ausführungen in der Donaumetropole. Das Programm ließ Ungewöhnliches erahnen. Sieben Tagungstage – sieben 'Geheimnisse'; vom 'Geheimnis der Schwelle' bis zum 'Geheimnis der Freiheit'; für 1000 ausgewählte[449] Mitglieder der Ersten Klasse der Freien Hochschule für Geisteswissenschaft. In der Vorbereitungsphase dieser Konferenz wurden die Mitglieder in aller Welt gebeten, Themenvorschläge einzusenden, was auch in reichem Maß geschah. Aus 2000 eingesandten Vorschlägen wurden für das Programmheft dieser Tagung dann zwölf ausgewählt; etwa zeitgleich druckte man sie auch in den deutschen *Mitteilungen* ab[450]; sie waren also *allen* Mitgliedern und nicht nur Mitgliedern der Ersten Klasse zugänglich. Es wird anzunehmen sein, daß die ausgewählten Vorschläge von maßgeblicher Seite für besonders repräsentativ und ernstzunehmend erachtet worden sind und man sie den Mitgliedern *deshalb* zur Kenntnis bringen wollte.

Der achte Vorschlag lautete, im referierten Wortlaut: «Da wird öfter gefragt, ob es nicht möglich sei, zur Einrichtung einer 2. Klasse zu kommen. Spürt man dem Grund dieser Frage nach, so findet man Sehnsucht und Bedürfnis nach ritueller-kultischer Arbeit, wie sie ja für die 2. Klasse vorgesehen war. Da wird dann durchaus von einer strengen, ordensmäßigen Auffassung der Klasse gesprochen; und immer wieder auch von energischen Schritten hin zu einem neuen Lebenssakramentalismus, einem wahren anthroposophischen umgekehrten Kultus.»[451]

Was sich Rudolf Steiner als Aufbau und als Inhalte einer von ihm selbst geplanten zweiten Klasse dachte, hat er in die 'Nebenzimmer der Geschichte' mitgenommen.

Gleichwohl wagt man es im Jahre 1993 von sehr maßgeblicher Stelle der AAG aus, seinen Ausdruck zu verwenden, um – ob bewußt, ob unbewußt – esoterische Prätentionen, vor denen Polzer schon im Jahre 1930 warnte, zu kaschieren und den Anschein zu erwecken, das erwähnte 'Bedürfnis nach ritueller-kultischer Arbeit', dessen Existenz in manchen Kreisen von uns gar nicht geleugnet werden soll, *im Sinne Rudolf Steiners* ('2. Klasse'!) überhaupt befriedigen *zu können*.

Nachdem – nicht etwa durch längst fällige Erkenntnis, sondern nach dem Ausdruck unseres Wiener Referenten «durch den Zeitenzwang»[452] – die sogenannten Klassentexte, mit denen man an manchen Orten jahrzehntelanges Cliquenwesen trieb, in den Druck gegeben worden waren, war offenbar nichts Eiligeres anzustreben, als für den Verlust des 'Geheimnisses' von wenigen, zu seinem sogenannten 'Schutz' Erwählten – Ersatz zu schaffen, im usurpierten Namen Steiners.

Schon allein, daß man es wagen konnte, den Mitgliedern ein solches Ansinnen nach möglicher Errichtung einer '2. Klasse' als etwas wirklich *Ernstzunehmendes* anzubieten[453], zeigt, welches 'esoterische' Niveau siebzig Jahre nach der Weihnachtstagung tonangebend ist.

Die Herbsttagung des Jahres 1993 hatte nun ein Vorspiel, das im Zusammenhang mit unseren Betrachtungen im Kapitel 2 von besonderem Interesse ist. Das Jahr 1993 feierte die Kirche Roms als das 'Heilige Jahr' oder 'Jakobusjahr.' Im *Goetheanum* war darüber folgendes zu lesen: «Der Papst hatte Spanien mit seinem Besuch beehrt[454], und Santiago de Compostela nahm Tausende und Abertausende Besucher und Pilger aus aller Welt auf. Die Stadt summte vor Leben, das hinein- und herausströmte durch die Nord-, Süd- und Westportale der Kathedrale, die den ganzen Tag – auch zur Messezeit (...) – weit geöffnet waren.»[455]

Vom 5. bis zum 8. August hielt nun die Anthroposophische Gesellschaft Spaniens in Santiago einen Kongreß über den 'Jakobsweg und die Mysterien Nordspaniens', und dieser Kongreß «war gedacht als eine Art innerer Pilgerschritt hin zur großen Michaeli-Konferenz in Dornach». Während dieser Tagung wurde von maßgeblicher Seite über den 'Camino', den 'Pilgerweg' nach Santiago als seelisch-geistigen Entwicklungsweg vorgetragen.

Doch so sehr wünschten manche Teilnehmer der Tagung, in Gedanken und Gefühlen mit den kirchlichen Santiago-Zeremonien innerlich zu harmonieren, daß man nach der Einstudierung eines Pilgerchores «durch die kühne Vermittlung eines Waldorflehrers aus Madrid am Sonntag, dem 8. August 1993, in Santiago de Compostela auf den Altarstufen der Kathedrale, unter den Düften des Weihrauchs und auf Ansage des messehaltenden Priesters die Pilgerlieder aus alter Zeit erklingen ließ».[455]

Der katholisch-jesuitische Opus-Dei-Weihrauch hat gewisse Mitglieder der AAG in ihrem 'politischen Bewußtsein' offenbar schon so weit eingenebelt, daß sie glauben können, einen solchen Schritt im heiligen Jakobusjahr als eine 'Kühnheit' auffassen zu müssen. Etwas von dem Weihrauch aus der Kathedrale Santiagos scheint noch den Worten zu entsteigen, mit denen der Bericht über das Präludium zur Michaeli-Konferenz in Dornach schloß: «Möge das, was dort aus übervollen, dankbaren Herzen in dem ehrwürdigen Gotteshaus erschallte, hineingetönt haben in die große Michaeli-Konferenz dieses Jahres.» Es *hat* hineingetönt. Die katholisch-orientierten Euro-Architekten werden über so viel Sekundär-Weihrauch, der ihnen kurz vor dem Jahrhundertende mitten aus dem Schoß der AAG entgegenduftet, sicherlich erbaut sein ...

Das einst so große, herrliche Santiago de Compostela! Im Mittelalter hochbedeutsam; heute eine wesentliche Quelle, an der sich rom-treue Europafreunde in der Nachfolge von Johannes Paul II. erlaben gehen und sich am Grabe des hl. Jakobus auf ihren 'Seelenadel' neu besinnen, um anstelle eines wirklich freien das *katholische* Geistesleben über ganz Europa auszugießen, vom Ural bis zum Atlantik ...

*

Erinnert uns all dies nicht an einen Traum von Ludwig Polzer-Hoditz? In der Nacht vom 13. auf den 14. Januar 1939 träumte Polzer: «Ich fand mich wie in einer Kirche oder der Sakristei einer solchen. Ich trat einem Kardinal gegenüber, mit dem ich mich in ein Gespräch einließ. Wir sprachen nicht mit Worten, sondern mit Augen u. Gesichtsausdrücken. Das Antlitz des Kardinals wurde unendlich freundlich u. verständnisvoll.

Dann kam ein zweiter Kardinal hinzu. *Es wurde mir gesagt, es sei der von Santiago de Compostela*.[256] Dieser hatte ein finsteres u. böses Angesicht, u. [er] begann auf den ersten furchtbar loszuwettern in höchster Aufregung. Den Inhalt der Gespräche konnte ich in keinem Falle verstehen. Der eine war mir freundlich gesinnt, der andere feindlich u. feindlich auch dem ersten. – Ich selbst war ganz ruhig und hatte die Empfindung, stärker zu sein als beide.»

Wir haben diesen Traum schon im Kaptiel 43 referiert und kommentiert und ließen dabei eine Möglichkeit der Deutung offen, welche sich auf eine Zeit beziehen könnte, *die damals Zukunft war*.

Von diesem Traumerlebnis sagte Ludwig Polzer 1943: «Es schien mir (...) in irgendeinem Zusammenhang mit dem tragischen Kampfe im Vorstande zu stehen.» Dieser tragische Kampf hat in Wirklichkeit bis heute nicht geendet. Man könnte ihn als ein Geschehen kennzeichnen, in welchem wahrhaft anthroposophische Impulse mit 'jesuitischer' Gesinnung um die Führung der Gesellschaft ringen. Fast will es scheinen: im Santiago-Traum von Polzer steckt auch ein Element der Prophetie.

Damit sind wir bei der dritten eingangs aufgeworfenen Frage angelangt: Wie leben die Impulse dieses Menschen, der mit eiserner Geduld gelernt hat, die Gefahren zu durchschauen, die der anthroposophischen Bewegung und Gesellschaft durch die 'Heilige Allianz' gewisser Logen mit jesuitischer Gesinnung drohen – in der weitesten, nicht an eine Ordenszugehörigkeit gebundenen Bedeutung dieses Wortes – in der AAG seit seinem Tode fort?

6. SYMPTOME AUS DER AAG-GESCHICHTE UND LUDWIG POLZER-HODITZ

Angesichts der Tatsache, daß innerhalb der AAG statt einer Zunahme des so nötigen 'politischen Bewußtseins' in den vergangenen Jahrzehnten ein in Wellen rekurrierendes Zunehmen von dogmatisch-zentralistisch-kirchlichen Tendenzen zu bemerken ist, die im 'Jakobusjahr' 1993 einen gewissen Höhepunkt erreicht zu haben scheinen, kommt der Frage, wie dem Wirken einer Individualität wie der von Ludwig Polzer-Hoditz innerhalb der anthroposophischen Bewegung sowie vor allen Dingen innerhalb der AAG begegnet wurde, nicht nur anekdotische Bedeutung zu.

Zunächst ist es nach 1945 um Ludwig Polzer-Hoditz still geworden. Gewiß, es lebten da und dort noch manche Menschen, die ihn schätzten und seine Lebensarbeit würdigten; auch Menschen, die sich außerhalb der AAG der Geisteswissenschaft Rudolf Steiners innerlich verpflichtet fühlten. Es wurden ihrer weniger und weniger.

In den siebziger Jahren nahm das Interesse an Polzers Wirken allmählich wieder zu; nicht zuletzt im Zusammenhang mit den durch Paul Michaelis überlieferten, im Anhang dieses Buches abgedruckten Aufzeichnungen Polzers, die zum Teil Gespräche, die er mit Rudolf Steiner führte, wiedergaben. Vor allem Steiners Äußerungen über Demetrius und Kaspar Hauser haben manchen Menschen immer wieder zu bestimmten Nachforschungen angeregt. Peter Tradowskys Werke über Kaspar Hauser und Demetrius beispielsweise hängen mit der Existenz von solchen Äußerungen eng zusammen.

Als Tradowsky dann im Jahre 1984/85 die Neuausgabe von Polzers Prager Lebenserinnerungen vorbereitete, stellte der Verfasser dieses Lebensbildes dafür in Dornach und in Stuttgart begleitende Recherchen an.

Eine in Dornach maßgebliche Persönlichkeit bestätigte nach mehreren Rückfragen, daß zwei Ordner Polzer-Materialien[456] vorlägen; doch sie enthielten einzig Unterlagen administrativen Inhalts; für den Herausgeber der Polzerschen Erinnerungen sei nichts Bedeutendes dabei. In solcher Weise wurde diese Anfrage von höchster Amtsstelle erledigt.

Ursprünglich war auch vorgesehen, Polzers Rede auf der Generalversammlung 1935 im Anhang der erwähnten Neuausgabe der Erinnerungen abzudrucken. Es wurde dem Verlag am Goetheanum durch die betreffende Persönlichkeit verwehrt. Das waren schlechte Vorzeichen für eine künftige Neuerweckung des 'politischen Bewußtseins' (auch für die Vorgänge innerhalb der Geschichte der Anthroposophischen Gesellschaft selbst), für welche neben Rudolf Steiner selbst kaum ein besserer 'Inspirator' gefunden werden könnte als – Ludwig Polzer-Hoditz.

1989 wurde Polzers Schrift *Der Kampf gegen den Geist und das Testament Peters des Großen* in Dornach wieder aufgelegt; im Wendejahr, zum rechten Zeitpunkt. Doch es blieb recht unbeachtet, trotz des Vorworts von Renate Riemeck.

Als der Autor des vorliegenden Lebensbildes im selben Jahre die Recherchen über Ludwig Polzer-Hoditz wieder aufnahm, erkundigte er sich bei der erwähnten tonangebenden Persönlichkeit erneut nach den genannten Unterlagen. Dies hat sich darauf mehrmals wiederholt. Im Januar 1994 gab er schließlich alle diesbezüglichen Versuche als gescheitert auf.

Diese Art und Weise der Erledigung von Forschungsanfragen in bezug auf einen engsten Mitarbeiter Rudolf Steiners durch die betreffende Persönlichkeit der AAG ist schon vom gewöhnlichen wissenschaftlichen Gesichtspunkt aus gesehen unbegründbar. Sie zeigt das Faktum eines sonderbaren Desinteresses in der Leitungsspitze der AAG für Graf Polzer und sein Wirken für die Geisteswissenschaft von Rudolf Steiner. Der Verfasser des vorliegenden Buches über Polzer kann darin keineswegs eine mit seiner eigenen Person zusammenhängende Tatsache erblicken; ebensowenig wie es 1984 mit der Person der Anfragenden zusammenhängende Gründe gegeben hatte, die Rede Polzers aus dem Jahre 1935 dem anthroposophischen Publikum weiterhin vorzuenthalten. Und was hätte diese Rede nicht zur Neubildung eines 'politischen Bewußtseins' für die Vorgänge innerhalb der AAG noch in letzter Stunde leisten können.

Die Annahme liegt nahe, daß die Gründe ihrer damaligen Unterdrückung in dem Inhalt dieser Rede selbst zu suchen sind. Man erinnere sich zum Beispiel an den folgenden Satz aus Polzers Rede: «Die 'Grundsteine', die in starken Herzen ruhen, sind nicht mehr an einen Ort und an einen einzigen Bau gebunden. Sie müssen die Grundsteine für die Mysterienstätten der Zukunft an verschiedenen Orten werden. Diejenigen, welche die Keime zu diesen Mysterienstätten legen werden, können nur unmittelbar von der geistigen Welt durch ihr Schicksal dazu berufen werden. Dazu gehört aber vor allem esoterischer Mut, nicht Bevormundung und Einengung.»[457] Oder auch eine Bemerkung wie die folgende: «Vielmehr traten unmögliche spirituelle Prätentionen zuerst von der einen, dann (...) von der anderen Seite auf, besonders was die Leitung der Hochschule betrifft. So konnte aus der Vernunft heraus eine neue, das Fehlen eines geistigen Führers berücksichtigende Gesellschaftsbasis nicht gefunden werden.»[458] Unter anderen auch solche Worte, die schon 1935 wirkungslos verhallten, wurden noch im Jahre 1984 auf den 'AAG-Index' gesetzt.

6. LUDWIG POLZER UND DIE AAG-GESCHICHTE

Obgleich Rudolf Steiner selbst «schon im September 1924 in maßgebendem Zusammenhang sagte, daß der Versuch einer Hochschule für Geisteswissenschaft mißlungen sei»[459], wurde in den darauffolgenden Jahrzehnten diese seine eigene Ansicht in den Wind geschlagen und getan als ob, und mit zunehmenden spirituellen Prätentionen setzte man von den fünfziger Jahren an 'Lektoren' ein und ab, wie es in der Kirche mit Bischöfen zu geschehen pflegt. Von der in der Führungsspitze der AAG offenbar geschätzten 'Weisheit', die auf Bischofskonferenzen zu zirkulieren pflegt, haben wir im übrigen schon weiter oben ein paar Kostproben gegeben.

Es scheinen also in bezug auf die selektierte Ablehnung von Polzer-Hoditz innerhalb sehr maßgeblicher Kreise der anthroposophischen 'Weltgesellschaft' nicht persönliche, sondern 'sachliche' Gründe vorzuliegen; um so schlimmer, muß nun eigentlich gefolgert werden, denn die 'Sachlichkeit' der wirklichen Zurückstoßungsmotive liegt auf der römisch-katholischen Linie der Verneinung wahrhaft freiheitlicher Geistimpulse. Statt dessen ein schirokkohafter Südwind voll von höchst dogmatischen 'Versicherungen'. Wir wollen nochmals zwei konkrete Beispiele anführen. Im allerersten Satz eines Aufsatzes vom Dezember 1993 über die 'Weihnachtstagung' wird von maßgeblichster Stelle aus das Folgende verkündet: «In der kommenden Weihnachtszeit wird es siebzig Jahre her sein, daß auf dem Hügel in Dornach jenes Ereignis stattfand, das bis in die Gegenwart das Leben der Anthroposophischen Gesellschaft *und damit auch der Anthroposophie*[256] selbst bestimmt, die Weihnachtstagung.»[460]

«Und damit auch»? Was könnte jemals *garantieren*, daß das, was das Leben der Anthroposophischen Gesellschaft bestimmt, schon nur, weil es *einst* die AAG bestimmte, «bis in die Gegenwart» per se und gleichsam automatisch «damit auch» *die Anthroposophie* 'bestimmen' müsse! Muß dasjenige, was sich etwa in der Kirche Roms von heute abspielt, auch das wahre Christentum 'bestimmen', weil ein wesenhafter christlicher Impuls einmal am Ausgang der Ecclesia gestanden hat? Gesetzt der Fall, es würde ein Christusgegner in der heutigen Kirche herrschen, dann würde, nach der Logik des Artikelschreibers, auch das wahre Christentum davon betroffen und 'bestimmt'. Hier handelt es sich nicht um Dinge, die in Klarheit denkbar sind, sondern um – dogmatisch-tendenziöse Feststellungen.

Eine weitere 'Versicherung' aus demselben Aufsatz lautet (es ist von den Mitgliedern des Gründungsvorstandes von 1923 die Rede): «Was nämlich alle Vorstandsmitglieder ahnten, jeder auf seine Weise andeutete oder aussprach, und *was uns heute aus dem Akasha der Geschichte dieser Gesellschaft wie eine Sonne entgegenleuchtet*[256]: In den Schmerzen, die das Schicksal den Vorstandsmitgliedern auferlegte (...), in diesen Schmerzen wurde die Substanz der Weihnachtstagung gerettet.»[460] Der selbständigen geschichtlichen Urteilsbildung innerhalb der AAG wäre mit dem öffentlichen Zugang zu gewissen Erdenchroniken mehr gedient als mit Beteuerungen über Dinge, die in der Akasha-Chronik stehen sollen ...

Und das Jahrhundertende, an welchem viele Schüler Rudolf Steiners wieder inkarniert sein dürften? Auch diesbezüglich werden uns aus dem 'Akasha' leuchtende Versicherungen zugemutet. Zum dritten Tag der Michaeli-Konferenz 1993, der unter das Motto 'Das Geheimnis des Akasha' gestellt wurde, war im Mitteilungsblatt des *Goetheanums* folgendes zu lesen: «Dieser Tag soll die Wirklichkeit unserer anthroposophischen Geschichte hinstellen. Wie leben wir mit unserer Geschichte als lebendige Keimkraft der Zukunft? Können wir die Voraussage Rudolf Steiners ernst nehmen, daß viele Freunde aus der ersten Zeit anthroposophischer Tätigkeit wieder unter uns weilen?»[461] Hat Rudolf Steiner dieses je vorausgesagt? 'Wieder unter uns' – das heißt im Kontext klar und deutlich: innerhalb der AAG.[462] Auch hier wird, wie schon oben, mit der dogmatischen Suggestion gearbeitet, die AAG sei mit der viel umfassenderen anthroposophischen Bewegung noch heute unbedingtermaßen *eins*.

Stellen wir einmal die folgenden Tatsachen einander gegenüber: Ludwig Polzer-Hoditz hatte nach dem Tod von Rudolf Steiner vor den spirituellen Prätentionen innerhalb der AAG-Leitung gewarnt, hatte vorgeschlagen, die Allgemeine Sektion unbesetzt zu lassen und Dornach sich zu einem vernünftigen Verwaltungszentrum entwickeln zu lassen; umsonst; die spirituellen Prätentionen weniger haben treue Schüler Rudolf Steiners verdrängt und ausgeschaltet. Polzer zog die Konsequenz und überließ die AAG dem ihr durch diesen Führungsstil sowie die Schläfrigkeit von vielen Mitgliedern verhängten Schicksal. Am Todestag des von ihm verehrten D. N. Dunlop ist er am *30. Mai* 1936 aus der AAG ausgetreten.

Am Ende des Jahrhunderts zeigt sich nun das symptomatologisch sehr beachtenswerte Faktum, daß gerade dieses geistige Bemühen Ludwig Polzers um spirituelle Freiheit in der AAG-Leitung, wie es zum Beispiel aus seiner epochalen Rede aus dem Jahre 1935 spricht, erneute Ablehnung erfährt. Zugleich wird *vor den Mitgliedern der AAG* der Schein erweckt, Rudolf Steiner hätte je davon gesprochen, daß «viele Freunde aus der ersten Zeit anthroposophischer Tätigkeit wieder unter *uns* weilen». Aus der Konstellation dieser beiden Tatsachenkomplexe muß sich zunächst zweierlei ergeben: 1. Ein Mensch wie Ludwig Polzer wird, vielleicht wegen seiner damals dezidiert geäußerten Kritik am Führungsstil der AAG-Leitung und seinem dann erfolgten Austritt aus der Gesellschaft, nicht zu diesen «Freunden» mitgezählt. 2. Er wird dazugezählt. Das hieße für den ersten Fall, daß in gegenwärtig maßgeblichen Kreisen die Auffassung bestünde, die 'Anthroposophische' Gesellschaft könne ohne Mitwirkung von Individualitäten wie der von Polzer-Hoditz überhaupt eine *anthroposophische* Zukunft haben.[463] Für den zweiten Fall ergibt sich die bedenkenswerte Lage, daß von einem Menschen, der die AAG infolge der Fehlentwicklung verließ, die sie in seinen Augen nahm, am Ende des Jahrhunderts versichert wird, er würde wieder 'unter uns' weilen, obwohl sich an dem Führungsstil seit damals *im wesentlichen* nichts geändert hat und Polzers essentielle Anschauungen an heute maßgeblicher Stelle offensichtlich nach wie vor als Provokationen gelten, die besser unerörtert bleiben.

Daraus wird ersichtlich, daß die Schicksalsfrage der AAG auf das Jahrhundertende hin an deren allerhöchsten Stelle bis jetzt noch nicht in wirklichkeitsgemäßer Art aufgeworfen worden ist. Denn mit den bisher verlautbarten Behauptungen wird höchstens ein Bewußtseinsnebel hergestellt. Die Frage ist: Werden die sogenannten «Freunde» die Geneigtheit haben, sich mit der AAG der Gegenwart einzulassen, solang in dieser AAG an maßgeblichster Stelle zentralistisch-spirituelle Prätentionen walten können und gewisse für diese Freunde selbst maßgeblichen Impulse weiterhin nur Ablehnung erfahren? Können diese «Freunde», ungeachtet ihrer eigenen Impulse, daher ohne weiteres für die AAG 'in Beschlag genommen' werden? Es wäre sehr gedankenlos. In der katholischen Kirche pflegt eine vergleichbare Beschlagnahmung von Menschen in bezug auf die einmal für heilig erklärten Persönlichkeiten zu geschehen. Man könnte sich jedoch eines Tages vielleicht darüber wundern müssen, wie viele der von ihr zu Heiligen Erklärten in Wirklichkeit ihr Leben und ihr Wirken ganz außerhalb der Kirche fortsetzten.

Gerade auf einem spirituell derart wichtigen Gebiete wie dem hier zur Rede stehenden, wo es sich um subtile Fragen individueller Schicksalsbildung und Wiederverkörperung handelt, kann mit einem Nebel von Beteuerungen nur geschadet werden. Je spiritueller die Gebiete sind, um die es sich in der Betrachtung handelt, je klarer und subtiler sollte auch das Denken werden, das sich ihnen nähert. Und dazu gehört zu allererst die Einsicht, daß man nicht von apriorischen Voraussetzungen auszugehen hat.[464]

*

Selbstverständlich kann innerhalb des (freien) Geisteslebens jedermann die Auffassungen hegen, die er für vernünftig hält. Insofern ist ganz generell gegen Überzeugungen als solche gar nichts einzuwenden, selbst dann nicht, wenn es sich erweisen sollte, daß sie dogmatischer Natur sind. Anders steht die Sache allerdings, wenn die Existenz gewisser Auffassungen und (dogmatischer) Überzeugungen (Rudolf Steiners karmische Verbundenheit mit der heutigen AAG und insbesondere mit deren Vorstand etc.) die historische Erforschung einschränkt und behindert; in unserem Falle, die Erforschung der Zusammenhänge und Ereignisse innerhalb der Geschichte der anthroposophischen Bewegung und Gesellschaft. Ein ähnlicher Konnexus gewisser 'spiritueller' Überzeugungen mit einer restriktiven Informations- und Dokumentenpolitik besteht, hier allerdings im großen Maßstabe, nur innerhalb der Kirche Roms.

Wenn die nachweislich rund vierzehn Jahre dauernde gezielte Sekretierung ganz bestimmter Dokumente durch eine in der AAG-Leitung sehr einflußreiche Persönlichkeit *weder mit persönlichen Besitzverhältnissen noch mit konkret erteilten Testaments-Befugnissen begründbar ist*[465], dann wird die freie Forschung durch die gegenwärtige Politik der AAG-Führung in einer Art behindert, die kaum als wissenschaftlich, geschweige denn als 'geisteswissenschaftlich' akzeptabel gelten kann.

Der Verfasser fühlte sich daher verpflichtet, gewisse, manches Mitglied der Anthroposophischen Gesellschaft vielleicht schockierende Tatbestände zu erörtern.[466] Sie sind symptomatologische Mosaiksteine, die nicht fehlen dürfen, wo man sich ein wirklichkeitsgemäßes Gesamtbild des spirituellen Standortes der heutigen AAG und insbesondere der Tendenzen, die etwa seit den achtziger Jahren von maßgeblichster Stelle dieser Weltgesellschaft ausgehen, zu machen wünscht. Wenn durch die 'Besten' dieser AAG die wahrhaft besten Schüler Rudolf Steiners in solcher Art und Weise behandelt werden, wie dies im Falle Polzers zutrifft, dann hat man es in Wirklichkeit mit sehr gravierenden Erscheinungen zu tun; mit Erscheinungen, die zeigen, wie kurz vor Ablauf des Jahrhunderts nicht nur innerhalb der großen zeitgeschichtlich-weltpolitischen Geschehnisse, sondern auch im Inneren der AAG gegen den radikalen Freiheits- und Erkenntnisgeist der Anthroposophie verstoßen und gewirkt wird.

Die Wirksamkeit des Testamentes Peters des Großen – als Kampf gegen den Geist der individuellen wahren Geistesfreiheit – machte also auch vor den Toren der AAG nicht halt, wie aus der Bekämpfung ganz bestimmter Geistimpulse Ludwig Polzers oder dem Vorhandensein gewisser schwerwiegender, dogmatischer Versicherungen zu ersehen ist.

7. «AUF DEN SCHULTERN VON RIESEN»

Richten wir den Blick noch einmal auf die möglichen Wiederverkörperungen von Schülern Rudolf Steiners (und mit ihnen zusammenwirkender Individualitäten aus dem Platonismus-Strom des Mittelalters[467]), von denen im Kapitel 6 die Rede war. Und stellen wir uns dabei einmal auf den Gesichtspunkt der okkultistisch orientierten Gegnerschaft der Anthroposophie. Gibt es einen vernünftigen Grund für die Annahme, daß mit diesen möglichen, von Rudolf Steiner in mehreren Vorträgen des Jahres 1924 erwähnten Wiederverkörperungen in Gegnerkreisen mit okkultistischem Einschlag innerhalb der 'Heiligen Allianz' weniger gerechnet wird als innerhalb der AAG? Der Verfasser kann keinen solchen finden. Hat man in bestimmten okkultistisch orientierten Kreisen nicht auch schon mit der spirituellen Realität einer Individualität wie Kaspar Hauser zu rechnen gewußt, *noch bevor er sich verkörpert hatte?* Viel Schlimmeres steht solchen Gegnern am Ende des Jahrhunderts nun bevor, in *ihrer* Sicht der Dinge jedenfalls: Eine in der Weltgeschichte in dieser Art wohl einzigartige Welle neuer Spiritualität bedroht die Macht der 'Heiligen Allianz' und ihrer Alliierten: und die hauptsächlichen Träger dieser 'Welle' sind die ersten Schüler Rudolf Steiners und die mit ihnen verbundenen platonisch orientierten Individualitäten aus dem Mittelalter. Versetzen wir uns einen Augenblick in die Lage solcher Opponenten des anthroposophischen Universalimpulses. Daß sie die in Rede stehenden Inkarnationen – Hunderte, Tausende – nicht verhindern oder derart schwer beeinträchtigen können wie in einem singulären Fall wie dem von Kaspar Hauser, dürfte ihnen klar (gewesen) sein. *Was wäre das vernünftigste Ziel, das sie verfolgen können?* Einen Keil zu treiben zwischen diese Individualitäten und die jetzige Allgemeine Anthroposophische Gesellschaft. Im günstigsten Fall würde diese AAG ja doch das Flußbett bleiben können für die mächtige Erneuerung durch die von den erwähnten Individualitäten getragene neue Spiritualisierungswelle. Dieser günstigste Fall ist für sämtliche Vollstrecker des petrinischen Testamentes, die mit diesen Perspektiven überhaupt vertraut sind, das Schlimmste, was ihnen am Jahrhundertende und ins 21. Jahrhundert hinein bevorsteht. Eine aus den Trägern ihrer Fundamente heraus neu erstehende anthroposophische Bewegung, die sich des bereits vorhandenen Flußbetts der AAG bedienen könnte! Eine ähnliche Konstellation würde eintreten wie zu Beginn des 20. Jahrhunderts, als Rudolf Steiner neben Annie Besant, die ab 1906 Präsidentin der Theosophischen Gesellschaft war, im Begriffe stand, eine Wirksamkeit zu entfalten, die weltweit hätte werden können, wenn Annie Besant ihn auch noch *nach 1906* in seiner spirituellen Kompetenz hätte anerkennen können. Der Leadbeater-Skandal sowie die mit okkultistischen Tricks bewerkstelligte Krishnamurti-Farce hatten in allererster Linie die Funktion, Rudolf Steiners Wirken in der Theosophischen Gesellschaft zu blockieren, gewissermaßen sie zu stutzen.[468] Wie werden die heutigen Gegner des Universalimpulses der Anthroposophie ihre Ziele zu erreichen suchen? Zum Beispiel dadurch, daß sie auf den Gang der Dinge in der AAG und ganz besonders in deren Leitungsspitze Einfluß nehmen, was ihnen um so leichter fallen dürfte, je weniger 'politisches Bewußtsein' und klares, spirituelles Unterscheidungsvermögen in dieser AAG vorhanden ist. Ihr Ziel muß sein: die AAG in ein solches Fahrwasser zu treiben, daß sie für die wiederkommenden oder bereits wiedergekommenen Schüler Rudolf Steiners nur schwer oder überhaupt nicht anknüpfbar sein würde und ihr weltumspannendes Wirken dadurch eine Kraftschwächung erfahren müßte. Und durch dogmatische Garantien über Rudolf Steiners unlösbare Verbundenheit mit der AAG, über das gleichsam garantierte Erscheinen seiner Schüler *innerhalb der AAG* wird die Gesellschaft, ob das gewollt wird oder nicht, gerade in solcher Art beeinflußt und in die angedeutete Richtung hinbewegt.

*

Will man sich in konkreter vorurteilsloser Weise dem Mysterium der Wiederkunft der Schüler und der Freunde Rudolf Steiners nähern, so muß man sich auch dazu aufschwingen, sich zumindest im Gedanken mit deren eigenen inneren Intentionen vertraut zu machen. Dazu gäbe es an sich schon äußerlich durch die verschiedensten Angaben Rudolf Steiners sowie die heute vorliegenden Lebensbilder über die Pioniere der Anthroposophie reiche Möglichkeiten der konkreten Anknüpfung. *Aus ihren Intentionen wird man dann den Maßstab dafür nehmen* können, wie die AAG im kommenden Jahrhundert *im Sinne dieser Freunde* und nicht im Sinn der Gegner ihres Wirkens ausgestaltet werden sollte. Statt auf Dogmen Wert zu legen, kommt es gegenwärtig auf ganz anderes an: Interessiert man sich in Wirklichkeit *ganz konkret* für die erwähnten Individualitäten? Kann man sich als Wegbereiter *ihres* Wirkens wollen, denken und empfinden? Oder überwiegt der Ehrgeiz eines Eigenwollens? Ist schon *genügend* Interesse da, erkenntnisunterstützte Hingabe an sie?

Von Bernhard von Chartres ist uns ein gewichtiger Ausspruch über das *ideale* innere Verhältnis der damaligen Zeitgenossen zu den großen Denkern des Altertums überliefert worden: «Es sagte Bernardus von Chartres, wir seien Zwerge, die sich auf die Schultern von Riesen gesetzt haben, auf daß wir mehr als jene und Entfernteres zu sehen vermöchten, nicht etwa durch die Schärfe unseres Gesichts oder die ragende Größe unseres Körpers, sondern weil wir in die Höhe emporgehoben und hinaufgeführt werden durch die Größe der Riesen.»[469]

Solche «Riesen» sind die «Freunde» vom Jahrhundertanfang und die mit ihnen verbündeten Individualitäten aus dem mittelalterlichen Platonismus-Strom. Und nur soweit versucht wird, an diese Geister gewissermaßen Erkenntnis- und Gesinnungsanschluß zu erüben, kann auch mit gutem Grund erwartet werden, daß sie sich *in zunehmendem Maße* helfend, stützend, inspirierend «unter uns», das heißt auch innerhalb der AAG bemerkbar machen werden.

8. AUSBLICK IN DAS 21. JAHRHUNDERT

Aus den Ausführungen der vorangegangenen Kapitel dürfte klargeworden sein, daß der weltpolitische Langzeitimpetus, der mit dem 'Testament Peters des Großen' zusammenhängt, keineswegs verebbt ist und daß mit ihm auch noch im kommenden Jahrtausend gerechnet werden muß. Die weitere Verwirklichung der 'neuen Weltordnung' wird auch in der Zeit *nach* der Jahrtausendwende vorangetrieben werden. Entscheidend wird dabei auch *China* sein, welches durch die USA schon seit Jahrzehnten wirtschaftlich und technologisch aufgerüstet wurde, wie dies im Anfang des Jahrhunderts, und besonders seit dem Zeitpunkt der Einführung des sozialistischen Experiments, für Rußland galt. Im globalen 'Gleichgewicht der Kräfte' und der internationalen Dialektik, welche auf kultivierten weltpolitischen Widersprüchen aufbaut, dürfte China – nach dem Abbruch des 'Experimentes' das einzige, bis heute von der Ideologie des Leninismus mitgeprägte Land von weltpolitischem Gewicht – einen neuen dialektischen Gegenpol zum Westen bilden.[470]

Es ist nicht undenkbar, daß die Gruppe Tanzender (Kosaken?) auf Beedhams Karte auch zum 'Kriegstanz' zu bewegen ist und von China aus in das wirtschaftlich-soziale Chaos und die ideologische Leere in der ehemaligen Sowjetunion hineingetrieben werden, *um dieses Chaos in den mitteleuropäischen Kulturraum hineinzuschieben*. Eine solche Perspektive scheint im dreizehnten Paragraphen des Testamentes vorgezeichnet, wo es über Rußlands 'imperiales' Handeln heißt: «(...) und während es seine Linientruppen bis zum Rhein vorschiebt, *wird es diesen sofort einen Schwarm seiner asiatischen Horden folgen lassen*». In das ideologische Vakuum im ehemaligen Sowjetreich dürfte außerdem, neben den Kräften der orthodoxen und der katholischen Kirche, auch der Islam vermehrten Zugang finden. Dieser dürfte sich dabei gleichzeitig mehr und mehr mit den dekadenten Impulsen der römisch-katholischen Kirche verbinden, wie sich das bereits heute abzuzeichnen anfängt.[471] Alle diese geistigen und konfessionellen Weltströmungen werden *eines* miteinander gemeinsam haben, das sie trotz aller Divergenzen auf untergeordneter Stufe immer enger aneinanderketten wird: die Verkennung oder ganz bewußte Ablehnung des Prinzips des wahren Individualismus, wie er etwa durch den deutschen Idealismus und die Geisteswissenschaft von Rudolf Steiner als Grundlage für die Entwicklung des Menschen zur freien, erkenntnismäßig und sittlich autonomen Persönlichkeit veranlagt worden ist. In der bewußten oder unbewußten Ablehnung dieser individuell-freiheitlichen Entwicklungsmöglichkeit, zu der die Angehörigen der mitteleuropäi-

8. AUSBLICK IN DAS 21. JAHRHUNDERT

schen und randslawischen Völkerschaften von Natur aus in besonderem Maße neigen, wird die 'Heilige Allianz' in Zukunft ungezählte neue Partner finden. Und mit diesen wird sie die Vollstreckerin des petrinischen Testamentes bleiben.

*

Versuchen wir zum Schluß, die Perspektiven aufzuzeigen, die durch das Wirken Ludwig Polzers veranlaßt worden sind und die zugleich die Umrißlinien seines spirituellen Testaments ergeben. Erinnern wir uns an sein 'Gelübde in der Wenzelskapelle' vom Jahre 1932. Es soll der 'Ehe' dienen, die zwischen dem deutsch-mitteleuropäischen und dem tschechischen Volkselement zu begründen und zu festigen sein wird, soll nicht der siebte Paragraph des petrinischen Gegentestamentes weiterhin die Oberhand behalten. Werden sich in Prag und Moskau oder auch im Petersburg von heute und von morgen Menschen finden, die zum wahren Kern des Deutschtums und des Tschechentums vorzudringen in der Lage sind? Die in Jakob Böhme, Goethe oder Steiner nicht unbedeutendere Weggenossen sehen als in Hus und Wikliff? Dann wird sich auch allmählich vor der geistigen Gestalt des Zaren Peter eine andere Gestalt erheben können: *Demetrius*, der große Herold der noch unverdorbenen Schicht des Slawentums.

Und in Mitteleuropa: wird durchschaut, daß mit Bismarck alles Deutschtum auf die seinem Wesen gar nicht angemessene Bahn der machtpolitischen Äußerlichkeit abgeleitet wurde; daß Wilhelm II. an den Abgrund führte, in den dann Hitler Deutschland stieß; dann wird sich hinter Bismarck der mitteleuropäische Bruder des Demetrius erheben – *Kaspar Hauser*, das Kind Europas, der Genius der dem deutschen Wesen angemessenen Sozialgestalt.

Und nach Westen blickend, wird man sich der Zeiten neu erinnern müssen, da Oxford noch nicht das 'Rom' des anglo-amerikanischen Weltbeherrschungswillens war und Rhodes-Scholars ausbildete, sondern Stipendiaten aus der Moldaustadt empfing, während auf der Verbindungslinie England–Böhmen der Freiheitsfunke Wikliffs nach Böhmen übersprang. Dann wird sich hinter Rhodes und Woodrow Wilson das Gestaltenpaar von James I. und Shakespeare neu erheben können; im fernen Westen wird auch der Genius von *Emerson* maßgeblich Kontur gewinnen. Wenn Rudolf Steiner einmal das amerikanische Element als «das eigentlich radikal Böse»[472] charakterisierte, so ist dies nicht pauschal zu nehmen, sondern auf die dominant gewordene Oberschicht des Westens, auf die Harriman- und Churchill-Schicht zu beziehen. Das ergibt sich auch daraus, daß Steiner bei anderer Gelegenheit geäußert hat, die anthroposophisch orientierte Geisteswissenschaft hätte auch in Anknüpfung an das Wirken eines Mannes wie Ralph Waldo Emerson entwickelt werden können.[473]

In diesem Zusammenhang möchten wir auf eine weitere Äußerung verweisen, die Rudolf Steiner in privatem Kreis 1914 machte und die sich auf das Post-mortem-Zusammenwirken gewisser repräsentativer Individualitäten aus der germanisch-europäischen Mitte und aus dem anglo-amerikanischen Westen bezieht. Sie lautet: «Es gehören jetzt folgende Geister einer geschlossenen Gemeinschaft an mit einer hohen Mission: Gladstone, Tennyson, Emerson, J. Joachim, Herman Grimm, Bettina von Arnim, Hallam. Die Spezialaufgabe Herman Grimms besteht darin, Skeptiker (...) auf den richtigen Weg zu weisen.»[474]

Die später zugedeckte 'Linie' (Amerika/) England–Böhmen liegt auf einer Unterschicht des Angelsachsentums, die sich nach Mitteleuropa hineinerstreckt und zu diesem nie in einem wirklichen Gegensatze stand; sie ist das westliche Äquivalent zur überdeckten Schicht des wahren Slawentums. Wenn von Mitteleuropa aus nach Osten hin die Brücke zur slawischen Demetrius-Kulturschicht und nach Westen die zur Wikliff/James-Schicht gefunden und beschritten wird, dann kann die Wirksamkeit des *siebten* Paragraphen des petrinischen Testamentes allmählich überwunden werden, auf keine andere Weise.

Die Überwindung dieses Paragraphen, der als «Hauptpunkt» bezeichnet wurde, «von dem das Gelingen des ganzen Planes abhängt», stellt den «Hauptpunkt» des hier zur Rede stehenden Gegentestamentes dar.

Die mitteleuropäischen Pfeiler dieser Brückenbildungen nach West und Ost müssen auf dem Fundament des radikalen wahren Individualismus gebaut sein, der die Freiheit der Völker aus der erkenntnismäßigen und sittlichen Befreiung des einzelnen abzuleiten hofft. Der 'Stoff' zu diesem Fundament kann seit hundert Jahren aus der durch Rudolf Steiner inaugurierten geisteswissenschaftlichen Strömung aufgenommen werden.

Und der Menschheitsbeitrag der Angehörigen der anthroposophischen Bewegung (innerhalb und außerhalb der AAG) wird in den kommenden Jahrhunderten in der Zubereitung des notwendigen Brückenbaustoffes bestehen müssen. In dieses Fundament dürfen weder die Vertreter der 'Ecclesia Romana' noch die der anglo-amerikanischen Rhodes- und Churchill-Schicht ihren dafür unbrauchbaren Baustoff integrieren; wo man dieses dennoch fördert, wird das Fundament des mitteleuropäischen Pfeilers untergraben; die allermeisten 'Besten' von Europa und jene, die sich um den 'Adel unserer Seelen' kümmern, sind nur imstande, den 'Erz-Guß' des Europafundamentes zu verderben.

Wird es von diesen Mächtegruppen auch weiterhin verdorben, kann auch das 'Wort' nicht neu gefunden werden, das aus Europa in den Zukunfts-Osten tönen soll. Das 'Wort' vom wahren Wesen jedes Menschen, der eine unverwechselbare geistige Individualität ist; ein jeder eine Art für sich, die sich im Laufe vieler Erdenleben in verschiedenen Persönlichkeiten, die verschiedenen Völkern und Nationen angehören, auszuprägen hat.

Ohne wahren Individualismus solcher Art – keine Aussicht auf menschenwürdige Gemeinschaftsbildung. Denn die Gemeinschaften der Zukunft werden nach dem Ideal der schon von Friedrich Schiller herbeigesehnten 'Gemeinde freier Geister' aufzubauen sein. Zur Erringung dieser Geistes-*Freiheit* steht dem Menschen die einst ganz besonders in Mitteleuropa kultivierte Fähigkeit des klaren, von Begierden und von Emotionen frei gewordenen Denkens zur Verfügung, das sich über das gläubige Hinnehmen von Versicherungen zum vernünftigen Begreifen der sinnlichen *und* übersinnlichen Welttatsachen aufzuschwingen in der Lage sehen kann.

Die Einsicht in das Prinzip der wahren, freien Individualität des Menschen wird alle Gegensätze von Rasse, Religion, Nation und von Geschlecht allmählich überwinden; sie werden dadurch und dadurch allein an Macht und Wirksamkeit verlieren; sie ist das Gegenmittel gegen den geschürten 'Clash of Civilisations', das Aufeinanderprallen der religiösen, ethnischen und nationalen Machtblöcke der Welt.

*

Im großen Gange der Kulturepochen, der nicht nur eine Zeitgestalt hat, sondern auch mit ganz bestimmten geographischen Räumen dieser Erde im Zusammenhange steht, ist die Wende nach dem Osten eingetreten. Das weiß man auch in Washington und Rom. Der Weg nach Osten führt nach wie vor *durch die Mitte von Europa*. «Der Weg der Kulturperioden, in welcher wir leben», schrieb Polzer 1928, «führt, von Westen kommend, nach dem Osten sich wendend, über diesen Raum. Da muß sich Altes metamorphosieren (...) *Alle alten Kräfte verlieren sich auf diesem Gange nach dem Osten, sie können durch diesen Raum, ohne sich aus dem Geiste zu erneuern, nicht weiterschreiten.*[256] Wollen sie es doch tun, so werden sie zu Zerstörungskräften; Katastrophen gehen aus ihnen hervor. In diesem Raum muß aus Menschenerkenntnis, Menschenliebe und Menschenmut das erst werden, was heilsam weiterschreiten darf nach dem Osten.»[475]

Für eine solche Fundamentalerkenntnis herrscht in tonangebenden und maßgeblichen Kreisen auch heute trotz der Katastrophen ohne Unterbrechung kaum wirkliches Verständnis.

Blickt man seit der Zeit von Polzers Tod auf die Bemühungen, eine zeitgemäße europäische Sozialgestalt zu finden, so sind es bisher, wie wir gesehen haben, in erster Linie die westlichen und kirchlichen Spezialinteressen gewesen, die am europäischen Haus maßgeblich und mit großer Macht am Werke waren – und noch immer sind. Die Bestrebungen aus diesen Kreisen sind jedoch gerade dadurch gekennzeichnet, daß sie aus der Illusion hervorgehen, ohne spirituelle Erneuerung und ohne radikale Metamophosierung unverwandelt und mit alten Kräften durch den europäischen Raum in den Osten einwirken zu sollen. Die Katastrophen, wie wir sie seit vielen Jahren beispielsweise im zerfallenen Jugoslawien miterleben, beweisen auch die ungeheueren 'Zerstörungskräfte', die den in Europa bisher maßgeblichen politischen Bestrebungen in Wirklichkeit innewohnen *mußten*, sofern sie auf die genannte Illusion gebaut sind.

Man blicke auf die in der heutigen EU maßgebliche Politik, die die zerfallenden Nationalstaaten zu einem Super-Nationalstaat – ob föderalistisch oder zentralistisch – machen will, und bedenke die Ost-Erweiterung der EU; eine solche Politik *muß* – beim 'besten' Willen –, solange sie auf alten Kräften fußt, auf die Dauer, Zerstörung auf Zerstörung produzieren; durch viele Masken wird das Zerstörerische wirken: Nationalismus, Rassismus, Despotismus, Krieg. Oder die GATT-Organisation, in welcher die heute walten sollenden weltwirtschaftlichen Impulse durch die Interessen der amerikanischen Supermacht nationalisiert werden: reine Karikatur der zeitgeforderten wahren Weltwirtschaft.

Rudolf Steiner sprach einmal davon, daß von heute an die reale Machtausübung in die Hand von immer weniger Persönlichkeiten übergehen werde.[476] Eine Aristokratie der Machtverhältnisse entstehe von der Gegenwart an; als Gegenpol zum zugleich wachsenden Bedürfnis nach Demokratisierung. Und er zeigt die Perspektive auf, daß gerade jene Menschen, die von heute an vermehrt gewisse spirituelle Angelegenheiten zu den ihren machen, wenig Neigung zeigen werden, sich auch um die großen wirtschaftlich-politischen Entwicklungen zu kümmern. Daraus entstand die bange Frage: werden diese 'wenigen' auch die 'besten' sein? Ein Blick auf die Geschichte dieses 20. Jahrhunderts zeigt: im Gegenteil, viele dieser 'wenigen' sind, so scheint es, nach dem Prinzip der 'Auswahl der wahrhaft Schlechtesten nach oben' an die Macht gekommen.

Wird es im 21. Jahrhundert anders sein? Werden nicht nur spirituell gesinnte Menschen wiederum verkörpert sein, sondern auch in den großen zivilisatorischen und kulturellen Angelegenheiten so maßgeblich sein können, wie es die Architekten der 'neuen Weltordnung' im 20. Jahrhundert waren? Es ist zu hoffen. Werfen wir noch einen kurzen Blick auf dieses wahrhaft Hoffnungsvolle.

*

Tausend Jahre ging der Osten von Europa abgetrennte Wege. Papst Nikolaus bereitete das Schisma von 1054 vor; die Individualität, die in ihm wirkte und die sich später in der Persönlichkeit des jüngeren Moltke wiederum verkörperte, will wiederum verbinden helfen, was sie einst aus weltgeschichtlicher Notwendigkeit zu trennen hatte[477]; sie dürfte ein mächtiger Verwirklicher desjenigen Teils des Testaments von Polzer werden, der der 'Ehe' zwischen Slawentum und Deutschtum gilt.

Viele andere 'Brückenbauer' dürften unterstützend in Erscheinung treten; die 'Vier-mal-Zwölf', von denen Rudolf Steiner am Ende seines Wirkens sprach, werden sich in ihrem Werk kaum stören lassen durch die Vollstrecker des petrinischen Testamentes. Sie werden kaum dem Irrtum huldigen, sich mit möglichst vielen Strömungen des geistigen und des politischen Lebens einlassen zu müssen, die ihnen nur den freien Gang auf dem Wege des für wahr Erkannten auf Schritt und Tritt behindern würden. Sie werden wohl viel eher das 'Unmögliche' versuchen, größtmögliche Offenheit für das, was heute in der Menschheit lebt und wirkt, mit Unbeirrbarkeit zu einen.

Von kuppelähnlichen Bauten, die sich überall in ganz Europa vom 21. Jahrhundert an erheben werden, hat Rudolf Steiner einst gesprochen.[478] Aus ihnen wird das verlorene 'Menschheitswort' erneut ertönen können. Zu den 'Architekten' solcher Bauten wird Ludwig Polzer-Hoditz zählen. Er, von dem die Worte stammen, die für ihn selbst wie für die anderen 'Siebenundvierzig' sowie die vielen Helfer gelten, die sich ihnen zugesellen werden:

Großer Geist in den Sphären,
der Du auf der Erde
unser Lehrer warst:
Wir wenden uns an Dich
in der Geist- und Seelenbedrängnis,
mit dem Lichte, das Du entzündet hast,
mit der Liebe, die Du
unseren Seelen geschenkt hast,
mit dem Willen, den wir
befeuern wollen
für die Arbeit am Ende des Jahrhunderts.
Dem Geiste des ewigen Seins,
dem Geiste, dem Du opferst,
widmen wir unser Denken und Sein.

Die Architekten eines wahrhaft neuen europäischen 'Hauses' am Ende des Jahrhunderts werden innerhalb der anthroposophischen Bewegung Helfer finden. Und die AAG? Wird man auch in ihrem Innern vermehrt an diese wahren Fortsetzer und Träger der Impulse Rudolf Steiners Anschluß suchen? Es wäre um so besser. Es ist zu hoffen.

Und an ein anderes Wort von Polzer soll zum Schluß erinnert werden. Es wurde anläßlich der Einweihung des neuen Prager Zweigraumes im Jahre 1936 ausgesprochen: «Wir – da das Lebenswerk Rudolf Steiners unterbrochen wurde – werden immer mehr im Stillen, Intimen sein Werk durchtragen müssen für die Wirksamkeit in der Jahrhundertwende. Für die Gegenwart haben sich unsere Seelen zu schwach gezeigt, um äußerlich zu kämpfen für soziale Neuordnung. Spirituelle Weisheit wollen wir pflegen, damit sie sich bald mit dem Feuer der Leidenschaft verbinden kann. Damit sie verschmelze einmal zu wirklichem michaelischem Mut im Dienste der Wahrheit (...) Verbunden in diesem Schaffen müssen wir uns fühlen mit allen denen, die gewirkt und gelitten haben dafür, daß die Kontinuität während der mysterienlosen Zeit nicht abreiße.»

Werden für die soziale Neuordnung der Zukunft genügend «Kämpfer» kommen, um auf dem 'europäischen Bauplatz' die Verwandlung alter, unbrauchbarer und zerstörerischer Kräfte in das wahre Neue zu bewirken? Es ist zu hoffen.

VI. ANHANG

DAS TESTAMENT PETERS DES GROSSEN
Text nach Sokolnicki (1797)

Abdruck aus dem französischen Aufsatz von Harry Breslau, 'Historische Zeitschrift', 1879. Deutsche Fassung von Ludwig Polzer-Hoditz.
Harry Breslau: Das Testament Peters des Großen. In 'Historische Zeitschrift', herausgegeben von Heinrich von Sybel. Neue Folge, fünfter Band (der ganzen Reihe 41. Band), drittes Heft, S. 385ff., München 1879. Druck und Verlag von R. Oldenburg. – Es genügt, hier den Text von Sokolnicki abzudrucken, da er nach der gründlichen Arbeit von Breslau der ursprüngliche ist, vor allem aber auch deshalb, weil es sich hier viel weniger um die Entstehungsgeschichte des Testamentes handelt, sondern um seine reale politische Wirksamkeit für die Geschicke Europas.
Ludwig Polzer-Hoditz

Zum Testament Peters des Großen siehe auch: Erdmuth Grosse, 'Das Wirken der okkulten Logen', Basel 1986.
Der Verfasser

*

Resümee des Planes zur Vergrößerung Rußlands und der Unterwerfung Europas, behandelt von Peter I.

1. (Man soll) nichts vernachläßigen, um dem russischen Volke europäische Formen und Gewohnheiten zu geben: in diesem Sinne die verschiedenen Höfe und besonders die Gelehrten Europas zu gewinnen, entweder durch Spekulation auf ihr Interesse oder aus philanthropischen und philosophischen Prinzipien oder anderen Motiven, um dieses Ziel zu erreichen.

2. (Man soll) den Staat in einem fortwährenden Kriegszustand halten, um den Soldaten kriegstüchtig zu machen und die Nation immer in Atem und bereit zu erhalten, beim ersten Zeichen zu marschieren.

3. (Man soll) mit allen möglichen Mitteln anstreben, sich gegen Norden längs des Baltischen Meeres und gegen Süden auszudehnen.

4. (Man soll) die Eifersucht Englands, Dänemarks und Brandenburgs gegen Schweden erregen, wodurch diese Mächte (die Augen schließen werden) blind sein werden gegenüber unseren Übergriffen in diesem Lande, welches man schließlich unterwerfen wird.

5. Das Haus Österreich soll daran interessiert werden, die Türken aus Europa zu vertreiben, und unter diesem Vorwand sollen wir eine eigene ständige Armee unterhalten und Stapelplätze an der Küste des Schwarzen Meeres errichten. So immer vorwärtsschreitend, muß man sich ausbreiten bis Konstantinopel.

6. (Man soll) die Anarchie in Polen begünstigen und erhalten: (man soll) seinen Landtag und ganz besonders die Königswahlen beeinflussen, bei jeder Gelegenheit soll man es zerstückeln und schließlich ganz unterwerfen.

7. (Man soll) mit England ein enges Bündnis eingehen und mit Hilfe eines Handelsvertrages direkte Beziehungen unterhalten, ihm selbst erlauben, eine Art Monopol im Inneren auszuüben, welches unmerklich eine Verknüpfung der Nationalen mit den Kaufleuten und den englischen Matrosen herbeiführen wird, welche alle Mittel beibringen werden, um die Vervollkommnung und Vergrößerung der russischen Flotte durchzuführen, mit Hilfe welcher man gleich die Erreichung der Vorherrschaft im Baltischen und Schwarzen Meer ins Auge fassen muß. (Das ist) ein Hauptpunkt, von dem das Gelingen dieses ganzen Planes abhängt.

8. (Man soll) sich um jeden Preis, sei es durch Gewalt, sei es durch List, in die europäischen Streitigkeiten mischen, und besonders in diejenigen Deutschlands.

9. (Man soll) immer scheinbar der Verbündete Österreichs sein, den kleinsten Einfluß dort dazu benützen, es in verderbliche Kriege zu verstricken, um es stufenweise zu schwächen. (Man soll) es selbst manchmal unterstützen, ihm zu Hilfe kommen, aber dabei nicht aufhören, ihm Feinde zu machen im Innern des Reiches, indem man gegen es die Eifersucht der Fürsten erweckt ...

Nota: Dieser Artikel wird um so leichter zu erfüllen sein, weil das Haus Österreich bis jetzt nicht aufgehört hat, sich durch den Plan verlocken zu lassen, eine [die] universale Monarchie zu erobern oder wenigstens das westliche Reich wieder herzustellen, und es zu diesem Behufe vor allem Deutschland unterwerfen muß.

10. Es sollen immer unter den deutschen Prinzessinnen Gemahlinnen für die russischen Prinzen gesucht werden, um auf diese Art die Verbindungen durch Familienbeziehungen und Interessengemeinschaft zu vervielfältigen und überall Einfluß in diesem Reiche zu gewinnen.

11. Sich des Einflusses der Religion bei den nicht unierten griechischen Katholiken, die sich zerstreut in Ungarn, der Türkei und den nördlichen Teilen Polens finden, zu bedienen, sich dieselben mit den listigsten Mitteln anhängig zu machen, sich ihre Beschützer nennen zu lassen und einen Rechtstitel auf die priesterliche Oberhoheit zu gewinnen: unter diesem Vorwand und durch diese Mittel muß die Türkei unterjocht und Polen erobert werden, die Eroberung Ungarns wäre dann nur ein Spiel, indem man Österreich Entschädigungen in Deutschland verspräche, während der übrige Teil Polens, der sich weder durch Macht noch durch seine politischen Verbindungen halten könnte, sich von selbst unter das Joch beugen würde.

12. Von da an wird jeder Augenblick wertvoll: Man muß im Verborgenen alles vorbereiten, um den großen Schlag zu führen, man muß es durch eine Ordnung, eine Voraussicht, eine Raschheit in Tätigkeit setzen, welche Europa nicht die Zeit gibt, sich zu besinnen. Man muß damit beginnen, sehr geheim und mit der größten Umsicht getrennt zuerst dem Hof in Versailles, dann dem in Wien vorzuschlagen, mit einem von ihnen die Weltherrschaft zu teilen. Man macht sie [darauf] aufmerksam, daß Rußland tatsächlich schon den ganzen Orient beherrscht und nur noch den Rechtstitel dafür zu gewinnen hätte, wodurch dieser Vorschlag ihnen keineswegs verdächtig erscheinen könnte. Es ist im Gegenteil außer Zweifel, daß dieser Vorschlag nicht verfehlen wird, ihnen zu schmeicheln und unter ihnen einen Krieg auf Tod und Leben entfachen wird. Angesichts der Verbindungen und ausgebreiteten Beziehungen dieser beiden rivalen Höfe und natürlichen Gegner und des notwendigen Interesses aller Mächte Europas an diesen Streitigkeiten teilzunehmen, müßte dieser Krieg bald ein allgemeiner werden.

13. Inmitten dieser allgemeinen Erbitterung wird Rußland sich um Hilfe bitten lassen, bald von der einen, bald von der anderen der kriegführenden Mächte. Rußland wird, um ihnen Zeit zu geben, sich zu erschöpfen und sich selbst um seine Kräfte zu sammeln, nach längerem Hin-und-her-Schwanken sich schließlich für das Haus Österreich entscheiden, und während es seine Linientruppen bis zum Rhein vorschiebt, wird es diesen sofort einen Schwarm seiner asiatischen Horden folgen lassen. – Je nach dem Maße der Fortschritte der letzteren in Deutschland würden zwei starke Flotten, mit solchen asiatischen Horden beladen, die eine aus dem Asowschen Meere, die andere aus dem Hafen von Archangelsk, absegeln, welche, begleitet von den Kriegsflotten des Schwarzen und Baltischen Meeres, unverhofft in das Mittelmeer und den Ozean stoßen würden, um diese wilden und beutegierigen Nomadenvölker auszuschiffen und damit Italien, Spanien und Frankreich zu überfluten; sie würden einen Teil der Bevölkerung niedermachen, den ande-

ren in die Sklaverei verschleppen, um durch ihn die menschenleeren Teile Sibiriens zu bevölkern, und den Rest außer Stand setzen, das Joch abzuschütteln.

In dem von M. Lesur im Jahre 1812 in Paris publizierten Texte finden sich vierzehn Artikel. Die dreizehn Artikel des Sokolnickischen Textes sind bis auf unwesentliche Unterschiede auch bei Lesur dieselben, es ist dort nur als achter Artikel einer eingeschoben, der folgendermaßen lautet:

Er empfiehlt allen seinen Nachfolgern, überzeugt zu sein, daß der Handel mit Indien den Welthandel bedeutet und daß derjenige der wahre Beherrscher der Welt wäre, der über denselben ausschließlich verfügt. Daher soll man keine Gelegenheit versäumen, Persien zu bekriegen, seinen Niedergang zu beschleunigen, um so bis zum Persischen Golf vorzudringen und über Syrien den alten Handel mit der Levante wieder herzustellen.

AUS GESPRÄCHEN MIT RUDOLF STEINER

Im folgenden werden die seit zwei Jahrzehnten in Typoskriptform zirkulierenden Tagebuchaufzeichnungen Polzers wiedergegeben. Es wurden immer wieder Zweifel an deren Echtheit vorgebracht, insbesondere in bezug auf den Kaspar-Hauser-Text, dessen Datierung «Ende November 1916» problematisch erscheint, da Polzer vom September 1916 bis zum Mai 1917 nicht mit Rudolf Steiner zusammentraf, was natürlich nicht ausschließt, daß er im November 1916 Aufzeichnungen von Gesprächen machte, die früher stattgefunden hatten. Auch sind die Orginalaufzeichnungen verschwunden oder von Paul Michaelis vernichtet worden (siehe Anm. 556). Der Verfasser sieht in den genannten Tatbeständen keine auch nur annähernd ausreichende Begründung für die angebliche Unechtheit oder Gefälschtheit dieser Dokumente, welch letztere in der Regel Paul Michaelis angelastet wird, bisher ohne jeglichen konkreten Nachweis. Abbildung 38 zeigt Ausschnitte aus den Anfangsteilen der Aufzeichnungen Polzers aus den Jahren 1923-1925. Offenbar ließ er die entsprechenden handschriftlichen Aufzeichnungen abtippen und setzte dann von eigener Hand die römischen Ziffern I bis III an den Kopf der Mitteilungen, die genaue Datierung jeweils an den linken Rand. Die Hinzufügung der römischen Ziffern wie auch die in arabischen Zahlen vorgenommene Datierung muß nach eingehender vergleichender Untersuchung mit den entsprechenden Zahlen und Ziffern im handschriftlichen Nachlaß Polzers als authentisch gelten; das heißt von Ludwig Polzer stammen. Die Tatsache der handschriftlichen Bezifferung und Datierung ist von den Vertretern der Fälschungstheorie bis heute übergangen worden.

Die Gespräche I bis III wurden in getippter Form durch Herrn Dr. E. Hermann, Heidelberg, übermittelt, der keine weiteren Angaben macht. Diese Typoskriptfassung trägt die Überschrift «Aus den Aufschreibungen des Grafen Ludwig Polzer-Hoditz nach Gesprächen mit Rudolf Steiner».

Die Mitteilungen über die Mission von Kaspar Hauser (von uns mit IV. betitelt) stammen mit der Datierung «Ende November 1916» aus dem Nachlaß von Paul Michaelis. Zu seinem Kaspar-Hauser-Drama siehe S. 460.

In [ ] Stehendes sind Ergänzungen des Verfassers.

I.

1. 1. 1923

Am Neujahrsmittag nach dem Brande, [Polzer fragt] in Villa Hansi: «Wie hat das geschehen können?»

«Die Differenziertheit der Seelen ist zu groß. Wohl wollen sie alles sehen und hören und bei allem dabei sein, aber erwachen wollen sie nicht. So müssen sie an den Katastrophen und persönlichen Schmerzen wach werden. Hier waltet nicht Karma, sondern allein das Nicht-Wach-Sein der Mitglieder und der eben bis ins Physische wirkende Neid der Menschen. Die Möglichkeit war gegeben unter uns, den Raum des Wortes zu haben; aber der Raum des Wortes kann nur sein, wenn er seine Entsprechung, sein lebendiges Abbild im Herzen, in der Wortgewissenhaftigkeit hat, das heißt, wenn der Mensch nicht alleine zuhört, sondern Verantwortung tragen will und kann, als ein sich verantwortender Mensch vor dem Wort der Welt. Das war der Sinn des Baues. Wort und Antwort, Logos und Mensch.

In Ephesus hatten wir das Inkarnationsgeheimnis des Wortes vor uns. Es mußte zerstört werden, weil sonst die Widersachermächte dort ein bedeutendes Zentrum ihrer Wirksamkeit hätten errichten können, denn der Neid der Götter war bis in das Atmosphärische hinein wirksam. Hier aber ist es eine Umkehrung. Die Götter schauten erwartungsvoll auf den Raum des Wortes herab, aber die Menschen waren nicht da, die den Bau zu schützen vermochten. Es war eine Möglichkeit gegeben, aber die Antwort der Menschen blieb aus; allein der Neid war nicht stumm.

Sehen Sie, auch Hadrian trug sich mit dem Gedanken eines Wort-Baues, aber er konnte nur wie eine Karikatur des Wortes sein, da er die alten Mysterien retten wollte. Er suchte ehrlich eine Erneuerung der Mysterien und kam auch nahe heran an den Christus. Darum zog er ja auch nach Ägypten, bis weit über Edfu hinaus, den Nil aufwärts. Ägypten ließ wohl in seiner Seele Erinnerungen aufsteigen, aber sie blendeten ihn durch die Kraft der Empfindungsseelenbilderwelt. Wohl opferte sich Antinous, aber er konnte ihm von drüben keine Antwort mehr geben. Sie sollten sich einmal mit Hadrian beschäftigen und dabei an Ägypten denken. Es gibt ja den bedeutsamen Terassentempel der Hatschepsut, wo sie im Innersten ein Grottenheiligtum haben mit einer Darstellung der Isis und des Horusknaben, die wie ein Urbild der Jungfrau mit dem Jesuskinde wirkt. Auch Hadrian kam bis in diese Grotte und zwar unmittelbar von On [aus]. Hier wiederholte sich, was er vor mehr als 1000 Jahren schon einmal erlebt hatte, als in der Zeit der Thutmosisse, in der Blütezeit der Raphael-Merkur-Hermes-Kultur der erste weibliche Pharao regierte und diesen wunderbaren Tempel baute. Er zog damals

als ein Hohepriester des Amun-Re im Gefolge der Hatschepsut mit nach On, als diese sich den Baumeister aus der alten Orakelstätte der Sonneneingeweihten holte. On ist eine Gründung des Manu und das erste Sonnenorakel der südlichen Strömung. Von hier sind ausgezogen die griechischen Heroen. Über On geht dann auch später der Zug des heiligen Grals nach Europa zurück. Auch Echen-Aton wurde in On bis zu einem gewissen Grade eingeweiht. Die höchsten Grade konnte er ja nicht erlangen, da er ein Epileptiker war und dadurch unmittelbar wußte, was durch die Einweihung zu erlangen war. Hier haben wir den Höhepunkt der Geschichte. Es wird von den Eingeweihten der Sonnenorakel aufgenommen das Merkur-Hermes-Mysterium. Dadurch hat alles diesen unerhört kosmopolitischen Zug, von On bis zu den Quellen des Nil, von Tigris und Euphrat bis hinüber nach Alexandrien. Und in dieser Zeit auch ist es, wo Moses hinauszieht und mit sich nimmt das Geheimnis des Osiris, das Geheimnis des Weltenwortes und fortan bleibt Isis stumm. Das Sinneswissen hebt an und was ein kosmischer Kultus war, wird ein pomphafter, zeremonieller Kult, der sein Schattenbild gefunden hat in der veräußerlichten Machtkirche unserer Tage.

II.

11. 11. 1924

Heute in Dornach angekommen. Da er erfahren hatte, daß ich in D. sei, ließ er mich rufen. Sein Atelier war zum Krankenzimmer umgewandelt. Er saß damals erstmalig in einem Lehnstuhl. Wir sprachen von meinem Vater. Dann über die Angelegenheit der Michael-Schule und des Esoterischen Kreises [vgl. dazu S. •]. Auf meine Frage, wie ich in Wien und Prag die Klasse halten sollte, antwortete er liebevoll und betont: «Machen Sie es, wie Sie wollen.»

Damit übernehme ich eine sehr verantwortungsvolle Aufgabe. Die Kontinuität der ME [= Mystica Eterna: eine an gewisse freimaurerischen Rituale anknüpfende kultische Einrichtung Rudolf Steiners vor dem Ersten Weltkrieg] ist gewahrt und der Zeit entsprechend umgewandelt. Nach längerem Schweigen fragte ich R. Steiner, ob er im Sinne der alten Esoterik auch eine Meisterklasse einzurichten gedenke. Er gab mir ungefähr folgende Antwort:

«Die Klasse für die Mitglieder der Allgemeinen Anthroposophischen Gesellschaft soll nach der Einrichtung [der Meisterklasse] in die Hand der Frau Ita Wegman gegeben werden. Eine Klasse II für Sektionsleiter und Sektionsmitglieder sowie für Vortragende, Landesleiter, initiativ tätige Mitglieder, welche also noch einzurichten sein wird, werde ich durch Frau Doktor

[Steiner] leiten lassen. Dann endlich als Abschlußklasse eine Klasse III, die ich persönlich als eine Art Meisterklasse einrichten und leiten werde.»

Er sprach dann über Einzelheiten und die Mitgliederzahl der drei Klassen. Klasse I: unbegrenzt. Die Texte werden ähnlich wie die Wochensprüche durch das Jahr leiten und über den jahreszeitlichen Rhythmus hinaus mehr zur geistigen Individualität unmittelbar zu sprechen haben, so daß aus dem *Übe-Geist-Besinnen* ein Geisterleben und Miterleben des menschlichen Schicksalsstromes in verantwortlicher Bewußtheit erfolgen kann.

Die Klasse II: 36. Hier wird aufgenommen werden können, wer über entsprechende Erfahrungen als Mitglied der I. Klasse auf geistigem Felde verfügt. Hier werden moralische Qualitäten von entscheidender Bedeutung zu sein haben.

Die Klasse III: 12. Diese seien dann der esoterische Vorstand. Diese Klasse III, die sogenannte Meisterklasse, wird einen rein kultischen Charakter haben, wo an den drei Altären gleichzeitig zelebriert werden wird. Werden wir uns in der Klasse II an die entsprechenden Erzengelwesen wenden, so in der Klasse III unmittelbar an den Geist der Erde, an die Christus-Wesenheit.

Wieder schwieg Herr Doktor längere Zeit in tiefem Sinnen. Dann wurde plötzlich sein Antlitz wie von einer dunklen Wolke überschattet, und R. Steiner seufzte schwer atmend. Wir sprachen über die Weihnachtstagung und die Konstitution der Hochschule. Ferner sprach er über die Aufgabe von Albert Steffen, Frl. Dr. Vreede und Dr. Wachsmuth, deren Aufgaben im rein Verwaltungsmäßigen liegen. «Sie haben innerhalb der Sektionen den ihrem Schicksal gemäßen Platz.» Dann sprachen wir über seine Geschwister. Zum Abschied küßte er mir wieder die Stirn.

III.

3. 3. 1925

Graf Polzer-Hoditz' letzter Besuch. Krankenlager [Diese Überschrift wurde vom Kopisten hinzugefügt]:

Nachdem über bestimmte Schwierigkeiten innerhalb der Gesellschaft gesprochen worden war, so u.a. über den frühen Tod von Sophie Stinde, deren frei gewordene Stelle ich im Johannesbau-Verein hätte übernehmen sollen, damit eine gewisse Kontinuität hätte gewahrt werden können den Randslawen gegenüber – im Zusammenhang [mit] der Wirksamkeit Joh. Sobieskis –, kam das Gespräch über Nero-Kronprinz Rudolf, Agrippina und Seneca auf den Kronprinzen Rudolf und die Kaiserin Elisabeth. Auch über

Hadrian und seine Mittlerrolle [zeitliche Mittelstellung?] zwischen den Wahnsinn-Cäsaren wurde wieder gesprochen. Als ich Herrn Doktor fragte, warum er immer wieder auf diese Zusammenhänge mich verweise, antwortete er: «Weil es Sie so unmittelbar angeht. Aber Sie haben ja nichts wissen wollen. Tragen Sie es aber stets im Bewußtsein: Die Jesuiten haben die Religiosität, die Frömmigkeit den Menschen genommen, sind ganz identisch mit der römischen Staatsgewalt. Der Kampf, das heißt die Sünde gegen den Geist ist ihr Herrschaftsgewaltmittel, die einzige Sünde, von der die Schrift sagt, daß sie nicht vergeben wird. Und doch kann der Geist nicht ganz ausgerottet werden, aber nur wenige werden ihn hinübertragen in die Zukunft. Diese Strömung sei auch innerhalb der Gesellschaft stark zu verspüren und er hoffe, durch die Weihnachtstagung sie paralysiert zu haben, denn ohne Grund habe er nicht eine gewisse Parität, den weiblichen und männlichen Geist, innerhalb des Vorstandes zu wahren gesucht, da die Tendenzen doch wahrnehmbar seien, wie aus alten Zusammenhängen heraus der weibliche Geist ausgeschaltet werden soll. Das habe ich schon in den Anfängen betont, als ich über die Tempellegende gesprochen habe. Aber es wurde wohl nicht verstanden, und dennoch ist es ein bedeutsamer Unterstrom innerhalb der Gesellschaft. Der Kampf gegen den Geist lag immer und liegt weiter im Hintergrund allen äußeren Geschehens. Dafür muß man halt ein sehr feines Fingerspitzengefühl, oder besser noch, eine fein entwickelte Nase haben. Und ganz gewiß kann gerade die Nase ein ganz besonderes Merkzeichen für den Geistesforscher abgeben. Und eben bei Malern und Dichtern, wenn sie wirklich Maler und Dichter sind, finden wir gerade beispielhafte Nasen, an welchen wir nicht nur Charakter, Reife und Größe, sondern vielmehr noch das Leben dieser Individualität in vergangenen Zeiten abzulesen vermögen. Das ist nun einmal so, doch darum muß nun nicht jeder Dichter gleich ein wiedergeborener Giotto sein. Fra Bartolomeo di San Marco war ja auch ein bedeutender Dichter-Maler, der die Schule des Giotto fortführte und [der] jene Individualität ist, die damals in Alexandrien erstmalig abendländisches Gebiet betrat und jener Bischof war, der Hypatia töten ließ. Er kam aus mexikanischen Mysterienzusammenhängen und spielte eine große Rolle im Geschehen, das sich wie ein Gegenbild zu den Mysterien von Golgatha verhält. Auch dieser Strom mußte von uns aufgenommen werden und ist wie die Erdenbasis des Geistdreieckes im Pentagramm.»

Dann sprachen wir über die Bestrebungen römischer und westlicher Logen und mit großem Ernst betonte Herr Doktor, daß drei Aufgaben zu lösen seien, deren Ergebnis für die Zukunft von ganz besonderer Wichtigkeit seien, 1. die Frage nach den beiden Johannessen. 2. Wer war Demetrius? 3. Woher kam Kaspar Hauser? Bei allen Problemen sei es von besonderer

Wichtigkeit, daß die Blickrichtung nicht auf den Tod gewählt würde, sondern auf die Geburt hin. Woher kamen sie, und mit welchen Aufgaben? Jene Individualität, welche sich hinter dem Kaspar-Hauser Schleier verhüllen soll, sei eine Wesenheit [die] inspirierend in den Rosenkreuzer-Zusammenhängen seit Anfang an [wirke] und habe sich dann am 29. September 1812 als Sohn des badischen Großherzogs Karl Ludwig und seiner Gemahlin Stefanie von Beauharnais inkarniert. Diese Individualität habe eine wichtige Mission des esoterischen Christentums zu erfüllen.

«Für die Russen erscheint hinter dem Bilde des Demetrius die große Jesus-Imagination, die in der Imagination steckengebliebene östliche christliche Kirche. Diese Imagination, dieses Bild versucht der westliche Okkultismus durch eine falsche aus der Welt zu schaffen: Christus soll als der Herr der Erde, aber als Herrscher, als Tyrann erscheinen. Der östliche Okkultismus will die Jesus-Imagination auslöschen und vergessen machen. Das wollte Schiller mit seinem *Demetrius* schildern, das Hineintragen des falschen Bildes durch die Polen, das heißt die römische Kirche. Und darum war die Verzweiflung Goethes so groß, als er Schiller verlor, und daß der *Demetrius* nicht vollendet werden konnte. In diesem Kampf zwischen westlichen und östlichen Logen stand auch Blavatsky. In diesem Kampf stehen wir jetzt alle.

Es ist ganz unwesentlich, wer Demetrius war, wer Kaspar Hauser war, denn eine so gestellte Frage soll ablenken von dem tatsächlichen Geschehen. Nicht wer Demetrius war, wer Kaspar Hauser war, ist wichtig, sondern: Was wurde durch sie gewollt? Was durch sie gewollt wurde, das sollte uns beschäftigen, denn in einer solchen Blickrichtung werden wir stets einen Schlüssel zum Verständnis finden mancher Schwierigkeiten.

Achten Sie auf das, was als Frage an Sie herankommt und wie eine Frage formuliert wird. Darin offenbart sich mehr vom Wesen einer Persönlichkeit als in allen anderen äußeren Gesten und Taten und Worten. Auf die Fragestellung kommt es an. Darin liegt auch die so entscheidende Bedeutung der Frage von Frau Dr. Wegman, als sie mich nach der neuen Esoterik fragte. Sie wollte nicht nur anknüpfen an das Alte, sondern sie stellte an mich die entscheidende Parzivalfrage nach der neuen Esoterik. Allein durch diese so gestellte Frage wurde es ermöglicht, die Michaelschule auf Erden einzurichten. In dieser Schule liegt der Kern des Zukünftigen als Möglichkeit. Wenn dieses doch nur von den Mitgliedern verstanden werden würde: als Möglichkeit. – Wenn Sie die Klassenstunden, und wo immer auch, halten werden, bedenken Sie jederzeit, daß Sie während der Klassenstunde ja keinen lehrhaften Vortrag zur Verlesung zu bringen haben, sondern in einer Handlung stehen, eine Handlung zu vollziehen haben, die uns in Verbindung setzen kann mit dem Mysterienstrom aller Zeiten.»

IV.

Jene Kreise, die alles verhüllen und auch heute noch versuchen zu verhüllen, was mit dem Kaspar Hauser-Schicksal tatsächlich zusammenhängt, sind jene Mitglieder der westlichen Logen und der Jesuiten, die ja in ihren Spitzenorganisationen seit mehr als 150 Jahren, aber seit Januar 1802 nachweislich zusammenarbeiten. Diese also wollen nicht, daß enthüllt werde, was sie als ein Experiment, als einen großangelegten Versuch inszenierten, um jene Individualität, durch eben ihr Experiment, von ihrer Aufgabe zu trennen; sie in einem Zwischenreich zu halten. Die Ichheit dieses Wesens soll nicht durchdringen können ihren Leib, soll draußen bleiben in einem Zwischenreiche, nicht reine Geistigkeit und nicht reiner Erdenmensch; von ihren Aufgaben abgelenkt und wie in geistiger Verbannung bleiben. Das heißt einen Leib zu formen, aber nicht tätig, als Ichheit, ihn ergreifen können. Dieses Experiment aber glückte nicht, und darum mußte Kaspar Hauser sterben. Sie mußten erleben, wie durch ihr Experiment gerade erreicht wurde, was sie zu verhindern strebten: Das Wachwerden der Individualität. Ja, daß sie wußte von Reinkarnation und Karma. Das aber sollte ja eben nicht sein.

Süddeutschland hätte werden sollen die neue Gralsburg der neuen Geistesstreiter und die Wiege künftiger Ereignisse. Wohlvorbereitet war der Geistesraum durch alle jene Persönlichkeiten, die wir als Goethe, Schiller, Hölderlin, Herder usw. kennen. Kaspar Hauser sollte wie um sich herum sammeln alles das, was da lebte in diesem so vorbereiteten Geistesraum. Das aber wurde von jenen Kreisen [westliche Logen und S.J., Paul Michaelis] nicht gewollt. Sie konnten keine erwachende Mitte zulassen, wenn sie sich nicht ihrer Macht und Machtbestrebungen entäußern wollten. Goethes Geistesart erschreckt sie, Napoleon zwingt sie zueinander und zum Bündnis der anzustrebenden Weltherrschaft auf weltanschaulichem und wirtschaftlichem Gebiete. Napoleon hatte schon ihre Bestrebungen durchkreuzt: Napoleon ist [es] im Grunde, der die beiden Strömungen zu einem Bündnis treibt. Von da ab sind die Aufgabenbereiche klar abgegrenzt, aber in ihrer Zielsetzung um so wirksamer auf die eindeutige Weltherrschaft gerichtet. Die weltanschaulichen und geistigen Angelegenheiten sind ausschließlich in die Hand der S. J. gegeben; die wirtschaftlichen in die der anglo-amerikanischen Logen, der Logen des Westens. Diese Pläne aber werden mehr und mehr zu tragischen Konflikten und Katastrophen führen, weil alle diese Pläne nicht mit dem Menschen und der menschlichen Entwicklung rechnen. Was Kaspar Hauser vorgesehen, wurde von Menschen zerschlagen. Auf diesen 'geplanten' Trümmern konnte das Prinzip des Schwarz-Weiß zur Herrschaft gelangen. Das Prinzip des Schwarz-Weiß aber ist ein konstruktives, ein ausschließendes.

Hier liegt auch die Tragik Bismarcks, der wohl ein Modell eines Bundesstaates geben konnte, das Konstruktive einer wahrhaften Föderation der Mitte, aber nicht die tragende Idee, das, was eine solche Staatenbildung als notwendig und berechtigt hätte erscheinen lassen. Das war es, was Bismarck auch in Frankfurt suchte, den Goetheschen Geist, das, was durch Kaspar Hauser hätte leben können im süddeutschen Raum, aber nicht lebte. In Frankfurt war es eigentlich, wo Bismarck dem Prinzip des Schwarz-Weißen begegnete und alledem, was ihn dann auch dem König von Preußen verband. Von da beginnt die Ära der Juristen; aber Politik ist kein juristisches Problem.

DAS POLITISCHE MEMORANDUM AUS DEM JAHRE 1930

I. Die Ratlosigkeit in Europa und die unbrauchbaren Rettungsversuche

Es wird in Europa viel vom Untergange der abendländischen Kultur gesprochen. Die Lebensschwierigkeiten steigern sich, zunächst besonders in Mitteleuropa, ins Ungemessene. Die angewendeten Mittel, sie zu erleichtern, vergrößern sie noch. Der Ausweg, welcher durch die Anleihen [Young-Plan] gesucht wird, wirkt wie todbringendes Rauschgift im sozialen Organismus. – Lebensprobleme werden nur als finanzielle und juristische Probleme betrachtet. – Die führenden Denkgewohnheiten, welche den Weltkrieg zum Schaden der Völker, nur zum Nutzen einiger schemenhafter Staatsmechanismen entfesselten, haben sich nicht geändert, man hat nichts gelernt. – Dasselbe Denken operiert heute mit Kontinenten, wie es früher mit Staaten operierte. Daher der Ruf nach einem überstaatlichen Mechanismus, der jedoch die Staatskräfte noch lebenvernichtender machen würde. –

Europa steht zwischen Amerika und Asien heute so wie vor 1914 Mitteleuropa zwischen den Weststaaten und Rußland. England pendelt unentschlossen zwischen Amerika und Europa, seine Position ist ganz unsicher geworden.

'Paneuropa', wie es konzipiert ist, kann im besten Falle ein überstaatliches Gebilde, ein organisierter Kriegsschauplatz für eine gewaltmäßige Auseinandersetzung zwischen Amerika und Asien werden. Es bleibt an Amerika verschuldet und wird dadurch zum Organ amerikanischer Willensrichtung. Die Lebensmöglichkeiten der nicht beamteten mitteleuropäischen Bevölkerung müssen sich dadurch noch verringern, die europäischen Völker werden verkauft und geopfert.

Alle Hoffnungen der europäischen Völker auf Amerika sind ebensolche Illusionen, wie viele derjenigen, welche während des Weltkrieges in Mitteleuropa gehört wurden. Es ist alles Entgegenkommen und Buhlen um die Gunst Amerikas nutzlos, wenn man sich nicht in die Sklavenrolle fügen will.

Minoritäten können äußerlich mechanisch, nur quantitativ denkend, nicht gegen Majoritäten aufkommen. Sie müssen die Kraft aus anderen, stärkeren Denkgewohnheiten als den bisherigen schöpfen. Dieses ist nicht nur zur Selbsterhaltung, sondern auch zur Heilung und Erhebung der Gesamtmenschheit notwendig.

Überall wird aus geistiger Ratlosigkeit nach einem Diktator gerufen. Man erhofft die Gesundung allein von der Gewalt und äußerer Ordnung. Jedoch ordnende Gewalt allein ist niemals produktiv. So bereiten sich neue, große Katastrophen vor. – Der Ruf nach geistig produktiven Ideen ist selten. Man ist so tief in den Materialismus versunken, daß man ideenmäßig nur vom äußeren, quantitativen Erfolg auszugehen versteht und sich vom Misserfolg nicht belehren läßt.

Und doch ist der Weg zur Rettung europäischer Kultur und damit der Kultur überhaupt seit 1917 schon gezeigt worden, das rettende Wort wurde schon gesprochen, man wollte es nicht hören, Mitteleuropa kapitulierte auch geistig.

An dieses Wort in der Not Europas nochmals zu erinnern, ist die Absicht, welche ich mit diesem Memorandum verfolge.

Herr Doktor Rudolf Steiner, welcher am 30. März 1925 am Goetheanum in Dornach bei Basel starb, hat zu einer Zeit den Impuls zur Dreigliederung des sozialen Organismus gegeben, als noch mehr zu retten gewesen wäre, als heute gerettet werden kann.

Niemals ist es jedoch zu spät, diese Gedanken in die Tat umzusetzen. – Jeder versäumte Tag vergrößert die Katastrophe, welcher die Erdenmenschheit entgegengeht. – Wenn die führenden Menschen nicht herauskommen aus den alten Denkgewohnheiten, werden sie immer weiter Werkzeuge für zerstörende Mächte sein.

In Rußland, wo man sich vor den letzten Konsequenzen dieser alten Denkgewohnheiten nicht fürchtete, zeigt sich ihre zerstörende Macht deutlich genug; von dieser Seite will man aber im Westen den Bolschewismus nicht betrachten.

II. Die von der Menschheitsentwicklung für die Zukunft geforderte, notwendige Neugestaltung

Die Rettung der europäischen Kultur und damit des wichtigsten Teiles der Menschheit ist unmöglich, wenn nicht einerseits der Wille zu einem freien, staatlich nicht privilegierten Geistesleben und anderseits zu einer von politisch-staatlichem Leben unabhängigen Weltwirtschaft zur Tat werden kann.

Die Initiative für den Übergang dazu müßte von dem bedrohtesten Teil Europas, also von Mitteleuropa, ausgehen. Durch eine solche Initiative könnte sich Mitteleuropa für das übrige Europa realer dienstbar zeigen als durch die Erfüllung des Youngplanes und sich die verlorenen Sympathien der europäischen Völker zurückerobern.

a) Geistesleben

Der Ausgangspunkt für die menschliche Kultur, das ist für das Gedeihen von Gesittung und Wohlstand, liegt immer im Geistesleben; dieses verlangt eine Freiheit, für deren Unbedingtheit die Menschen aus Bequemlichkeit und Ängstlichkeit noch wenig Verständnis haben. – Im Geistesleben ist Konkurrenz notwendig, jede Demokratie verderblich.

Die hierarchische Gliederung im Geistesleben wird sich bei herrschender Freiheit zwanglos vollziehen.

Im Geistesleben zeigen sich die nationalen Fähigkeiten und Vorzüge eines Volkes. Die individuell schöpferische Kraft eines Volkes muß sich immer mehr verlieren, wenn statt wirklicher Freiheit nur Kollektivfreiheit politischer Gruppen besteht. Die staatliche Privilegierung im Geistesleben hindert jeden notwendigen Menschheitsfortschritt. Staatlich privilegiert kann sich nur ein verzerrtes Geistesleben entwickeln, welches in den Dienst von Eigennutz und politischer Kollektivgegensätze gestellt werden kann. Dadurch bleibt das Geistesleben zurück, und die Entwicklung der Seelenkultur kann mit dem technischen Fortschritt nicht Schritt halten. So sinken die Menschen zu Dienern mechanischer Kräfte herab, ihre Brutalität nimmt zu, während ihre Seelenstärke abnimmt. Das fördert Krankheiten, die sich in zunehmendem, heute noch vielfach verdecktem Irrsinn zeigen. – Der Raubbau, der sich überall im Wirtschaftsleben zeigt, erstreckt sich eben auch auf die ererbten und erarbeiteten geistigen Fähigkeiten und Tüchtigkeiten der Menschen. Das Erziehen der Kinder, das Heilen der Kranken, die Rechtsprechung sind durch die Verquickung geistiger Kräfte mit staatlichen Gewalten auf einen erschreckenden Tiefstand gekommen.

Die Jugend beginnt mit elementarer Gewalt nach einem Sinn des Lebens zu fragen, und die führenden Kreise können keine befriedigende Antwort geben. Der Agnostizismus ist der einzige Zufluchtsort, welcher der Ratlosigkeit noch offensteht.

b) Wirtschaftsleben

Die Wirtschaft kann sich in Europa niemals wieder erheben, wenn die einzelnen Staaten Mitteleuropas sich wirtschaftlich nach ihren politischen Grenzen einrichten. – Je mehr sie dieses tun, je hoffnungsloser muß die wirtschaftliche Lage werden. Die Wirtschaft muß der Souveränität der einzelnen politischen Staaten, auch im Interesse des Ansehens der Staaten selbst, entzogen und einem Wirtschaftsrate übergeben werden, in welchem wirtschaftlich erfahrene Männer sich assoziativ beratend und frei beschließend verständigen müssen.

Wer heute das Wirtschaftsleben aufmerksam betrachtet, wird erkennen, wie es, seinen Notwendigkeiten folgend, die Hindernisse, welche ihm von den Staaten – nur aus Prestigegründen – bereitet werden, immer wieder zu überwinden sucht. Das Bewußtsein davon zu erwecken, der Vernunft zu folgen, nicht zu hindern, sondern durch Abbau der Macht zu fördern, ist Menschenpflicht.

Für diesen Wirtschaftsrat muß der erste Grundsatz sein, die Wirtschaftsnotwendigkeiten durch keine politischen Gedanken stören zu lassen. Die gefaßten, rein wirtschaftlichen Entschlüsse bedürfen keiner Genehmigung einer politischen Körperschaft und dürften selbst nicht gesetzlich, also gewaltmäßig gedacht sein.

Es würde sich dann zeigen, daß das Wirtschaftsleben mit seinen drei Faktoren: der Produktion, der Zirkulation und der Konsumtion zur Wohlfahrt der Allgemeinheit nur gedeihen kann, wenn es eine rein wirtschaftlich opportunistische, unpolitische Führung erhält.

Niemals darf Wirtschaftsleben hierarchisch gegliedert werden.

Die assoziativen Gründungen auf Grund freier Vereinbarungen und Verständigung verschiedener Wirtschaftszweige können die Finanzierung nicht auf der Goldgrundlage, sondern auf der Grundlage unveräußerbarer, aber doch unstaatlicher Produktionsmittel im eigenen Wirkungskreise vollziehen. Die Zahlungsmittel würden innerhalb der verschiedenen assoziativen Wirtschaftsgruppen zirkulieren.

Die schädlichste Verquickung der politisch-staatlichen und wirtschaftlichen Kräfte liegt derzeit in dem Wirtschafts-Kammersystem. Dieses gilt auch für das Geistesleben, z.B. Ärztekammer.

Eine von der Politik freie und gedeihliche Wirtschaft läßt sich nicht erreichen, wenn man für diese die politischen Grenzen gelten läßt.

Die schwache politische Kraft Mitteleuropas wird durch die Bindung an die heute unter fremder Herrschaft stehende Wirtschaft zur Geißel der eigenen Bevölkerung. Die politisch-staatlichen Organe müssen unter diesen in Mitteleuropa herrschenden Verhältnissen zu bloßen Exekutivorganen fremder politischer Herrschaft werden.

c) Staatlicher Sicherheitsdienst

Die allein berechtigten politisch-staatlichen Obliegenheiten sind heute die polizeilichen und militärischen. Auf diese müßte sich die Souveränität der mitteleuropäischen Staaten beschränken. Dann wird sich naturgemäß das staatliche Leben konservativ gestalten. Dieses haben die vergangenen Jahre gezeigt. Auf diesem staatlichen Gebiet ist Demokratie berechtigt.

III. Durchführungsmöglichkeiten

Zunächst liegt die Notwendigkeit vor, daß Mitteleuropa, welches die Aufgabe hat, das Nationale gemeinschaftlich, in gegenseitiger Ergänzung zu pflegen, den Anstoß zur Verwirklichung neuer, praktischer und geistiger Ideen gebe. Die Menschen auf der ganzen Erde haben tatsächlich, ohne es sich bewußt zu machen, darauf gewartet. Man hörte aber auch aus Mitteleuropa nur Macht- und Besitzprätentionen. Man wollte aus der Minorität äußerlich quantitativ die Majorität zwingen. Das war die wirkliche Ursache des Hasses.

Niemals kann die Rettung der europäischen Kultur und Zivilisation durch die überlebten, alten sozialen Einrichtungen geschehen.

Niemals kann die ungeistigste Staatsauffassung, der Kommunismus, der nicht ein Neues, sondern ein Ältestes ist, anderes als Vernichtung der europäischen Menschheit bringen.

Niemals wird, wie die Verhältnisse heute liegen, der notwendige Impuls der Liquidierung der Staatsbefugnisse auf geistigem und wirtschaftlichem Gebiet von einem Staate aus ergriffen werden können. Daher kann der Völkerbund, der in Wirklichkeit ein Staatenbund ist, nichts ausrichten.

Niemals dürften aber auch die Vorbereitungen für das Neue gleich in die öffentliche Diskussion geworfen werden.

Der Anfang für diese Neuordnung der Verhältnisse, also die letzte Möglichkeit, die Kultur Europas und damit der Menschheit ohne ungeheuerste Katastrophen zu retten, könnte nur so geschehen, daß einige wenige führende Persönlichkeiten aller mitteleuropäischen Staaten, unoffiziell, aus einer höheren Einsicht der dringendsten Notwendigkeit, zusammenkämen und sich außerhalb aller staatlichen, diplomatischen und bürokratischen Formalitäten zu einem freien, gemeinsamen Willensimpuls vereinen und besprechen würden. Diese müßten dann innerhalb ihrer Staaten diesem Ziele gemäß wirken.

Finden sich diese nicht, so werden die in diesem Memorandum niedergelegten Gedanken erst nach den furchtbarsten Katastrophen, denen der größte Teil der europäischen Bevölkerung zum Opfer fallen wird, in späterer Zeit dennoch sich durchsetzen.

Wie dieser Weg zu einer wirklich neuen sozialen Ordnung gegangen werden soll, das muß jedem Staate Mitteleuropas ganz freistehen. Die Differenzierung innerhalb der verschiedenen mitteleuropäischen Möglichkeiten und Fähigkeiten würde gerade dadurch zur Geltung und Wertung kommen.

Sinngemäß würde jeder Staat im einzelnen diesen Übergang aus seiner verschiedenartig begabten Bevölkerung anders vollziehen und deshalb doch dem Ganzen dienen können, wenn er nach den großen angegebenen Gesichtspunkten orientiert bliebe.

Es gibt keinen schädlicheren Irrwahn als den, der ganzen, vielfach differenzierten Menschheit eine soziale Schablone intellektualistisch und nur äußerlich organisatorisch aufzwingen zu wollen.

Wenn aber moralische und praktische Ideen hinter einem für sie eventuell geführten Waffenkampfe stünden, dann würde dieser dadurch einen geistigen, menschenwürdigen Hintergrund bekommen, welcher real mitwirken würde für einen siegreichen Ausgang im Interesse der Gesamtmenschheit.

Ludwig Polzer-Hoditz

EXOTERISCHES UND ESOTERISCHES CHRISTENTUM

Völker- und Menschenschicksale im römisch-griechischen
Mittelalter und die Gegenwart
(Aus *Die Drei*, Februar 1930)

Die Anthroposophie sagt uns, daß Volksgeister nicht jenes Abstraktum sind, von welchem man gewöhnlich spricht. Für die Denkgewohnheiten der Gegenwart ist ein Volk nur eine Summe von Menschen mit bestimmten Merkmalen und einer gemeinsamen Muttersprache. Dieser abstrakte Volksbegriff erweist sich durch die Ereignisse als unhaltbar, wenn man diese mit Tatsachenlogik betrachtet, aber die notwendigen Lebenskonsequenzen werden daraus doch nicht gezogen. Weil die Menschen sich nicht entschließen können, geistig Wesenhaftes anzuerkennen, weil sie sich vielfach aus Furcht geisteswissenschaftlichen Methoden verschließen, können sie gar nicht zu einem vernünftigen Volksbegriff gelangen. Will man wirklich ein Volk erfassen, kann man es nur dadurch, daß man sich zu einem Übersinnlichen erhebt, denn im physischen Erdengebiet gibt es nur einzelne, verschieden geartete Menschen. Die Tatsachen zeigen, daß die frühere Geschlossenheit der Völkerschaften immer mehr schwindet und die äußeren physischen Merkmale sich immer mehr differenzieren, die Vermischungen sind außerordentlich mannigfaltig geworden. Auch die Sprachen, die immer mehr abstrakt wurden, verlieren immer mehr die Eigenschaft, ein geistiger Ausdruck der verschiedenen Volksindividualitäten zu sein.

Die Verlegenheit, in welcher die Menschen sind, wenn sie von Völkern reden, kommt besonders dann zum Ausdruck, wenn es sich um politisch-soziales Denken handelt. Man kann Menschen abstrakt zu einem Staate zusammenfassen, wenn man sie durch zwingende Gesetze in Grenzen sperrt, dann muß man aber auch wissen, daß dieser Staat eine Vereinigung ist, die im Sinne des mittelalterlichen Streites nominalistisch angesehen werden muß, und daß es dann immer ein vergebliches Bemühen sein wird, diese intellektualistisch-abstrakte Vereinigung mit dem, was ein Volk ist, zur Deckung zu bringen. Ein Volk kann niemals im Sinne des Nominalismus betrachtet werden, sondern nur so, wie man im Mittelalter den Realismus verstand. Es wußten damals einzelne Menschen noch, daß das Reale sich nicht im Naturalistisch-Physischen erschöpft, sondern einen wesenhaften Geisthintergrund hat. Ein Volk ist daher eine geistige Wesenheit höherer Ordnung, als es die menschliche Geistwesenheit ist, sie führt geistig-seelisch eine Gruppe von Menschen und ist gewöhnlicher Erkenntnis unerreichbar. Auf der Erde können daher immer nur einzelne Menschen durch menschliche Gewalt und menschlichen Intellektualismus staatlich zusammengefaßt werden. Völker können durch Menschen nicht irdisch abgegrenzt werden, deswegen ist der abstrakte, staatliche Nationalismus, wie er heute verstanden wird, so töricht und für die Menschheitsentwicklung hinderlich und ruinös. Die professoralen Völkerbefreiungsphrasen Wilsons konnten nur eine weitere Knebelung der Menschen bewirken und die modernen abstrakten bürokratischen Staaten weiter im lebensfeindlichen Sinne ausgestalten. Will man das erreichen, was man mit der Phrase der Völkerbefreiung erreichen zu wollen angab, so muß man mit der Befreiung der einzelnen Menschen beginnen. Kollektivfreiheiten wirken im antifreiheitlichen Sinne.

Völker entstehen und vergehen durch das Eingreifen geistiger Wesenheiten, und Volksgeister wirken nach den geistigen Intentionen des Weltengeistes, sie sind selbst differenzierter Weltengeist. Sie führen Menschenseelen in einen bestimmten irdischen Volksseelen-Zusammenhang und ziehen sich auch wieder zu anderen Aufgaben zurück, wenn dieser Zusammenhang seine Aufgabe erfüllt hat und für die Entwicklung nicht mehr notwendig ist. Man spricht dann von dem Untergang einer Volksgemeinschaft.

Das politisch so vielfach umstrittene Minoritätenproblem wird niemals in der Art gelöst werden können, wie man es anstrebt. Die Staatsgrenzen, wie sie heute zum Unheil der Menschen sinnlos erhalten werden, ja sogar noch vermehrt wurden, können in der gegenwärtigen Zeit, in welcher sich Territorialherrschaften doch immer mehr auflösen werden, niemals Völker wirklich erfassen, niemals wirklich förderlich in das Völkerleben eingreifen. Durch diese Art von Zusammenfassung, wie sie heute geübt wird, gehen gerade die wertvollsten Volksgemeinschaften zugrunde. Das Nationale ist ganz eng mit dem Geistesleben verbunden, und dieses verträgt, wenn es sich gedeihlich entwickeln soll, weil es seine Impulse im Menschen selbst hat, keine starre Abgrenzung von willkürlich, nur geographisch geschaffenen Gruppen. Die nationalen Vorzüge des einen Volkes wollen sich im freien Verkehr der einzelnen Menschen durch die nationalen Vorzüge anderer Völker selbst vervollkommnen. Geistesleben für Machtzwecke abstrakter Kollektivzusammenhänge durch Schutzzölle zu sichern oder amtlich zu privilegieren, kann nur zu einem Ruin führen. Im Geistesleben, welches das Nationale trägt, muß schrankenlose freie Konkurrenz herrschen; dann erst können sich die nationalen Vorzüge in ihrer wahren Schöpferkraft für das allgemeine Menschenwohl zeigen. Weil man den Mut zu einer solchen wirklichen Freiheit im Geistesleben auch in liberalen Kreisen nicht hatte, herrscht heute soviel Stumpfsinn und Chaos in der politisierten Welt. Durch die heutigen Methoden der Abgrenzung und Privilegierung fördert man nur einen geistig-seelischen Marasmus.

Zwei Völker, welche in der Zeit vor dem Mysterium von Golgatha blühten, sind in ihrer Geschichte und ihrem plötzlichen Verfall besonders interessant geisteswissenschaftlich zu betrachten, weil ihre Schicksale mit dem werdenden Christentum tief verbunden sind. Sowohl die Griechen wie die Kelten erlebten nach einer hohen kulturellen Blüte einen raschen Verfall; die Volksgeister, welche sie führten, so sagte uns Rudolf Steiner in dem in Christiania 1910 gehaltenen Vortrags-Zyklus, übernahmen, als das Christentum entstand, besondere Missionen innerhalb desselben. Der Volksgeist der Griechen übernahm die Führung des exoterischen, der Volksgeist der Kelten diejenige des esoterischen Christentums. Wollen wir den Entwicklungsgang des Christentums nach seinem fast unbemerkten Eintritt in die Menschheitsentwicklung verstehen, dann werden wir diese geistige Tatsache im Auge behalten müssen. Das Christentum, welches nicht durch die Kraft einer neuen Lehre wirkte, sondern welches von der kosmischen Tat auf Golgatha ausging, konnte als übersinnliches Ereignis innerhalb des Erdenweltenleibes in der Zeit der tiefsten Verfinsterung des Menschengeistes gegenüber den geistigen Welten nicht so leicht in das verständige Bewußtsein der Einzelmenschen eintreten. Sein Schicksal war ein verschiedenes bei den einzelnen Völkern. Die Geschichte der damaligen Völker wird durch das Christentum dem geistigen Blicke verständlicher, und das Schicksal des Christentums wird auch seinerseits verständlicher, wenn man es in seinen Wirkungen auf die Völker betrachtet.

Wenn das Mysterium von Golgatha als die Befruchtung der Menschheit mit einem übersinnlichen Element verstanden werden wird, dann wird die Geschichte ihre karmischen Hintergründe auch zum Verständnis bringen können. Es wird sich zeigen, wie man nicht nur von einem Karma der menschlichen Individualität, sondern auch von einem Karma der Völker, der Erde und der ganzen Menschheit sprechen muß. Es kann sich weiters zeigen, wie der Mensch nicht nur sein individuelles Karma auszuleben hat, sondern auch wie einzelne Menschen von höheren Wesenheiten mit besonderen Aufgaben für das Völker- und Menschheitskarma betraut werden und solche Aufgaben ihre individuellen Schicksale vielfach kreuzen, ja sogar mit diesen in Widerspruch stehen können. Der Mensch soll eben zur selbständigen Mitarbeit innerhalb des Weltengeistes erzogen werden. Dieser Umstand wird dann dem Weltenleibe erst seinen wahrhaften Sinn geben und damit beitragen, das Menschenrätsel zu verstehen. Dieser Sinn wurde auf Golgatha dem Erdenweltenleibe durch das größte Mysterium innerhalb der ganzen Weltentwicklung eingepflanzt, damit der Mensch seine wahre Bestimmung erkenne.

Durch solches Verständnis der Menschenschicksale in den aufeinander folgenden Erdenleben können Völkerschicksale und das Schicksal der gesamten Menschheit verständlich werden. In der den inneren Schicksals-kräften nach erkannten Weltgeschichte erglänzt das Licht, mit dem in die Zukunft geleuchtet werden kann, und wenn durch solche Erkenntnisse die Führung der Menschheit gestaltet werden wird, dann wird sich die Aufgabe der neuen Kulturperiode erfüllen können, dann wird der Ausspruch, man könne aus der Geschichte nichts lernen, umgewandelt werden in den Satz: «Wahre Menschheitsgeschichte muß unser Lehrmeister in die Zukunft hinein werden.» Wie heute Geschichte wissenschaftlich betrieben wird, kann sie von keinem positiven Lebenswerte sein. Der große Fleiß, der für die Sammlung von Tatsachen und die Erschließung von Dokumenten aufgewendet wurde, wird sich erst dann als für das Leben der Zukunft nicht vergeblich zeigen, wenn der Geist diese Arbeit beleben, ergänzen und dadurch sinnvoll machen wird. Man wird dann z. B. erkennen, wie die Geschichte der Juden uns eigentlich erzählt, wie durch Generationen hindurch der Menschenleib aus göttlich-geistigen Einflüssen heraus vorbereitet wurde, welcher der Christuswesenheit durch drei Jahre, von der Jordantaufe bis zum Golgathamysterium, die leibliche Hülle geben sollte. Die Römer werden wir als das Volk erkennen, welches, ohne das Christentum zu verstehen, ihm doch die erste exoterische Verbreitungsgrundlage gab. Die Griechen mußten sich als Volk opfern, weil ihr Volksgeist die weisheitsvolle Führung des esoterischen Christentums im Erdengeschehen übernehmen mußte. Die Kelten wurden als einheitliches Volk aufgegeben, weil ihr Volksgeist dafür sorgen mußte, daß der esoterische Mysterieninhalt des Christentums in der Zeit, in welcher das Götterbewußtsein, welches noch die Naturtatsachen aus den göttlichen Wesenheiten hervorgehen sah, verlöschen mußte, nicht verloren ginge. Zur Erhaltung der geistigen Kontinuität mußte eine geistige Führer-Wesenheit vom Range eines Volksgeistes sich dem Zeitgeiste unterordnen, bis dieser sprechen würde: «Es ist an der Zeit, hervorzutreten.»

Die Vorbereitung der Leiblichkeit für die Tat der Christuswesenheit konnte sich nicht einfach vollziehen, ebensowenig konnte sich das christliche Bewußtsein in die Menschheit in einfach geradliniger Art finden. Es mußte sich zunächst eine Zweiheit ergeben, eine exoterische, äußere Verbreitungsart, und eine esoterische, äußerlich verborgen bleibende Wirkungsart.

In der ersten Zeit des Christentums trat der größte aller Gegensätze in der Menschheitsentwicklung hervor, es war der zwischen der römischen Geistesrichtung, welche das Imperium gründete, und der übersinnlichen Christustatsache. Dieses führte zu den bekannten grausamen Christenverfolgungen, welche aus demselben Hasse gegen den Geist hervorgingen wie die Ausrottung des Mysterienwesens. Überall in der Welt, wohin die Römer gelangten, zeigten sich diese Ausrottungstendenzen. Die heutigen, gewalttätigen revolutionären Bewegungen sind die Wiederholung dieser Stimmungen, sie wirken ebenso im Sinne des Kampfes gegen den Geist und haben heute auch die Staatsgewalten in ihren Dienst gestellt.

Die Juden hatten eine Geheimlehre, die in Mysterien gehütet wurde, und welche auf das Mysterium von Golgatha hinwies. Die messianische Sonnenbotschaft, welche sie, als sie sich erfüllte, nicht erkannten, war etwas, was auch dem römischen Wesen fremd und feindlich war. Die allmähliche Vernichtung des Judenstaates war daher innig mit der Mysterienausrottung verbunden.

Das vom römischen Volke getragene Imperium, sowie seine heutige Nachfolgerschaft, mußte sich schicksalsmäßig immer wieder mit dem Christentum auseinandersetzen. Das Christentum, welches von der zeitgenössischen römischen Gelehrsamkeit und allen im römischen Staate maßgebenden Persönlichkeiten fast unbemerkt in die Menschheit eintritt, wird bald zum großen Problem für das Imperium.

Es wird am besten Licht geworfen werden können auf das Verständnis der christlichen Entwicklung der ersten Zeit, wenn man geisteswissenschaftlich dem Übergange von dem alten Mysterienwesen zum exoterischen Christentum besondere Aufmerksamkeit schenkt. In Menschenschicksalen werden wir diese Zeit am besten und verständlichsten kennen lernen können. Das Christentum war ja dasjenige, was an Stelle des alten Mysterienwesens religiös die Menschheit ergriff, es war die Erfüllung dieser Mysterien, war somit eine mystische Tatsache. Als das alte Götterbewußtsein in den Menschenseelen verschwand und sich dadurch Mysterienweisheit verlor, erhielten sich nur noch in vielen Teilen der Erde traditionell äußerliche symbolische Kulte und entartete, immer mehr verfallende, zeremonielle Gebräuche. Die Römer, welche besonders alle inneren Beziehungen zu den Göttern verloren hatten, waren gerade deshalb das die Kulturperiode führende Volk. Sie erkannten aber noch die traditionellen Kräfte dieser alten Götterwelten der verschiedenen unterworfenen Völker und machten sich dieselben politisch zunutze. Es begann eigentlich erst damals dasjenige, was man Politik nennt, und was heute gänzlich in die Dekadenz kam.

Bei dem Übergange vom Mysterienwesen zum exoterischen Christentum spielte karmisch das Griechentum eine besondere Rolle. Das nüchterne Römervolk brauchte griechische Kunst, griechisches Schönheitsempfinden und griechische Weisheit. Der in dieser Zeit zur persönlichen Selbständigkeit kommende männliche Geist brauchte die Inspiration durch den aus dem göttlich Naturhaften kommenden weiblichen Geist. Die Weisheit der Götter hatte diese Zweiheit des männlichen und weiblichen Geistes in die beiden führenden Völker der Kulturperiode gelegt, sie sollten sich gegenseitig ergänzen.

Die Weltenwende verlangte damals die stärkere Betonung des männlichen Prinzips, desjenigen, welches in die äußere Welt hinaus geht, um selbständig zu werden und selbständig zunächst die Erdenkräfte zu erobern. Daher wurden die Griechen äußerlich unterworfen, hatten aber auch die Aufgabe, innerhalb der römischen Macht geistig inspirierend zu wirken, bis das Mysterium von Golgatha mit seiner Wirksamkeit einsetzen würde. Der Gegensatz zwischen römischem Wesen und griechisch-orientalischem Wesen, zwischen männlichem und weiblichem Geistprinzip, zeigte sich von dieser Zeit an in den Kämpfen zwischen den Herrschergeschlechtern und den demokratisch staatsbildenden Faktoren. Der Gegensatz, der damals noch durch die beiden Völker, die Römer und Griechen, repräsentiert war, wird damit innerlicher. Seelisches wird zur Ursache von Kämpfen innerhalb der Staaten. Der Dualismus also, welcher noch in der ersten Zeit des Christentums durch die beiden Völker vertreten wird, nimmt notwendigerweise mit den Fortschritten des Christentums innere Formen an und führt, sozial sich zeigend, später zur Spaltung in Reichsgemeinschaft und Kirchengemeinschaft. Diese Spaltung war eine Notwendigkeit, weil die Unmöglichkeit der Götterprätension, die bei den römischen Cäsaren als Nachwirkung vergangener Entwicklungsstadien noch herrschte, erkannt wurde. Man wußte damals noch, daß die geistige Welt in die soziale Menschenordnung gestaltend hereinwirken muß, man hatte weder den großen Aberglauben der heutigen 'Gescheitheit', die geistige Welt sei nicht da, noch den abergläubischen Hochmut, die sozialen Einrichtungen aus dem einseitigen, nur irdischen Intellektualismus schaffen zu können.

*

In der Zeit der Antonine im römisch-hellenischen Mittelalter finden wir einen römischen Kaiser, der mit dem Übergang vom Mysterienwesen zum exoterischen Christentum durch sein individuelles Schicksal tief verbunden war. Kaiser Hadrian war Römer und Grieche zugleich, wie keiner seiner Vorgänger, er tritt mit den Volksgeistern derjenigen Völker in schicksalsmäßige Berührung, welche mit dem werdenden Christentum tief verbunden waren. Man kann in dem Schicksal dieses Kaisers den Übergang des Volksgeistes der Griechen von einer Aufgabe zu einer anderen historisch gut verfolgen. Hadrian, der sein großes Reich wiederholt zu Fuß durchwanderte, fand in der Geschichte günstige und ungünstige Urteile. Spartianus, der zweihundert Jahre später, zur Zeit Diokletians, ein Leben des Kaisers Hadrian schrieb, wirft gute und schlechte Eigenschaften systemlos durcheinander. Es finden sich auch Aufzeichnungen über ihn vom Mönche Joannes Xiphilinos aus dem XI. Jahrhundert, der Auszüge aus den Geschichtsbüchern des Dio Cassius mit Bezug auf Hadrian machte. In der neueren Zeit hat Ferdinand Gregorovius über Kaiser Hadrian und seine Zeit genaue und fleißige Aufzeichnungen aus den ihm zugänglichen Quellen gebracht, deren historische Daten ich für diese Betrachtung verwende.

Alle Geschichtsschreiber sind sich darin einig, daß dieser Kaiser hohe griechische Bildung mit einer Art universeller Genialität verband, daß er weisheitsvoll die Verwaltung des römischen Reiches einrichtete, große Friedensliebe ihn auszeichnete, und in ihm ein ungeheurer Wandertrieb lag. Seine und seiner unmittelbaren Nachfolger Zeit war von schweren Ereignissen umgeben, vorher die Cäsarenzeit des ersten Jahrhunderts, später nach Marc Aurel bald das Einsetzen der Barbarei, welche allmählich das große Reich zerstörte. Hadrian ist eine jener historischen Persönlichkeiten, über welche die äußere Geschichtsschreibung sich sehr wenig klar werden kann, er gibt ihr überall Rätsel auf, die sie aufzulösen nicht imstande ist. Solche Persönlichkeiten zu betrachten, ist für die Geisteswissenschaft immer besonders interessant. Hadrian glaubte, wie Gregorovius mitteilt, an die Schrift der Sterne, an die Orakelmacht, er empfängt Zeichen seiner künftigen Kaiserwürde aus den Sybillinischen Büchern, er forscht als Astrologe über seine eigene Zukunft und richtet seine Handlungen im voraus nach dem ein, was er in der Sternenschrift liest. Auch Menschen von Bildung glaubten damals noch an die einst so hohe Wissenschaft der Astrologie, der Sternenschrift, obwohl diese in der damaligen Zeit schon verfiel.

Die Zeit der instinktiven Verstandesseele war in voller Blüte, und diese konnte sich ja nur auf Kosten alter Fähigkeiten entwickeln. Dieses gilt hauptsächlich nur für diejenigen Völker, welche die damalige Kulturperiode tragen, also die Griechen und besonders die Römer.

Einige Geschichtsschreiber halten Hadrian für einen Atheisten, andere für den gottesfürchtigsten Kaiser. Auch Gregorovius wird mit ihm diesbezüglich nicht fertig, er muß ihm einerseits volle Anerkennung zollen, bringt aber andererseits andere Eigenschaften des Kaisers mit dieser Anerkennung nicht in Einklang und muß gerade mit Bezug auf das Religiöse gestehen: «Die Religion dieses rätselhaften Menschen ist ein Geheimnis für uns.»

Vom Gesichtspunkte der Geisteswissenschaft aus kann man es verstehen, daß man mit den gegenwärtigen Begriffen des «Religiösen» nichts anfangen kann, wenn man solche Persönlichkeiten wie Hadrian betrachtet. Kaiserkult war eben damals in Wirklichkeit die Religion des Staates, in das mußte und wollte sich Hadrian finden, er *lebt* eben ganz real, nicht allein in abstrakten Begriffen und Prinzipien, in dem Übergang zu einer neuen Weltordnung. Es wirkt in ihm das Alte, was einst im Orient Wirklichkeit war, und dasjenige, in das er als Römer seelisch hineingeboren wurde. Empfindungsseelenkräfte und Verstandesseelenkräfte, wie es für diese Zeit der Weltenwende verständlich ist, liegen in seiner Seele im Kampfe.

Die Verständigung über solche seelischen Entwicklungstatsachen ist heute sehr schwer, weil man immer annimmt, daß das Gedankenleben der Menschen in dieser römischen Zeit so war wie dasjenige der heutigen Zeit. Das Gedankenleben von damals war noch nahe derjenigen Zeit, in welcher die Menschen die Gedanken tatsächlich wahrnahmen, so wie man heute Äußeres, z. B. eine Symphonie wahrnehmen kann. Plato, Aristoteles u. a. waren Gedanken-Wahrnehmer, sie erzeugten sie gar nicht durch seelische Anstrengungen aus ihrem Innern. Erst nach Golgatha, in der Zeit Hadrians, erlebten die Menschen die Gedanken zunächst als durch den Geist angeregte Gedankeninspirationen, nur langsam kam das Gewahrwerden der Subjektivität des Denkens, und schließlich das freie Gedankenschaffen in die Menschheit.

Hadrians Doppelnatur zeigt sich besonders darin, daß er wirklich Römer und Grieche ist. Er verkörpert also innerhalb seiner Individualität ganz real die griechisch-römische Kulturperiode und lebt außerdem in der Zeit, in welcher sich der Übergang vom alten Mysterienwesen zum exoterischen Christentum zu vollziehen beginnt. Nur zwischen Polaritäten, also einer Zweiheit, kann das Mysterium von Golgatha als übersinnliches Ereignis zur Veranlagung des Gottessohnes im Menschensohne durch den Christusgeist erkannt werden. Die Zweiheits-Basis ist damals durch Völker ausgedrückt, durch die Römer und durch die Griechen. Die Juden verschwinden sehr bald als einheitliches Volk, nachdem sie ihre Mission, die Körperlichkeit für den Christus vorzubereiten, erfüllt hatten. Man kann sagen, die Zweiheit, zwischen der die Sohnes-Erfassung zunächst erkenntnismäßig als Mitte reifen muß, wird in der IV. Kulturperiode von Göttern in Völker gelegt, muß aber später von den Menschen selbst in die soziale Gestaltung getragen werden, und es muß schließlich aus dieser Verinnerlichung das Christusbewußtsein, das heißt, das Verstehen der Dreiheit, die zugleich Einheit ist, hervorgehen.

Hadrian repräsentiert selbst in seiner Doppelnatur die Zweiheit, er nimmt in der Zeit des hellenisch-römischen Mittelalters das schon vorweg, was in der späteren Zeit der Bewußtseinsseele in den einzelnen Menschen immer deutlicher hervortreten wird, nämlich die Parzifal- und Amfortasseite. Eine solche Doppelnatur repräsentierte Hadrian natürlich ganz anders als ein heutiger Mensch, er erlebt sie ganz *elementar* aus dem doppelten Volkstum, welches in der damaligen Zeit viel stärker wirkte, als es heute wirken kann. Da Hadrian vieles aus den Mysterien erfuhr, so konnte er diese Doppelnatur seines Römertums und seiner griechisch-orientalischen Seele tatsächlich auch ausleben. Er steht gespalten zwischen Stoa und Gnosis, kann in keiner dieser Philosophien volle Befriedigung finden und sucht daher die

Mysterien auf. Ob er in andere als die eleusinischen Mysterien eingeweiht wurde, ist historisch nicht festgestellt, ist aber sehr wahrscheinlich. Die damalige Zeit der verstandesmäßigen Aufklärung bei den Kulturvölkern hatte sich abgewandt von Mysterien, Orakeln und aller Mystik, das Orakel von Delphi war schon seit Nero verstummt. Trajan zeigte wieder etwas Interesse für die alte griechische Weisheit, und Hadrian versuchte sie neuerdings zu beleben, denn er konnte nicht wirklich Stoiker sein. Man kann während seiner Regierung von einem Wiederaufleben der Götterkulte durch ihn sprechen. Er fühlt, wie notwendig die geistige Belebung des römischen Rationalismus ist. Man sprach in dieser Zeit davon, daß Dämonen zu Orakel-Vorstehern wurden; das war ja auch vielfach Tatsache als Folge des Verfalles, hatte aber nichts mit der ursprünglichen Sache selbst zu tun. Gregorovius kann aus seiner Zeitgesinnung, die auch noch vielfach diejenige der heutigen Zeit ist, gar nicht anders als vom «Blödsinn» der Menschen sprechen, mit dem Hadrian gerechnet haben soll. Die Denkgewohnheiten des vorigen Jahrhunderts waren noch mehr als damals in Rom von jedem Götterbewußtsein ferne. Und doch ist heute wahre Geisterfahrung wieder sehr nahe an die Menschheit herangekommen, und man beginnt schon wieder etwas an der Herrlichkeit, zu der es heute die Menschen gebracht haben sollen, zu zweifeln. Der Schriftsteller Pausanias hat sicher recht, wenn er Hadrian den gottesfürchtigsten Kaiser nannte. Selbst wenn er auch nur aus künstlerischem Sinn die Tempel errichtet hätte, so liegt in diesem Sinn doch ein religiöses Ahnen aus schon unsicher gewordenen imaginativen Bildern. Eine wirkliche Götter-Prätension zeigt sich bei ihm nicht mehr, dagegen scheint er Pflichten einer göttlichen Stellvertreterschaft gefühlt zu haben. Dieses war für einen suchenden, griechisch gestimmten Menschen auf dem Cäsarenthrone verständlich und seelisch zeitgemäß. So steht er innerlich zerrissen zwischen zwei Welten, der untergehenden griechischen mit ihren aus der Seelenschau verschwindenden Göttern und der aufgehenden römischen. Sein Bestreben, Hellas und Rom zu vereinigen, welches unmittelbar undurchführbar war, zeigt von seiner Ahnung, daß in Zukunft eine Harmonisierung dieser beiden geistigen Prinzipien notwendig sei. Das Christentum, das in der Menschheit wirkte, zeigt sich in seinem unbewußten instinktiven Suchen nach dem 'Sohne'. Da er ihn nicht finden kann, verfällt er in Äußerlichkeiten, ist aber deswegen doch eine jener Persönlichkeiten, welche Weltenkräfte verkörpern, und daher ist das heutige Rom noch von seinem Andenken erfüllt, sein Grabmal spielte als Engelsburg weiter eine Rolle in der Geschichte des Christentums, auf seiner Spitze trägt es das Bildnis des Erzengels Michael.

Schicksal waltete, als er im großen römischen Reiche zur Macht gelangte. Seine Adoption durch Trajan ist in Dunkelheit gehüllt; wenn sie überhaupt erfolgte, so geschah sie erst auf dem Totenbette Trajans. Trajan liebte die politische Richtung Hadrians nicht, er war gänzlich von ihm verschieden, Hadrian war ihm zu sehr Grieche und Orientale; daher fürchtete er seinen Einfluß für das römische Reich. Man kann Schicksalsmächte deutlich am Werke fühlen, als er dann doch, wahrscheinlich auf Drängen der Frauen Augusta Plotina, Trajans Gemahlin, und der Matidia, der Nichte Trajans, vielleicht auch seines Vormundes, des Adjutanten Trajans, Licinius Suro, den Thron der Cäsaren besteigt. Daß die Frauen einen großen Anteil an seiner Adoption hatten, ist geisteswissenschaftlich verständlich, da in jeder Frau, besonders der damaligen Zeit, die noch so nahe der Kulturperiode der Empfindungsseele lag, das 'Innere' des Ostens liegt. Hadrian war zwar Römer und trägt dadurch das starke, männliche, selbständig werdende Geistprinzip in sich, das sich damals schon unabhängig von der Inspiration durch das weibliche Geistprinzip zu machen beginnt und in der Frau nur die Hausmutter sehen will, aber seine Seele hatte doch eine so große griechisch-orientalische Neigung, daß dieses von den Frauen erkannt wurde.

Man kann in der gegenwärtigen Zeit das Wort 'orientalisch' schwer gebrauchen, ohne den Anschein zu erwecken, man meine damit etwas minderwertig Barbarisches oder arabisch Phantastisches. Es wird hier so gebraucht, daß damit dasjenige gemeint wird, was einst in Asien tiefe Naturweisheit war und menschliche Ursprungskräfte repräsentierte, die als solche wieder erkannt werden müssen. Es wird also dasjenige gemeint, was mit dem ewig Gültigen des alten Mysterienwesens eng verbunden ist. Von den Römern, welche für die IV. Kulturperiode eine besondere Aufgabe hatten, wurde sowohl das Orientalische als auch das im Norden liegende Germanische als Barbarentum verachtet. Diese Gewohnheit, Östliches zu verachten, wurde dann nach den Römern von ihrer Nachfolgeschaft bis in unsere Zeit herein übernommen und wurde auch immer mehr identifiziert mit dem Heidentum und schließlich in intellektualistischem Übermut zu etwas Überwundenem gestempelt. Wie die alten Römer die von ihnen besiegten Völker Barbaren nannten und allem Mysterienwesen feindlich sein mußten, hörte man während des Weltkrieges die Menschen der mitteleuropäischen Bevölkerung von ihren Feinden als Barbaren bezeichnet werden. Doch die Zeiten werden sich ändern. Gerade die mitteleuropäische Bevölkerung trägt Fähigkeiten und Geistkeime in sich, welche die Zukunft braucht, sie werden hervortreten können, bis diese Völker sich gereinigt haben werden von allen römischen und westlichen Einflüssen und andere soziale Gestaltungen angenommen haben werden. Geisteswissenschaftlich kann gesagt werden, daß in diesen westlichen Menschen und in denen, welche ihnen in Mitteleuropa zu Dienste stehen, römische Seelen verkörpert sind, die damals in irgendeiner Art besonders stark Römisches vertraten. In jeder heutigen europäischen Frau lebt doch noch eine tiefe Hinneigung zu der uralten, einst von Weisheit durchdrungenen, gottgetragenen Friedenskultur. Die europäische Kultur ist in eine völlige Geistentfremdung hineingeraten; Menschen, Menschenwerke und soziale Einrichtungen werden daher zum großen Teil zugrunde gehen müssen, bevor neue Kultur erblühen kann.

Unter Trajan war das römische Reich zu seiner größten Ausdehnung gelangt, es näherte sich die Kulturperiode zeitlich ihrer Mitte, daher mußte sich dasjenige zeigen, was sie auf Grund der Verstandesseelenkräfte leisten konnte. Die Antoninenzeit ist die Blüte dieser Kulturperiode, sie wird repräsentiert durch Trajan, Hadrian, Antoninus Pius und Marc Aurel. Damit ist auch eine interessante Raumes-Tatsache verbunden. Es begann damals schon, besonders bei Trajan, das Zurückstreben aus Europa nach der alten indischen Urheimat der Kulturen. Das römische Reich hatte sich tatsächlich fast ganz Europas bemächtigt. Nun trat auf Grund dieser Eroberungen und Befestigung der Macht die Sehnsucht auf, zunächst waffenmäßig, gewaltmäßig zurück nach dem Osten zu gelangen. Trajan strebt nach Indien, kann es aber nicht erreichen. In der Mitte der nachatlantischen Zeit, in der griechisch-römischen Kulturperiode, in welcher die menschliche Persönlichkeit Ich-bewußt wurde, will sie nun mit dieser Errungenschaft wieder zum geisterfüllten Anfange zurückkehren. Fast zweitausend Jahre später wird dieses machtmäßig versucht, aber nur für kurze Zeit wirtschaftlich erreicht. Man versucht nun neuerdings, diesen ins Wanken kommenden Wirtschaftserfolg aus machtmäßigen Kirchenbestrebungen heraus zu stützen. Kulturell wird dieser Weg erst gegangen werden können, wenn aus den in Mitteleuropa neuerdings erblühten, der Bewußtseinsseelenentwicklung entsprechenden Mysterien ein geistiges Verständnis der Menschen- und Völkerschicksale erwachsen sein wird. Der mitteleuropäische Raum hat für die heutige westliche Welt dieselbe Bedeutung wie einst Griechenland für die römische, und die ganze Balkanhalbinsel wird einmal für die fünfte Kulturperiode eine ähnliche Bedeutung haben, wie sie die italienische Halbinsel für die spätere IV. Kulturperiode hatte.

Hadrian erkannte, daß er sein Reich festigen und künstlerisch beglücken müsse, und tut gerade das Gegenteil von dem, was Trajan wollte. Er gibt gleich die Eroberungen im Partherreiche auf. Die römische Soldatenpartei ist ihm deshalb anfänglich feindlich gesinnt, aber auch in diesem Falle sieht man Schicksal walten, denn der Senat übernimmt selbst die Beseitigung seiner Gegner. Wie später bei Julian Apostata die Wahrheitsliebe die hervorstechendste Eigenschaft war, so ist es die Friedensliebe bei Hadrian, sie liegt tief in seinem Wesen begründet und ist noch stärker als sein Sinn für Schönheit und Schaffen in der Kunst. So kam ein Spätgrieche mit orientalischem Einschlag auf den römischen Cäsarenthron. Hadrian suchte in den Mysterien seine so stark sprechende Doppelnatur zu harmonisieren, kann das, was er braucht, aber in ihnen doch nicht finden, weil er es damals nur im Christentum hätte finden können. Es liegen aber die Keime des exoterischen wie des esoterischen Christentums doch unvermittelt, wie im Schlafe, in seiner Doppelnatur. Weil er römisches und griechisches Wesen in sich vereinte, wirkten in ihm der Volksgeist der Römer und derjenige der Griechen. In Griechenland und in Asien baute er neue Tempel und stellte alte wieder her, richtete aber auch überall verstandesmäßige Verwaltung ein. Die Wirkungen der orientalischen Mysterien des Lichtes und der ägyptischen des Menschen zeigen sich in diesen nach zwei Seiten hin gerichteten Taten. So wirkte er für die Grundlagen eines exoterischen Christentums, welches anfänglich durch das römische Imperium getragen werden sollte und für ein esoterisches, weil er den Mysterieninhalt als schutzbedürftig erkannte und in der Kunst das geeignetste Mittel dafür sah. – Durch Hadrian kann der griechische Volksgeist als Führer des exoterischen Christentums dieses in das Römertum hineintragen. Es mußte im physischen Leibe eine Menschenindividualität in diesem Zeitpunkte die Brücke bilden zwischen Römern und Griechen. Auf dem physischen Plan mußte sich dieser Übergang vorbereiten und dann durch einen Menschen vollziehen. Das konnte nur durch einen solchen Römer geschehen, in dessen Seele so tiefe elementare Beziehungen zum griechischen Volkswesen lebten, der für das Römertum repräsentativ war und umfassende Wirkungsmöglichkeiten hatte. Da sowohl der einstige griechische Volksgeist als auch der römische Volksgeist, wie uns Rudolf Steiner sagte, die Erzieher des Zeitgeistes unserer Kulturperiode wurden, so mußte das auch in Hadrians Schicksal und Taten erkennbar sein.

Wer heute die Ereignisse der Gegenwart nicht nur kopfmäßig, sondern auch herzensmäßig betrachtet, der wird die Erziehung unseres Zeitgeistes durch diese Volksgeister in den Ereignissen ablesen können. Der Zeitgeist unserer Kulturperiode, der die innere Freiheit zur Wirklichkeit bringen will, hatte, wie die Geisteswissenschaft sagt, noch einen dritten Erzieher in dem Zeitgeist der Ägypter, daher wiederholt sich in unserer fünften Kulturperiode manches aus der III. Kulturperiode in metamorphosierter Art. Diese drei Erzieher tun das aber nicht so wie manche törichte Menschenerzieher der Gegenwart, welche ihre Schüler zu ihrem eigenen Ebenbilde erziehen wollen, sondern sie erziehen so, daß etwas ganz Neues aus der geistigen Welt innerhalb der Menschheitsentwicklung hereinfließen und sich gestalten kann.

Bei Hadrian, der in einem so entscheidungsreichen Zeitabschnitt lebte, in welchem sich für die Menschheit so Wichtiges abspielte, daß das Christentum exoterisch selbständig zu werden beginnt, wird vieles Spätere keimhaft vorweg genommen. Hadrian wirkt schon in einer Art kosmopolitisch. Er ist der erste römische Kaiser, der über die Differenzierung der Völker hinauskommt, Rom und die Provinzen gleichstellt. Es spricht sich in seinen Bestrebungen und Taten auch die Ahnung aus, daß sich die weitere Entwicklung in der Zukunft im Norden vollziehen werde. Hadrian sieht sogar die Zukunft des römischen Imperiums mehr vom Norden als vom Orient abhängig. Seine ganze Liebe gehörte zwar dem Orient, die Pflichten sieht er mehr in dem mittleren Europa. Man kann fast sagen, er ahnt gerade aus seiner dem Griechischen zugewandten Seele die Zukunftsaufgabe Mitteleuropas, die er in seiner Zeit durch Verbindung von Rom und Hellas nicht lösen kann. Das Donaubecken liegt ihm am Herzen, Pannonien, Dacien, Mösien sucht er durch Verbesserungen der Verwaltung zu erschließen. Er ahnt also die Zukunft in Europa, weiß aber auch, daß dieses Europa griechische Weisheit und Schönheit braucht, daß der Geist vergangener Zeit, der in Griechenland noch wehte, ebenso nach Europa getragen werden muß wie die römische Gewalt. Hadrian erkennt also den Gang des römischen Schicksales nicht nach dem Orient, sondern nach dem germanisch-keltischen Abendlande, er erfaßte damit das Raumesproblem der Menschheitsentwicklung in der Mitte der nachatlantischen Zeit. Er sagte sich, daß die Zukunft vom Rheine und dann von der Donau abhängig sei, denn dahin wird der Gang der Entwicklung sich wenden. Wie man aus seinen Regierungshandlungen sieht, daß er die Zukunft richtig einzuschätzen weiß, so bringt es gerade seine Zeit mit sich, daß er auch der Vergangenheit der Menschheitsentwicklung gerecht zu werden weiß. Die Domäne der römischen Cäsaren war Ägypten. Daß dieses so war, ist schicksalsmäßig darin begründet, daß das führende Volk der vorigen Kulturperiode die Ägypter waren und die führenden ägyptischen Seelen sich zumeist in römischen Körpern wiederverkörpert haben werden. Von Ägypten ging der Weg des inneren Kulturfortschrittes, also der Erziehung des Menschengeschlechtes, nach Rom. Deshalb wird auch Ägypten in späterer Zeit intim an das römische Imperium gebunden, es wird aus dem äußerlichen Grunde seines Reichtums zur Privatdomäne der Cäsaren, niemand darf diese ohne kaiserliche Bewilligung betreten. Der ägyptische Zeitgeist muß nicht nur *in* die römische Zeit, muß *über* diese hinaus wirken bis in unsere Kulturperiode herein. Es darf nicht aus dem Auge gelassen werden, daß die griechisch-römische Periode zeitlich in der Mitte des nachatlantischen Zeitraumes steht, und daß sich zu beiden Seiten desselben das Vorhergehende im Nachfolgenden wieder zeigen wird. Die Menschheit verbindet sich mit dem Eintritt in die römische Zeit ganz mit den Erdenkräften, verliert die Götterschau und muß nach dem Austritt aus der griechisch-römischen Zeit, vom XV. Jahrhundert an wieder heraus finden aus der Finsternis der Erdenkräfte zum bewußten Erleben des Geistigen.

Die Reise Hadrians nach Ägypten wird für ihn zur Schicksals-Tragik. Der Brief, den er von dort an seinen Schwager Servianus schreibt, dessen Echtheit zwar angezweifelt wird, läßt annehmen, daß er von den Zuständen in Ägypten nicht erbaut ist, daß er zunächst eine große Enttäuschung erlebte. Doch scheint ihn der Rest des religiösen kultischen Zaubers dieser einst so tiefen ägyptischen Weisheit später doch ergriffen zu haben. Er sieht auf eine Großartigkeit, die noch aus den Trümmern auf ihn wirkt, und welche die einstige Größe mächtig bestätigt. Er wird durch sie getrieben, die ägyptischen Wunder noch weiter im Innern des Landes kennen zu lernen. Der geheimnisvolle Nil übte damals eine große Anziehung auf Römer und Griechen aus, es wirkten da dumpf gewordene Schicksals-Erinnerungen fort. Auf der Nilreise tritt ihm sein persönliches Schicksal tragisch entgegen, auf geheimnisvolle Art verliert er in Besa, gegenüber Hermopolis, den geliebten griechischen Jüngling Antinous. Er starb in den Fluten des Nil, und es ist anzunehmen, daß er sich selbst den Tod gab, um durch eine Opfertat vom Kaiser etwas abzuwenden, was ihn bedrohte. Der Kaiser würde durch diesen Tod tief ergriffen. Dem heutigen, für damalige Seelenzustände ganz verständnislosen Denken ist das Antinous-Problem unergründlich. Die Art, wie Gregorovius darüber schreibt, ist geisteswissenschaftlich unannehmbar; er schreibt: «Dies bizarrste Intermezzo aller Nilreisen gab dem hinschwindenden Heidentum und der antiken Kunst ihre letzte Idealgestalt.» Und doch kann man in diesem Ausspruch eine Lösung des Problems ahnen. Wenn auch Gregorovius in diesem Ereignis am Nil nichts Geistsymptomatisches erblickt und diesen Satz nur als eine Mitteilung einer rein äußerlichen Tatsache macht, der Ausdruck «bizarr» zeigt ja, wie er das Ereignis auffaßt, so ist die Tatsache, die nicht ohne tieferen Hintergrund war, doch die, daß Antinous später wirklich göttlich verehrt wurde. Die Sammlungen in Rom und anderen Städten weisen die verschiedensten Antinousbüsten auf. So leicht, wie die heutigen Geschichtsschreiber in einer Art von Verlegenheit mit Sarkasmen über dieses Antinous-Ereignis am Nil hinwegkommen, ist es für denjenigen, welcher karmische Zusammenhänge in der Menschheitsentwicklung erleben lernte, nicht. Man hat das Gefühl, daß sich da etwas zeigte und geschichtlich erhalten hat, was einmal, genau erforscht, neues Licht werfen wird in Schicksalsbildung und Schicksalserfüllung.

Hadrian fühlte Zukunft und Vergangenheit in der Gegenwart wirkend. Er fühlte die Aufgabe, die großen Gegensätze in der Welt zu überbrücken, die sich ihm zunächst im Römertum und Griechentum zeigten. Dadurch, daß er die Zukunft in Europa erkannte und auch für die Verwaltung im europäischen Westen bis nach England sorgt, steht er auch in einer Art im Dienste des keltischen Volksgeistes. Hadrians Wandertrieb war in Wirklichkeit doch das äußerliche Ausleben seines Suchens nach einem befriedigenden Lebensverständnis. Er hoffte dieses im schönen Schein der Kunst, im Verein mit seiner Friedensliebe zu finden. Die Friedensliebe aber, welche diesen rastlos durch sein großes Reich wandernden Kaiser beseelte, konnte nicht verhindern, daß er am Ende seiner Regierungszeit einen der blutigsten Ausrottungskriege führen mußte. Es war ein Schicksals-Urteil der Weltgeschichte, welches auszuführen ihm oblag. Der fanatische Widerstand der Juden gegen die Eingriffe der Römer, welche an der Stelle der durch Titus zerstörten Stadt Jerusalem begannen, die Stadt Aelia Capitolina mit einem Zeustempel zu erbauen, zwang Hadrian zum Kriege. Der ungeheure Gegensatz zwischen Jahve und dem griechischen Gotte Zeus, den die Römer äußerlich ehrten, ohne jedoch eine wirklich innere Beziehung zu ihm zu haben, wirkte ungeachtet dessen, daß sich das Mysterium von Golgatha schon vollzogen hatte, also die Weltenwende eingetreten war, noch fort.

Es waren bei den Juden zwei Parteien, die Versöhnlichen und die Fanatiker; erstere sollen, wie Gregorovius schreibt, mit Hadrian in Ägypten verhandelt haben, um den Frieden zu erhalten, obwohl die Fanatiker davon nichts wissen wollten. Diese Verhandlungen mußten ebenso fruchtlos verlaufen wie die illusionären Versuche derer, welche im Weltkriege meinten, daß mit gewöhnlichen Verhandlungen der Vernichtungswille der Westvölker gegen Mitteleuropa hätte überwunden werden können. In diesen gegenwärtigen Ereignissen wiederholten sich römische Ereignisse in neuen Formen. Es wäre interessant, die Persönlichkeiten, welche mit Hadrian damals verhandelten, in ihrem späteren Leben weiter zu verfolgen, ob sie diese Erfahrungen in spätere Taten schon umsetzten, denn sie spielten gewiß in unseren Ereignissen auch wieder eine Rolle. Hadrian hätte gerne den Krieg vermieden, es lag aber das Menschheitskarma anders, und dieses konnte er nicht durchschauen, weil er in einer von lange her vorbereiteten Zwangsläufigkeit stand. Deshalb waren auch Rabbi Akiba und der Volksheld Barkocheba, der als nationaler Messias galt, unversöhnlich. Es zeigt sich dabei, wie der damals noch erwartete Messias ganz äußerlich aufgefaßt wurde und sich dadurch ein verderblicher, volksvernichtender Nationalismus bildete. Die Römer setzten auch in diesem Vorgehen gegen die Juden alles daran, die letzten Mysterienspuren auszurotten. Die Geheimlehre der Juden, welche die messianische Botschaft verkündete, sollte mit allen ihren Trägern vernichtet werden, es sollte von dieser messianischen Sonnenbotschaft nichts übrig bleiben. Zur Zeit Hadrians war der nationale Fanatismus der Juden fast durchwegs nur noch ein veräußerlichter Rassenfanatismus. Der Priesteradel der Sadduzäerkaste beherrschte die Juden religiös machtmäßig, es hatten diese Priester einen Horror vor allen Mysterien und waren nur Söldlinge des römischen Staates. Das Römertum und das monotheistische Jahveprinzip waren in ihrer Verbindung deswegen aber doch eine Voraussetzung für die Möglichkeit einer späteren exoterischen Verbreitung des Christentums. Das römische Reich konnte staatlich-äußerlich, also politisch einen Judenstaat zwischen seinen mächtigsten Provinzen, Ägypten und Syrien, niemals dulden. Seine

Vernichtung war im Kriege gewiß, da diese priesterliche Volksgemeinschaft unter der römischen Oberherrschaft stand und damals schon ihre geistigen Mysteriengrundlagen verloren hatte. Dadurch war sie selbst in einer Art römisch und ihrem eigenen Volkswesen fremd geworden. Sie konnte sich nicht mehr geistig verteidigen, sondern nur fanatisch gewaltmäßig, und es war daher, dem großen römischen Weltreich gegenüber, ihr Untergang sicher. Das Judentum war ebensowenig wie die Griechen geeignet, in römischer Art einen Staat zu bilden, seine Zusammenfassung war nur als Priestergemeinschaft, theokratisch mit Mysterien-Hintergründen, niemals juristisch-demokratisch möglich. An der Demokratie starben auch die Griechen als unabhängige, selbständige Volksgemeinschaft. Es bekämpfen sich in diesem letzten Judenkriege unter Hadrian zwei verschieden zusammengefaßte Völker, welche in Wirklichkeit beide dem Christentum feindlich waren – Staats- und Parteikampf hat niemals etwas mit dem Christentum zu tun –, in welche das Christusereignis ganz real einschlägt. Die Römer tragen als Volk die Hauptentwicklungsströmung der Menschheit gemäß der IV. Kulturperiode, die Juden gehören der dritten Kulturperiode an, vertreten eine zurückgebliebene Strömung, müssen daher von den Römern als einheitliche Volksgemeinschaft überwunden werden. So sieht man auch daran, wie die Politik der Römer trotz Hadrian und später Julian Apostata ihre Hauptmission darin hatte, die esoterische Seite des Christentums, die in den alten Mysterien lebte, nicht aufkommen zu lassen. Rom ahnte schon damals, daß in dem Sonnenchristentum etwas lebt, was das Imperium langsam zerstören muß. In der späteren Antoninen-Zeit prophezeite ein Orakel, daß Rom dem Untergang geweiht sei, weil es die Urweisheit verloren habe. Deshalb war man wachsam, und verschiedene Cäsaren versuchten immer wieder sich mit dem Christentum irgendwie abzufinden, man ahnte im Christentum eine Kraft, mit der man rechnen müsse. Christenverfolgungen und Versuche, sich mit dem Christentum abzufinden, gehen daher parallel. Konstantin, der dann das exoterische Christentum staatlich befestigte, wollte dieser Prophezeiung vom Untergange Roms dadurch entgegenarbeiten, daß er auf feierlich kultische Art dem Willen der Götter entgegenarbeitend das Palladium, das Symbol der alten Urweisheit, von Troja nach Konstantinopel bringen läßt und als Grundstein für den Bau der Stadt verwendet. Er wollte den ewigen Impuls der verlorenen, den Römern nicht mehr erreichbaren Urweisheit in Konstantinopel verwahren. So entstand aus der Verbindung des römischen Wesens mit dem exoterischen Christentum die erste äußere Grundlage eines Dualismus, auf welcher sich später die Trennung der westlichen und östlichen Kirche vollzog. Dieser Dualismus, der bis in unsere Zeit fortwirkt, war stets die Ursache unzähliger kriegerischer Verwicklungen. Der andere Dualismus, der als Reichsgemeinschaft und Kirchengemeinschaft in Mitteleuropa auftrat, war derjenige des richtigen menschlichen Entwicklungsweges. Die Trennung der Kirchen in eine westliche und östliche war ein Ereignis, welches aus einer geistigen Verirrung hervorging, und mußte sich daher in dauernden äußeren Kämpfen auswirken. Sie hielt die äußeren Kämpfe in Permanenz, weil Kirchen so wie die abstrakten Staaten gar nicht anders können als sich bekämpfen. Staaten und Kirchen sind Kampfeinrichtungen, weder Völker, noch auf geistigen Grundlagen ruhende Religionen können Kriege führen, jede abstrakte nominalistische Kollektivität hingegen trägt das Wesen des Krieges in sich. Der Dualismus von Reichsgemeinschaft und Kirchengemeinschaft hätte, wenn er richtig verstanden worden wäre, zur Verinnerlichung der Menschen, zum Hereinnehmen des Kampfes in jede einzelne Menschenbrust führen müssen. Der Sinn dieses Dualismus war die harmonische Verbindung des Weltenleibes mit dem Weltengeiste durch die Erkenntnis, daß weiblicher und männlicher Geist in jedem einzelnen Menschen, ob er im physischen Geschlechte Mann oder Frau sei, zum Ausgleich kommen müsse, weil nur so der Gottessohn in jedem Menschen zur Geburt kommen kann. Die großen Weltgegensätzlichkeiten müssen in dem Herzen eines jeden einzelnen Menschen den Kampf auskämpfen. Den Kampf hinauszutragen und durch Staaten und Kirchen in Permanenz zu erhalten, ist seit den letzten Jahrhunderten ein Irrweg der Entwicklung. Schon Dante faßte das heilige römische Reich deutscher Nation geistig auf und schrieb ihm daher die Berechtigung zu, sich über ganz Europa auszudehnen.

Die Judengemeinschaft war im Beginne unserer Zeitrechnung in einen Zustand gekommen, welchen die Verkennung des Mysteriums von Golgatha charakterisiert, sie verstand das Höchste nicht, was sich in ihrer Mitte abspielte. Man kann heute eine ähnliche Verkennung im offiziellen Deutschland erleben, die Mysterien- und Christusbotschaft Rudolf Steiners schlug im Deutschtum ein, sie sollte von der europäischen Mitte ihren Ausgangspunkt nehmen. Die offiziellen Kreise aller Lebensgebiete aber haben sie so behandelt, wie damals die Juden den Christus. Wie sich aber das Christentum trotz Verfolgungen zunächst exoterisch doch durchsetzte, so wird sich auch das esoterische Verständnis desselben, trotz Verkennung und Verketzerung von Seiten der um das Imperium besorgten Machtfaktoren durchsetzen. Je mehr sich die Deutschen ihres inneren Wesens bewußt werden, je mehr sie also von den Bewußtseins-Seelenkräften erfaßt sein werden, desto mehr werden sie erkennen, daß sie im heutigen Sinne eine territoriale Herrschaft nicht vertragen, sondern sich nur aus einer Geistgemeinschaft heraus kulturell und sozial entwickeln können. Wie die werdenden Verstandesseelenkräfte in der Zeit der IV. Kulturperiode zu Territorialherrschaften führten, und die Römer dafür das repräsentative Volk waren, so werden die wachsenden Bewußtseins-Seelenkräfte unserer Zeit Territorialherrschaften wieder auflösen. Die

Tendenz dazu könnte in den heutigen Erscheinungen schon gesehen werden. Das wird aus den katastrophalen Ereignissen der Zukunft erkannt werden müssen, wenn die Menschheits-Kultur überhaupt erhalten werden soll.

Zu dieser Erkenntnis wollte Rudolf Steiner die maßgebenden Persönlichkeiten Mitteleuropas im Jahre 1917 mit dem ersten Entwurf der Dreigliederung des sozialen Organismus aufrufen. Die kommenden Kämpfe und Wirren werden nun die territorialen Abgrenzungen gewaltsam sprengen, wenn sie nicht vernunftmäßig in Beweglichkeit gebracht werden können. Die Tatsachen zeigen immer wieder, daß Versuche, die Deutschen zu einer machtmäßig staatlich-territorialen Einheit auf juristisch-demokratischer, also römischer Grundlage zu bringen, vergeblich sind. Dieser römische, territoriale Herrschaftsgedanke übertrug sich in der nachrömischen Zeit allmählich auf alle anderen europäischen Völker bis auf unsere Zeit. Germanen und Slawen litten besonders unter diesen, ihnen ganz wesensfremden juristisch-intellektuellen Formen. Überall in der Geschichte vom IX. Jahrhundert an stoßen wir auf die Leiden dieser Völker, deren wirkliche Ursachen sie sich nicht bewußt machen konnten. Überall lebte in den Seelen dieser germanisch-slawischen Menschen das Suchen nach anderen Gemeinschaftsformen, ohne sie finden zu können, und als diese Ideen den maßgebenden Deutschen durch Rudolf Steiner gereicht wurden, versäumten diese, sie in Taten umzuwandeln.

Im Jahre 63 v. Chr. wurde Judäa durch Pompejus vom römischen Syrien abhängig. Rom schaffte sich durch seinen Einfluß in Judäa dasjenige, was es selbst dort brauchte, um wirklich Herr zu werden über die Juden. Herodes behauptete sich nur mit Hilfe der Römer. Ähnliche Verirrungen finden sich bei den zur Zeit maßgebenden Kreisen in Deutschland, wie der Herodesstaat in Judäa. Die deutsche Volksgemeinschaft hatte ihre Mission im Geistesleben. Das heutige deutsche Reich ist ebenso vom englisch-amerikanischen Wirtschafts-Imperium abhängig, sein Werkzeug, wie Herodes und die Priesterkaste der Sadduzäer das Werkzeug des römischen Staates waren. Schließlich mußte der Judenstaat doch aus römischem Staatsprinzip fallen, nachdem er seinen Dienst, das Mysterien-Judentum auszurotten, getan hatte.

Der vor jedem Kriege zurückschreckende Kaiser Hadrian wurde von höheren Wesen in dieses tragische Menschenschicksal hineingestellt. Er wurde Vollstrecker eines schrecklichen Schicksalsurteils, und sein persönliches Schicksal wurde von diesem Menschheits-Schicksal durchkreuzt.

Nach dem Ende des Judenstaates trennten die Christen ihr Schicksal von dem der Juden. So 'wird' das Christentum zwischen zwei sich bekämpfenden Gewalten, den Römern und den Juden. Es ist auch in der Gegenwart

Christentums-Schicksal, zwischen zwei Gewalten in die Klemme der Einkreisung zu kommen.

Hadrian hat als Diener des griechischen Volksgeistes mit diesem Kriege dem exoterischen Christentum tatsächlich zur kosmopolitischen Selbständigkeit verholfen; auch daran kann man erkennen, wie er diejenige Persönlichkeit war, welche im Dienste des einst griechischen Volksgeistes stand, der zum Führer des exoterischen Christentums wurde.

Die Hauptströmung der Menschheitsentwicklung kommt aus der III. Kulturperiode von den Ägyptern und fließt zu den Römern, als dem repräsentativen Volk der nächsten Kultur. Und als dieses in seiner Volkskraft erlahmt, tritt das exoterische Christentum als stützende Kraft des Imperiums auf. Der Christusimpuls selbst bahnt sich den Weg nach Mitteleuropa zu Völkern, welche die Anlage haben, einmal auch esoterisches Christentum zu verstehen und dadurch zu einem wirklichen, neue Welten gestaltenden Sohnes-Verständnis zu gelangen. Diese Völker tragen aber auch die Kräfte in sich, das römische Imperium, in welcher Form immer es auftreten wird, schließlich doch zu überwinden. Hadrian konnte es zu keinerlei Bewußtsein des esoterischen Christentums bringen, konnte daher den Abgrund zwischen seiner Doppelnatur nicht erhellen, stand zerrissen zwischen geistigen Gegensätzlichkeiten. In seinen letzten Lebensjahren lebte sich das in der Sorge um die Zukunft der Schönheit und Weisheit der Welt aus, er ahnte, daß das alte Rom und alles, was es fortsetzen will, verurteilt sei, doch schließlich in eine Trümmerhalde verwandelt zu werden. So lag die Sorge im Grunde seiner Seele am Ende seines wandernden Kaiserlebens, sie zeigte sich besonders in der Sorge um die Nachfolge, als sein Adoptivsohn, Aelius Verus Caesar, am 1. Jänner 138 plötzlich starb. Da berief er einige angesehene Senatoren zu sich und sprach sich für die Adoption und gegen die Blutsnachfolge aus. Ihm verdankte das römische Reich dann zwei seiner besten Herrscher, er adoptierte den Antoninus Pius und verlangte von ihm, daß er seinerseits Marc Aurel zu seinem Nachfolger durch Adoption bestimme. Darauf starb er bald, wie Gregorovius schreibt, in den Armen des treuesten Menschen, des Antoninus Pius.

Der aus dem Mysterienwesen stammende kirchliche Kult, welcher vom exoterischen Christentum, trotz seiner heidnischen Gegnerschaft, übernommen wurde, erfaßte in seiner modifizierten Form immer weniger das Seelenleben, und das geistige Schauen verlor sich auch gänzlich, wurde durch das Dogma ersetzt. Jurisprudenz und Demokratie ergreifen das Christentum immer mehr und begründen eine demokratisch abstrakte Kirchen- und Staatsordnung. Exoterisches Christentum und römisch-demokratische Staatsordnung gingen Hand in Hand und verfälschten allmählich den Dualismus von

Kirchengemeinschaft und Reichsgemeinschaft, welcher gemäß der menschlichen Seelenentwicklung sich in geistiger Art hätte entwickeln müssen.

Trotz der Verschiedenheit der Wirksamkeit des griechischen und keltischen Volksgeistes innerhalb der Verbreitung des Christentums zeigt sich doch auch ein Zusammenwirken. Der esoterische Inhalt des Christentums verlor sich im Osten in Folge der exoterischen Aufgabe des griechischen, mit dem römischen sich verbindenden Volksgeistes in nebelhaften mystischen Gefühlen und veräußerlichte ganz im Kultus. Wenige Reste der christlichen Mysterienerinnerungen sind sporadisch noch in den Balkanländern, z. B. in den Traditionen der Bogumilen und in den alten, trotz Türkenstürmen in manchen Klöstern erhalten gebliebenen Wandmalereien zu finden. Im Westen stieß das exoterische Christentum überall einerseits auf alte, noch erhaltene Mysterienstätten, welche von der Zerstörung durch die Römer nicht erreicht worden waren, und andererseits auf das Wirkungsgebiet des mit der esoterischen Mission betrauten keltischen Volksgeistes. Das Mysterium von Golgatha wurde dort im Makrokosmos geschaut, und der Führer des esoterischen Christentums mußte für das Schauen des Überganges des Christus vom Makrokosmos in die Seelen der Menschen sorgen. Mit anderen Worten, die esoterische Führung durch den keltischen Volksgeist bestand darin, den Übergang vom Artusrittertum zur Gralsritterschaft zu vollziehen. Das esoterische Christentum geht dann mit den Ergebnissen dieses vollzogenen Überganges dem exoterischen Christentum, nach der Mitte Europas langsam vorrückend, entgegen, um sich mit diesem zu vereinen und damit allmählich das in neuen Mysterien zum individuellen Bewußtsein zu erwecken, was einst der Osten den im Mutterschoße der Naturweisheit ruhenden Menschen an Geistigkeit erleben ließ.

In der europäischen Mitte trafen sich in der III. Kulturperiode, ein Zukünftiges wie vorwegnehmend, nachatlantische Menschheitsentwicklung mit atlantischen Mysterien. Die Legende erzählt, wie der König Gilgamesch der babylonischen Zeit nach dem Westen wanderte, um das Rätsel der Unsterblichkeit zu lösen, nachdem ihm die Tatsache des Todes zum Bewußtsein gekommen war. Er hoffte die Lösung in den atlantischen Mysterien, in der Gegend des heutigen Burgenlandes zu finden. Seine Einweihung in die Aufgaben der nachatlantischen Zeit mißlang. Vor dem Mysterium von Golgatha konnte ein zeitgemäßer Anschluß an die atlantischen Geheimnisse nicht gefunden werden. Aus den harmonisierten Gegensätzen von esoterischem und exoterischem Christentum werden Mysterien hervorgehen, aus denen der Menschheit eine solche geistige Führung erstehen wird, welche die Ergebnisse der atlantischen Zeit mit den Notwendigkeiten der nachatlantischen Zeit wird in Einklang bringen können. Die Anthroposophie Rudolf Steiners, die für männlichen und weiblichen Geist gleich geeignete Weisheit, ist die notwendige Grundlage für solche wieder erstehende Mysterien. Durch diese wird dann das Verständnis mit dem Osten kulturell gefunden werden können.

Die Juden waren als Volk das Verbindungsglied zwischen der ägyptisch-chaldäischen und der griechisch-römischen Kulturperiode; ähnlich sind die germanischen Stämme und die Randslawen hineingestellt zwischen die römisch-griechische Kultur und den Bewußtseinsseelen-Menschen einer späteren Zeit der V. Kulturperiode. Aus den Juden gingen die ersten Christen hervor; aus den Deutschen werden unter der Führung Michaels, des Zeitgeistes der V. Kulturperiode, michaelische Menschen hervorgehen und werden eine neue, allgemein menschliche Geistgemeinschaft in Mitteleuropa aufbauen.

Die Deutschen, die heute zurückfallen in einseitige Rassebetonung auf römisch-staatlicher Grundlage, spielen in der Gegenwart dieselbe Rolle, wie einst die Juden vor dem Falle ihres letzten, von Rom abhängigen Staates.

In den letzten drei bis vier Jahrhunderten vollzog sich eine wichtige Machtverschiebung im europäischen Raume. Das römische Imperium, welches sich im heiligen römischen Reiche deutscher Nation in Mitteleuropa wiederholte, löste sich langsam von Mitteleuropa los, es zerfällt da und befestigt sich auf den britischen Inseln als Wirtschafts-Imperium. London wird die Hauptstadt der Macht, entsprechend den in den Menschenseelen wach werdenden Bewußtseins-Seelenkräften, wie im zweiten Drittel der IV. Kulturperiode Rom die Hauptstadt der Macht wurde. Das römische Imperium zieht immer mehr mit seinem Zentrum nach dem Westen, das esoterische Christentum geht immer mehr der Mitte und dem Osten zu. Die kommenden Mysterien werden aus dem Gegensatze des exoterischen zum esoterischen Christentum hervorgehen. Der für sie notwendige geistige Impuls schlug durch Rudolf Steiner in die europäische Mitte ein. Dafür wird der Raum der Mitte schicksalsmäßig auch äußerlich vorbereitet werden müssen. Die Gegensätze, welche zwischen dem mitteleuropäischen Raum des Geistes und der Stadt der Macht liegen, werden diese Vorbereitung besorgen, müssen sich aber in der Zukunft doch ausgleichen. Wie Rom zu Griechenland in der IV. Kulturperiode, so steht London zu Mitteleuropa in der V. Kulturperiode. – In der IV. Kulturperiode hieß es: Los von den Mysterien zur Macht nach Rom, es war ein Gang nach dem Westen. In der V. Kulturperiode muß es in der Zukunft in Mitteleuropa heißen: Los von der römischen Macht, zurück zu den Mysterien. Dieses wird verbunden sein mit einem Gange nach dem Osten.

Die Menschenseelen tragen die Ergebnisse einer Kulturepoche in die nächste. Das römische Imperium hat sich im englischen Imperium durch die sich in diesem wieder verkörpernden römischen Seelen wiederholt; ein Teil der römischen, mehr griechisch gestimmten Seelen wird sich in der Mitte Europas finden.

Das monotheistische Judentum mit den Marskräften war durch seine Starrheit ein Diener Roms. Die Deutschen sind ebenso, wie die Sadduzäer Diener des politischen Rom waren, Diener des englisch-amerikanischen Wirtschafts-Imperiums und verhärten sich in einem abstrakten, staatlichen Nationalismus. Sie stellen sich Michael ebenso entgegen, wie die Anhänger Akibas und Barkochebas der zur Erdentatsache gewordenen messianischen Mysterien-Botschaft.

Wie Jehovah und Michael, so stehen sich althebräische Mysterien-Strömung und deutsche Geistesströmung gegenüber. Jehovah führte die Menschheit bis in die römischen Fesseln, Michael löst diese Fesseln wieder auf. Michael will mit seinem inneren Lichte den Menschen die Götterwelt wieder erhellen und ihnen wieder zurückhelfen in das Paradies, aus welchem Jehovah sie verstoßen mußte. Der Impuls, der durch Rudolf Steiner hereinschlägt, liegt deutlich in der Kontinuität einer, innerhalb von Gegensätzen vermittelnden, den Sohn suchenden Hauptentwicklungsströmung der Menschheit. Als mit der aufleuchtenden Empfindungsseele die individuelle Seelenentwicklung begann, ging diese Strömung vom ägyptischen Menschendienste aus und führte exoterisch zum abendländischen Geistesleben, esoterisch zum wahren Rosenkreuzertum, um schließlich exoterisches und esoterisches Christentum in den neuen Mysterien zu vereinen.

REDE VON LUDWIG GRAF POLZER-HODITZ
VOM 14. APRIL 1935

Diese Rede sollte 1985 im Anhang der Neuausgabe von Polzers Lebenserinnerungen abgedruckt werden; es wurde von der AAG-Leitung verboten. Daraufhin stellte sie der Verfasser dieses Lebensbildes dem Herausgeber der Zeitschrift Erde und Kosmos, *Hellmut Finsterlin, zur Verfügung; dieser druckte sie im Jahre 1988 ab; Emanuel Zeylmans hat sie in den dritten Band seines Werkes* Wer war Ita Wegman *(Heidelberg 1992) erneut aufgenommen.*

Wenn ich in den Streit und in die Ereignisse in der Gesellschaft zu diesem Zeitpunkt aktiv eingreife, so geschieht dieses, weil ich mich auf Grund meiner langjährigen Erfahrungen und Beobachtungen dazu nicht nur berechtigt, sondern auch verpflichtet fühle. Ich weiß, daß ich einer Majorität gegenüberstehe, die sich besonders in Dornach nach einer bestimmten Richtung durch Jahre hindurch ein Urteil gebildet hat, das in der *Denkschrift* zum Ausdruck kommt. So bin ich mir der Schwierigkeiten bewußt, die ich auf mich nehme, wenn ich dieser Urteilsbildung meine Urteilsbildung gegenüberstelle, und aus diesem Grunde 'Nein' sagen muß zu dem, was jetzt in Dornach eine Majorität der Gesellschaft tun will. Ich vertraue aber der Kraft der mich bestimmenden Tatsachen, die mir seit vielen Jahren zur Kenntnis kamen, weil ich mich ihnen immer ohne Sympathie und Antipathie gegenüberstellte, und beiden streitenden Seiten gegenüber offen und aufrichtig blieb.

So will ich auf einer aktiv-neutralen Basis einiges von demjenigen sagen, wozu ich mich gerade in diesem Zeitpunkte und in dieser Situation es zu sagen verpflichtet fühle. Zunächst muß ich dasjenige ablehnen, was immer wieder vorgebracht wird: man müsse sich eben für eine Seite entscheiden. Deswegen verwahre ich mich auch dagegen, auf irgendeine Seite eingeteilt zu werden. Ich muß mich sowohl gegen den frivolen, in der *Denkschrift* gebrauchten Ausdruck 'Geschmacksurteil' und weiter dagegen wenden, daß gesagt werde, man wolle aus 'Böswilligkeit' sich von vielem, von den Verfassern in der *Denkschrift* Vorgebrachtem nicht überzeugen lassen. So muß ich meinerseits erklären, daß es von mir aus nicht Böswilligkeit ist, meine Methode ist *auch*, die Wahrheit zu suchen.

Da ein so voluminöses Buch wie die *Denkschrift* willensvorbereitend vorliegt und wirkt, so ist für diejenigen, welche diese Denkschrift ablehnen, die Notwendigkeit gegeben, etwas ausführlicher zu sprechen, als es in Generalversammlungen üblich ist.

Meine im allgemeinen neutrale Stellungnahme kann mich aber deswegen doch nicht hindern, dort zu helfen und zu stützen, wo ich es für notwendig und menschlich gerecht halte und wo ich glaube, im Sinne Rudolf Steiners zu handeln.

Für mich sind die Persönlichkeiten, die Rudolf Steiner in den Vorstand und in die Leitung der Sektionen einsetzte, jede in ihrer Art, auch heute noch durchaus dort am Platz, wo sie Dr. Steiner hinstellte. Daß sie alle neben Vorzügen auch Fehler haben und Fehler begangen haben, kann meine Anschauung nicht ändern. Daß Fehler auf der einen wie auf der anderen Seite begangen wurden, zeigt sich an den Ereignissen, die sich in den letzten zehn Jahren abspielten. Daß sich diese Persönlichkeiten zur gemeinsamen Arbeit nicht zusammenfinden konnten, zeigte mir weiter, daß nach dem Tode Rudolf Steiners die esoterische Kraft des ganzen Vorstandes nicht genügend stark war, um einerseits auswärtige, störende Einflüsse in richtiger Art zu überwinden, andererseits, daß keine Persönlichkeit im Vorstande war, welche die Überbrückung der Gegensätze vollziehen konnte. Es wurde aus dem Tode Rudolf Steiners wenig Konsequenz gezogen, die erkenntnismäßig hätte einigen können. Vielmehr traten unmögliche Prätentionen zuerst von der einen, und dann, etwas weniger betont, von der anderen Seite auf, besonders was die Leitung der Hochschule betrifft. So konnte aus der Vernunft heraus eine neue, das Fehlen eines universellen geistigen Führers berücksichtigende, freiere und großzügigere Gesellschaftsbasis nicht gefunden werden. Wenn aber eine Forderung, die der Tod Rudolf Steiners stellte, aus der Vernunft nicht erfüllt werden konnte, dann kann sie sich nur durch gewaltsame Katastrophen vollziehen. Katastrophen, durch welche die nur unter Rudolf Steiner mögliche Gesellschaftsbasis, nicht aber das Wesen der Anthroposophie zerstört werden kann. Was immer geschieht, es enthebt aber keine der Persönlichkeiten von der Verpflichtung, auf ihrem Posten auszuharren.

Schon bald nach dem Tode Rudolf Steiners erkannte ich aus unmittelbarer Anschauung, daß ein wirklicher Verständigungswille, mit Frau Dr. Wegman zu arbeiten, nicht vorhanden war, daß weder von Frau Dr. Steiner noch von Herrn Steffen eine solche Zusammenarbeit ernstlich für möglich gehalten wurde. Als ich noch im Jahre 1925 Herrn Steffen bat, doch den ersten Vorsitz zu übernehmen, sagte er mir darauf: 'Ich könnte nur mit Frau Dr. Steiner, niemals aber mit Frau Dr. Wegman arbeiten'. So sah ich, daß von Anfang an kein aufrichtiger Verständigungswille, sondern nur ein Absetzungswille herrschte, und dieses zeigte sich auch besonders dann in der Einstellung und in dem Verhalten vieler Persönlichkeiten in Dornach. Diese nicht offen ausgesprochene, aber doch die Menschen beherrschende Stimmung mußte notwendigerweise alle die Konflikte und Mißverständnisse, zunächst im Vorstande und in Dornach auslösen, die dann eintraten. Und das übertrug sich auch sehr bald, von Dornach ausgehend, auf die Peripherie und störte überall die Arbeit.

Es liegen viele tiefe Gründe für die Schwierigkeiten einer Verständigung vor, die gar nicht allein auf Frau Dr. Wegman und Dr. Vreede geschoben werden können. Die Gesellschaft, welche in den Dienst der Esoterik gestellt wurde, verlor durch den Streit immer mehr ihren esoterischen Charakter. Es drohte die Gefahr, daß sie immer mehr zu einer ganz äußerlichen wurde, trotz Betonung und Formung eines ganz neuen dogmatischen Begriffes über Esoterik.

Da die *Denkschrift* ganz richtig betont, daß man in die Vergangenheit zurückgehen müsse, wenn man die Zerwürfnisse verstehen will, so will auch ich zurückgehen, nur noch etwas weiter, nicht nur bis zum Tode Rudolf Steiners, weil gerade der Groll und die Feindschaft gegen Frau Dr. Wegman eben weiter zurückgehen, als nur bis zum Tode Rudolf Steiners. Schon vor der Weihnachtstagung bestand diese Gegnerschaft, sie lebte mehr im Verborgenen. Ich habe dieses persönlich erlebt und vieles darauf Bezügliche beobachten können, weil ich damals sehr viel, oft dauernd, in Dornach war, weil Rudolf Steiner damals mit mir über alle Persönlichkeiten, die später in den Vorstand kamen, und über viele andere sprach. Manche werden vielleicht noch hier sein, die gehört haben, wie Rudolf Steiner von einem Kesseltreiben gegen Frau Dr. Wegman und ihre Tätigkeit als Ärztin schon damals sprach und dann sagte, daß dieses noch die Gesellschaft zerstören würde. Dennoch zeichnete er sie immer wieder aus und betonte die Notwendigkeit ihrer Mitarbeit. Ich konnte auch feststellen, daß gerade Persönlichkeiten (ich will keine Namen nennen), welche er ganz bestimmt ablehnte, in den letzten Jahren dann nach seinem Tode heraufstiegen und solche verdrängten, oder zu verdrängen suchten, die er für manche Arbeitsgebiete bevorzugt hatte.

Weil ich zu den Anträgen ablehnend stehe, muß ich zur Begründung dieser Ablehnung besonders auf die tieferen Ursachen dieser Schwierigkeiten kommen und auf das Gebiet der Esoterik übergehen. Die *Denkschrift* behandelt dieses Gebiet, wenn auch in etwas primitiver Art, so doch ganz offen. So darf wohl auch ich ganz offen sprechen. Ich halte dieses Sprechen darüber sogar für sehr notwendig, weil vieles in der *Denkschrift* sehr ungenau und unklar zum Ausdrucke kommt und ich gerade auf diesem Gebiete von Rudolf Steiner vieles hörte und erfuhr, und mir daher seit seinem Tode in meinem Tun immer konsequent und sicher blieb.

Zunächst über die Auffassung, welche ich mir in den Jahren über die Leitung der Hochschule machen mußte. Für mich ist Rudolf Steiner auch heute noch der einzige Leiter der Hochschule, wenn diese ihren esoterischen

Charakter noch hat. Die Sektion für allgemeine Anthroposophie kann doch durch niemanden besetzt und aus ernster, wirklicher Verantwortung übernommen werden. Die Möglichkeit des esoterischen Zusammenfindens der Sektionsleiter scheint mir aber deswegen heute noch keine Illusion zu sein, wenn nicht eine dieser Persönlichkeiten die Leitung durch irgendeine Sukzession, die in diesem Falle gar nicht besteht, in Anspruch nimmt. Daß dieses nach dem Tode Rudolf Steiners doch geschah, habe ich immer als einen Fehler angesehen und damals auch zum Ausdrucke gebracht.

Eine Regelung der Klassenangelegenheiten halte ich nach dem Tode Rudolf Steiners nur so für möglich, daß die Persönlichkeit, welche die Verantwortung der geistigen Welt und Rudolf Steiner gegenüber übernehmen will, und die durch den Willen einer Anzahl von Persönlichkeiten getragen ist, dieses den Leitern der Sektionen mitteilt und sich mit ihnen darüber bespricht. Dadurch glaube ich, daß dann die Kontinuität mit Rudolf Steiner, welche Bedingung ist, gewahrt wäre. Diesen Standpunkt teilte ich in ähnlicher Art auch viel später einmal Herrn Steffen mit, als es sich um die Erlaubnis für Herrn Arenson handelte. Eine solche Übernahme bleibt aber immer eine Handlung, die eine geistige Schicksalsangelegenheit ist. Eine Verleihung der Befugnisse für fleißige 'Leistungen', Vielwisserei wäre für mich unannehmbar, dadurch würden wir sehr bald auf eine ganz nur äußerliche autoritäre Bahn kommen.

Nun muß ich darüber sprechen, was es für mein Verständnis für eine Bewandtnis hat mit Frau Dr. Wegman als Mitarbeiterin Rudolf Steiners in der Klasse. Denn Rudolf Steiner bezeichnete sie ganz deutlich als solche. Ich halte es für unrichtig, die Mitarbeiterin in der Klasse einfach zu identifizieren mit der Schriftführerin im Vorstand. Eine solche Identifizierung scheint mir doch in diesem Falle eine Kränkung zu sein. An solchen hat es ja nicht gefehlt. Es ist mir nicht unklar, wie Rudolf Steiner das mit der 'Mitarbeiterin' verstand. Die Einsetzung der Mitarbeiterin, also Gehilfin für die Gründung und Mitarbeit eines Mysterienwesens, wie in dem vorliegenden Falle der Michaelschule, konnte nur auf einem tiefen, von Rudolf Steiner ganz bewußt erkannten, von ihm betonten Schicksalszusammenhange, dem er gerecht werden wollte, beruhen. Darüber habe ich gar keinen Zweifel, daß es so war. Rudolf Steiner hat Frau Dr. Wegman damit tatsächlich gesagt, daß sie in einem großen Schicksale steht. Nicht nur Frau Dr. Steiner, sondern auch Frau Dr. Wegman steht mit Rudolf Steiner in einem großen Schicksale, welches mit allen Lasten und Leiden getragen werden muß. Nun ist aber die Mitarbeiterin und Gehilfin niemals auch stellvertretende Nachfolgerin, kann es als Frau nicht sein. Es ist aber menschlich verständlich, daß nach dem Tode Rudolf Steiners Frau Dr. Wegman die Aufgabe verkannte. Ich kann nicht finden, daß man deshalb Verdammungsurteile und Verfolgungen einleiten und von einem alles Frühere auslöschenden Versagen sprechen darf, und diesen Irrtum dazu benützt, das verborgene frühere Kesseltreiben nun zu einer förmlichen Hinrichtung, ja moralischen Zerstückelung zu machen. Ich muß betonen, daß ich niemals mit Frau Dr. Wegman über ihre Inkarnationen sprach und daß mir auch niemand direkt etwas sagte. Über die Alexander-Sache hörte man ja genügend offen, besonders von ihren Gegnern sprechen. Ich hatte auch einmal mit Rudolf Steiner ein Gespräch, unter welchen Umständen und Bedingungen man Persönliches über Inkarnationen besprechen dürfe. Es war das in Berlin, im Jahre 1917.

Die Initiative zur esoterischen Michaelschule kam, wie Rudolf Steiner sagte, von Frau Dr. Wegman. Mit der Aufnahme dieser Initiative war dann zwischen ihm und ihr die notwendige esoterische Schicksalseinheit geschaffen, welche die Mysterienbedingung der neueren Zeit ist.

Vor dem Kriege war Frau Dr. Steiner Mitarbeiterin bei allen esoterisch-kultischen Veranstaltungen. Das eine war so notwendig wie das andere, wie *alles* im Leben Rudolf Steiners.

Als Rudolf Steiner 1924 von England zurückkam, deutete er durch verschiedene Hinweise an, wie er allmählich der Klasse einen kultischen Rahmen geben wolle. Es war aus dem im Michaelmysterium werdenden Kultischen, daß er dann bei Aufnahmen, die im September geschahen, von dem Handschlage und dem Versprechen sprach, welches auch Frau Dr. Wegman gegeben werden sollte. Dieses war ein Hinweis, daß eben für das Michael-Mysterium diese Schicksalseinheit Bedeutung habe. Wenn in der *Denkschrift* gesagt wird, daß Frau Dr. Steiner nicht nur eine Stellung von symbolischer Bedeutung, sondern von einer wirklichen inne hatte – es war mir das ja bekannt –, so ist dieses ja selbstverständlich, weil dieses bei einer Mitarbeiterin Rudolf Steiners innerhalb des Mysterienwesens eben gar nicht anders sein konnte. Die gemeinsame Gründung eines Mysterienanfanges erfordert eben die Wirklichkeit der Bedeutung der Mitarbeiterin, und dieses dokumentierte Rudolf Steiner durch die Tat. Sowohl bei Frau Dr. Steiner, als auch bei Frau Dr. Wegman. Nun muß ich mich auch gegen das Gerede von der alten und neuen Esoterik wenden. Immer war in den Mysterien dargestellt auf verschiedene Art das Todeserlebnis. Tod – Grablegung – Auferstehung – Verkehr mit den göttlichen Wesenheiten. Von der zunächst primitivsten Art bis zu der großartigsten, welche uns in der Klasse gegeben wurde. Rudolf Steiner hat niemals etwas mit einer Esoterik zu tun gehabt, die sich in eine neue und alte teilt. Im Gegenteil, er hat von Anfang an, auch vor dem Kriege, den notwendig wiederkommenden Mysterien, wie sie in der Gegenwart und Zukunft sein müssen, seine Kräfte gewidmet. Er hat ihnen dadurch einen geistigen Bewußtseinsinhalt und für die Gegenwart notwendige Prägung gegeben, daß er die für männlichen und weiblichen Geist gleichbedeutende Weisheit der Anthroposophie der Menschheit brachte. Damit war aber auch die Notwendigkeit verbunden, bei der kultischen Darstellung der Anthroposophie diese Zweiheit zum Ausdruck zu bringen, daher war die Mitarbeiterin auch eine solche vermöge ihrer Weiblichkeit. Wir stehen ja während der Klassenstunde nicht nur in einer lehrhaften Vortragsvorlesung, sondern in einer Handlung, die uns in Verbindung setzen kann mit dem Mysterienstrom aller Zeiten. Wenn wir dieses Bewußtsein aufgeben und nicht immer wieder wachrufen, verlassen wir das, was Rudolf Steiner als Himmelseinrichtung auf die Erde brachte.

Ich weiß, daß Fehler geschahen, sie sind auf beiden Seiten geschehen. Jeder ist ihnen unterworfen. Sie sind aber für mich kein Grund, das nicht anzuerkennen, was niemals ausgelöscht werden kann und weiter bestehen wird. Ganz abgesehen von äußeren 'Leistungen', die für mich in den einzelnen Sektionen gar nicht so verschieden in ihrer Bedeutung für die Menschheit sind, deren tendenziöse Kritik ich ablehnen muß. Die durch Jahre gehenden unerhörten moralischen Verleumdungen, die besonders gegen Frau Dr. Wegman in öffentlichen Versammlungen und gedruckten Broschüren geschehen sind, muß ich als gegen Rudolf Steiners Willen gerichtet zurückweisen. Es scheint zuweilen fast so, wenn man eben manches erlebt hat, was noch vor der Weihnachtstagung geschehen ist, und es weiter wirken fühlt, als wenn sich ein versteckter, meist wohl unbewußter Groll gegen die letzten Jahre Rudolf Steiners selbst bemerkbar mache, dessen Opfer besonders Frau Dr. Wegman ist. Ein solcher Groll gegen Dr. Steiner hat sich auch schon früher gezeigt.

Es ist mir durchaus klar, daß Frau Dr. Steiner, die so lange mit Rudolf Steiner arbeitete, die geistig Vorgeschrittene ist. Der aufrichtige, freundliche Verständigungswille fehlte doch. Das hat gar nichts mit äußeren 'Leistungen' zu tun, wie der Ausdruck 'Leistungen' überhaupt ein etwas philiströser, sehr ungeeigneter für innere seelische Angelegenheiten, für *innere* Leistungen ist. Diese spielen aber in der Esoterik eine sehr große Rolle, damit *nicht der Kopf allein Esoterik* treibe. Durch immerwährendes kritisches Gerede und Untersuchungen über Methoden könnte es geschehen, daß man intellektualistisch bei den Methoden stehen bleibt, sich fürchtet vor ihren Resultaten und sich vor Leben und Schicksal wehleidig oder philiströs vorbeidrückt.

Ich will noch eine Tatsache erwähnen, die zeigt, wie vieles sich abspielte auf diesem Gebiete. Als ich bei der Rudolf-Steiner-Hall-Eröffnung in London öfter mit Dr. Unger zusammenkam, forderte mich dieser auf, mitzuhelfen, daß die Mysterienveranstaltungen, welche Rudolf Steiner vor dem Kriege neu gestaltete, fortgesetzt werden könnten. Er besprach das sogar im einzelnen mit mir und hielt das für eine absolute Notwendigkeit für die Gesellschaft. Ich habe dazumal ausweichend antworten müssen, weil mir Frau Dr.

Steiner kurz vorher, bei einer Besprechung, sagte, daß besonders in Dornach dafür große Schwierigkeiten vorliegen.

Aus dem bisher Gesagten ergibt sich für mich die Notwendigkeit, die Anträge der Arbeitsgemeinschaft der Mitarbeiter am Goetheanum abzulehnen. Es ist mir eine Unmöglichkeit, einem Teil des zerfallenen Vorstandes das Recht einzuräumen, alle Schuld auf den anderen Teil zu schieben und immer wieder auf Grund von schon lange zu Schlagworten gewordenen Begriffen wie Methode – Unmethode – Urteilsbildung – Leistungen, hochmütig zum Ausdruck zu bringen: 'Wir sind die einzigen Berechtigten und Fähigen, das Werk Rudolf Steiners fortzuführen, wir sind diejenigen, welche die richtige Methode haben, die anderen haben eine Unmethode; wer nicht mit uns ist, ist gegen uns; ihr müßt Euch entscheiden, ob ihr mit uns gehen oder mit den anderen zugrundegehen wollt.' So tönt es fortwährend an einen heran. Es ist nicht möglich, Anthroposophen autoritativ in Weiße und Schwarze einzuteilen und dann den angeblich Schwarzen das Goetheanum, wie Dr. Vreede sagt, mit Schlüsselgewalt zu entziehen. Damit müßte aus dem zweiten Bau des Goetheanums die Mysterienstimmung immer mehr verdrängt werden und wegziehen. Dann würde auch den Vorstand die Verantwortung für so viele, durch den Vorstandsstreit veranlaßte und aus ihm hervorgegangene Schädigungen an Gesundheit, an Seele und Körper bei alten, treuen Anthroposophen immer schwerer treffen, aber nicht nur den Teil, den die *Denkschrift* allein belastet.

Seitdem am 1. Januar 1927 Herr Dr. Boos in einer gewaltsamen Art die Klassenstunde störte, ja, Frau Dr. Wegman fast vom Podium verdrängte, wußte ich, daß, wenn das nicht in einträchtiger Weise auf dem Boden der Klasse selbst vom ganzen Vorstand wieder gutgemacht werden kann, die Allgemeine Anthroposophische Gesellschaft in Verfall kommen, sich intellektualistisch verflachen muß, trotz des steigenden guten Besuches bei Tagungen; daß sie immer mehr ihren ursprünglichen Charakter verlieren wird.

Die *Denkschrift* sollte ja für die Entscheidungen bei der Generalversammlung richtunggebend sein für eine Urteilsbildung, das war ja der eigentliche Grund, weshalb sie geschrieben wurde. Dadurch, daß sie aber doch eine Kampfschrift ist, sie sagt ja in der Einleitung selbst, daß sie nicht unparteiisch sein wolle, wirkt sie zerstörend, fanatisierend und willensvorbereitend. Im besten Fall kann ich sagen, daß sie eine 'fable convenue' ist. Sie zeigt auch, wie seit dem Tode Rudolf Steiners dasjenige gerade mangelt und systematisch ignoriert wird, auf das er uns gerade in den letzten Jahren hinwies: die Geschichte nicht allein aus Quellen zu erforschen, sondern eine Geschichte zu pflegen, die im Geiste gelesen werden kann auf Grund wiederholter Erdenleben. Trotz Gefahren und Fehlern, durch die jeder von uns wird durchgehen müssen und die heute sich noch niemand erlauben darf, autoritär zu verdammen, wird diese Geschichte doch geschrieben werden.

Sehen wir hin auf dasjenige, was seit zehn Jahren sich in der Geschichte der Gesellschaft abspielte. Es begann mit einem Briefkrieg, dann wurden die Briefe immer voluminöser, sie wuchsen zu Broschüren und schließlich zu Büchern an. Wenn dies auf beiden Seiten auf äußerlich rechthaberische Art fortgesetzt werden würde, dann müßten sich Bibliotheken und Archive füllen. Das wäre aber nur der Beweis, daß Rudolf Steiner nicht verstanden wurde, die Gesellschaft auf Irrwege geraten ist, die Mitte leer blieb und sich die Menschen mit solcher Literatur gegenseitig krank machen. Glaubt man denn wirklich, daß wir auf dem rechten Wege sind, wenn solche Kampfschriften immer mehr anwachsen; glaubt man, daß wir auf diese Art richtig in das nächste Jahrhundert hineinkommen können, wenn wir so Archive füllen; glaubt man denn wirklich, daß um die Jahrhundertwende das Gedruckte noch eine so große Rolle spielen wird? Glaubt man, daß man sich mit solchen Kampfschriften, mit Kampfabstimmungen für die wirkliche Arbeit Ruhe schaffen kann? Das ist gerade die große Illusion. Die Abstimmung, welche bei der Weihnachtstagung 1923 geschah, war nur zum Scheine eine solche, sie war in Wirklichkeit eine einstimmige Willenskundgebung. Rudolf Steiner sagte aber *vorher*, was mit den Sektionen geschehen wird, von wem diese geführt werden sollen, und aus welchen Persönlichkeiten der Vorstand zusammengesetzt sein wird. Heute scheint es, als wenn man das Vertrauen vorher beanspruchte, ohne vorher Wichtigstes zu sagen, was dann geschehen wird.

Das erste Goetheanum wurde als Mysterienstätte gebaut, es wurde uns genommen, weil von uns rein intellektualistisch darinnen gesprochen wurde. Es war niemand da, der es hätte schützen können. Rudolf Steiner durfte es nicht schützen, denn er schenkte es der Menschheit als Prüfstein ihrer Reife. Dann hat Rudolf Steiner den Grundstein in die Herzen gelegt. Die Grundsteine, die in starken Herzen ruhen, sind nicht mehr an einen Ort und an einen einzigen Bau gebunden. Sie müssen die Grundsteine für die Mysterienstätten der Zukunft an verschiedenen Orten werden. Diejenigen, welche die Keime zu diesen Mysterienstätten legen werden, können nur unmittelbar von der geistigen Welt durch ihr Schicksal dazu berufen werden. Dazu gehört aber vor allem esoterischer Mut, nicht Bevormundung und Einengung.

Das zweite Goetheanum ist ganz für die Öffentlichkeit errichtet, für die Wirksamkeit des 'Büchleins' von außen, wie es im vierten apokalyptischen Siegel heißt [*Offenbarung des Johannes*, 5; 1, 7, 9 und 10; 9–10]. Die Fortführung der Mysterien aber wird von dem 'Büchlein' kommen, das von innen wirkt. Die wichtigste Forderung der anthroposophischen Bewegung und Gesellschaft ist deshalb Vertrauen zu den Menschen, nicht Groll auf sie. Vertrauen, das von Dornach zuerst gegeben werden müßte, nicht Vertrauen, welches zuerst von Dornach beansprucht wird. Es wird antworten, wenn es zuerst gegeben wird und wenn Rudolf Steiner durch die fünf Sektionsleiter sprechen kann, nicht aber, wenn man fast in jedem Mitteilungsblatt, ohne Berücksichtigung der ganz geänderten Situation, Moralpredigten zu lesen bekommt und zwischen den Zeilen Führerprätentionen erhoben werden, was viele mit Rudolf Steiner eng verbundene Seelen verletzen muß. Rudolf Steiner wird nicht sprechen, wenn Frau Dr. Wegman und Dr. Vreede ausgeschaltet werden.

Rudolf Steiner allein kann alle Anthroposophen der Vergangenheit, Gegenwart und Zukunft verbinden, nicht eine Statutenverschärfung und Anathema gegen selbständiges Handeln, wenn Schicksale sich stoßen und man sich schwer verständigen kann. Die Anträge und die *Denkschrift* sind ein Schwächezeugnis, welche Gewaltsames auslösen werden.

Wenn aber eine Einigung im Vorstand nicht erzielt werden kann, dann bleibt nur noch die Möglichkeit, daß die Sektionen am Goetheanum allen offen bleiben und die Allgemeine Anthroposophische Gesellschaft auf einer ganz freien Grundlage, ohne zentrale Mitglieder-Aufnahmestelle sich konstituiert. Nach zehnjährigem Streit im Vorstand und in der Gesellschaft kann niemals durch Ausschaltung eines so großen Teiles von Mitgliedern, unter denen alte, von Rudolf Steiner geschätzte Mitglieder sind, der Anthroposophie genützt werden.

Das Vertrauen, welches dem geistig-universellen Führer und Lehrer freiwillig und selbstverständlich geschenkt wurde, müßte jetzt in der führerlosen Zeit der Kraft der Anthroposophie selbst und den von ihr Erfaßten und noch zu erfassenden Menschen entgegengebracht werden. Das müßte in Statuten dadurch zum Ausdruck kommen, daß die Gruppenbildung und Mitgliederaufnahme in entsprechender Art den Gruppenführern vertrauensvoll überlassen werden. Nicht nur denjenigen, die zu allem 'Ja' sagen und Bedingungen unterschreiben.

Durch juristische Geschicklichkeiten kann formal eine andere Entscheidung erreicht werden; diese ist aber dann nicht mehr im Sinne Rudolf Steiners. Esoterische Prätentionen wie zum Beispiel die Absetzung und Einsetzung von Sektionsleitern können, gedeckt durch die Majorität einer Kampfabstimmung, nicht erhoben werden.

Ich denke, daß auch die finanzielle Katastrophe des Goetheanums nicht abzuwenden ist, wenn der Forderung nach größerer Freiheit aus der Vernunft heraus nicht entsprochen wird.

IN MEMORIAM FRAU DR. ITA WEGMAN

Wiesneck, Ende März 1943

Erschüttert durch den unerwartet raschen Tod von Frau Dr. Ita Wegman ergreife ich die Feder.

In einigen Tagen trete ich in mein 75. Lebensjahr, jeder weitere Lebensmonat ist eine Gnade des Schicksals. Bevor ich dieses Erdenleben verlasse, fühle ich mich verpflichtet, der Wahrheit gemäß ein Wichtigstes meines esoterischen Werdeganges niederzuschreiben. Es war, als ich im Jahre 1935 in das Schicksal der Gesellschaft eingriff, um zu versuchen, die Einheit des Vorstandes zu erhalten. Es ist dieses Ereignis so tief mit dem Schicksal von Frau Dr. Wegman verbunden, daß ich es jetzt aus der Erinnerung etwas ausführlicher niederschreiben will. Es soll nicht eine Rechtfertigung sein, sondern ein Beitrag zur Geschichte der anthroposophischen Gesellschaft. In so heiliger Sache schreibt man nicht eine Streitschrift. Ich muß aber einiges sagen, durch das man ein Licht werfen kann auf Ereignisse, die noch für das Bewußtsein der meisten Freunde im Dunkel liegen, die Ursache vieler Mißverständnisse waren und das Werk Rudolf Steiners schädigten.

Nach dem Brande des ersten Goetheanumbaues in der Silvesternacht 1922/23 sah Rudolf Steiner keine andere Möglichkeit, sein Werk weiterzuführen, als das Opfer zu bringen, selbst die Führung der Gesellschaft, die sich für sein Lebenswerk gebildet hatte, zu übernehmen. Diese neue Gesellschaftsbildung vollzog sich in der Tagung zu Weihnachten 1923/24. Rudolf Steiner setzte einen Vorstand ein, der durch diese Einsetzung zum esoterischen Vorstande wurde, weil er die einzelnen Persönlichkeiten in Schicksal und Fähigkeiten durchschauen konnte. Er selbst bezeichnete sich als ersten Vorsitzenden, Albert Steffen wurde zweiter Vorsitzender, Frau Ita Wegman Schriftführerin, Marie Steiner und Fräulein Dr. Vreede wurden Beisitzer, Dr. Guenther Wachsmuth Sekretär und Schatzmeister.

Vorzüge und Fehler dieser Persönlichkeiten kannte Dr. Rudolf Steiner genau und betonte bei der Einsetzung, daß er solche Persönlichkeiten wählen mußte, die in Dornach ihren ständigen Wohnsitz hatten, also ihm jederzeit zur Hand wären, er hätte auch andere Persönlichkeiten aus der Peripherie wählen können. Der Vorstand bekam durch seine Einsetzung und durch seinen Vorsitz den esoterischen Charakter.

Für die verschiedenen Arbeitsgebiete wurden Sektionen geschaffen. Die Sektion für allgemeine Anthroposophie und Pädagogik übernahm Dr. Steiner selbst. Die Sektion für Eurythmie und Sprachgestaltung erhielt Frau Marie Steiner, die für Schöne Literatur Herr Albert Steffen, die Medizinische Sektion übernahm Frau Dr. med. Ita Wegman, die für Astronomie Frl. Dr. Vreede. Herr Dr. Guenther Wachsmuth erhielt die Sektion für Naturwissenschaft. Es wurde auch noch für Miss Maryon eine Sektion für plastische Kunst geschaffen, obwohl Miss Maryon schwer krank war, sie starb schon am 2. Mai 1924. Diese Sektion hat Rudolf Steiner nicht wieder besetzt.

Die prinzipielle Änderung lag nach dem Willen Rudolf Steiners darin, daß von nun an nur noch so gesprochen werden sollte, wie es die geistige Welt verlangt, ohne Kompromisse. Bisher war das nicht geschehen. Wiederholt sagte Rudolf Steiner, daß nun ein neuer Zug, eine neue Gesinnung und stärkerer geistiger Mut in die Gesellschaft einziehen müßten. Die große bedeutungsvolle Tagung wurde mit einem geselligen Abend im Vortragsraume der Schreinerei beschlossen.

Nun trat als erste Auswirkung dieser Neugründung schon Anfang Februar etwas außerordentlich Bedeutungsvolles ein. Frau Dr. Wegman ergriff die Initiative und bat Rudolf Steiner, doch wieder etwas Esoterisches einzurichten. Rudolf Steiner nahm diese Initiative gleich bereitwillig auf und gründete die Michaelschule auf Erden, von der er sagte, sie sei eine Himmelseinrichtung, gewollt von der geistigen Welt. 'Es sei an der Zeit'. Er bezeichnete Frau Wegman als seine Mitarbeiterin und Stellvertreterin auf diesem esoterischen Gebiet. Damit begannen gleich anfänglich noch unausgesprochene Schwierigkeiten im Vorstande. Äußerlich merkte man noch nichts. Am 15. Februar wurde in Dornach in der Schreinerei von Dr. Steiner die erste Stunde im Rahmen der Michaelschule gehalten. Vorher hatten sich einige Mitglieder, wie es notwendig war, schriftlich um die Aufnahme in die Schule beworben, sie erhielten eigens dazu auf Namen lautende Karten.

Eine gehobene esoterische Stimmung und Freude ging durch die ganze Gesellschaft. Auch an anderen Orten begann[en] neues Leben und neue Hoffnungen. Landesgesellschaften, neue selbständige Zweige bildeten sich. Rudolf Steiner arbeitete rastlos und machte Reisen nach verschiedenen Städten. In England reagierte man besonders stark auf den von Dornach ergangenen Aufruf an die Seelen der Menschen. Nun rüstete man sich in Dornach für die Michaeltagung im September, welche ein besonders reichhaltiges Programm aufweisen sollte. Auch ich war zu dieser Tagung gereist, obwohl ich schon in den früheren Monaten viel in Dornach war und auch in Koberwitz die landwirtschaftliche Tagung mitgemacht hatte.

Am [24.] September erhielt ich von meinem Bruder ein Telegramm, daß meine Mutter im Sterben lag. Vor meiner Abreise empfing mich Rudolf Steiner in seinem Atelier. Er schien mir mit der Entwicklung der Verhältnisse in Dornach und Stuttgart unzufrieden zu sein. Als ich ihm meine Freude über das Wachsen der Tätigkeit innerhalb der Gesellschaft ausdrückte, machte er eine abwehrende Bewegung mit der Hand, die mich damals erstaunte, mir aber unvergeßlich blieb. Er erlaubte mir damals, die Klassenstunden in Wien zu halten, am Michaeltage hielt ich die erste.

Am 11. November war ich wieder in Dornach, Rudolf Steiner war krank. Er ließ mich rufen, saß in einem Lehnstuhl, sah sehr schlecht aus und schien ganz erschöpft. Damals frug ich ihn, wie ich die Klassenstunden weiterhalten sollte und erhielt die Antwort: 'Machen Sie es, wie Sie wollen.'

Meine beiden Söhne, die seit 1920 ständig in Dornach arbeiteten und seit dem Brande am Gelände und in der Schreinerei Wache hielten, erzählten mir später, daß sie ohne horchen zu wollen durch die Bretterwand hörten, wie innerhalb von Proben und auch bei Vorstandssitzungen das eine oder andere Vorstandsmitglied [gegen] Rudolf Steiner opponierte. Das tat Frau Dr. Wegman niemals. Als ich damals im November in Dornach war, merkte ich ganz deutlich, wie durch einige Mitglieder gegen Frau Dr. Wegman Stimmung gemacht wurde, obwohl ihr Dr. Steiner immer die Beweise seines größten Vertrauens gab, das auch offen aussprach und in verschiedenen Aufsätzen niederschrieb. Man fühlte schon während der Krankheit verschiedenste Intrigen umgehen, die sich gegen Frau Dr. Wegman richteten. Ich konnte jedoch anfänglich nicht recht unterscheiden, was dieses bedeute. Wir rechneten doch alle auf Rudolf Steiners Genesung und dachten, er würde dann alles wieder in Ordnung bringen, wie es auch früher immer geschah.

Herr Dr. Roman Boos war schon einige Jahre vor allen diesen Ereignissen in einen unnormalen geistigen Zustand geraten und stand seither ganz außerhalb der Geschehnisse in Dornach. Er suchte Rudolf Steiner nicht mehr auf, obwohl er wiederholt am Goetheanumgelände gesehen wurde. Rudolf Steiner übergab ihn damals Dr. Kolisko zur Pflege, Roman Boos entzog sich dieser. Kaum war Rudolf Steiner gestorben, trat Roman Boos wieder auf und griff sehr aktiv in die Bewegung ein.

Schon während der Trauerfeierlichkeiten brach der offene Kampf zwischen Marie Steiner und Frau Dr. Wegman aus. Der aggressive Teil war Frau Marie Steiner, während Frau Wegman sich versöhnlich verhielt, ihre Berechtigungen ruhig vertrat.

Nun bildeten sich innerhalb der Dornacher Mitgliedschaft zwei sehr aktive Parteien. Diese Spaltung drang nur langsam in die Peripherie. Dort brachte man überall dem gesamten Vorstand aufrichtiges Vertrauen entgegen. Ich fühlte mich anfänglich mehr zu Marie Steiner, der Frau des Doktors, hingezogen, da ich Frau Wegman damals noch wenig kannte, und freundschaftlich mit Frau Marie Steiner verkehrte. Am 3. März war ich wieder bei Dr. Steiner, in seinem zum Krankenzimmer eingerichteten Atelier der Schreinerei. Er ließ mich rufen, lag zu Bette und sprach schwer. Er wollte mit mir eine

Angelegenheit meiner Söhne besprechen. Auch Fragen der Arbeit besprach er immer mit mir direkt. An seinem Todestage, vormittags 10 Uhr, dem 30. März, erhielt ich in Prag einen von ihm am 25. März geschriebenen Brief. Einige Stunden später kam die telegrafische Todesnachricht an Herrn Dr. Eiselt.

Das schreibe ich, weil es notwendig ist um zu verstehen, warum ich mich verpflichtet fühlte, nach Rudolf Steiners Tode Versuche zu machen, eine drohende Spaltung des von ihm eingesetzten Vorstandes und dadurch auch der anthroposophischen Gesellschaft zu verhindern.

Ich kam dann wiederholt nach Dornach und sprach mit den einzelnen Vorstandsmitgliedern. Der Vorstand als ganzer ignorierte mich. Ich hoffte, er würde mich einmal rufen lassen um zu hören, was Rudolf Steiner in der letzten Zeit mit mir sprach und welche Befugnisse er mir gab. Es zeigte sich später deutlich, daß alle Vorstandsmitglieder darüber ganz uninformiert waren. Man hatte eine Art Scheu vor mir, weil man ahnte, daß Rudolf Steiner mit mir viel besprach, auch über einzelne Vorstandsmitglieder gesprochen hatte. Man meinte vielleicht auch, ich würde die Prätention haben, in den Vorstand aufgenommen zu werden. Ich dachte nicht daran, weil Rudolf Steiner im Jahre 1915, als er mir die durch den Tod Fräulein Stindes vakante Stelle im Goetheanumbauverein antrug, doch dann mit mir einer Meinung war, ich sei für die Bewegung in den österreichisch-ungarischen Ländern wichtiger. Diese Scheu, welche der Vorstand vor dem Tode Rudolf Steiners vor mir hatte, kam mir an einem Symptom ganz deutlich zum Bewußtsein. In das Krankenzimmer Rudolf Steiners wurde außer den Vorstandsmitgliedern und den Bauleitern des zweiten Goetheanums niemand eingelassen als ich. Als ich am 3. März gerufen wurde, kam mir Herr Dr. Noll vorher entgegen und bat mich etwas erregt, doch nicht beizutragen, daß die Verordnungen und Veranstaltungen, welche die Ärzte gaben, durchkreuzt würden! Ich war über diese Zumutung wirklich ganz überrascht, daß man an eine Art Komplott zwischen Dr. Steiner und mir zu glauben schien. Da Frau Wegman als behandelnder Arzt immer um Dr. Steiner war, so vermutete ich, daß im Vorstande meine Person überschätzt wurde. Weil sonst niemand als die vorher Bezeichneten den Krankenraum betraten, schätzte man mein Eingelassenwerden zu hoch ein und wollte mich dem ganzen Vorstand nicht gegenüberstellen.

Es war noch im Jahre 1925, daß mir Herr Albert Steffen sagte, er könne nur mit Frau Marie Steiner und nicht mit Frau Dr. Wegman richtig arbeiten. Ich hatte mit Frau Marie Steiner öfters wegen der Verlassenschaft Rudolf Steiners zu verhandeln, hatte mich als Österreicher angeboten, diese abzuwickeln, stand also mit ihr auf gutem Fuße, fühlte aber immer etwas, das mich von ihr distanzierte, besonders wegen der oft großen Unfreundlichkeit gegen meine Frau.

Es war wahrscheinlich unrichtig, daß ich mich anfänglich denen anschloß, welche gegen die Fortführung der 'Leitsätze' in der Zeitschrift *Goetheanum* durch Frau Wegman auftraten. Ich wußte, daß diese 'Leitsätze' doch von anderen würden geschrieben werden, weil Frau Wegman nicht genügend sprachgewandt war. Wahrscheinlich wäre es besser gewesen, ihr Zeit zu lassen und sie durch Vertrauen zu stützen.

Beide Frauen wollten sich aber doch einzeln mit mir aussprechen, um mir ihre Berechtigung zu beweisen, mit der sie sich des Vertrauens Rudolf Steiners für die Fortsetzung seiner Arbeit bewußt waren. Ich bezweifelte diese Berechtigung auf ihrem Sektionsgebiete keineswegs. Frau Marie Steiner zeigte mir eines Tages den letzten Brief, den ihr Rudolf Steiner schrieb. Ich las ihn vor ihr ganz durch. Dann rief mich Frau Dr. Wegman. Sie hatte eine ganze Anzahl von Schriftstücken vor sich, vielleicht waren auch alte Dokumente dabei. Ich war etwas befangen. Sie nahm zwei Blätter heraus und gab sie mir. Ich las – es war die Schrift Rudolf Steiners, der Inhalt war großartig, etwas schwer, um schnell verstanden zu werden, ich könnte ihn nicht wiedergeben. Eine schöne, vielfach verschlungene Zeichnung als Kopf über den geschriebenen Zeilen. Ich war in einer Art erschüttert, es blieb mir ein großer Eindruck zurück. Der Brief, den mir Frau Marie Steiner vorlas, war sehr lieb verfaßt, enthielt aber keinerlei esoterische Wendungen. Es kam in ihm zum Ausdruck, wie Rudolf Steiner liebevoll gerungen hat, ihr etwas zu sagen, von dem er doch wußte, daß sie es nicht verstehen könne. 'Du hast mich immer verstanden.' Er bat gleichsam zwischen den Zeilen, auch das zu verstehen, daß seine Aufgabe auf Erden zu vielseitig sei, um sich esoterisch nur mit ihr zu verbinden. Eine solche Exklusivität war für ihn nicht möglich. Er konnte sich in seiner Erdenmission nicht 'bürgerlich' binden. Sein Schicksal stand über dem gewöhnlichen 'bürgerlichen'.

Eine Ursache des Streites - vielleicht die bedeutendste - war, daß verschiedene Schriften und Dokumente aus Dr. Steiners Aufschreibungen und seinem Besitz von Frau Dr. Wegman in Verwahrung genommen wurden. Frau Marie Steiner betrachtete alles als ihren Nachlaß, sie meinte, allein darüber verfügen zu dürfen. Es ist aber sicher, daß Frau Dr. Wegman nur das zu sich nahm, was ihr Dr. Steiner persönlich übergab. So wie er es auch mit seinem Brustkreuz tat, wird es auch mit noch anderem gewesen sein. Rudolf Steiner ließ sich gewiß sein Recht nicht nehmen, aus seinem Besitz gewisse Dinge herauszusondern und seiner treuen Mitarbeiterin zu schenken.

Es geschah eines Tages, daß Dr. Roman Boos bei Frau Dr. Wegman gewaltsam eindrang, um sich gewisser Dokumente zu bemächtigen. Er konnte jedoch nichts erbeuten. Frau Dr. Wegman hatte, wie ich später hörte, rechtzeitig gesorgt, das Wichtigste in Sicherheit zu bringen.

Nun muß ich noch über eine Mitteilung sprechen, die mir Frau Wegman persönlich machte. Bald nach dem Tode Rudolf Steiners kam Frau Marie Steiner zu ihr und wollte wissen, ob Rudolf Steiner ihr etwas über Inkarnationen sagte, die Frau Ita Wegman betreffen. Sie zögerte etwas, da meinte Marie Steiner, daß dieses doch unter Esoterikern möglich sein müsse, sich darüber zu verständigen. Als Frau Wegman dann sprach, erhob sich Marie Steiner und entfernte sich ohne Gruß.

Meine Frau erzählte mir, daß sie eines Tages nach dem Tode Rudolf Steiners Frau Marie Steiner besuchte. Es fiel ihr etwas schwer, sie wollte zeigen, wie schmerzlich sie mit den anderen den Verlust des Doktors empfand und wollte ihr so ihre Teilnahme bezeigen. Der Verlauf des Besuches erschütterte sie, da sie Marie Steiner in einem von Groll und Beschwerden erfüllten Seelenzustand fand. Sie machte auch aufgeregte Ausfälle gegen Rudolf Steiners Geschwister. Als meine Frau auf dem Rückwege war und Frau Dr. Wegman begegnete, kamen ihr von dieser nur warme, liebevolle Worte zu. So verschieden war die Seelenverfassung der beiden Frauen.

Viel später, es war vielleicht 1937 [Januar 1939], hatte ich ein Traumerlebnis. Es schien mir dieses in irgendeinem Zusammenhang mit dem tragischen Kampfe im Vorstande zu stehen. Nur langsam in stetem Bemühen um die Wirklichkeit, kommt man zu tieferen Einsichten in die historischen Schicksalsfragen. Ich befand mich in der Sakristei einer Kirche oder Kapelle. Ein sehr freundlicher Kardinal kam mir entgegen, mit dem ich mich angenehm und friedlich durch Augen und Antlitz verständigen konnte. Dann fühlte ich, wie von rückwärts ein anderer Geistlicher vorstürzte und sich in Wut auf den Kardinal warf, letzteren sah ich überhaupt nicht. Es entspann sich dann ein furchtbarer Streit zwischen den beiden. Ich hörte, wie eine Stimme zu mir sagte: 'Dieser zweite ist aus dem Kloster Santiago de Compostela.' Ich fühlte mich innerlich ruhig über diesem Streit stehend. Es wurde mir einst erzählt, daß dem Kloster Santiago wichtige Dokumente von den Arabern entwendet wurden, die ihnen nach der Schlacht von Granada wieder entrissen werden konnten, sie kamen aber nicht in das Kloster zurück. Die esoterische Lage verlangte, daß sie in andere Verwahrung kommen sollten. Es soll sich um Schriften des Aristoteles gehandelt haben. Dieses schreibe ich mit allem Vorbehalt nieder, will es aber doch erwähnen, weil es von außen und innen an mich herantrat.

Die Mißverständnisse wurden nun immer größer, die Kampfformen immer unmöglicher für einen esoterischen Vorstand.

Bisher hatte Rudolf Steiner seine Frau als Gehilfin bei esoterischen Handlungen. Seit der Einrichtung der Michaelschule wurde Frau Dr. Ita Wegman seine Gehilfin. Die Zeit erforderte, daß die Frau zu den Mysterien zugelassen werden mußte. Das war in der okkulten Entwicklung die große

Schwierigkeit, die überwunden werden mußte. Das forderte Opfer und Schmerzen. In diesen stehen wir gegenwärtig.

Der Kampf gegen Frau Dr. Wegman nahm Formen an, die an das Dämonische grenzten. Der Sturmbock dafür wurde Herr Dr. Roman Boos. Er brachte es zum Höhepunkt. Ich war dabei anwesend.

Frau Dr. Ita Wegman hielt Klassenstunde. Wie durch Zufall saß ich an diesem Tage ganz vorne und konnte alles gut beobachten. Frau Wegman hatte eben begonnen. Da kam Dr. Boos von rückwärts auf das Podium gestürzt mit blassem, verstörtem Antlitz und begann in beleidigenden Worten auf Frau Dr. Wegman loszureden. Es war ein Überfall in übelstem Sinne, die Störung einer kultischen Handlung.

Von diesem Ereignisse an, bei dem sich andere Vorstandsmitglieder schwächlich benahmen, wußte ich, wo mein Platz war. Trotz dieses Vorfalles nahm die Verfolgung zu, und Dr. Roman Boos wurde weiter als Sturmbock benützt.

In den folgenden Jahren waren die Generalversammlungen immer der Anlaß, Frau Dr. Wegman in der schlimmsten Weise anzugreifen. In Wien und Prag gelang es bis zum Jahre 1935, das Gleichgewicht und die friedliche Arbeit zu erhalten. Der Landesvorstand in Wien, der im Beisein Dr. Steiners zu Michaeli 1923 eingesetzt wurde, erhielt sich bis zur Generalversammlung in Dornach 1935.

Für die Generalversammlung 1929 [1930] hatte ich einen Vorschlag ausgearbeitet, den ich vorbringen wollte. Bevor ich darüber schreibe, will ich eine Episode erzählen, die ich bald nach dem Tode Rudolf Steiners erlebte. Ich wohnte damals im Hause des Grafen Lerchenfeld, welches Frau von Vacano bewohnte. Dort spielte sich immer viel Gesellschaftspolitik ab. Frau v. Vacano war fanatisch gegen Frau Wegman eingestellt, obwohl sie vor Rudolf Steiners Tode Frau Wegman in ihre Kreise zu ziehen versuchte. Eines Abends merkte ich gesellschafts-politische Bewegung im Hause umgehen. Herr Dr. Unger war aus Stuttgart gekommen. So nahm ich mir vor, noch am Abend zu Herrn Steffen zu gehen. Bis 1935 verkehrte ich ja immer in Freundschaft mit ihm. Er öffnete mir die Tür und war etwas erstaunt, daß ich zu so später Stunde komme. Die Türe des Vorzimmers in sein Arbeitszimmer war offen geblieben, er rief hinein: 'Herr Dr. Unger, stört es Sie, wenn ich Graf Polzer hereinführe?', wartete die Antwort nicht ab, und ich trat ein, begrüßte Dr. Unger, der ein etwas betroffenes Gesicht machte. Ich war eben in dem Augenblick gekommen, als Dr. Unger an Herrn Steffen eine Frage richtete und dieser noch nicht geantwortet hatte. Nun sagte Steffen zu Dr. Unger: 'Ich werde über diesen Vorschlag, den Sie mir überbrachten, nachdenken und Ihnen dann Antwort geben.' Dr. Unger entfernte sich dann bald. Steffen sagte mir dann, daß Dr. Unger den Wunsch einiger Damen überbrachte, Frau Marie Steiner die Sektion für allgemeine Anthroposophie und damit auch die Esoterik zu übergeben.'Was sagen Sie dazu?' Da ich wußte, daß Herr Steffen als eingesetzter zweiter Vorsitzender nach dem Tode Rudolf Steiners doch die Prätention hatte, nun erster Vorsitzender zu sein, so antwortete ich, daß mit dem ersten Vorsitzenden doch jedenfalls die anthroposophische Sektion verbunden sei, daß auch Frau Marie Steiner wiederholt erklärte, den ersten Vorsitz nicht zu übernehmen. Es zeigte sich also immer wieder, daß auf beiden Seiten von Frau Marie Steiner wie von Steffen - erklärt wurde, nicht zu wollen und doch zu prätendieren. Bei Albert Steffen kam noch dazu, daß er bei jeder Gelegenheit drohte, sich ganz zurückzuziehen. Für mich war das ein Symbol der Unentschlossenheit, dieses fortwährende Nein- und doch Ja-Sagen. Albert Steffen sagte mir auch, daß oft ältere Mitglieder zu ihm kommen und ihm sagen, daß er als jüngeres Mitglied nichts davon wisse, was Rudolf Steiner vor dem Kriege esoterisch gegeben und veranstaltet habe, und daher Frau Marie Steiner allein die Möglichkeit habe, im Zentrum der Bewegung esoterisch weiterzuarbeiten.

Später empfand ich darin doch eine Ablehnung dessen, was mit der Neugründung der Gesellschaft zu Weihnachten 1923/24 Rudolf Steiner tat. Man brachte es sogar in Zusammenhang mit der bald darauf sich zeigenden Krankheit. Auf Steffens Klage, daß man ihm die Unkenntnis der esoterischen Arbeit Rudolf Steiners vor dem Kriege vorwarf, sagte ich nur, ich würde gern für ihn zu Frau Marie Steiner gehen und sie bitten, ihm alles darüber zu sagen und ihm die notwendigen Dokumente und Aufschreibungen zu geben. Darauf meinte Steffen nur, Frau Marie Steiner sei diesbezüglich sehr verschlossen und leicht mißtrauisch.

Am nächsten Tage ließ ich mich bei Frau Marie Steiner anmelden. Ich erzählte ihr, warum Steffen so unsicher sei, und daß er von älteren Mitgliedern immer wieder wegen der Esoterik bestürmt würde, es wäre doch notwendig, ihn dadurch sicher zu machen, daß sie ihm das mitteile und gebe, was er äußerlich wenigstens esoterisch brauchte, um diese Anstürme zurückweisen zu können. Frau Marie Steiner antwortete mir darauf, daß sie Albert Steffens Freiheit damit nicht belasten wolle. So sah ich, daß zwischen Frau Marie Steiner und Albert Steffen doch kein solches Vertrauen herrschte, wie es zwischen Esoterikern, den Mitgliedern eines esoterischen Vorstandes in einer so schwierigen Situation doch notwendig sei. Ich war sehr deprimiert und habe keine weiteren Versuche gemacht auszugleichen. Der Kampf ging weiter von Generalversammlung zu Generalversammlung.

Nun komme ich auf den Vorschlag zurück, den ich für die Generalversammlung 1929 [1930] vorbereitet hatte. Ich hatte diesen in zwei Exemplaren niedergeschrieben, sagte darin, daß die einzelnen Leiter der Sektionen sich ganz auf ihre Sektionen beschränken und vorläufig die Sektion für Allgemeine Anthroposophie unbesetzt lassen sollten. Die allgemeinen Angelegenheiten der Gesellschaft sollten in einer Kanzlei nur verwaltungsmäßig erledigt werden. Kein Sektionsleiter dürfe sich über andere Sektionen stellen wollen. Kein autoritärer Ton dürfe zwischen den einzelnen Sektionsleitern herrschen. Wenn so gearbeitet werden könnte, dann würde gewiß aus der geistigen Welt in absehbarer Zeit Hilfe kommen. Die Prätention, die Arbeit so weiterzuführen, daß sich der erste Vorsitzende oder ein anderes Vorstandsmitglied als Stellvertreter Rudolf Steiners betrachten würde, mußte beiseitegelassen werden. Sie wäre eine Anmaßung, weil doch niemand aus einer solchen Universalität der Erkenntnisse handeln könne. Das war ungefähr der Inhalt meines Vorschlages. Ich wollte mit diesem Vorschlag jedoch nicht überraschend in der Generalversammlung auftreten, bevor ich nicht mit Frau Marie Steiner und Herrn Steffen persönlich darüber gesprochen hätte. Sowohl Albert Steffen wie Frau Marie Steiner waren sehr zurückhaltend, Albert Steffen tief beleidigt. So erkannte ich, daß Albert Steffen wirklich meinte, als erster Vorsitzender für eine früher so bedeutend geführte Gesellschaft repräsentativ sein zu können. Die beiden Exemplare des Vorschlages ließ ich in den Händen der genannten Persönlichkeiten zurück und trat in der mehr als 12-stündigen Generalversammlung nicht auf. Seit dieser Zeit nahm ich bis 1935 an Generalversammlungen nicht mehr teil.

Anfang März 1935 traf in Wien ein vertraulicher Brief des Vorstandes in Dornach an Dr. Lauer ein. Er sollte die Stimmung prüfen für einen Antrag der Arbeitsgemeinschaft, die sich in Dornach gebildet hatte, dahingehend, Frau Dr. Wegman und Frl. Dr. Vreede aus dem Vorstand auszuschließen. Er sollte Stimmen sammeln für diesen Antrag. Dr. Lauer las diesen Brief im Vorstand der Landesgesellschaft vor. Die Wirkung war erschütternd. Wie ein Blitz einen Baum spaltet, so geschah es mit dem Vorstand, der bis dahin stets freundlich und einig gearbeitet hatte. Ich hatte seelisch den Eindruck einer Elementarkatastrophe durch die ungeheure Aufregung, die sich zeigte. Man war bisher in 'Österreich' gewesen, und nun wurde man von Gewalten ergriffen, die zerstörten. Für den Antrag äußerten sich Dr. Lauer, Dr. Thieben und Herr Breitenstein, gegen den Antrag der Vorsitzende Herr Alfred Zeissig, Prof. Dr. Halla und ich. Nun entschloß ich mich, gleich nach Dornach zu fahren, um Herrn Steffen zu bitten, den Antrag nicht, wie es die Absicht war, schon vor der Generalversammlung in das Mitteilungsblatt des *Goetheanum* aufzunehmen. Die Zeit drängte, ich fuhr schon am nächsten Tage. Herr Steffen war sehr erstaunt, als ich bei ihm eintraf. Ich warnte gleich und sagte, daß dieser Ausschluß aus dem Vorstande das Ende der Gesellschaft sein wird, und der Kampf im Vorstande weitergreifen würde. Albert Steffen war außerordentlich verlegen und unschlüssig, sagte mir nur, ich möge doch mit den

Herren der Arbeitsgemeinschaft sprechen, schob es also auf diese, sagte mir auch, daß er selbst in seinen Entschlüssen nicht frei sei. Ich lehnte das innerlich entrüstet energisch ab. Diese sehr verschiedentlich zusammengewürfelte Arbeitsgemeinschaft hatte mit der Einrichtung Dr. Steiners gar nichts mehr zu tun. Sie war ganz parteimäßig nur aus jüngeren Mitgliedern zusammengesetzt. Bei einigen waren wirtschaftliche Gesichtspunkte Ursache ihrer Mandate. Ich empfand diese Zumutung als beleidigend und sagte ihm, daß ich nur gekommen sei, um mit ihm als Vorsitzenden zu sprechen. Albert Steffen hatte also in den letzten 10 Jahren nicht die Möglichkeit gefunden, sich in seiner Stellung durch geistiges Geben und durch zielsicheres Verhalten so zu sichern, daß ihm Freiheit und Vertrauen entgegengebracht wurden. Am nächsten Tage reiste ich wieder ab, ging vorher noch zu Frau Dr. Wegman und sagte ihr, daß ich in der Generalversammlung gegen die Anträge sprechen werde.

In Wien wurde eine Generalversammlung der österreichischen Landesgesellschaft einberufen, in dieser ging es toll zu. Dr. Thomsche zeigte sich als Jesuit, Herr Baltz als böswilliger Fanatiker. Ich bekam dann doch eine Schrift mit einigen 50 Unterschriften gegen die Anträge, um sie in Dornach zu übergeben. Vom Wiener Vorstand reiste zu meiner Unterstützung Prof. Halla nach Dornach. Aus Prag reisten einige Freunde mit mir. Zu meinem großen Schmerz stand mein lieber Freund Dr. Hans Eiselt ganz unter dem Einfluß von Herrn Steffen und stimmte für die Anträge. Wir blieben aber doch Freunde, er nahm auch nicht teil an den persönlichen Angriffen gegen mich.

Vor der Abreise verbrachte ich fast drei Wochen in Mariensee auf dem Gute der Frau Dora Schenker, fuhr nur wenn es notwendig war auf kurz nach Wien. Ich wollte mich in der dortigen ländlichen Waldruhe vorbereiten und verfaßte die Rede, welche ich dann frei sprechend in Dornach hielt. Sie sollte jedoch für die Zukunft festgelegt werden, [und so] übergab [ich] den Text Dr. Wachsmuth in dem Augenblick, als ich auf das Rednerpult stieg.

Im Mitteilungsblatt der Zeitschrift *Goetheanum* wurden die Anträge doch noch vor der Generalversammlung abgedruckt, es wurde auch mitgeteilt, daß sich die Redner vorher zum Wort melden sollten. Schon 14 Tage vor meiner Abreise nach Dornach hatte ich in der Nacht ein Erlebnis und hörte eine Stimme sagen: 'Melde Dich gleich zum Wort, sonst wird keine Zeit sein für Dich, zu sprechen.' So telegraphierte ich meine Wortmeldung gegen die Anträge. Die Wortmeldungen sollten nach dem Datum ihres Eintreffens berücksichtigt werden. Noch durch ein anderes Nachterlebnis mit Dr. Steiner wurde mein Entschluß, einzugreifen gegen die Anträge, befestigt. In diesem stellte Er mir die Frage, ob ich den Jesuiten in der Gesellschaft kenne, der in zerstörerischer Weise arbeite. Jesuitischer Geist war es also! Dieser Hinweis wurde mir zum Leitfaden meiner späteren Beobachtungen innerhalb und außerhalb der anthroposophischen Ereignisse. Bekämpfung der anthroposophischen Gesellschaft, Kampf gegen den Geist lag immer und liegt weiter im Hintergrunde alles äußeren und inneren Geschehens, besonders seit dem 30jährigen Kriege. Dieses im Einzelnen zu durchschauen, war seither mein Bemühen. Das Nachterlebnis vor der Generalversammlung zeigte mir den Weg, wie ich arbeiten sollte, um die Verbindung mit dem großen Lehrer nicht zu verlieren. Daß der *Demetrius* von Schiller unvollendet blieb, bedrückte mich und ließ meine Sehnsucht nicht schweigen, daß er aus anthroposophischen Kenntnissen neugeschrieben werden sollte. Die letzte Ansprache, die Rudolf Steiner hielt, in welcher er das große esoterische Problem der beiden Johannes' anregte, war auch eine Aufgabe, die er uns zurückließ. Sie beschäftigte mich immer wieder. Die dritte Aufgabe schien mir das Verhältnis des Jesus-Ich zu Christian Rosenkreutz zu sein. Alles Aufgaben, die uns Rudolf Steiner vor seinem Weggang stellte. Bei allen hatte man die Gegnerschaft der S. J. zu überwinden.

Ostern 1935! Zweimal 33 Jahre seit meiner Geburt und seit dem letzten vatikanischen Konzil in Rom!

Als ich nach Dornach kam, sagte mir Frau Dr. Wegman, daß die Engländer und Holländer nicht kommen würden. Sie waren in den früheren Generalversammlungen so sehr angegriffen worden trotz ihrer treuen und opfervollen Veranstaltungen, welche sie auf Initiative Rudolf Steiners und seiner Arbeit dort taten. In Dornach wurden diese Unternehmungen als Konkurrenz des Goetheanum empfunden und bekämpft. So wußte ich, daß ich gegen eine sehr große Majorität würde sprechen müssen. Niemals sah ich das Goetheanum so überfüllt als damals. Zuschauerraum und Bühnenraum waren überfüllt, der kleinste Raum dazwischen war ausgenützt und mit Stühlen besetzt. Es dürften 1500 [ca. 1800] Mitglieder gewesen sein. Ein großer Teil aus der nächsten Umgebung und aus Dornach und Arlesheim selbst. Am Vorstandstisch saßen nur Albert Steffen und Dr. Wachsmuth. Frau Marie Steiner hörte auf einem Liegestuhl hinter den Kulissen zu. Die Tagesordnung war auf eine kurze Zeit beschränkt. Wäre meine Wortmeldung nicht so früh eingetroffen, hätte ich das nicht sagen können, was ich sagen wollte. Nach wirtschaftlicher Einleitung sprach Steffen und stellte die Vertrauensfrage. Die Anträge wurden vorgebracht, und einige Redner sprachen kurz dazu. Nach 11 Uhr bestieg ich das Rednerpult. Ich war ganz ruhig und wurde im Sprechen von der Zuhörerschaft doch getragen. Ich empfand eine innere Befriedigung darüber, trotz der großen Pro-Majorität trat wiederholt Applaus ein. Nach der ersten Viertelstunde wurde es mir im Munde so trocken, daß ich um ein Glas Wasser bat, die Unterbrechung war ganz kurz. Dr. Wachsmuth, der mir das Glas reichte, leistete sich einen unpassenden Scherz, indem er lächelnd zu den Umstehenden die Flasche unter das Rednerpult stellte. An der Stelle, an der ich sagte, daß Steffen mir bald nach dem Tode Rudolf Steiners andeutete, er könne doch nur mit Marie Steiner arbeiten, sprang er auf und wollte das Datum dieses Tages wissen. Ich konnte nur sagen, daß ich den Tag mir nicht notiert hatte, es sei auch ganz unwichtig, da sich die Tatsache doch gleich deutlich nach dem Tode Rudolf Steiners zeigte. Sprach dann ruhig weiter und konnte in fast 40 Minuten alles sagen, was ich mir vornahm. Dann sprachen kurz noch einige, die sich nur ganz persönlich gegen mich wandten. Bald nach 12 Uhr wurde die Generalversammlung bis nachmittags 3 Uhr unterbrochen. Während der Mittagspause rüstete man sich und besprach, was gegen mich unternommen werden sollte. Als Hauptredner trat dann Dr. Erhard Lauer auf und fühlte sich bemüßigt, in einer verleumderischen Weise gegen mich ein hölzernes Michaelschwert zu schwingen. Dann wurde die geschlossene Generalversammlung beendet, und die Ortsbehörde zur Abstimmung eingelassen. Die Majorität für die Anträge war sehr groß [1691[, gegen die Anträge stimmten nur etwas mehr als hundert Menschen [76 dagegen; 53 Stimmenthaltungen]. Um 5 Uhr nachmittags wurde die Generalversammlung schon geschlossen.

33 Jahre seit dem Beginn der anthroposophischen Tätigkeit Rudolf Steiners wurde die letzte Einrichtung seines Lebens, auf die er so große Hoffnungen setzte, begraben.

Ich verbrachte dann den Abend sehr angenehm in der Klinik in Arlesheim bei Frau Dr. Wegman mit einigen Freunden und dachte an den Satz aus dem Vortrage vom 20. 2. 1920 in Dornach, in welchem Rudolf Steiner sagte: 'Aus den Majoritätsbeschlüssen wird selbstverständlich nichts Wirkliches, sondern nur eine herrschende Phrase.' Der esoterische Charakter des Vorstandes war verwirkt. Damit endete die Zeit meiner Arbeit am Goetheanum in Dornach. Eine neue sehr reiche Arbeitszeit begann, in welcher ich mich ganz frei fühlte. Ich trat aus der österreichischen Landesgesellschaft aus, besaß ja alle auch esoterischen Befugnisse direkt von Dr. Steiner.

In der ersten Nacht nach diesem für mich so bedeutungsvollen Tag hatte ich ein Erlebnis, welches mich sehr erschütterte. Ein ungeheurer Sturm ging durch das Land, und ein hoher mächtiger eiserner Turm wankte. Ich fürchtete, daß er jeden Augenblick stürzen könnte. Dann hörte ich eine donnerähnliche Stimme, welche mir eine Botschaft zurief, die mich eigentümlich befriedigend stimmte. Es war mir so zu Mute, als wenn mein Tun von der anderen Seite der Welt bejaht worden wäre. Lebens- und Arbeitsmut wurden mir dadurch geschenkt.

Bald darauf forderte mich der Vorstand in Dornach schriftlich auf, die Texte der Klassenstunden zurückzugeben und das Lesen der Klasse einzustellen. Ich antwortete nur kurz, daß ich dem gegenwärtigen dreigliedrigen Vorstande den esoterischen Charakter nicht zubilligen könne und daß er nicht berechtigt sei, mir ein Befugnis zu nehmen, welches nicht von ihm, sondern von Dr. Steiner direkt stammte. Ich verständigte mich mit Frau Dr. Wegman, daß ich ihr die Aufnahmegesuche zur Kenntnisnahme zusenden würde. Die Hoffnung, mit diesem Ausschluß der zwei Vorstandsmitglieder der anthroposophischen Gesellschaft gedient zu haben, erfüllte sich nicht. Der Kampf in Dornach kam nicht zur Ruhe, die Gesellschaft war in zwei Teile geteilt, man konnte wohl noch von einer anthroposophischen Bewegung, aber nicht mehr von einer Gesellschaft sprechen.

Nach diesen Ereignissen trat ich Frau Dr. Wegman erst richtig nahe und erfreute mich an ihrer liebevollen, ruhigen Art. Man fühlte in ihrer Nähe eine Beziehung zum esoterisch-kultischen Sein. Anfänglich gab es oft Gelegenheit, mich mit ihr zu begegnen, entweder in Arlesheim oder bei den Summer-Schools in England, [ich] erinnere mich auch an schöne Tage mit ihr in Paris. Eine Erinnerung stieg in mir auf. Es war nach dem Attentat gegen Rudolf Steiner in München. Da sagte er mir, wenn die Deutschen mich nicht mehr wollen, werde ich zu den anderen gehen.

Nun nahm Rudolf Steiner seine liebe Mitarbeiterin mit zu sich in die geistige Welt. In treuer, hingebungsvoller Arbeit verbrachte sie die Jahre nach seinem Tode unermüdlich im Dienste ihrer medizinischen Sektion und der von ihr ins Leben gerufenen Anstalten und Einrichtungen, verehrt von ihren Mitarbeitern. Mutig ist sie trotz aller ungerechten Verfolgungen durch das Leben geschritten. Die tiefe und nahe Schicksalsverbindung mit Rudolf Steiner ist für Menschen, die esoterisch guten Willens sind, eine Gewißheit.

ANMERKUNGEN UND HINWEISE

Abkürzungen für die am häufigsten zitierten Quellen dieses Buches, in der Reihenfolge ihres Erscheinens innerhalb des Textes:

AP = Arthur Polzer-Hoditz, unveröffentlichte Erinnerungen, in den Jahren 1939ff. handschriftlich niedergeschrieben, 5 Bände; eine Lebens- und Familienchronik von den Ursprüngen des Geschlechtes bis zum Jahre 1917. Zur Entstehungsgeschichte dieser Aufzeichnungen siehe Teil IV, Kap. 44, ‹Die letzten Jahre›. Anmerkungsziffer 2.

LP = Ludwig Polzer-Hoditz, *Erinnerungen an Rudolf Steiner*. 1937 in einer Auflage von 200 Exemplaren unter dem Titel *Erinnerungen an den großen Lehrer Dr. Rudolf Steiner – Lebensrückschau eines Österreichers* in Prag erschienen; Neuauflage, nach der im folgenden zitiert wird, Dornach 1985.
Diese Erinnerungen Polzers werden im Text gewöhnlich als ‹Prager Erinnerungen› oder ‹Prager Aufzeichnungen› bezeichnet.

JP = Von Julius Ritter von Polzer im Jahre 1904 geschriebene und von ihm getippte Lebenserinnerungen. Das unveröffentlichte Typoskript hat 69 Seiten. Anmerkungsziffer 7.

LPK = ‹Koncept für später zu schreibende Erinnerungen›. Handschriftliche Aufzeichnungen aus dem Jahre 1924, 129 Seiten, unveröffentlicht. Anmerkungsziffer 15.

LPT = *Der Kampf gegen den Geist und das Testament Peters des Großen*, 2. Aufl. Dornach 1989 (unter dem veränderten Titel *Das Testament Peters des Großen. Der Kampf gegen den Geist*).

APK = Arthur Polzer-Hoditz, *Kaiser Karl - Aus der Geheimmappe seines Kabinettschefs*, Wien 1928, 2. Aufl. 1978.

LPM = *Das Mysterium der europäischen Mitte – Eine welthistorische Schicksalsbetrachtung*, Stuttgart 1928.

LPE = Im April 1939 begonnene handschriftliche Aufzeichnungen mit dem Titel *V. Mein letzter Lebensabschnitt – Die Zeit nach dem Tode Dr. Rudolf Steiners 1925 –*, 309 Seiten. Unveröffentlicht. Hauptquelle für Teil IV.
Alle Zitate in den Kapiteln aus Teil IV ohne Anmerkungsziffer wurden dieser Quelle entnommen.

GA = Rudolf Steiner Gesamtausgabe, Dornach/Schweiz; mit darauf folgender Bibliographienummer.

A.a.O. = am angegebenen Ort
op. cit. = bereits zitierter Werktitel eines Autors

Die Übersetzung englischer und französischer Zitate stammt, wo nicht anders angegeben, vom Verfasser.

1 Vor 1173 gehörte der Aargau den Grafen von Lenzburg; von 1415 an zur Schweizerischen Eidgenossenschaft.
2 AP. Sämtliche Zitate aus Kapitel 2 wurden dieser Quelle entnommen. Die weiteren Zitate aus dieser Quelle in den folgenden Kapiteln sind nur in uneindeutigen Quellen unter dieser Ziffer nachgewiesen.
3 Robert Zimmermann, *Studien und Kritiken zur Philosophie und Ästhetik*, Bd. 1, Wien 1870, S. 205ff.
4 Vortrag vom 14. Oktober 1909, heute enthalten in GA 58.
5 An Wilhelm Hübbe-Schleiden schrieb Steiner am 16. August 1902: «Ich möchte alles tun, um die Theosophie der Gegenwart in das Fahrwasser zu bringen, das in Ihren Worten liegt: ‹Dieser Weg ins spirituelle Reich führt heute durch das intellektuelle Reich.›» *Briefe*, Bd. 2 1892-1902, Dornach 1953.
6 LP, S. 22f.
7 JP. Alle Zitate in diesem Kapitel entstammen, wenn nicht anders angegeben, dieser Quelle.
8 ‹Marie – eine Geschichte aus der Wiener Gesellschaft›, zitiert nach LP, S. 19. Siehe auch Anm. 10.
9 Als vierte Stadt müßte München genannt werden, in der Polzer in engere Berührung mit der Geisteswissenschaft von Rudolf Steiner kam. *Entdeckt* hatte er sie jedoch schon in Wien.
10 *In Mußestunden*, Novellen von Ludwig Ritter von Polzer (Polzers Großvater), Wien 1874; ‹Reiseerinnerungen›, S. 229f. – Das Konzil wurde offiziell am 8. Dezember 1869 eröffnet.
11 LP, S. 23.
12 Daß dies unternommen werden konnte, ist – vor allem in bezug auf Ludwig Polzers Kindheit und Jugend – Arthur Polzer zu verdanken. In dessen unveröffentlichten Lebenserinnerungen (AP), die bereits für Teil I eine Hauptquelle darstellten, findet sich für dasjenige, was sein Bruder Ludwig in mehr essentiell-symptomatischer Form aus seiner Jugendzeit berichtet, eine Fülle von konkreten Einzelheiten und Hintergrundsdarstellungen. Die in Duktus, Art und Stil so grundverschiedenen autobiographischen Aufzeichnungen der beiden Brüder ergänzen sich also in der schönsten Weise! Angesichts der starken Verbundenheit der so verschiedenen Brüder wird im nun folgenden Teil II dieses Buches naturgemäß auch Arthur Polzers Werdegang einige Aufmerksamkeit geschenkt.
13 LP, S.19.
14 Sie wurde vom Deutschritterorden gestiftet. Das Westportal wird von einer Marienplastik geschmückt, die zu den Hauptwerken frühgotischer Plastik in Österreich gerechnet wird.
15 LPK.
16 LP, S. 23f.
17 LP, S. 24f.
18 LP, S. 24 f.
19 LP, S. 24.
20 Alle Zitate Arthur Polzers in diesem Kapitel stammen aus AP.

21 LP, S. 23.
22 Gerhard Tötschinger, *Auf den Spuren der Habsburger*, Wien 1992, S. 167.
23 Schon zwei Brüder der Großmutter Karg und auch Onkel Max Hoditz waren dort in Garnison gestanden. Die Kargs hatten ein Haus in Modern, in dem auch Mathilde Hoditz eine Zeitlang lebte. (AP)
24 Das Datum des Geburtstags von Franz Joseph spielt in Ludwig Polzers Leben noch mehrfach eine Rolle: Am 18. August 1900 kommt er zum ersten Mal nach Heiligenkreutz in Böhmen, der Heimat seiner Gattin Berta; am 18. August 1906 unterzeichnet er mit Berta den Kaufvertrag von Schloß Tannbach; am 18. August des Jahres 1911 hört er mit Berta den ersten Münchner Vortragszyklus Rudolf Steiners, der für seine nähere Verbindung mit der Geisteswissenschaft von ausschlaggebender Bedeutung war.
25 Siehe den Vortrag Rudolf Steiners vom 27. April 1924, enthalten in GA 236, der auch vom Schicksalshintergrund von Kronprinz Rudolf handelt.
26 Siehe dazu: Imanuel Geiss, *Der Berliner Kongreß 1878*, Boppard am Rhein, 1978.
27 Lord Salisbury war ein Exponent der britischen Doktrin der anzustrebenden Weltmachtstellung Englands (und Amerikas), die sich um Persönlichkeiten wie Lord Rosebery und Cecil Rhodes gruppierten. Zu Cecil Rhodes siehe auch: Amnon Reuveni, *Im Namen der ‹Neuen Weltordnung›*, Dornach 1994, Kap. 2.
28 Arthur Polzer schreibt in seinem Buch über Kaiser Karl (= APK), S. 234f.: «Serbischerseits wurde der Mord als die Tat einiger junger bosnischer Exaltados hingestellt, die außerhalb jedes Zusammenhanges mit der bosnischen Regierung standen (...) Der Wiener Publizist Leopold Mandl hat in einer Artikelserie im Wiener *Achtuhr-Abendblatt* durch das Zeugnis der Offiziere der ‹Schwarzen Hand› und der an der Mordaffäre beteiligten serbischen Emigranten, denen er in Wien Asylrecht verschafft hatte, festgestellt, daß der russische Generalstab nicht nur um die beabsichtigte Ermordung des österreichischen Thronfolgers gewußt, sondern zur Ausführung des Plans sogar ermuntert hatte (...) Heute ist es erwiesen, daß der Oberst und Chef des serbischen Generalstabs Dragutin Dimitrijevic, wegen einer weißen Stelle im sonst schwarzen Haar ‹Apis› genannt, die Seele der 1911 gegründeten Geheimorganisation ‹Vereinigung oder Tod›, im Verein mit Major Tankosic die Ermordung des Erzherzogs planmäßig organisiert hat (...) Es ist auch erwiesen, daß Pasic [der serbische Regierungschef] die k.u.k. Regierung *nicht* gewarnt hat, wie dies seitens der serbischen Regierung behauptet wird.»
Die Fäden dieses Attentates führen auch nach London und sind mit dem *machtpolitsch orientierten* internationalen Maurertum (im Gegensatz zu einem rein humanitären) verknüpft. Der Bombenwerfer Cabrinowitsch und der Mörder Franz Ferdinands, Gavrilo Princip, wiesen auf das Maurertum ihrer Auftraggeber. Siehe dazu: Karl Heise, *Entente-Freimaurerei und Weltkrieg*, 2. Aufl. Struckum 1991, S. 74ff.
Das nicht gezeichnete Vorwort zur ersten Ausgabe von Heises Buch stammt von Rudolf Steiner. Darin heißt es: «Die Grundlagen gewisser Erkenntnisse wurden durch Geheimgesellschaften der Ententeländer zu Antrieben einer die Weltkatastrophe vorbereitenden politischen Gesinnung und Beeinflussung der Weltereignisse.»
Wer sich vom Schlagwort der ‹Verschwörungstheorie› davon abschrecken läßt, auf

solche Tatsachen zu blicken, hat sein gutes Recht dazu; in die komplexeren Strukturen des politischen Weltgeschehens wird er durch ein solches Abwenden des Blickes keine Einsicht nehmen können. Wie bei jeder ‹Theorie› kommt es bei einer ‹Verschwörungstheorie› jeweils darauf an, ob sie an konkreten Tatsachen gewonnen wurde oder eine bloße, ausgedachte Sache ist. Dies kann niemals generell, sondern nur von Fall zu Fall an den tatsächlichen Phänomenen entschieden werden.

29 Was sich heute in Kroatien, Bosnien-Herzegowina und Serbien abspielt, ist nichts als eine schwarze Flut von aberwitzigen Folgen der mehr als 100jährigen *Nichtlösung* der Österreich-Ungarn von der Weltgeschichte gestellten Völkerfrage.
30 Deutsche Neuausgabe: C. G. Harrison, *Das Transzendentale Weltenall*, Stuttgart 1990.
31 LPT, S. 106f.
32 A. a. O., S. 114.
33 Ludwig Polzer-Hoditz, ‹Die Okkupation Bosniens und der Herzegowina 1878›, in *Anthroposophie – Österreichischer Bote von Menschengeist zu Menschengeist*, Nr. 16, 15. Juni 1923.
34 Zitiert nach Ludwig Polzer-Hoditz, *Das Mysterium der europäischen Mitte*, Stuttgart 1928, S. 48.
35 LPT, S. 51.
36 Es ist beachtenswert, daß der Tag, an dem der Dualismus proklamiert wurde, der 8. Dezember war – der Tag der ‹Unbefleckten Empfängnis› Mariä. Durch Österreich-Ungarn konnte die katholische Kirche in der Monarchie viel größeren Einfluß ausüben, als es durch die orthodoxen Slawen möglich war.
37 LP, S. 40.
38 LP, S. 40f.
39 LP, S. 42.
40 Alle folgenden Zitate von Arthur Polzer aus AP.
41 LP, S. 41.
42 LP, S. 25.
43 Alle Zitate dieses Kapitels, wenn nicht anders angegeben, aus LPK.
44 Familienchronik.
45 LP, S. 21.
46 23.11.08, enthalten in GA 108.
47 Dieser Vortrag ist noch ungedruckt.
48 LP, S. 21.
49 GA 119.
50 GA 103.
51 GA 129.
52 LP, S. 36.
53 LP, S. 33 ff.
54 LP, S. 39.
55 Polzer ließ die Wahlbetrachtung drucken.
56 GA 138.
57 GA 139
58 LP, S.38.

59 LP, S. 44.
60 LP, S. 45.
61 GA 146.
62 LP, S. 39.
63 LP, S. 38f.
64 GA 147.
65 LP, S. 38.
66 LP, S. 45f.
67 LP, S. 47f.
68 GA 148.
69 LP, S. 48.
70 3. Aufl. Potsdam 1989. Das Werk von Riemeck gibt u.a. einen ausgezeichneten Überblick über die Vorgeschichte des Ersten Weltkriegs.
71 GA 153.
72 Siehe dazu den Vortrag Steiners vom 19. 10. 1914, in GA 287.
73 Siehe dazu auch Anm. 28.
74 Vgl. dazu Schluß der Anmerkung 28.
75 GA 135.
76 Siehe zu diesen Vorgängen: *Helmuth von Moltke – Dokumente zu seinem Leben und Wirken*, 2 Bde., Basel 1993.
77 In *Anthroposophie, Österreichischer Bote von Menschengeist zu Menschengeist*, 15. Juni 1922.
78 LP, S. 53f.
79 LP, S. 56.
80 In GA 159.
81 LP, S. 60.
82 LP, S. 61.
83 In GA 24.
84 Zitiert nach: Christoph Lindenberg, *Rudolf Steiner – Eine Chronik*, Stuttgart 1989, S. 374.
85 LP, S. 61f.
86 LP, S. 65f.
87 LP, S. 64.
88 GA 174.
89 Ludwig Polzer-Hoditz, *Betrachtungen während der Zeit des Krieges*, Linz 1917, S. 15ff.
90 LP, S. 68f.
91 LP, S. 69.
92 In GA 174a.
93 LP, S. 71f.
94 Zitiert nach Roman Boos, *Rudolf Steiners während des Weltkrieges*, Dornach 1933, S. 56.
95 APK, S. 438.
96 LP, S. 72.
97 LP, S. 73.
98 LP, S. 73f.

99 Heute in GA 24, S. 339f. – Auch APK, S. 613, wo das erste Memorandum erstmals publiziert wurde.
100 Wenn man, wo Steiner hier von England spricht, Amerika hinzufügt, so kann man sagen: auch die heutige vom Westen her betriebene Weltpolitik richtet sich nach wie vor nach diesem Programm, wie nach der ‹Wende› nicht zuletzt gewisse Mordanschläge auf bestimmte auszuschaltende mitteleuropäische Persönlichkeiten wie den Vorsteher der Deutschen Bank Alfred Herrhausen oder den Treuhandchef Detlev Karsten Rowedder jedermann beweisen könnten, der solcher Beweise bedarf. Genaueres dazu siehe Teil V, S. 508ff.
101 LP, S. 127.
102 LP, S. 83.
103 In GA 24.
104 Noch heute höchst aktuelle Worte! Vor allen Dingen, wenn bedacht wird, daß sich das ‹Interesse› der anglo-amerikanischen Staatsgebilde bis heute kaum geändert hat!
105 Ein in Kroatien lebender muslimischer Bosnier müßte sich zu seinem Volk wie zu seiner Religionsgemeinschaft frei bekennen können, ohne mit seiner rechtlichen-politischen Staatsangehörigkeit auch nur im Geringsten zu kollidieren. Und was wird statt dessen heute in die Welt gesetzt? Anglo-amerikanische Vance-Owen-Pläne, die die perverse Vermischung von wirtschaftlichen, politischen und geistigen Angelegenheiten zum Leid von Millionen von Menschen zu perpetuieren drohen. Es ist im übrigen kein Zufall, daß heute gerade das Territorium der ehemaligen Donaumonarchie von dieser perpetuierten Perversion aufs schlimmste heimgesucht wird – war doch die Donaumonarchie mit ihrem Vielvölkergemisch gewissermaßen der von der Weltgeschichte ausersehene Übungsplatz für die Entwicklung dreigegliederter europäischer Staatsgebilde ...
106 LP, S. 74f.
107 APK, S. 505f.
108 Zitiert nach Lindenberg, op. cit., S. 386.
109 Jürgen von Grone, ‹Gedanken zum 100. Geburtstag von Otto Graf Lerchenfeld›, in: *Mitteilungen aus der anthroposophischen Arbeit in Deutschland*, Weihnachten 1968.
110 Nach Friedrich Rittelmeyer, *Meine Lebensbegegnung mit Rudolf Steiner*, Stuttgart 1970, S. 87.
111 APK, S. 522.
112 LP, S. 85f.
113 APK, S. 518f.
114 APK, S. 520f. – Karls Sohn Otto von Habsburg vertritt den Glauben an das Geistesleben der katholischen Kirche, obwohl ihm der Gedanke der Dreigliederung, insbesondere der eines freien Geisteslebens, bekannt ist, vielleicht sogar zunächst aus Arthur Polzers Buch über seinen Vater Karl.
115 LP, S. 76f.
116 LP, S. 86.
117 LP, S. 78.
118 Fred Poeppig, ‹Eine Erinnerung an Graf Lerchenfeld›, in *Mitteilungen aus der anthroposophischen Bewegung*, hg. von J. Streit, März 1967, Nr. 40.

119 GA 174.
120 LP, S. 72.
121 Im Vortrag ‹Die Notwendigkeit der Erhaltung und Weiterentwicklung des deutschen Geisteslebens für die europäische Kultur›, den Polzer am 20. März 1919 in Wien hielt.
122 Zitiert nach dem Vortrag Steiners vom 11. Dezember 1916 , in GA 173. Rosebery wurde 1894 für kurze Zeit britischer Premierminister.
123 Steiner sprach am 9. Dezember 1916 (GA 173) innerhalb der *Zeitgeschichtlichen Betrachtungen* erstmals über das Testament Peters des Großen.
124 Anthony C. Sutton, *America's Secret Establishment*, Billings (USA 1986).
125 Siehe den Vortrag R. Steiners vom 20. 10. 1909 in GA 58. Vgl. auch A. Reuveni, op. cit., Kap. 1.
126 GA 202.
127 Clinton wurde von Mitglied A. Harriman und dessen Witwe, Pamela Harriman (die ehemals mit Randolph Churchill verheiratet) maßgeblich gefördert.
128 APK, S. 533.
129 APK, S. 534f.
130 APK, S. 19.
131 GA 174a.
132 LP, S. 87.
133 LP, S. 88.
134 LP, S. 90.
135 LP, S. 92.
136 LP, S. 92f.
137 LP, S. 290.
138 LP, S. 94.
139 GA 273.
140 LP, S. 96.
141 LP, S. 97.
142 LP, S. 299.
143 LP, S. 288.
144 LP, S. 297.
145 LP, S. 97.
146 «Rudolf Steiner wies (...) auf diesen Herrscher als den letzten Eingeweihten auf dem Kaiserthron hin.» Siehe: Hanna Krämer-Steiner, *Geistimpulse in der Geschichte des tschechischen Volkes*, Stuttgart 1971, S. 82. Es handelt sich um eine mündliche Äußerung zu Prager Freunden, wahrscheinlich im Zusammenhang mit Steiners Besuch auf der Burg Karlstein im Juni 1918.
147 LP, S. 98.
148 Mündliche Mitteilung von Julie Nováková, der Tochter von Julie Klima, an den Verfasser.
149 LP, S. 100.
150 LP, S. 101.
151 Unveröffentlichtes Typoskript.

152 LP, S. 102.
153 In GA 24.
154 GA 338.
155 Wer glaubt, daß dieses *heute* anders sei, werfe einen Blick auf Kapitel 4 des vierten Teiles dieses Buches.
156 LP, S. 107.
157 LP, S. 110f.
158 LP, S. 111.
159 LP, S. 118.
160 LP, S. 113.
161 LP, S. 112.
162 LP, S. 105,
163 Der heutige Präsident von Rußland, Boris Jelzin, erblickt vielleicht nicht zufällig in Peter dem Großen sein staatsmännisches Ideal. Die Stützung Jelzins durch den Westen sollte auch von diesem Gesichtspunkt aus betrachtet werden. Vgl. dazu S. 524f.
164 LP, S. 114ff.
165 LP, S. 116.
166 LP, S. 117.
167 LP, S. 119.
168 LP, S. 119f.
169 LP, S. 122.
170 LP, S. 170.
171 LP, S. 171.
172 LP, S. 169.
173 LP, S. 170.
174 LP, S. 171.
175 LP, S. 171f.
176 LP, S. 172.
177 LP, S. 173.
178 Zitiert nach Lindenberg, op. cit., S. 454f.
179 LP, S. 173.
180 LP, S. 175.
181 Friedrich Hiebel, *Entscheidungszeit mit Rudolf Steiner*, Dornach 1986, S. 45f.
182 LP, S. 174.
183 LP, S. 118.
184 LP, S. 179.
185 LP, S. 136.
186 LPT, S. 95.
187 LPT, S. 96.
188 LP, S. 177.
189 LPT, S. 141.
190 LP, S. 177.
191 Friedrich Hiebel, op. cit., S. 98.
192 LP, S. 178.

193 Zitiert nach Lindenberg, op. cit., S. 491.
194 LP, S. 179.
195 LP, S. 180.
196 GA 305.
197 GA 348.
198 Siehe dazu auch: R. N. Coudenhove-Kalergi, *Aus meinem Leben*, Zürich 1949. – Coudenhoves Förderung durch kirchliche Kreise zeigte sich schon bald durch den österreichischen Bundeskanzler Seipel: «Durch Seipel hatte die Bewegung festen Fuß gefaßt in der katholischen Welt.» (S. 102). Und auch der spätere Papst Pius XII. erklärte, als er im Mai 1933 noch Kardinalstaatssekretär war, «unumwunden seine Sympathien für Paneuropa».
Über Coudenhoves Zugehörigkeit zum Freimaurertum heißt es im *Dictionnaire de la Franc-Maçonnerie* (hsg. von D. Ligou, Paris 1987), S. 94: «L'auteur de l'idee et du mouvement paneuropéen, le comte Richard Coudenhove-Kalergi, était membre de la loge Humanitas [in Wien], qui lui ouvrit le chemin vers la célébrité. Pour ne pas être gêné dans la propagation de ses idées il devait demander de quitter la loge, ce qui lui fut accordé.» Coudenhove wurde 1922, als er die Idee von Paneuropa erstmals lancierte, Mitglied der genannten Loge.
199 Am 5. November 1919 sagte Churchill in seiner Unterhausrede: «Wir werden (...) Rußland daran hindern, soweit es in unserer Macht steht, sich in die Hände der Deutschen zu werfen und sich mit Deutschland zu arrangieren; wenn das geschähe – so ist uns allen klar –, dann würden unsere Kinder und vielleicht auch wir selbst von einer Wiederholung dieses tödlichen Gleichgewichts gigantischer Mächte bedroht, von dem Aufmarsch derselben ungeheuren Gefahr gegen uns, welche die Welt im August 1914 in die Katastrophe stürzte.» Polzer kommentiert dazu: «Churchill sagte, daß diese Vereinigung [zwischen Deutschland und Rußland] die Wiederholung des Krieges bedeuten würde, er hätte richtiger sagen sollen, daß dann der von England lange vorbereitete und mit großen Opfern durchgekämpfte Weltkrieg umsonst gewesen wäre, denn diesen Anschluß wollte England durch alle seine Balkanmachinationen und schließlich durch den Weltkrieg gerade verhindern.» (*Politische Betrachtungen*, Stuttgart 1920, S. 51.)
200 GA 219.
201 LP, S. 189.
202 Steiner gebraucht dieses Wort unseres Wissens nur im Nero-Vortrag vom 27. April 1924, GA 236.
203 Emanuel Zeylmans van Emmichoven, *Wer war Ita Wegman*, 3 Bde. Heidelberg 1990ff., Bd. 1, S. 148.
204 A. a. O., S. 124.
205 LP, S. 183.
206 Polzer schrieb sie in sein Tagebuch. Alle erhaltenen Tagebuchaufzeichnungen Polzers bis zu Steiners Tod sind im Anhang abgedruckt.
207 LP, S. 186.
208 LP, S. 187.
209 LP, S. 188.

210 LP, S. 188ff.
211 LP, S. 195.
212 In der Nr. 16 vom 15. Juni 1923.
213 GA 223.
214 Hiebel, op. cit., S. 154.
215 Ernst Lehrs, *Gelebte Erwartung*, Stuttgart 1979, S. 259.
216 LP, S. 197.
217 *Helmuth von Moltke 1848-1916 – Dokumente zu seinem Leben und Wirken*, hg. von Th. Meyer, Basel 1993, Bd. 2, S. 295 f.
218 GA 233.
219 GA 126.
220 Ein Wort R. Steiners vom 12. August 1924, in GA 240.
221 LP, S. 310.
222 Siehe Steiners Vortrag vom 18. Juli 1924 in Arnheim, in GA 240.
223 Auf der Rückseite eines Notizblattes Ita Wegmans aus der letzten Krankheitszeit von Rudolf Steiner notierte Wegman seine Äußerung, «seine Krankheit sei peripherisch». Mitteilung von E. Zeylmans an den Verfasser.
224 LP, S. 198.
225 LP, S. 199.
226 = LPK, siehe Liste der abgekürzten Quellen zu Beginn der Anmerkungen.
227 LP, S. 200.
228 LPE, siehe Quellenabkürzungen vor den Anmerkungen. – In LP, S. 38., heißt es leicht verändert: «Noch als ich ihn am 11. November in seinem zum Krankenzimmer verwandelten Atelier am Goetheanum besuchte, sagte er mir, daß mein Vater im 11. Jahrhundert Impulse aus der Schule von Chartres empfangen habe.»
229 LP, S. 201.
230 Siehe Polzers Tagebuchaufzeichnungen 1923 – 1925 im Anhang.
231 LP, S. 202.
232 LP, S. 204.
233 LP, S. 205.
234 Lili Kolisko, *Eugen Kolisko – Ein Lebensbild*, Privatdruck 1961, S. 104.
235 *In memoriam Ita Wegman* [wörtlicher Titel: ‹In memoriam Frau Dr. Ita Wegman], siehe Anhang.
236 Kursivsetzung durch den Verfasser.
237 Michael Freund, *Deutsche Geschichte*, München 1979, S. 1134.
238 Siehe Irène Diet, *Jules und Alice Sauerwein und die Anfänge der anthroposophischen Bewegung in Frankreich*, Basel 1995.
239 In der Novembernummer 1925.
240 LP, S. 205.
241 LP, S. 216ff.
242 In GA 158.
243 Im Vortrag vom 23. September 1924, GA 238.
244 LPM, S. 153.

245 LPE. Kursivsetzung dieser wie der vorangegangenen Stellen aus dieser Quelle durch d. V.
246 GA 121.
247 Unter dem Haupttitel *Glanz und Untergang Roms* in 2. Aufl. 1932 in Berlin erschienen. – Die folgenden Zitate: S. 145 ff.
248 Im Vortrag vom 17. April 1917, in GA 175.
249 Siehe den Aufsatz Polzers über diese Reise im *Goetheanum* vom 26. August 1928.
250 Zu den Versuchen, den politischen Gedanken des ‹Heiligen Römischen Reiches Deutscher Nation› in den neunziger Jahren wieder aufleben zu lassen, siehe S. 521.
251 LPM, S. 198.
252 LPM, S. 198 f. – Kursivsetzung durch d. V.
253 Polzers Londoner Vortrag erschien im September 1928 in den *Österreichischen Blättern für freies Geistesleben*.
254 Kursiv durch den Verfasser.
255 LPM, S. 194. – Kursiv durch den Verfasser.
256 Kursivsetzung durch den Verfasser.
257 Sämtliche Zitate in diesem Kapitel, wo nicht anders angegeben, aus LPE.
258 Zitiert nach Coudenhove, op. cit., S. 137f.
259 Coudenhove, op. cit., S. 159.
260 Eintrag in ein Tagebuch aus dem Jahre 1930.
261 Nach dem ‹Young-Plan› sollte Deutschland, dem die Hauptkriegsschuld zugeschrieben wurde, bis 1988 34 Milliarden Goldmark Reparationen zahlen. Der Young-Plan wurde 1932 auf der Konferenz von Lausanne aufgegeben.
262 A. Reuveni, op. cit., Kap. 7.
263 Rede auf der Generalversammlung 1935, siehe Anhang.
264 Die Zitate in diesem Kapitel stammen, wo nicht anders angegeben, aus LPE.
265 Eine Formulierung, die R. Steiner in einem Vortrag vom 13. Januar 1917 gebrauchte; in GA 174. Wörtlich: «Natürlich nimmt man die Dinge auch dann nicht lebensernst, wenn man sich den freien Blick trüben läßt durch allerlei Sympathien und Antipathien. Man muß ihnen schon mehr oder weniger objektiv gegenüberstehen, dann trägt einem der Strom der Welt das zu, was zum Verständnis notwendig ist.»
266 Hildegard Wiegand, *Der Kampf mit dem Tarnhelm – Erlebnisse aus der Geschichte des Königs Jakob I. von England und seiner Mutter Maria Stuart und ihres Vetters Francis Stuart*. Stuttgart, 2. Aufl. 1968.
267 Zitiert nach einem Vortragskonzept Polzers.
268 Siehe dazu die entsprechenden Texte in GA 265.
269 Am 14. Januar 1917, in GA 174.
270 Rudolf Steiner mahnt am 11. April 1924: «Diejenigen, welche das Prinzip der römischen Kirche vertreten, werden alles daran setzen, in der nächsten Zeit die einzelnen Staaten des ehemaligen Deutschen Reiches selbständig zu machen und aus den selbständigen Staaten, mit Ausschließung – ich erzähle nur – der Vorherrschaft von Preußen, wieder aufzurichten das Heilige Römische Reich Deutscher Nation, das sich selbstverständlich, wenn es von so hervorragender Seite aufgerichtet wird, in seiner Macht über die umliegenden Nachbargebiete erstrecken wird. Denn – so

sagen die betreffenden Leute – wir haben es nötig, auf diesem Wege die allergefährlichsten, allerschlimmsten Bewegungen, die es heute gibt, mit Stumpf und Stil auszurotten. Und – so fügen diese Leute dazu – wenn es nicht gelingen sollte, das Heilige Römische Reich Deutscher Nation aufzurichten, und es wird gelingen – so sagen die Leute –, wenn es nicht gelingen sollte, so werden wir andere Mittel finden, die widerstrebendsten, gefährlichsten Bewegungen der Gegenwart mit Stumpf und Stil auszurotten, und das sind die anthroposophische Bewegung und die Bewegung zur religiösen Erneuerung.» (In GA 270/I) Man konnte Steiners Quelle bisher nicht ausfindig machen, doch war sie gewiß sehr ernst zu nehmen. – Derselbe zerstörerische Impetus zur Restaurierung des Heiligen Römischen Reiches Deutscher Nation machte sich wieder im Beginn der neunziger Jahre in Europa geltend. Vgl. dazu Teil V, Kapitel 2.

271 GA 13.
272 Siehe dazu R. Steiners Vortrag vom 7. November 1917, in GA 73.
273 Vgl. dazu das Kap. 24, S. 182.
274 Kursivsetzungen durch den Verfasser. – Wir zitieren aus dem Nachdruck dieser Schrift in Zeylmans, op. cit. Bd. 3, S. 262.
275 Beilage des *Goetheanum* für die Mitglieder der AAG.
276 Zeylmans, op. cit. Bd. 3, S. 329.
277 A.a.O., S. 159.
278 Siehe Anhang.
279 Nach einem Typoskript aus dem Nachlaß Lauers. – Im *Nachrichtenblatt* vom 19. Mai 1935 erschien eine leicht modifizierte Variante von Lauers Äußerungen in indirekter Rede.
280 Es handelt sich um eine Äußerung, die Steiner am 20. 2. 1920 in einem Vortrag machte, in GA 196. Kursivsetzung durch den Verfasser.
281 Polzer schilderte den Traum auch in der kleinen Schrift *In memoriam Ita Wegman*, doch den kultischen Charakter des Geschehens weniger intim darstellend.
282 Private Aufzeichnungen von Z. Šmídova, die dem Verfasser von Zdenek Vana zur Verfügung gestellt wurden.
283 Am 19. November 1917, in GA 178.
284 In den *Mitteilungen für die Mitglieder der Anthroposophischen Arbeitsgemeinschaften in Deutschland*, hg. von J. v. Grone, erschien in Nr. 1, Juli 1935 ein Nachruf auf Dunlop aus der Feder Steins.
285 L.A. Langveld, *Der Graf von St. Germain*, Den Haag 1930.
286 Cooper-Oakley, *The Count of St. Germain*, New York (Neuauflage) 1970.
287 Wolfgang Menzel, *Roms Unrecht*, Stuttgart 1873; vgl. auch *Geschichte der neueren Jesuitenumtriebe in Deutschland*, Stuttgart 1873.
288 Siehe besonders Steiners Vortrag vom 23. 12. 1917, in GA 180.
289 August Bernhard Hasler, *Wie der Papst unfehlbar wurde*, München 1979, S. 79.
290 Hasler, op. cit., S. 34.
291 A. a. O., S. 39.
292 A. o. O., S. 50.

293 Siehe: Renate Riemeck, *Glaube – Dogma – Macht. Geschichte der Konzilien*, Stuttgart 1985, S. 298.
294 Hasler, op. cit., S. 154.
295 Er fügte sie seinen Aufzeichnungen von 1939 (LPE) als zweiseitiges Typoskript mit der Überschrift ‹Persönliche Mitteilung – nicht weitergeben – Nur für Mitglieder der Michaelschule› bei. Von Hand schrieb er das Motto an den Kopf der Aufzeichnung: «Das Goetheanum ist überall dort, wo im Sinne Rudolf Steiners gearbeitet wird.»
296 Siehe dazu die entsprechenden Ausführungen Rudolf Steiners in GA 109.
297 GA 149.
298 *Antoninus und der Grieche, Roman aus der Zeit des römischen Friedens*, Stuttgart 1935.
299 Ernst Wettreich.
300 Franz Joseph reagierte damit auf die Weigerung des Kardinalskollegiums, an dessen Spitze Rampolla stand, am römischen Trauergottesdienst für Kronprinz Rudolf teilzunehmen. Siehe dazu auch S. 377.
301 In einem unveröffentlichten Typoskript mit dem Titel ‹Reiseeindrücke in Italien›. – Zu Steins Reise siehe auch Johannes Tautz, *Walter Johannes Stein – Eine Biographie*, Dornach 1989.
302 Nach *Reclams Lexikon der Heiligen* wird am 4. Juli allerdings ein früherer Prokop gefeiert, der als böhmischer Weltpriester im 4. Jahrhundert lebte.
303 ‹Bedeutendes geist-symptomatisches Geschehen im Herzen Europas›, in: *Anthroposophische Arbeitsberichte*, Jg. 1, Prag Januar 1938.
304 3. Aufl. Stuttgart 1977.
305 GA 112.
306 GA 23.
307 Nietzsche schreibt in der ersten seiner *Unzeitgemäßen Betrachtungen* wörtlich: «Von allen schlimmen Folgen (...), die der letzte mit Frankreich geführte Krieg hinter sich dreinzieht, ist vielleicht die schlimmste ein weitverbreiteter, ja allgemeiner Irrtum: der Irrtum der öffentlichen Meinung und aller öffentlich Meinenden, daß auch die deutsche Kultur in jenem Kampfe gesiegt habe und deshalb jetzt mit den Kränzen geschmückt werden müsse, die so außerordentlichen Begebnissen und Erfolgen gemäß seien. Dieser Wahn ist höchst verderblich (...), weil er imstande ist, unseren Sieg in eine völlige Niederlage zu verwandeln; in die Niederlage, ja Extirpation des deutschen Geistes zugunsten des ‹Deutschen Reiches›.»
308 Rudolf Steiner hatte Polzer am 3. März 1925 unter anderem auf die Bedeutung der Erforschung des Demetrius-Problems gewiesen. Diese Briefstelle ist ein erster Hinweis auf die tatsächliche Beschäftigung Polzers mit der vielschichtigen Frage. – Siehe auch: Peter Tradowsky, *Demetrius im Entwicklungsgang des Christentums*, Dornach 1989.
309 Zitiert nach Emil Bock, *Wiederholte Erdenleben*, Frankfurt a. M. 1981, S. 77. – Kursivdruck durch den Verfasser.
310 Renate Riemeck, op. cit., S. 168.
311 Unveröffentlichtes Typoskript von Menny Lerchenfeld für Angehörige und Freunde.
312 GA 4.

313 Zitiert nach dem Traumtagebuch von Polzer, in dem er zwischen 1933 und 1941 Träume aufschrieb.
314 Gregorovius, op. cit. S. 154.
315 A. a. O., S. 155.
316 Mitteilung von Erika Warnke an den Verfasser.
317 Familienchronik.
318 LPM, S. 153.
319 LPM, S. 137.
320 Werner Richter, *Kronprinz Rudolf von Österreich – Geschichte eines übergroßen Erbes*, Zürich, 1941.
321 Richter, op. cit., S. 324.
322 Siehe dazu den Vortrag Steiners vom 6. November 1917 (GA 178), in welchem dieser über gewisse Hintergründe der Ermordung der Kaiserin Aufschluß gibt.
323 Vortrag vom 1. Juli 1912, GA 237.
324 Vortrag vom 3. August 1924, GA 287.
325 Vortrag vom 15. Januar 1917, GA 174.
326 Nach Stuart Perowne, *Hadrian – Sein Leben und seine Zeit*, München 1966.
327 Siehe dazu: M. Bockholt/E. Kirchner, *Die Menschheitsaufgabe Rudolf Steiners und Ita Wegman*, Dornach 1976. Ferner: E. Zeylmans van Emmichoven, *Wer war Ita Wegman*, op. cit.
328 Zeylmans, op. cit., Bd. 3, S. 113.
329 Auch Paul Michaelis brachte im Jahre 1950 eine Version von Polzers Schrift *In memoriam Frau Dr. Ita Wegman* (im folgenden ‹In memoriam Ita Wegman›) in Umlauf. Er ergänzte sie mit der Rede aus dem Jahre 1935, mit verschiedenen Stellen aus (inzwischen wohl nicht mehr existierenden) Tagebüchern Polzers (siehe dazu auch S. 456) sowie mit gewissen Ritualtexten von Steiner, mit denen Polzer wahrscheinlich seine Klassenstunden gelegentlich einleitete. Michaelis gab seinem Text den Titel ‹Die geistigen Hintergründe der Rede des Grafen Ludwig Polzer-Hoditz zur Generalversammlung vom 14. April 1935› und sandte ihn an einzelne ausgewählte Menschen. Er sagt in der Einleitung zu den von ihm zusammengestellten Aufzeichnungen Polzers: «Ende März 1943, unmittelbar nach dem Tode von Frau Dr. Ita Wegman, diktierte mir Graf Ludwig Polzer als eine erste Fassung der ‹Geistigen Hintergründe› sein ‹In memoriam Ita Wegman›. Diese Fassung war, der Situation jener Zeit entsprechend, nur in einer verschlüsselten Form gegeben und nur für drei Freunde. Die ‹Geistigen Hintergründe› nun habe ich, den Intentionen des Grafen entsprechend, durch einige Tagebuch-Notizen ergänzt, und zwar so, wie es in der Absicht des Grafen gelegen war.» –
Nun weist die Michaelis-Fassung der Schrift ‹In memoriam Ita Wegman› gegenüber der im Anhang abgedruckten und von Erika Warnke getippten Fassung an mehreren Stellen ab; sie ist da und dort kürzer, an wenigen Stellen ausführlicher. Es wurde, zuletzt von E. Zeylmans, aufgrund dieser Textabweichungen der beiden Fassungen, die Integrität von Michaelis in Zweifel gezogen, der den Eindruck erwecken würde, «als ob dies alles von Polzer niedergeschrieben worden sei»; noch schwerer wiegt die Feststellung von Zeylmans, Michaelis habe sein Schriftstück

«1950 mit unlauteren Absichten in Umlauf gebracht». (Zeylmans, op. cit., Bd. 3, S. 405f.)

Doch was beweisen die vorhandenen Abweichungen? Konnte Polzer nicht tatsächlich die Absicht gehabt haben, die erste Fassung zu erweitern, wie Michaelis in seiner Einleitung angibt? Erika Warnke, damals erst seit kurzem Mitglied der AAG, die die erste Fassung tippte, durfte sich von diesen Aufzeichnungen nach eigener Aussage keine Abschrift machen. Zwischen Polzer und Michaelis bestand damals jedoch schon ein tiefes Vertrauensverhältnis; Michaelis war auch Polzers esoterischer Schüler. Es ist also ganz naheliegend, daß Polzer wirklich daran dachte, seine Schrift über Ita Wegman zu erweitern, und Michaelis entsprechende Aufzeichnungen zur Verfügung stellte, die dieser nach Polzers Tod, «den Intentionen des Grafen entsprechend», zusammenstellte. Zeylmans führt gegen die Echtheit dieser 2. Version nur das folgende Argument an: «Schon der erste Satz [bei Michaelis]: ‹(...) diktierte mir Graf Ludwig Polzer (...) sein ‹In memoriam Ita Wegman› › steht im Gegensatz zu Polzers Eröffnungsworten [in der im Anhang abgedruckten Warnke-Fassung]: ‹(...) ergreife ich die Feder›.» Dieses Argument müßte auch auf die Warnke-Fassung angewendet werden, denn auch die Sekretärin Husemanns hätte zu dem von ihr getippten Text anmerken können, Polzer habe ihr den Satz «Erschüttert durch den unerwartet raschen Tod von Frau Dr. Ita Wegman, ergreife ich die Feder» wie auch alle folgenden Sätze dieser Schrift *diktiert*. – Der Vorwurf, daß es sich bei der Michaelis-Fassung nicht *auch* um (von Michaelis nach Polzers Tod zusammengestellte) Wortlaute von Polzer handelt, wie auch die Behauptung, Michaelis habe seine Fassung «mit unlauteren Absichten in Umlauf gebracht», können somit bis zum jetzigen Zeitpunkt nicht als begründet angesehen werden.

Ähnlich *unerwiesene Feststellungen* sind von anderer Seite auch in bezug auf die Echtheit der in Typoskriptform vorliegenden Tagebuchaufzeichnungen Polzers aus den Jahren 1923-1925 geäußert worden. Siehe dazu S. 560 dieses Buches.

330 Brief an Menny Lerchenfeld vom 15. Oktober 1943.
331 Riemeck, op. cit., S. 177.
332 Paul Michaelis in der Einleitung zu den von ihm zusammengestellten Polzertexten ‹Die geistigen Hintergründe der Rede des Grafen Ludwig Polzer-Hoditz ...›. Siehe dazu auch Anm. 329.
333 Siehe dazu: Anthony C. Sutton, *America's Secret Establishment*, Billings (USA) 1986, S. 166ff.
334 Die Russen besetzten am 7. Mai das Haus von Arthur Polzer in Baden für die folgenden drei Jahre. Sie beschlagnahmten u.a. die autobiographischen Aufzeichnungen Arthurs, und zwar ab Band VI, der die Zeit von 1917 an behandelt. – Tannbach wurde 1946 der Witwe von Julius Polzer-Hoditz wiederum zurückerstattet.
335 Nach Auskunft von Maria-Christine Koutny – es handelt sich um die ‹Christl› genannte Nichte, mit der Ludwig Polzer 1933 nach Venedig gefahren war –, wurde Berta Polzer am 24. Juli noch ein Bein amputiert; sie sei dann an den Folgen der Operation gestorben.
336 Der Tod war um 16.15 Uhr infolge Herzschwäche eingetreten. –
337 Maria-Christine Koutny berichtet, daß die Familie bei strömendem Regen, mit Kör-

ben voll Bettwäsche, die Villa in Baden verlassen mußte. Sie fand im Vorzimmer eines Arztes eine Notunterkunft, bis sich Mitte Mai eine schöne Wohnung fand, in welcher Arthur Polzer Hoditz im Juli starb.

338 Ferdinand Wantschura, 1867–1968.
339 Polzer war also in der Zwischenzeit auch vom Tod von Julius benachrichtigt worden.
340 Der Tod trat um 6. 20 Uhr ein. – Emil Hamburger schrieb in einem Brief an Polzers Enkel Christward nach Dornach: «Für mich ist er der treueste Schüler Herrn Dr. Steiners, den ich kenne u. mein liebster Freund.» – Polzer wollte am Schluß in Gutau begraben werden, wo auch Berta ruhte. Es war aus behördlichen Gründen nicht möglich. So mußte er in Wien bestattet werden. Die Nichte ‹Christl› ging von Friedhof zu Friedhof, um ein Grab zu bekommen. Schließlich konnte auf dem Zentralfriedhof für zehn Jahre ein Reihengrab gefunden werden. Beim Begräbnis (wahrscheinlich am 16. Oktober) waren zuerst «sehr viele Leute» da. Es kamen Lastwagen mit Särgen an, doch der von Ludwig Polzer fehlte. Der Zeitpunkt des Begräbnisses zog sich – bei trotz fortgeschrittener Jahreszeit großer Wärme – stundenlang hinaus. Als es dann schließlich stattfand, nahmen sieben Menschen an ihm teil. – Polzers sterbliche Reste ruhen heute auf dem Wiener Zentralfriedhof, II. Teil, Gruppe 23.
341 «(...) und lebte die letzten Stunden in fortwährender Meditation», heißt es in einem Brief von Johannes Eyb vom 25. Februar 1947 – abgesehen von Emil Hamburgers Brief an Christward Polzer vom 16. November 1945 – , dem einzigen erhaltenen Dokument über die letzte Lebenszeit von Polzer. Eybs Brief war an *Hans-Erhard Lauer* gerichtet, der sich nach den Todesumständen von verstorbenen Freunden erkundigt hatte.
342 Unter dem Titel *Ich zähmte die Wölfin – die Erinnerungen des Kaisers Hadrian*. 108. Tsd., Stuttgart 1977.
343 Enthalten in: *Mémoires d'Hadrien*, suivi de ‹Carnets de notes de Mémoires d'Hadrien›, Paris 1974, S. 342. – Kursivsetzung durch den Autor.
344 A.a.O., S. 330.
345 Siehe etwa Rudolf Steiners Vortrag vom 7. März 1914 in GA 152.
346 Siehe L. L. Matthias, *Die Kehrseite der USA*, Hamburg 1985, S. 107ff. – Auch der zugleich eingefügte Art. 51, der jedem Mitglied das Recht gewährte, u. U. zu «individueller oder kollektiver Selbstverteidigung» zu greifen, konnte später für manche Sonderziele beansprucht werden.
347 A.a.O., S. 118.
348 A.a.O., S. 124. – Der Ausspruch Churchills stammt aus einer Rede, die er am 1. 12. 49 in Harrow hielt. Siehe *Speeches of Winston Churchill*, Bd. 7, New York 1974.
349 ‹Zürcher Rede 1946, 19. September›, Gedenkschrift zur Feier des 25. Jahrestages, hg. von der Präsidialabteilung der Stadt Zürich und der Schweizerischen Winston-Churchill-Stiftung.
350 Coudenhove, op. cit., S. 259.
351 A.a.O., S. 158.
352 *Speeches of Winston Churchill*, New York 1974. – Übersetzung und Kursivsetzung der angeführten Passagen durch den Autor. – In seiner Zürcher Rede sprach Churchill zwar

auch von dem «beständigen Ziel», die Vereinten Nationen aufzubauen, innerhalb welcher «weltumfassenden Konzeption» die Vereinigten Staaten von Europa als «regionale Organisation» zu integrieren seien. Doch hütete er sich davor, von einer «autoritativen, allmächtigen Weltordnung» und einer «wirksamen Weltregierung »zu sprechen, wie er dies in London tat. Er wollte seine Hörer ‹in› Europa offenbar nicht irritieren ...

353 Siehe R. N. Coudenhove-Kalergi, *Eine Idee erobert Europa*, München/Wien/Basel 1958, S. 311f.

354 Robert Eringer, *The Global Manipulators*, Bristol 1980, S. 19. Übersetzung des Zitates durch den Verfasser.

355 Matthias, op. cit., S. 146 ff. – Am 17. 1. 1992 erschien in der *International Herald Tribune* ein Artikel von Roger Morris, einem ehemaligen Sicherheitsberater unter Johnson und Nixon. Morris schreibt: «In den frühen Nachkriegsjahren haben laut einer späteren Archivstudie amerikanische Staatsbeamte ‹die Möglichkeiten und Intentionen der Sowjets in einem solchen Maße übertrieben, daß es überraschend ist, daß sie überhaupt von irgend jemand ernstgenommen wurden›.»

356 A.a.O., S. 149ff. – Die Verhandlungen in Washington wurden nach Matthias' Vermutung auf deutscher Seite von den Generalen Speidel und Heusinger geführt. – Hinter der Drohung der Einstellung der Marshallhilfe, über die Matthias nichts Näheres mitteilt, könnte Averell Harriman stecken. Harriman koordinierte seit April 1948 als Sonderbeauftragter der amerikanischen Regierung von Paris aus die Abwicklung des Marshallplanes in Europa. Sein Biograph bezeichnete ihn geradezu als ‹Ladestock› des Marshallplanes. Siehe: R. Abrahamson, *Spanning the Century – The Life of W. Averell Harriman*, New York 1992. S. 427. – Es ist im übrigen bemerkenswert, daß die unter dem Deckmäntelchen des europäischen Wiederaufbaus von Harriman zumindest mitverfolgten Interessen auf russischer Seite schon Monate vor seiner Ankunft in Paris durchschaut wurden. Auf der UNO-Konferenz in Lake Success wurde er vom sowjetischen Delegierten als ‹Kriegshetzer› bezeichnet. Und die *Prawda* nannte ihn einen Plutokraten und Repräsentanten eines herrschenden Kreises, der die «weltpolitische und wirtschaftliche Oberherrschaft der Vereinigten Staaten» anstrebe; einen Kapitalisten, dessen Ziel darin bestand, «die ernste Lage in Europa für Zwecke der Selbstbereicherung auszubeuten». Schließlich warf man ihm vor, daß ihm an der Umwandlung von Westdeutschland in einen antisowjetischen Brückenkopf der USA deshalb gelegen sei, weil dies «der Brown, Brothers, Harriman & Co»– der internationalen Privatbank, der auch George Bushs Vater und Robert Lovett angehörten – «wie auch den anderen Interessen Harrimans in diesen Regionen eine Position der Stärke sichere». Harriman war 1942 Botschafter in Moskau gewesen.

357 Matthias, op. cit., S. 159.

358 A.a.O., S. 160.

359 Dean Acheson war nicht wie Harriman Mitglied von ‹Skull & Bones›, sondern von ‹Scroll & Keys›, einer weiteren Yale-Gesellschaft; Achesons Schwager William Bundy war wiederum Bones-Mitglied. Neben John McCloy, zwischen 1949 und 1952 Hochkommissar für Deutschland, und dem Anwalt Robert A. Lovett gehörten Acheson und Harriman zu den sechs ‹Wise Men›, die als Hauptarchitekten des

‹amerikanischen Jahrhunderts› angesehen wurden. Siehe dazu: W. Isaacson und E. Thomas, *The Wise Men*, New York 1988.
360 Zitiert nach Robert Eringer, op. cit.
361 *Lexikon zur Geschichte der Parteien in Europa*, Stuttgart 1981.
362 Coudenhove, *Eine Idee erobert Europa*, op. cit., S. 317.
363 *Geschichte*, Nr. 1, 1991. – Im März 1952 hatte Stalin ein Angebot zur Wiederherstellung der deutschen Einheit unterbreitet; Deutschland sollte nach seiner Vorstellung in diesem Fall neutral bleiben und nicht in ein westliches Militärbündnis integriert werden; auch vor dem Beitritt der Bundesrepublik zur Nato im Oktober 1954 hatte es eine Wiedervereinigungs-Debatte auf der Berliner Außenminister-Konferenz vom Januar desselben Jahres gegeben. Auf die erneute Forderung von Moskau, daß ein wiedervereinigtes Deutschland «demokratisch und friedliebend» sein solle, also nicht in ein westliches Militärbündnis eingebunden werden dürfe, wollte man im Westen nicht eingehen.
364 Kursivsetzungen durch den Autor.
365 Schon der ‹Intelligence Report› von 1955 wußte nach Schickel (a.a.O.): «Verblüffend exakt ahnte eine in dem Report enthaltene Wahlprognose außerdem voraus: ‹Die Erfahrung mit einem Regime, das sich stark auf marxistische Symbole lehnt, der Widerwille gegen eine Planwirtschaft und die Unterdrückung der Arbeiter unter der Einheitspartei dürften sicherlich antimarxistische Tendenzen unter Teilen der ostdeutschen Arbeiterschaft hervorgerufen haben, die dazu führen könnten, bei der Wahl zu einem Nachteil der SPD beizutragen.› »
366 *FAZ* vom 10. 9. 1981.
367 *Aus Politik und Zeitgeschichte*, 14. 4. 1984. Die Studie stammt von Volker Rittberger. Kursiv durch den Verfasser. – Auf die Methoden, *in Amerika* das parallele Langstreckenprogramm als strategische Notwendigkeit hinzustellen, wirft keine geringere Instanz als der CIA ein interessantes Licht: «Zwischen dem amerikanischen Verteidigungsministerium und dem Auslandsgeheimdienst CIA ist es zu einer Kontroverse über die sowjetischen Rüstungsanstrengungen gekommen. Nach den Worten des demokratischen Senators Broxmeyer hat der CIA eine Studie vorgelegt, nach der die Sowjetunion ihre Verteidigungsausgaben seit 1976 nur um 2% jährlich erhöht hat (...) Präsident Reagan hatte seine Forderungen nach neuen Waffen wiederholt mit dem Hinweis auf die militärische Aufrüstung der Sowjetunion begründet.» (Radio DRS, 20. 11. 1983) Und zwei Jahre später hatte «der amerikanische Geheimdienst CIA herausgefunden, daß die sowjetische Mehrfachsprengstoffwaffe vom Typ SS 19 weniger gefährlich ist als ursprünglich angenommen». (*Zofinger Tagblatt*, 20. 7. 1985.) Aus diesen Äußerungen geht indizienhaft hervor, daß es noch andere Gründe geben mußte, die westliche Rüstung hochzukurbeln als die angebliche Bedrohung durch die Sowjets. Teils wurzeln diese anderen Gründe zweifellos in den Interessen der Rüstungsindustrie; teils hängen sie mit dem amerikanischen Beschluß zusammen, das gesamte sozialistische System umzubauen. Der entsprechende Druck wurde seit der Mitte der siebziger Jahre in der Carter-Ära aufgebaut; zum vollen Ausdruck kam er Anfang der achtziger Jahre, zum Beispiel in der weiter unten angeführten Äußerung von Richard Pipes. – Die Destabilisierung der

SPD in der Ära Schmidt, die finanzielle Förderung der CDU sowie des rechten Flügels der SPD und FDP im Beginn der achtziger Jahre durch den Flickkonzern muß im Zusammenhang mit der zur gleichen Zeit nachweisbaren US-Zielsetzung, das sowjetische System umzubauen, betrachtet werden, denn um dieses Ziel zu realisieren, mußte in Westdeutschland eine nachrüstungsfreundliche Regierung an die Macht gebracht werden.

368 *Newsweek* vom 3. 3. 1981. Zitiert nach: *Der Plan Euroshima*, hg. von G. Neuberger, Köln 1982. Kursiv durch Verfasser. – Die oktroyierte ‹Nachrüstung› in Deutschland muß auch unter dem Gesichtspunkt dieser Äußerung betrachtet werden. Für den atomaren Kriegsfall war der dazu erwählte Schauplatz Europa.
Siehe auch die Bemerkungen in Anm. 367. – Richard Pipes, ein Harvardprofessor, gilt als Experte in osteuropäischer Geschichte, mit welcher er sich in mehreren Publikation auseinandersetzte.

369 *Time*, Nr. 48, 1981.
370 *Das Parlament* vom 16. 7. 1983.
371 *The Daily Telegraph* vom 23. 9. 1983.
372 New York 1989. – 2. Aufl. Das Kurzzitat aus der Einleitung (S.1) und das folgende Zitat (S.15) wurden vom Autor übersetzt. Das Buch ist unter dem Titel *Das gescheiterte Experiment* auf deutsch erschienen: Wien 1990.
373 Markus Göldner, *Politische Symbole der europäischen Integration*, Frankfurt 1988, S. 82. Kursiv durch den Verfasser.
374 Heiligenkreuztal, 10. Aufl. 1987.
375 Philippe Chenaux, *Une Europe Vaticane?*, Bruxelles 1990, S. 35.
376 W.L. Shirer, *Aufstieg und Fall des Dritten Reiches*, Köln/Berlin 1961, S. 231. – Die zwei Zitate im nächsten Absatz stammen aus: Gordon Zahn, *German Catholics and Hitler's Wars*, New York 1962. Deutsche Version vom Verfasser.
377 Chenaux, op. cit., S. 251.
378 Otto von Habsburg, *Zurück zur Mitte*, Wien/München 1991, S. 238. – «Soll Europa gesunden, muß es zu seinen christlichen Wurzeln zurückkehren», verkündet Habsburg in seinem Buch *Macht jenseits des Marktes*, Wien 1989, S. 247, in welchem er auch meint: «Die Substanz des Gottesgnadentums kann uns auch heute noch viel geben.»
In seinem Buch *Die Reichsidee*, (Wien/München 1986) meinte derselbe Habsburg zum Zwölf-Sterne-Symbol: «Auf Antrag von Ingo Friedrich aus Mittelfranken und mit Unterstützung der Mehrheit des Europaparlamentes proklamierte der EG-Kommissar Ripa de Meana 1986 die zwölf gelben Sterne auf blauem Grund zur endgültigen Fahne für die Gemeinschaft. *Darüber freuten sich nicht nur christliche Kreise, die im Sternenkranz die Marienkrone sehen, sondern auch alle, die an ein größeres Europa glauben.*» – Es ist bemerkenswert, daß die meisten Bücher Habsburgs im selben Amalthea Verlag (ursprünglich Wien) erschienen, in dem auch Arthur Polzers Werk über Otto von Habsburgs Vater, Kaiser Karl, erschienen war. Eine genaue Kenntnis dieses Werkes Polzers, in dem auch die Idee der Dreigliederung skizziert ist, durch Otto von Habsburg muß angenommen werden.

379 *Time International*, 24. 2. 1992.
380 Margaret Thatcher, *Downing Street No 10 – Die Erinnerungen*, Düsseldorf 1993, S. 652.
381 A.a.O., S. 655. – Wie naiv diese Staatschefin über die amerikanischen Langzeitplanungen dachte, zeigt ihre Behauptung gegenüber Gorbatschow: «Die Vereinigten Staaten hätten nie den Wunsch nach der Beherrschung der Welt gehegt.» (S.653) Der von ihr verehrte Churchill hätte es besser gewußt.
382 Michail Gorbatschow, *Glasnost – Das neue Denken*, München 1989, S. 42. Kursivsetzung durch den Verfasser. – Das sozialistische ‹Experiment› hatte übrigens auch im Osten eine sonderbare Art von Rückendeckung gefunden, die sich in der Phase des Experimentabbruchs wiederholt zu haben scheint. Der Maler Nikolaj Roerich, der mit ‹Mahatmas› in Tibet in Verbindung stand, und seine Frau Helene Roerich, die Begründerin des ‹Agni Yoga›, wußten zu berichten, daß Lenin ganz im Sinne dieser ihrer Lehrer handelte, die ihn sogar als ‹Mahatma Lenin› betitelten. N. Roerich hatte auch Beziehungen zu Roosevelt, mit dem er in Korrespondenz stand. Die Pyramide auf der Dollarnote soll auf Roerichs Anregung zurückgehen. Er soll auch über Roosevelts Staatssekretär Cordell Hull die UNO konzipiert haben. Roerich – und wohl auch seine ‹Mahatmas› – war davon überzeugt, «daß nur eine Weltregierung die Ursachen von bewaffneten Zusammenstößen entfernen und als unparteiischer Richter walten könne» (A. Thomas, *Shambhala*, London 1977). Michail Gorbatschow traf im Mai 87 und im Oktober 89 mit dem Sohn von Roerich zusammen, wodurch ein «langjähriger Wunsch in Erfüllung» ging.
Die Roerich-Verbindung von Gorbatschow könnte ihn zu dem so ungewöhnlichen Entgegenkommen gegenüber dem Westen zusätzlich veranlaßt haben. Zu Roerich siehe auch: S. Prokoffief, *Der Osten im Lichte des Westens*, Dornach 1992; darin weitere Literatur.
383 Thatcher, op. cit., S. 1071. Kursiv durch den Verfasser.
384 Thatcher, op. cit., S. 673.
385 Matthias, op. cit., S. 126.
386 Habsburg, op. cit., S. 13f.
387 *Die Zeit* vom 29. 5. 87. – Sommer, der Herausgeber der Zeit war, stand mit der ‹Atlantik-Brücke› in Verbindung. Eine bewußte Irreführung der Leser ist nicht ausgeschlossen.
388 *FAZ* vom 26. Mai 1989. Die Stelle lautet im Zusammenhang: «In seiner dritten Rede zur amerikanischen Ost- und Sicherheitspolitik binnen zwei Wochen mischte Bush Lob für Gorbatschows Reformpolitik mit westlichem Selbstbewußtsein angesichts der allgemeinen Hinwendung zur Demokratie in der Welt. ‹Wir leben in einer Zeit, die Zeuge des Endes einer Idee ist, des letzten Kapitels des kommunistischen Experiments.› »
389 Hamburg, April 1989.
390 Op. cit., S. 309.
391 Siehe *Der Spiegel*, Nr. 13 und Nr. 14, 1989.
392 Henrich, op. cit., S. 278.
393 Zum kirchlichen Experiment, Teile des anthroposophisch orientierten Weltbildes in den Schoß der katholischen Spiritualität zu absorbieren, welches Ende der sieb-

ziger Jahre gestartet wurde und rund zehn Jahre dauerte, siehe Th. Meyer, *Die Bodhisattvafrage*, Basel 1989. Im Assimilationsversuch anthroposophischen Gedankengutes von seiten bestimmter katholischer Kreise spielte der einstige Anthroposoph V. Tomberg (1900–1973), der in den vierziger Jahren zum Katholizismus übertrat, eine Schlüsselrolle. Ein Tomberg-Werk wurde mit einer Einleitung des ehemaligen Jesuiten Hans-Urs von Balthasar versehen, dem Johannes Paul II. kurz vor dessen Tod noch den Kardinalshut verleihen wollte. – Zur Beziehung des gegenwärtigen Pontifex zur Anthroposophie siehe auch Pietro Archiati, «Zur Gegendarstellung Prof. Spaemanns», *Das Goetheanum*, 17. Jan. 1993.

394 Durch den hier vertretenen Gesichtspunkt verliert das moralische Engagement der Vertreter der lutherischen Kirche oder des Leipziger Intendanten Kurt Masur, besonders am kritischen 9. Oktober 1989, nichts von seinem Glanze. *Entscheidend für den Sieg der ‹Revolution› war dennoch, daß es, noch bevor sie angefangen hatte, grünes Licht aus Moskau gab.* War Gorbatschows Besuch in Ostberlin zum vierzigsten Jahrestag des DDR-Bestehens am 6. und 7. Oktober nicht eine offene Ermutigung zum sanften ‹Druck von unten› in der DDR? – Es ist beachtenswert, daß Helmuth Kohl schon 1983, im 500. Gedenkjahr von Martin Luthers Geburt, in derselben Parlamentsansprache, in der er für die Wiedervereinigung plädierte, gleichzeitig betont: «Die Erinnerung an Martin Luther und die Frage, was er für Zeit und Zukunft bedeutet, führen die Deutschen in diesem Jahr zusammen.» (*Das Parlament*, 16. 7. 1983.) Ahnte Kohl schon damals, wie wichtig das lutherische Element in der DDR noch werden sollte: 1989 half es die von Washington und Rom, in Absrpache mit Moskau, entriegelten Portale zwischen Ost und West sanft und friedlich aufzustoßen ...

395 Ekkehard Kuhn, *Gorbatschow und die deutsche Einheit, Aussagen der wichtigsten russischen und deutschen Beteiligten*, Bonn 1993, S. 44.

396 A. a. O., S. 43. In Anwesenheit von Gorbatschow führte N. Portugalow, Gorbatschows Deutschland-Berater, aus: «Gerade dieser Befehl, von Gorbatschow initiiert (...) war ganz hervorragend (...) Das Militär war darüber sehr ungehalten, versuchte Einfluß zu nehmen. Ich erinnere mich noch: da war der Oberkommandierende unserer Heeresgruppe in der DDR, Armeegeneral Snedkow. Der hat da aus jeder Fliege einen Elefanten machen wollen, wie gefährlich sich das abspiele und daß wir unsere Rechte verlören und so fort; *alles blieb vollkommen unbeachtet. Gorbatschow blieb eisern.*» Kursiv vom Verfasser.

397 S. 37. – Es ist zu beachten, daß *Forum* laut Impressum die offizielle ‹Informationsschrift des Europarates› ist.

398 *Rom macht mobil für ein ‹christliches Europa›*, Typoskript einer Dokumentarsendung des Saarländischen Rundfunks. 1991. Vgl. auch A. Reuveni , op. cit. , Kap. 6.

399 A.a.O. , S. 39.

400 Ende September 1987 schlug Herrhausen bei der Jahrestagung von Weltbank und Internationalem Währungsfonds vor Wirtschaftsjournalisten aus aller Welt vor, für die am stärksten verschuldeten Länder auch über einen teilweisen Schuldenerlaß nachzudenken. – «Nimm den nächsten Hubschrauber, und verlasse Washington, du wirst hier abgeschossen», schilderte Herrhausen selbst später seine Empfindun-

gen in der US-Hauptstadt. Siehe: G. Wisnewski, W. Landgraeber, E. Sieker, *Das RAF-Phantom*, München 1992, S. 154.
401 Magazin der *Süddeutschen Zeitung*, vom 27. 11. 1992.
402 *Das RAF-Phantom*, S. 172. – Es sollte nicht geschlossen werden, daß der CIA das einzige bedeutende Instrument verdeckter Machtausübung ist; ebensowenig wie ‹Skull & Bones› die einzige okkultistisch-politische Gruppierung in den USA; je mehr von solchen Organisationen und Gruppierungen bekannt wird, je mehr müssen andere Vereinigungen oder Brüderschaften ‹nachwachsen›.
403 A.a.O., S. 197 f.
404 A.a.O., S. 190. – Wenn man berücksichtigt, daß über die ‹Atlantik-Brücke›, eine einflußreiche private politische Pressure-Group in Bonn, u. a. deutsche und amerikanische Industrie- und Geheimdienstspitzen verkehrten, ist leicht verständlich, wie gut orientiert man in den USA über maßgebliche deutsche Pläne in der Wendezeit gewesen ist. Die ‹Atlantik-Brücke› ist im übrigen ein deutscher Ableger des American Council on Germany.
405 Es besteht guter Grund zur Annahme, daß die Schüsse von Bad Kleinen im Juni 1993 vom bundesdeutschen Geheimdienst veranlaßt worden sind, um den Bürgern klarzumachen, wie groß, entgegen der Behauptung der Autoren des *RAF-Phantoms*, die akute Gefahr der RAF-Kerntruppe noch immer sei. Die auch in diesem Falle schlampig und dilettantisch geführten Untersuchungen geben der Publikation der drei Autoren ein noch größeres Gewicht. Siehe deren zweites Buch: *Operation RAF – Was geschah wirklich in Bad Kleinen?* München 1994.
406 Gerhard Wisnewski, ‹Herrhausen wurde nicht ermordet›, Magazin der *Süddeutschen Zeitung*, 27. 11. 1992.
407 Das ‹Testament› beschränkte sich noch auf die griechischen Katholiken; das wesentliche aber ist, daß es das konfessionelle Element des *Katholizismus* ist, der zu politischen Zwecken verwendet werden soll.
408 Zitiert nach der *FAZ* vom 13. 1. 1990.
409 *The Economist*, 1.–7. September 1990. Zu der Karte siehe auch T.M. Boardman, ‹Die neue Weltordnung›, in *Das Goetheanum*,14. 8. 1994. – Was den Golfkrieg anbetrifft, so sei auf zweierlei verwiesen: «Am 25. 7. 1990, einen Tag nachdem die CIA irakische Truppenverschiebungen an der kuwaitischen Grenze gemeldet hatte, erklärte die US-amerikanische Botschafterin April Glaspie Saddam Hussein laut einem nie dementierten irakischen Gesprächsprotokoll: ‹Wir wollen zu den innerarabischen Konflikten keine Position beziehen, beispielsweise zu Ihrem Konflikt mit Kuwait.›» (WoZ, 14. 1. 1994.) Als Hussein, der auch von westlicher Seite aufgerüstet worden war, am 2. 8. 1991 in Kuwait einfiel, erhielten 40'000 amerikanische Soldaten den Marschbefehl. – Siehe ferner: Karlheinz Deschner, *Der Moloch – Zur Amerikanisierung der Welt*, Stuttgart 1992, S. 331ff.
410 Die Jakobsmuschel am Hut ist das Zeichen der Pilger, die nach Santiago de Compostela, wo das Grab des heiligen Jakobus verehrt wird, unterwegs sind.
411 *Foreign Affairs*, Sommer 1993.
412 Zitiert nach der deutschen Fassung, die am 13. 8. 1993 in *Die Zeit* erschien.

413 Huntington, der Beedhams Karte offensichtlich kannte, läßt Petersburg ebenfalls am östlichen Ende des westlichen Gebietes figurieren; die Grenze läuft mitten durch Jugolsawien, Kroatien nach Westen, Serbien und Bosnien nach Osten schlagend. Der Islam gehört für Huntington in die Ostsphäre.
414 Die Enzyklika ist mit einem Kommentar enthalten in: *Vor neuen Herausforderungen der Menschheit – Sozialenzyklika Centesimus Annus Papst Johannes Pauls II.* , Freiburg 1991.
415 A.a.O., S. 15.
416 A.a.O., S. 51.
417 A.a.O., S. 56.
418 A.a.O., S. 126.
419 *Die Weltwoche*, EWR-Beilage zur Nr. 47, 19. 11. 1992.
420 Wochenbericht der *Bank Julius Bär* vom 7. 5. 1992.
421 *Die Welt* vom 21. 12. 1992.
422 Hamburg 1994, S. 264. – Brzezinski erweist in einer Fußnote auch den Gedanken Huntingtons seine Reverenz, die er noch vor der Publikation von dessen Essay kennenlernen konnte.
423 Brzezinski, op. cit., S. 265 f.
424 A.a.O., S. 255 f.
425 A. a.O., S. 155.
426 *Die Welt*, 6. 5. 94.
427 Robert K. Massie, *Peter der Große – Sein Leben und seine Zeit*, Königstein 1980. – 1990 hatte die deutsche Ausgabe eine Aufl. von 30'000 Exemplaren erreicht. – Massie ist auch der Verfasser eines Werkes über die Vorgeschichte des Ersten Weltkriegs, das 1991 in New York, 1993 unter dem Titel *Die Schalen des Zorns – Großbritannien, Deutschland und das Heraufziehen des Ersten Weltkrieges* in Frankfurt a. M. erschien. Der Autor zeichnet darin das Bild des Krieges, in den man hineingeschlittert sei, ohne die westliche Vorarbeit, auch auf dem Balkan, zu erwähnen.
428 Vgl. dazu Caroll Quigley, *The Anglo-American Establishment*, New York 1981; auch A. Reuveni, op. cit. , Kap. 2. Ferner M. Barkhoff, ‹Der Lehrer des Präsidenten›, *Das Goetheanum* vom 17. 1. 1993.
429 *Der Spiegel*, 23. 5. 1994.
430 John Morrison, *Boris Jelzin*, Berlin 1991, S. 50.
431 A.a.O., S. 57.
432 NZZ vom 17. 6. 1992.
433 Zu Bush siehe: Konrad Ege, *George Bush – der neue Präsident*, Köln 1988. Über ‹Skull & Bones› schreibt Ege (S. 22 f.): «Für Bush gingen die in Yale geschlossenen Beziehungen über die Freundschaften zu anderen Studenten aus wohlhabenden Familien hinaus. Wie sein Vater war er Mitglied von ‹Skull & Bones›, Schädel und Knochen. In den Worten von Universitätsarchivar Kelley ist dieser seit 1832 [1833] bestehende Verband ‹vielleicht die berühmteste Geheimverbindung in den Vereinigten Staaten (...) Ihr Zweck und Programm wurden bei ihrer Gründung nicht bekanntgemacht und sind auch seitdem nicht bekanntgemacht worden.› Um diesen Zweck herauszufinden, ist jedoch, trotz aller Geheimniskrämerei in dem fensterlo-

sen ‹Skull & Bones›-Hauptquartier, nicht viel Phantasie nötig. In einer Reihe von Verbrüderungsritualen – wie dem Offenlegen ihres Sexuallebens – schaffen die ‹Knochenmänner› (es sind jeweils nur fünfzehn pro Jahrgang) enge persönliche Beziehungen, die ein ganzes Leben lang erhalten bleiben. Bush profitierte davon: Ein Knochenmann half ihm, als er nach seinen Yale-Jahren ins Erdölgeschäft einstieg, und Knochenmänner unterstützten 1980 seinen Präsidentschaftswahlkampf. Kurz nach seiner Vereidigung als Vizepräsident im Januar 1980 lud Bush die ‹Skull & Bones›-Männer plus Ehefrauen zu einem Abendessen in seiner neuen Villa in Washington ein.» Zu den tieferen Hintergründen dieses Clubs siehe unsere Ausführungen auf S. 182ff.

434 Der *Economist* vom 2. Juli 1994 brachte einen Artikel über Rußland mit dem Titel ‹Imperial Russia›, mit einem Bild Peters des Großen, unter dem zu lesen ist: «Alle Russen für Peter den Großen». Man kennt im Westen seine präparierten russischen ‹Pappenheimer› ...

435 1634 kamen mit den ersten Pilgervätern auch die ersten Jesuitenpatres nach Amerika, 1640 tauften sie den ersten Indianer. Sie gründeten Schulen für Weiße und Indianer, errichteten ein Jesuitenkolleg in New York. In Georgetown entstand nach Fülöp-Miller (S. 423)«ein Seminar, die erste katholische Unterrichtsanstalt auf dem Territorium der Vereinigten Staaten; von dort breiteten sie dann das Netz ihrer Lehrtätigkeit nach Virginia, Delaware, New Jersey und Pennsylvanien aus.» Das Prinzip der allgemeinen Glaubensfreiheit in der amerikanischen Verfassung geht auf ihren Einfluß zurück. Siehe: René Fülöp-Miller, *Macht und Geheimnis der Jesuiten*, Wiesbaden 1960.

Die Georgetown University ist die renommierteste Diplomatenschmiede der USA. Wenn Bill Clinton von Georgetown als ‹Rhodes-Scholar› nach Oxford und dann nach Yale geschickt wurde, dann zeigt dies, a) wie einflußreich der politische Jesuitismus in Amerika ist und b) wie gut die Verbindungen zum weltlichen Pfeiler der ‹Heiligen Allianz› in Oxford und in Yale sind. – Das Heim von Pamela Harriman, der Witwe Averell Harrimans, die Clinton maßgeblich auf den Präsidententhron gebracht hat, liegt nur ein paar Häuserblocks von der Georgetown-Universität entfernt.

Im Dezember 1993 holte Clinton einen Studienfreund aus Oxford, den einstigen ‹Rhodes-Scholar› Strobe Talbot, ins State Department.

436 Wir meinen damit den mit dem anglo-amerikanischen Element schon volksmäßig in besonderem Maß verbundenen Impuls der ‹Bewußtseinsseele›, der den Menschen in seinem Denken von den Zwängen der Instinkte oder Emotionen befreien kann, worin die Möglichkeit von wirklich freien Willenshandlungen verwurzelt ist. Der einzelne, der die ‹Bewußtseinsseele› letztlich ganz von sich aus kultivieren sollte, kann dem spezifischen Element, das die englisch-sprechenden Völker übergreift, gewissermaßen eine zusätzliche Anregung dazu entnehmen. – ‹Zur Bewußtseinsseele› siehe Rudolf Steiner: *Theosophie, Einführung in übersinnliche Welterkenntnis und Menschenbestimmung*, GA 9.

437 Siehe den Paragraphen 12 des ‹Testamentes›. Zu Berlusconis indirekter Beziehung zur Geisteswissenschaft siehe *L'Espresso* vom 27. 5. 1994 und *Das Goetheanum* vom 12. 6. 1994.

438 Wenn sich dieses heute wieder ändert, wie manche Beiträge in der Wochenschrift *Das Goetheanum* oder in der Zeitschrift *Info-3* in den letzten Jahren zeigen können, so ist zu hoffen, daß die Wachheit zeitgeschichtlichen Prozessen gegenüber in Zukunft noch viel ‹ansteckender› wirkt, als es heute noch der Fall ist. – Ein negativer Beweis für das schwindende politische Bewußtsein nach Steiners Tod sind diverse Querverbindungen von einzelnen, wenn auch verhältnismäßig wenigen Schülern Steiners zur Ideologie des Nationalsozialismus, wie in den letzten Jahren mehrfach dokumentiert worden ist.

439 Die komplette Liste derartiger Versicherungen – wie man sie von Rom her kennt – wäre lang. Wir beschränken uns im folgenden auf einige besonders hervorragende Beispiele von dieser Art.

440 Das ‹Scheitern› bezieht sich nicht auf die *individuelle* Möglichkeit, den Impuls der Weihnachtstagung in sich aufzunehmen, sondern auf die spirituelle Bindekraft, die sie *für die ganze AAG* hätte haben können.

441 Franz Kardinal König, der dem Opus Dei nahestehende Wiener Würdenträger, sagt: «In der Folgezeit waren es dann die europäischen Bischofskonferenzen 1977 und 1980, die den europäischen Gedanken, die Idee der europäischen geistigen Zusammenarbeit neu aufgriffen und bewußt machen wollten.» (Siehe: *Europa und die Folgen – Castelgandolfo-Gespräche 1987*, Stuttgart, 1988, S. 16.)

442 In einem Vortrag vom 29. 10. 1981 in St. Gallen. Im selben Vortrag wurde von Otto von Habsburg die angebliche Äußerung kolportiert: «Ohne die Dreigliederung werde Europa nicht weiterkommen.» Was von Habsburg, dem das ‹christliche› Europa und der Papst am Herzen liegen, falls er diesen Ausspruch wirklich tat, sich unter ‹Dreigliederung› vorstellt, bliebe eine offene Frage.

443 Um Mißverständnissen vorzubeugen: Nicht die Bestrebungen von Europas ‹Besten› stehen hier direkt zur Diskussion; sondern der im Wiener Referat von 1979 suggerierte Schulterschluß mit diesen ‹Besten›. Ein solcher Schulterschluß mit den Vertretern der katholischen Kirche oder der *heute maßgeblichen* europäischen Institutionen kann niemals im Interesse der wahrhaftigen Vertretung der Gesichtspunkte der Geisteswissenschaft geschehen.

444 Am 2. 11. 1992.

445 Mündliche Mitteilung eines Teilnehmers der Dornacher Generalsekretärversammlung vom Frühjahr 1994.

446 In einem Michaeli-Vortrag in Dornach mit dem Thema ‹Idee und Auftrag eines neuen Abendlandes›; abgedruckt in: M. Schmidt-Brabant, *Idee und Aufgabe Europas*, Dornach 1993.

447 A.a.O. , S. 17.

448 GA 338. – Auch in diesem Dornacher Vortrag fehlt der Hinweis auf Europas ‹Beste› nicht; diesmal sind es «die verehrten Freunde des *Club of Rome*». (A.a.O., S. 23.)

449 Infolge der Platzbeschränkung im Goetheanum mußte, wie auch schon auf den beiden früheren Klassen-Tagungen, unter allen Klassen-Mitgliedern eine Selektion vorgenommen werden, letztinstanzlich durch den Dornacher Gesellschaftsvorstand.

450 Im Michaeli-Heft 1993, Nr. 185.

451 Der Ausdruck ‹rituell-kultisch› kommt übrigens auch in einem Vortrag vor, der von einer tonangebenden Persönlichkeit der AAG am 6. Juli 1990 vor Mitgliedern der freimaurerischen Forschungsloge Quatuor Coronati im Grundsteinsaal gehalten wurde. Siehe dazu Anm. 466.
Es ist hier ferner in sehr sonderbarer Weise vom ‹umgekehrten Kultus› die Rede. In seinen Vorträgen in Stuttgart vom Februar 1923 charakterisiert Rudolf Steiner im Hinblick auf die Bewegung für religiöse Erneuerung das Wesen des religiösen Kultus als ein Abbilden von vorgeburtlichen Erlebnissen im sinnlich-kultischen Geschehen und deutet auf die gemeinschaftsbildende Kraft, die solchem Kultus innewohne. Es waltet hier die Richtung von oben (geistige Welt) nach unten (physisch-sinnliche Welt). Dem stellt er dann das Erwachen des Menschen am Geistig-Seelischen des Mitmenschen gegenüber; dieses werde gefördert durch Hinauftragen ins Spirituelle von *ideell durchdrungenen* sinnlichen Erlebnissen; die Wirkensrichtung geht hier von ‹unten› nach ‹oben›. Dies bezeichnet Steiner dann als ‹umgekehrten Kultus›. Man könnte ihn Erkenntnis-Kultus, Erkenntnis-Sakramentalismus nennen. Das angeblich ‹öfter› geäußerte Bedürfnis nach ‹ritueller-kultischer Arbeit› liegt auf der Linie des religiösen Kultus. Es mit dem ‹umgekehrten Kultus› einfach gleichzusetzen, ist im Zusammenhang mit Steiners Fassung dieses Ausdruckes nicht möglich. Siehe dazu: Steiners Vortrag vom 27. 2. 1923, GA 257.

452 *Was in der Anthroposophischen Gesellschaft vorgeht – Nachrichten für deren Mitglieder*, 12. 5. 1991, S. 102.

453 Es sei daran erinnert, daß auch Pius IX. das Infallibilitätsdogma nicht plump selbst lancierte, sondern gewisse Menschen dazu anregte, es ‹von sich aus› vorzuschlagen; es konnte dadurch scheinen, als wolle er nur, ganz selbstlos, einem *objektiven* Wollen Befriedigung verschaffen. Auch wenn, in unserem Falle, ein entsprechendes Wollen tatsächlich vorhanden ist: den bloßen Anschein zu erwecken, es *im Sinne und im Namen Steiners* befriedigen zu *können*, ist so abgeschmackt wie ‹jesuitisch›. – Der Verfasser dieses Lebensbildes übte in einem Privatdruck für anthroposophische Freunde mit dem Titel ‹Anthroposophische Gesellschaft, anthroposophische Bewegung und das Jahrtausendende› Kritik an dem Unterfangen, den Versuchsballon mit der ‹2. Klasse› auf der Michaeli-Tagung 1993 zu lancieren. Er stellte darin auch Polzers Forderung nach spirituellem Dezentralismus und nur administrativer Zentralisierung der gegenwärtig wachsenden Tendenz zu einem prätentiösen spirituellen Zentralismus gegenüber. (Der Hauptteil dieser Schrift ist in den Sammelband *Anthroposophische Gesellschaft an der Jahrtausendschwelle*, Dornach 1994, aufgenommen worden.)

454 Über die ‹Beehrung› Santiagos durch den Besuch des Papstes schreibt Franz Kardinal König (*Europa und die Folgen*, op. cit., S. 16): «Die geistige Situation und die Stimmung von damals [der Zeit nach dem 2. Vatikanum] hat niemand anderer als Johannes Paul II. während seiner Pilgerfahrt nach Santiago de Compostela in einem Bekenntnis anschaulich zum Ausdruck gebracht: «Ich, Johannes Paul, Sohn der polnischen Nation, die sich immer aufgrund ihres Ursprungs (...) als europäisch betrachtet hat, als *slawisch unter den Lateinern, als lateinisch unter den Slawen*, ich, Nachfolger Petri auf dem Stuhl von Rom, ich Bischof von Rom und Hirte der Universalkirche, rufe dir, altes Europa,

von Santiago aus voller Liebe zu: Finde wieder zu dir selber, sei wieder du selbst. Besinne dich auf deinen Ursprung, belebe deine Wurzeln wieder (...) Die anderen Kontinente blicken zu dir hin und erhoffen von dir, *die Antwort des Jakobus zu hören* (...)» (Kursiv durch d. V.) Damit war Santiago de Compostela während der Europafeier 1982 durch Johannes Paul II., der das Slawentum mit dem lateinisch-römischen Element der Dekadenz verketten möchte, für die kirchlichen Bestrebungen geistig ‹in Beschlag› genommen worden. Dies ist, vom geist-realen Standpunkt aus betrachtet, das Ergebnis der ‹Beehrung› Santiagos durch den Papst-Besuch.

455 *Was in der Anthroposophischen Gesellschaft vorgeht – Nachrichten für deren Mitglieder*, 5. 12. 1993. Dem Bericht von Frauke Elsner ist auch zu entnehmen, wieweit die Tagung auch im Zeichen der Europafrage stand, die in derselben Art schon früher von der katholischen Kirche (und vom Europarat, vgl. dazu S. 507f.) aufgeworfen wurde: «Könnte das, was dieser Jakobsweg damals für Europa war, für uns Heutige ein Zeichen sein, in einer bestimmten Gesinnung am Aufbau der zukünftigen europäischen Gemeinschaft mitzuwirken?» Von einer anderen Berichterstatterin wird am selben Ort berichtet: «Alle Vorträge waren ein Weckruf an das historisch-spirituelle Bewußtsein Spaniens, das in den Grals- und Jakobusmysterien wurzelt.» Vgl. auch Anm. 454.

456 Laut einer brieflichen Mitteilung von Paul Michaelis an Erika Warnke vom 21. Februar 1968, hatte Michaelis «(...) alles an den Vorstand übergeben, als ich vor vier Jahren in der Klinik mich auf die Reise zu begeben dachte. Nur die sehr privaten Tagebücher habe ich verbrannt. Alle!» Am 25. April 1972 schrieb er an Herrn Geiger in Wiesneck: «(...) was als ‹gesichert› gelten konnte, habe ich vor sieben Jahren bereits dem Dornacher Vorstand übergeben. Ausgenommen sind einige vorhandene Mantren-Nachschriften und Korrekturen von R. St. an zwei Vorträgen und Briefe R. St's, die aber auch inzwischen veröffentlicht wurden (...) dann an den Vorstand gehen werden.» – Ob es sich bei den beiden Ordnern um die von Michaelis stammenden Materialien handelt, ist ungewiß; auch Ilona Schubert, die einstige Schwiegertochter von Ludwig Polzer, hatte laut einer persönlichen Mitteilung an den Verfasser wichtige Aufzeichnungen leihweise einer maßgeblichen Persönlichkeit des Vorstands überlassen und sie vor ihrem Tod nicht mehr zurück erhalten.

457 Siehe Anhang, S. 603.

458 Siehe Anhang, S. 597.

495 Ludwig Polzer-Hoditz in einem Brief an den Vorstand der AAG vom 30. Juni 1929.

460 *Was in der Anthroposophischen Gesellschaft vorgeht – Nachrichten für deren Mitglieder*, 19. 12. 1993. – Ein gewisser Höhepunkt in bezug auf das Abgeben von ‹geisteswissenschaftlichen› Versicherungen darf in folgender Verlautbarung aus demselben Aufsatz vom Dezember 1993 gesehen werden: «Der heutige Vorstand am Goetheanum weiß sich mit ihnen [den Mitgliedern des Gründungs-Vorstandes] und den anderen verstorbenen Vorstandsmitgliedern, gleich ob sie noch in der geistigen Welt oder wieder in einem Erdenleibe sind, verbunden zum Wirken für die wahre Geistgestalt der Weihnachtstagung.»

461 A.a.O., 10. Januar 1993.

462 Die letzte Frage zum 7. Tag der Tagung lautete: «Kann die Weltgesellschaft [der AAG] *die* (kursiv vom Verfasser) wahre Gemeinschaft freier Geister werden?» Die Implikation dieser Frage besteht u.a. im folgenden: Falls sie das könnte, müßten alle Menschen, die nicht der AAG angehören, sich außerhalb der wahren Gemeinde freier Geister befinden. Schon die Form der Fragestellung zeigt dieselbe Art der Universal-Prätention, wie man sie von der ‹Ecclesia› her gewohnt ist – extra ecclesiam nulla salus – außerhalb der Kirche kein Heil ...

463 Es sei hier darauf hingewiesen, daß neben Polzer selbstverständlich viele anderen Schüler-Individualitäten anzuführen wären, die von der falsch gestellten Fragestellung in bezug auf die Wiederkehr der ‹Freunde› ebenso betroffen sind. Die Verkehrtheit dieser Fragestellung kann aber im Zusammenhang mit Ludwig Polzer-Hoditz besonders klar hervortreten.

464 Voraussetzungslosigkeit gehört zu den Grundforderungen eines geisteswissenschaftlichen Denkens und Erkennens. Siehe dazu Rudolf Steiners philosophische Grundschriften *Wahrheit und Wissenschaft* (GA 2) und *Die Philosophie der Freiheit* (GA 4).

465 Zwei Beispiele für die wiederholt zu konstatierende Art und Weise der Inbesitznahme von Unterlagen durch eine einflußreiche Persönlichkeit der AAG seien hier genannt: Ende der 70er Jahre ließ sich die betreffende Persönlichkeit von der Albert-Steffen-Stiftung rund siebzig Leitz-Ordner (mit Korrespondenz von Steffen als Vorsitzendem) herausgeben, die im AAG-Vorstands-Archiv untergebracht werden sollten; dem damaligen Vorsitzenden der Steffen-Stiftung, Friedrich Behrmann, wurde für den Fall der definitiven Lagerung im Goetheanum jederzeitiges Zugangsrecht versprochen; später wünschte man Kopien dieser Dokumente; umsonst. Heute müssen sie auch für die Nachfolger von Behrmann als auf unbestimmte Frist hin unzugänglich gelten. – Am 10. 1. 1986, dem Tage nach dem Tod von Kurt Franz David, dem Sekretär des Vorstandes, brach man im ‹Glashaus› beim Goetheanum im Auftrage ‹von oben› seinen Schreibtisch auf; die darin befindlichen Unterlagen – David beschäftigte sich unter anderem auch mit der Gegnerfrage – wurden daraus entfernt. – Die Liste wäre fortsetzbar.

466 Freuen können sich über diesen Stand der Dinge zur Zeit jene ‹Besten› von Europa, die dem europäischen und internatioalen *politisch orientierten* Maurertum verpflichtet sind. – Es ist in diesem Zusammenhang nicht ohne Interesse, daß eine maßgebliche Persönlichkeit der AAG am 6. 7. 1990 anläßlich einer im Basler Hotel International stattfindenden Jahrestagung der ‹Forschungsgesellschaft› Quatuor Coronati einen unvorhergesehenen Vortrag hielt; und zwar im Anschluß an eine Führung durch das Goetheanum – im selben Grundsteinsaal, in welchem dieselbe Persönlichkeit im Winter 1993/94 über die Bedeutung von Santiago de Compostela sprechen sollte, ohne die Mitglieder auf die systematische Okkupation dieses ‹Terrains› durch die Kirche aufmerksam zu machen. Der Betreffende sprach am 6. 7. 1990 über die ‹Zukunft der Freimaurerei im Lichte der Anthroposophie›. – Das Beachtenswerte ist nicht die Tatsache an sich, sondern, daß darüber in der AAG keine Diskussion stattfand, etwa auch darüber, wie weit es sinnvoll ist, *in solcher Art* dem Maurertum entgegenzukommen.

Rudolf Steiner selbst hat nach Ausbruch des Ersten Weltkrieges die bis dahin existierenden Berührungspunkte mit dem tradierten Maurertum, obwohl diese stets *nur äußerlicher Art* gewesen waren, mit einem Schlage fallengelassen. Nach dem Zeugnis Marie Steiners «erklärte Rudolf Steiner den (...) Arbeitskreis, der unter dem Namen ‹Mystica aeterna› sich zusammengeschlossen hatte, für aufgehoben und zerriß als Zeichen dafür das darauf bezügliche Dokument». (GA 265, S. 114). Das *politische* Element innerhalb des westlichen Maurertums hatte Partikularinteressen entwickelt, die mit den allgemein-menschlichen Zielsetzungen der Geisteswissenschaft unvereinbar waren. – Die gegenwärtig sich vollziehende Neuannäherung gewisser Persönlichkeiten der AAG an den *Grand Orient de France* wäre daher einzig und allein unter der Voraussetzung begrüßenswert, daß innerhalb dieser traditionellen maurerischen Bruderschaft des Westens ausschließlich allgemeinmenschliche Ziele verfolgt würden.

467 Siehe dazu besonders GA 237, 238 und 240.
468 Siehe dazu: Th. Meyer, *Die Bodhisattvafrage*, Basel 1989.
469 Zitiert nach Karl Heyer, *Das Wunder von Chartres*, 4. Aufl. Stuttgart 1982, S. 84.
470 Vgl. Anthony Sutton, *America's Secret Establishment*, S. 180.
471 Im Zusammenhang mit der UNO-Welternährungskonferenz in Kairo.
472 GA 181. Vortrag vom 30. Juli 1918.
473 Siehe Wolfgang Schuchhardt in *Erziehungskunst*, Nov. 1981, S. 654.
474 Mündliche Mitteilung vom Mai 1914, nach dem Tagebuch von Herman Joachim.
475 LPM, S. 198f.
476 Am 6. 11. 1917, GA 178.
477 Siehe dazu: Th. Meyer (Hg.), *Helmuth von Moltke, Dokumente seines Lebens und Wirkens*, Basel 1993.
478 Am 7. 3. 1914, GA 286.

Ergänzung zu Anmerkung 465:

Unmittelbar vor Drucklegung des Buches wurde dem Verfasser durch die Redaktion der Zeitschrift *Info-3* mitgeteilt, daß zwischen der Albert-Steffen-Stiftung und dem Vorstand der AAG «soeben eine entscheidende Vereinbarung über den Zugang zu den in Rede stehenden Ordnern getroffen worden sei».

NACHWEIS DER ABBILDUNGEN

Abbildungen 1, 20, 35 und 47:
Archiv der Universitätsbibliothek Basel

Abbildungen 3, 5–12, 13 (unten), 14–16, 18, 19, 22 (unten), 27, 33:
Unveröffentlichte Erinnerungen von Arthur Polzer (= AP)

Abbildungen 28, 29, 32 (unten), 36, 37, 42, 43 (oben), 46, 49, 52, 53, 57, 63:
«Meine Lebenserinnerungen in Bildern» von Ludwig Polzer-Hoditz (unveröffentlicht)

Abbildungen 17 und 23:
Anna Polzer, Tannbach

Abbildung 30:
Verlag am Goetheanum, Dornach

Abbildung 40 und 41:
Archiv des Goetheanum, Dornach

Abbildung 43:
Menny Lerchenfeld, München

Abbildung 62:
Christiane von Königslöw, Dortmund (Photo: Anneliese Kretschmer)

Die übrigen Abbildungen stammen aus dem Archiv des Verfassers.

ORTSREGISTER

Aachen 45, 487
Abo 143
Aelia Capitolina 588
Agram siehe Zagreb
Aldenburgh 264
Alexandrien 562, 564
Ancona 307
Arlesheim 225f., 259, 265, 353, 365, 373, 383, 391, 445, 457, 471, 615ff.
Arnheim 238
Aspang 213
Astad 104
Athen 101, 280
Ausee 374

Bad Berka b. Weimar 376
Bad Heviz 374
Bad Saarow 310
Baden b. Wien 242f., 266, 270f., 310, 323, 326ff., 373, 376, 409, 417, 420, 426, 461, 463f., 468ff.
Baia 413ff., 453
Baku 333
Banfy-Hunyad 106
Bari 284
Basel 38, 141f., 146, 225, 228, 310, 325, 332, 472, 569
Belgrad 149, 268, 273f., 282, 285f., 288ff., 297, 330
Berlin 21, 33, 45, 83f., 101, 135, 143, 166ff., 172, 175, 184, 189, 193, 197, 299, 394, 448, 483
Bernstein (Schloß) 261
Besa 586
Bieberstein 31
Birmingham 358
Bolton Castle 129, 357
Bonn 488ff.
Braunau 157
Bremen 212
Breslau 238, 240
Brest-Litowsk 177, 201, 324
Brissago 472

Brünn 39, 288, 296
Brüssel 45f., 383, 483, 532
Buchenbach 268, 297, 425, 427, 461
Buchs 157
Budapest 274, 289f., 301, 305f., 308, 326, 327, 365, 374
Bukarest 455
Bursinel 481
Busau (Burg) 35, 38, 112, 303, 316, 332
Byzanz siehe Konstantinopel

Calais 355
Canterbury 508
Castelnuovo 45
Cattaro (Kotor) 44ff., 62, 127, 287, 312, 323
Cetinje 288, 323
Chartres 244, 262, 266
Chequers 500
Chocen 333
Choltice 310
Christiania 576
Clent-Grove 358
Colonnia Savaria 101
Cremona 43
Cuma 414

Dacien (röm. Provinz) 274, 586
Dallas 510
Danbyhall (Schloß) 129
Dejvice 311, 313, 315, 321
Delphi 582
Den Haag 88, 209, 383, 483, 495
Dinkelscherben 202
Dornach 21, 135, 142, 145f., 148f., 154f., 157f., 160, 181, 192, 206f., 213, 217f., 220, 225f., 229f., 232ff., 237f., 240f., 243, 253f., 256, 258ff., 264ff., 268, 270, 276, 278, 289, 298f., 307, 309ff., 322, 324, 338f., 342, 344ff., 348, 350ff., 360, 363, 366, 372f., 472, 530, 535, 537ff., 562, 569, 596, 597, 598, 602, 604, 606, 607, 608, 611, 613ff.
Dover 355, 383
Dresden 45, 395

Dubrovnik (Ragusa) 127, 287, 323
Dürnstein (Schloß) 376

Edfu 227, 561
Eger 153
Eisenbrod 379, 382
Eleusis 134, 273
Enzesfeld (Schloß b. Wien) 376
Ephesos 226f., 561
Erdmannsdorf 131
Erlach 367

Fiume 307
Flavia Solva (röm. Provinz) 71
Fountains Abbey 357
Frankfurt 566, 567
Freiburg i. Breisgau 297, 425
Freistatt 469

Geneda 47
Genf 107, 292, 324, 500
Genua 41, 53, 267
Gessertshausen 202
Geyersburg 48
Gmunden 205
Gnadenwald 308ff., 425
Gödöllö 126
Gran 274
Granada 411f.
Graz 40, 43, 45, 48f., 61ff., 67ff., 71f., 74, 77ff., 83, 100, 102, 104ff., 114, 127, 137, 139, 257, 270f., 323, 327, 371, 373
Grinzing 353, 417
Gutau 117ff., 125, 131, 190, 192, 297, 368, 389, 466, 469
Gyöngyös 126f., 140, 143

Habsburg 31
Hall i. Tirol 288, 310, 325
Halle a. d. Saale 376
Hamburg 132, 212, 324
Hannover 212
Harrogate 354f., 358, 383
Harwich 129
Hégyfalu 104f., 374

Heidenheim 189, 284, 417, 423
Heiligenkreutz 108ff., 112f., 118f., 140, 153, 292, 333, 385f., 389f., 417, 461
Helmingham Castle 129
Helsingfors (Helsinki) 143
Herceg-Novi 288
Hermopolis 586
Hiroshima 481
Hirschberg 297
Hoek von Holland 129
Hohenmauth b. Pardubitz 353
Horn 233, 239, 246
Hradec 321
Hundsdorf 131

Innsbruck 110, 325
Ipswich 129, 264
Ischia 413ff., 453

Jalta 466ff., 481, 483, 496
Jerusalem 508, 588

Kahlenberg 353, 417
Kambelovac 293, 304, 311, 323, 327f., 352, 371, 379
Karlsbad 297, 333
Karlstein 37, 194, 301, 310, 315, 328, 333, 382
Kaschau 212f., 268
Kefermarkt 118
Kiel 212
Kis-Cell 110
Klosterbruck 43
Kobenzl 353
Koberwitz b. Breslau 240f., 606
Köfering (Schloß) 166, 193, 197, 199, 210, 461
Köln 45, 343, 395f.
Königgrätz 48, 152, 303, 380
Konstantinopel (Byzanz) 41, 69, 101, 164, 379, 380, 517, 557, 589
Konstanz 380
Konstanza 464
Korcula 328, 398
Kotor siehe Cattaro

ORTSREGISTER

Krain 109
Kremsmünster 43
Krim 466
Krivoklat siehe Pürglitz
Kupary 287

Legnago 46
Leipzig 505
Leitmeritz 49, 52
Leitomischl 380
Lemberg (Lwów) 59, 65
Linsberg 367f., 373, 382, 384, 400, 407, 410, 461, 464
Linz 117, 136, 146, 148, 151, 155ff., 189, 219, 221, 285, 288, 297, 302, 339, 389, 412, 466
Lissa 304
Locarno 260f., 472
Lomnice (Lomnitz) 379f., 382
London 22, 86, 88, 130, 149, 152, 170f., 186, 238, 262f., 276f., 352, 355, 358, 368, 370, 373, 376, 382ff., 390f., 393, 397, 411, 483, 490, 515, 594, 601
Los Angeles 509
Losoncz 47
Lukasfürdö 374
Lussin 100, 305, 306f., 312
Luzern 110, 351

Madeira 216
Madrid 535
Magenta 43
Mährisch-Ostrau (Schloß, b. Halle a. d. Saale) 301, 376
Mährisch-Weißkirchen 74, 77, 81, 126, 257
Mailand 110
Malta 507
Mantua 43, 46
Marienbad 396
Marienhöhe 310, 395
Mariensee 213f., 230, 233, 261, 266, 268, 270, 273, 275, 278, 282f., 285f., 290, 292f., 297, 307f., 310, 312, 318, 327, 329, 344, 353, 358, 367, 614
Marseille 329, 330ff.

Mauthausen 466
Mayerling 82, 430, 449f.
Meltsch 35
Mentone 267
Miotica 379
Miramare (Schloß) 133
Modern (ung. Modor) 72ff., 92f., 108, 111, 117, 140f., 262, 264, 277, 323, 354
Mösien (röm. Provinz) 71, 274, 285, 586
Moskau 467, 490, 497, 506, 523f., 547
Mostar 287
München 110, 133ff., 139, 141ff., 164ff., 170, 172, 181, 188, 202, 212, 219, 394, 397, 399, 469, 617
Münchengrätz (Schloß) 99

Neapel 53, 284, 414f.
Neudörfl 275
Neustadt 47
New York 45, 186, 523
Noricum (röm. Provinz) 71
Norrköpping 151
Nystadt 211

Ödenburg siehe Sopron
Olmütz 39, 302f.
On 228, 561, 562
Oslo 147
Ostende 383
Ostrau siehe Mährisch-Ostrau
Oxford 220, 523, 525, 547

Padua 307
Palermo 413
Pannonien (röm. Provinz) 71, 274, 285, 586
Pardubitz (Pardubice) 303f., 309, 312f., 318, 327, 344, 351, 353, 359, 365, 386, 391, 412, 422
Paris 21, 46, 130, 211, 238, 260, 262, 355, 358, 384, 394, 493, 617
Peggau 100, 105, 107ff., 113ff., 257, 270f., 373
Penmaenmawr 262
Peschiera 46

Petersburg 101, 149, 152, 209, 547
Piacenza 43
Pilgramshain 311, 377, 395, 408, 423, 465
Pilsen 60, 65, 77, 153, 220
Pistyan 262, 264f., 273, 277, 307, 312, 328
Plan 109
Pola 127
Pontresina 268
Porto d'Ischia 413, 415
Potsdam 34, 197, 394, 468, 481
Prag (Praha) 16, 37, 45, 51ff., 59, 155f., 189, 193f., 238f., 244, 247, 258, 265, 267f., 273, 283, 285, 288, 290, 297, 301ff., 309f., 312ff., 318, 321f., 326ff., 333, 344, 353, 359, 365, 375, 386, 391, 428, 433f., 547, 562, 608, 611, 614
Preßburg (Bratislava) 72f., 93, 108, 116, 126, 262, 265, 267f., 326, 344, 352, 359, 365
Pürglitz (Burg) 35, 38, 316
Puteoli 414f.

Rab 379
Radautz 116
Ragusa siehe Dubrovnik
Raski 31
Ravenna 307
Regensburg 166, 197, 394, 396, 461f.
Reichenau 175, 177
Riffl-Alm 325
Riga 88
Rigi-Kaltbad 265
Rom 16, 19, 21, 53, 71, 82, 86, 90, 219, 221, 271ff., 280f., 283f., 301f., 315f., 320, 336, 360, 363f., 377f., 380, 401, 412f., 415f., 430, 442ff., 453, 456f., 483, 494ff., 502, 504, 507, 512, 514, 517, 519, 521, 525, 534, 547, 549, 582, 585ff., 591, 592, 594, 615
Roßwald (Schloß) 32f., 423
Ruschtschuk 285

Saarbrücken 59
Saarow 395
Salone 293
Salzburg 394, 399

San Francisco 481
Santiago de Compostela 411, 496, 507f., 511, 534ff.
Sarajevo 84, 149, 151, 286ff., 419
Saßnitz 143, 152f.
Scheifling 315
Sedan 152
Selisberg 311, 351
Semmering 110, 113
Senftenberg 48ff.
Sestre Levante 258
Singidunum (Belgrad) 274, 288
Slatinany 312, 318
Smolensk 461
Sofia 285
Solferino 43
Sopron (Ödenburg) 102, 203, 310, 374, 502, 506
Split 285, 293, 352
Szombathely (Steinamanger) 101f., 106, 108, 110, 112, 113, 120, 127

St. Jacob a. Arlberg 312
St. Moritz 113
St. Veit 278, 288, 297, 310, 315
Stalingrad 427, 455
Steinamanger siehe Szombathely
Stockholm 143
Stralsund 153
Straßburg 493, 524, 531f.
Stuttgart 189, 200ff., 205ff., 212f. 215, 217ff., 229, 232, 237f., 273, 278, 283, 288, 308, 345, 396, 417, 537, 606, 611

Tannbach 27, 117ff., 125, 127, 131, 136, 144, 157, 166, 169, 180, 189ff., 197, 200, 203, 206, 213, 219, 239ff., 259, 271ff., 278f., 283, 285f., 288, 297, 306f., 309, 311f., 328f., 333, 351, 358, 367ff., 374, 383ffff., 389, 394, 407ff., 416, 418, 424, 426, 461, 464ff., 468f.
Taormina 413f., 453
Taus 109
Teheran 463, 467
Theben 376

ORTSREGISTER 653

Theresienstadt 48
Thrakien (röm. Provinz) 285
Tivoli (Tibur) 272, 284, 378, 401, 417
Torcello 305, 323, 416
Topolcianky 324
Torquay 238, 262
Traun 149
Trelleborg 151
Triest 63, 100, 109, 117, 133, 305, 307, 379
Troja 589
Troppau 39
Trübau 48
Tübingen 203

Ulm 189, 202

Venedig 35, 60, 109, 117, 128, 256, 258, 282, 284, 305, 307, 323, 379, 415
Verona 43, 46, 51, 128
Versailles 197, 419, 476, 558
Warasdin (Varasdin) 106, 110f., 163
Warschau 21, 497
Washington 19, 21, 170, 483, 491f., 499f., 504, 512, 514, 517, 520f., 523ff., 549
Weißkirchen siehe Mährisch-Weißkirchen

Weimar 83, 376, 407
Wels 139
Wien 16, 21f., 32, 39ff., 46ff., 53, 59, 63, 65, 72f., 78, 81, 90, 92f., 106ff., 113, 116, 120, 133f., 139ff., 144, 148, 154f., 159, 169, 175, 189, 200, 203, 205, 214ff., 219, 228, 232, 240, 242ff., 246, 258f., 268, 281, 283ff., 287f., 293, 297, 301f., 307, 310, 312, 318, 326ff., 332, 341, 343, 345, 353, 365, 367, 375f., 392, 405, 407ff., 417, 426, 434, 469ff., 491, 531f., 558, 562, 607, 611, 613, 614
Wiener Neustadt 203, 275
Wiesneck 605
Wilna 515

Yale 183ff., 523, 525
York 129

Zagreb 268, 398
Zara 44
Zermatt 325
Zinkendorf 374
Zürich 200, 481ff.

PERSONENREGISTER

In ( ) stehende Verwandtschaftsbezeichnungen beziehen sich, wo nicht anders angegeben, auf Ludwig Polzer-Hoditz

Acheson, Dean 485f.
Adams, George (-Kaufmann) 352, 356
Adenauer, Konrad 486, 494f.
Aelius Verus 592
Agrippina 245, 271ff., 395, 415, 430, 446, 450, 453
Akiba, Rabi 588
Albrecht, Erzherzog 47, 431
Alexander, Fürst von Bulgarien 79
Alexander I., König von Serbien 329f., 332f., 371
Alexander der Große 340f., 456, 600
Alfieri 328
Alfred der Große 388
Allen Richard 488f., 492, 497
Andrássy, Gyula Graf 430
Andrássy, Gräfin 326
Andrássy, Géza 326
Andreä, Johann Valentin 191
Antinous 227, 280, 290, 587
Antoninus Pius 272, 370, 414, 584, 592
Arenson, Adolf 599
Aristoteles 36, 344, 581, 610
Arnim, Bettina von 548
Arneth, Alfred von 445ff.
Artus 411
Auersperg, Anton siehe *Grün*
Auersperg, Franz Josef Fürst 312
Augustus, Kaiser 164

Bacon, Francis 263, 357
Bacquehem, Oliver 126
Baden, Max Prinz von 199
Bahr, Hermann 117
Bahro, Rudolf 504
Balley, Miss 264
Ballin, Albert von 170
Baltazzi, Henri 104
Baltz 614
Barkocheba 280, 466, 588

Bartolomeo, Fra 246
Barthou, Loius 329
Barth, Frau 247
Bartsch, Erhard 310, 395
Bauer, Method 351
Beauharnais, Stéfanie de 564
Beedham, Brian 516ff., 546
Beethoven, Ludwig van 59
Benda, Stanislaus 268, 301, 309
Benedek, Ludwig von 381
Benedikt XV. 177
Beneš, Eduard 260, 292, 319ff. 324
Berlusconi, Silvio 528
Bernhard von Chartres 544
Bernstein, Carl 497, 499
Bernstorff, Johann Heinrich Graf 170, 172
Besant, Annie 543f.
Beust, Friedrich Ferdinand 363
Bieberstein, Wolf von 31
Bismarck, Otto von 172, 174, 547, 566
Bittrich, Frau 471
Bizet, Georges 78,
Blankart, Franz 521
Blavatsky, Helena Petrowna 303f., 565
Blume, Helmuth 396
Böcklin, Arnold 32
Boethius 267
Bögel, Erna 219, 324
Bögel, Ilona (später -Polzer, dann -Schubert) 219, 230, 239f.
Böhme, Jakob 263, 357, 547
Bötticher, Karl Heinrich 166
Boisserée, Sulpiz 395f.
Boleslav 315
Bondi, Major 47, 49, 611
Boos, Roman 266, 457, 602, 607, 609
Brabínek, Magdalena (Maña) 304, 309ff., 318ff., 329, 333, 376, 396, 412
Brabínek, Milos sen. 309, 312, 345, 412
Brandenburg, Markgräfin von 32

Braunschweig, Viktoria Luise von 205
Brehm, Alfred 434
Breitenstein, Julius 141, 232, 338
Breuel, Birgit 514
Briand, Aristide 292f.
Brzezinski, Zbigniew 491f., 497, 499, 521f.
Buddha, Gautama 369
Bush, George 17, 24, 185, 484, 491f., 504, 524f.
Bush, Prescott, 185
Buyn 375f.
Bylandt, Arthur Graf 438, 440

Caesar, Julius 19
Caligula 164
Carter, Jimmy 492, 499
Casaroli, Kardinal 497
Casey, William 497
Churchill, Randolph 182 336
Churchill, Randolph jr. 467
Churchill, Winston 17, 21, 182, 224, 292, 336, 463, 466, 481ff., 486f., 500, 519, 527, 529f., 547
Cicero 414
Clark, William 497
Claudius, Kaiser 101
Clinton, Bill 185, 523, 525
Collison, Harry 263
Colonna, Vittoria 415
Comenius, Amos 372f.
Cooper-Oakley, Isabel 358
Corvinus, Mathias 301f., 305, 358, 368
Coudenhove-Kalergi, Richard 21, 222ff., 229, 292ff., 481ff., 487, 495f., 502, 506, 532
Cyrill, Slawenapostel 379f., 382
Czernin, Ottokar Graf von 163, 168, 177ff., 185, 324

Danilo, Fürst v. Montenegro 45, 287
Dante 327, 525
Del Monte, Josef 206
Delors, Jacques 21
Demetrius (auch 'falscher') 17, 246, 394, 397, 429, 547

Descartes, René 36
Dio Cassius 580
Disraeli, Benjamin 467, 516
Dohnal, Oberst 303, 333, 421
Doldinger, Friedrich 230
Dolfuß, Engelbert 326
Dolinar, Stefan 371
Döllinger, Ignaz 362
Donizetti, Gaetano 45
Dorndorf, Oberstleutnant 111
Dostojewskij, Fjodor 68 327
Dubach, Josef 208
Dulles, Allan 484
Dumas, Alexandre 68
Dunant, Henri 529
Dunlop, D.N. 240, 262, 264, 338, 345, 352ff., 357, 368, 372, 376, 540

Echnaton 561
Eckstein, Friedrich 216, 260
Eduard der Städtegründer 387f.
Eiselt, Hans 126, 247, 266, 267f., 301f., 310, 345, 351, 423, 428
Elisabeth, Kaiserin v. Österreich 44, 107, 181, 245, 270, 318, 326, 430, 436f., 440f., 443ff., 451f., 458
Elisabeth, Königin v. England 263
Elisabeth von Thüringen 31, 114, 326, 370
Elstner, Fanny 43
Emerson, Ralph Waldo 17, 525, 547f.
Eugen, Erzherzog 38, 303, 323f.

Ferdinand II. 63, 71
Ferenczy, Ida 440, 443
Fichte, Johann Gottlieb 160
Finsterlin, Hellmut 596
Flatz, Hugo 241, 351, 390
Franklin, George 484
Franz I., Kaiser 99
Franz Ferdinand, Erzherzog 84, 101, 149, 286, 330, 333
Franz Joseph, Kaiser 35, 48, 71, 81f., 106, 108, 150, 159, 286, 377, 430, 432, 434, 448f.
Freudenthaler, Anneliese 379

PERSONENREGISTER

Freund, Ida 156
Friedrich, Erzherzog 110
Friedrich der Große 32ff.
Friedrich III. 270, 302

Gabrischewsky, Jura 403
Galla Placida 307
Gasperi, Alcide de 494
Gery šer, Anton 303, 313, 421
Geuter, Fried 358
Gilgamesch 429
Giotto 246
Gladstone, William 438, 548
Glas, Norbert 232, 287f.
Godunow, Boris 328
Goethe, Johann Wolfgang von 7, 18, 59, 68, 121, 146, 225, 310, 350, 352, 393, 395f., 407f., 475, 547, 565, 566
Gorbatschow, Michail 499ff., 506, 515, 524
Göring, Hermann 395
Goyert, Wilhelm 343f., 395
Goyert, Ingeborg 343, 395
Gray, C. S. 490
Gregorovius, Ferdinand 272, 310, 414, 580, 582, 587, 592
Griebsch, Hugo 201
Grillparzer, Franz 59
Grimm, Herman 82, 548
Grone, Jürgen von 396, 417
Grosheintz, Emil 146
Grün, Anastasius 59, 61, 68
Günther, Agnes 329

Habermas, Jürgen 504
Habsburg, Otto von 224, 496, 502
Habsburg, Rudolf von 431, 434, 442
Hadrian 71, 219, 227f., 230, 245, 271ff., 284, 370, 378f., 396, 413f., 453, 466, 475, 579ff.
Haig, Alexander 497
Halla, Franz 232, 338, 345
Hallam, Arthur Henry 548
Hamburger, Emil 203, 464, 469ff.
Hamerling, Robert 59, 67f., 82, 266, 430
Harden, Maximilian 170

Harnier, Adolf 385
Harrach, Graf 116
Harriman, Averell 17, 184, 467, 485f., 547
Harriman, Edward 184, 467
Harrison, C. G. 86f., 89, 171, 188, 492, 516
Hartmann, Franz 120
Hasler, August Bernhard 362
Haß, Fritz 40, 470
Hatschepsut 228, 376
Hauer, geb. de Gabillet, Josefine (Großmutter) 40
Hauffen, Adolf 156, 290,
Hauffen, Klothilde 156, 290
Hauser, Johann Nepomuk 131
Hauser, Kaspar 18, 246, 429, 454, 460, 543, 547
Hayward, Pamela (-Harriman) 467
Hegel, Georg Wilhelm Friedrich 184f.
Heine, Heinrich 140
Henrich, Rolf 504f.
Henlein, Konrad 325
Herder, J. G. 566
Herman, Rudolf 365
Herodes 591
Herrhausen, Alfred 19, 509ff.
Herriot, Edouard 296
Hertling, Georg Graf 192
Hiebel, Friedrich 217, 233
Hieronymus von Prag 418
Hiram 404
Hitler, Adolf 18, 297, 395, 398, 423, 467f., 495, 547
Hoditz, Albert Graf von 32ff., 65, 80, 197, 424
Hoditz, Max 423
Hoditz, Ullrich von 31
Hoditz und Wolframitz, Anna (Großmutter) 51
Hoditz und Wolframitz, Christine (Mutter), siehe unter Polzer
Hoditz und Wolframitz, Franziskus Josephus Philippus (4. Urgroßvater) 35ff., 65, 112, 137, 151, 303, 316
Hoditz und Wolframitz, Friedrich (Großvater) 51

Hoditz und Wolframitz, Friedrich (Urgroßvater) 126
Hoditz und Wolframitz , Mathilde von (Tante) 49, 51, 72ff., 92ff., 108, 112, 114, 128, 266, 270, 289, 310
Hodža, Milan 375, 378, 391
Hölderlin, Friedrich 566
Hohenberg, Herzogin von 102, 149
Hübner, Alexander Graf von 43
Humboldt, Wilhelm von 435
Huntington, Samuel 519
Hunyadi, Johann 302
Hunyadi, Mathias 305
Hus, Johannes 194, 263, 357, 380, 382, 418, 547
Husemann, Friedrich 268, 426, 428, 454, 459, 466
Hüttl 359
Hypatia 564

Ingrand, Max 493

Jäger, Elisabeth siehe *Polzer*
Jakob (James) I., König von England 208, 263, 313, 376, 547f.
Jakobus, Schutzpatron von Spanien 140, 507f., 536
Jean Paul 410
Jeanne d'Arc 155, 304, 317f., 327, 370
Jelzin, Boris 17, 524
Joachim, J. 548
Johannes der Evangelist 246, 358, 603
Johannes der Täufer 246, 358
Johannes Paul II. 496ff., 500, 505, 507f., 519ff., 535f.
Joseph II., deutscher Kaiser 32f.

Kainz, Josef 64
Kaiser, Jakob 487
Kalkreuth, Pauline 135
Kálnocky Gustav Graf 438ff.
Kalva, Zdeněk 327
Karg und Bebenburg, Anna (Urgroßmutter) 49
Karl I., Erzherzog, dann Kaiser 102, 118, 133, 159, 163, 175, 178ff., 185ff., 216, 232, 281, 324, 474, 502
Karl IV. 195, 327
Karl der Große 521
Karl Ludwig, Großherzog v. Baden 564
Kaufmann, George siehe *Adams*
Kaunitz, Grafen von 32
Kayserling, Hermann 223
Kennedy, John F. 19, 510
Kissinger, Henry 510f., 522
Klima, Julie 157, 191, 193ff., 262, 265, 267f., 283, 290, 304, 318, 351
Klima, Jaroslav 157, 163f., 212, 262, 267, 301
Knispel, Leo 285f., 288, 293, 304f., 323, 326, 328, 370, 379, 398, 423
Knispel, Lou 285f., 288, 293, 304f., 323, 326, 328, 370, 379, 398, 423
Kohl, Helmut 488, 491, 521
Kolisko, Eugen 215ff., 221, 253, 338, 342, 374, 607
Kolisko, Lili 374
König, Karl 311, 358
Konstantin, Kaiser 155
Korać, Vitomar 268, 273, 285
Kotz, von Dobrz Berta Baronin (Gattin) siehe auch unter *Polzer* 107ff.
Kotz, Aglaia Baronin (Großmutter von Berta Polzer)
Kotz, Gabriele (Cousine von Berta Polzer) 385
Kotz, Heinrich (Vetter von Berta Polzer) 120, 268, 292, 397, 426, 461
Kotz, Henriette (Tante von Berta Polzer) 119
Kotz, Wenzel (auch Wlasko; Onkel von Berta Polzer) 101, 103f., 108, 110, 119f., 140
Krafft-Ebing, Richard 69
Kramář, Karel 162f.
Kraus, Karl 82
Krishnamurti, Jiddu 544
Krofta, 321
Krück von Poturzyn, M. J. 370
Krüger, Anneliese 394f.

Krzywousty, Boleslaus 31
Kupfer 415
Kühlmann, Richard von 176f.

Labouchère, Henry 151
Laghi, Pio, Erzbischof 499
Langveld, L.A. 358
Larisch, Marie Gräfin 447
Latour, Gräfin 107
Latour, Joseph von Thurmburg Graf 438f., 454
Lauer, Hans-Erhard 220, 228, 232, 234, 260, 285, 295, 337ff., 349
Leadbeater, Ch. W. 544
Leer, Josef van 201, 215, 333
Leibniz, Gottfried Wilhelm 36f.
Lenin, Wladimir 160, 215, 492
Leo XIII. 519
Leo X. 54
Leopold, Erzherzog 47
Leopold III., König von Belgien 383
Lerchenfeld, Otto Graf 141, 166ff., 176f., 180, 189ff., 197, 210, 218, 258, 399f., 428, 611
Lerchenfeld, Hugo 166f.
Lerchenfeld, Sophie 210, 230, 247, 256, 261f., 265f., 266, 270, 276, 282ff., 288ff., 297, 304, 394, 396, 415, 461, 475
Lerchenfeld, Rosa (Menny) 197, 283, 288, 304, 394ff., 412, 417ff., 426f., 461ff. 466, 469, 471, 476
Leschetitzki, Theodor 418
Leschanowski, Frau 470
Letica, Dušan 268, 286
Lewinsky, Josef 72
Libussa, Gründerin von Prag 429
Lichnowsky, Felix Fürst von 170f.
Liszt, Franz 114
Löwenherz, Richard 376
Loyola, Ignatius, von 431, 435f.
Lücker, Hans August 521
Ludmilla 195
Lueger, Karl 377
Lungen, Yopie (-Stein) 383f., 392
Luther, Martin 263

Makarov, Tamara 367f.
Malory, Thomas 411
Marc Aurel 219f., 272, 584, 592
Maria Theresia 34
Marshall, George 487, 495
Marx, Karl 224, 491
Maryon, Edith 606
Masaryk, Thomas G. 163, 258, 265, 296, 309, 316f., 319f., 324, 332, 386ff., 391, 419
Mašin, Draga 330
Massie, Robert K. 523
Mathias, L. L. 481, 484f.
Matidia (Nichte Trajans) 583
Maxentius 155
Maximilian, Kaiser 411
Mazarin, Jules Kardinal 192
Meebold, Alfred 424
Megyesy (Cousine) 354
Melzer, Margarete 396, 417, 419
Menger, Carl 435
Menzel, Wolfgang 360, 363
Merry, Eleanor C. 355
Method, Slawenapostel 379f., 382
Meyer, Conrad Ferdinand 415
Michaelis, Georg 192
Michaelis, Paul 421, 426f., 429, 454, 459f., 466, 560
Michelangelo Buonaroti 415
Mildenburg, Anna 117
Millwitsch, Gottfried 66
Mitterand, François 501
Molt, Emil 205
Moltke, Helmuth von d. J. 135, 152, 155, 199, 214, 228f., 235f., 550f.
Moltke, Helmuth von d. Ä. 152
Moltke-Huitfeldt, Eliza Gräfin 135, 229
Monnet, Jean 21, 485
Morgan J. P. 514
Morrison, John 524
Moses 36
Mossig, Major 45
Mozart, Wolfgang Amadeus 59
Musset, Alfred de 401
Mussolini Benito 296, 423

Nagy, Mária von 268
Nagy, Imre 289
Napoleon Bonaparte 42, 194, 460, 566
Napoleon III. 43
Naumovič, Branco 329
Nerad, Marie 312
Nerer, Dr. 42
Nero 68, 82, 245, 266f., 269, 282, 395, 415, 430, 445f., 450f., 453, 456
Nestroy, Johann Nepomuk 42
Neumann, Frau 327
Nietzsche, Friedrich 224, 393
Nikolaus von der Flüh 494
Nikolaus I., Papst 380, 550
Nikolaus I., Zar 99
Nikolaus II., Zar 160
Noll, Ludwig 608
Nostitz, Karl Graf 110
Novalis 400

Obrenovič, Michael 330, 333
Obrevonič, Aleksander 330
Oenk, Dr. 471, 473
Ortoli, F. X. 532
Osmond, Dorothy 355, 383
Otto, Erzherzog 102

Pacelli, Eugenio (Pius XII.) 177, 495
Palacký, František 195, 300f., 305
Pálffy, Vilmos Graf 116, 127, 374
Pálffy, Aimée 326
Pallas 430
Patti, Adelina 45
Pausanias 582
Pescara, Francesco 415
Peter der Große 17, 88f., 165, 182, 204, 208f., 211, 215ff., 318, 429, 463, 509, 512ff., 523ff., 529, 556ff.
Petrus, Apostel 284
Photios, Patriarch 379
Pi sudski, Josef 201
Pipes, Richard 490, 497, 524
Pius IX.16, 23, 53, 361ff., 494
Pius XI. 495
Pius XII. 495
Plato 581

Plener, Ernst von 434
Plotina, Kaiserin 583
Podiebrad, Georg von 301f., 305, 315, 321
Poincaré, Raymond 152
Polzer, Alfred (Onkel) 42, 110, 159, 323
Polzer, Anna (-Stollenberger) [Schwiegertochter] 389, 412, 468f.
Polzer, Arthur (Bruder) 20, 31, 34, 38f., 43, 59f., 63ff., 69ff., 107, 133, 137, 149ff., 154, 168, 174ff., 185ff., 189, 242, 266, 270, 281f., 284, 323f., 373, 389, 420f., 425, 450, 468, 474
Polzer, Berta (Gattin) 114, 132ff., 148, 221, 225, 254, 258ff., 285f., 289, 297, 321f., 328f., 353, 390, 394, 405, 417, 421, 426, 428, 460f., 464ff., 468f., 470
Polzer, Berta-Beata (Enkelin) 397
Polzer, Christine (Mutter) 49, 60, 62, 63ff., 75, 79, 105, 108, 148, 242, 256, 310
Polzer, Christl = Maria Christine (Nichte) 323, 354, 415, 470, 472
Polzer, Christward Johannes (Enkel) 239f., 244, 268, 307, 310, 324, 383, 421, 455, 472
Polzer, Elisabeth Magdalena (-Jäger) [Schwägerin] 133
Polzer, Lisl = Elisabeth (Nichte) 470
Polzer, Franziskus Ritter von 39
Polzer, Hannerl (Nichte) 326, 470
Polzer, Ilona siehe unter *Bögel*
Polzer, Irmgard-Mathilde (Enkelin) 427
Polzer, Josef Ritter von 39
Polzer, Josef Wlasko (Sohn) 112, 125, 154, 157f., 207f., 219, 221, 230, 239f., 243, 258, 268, 288, 297, 307, 311, 376, 395, 413, 424, 428, 455, 464, 470, 472
Polzer, Josefine (-Hauer; Großmutter) 49, 64f., 78
Polzer, Julius Ritter von (Vater) 40, 42ff., 51f., 59ff., 63ff., 71f., 108, 112, 115, 120, 125, 128, 134, 140ff., 230f., 236, 242, 256ff., 262, 264, 287, 289, 312, 323, 380
Polzer, Julius (Sohn) 113, 125, 154, 157f., 207f., 244, 259f., 285, 297, 323, 370f., 389, 409, 413, 427, 465, 470, 472

Polzer, Karl (Vetter) 65, 67
Polzer, Lothar (Vetter) 65, 67
Polzer, Ludwig Ritter von (Großvater) 39ff., 45f., 52ff., 60ff., 112, 190, 240, 256, 364, 474
Polzer, Marie-Sefine (Schwester) 61, 75, 110, 126, 270, 323, 328
Pompejus 591
Popovici, rum. Minister 297
Pranananda, Dr. 383
Preiss, Dr. 163
Preußen, Kronprinz von 380f.
Přikryl, Luděk 156, 351, 375
Prokop, Hussitenführer 379ff.
Pronay, Pali 374
Prouty, Fletcher 510

Quigley, Caroll 523

Račeta, Aleksander 289f., 297, 312, 394, 398
Raffael 123f.
Raimund, Ferdinand 43
Rákoczy, Franz Fürst 390
Rampolla, Mariano Kardinal 377
Rasin, Dr. 163
Rathenau, Walther 170,
Rauscher, Josef Othmar Kardinal 431, 434
Rauter, Stefan siehe *Valentinus*
Reagan, Ronald 488, 496ff., 500, 520
Reichart, Dr. 262
Reichart, Herta 262, 310f., 315, 328, 333, 353
Reichl, Ignaz 119, 125, 180
Reif, Martha 134
Reumüller, Alois 131
Rhodes, Cecil 17, 336, 523, 547
Richelieu, Armand Jean Kardinal 192
Richter, Werner 449f.
Riemeck, Renate 148, 399, 538
Rienzi, Cola di 327
Rittelmeyer, Friedrich 240
Röchling, Helene 135, 219, 240
Roda, Dr. 378
Rogalla-Bieberstein, Grafen von 31
Rohan, Marie Prinzessin 141

Rohwedder, Detlev Karsten 513f.
Ronconi, Domenico 507
Roosevelt, Franklin Delano 463, 466, 467
Rosebery, Archibald Lord 182, 336, 523
Rosenkreutz, Christian 191, 195, 302, 358
Rothschild, Louis 223, 266
Rudolf, Kronprinz v. Österreich 16, 78f., 82f., 104, 245, 270, 282, 421, 429ff., 456
Runciman, Lord Walter 399
Ruskin, John 523
Rychter, Thaddäus 197

Salisbury, Robert Arthur Lord 84, 399, 419, 438
Salzer, Dr. 471
Šámal, Dr. 258, 265
Sand, George 34, 68, 80, 109
Sandys, Duncan 483f.
Sangusko, Fürstin 117
Saphizka, Prinz 117
Sassmann, Dramatiker 301
Sauerwein, Jules 214, 260
Schacht, Hjalmar 296
Schenker Dora (geb. Hamburger) 213f., 219, 261, 266, 268, 270, 273, 275f., 285, 290, 293, 302, 304, 310, 311, 323, 328, 339, 344, 358, 367, 376, 405, 407, 417
Schenker, Sabine 273, 323
Schenker, Ulrich 463f.
Schickel, Alfred 487
Schiller, Friedrich 59, 68, 565f., 615
Schiszl, Dr. 309, 316, 319
Schober, Johann 297
Schön, Margrit 276, 289, 326, 374
Schopenhauer, Arthur 73, 410
Schröer, Karl Julius 82, 265f., 274, 450
Schröer, Tobias Gottfried (=Oeser) 274
Schubert, Franz 59
Schuman, Robert, frz. Politiker 21, 485, 494, 521
Schumann, Robert 59, 64
Schuré, Edouard 133, 158
Schuurmann, Max 230
Scrope, Henry 129
Seidler, Ernst von 186

Seneca 245
Servianus 586
Shakespeare, William 16, 68, 263, 355, 357, 428, 525, 547
Shirer, W. L. 495
Silvestrini, Erzbischof 497
Sivers, Marie von, siehe unter *Steiner*
Sixtus V., Papst 284
Šmídova, Zdena 352, 359
Snítil, Major 380
Sobieski, Johann 245
Sokolnicki, poln. Visionär 21, 209, 556
Solowjeff, Wladimir 17
Sommer, Theo 504
Spartianus 579
Spengler, Oswald 223, 531
Stalin, Josef 463, 466
St. Germain, Graf von 358, 390
Stefanovič, Marta (-Lauer) 220
Steffen, Albert 230, 237, 240, 244, 253, 298, 310f., 319, 339ff., 346f., 427, 457, 530, 597, 610ff.
Stein, Walter Johannes 144, 175, 200f., 203, 221, 342, 358, 367ff., 394, 411, 457
Steiner, Gustav 239, 244
Steiner, Leopoldine 239f., 244, 246
Steiner, Marie (-von Sivers) 141, 151, 190ff., 217, 237, 244, 253ff., 270, 282f., 298, 342, 346 f., 427, 431, 456ff., 597, 599ff., 605ff., 611ff.
Steiner, Rudolf 18, 20ff., 36f., 83, 89, 120ff., 132ff., 148, 151ff., 164ff., 188ff., 200ff., 215ff., 235ff., 253 ff., 263, 271, 289, 298f., 301, 306, 316, 319, 325, 337ff., 363ff., 400ff., 410, 413, 415, 420, 421, 452f., 458, 461, 468, 473ff., 504f., 527ff., 533ff., 539f., 543f., 546ff., 551f., 560ff., 569, 576, 591, 593, 597ff., 605ff.
Stephanie, Gattin des Kronprinzen Rudolf 78, 442
Sternberg, Graf von 35
Stinde, Sophie 134, 227, 608
Stollenberger, Anna siehe *Polzer*
Stone, Oliver 510
Stresemann, Gustav 292

Strohschein, Albrecht 358, 465
Stroßmeyer, Joseph Georg 362
Stuart, Maria 313
Stuart, Francis 313
Stürgk, Marianne (Cousine) 354
Suro, Licinius 583
Sutton, Anthony C. 183ff.
Szabo, Lukács 502
Széchényi, Emanuel Graf 101
Széchényi, Jenny 102, 105, 374
Széchényi, Felici Gräfin 105, 127
Széchényi, Gabor Graf 127
Szeps, Moritz 82, 431ff.
Szögyenyi, Ladislaus Graf 450

Taafe, Eduard Graf 82, 432
Tarnocry, Stephanie von 129
Tautz, Johannes 367
Taylor, A. J. P. 399
Tennyson, Alfred 548
Teutschmann, Dorothea 339
Thatcher, Margaret 499ff.
Thèbes, Madame de 151
Theoderich der Große 267
Thieben, Ludwig 232, 266, 338
Thomsche, Dr. 614
Thun, Leopold 310
Thurn und Taxis, Prinz von 297
Thutmosis I. u. II. 228
Tiberius 164
Tito, Josip 329
Titus 588
Tisza, István Graf 163, 168f., 431, 449
Tollemache, Blanche 92ff., 100, 128ff., 263f., 266, 305, 355
Tollemache, Wilbraham 93
Tolstoj, Lew 17, 68
Tornaghi, Carmen 413, 415
Tradowsky, Peter 537
Trajan, Marcus Ulpius 71, 219, 273, 283, 582ff.
Trautmannsdorf, Ferdinand Graf 363
Trauttenweiler, General 371
Trotzki, Leo 215
Truman, Harry 481, 495, 501

PERSONENREGISTER

Unger, Carl 601, 611

Vacano, Harriet 611
Václav, Herzog 53, 195, 304, 314, 317f., 382
Valenta, Julius 359
Valentinus, Basilius 411
Veltheim, Hans Hanno von 376
Vespasian, Titus Flavius 272
Vetsera, Mary 82, 104, 430, 443, 447ff.
Viehoff, Mien 358
Vigh, Stefan 118
Viviani, René 152
Voith, Hans 284, 417
Vreede, Elisabeth 237, 244, 338, 342, 598, 604
Vujič, Oberst 330

Wachsmuth, Günther 237, 244, 310, 342, 346, 348
Wagner, Otto 119, 154
Waldstein, Adolf 99f., 107ff., 110, 293, 296, 415
Waldstein, Adolf sen. 99, 296
Waldstein-Hoyos, Sophie 108f., 415
Wallenstein, Albrecht von 153
Wallis, Georg Graf 154
Walters, Vernon 497, 499
Wantschura, Ferdinand 471
Warnke, Erika 426, 428, 459
Warburg, Max 223
Wartenberg, Heerführer 380
Webster, William 509f.
Wegman, Ita 226, 237, 239, 244, 253ff., 259ff., 265f., 338, 341ff., 350, 353f., 358, 391, 395, 421, 427, 455ff., 472, 597ff., 605ff.

Wenzel, Heiliger siehe unter *Václav*
Westphalen, Anna (Tante von Berta) 126, 128, 140, 144
Wettreich, Ernst 220, 301, 360, 383
Wheeler, Montague 355, 357
Wikliff, John 17, 263, 357, 379, 418, 547f.
Wiegand, Hildegard 313, 376
Wilhelm II. 18, 84, 117, 177, 547
Willemer, Marianne 146
Wilson, Woodrow 172f., 199, 223, 295f., 547
Wilson, Michael 358
Windisch-Graetz, Gabriele 312
Windsor, Duke of (Edward VIII.) 376
Wisnewski, Gerhard 509, 513
Wolter, Charlotte 72
Wurmbrand, Cari 74
Wurmbrand, Fritz 74
Wurzer, Hemma (-Bartsch) 278, 310, 315
Wurzer, Sigrid 278, 315

Yourcenar, Marguerite 7, 475

Xiphilinos, Joannes 579

Zeeland, Paul van 383
Zeißig, Alfred 232, 296, 305, 338, 417
Zeißig, Theodora (Dorli) 262, 273, 301, 304, 305, 307ff., 325f., 415
Zeißig, Ruth 267, 305
Zeylmans, Emanuel van Emmichoven 341, 596
Zeylmans, Willem van Emmichoven 338
Ziegler, Bruno Bernhard 494
Zimmermann, Robert 35f.
Zita, Kaiserin 324, 326